DICTIONNAIRE

RAISONNÉ

D'ARCHITECTURE

ET DES

SCIENCES ET ARTS QUI S'Y RATTACHENT

PAR

ERNEST BOSC

ARCHITECTE

—

TOME TROISIÈME

JABLOIR — PONT

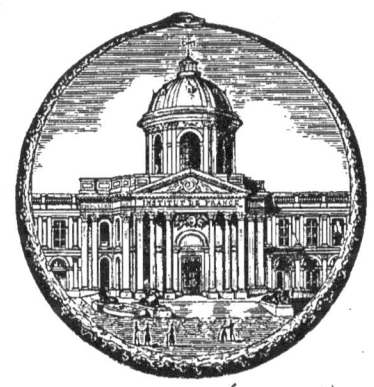

PARIS

LIBRAIRIE DE FIRMIN-DIDOT ET Cⁱᴱ

IMPRIMEURS-LIBRAIRES DE L'INSTITUT DE FRANCE

Rue Jacob, 56

—

1879

DICTIONNAIRE

RAISONNÉ

D'ARCHITECTURE

TOME III

TYPOGRAPHIE FIRMIN-DIDOT. — MESNIL (EURE).

DICTIONNAIRE

RAISONNÉ

D'ARCHITECTURE·

J

J. — Septième consonne et dixième lettre de l'alphabet, qui n'est guère employée comme articulation que depuis le commencement du XVIᵉ siècle. Avant cette époque c'est l'I qui remplaçait cette lettre, il y avait alors l'I voyelle et l'I consonne. Ce n'est même qu'à la fin du XVIIIᵉ siècle que, dans les dictionnaires de notre langue, on sépara les mots commençant par un I et ceux commençant par un J. Disons cependant que A. Berty a confondu ces deux lettres dans son *Dictionnaire de l'architecture du moyen âge*, publié en 1845; mais c'est là un caprice, une originalité de l'auteur plutôt qu'un usage encore admis à cette époque. Nous devons ajouter que, comme signe numérique, le J était employé antérieurement peut-être au XVᵉ siècle, mais très-certainement alors; sa valeur égalait 1 ou 5, suivant la place qu'il occupait, ainsi qu'il résulte d'un document publié dans le *Bulletin monumental* (1).

(1) 5ᵉ série, t. VI, p. 168. Ce document a pour titre : *Dépense faite à l'occasion du dîner, à Montmajour, du roi René et de la reine Jeanne de Laval, en 1476* ; on y lit, au milieu d'autres dépenses : « Primo, ay pagat à meistre Canonet, fornier, per de pan, florin ij ; item, per une banaste de peysson à Guilhaume de Mona, florin 1 gros iiij. » Ce qui signifie : primo, j'ai payé à maître Canonet, boulanger, pour du pain, 2 florins ; item, pour une corbeille de poisson à Guillaume de Mone, 1 florin 8 gros.

DICT. D'ARCHITECTURE. — T. III.

Quelques auteurs lui ont même donné la valeur de 100. Comme signe abréviatif dans les inscriptions latines, J peut signifier *Julius, Junius, Junior, Justus, Jesus*; dans les inscriptions françaises, J. B. signifie Jean-Baptiste; J. J., Jean-Jacques ; J. C., Jésus-Christ, etc.

JABLOIR, *s. m.* — Outil servant à faire la *jable,* c'est-à-dire la rainure pratiquée à l'extrémité des douves d'un tonneau. On

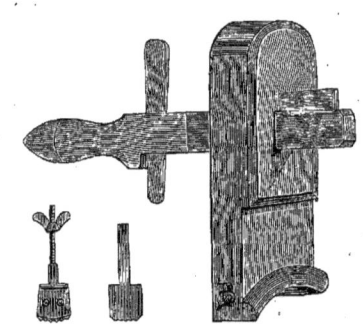

Jabloir avec ses fers à gauche.

emploie cet outil dans les chantiers dans certains cas particuliers, par exemple pour assembler les douves des enveloppes des générateurs à vapeur dans les appareils de chauffage. On dit aussi *jablière* et *jabloire*, alors ce terme est du féminin. (Voy. notre fig.)

JACARANDA, *s. m.* — Arbre d'Asie, qui croît surtout dans l'Inde; il en existe deux variétés : l'un a son bois blanc ; l'autre, rouge brique; ce dernier est connu dans le commerce des bois sous le nom d'*acajou femelle*; il est employé pour faire des mains courantes, des portes de menuiserie, des marches d'escalier. Les facteurs de pianos l'emploient comme doublure des caisses de pianos.

JACQUEMART, *s. m.* — Statue de fer, de fonte ou de bois recouverte de plomb, qui représente en général un homme d'armes. On la plaçait anciennement sur une tour, et sa mission était de frapper les heures avec un marteau sur la cloche d'une horloge. Ce nom de *jacquemart* ou *jacquemard* signifie *gros Jean*; il existe encore des horloges pourvues de jacquemarts, en Belgique, en Suisse, dans quelques villes du nord et du centre de la France.

JALON, *s. m.* — Signal servant dans le lever des plans à déterminer, sur le terrain, des alignements pour relever ou repérer des points. Ce sont des piquets en bois emmanchés dans une douille en fer terminée en pointe, ce qui facilite leur entrée dans le sol ; leur extrémité supérieure porte une petite plaque de tôle carrée nommée *voyant*, divisée en quatre compartiments disposés en échiquier; deux sont blancs et les deux autres sont rouges; le jalon lui-même est peint également en ces deux tons, afin qu'on puisse le distinguer de loin. — Les paveurs emploient un genre de jalons pour déterminer les pentes ou les nivellements quelconques ; on les nomme NIVELETTES. (Voy. ce mot.)

JALONNER, *v. a.* — Planter sur le terrain une série de jalons pour pratiquer des opérations de géodésie. Pour tracer sur le terrain une ligne droite entre deux points donnés, ce qu'on nomme *jalonner une direction*, l'opérateur se place derrière l'un des signaux et regarde l'autre; il fait placer entre lui et le signal qu'il a devant lui une série de jalons intermédiaires qui tous doivent se cacher mutuellement, quand on les regarde avec un seul œil, en se plaçant à l'un des points extrêmes de l'alignement ; si quelques jalons ne sont pas sur la même droite, on les y fait entrer en les faisant planter soit à droite, soit à gauche ; quand ils sont tous en ligne droite, l'œil placé au jalon de tête doit cacher tous les autres à la vue.

JALOUSIE, *s. f.* — Espèce de contrevents composés de lames minces de bois flexible ou de tôle d'environ 0^m,10 de largeur et occupant toute la largeur de la baie. Ces lames sont maintenues entre elles parallèlement, dans un écartement voulu, à l'aide de rubans de toile ou des chaînettes en fer. L'ensemble du système est suspendu à une planchette mobile autour d'un axe horizontal, laquelle planchette, fixée sous le linteau de la baie, porte un système de poulies dans lesquelles passent des cordons de tirage servant à faire monter ou descendre les lames à volonté, c'est-à-dire à masquer ou démasquer la baie. Indépendamment de ces cordons de tirage servant à ployer ou déployer la jalousie, d'autres cordons placés du côté opposé permettent d'incliner plus ou moins les lames des jalousies, soit du dedans au dehors, soit inversement. La jalousie a sur la PERSIENNE (Voy. ce mot) des avantages qui sont, il est vrai, compensés par des inconvénients; nous n'avons pas à insister sur cette question, chacun pouvant apprécier les deux systèmes. Les jalousies, tout en laissant tamiser l'air et la lumière, ont pour objet principal de mettre l'intérieur des appartements à l'abri des rayons du soleil. Quand les jalousies sont relevées sous le linteau de la fenêtre, elles sont masquées par des lambrequins en bois découpé, nommés *pavillons*, qui sont parfois très-élégants de forme.

On fabrique aujourd'hui des jalousies-stores en tôle qui s'enroulent autour d'un arbre horizontal. Ce système, qui présente certains avantages, doit être maintenu en parfait état, afin d'assurer son bon fonctionnement.

JAMBAGE, *s. m.* — Petits murs construits

à gauche et à droite du foyer d'une cheminée et soutenant son manteau. Les jambages, n'ayant pas une grande charge à supporter, sont construits en plâtras et plâtre, ou en briques; quand ils sont apparents, ils sont ravalés en plâtre, ou bien on les recouvre de plaques de marbre. Pendant le moyen âge et la renaissance, alors que les cheminées avaient un aspect monumental, leurs jambages étaient en pierre et décorés de moulures et de sculptures. — Par extension, on nomme *jambages* des chaînes en pierre de taille, en moellons ou en brique; dans ce sens, jambage est synonyme de PIED-DROIT. (Voy. ce mot.)

JAMBE, *s. f.* — Chaîne, pied-droit, pile ou pilier, point d'appui quelconque qu'on place dans les murs, soit pour les réconforter, soit pour porter poutres, poitrails, etc. Les pierres formant les jambes sont de grandeurs différentes et par leur superposition forment HARPES. (Voy. ce mot.) Il existe plusieurs genres de jambes; on nomme :

JAMBE BOUTISSE, celle dont la tête fait liaison de chaque côté dans les murs de face de deux maisons attenantes, et dont la queue fait liaison dans le mur mitoyen. Notre figure 1

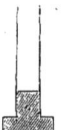
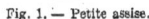
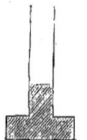

Fig. 1. — Petite assise. Fig. 2. — Grande assise.

montre une petite assise, et notre figure 2 une grande assise : on peut y voir que les queues de ces deux assises sont *parpaignes* dans le mur mitoyen ;

JAMBE ÉTRIÈRE, celle qui forme la tête d'un mur mitoyen, et tableau ou pied-droit de baie aux deux côtés de la tête dans le mur de face; elle peut donc porter deux poitrails, deux retombées, deux plates-bandes : la queue de la jambe étrière fait parpaing dans le mur mitoyen ;

JAMBE D'ENCOIGNURE, celle qui porte deux poitrails ou deux retombées sur deux faces d'un bâtiment ;

JAMBE PARPAIGNE, celle dont toutes les assises font le parpaing dans l'épaisseur totale du mur.

Une jambe peut être étrière pour l'un des voisins et boutisse pour l'autre. Quand une jambe se trouve dans un mur et placée sous

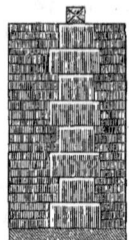

Fig. 2 *bis*. — Jambe sous poutre.

la portée d'une poutre, d'un filet, elle s'appelle *jambe sous poutre;* elle doit jeter harpe de chaque côté.

JURISPRUDENCE. — Les jambes et les chaînes de pierre se montent ordinairement sous l'empatement du dessus de la fondation du rez-de-chaussée, au-dessus du libage quand cette fondation en comporte. — La jambe étrière doit s'élever jusque sous les poitrails ou les premiers planchers formant plafond du

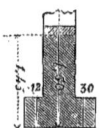

Fig. 3. — Jambe étrière et boutisse.

rez-de-chaussée ; au-dessus, une simple boutisse suffit. Les jambes etrières doivent être faites de grands quartiers de pierre dure. Chaque assise doit être d'un seul morceau et liaisonnées les unes aux autres par leurs queues dans le corps du mur mitoyen ou séparatif; les plus courtes doivent avoir au moins quatre pieds (1^m,32) de long, et les plus longues quatre pieds et demi (1^m,48) à compter du parement de leur tête; quant à la largeur de ces assises sur la façade, elles doivent être égales à l'épaisseur du mur mitoyen ou séparatif augmentée de 0^m,12 au moins pour chaque pied-droit (fig. 3). Les assises des jambes boutisses mesurent, à partir du parement de face jusqu'à l'extrémité de leur queue, les longues 1 mètre, les courtes 0^m,85 ; il n'est pas nécessaire que toutes les assises alternent régulièrement pour jeter harpe dans le mur, il suffit qu'entre trois assises une seule remplisse

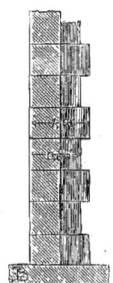

Fig. 4. — Jambe boutisse (coupe).

plisse ce dernier office; du reste, les chaînes en fer que l'on pose à chaque étage suffisent pour retenir les jambes boutisses et les empêcher de déverser. Quant aux harpes dans les murs de face, elles doivent alterner régulièrement et avoir au moins 0^m,15 de saillie pour

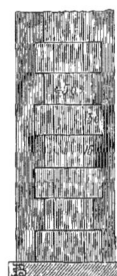

Fig. 5. — Jambe boutisse (élévation).

les courtes, et 0^m,30 pour les longues (fig. 4 et 5).

Les jambes sous poutres, par assises de pierre de taille, se mettent ou en construisant le mur mitoyen, ou après le mur construit. Lorsque l'on met les jambes de pierre de taille en construisant, le voisin à qui elles ne servent pas ne contribue à l'endroit des jambes de pierre que comme au restant du mur, c'est-à-dire que si tout le mur est construit de moellons, il ne contribue que comme pour un mur de moellons ; et l'autre voisin, qui doit se servir des jambes de pierre pour porter les poutres de sa maison, payera seul la valeur de la pierre de taille ; mais lorsque l'un des voisins veut mettre et asseoir les poutres de sa maison dans un mur mitoyen déjà construit, il doit seul payer la plus-value des jambes sous poutres qui restent à payer en entier, et en outre les percements et rétablissement du mur mitoyen pour y mettre lesdites jambes, et faire à ses dépens les étaiements et rétablissement nécessaires chez son voisin. (*Cout. de Paris*, art. 207, comment. 10.)

Lorsque les murs mitoyens ont peu d'épaisseur et qu'ils sont appelés à supporter des poutres de grande portée, on fortifie les jambes sous poutres par des dosserets faisant une saillie de 0^m,08 sur le mur mitoyen. Cette saillie se prend du côté de celui à qui appartiennent les jambes sous poutres; si elles appartiennent aux deux voisins, cette saillie se prend sur le terrain des deux immeubles. Ces dosserets peuvent être en brique, on n'est obligé de placer de la pierre dure que sous la portée ou about des poutres et poitrails ; l'autorité administrative ne peut exiger à l'intérieur des constructions des jambes de pierre. (Trib. corr. de la Seine, 22 août 1862.)

Dans les constructions de peu de hauteur, élevées à la campagne ou dans les villes de peu d'importance, de simples corbeaux peuvent suffire pour porter des poutres, mais ceux-ci doivent être passés à travers le mur et faire parpaing.

JAMBE DE FORCE. — Terme de charpenterie. C'est une pièce de bois oblique qui dans une ferme de charpente soulage l'entrait et porte sur le blochet.

JAMBETTE, *s. f.* — Petite jambe de force qu'on utilise dans les combles à base circulaire, dans lesquels elle sert à recevoir des potelets pour fortifier le pied des chevrons; c'est aussi une petite pièce de bois oblique qui dans une ferme de charpente s'assemble d'un bout dans l'entrait et de l'autre dans l'arbalétrier. — On nomme *jambette déchiffre* un poteau qui au bas d'un escalier supporte le limon de celui-ci par son assemblage sur le patin.

JAMBIER, *s m.* — Partie de l'étrier serrée contre la jambe de l'ouvrier qui s'en sert pour monter à la corde à nœuds; les peintres, les couvreurs, les badigeonneurs, en un mot tous les ouvriers qui se servent de la corde à nœuds, portent des jambiers.

JARDINS (ART DES). — L'art des jardins remonte à une haute antiquité; c'est en Orient qu'auraient été créés les premiers jardins, et les plus anciens dont l'histoire fasse mention sont les *jardins suspendus* de Babylone, qui passaient pour une des sept merveilles du monde. A l'aide des descriptions faites par Quinte-Curce, par Strabon et par Diodore de Sicile, nous pouvons nous faire une idée de ce que pouvaient être ces jardins.

Malgré l'obscurité de certains passages laissés par ces auteurs, passages difficiles à expliquer, on peut affirmer avec certitude que ces jardins étaient portés par des voûtes en briques cuites, liaisonnées avec du bitume; l'extrados de ces voûtes était enduit de la même substance, elles s'appuyaient sur d'énormes piles de maçonnerie espacées entre elles d'environ 4^m,50; l'intérieur de ces piliers était creux et renfermait de la terre.

Ces gigantesques constructions, situées sur les bords de l'Euphrate, étaient étagées en terrasses dont les plus élevées se trouvaient à 28 mètres environ au-dessus du sol. On parvenait aux divers étages par de larges et beaux escaliers. Ces jardins, plantés d'arbres de haute futaie, étaient sillonnés de rivières artificielles alimentées par les eaux de l'Euphrate qu'on élevait à l'aide de machines hydrauliques. Quel a été le fondateur de cette merveille? D'après les uns, on la devrait à Sémiramis ou à Cyrus; d'après d'autres, Nabuchodonosor aurait bâti ces superbes jardins pour sa femme à l'aide du butin provenant de la conquête de la Judée.

D'après Xénophon, les Perses possédaient aussi de magnifiques jardins; il a eu soin de nous informer dans son histoire de la retraite des Dix-Mille qu'il a vu un grand nombre de jardins chez ce peuple.

Nous ne connaissons guère les jardins de la Grèce que par les descriptions imagées des poètes: les plus anciens étaient ceux des Hespérides, d'Alcinoüs (Homère, VIII, *Odyssée*), de Calypso, enfin du roi Midas; des poésies plus récentes nous vantent les jardins de Cimon, d'Académus (Voy. ACADÉMIE) et de la courtisane Phryné. Il existait également à Athènes des jardins publics dans les gymnases; celui de Sparte se nommait Platanée, parce qu'il était couvert de platanes.

Les HIÉRONS (Voy. ce mot), ou enceintes sacrées des temples, étaient de véritables jardins d'agrément semblables à de grands squares. On peut se faire une idée de ce qu'ils étaient par la description, un peu emphatique, que Lucien nous donne de celui qui entourait le temple de Cnide.

« Le sol, dit-il, abonde, comme il est naturel dans un lieu consacré à Vénus, en productions agréables. Les arbres qui élèvent jusqu'au ciel leurs têtes touffues, renferment sous un épais berceau un air délicieux, qui exhale une suave odeur. En ce lieu, le myrte chargé de fruits pousse un feuillage abondant, et les arbres y déploient toute la beauté qu'ils ont reçue de la nature. Jamais leurs feuilles ne sont flétries par le temps, une verdure éternelle se montre sur leurs jeunes rameaux gonflés de sève. Quelques-uns ne produisent pas de fruits, mais en revanche ils sont doués d'une beauté particulière. Les cyprès et les platanes s'élèvent très-haut dans les airs, et le laurier, qui fuyait autrefois Vénus, vient chercher auprès d'elle un asile... Dans les endroits où le bocage donne l'ombre la plus épaisse, des lits de verdure présentent un doux repos à ceux qui viendraient y faire un festin. Les citoyens distingués y viennent quelquefois, mais le peuple s'y porte en foule les jours de fête. »

Chez les Romains, la culture des jardins était fort ancienne et fort estimée. Dans les temps primitifs, un jardin faisait tout le domaine du citoyen (Pline, XIX, 3): c'était un jardin de rapport, duquel il tirait toutes ses provisions, les femmes se chargeaient spécialement de sa culture; aussi, quand il était mal soigné et mal entretenu, on en concluait que la mère de famille ne savait pas tenir sa maison, puisqu'il fallait acheter des provisions au marché et à la boucherie (Pline, XIX, 4). C'est même de là que provient l'origine du mot *hortus*, dérivé de *oriri*, sortir, parce qu'en effet tous ceux qui pouvaient porter les armes sortaient du jardin, c'est-à-dire n'y travaillaient point. (Paul, *ap. Fest.* v. *Hortus ;* Pline, XIX, 4.) Les rois de Rome cultivaient eux-mêmes leur jardin. (*Ib.*, ch., 3.) Telle fut l'origine des jardins à Rome.

Plus tard, les jardins ne furent plus des vergers, des potagers ou de simples exploitations rurales; avec le luxe et la richesse, les jardins prirent des proportions démesurées, ils furent créés tels que ceux qu'on nomme de nos jours *jardins à la française* et *jardins paysagers*. Comme nous allons le voir bientôt, c'est le grand luxe déployé dans l'art des jardins qui fait dire à Pline (XIX, 4) : « Aujourd'hui, il faut à nos Romains les jardins des Hespérides, d'Adonis et d'Alcinoüs. » C'est à cette époque qu'on ne trouve belles dans Rome que les maisons ayant vue sur les champs, parce que le Romain s'y trouve alors à la ville et à la campagne : *Laudatur que domus longos que prospicit agros.* (Horace, *Ep.*, I, x, 23.) Epicure introduisit, dit-on, le premier à Athènes les maisons aux vastes jardins, mais on ignore quel fut l'importateur de cette innovation à Rome ; ce qui paraît certain, c'est qu'elle y existait depuis longtemps, puisque, au dire de Tite-Live, Tarquin avait des jardins à Rome ; ce qui paraît plus certain encore, c'est que, même au temps de Gracchus, l'un des Scipions en possédait un renommé. (Cicér., *Nat. deor.*, II, 4.) Lucullus avait créé les plus beaux jardins de Rome (Plutarque, *Lucull.*, 39) ; de riches particuliers rivalisèrent de zèle pour en avoir d'aussi beaux que Lucullus et c'est dans ce but qu'ils les décorèrent avec les œuvres les plus merveilleuses de la statuaire grecque (Cic., *pro Domo*, 43 ; Philipp., II, 42 ; Pline, XXXVI, 5 ; Pline le Jeune, *Ep.* VIII, 18). Dès lors les jardins devinrent des lieux de plaisir (Cic., *pro Celio*, 15) ; c'est pourquoi on les plaça sous la protection de Vénus (Festus, v. *Rustica ;* Pline, XIX, 4 ; L. Varron, VI,

20). Les jardins étaient également placés sous la sauvegarde de Priape (Martial, *Epig.*, III, 68, VIII Epig., 40 ; Catulle, *Ad hort. deum ;* Ovide, *Fast.*, I, 415 ; Suet., *Illust. Gramm.*, II.) On représentait ce dieu sans bras en demi-statue, c'est-à-dire qu'il avait une forme humaine jusqu'à mi-corps, et le bas était terminé en GAINE. (Voy. ce mot.) On l'implantait dans le sol, pour montrer qu'il ne devait pas s'éloigner des terres confiées à sa garde. (Voy. Boissard, *Antiq. rom.*, VI, pl. 36 et 37.)

Ces gaînes étaient en marbre (Martial, *Epig.*, VI, 73 ; Virg., *Eglog.*, VII, 33), et, quoique le dieu n'eût pas de bras, on lui attachait une faux, un bâton ou une simple baguette d'osier, afin qu'il pût écarter les voleurs et les maléfices de l'envie. (Tibul., I, 1, 23, 4 et 8 ; Martial, *Epig.*, XI, 19, IV, 73, et VIII, 40 ; Horace, *Sat.*, I, VIII, 4 ; Virg., *Georg.*, IV, 110 ; Pline, XIX, 4.) La présence de ce dieu n'était pas toujours efficace pour éloigner les voleurs, qui le craignaient si peu qu'ils volaient de leurs mains voleuses, *furtificæ manus* (Plaut., *Pseudol.*, III, 2, 94), le dieu lui-même, si sa statue avait quelque valeur; ils ne craignaient donc point de commettre un sacrilége, si toutefois il était lucratif. (Martial, *Epig.*, VI, 74.) Aussi les propriétaires pauvres ne possédaient qu'un Priape assez informe, grossièrement équarri avec une serpe (Columell., X, 31 ; Martial, VI, *Epig.*, 73) dans un vieux tronc de figuier (Horace, *Sat.*, I, VIII, 1), d'orme ou de cyprès (Martial, *Epig.*, VI, 49, 73), de sorte que si les voleurs ne respectaient point la propriété, ils respectaient du moins le dieu sans valeur, et le laissaient tranquille au milieu des jardins. Horace (*Sat.*, I, VIII, 6.) nous apprend qu'on plaçait autour de la tête du dieu Priape des extrémités de roseaux, sans doute le panache, l'épi, que le vent agitait et qui servaient d'épouvantail pour éloigner les petits oiseaux, autres pillards des jardins. — Par une lettre de Pline le Jeune, qui donne la description de sa villa de Toscane, ainsi que par des peintures murales de Pompéi, nous pouvons reconstituer les jardins romains tels qu'ils étaient à l'époque d'Auguste et de ses successeurs immédiats. Ils étaient formés de compartiments réguliers séparés par des allées bordées de buis (Pline le Jeune, *Ep.*, V, 6) et d'*e-picea* ou de *sapinette* (Pline, XVI, 10). Certains massifs étaient faits à l'aide de buis taillés (*Ib.* 16) alternant avec des romarins dont le feuillage gris contrastait avec celui du buis. Ce fut un chevalier, du nom de Caïus Matius, qui introduisit dans l'art des jardins la taille des buis, des ifs, des romarins et autres arbustes. (Pline XII, 2.) Les jardiniers qui prenaient soin des massifs et des bosquets se nommaient *topiarii* (Cic., *Paradox.*, V, 2 ; Pignor, *de Servitute*, 243), d'où l'expression *ars topiara*, qui servait à désigner l'ensemble des procédés et des règles en usage pour la taille des massifs de verdure. Dans certains compartiments le buis formait des dessins et des combinaisons variées, il dessinait souvent le nom du maître de la maison. (Pline le Jeune, *Ep.*, V, 6.) Souvent les allées étaient coupées par de grands bassins circulaires (*Ib.*, *Ep.*, I, 13) autour desquels on plaçait toutes sortes de plantes, principalement celles dont les fleurs servaient à faire des couronnes. (Pline, XXI, 1.) Comme de nos jours, les Romains se livraient surtout à la culture des rosiers ; il les taillaient, et brûlaient sur l'arbuste même le bois mort, ce qui donnait, dit-on, de la vigueur aux rosiers. (Pline, XXI, 4.) Ils cultivaient bien toutes sortes de roses, mais les plus recherchées étaient celles de Préneste, de Milet et de Campanie (*Ibid.*) ; les premières étaient tardives, et les secondes très-hâtives. Les autres espèces de roses encore fort estimées étaient celles d'Héraclée, d'Alabanda, les roses cent-feuilles, et celles de Pestum, qui étaient remontantes ou qui fleurissaient deux fois l'an, *bife-rique rosaria Pœsti* (Virg., *Georg.*, IV, 119 ; Ovide, *Pont.*, II, 4, 28 ; Martial, IX, 61, XII, 31, V, 38) ; les autres plantes les plus cultivées étaient les lis et les narcisses (Pline, XXI, 5), les violettes pourpres, jaunes et blanches, *violæ purpureæ, luteæ, albæ* (*Ib.*, 3, 6, 11), qui répandaient des odeurs exquises (Pline le Jeune, *Ep.*, II, 17) ; les giroflées blanches, les œillets, les pavots, les jacinthes bleues, les amarantes, les bluets, et l'hespéride ou fleur du soir, ainsi nommée parce qu'elle ne répandait ses parfums qu'après le coucher du soleil (Pline, XXI, 11, 7, 8 ; Columel., X, 97) ; enfin les lauriers roses (Pline, XXI, 9).

A partir de Néron et de ses successeurs, l'art des jardins paraît se transformer : au lieu de jardins réguliers, les Romains ne veulent plus que des allées contournées s'entre-croisant et s'enlaçant les unes dans les autres, au milieu desquelles ils laissent des prairies naturelles, ou, à défaut, ils créent des prairies artificielles. Une grande allée de ceinture (*gestatio*) faisait le tour de la propriété et en dissimulait les limites, par une haie vive ou palissade formée d'arbres verts plantés très-serré. (Pline le Jeune, *Ep.*, II, 17.) Ils recherchent alors les eaux vives pour créer des canaux ou des rivières artificielles, dont ils gazonnent les bords sinueux et dont les eaux allaient se rendre dans un petit lac. (Pline le Jeune, *Ep.*, I, 3.) Ces pièces d'eau, auxquelles les propriétaires décernaient pompeusement les noms de *Nil* et d'*Euripe* (Cic., *Leg.*, II, 1 ; *ad Q. Frat.*, III, 9 ; Pline le Jeune, *Ep.*, I, 3), étaient alimentées par les aqueducs, et les eaux concédées aux particuliers étaient mesurées par les châteaux d'eau (*castella divisoria*). Les jardins qui ne pouvaient être alimentés par les eaux publiques possédaient des puits, desquels on tirait l'eau péniblement à l'aide de vases et d'une corde ou bien à l'aide d'une pompe. (Columell., X, 26 ; Martial, IX, 19.) Ces jardins étaient en outre décorés d'édicules, de *monuments*, tels que pyramides, colonnades, portiques décorés de statues, xystes et hippodromes ou champs de course pour les chevaux, d'amphithéâtres de verdure ; ils renfermaient en outre des treillages ou *pergulæ* (Tite-Live, XIV, 3 ; Columell., IV, 21, 2, XI, 2, 32) ; des serres, chauffées à l'aide d'une canalisation d'eau chaude (Sénèque, *Ep.*, 122), dans lesquelles on cultivait des plantes qu'on faisait fleurir en hiver (Pline, XIX, 5). Certaines chambres servaient dans les serres à forcer des arbres fruitiers (Martial, VIII, 14, 68), ou des légumes (Columell., XI, 3 ; Martial, IV, 22). Souvent, dans le voisinage des serres à fleurs, il y avait un *triclinium* servant à dîner en plein air, et, tout auprès de cette salle à manger champêtre, un orgue d'eau faisait entendre une musique délicieuse. (Vitruve, X, 13.) Comme on peut le voir par ce qui précède, la passion des jardins était poussée à Rome à un très-haut degré ; aussi la classe pauvre, qui ne pouvait avoir de vrais jardins, cultivait des fleurs et même des légumes sur les fenêtres de son logement : *In fenestris suis plebs urbana in imagine hortum* (Pline, XIX, 4); *rus in fenestra* (Martial, XI, 19).

La chute de l'empire romain, qui entraîna la décadence de tant d'arts, supprima complétement le goût des jardins, qui ne reparut

seulement qu'à la fin du XIIIᵉ siècle. Il était réservé aux Médicis de réhabiliter cet art pendant le XVIᵉ siècle, et la renaissance italienne créa de magnifiques jardins qui ont subsisté presque intacts jusqu'à nous. Mentionnons les beaux jardins de Boboli, au palais Pitti à Florence, dont le soleil le plus ardent ne peut percer l'ombrage des bosquets ; ceux des palais Borghèse, Aldobrandini et de la villa Medici à Rome, de la villa d'Este à Tivoli. C'est là où l'on peut se rendre compte du bel effet de l'art décoratif des jardins : on ne voit partout que terrasses, temples, belvédères,

fontaines, rochers, bustes, vases, statues et fontaines. Le style italien pénétra en France et de là il se répandit dans toute l'Europe, où il dura jusqu'à la fin du XVIIᵉ siècle, quand Le Nôtre y apporta quelques modifications qui le firent nommer *style français*. C'est à Versailles où cet architecte paysagiste inaugura ce style, qui fut successivement appliqué aux châteaux de Meudon, de Vaux, de Rueil, de Marly, de Chantilly; il passa même en Angleterre, où Le Nôtre créa le parc de Saint-James, et plus tard en Hollande, à Vienne, à Stuttgard et à Berlin. Nos figures 1 et 2 montrent deux spécimens de jardins dits *de propreté* ou *parterres de broderies ;* c'est à l'aide de divers panneaux de ce genre qu'on formait, pendant le XVIIᵉ siècle, ces parterres symétriques qui produisaient un fort bel effet, mais qui finissaient par être fort monotones. Notre figure 1 montre un compartiment de ces jardins qui comprend, comme on peut le voir par la lecture de la légende, un fond de sable rouge, des becs-de-corbin simples et doubles, des feuilles de refend, des fleurons, des rinceaux, des volutes, des nielles doubles, des agrafes, des dents de loup, des cartouches et des trèfles, le tout encadré de bandes de gazon avec bordures de buis ; notre figure 2 montre un deuxième panneau composé d'un plus grand nombre de motifs et encadré d'une bordure de lierre. Au commencement du XVIIIᵉ siècle, la symétrie et les compartiments furent délaissés; les Anglais les premiers créèrent le *jardin paysager*, qui est censé imiter la nature. Parmi les novateurs de ce genre, nous devons citer Pope, Addison, Wise et William Kent, et leurs successeurs Browne, Repton, Walpole, Price. Les jardins anglais firent leur entrée en France en 1765; mais une réaction s'opéra en faveur des *jardins chinois*, qui furent complétement battus par un nouveau genre créé par Jean-Jacques Rousseau, Girardin et Morel, qui dessinèrent les jardins d'Ermenonville; bientôt après on imagina le *hameau* de Chantilly, qui vient d'être restauré en grande partie par notre confrère M. Daumet; à Versailles, on éleva le petit Trianon; près de l'Isle-Adam (Oise), le parc de Casant; près de Senlis, celui de Morfontaine. Datent de la même époque, la Folie-Beaujon, le jardin Boutin et le parc Monceaux à Paris, dont il ne subsiste presque plus rien aujourd'hui. Enfin, à notre époque, l'art des jardins a pris un aspect plus grandiose, les monuments et les hameaux ont été supprimés, et de grands architectes paysagistes ont créé un genre tout à fait à part et remarquable ; parmi les créateurs de ce style du XIXᵉ siècle, nous citerons Paxton, Nash,

Hector Horeau, Barillet-Dechamps, Ed. André, Thouin, Hardy, Viart, Rivière, etc.; et parmi les beaux jardins, ceux du palais de Sydenham à Londres, d'Édimbourg, le Prater à Vienne, les bois de Boulogne et de Vincennes à Paris, du palais de Fontainebleau, les jardins de Monaco et de Monte-Carlo, du vice-roi d'Égypte; ceux de la villa Vallombrosa à Cannes, de la villa Pallavicini à Gênes, etc., etc.

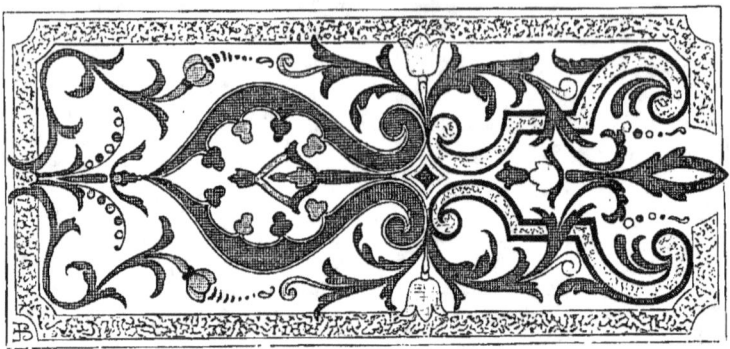

Fig. 2. — Parterre de broderies, composé de palmettes, de grains de chapelet, de nielles, d'attaches et d'enroulements.

JARLOT, *s. m.* — Terme de marine. Entaille pratiquée dans l'étambot, dans l'étrave ou dans la quille d'un bâtiment, et dans laquelle on fait entrer le bordage.

JARRET, *s. m.* — Dans toute courbe, tracée ou construite, on nomme *jarret* une solution dans cette courbe, solution qui forme un arrêt angulaire; ainsi dans une arcade, si un des claveaux, par suite d'un tassement, s'est déplacé, il se forme au point de déplacement un jarret; on dit alors que la courbe est *jarretée*.

JASPE, *s. m.* — Pierre dure de couleur variable, c'est une espèce d'agate ; on l'emploie en marqueterie et dans les mosaïques, surtout dans la mosaïque dite *de Florence*. On distingue le *jaspe vert*, le *jaspe jaune*, le *jaspe sanguin*, ainsi nommé parce que le fond vert est tacheté de points rouges; enfin les jaspes *fleuri*, *gris*, *violet*, *brun*, *noir*, *veiné*, etc.

JAUGE, *s. f.* — Plaque de métal, ordinairement en acier, qui sert à déterminer le diamètre des fils de fer; il existe dans le commerce diverses jauges; celle dite *de Paris*, qui con-

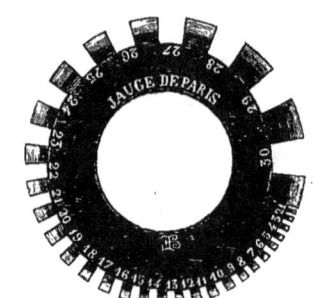

Jauge de Paris.

tient trente numéros correspondant à autant de diamètres de fils, est la plus répandue : nous en donnons la représentation par la figure ci-jointe. — En termes de charpentier, on nomme *jauge* une petite règle d'une longueur variable, sur 0^m,03 de largeur, et qui porte des divisions en centimètres et en millimètres ; cet instrument sert dans le tracé des assemblages pour déterminer des dimensions fixes et très-précises.

JAUGEAGE (Cuvette de). — Cuvette servant à mesurer le débit d'eau que fournit une source, un aqueduc, une canalisation, etc. Ces appareils sont construits d'après les données suivantes : la cuvette est munie de 10, 20, 30 ajutages, suivant l'importance de l'arrivée de l'eau qu'il s'agit de mesurer. Chaque ajutage débite un pouce d'eau par minute, sous une pression de 0^m,03 d'eau au-dessus de l'ouverture de l'ajutage. L'eau arrive par un tuyau ou par un aqueduc dans un premier réservoir, dit *de repos*, où le calme s'opère ; elle pénètre ensuite dans la cuvette, dite *de jauge*, dont la charge de 0^m,03 sur le sommet des orifices est réglée par un trop-plein disposé à cet effet. La cuvette de jaugeage renferme un nombre d'ajutages plus considérable que ne nécessite le débit, afin de pouvoir en boucher un certain nombre et régler ainsi la hauteur ; quand on a obtenu le point cherché, on additionne le nombre de pouces restés libres et l'on obtient ainsi le débit de l'eau. Souvent, pour jauger une source de peu d'importance, on se contente de la barrer dans son parcours au moyen d'une planche percée de trous de 0^m,02 de diamètre, ayant par conséquent leur centre à 0^m,04 au-dessous du bord supérieur. On bouche un nombre de trous suffisant pour permettre à l'eau d'affleurer le bord supérieur de la planche, et le nombre de jets que fournit le cours d'eau indique la puissance de son débit.

JAUGER, *v. a.* — Se servir d'une jauge. C'est encore reporter une mesure. Dans cette dernière acception les ouvriers se servent aussi du terme *piger*. — Mesurer la quantité d'eau fournie par un cours d'eau. — En charpenterie, c'est placer deux pièces parallèles. — En maçonnerie, c'est appliquer les mesures de dimensions à une pierre aux deux extrémités de celle-ci, afin d'en faire les arêtes et les côtés opposés parallèles : dans ce dernier corps

d'état, on dit aussi *retourner*. — L'expression *contre-jauger* signifie rendre des espaces et des hauteurs parallèles.

JAUNE, *s. m.* — Couleur qui a été employée dès la plus haute antiquité dans la décoration des œuvres d'architecture. Les Hindous, les Égyptiens, les Assyriens, les Grecs, les Romains ont employé cette couleur. Il en existe de différentes nuances, soit qu'elles proviennent de substances minérales ou végétales.

Parmi les jaunes minéraux, nous distinguerons : l'*ocre jaune* ou ocre commun, ainsi dénommé parce qu'il est très-abondant dans la nature : c'est une terre chargée d'oxyde de fer ; — l'*ocre de rue*, plus riche en oxyde de fer : ces deux jaunes sont employés pour les gros ouvrages de peinture, soit à l'huile, soit en détrempe ; les badigeonneurs en mettent une petite quantité dans leur badigeon, afin de lui donner le ton de la pierre ; les peintres en mettent aussi dans leur encaustique pour parquets ; — le *jaune de Naples*, jaune plus pâle que les précédents, formé par un mélange d'oxyde de plomb et d'antimoine. Enfin, à l'aide des *chromates de chaux, de baryte, de plomb*, on obtient des jaunes plus ou moins colorés. En général, quand on veut obtenir des tons chauds en peinture, on additionne au jaune une pointe de divers ocres rouges, de carmin, etc.

Les jaunes provenant de substances végétales sont : le *stil de grain*, qu'on nomme aussi GRAINE d'Avignon (Voy. ce mot), la *gaude*, le *safran*, le *curcuma*, la *gommegutte*, etc. — En blason, le jaune correspond à l'or, et, quand on ne peut le représenter en couleur dans les armoiries, on l'indique par un pointillé. (Voy. BLASON et HACHURES.)

JAUNIR, *v. a.* — Passer une couleur jaune serin sur un ouvrage apprêté de blanc avant de le dorer. Cette couleur remplit l'office du mordant anciennement employé.

JAUNISSAGE, *s. m.* — Opération de la dorure en détrempe, qui consiste à appliquer une couleur jaune serin avant de dorer, c'est-à-dire après le *réparage* et le *dégraissage*. Ce terme sert encore à désigner le travail par lequel on applique de la couleur jaune pour remplir les fonds étroits et profonds où l'or n'a pu pénétrer.

JAUNISSE, s. f. — Maladie des arbres qui dessèche leurs feuilles et les fait tomber prématurément.

JAVELLE, s. f. — Botte de paille longue et rigide qu'on réunit deux à deux par un lien de paille ou d'osier et qu'on emploie dans les couvertures en chaume.

JÉ, JONC ou ROTIN, s. m. — Long jonc servant aux plombiers à dégorger les tuyaux de descente qui sont engorgés.

JECTISSES (Terres). — Terres rapportées, ou qui ont été fouillées et remuées.

JÉSUITIQUE (Architecture). — On désigne sous ce terme un genre particulier d'architecture qui a pris naissance en Italie à la fin du XVIᵉ siècle, et qui se développa avec le XVIIIᵉ, en même temps que la congrégation ou société de Jésus. Le prototype de cette architecture est l'église du Gezù à Rome. Peu de temps après l'institution des jésuites par le pape Paul III, le cardinal Alexandre Farnèse, son neveu, très-partisan de la nouvelle congrégation et très-zélé pour sa cause, voulut témoigner ostensiblement de son zèle ; c'est pourquoi il désira élever à ses frais une église superbe en l'honneur de Jésus-Christ, le chef et le patron du nouvel ordre. Il confia cette construction importante à Jacques Barrozio de Vignola, qui en jeta les fondements en 1568 (1), sur l'ancien emplacement occupé par les petites églises de *Santa-Maria della Strada* et de *San-Andrea ;* ce dernier fait est positif,

puisqu'un écrit cité par Martinelli, daté de l'année 1587, détermine ainsi l'emplacement : « *Inter porticum corinthiam e regione S. Luciæ nunc eversæ.* » Malheureusement pour son œuvre et pour l'art, Vignola meurt, n'ayant conduit la construction de son église que jusqu'à la corniche : « *Il Vignola avea condotta la fabrica della chiesa fine alla corniche, allorchè mori.* » (Nibby, p. 224, voir la note ci-dessus.) — Barrozio mort, son élève Giacomo della Porta continua son œuvre ; mais, voulant marquer son influence et laisser une trace de son passage dans cet édifice, il sacrifia sans scrupule les projets de son maître, remania le portail, la décoration des voûtes et des piliers ; il exécuta aussi une grande portion de la chapelle de la Vierge, les voûtes et la coupole ; ancien stucateur, il surchargea la décoration de stucs : en somme, nombre d'auteurs (1) trouvent fort regrettables les travaux exécutés par de la Porte dans l'église du Gezù, si bien entendue et si bien comprise par son premier auteur Vignole. Le plan de l'église en question est une croix latine ; l'abside est terminée en hémicycle ; sa longueur dans œuvre est de 71 mètres environ ; la largeur de la nef est de 39 mètres ; la hauteur de la voûte atteint presque 30 mètres, et celle de la coupole, au pied de la lanterne, est de 50 mètres environ. Nous n'essaierons pas d'énumérer les nombreux monuments de l'architecture jésuitique qui sont répandus à la surface du globe, mais nous étudierons les caractères distinctifs de ce style. — Les travaux exécutés par de la Porte eurent une fâcheuse influence sur l'art du XVIIᵉ siècle, parce que les jésuites se firent les promoteurs de cette architecture tapageuse, qui en imposait aux yeux du vulgaire, mais qui ne pouvait séduire que médiocrement les connaisseurs, surtout ceux qui admiraient avec passion la belle renaissance italienne. Cependant, même au point

---

(1) Divers auteurs prétendent que ce ne fut qu'en 1575 ; nous pensons que c'est une erreur ; du reste, Nibby, un auteur auquel on peut ajouter foi, donne positivement la date de 1568 : « *Egli diè principio dal fondare la casa professa l'anno 1543, et la chiesa l'anno 1568 incaricando il Vignola de disegni.* » (Nibby, *Roma moderna*, t. Iᵉʳ, p. 224.)

(1) Parmi de nombreux auteurs, et en attendant l'opinion de Gailhabaud qui termine cet article, voici l'appréciation de Milizia (*Roma delle Belle arti*, p. 439) : « *Che l'internò di questa chiesa fu condotto dal Vignola fino alla cornice et fin là si mantiene la eleganza de'profili et la regolarità de'membri, il resto fu esaggerato da Giacomo della Porta.* »

de vue artistique, cette architecture a trouvé des défenseurs; nous n'avons pas à entrer dans le débat, mais nous pouvons bien dire

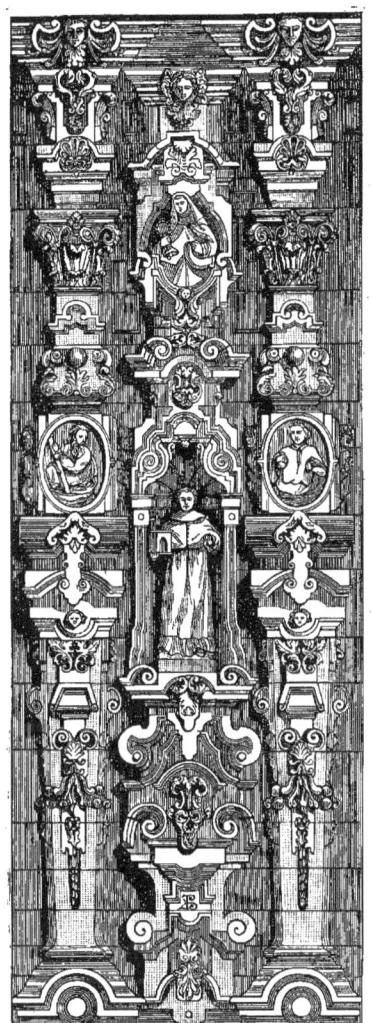

Fragment du portail de la cathédrale de Mexico.

que, quelle que soit l'opinion qu'on professe à cet égard, un fait est indiscutable, c'est que cette architecture est, si nous pouvons nous

exprimer ainsi, antireligieuse; que sa magnificence et sa richesse de mauvais aloi conviendraient plutôt à des décorations théâtrales et à des salles de fête qu'à des édifices consacrés au culte de Dieu. Et cependant l'architecture jésuitique se répandit non-seulement en Italie, en France et en Europe, mais dans tous les pays où les jésuites avaient un pied, c'est-à-dire dans le monde entier. Nous trouvons même à Mexico un type caractéristique de l'architecture jésuitique, c'est au portail de la cathédrale de cette capitale. La figure ci-contre montre une partie bien peu considérable de ce portail; mais cependant, par ce spécimen, nos lecteurs peuvent juger du caractère des chapiteaux, des ressauts, des niches, des volutes et des enroulements, des pilastres et des contre-pilastres de cette bizarre architecture, si capricieuse et si tourmentée dans ses formes; architecture qui n'a d'autre mérite qu'une grande exubérance de composition. Elle eut une grande vogue en France jusque vers la fin du XVIIe siècle, et l'influence qu'elle exerça sur l'art architectural s'est pour ainsi dire maintenue jusqu'à nous, mais dans des pays situés en dehors de l'Europe. Voici quels sont ses caractères distinctifs. Le style jésuitique se traduit en frontons curvilignes coupés, souvent inscrits l'un dans l'autre par des enroulements en manière de grandes volutes connues sous le nom d'AILERONS (Voy. ce mot), de guirlandes et de torsades, et de pots-à-flammes, très-tourmentés et souvent de mauvais goût; et, comme le fait observer avec raison notre confrère J. Gailhabaud (*Monuments anciens et modernes*) :

On pourrait presque admettre que ces monuments n'ont été érigés qu'en vue de la décoration, tant il y a chez eux abus et exubérance de la chose. En effet, marbres précieux et variés, stucs, dorures, sculptures, peintures, etc., tout y est répandu avec une profusion telle qu'on est frappé comme de stupeur lorsqu'on vient à pénétrer dans quelqu'une des églises appartenant à cet ordre. Aussi mentionner le Gezù, *Santa-Maria in Vallicella* et tant d'autres, c'est rappeler aussitôt tout ce déluge de décoration dont furent noyées, aux XVIe et XVIIe siècles, les églises de Rome et de l'Italie, celles de l'Espagne, de la France, des Pays-Bas, etc., monuments dans lesquels on a jeté à pleines mains l'or, le marbre et les couleurs, transformés en travaux de décoration ou en meubles religieux.

Analysant ensuite la sculpture et les stucs et surtout la sculpture d'ornement, notre confrère la trouve maniérée, surchargée, et il blâme cette exubérance de mauvais goût et tous les motifs « entassés sans goût et sans discernement les uns à côté des autres, de telle manière que l'œil, fatigué de toute cette étrange combinaison, ne peut plus bien saisir le véritable parti pris de l'artiste. C'est donc un entassement, un mélange confus de mille motifs divers qu'on vient grouper, combiner, agencer, superposer, sans autre but que celui de faire une œuvre qu'on croyait brillante et de bon goût, lorsqu'au contraire on ne produisait que la surcharge et le papillotage. »

JET, *s. m.* — Action de jeter, c'est-à-dire d'enlever avec la pelle les terres piochées et de les déposer sur les bords d'une fouille. On nomme cette opération *jet des terres sur berge.* Chaque jet à la pelle représente au plus 4 mètres dans le sens horizontal et 2 mètres dans le sens vertical, c'est-à-dire que dans le premier cas un terrassier ne peut lancer convenablement la terre à plus de 4 mètres, et dans le second à plus de 2 mètres. Dans une fouille, on compte autant de jets qu'il y a de banquettes, plus un pour le jet du fond de la fouille sur la première banquette ; les banquettes sont établies à 2 mètres de hauteur les unes au-dessus des autres. — En peinture, on donne le nom de *jet* à chacun des tons d'une peinture en granit.

JET D'EAU, *s. m.* — Colonne d'eau isolée ou en gerbe qu'on utilise pour l'ornement des fontaines et des bassins. Les jets d'eau sont un des plus beaux ornements des parcs et des jardins publics et privés ; ils donnent beaucoup d'animation à des points de vue, à des perspectives, et, suivant leur disposition, ils produisent un grand effet ; aussi l'art de distribuer les eaux n'est pas à la portée des intelligences vulgaires, et seul un excellent ingénieur hydraulicien saura, avec une quantité d'eau donnée, obtenir les plus beaux effets.

Cette partie de la science hydraulique a été utilisée très-anciennement pour la décoration des jardins, mais à aucune époque on n'a su en tirer un parti aussi avantageux que dans les temps modernes ; les jardins de Versailles, les fontaines qui décorent les grandes villes et beaucoup de villas, en Angleterre, en France, en Italie et dans beaucoup d'autres contrées, témoignent de la capacité de nos ingénieurs fontainiers ou hydrauliciens.

On désigne encore sous le nom de *jet d'eau* la pièce inférieure d'un châssis ou d'une croisée en menuiserie. Cette traverse porte une

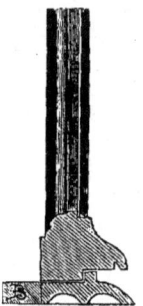

Jet d'eau.

feuillure intérieurement et à l'extérieur elle affecte une forme curviligne qui facilite l'écoulement des eaux. (Voy. notre fig.) Cette traverse porte sur la *pièce d'appui.* — Par extension, on donne ce nom à l'outil à fût qui sert à traîner les jets d'eau dans les traverses ; à l'*emboîture* ou *barre à queue* qu'on place au bas d'une porte pleine et qui affecte la forme du jet d'eau de croisée.

En robinetterie, le *jet d'eau* est un petit ajutage en cuivre qui sert à régler la force du filet d'eau qui s'échappe d'une conduite. Cet ajutage est fixé à l'extrémité de cette conduite.

JETÉE, *s. f.* — Espèce de brise-lame fait en maçonnerie, ou à l'aide de gros quartiers de roche qu'on superpose les uns sur les autres sans ordre et sans symétrie. Ils sont simplement bloqués. Quand on peut faire des bâtardeaux, la jetée est alors une espèce de chaussée en maçonnerie. Les jetées servent à protéger l'entrée d'un port ou d'un chenal; elles décrivent tantôt une courbe, laissant un passage pour les vaisseaux; tantôt elles forment deux chaussées parallèles. — On nomme encore *jetée* un mur de quai, ou celui d'un môle.

JETER, *v. a.* — Dans la langue technique, ce terme a des significations diverses. Ainsi on dit *jeter* des terres sur berge ou sur banquette (Voy. JET); *jeter* un plafond, un crépi, un enduit, c'est-à-dire faire un plafond, un crépi, un enduit. *Jeter* un pont, construire un pont sur un canal, une rivière, un fleuve. — En peinture, *jeter un granit,* faire un granit à deux ou trois couleurs, c'est-à-dire granit à deux ou trois jetées. — En plomberie, *jeter* le plomb dans un moule, c'est l'y verser avec une cuiller en forme de casserole.

JEU, *s. m.* — Aisance avec laquelle un corps se meut dans un espace donné; ainsi l'on dit, le *jeu* d'une porte, d'une croisée, d'un châssis, etc., pour exprimer qu'ils se meuvent, s'ouvrent et se ferment sans effort et sans frottement. Dans les constructions neuves, les travaux de menuiserie se gonflent par suite de l'absorption de l'humidité des plâtres, aussi est-on obligé de leur donner du jeu, surtout aux portes et aux croisées. Les ouvrages de menuiserie ne sont pas les seuls auxquels on donne du jeu, il faut agir de même pour certains ouvrages de serrurerie qui frottent et ne fonctionnent pas comme ils le devraient par suite des tassements inévitables qui se produisent dans les constructions. Le menuisier et le serrurier sont tenus de donner gratuitement du jeu aux ouvrages neufs pendant un temps convenu dans leurs marchés (ordinairement pendant un an). Après ce délai, ce genre de travail s'évalue en temps, c'est-à-dire qu'il se compte à la journée et par approximation.

JEU D'ORGUE. — Voy. PLANCHE DE VENTOUSE.

JEUMERANTE, *s. f.* — Petite planche, calibre qui sert de patron pour tailler les jan-tes des roues de BINARD, de CHARIOT et de DIABLE. (Voy. ces mots.)

JOINT, *s. m.* — Intervalle compris entre deux pierres, deux moellons, deux briques superposés ou juxtaposés; d'où deux genres de joints, ceux qui sont horizontaux et ceux qui sont verticaux. Suivant le mode de construction adopté, le joint est rempli de ciment, de plâtre ou de mortier, ou laissé à sec. Suivant leur forme et leur position, les joints reçoivent diverses dénominations; on nomme :

JOINT A ONGLET, celui qui est fait en diagonale du retour d'équerre; on l'emploie dans les ouvrages d'incrustation et dans ceux assemblés par compartiments;

JOINTS EN COUPE ou DE DOUCETTE, les joints inclinés des voussoirs ou des claveaux d'une plate-bande;

JOINT CARRÉ, celui qui est d'équerre;

JOINT DÉROBÉ, celui qui, d'aplomb sur la face, est incliné et se *dérobe* sous le derrière des claveaux;

JOINT DE LIT, celui qui est dans le même plan qu'il soit horizontal ou incliné;

JOINT DÉMAIGRI ou A UNE CISELURE, celui pratiqué sur une pierre retaillée : les joints démaigris sont surtout employés dans les assises qui n'ont qu'un parement;

JOINTS DE RECOUVREMENT, ceux qui se recouvrent mutuellement : les marches d'escalier sont à joints de recouvrement;

JOINT DE FACE ou DE TÊTE, celui qui est apparent et qui forme parement, soit à la douelle ou à la tête d'une voûte, soit devant ou sous une plate-bande; ou au plafond d'un tableau;

JOINTS FEUILLÉS ou RECOUVERTS, ceux qui existent dans deux pierres qui se recouvrent l'une l'autre par une entaille de leur demi-épaisseur;

JOINT GRAS, celui qui a trop de largeur;

JOINT MAIGRE, celui qui est trop étroit;

JOINT OUVERT, celui dans lequel le mortier s'est séparé des pierres, ou bien encore un joint qui porte des cales trop épaisses;

JOINT SERRÉ, un joint tellement serré que les bords éclatent par suite d'un tassement;

JOINT MONTANT, celui qui est vertical;

Joints mâles et femelles, ceux qui portent d'un côté un tenon, rond ou carré, et de l'autre une entaille : ces joints-là s'emboîtent donc; on les emploie dans une assise de bahut ;

Joints refaits, ceux qui n'étant pas d'aplomb ou de niveau font un mauvais effet; on les corrige en mastiquant les joints véritables et en refait à côté. Souvent on fait de ces joints en ragréant et en ravalant avec du mortier de même couleur que la pierre.

En charpenterie, on nomme *joint* l'endroit où deux pièces se joignent; il existe des joints en grand nombre, ils sont *à sifflet, à tenon, à paume, à mors d'âne*, etc. (Voy. Assemblage, où nous avons décrit et dessiné la plupart des joints en charpente.)

En menuiserie, on nomme *joint* la plus petite face de chaque planche; quand cette face n'est ni *blanchie* ni *corroyée*, le joint est dit *brut*.

On nomme *joint à plat* celui qui est fait par deux planches *blanchies* et *dressées* sur leur épaisseur, mais qui n'est pas assemblé par une languette ou par un tenon et une mortaise; un lambris fait ainsi est dit aussi *lambris à plein joint*.

En marbrerie, les joints sont très-variés; on nomme :

Joint ordinaire ou brut, celui qui a été fait simplement *à la sciotte ;*

Joint démaigri, celui qui n'a qu'une vive arête : tous les carreaux et bandes de carrelage sont à joint démaigri;

Joint plein, le joint visible sur l'épaisseur d'une bande, et qu'on a dressé pour se raccorder avec une autre faisant retour d'angle;

Joint de réunion, un joint horizontal ou vertical d'une bande réunie à une autre qui l'affleure, soit sur son parement, soit par derrière ;

Joint angulaire, un joint d'onglet;

Joint perdu, celui qu'on pratique sur une pièce de marbre en lui faisant suivre un contour, soit des veines ou des cailloux, afin que ce morceau rapporté ne soit pas visible;

Joint mouliné, celui qui, au lieu d'être ciselé, est simplement *mouliné*, c'est-à-dire dressé et frotté sur un morceau de marbre, ou *grésé*. Les carreaux et les bandes de carrelage qui doivent être joints bout à bout sont moulinés ordinairement dans toute leur épaisseur.

En termes de paveur, le joint est l'intervalle qui sépare les pavés; on distingue : le *joint de rive*, celui qui existe entre chaque pavé de la même rangée, et le *joint en bout*, celui qui est entre chaque rangée.

JOINTIF, IVE, *adj.* — Qui joint. On dit qu'un lattis est *jointif* quand les lattes sont clouées près les unes des autres et se touchent; une cloison est faite de planches *jointives* quand elle est formée de planches brutes dressées sur leurs joints et posées les unes contre les autres ; si les planches étaient assemblées à rainure et à languette, la cloison serait dite *formée de planches jointes*.

JOINTOIEMENT, *s. m.* — Garnissage en mortier, plâtre ou ciment des joints d'une maçonnerie. Le mortier est souvent fait avec de la recoupe de pierres. Il faut établir une distinction entre le jointoiement, dit aussi *jointoiement simple*, qui s'exécute en même temps que la maçonnerie, et le rejointoiement, qui se fait après coup sur de vieilles maçonneries et pour lequel il est nécessaire de faire la dégradation des joints. (Voy. Rejointoiement.) Le jointoiement n'est pas toujours un travail nécessaire; dans certains cas même, surtout quand on doit à la fin des travaux d'une construction exécuter un rejointoiement, on peut s'en dispenser. On écrit aussi *jointoyement*.

JOINTOYER, *v. a.* — Faire un jointoiement. (Voy. l'art. qui précède.)

JONC. — Voy. Jé.

JOUE, *s. f.* — Épaisseur de bois qui reste de chaque côté d'une mortaise ou d'une rainure. — Les paveurs nomment *joues*, dans une cour dont la chaussée est convexe, les deux parties de revers entre le passage de la porte cochère et le point où les deux ruisseaux se réunissent pour n'en former qu'un.

JOUÉE, *s. f.* — Dans une baie (porte ou fenêtre), on nomme *jouée* l'épaisseur du mur, qui comprend le tableau, la feuillure et l'embrasure ; c'est en général la face latérale ou flanc d'un objet ; ainsi on dit, *jouée* de solive, *jouée* de lucarne, etc. Ces dernières, comprises entre la couverture, les poteaux des lucarnes et leur sablière, sont généralement construites, hourdées et ravalées comme les pans de bois ou les cloisons. Les chevrons de jouées sont ceux qui garnissent les côtés de la LUCARNE. (Voy. ce mot.) — Les jouées de lucarnes se couvrent soit avec des feuilles de plomb ou de zinc, soit en ardoises. Ce dernier mode est préférable, comme présentant plus de solidité que le zinc et coûtant moins que le plomb. On dit aussi, mais plus rarement, *ailes* de lucarne. (Voy. AILE.)

JOUER, *v. n.* — Avoir du JEU (Voy. ce mot), c'est-à-dire se mouvoir avec aisance. Quand un assemblage se dérange par suite d'une dilatation ou d'une contraction du bois, on dit que cet assemblage *a joué*. Quand une serrure est rouillée ou dérangée et que le pêne ne peut pas avancer, on dit que ce pêne ne *joue* pas, etc., etc.

JOUIÈRES ou JOUILLÈRES, *s. f. pl.* — Murs verticaux des berges d'une écluse sur lesquels sont fixés les poteaux des portes de cette écluse.

JONQUILLE, *s. f.* — Couleur d'un jaune brillant qu'on obtient soit à l'aide de la *céruse* et du *stil de grain*, soit au moyen d'un jaune de chrome basique avant sa calcination.

JOUR, *s. m.* — Toute ouverture pratiquée dans une partie quelconque d'un bâtiment et qui permet à la lumière d'y pénétrer.

On nomme *jour droit*, celui d'une fenêtre à hauteur d'appui ; *faux jour*, celui qui ne vient pas directement de l'extérieur, et qui n'éclaire un local qu'après avoir traversé un espace quelconque : beaucoup de cabinets à toilette sont éclairés en faux jour ; *jour d'aplomb*, celui qui vient directement par en haut, enfin *jour d'en*

haut, celui qui arrive soit par un *abat-jour*, un *soupirail*, ou par une lucarne.

On nomme *jour d'escalier*, le vide qui existe au centre d'un escalier à limon. (Voy. ESCALIER.)

JURISPRUDENCE. — En jurisprudence, on nomme *jours*, des ouvertures pratiquées dans

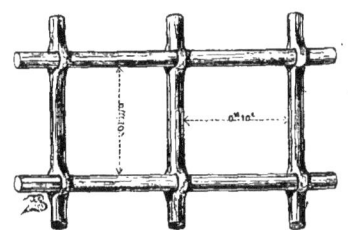

Fig. 1. — Jours.

des murs non mitoyens, et distants de moins de 1ᵐ,90 de l'héritage d'autrui ; ils servent seulement à éclairer, si les murs touchent immédiatement l'héritage voisin. — Voici les articles du Code civil qui se rapportent à ces jours dits de *souffrance* ou *de tolérance* :

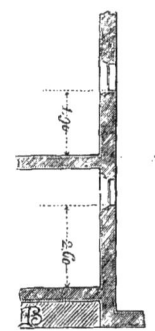

Fig. 2. — Jours.

Art. 675. — L'un des voisins ne peut, sans le consentement de l'autre, pratiquer dans le mur mitoyen aucune fenêtre ou ouverture, en quelque manière que ce soit, même à verre dormant.

Art. 676. — Le propriétaire d'un mur non mitoyen joignant immédiatement l'héritage d'autrui peut pratiquer dans ce mur des jours ou fenêtres à fer maillé et verre dormant. Ces fenêtres doivent être garnies d'un treillis de fer dont les mailles auront un décimètre (environ trois pouces huit lignes) d'ouverture au plus et d'un châssis à verre dormant. (Fig. 1.)

Art. 677. — Ces fenêtres ou jours ne peuvent être établis qu'à vingt-six décimètres (huit pieds) au-dessus du plancher ou sol de la chambre qu'on veut éclairer, si c'est à rez-de-chaussée, et à dix-neuf décimètres (six pieds) au-dessus du plancher pour les étages supérieurs. (Fig. 2.)

Qu'entend-on par fer maillé et verre dormant ? La *Coutume de Paris*, article 201, nous dit : « Le fer maillé est treillis, dont les trous ne peuvent être que de quatre pouces en tous sens; et verre dormant est verre attaché et scellé en plâtre qu'on ne peut ouvrir. »

Dans la pratique, on remplace les verres scellés en plâtre par un bâti dormant et même par un châssis ouvrant pour donner de l'air, de même qu'on remplace le fer maillé par de simples barreaux en fer garnis ou non garnis d'un grillage; mais cette substitution n'est jamais considérée que comme une tolérance de la part du voisin et ne peut jamais être invoquée contre lui pour la prescription. — Quant aux dimensions de ces jours, elles peuvent être aussi considérables qu'il plaira au voisin. « On peut faire les évasements aussi grands que l'on veut, » disent les commentateurs de la *Coutume;* en effet, rien dans la loi ne limite la hauteur de l'ENSEUILLEMENT. (Voy. ce mot.) Mais, d'un autre côté, l'assujettissement au droit de jour n'empêche pas le propriétaire du fonds servant de faire chez lui toute sorte de constructions et plantations, quand bien même celles-ci pourraient obscurcir le jour de la maison dominante (Pardessus, *Servitudes*, t. 2, nᵒˢ 235 et 237); cependant le propriétaire de l'héritage dominant serait écouté dans sa plainte, si la construction élevée en face de lui était peinte de manière à nuire à son jour. — Ces jours dits *de souffrance, de tolérance*, ne peuvent jamais créer une servitude, le propriétaire voisin a toujours le droit de les faire boucher en achetant la mitoyenneté du mur. Il peut également, si c'est dans les campagnes, construire un mur séparatif joignant immédiatement l'héritage sur lequel est élevé le mur ayant les jours; et, si c'est dans les villes et faubourgs, il a le droit d'exhausser le mur mitoyen et séparatif. — Disons, en terminant,

qu'il ne faut pas confondre les *jours* et les *vues*. Nous avons défini ci-dessus le premier de ces termes ; quant aux vues, ce sont des ouvertures pratiquées dans un mur mitoyen ou non, et qui, en outre qu'elles servent à éclairer et aérer l'intérieur, permettent encore de voir naturellement sur l'héritage d'autrui sans l'aide d'aucun exhaussement. — Voy. VUE et MITOYEN (*Mur*).

JOURNÉE, *s. f.* — Dénomination commune au temps du travail exécuté dans un jour, et à la somme servant de salaire à ce temps de travail. — Dans les travaux du bâtiment, on distingue la *journée d'hiver* et la *journée d'été*, ou la petite et la grande journée. La première est de dix heures dont huit de travail, et la seconde de douze heures dont dix de travail et deux heures pour les repas ou le repos. Il y a encore en automne et au printemps une journée de dix heures qui représente neuf heures de travail au lieu de huit, parce que les ouvriers ne prennent alors que deux demi-heures pour leurs deux repas. Comme on ne tient pas compte aux ouvriers pour leur salaire du temps de repos, il faut entendre par ces mots, journée de huit, neuf et dix heures, huit et neuf heures de travail effectif. Le prix de la journée se décompte par heure; aussi retranche-t-on ou ajoute-t-on des heures au prix de la journée, selon qu'un ouvrier s'est absenté ou a *fait des heures* en plus que le temps prescrit. — La journée ne commence et ne finit pas toujours à la même heure. En général, elle commence à six heures du matin en été et finit à six heures du soir ; en hiver, elle court de sept heures du matin à cinq heures du soir ; en outre, les ouvriers, pendant les longs jours de l'été, font des heures supplémentaires : ainsi les terrassiers, les maçons et les démolisseurs commencent souvent, en été, leur journée à quatre et cinq heures du matin, et ne la terminent qu'à sept ou huit heures du soir. Ils se reposent deux heures au milieu du jour, pendant la forte chaleur. — Le prix de la journée varie suivant les industries, les saisons et la capacité des ouvriers. Les architectes ne doivent admettre qu'avec la plus grande réserve les évaluations de travaux à la journée ;

ils feront bien d'y substituer, toutes les fois que ce sera possible, l'évaluation au mètre. Ce n'est que pour des travaux exceptionnels et qui ne peuvent être faits ni évalués autrement, c'est-à-dire exécutés en journée de régie ou d'attachements, qu'il devra les reconnaître. On en dresse jour par jour un état ou attachement, spécifiant le genre de journée, la durée du travail, le nombre et la qualité des ouvriers, etc.

JUBÉ, s. m. — Espèce de barrière ou de clôture richement ornée placée dans les églises entre la nef et le chœur. Les jubés supportent ordinairement une tribune dans laquelle un abbé venait lire l'évangile, après avoir prononcé la formule : *Jube, Domine, benedicere.* « Veuillez, Seigneur, me bénir. » C'est de là qu'est venu le nom de ce genre de barrière. Dans son *Abécédaire d'archéologie*, M. de Caumont (2ᵉ éd., p. 448) prétend qu'on ne trouve aucune trace de jubés avant le XIVᵉ siècle, et il ajoute : « Tous ceux que je connais sont du XVᵉ ou du XVIᵉ. » Évidemment l'éminent archéologue commet une erreur ; car le jubé de Chartres, démoli dans le dernier siècle par le chapitre, était positivement du XIIIᵉ siècle (1). Il est probable qu'avant cette époque il n'existait pas de jubés, car les grandes cathédrales bâties vers la fin du XIIᵉ et le commencement du XIIIᵉ siècle n'en avaient point. Cependant quelques archéologues ont affirmé le contraire ; ils ont sans doute confondu le jubé et l'ambon. Les ambons, en effet, existent depuis le IIIᵉ ou le IVᵉ siècle ; celui de Ravenne est de cette époque. Ainsi Thiers (*Dissertations ecclés. sur les jubés des églises*, 1688) prétend qu'il a vu dans la cathédrale de Sens un jubé fort ancien qui remonterait au IXᵉ siècle. Cette prétention nous paraît inadmissible, puisque la cathédrale de Sens n'a été bâtie que vers la fin du XIIᵉ siècle. Il faudrait donc admettre que ce jubé aurait été transporté d'un monument plus ancien, ce qui n'est pas probable ;

nous pensons plutôt que Thiers a voulu parler d'un ambon, et la description qu'il en fait nous confirme dans cette pensée : « Ils sont en pierre, dit-il, séparés l'un de l'autre ; le crucifix est entre-deux. Ils sont soutenus, par devant, de quatre colonnes de pierre qui font trois arcades de face. Ils ont chacun leur entrée du côté du chœur, et chacun leur sortie du côté de la nef. » Cette description peut parfaitement, suivant nous, s'appliquer aux ambons. Quoi qu'il en soit, aujourd'hui l'opinion la plus accréditée est que les jubés n'ont fait leur apparition que vers le milieu du XIIIᵉ siècle, et qu'ils n'ont remplacé définitivement l'AMBON qu'au XIVᵉ. (Voy. ce mot.) — Les jubés qui subsistent encore aujourd'hui sont tous de la renaissance ; parmi ceux-ci nous mentionnerons celui de la cathédrale d'Alby et de Rodez, des églises de la Madeleine à Troyes, de Saint-Étienne du Mont à Paris, de Saint-Florentin (Yonne), et d'Arques, près Dieppe. La cathédrale de Limoges possédait également un beau jubé ; mais, par suite de modifications apportées dans cette église, l'architecte a dû le sacrifier. Citons encore trois jubés du XVᵉ siècle : celui du Folgoat (Finistère), construit en pierre de Kersanton ; celui de l'église de Brou (Ain) ; celui de Saint-Fiacre au Faouët, en Bretagne : ce dernier, tout en bois, est richement sculpté et peint. — En Belgique, on peut voir des jubés dans les églises de Dixmude, d'Areschott, de Tessenderloo, et à la cathédrale de Tournay ; il en existe également dans un grand nombre d'églises d'Allemagne et d'Angleterre.

JUDAIQUE (ARCHITECTURE). — A-t-il existé un art et une architecture judaïques ? Telle est la question que bien des savants se sont posée avant nous, et qui jusqu'ici n'a pas reçu une solution satisfaisante, malgré les travaux parus depuis cinquante ans sur ce sujet important. Avant l'ouvrage de M. de Saulcy, *l'Art judaïque*, les maîtres les plus éminents avaient déclaré que le peuple juif n'avait jamais possédé un art en propre. M. de Saulcy lui-même avait adopté cette opinion, qui pouvait se justifier à la rigueur par l'an-

(1) Il y a quelques années, nous avons vu les débris de ce magnifique jubé dans l'une des cryptes de Notre-Dame de Chartres, et nous avons pu juger par ses fragments que ce jubé était réellement du XIIIᵉ siècle.

cienneté du peuple juif, lequel à son origine ne possédait que des cabanes et des objets usuels très-rudimentaires qui ne pouvaient constituer un art; plus tard ce peuple aurait successivement puisé ses connaissances en Babylonie, en Égypte, en Grèce et en dernier lieu à Rome. Nous partageons assez cette opinion. M. de Saulcy, au contraire, prétend qu'il a existé dès l'antiquité la plus reculée un art judaïque *sui generis*, qui ne ressemblait en rien à celui de tout autre peuple, et pour prouver sa thèse le savant auteur remonte fort loin dans le passé du peuple juif. S'étayant sur la Genèse (chap. 24), il nous dit (ouv. cit., p. 12) : « L'entrevue du serviteur d'Abraham et de Rébecca nous révèle des faits artistiques assez importants à noter. Ainsi la jeune fille reçoit en présent un ornement de nez pesant un demi-sicle, deux bracelets pesant dix sicles, et ces bijoux sont en or. Il existait donc déjà dans le pays de Kénâam, à l'époque où vécut Abraham, des bijoutiers assez habiles pour forger des bracelets et les ornements de nez. » Et plus loin (page 13) le même auteur ajoute : « Contentons-nous de tirer de ce passage l'enseignement précis que nous lui devons, à savoir, qu'Abraham envoyait en présent à sa future belle-fille des bijoux bien travaillés d'or et d'argent, et des étoffes probablement précieuses. Donc il y avait alors en Kénâam des artistes capables de les fabriquer, et cela me suffit quant à présent. » Nous trouvons ces conclusions très-hasardées; en effet, rien ne prouve, dans le passage cité, que les bijoux en question fussent *bien travaillés*, que les étoffes fussent *précieuses*, et que les ouvriers de Kénâam qui avaient fabriqué ces objets étaient des *artistes*. Tous ces faits ne sont que de simples hypothèses, et rien de plus. Du reste, les fouilles exécutées par M. de Saulcy n'ont amené la découverte d'aucun bijou; de simples fils d'or, paraissant avoir appartenu à une étoffe lamée avec ce métal, sont les seules traces pouvant indiquer un tissu riche, mais qui certainement était de beaucoup postérieur à l'époque d'Abraham. Ainsi donc la thèse soutenue par M. de Saulcy peut être ingénieuse, mais ne prouve rien en faveur de l'art judaïque dans ces temps reculés. Du reste,

cet auteur l'avoue lui-même; après avoir parlé d'un collier, d'un cachet d'Iehouda (Judas), fils de Jacob, de la momification des corps de Joseph et de Jacob, le savant archéologue fournit lui-même (page 17) cette conclusion : « Je ne crois pas avoir laissé échapper un seul des pas-

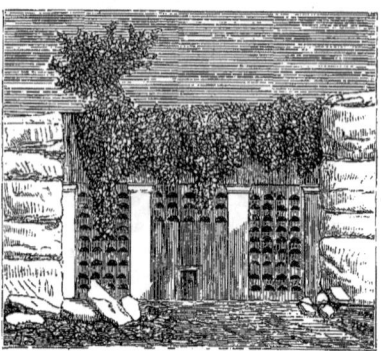

Fig. 1. — Tombeau dit *Qoublet-el-Endeh* (élévation).

sages dans lesquels, de près ou de loin, il soit question d'un fait se rattachant aux arts manuels ou aux sciences. Ma moisson a été bien pauvre sans doute, mais elle suffit néanmoins pour établir l'existence des arts dans le

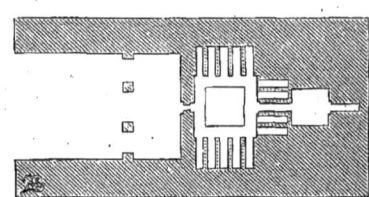

Fig. 2. — Plan du tombeau dit *Qoublet-el-Endeh*.

pays de Kénâam, fort longtemps avant la venue du peuple d'Israël au sortir de l'Egypte. » Cette conclusion n'est pas admissible, car elle ne repose sur aucune donnée; l'auteur semble le reconnaître lui-même, quand il dit (page 17): « Bien donc que nous n'en ayons que des demi-preuves obtenues par induction, nous pouvons, je crois, admettre que la double influence des arts chaldéen et égyptien devait s'exercer sur la race kénâanéenne, quelque sauvage qu'elle fût. » Nous n'insisterons pas davantage sur

ce point et nous étudierons l'architecture judaïque proprement dite, pour voir si elle présente un caractère original. Les seuls monuments qui nous restent, ou du moins dont
on ait aujourd'hui découvert des vestiges sont

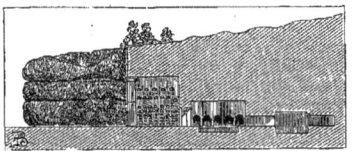

Fig. 3. — Coupe du même tombeau.

des tombeaux souterrains, des hypogées. Les
anciens habitants de la Phénicie et de la Palestine avaient surtout creusé des hypogées dans
le roc. Ce genre d'édifices n'offre rien de bien
remarquable au point de vue de l'art. Les

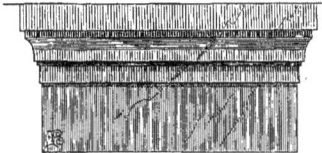

Fig. 4. — Chapiteau de pilastre de ce même tombeau.

plus connus sont : les tombeaux de Josué à
Tibneh, des rois de Juda, des Macchabées,
des juges, des prophètes, et ceux de la vallée
de Hinnom. Nos figures 1, 2, 3, 4, montrent l'é-
lévation, le plan, la coupe et un chapiteau de

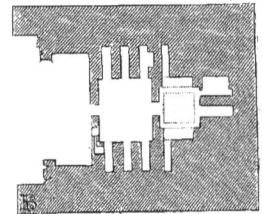

Fig. 5. — Plan d'un tombeau de la vallée de Hinnom.

pilastre de ce monument, qui porte parmi
les fellahs du pays le nom de *Qobr* ou *Qoublet-
el-Endeh*. Ce sépulcre est précédé d'un
vestibule taillé dans le roc, dont les parois
sont couvertes de petites niches destinée

à recevoir des lampions lors de certaines fêtes
commémoratives. Au fond du vestibule (Voy.
notre fig. 3) s'ouvre une petite porte, par laquelle on arrive dans une première chambre
sépulcrale qui renferme sur ses parois de droite

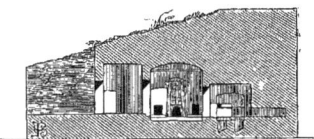

Fig. 6. — Coupe d'un tombeau de la vallée de Hinnom.

et de gauche des fours à cercueils (*koukim*);
en face de la porte principale, il existe (fig. 2)
une petite porte basse qui donne accès dans
une seconde chambre, qui n'aurait contenu
qu'une seule sépulture, probablement celle de
Josué. Nos figures 5, 6, 7 et 8 montrent le
plan, la coupe, une grande porte et la moitié
d'un plafond d'un tombeau de la vallée de
Hinnom. Le plan (fig. 5) comprend un large
vestibule, puis une première chambre sépulcrale portant sur ses parois de droite et de
gauche des fours à cercueils, enfin une deuxième chambre sépulcrale contenant quatre au-

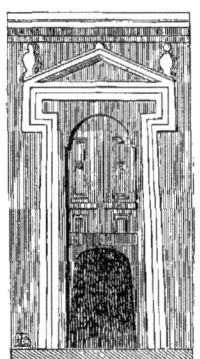

Fig. 7. — Grande porte représentée dans la figure 6.

tres fours. Dans notre coupe (fig. 6), on aperçoit une grande porte à crossettes et à fronton, dont les jambages sont légèrement inclinés, ce qui donne à cette porte une forme
trapézoïdale, disposition commune à certaines

portes étrusques et grecques; le fronton est surmonté de deux vases placés là en guise d'acrotères. Notre figure 7 montre à plus grande échelle cette porte, tandis que notre figure 8 fait voir la moitié du plafond de la première chambre, qui représente une rosace ayant aux quatre angles une triple palme d'un feuillage fréquemment employé dans la décoration judaïque. M. de Saulcy (1) considère ce monument comme contemporain des rois de la dynastie de David, c'est-à-dire qu'il serait antérieur au VIe siècle avant J.-C.

Hérode, le premier prince de la dynastie iduméenne des Hérodes, embellit de monu-

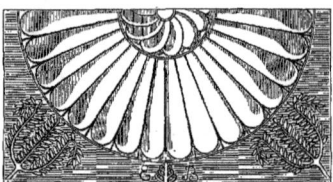

Fig. 8. — Moitié du plafond d'un tombeau
de la vallée de Hinnom.

ments Jérusalem et ses environs. Le style des édifices de cette époque est grec, mais modifié suivant les principes judaïques. C'est le même Hérode qui avait fait commencer la reconstruction du temple de Jérusalem, qui dura près d'un siècle, car commencée vingt ans avant J.-C., elle ne fut terminée que peu avant la prise de Jérusalem par Titus. Joseph décrit en détail cette œuvre grandiose, qui contenait trois enceintes : la première était publique, les étrangers eux-mêmes y étaient admis ; la seconde, élevée au-dessus du sol de la première par quelques degrés, était réservée aux Juifs, et la troisième aux prêtres. D'après l'historien F. Josèphe (*Bell. jud.*, V, v, 4, et *Ant. jud.*, XV, XI, 5), des inscriptions latines et grecques, et probablement hébraïques, quoique cet auteur ne le mentionne pas, gravées sur

des stèles, défendaient, sous peine de mort, à tout étranger de franchir la balustrade entourant le lieu saint. Le musée du Louvre (*salle judaïque*) possède un moulage en plâtre, inscrit sous le nº 8 du catalogue, d'une de ces stèles écrites en grec; nous en donnons la traduction suivante : « Qu'aucun étranger ne franchisse la balustrade qui entoure le lieu saint ni l'enceinte. Celui qui sera pris devra n'accuser que lui-même de la mort qui sera son châtiment (1). » — On peut voir également dans la même salle du Louvre divers débris et fragments de sculptures et de sarcophages provenant de Jérusalem, des tombeaux des vallées de Josaphat et de Hinnom, etc., etc.; ces objets ont été donnés en grande partie au musée par M. de Saulcy. En somme, l'ensemble des monuments judaïques que nous connaissons actuellement ne permet point d'admettre l'existence d'un art et d'une architecture judaïques antérieurement à la captivité d'Égypte. Postérieurement, le peuple hébreu s'est inspiré en tout de la civilisation égyptienne. Salomon, en épousant la fille d'un pharaon, voulait non-seulement se créer une alliance avec un puissant voisin, mais encore s'assurer le précieux concours des artistes égyptiens pour la construction du magnifique temple qu'il voulait bâtir en l'honneur de Jéhovah (*Chron.*, II, II, 1), suivant l'ordre qu'il avait reçu de son père. Il s'adressa donc à Hiram, roi de Tyr, et lui dit (*Rois*, I, v) : « Tu as connu David, mon père; tu sais qu'il ne lui a pas été possible de construire une maison à Jéhovah, son Dieu, à cause de la guerre sans fin que lui ont suscitée ses ennemis, guerre qui a duré jusqu'au jour où Dieu a mis sous la plante de ses pieds les ennemis de mon

_____

(1) *Moniteur des architectes*, année 1872, col. 215. Les figures des tombeaux, que nous avons données ci-dessus, sont tirées de cette même revue (année 1872 et 1873).

(1) L'original, en calcaire dur, est un parallélépipède rectangle mesurant 0m,89, 0m,90, 0m,60. Découvert le 26 mai 1871 par M. Ch. Clermont-Ganneau, à Jérusalem, dans le mur d'une *médrécé* (école) voisine de la porte Bab-el-Atm, à 50 mètres environ du Haram-esch-Chérif; il fut transporté quelque temps après au Seraï, par les ordres du gouverneur de la ville. On ignore ce qu'il est devenu depuis. — Le surmoulé en plâtre a été exécuté d'après un estampage donné par M. Clermont-Ganneau (1872). (*Notice des mon. prov. de la Palestine*, par Ant. Héron de Villefosse, broch. in-8o, Paris, 1876.)

père (1). » Salomon demande à Hiram du bois de cèdre et de cyprès et des aldjoumins du Liban ; il le prie de lui envoyer un homme sachant travailler le fer, l'or, l'argent, l'airain et « sachant faire des ciselures (*Chron.*, II, II) et des serviteurs experts pour tailler les bois qui mettent mes serviteurs au courant des travaux et en fassent leurs amis. » Le roi répond à Salomon, après une suite de compliments sur sa sagesse : « Je t'envoie un homme sage et intelligent ; il est fils de Tyrien, habile à travailler l'or, l'argent, l'airain, le fer, les pierres, les teintures bleue et pourpre, etc. » Nous ne pousserons pas plus loin ces citations, elles suffiront, pensons-nous, à convaincre le lecteur que l'œuvre de Salomon n'était pas exécutée par des artistes juifs, mais bien par des étrangers, et cependant c'est encore dans *l'architecture salomonienne* où l'on retrouverait les traces d'un art judaïque, si on voulait à tout prix en constater un dans les annales du peuple hébreu. — Après Salomon, on ne retrouve encore nulle part des monuments d'art judaïque. M. Renan (*Hist. de Jésus*, éd. Harpin, Lausanne) constate que les Juifs n'ont pas d'architecture propre. « Chaque ville, dit cet auteur (p. 65), avait alors la synagogue ou lieu de séance ; c'est une salle rectangulaire assez petite, avec un portique que l'on décorait d'ordres grecques. Les Juifs, n'ayant pas d'architecture propre, n'ont jamais tenu à donner à ces édifices un style original. Elles sont toutes construites en grands et bons matériaux, mais leur style est assez mesquin, par suite de cette profusion d'ornements végétaux, de rinceaux, de torsades, qui caractérise les monuments juifs. » En note, M. Renan ajoute : « Je n'ose encore me pro-

(1) A propos de cette expression sous la *plante de ses pieds*, M. de Saulcy vient corroborer l'opinion que nous avons exprimée ci-dessus, à savoir, que postérieurement à la captivité d'Égypte le peuple hébreu s'est inspiré *en tout* de la civilisation égyptienne. Voici ce que nous lisons, p. 153, note 1 (*Art judaïque*) : « Cette expression poétique se retrouve identiquement employée dans une foule de textes hiéroglyphiques, et il n'est pas sans importance de faire remarquer, en passant, ces indices de l'influence égyptienne s'étendant jusque sur la littérature judaïque. »

noncer sur l'âge de ces monuments, ni par conséquent affirmer que Jésus ait enseigné dans aucun d'eux. Quel intérêt n'aurait pas, dans une telle hypothèse, la synagogue de Tell-hum ! La synagogue de Kefr-Berein me semble la plus ancienne de toutes ; elle est d'un style assez pur. »

Après la prise de Jérusalem par Titus, la Judée devient une province romaine, et adopte par conséquent, comme les autres provinces du monde, les arts et la civilisation romaine.

Ainsi donc, ni dans les temps primitifs, ni sous David et Salomon, ni sous les Hérodes et les Romains, le peuple juif n'a eu un style particulier, un art propre ; telle est la seule conclusion qu'on puisse établir. — Voy. PHÉNICIEN (*Art*).

JUDAS, *s. m.* — Petite ouverture destinée à observer ce qui se passe dans un lieu sans être vu soi-même. Après cette définition, le lecteur s'explique facilement l'origine de ce terme. Les judas, qu'on nomme aussi GUICHETS (Voy. ce mot), peuvent être percés dans différentes parties des édifices et être diversement disposés ; c'est, en général, au travers d'une porte, d'une cloison, d'un plancher, qu'on pratique des judas. Les prisonniers, surtout les criminels, sont surveillés dans leurs cellules au moyen de judas ; les portes des prisons, des maisons isolées, des communautés religieuses, en ont également. Beaucoup de chenils portent dans leur mur ou dans le plancher un judas qui permet au valet de chiens de les surveiller, et d'interpeller les chiens, s'il survient une rixe entre eux. (Voy. CHENIL.)

JUDÉE (BITUME DE). — Bitume naturel qui provient de la Judée ; on recueille cette substance sur les bords de la mer Morte, elle flotte généralement sur l'eau. La superficie du *lac de poix*, dans l'île de la Trinité, en est couverte. Au Mexique, l'Alvarado-River en charrie également dans ses eaux, en très-grande quantité. Le bitume de Judée entre en proportion considérable dans la composition des enduits dits *hydrofuges*, c'est-à-dire employés pour combattre l'humidité des murs. (Voy. HUMIDITÉ.)

JUIVE (ARCHITECTURE). — Voy. JU-
DAÏQUE (*Architecture*) et PHÉNICIEN (*Art*).

JUMELÉ, ÉE, *p. pas.* — Pièces de bois
juxtaposées dans leur longueur. *L'assemblage
jumelé* est fréquemment employé en charpente.
En termes de blason, une pièce jumelée est
une pièce formée de deux *jumelles*.

JUMELLES, *s. f. pl.* — En serrurerie et en
charpenterie, on donne ce nom à deux pièces
de bois ou de métal qui sont semblables et qui
entrent dans la composition d'un outil (jumelles d'un étau, par exemple) ou d'une machine (jumelles d'une presse en bois, etc.). —
En termes de blason, les *jumelles* sont des espèces de fasces doubles dont on charge le milieu
de l'écu. — Au singulier, ce terme sert à désigner : 1° une pièce de bois qui sert à doubler, à
protéger ou réconforter une autre pièce. 2° En
termes de paveur, on nomme ainsi la rangée
de pavés qui forme la moitié d'un ruisseau et
qui joint la chaussée, l'autre rangée du côté du
revers se nomme *contre-jumelle ;* quand le ruisseau porte, entre les deux rangées de pavés, un
troisième pavé formant le fond, on nomme ce
dernier *caniveau.*

JUPITER (TRAIT DE). — Assemblage de
charpenterie qui sert à réunir deux pièces de
bois bout à bout. Pour former cet assemblage
on coupe les pièces en biseau de même inclinaison, avec un ou plusieurs adents parallèles

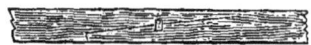

Fig. 1. — Trait de Jupiter simple.

au biseau de coupe. Dans le premier cas, le trait
de Jupiter est simple (fig. 1) ; dans le second
cas (fig. 2), il est en adents. Pour donner une
grande rigidité à cet assemblage, on le serre en
plaçant les clefs ou clavettes au centre de la
pièce, dans le vide du ressaut, comme le montrent nos figures. Souvent on arme d'un étrier
l'extrémité de chaque biseau, ou bien l'on ré-
conforte le point de jonction avec des plaques
de fer (fig. 2). On emploie ce genre d'assemblage pour les pièces qui ne doivent pas être
soumises à un effort de traction ou de compression, ni à un effort transversal ; nous devons
ajouter cependant qu'il est quelquefois employé

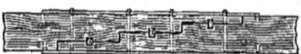

Fig. 2. — Trait de Jupiter en adents.

pour l'assemblage de poteaux, mais qui n'ont
pas à supporter un poids considérable ; dans ce
cas les *arasements* sont perpendiculaires aux
faces du bois ; car s'ils étaient taillés en biseau,
les angles aigus formés par celui-ci pourraient
provoquer la fente des pièces sous l'action de
la pesanteur. — Comme il porte des clavettes
ou clefs, cet assemblage est aussi dénommé *joint
à clef.*

JURANDE, *s. f.* — Office annuel qu'on
donnait autrefois par élection dans les corps
des métiers à un des membres de chaque corps.
L'élu devait prendre soin des affaires de sa corporation. Les jurandes ont été abolies par la
loi du 4 mars 1791. Ce terme servait aussi à
désigner le temps pendant lequel on exerçait
cette fonction, ainsi que le corps des jurés
d'une communauté de marchands ou d'artisans.
Une des principales fonctions des jurandes
était de recevoir les apprentis et les maîtres.
C'est Étienne Boileau, prévôt des marchands,
qui en 1258 fit dresser les règlements qui régissaient la jurande des maçons.

JURASSIQUES (TERRAINS). — Terrains
secondaires, ainsi dénommés parce qu'ils existent en très-grande quantité dans les montagnes du Jura. Certains matériaux des terrains
jurassiques sont employés dans les constructions.

JUSTICE (MAISON DE). — Voy. PRISON.

JUSTICE (PALAIS DE). — Voy. PALAIS.

K

K. — Huitième consonne et onzième lettre de l'alphabet. Cette lettre, dérivée du *cappa* des Grecs, représente comme valeur numérale 250; surmontée d'un trait horizontal ($\overline{\text{K}}$), elle égale 250,000. — Comme signe abréviatif, K peut signifier, *Karolus*, KR, *Chorus* ou *Carus*. — En numismatique, K est employé pour César (Καῖσαρ). Charlemagne, le grand Karle, signait simplement son nom par cette seule lettre.

KARNEL. — Ancien terme remplacé aujourd'hui par celui de CRÉNEAU. (Voy. ce mot.)

KAROLINGIENNE ET KARLOVIN-GIENNE (ARCHITECTURE). — Voy. CARO-LINGIENNE (*Architecture*).

KEMINÉE. — Ancien terme remplacé aujourd'hui par celui de CHEMINÉE. (Voy. ce mot).

KERSANTON, *s. m.* — Granit d'un gris noirâtre ayant des paillettes brillantes dans sa contexture. On l'exploite dans les environs de Brest. D'une taille facile, il n'est pas susceptible de fournir un beau poli. Très-employé dans les constructions en Bretagne, il commence à être employé à Paris pour certains travaux spéciaux.

KHMER (ART). — Il existe en Asie une région encore fort peu connue des Européens : c'est l'Indo-Chine, et, dans la partie méridionale de cette presqu'île, un pays, le Cambodge, qui renferme des monuments imposants par leurs dimensions et par la finesse de leur sculpture et de leur décoration. Ce sont les témoins encore vivants, quoique mutilés, d'une civilisation très-avancée, mais aujourd'hui disparue,

celle des Khmers. En Europe on n'a connu l'existence du Cambodge que vers le XVIᵉ siècle, et ce n'est qu'à la fin du XVIIIᵉ que des voyageurs nous ont fourni sur ce pays des renseignements authentiques. L'Inde a toujours été la terre du merveilleux, les voyageurs qui l'ont parcourue n'en parlent qu'en termes qui nous paraissent empreints d'exagération et auxquels on ne doit ajouter foi que dans une certaine mesure. Cependant, en ce qui concerne l'ART KHMER, nous sommes bien obligés de nous rendre à l'évidence et de constater qu'il ne peut être que le résultat d'une puissante civilisation. A cet égard nous sommes bien aussi obligé d'ajouter foi aux travaux publiés par d'éminents explorateurs, d'autant que l'un deux (ce qui est plus probant encore) a apporté dans notre pays de nombreux spécimens de l'art en question.

Le Cambodge est situé entre le 101° et 105° de longitude est, et le 10°51′ et 13°40′ de latitude nord, entre le Laos-Siamois au nord, l'empire d'Annam à l'est, la Cochinchine française au sud-est, le golfe de Siam au sud et le royaume de Siam proprement dit à l'ouest. Les ruines khmers sont surtout concentrées dans ce royaume et dans le Cambodge, mais il en existe en dehors quelques-unes; nous aurons soin de les mentionner dans la nomenclature que nous allons donner des dix-huit emplacements des groupes de monuments jusqu'à ce jour explorés.

I. — Dans le Laos-Siamois (vaste contrée située au nord du Cambodge): 1° PENOM, haute *préasat* (tour) (1) enceinte d'une double mu-

---

(1) Nous donnerons ici la traduction de quelques termes kmers ou cambodgiens qui pourront revenir souvent sous notre plume dans le courant du présent article :
Kang (bracelet), *Knol* (route), *Krous* (ornement spécial), *Lakhon* (danseuse), *Mokhon* (coiffure en forme de tiare),

raille basse avec nombreux clochetons, pyramides, etc.; — 2° KORAT, ruines peu importantes; — 3° SOURÈN ou SURÈN, ruines dans un rayon de vingt lieues autour de ce centre, pont, *préasat*, édicules réunis par des galeries, etc.; — 4° BASSAC, sanctuaire élévé sur le flanc d'une montagne : un escalier avec terrasses précédées de larges chaussées sert à arriver à ce sanctuaire ; — 5° TCHONCAL, *préasat*, ponts dont quelques-uns ont des proportions considérables : celui de Spean-Sreng, par exemple, mesure 137 mètres de longueur, et possède trente-quatre arches, et les balustrades sont ornées de superbes *naga-nagas* à neuf têtes ; — 6° ANCKOR-BOREY, restes de terrasses et d'édifices dont les entablements des portes sont en grès sculptés, restes et ruines de *préasats*, stèles, etc.; — 7° PONTEAY-CHMA ou BENG-MÉLÉA possède dans ses environs huit monuments disposés deux à deux parallèlement aux côtés d'un grand édifice ; chacun de ces monuments se compose d'une galerie terminée à chaque extrémité par une tour. Ponteay-Chma est avec Anckor-Wat un des plus vastes monuments construits par les Khmers ; il est entouré d'une enceinte rectangulaire qui mesure environ 800 mètres de côté, dont les fossés extérieurs, larges de 70 mètres, sont traversés par quatre ponts qui conduisent à quatre portes monumentales surmontées de tours à faces humaines ; — 8° BATTAMBANG, muraille d'enceinte, *préasats*, édicules divers; — 9° SIEM-REAP, ou ANCKOR, autour de laquelle sont groupés plus de quarante monuments, enceinte avec murs crénelés, galeries, *préasat*, immenses chaussées; c'est autour de cette ville que se trouvent *Anckor-Thom*, dont les puissantes murailles crénelées ont près de 4 kilomètres de côté, et Anckor-Wat, l'un des monuments de l'art khmer, le plus beau et le mieux conservé. Voici une partie

Nagas (serpent à tête multiple), *Nagas*, heptacéphalique (serpent à sept têtes), *Nagagas* (balustrade gigantesque), *Neak-ta* (esprit familier), *Phi* (gardien de porte), *Phrabât* (pied bien heureux), *Préa-koul* (borne sacrée, stèle), *Préaput* (boudha), *Préasat* (tour), *Stupaï* (petite tour), *Préasat phra damrey* (tour du roi aux éléphants), *Prom* (tapis orné), *Spean* (pont), *Song* ou *Sinhâs* (lions fantastiques sans crinière), *Sra* (bassin), *Suparna* (oiseau aux belles ailes), *Wat* (pagode).

de la description que donne de cette pagode l'un de ses explorateurs, le regretté Francis Garnier (1) :

A cinq kilomètres de la nouvelle Anckor, on arrive à la terrasse qui précède Anckor-Wat, ou la pagode d'Anckor, le monument le plus important et le mieux conservé de toutes les ruines. Cette terrasse, surmontée autrefois d'énormes lions sculptés qui gisent aujourd'hui çà et là dans les herbes, communique avec la première enceinte du monument par une grande chaussée en pierre qui traverse le fossé extérieur, large d'environ 200 mètres, et vient déboucher devant une triple entrée, surmontée de trois tours, établie au milieu de la façade de l'enceinte, qui se compose elle-même d'une galerie couverte à colonnes intérieures dont le développement rectangulaire total est d'environ 3,600 mètres, 825 dans le sens de la façade et 950 en profondeur. Une fois ce premier portique franchi, la pagode elle-même apparaît tout entière aux regards, à 400 mètres de distance, dégageant ses neuf tours, la plupart découronnées, mais imposantes encore, des quelques massifs d'arbres groupés autour d'elle.... La pagode se compose essentiellement de trois rectangles concentriques formés par des galeries étagées les unes au-dessus des autres. Les deux rectangles intérieurs portent des tours à chaque angle, et le dernier est coupé par des galeries médianes à l'intersection desquelles s'élève la tour centrale, dont l'élévation totale au-dessus de la grande chaussée est de 56 mètres. — Le premier rectangle est une galerie formée extérieurement par une rangée de colonnes et formée à l'intérieur par un mur plein, le long duquel règne sans interruption un bas-relief merveilleux représentant des scènes et des combats légendaires. Cette admirable page de sculpture, ce récit historique et mythologique imprimé sur la pierre, a un développement total de 760 mètres. La façade de ce rectangle extérieur est de 180 mètres, la profondeur de 200 mètres.

Malgré le vif intérêt que présente le récit de Francis Garnier, nous sommes bien obligé de l'interrompre, le cadre de notre ouvrage ne permettant pas de nous appesantir trop longuement sur un sujet ; nous nous bornerons donc à analyser brièvement la fin de la description de la pagode d'Anckor-Wat, après avoir toutefois montré à nos lecteurs deux

(1) Cf. à ce sujet *Moniteur des Architectes*, col. 102, année 1870-71.

spécimens des sculptures de la galerie dont il vient d'être question. — Notre planche LIII montre dans le haut la *Mort du roi des singes.* Ce personnage est étendu sur son lit de douleur ; il est percé d'une flèche ; un singe, qui paraît être son fils aîné, lui soutient la tête, tandis que le plus jeune lui embrasse les genoux. La physionomie des courtisans qui l'entourent exprime un mélange de surprise, de colère et de tristesse. Cette scène est empruntée aux combats de Rama et de Ravana assistés de l'armée des singes de Hanouman. — La partie inférieure de notre planche montre trois *lakhons* (danseuses), elles sont coiffées du *molhat* ou *mokon*, ou couronne en forme de tiare ; elles portent des *kang-doy* ou bracelets aux bras et aux poignets, et des *kang-cheung* ou anneaux au-dessus des chevilles. Il paraît que les danseuses actuelles de la cour du Cambodge portent, à quelque différence près, des ornements semblables.

Le grand diamètre de la pagode d'Anckor-Wat est exactement orienté est et ouest ; la façade principale regarde le couchant. A droite et à gauche de la chaussée, et à mi-distance entre l'enceinte extérieure de la pagode, il existe deux sanctuaires aujourd'hui fort délabrés ; enfin au pied de la seconde terrasse s'étendent deux pièces d'eau, à escaliers et revêtements en pierre, dans lesquelles croissent des nénufars. Un fait est digne de remarque, c'est que ces constructions sont faites comme celles des Égyptiens ; ce sont d'énormes blocs de grès assemblés sans ciment, par simple juxtaposition. Le poids de certains blocs est énorme ; quelques-uns pèsent plus de 5,000 kilogrammes, et là, comme pour les monuments égyptiens, le problème de mécanique qui a fourni les données de leur transport et de leur mise en place se pose, d'autant que les carrières d'où proviennent ces matériaux se trouvent à une distance de quarante kilomètres environ. Sur la plupart de ces pierres, surtout sur celles qui forment la chaussée centrale, il existe des trous forés de 0^m,10 ou 0^m,15 de profondeur ; nous pensons que leur examen attentif, ainsi que la position qu'ils occupent, pourront peut-être fournir une explication au maniement de ces lourdes masses. — Les ruines d'*Anckor-*

Thom, ou d'Anckor la Grande, sont situées à une lieue plus au nord de celles que nous venons de décrire, au milieu d'une épaisse forêt.

II. — Dans le Cambodge proprement dit : 10° au nord, MÉLÉA, vaste ensemble comprenant Beng-Méléa, Topchey, Préasat-Ré, Krush, Préasat-Kong-Pluc, Spean-Tahon, Spean-Prea-Pit, Préasat-Pram ; — 11° PRÉACAN, ou PRACAN, vaste ensemble comprenant des ruines à Pontheay-Pracam, à Préasat-Prathcal, à Préasat-Préa-Tomrey, et un grand monument ; — 12° PONTEAY-KAKER, le plan de cet édifice est un rectangle très-allongé de l'ouest à l'est ; porte monumentale à l'est avec galeries parallèles ; — 13° COMPON-SOAI ou PHNOM-SONTHOC, colline de grès, au sommet de laquelle se voient sculptées en plein roc de gigantesques statues de Sakya-Mouni ; — 14° PHNOM-BACHEY, grande enceinte de plus de 100 mètres de côté, avec portes monumentales à l'est et à l'ouest ; — 15° STUNG-TRENG, plusieurs petites *préasats* en briques largement moulurées.

III. — Enfin il existe des ruines khmers dans la Cochinchine française et dans la province annamite de Bing-Thuan, située au nord de la Cochinchine française. C'est seulement en 1861 que Henri Mouhot explora pour la première fois les monuments des Khmers ; il rencontra d'abord ceux de la province de Battambang ; il fit part de sa découverte dans une publication française (*le Tour du monde*, 1863, 2ᵉ sem., p. 219-352). Mouhot se dirige ensuite vers Anckor-Wat, dont les ruines imposantes le transportent d'une admiration si profonde qu'il dit qu'Anckor-Wat figurerait avec honneur à côté des plus beaux monuments et qu'il l'emporte par la grandeur sur tout ce que l'art des Grecs et des Romains a édifié, et dans un moment d'enthousiasme il s'écrie : « Qu'il était élevé, le génie de ce Michel-Ange de l'Orient qui a conçu une œuvre pareille, en a coordonné toutes les parties avec l'art le plus admirable, en a surveillé l'exécution et a obtenu, de la base au faîte, un fini dans les détails digne de l'ensemble, et qui, non content encore, a semblé chercher partout des difficultés pour avoir la gloire de les surmonter et de confondre l'entendement des générations

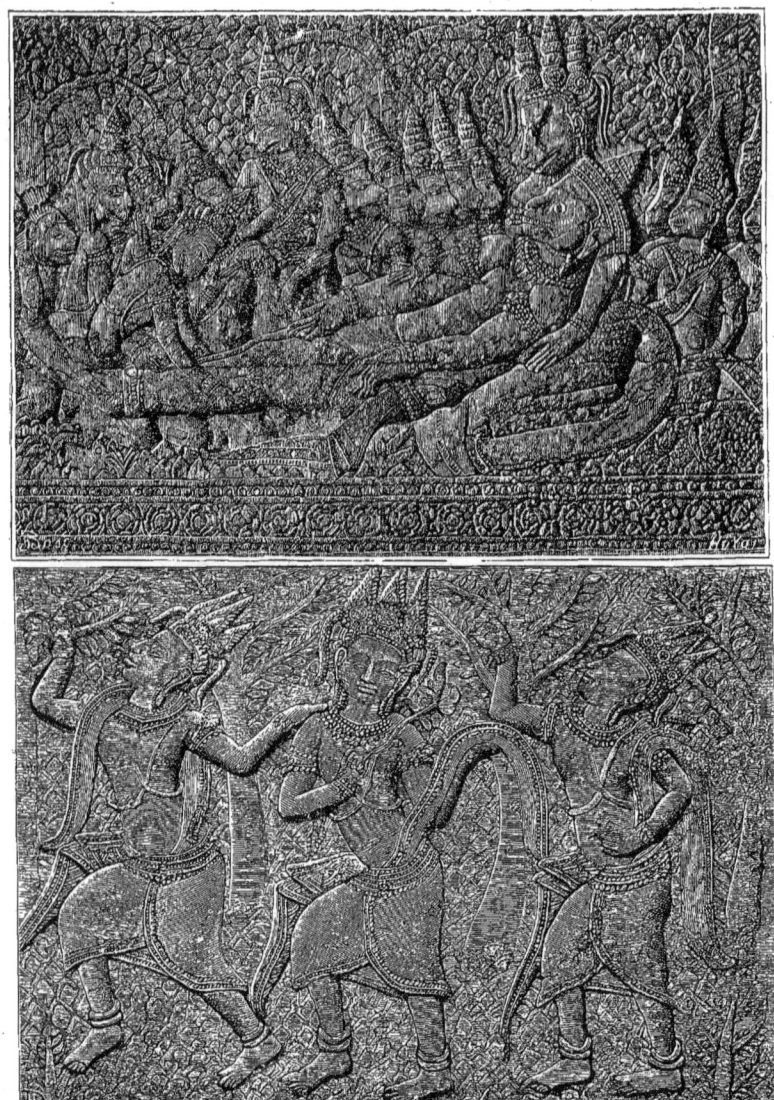

Ernest Bose del.

Planche LIII. — Khmer (art). (Mort du roi des singes. — Danseuses.)

futures! » Malheureusement la mort a interrompu la suite des travaux de Mouchot (1). — Deux ans après la mort du premier explorateur, l'amiral de la Grandière, gouverneur de notre colonie en Cochinchine, visitait en détail les ruines d'Anckor. Bientôt après des officiers de notre marine; trois Anglais : Kennedy, King et Thomson ; deux Français : Boudet et Durand; enfin le Dr Bastian, l'Allemand, visitèrent également les mêmes ruines; ce dernier donna (2) une relation de son voyage, et, dans un ouvrage publié à Londres en 1867 par l'orientaliste allemand (*History of architecture in all countries*), dit qu'il regrette beaucoup de n'avoir pu consacrer plus de temps à étudier sur place les admirables monuments et les merveilles artistiques de l'art khmer. Malheureusement, l'ouvrage du Dr Bastian abonde en digressions complétement étrangères à la question; il contient en outre beaucoup d'erreurs. Dans les conjectures plus ou moins savantes de cet auteur, il ne nous fixe ni sur l'âge ni sur la destination des monuments khmers; il ne dit rien non plus sur leur origine (1). Pendant les années 1866, 1867 et 1868, une commission française, ayant à sa tête le capitaine de frégate Doudart de Lagrée (2), fut chargée de reconnaître la

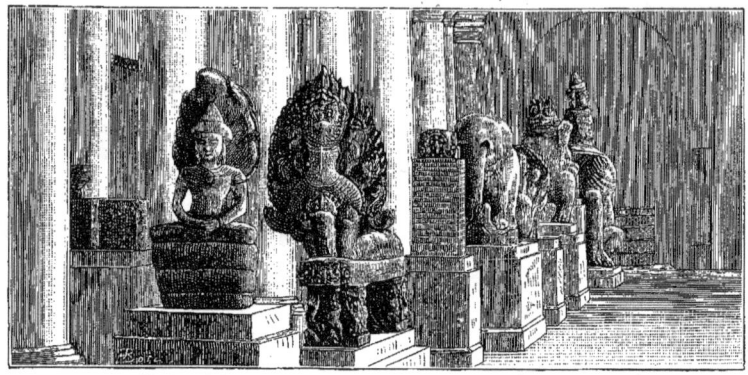

Fig. 1. — Spécimens de sculpture de l'art khmer. (Musée de Compiègne.)

vallée du Mékhong et de rechercher les moyens pratiques les plus efficaces pour établir des relations commerciales entre le Mékong supérieur et notre colonie de la Cochinchine. Cette commission devait en outre s'assurer si on ne pourrait pas par un moyen quelconque ramener la vie et le mouvement dans les contrées séparant nos possessions de l'empire chinois. Le commandant de Lagrée put se convaincre de l'impossibilité de repeupler et de relier ce grand pays à notre Cochinchine, mais il profita de son voyage d'exploration pour amener le souverain du Cambodge à se mettre sous le protectorat de la France ; il découvrit en même temps quantité de monuments importants des Khmers; et comme de Lagrée était un archéologue de mérite, rien n'est perdu pour l'art, de sorte que si ce voyage d'exploration convainquit de l'impos-

(1) Il a été question à cette époque, c'est-à-dire vers 1867 et 68, des monuments du Cambodge dans les publications suivantes : *Journal of the Asiatic Society of Bengal*; *Journal of Royal Society*; *Memories of the British Association*; *Das Ausland*; *Memorie of Khmer art*, dans les publications de *British Association of Nottingham*. Cf. la note suivante, page 30, qui complète la bibliographie des ouvrages parus sur l'art khmer.

(2) Cette commission était composée des lieutenants de vaisseau Francis Garnier et Delaporte, des docteurs Joubert et Thorel, et de M. de Carné, délégué du ministère des affaires étrangères.

(1) On a publié, après sa mort et d'après ses notes, un ouvrage anglais qui a pour titre : *Travels in Indo-China, Cambodia, and Laos*, 2 vol. in-8°, London, 1864.

(2) Dans le *Die Voelker des Æstichen Asien.*

sibilité de relier les provinces nord de l'empire chinois à nos colonies, les travaux de la
commission française furent d'une grande
importance au point de vue de la science géographique, des sciences naturelles et archéologiques. Au moment où de Lagrée venait de
terminer sa tâche et se préparait à publier les
notes, documents et relevés qu'il avait recueillis, il paye sa dette à la mort, le 26 ou le
28 janvier 1868, à Toung-Tchouen (Chine).
M. Louis Delaporte, qui l'avait si bien secondé dans sa tâche difficile, la poursuit et la
mène à bonne fin ; en 1873 le ministre de
l'Instruction publique, sur la proposition de

M. Charles Blanc, directeur des Beaux-Arts,
charge le compagnon de de Lagrée d'explorer
en détail les contrées du Mékhong, d'y relever
les monuments et d'y recueillir les éléments
d'une collection capable de représenter di-
gnement dans nos musées nationaux l'art des
Khmers. Les résultats de cette nouvelle
mission sont considérables; en effet, M. Delaporte a rapporté environ 300 spécimens de
sculptures, de moulages et d'inscriptions ; il a
de plus exécuté des dessins, plans et photographies se rapportant à plus de 80 monuments.
Grâce à cet ensemble de documents et de matériaux, il est possible de restituer en grande

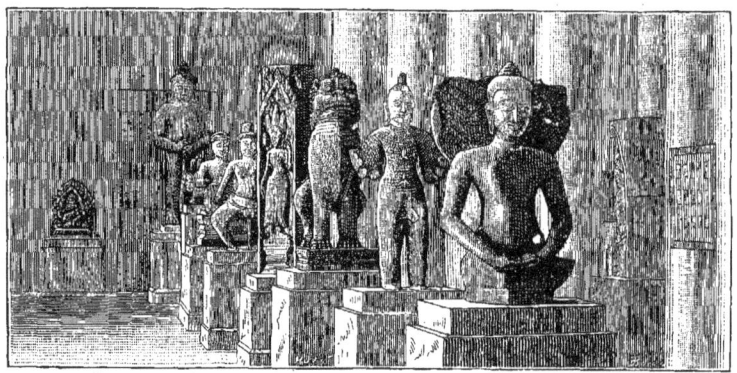

Fig. 2. — Spécimens de sculpture de l'art khmer. (Musée de Compiègne.)

partie la plupart des monuments de l'ancien
Cambodge ; espérons que ce travail sera fait un
jour ; espérons aussi que toutes les sculptures
et moulages composant le musée khmer, installé aujourd'hui au château de Compiègne,
seront définitivement et prochainement installés au Louvre, car c'est là qu'est la vraie
place de ces monuments de l'art (1).

Nos figures 1 et 2 montrent une partie des
collections de Compiègne telles qu'elles sont
disposées dans le vestibule du rez-de-chaussée ;
on y voit à droite (fig. 1) une représentation

(1) La mission dirigée par le lieutenant de vaisseau
M. Delaporte se composait de MM. les ingénieurs Bouillet
et Ratte, les docteurs Harmand et Julien, du capitaine
d'infanterie de marine Filor, et de M. Faraut, conducteur
des ponts et chaussées. — Les travaux de la commission
placée sous les ordres du commandant de Lagrée ont été
publiés sous ce titre : *Voyage d'exploration en Indo-Chine*,
effectué pendant les années 1866-67-68, publié par les
ordres du ministère de la marine, sous la direction de
MM. les lieutenants de vaisseau F. Garnier et L. De-

laporte, avec le concours de MM. Thorel et Joubert,
médecins de la marine, 2 vol. in-fol. et 2 albums,
Paris, 1873. — Ceux de nos lecteurs qui désireraient
d'autres détails sur l'art khmer pourront consulter, à
part les travaux déjà mentionnés ci-dessus, les ouvrages
suivants : de Villemereuil, *Doudart de Lagrée et la
question du Tong-King*, broch. in-8°, Paris, 1875 ; —
le Tour du monde, 1870-71 ; — de Carné, *Voyage en
Indo-Chine et dans l'empire chinois*, 1 vol. in-8°, Paris,
1872 ; — *Journal asiatique*, livr. d'oct. à déc. 1871 et
août-sept. 1872 ; — *Journal officiel*, 1er et 2 avril 1874 ;
— *Une visite au palais de Compiègne et au musée Cam-
bodgien*, 1 br. in-8°, Compiègne, s. d. ; — *Notice
sur le Muséum ethnographique*, broch. in-8°, Paris,
1878.

de Sakya-Mouni, puis une balustrade de pont représentant un *yacksas*, ou géant, soutenant le corps d'un *nagas*, une stèle ou borne sacrée (*préa-koul*), ensuite un éléphant (*dam-rey*) provenant des ruines de Préasat-Prea. Une partie de la galerie à gauche (fig. 2) montre Préat-Put ou Sakya-Mouni, que notre figure 5 donne à plus grande échelle, puis une autre statue de Boudha, un lion sans crinière, une stèle avec deux statues, après une tête de Phrôn à quatre faces que notre figure 3 donne à une plus grande échelle, enfin le roi lépreux (Préa-Komlong).

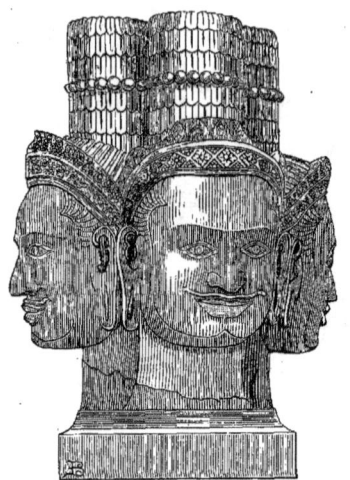

Fig. 3. — Phrôn à quatre faces (Brahma).

Nous terminerons cette étude sur l'art khmer en parlant des matériaux employés à la construction des monuments, de leur appareillage, de leur mise en œuvre ; nous examinerons aussi leur sculpture décorative ou monumentale, la statuaire et les bas-reliefs des anciens Khmers : tout cet ensemble résumera sous une forme saisissable notre travail et lui servira, pour ainsi dire, de conclusion.

Les MATÉRIAUX employés sont de trois sortes : le *grès*, les *briques cuites*, et la *pierre* dite de *Bien-Hoa*.

Le GRÈS, nommé dans le pays *pierre de boue* (thma phoc), est gris; une variété est légèrement rosée. Le grès tendre se taille fa-cilement, surtout au sortir de la carrière; le grès dur est susceptible de prendre un beau poli. Les monuments de la belle époque, c'est-à-dire du xe ou xie siècle de notre ère (ceux de Baïon et de Méléa, par exemple), sont tous construits en grès; au contraire, les monuments postérieurs, ou de la décadence, sont en BRIQUES CUITES. Celles-ci sont d'assez mauvaise qualité, mais fort bien moulées; leurs trois dimensions sont, ordinairement 0^m,33, sur 0^m,19, sur 0^m,05. Dans les monuments construits en grès, la brique est cependant employée pour les édifices secondaires. Dans les pays dépourvus de grès ou de pierre, la brique est employée exclusivement même dans les constructions les plus importantes.

La PIERRE de *Bien-Hoa* ou *Ben-Hoa* est aussi dénommée *bai kriem* (riz grillé); elle ressemble, en effet, tout à fait à celui-ci. Sa couleur jaune foncée rappelle assez celle des vieux marbres exposés à l'air dans les pays chauds ; aussi beaucoup de visiteurs prennent pour des statues de marbre très-ancien celles qui, au musée khmer, sont faites avec cette pierre.

Les MURS sont régulièrement appareillés; ils sont formés de gros blocs de pierre posés à sec, c'est-à-dire qu'ils ne sont liaisonnés par aucun mortier ou ciment. Les blocs de pierre sont généralement rectangulaires, ils mesurent 0^m,90 de longueur, 0^m,50 de largeur, et la hauteur des assises varie entre 0^m,50 et 0^m,40. Les blocs de grès sont beaucoup plus considérables; certains mesurent 2 mètres de longueur sur 0^m,80 et 0^m,50 de largeur et de hauteur; dans quelques monuments on trouve même des blocs qui ont parfois 3^m,50 de longueur sur 0^m,91, 1 mètre, et quelquefois 1^m,20 de hauteur.

Les VOUTES sont formées par des assises horizontales encorbellées. Ordinairement cinq assises suffisent pour former la voûte ; quand elle n'était faite que dans le simple but de satisfaire à des conditions de stabilité, les assises de pierre formaient redent; au contraire, quand le parement des voûtes doit rester apparent, l'arête des pierres est abattue de manière à obtenir depuis la naissance de la voûte jusqu'à son sommet une seule surface ordinairement en forme d'ogive. Ce procédé était très-ingénieux, puisqu'il allégeait la partie de la pierre en porte-à-faux, tandis qu'il donnait en même temps une plus grande assiette à la queue de la pierre jetant, pour ainsi dire, harpe dans les constructions. L'ouverture de ces voûtes ne dépasse jamais 3^m,50, et cependant jamais les Khmers n'ont employé des plafonds plats en pierres. L'étroitesse des arches de pont (*spean*) et la lourdeur des piles restreignent à tel point le lit des rivières, qu'en amont et en aval des ponts on a élargi les lits, afin d'augmenter le nombre des arches pour suppléer à leur étroitesse. Les voûtes de ponts sont également construites par assises encorbellées ; souvent aussi une seule pierre forme

une partie du tablier du pont, qui mesure ordinairement 10 mètres de largeur.

' Les PILIERS carrés servent seuls de supports verticaux dans les constructions ; rarement les architectes khmers ont employé la COLONNE pour cet office ; celle-ci ne sert presque exclusivement que comme décoration ; elles sont, du reste, toujours moins élevées que les piliers, elles ne mesurent au plus que 2^m,50 de hauteur. Les fûts des piliers et des colonnes ne sont jamais *galbés*, c'est-à-dire qu'ils conservent le même diamètre dans toute leur hauteur ; ils portent sur des bases et sont coiffés de chapiteaux, mais bases et chapiteaux affectent la même forme ; seulement le chapiteau atteint

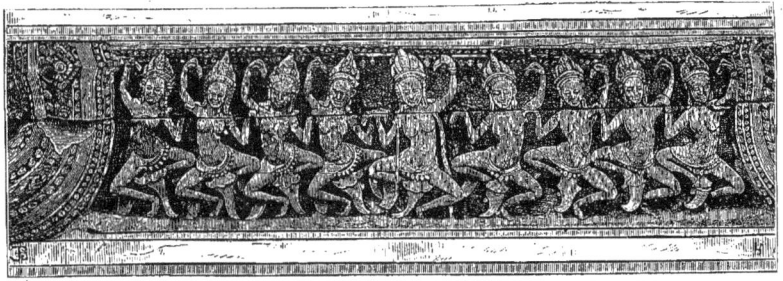

Fig. 4. — Fragment d'un fronton représentant neuf *lakhons* ou danseuses (haut-relief).

de plus grandes proportions, afin de présenter plus d'assiette aux linteau, plate-bande, entablement, ou à tout autre partie d'architecture qu'il est appelé à supporter. Les fûts sont monolithes dans les piliers et dans les colonnes, toujours unis dans les premiers, quelquefois profondément cannelés dans les secondes ; les cannelures sont au nombre de huit.

Les colonnes servent à orner les terrasses, c'est là leur principal usage.

La SCULPTURE joue un très-grand rôle dans les monuments khmers ; les parois des galeries en sont couvertes ; ce sont tantôt des bas-reliefs, tantôt de hauts-reliefs. Les baies et les fausses baies sont décorées de sculptures ; elles sont souvent surmontées de frontons dont les tympans sont également sculptés. En voyant la profusion de sculptures disséminées dans ces monuments, on se demande quelle quantité prodigieuse de sculpteurs il a fallu pour accomplir ces

immenses travaux dans des matériaux qui sont parfois d'une extrême dureté. Certes la sculpture des Khmers n'a pas la pureté et la correction de dessin de celle des Grecs, mais on est frappé de la délicatesse, de la variété et de l'élégance d'un très-grand nombre. Les sculpteurs khmers devaient sculpter absolument comme ceux de la renaissance, c'est-à-dire qu'ils devaient esquisser sur leurs pierres, puis, en laissant courir leur ciseau, ils dessinaient et terminaient leur œuvre. Nous venons de comparer ces artistes aux sculpteurs de la renaissance ; nous trouvons, en effet, qu'ils leur ressemblent à plusieurs points de vue ; comme eux, ils ont une grande imagination, de la verve, de l'esprit et un sentiment artistique très-marqué. En jetant les yeux sur nos figures, nos lecteurs seront sans contredit de notre avis. Par exemple, peut-on voir rien de plus animé, de plus en train, de plus fonctionnant en cadence que le groupe

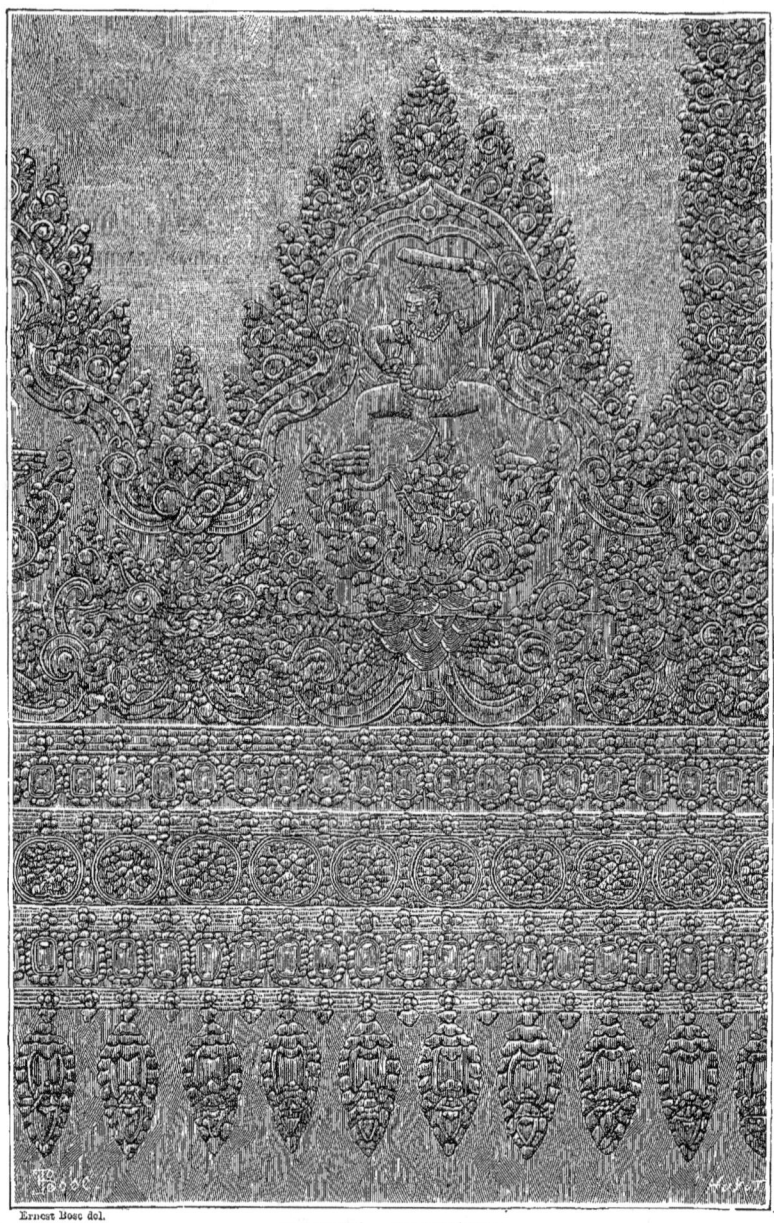

Ernest Bosc del.

Planche LIV. — Bas-relief khmer.

des neuf danseuses représenté par notre fig. 4. Nous recommandons surtout à nos lecteurs la remarquable sculpture représentée par notre planche LIV; la partie supérieure est une broderie splendide; la partie inférieure, une œuvre remarquable de joaillerie. Le *Yacksa*, ou Hercule indien, qui brandit sa massue, n'est-il pas admirablement campé sur ses rinceaux de feuillages supportés eux-mêmes par une ornementation spéciale nommée *krouts*.

La STATUAIRE des Khmers est également fort

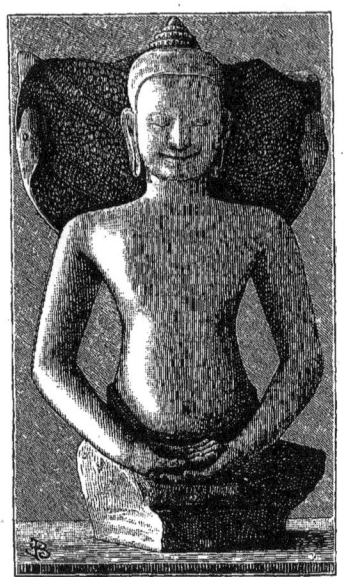

Fig. 5. — Préa-Put ou Sakya-Mouni,
avec une peau de lingam.

remarquable; les représentations le plus souvent reproduites sont celles de Préa-Put (Boudha) (fig. 5), de Brahma et de Siva, qui forment ensemble la Trimourty, ou trinité hindoue. Elles sont sculptées dans le grès ou coulées en cuivre rouge, ensuite dorées. Souvent même, les statues faites avec des pierres tendres sont recouvertes d'un vernis noir et épais, que les Cambodgiens modernes emploient encore et qu'ils nomment *mereack*. Ce vernis protégeait beaucoup les finesses de la sculpture pour les statues en plein air; du reste, il était lui-même recouvert d'or bien

souvent. Nos figures montrent divers spécimens de sculpture en ronde bosse.

Devant l'ensemble si imposant des monuments khmers, si magnifiques par leurs richesses décoratives, l'esprit investigateur qui caractérise notre siècle se demande ce qu'était cette puissante civilisation des Khmers, comment elle s'est formée, comment elle s'est développée, comment enfin elle a pu s'anéantir, à tel point qu'il y a quelque vingt ans à peine, on ignorait même qu'elle eût existé. Ces questions se posent pour l'historien; malheureusement, elles sont restées jusqu'ici sans réponse. Mais il est bien permis d'espérer que le génie intuitif qui caractérise notre époque, secondé par de nouveaux explorateurs, saura faire dire à ces monuments muets ce que fut ce grand peuple khmer. Nous pourrons alors ajouter une nouvelle et brillante page à l'histoire de l'art.

KILOGRAMME, *s. m.* — Poids d'un litre d'eau distillée à son maximum de densité. Par abréviation, dans le commerce, on dit souvent simplement, *kilo*.

KILOGRAMMÈTRE, *s. m.* — Terme de mécanique. Somme de travail capable d'élever à la hauteur d'un mètre un poids d'un kilogramme. Le kilogrammètre est l'unité de mesure employée pour mesurer le travail d'un moteur ou d'une machine quelconque. La force d'un cheval-vapeur égale 200 kilogrammètres.

KILOMÉTRIQUE (BORNE et POTEAU). — Borne ou poteau servant à indiquer ou à marquer des kilomètres, sur une route, un chemin, une place, etc.

KIOSQUE, *s. m.* — Ce terme d'origine turque, de même que la construction qui porte ce nom, sert à désigner un petit pavillon de repos, ordinairement ouvert de tous les côtés, mais aussi fermé, suivant les climats sous lesquels il est utilisé. Les kiosques se placent dans les jardins, sur les terrasses, sur des rochers élevés, enfin et surtout dans des lieux qui permettent de jouir d'une belle vue. On les construit avec toute sorte de matériaux, mais surtout avec des bambous, des bois de grume ou équarris, avec des fers légers qu'on contourne de mille manières, et qu'on agence de diverses façons. — Dans les pays chauds,

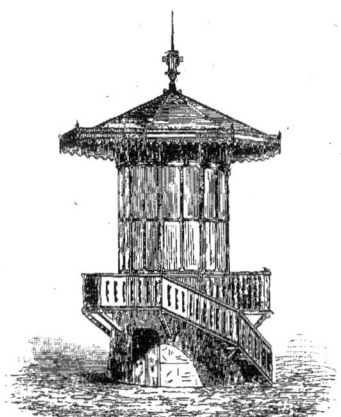

Fig. 1. — Kiosque surélevé sur un socle en pierre.

les kiosques sont largement ouverts de toutes parts, et des bannes ou des stores ferment seulement les côtés par lesquels le soleil pourrait

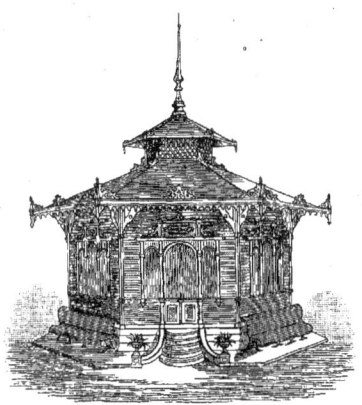

Fig. 2. — Kiosque en bois découpé.

incommoder. Dans les pays froids, ou même sous les climats tempérés, dans les villas aux bords de la mer, par exemple, les kiosques sont fermés de toutes parts, mais ils ont de grandes baies vitrées, afin de permettre de voir largement au dehors. On fait aujourd'hui beaucoup

de kiosques en bois découpé; on les pose sur des fondations qui les élèvent au moyen de quelques marches au-dessus du sol, et leurs soubassements sont en général en maçonnerie. Nos figures montrent divers types de kiosques. Le premier est construit sur une petite salle basse en maçonnerie qui sert de caveau pour enfermer des boissons qu'on tient ainsi fraîches, ou bien à resserrer des instru-

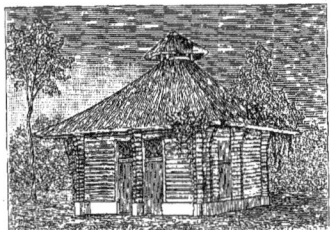

Fig. 3. — Kiosque en bois de grume (1er type).

ments de jardinage; on arrive dans le kiosque proprement dit au moyen de dix à douze marches.

Notre figure 2 représente un deuxième type auquel on accède par un petit perron de quelques marches; des bancs de jardin sont adossés contre son soubassement et abrités contre les rayons ardents du soleil par la toi-

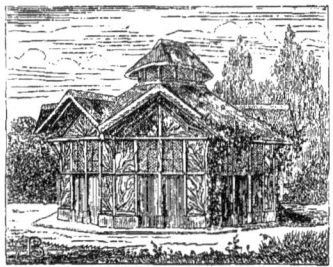

Fig. 4. — Kiosque en bois de grume (2e type).

ture saillante du kiosque; enfin nos figures 3 et 4 montrent des kiosques ou pavillons en bois de grume comme on peut en voir dans divers jardins zoologiques, notamment au Jardin zoologique et d'acclimatation du bois de Boulogne, près Paris.

KLAPROTHINE, *s. f.* — La klaprothine, ou bleu de montagne, existe à l'état naturel, mais on la fabrique aussi avec beaucoup de substances. A l'état naturel, c'est un carbonate de cuivre bibasique assez chargé en oxyde de cuivre. A l'état artificiel, la klaprothine constitue ce qu'on nomme le *bleu de cuivre*, le *bleu de chaux*, les *cendres bleues*. Les peintres de l'antiquité ont connu le bleu de montagne naturel et l'ont employé. (Voy. CENDRE BLEUE.)

KNOTTING, *s. m.* — Enduit anglais employé pour conserver le tain des glaces et le préserver de l'humidité. Il entre dans la composition de cet enduit du vernis copal, du noir de fumée, de la résine, de l'huile de fusil (*fusil oil*) obtenue par la distillation de l'alcool, enfin de la laque. Certains fabricants composent même un enduit de ce genre dans lequel il entre une dissolution de caoutchouc.

KOLACH, *s. m.* — Arbre d'Afrique de première grandeur, dont le bois qui est fort dur est employé en charpenterie et en menuiserie.

KOURGANES, *s. m. pl.* — Élévations coniques en terre qu'on rencontre dans diverses contrées, notamment en Russie sur les bords de la mer d'Azow. On n'a jamais pu déterminer d'une manière précise à quoi peuvent avoir servi ces tertres recouverts de gazon. Certains archéologues supposent qu'analogues aux *tombelles*, *barrows*, *galgals* et *tumulus*, ils ont, comme ces édicules, servi de sépultures ; d'autres archéologues, au contraire, n'y voient que des marques, ou plutôt des bornes ayant servi à guider au milieu des steppes des populations nomades. La hauteur des kourganes varie entre 5 et 8 mètres d'élévation.

KURBARIS, *s. m.* — Arbre d'Afrique qui a 12 ou 13 mètres de hauteur ; il croît lentement, mais son bois est fort dur, et ne possède pas de nœuds, ce qui le rend facile à travailler. Il commence depuis quelques années à être employé dans le nord de la France pour certains travaux de charpente et de menuiserie; mais depuis fort longtemps on l'utilise en Espagne, en Sicile, ainsi que dans l'Italie et la France méridionale.

L

L. — Neuvième consonne et douzième lettre de notre alphabet. Comme signe abréviatif dans les inscriptions romaines, L peut signifier *Lucius, lex, lares, legio, leges, legatus, libra, libens, libertus,* etc. — Dans les chartres du moyen âge, L peut signifier *locus, laudatus, Ludovicus,* etc. ; L. S., *locus sigilli.* Dans les ouvrages modernes, *l. c.* signifie *loco citato,* ou *lieue carrée; l. st., livre sterling.* Dans la numération romaine, L égale 50 ; surmontée d'un tiret, L vaut 50,000.

LABARUM, *s. m.* — Étendard imaginé par Constantin après sa victoire sur Maxence. Il se compose d'une pièce de soie carrée de couleur pourpre richement brodée et entourée d'une crépine d'or; dans son milieu il porte une croix et un monogramme du Christ. (Prudent., *in Symn.*, I, 487.) Ce carré d'étoffe est attaché au moyen d'une barre transversale à une hampe. Le labarum ressemble pour sa forme au *vexillum* de la cavalerie romaine. Tout le monde connaît l'origine du labarum : Constantin, combattant ses ennemis, aurait vu dans le ciel une immense croix lumineuse sur laquelle il lut : *Hoc signo vinces,* « Tu triompheras par ce signe. » La nuit suivante, il vit en songe le Christ portant un étendard semblable à celui qu'il fit adopter à son armée et qui fut nommé *labarum,* du mot gaulois *lab,* élevé, parce qu'on le portait en l'air.

LABORATOIRE, *s. m.* — En général, local dans lequel on travaille, et surtout dans lequel on fait des manipulations chimiques ou pharmaceutiques, car c'est principalement au local affecté à ces sortes de préparations auquel on donne le nom de *laboratoire.* Un laboratoire de chimie doit être largement aéré, éclairé et ventilé, afin que les gaz délétères qui se déga-gent des réactions ne puissent nuire à la santé des travailleurs; il doit être pourvu de fourneaux munis de hotte et de rampes à gaz, pouvant chauffer les matras et les cornues en verre employées dans les opérations. Quand on ne veut pas recueillir les gaz qui se dégagent, les cols et tubulures des récipients doivent être engagés dans une rainure pratiquée dans une gaîne de ventilation qui absorbe et enlève rapidement les gaz qui se dégagent. Un pareil local doit, en outre, contenir des tables, des étagères et des armoires vitrées, pour renfermer les objets et matières nécessaires aux travaux. Souvent les laboratoires possèdent à côté d'eux une pièce servant de magasin dans laquelle sont resserrés tous les ingrédients chimiques.

LABOUR ou **LABOUREUR**, *s. m.* — Instrument semblable à une petite bêche de jardinier, qui sert aux plombiers à remuer le sable de leur table et de leur moule à couler le plomb.

LABOURER, *v. a.* — Remuer le sable des tables, des moules à couler le plomb avec un outil nommé *labour.*

LABRUM, *s. m.* — Grand vase ou bassin qui chez les Romains servait à divers usages. On l'employait dans les établissements de bains; il était placé dans le *caldarium* et isolé de toutes parts pour l'agrément et la commodité des baigneurs, qui se lavaient, s'aspergaient et et se raclaient avec des *strigiles* autour du labrum. (Cic., *ad. Fam.*, XIV, 20; Vitruve, V, 10, 4.) Le *labrum* servait aussi de bassin d'ornement qui recevait le jet d'eau d'une fontaine artificielle. (Ulpien, *Dig.*, 19, 1, 15; Pline le Jeune, *Ep.*, V, 6.) On donnait encore ce nom à un vase plat, une espèce de grande coupe servant à contenir l'huile après que celle-ci avait été retirée du *lacus*. (Cato, *de Re rust.*, 12 et 13.) On a trouvé des *labra* de ce genre dans les *cellæ oleariæ*. — Enfin c'était une sorte de fontaine consacrée qu'on plaçait à l'entrée des temples pour contenir l'eau lustrale. (Hérodote, I, 51.) — L'étymologie de ce nom paraît provenir de ce que les *labra* avaient tous un bord plein et rond qui se relevait comme la lèvre inférieure (*labrum*) de la figure humaine. Quelques auteurs donnent comme synonyme à ce mot celui de *solium*. (Senèque, *Ep.* 86 ; Palladio, I, 40, 41 ; Pline, XXXIII, 12 ; Martial, II, 42, VI, 81 ; Pétrone, 73, 93.)

LABYRINTHE, *s. m.*— Ce terme sert à désigner des constructions diverses, mais qui toutes ont un point de ressemblance, la complication de leurs lignes sinueuses. En effet, les monuments, les pavages et les pièces de verdure qu'on nomme *labyrinthes* sont formés d'allées se croisant et s'entre-croisant à l'infini. Le labyrinthe le plus ancien est celui d'Égypte, construit par Aménemha III (12° dynastie) auprès du lac Mœris (1). Hérodote (1. 2, cap. 48), Strabon (liv. 17, p. 811) et Diodore de Sicile (liv. 1ᵉʳ, p. 55) nous ont donné une description assez complète de ce monument, qui était, au dire de ces auteurs « un des plus importants et des plus remarquables de l'Égypte, et qui dépassait de beaucoup en beauté les temples d'Éphèse et de Samos. On y voyait à l'intérieur douze cours recouvertes de plafonds (ce qui est assez difficile à expliquer). Les chambres que contenait le labyrinthe étaient au nombre de trois mille, les unes voûtées et souterraines (χρύπται), les autres élevées au-dessus (οἶκοι). » Hérodote dit avoir parcouru les chambres du rez-de-chaussée (elles étaient au nombre de quinze cents), mais qu'il n'a pu obtenir des gardiens la permission de visiter les chambres souterraines, parce qu'elles contenaient les tombeaux des rois et les sépultures des crocodiles sacrés. Quant à celles qu'il a vues, il trouve qu'aucun autre ouvrage sorti de la main des hommes n'est aussi beau (1). On nommait également cet édifice le labyrinthe des *Douze Seigneurs;* il aurait existé encore du temps d'Auguste. Il y avait en Égypte un autre labyrinthe moins célèbre que celui dont nous venons de parler, il était situé dans l'île du lac Mœris ; on le nommait le *labyrinthe de Mendès*, à cause du roi de ce nom, disent certains auteurs ; or il n'a jamais existé en Égypte de prince du nom de Mendès, mais seulement un nome de la basse Égypte qui s'appelait *Mendesius* (2). — En dehors de l'Égypte, le plus fameux labyrinthe était celui de Crète, construit, dit-on, sur le type de celui des *Douze Seigneurs;* mais il avait une bien moins grande importance, puisque, au dire de Pline (liv. 36, ch. 13), il n'occupait que la centième partie de celui de l'Égypte ; il était situé près de la ville de Gnosse. Il aurait été construit par Dédale (Diod. de Sic., liv. 1 et 4), par suite d'un ordre de Minos, qui y tenait renfermé le Minotaure. Chacun connaît la fable de ce fameux Minotaure, qui dévorait chaque année des jeunes garçons et des jeunes filles (3); aussi nous ne la reproduirons pas, car rien n'est moins prouvé. Mais ce qui est plus curieux encore, c'est que peut-être le fa-

---

(1) C'est ce même Aménemha III qui avait fait creuser le lac Mœris, dont les Grecs attribuaient la conception et l'exécution à un roi nommé Mœris, qui n'a jamais existé. Imitant en cela un de leurs compatriotes, qui prenait le Pirée pour un homme, les Grecs ont pris pour le nom d'un roi le terme *mer, meri*, qui en égyptien signifie *lac*.

(1) Pline (liv. 36, ch. 13) et Pomponius Mela (liv. 1, ch. 8) parlent également de ce labyrinthe, mais d'après d'autres auteurs, ne l'ayant pas vu eux-mêmes.

(2) M. de Rougé (*Monnaies des nomes*, p. 46) nous dit, à propos de Mendesius : « Ce nom a été transcrit *Bindidi* dans les inscriptions assyriennes et est devenu le Mendès des Grecs. Il y a une contraction qui paraît considérable, mais qui devient certaine quand on compare Σβενδέτις, nom d'homme qui vient de l'égyptien (Nesa-bi-neb-tat (celui qui est voué à Bi-neb-tat). Le dieu de Mendès était nommé Bi-neb-tat ; il avait la tête de bélier ; c'est ce qui a fait dire aux auteurs anciens que les Égyptiens nommaient le bouc *Mendès*. Les inscriptions nous apprennent que le bouc de Mendès était l'esprit vivant de *Ra*, le soleil. »

(3) Tous les ans, suivant Apollodore (livre 3); tous les sept ans, suivant Diodore (livre 4), et tous les neuf ans, suivant Plutarque (*in Thes.*, tom. 1, p. 6.).

meux labyrinthe lui-même n'aurait eu qu'une existence très-éphémère, car il a existé, quoique ce fait ait été mis en doute par un grand nombre d'auteurs ; son existence est prouvée par sa représentation qui est figurée sur les médailles de Gnosse ; mais il est permis de se demander s'il a une origine aussi ancienne qu'on qu'on le prétend et s'il a vécu de longs siècles. A ces deux questions nous pouvons répondre négativement. Premièrement, si le labyrinthe de Crète avait été construit par Dédale sous Minos, comment se fait-il qu'Homère, qui parle plus d'une fois de ce prince, n'ait jamais eu occasion de mentionner l'un de ses grands travaux ; qu'Hérodote, qui décrit si bien celui d'Égypte, comme nous venons de le voir, n'en fasse pas mention, et cependant cet auteur a soin de nous informer « que les monuments des Égyptiens sont forts supérieurs à ceux des Grecs ? » Si Hérodote avait connu le labyrinthe de Crète, qui était une faible copie de celui d'Égypte, certainement il en aurait parlé, puisque ce monument ne pouvait que témoigner en faveur de la thèse qu'il soutenait, à savoir « que les monuments des Égyptiens étaient fort supérieurs à ceux des Grecs. » Enfin les plus anciens géographes, de même que les écrivains des plus beaux temps de la Grèce sont muets sur ce point. Ainsi donc les seuls auteurs qui nous en parlent ne l'ont jamais vu, puisque Pline et Diodore de Sicile (liv. 1, p. 56) nous disent que de leur temps le labyrinthe ne subsistait plus, « soit qu'il eût péri de vétusté, soit qu'on l'eût démoli à dessein, et que même on avait oublié l'époque de sa destruction. » Ainsi, Homère et Hérodote n'ont pas connu le labyrinthe de Crète, sans cela ils en auraient certainement fait mention, et les auteurs qui en ont parlé ne l'ont jamais vu et supposent que sa destruction remonte à une époque tellement ancienne qu'elle se perd dans la nuit des temps. Devant ces faits, et sans la représentation des médailles de Gnosse, nous n'hésiterions pas à dire que le fameux labyrinthe de Crète n'a jamais existé. Du reste, nous devons toujours nous méfier des travaux de Dédale ; en effet, dans l'antiquité, on attribuait à celui-ci tous les travaux d'art dont on ignorait les auteurs,

absolument comme on attribuait à Hercule tous les travaux qui demandaient une grande somme de puissance musculaire.

D'un autre côté, Philostrate (*Vita Apoll.*, liv. 4, ch. 34) nous dit que deux disciples d'Apollonius de Tyane avaient visité le labyrinthe ; or ces deux disciples étaient contemporains de Diodore de Sicile et de Pline, qui, nous venons de le voir, nous ont dit que de leur temps le labyrinthe ne subsistait plus. Voilà des opinions bien difficiles à concilier, à moins qu'il n'ait existé en Crète deux labyrinthes, ce que nous supposerions volontiers, puisque Meursius (*in Cret.*, liv. 1, ch. 2) parle du labyrinthe de Gortyne, l'une des deux principales villes de la Crète. Tournefort (voy. t. 1ᵉʳ, p. 65) et Bélon (*Observat.*, livre Iᵉʳ, chap. 6) nous ont laissé une description d'une caverne située au pied du mont Ida, à peu de distance de Gortyne. Suivant le premier auteur, Tournefort, c'était l'ancien labyrinthe ; suivant le second, ce n'était qu'une ancienne carrière. Nous devons dire à ce propos qu'on a donné le nom de labyrinthe à des carrières abandonnées ou même à d'anciennes grottes naturelles ; comme preuve à l'appui de notre affirmation, nous citerons le passage suivant de Strabon (liv. 8) : « Près de l'ancienne Argos, à Nauplie, on voit encore de vastes cavernes où sont construits des labyrinthes qu'on suppose être l'ouvrage des Cyclopes ; » c'est sans doute à cause de ceux-ci qu'on les nommait encore *cyclopea*. On voit donc par là que ce terme de labyrinthe était appliqué à des monuments, à des cavernes ou grottes et à des carrières. Il existe près de la ville d'Agrigente, en Sicile, des conduits souterrains qu'on appelle *labyrinthe de Dédale ;* ces conduits mettaient anciennement en communication la citadelle et la ville. — Du reste, pris dans son sens littéral, ce terme servit en Grèce à désigner un espace circonscrit coupé par de nombreuses routes se croisant en tous sens, ou tournant en hélice ou en spirale, ainsi que certaines coquilles (Hesych., *Suid. Etymol. Magn. in* Λα-6ύρ) ; dans le sens figuré, les Grecs l'appliquèrent aux réponses ambiguës (Dionys. Halic., *de Thucid. jud.*, t. 6) ou bien aux réponses obscures et captieuses (Lucien, *in Fugit.*, tom. 3, p. 371).

Il y eut aussi un labyrinthe à Lemnos, où les Cabires célébraient leur culte. Pline (*loc. cit.*) nous informe que « ce dernier n'avait rien qui le distinguât des autres labyrinthes, si ce n'est la beauté et la singularité de cent cinquante colonnes qui avaient été travaillées au tour par le moyen de pivots si bien disposés qu'un enfant seul pouvait tourner ces colonnes. » Ce labyrinthe avait été construit par trois architectes, Rhœcus, Smillis et Théodore.

Clusium posséda, dit-on, un labyrinthe ; Porsenna passe pour l'auteur de ce vaste hypogée ; mais Pline, qui nous en parle d'après Varron, en trouve la description si exagérée qu'il n'hésite pas à la reléguer parmi ce que cet auteur nomme les *fables étrusques.*

On nomme encore *labyrinthe* une disposition d'allées étroites, serrées et concentriques; on les emploie à la décoration des grands jardins et des parcs. Les allées sont sinueuses et leurs circonvolutions formées par des massifs de plantations sont coupées par des portes qui vous engagent dans de longs détours ou circuits qui vous éloignent souvent de la sortie du labyrinthe. Nous citerons parmi ce dernier genre : le labyrinthe du Jardin des plantes de Paris, situé derrière les serres chaudes; à son centre, qui est point culminant, il se trouve un kiosque en bronze d'où l'on voit une grande partie de Paris ; le labyrinthe de l'ancien château de Choisy-le-Roi ; celui de Versailles, qui avait été créé par Le Nôtre, et qui était orné de fontaines dont les sujets étaient tirés des fables d'Ésope. Les labyrinthes des jardins étaient connus des anciens, puisque Pline (XXXVII, 13) nous apprend que l'intérieur des hippodromes en renfermait et que les bosquets étaient plantés de lauriers touffus que l'hiver ne dépouille pas de leurs feuilles. Aujourd'hui on forme les allées ou plutôt les murs de verdure des labyrinthes avec des noisetiers, des ifs et des cyprès et des *abies pinsapo* qu'on taille avec des cisailles.

On donne enfin ce nom à une disposition particulière de pavage qui a été appliquée dans les églises du moyen âge. Ce genre de pavement était employé également dans l'antiquité, puisque Pline (*loc. cit. ut supra*) dit « qu'il ne faut pas confondre ou du moins se figurer ce labyrinthe (celui de l'île de Crète) tel que ceux

qu'on pratique sur les *pavés* et les jardins, qui servent à l'amusement des enfants. » Ce genre de labyrinthe affectait une forme carrée, octogonale ou circulaire, comme le montrent nos figures; il était considéré comme l'emblème du temple de Jérusalem ; aussi, à l'époque des

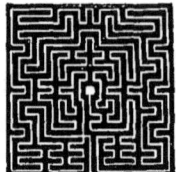

Fig. 1. — Labyrinthe de Saint-Omer.

croisades, ceux qui ne pouvaient aller en terre sainte pour faire des pèlerinages, les accomplissaient en faisant des stations dans les labyrinthes qui en tenaient lieu. L'un des plus anciens, détruit en 1779, était le labyrinthe de la cathédrale de Reims qui avait été exécuté vers 1240 ; on le nommait aussi *dédale, lieue, chemin*

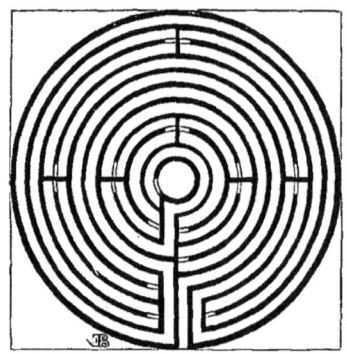

Fig. 2. — Labyrinthe de Bayeux.

de Jérusalem ; il contenait dans certaines parties de son parcours les noms de quatre architectes de l'église. M. Wallet, dans sa description de la crypte de Saint-Bertin de Saint-Omer, a publié celui de cette église, qui est aujourd'hui détruit ; mais il nous en a donné un dessin reproduit par notre figure 1, et la description suivante : « Il était composé de carreaux jaunes ou blancs et de carreaux bleus ou noirs; il était inscrit dans un carré, son chemin de parcours

présentait, comme tous ceux que nous connaissons, un guillochis simple continu, mais à angles droits. Ce pavement était composé de qua-
rante-neuf carreaux de chaque côté ; par conséquent, sa superficie présentait un nombre de

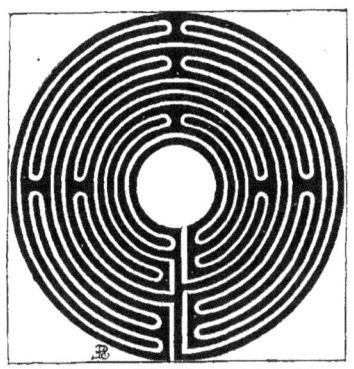

Fig. 3. — Labyrinthe de la cathédrale de Sens.

deux mille quatre cent un carreaux. » Le même
auteur ajoute que les fidèles devaient suivre à
genoux le tracé de ces méandres en souvenir du
trajet que le Christ avait accompli de Jérusalem

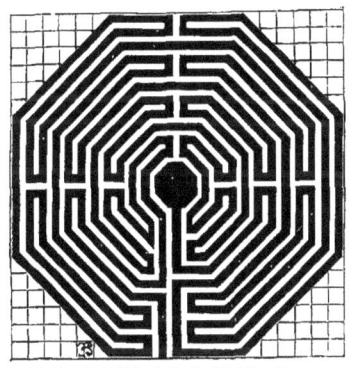

Fig. 4. — Labyrinthe de Saint-Quentin.

au Calvaire. Le labyrinthe de Saint-Bertin se
trouvait dans le transsept méridional de l'é-
glise ; on le supprima, parce que les enfants et
les étrangers en le parcourant troublaient souvent le service divin. C'est pour le même motif
que les labyrinthes disparurent peu à peu des

églises. — En général, les labyrinthes étaient
placés dans la grande nef, soit au commencement, soit surtout dans son milieu ; quelquefois
ils étaient situés dans la salle capitulaire, par
exemple à Bayeux. Ce dernier (fig. 2), de petite
dimension ($3^m,80$ de diamètre), est circulaire et
formé de carreaux émaillés ; la voie, ou chemin, est composée de carreaux à fond noir
chargé d'ornements jaunes, composés de grif-
fons, de rosaces et d'armoiries diverses. — Le
labyrinthe de la cathédrale de Sens (fig. 3) a été
détruit en 1768 ; il avait une grande analogie
avec celui de la cathédrale de Chartres ; il était
incrusté de plomb et mesurait 10 mètres de diamètre ; il avait 2,000 pas de circuit, et il fallait
près d'une heure pour en faire tout le parcours.
Le labyrinthe de la cathédrale de Chartres,
qu'on nomme *lieue*, est circulaire ; il est exécuté en pierre bleue de Senlis ; il mesure 225
mètres environ de parcours de l'entrée jusqu'à son centre. — Les labyrinthes d'Amiens,
de Saint-Quentin (fig. 4) et d'Arras sont de
forme octogonale ; celui d'Amiens, détruit
en 1825, était en pierres blanches et bleues ;
dans son centre était incrustée une plaque de
cuivre indiquant le lever du soleil ; on y avait
également gravé les portraits des trois architectes qui avaient dirigé la construction, et celui
de l'évêque Évrard, dont la figure était accompagnée de l'inscription suivante :

Mémore quand l'œuvre de l'eglē (église)
De chéens fu commenchie et fine
Il est escript el moilou de le
Maison de Dalus (Dœdale)
En l'an de grâce mil IIC
Et XX fut l'œuvre de chéens
Premierement encommenchiée
A dont y er de cheste évesquie
Evrard évesque bénis
Et roi de France Loys
Qui fu filz Phelipe le sage
Chil qui maistre y est de l'œuvre
Maistre Robert étoit nomes
Et de Luzarches surnomes ;
Maistre Thomas fut après lui
De Cormōt, et après son filz
Maistre Regnault, qui mestre
Fit à chest point chi cheiste leitre
Que l'incarnation valoit
XIIC ans moins XII en falloit.

Nous avons donné cette inscription *in extenso*, parce qu'elle a une grande importance; elle fournit, en effet, la date certaine de la création du labyrinthe et le nom des maîtres de l'œuvre d'Amiens.

Le labyrinthe de Saint-Quentin (fig. 4) a été détruit également en 1825 ; celui d'Arras, vers 1792 ou 93 : il était placé dans la nef; il était de forme octogonale, composé de carreaux jaunes et bleus.

Disons, en terminant cet article, que beaucoup de carrelages dessinant des méandres ont été pris à tort pour des labyrinthes; nous mentionnerons notamment celui de l'église de Toussaints (Marne), dont les carreaux n'ont pas plus de 0ᵐ,25 de côté, de sorte qu'on ne pouvait suivre les allées de ceux-ci ni à pied ni à genoux ; nous ferons la même observation pour la basilique de *Reparatus* à Orléansville (Algérie), dont le pavé en mosaïque dessine des méandres et non des labyrinthes, et dans lesquels il se trouve des lettres qui, par leur disposition, forment un jeu qui laisse lire, de quelque côté qu'on soit placé, le mot *Ecclesia*. (Cf. à ce sujet la *Revue archéologique*, 4ᵉ vol., année 1847.)

LAC, *s. m.* — Grand amas d'eau qui se trouve enclavé dans les terres. Quand le volume de cette eau est considérable, les lacs dépendent presque toujours du domaine public; les petits lacs, au contraire, ou étangs, appartiennent soit aux communes, soit aux particuliers. La jurisprudence relative à ces derniers se trouve aux mots EAU, ÉTANG. (Voy. ces mots et CANAL.)

LACS. — Voy. ENTRELACS.

LACHÉ, *adj.* — Ce mot s'emploie pour exprimer, dans tout ouvrage d'art, une certaine négligence qui quelquefois, comme dans une esquisse ou une ébauche, est volontaire, et quelquefois provient d'ignorance ou de paresse. (Quatremère de Quincy, *Dict. d'arch.*)

LACERET ou LACET, *s. m.* — Petite tarière servant aux charpentiers à percer des trous dans les pièces de bois devant recevoir des chevilles. (Voy. ENLAÇURE.)

LACET, *s. m.* — Petite broche qui relie les deux parties d'une charnière; c'est aussi un collier à écrou servant à fixer la tige de l'espagnolette dans le montant d'une croisée ; c'est encore un piton à double branche qui se rive, qui se visse ou qui se scelle, suivant la forme de ses pointes. Ce piton sert à recevoir ou lier quelque partie de serrurerie, comme une boucle, un anneau, etc. Il existe des *poignées* et des *moraillons à lacet*. On nomme *lacet tournant* celui qui peut tourner dans tous les sens : par exemple, dans les portes charretières, celui qui porte la verge des auberons de fléau ; *lacet à socle*, celui qui, au lieu d'être une simple tringle, est pris dans la masse du fer ou du cuivre, qui est forgé à vive arête, évidé dans son milieu pour le passage de l'espagnolette.

LACONICUM. — Etuve des thermes antiques qu'on appelait aussi *sudatorium*. Elle affectait une forme en hémicycle; on l'échauffait au moyen de l'HYPOCAUSTE (Voy. ce mot), ou bien à l'aide du *testudo* ou poêle métallique placé au centre de l'étuve, quand le LABRUM (Voy. ce mot) n'occupait pas lui-même cet emplacement. La voûte était percée de deux ou trois ouvertures (*lumen*), fermées avec des vitres ou des pierres spéculaires. Le centre de la voûte portait une ouverture circulaire qu'on ouvrait et qu'on fermait à volonté et plus ou moins, suivant le degré de chaleur, au moyen du bouclier ou *clipeus*, disque en métal qu'on manœuvrait à l'aide de chaînes. Le *laconicum* était ainsi nommé parce qu'il était d'origine lacédémonienne. (Martial, VI, 43, 16.) Une des extrémités du *caldarium* contenait le bain d'eau chaude (*alveus*), et l'autre le *laconicum*. (Voy. THERMES.)

LACUNAR. — Terme d'antiquité qui signifie *caisson* dans un plafond plat, parce que les poutres et les chevrons qui supportent le plancher se coupent et se croisent à angles droits et forment des carrés, des trous (*lacunæ*, *lacus*); de là l'étymologie de ce mot. (Vitruve, VII, 2,2 ; Horace, *Od.*, II, XVIII, 2 ; Cic., *Tusc.*, V, 21.) Par extension, comme dans les plafonds voûtés, les coupoles, on imitait ce genre de compartiment pour figurer la charpenterie; on nommait également ces caissons *lacunar*. (Voy. CAISSON.)

LADRERIE, *s. m.* — Hôpital destiné aux lépreux. L'étymologie de ce mot vient de *ladrerie*, nom vulgaire de la lèpre au moyen âge. — Voy. HOSPITALIERS (*Bâtiments*).

LAGRE, *s. f.* — Feuille de verre, servant d'étente ou plaque à étendre, sur laquelle les ouvriers étendent les feuilles de verre au fur et à mesure qu'elles sont fabriquées.

LAIE ou **LAYE**, *s. f.* — Marteau bretté du tailleur de pierre. Ce marteau affecte différentes formes, comme le montrent nos figures : l'un

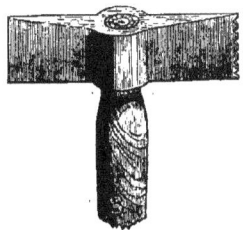

Fig. 1. — Laie à tranchants uni et dentelé.

(fig. 1) a deux tranchants dont l'un est uni et l'autre dentelé; un deuxième type a deux tranchants unis (fig. 2); un troisième possède

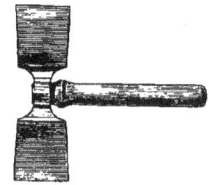

Fig. 2. — Laie à deux tranchants unis.

un grand et un petit tranchant (fig. 3). Cet outil sert à tailler les parements des pierres ainsi qu'à piquer les moellons. — On donne le même nom au travail, aux dentelures que le marteau bretté laisse sur la pierre. — En termes d'eaux et forêts, c'est une route étroite percée dans une futaie, dans une forêt.

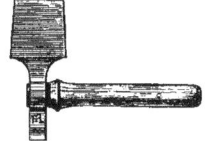

Fig. 3. — Laie à deux tranchants inégaux.

LAIS, *s. m. pl.* — En termes d'eaux et forêts, jeunes baliveaux qu'on laisse en coupant un taillis, afin de les faire croître en haute futaie. — En termes de jurisprudence, ce mot est synonyme d'*alluvions*, d'ATTÉRISSEMENTS. (Voy. ce mot, où le lecteur trouvera toute la jurisprudence qui le concerne.) On donne aussi à ce mot comme synonyme celui de *relais*.

LAISSES, *s. f. pl.* — Bavures qui subsistent sur les bords des tables de plomb, quand elles viennent d'être coulées.

LAIT DE CHAUX, *s. m.* — Chaux éteinte fortement détrempée avec de l'eau. Le lait de chaux sert à blanchir les murailles, soit à l'intérieur, soit à l'extérieur des édifices. On l'applique à l'aide d'une brosse emmanchée au bout d'un bâton avec lequel il forme un angle un peu plus obtus, un peu plus grand que l'angle droit, c'est-à-dire un angle de 48 à 50 degrés. Le lait de chaux entre dans la plupart des badigeons; il sert encore à donner de la consistance à un sol de fondation : si, après avoir répandu du sable dans une fouille en rigole, on arrose le sable avec un lait de chaux assez fortement chargé, on obtient ainsi une espèce de béton maigre. On emploie également le lait de chaux pour augmenter l'imperméabilité du pisé et lui donner une plus grande densité.

LAITANCE, *s. f.* — Partie de chaux qui se détache des bétons lors de leur immersion ; on doit la chasser loin des travaux, tandis qu'elle surnage au-dessus de l'eau, sans cela elle finit par se dissoudre et se précipiter dans l'eau où elle forme un dépôt insoluble sur les travaux en cours d'exécution et occasionne des solutions de continuité. (Voy. BÉTONNAGE.)

LAITERIE, *s. f.* — Local servant à conserver le lait jusqu'à son emploi ou sa transformation en beurre ou en fromage. On doit établir les laiteries dans des conditions telles qu'elles soient le plus possible à l'abri des variations de température et que celle-ci ne s'abaisse jamais dans l'intérieur des laiteries au-dessous de dix degrés au-dessus de zéro. On obtient de bons résultats en employant des murs épais, et même des doubles murs, et en construisant ces locaux en contre-bas du sol, comme les serres hollandaises. Le sol des laiteries doit être pavé de façon à faciliter les lavages. Pour de plus amples renseignements, voyez les ouvrages spéciaux, notamment notre *Traité des constructions rurales.*

LAITIER, *s. m.* — Matière vitreuse qui se forme lors du traitement du minerai de fer, qui surnage sur ce métal en fusion. La couleur des laitiers est brune foncée et ressemble assez à un silex très-foncé. Quand les *loupes* ou masses de fer sont comprimées sous l'action du marteau-pilon, elles suent du laitier. Jusqu'à aujourd'hui on n'a pu utiliser cette matière.

LAITON ou **CUIVRE JAUNE**, *s. m.* — Alliage formé de cuivre et de zinc et quelquefois d'étain suivant certaines proportions, du reste, fort variables; c'est un métal d'une belle couleur, d'un jaune très-brillant, mais il a besoin d'un entretien constant, sans quoi il se couvre assez rapidement de vert-de-gris. Il est plus dur que le cuivre, moins malléable que lui, mais il se prête plus facilement à l'étirage de la filière et du laminoir. Le laiton est employé dans un grand nombre d'industries, mais surtout dans celle du bâtiment; il sert notamment à fabriquer une quantité d'objets de quincaillerie, de serrurerie, de robineterie, de plomberie, ou de fournitures pour gaziers et pompiers; la plupart de ces objets sont susceptibles d'être tournés et filetés, aujourd'hui même beaucoup sont galvanisés dans des bains d'or, de platine, de nickel ou d'argent.

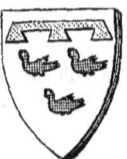

Fig. 1. — Écu portant d'argent à trois merlettes de sable au lambel d'or en chef.

LAMBEL, *s. m.* — Terme de blason. Brisure, la plus noble de toutes, qui se forme

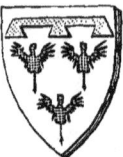

Fig. 2. — Écu portant d'argent à trois alérions de sable avec lambel d'or en chef.

par un filet; cette brisure, dans les armoiries, sert à indiquer les branches cadettes. (Voy. nos figures.)

LAMBOURDE, *s. f.* — Pierre calcaire d'un grain assez grossier, d'un ton jaunâtre, surtout au sortir de la carrière. A ce moment, elle est si tendre qu'on peut la tailler au couteau; mais, comme la plupart des pierres tendres, elle acquiert à l'air une grande dureté, et de gélive qu'elle était auparavant elle devient suffisamment résistante. Quand elle est bien sèche, c'est-à-dire longtemps après sa sortie de la carrière, la lambourde est d'un bon usage. C'est une pierre excellente, très-pleine, d'un grain uniforme, qui porte jusqu'à 1^m,65 de hauteur de banc, qualité fort précieuse dans bien des cas. A une époque très-reculée, alors qu'on trouvait à Paris telle pierre qu'on voulait, on a fait un grand usage de la lambourde. Nous avons vu à Paris des ruines d'édifices romains, dont toutes les pierres d'assise, les bases, colonnes, chapiteaux, etc., étaient en lambourde, et ces débris étaient en parfait état de conservation, bien qu'ils eus sent séjourné plus de quinze cents ans dans le sein de la terre. Aux époques mérovingienne et carolingienne on a également employé la lambourde ; on la tirait alors du sol même de Paris. Aujourd'hui cette pierre est devenue plus rare, celle de bonne qualité, du moins. On la tire de Saint-Maur, de Carrières-sous-Bois, près de Saint-Germain en Laye, et de Saint-Leu. Le calcaire provenant de ces carrières est le plus estimé aujourd'hui, mais il ne porte que 0ᵐ,65 à 0,85 de hauteur de banc ; son grain est presque aussi fin que celui du *banc royal*. On extrait également la lambourde des carrières de Gentilly, d'Arcueil, de Nanterre, de Carrières-Saint-Denis, de Montesson, de Houilles, etc. ; mais le banc de ces carrières est moins élevé et de qualité inférieure. Les moellons dits *de Nanterre*, remarquables par leur légèreté, sont en lambourde. — La pesanteur spécifique de la lambourde varie de 1,564 à 1,820, ce qui représente un poids de 1,564 à 1,820 kilogrammes le mètre cube.

En menuiserie, on nomme *lambourde* une pièce de bois de sciage longue et étroite assez semblable à un chevron ; elle mesure 0ᵐ,08 de hauteur sur 0ᵐ,54 de largeur. On scelle au plâtre et on arrête les lambourdes sur les planchers pour y clouer le parquet ; cette traverse en bois est aussi scellée, surtout dans les rez-de-chaussée, dans une aire ou forme en bitume. (Voy. PARQUET.) — La pose des lambourdes est faite par le menuisier ; elle exige assez de soin, pour qu'elle soit parfaitement horizontale ; quant à leur scellement, il est exécuté par les maçons et se fait de la manière suivante. On les scelle ordinairement de chaque côté à l'aide d'un solin en plâtre, qui est tantôt droit, tantôt en gorge, tantôt cintré, comme les augets ; quand le solin est droit, on établit de distance en distance, tous les 0ᵐ,68 environ de petites chaînes en plâtras ou en garni qui ont pour mission de maintenir l'écartement des lambourdes.

En charpenterie, la *lambourde* est une pièce de bois qui reçoit les abouts des solives d'un plancher, lorsqu'on ne veut ou qu'on ne peut pas les sceller dans les murs. Ce sont aussi des pièces secondaires dont sont flanquées les grosses poutres auxquelles elles sont reliées par

des étriers (Voy. la figure ci-contre, page 47) ; souvent elles portent des entailles pour recevoir l'about des solives, ce qui permet de ne pas affamer les poutres.

JURISPRUDENCE. — La *Coutume de Paris*, article 208, dit « qu'aucun ne peut percer le mur mitoyen d'entre lui et son voisin pour y mettre et loger les poutres de sa maison, que jusqu'à l'épaisseur de la moitié dudit mur et au point du milieu en rétablissant ledit mur, et en mettant ou faisant mettre jambes, chaînes et corbeaux. » Le commentaire du même article, § 6, p. 316, ajoute :

Suivant l'usage qui se pratique, et qui est réduit en coutume, on ne doit faire porter dans le mur mitoyen que les poutres et les solives d'enchevêtrure des planchers ; et les autres solives se doivent porter sur des sablières (lambourdes) mises par le dessous au long desdits murs mitoyens portés sur des corbeaux de fer, scellés dans lesdits murs de distance en distance par le dedans-œuvre de chaque maison, tant du côté du voisin qui fait construire le mur en bâtissant sa maison, que du côté de l'autre voisin qui se sert dudit mur, après qu'il est construit, pour deux raisons : la première, si l'on posait toutes les solives dans ledit mur, soit en bâtissant ou autrement, et que les portées des solives vinssent à s'échauffer ou pourrir, ce qui arrive souvent, le mur ne serait plus porté que sur la moitié de son épaisseur, parce que ordinairement les solins entre les solives sont mal garnis, et il se pourrait déverser en cet endroit. Secondement, si après la construction du mur, on y faisait porter toutes les solives des planchers d'une maison que l'on adosserait contre, la proximité des trous que l'on y ferait pour loger les solives formerait une tranchée au long du mur, qui en diminuerait la solidité et en avancerait la ruine.

Il résulte donc de la *Coutume* qu'on ne peut sceller dans les murs mitoyens que les poutres et les solives d'enchevêtrure ; mais nous devons ajouter que toutes les solives de planchers en fer peuvent être scellées dans un mur mitoyen, par ce que, ne pouvant pourrir, elles ne peuvent laisser un vide dommageable dans ledit mur. — Enfin, aujourd'hui même on supprime souvent les lambourdes, qui obligeaient à donner une grande épaisseur aux corniches ; on les remplace par des LINÇOIRS. (Voy. ce mot.)

LAMBOURDE CHANLATÉE. — Lambourdes qui ont plus d'épaisseur sur une rive que sur l'autre; on les rapporte sur une poutre à l'aide d'étriers (Voy. notre fig.), elles reçoivent l'as-

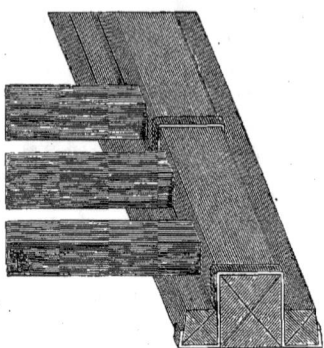

Lambourdes reliées à une poutre par des étriers.

semblage des solives qui affleurent presque le dessus de la poutre.

LAMBREQUIN, *s. m.* — Espèce de bordure pendante ou frange à grandes dents ou festons, dont on décore les auvents, le sommet ou couronnement des KIOSQUES (Voy. ce mot, où le lecteur verra des lambrequins), des petits pavillons, des verhandas, des serres, des mar-

Lambrequins.

quises, ou de toute autre construction. — Les lambrequins (Voy. not. fig.) sont en bois découpé, ou en zinc, en tôle et en cuivre estampés. — On applique ce même nom à de petites corniches en bois ou en métal qu'on place dans les appartements au-dessus des tentures, enfin à des décorations en peinture figurant des lambrequins.

LAMBRIS, *s. m.* — Revêtement en bois ou en marbre, plafonds rampants exécutés

sous les combles; enduits de plâtre au sas exécutés sur lattes jointives.

Les lambris de menuiserie se composent de pièces assemblées, c'est-à-dire de bâtis de panneaux; il est rare que les pièces en soient simplement emboîtées, cependant il en existe. On les emploie surtout comme décoration. Suivant leur mode d'assemblage, on distingue les lambris, quant à leur moulurage, en :

LAMBRIS D'ASSEMBLAGE, ceux dont les bat-

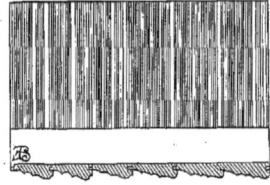

Fig. 1. — Lambris d'assemblage.

tants et les traverses ne sont pas moulurés, et dont les panneaux ne portent point de plate-bande, soit qu'ils affleurent les bâtis, soit que ces panneaux soient renforcés (fig. 1);

LAMBRIS A BOUVEMENT SIMPLE, ceux dont les bâtis portent sur l'arête une simple moulure;

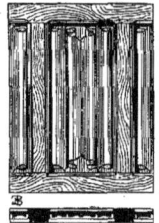

Fig. 2. — Lambris à petit cadre.

LAMBRIS A PETIT CADRE, ceux dont les bâtis portent sur l'arête plusieurs moulures qui affleurent, mais ne font pas saillie sur le bâti;

LAMBRIS A GRAND CADRE, ceux dont les moulures font saillie sur le bâti;

LAMBRIS A CADRE EMBREVÉ, ceux dont le cadre fait saillie sur le bâti, mais n'en fait pas partie, par ce qu'il y est embrevé par une languette double ou simple, ou bien qui y est rapporté à *plat-joint;*

LAMBRIS A CADRE ÉLÉGI, ceux dont les

battants et traverses sont diminués d'épaisseur sur une rive et qui portent sur l'autre un
cadre profilé plus ou moins richement : le cadre
fait saillie sur le champ, il est pris aux dépens
des traverses et des battants, c'est une sorte
de lambris à petit cadre (Voy. ci-dessus) ;

LAMBRIS A TABLE SAILLANTE, ceux dont
les panneaux sont plus saillants que les bâtis.

Suivant leur mode d'exécution, on nomme :

LAMBRIS A UN PAREMENT, ceux qui sont
bruts sur la partie cachée ;

LAMBRIS A DOUBLE PAREMENT, ceux qui
sont travaillés, unis ou moulurés sur leurs deux
faces ;

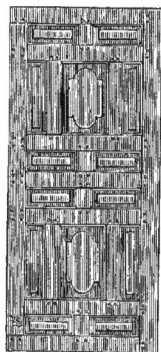

Fig. 3. — Lambris à petit cadre.

LAMBRIS ARASÉS AU DOUBLE PAREMENT,
ceux dont les panneaux affleurent le bâti sur
un parement, tandis que l'autre peut être
exécuté de diverses manières.

Enfin, suivant leur hauteur, on divise les
lambris en :

LAMBRIS D'APPUI, ceux qui n'ont que $0^m,80$
à $0^m,90$ de hauteur ;

LAMBRIS DE DEMI-HAUTEUR, ceux qui occupent la moitié de la hauteur de la pièce ou
de l'appartement qu'ils décorent ;

LAMBRIS DE HAUTEUR, ceux qui occupent
toute la hauteur du mur entre deux planchers.

Les *lambris en marbre* sont composés de
tables de marbre de peu d'épaisseur ; ils affectent des formes, des dimensions et des couleurs variées ; ils sont disposés de manière à
figurer des compartiments.

On nomme *faux lambris* les lambris simu-
lés en peinture, ou ceux que les menuisiers
figurent sur les murs en traçant à l'aide de
baguettes et de moulures en bois des compartiments.

LAMBRISSAGE, *s. m.* — Action de lambrisser, ouvrage en lambris.

LAMBRISSÉ, ÉE, *part. pass.* — Local ou
chambre dont les plafonds ou les murs, au lieu
d'être horizontaux et verticaux, sont inclinés
suivant les rampants d'un comble.

LAMBRISSEMENT, *s. m.* — État de ce
qui est lambrissé ; action de lambrisser.

LAMBRISSER, *v. a.* — Appliquer un lambris, poser un lambris, revêtir des murs avec
des lambris. — Exécuter un plafond rampant,
un enduit de plâtre au sas sur lattes jointives.

LAME, *s. f.* — En technologie, on applique
ce terme à des objets divers : on nomme *lames
de plomb* des morceaux de plomb minces qui
servent à faire des soudures au plomb, au
zinc, au fer-blanc, à la tôle, etc ; *lames* ou *cales
de plomb*, des feuilles de plomb qu'on place
entre les bases, les chapiteaux, les fûts et les
tambours des colonnes pour assurer leur assiette
et empêcher d'éclater les arêtes ; *lame de fiche*,
la partie de la fiche qui entre dans une mortaise ; *lames d'étain*, de petits lingots ou barres
d'étain servant à faire la soudure avec ce métal, ou bien à étamer ; *lames de persienne* ou *de
jalousie*, les petites traverses de bois minces
formant remplissage de persiennes et de jalousies ; on dit aussi, *lame de couteau, de scie*, etc.

LAMELLAIRE, *adj.* — Qui a une structure formée de petites lamelles. Le mica, l'ardoise, sont des corps à structure lamellaire ;
certaines pierres à plâtre, certains marbres
sont également lamellaires, parce que leur
cassure est ainsi nommée.

LAMETTE, *s. f.* — Petite lame, pièce de fer,
qui est une des parties des soufflets de forge.

LAMINAGE, *s. m.* — Action de laminer.

LAMINER, *v. a.* — Réduire un métal en feuille, en lame ou en barre au moyen d'un LA-MINOIR. (Voy. ce mot.) — Les fers ainsi préparés sont dits *fers laminés :* tels sont les fers à T, les *rails*, les fers à cornière, les tôles, etc., etc.

LAMINOIR, *s. m.* — Machine composée de deux rouleaux cylindriques en acier nommés *cylindres*. Mus par un mécanisme spécial, ils tournent en sens contraire. A l'aide de fortes vis de pression agissant sur des coussinets, on règle l'espace entre les deux cylindres suivant l'épaisseur qu'il s'agit de donner au métal à laminer. Les roues dentées mettant les cylindres en action font ordinairement un tour par seconde, soit 60 tours à la minute. — Pour laminer les fers à double T et simple T, les laminoirs portent des cylindres spéciaux qui laissent entre eux un espace vide semblable au fer qu'il s'agit d'obtenir par le laminage.

LAMPADAIRE, *s. m.* — Ce terme dans son sens propre signifie *porte-lampes*. Dans l'antiquité les lampadaires étaient fort en

terre cuite ou en bronze qu'on suspendait à

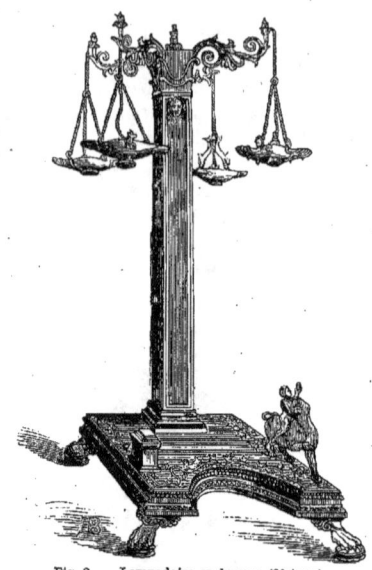

Fig. 2. — Lampadaire en bronze (2ᵉ type).

l'aide de chaînes, en nombre plus ou moins

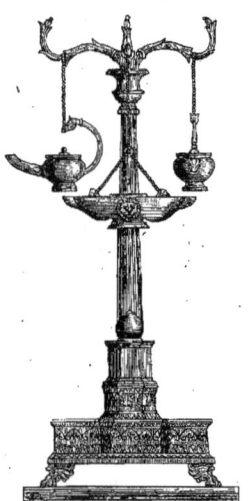

Fig. 1. — Lampadaire en bronze portant des lampes en terre cuite (1ᵉʳ type).

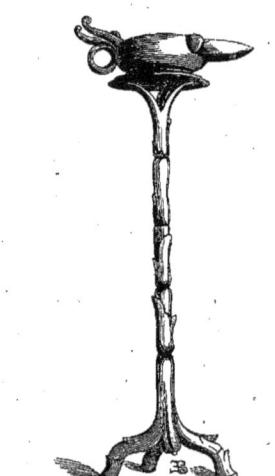

Fig. 3. — Lampadaire en bronze (3ᵉ type).

usage, car on ne se servait ordinairement pour éclairer les appartements que de lampes en

considérable, à une sorte de support en bronze qui affectait diverses formes. Quelquefois aussi une lampe unique était placée sur un support. Nos figures 1 et 2 montrent des lampadaires du premier genre; notre figure 3, un lampadaire du second genre qui représente un roseau. Ces trois types ont été trouvés dans les ruines de Pompéi et sont aujourd'hui déposés au musée national de Naples, avec les accessoires représentés par nos figures 4 et 5, qui

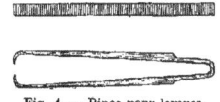

Fig. 4. — Pince pour lampes.

montrent une pince de face et de profil servant à supprimer la partie de la mèche carbonisée, et un crochet à l'aide duquel on faisait sortir de la lampe une portion nouvelle de la mèche en remplacement de celle qu'on avait supprimée. On a également trouvé des lampadaires dans l'antique ville d'Herculanum, et l'un d'eux affectait la forme d'un tronc d'arbre. — Pen-

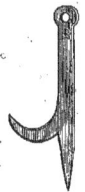

Fig. 5. — Crochet pour lampes.

dant le moyen âge et la renaissance, les lampes de terre ou de bronze furent remplacées par de petits godets ou pots en verre ayant un rebord saillant qu'on plaçait dans des anneaux de cuivre. Notre figure 6 montre le célèbre lampadaire de bronze de la cathédrale de Pise, qui fit découvrir à Galilée l'isochronisme des oscillations du pendule (1). Nous

l'avons dessiné d'après nature dans la cathédrale de Pise, il y a quelques années. — Plus tard on remplaça dans les églises les lampadaires par des roues ou couronnes de lumière, enfin par des lustres portant des cierges, des bougies ou des lampes à l'huile, ou bien alimentés par le gaz. Les lampadaires, tels qu'ils existaient au XVIe siècle, ne se voient guère que dans les mosquées de Constantinople,

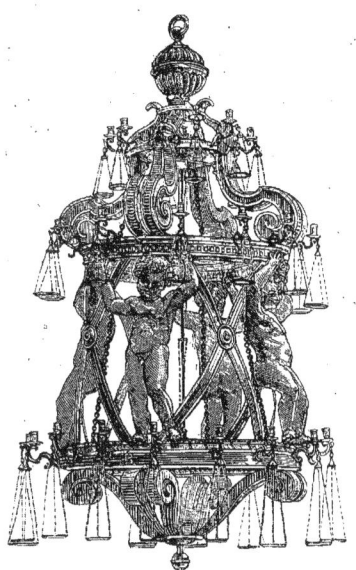

Fig. 6. — Lampadaire de la cathédrale de Pise.

d'Algérie ou du Caire. — Aujourd'hui, dans nos édifices modernes, les lampadaires portent des lanternes à gaz; ce sont souvent des statues qui remplissent cet office, mais on en voit qui affectent d'autres formes, par exemple, des colonnes rostrales ou des obélisques, comme à la place de la Concorde et à l'Opéra à Paris. — Quelques auteurs donnent à tort comme synonyme à ce mot celui de *lampier;* les diction-

---

(1) Un jour que Galilée se trouvait dans la cathédrale il remarqua les oscillations du lampadaire suspendu à la voûte de l'église. L'allumeur l'avait dérangé de la verticale, afin de pouvoir l'allumer plus commodément. Galilée remarqua que les oscillations grandes ou petites paraissaient s'effectuer dans des temps égaux; pour s'en convaincre, comme il n'avait pas de montre, il compara les battements de son pouls avec les oscillations : il arriva à constater le grand principe de l'isochronisme des oscillations du pendule. Il n'avait alors que dix-neuf ans, et, quoique étudiant à l'université, il était presque entièrement étranger aux mathématiques, puisqu'il étudiait la musique et le dessin.

naires de l'Académie et de Littré n'en font pas mention ; le mot lampier s'applique à un tout autre objet. (Voy. LANTERNE DES MORTS.)

LAMPE, *s. f.* — Ustensile servant à éclairer un local obscur ou toute espèce de locaux pendant la nuit. L'usage des lampes est fort ancien. L'antiquité a possédé des modèles de lampes en terre cuite, en bronze, en verre, en

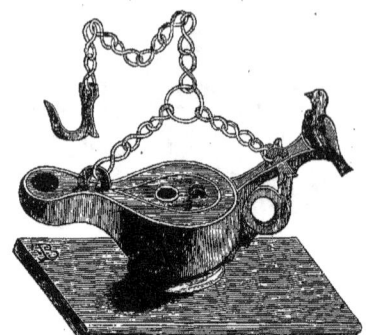

Lampe antique en bronze.

argent, etc. Les musées de tous les pays en contiennent de nombreux spécimens ; le musée de Naples à lui seul en possède peut-être plus de cent mille. Notre figure montre une lampe en bronze qui porte une chaîne pour la suspendre et un crochet pour sortir la mèche, quand c'était nécessaire.

LAMPIER. — Voy. LANTERNE DES MORTS.

LAMPROMÈTRE, *s. m.* — Instrument servant à mesurer l'intensité de la lumière.

LANCE, *s. f.* — Arme en usage chez les anciens et dans les peuplades sauvages. Elle était formée d'un long bois terminé par un fer pointu et triangulaire. Aujourd'hui le fer seul des lances est employé à décorer l'extrémité des barreaux d'une grille. On fait les fers de lance des grilles en fer, en fonte, en cuivre repoussé ; généralement, dans les monuments publics, on les dore. Nos figures montrent deux beaux types

de lances de grille. — Les fontainiers donnent ce nom à un jet d'eau qui sort d'un seul ajutage, d'abord fort grêle, mais qui s'élargit en s'élevant à une certaine hauteur. — En pein-

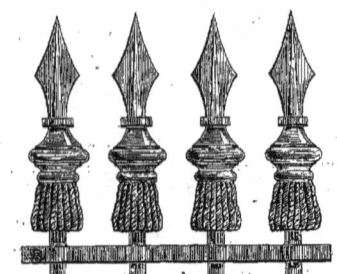

Fig. 1. — Lances de grille en fer (jardin des Tuileries).

ture, c'est une grosse brosse servant à faire de la peinture commune.

LANCÉOLÉ, ÉE, *adj.* — En forme de fer de lance, c'est-à-dire pointu et triangulaire.

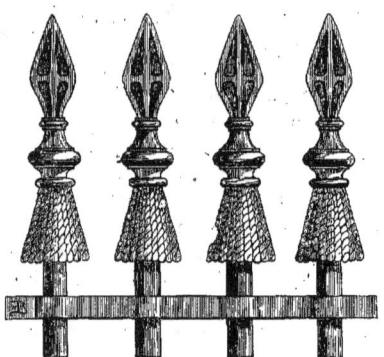

Fig. 2. — Lances de grille en fer (jardins du Louvre).

LANCER, *v. a.* — Peindre un plafond avec une grosse brosse nommée *lance.* On *lance* un plafond, quand la dernière couche n'est pas unie, qu'elle est ondée.

LANCETTE, *s. f.* — Arc aigu employé comme élément de construction pour tracer la courbe des fenêtres du style ogival primaire. Cet arc est formé par deux arcs qui ont chacun leur centre en dehors de la courbe qui lui est opposée ; le rayon de la courbe, en un mot, est plus grand que l'ouverture de l'arcade. Des archéologues anglais lui auraient donné ce nom, paraît-il, parce que sa forme ressemble, d'après les uns, à un fer de lance, et, d'après d'autres, parce que la fenêtre dite *en lancette* ressemble, par sa forme élancée, au fer employé par les chirurgiens pour pratiquer les saignées et qu'on nomme *lancette*.

Dans les monuments de peu d'importance, la lancette est isolée ; elle est géminée, au contraire, dans les monuments un peu considérables, bigéminée et trigéminée dans les grands édifices. Quand la lancette est géminée, elle est souvent encadrée dans une arcade principale plus saillante ; l'espace vide qui surmonte les deux lancettes est occupé par une rosace trilobée, quadrilobée ou quintilobée, suivant la dimension du vide existant sur le nu du mur. Les lancettes ne se rencontrent guère que dans le style de transition du roman à l'ogival (fin du XIIe siècle) et dans le style ogival primaire (XIIIe siècle), comme nous venons de le dire. Au XIVe et au XVe siècle, les lancettes disparaissent, mais elles font leur réapparition assez fréquemment dans les arcades des églises du commencement du XVIe siècle. En général, elles éclairent les façades latérales des églises, et, dans celles qui ont des chevets plats ou droits, elles sont ordinairement au nombre de trois d'inégale hauteur, celle du centre étant plus élevée que les deux autres.

LANCIER, *s. m.* — Large canal de plomb qui reçoit les eaux d'un comble, d'une terrasse, et qui les *lance* dans la rue. Ce mot est synonyme de *gargouille* et a été remplacé par celui de *gouttière*, mais il a donné naissance au terme suivant :

LANCIÈRE, *s. f.* — Ouverture par laquelle l'eau s'écoule, quand un moulin ne fonctionne pas ; au contraire, on nomme *vanne lancière* celle qui fournit l'eau à la roue d'un moulin.

LANCIS, *s. m.* — Opération qui consiste à substituer à des pierres détériorées d'un parement des pierres neuves ; à cet effet, on re-

fouille le plus avant possible les pierres ou les moellons à supprimer, afin de faire pénétrer profondément les matériaux neufs. — On donne le même nom aux pierres et aux moellons qui servent à exécuter cette opération ; aux pierres plus longues que le pied-droit dans les jambages des baies. On exécute les lancis pour ménager la pierre qui dans un mur épais ne peut pas toujours faire *parpaing*. On nomme *lancis de tableau*, celui qui est au parement ; celui qui est, au contraire, à l'intérieur, au dedans du mur, se nomme *lancis d'écoinçon*. On dit également *relancis*.

LANÇOIR, *s. m.* — Pièce de bois qui arrête l'eau d'un moulin en fermant l'ouverture du biez. On donne encore ce nom aux coulisses ou glissoirs pratiqués dans les petits sentiers des montagnes escarpées, et qui servent à faire glisser les troncs d'arbres abattus. On nomme ce genre de voie, *chemin de schelitte*.

LANÇONNIER, *s. m.* — Chevron à mortaise servant à maintenir le moule destiné à la construction en PISÉ. (Voy. ce mot.)

LANDIER, *s. m.* — Gros chenets de fer servant dans les cuisines à porter la broche à rôtir ; souvent aussi la tête des chenets est formée par une espèce de récipient servant de réchaud pour faire cuire des mets dans une casserole.

LANGUE, *s. f.* — Bout de tuyau de plomb aplati, qui projette l'eau en nappe dans la cuvette d'une garde-robe.

LANGUE D'ASPIC, *s. f.* — Disposition particulière du taillant de certains outils. Le foret, certaines mèches ont leur taillant *en langue d'aspic*.

LANGUE-DE-CARPE, *s. f.* — Ciseau en fer méplat, dont le tranchant est à double biseau et arrondi en demi-cercle. La surface est formée par de petites écailles qui empêchent la langue-de-carpe de glisser dans la main de l'ouvrier. (Voy. not. fig.) Le serrurier se sert de cet instrument pour serrer un goujon dans son trou, un ornement de grille ou de balcon, etc. On obtient ce résultat par une encoche qui produit un renflement sous le coup du marteau.

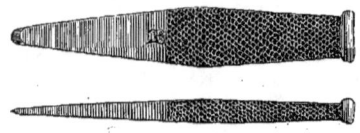

Langue-de-carpe (face et profil).

LANGUE-DE-CHAT, s. m.

LANGUE-DE-CHAT, s. m. — Appendice ou denticule secondaire qui se voit entre deux denticules, dans certains genres de denticules.

LANGUETTE, s. f. — En menuiserie, on désigne sous le nom de *languette* une saillie d'assemblage analogue à celle qu'on nomme *tenon*, à cette différence près que le tenon est en bout,

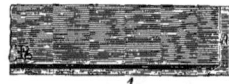

Fig. 1. — *a*, tenon ; *b*, languette.

tandis que la languette occupe la rive d'une planche dans le sens de sa longueur (fig. 1.) On pourrait définir la languette : un *tenon* continu, puisque c'est la rive d'une planche dont on réduit l'épaisseur de telle sorte qu'elle puisse pénétrer dans une rainure pratiquée dans l'épais-

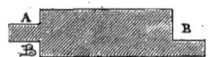

Fig. 2. — A, languette à deux arasements ;
B, à un seul arasement, ou *languette bâtarde*.

seur d'une autre planche. Les languettes peuvent avoir un ou deux arasements (fig. 2) ; dans le premier cas, on la nomme *languette bâtarde;* elle a la forme d'une feuillure, on l'utilise pour l'assemblage des panneaux de lambris ou de portes dans leur bâti. Celle qui est faite en travers du fil du bois est dite *languette à bois debout*, ou *languette de fil*. Quand deux planches ont sur leur épaisseur une rainure, si on les joint avec une tringle, celle-ci se nomme *languette rapportée* (fig. 3).

En maçonnerie, les languettes sont en gé-néral des cloisons minces en plâtre pigeonné ou en brique. Elles servent à limiter ou refendre un espace de peu d'étendue ; elles forment les faces et les côtés des tuyaux de cheminée, depuis la hotte jusqu'à la souche située

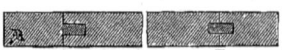

Fig. 3. — A, languette à deux arasements ;
B, languette rapportée ou *tringle*.

au-dessus du comble. On nomme *languette de face* celle de devant, *languettes costières* celles en retour, *languette de refend* celle qui refend un coffre de cheminée. Quand une cheminée est construite dans l'épaisseur d'un mur, on place dans le fond des briques qui forment la *languette de dossier*. La *fausse languette*, ou *languette de séparation*, est celle de face qui, montée d'aplomb, remplit entre le plancher supérieur et le manteau, le vide laissé par un tuyau dévoyé ou rampant ; la languette intérieure, masquée par la fausse languette, se nomme *languette rampante* ou de DÉVOIEMENT. (Voy. ce mot.) La fausse languette qui enveloppe le bout d'une panne est dite *languette de coffre.*

LANGUETTE DE PUITS. — Petit mur pratiqué dans le milieu du puits mitoyen, en contre-bas de la margelle, afin d'empêcher toute communication d'un immeuble à l'autre.

LANGUETTE ou RELANCIS AVEC MOELLONS. — Pierres neuves qu'on substitue à d'autres détériorées dans un mur. (Voy. LANCIS.)

LANGUETTE (Barre de). — Voy. BARRE.

LANTERNE, s. f. — Édicule en forme de tourelle qui surmonte un dôme et lui sert d'amortissement. La lanterne sert également à éclairer la partie supérieure de la coupole : c'est à cause de cet office qu'on lui a donné le nom d'un ustensile servant à éclairer. Nos figures 1 et 2 montrent le plan et l'élévation d'une lanterne de dôme ; notre figure 4, la coupe de la lanterne qui couronne le nouveau dôme de l'Institut construit par M. Moyaux, architecte du monument, ancien pensionnaire de l'Académie de France à Rome. Cette lanterne est assez compliquée et présentait de graves difficultés de construction, car l'architecte a dû conserver une partie de l'ancienne charpente du dôme ; c'est pourquoi nous l'avons dessinée à une assez grande échelle, d'après un dessin qu'a bien voulu nous offrir notre confrère M. Moyaux. Beaucoup de monuments possèdent des lanternes : les églises

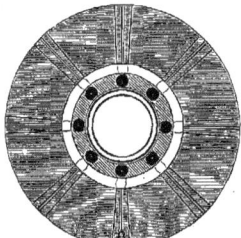

Fig. 1. — Plan d'une lanterne.

de la Sorbonne, des Invalides, du Panthéon de Paris et du Val-de-Grâce. (Voy. FRANÇAISE (*Architecture*), fig. 19, 21, 22.) Une lanterne très-célèbre est celle du château de Chambord, élevée sur la cage de l'escalier central de cet

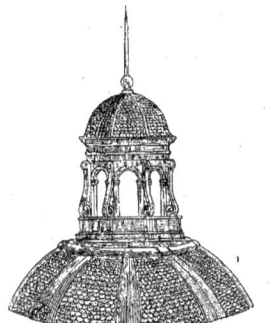

Fig. 2. — Élévation d'une lanterne.

édifice, et que nous donnons au mot RENAISSANCE. En général, les lanternes forment un amortissement d'un bel effet.

Dans les édifices privés, plus modestes que les bâtiments dont nous venons de parler, on nomme *lanterne* une espèce de cage carrée ou circulaire placée sur le comble du bâtiment ; elle est faite en charpente de fer et vitrée ; c'est une sorte de grand châssis de comble élevé sur un petit mur de soubassement,

ou bien porté sur de fortes fourchettes en fer, afin de permettre l'introduction de l'air à l'intérieur du bâtiment. Ces lanternes sont souvent à quatre croupes ; on les nomme aussi *combles vitrés*. (Voy. COMBLE.) — On donne encore ce nom aux charpentes à jour construites au-dessus des combles de hangars, halles et marchés, lesquelles servent à éclairer et aérer l'intérieur de ces locaux. Enfin, ce sont de petites enveloppes vitrées en fer ou en bronze qui servent à éclairer les rues, les

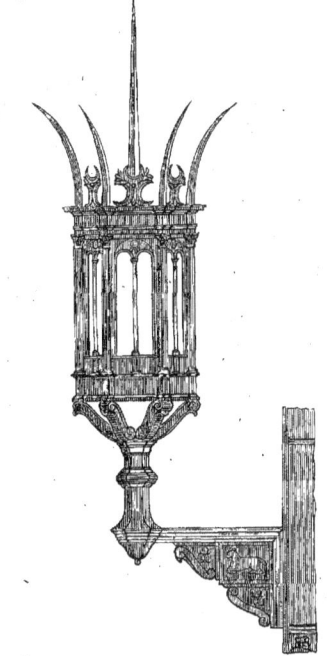

Fig. 3. — Lanterne du palais Strozzi, à Florence.

places, les cours et l'intérieur des édifices ; elles sont alimentées par le gaz ou par l'huile. Nous donnons ici (fig. 3) un fort beau modèle d'une des lanternes octogonales qui décorent la façade du palais Strozzi à Florence ; elle est en fer forgé et sculpté ; c'est l'œuvre du Florentin Nicolo Grasso.

LANTERNE DES MORTS. — Tourelles exhaussées sur un soubassement, généralement creuses, cylindriques, carrées ou de forme polygonale, percées à leur sommet de baies qui laissent échapper les rayons lumineux de la lampe qu'elles renferment. Suivant que le plan de la tourelle est carré, circulaire ou polygonal, elle est coiffée d'un toit pyramidal ou conique. Beaucoup de ces édicules possè-dent des tables de pierre servant d'autels ; nos figures en montrent divers exemples. On élevait des lanternes des morts dans les cimetières ou dans leur voisinage, sur les routes de grande communication ; elles servaient à des usages multiples : en effet, elles éclairaient

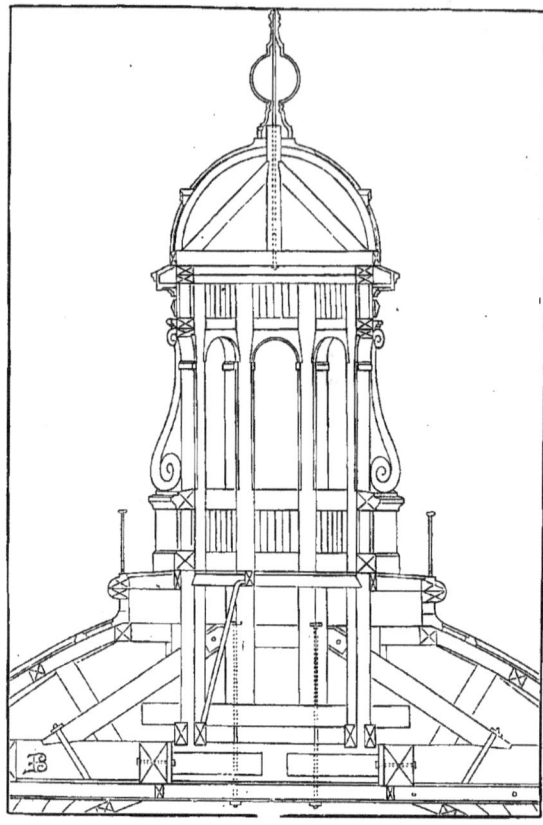

Fig. 4. — Coupe de la lanterne du dôme de l'Institut de France.

pendant la nuit les voyageurs pouvant s'égarer dans la campagne ; elles éloignaient des champs de repos les esprits des ténèbres qui hantent les cimetières, suivant une tradition populaire, et les garantissaient de ce *timore nocturno* et de ce *negotio perambulante in tenebris* dont parle le Psalmiste ; mais leur but principal était de constituer un hommage rendu aux morts et peut-être servaient-elles aussi à éclairer « les convois mortuaires attardés qui arrivaient dans les cimetières après la chute du jour (1). » Tels sont les principaux usages auxquels ser-

(1) De Caumont, *Cours d'antiquités*, t. VI, page 324 et suivantes.

vaient ces édicules; car, comme le fait observer un éminent archéologue, M. de Laurière (1), « on ne saurait aujourd'hui prendre au sérieux l'opinion de certains auteurs qui ont cru voir dans ces édifices des monuments des Gaulois, opinion qui doit paraître moins étrange lorsqu'on se rappelle que le grave Montfaucon attribuait aux druides la construction de la chapelle funéraire octogonale de Montmorillon. »

On ne sait rien de bien positif sur l'origine des lanternes des morts, qu'on nomme également *lampiers, fanaux, tournièles, phares*, etc.; mais ce qui est certain, c'est qu'il n'en existe pas aujourd'hui d'antérieures au XIIᵉ siècle et que le plus grand nombre de celles qui subsistent sont du XIIIᵉ siècle. Le document le plus ancien, et certainement très-précieux, relatif à l'origine de ces monuments, est un passage de Pierre le Vénérable, auteur du XIIᵉ siècle, qui, en décrivant celui de Cherlieu, nous apprend que non-seulement les lanternes en question sont d'origine chrétienne, mais encore que « la lampe allumée à leur sommet avait pour but d'honorer les morts dont elle éclairait les tombes, de porter au loin leur souvenir, en sollicitant dans les ténèbres la prière des fidèles. Il en existe qui ont des marches à l'aide desquelles on peut gravir sur une plate-forme suffisante pour recevoir deux ou trois hommes assis ou debout (2). » — Dans une chronique du

XIIIᵉ siècle nous trouvons encore un passage où il est question d'une lanterne des morts, belle et grande, d'une *tournièle*, le voici : « Adont moru Salehedins li mindres princes qui onkes fust en Paienie et fu enfouis en la cymetère de Saint Nicholaï d'Acre de jouste sa mère qui moult richement y fu ensevelie : et à sour eaus une tournièle bièle et grant, en laquelle il art nuict et jour une lampe plaine d'oile d'olive : et le paient et font alumer cil del hospital de Saint-Jean d'Acre qui les grans rentes tièrent que Salehedins et sa mère y laissièrent (1). » — Nous trouvons aussi dans les *Annales du Limousin* (t. III, p. 182) faisant suite à l'*Histoire de Saint-Martial* par le père Bonaventure, un autre passage éminemment précieux sur ces petits édifices et leur destination. « Au cimetière du dit Saint-Michel de Pistorie à Limoges, devant l'église, il y a une pyramide faite en clocher à la pointe, où dedans anciennement on mettait des lampes allumées aux vigiles qu'on célébrait. Il y en avait à Saint-Paul, à Saint-Gérald et à Cenade, et le plus beau qui reste encore est celui de Saint-Martial. Les autres ont été démolis. » (J. de Laurière, ouv. cit.)

Ces lanternes n'étaient pas seulement placées dans les cimetières ou dans leur voisinage, mais on en voyait autrefois à la porte des abbayes et des monastères ainsi que des maladreries, qui renfermaient, du reste, également des cimetières dans leur enceinte.

Ces édifices, qui mesuraient depuis 5 et 6 mètres de hauteur et qui atteignaient parfois jusqu'à 20 mètres, étaient répandus en grand nombre sur le sol de la France; ceux qui ont survécu à la destruction sont en très-petit nombre. Certaines régions en renfermaient beaucoup, tandis que d'autres n'en possédaient point; parmi les premières nous citerons le

---

(1) *Bulletin de la Soc. archéol. et hist. de la Charente*, 4ᵉ série, t. VII, année 1870, page 175 et suiv. (*Note sur le fanal ou lanterne des morts de Cellefrouin*.) Nous avons puisé dans ce travail une partie de la nomenclature des lanternes des morts que nous donnons dans le présent article, nomenclature complétée par des notes manuscrites que nous a fournies M. de Laurière et par des recherches personnelles. Cinq de nos figures ont été dessinées d'après des photographies exécutées par M. de Laurière ; ces photographies nous ont permis de types plus nombreux à nos lecteurs.

(2) Bâtissier (*Hist. de l'art monumental*, p. 589, note I) donne, probablement d'après de la Villegille, le texte de Pierre le Vénérable (*de Miraculis*, lib. II, ap. *Bibliothec. Patrum*, t. XXII, p. 1021.) « Obtinet medium cimeterii locum structura quædam lapidea, habens in summitate suâ quantitatem unius lampadis capacem, quæ ob reverentiam fidelium ibi quiescentium, totis noctibus fulgore suo locum illum sacratum illus-

---

trat; sunt et gradus per quos illuc ascenditur supraque duobus vel tribus ad standum vel sedendum hominibus sufficiens. »

(1) L. Paris, *la Chronique de Reims*, publiée d'après les manuscrits de la Bibliothèque royale, 1 vol. in-8º, Reims, 1837.

Limousin (1), le Poitou, l'Auvergne, l'Anjou et le Maine (2).

NOMENCLATURE DES LOCALITÉS DE FRANCE
OU IL EXISTE DES LANTERNES DES MORTS.

I. Département de l'Allier. — A Estivareilles, arrondissement de Montbrison. Cette lanterne a la forme d'une tourelle cylindrique;

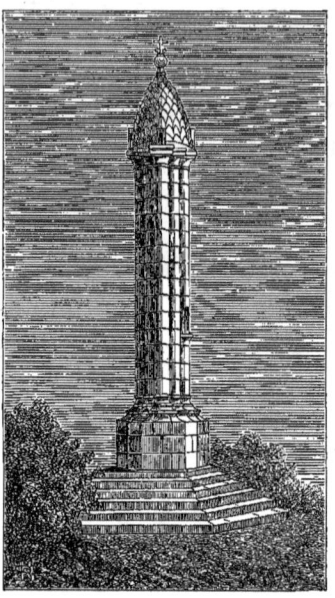

Fig. 1. — Lanterne à Cellefrouin (Charente).

elle est voûtée en calotte; elle porte une croix comme amortissement.

II. Département du Cantal. — A l'entrée du cimetière de Mauriac, arrondissement de

(1) Un article sur les fanaux du Limousin, paru dans le *Bullet. de la Soc. archéolog. et hist. du Limousin* (t. XIII, 1863), mentionne l'existence de vingt et une lanternes des morts dans l'ancienne province du Limousin. Sur ces vingt et une, sept seulement existaient encore intactes; il y a quelques années; d'autres étaient plus ou moins mutilées.

(2) Dans une notice sur les lanternes des morts publiée par Chasteigner, vingt-sept lanternes existaient encore dans le Maine et l'Anjou, vers 1854.

Mauriac, et, dans le même arrondissement, à Falgoux. Au sujet cette dernière lanterne, Bâtissier nous informe (*Hist. de l'art monumental*, p. 589, note 2) « que suivant l'usage elle est allumée encore toutes les nuits. Il y a toujours trente personnes de la paroisse qui sont inscrites pour fournir l'huile de la lampe. Quand une de ces personnes meurt, son héritier ou son plus proche parent est inscrit à sa place. Les habitants, en allant à l'église, s'agenouillent devant ce modeste monument, et supplient cette lumière bénie

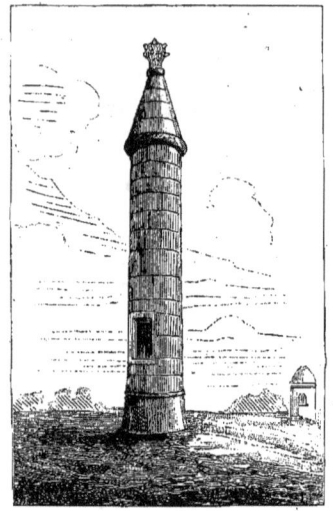

Fig. 2. — Lanterne des morts à Pranzac (Charente).

d'éclairer dans les voies éternelles l'âme des trépassés. » L'ouvrage de Bâtissier date d'environ quarante ans ; le même usage existe-t-il encore ?

III. Département de la Charente. — A Cellefrouin, arrondissement de Ruffec, et à Pranzac, arrondissement d'Angoulême. La *lanterne de Cellefrouin* (fig.1) est située dans le cimetière, au-dessus d'un coteau qui domine le bourg et son église; elle date du XIIe siècle. Sa hauteur totale est de 12 à 13 mètres. Elle se compose d'un soubassement de cinq gradins qui porte un piédestal supportant un faisceau de huit colonnes, dont quatre grosses correspondent aux quatre points cardinaux et quatre plus petites engagées dans les premières. Elle est coiffée d'une couverture conique imbriquée ; le sommet est couronné d'une boule portant une croix. L'édicule est massif jusqu'à la quatrième assise des colonnes ; à la cinquième assise, sur la colonne qui fait face au nord, à 3 mètres au-dessus du soubasse-

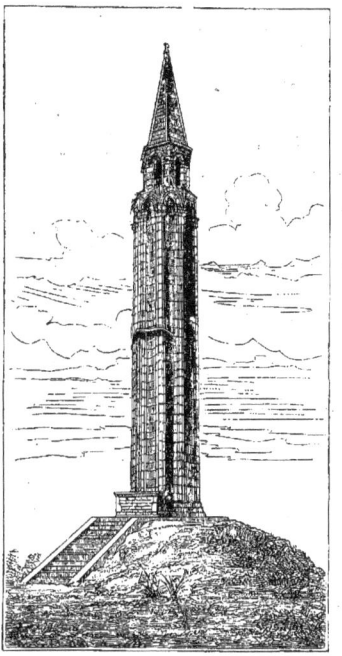

Fig. 3. — Lanterne à Saint-Pierre d'Oléron
(Charente-Inférieure).

ment, on a pratiqué une petite baie affectant la forme d'un rectangle allongé ; cette ouverture permet de hisser le fanal dans l'intérieur du monument, qui mesure 0ᵐ,40 de côté. Ce conduit intérieur se prolonge jusqu'au sommet. Le cône est percé de quatre ouvertures à sa première assise ; elles correspondent aux quatre grosses colonnes. Il existe une cinquième ouverture plus petite située vers le milieu du cône et du côté opposé à la porte ; cette ouverture paraît avoir été pratiquée pour faciliter la sortie de la fumée ; du reste, d'autres

lanternes, celle de Château-Larcher, par exemple, portent également une semblable ouverture dans la partie haute de leur calotte. La porte de cette lanterne est munie d'une petite tablette ou appui formant saillie ; dans l'intérieur du cône, on peut constater l'existence d'une barre de fer ou armature qui devait supporter une poulie pour le service du falot. — La *lanterne de Pranzac* (fig. 2) est une véritable colonne creuse de 6ᵐ,50 d'élévation ; elle repose sur quatre gradins aujourd'hui enfouis dans le sol ; une porte, de 0ᵐ,80 de hauteur sur environ 0ᵐ,50 de largeur, s'ouvre au-dessus de la deuxième assise située au-des-

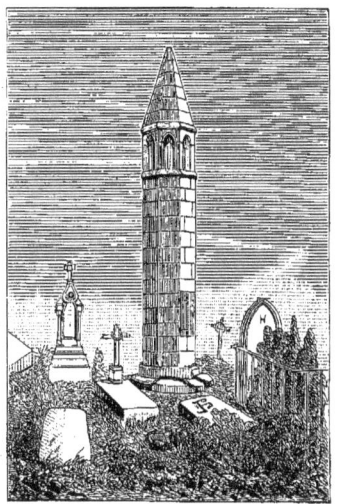

Fig. 4. — Lanterne à Felletin (Creuse).

sus du socle ; un fort tore faisant saillie au sommet du fût supporte le sommet conique. Ce monument date du XIIᵉ siècle.

IV. Département de la Charente-Inférieure. — A Fénioux, arrondissement de Saint-Jean d'Augély, et à Saint-Pierre d'Oléron, arrondissement de Marennes. La *lanterne de Fénioux* est formée par un faisceau de douze colonnes engagées ; elle possède un escalier intérieur. Celle de *Saint-Pierre d'Oléron* est une des plus remarquables et des plus élevées. (Voy. notre fig. 3.)

V. Département de la Corrèze. — A Dalon, arrondissement de Brives.

VI. Département de la Creuse. — A Felletin, arrondissement d'Aubusson (fig. 4) ; deux dans l'arrondissement de Guéret, à Vercillat et à la Souterraine ; une à Saint-Goussard, arrondissement de Bourganeuf.

VII. Département des Deux-Sèvres. — A Aiffres et à Parthenay-le-Vieux.

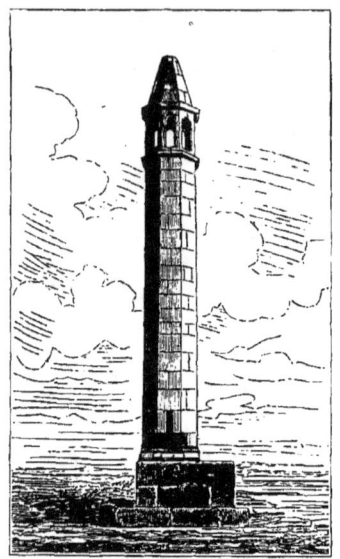

Fig. 5. — Lanterne à Oradour-Saint-Genest
(Haute-Vienne).

VIII. Département de la Haute-Vienne. — Trois dans l'arrondissement de Bellac, à Saint-Barbant, à Oradour-Saint-Genest (fig. 5) et à Rançon ; trois dans l'arrondissement de Rochechouart, à Oradour-sur-Glane, à Cognac, à Saint-Victurnien; une à Coursac-Bonneval, arrondissement de Saint-Yrieix.

IX. Département de l'Indre. — A Ciron, arrondissement du Blanc (fig. 6) ; à Estrée, commune de Saint-Genou, arrondissement de Châteauroux ; à Saint-Hilaire.

X. Département de la Loire. — Une à Estivareilles, arrondissement de Montbrison.

XI. Département de la Loire-Inférieure.

— Une aux Moutiers dans le cimetière, canton de Bourgneuf.

XII. Département du Puy-de-Dôme. — Deux dans l'arrondissement de Thiers, à Culhat et à Montaigut-en-Combrailles ; une dans le canton de Pontaumur, à Combrailles.

XIII. Département de la Sarthe. — Une dans l'arrondissement du Mans, à Parigné-l'Évêque.

XIV. Département de la Vienne. — Dans l'arrondissement de Montmorillon, quatre : à

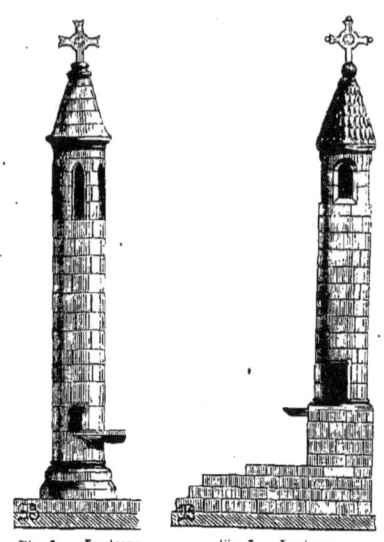

Fig. 6. — Lanterne
de Ciron.

Fig. 7. — Lanterne
de Château-Larcher.

Château-Larcher (fig. 7), à Antigny (XIIIe siècle) (fig. 8), à Journet (fig. 9), à Moussac; dans l'arrondissement de Poitiers, à Nouaillé. Il existe en outre environ dix ruines de lanternes des morts dans ce département. — Cette nomenclature générale nous fournit en tout trente-cinq lanternes des morts dans un état de conservation plus ou moins grand.

Dans l'ancien cimetière des Innocents à Paris, il existait une ancienne tour qui à une époque a pu être transformée en lanterne des morts, mais dans sa destination primitive elle n'avait dû servir qu'à un poste ou un abri pour un guetteur ou garde de cimetière. (Voy. *Statistique monumentale de Paris*.) A partir du xive siècle, les lanternes isolées sont remplacées par des chapelles funéraires ajourées, dans lesquelles on tenait des lampes allumées ; et, bien que ces chapelles aient existé dès le xiie siècle, ce n'est guère qu'au xive qu'elles se multiplièrent et se substituèrent aux édicules en question. Ces chapelles avaient des toitures coniques pyramidales, et leur sommet était couronné d'un lanternon ajouré qui remplissait l'office d'un fanal ; telle était, par exemple, la chapelle de Montmorillon datant de la fin du xiie siècle, et rendue si célè-

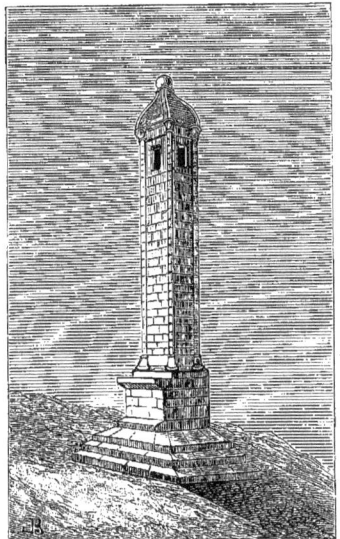

Fig. 8. — Lanterne à Antigny (Vienne).

bre par le P. Montfaucon ; mais là où l'office de la lanterne des morts est très-évident, c'est dans la chapelle sépulcrale de Fontevrault (fig. 10). Disons, en terminant, que des archéologues anciens ont donné le nom de *fanal* ou *lanterne des morts* à d'autres monuments, par exemple, à des souches monumentales de cheminées qui, avouons-le, ressemblaient assez aux édicules que nous venons de décrire ; nous citerons notamment la cheminée de Quineville, près de Valognes (Manche), qui a donné lieu à un grand nombre de dissertations et qui n'était qu'un ancien phare ; la tour d'Évrault, située

dans l'abbaye de Fontevrault, qui n'était pas autre chose que la cuisine de ce monastère,

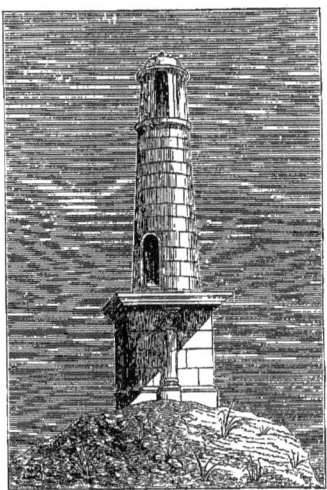

Fig. 9. — Lanterne à Journet (Vienne).

et ce qu'on prenait pour une lanterne des morts surmontant le toit n'était simplement

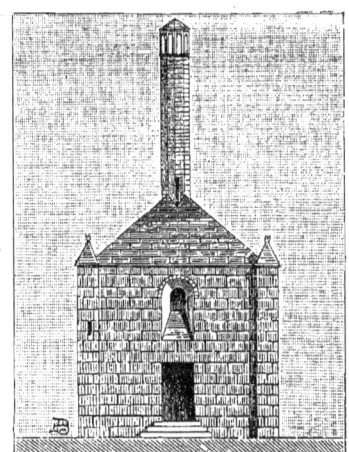

Fig. 10. — Chapelle de Fontevrault.

qu'une souche de cheminée. (Voy. FANAL.)

LANTERNEAU. — Voy. LANTERNON.

LANTERNON, *s. m.* — Petite lanterne placée au sommet d'un dôme, d'une cage d'escalier. Notre figure représente un lanternon en pierre qu'on voyait autrefois souvent uti-

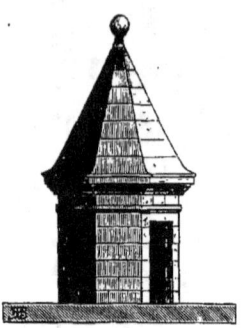

Lanternon.

lisé pour abriter le sommet d'un escalier donnant accès à une terrasse servant de couverture. — Anciennement on disait aussi, *lanterneau;* mais ce terme, entièrement vieilli, n'est plus usité aujourd'hui.

LANUSURE. — Ce terme est synonyme de BOURSEAU. (Voy. ce mot et MENBRON.)

LAPIDAIRES (SIGNES). — Voy. MARQUE.

LAPINIÈRE. — Voy. GARENNE.

LAPIS-LAZULI, PIERRE D'AZUR ou LAPIS, *s. m.* — Nom vulgaire du minerai de cobalt appelé lazulite. C'est une pierre opaque bleue parsemée de paillettes d'or et de cuivre et de pyrites blanches. On emploie cette pierre dans la tabletterie, la marqueterie et pour faire de petits coffrets ou des objets de bijouterie. Un des plus beaux morceaux de lapis que nous ayons vu est celui qui forme le globe terrestre placé dans les nuages qui font partie de la décoration de l'autel de Saint-Ignace, dans l'église du Gézu de Rome. Les colonnes du même autel sont également revêtues de lapis. — Calciné et réduit en poudre, le lapis sert à faire l'outremer.

LAQUE, *s. f.* — Nom générique des couleurs formées par la combinaison d'une base métallique ou terreuse avec une matière colorante organique. Les principales laques sont les laques rouge, carminée, jaune, etc.

LARD DU BOIS, *s. m.* — Nom que les ouvriers donnent à l'aubier des bois. (Voy. AUBIER.)

LARDER, *v. a.* — Piquer çà et là de clous à bateau des pièces de bois qui doivent recevoir un enduit en plâtre. On larde ces pièces, afin de faciliter le grippement du plâtre, qui sans cette opération finirait par se détacher de la pièce.

LARDOIRE, *s. f.* — Fer apointé qu'on fixe à l'extrémité de certaines pièces de bois qu'on veut ficher en terre; elles servent surtout à armer les pilotis. (Voy. SABOT.)

LARDON, *s. m.* — En forgeant certains fers aigres, il se forme à leur surface des crevasses; on les bouche en rapportant sur elles de petits morceaux de fer que l'on soude en forgeant. Ce sont ces morceaux de fer qu'on nomme *lardons.*

LARMES. — Voy. GOUTTES.

LARMIER, *s. m.* — Membre important et saillant d'une corniche, situé à peu près dans son milieu (fig. 1). Le dessous, ou pla-

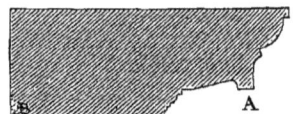

Fig. 1. — Larmier.

fond du larmier, est souvent creusé en canal, pour rejeter l'eau loin du mur; le bord de ce canal, A, se nomme *mouchette :* c'est à cause de celle-ci qu'on appelait autrefois les larmiers *mouchettes,* parce qu'ils *mouchent* et coupent le cours des eaux pluviales qui fouettent la surface d'une corniche. Les larmiers sont presque toujours surmontés d'un filet. Bien qu'il soit logique de laisser ce membre d'arc hitecture sans ornementation, afin de faciliter l'é-

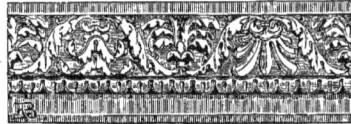

Fig. 2. — Larmier au forum de Nerva, à Rome.

coulement des eaux, cependant, à toutes les époques de l'art, on a décoré les larmiers d'ornements parfois fort riches, surtout de canaux,

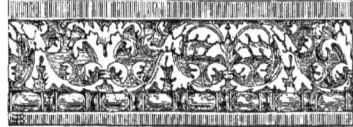

Fig. 3. — Larmier au forum de Nerva.

comme en peuvent témoigner nos exemples (fig. 2 à 4), tirés du forum de Nerva et du temple d'Antonin et de Faustine. — Nous venons

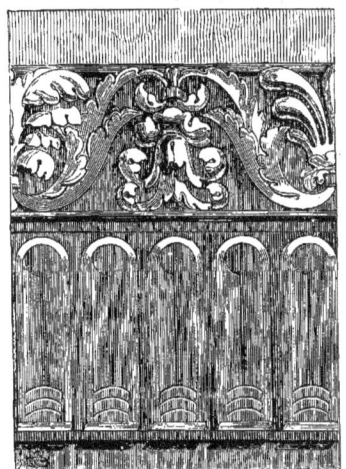

Fig. 4. — Larmier du temple d'Antonin et Faustine, à Rome.

de voir qu'on nommait le dessous du larmier *plafond;* suivant l'ordonnance d'architecture auquel il appartient, ce plafond reçoit des décorations diverses. Dans l'ordre dorique grec, ce sont des gouttes ou petits cônes tronqués en assez grand nombre ; du reste, dans cet ordre, le larmier est fort saillant et son plafond est assez incliné de l'arrière à l'avant pour empêcher l'eau de franchir la mouchette et par conséquent d'arriver aux cônes. A l'époque romane, les larmiers perdent leur forme classique; dans l'architecture du moyen âge, ce sont simplement des bandeaux, de petites corniches très-inclinées, qui sont aussi pourvus d'un coupe-larme suffisamment large pour rejeter les eaux pluviales loin des parements de la pierre, ce qui la maintient en bon état.

LASSERET. — Voy. LACERET.

LATRICO ou **LASTRICA**, *s. m.* — Nom d'un béton particulier qui, d'après Pernot (*Dict. des mots techniques employés dans la construction*), serait employé à Naples comme aire ou en pavement ; il serait composé de débris de pierres ponces et de tuf brûlé.

LATÉRAL, ALE, *adj.* — Qui se trouve placé sur le côté, qui est situé sur le côté par rapport à un autre objet; ainsi on dit : *élévation latérale* d'un édifice, *chapelles latérales* d'une église, *porte latérale*, etc.

LATINE (ARCHITECTURE). — On donne ce nom au style d'architecture qui régna en Occident du ve au xie siècle et qui exista concurremment avec le style byzantin en Orient. L'architecture latine emploie, beaucoup plus que l'art romain, l'arcade ; l'architrave disparaît, pour ainsi dire, des constructions latines; c'est cette période qui donne naissance au roman ou romano-byzantin et prépare l'architecture ogivale. Le système de construction et les décorations du style latin ressemblent beaucoup à ceux des Romains, mais l'ensemble est exécuté d'une manière grossière qui, disons-le, sent un peu la décadence. La décoration puise ses principaux motifs dans le symbolisme chrétien ; quant au plan des édifices, ou du moins des églises (on construisait fort peu de monuments en dehors de celles-ci), ils sont en forme de croix latine, tandis que le style oriental les exécute au même moment en croix grecque. Pendant cette période, après leur conquête de l'Italie du Nord, les Lombards apportent certaines modifications au style latin et créent une architecture improprement appelée LOMBARDE. — Voy. ce mot, et ROMANE et OGIVALE (*Architecture*).

LATINE (CROIX). — Voy. CROIX.

LATRINES, *s. f. pl.* — Lieux retirés qu'on nomme aussi *cabinets d'aisances, lieux d'aisances, privés, water-closets*. Dans l'antiquité, les Grecs et les Romains avaient des latrines publiques; les premiers les nommaient ἀφεδρὼν, et les seconds *foricæ;* ceux qui affermaient les *foricæ* se nommaient *foricarii* (Paul, *Dig.*, 22, 1, 17, § 5); ils percevaient un droit sur ceux qui entraient dans les *foricæ,* ils vendaient en outre comme engrais les matières, de sorte qu'après avoir payé leurs baux, ils pouvaient encore gagner quelque argent (Juvénal, III, 38). Certains auteurs ont dit et d'autres ont répété que les amphithéâtres romains contenaient des latrines; ils ont cité notamment les arènes de Nîmes où, disent-ils, il reste des traces de *foricæ.* Ces auteurs n'ont jamais vu un amphithéâtre, sans quoi ils n'auraient pu émettre une pareille énormité. Nous avons vu bien des amphithéâtres en France, en Italie, en Istrie, sur le sol africain, mais nous avouons n'avoir jamais trouvé trace de latrines dans ces monuments. Dans l'amphithéâtre de Nîmes, il existe des traces de canalisation pour les eaux dans les massifs de maçonnerie. Ces conduits creusés dans la pierre servaient à l'écoulement des eaux pluviales et peut-être, comme nous l'avons dit ailleurs (Voy. AMPHITHÉÂTRE, fig. 4 et 5), « d'urinoirs » pour les spectateurs placés dans les précinctions supérieures; mais ces canalisations n'ont jamais pu servir de latrines, de nombreux motifs combattent cette supposition erronée, et, parmi eux, le coude presque à angle droit que ces canalisations forment à leur pied, c'est-à-dire vis-à-vis le regard, démontre d'une façon évidente qu'elles ne pouvaient servir de latrines.

LATTE, *s. f.* — Bois de chêne déchiré ou refendu, que l'on emploie, suivant sa forme et sa qualité, à différents usages, plafonds, pans de bois, cloisons, et en général dans tous les travaux de charpenterie qu'on enduit de plâtre. Les lattes du commerce mesurent ordinairement 0ᵐ,030 à 0ᵐ,045 de largeur et de 0ᵐ,05 à 0ᵐ,010 d'épaisseur, sur 1ᵐ,30 de longueur. Dans bien des localités, les lattes en peuplier ou en sapin rouge mesurent 0ᵐ,04 de largeur sur 0ᵐ,05 d'épaisseur et 4 à 5 mètres de longueur. Dans le midi de la France, en Italie et dans certaines contrées de l'Espagne, on remplace les lattes par des planches minces de sapin que l'on refend à la hachette, ce qui les divise en lattes irrégulières et permet l'adhérence du plâtre. Les lattes se vendent par bottes de cinquante-deux; les meilleures sont dites *lattes de cœur,* elles sont en chêne bien sèches et ne contiennent ni nœuds, ni fentes, ni aubier; on les reconnaît facilement à leur pesanteur, à leur couleur foncée, ensuite parce qu'elles présentent une assez grande résistance, si on veut les rompre. On ne doit employer que celles-ci pour le plafond et les pans de bois extérieurs, parce que, résistant beaucoup mieux aux intermittences de sécheresse et d'humidité, elles ne sont pas susceptibles d'être entamées par la pourriture. Les *lattes blanches,* faites avec du chêne de qualité inférieure et contenant de l'aubier, ou celles en bois de châtaignier, doivent être rejetées de toute bonne construction, parce qu'elles pourrissent rapidement; on les emploie cependant pour des travaux exécutés à l'intérieur, tels que cloisons légères, etc.; mais avant de les employer on doit les faire séjourner quelque temps dans l'eau, afin de chasser l'eau de végétation qu'elles pourraient contenir et qui donne naissance aux vers qui piquent ces lattes. — En couverture, on emploie pour accrocher la tuile des *lattes carrées;* les *lattes à ardoises,* plus larges que les précédentes, se nomment aussi *lattes voliges* et *volisses;* enfin, les treillageurs emploient des lattes très-minces pour leurs travaux de *frisage,* aussi nomme-t-on ces dernières *lattes de frisage.*

LATTE (CLOU A). — Clou à tête large et

à tige carrée de 0^m,025 de long servant à fixer les lattes à plafonner ; l'un des meilleurs est appelé *clou de Liège,* nous ignorons pourquoi, puisqu'il se fabrique partout. — Pour qu'un LATTIS (Voy. ce mot) soit solidement fixé, l'ouvrier doit employer une livre de clous par botte de lattes.

LATTER, *v. a.* — Faire un lattis ; attacher, fixer avec des clous, clouer des lattes sur les poteaux d'une cloison, les chevrons d'une couverture, les solives d'un plancher.

LATTIS, *s. m.* — Opération qui consiste à clouer des lattes sur les pièces de charpente destinées à recevoir des enduits de plâtre. On exécute des lattis sous les planchers, pour en faire le plafonnage ; sur les pans de bois et les cloisons, pour en faire le HOURDIS (Voy. ce mot) ; sur les chevrons d'un comble, pour y accrocher la tuile ou y clouer l'ardoise. Le résultat de l'opération se nomme *lattis,* comme l'opération elle-même. — La pose d'un lattis, bien que paraissant un travail fort simple, exige cependant beaucoup de soin de la part de l'ouvrier qui l'exécute ; car c'est grâce à cette bonne exécution qu'on obtient des travaux solides et durables. — Il y a deux genres de lattis : le *lattis jointif,* c'est-à-dire celui dans lequel on laisse entre chaque latte un intervalle de 0^m,01 ; et le *lattis espacé,* que nous décrirons bientôt. Le lattis jointif, autrefois le seul en usage, n'est plus pratiqué actuellement que dans certains cas particuliers : par exemple, quand il s'agit de plafonner en sous-œuvre un ancien plancher à solives apparentes dont on conserve l'aire et le carrelage ; dans ce cas, les augets du plafond s'exécutent *à l'italienne.*

Le *lattis espacé,* plus généralement employé aujourd'hui, est préférable, parce qu'il présente de meilleures conditions au point de vue de la solidité, et qu'il permet de réduire considérablement le nombre de lattes employées, ainsi que la main-d'œuvre. Ce lattis peut être plus ou moins serré, suivant la nature des travaux ; ainsi on pose les lattes à 0^m,08 d'intervalle pour les augets, à 0^m,11 pour les pans de bois,

etc., à 0^m,12 ou 0^m,15 pour les cloisons légères. En exécutant son travail, s'il rencontre des lattes tortueuses par suite du voisinage d'un nœud, un ouvrier habile a soin de tourner la face difforme vers l'intérieur du plancher ou du pan de bois ; avec une légère charge de plâtre sur cette latte, la difformité disparaît, tandis que dans le cas contraire, si la partie convexe de la latte faisait saillie, il faudrait une forte charge sur la surface totale du travail pour corriger ce défaut. Dans le lattis des cloisons, l'ouvrier doit s'arranger de façon à ce que les lattes d'un côté ne coïncident pas avec celles de l'autre, elles doivent toujours alterner, au lieu de se faire vis-à-vis ; de plus, il faut les placer de niveau et de telle sorte que leurs extrémités arrivent dans le milieu des pièces de bois, afin d'éviter les déchets. — Tout lattis de plafond, pan de bois ou cloison, fait en lattes rognées et n'ayant pas la longueur d'usage (1^m,30) doit être prohibé ; on peut tolérer les longueurs hors mesure pour les seuls raccords. — Quand il s'agit d'enduire une pièce de bois isolée ou encastrée dans des maçonneries, comme un linteau, une poutrelle, un poitrail, etc., on couvre la face à enduire de bouts de lattes disposées obliquement ; on utilise les bouts qui tombent comme excédant dans une position donnée ; on les fixe par trois clous au plus, suivant leur longueur : cette opération préalable est indispensable pour que le plâtre adhère au bois ; cependant on peut aussi LARDER (Voy. ce mot) la pièce de bois avec des clous à bateau, mais il faut larder serré ; on obtient ainsi une très-grande adhérence des plâtres.

En général, il faut 19 lattes, compris déchet, pour un mètre superficiel de lattis jointif, 100 grammes de clous et 0^h,65 d'un maçon et son aide ; pour un mètre superficiel de *lattis espacé* de 0^m,08 d'axe en axe, 8 lattes, 38 grammes de clous et 0^h,30 de maçon et aide ; pour 1 mètre superficiel de *lattis espacé* de 0^m,16 d'axe en axe, il faut 5 lattes, 25 grammes de clous, 0^h,15 de maçon et aide. Lorsque le même travail s'exécute sous un plancher, et par conséquent d'une manière plus pénible, le temps employé peut être augmenté d'environ un dixième, ou même d'un huitième.

LAURIER, *s. m.* — Arbre d'ornement, à feuillage vert luisant et persistant, qui croît

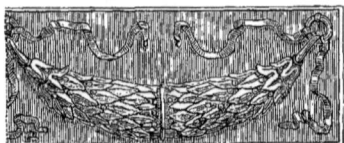

Fig. 1. — Guirlande de laurier.

dans le midi de l'Europe. Sa hauteur varie depuis 3 mètres jusqu'à 7 et 8 mètres. Son bois

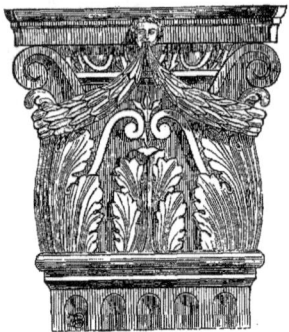

Fig. 2. — Guirlande de laurier décorant un chapiteau.

est blanc, tendre et souple, mais il ne peut être employé dans les constructions. Le lau-

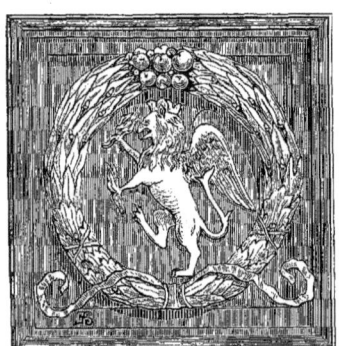

Fig. 3. — Couronne de laurier.

rier a été beaucoup utilisé dans la décoration architecturale, soit comme branchage, cou-

ronne ou guirlande. Nos figures montrent des guirlandes et une couronne de laurier. Ces trois spécimens sont tirés de l'église de *San-Francesco de' Conventuali* à Pérouse. — Cet arbre a une petite fleur très-odorante qui produit un fruit noir en forme d'olive ; aussi la forme de la graine de laurier a été employée comme décoration d'astragale, de baguette, etc.

LAVABO. — Voy. LAVATORIUM.

LAVAGE, *s. m.* — L'un des travaux préparatoires de la peinture en bâtiments, qui consiste à laver avec une éponge et de l'eau les surfaces peintes ou non qu'il s'agit de peindre ou simplement de nettoyer. Cette opération enlève la poussière ; mais lorsque par un simple lavage on n'obtient pas un résultat suffisant, au lieu d'employer de l'eau ordinaire, on lave à l'eau de potasse : dans ce cas, c'est un LESSIVAGE. (Voy. ce mot.)

Une ordonnance en date du 20 novembre 1848, concernant la salubrité des habitations, recommande, comme moyen d'assurer cette salubrité, le *lavage du sol* et *des murs.* Voici un extrait de l'ordonnance susvisée :

Les parties carrelées, dallées ou pavées doivent être lavées d'autant plus souvent que l'écoulement des eaux et l'accès de l'air extérieur seront plus faciles ; les planchers et les escaliers en bois doivent être essuyés après le lavage ; lorsqu'il entraîne à sa suite un état permanent d'humidité, le lavage est plus nuisible qu'avantageux.

Le plus ordinairement l'eau suffit pour ces lavages ; mais dans les circonstances d'infection et de malpropreté invétérée, il faut ajouter à l'eau environ 1 pour 100 de son volume d'eau de javelle. Quand les chambres d'habitation sont peintes à l'huile, on doit les laver de temps à autre, afin d'enlever la couche de matière organique qui s'y dépose et s'y accumule à la longue. (Voy. SALUBRITÉ.)

LAVAGNA (ARDOISES DE). — En Toscane, il y a deux principaux schistes ardoisiers, celui de Cardoso et celui de Lavagna ; ce dernier est le plus estimé, il se trouve sur la côte de Gênes.

LAVATORIUM. — Édicule qui, dans un

monastère, servait aux moines à se laver les mains, avant et après les repas, ainsi que le prescrivait la règle de beaucoup d'ordres religieux. Les *lavatoria* se trouvaient dans le voisinage du réfectoire, ils étaient placés ordinairement dans l'une des galeries y attenant; tantôt ils étaient posés en applique, c'est-à-dire adossés à un mur : tel est celui, par exemple, qu'on voit encore dans le cloître du monastère de Saint-Alexis à Rome. (Voy. not. fig.) Il consiste

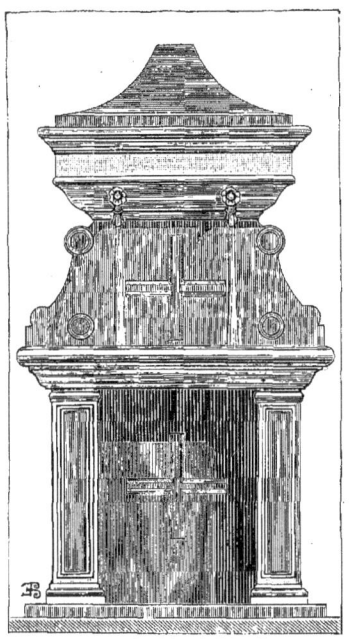

Lavatorium du cloître de Saint-Alexis.

en un réservoir superposé à une cuvette qui fournit de l'eau par deux robinets, ce qui permettait à plusieurs moines de se laver à la fois. Ce lavatorium, qui date du moyen âge, est cependant mouluré dans le goût romain; ce qui nous montre le bizarre assemblage, du reste, assez fréquent à Rome, des formes antiques et du moyen âge. Sa construction doit remonter à l'époque où Honorius III consacra l'église de Saint-Alexis, c'est-à-dire à 1217. — Quelquefois les lavatoria étaient placés au centre du cloître : dans ce cas, ils se composaient d'une grande vasque circulaire dont la paroi extérieure était décorée de petites têtes qui fournissaient de minces filets d'eau; d'autres fois enfin, les lavatoria étaient placés dans un angle du cloître : tel est celui, aujourd'hui abandonné, des bénédictins de Montréal, en Sicile. Ce genre de fontaine, qui subsiste encore dans les édifices d'éducation et d'instruction, tels qu'asiles, écoles, colléges, lycées, etc., se nomme *lavabo*. L'industrie a créé de nombreux modèles de lavabos en pierre, en bois, en zinc; mais en général leur forme, au point de vue de l'art, laisse beaucoup à désirer.

LAVE, *s. f.* — Matière minérale provenant des déjections volcaniques. Assez variables de leur nature, les laves se présentent assez généralement sous forme de pierres poreuses d'une faible densité, d'une couleur d'un gris bleuâtre ou rougeâtre plus ou moins foncé. — On emploie la lave dans les constructions comme moellons et comme pierre à bâtir en parement. Souvent les assises en lave d'un édifice sont alternés avec des assises de pierre calcaire; on obtient ainsi une décoration d'un assez bel effet. Un assez grand nombre de monuments romans de l'école auvergnate n'ont pas d'autre décoration, et nous devons avouer que l'ensemble est assez triste. — Certaines laves compactes peuvent être employées en couverture; nous en avons vu de nombreux spécimens en Auvergne, dans les environs de Naples et même dans cette ville, et à Sorrente; dans cette dernière localité, la lave se débite assez aisément en feuilles, ce qui facilite son emploi en couverture. Avec certaines laves, on fait des marches d'escalier et des dalles de revêtement et de pavement; il y a environ trente ans qu'à Paris beaucoup de trottoirs étaient faits en lave, mais comme ils s'usaient rapidement, on a substitué à la lave le granit, qui fait beaucoup plus d'usage; mais ce genre de dallage n'est pas lui-même sans inconvénient : en effet, par les temps de pluie et de brouillard, il est très-glissant et par conséquent dangereux, d'autant que la surface du granit se polit assez rapidement dans une ville comme Paris, où la circulation est si considérable. Dans ces dernières années, la lave a reçu une nouvelle application, car à l'aide de l'émail·on a pu créer sur cette matière des peintures décoratives assez solides pour permettre leur emploi sur les façades extérieures des monuments. — En France, une des laves les plus employées est la *lave de Volvic*, dont le gisement est situé à 2 kilomètres de Clermont-Ferrand (Puy-de-Dôme); cette pierre, d'excellente qualité, a servi à construire toute la ville de Clermont, et certaines églises qui datent du xie et même du xe siècle peuvent attester de la bonne qualité de la lave de Volvic. Après celle-ci, la plus connue en France est la *lave d'Agde* (Hérault), de couleur grise, et dont les principales carrières sont près de Saint-Loup. Sur la rive gauche du Rhin, près d'Andernach, il existe des carrières de lave assez renommées, ce sont celles de *Niedermennich*, qui avaient été exploitées par les Romains, comme peuvent en témoigner des restes d'édifices romains qu'on peut voir encore à Cologne.

LAVÉ (Bois). — Bois sur la surface duquel on a enlevé toute trace de trait de scie ou de la cognée, soit avec la *bisaiguë* ou avec tout autre instrument; on nomme également le bois lavé, *bois refait*.

LAVER, *v. a.* — Dans l'art du dessin, c'est, à l'aide d'un pinceau, passer des teintes de couleur ou d'encre de Chine sur un dessin à l'aquarelle. (Voy. Lavis.) — En charpenterie, c'est *dresser* et *aviver* des surfaces de bois, en supprimant le trait de scie ou les marques de la cognée. (Voy. Lavé.) — En peinture, c'est nettoyer, à l'aide d'une brosse ou d'une éponge et de l'eau ordinaire ou de l'eau de potasse faible, des menuiseries, des peintures, etc., qu'on veut rendre propres ou qu'on veut repeindre.

LAVER (Pierre a). — Voy. Évier.

LAVERIE, *s. f.* — Local dans le voisinage d'une cuisine, dans lequel on lave la vaisselle, les vases, les ustensiles de cuisine, etc. Les laveries comprennent une grande pierre à laver ou évier, des égouttoirs pour placer la vaisselle une fois lavée, des planches et des tables servant à entreposer les objets à laver ou à emporter après leur lavage.

LAVIS, *s. m.* — Genre de dessin sur papier et à l'aquarelle qu'on exécute à l'aide de pinceaux et des couleurs, ou bien avec de la sépia ou de l'encre de Chine. De tous les genres de dessin, le lavis est un des plus expéditifs et qui fait le plus d'effet; on l'exécute sur traits de crayon, de plume ou de tire-ligne. On utilise le lavis pour le dessin géométrique, des machines, de l'architecture, etc. Les couleurs les plus usitées pour faire des lavis sont : l'encre de Chine, le carmin, la sépia, la gomme-gutte, le bleu de Prusse, le bleu de France, l'indigo, l'outremer, le bistre, le sang-dragon, enfin l'encre ordinaire à écrire. A l'aide des couleurs élémentaires, on peut faire toutes sortes de tons en les mélangeant. Dans les dessins lavés d'une seule couleur, ou monochromes, on obtient les clairs et les ombres par des teintes plus ou moins foncées ou par des demi-teintes. Le blanc du papier fournit les lumières les plus intenses, les *grands clairs* ; les demi-teintes s'obtiennent en adoucissant avec de l'eau la teinte de l'ombre, de manière à ce qu'elle se *fonde* par degrés insensibles pour aboutir au clair absolu.

LAVOIR, *s. m.* — Local servant à laver le linge. Il existe divers genres de lavoirs, nous allons les passer en revue. Souvent une berge basse ou grève d'un cours d'eau, à l'aide de quelques aménagements, peut servir de lavoir; dans les localités dépourvues de cours d'eau, on construit des bassins rectangulaires plus ou moins grands, alimentés par une source ou par une prise d'eau quelconque. Ces bassins ont la partie supérieure de leurs murs dallée en pierre dure fine et polie; ces dalles sont inclinées vers l'intérieur du bassin. Quelquefois elles sont remplacées par des plateaux en bois de chêne, de noyer ou de sapin solidement fixés au-dessus des murs du bassin, qui possède dans la partie la plus basse de son fond en pente une bonde de décharge servant à mettre à sec ledit bassin, quand il est nécessaire de le nettoyer et de le curer. Une autre bonde, dite *de niveau*, sert à donner un écoulement proportionnel à l'eau qui arrive dans le bassin. Les lavoirs sont quelquefois abrités sous des hangars; d'autres ne possèdent qu'un appentis servant à abriter les lavandières. Il existe des lavoirs publics et des lavoirs privés; les premiers appartiennent aux communes, et chacun peut y laver gratuitement, ou bien moyennant une petite rétribution fixée par l'autorité administrative, si le lavoir est affermé à un concessionnaire. — Les lavoirs privés sont construits aux frais des particuliers, qui louent les places aux lavandières à la journée, à la demi-journée ou même à l'heure. Ces lavoirs comprennent, dans leur installation, une buanderie ou coulerie, des bassins de lavage, des salles de repassage, un bureau d'entrée ou de contrôle, des latrines, etc.; ils sont quelquefois construits dans le voisinage de bains dont ils sont une dépendance. — Enfin, dans les localités et les villes traversées par un fleuve ou une rivière, on installe sur ces cours d'eau des *bateaux-lavoirs*, où les lavandières trouvent toutes les commodités des lavoirs terrestres, et en outre une eau courante beaucoup plus abondante.

LAYE. — Voy. LAIE.

LAYER, *v. a.* — Dresser les parements d'une pierre à l'aide de la LAIE. (Voy. ce mot.) Cette opération, bien exécutée, laisse sur le parement de la pierre une série de *stries* qui produisent un effet assez agréable à l'œil pour qu'on n'ait pas besoin d'exécuter une taille subséquente. Anciennement, ce terme était synonyme de *bretteler;* mais le résultat du travail de la laie et de la bretture ne sont pas identiques, il y a lieu aujourd'hui de faire cesser cette synonymie. (Voy. BRETTELER, BRETTELURE et BRETTURE.)

LAZARET, *s. m.* — Nom qu'on donnait autrefois à un hôpital de lépreux ou *léproserie*. Pendant le moyen âge, ce genre d'établissement était spécialement affecté aux individus atteints de la lèpre; il se trouvait établi en dehors des villes, en rase campagne, à une grande distance de toute habitation, afin d'isoler cette terrible contagion. — Voy. HOSPITALIERS (*Bâtiments*). — Aujourd'hui, les lazarets sont des bâtiments isolés établis dans les villes maritimes, dans lesquels on fait faire quarantaine aux hommes et aux marchandises arrivant de pays infectés d'une contagion ou soupçonnés de l'être. Les lazarets comprennent dans leur intérieur une série de bâtiments isolés qui servent aux logements des employés, des passagers et des gardiens; ils renferment, en outre, des magasins pour le dépôt des marchandises, des salles de bains, buanderies, cuisines, etc. L'ensemble des bâtiments est enfermé dans une enceinte de murs, au pied desquels il existe un chemin de ronde.

LAZULITE. — Voy. LAPIS-LAZULI.

LÉ, *s. m.* — Chemin de halage sur les bords d'un cours d'eau navigable.

LECTORIUM. — Ancien nom de l'AMBON (Voy. ce mot), parce que dans les anciennes basiliques latines c'est dans cette tribune qu'on lisait les livres saints.

LECTRIN, *s. m.* — Vieux mot, synonyme de JUBÉ et de PUPITRE. (Voy. ces mots.)

LÉGENDE, *s. f.* — En numismatique, ce mot sert à désigner toute inscription placée sur les monnaies, médailles et jetons; les légendes peuvent être placées sur la face, le revers ou la tranche. On place également des légendes sur des dessins, des estampes, pour fournir des détails explicatifs qui facilitent la lecture d'un grand plan, d'un dessin, etc.

LÉGERS (OUVRAGES). — On désigne sous ce titre générique tous les ouvrages en plâtre avec ou sans lattis, tels que *jointoiements, renformis, crépis, gobetages, pigeonnages, enduits, ravalements au plâtre, feuillures, moulures, cloisons, pans de bois, cheminées, planchers, scellements*, et tous les travaux généralement quelconques exécutés en plâtre, qu'on réduit à une mesure superficielle et commune dite *unité de légers ouvrages*, ou simplement, *unité* *de légers.* — Quand il s'agit de métrer les divers travaux rentrant dans cette catégorie, il faut les réduire en légers ; on emploie alors diverses expressions qui ne sont pas toujours bien comprises, aussi allons-nous entrer dans quelques explications à cet égard. Quand on dit, par exemple, qu'un travail doit être estimé ou *réduit au 1/4 de légers,* cela signifie que, quelle que soit sa surface réelle, pour son règlement elle doit être portée sur le mémoire au quart, c'est-à-dire réduite au quart de l'unité de légers ; un exemple fera mieux saisir la chose : un crépi fait sur un mur neuf mesure 10 mètres sur 4 mètres, soit 40 mètres superficiels ; réduit au 1/4, il sera payé comme 10 mètres carrés de légers. De même, *réduit à 1 et 1/2 de légers* signifie que l'ouvrage doit être compté pour une fois et demie sa surface réelle, c'est-à-dire que 20 mètres sur 4 mètres, soit 80 mètres superficiels, doivent être comptés pour 120 *mètres superficiels de légers.* Par l'expression, *sur* $0^m,08$ *courant de légers,* ou plus simplement, *sur* $0^m,08$ *de légers,* il faut entendre un ouvrage mesuré en linéaire après évaluation et réduction en légers sur le nombre indiquant sa largeur : d'où une naissance (1) de 6 mètres de longueur sur $0^m,08$ de légers produit $6 \times 0^m,08 = 0^m,48$ *de légers.* Enfin par l'expression, *compté pour 0,75 de légers,* il faut entendre qu'un ouvrage ne peut être ni réduit ni augmenté en légers, mais qu'on l'estime et qu'on le compte comme 3/4 *de mètre superficiel de légers.* — On comprend qu'une pareille méthode d'évaluation est sujette à bien des erreurs par suite d'une fausse interprétation des usages des métreurs et des divers modes d'évaluation ; aussi beaucoup d'architectes préfèrent-ils aujourd'hui fixer d'avance un prix pour chaque nature d'ouvrages en plâtre. Ce prix est toujours facile à établir en se rendant compte *de visu* du travail fait par un ouvrier et de ses fournitures ; tandis qu'en opérant comme anciennement il se glisse toujours dans les mémoires de fortes erreurs,

surtout dans l'évaluation des ravalements, des surfaces courbes ou gauches, pour le mesurage des moulures, surtout pour leur développement réduit et les plus-values des moulures d'angle, en retour, circulaires, etc.

LÉGISLATION DU BATIMENT. — Ensemble des lois qui régissent tout ce qui concerne les bâtiments, la propriété, ainsi que la police et l'exécution des travaux ; telles sont, par exemple, les lois de mitoyenneté et de servitudes énoncées dans le Code civil ; les lois, ordonnances et décrets de police de grande et de petite voirie.

Il existe un assez grand nombre d'ouvrages sur la législation du bâtiment ; mais, en général, les renseignements qu'ils renferment, bien qu'étant souvent très-exacts et complets, sont difficiles à trouver, surtout au milieu d'un grand nombre de livres ; c'est pourquoi l'auteur de ce dictionnaire a donné dans le cours de son œuvre un traité complet de la législation du bâtiment, et, comme tout est classé alphabétiquement, on peut trouver sur-le-champ les renseignements juridiques qu'on désire. Ne pouvant énumérer ici tous les articles juridiques contenus dans les quatre volumes de cet ouvrage, nous nous bornerons à l'énumération des principaux ; ce sont : ABANDON, ACCESSION, ALIGNEMENT, ALLUVION, AQUEDUC, ARBRE, ARCHITECTE, BAIL, BORNAGE, CANAL, CARRIÈRES, CAVES, CHEMIN, DÉCHARGES PUBLIQUES, DÉMOLITIONS, DESSÉCHEMENT, DRAINAGE, EAU, ÉGOUT, ENTREPRENEUR, ÉTABLISSEMENTS DANGEREUX ou INSALUBRES, ÉTANG, EXPERTISE, EXPROPRIATION, FAÇADE, FONDATION, FOURNEAUX, FOSSES D'AISANCES, FOUILLE, HAIE, INCENDIE, IRRIGATION, JAMBES, JOURS, MAISON, MITOYEN (*Mur*), SERVITUDES, VOIRIE, VUES, etc. (Voy. ces mots.)

LÉROUVILLE (PIERRE). — Voy. EUVILLE (*Pierre*).

LESCHÉ, *s. m.* et *f.* — Lieu public qui servait, chez les Grecs, à différents usages ; les philosophes avaient coutume de s'y réunir pour y discuter ; les personnes âgées y donnaient pour

---

(1) On appelle *naissances* des parties de crépi et d'enduit se raccordant avec un ancien ouvrage ; ces naissances ne diffèrent des crépis et enduits ordinaires que par leur plus petite largeur, qui ne dépasse jamais $0^m,32$.

ainsi dire des leçons (Plut., *in Lyc.*, t. 1, p. 48); les gens oisifs pouvaient s'y asseoir et s'y reposer, les marchands y converser et traiter des affaires. (Pausanias, liv. X, Ep. 25.) On exposait dans les leschés les tableaux en vue des concours (Pline, XXXV, 9); souvent leurs murs étaient décorés de peintures, celui de Delphes en possédait de Polygnote de Tha-

existait également des leschés à Sparte ou Lacédémone, en Béotie. Nos figures 1, 2, 3, montrent le plan, la coupe et l'élévation de la lesché de Delphes restituée par M. Charles Questel, membre de l'Institut, d'après les données fournies à cet artiste par Charles Lenormant; nous avons reproduit ces dessins, ainsi que les renseignements qui suivent, d'après les docu-

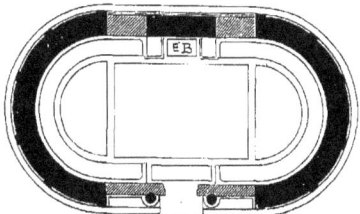

Fig. 1. — Plan de la lesché de Delphes.

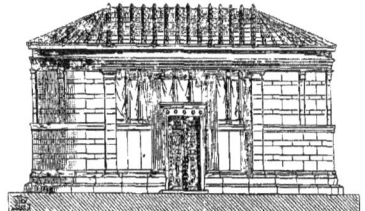

Fig. 3. — Élévation de la lesché de Delphes.

sos : ces dernières peintures avaient été consacrées par les Cnidiens (Pline et Pausanias, *ut supra*; Plutarque, *de Orac.*, t. 2, p. 412). Quelles formes affectait ce genre d'édifice? Pausanias (III, 14 et 15) nous informe que les leschés étaient des salles distribuées dans divers quartiers. Nous pensons que les leschés

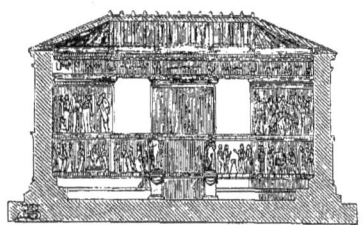

Fig. 2. — Coupe de la lesché de Delphes.

étaient des exèdres ou hémicycles couverts ou découverts, simples ou doubles; elles étaient souvent consacrées à Apollon, d'où ce dieu avait reçu le surnom de *Leschenorices*. La Grèce comptait un grand nombre de ces édifices; la seule ville d'Athènes en possédait trois cent soixante, au dire de Proclus (*in Timœum* et *in Rempublicam Platonis*). Le même auteur nous dit également que les Athéniens avaient cherché par des lois à donner une direction utile aux discussions qui s'élevaient, dans les leschés; il

ments qu'a bien voulu nous confier notre vénéré maître Charles Questel.

« Je prends, dit Ch. Lenormant, le plan de la lesché couverte et peinte, λέσχη ποικίλη, de Pompéi, avec le prolongement rectiligne des deux extrémités de l'hémicycle, et j'adapte au côté opposé un second hémicycle de la même dimension que le premier. Par ce moyen j'obtiens un plan d'une disposition inusitée, j'en conviens, mais qui semble révéler le principe qui, dans les amphithéâtres des Romains, s'est développé sur une grande échelle. Nous avons sous les yeux une ellipse élégante, et qu'on aurait pu nommer *amphilesché*, par la même raison qu'on appela amphithéâtre deux théâtres placés en face l'un de l'autre et réunis par les côtés d'une ellipse. Avec cet arrangement nous retrouvons aisément la place de tous les accessoires qui meublaient ordinairement les leschés. » Dans notre plan, on voit une seule porte, ayant de chaque côté deux larges ouvertures, ayant des baies correspondantes sur l'autre face. Entre ces ouvertures et en face de la porte, on trouvait des espaces propres à recevoir des peintures, tandis qu'un peu en avant sur des piédestaux on pouvait placer des statues, les deux absides à droite et à gauche pouvaient également recevoir des peintures s'élevant jusqu'à la hauteur de la corniche; enfin un banc de pierre pourtourne l'intérieur de l'édifice, il n'est interrompu que par la porte et par les piédestaux des statues. Comme nos lecteurs peuvent s'en convaincre en jetant les yeux sur nos figures, la restitution imaginée par M. Questel est en tous points remarquable.

LESSIVAGE, s. m. — On donne ce nom à l'un des travaux préparatoires de la peinture en bâtiments. Ce travail consiste à laver avec de l'eau seconde les anciennes peintures qu'on veut nettoyer. Ce lavage se fait avec la brosse ou le pinceau. S'il s'agit d'un simple nettoyage des anciennes peintures, on coupe l'eau seconde avec de l'eau; on l'emploie pure, au contraire, si la peinture est très-ancienne, et par conséquent très-durcie et formée par un grand nombre de couches. Le lessivage, en attaquant la surface de la peinture, permet à la couche nouvelle d'adhérer plus fortement. Quand on veut faire un simple lessivage pour repeindre en conservant les fonds, on lessive simplement avec du savon noir, qui dans bien des cas donne des résultats satisfaisants.

LESSIVER, v. a. — Pratiquer un lessivage. (Voy. l'art. précédent.)

LEVAGE, s. m. — Montage et assemblage des pièces d'un ouvrage de charpenterie. On dit simplement, le levage d'une ferme, d'un plancher, etc., ou mettre au levage une charpente. On se sert ordinairement d'une CHÈVRE. (Voy. ce mot.)

Cette expression figure assez souvent dans la bouche des charpentiers : quand ils vont monter une ferme, ils disent qu'ils vont au levage de cette ferme, et les bois de celle-ci sont dans ce cas des bois au levage ; au levage, est une sorte d'exclamation ou de commandement que d'autres corps d'état traduisent par, à l'œuvre.

LEVAGE (APPAREILS DE). — Voy. MONTAGE.

LEVÉ DES PLANS. — Voyez LEVER.

LEVÉE, s. f. — Remblai en terre sur lequel on établit une chaussée, une route, ou qui sert de digue contre une inondation. Les levées faites à la hâte pour protéger un pays contre les inondations sont simplement en terre battue, revêtues de gazon ; mais quand elles sont faites à demeure, elles sont revêtues en maçonnerie. Les principaux fleuves et rivières possèdent généralement des levées qui réconfortent leurs bords et qui empêchent ainsi, au moment d'une crue subite de ces courants d'eau, une rupture en un point faible de leurs bords, rupture qui pourrait occasionner des inondations terribles.

En tenture, les colleurs donnent le nom de levées à des bandes de papier servant à boucher des lézardes dans des murs, des plafonds, etc.

En vitrerie, on donne ce nom aux bandes de verre que les vitriers lèvent sur des pièces de verre ou des glaces pour les mettre de mesure, c'est-à-dire à la dimension de la place qu'elles doivent occuper.

LEVÉES (PIERRES). — Voy. CELTIQUES (Monuments).

LÈVE-GAZON, s. m. — Instrument de jardinage servant à enlever les gazons, après qu'on a détaché par bandes ces derniers.

LEVER DES PLANS. — Ensemble des opérations ayant pour but de déterminer sur un plan horizontal (une feuille de papier) les projections de divers points d'un terrain, d'une maison, etc. Il existe plusieurs moyens ou méthodes de lever les plans ; on les distingue sous les dénominations suivantes : lever au mètre, lever à la chaîne, lever au graphomètre, lever à l'équerre, enfin lever à la planchette. Nous n'entrerons pas dans les nombreux développements que nécessiterait le lever des plans, car cette opération est décrite toute au long dans les nombreux traités de géométrie élémentaire, et dans tous les guides ou manuels des géomètres ou des conducteurs des ponts et chaussées.

LEVIER, s. m. — Tige rigide, mobile autour d'un point et sollicitée par une force située dans un même plan : telle est la définition de ce terme en mécanique; mais dans les chantiers, on nomme *levier* une pièce de bois qui sert à soulever de lourds fardeaux par ABATAGE. (Voy. ce mot, § 2.) On introduit, en l'inclinant, une des extrémités du levier sous le fardeau à soulever, auprès duquel on a placé un *coin* pour servir de point d'appui au levier lors de son abatage. Ces outils ont été employés de toute antiquité; ils sont ordinairement en bois de brin, en chêne ou en frêne, leur longueur varie en raison de l'effort à produire; aujourd'hui, on emploie surtout des *boulins* longs de 1ᵐ,50 à 2ᵐ,80 et qui mesurent 0ᵐ,10 à 0ᵐ,12 de diamètre; quelquefois l'extrémité des leviers est armée en fer. — La PINCE (Voy. ce mot) n'est autre chose qu'un levier en fer. — On donne encore ce nom à des barres de bois employées par les charpentiers pour faire tourner le treuil de leurs chèvres. Sur les voies ferrées, on nomme *levier à contre-poids* les appareils servant aux aiguilleurs à opérer le changement de voie en écartant ou serrant les AIGUILLES. (Voy. ce mot.)

LÈVRE, *s. f.* — Saillie qui existe à la partie supérieure de la corbeille de certains chapiteaux et qui affecte en effet la forme d'une lèvre. La lèvre est surtout très-accentuée sur les chapiteaux d'ordre corinthien et sur des chapiteaux égyptiens. (Voy. CHAPITEAU.)

LÉZARDE, *s. f.* — On donne le nom générique de *crevasse* à toute fissure qui se produit dans les maçonneries; mais le terme de *lézarde* s'applique spécialement aux fissures qui n'existent pas seulement à la superficie des maçonneries, mais qui pénètrent au cœur de celles-ci et les traversent. Les lézardes proviennent soit d'un mouvement de la construction, soit d'un tassement irrégulier, soit de la mauvaise liaison des matériaux. Elles se produisent aussi à la suite du tassement des fondations assises sur un sol d'une compressibilité variable d'un point à un autre, ou bien encore quand on bat des pilotis auprès d'une construction qui est simplement fondé sur le sol.

LÉZARDÉ, ÉE, *p. p.* — Se dit de toute construction, de toutes les maçonneries cou-

pées par des crevasses profondes nommées LÉZARDES. (Voy. ce mot.)

LIAIS, *s. m.* — Calcaire dur à grain fin, d'une contexture compacte qui se taille assez facilement et après quelque temps d'exposition à l'air résiste fort bien à la gelée. Cette pierre est dépourvue de *fils* et de *moies*, mais le peu de hauteur de son banc en restreint l'emploi à certains ouvrages spéciaux. — En général, on donne le nom de *liais* à toutes les pierres dures de bas appareil dont on fait usage à Paris; mais on distingue trois sortes de *liais*, principaux; ce sont : le *liais dur*, le *liais Férault* ou *faux-liais* et le *liais rose*.

LIAIS DUR. — On extrait ce calcaire des carrières de Bagneux et d'Arcueil; son grain est très-fin et sa texture compacte; on le tirait anciennement des carrières du faubourg Saint-Jacques et du clos des Chartreux, mais aujourd'hui ces carrières sont épuisées ou abandonnées. La hauteur de banc de ce liais varie de 0ᵐ,25 à 0ᵐ30, mais on peut obtenir des blocs de 2 et 3 mètres de longueur sur 1ᵐ50 à 2 mètres de longueur.

LIAIS FÉRAULT ou FAUX-LIAIS. — Cette pierre est aussi dure que le *liais dur*, mais son grain n'a pas la même finesse; on le trouve dans les mêmes carrières que celui-ci, mais la hauteur de son banc est plus considérable; il mesure 0ᵐ,30 à 0ᵐ,40. Il est employé aux mêmes usages que le liais dur, mais dans les constructions moins soignées.

LIAIS ROSE. — On le nomme aussi *liais tendre*, parce que ce calcaire est moins dur que les précédents. Ce liais s'emploie pour faire des carreaux de pavement et pour doublure de tablettes, chambranles et foyers de cheminées en marbre. La hauteur de son banc varie, suivant la carrière d'où on l'extrait, de 0ᵐ,25 à 0ᵐ,40; on le tire de Créteil, de Maisons-Alfort et de l'Ile-Adam.

Indépendamment des liais que nous venons d'énumérer, il en existe d'autres assez employés qu'on tire des carrières de Bel-Air, de Pacy, de Conflans-Sainte-Honorine, de Senlis et de Vernon. (Cf. Th. Château, *Technologie du bâtiment*, 1ᵉʳ vol., p. 92, 117, 144, 229 et *passim*.)

LIAISON, *s. f.* — Disposition particulière employée pour arranger et lier entre eux les moellons, les pierres, les briques, de façon à ce que ces matériaux s'enchaînent entre eux et les uns aux autres. Les joints d'une assise supérieure répondent aux lits des pierres inférieures. On liaisonne les matériaux avec des mortiers, des ciments, du plâtre, etc. — Quand les pierres sont posées d'après ce principe, mais sans aucun mortier dans les joints, on dit qu'elles sont posées en *liaison à sec*. Dans l'antiquité les plus beaux édifices en pierre dure ou en marbre étaient construits en *liaison à sec*. — En plomberie, on nomme *liaison* un alliage de plomb et d'étain qui sert à faire les soudures.

LIAISONNER, *v. a.* — Disposer les pierres d'une construction de telle sorte que leurs joints montants soient chevauchés. (Voy. LIAISON.) C'est aussi couler les joints des pierres quand elles sont encore sur cales ; c'est encore pratiquer des arrachements dans un mur déjà construit, afin de pouvoir encastrer les nouveaux matériaux employés à élever un nouveau mur. Quand on laisse des matériaux en attente qui forment HARPES (Voy. ce mot), il n'est pas nécessaire de pratiquer des *arrachements*. — En couverture, *liaisonner des lattes*, c'est les clouer de façon qu'elles n'aboutissent pas sur le même chevron.

LIASSE, *s. f.* — Attache que fait le poseur de sonnettes aux cordons de tirage ; c'est aussi un lien qui sert à fixer un panneau de grillage sur différentes traverses ou cadres. (Voy. LIEN.)

LIBAGE, *s. m.* — Pierre de bonne qualité, quoique grossière, qu'on emploie dans les fondations des édifices. Les libages proviennent en général des ciels de carrière ou des bancs inférieurs de celles-ci ; on ne les taille que sur les faces servant de lit ; quant aux autres parements, on les laisse bruts. On pose les libages sur un bon lit de mortier ou de béton, on les assujettit à leur place en les battant fortement à l'aide du pilon ou d'une dame. Quand le sol est ferme et solide, on pose les maçonneries en fondations sur une assise de libages qui, au lieu de porter sur un lit de béton, repose directement sur le sol. Dans les grandes constructions, on établit dans toute la hauteur de la fondation des chaînes de libages dans les parties appelées à supporter une forte charge, par exemple, sous les piliers, trumeaux, colonnes, etc. ; on en pose également aux angles des édifices ; on remplit l'intervalle des chaînages avec de la maçonnerie en petits matériaux. Il arrive même souvent que les fondations sont entièrement construites en libages, quand on peut établir celles-ci à peu de frais ; par exemple, quand une vieille construction en pierre de taille est démolie dans le voisinage d'un chantier en construction.

LICHAVEN, *s. m.* — Genre de monument celtique qui se compose de pierres posées debout et réunies deux à deux par une pierre posée horizontalement, c'est une sorte de dolmen. — Voy. CELTIQUES (*Monuments*).

LICHE, *s. f.* — Petite surface lisse, onctueuse et douce au toucher, qui coupe le plan de fissilité de l'ardoise et qui ne permet pas de séparer le schiste ardoisier en feuillets de dimension suffisante pour faire une ardoise du commerce.

LICHENS. — Voy. MOUSSES.

LIEN, *s. m.* — En charpenterie, le lien est une pièce de bois ou de fer qui sert à maintenir et à rendre solidaires deux autres pièces plus longues en formant avec elles un triangle ; le lien forme le troisième côté ; il relie le poinçon avec le faîte, le poinçon et l'arbalétrier ; ce dernier se nomme *lien de contrefiche*. Certaines lucarnes, celles, par exemple, qui servent à enfermer le foin dans un fenil, ont un lien courbe ; aussi le nomme-t-on *lien cintré*. On donne le nom de *lien guitare* aux liens courbes d'une lucarne *à guitare*, qu'on nomme aussi simplement GUITARE. (Voy. ce mot.) Enfin les liens sont dits *liens pendants*, quand ils sont suspendus et servent à consolider certaines parties de charpente, par exemple, les garde-fous d'un pont en charpente.

En serrurerie, le lien est une plate-bande de fer, *coudée* (Voy. not. fig.), *cintrée* ou en forme d'U, qui sert à consolider un assemblage de charpente. Souvent les deux branches de l'U sont réunies par une bride ou plaque de fer méplat contre laquelle vient s'exercer la pression des écrous. C'est encore un petit collier ou bride qui sert à relier les ornements d'un balcon, d'une

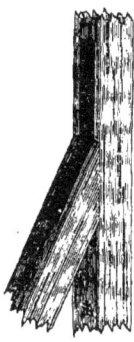

Lien.

rampe, ou de tout autre ouvrage de fer ou de fonte ornée. On nomme *lien à cordon*, dans une rampe à arcade, la traverse qui se trouve entre chaque barreau dans son milieu et qui forme un ornement appelé *cordon* ou *demi-rond*.— Les treillageurs nomment *lien, attache* ou LIASSE (Voy. ce mot), un bout de fil de fer que l'on enroule sur des barreaux de croisée, de grille, de balcon, ou sur un cadre, pour arrêter des panneaux de grillage. — En vitrerie, ce terme est synonyme d'ATTACHE. (Voy. ce mot.)

LIERNE, *s. f.* — Nervures qui vont de la clef d'une voûte jusqu'à la rencontre des TIERCERONS. (Voy. ce mot et NERVURES.) Les liernes, généralement au nombre de quatre, mais quelquefois plus nombreuses, forment, dans le premier cas, une croix dont la clef de voûte est le centre. — En charpenterie, on donne ce nom à la panne qui porte assemblage sur l'arbalétrier ; à la pièce de bois que l'on rapporte sur des solives de sciage composant un plancher à grande portée (Voy. notre fig.) : les liernes servent dans ce cas à relier les solives les unes aux autres, elles mesurent de 5 à 7 mètres de longueur, elles sont entaillées de la moitié de leur épaisseur au droit des solives au-dessus desquelles elles sont placées, tantôt en travers, tantôt à angle droit. On nomme encore *liernes :* dans les combles cintrés, les pièces de bois posées horizontalement et qui passent au travers de chaque courbe qu'elles relient entre elles au moyen d'une clef qui s'engage à chaque

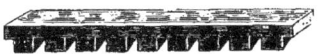

Liernes.

extrémité de la lierne ; dans un dôme, les pièces de bois qui en forment la circonférence intérieure ou extérieure : on les pose horizontalement à différentes hauteurs, et on les assemble à tenon et mortaise avec les chevrons courbes. Enfin, on donne ce nom aux pièces de bois servant à relier les pieux d'une palée avec lesquels elles sont boulonnées ; cette même pièce de bois, quand elle est entaillée pour le passage des pieux, se nomme MOISE. (Voy. ce mot et la figure 4 qui l'accompagne.)

LIERNER, *v. a.* — Renforcer un comble, un plancher, une palée, avec des LIERNES. (Voy. ce mot.)

LIERRE, *s. m.* — Petite plante grimpante, d'un feuillage vert foncé et régulièrement découpé, qui sert à la décoration des jardins. Dans l'antiquité, le lierre a été très-employé dans la décoration en peinture et en sculpture ; la renaissance en a également usé ; de nos jours, les architectes n'emploient guère le lierre en sculpture que pour les décorations funéraires, et en nature que pour encadrer les plates-bandes des jardins dits *à la française*, et pour l'ornement des ruines ou des petits édicules qu'on place dans les jardins paysagers. (Voy. JARDINS.)

LIEUX D'AISANCES. — Voy. CABINET D'AISANCES et WATER-CLOSET.

LIGATURE, *s. f.* — Système d'attache fait

à l'aide de fil de fer et qu'on nomme aussi LIEN, LIASSE. (Voy. ces mots.) — C'est aussi un mode particulier d'attacher et de réunir ensemble des cordages. (Voy. NŒUDS.)

LIGNAGE, *s. m.* — Trace que laisse le cordeau du charpentier sur les pièces de bois à travailler, après que celui-ci a *battu* la LIGNE. (Voy. ce mot et BATTRE.)

LIGNE, *s. f.* — En théorie, ce terme sert à désigner l'étendue considérée sous une seule dimension, c'est la trace d'un point qui se meut dans l'espace; en pratique, c'est une trace empreinte sur un corps quelconque par des moyens très-divers. — Ce terme, suivant les qualicatifs qui le suivent, désigne des objets assez différents; on distingue, entre autres, plus particulièrement les lignes ci-après désignées; on nomme:

LIGNE DROITE, le plus court chemin d'un point à un autre: cette ligne suit la direction d'un rayon lumineux; on peut se la représenter par un fil parfaitement tendu;

LIGNE BRISÉE, une ligne formée par divers tronçons de lignes droites;

LIGNE COURBE, celle qui n'est ni droite ni composée de lignes droites: le cercle est une ligne courbe;

LIGNE MIXTE, celle qui est formée d'éléments rectilignes et d'éléments courbes;

LIGNES PARALLÈLES, deux ou plusieurs lignes qui, situées dans le même plan, ne se rencontrent point, alors même qu'on les prolongerait indéfiniment;

LIGNE VERTICALE, celle qui est parallèle au *fil à plomb;*

LIGNE HORIZONTALE, celle qui coupe la ligne verticale et forme avec elle quatre angles droits;

LIGNES PERPENDICULAIRES, deux lignes droites qui se coupent et forment entre elles des angles droits;

LIGNE INCLINÉE, celle qui n'est parallèle, ni perpendiculaire à un plan ou à une ligne droite, et qui par conséquent forme toujours avec un plan ou une ligne droite un angle aigu ou obtus, mais jamais un angle droit, c'est-à-dire à 45 degrés.

LIGNES CONCENTRIQUES, des lignes courbes parallèles, tracées par conséquent d'un même centre;

LIGNES EXCENTRIQUES, des lignes courbes n'ayant pas le même centre;

LIGNE PONCTUÉE, ligne formée par une série de points ou de petits traits ou tirets: cette ligne sert à marquer sur un plan un objet situé derrière un autre, les parties cachées, etc.; enfin les cotes sont souvent placées dans des lignes ponctuées;

LIGNE PLEINE, celle qui est formée par un trait continu;

LIGNE DE DIRECTION, la ligne passant par trois points en ligne droite suivant une certaine direction; c'est aussi la ligne qui, sur un plan, sert à rapporter les autres lignes qui déterminent les contours d'un terrain, etc.;

LIGNE DE PENTE, la ligne qui, dans l'appareil des pierres, suit une inclinaison, une pente donnée; par exemple, l'*arasement* pour recevoir le *cousinet* d'une descente droite ou biaise, la ligne de *montée* d'un pont, la ligne rampante d'un limon d'escalier par rapport à celle de niveau tirée sur le même plan;

LIGNE DE RAMPE, celle que décrivent deux arcs de cercle devant se raccorder sur la *ligne de sommité* et avec la ligne des pieds-droits, à la hauteur des naissances;

LIGNE DE SOMMITÉ, la ligne d'opération qui détermine le sommet du cintre des voûtes, des arcs rampants: ceux-ci sont généralement formés de deux arcs de cercles de rayons différents qui se raccordent avec trois tangentes dont deux forment les pieds-droits, et la troisième tangente est dite *ligne de sommité,* parce qu'elle détermine le sommet du cintre;

LIGNE DE CHANVRE, ou simplement LIGNE, cordeau que les maçons emploient pour élever des murs de même épaisseur, ou à l'aide duquel ils tracent sur un mur des lignes horizontales ou perpendiculaires; les charpentiers se servent aussi de la ligne après l'avoir frottée avec de la sanguine ou de la craie pour marquer les bois à travailler, c'est ce qu'ils nomment *battre la ligne* (Voy. CORDEAU et BATTRE);

LIGNE A PLOMB, ligne tracée verticalement: on se sert aussi, mais improprement, de

ce terme pour désigner le FIL A PLOMB (Voy.
ce mot);

LIGNE DE PRESSION (Voy. PRESSION);
LIGNE DE RUPTURE (Voy. RUPTURE).

LIGNER, *v. a.* — Tracer des lignes droites
sur des pièces de bois, sur un mur, etc., à
l'aide d'un cordeau frotté de sanguine ou de
craie; c'est ce que les charpentiers appellent
battre la ligne. (Voy. BATTRE, LIGNE et COR-
DEAU.)

LIGNEUX, SE, *adj.* — Qui est de la nature du bois. Ce terme, pris substantivement,
sert à désigner la partie du bois qui dans un
tronc d'arbre est située sous l'écorce.

LIGNOLET, *s. m.* — Dernier rang d'ardoises, posé en saillie d'un côté du comble dans
un faîtage couvert en ardoises.

LILAS, *s. m.* — Couleur secondaire obtenue avec du bleu et de la laque carminée et
du blanc.

LIMAÇON, *s. m.* — On applique ce terme
à un genre particulier de voûte, d'escalier,
parce qu'ils tournent en forme d'hélice ou colimaçon. (Voy. ESCALIER, VOUTE.)

LIMAILLE, *s. f.* — Parcelles métalliques
enlevées au moyen de la lime. Les limailles
sont employées à différents usages, notamment par les artificiers pour obtenir des poudres qui en brûlant fournissent différentes
couleurs; la limaille de cuivre colore en vert,
celle d'acier en rouge, etc. La limaille de fer
sert à sceller au soufre des montants de grille,
des rampes, etc.; elle entre aussi dans la composition de certains MASTICS. (Voy. ce mot.)

LIMAILLEUSE (FONTE). — On donne
cette épithète aux fontes noire ou gris foncé,
d'une fusion difficile, parce qu'elles sont char-
gées en graphite.

LIMANDE, *s. f.* — En charpenterie, c'est
une pièce de bois plate et de peu de largeur;
en menuiserie, c'est une règle plate en bois.

LIME, *s. f.* — Outil en acier trempé dont
la surface, *striée* ou taillée en forme de petites
dents, sert à user et polir les métaux ou les
bois, les pierres, les marbres, le plâtre, etc.

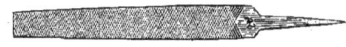

Fig. 1. — Lime plate.

Disons cependant que ce terme s'applique plus
spécialement aux outils servant à travailler
les métaux, tandis que ceux qui servent à travailler le bois se nomment plutôt RAPES. (Voy.

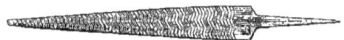

Fig. 2. — Lime demi-ronde, ou feuille de sauge.

ce mot.) Dans la lime, on distingue deux parties : celle qui lime, qu'on nomme *verge*, et celle
appointée, nommée *soie*, qui s'engage dans un
manche en bois. Quand les dents des limes sont

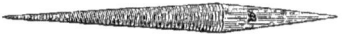

Fig. 3. — Lime ronde, ou queue-de-rat.

peu saillantes, elles sont dites *limes douces;*
elles sont dites *limes rudes*, dans le cas contraire. Il existe, en outre, des limes *demi-
douces, extradouces, bâtardes :* ces dernières

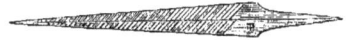

Fig. 4. — Carrelet, ou tiers-points.

sont des limes d'une douceur moyenne. — Suivant leur forme, les limes portent des noms
différents; on distingue : les limes carrées, qu'on
nomme *carreaux*, ce sont les plus fortes, on

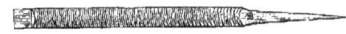

Fig. 5. — Lime demi-ronde d'Allemagne.

les vend au poids; les *limes plates* (fig. 1), les
demi-rondes (fig. 2), les *rondes* ou *queues-de-rat*
(fig. 3); on les vend par paquet, de même que
les carrelets ou *tiers-points* (fig. 4), dont la
section est triangulaire. La lime *demi-ronde*
se nomme aussi *à feuille de sauge.* Enfin les

serruriers emploient encore des *limes demi-rondes d'Allemagne* (fig. 5), qui servent à dégrossir ; la *lime fendante*, le *faucillon*, la *lime d'entrée*, etc.

LIMER, *v. a.* — Se servir de la lime ; travailler un objet à la Lime. (Voy. ce mot.)

LIMÉS, *s. m. pl.* — Fentes remplies d'une substance moins dure et non adhérente qui traversent certaines pierres calcaires. Ces accidents constituent un défaut assez majeur pour faire rejeter les pierres qui en possèdent ; on nomme aussi les limés, *fils* ou *filets*.

LIMON, *s. m.* — Cours d'assise de pierres rampantes et en coupe qui porte l'about des marches d'un escalier du côté de son jour ; c'est sur le limon qu'on pose la rampe en pierre ou en fer qui sert d'appui. Les limons peuvent être en pierre, en bois, en fer, en fonte, etc. Les marches s'assemblent dans les limons par

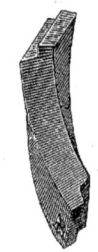

Fig. 1. — Limon à crossettes.

encastrement ou par juxtaposition, comme dans les escaliers modernes à marches contre-profilées et dits *à l'anglaise* (Voy. Escalier) ; le limon est alors entaillé en crémaillère au droit de chaque marche. Les marches elles-mêmes peuvent aussi porter leur limon, de sorte que par une coupe spéciale, à fur et à mesure qu'on pose les marches, l'ensemble de celles-ci forme le limon ; mais, comme il est facile de le comprendre, ce mode de construction a le grave inconvénient de donner un déchet considérable, aussi préfère-t-on, en général, faire des limons indépendants dans lesquels on encastre les marches. Les limons en bois les plus simples sont : des traverses droites, comme dans les échelles de meunier, par exemple ; ensuite, des limons dont chaque tronçon a ses extrémités formées par un seul joint ; puis les limons à crossettes (fig. 1) ; enfin les limons à redents assemblés entre eux à tenon et à mor-

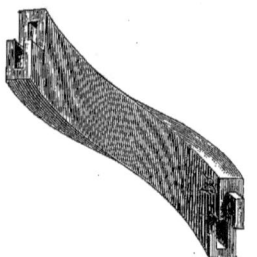

Fig. 2. — Limon à redents, à tenons et mortaises.

taise (fig. 2). Indépendamment de leur coupe, les limons sont soutenus et réconfortés par des boulons d'assemblage qu'on loge dans leur épaisseur, par des plates-bandes en fer encastrées et vissées en dessous du limon ; enfin par des tire-fonds qui maintiennent une rigidité indispensable dans toute la hauteur du limon.

LIMON-CROSSE. — Limon qui porte à l'une de ses extrémités une partie courbe et qui s'assemble avec le quartier tournant.

Limon (Faux). — Pièce de bois ou de fer rampante posée contre un mur ou dans l'ébrasement d'une baie. Cette pièce ne reçoit pas le bout des marches par encastrement comme le vrai limon, mais elle est taillée de façon à les porter en dessus et à appuyer les contre-marches. (Voy. Escalier.)

LIMONIER, *s. m.* — Cheval que l'on attelle au limon ou timon d'une charrette servant au transport des matériaux ; on dit aussi *timonier*.

LIMONIÈRE, *s. f.* — Sorte de brancard qui sert au transport des fardeaux.

LIMOSIN. — Voy. Limousin.

LIMOSINAGE. — Voy. Limousinage.

LIMOSINER. — Voy. Limousiner.

LIMOUSIN, *s. m.* — Ouvrier maçon qui exécute les travaux dits *de limousinage*, c'est-à-dire les murs en moellons, les massifs et en général toutes les grosses constructions en petits matériaux bruts. — Tous les *garçons* qui deviennent *compagnons* commencent par être *limousins*, puis ils sont *maçons* proprement dits. Quand les travaux de limousinerie sont peu importants, les maçons les exécutent eux-mêmes ; mais quand ils ont une certaine importance, il vaut mieux confier aux limousins l'exécution des grosses maçonneries.

LIMOUSINAGE, *s. m.* — Exécution des *limousineries* ou maçonneries confuses hourdées à bain de mortier ou de plâtre. On dispose les moellons dans la maçonnerie absolument comme si on construisait en pierre de taille, c'est-à-dire qu'on a soin dans une même assise de placer un moellon court à côté d'un long et du côté opposé ; les moellons doivent être contrariés, ensuite les joints de deux assises superposées ne doivent pas se correspondre, mais être liaisonnés. Le limousin doit, en outre, avoir soin de bien remplir les joints avec du mortier ou du plâtre, et de placer des éclats de pierres sous les moellons maigres de queue, afin qu'ils portent parfaitement ; il doit également faire un bon garnissage ou blocage entre les moellons des parements, tous les garnis constituant ce blocage doivent être noyés à bain de plâtre et de mortier. Souvent, pour aller plus vite, les ouvriers posent les garnis à sec, en les rangeant tant bien que mal, puis ils coulent sur le tout une auge de plâtre clair qui remplit les vides. Un bon constructeur doit interdire sur son chantier ce mode d'opérer, qui ne peut fournir une maçonnerie pleine et partant présentant toute garantie ·de solidité. Quand les murs ont une faible épaisseur, on arase autant que possible à chaque deux assises ; mais l'intérieur du massif doit avoir de temps en temps des moellons en saillie qui permettent de relier les assises entre elles. — La limousinerie en meulière s'exécute de la même manière que celle en moellons, et cela quel que soit le genre de mortier employé.

LIMOUSINER, *v. a.* — Exécuter la construction dite *limousinerie*, exécuter un Limousinage. (Voy. ce mot.)

LIMOUSINERIE, *s. f.* — Construction en maçonnerie confuse, hourdée à bain de mortier et de plâtre, ainsi nommée parce qu'elle est exécutée par des Limousins. (Voy. ce mot.)

LIN (Huile de). — Substance employée dans la peinture en bâtiments et pour le broyage des couleurs. Cette huile est jaunâtre, assez liquide, et, comme elle est très-siccative, les couches de couleurs durcissent rapidement. Elle est la base des siccatifs employés dans les travaux de peinture.

LINÇOIR, *s. m.* — Pièce de bois recevant les abouts des solives d'un plancher au droit et au-dessus de la baie d'une porte ou d'une fenêtre ; elle sert à décharger la fermeture ou le linteau. Les linçoirs se posent à environ $0^m,15$ d'écartement des murs, ils s'assemblent sur les deux solives supportées par les jambages de la baie. C'est aussi, dans un plancher, une pièce de bois assez courte assemblée d'un bout dans un chevêtre, tandis que l'autre est scellé dans le mur ; enfin on donne ce nom à une pièce de bois qui reçoit l'assemblage des chevrons d'une couverture au droit des lucarnes et des passages des tuyaux de cheminée.

LINÉAIRE. — Les expressions *mesure linéaire*, ou *mesuré en linéaire*, signifient prendre une mesure dans le sens de la longueur. Il y a beaucoup de travaux qu'on mesure ainsi, c'est pourquoi nous ne pouvons en donner une nomenclature même restreinte. Ce sont, du reste, des travaux qu'on ne peut guère mesurer autrement, car leurs dimensions de largeur et d'épaisseur sont presque nulles par rapport à leur dimension de longueur. Quelques ouvrages sont susceptibles d'être mesurés à la fois en linéaire et en superficie ; c'est à celui qui dresse ou qui vérifie un mémoire à suivre à cet égard le mode de métré en usage. (Voy. Vérification.)

LINÉAIRE (DESSIN). — Voy. DESSIN.

LINGAM, *s. m.* — Représentation hiératique du phallus, chez les Égyptiens et les Indiens; il est figuré par un serpent d'une espèce particulière.

LINGOT, *s. m.* — Masse de métal non travaillé.

LINGOTIÈRE, *s. f.* — Moule de forme trapézoïdale, qui permet par conséquent un démoulage facile, et dans lequel on coule les métaux fondus.

LINGUETTER, *v. a.* — Pratiquer sur les *rives*, l'épaisseur d'une planche, d'un côté une LANGUETTE (Voy. ce mot) et de l'autre côté une *rainure*.

LINTEAU, *s. m.* — Bloc de pierre, pièce de bois ou de fer qui forme la fermeture d'une baie rectangulaire ou en plate-bande. Les linteaux portent sur les jambages ou pieds-

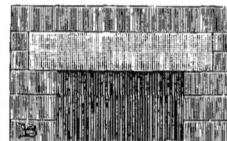

Fig. 1. — Linteau droit d'une seule pièce.

droits des baies; quand ils sont à grande portée, des corbeaux ou des pierres en encorbellement servent à les soulager, souvent aussi ils ont au-dessus d'eux des arcs de décharge. Les

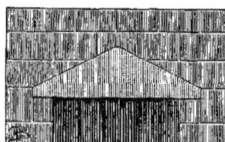

Fig. 2. — Linteau en fronton.

Grecs et les Romains ont fait un large emploi des linteaux; ils n'ont pas craint de leur faire recevoir la retombée de voûte : on en voit des exemples dans presque tous les amphithéâtres,

mais notamment à ceux d'Arles et de Nîmes; dans ce dernier édifice plusieurs linteaux ont même rompu sous l'énorme charge qu'ils ont à supporter. Les Romains ont également employé les linteaux dans les niches rectangulaires; souvent ceux-ci étaient reliés aux pier-

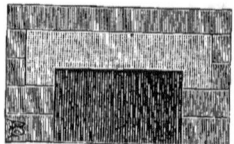

Fig. 3. — Linteau avec retours d'angle.

res voisines à l'aide de queues d'aronde en bronze. — Pendant l'époque romane, les constructeurs ont également employé des linteaux de pierre qu'ils soulageaient aussi par des arcs de décharge : on en voit des exemples dans les constructions romanes de l'Angleterre, de

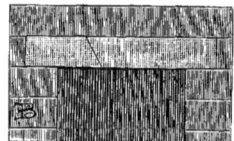

Fig. 4. — Linteau en deux morceaux.

l'Allemagne et de la France. — Notre figure 1 montre un linteau droit en pierre d'une seule pièce; notre figure 2, un linteau d'un seul bloc, dit *linteau en mitre* ou *en fronton;* notre figure 3, un linteau d'un seul bloc avec retours d'équerre couronnant les pieds-droits.

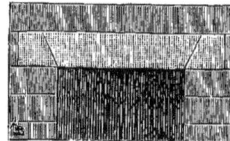

Fig. 5. — Linteau en trois morceaux
(plate-bande rudimentaire).

Quand on n'a pas de matériaux sous la main assez grands pour faire des linteaux d'une seule pièce, ou par simple mesure d'économie, on les fait en deux ou trois morceaux assemblés suivant le mode indiqué par nos figures 4, 5 et 6. Les deux derniers exemples sont des plates-bandes élémentaires. — Les linteaux en pierre, d'un emploi exclusif autrefois, ne sont plus guère usités aujourd'hui ; on leur a substitué les PLATES-BANDES (Voy. ce mot), le bois et le fer.

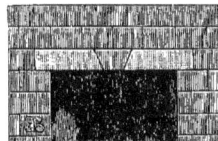

Fig. 6. — Linteau en trois morceaux
(plate-bande rudimentaire).

Les linteaux en bois et en fer sont des pièces qu'on pose seules ou par deux et quelquefois trois sur l'arase des pieds-droits d'une baie ; ils sont ordinairement recouverts par l'enduit du ravalement. Dans les bâtiments ordinaires, ces linteaux sont formés par trois pièces de

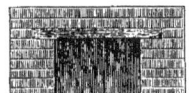

Fig. 7. — Linteau en bois (élévation).

bois ayant environ 0^m,25 de portée sur chaque pied-droit : nos figures 7 et 8 montrent en élévation et en plan un linteau de bois ainsi compris. — Les linteaux de bois ayant l'inconvénient de pourrir, on leur a substitué le fer ; on emploie pour cet usage des fers carrés, des

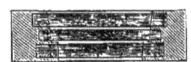

Fig. 8. — Plan d'un linteau en bois.

fers plats et des fers à T. Quand on accouple deux fers à T à l'aide de brides et de croisillons, on donne à ce linteau le nom de *linteau-poitrail*, ou *filet*. — Aujourd'hui même, sous les claveaux des plates-bandes des baies rectangulaires on place des barres de fer carré qui sont encastrées dans les pieds-droits ; ces barres empêchent tout déplacement des claveaux.

LION, *s. m.* — Animal qui symbolise la force et la noblesse ; à toutes les époques et presque chez tous les peuples il a été employé dans la décoration architecturale. (Voy. FAUNE.)

LISSE, *s. f.* — Pièce de bois transversale, clouée ou assemblée sur les poteaux d'une barrière pour les relier ; d'où le nom de *lisse* a été donné également à la barrière elle-même. C'est aussi la pièce de bois courante et horizontale qui couronne à hauteur d'appui un garde-fou d'un pont en charpente, ou d'une barrière quelconque.

LISTEAU. — Voy. LISTEL.

LISTEL, *s. m.* — Petite moulure plate et rectangulaire qui couronne ou accompagne une plus grande ; on la nomme aussi *filet*. — C'est aussi la petite surface plane qui sépare les cannelures d'une colonne ; mais dans cette dernière acception, on dit plutôt CANNE. (Voy. ce mot.) — On donne encore ce nom au filet qui surmonte le tailloir d'un chapiteau ou une base de colonne.

LIT, *s. m.* — Situation naturelle d'une pierre dans la carrière : elle possède deux lits, l'un de dessous ou *lit dur*, l'autre de *dessus* ou *lit tendre* ; on dit aussi simplement, *lit de dessus*, et *lit de dessous*. — Les pierres calcaires ne sont formées que par une succession de lits, car les matières déposées par les eaux en couches plus ou moins homogènes, se superposant les unes aux autres et s'agglutinant, ont formé la pierre ; aussi dans les constructions il est très-important de poser les pierres sur leur lit ; c'est-à-dire comme elles se trouvaient naturellement placées dans la carrière : sans cela la disjonction des couches partielles produirait ce qu'on nomme le DÉLITEMENT. (Voy. ce mot.)

Dans certaines qualités de pierres on reconnaît fort bien le sens des lits ; dans d'autres cette distinction est difficile à établir, et ce n'est qu'après la taille de ces pierres, et en examinant bien leur contexture, qu'on peut reconnaître leur lit. — On dit qu'une pierre est *posée en* DÉLIT (Voy. ce mot), quand son lit de carrière est vertical au lieu d'être horizontal; quand les pierres sont dures et compactes, la pose en délit ne présente pas de grands inconvénients; les constructeurs romains et ceux du moyen âge ne s'en sont pas privés, et nous devons avouer que les pierres se sont fort bien comportées et ne se sont pas délitées ; mais avec des matériaux tendres on ne saurait agir de même. Dans les arcs, les plates-bandes et les voussoirs d'une voûte, les pierres doivent être posées en délit, car la pression dans ce cas s'exerce non horizontalement, mais dans une inclinaison variable ; aussi comme les lits des claveaux sont inclinés, on les nomme *lits en joints*. — Nous avons dit précédemment que les pierres doivent être posées dans la construction comme elles l'étaient dans la carrière, et que le lit de dessus, ou *lit tendre*, devait toujours se trouver en dessus; cette règle cependant comporte une exception : par exemple, dans l'emploi des pierres qui doivent rester à découvert on pose la pierre sens dessus dessous, parce que le *lit dur*, ou lit de dessous, présente beaucoup plus de solidité; aussi toutes les pierres servant pour les dallages sont ainsi employées, de même que celles qui forment l'arase d'un mur; dans ces deux cas les pierres sont layées, et leurs *lits sont en parement*. — Quand les lits des pierres ne sont qu'*ébousinés*, on dit que ce sont des *lits bruts*.

Enfin le mot *lit* sert encore à désigner une couche de matériaux; ainsi on dit : un lit de briques, de moellons, de mortier, un lit de sable, un lit d'argile, etc. Ce terme est aussi synonyme de *fond;* ainsi on dit : le lit d'un fleuve, d'une rivière, d'un canal, etc. — En charpenterie, ce terme sert à désigner l'ensemble de la construction d'un plancher de pont en bois, c'est-à-dire les poutrelles, les traverses et le couchis, qui forment une partie du tablier de ce pont.

LITEAU, *s. m.* — Forte tringle de bois semblable à une latte, que les menuisiers emploient à différents usages.

LITHARGE, *s.f.* — Oxyde de plomb qu'on mêle avec les couleurs à l'huile, afin de les rendre siccatives. La litharge ainsi que d'au-

tres sels de plomb forment la base de presque tous les SICCATIFS. (Voy. ce mot.)

LITHOLOGIE, *s. f.* — Science qui traite de la nature des pierres, c'est-à-dire de leur composition, de leur couleur, de leurs propriétés, de leurs défauts et de leurs qualités. — Connaissance des pierres.

LITRE, *s. f.* — Bande de couleur noire, sur laquelle on peignait de distance en distance des armoiries. On appliquait des litres sur les murs intérieurs et extérieurs des églises. Le droit de *litre* date de la seconde moitié du XIIᵉ siècle; il était la propriété exclusive des seigneurs hauts justiciers et des seigneurs patrons-fondateurs. Depuis l'abolition de la féodalité, le droit de litre n'existe plus; mais aujourd'hui, on accorde la litre aux funérailles religieuses de tous ceux auxquels la famille veut bien la payer.

LIURE, *s. f.* — Câble d'une charrette qui sert à assujettir les fardeaux dont on la charge. — En termes de marine, c'est un amarrage que l'on pratique autour d'un ou plusieurs objets pour les réunir et les relier solidement entre eux. — Dans l'émaillerie, on donne ce nom aux liens qui fixent les émaux d'applique sur la pièce d'orfévrerie.

LIVRET, *s. m.* — Petit livre que les ouvriers sont tenus d'avoir et sur lequel sont inscrites leur entrée et leur sortie de chez un patron ; il contient également les certificats que ceux-ci leur délivrent. Ce livret a été institué par la loi de 1781, supprimé en 1791, enfin rétabli en 1803. Les lois des 14 mai 1851 et 22 juin 1854 ont complété et fixé la législation concernant les livrets, qui sont délivrés par le préfet de police à Paris, le préfet du Rhône à Lyon, et par les maires des communes dans les autres départements. Avant l'existence du livret, les ouvriers qui quittaient leurs patrons devaient être munis d'un *congé d'acquit ;* c'était exigé par lettres patentes datées du 12 septembre 1749.

LOBE, *s. m.* — Dans l'architecture du

moyen âge, ce mot sert à désigner les segments de cercle à l'aide desquels on forme certains ornements, tels que roses, rosaces, qui en présentent un nombre plus ou moins considérable. — La figure à trois lobes se nomme *trilobe* ou trèfle; celle à quatre, *quadrilobe* ou quatrefeuille; celle à cinq lobes, *quinquelobe* ou quintefeuille; celles à six, à sept et à huit lobes, *hexalobe, septalobe, octalobe*, etc. Les lobes ont d'abord été formés d'une portion de cercle; plus tard ils deviennent *ogives*, puis *lancéolés*, enfin cymatiformes, c'est-à-dire chantournés en forme de cymaises. — Les festons de l'intrados des arcs, lorsqu'ils sont découpés en segments de cercle saillants, se nomment aussi *lobes*; on les nomme, au contraire, *contrelobes* quand ils sont découpés en creux; dans ce dernier cas ils sont ordinairement dénommés CONTRE-ARCATURES. (Voy. ce mot.)

LOCATAIRE, *s. m.* — Celui qui prend en location un immeuble quelconque en acceptant certaines obligations contenues dans un bail, ou contractées par un engagement verbal. Dans le premier cas, la location a été faite sur bail; dans le second cas, c'est une location verbale. (Voy. BAIL.)

LOCATION DE BOIS. — Les bois employés aux étayements, cintres, échafaudages, barrières de clôture, etc., sont fournis en location par le charpentier qui exécute les travaux. Cette location est de trois mois, si l'on ne se sert des bois qu'un, deux ou trois mois; si l'on dépasse ce terme, on doit un second trimestre de location. Du reste, rien n'est bien rigoureux dans cet usage, car après l'espace de trois mois certains entrepreneurs consentent à louer au mois. — Ajoutons, en terminant cet article, que dans les travaux de constructions les bois ne sont pas les seuls objets qu'on puisse louer; on obtient également en location des pompes, des bateaux, des voitures, des bannes, et même des chantiers temporaires sur lesquels on exécute l'épannelage et la taille des pierres.

LOCATIVES (RÉPARATIONS). — Voy. RÉPARATIONS.

LOCOMOBILE, *s. f.* — Machine à vapeur mobile, c'est-à-dire transportable, et qu'on met en action, en mouvement, là où sa présence est nécessaire. On emploie aujourd'hui les locomobiles sur les chantiers pour faire fonctionner des pompes d'épuisement, quand les fondations d'un édifice fournissent de l'eau; pour le levage et le montage des matériaux, etc.

LOGE OU LOGGIA, *s. f.* — Galerie ouverte par devant, et quelquefois de côté, qui se trouve isolée, ou qui fait partie d'un édifice. Notre figure, que nous avons dessinée d'après nature, montre la loggia du palais du prince

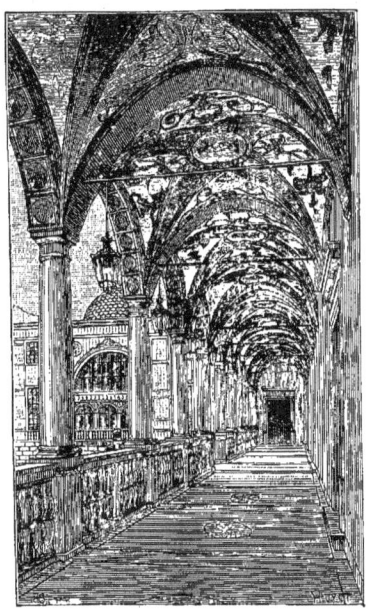

Loggia du palais de Monaco.

de Monaco. Les loges décorées de colonnes, de pilastres, d'arcades, peuvent occuper le rez-de-chaussée, le premier ou le deuxième étage d'un édifice. L'usage des loges nous vient de l'Italie, qui en possède de fort célèbres, nous citerons parmi celles-ci: la *loge des Lances* sur la *piazza della Signoria* à Florence, l'ancien forum de la république florentine: c'est sur

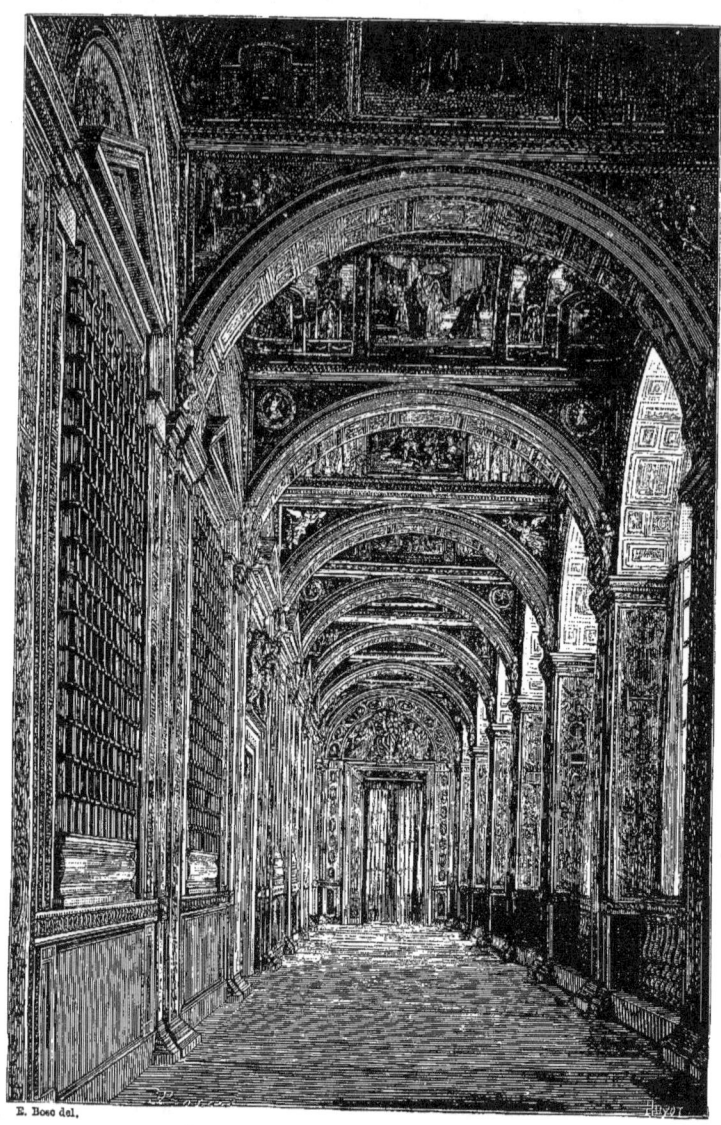

E. Boco del.

Planche LV. — Loge de Raphaël au palais du Vatican.

cette place que furent brûlés, le 23 mai 1498, Savonarole et deux autres dominicains. La *loggia dei Lanzi* fut commencée en 1376, d'après le plan d'Andrea di Cione, surnommé *Orcagna*. Elle est décorée de magnifiques sculptures parmi lesquelles nous mentionnerons plus particulièrement : l'*Enlèvement des Sabines*, par Jean de Bologne; le fameux bronze de Benvenuto Cellini, *Persée avec la tête de Méduse; Judith et Holopherne*, de Donatello, et le lion antique en marbre que le lecteur peut voir au mot FAUNE (fig. 3). — On donne également le nom de *loge* à une galerie ou à une suite de portiques : des loges de ce genre, très-remarquables, sont celles du Vatican, peintes par les maîtres les plus fameux de la renaissance ; malheureusement, toutes les peintures ont été refaites, dans ces dernières années, par des peintres dont le talent n'était pas, tant s'en faut, à la hauteur de ceux qui les avaient précédés. Notre planche LV montre une aile de cette galerie, c'est celle dans laquelle le pape reçoit les personnes qui viennent lui rendre visite. — On nomme encore *loges* : dans les théâtres, certains compartiments clos et réservés à un petit nombre de spectateurs; dans les asiles d'aliénés, les petites cellules où l'on met les fous dangereux ou agités; enfin, le logement d'un portier.

LOGEMENTS INSALUBRES. — Logements qui laissent à désirer au point de vue de la salubrité et qui tombent sous le coup de la loi du 13 avril 1850, dont voici le texte :

Art. 1. — Dans toute commune où le conseil municipal l'aura déclaré nécessaire par une délibération spéciale, il nommera une commission chargée de rechercher et indiquer les mesures indispensables d'assainissement des logements et dépendances insalubres mis en location ou occupés par d'autres que le propriétaire, l'usufruitier ou l'usager.

Sont réputés insalubres les logements qui se trouvent dans des conditions de nature à porter atteinte à la vie ou à la santé des habitants.

Art. 2. — La commission se composera de neuf membres au plus et de cinq au moins.

En feront nécessairement partie un médecin et un architecte ou tout autre homme de l'art, ainsi qu'un membre du bureau de bienfaisance et du conseil des prud'hommes, si ces institutions existent dans la commune.

La présidence appartient au maire ou à l'adjoint.

Le médecin et l'architecte pourront être choisis hors de la commune.

La commission se renouvelle tous les deux ans par tiers; les membres sortants sont indéfiniment rééligibles.

A Paris, la commission se compose de douze membres (1).

Art. 3. — La commission visitera les lieux signalés comme insalubres. Elle déterminera l'état d'insalubrité et en indiquera les causes, ainsi que les moyens d'y remédier. Elle désignera les logements qui ne seraient pas susceptibles d'assainissement.

Art. 4. — Les rapports de la commission seront déposés au secrétariat de la mairie, et les parties intéressées mises en demeure d'en prendre communication et de produire leurs observations dans le délai d'un mois.

Art. 5. — A l'expiration de ce délai, les rapports et observations seront soumis au conseil municipal, qui déterminera :

1° Les travaux d'assainissement et les lieux où ils devront être entièrement ou partiellement exécutés, ainsi que les délais de leur achèvement;

2° Les habitations qui ne sont pas susceptibles d'assainissement.

Art. 6. — Un recours est ouvert aux intéressés contre ces décisions devant le conseil de préfecture dans le délai d'un mois à dater de la notification de l'arrêté municipal. Ce recours sera suspensif.

Art. 7. — En vertu de la décision du conseil municipal ou de celle du conseil de préfecture, en cas de recours, s'il a été reconnu que les causes d'insalubrité sont dépendantes du fait du propriétaire ou de l'usufruitier, l'autorité lui enjoindra, par mesure d'ordre et de police, d'exécuter les travaux nécessaires.

Art 8. — Les ouvertures pratiquées pour les travaux d'assainissement seront exemptées, pendant trois ans, de la contribution des portes et fenêtres.

_____

(1) Cet article a été ainsi modifié par la loi du 25 mai 1864 :

La commission se compose de 9 membres au plus et de 5 au moins, dans les communes dont la population ne dépasse pas 50,000 âmes; dans les communes d'une population plus considérable, le nombre peut être porté à 20, ou il peut être nommé plusieurs commissions ; à Paris, le nombre des membres de la commission peut être porté à 30.

Art. 9. — En cas d'inexécution, dans les délais déterminés, des travaux jugés nécessaires, et si le logement continue d'être occupé par un tiers, le propriétaire ou l'usufruitier sera passible d'une amende de 16 à 100 francs. Si les travaux n'ont pas été exécutés dans l'année qui aura suivi la condamnation, et si le logement a continué à être occupé par un tiers, le propriétaire ou l'usufruitier sera passible d'une amende égale à la valeur des travaux, et pouvant être élevée au double.

Art. 10. — S'il est reconnu que le logement n'est pas susceptible d'assainissement, et que les causes d'insalubrité sont dépendantes de l'habitation elle-même l'autorité municipale pourra, dans le délai qu'elle fixera, en interdire provisoirement la location à titre d'habitation.

L'interdiction absolue ne pourra être prononcée que par le conseil de préfecture, et, dans ce cas, il y aura recours de sa décision devant le conseil d'État.

Le propriétaire ou l'usufruitier qui aura contrevenu à l'interdiction prononcée sera condamné à une amende de 16 à 100 francs, et, en cas de récidive dans l'année, à une amende égale au double de la valeur locative du logement interdit.

Art. 11. — Lorsque, par suite de la présente loi, il y aura lieu à résiliation de baux, cette résiliation n'emportera en faveur du locataire aucuns dommages-intérêts.

Art. 12. — L'article 463 du Code pénal sera applicable à toutes les contraventions ci-dessus indiquées.

Art. 13. — Lorsque l'insalubrité est le résultat de causes extérieures et permanentes, ou lorsque ces causes ne peuvent être détruites que par des travaux d'ensemble, la commune pourra acquérir, suivant les formes et après l'accomplissement des formalités prescrites par la loi du 3 mai 1841, la totalité des propriétés comprises dans le périmètre des travaux.

Les portions de ces propriétés qui, après l'assainissement opéré, resteraient en dehors des alignements arrêtés pour les nouvelles constructions, pourront être revendues aux enchères publiques, sans que, dans ce cas, les anciens propriétaires ou leurs ayants droit puissent demander l'application des articles 60 et 61 de la loi du 3 mai 1841.

Art. 14. — Les amendes prononcées en vertu de la présente loi seront attribuées en entier au bureau ou établissement de bienfaisance de la localité où sont situées les habitations à raison desquelles ces amendes auront été encourues.

LOGIS (CORPS DE).— Partie d'un bâtiment qui est encastré dans la masse principale d'un bâtiment ou qui est isolé de cette masse : ainsi l'aile d'un bâtiment est un corps de logis ; un pavillon, dans un jardin ou dans une cour dépendant d'un bâtiment, est aussi un corps de logis.

LOMBARDE (ARCHITECTURE). — Bien des auteurs ont cru jusqu'ici que l'architecture lombarde était un style particulier d'architecture importé au commencement du vi[e] siècle dans le nord de l'Italie, lors de son invasion par les Lombards ; c'est là une très-grave erreur qu'il importe d'autant plus de rectifier, qu'elle est très-généralement répandue. Les Lombards ou plutôt les Longobards (*Longobardi, Longobarbi*, les guerriers à la longue lance ou à la longue barbe, car faute de documents concluants la véritable étymologie de ce mot n'a pu jusqu'ici être sérieusement fixée), les Longobards, disons-nous, peuple d'origine scandinave, étaient établis dès le commencement de notre ère entre l'Elbe et l'Oder. Ils habitèrent successivement diverses contrées de la Germanie ; vers 520, ils conquirent sur les Hérules, le Rugiland (la terre rouge), puis sous la conduite de deux chefs, Audoin (526) et Alboin (561), ils s'emparèrent dè la Pannonie et du Norique qu'habitaient les Gépides, enfin de tout le nord de l'Italie, excepté l'exarchat de Ravenne, et de toutes les côtes maritimes depuis le Pô jusqu'au Tibre (568). Ce n'est qu'alors que les Longobards, se mêlant aux populations indigènes, formèrent le peuple lombard, qui créa probablement l'architecture romano-byzantine, comme sembleraient l'attester les monuments lombards. De là, l'erreur des auteurs anciens, reproduite par un grand nombre d'auteurs modernes, de dénommer le style romano-byzantin, style lombard en Lombardie, normand en Normandie, saxon en Angleterre, et roman en France et sur les bords du Rhin. Aussi, sous ce titre de style lombard, il faut entendre tout simplement, l'architecture romano-byzantine du nord de l'Italie, sans prétendre établir aucune liaison, aucune corrélation entre cette architecture et le peuple des Longobards, qui, du reste, était trop barbare pour avoir même un semblant d'architecture. Nous concluons donc en disant qu'à ces termes de *style lombard*, d'*architecture lombarde* il ne faut attacher qu'un sens purement local, absolument comme quand nous disons, *roman bourguignon, roman auvergnat,* nous n'entendons pas par là que la Bourgogne ou l'Auvergne ont créé le roman, mais que dans ces localités il existe un style particulier et local de roman, qui tirent l'un et l'autre leur origine du ROMANO-BYZANTIN. — (Voy. ce mot et ROMANE, *Architecture.*)

LONG (SCIE DE). — Voy. SCIE.

LONGERON, *s. m.* — Maîtresse pièce portée sur deux culées, formant le support longitudinal d'un pont en charpente.

LONGERON (SOUS-). — Petites pièces de bois posées parallèlement à l'axe longitudinal d'un pont de charpente, qui ont pour mission de soulager les longerons ou maîtresses pièces du pont. Les sous-longerons sont assemblés de diverses manières sur le chapeau des pieux ou pilotis.

LONG-PAN, *s. m.* — Le plus long côté d'un comble à croupe ou en pavillon.

LONGRAIN ou LONG-GRAIN, *s. m.* — Suite ou série de stries presque parallèles qui se trouve sur les ardoises. Lorsque le longrain est perpendiculaire au long côté, l'ardoise est dite *traversière* ou *traversine*. On doit préférer les ardoises où le longrain est perpendiculaire au petit côté, parce qu'elles sont plus résistantes.

LONGRINE, *s. f.* — En général, on nomme ainsi une longue pièce de bois qui repose sur plusieurs points d'appui et qui n'est soumise qu'à des efforts de flexion; c'est aussi une pièce de charpente qui sert à entretenir longitudinalement les files de pieux d'une palée au moyen de boulons; on l'emploie également pour la construction des bâtardeaux. Quelquefois on la nomme *lierne de palée*, lorsqu'elle réunit des pieux ou des bordages. Enfin, on donne ce nom à la pièce de bois qui concourt à l'assemblage des fermes d'une jetée; elle est rainée dans sa longueur et mortaisée haut et bas en queue d'aronde dans sa largeur. Les mortaises inférieures lui permettent de recevoir les *poteaux d'assemblages*, et les mortaises supérieures les *traversines*.

LOPIN, *s. m.* — Morceau de fonte, de fer forgé, qui forgé à nouveau fournit du fer en barre.

LOQUET, *s. m.* — Fermeture mécanique de portes, de volets, etc.; il en existe de diverses sortes, mais qui tous possèdent deux éléments communs : le *battant tige*, ou tige, et le *mentonnet*, ou arrêt; on nomme :

LOQUET A BASCULE, celui dont le battant est mû par une bascule qu'on manœuvre au moyen d'un bouton à olive monté sur une tige à écrou;

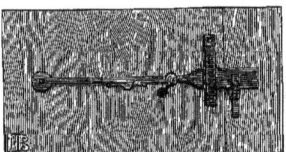

Loquet à bouton simple.

LOQUET A BOUTON SIMPLE, celui dont le battant est mû par un simple bouton (Voy. notre figure);

LOQUET A POUCIER, celui pouvant osciller autour d'un axe fixé sur une plaque posée sur le panneau d'une porte et possédant un poucier ou petite bascule servant à soulever le loquet du dehors : le battant porte lui-même une poignée;

LOQUET A VIELLE, celui qui est monté sur platine et porte une manivelle semblable à celle d'une vielle : ce dernier ne s'ouvre qu'à l'aide d'une clef.

LOQUETEAU, *s. m.* — Sorte de petit loquet composé d'un battant monté sur platine et retenu dans un cramponnet; un ressort à boudin agit sur le battant et le ramène dans une position constante; l'extrémité du battant opposée à celle qui s'engage dans un mentonnet est terminée en crochet ou en bague (Voy.

notre fig.) et reçoit un cordon de tirage, un fil de fer, de cuivre, etc., servant à faire manœuvrer les loqueteaux, qui sont de plusieurs sortes ; on nomme :

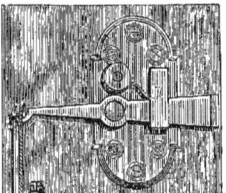

Loqueteau.

LOQUETEAU A CROISSANT, celui dont la platine est évidée en forme de croissant ;

LOQUETEAU COUDÉ, celui dont le battant ou pêne porte une queue par le bas, fait un coude ; enfin, suivant la forme de leur ressort, du découpage de leur platine ou du genre de travail qu'ils ont reçu, on distingue : les loqueteaux *à pompe, à baril, à feuille de persil, à panache, à feuilles blanchies* ou *à feuilles poussées*, enfin les loqueteaux *grisés, blanchis* ou *noircis.*

LOSANGE, *s. m.* — Figure géométrique présentant la forme d'un parallélogramme ayant deux angles aigus et deux angles obtus. Le losange peut être figuré, dans les décorations, en relief ou en creux ; il peut être lisse, plein ou évidé ; il a été em-

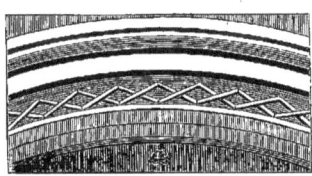

Fig. 1. — Losanges décorant une archivolte.

ployé dans l'architecture antique et dans celle romano-byzantine. Il sert comme ornement de bandeaux, d'archivoltes (fig. 1), bordure de mosaïques, de peintures de vitraux, etc. Les losanges ont aussi décoré des fûts de colonnes (Voy. FUT) ; elles sont dites alors *colonnes losangées*, ou *fûts losangés*. Les losanges peuvent contenir dans leur centre des glands de chêne, des rosaces, etc. ; quand ils sont liés les uns aux autres, on les nomme *losanges enchaînés* (fig. 2) ; sur les faces des larmiers

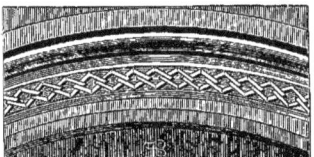

Fig. 2. — Losanges enchaînés décorant une archivolte.

des corniches, ils sont fréquemment entaillés. — Considéré comme figure géométrique, le losange a été appliqué, dans les architectures grecque et romaine, à des caissons et à des compartiments de tous genres ; il a été également très-employé pendant la renaissance.

LOSANGÉ, ÉE, *p. pas.* — Orné de losanges, décoré de losanges ; on dit, un *bandeau losangé,* une *corniche,* une *colonne losangées.*

LOUCHARD, *s. m.* — Pierre calcaire tendre qu'on extrait des carrières de Bonnilet, près Poitiers, dans la Vienne.

LOUCHET, *s. m.* — Sorte de bêche que l'on emploie pour fouiller les terres humides et vaseuses ; c'est avec le louchet qu'on extrait la tourbe. Il existe plusieurs genres de louchet, on en fait même aujourd'hui de très-puissants qui sont mus à la vapeur (1).

LOUP, *s. m.* — Erreur grave et irréparable commise dans une construction. C'est aussi une forte pince courbée avec laquelle on enlève de gros clous ; c'est encore un levier.

LOUP (DENT DE). — Ornement en décou-

---

(1) Nous avons donné, pages 71, 73 et 91, quelques spécimens de louchet dans notre *Traité complet de la Tourbe,* 1 vol. in-8°, Paris, 1870.

pure qui forme une suite d'angles aigus. (Voy. DENT). — C'est aussi un gros clou à l'aide duquel on fixe les poteaux d'une cloison; c'est encore un levier qu'on nomme aussi, simplement, *loup*.

LOUP (GUEULE DE). — Voy. GUEULE-DE-LOUP.

LOUPE, *s. f.* — Masse spongieuse de fer avant d'avoir subi aucun traitement. — En sylviculture, on donne ce nom à une excroissance qui se produit sur les arbres; suivant l'essence de ceux-ci, les loupes sont recherchées pour des travaux d'ébénisterie, de placage et de marqueterie, parce qu'elles fournissent des bois très-veinés et très-accidentés, ce qui produit un bel effet. — Les peintres en décor et les doreurs nomment *loupe* ou *royaume* une sorte de banc en bois possédant à sa partie supérieure une ouverture qui permet d'y passer la main. Enfin, on nomme *loupe*, dans le verre, une défectuosité produite par une espèce de souflure, qu'on nomme également *bulle* ou *bouillon*.

LOUVE, *s. f.* — Outil en fer, ordinairement à deux branches, que l'on emploie pour le montage des pierres dures et demi-dures qui sont taillées ou même profilées. Cet outil

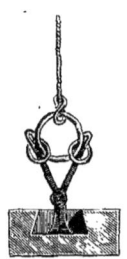

Fig. 1. — Louve au repos.

était très-employé par les Romains, qui possédaient comme nous divers genres de louve. Vitruve même donne la description d'une louve faite en forme de ciseaux ou tenailles qui avait ses pinces inférieures légèrement recourbées, ce qui permettait de serrer la pierre dans deux

trous qui y avaient été pratiqués dans ce but. Le montage des matériaux à la louve présente l'avantage de ne pas épauffrer les arêtes des pierres ou les moulures, comme on pourrait le faire en employant l'élingue; mais l'emploi de cet outil nécessite une main-d'œuvre assez dispendieuse par suite du trou en queue d'aronde qu'on est obligé de pratiquer dans le lit supérieur de la pierre. Mais, cette dépense faite, le moyen est plus expéditif que l'élingue,

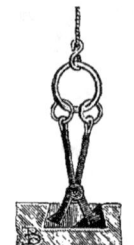

Fig. 2. — Louve en fonction.

puisqu'il permet de poser la pierre à l'endroit qu'elle doit occuper, et souvent sans bardage, suivant l'outillage du chantier. Notre figure 1 montre un genre de louve au repos, les anneaux sont abaissés, et notre figure 2 la même louve en fonction, les anneaux sont debout et la corde tendue. On ne peut employer la louve pour le montage des pierres tendres, parce que les bords du trou pourraient éclater; il est donc facile de comprendre les accidents qui pourraient en résulter.

LOUVER, *v. a.* — Poser à la louve. *Pierre louvée,* pierre posée à la louve, pierre percée d'un trou pour y introduire la louve, ou pierre armée de la louve.

LOUVETEAUX, *s. m. pl.* — Coins de fer d'un genre particulier de LOUVE. (Voy. ce mot.)

LOUVEUR, *s. m.* — Ouvrier qui pratique, sur le lit supérieur des pierres, des trous pour pouvoir opérer leur montage à la LOUVE. (Voy. ce mot.)

LUCARNE, *s. f.* — Ouverture de dimensions très-variables pratiquée dans un comble et servant à aérer les charpentes, à livrer passage aux ouvriers pour exécuter les réparations

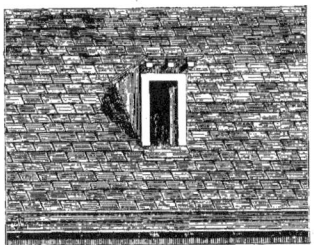

Fig. 1. — Lucarne à toit plat sur un rampant de comble.

et le nettoyage des couvertures, ou bien servant à éclairer les locaux situés dans les com-

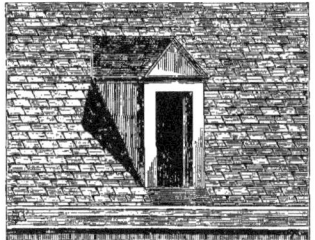

Fig. 2. — Lucarne à deux égouts sur un comble rampant.

bles. Suivant ses diverses destinations, les lucarnes affectent des formes différentes. —

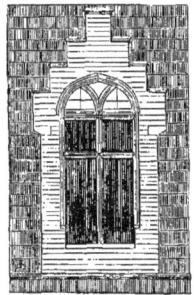

Fig. 3. — Lucarne à redents ou flamande.

Pour l'aérage des charpentes, on emploie des CHATIÈRES, des CHIENS-ASSIS et des LUCAR-NONS. (Voy. ces mots.)

Pour donner accès sur les toits aux ouvriers, on emploie deux types de lucarnes représentées par nos figures 1 et 2 ; la première a son toit plat, la seconde son toit à deux égouts. Ces deux types de lucarnes servent également à éclairer des locaux situés sous les combles.

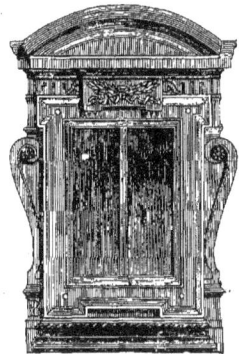

Fig. 4. — Lucarne à fronton circulaire.

L'origine des lucarnes paraît remonter au XIIe siècle; on en voit figurer au pied des flèches de clocher. Ultérieurement, elles firent leur apparition sur les combles des églises, puis sur celui des bâtiments civils, mais elles ne devinrent communes qu'au XVe siècle. Depuis

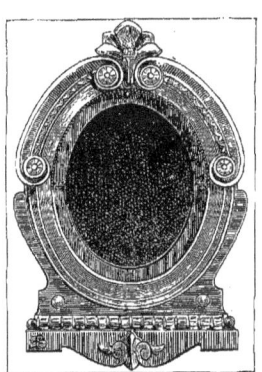

Fig. 5. — Lucarne œil-de-bœuf ovale (1er type).

lors, dans les pays qui ont adopté ce genre de fenêtres, il n'a pas cessé d'être utilisé.

Les lucarnes peuvent être construites en

charpente, en maçonnerie de briques ou de pierres; l'industrie en fabrique même aujourd'hui en plomb, en zinc et en terre cuite; elles peuvent même être élevées sur l'entablement

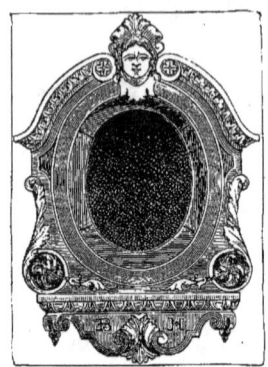

Fig. 6. — Lucarne œil-de-bœuf ovale (2ᵉ type).

de l'édifice ou établies sur le rampant des combles, comme le montrent nos figures 1 et 2; notre figure 3 fait voir un genre de lucarne en briques assez répandu en Belgique; notre

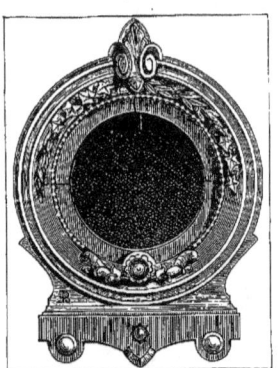

Fig. 7. — Lucarne œil-de-bœuf ronde.

figure 4, un modèle en charpente finement exécuté et décoré de sculptures.

Sous le rapport de leur forme, on distingue: la *lucarne carrée*, qui est fermée carrément (fig. 1), ou celle dont la largeur et la hauteur sont égales; la *lucarne bombée* ou *cintrée*, c'est-à-dire fermée par un arc de cercle; la *lucarne*

capucine, celle qui a deux longs pans et une croupe de comble sur le devant; la *lucarne flamande*, c'est-à-dire formant des redents (fig. 3); la *lucarne demoiselle*, en charpente, portée par des chevrons et couverte en triangle; la *lucarne rampante*, celle qui n'a pas de fronton, dont le comble est plat et suit la même inclinaison que le grand comble à la demi-hauteur duquel elle se trouve placée; la *lucarne à fronton*, celle qui est couronnée d'un fronton qui peut être triangulaire ou courbe

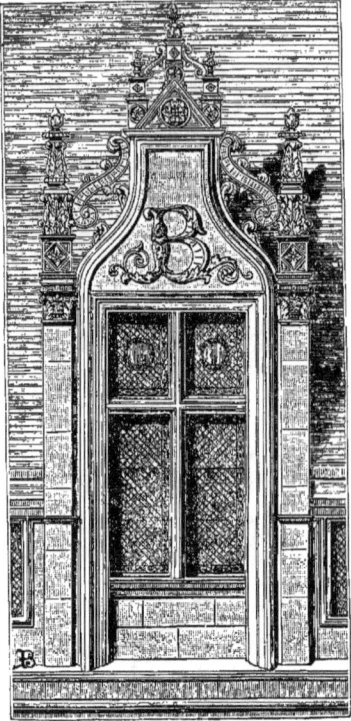

Fig. 8. — Lucarne historiée du XVIᵉ siècle.

(fig. 4); la *lucarne à œil-de-bœuf*, les lucarnes à ouvertures rondes ou ovales: dans les bâtiments élevés, les premières paraissent ovales, mais dans le sens horizontal; c'est pourquoi on doit de préférence employer des lucarnes ovales, qui par l'effet de la perspective paraissent rondes. Nos figures 5 et 6 montrent les lucarnes œil-de-bœuf ovales, et notre figure 7 un type œil-de-bœuf rond : ces trois modèles sont en zinc estampés; la *lucarne à chevalet,* celle qui a deux longs pans : elle peut être à fronton ou n'en pas avoir ; la *lucarne à guitard,* ou *en guitares,* celle dont le comble est soutenu par des liens et qui est circulaire et en saillie: cette lucarne était surtout employée dans les bâtiments anciens, dans les greniers à foin et les fenils, parce qu'à l'aide d'une poulie fixée au sommet de ce genre de lucarne on élevait le foin ou les bottes de paille, et qu'on pouvait les emmagasiner facilement; la *lucarne historiée,* celle qui est décorée d'une riche ornementation, comme il en existait beaucoup au XVᵉ et au XVIᵉ siècle: notre figure 8 montre une lucarne du XVIᵉ siècle du château d'Azay-le-Rideau.

JURISPRUDENCE. — A la jurisprudence du mot FAÇADE, le lecteur trouvera au titre II, article 12, du décret du 27 juillet 1859, ce qui concerne les lucarnes.

LUCARNON, *s. m.* — Petite lucarne; on la nomme aussi CHATIÈRE, CHIEN-ASSIS, LUNETTE, etc. Notre figure montre le type le

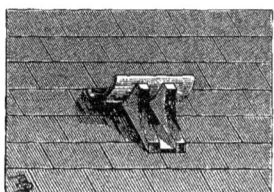

Lucarnon.

plus simple de lucarnon; ce sont deux consoles creuses en bois de chêne, peintes ou recouvertes de plomb, qui supportent une tuile retournée.

LUCULLITE, *s. m.* — Marbre noir antique de l'île de Chio, dénommé aussi *marbre lucullien, marbre de Lucullus,* et même *marbre alabandique.* C'est le plus noir des carbonates calcaires. (Voy. MARBRE.)

LUMACHELLE, *s. f.* — Variété de mar-

bre formée d'un grand nombre de madrépores et de coquillages, d'où son nom (*lumaca,* limaçon). Ces coquilles fossiles sont agglutinées par un ciment calcaire naturel d'une extrême finesse; il existe un assez grand nombre de lumachelles; les variétés principales sont : les lumachelles d'Astrakan qui sont à fond noir avec des coquilles très-foncées d'un ton jaune d'or; d'autres ont des coquilles noires; la *lumachelle drap mortuaire,* d'un noir très-pur avec des coquilles blanches; une autre variété est brune et rose; la *lumachelle bleue, grise* et *rose,* celle dite des *Bossus,* couleur d'un gris bleu et à coquilles blanches, tandis que la lumachelle bleue est bien de la même couleur, mais elle a ses coquilles noirâtres. Dans l'île Maria, près de la terre de Van-Diemen, il existe une variété de lumachelle d'un gris foncé. Les Italiens nomment les lumachelles, *lumachini;* l'une des plus connues chez eux est celle de *Monte Antico,* dans le territoire de Sienne. (Voy. MARBRE.)

LUMIÈRE, *s. f.* — Cavité pratiquée dans les outils à fût, et qui sert à recevoir le fer et à expulser les copeaux ; c'est aussi une mortaise traversant de part en part une pièce de bois de charpente.

LUNETTE, *s. f.* — Ouverture formée par la pénétration d'une voûte en berceau dans une autre voûte ordinairement d'un plus grand rayon. Quand elle coupe obliquement le ber-

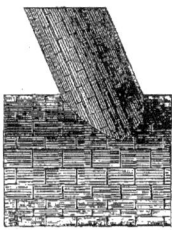

Fig. 1. — Lunette biaise.

ceau, on la nomme *lunette biaise* (fig. 1); lorsque son axe est incliné à l'horizon, comme sous un escalier, par exemple, on l'appelle *lunette rampante;* enfin, quand une voûte en pénètre une autre et que l'axe de la première est perpendiculaire à l'axe de la seconde, la lunette est dite *droite* (fig. 2). Quand un berceau pénètre dans une autre voûte annulaire, on le nomme *berceau tournant ;* mais quelle que soit la forme de la courbe qui limite la pénétration d'une voûte dans une autre, on

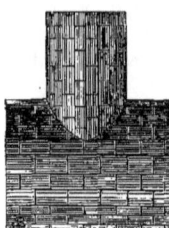

Fig. 2. — Lunette droite.

nomme cette courbe limitante *arêtier*, ce qui fait qu'une voûte d'arête est composée de quatre lunettes. Quand les voûtes sphériques et en berceau sont éclairées par une ouverture conique, on nomme celle-ci *lunette conique*. On donne aussi ce nom de *lunettes* aux petites lucarnes pratiquées dans un comble et

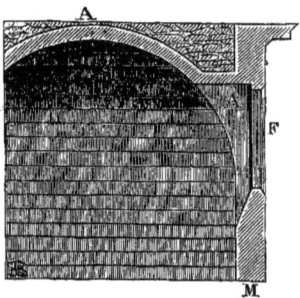

Fig. 3. — Lunette dans une voûte de cave.

dans une flèche de clocher et qui servent à aérer la charpente (Voy. LUCARNON et CHIENASSIS), ainsi qu'aux petites baies d'une voûte de cave (fig. 3), dans laquelle A est la voûte, F la lunette, et M le mur de face. Mais nous devons dire que dans les charpentes de clocher, on nomme surtout *lunettes* de petites ouvertures recouvertes en plomb qui existent sur les toitures en ardoises et qui servent à fixer la corde

servant à réparer ces couvertures. — En charpente, ce terme a la même signification qu'en maçonnerie. — En menuiserie, on nomme ainsi l'ouverture circulaire pratiquée dans un siége d'aisances, et par extension on donne ce nom à la même ouverture pratiquée dans la dalle d'un cabinet d'aisances.

Dans l'architecture militaire, la lunette est un ouvrage de fortification qui comporte deux faces et deux flancs.

LUSTRE, *s. m.* — Luminaire à plusieurs bras ou branches destiné à recevoir des lampes ou des bougies. On les suspend aux plafonds, aux voûtes ou aux coupoles des édifices, afin d'éclairer les locaux où ils sont suspendus et de les orner. Quand les lustres portent des godets en verre ou en porcelaine, comme on en voit, par exemple, dans les églises, on les appelle *lampiers, lampadaires ; couronnes de lumière*, quand ils affectent la forme d'une couronne.(Voy.LAMPADAIRE.)Dans les édifices publics, les lustres sont aujourd'hui éclairés au gaz, dont le jet s'échappe dans un verre entouré d'un globe, ou dans de petits tubes de porcelaine simulant des bougies.(Voy. THÉATRE.)

LUSTRÉ ou RELEVÉ DES MARBRES. — Dernière opération du polissage du marbre ; elle consiste à laver les surfaces, à les laisser ressuyer, puis à les-tamponner avec un tampon de linge humecté d'eau et d'un peu de potée d'étain. Le *lustré*, ou *relevé*, donne aux marbres un brillant parfait; cette opération est surtout très-bien pratiquée par les marbriers italiens et français. Les Belges et les Anglais lustrent avec la potée d'os, qui ne donne qu'un brillant bien inférieur à celui obtenu par la potée d'étain. (Voy. MARBRE, § *Pratique.*)

LUSTRER, *v. a.* — Donner du lustre. — En marbrerie, c'est pratiquer la dernière opération du polissage des marbres. — En miroiterie, lustrer une glace, c'est la rechercher avec le LUSTROIR (Voy. ce mot), après son polissage. — En peinture, *lustrer le vernis*, c'est, quand il est bien sec, le décrasser et lui donner le *luisant* et la douceur. On pratique le *lustré* (1) du vernis en le frottant avec un linge imbibé d'eau et de poudre de tripoli, ensuite avec un tampon de drap imprégné d'huile d'olive et de tripoli; enfin, après avoir essuyé le vernis avec un linge souple et doux, on le frotte avec la paume de la main enduite de blanc de Bougival en poudre, et mieux avec de l'amidon ; on donne ensuite un dernier coup de linge souple et doux. On ne lustre que les vernis gras.

LUSTROIR, *s. m.* — Petite règle plate dont se servent les miroitiers pour lustrer les glaces après leur polissage. On donne aussi ce nom, ainsi que celui de *molette,* au feutre qui sert à nettoyer et polir les glaces.

LUTRIN, *s. m.* — Meuble d'église, pupitre pédiculé placé ordinairement dans le chœur des églises, et servant à supporter les livres de chant, le graduel, les épîtres, l'antiphonaire noté, etc. Les lutrins sont très-souvent à double pupitre, ils tournent alors sur leur axe; c'est pourquoi on les a nommés quelquefois *roues,* et en latin *pluteus versatilis,* de même qu'on les a aussi appelés AIGLES (Voy. ce mot), parce que souvent ils représentent une boule ou du moins un globe surmonté d'un aigle aux ailes déployées; tel est, par exemple, celui de l'église de Saint-Symphorien à Nuits (Côte-d'Or). Parmi les lutrins les plus remarquables, nous mentionnerons celui de l'église Santa-Maria in Organo à Vérone, dont la fine sculpture date de la fin du XVᵉ siècle, car il a été exécuté en 1499 par fra Giovanni da Verona; celui de l'église de Hal, près de Bruxelles, qui date du XVᵉ siècle: il est formé d'un pied-droit hexagonal flanqué de trois contre-forts doubles supportés par des lions; celui de Louvain; celui de la cathédrale de Tournay qui est tout en fer, sauf la table qui porte les livres qui est en cuir : il peut se plier à la manière d'un pliant; mentionnons encore ceux des cathédrales d'Alby, d'Amiens, etc., car généralement on a toujours déployé un grand luxe dans ce genre de meuble. — L'étymologie du mot *lutrin* paraît venir de l'ancien mot *lectrin,* qui provient du bas latin *lectrinum,* dérivé lui-même de *legere,* lire.

---

(1) Et non le *lustrage ;* ce terme ne s'applique qu'aux étoffes et aux fourrures.

M

M. — Treizième lettre et dixième consonne de l'alphabet. Comme signe abréviatif sur les médailles et dans les inscriptions lapidaires, M peut signifier *mater, miles, monumentum, munificentia, memoriæ, municipium, Marcus, Martius, Mauritanus, Marius*, etc.; D. M. peut signifier *Diis Manibus;* B. M., *Bene merito ;* comme signe numéral M, chez les Romains, valait 1,000 et surmonté d'un trait horizontal ou d'un tiret (ᴍ) 1, 000,000, tandis que le (Mu) des Grecs ne valait que 40.

MACADAM, MACADAMISAGE. — Système particulier de construction des routes ou chaussées, qui consiste à employer des cailloux ou des granits concassés en fragments d'un petit volume. On dispose ces cailloux sur une couche de 0ᵐ,25 de hauteur qu'on comprime à l'aide de divers rouleaux compresseurs. Les chaussées à la macadam sont aussi dénommées *chaussées d'empierrement.* Ceux de nos lecteurs qui désireraient des renseignements sur ce genre de chemin n'ont qu'à se porter au mot CHAUSSÉE, § *Chaussées d'empierrement.*

MACADAMISER, *v. a.* — Exécuter une chaussée à la macadam, faire un macadamisage.

MACERIA.—Voy. APPAREIL, *in fine.*

MACHABÉE (MASTIC DE). — Enduit hydrofuge, composé de poix, de bitume, de suif, de chaux hydraulique, etc. (Voy. MASTIC.)

MACHEFER, *s. m.* — Scories, mélangées de charbon, de houille, de fer et de cendres, qui se forment dans les feux de forge. Il est important de retirer le mâchefer des foyers au fur et à mesure de sa formation, sans quoi il altère la surface du fer en nuisant à la *chaude.* On utilise le mâchefer, pulvérisé et criblé, surtout pour exécuter des crépissages sur les murs des constructions rurales ; on l'emploie également pour faire une sorte de mortier pour des constructions économiques.

MACHICOULIS, *s. m.* — Ouvertures carrées ou larges rainures pratiquées sur le sol d'un chemin de ronde construit en porte-à-faux ou en encorbellement et supportées par de grandes consoles. C'est entre celles-ci que sont

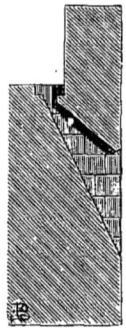

Fig. 1. — Mâchicoulis oblique.

pratiqués les mâchicoulis par lesquels on laissait tomber des pierres, de l'eau bouillante ou du sable brûlant sur les assaillants parvenus au pied des murailles. Nos figures 1, 2 et 3 montrent en coupe et en élévation des mâchicoulis ; la figure 1 fait voir la coupe d'un mâchicoulis disposé de façon à rejeter un peu plus loin que le pied des murs des projectiles ; la fig. 2, la coupe d'un mâchicoulis vertical qui frappait directement au pied des murs, et la figure 3, l'élévation du machicoulis fig. 2.

Quand les mâchicoulis étaient pratiqués dans une voûte ou un plafond, on les nommait *assommoirs*. Telles sont les ouvertures qu'on voit dans les portes anciennes de ville et qui précédaient souvent la herse ; notre figu-

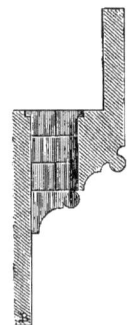

Fig. 2. — Coupe d'un mâchicoulis perpendiculaire.

re 4 montre un *mâchicoulis assommoir :* c'était par celui-ci que les assiégés jetaient des projectiles sur les assaillants qui s'étaient engagés sous le passage de la porte. — Le nom de mâchicoulis, bien que désignant simplement l'ouverture par laquelle on projetait des pro-

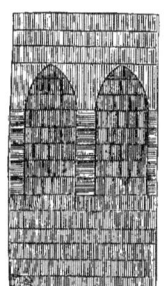

Fig. 3. — Mâchicoulis vu de face.

jectiles, a été donné par extension à tout le système de construction, c'est-à-dire aux parapets et aux consoles. Les mâchicoulis couronnaient les courtines et le sommet des tours, auxquelles ils prêtaient un caractère militaire très-accentué. Beaucoup d'églises fortifiées possédaient également des mâchicoulis ; notre figure 5 en montre un en forme de balcon

de l'église de Tournus (Saône-et-Loire). Employés déjà dès le XII° siècle, les mâchicoulis deviennent très-communs au XVI° et au XVII° siècle, et même à cette époque on les emploie simplement dans un but décoratif ; on en place

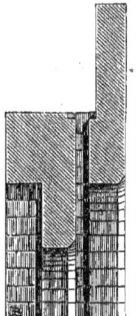

Fig. 4. — Mâchicoulis assommoir.

au-dessus des portes, et dans beaucoup de maisons seigneuriales on ne voit souvent d'autres ouvrages défensifs qu'une sorte de balcon (fig. 6)

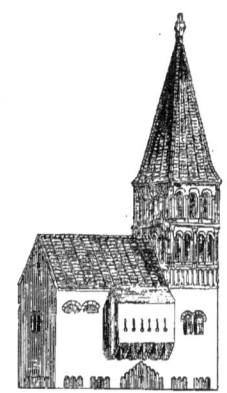

Fig. 5. — Mâchicoulis de l'église de Tournus.

établi au-dessus de la porte, comme à l'hôtel de Sens, par exemple, auquel on donne le nom de MOUCHARABY (Voy. ce mot), dénomination assez bizarre tirée de l'arabe et que rien ne justifie, car les moucharabys arabes sont plus élancés de forme et fermés par des bois découpés. Quelques auteurs anciens ont écrit *mâchecoulis ;* mais aujourd'hui *mâchicoulis* est le seul terme en usage et nous ignorons pourquoi Littré suppose tout le contraire dans son dictionnaire,

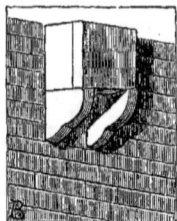

Fig. 6. — Mâchicoulis en forme de balcon.

d'autant que l'étymologie ne justifie pas plus l'un que l'autre de ces termes qu'on dit dérivés soit de *masse* et *couler*, parce que ces ouvertures servaient à faire couler des masses sur les assaillants, soit du latin *mactare collum*, briser le cou.

MACHINE, *s. f.* — Appareil qui a pour objet de transmettre et quelquefois de modifier le mouvement imprimé par une force quelconque à l'une de ses parties, afin de produire un résultat cherché ; c'est aussi un appareil combiné de manière à obtenir soit une puissance plus considérable, soit une économie de temps, de force ou de main-d'œuvre pour l'exécution d'un ouvrage. Il y a des *machines simples* et des *machines composées*, c'est-à-dire formées par la réunion de plusieurs machines simples. — Dans les travaux du bâtiment, les machines simples sont : le *levier*, la *pince*, le *coin*, le *rouleau*, la *poulie*, la *vis*, le *plan incliné*, etc. ; les machines composées sont : le *cabestan*, la *chèvre*, la *grue*, le *palan*, la *sapine*, le *treuil*, etc.

MACHINERIE, *s. f.* — Ensemble des appareils, des outils et des instruments qui servent dans une fabrication, dans une industrie quelconque ; ainsi on dit, la machinerie des mines, la machinerie agricole, etc.

MACHOIRE, *s. f.* — En général, on désigne sous ce terme des pièces de fer ou d'acier servant à saisir un objet pour le prendre, le mordre, ou pour le travailler ; notre

fig. 1 montre une mâchoire servant aux sculpteurs sur bois. Dans un étau, ce sont les deux pièces qu'on serre ou qu'on écarte au moyen d'une vis et au milieu desquels on place l'objet à travailler ; quand les objets réclament

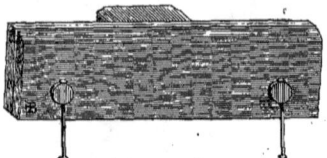

Fig. 1. — Mâchoire du sculpteur sur bois.

un certain fini afin que le contact du fer ou de l'acier ne puisse les détériorer, on revêt les mâchoires de l'étau de mâchoires en plomb.

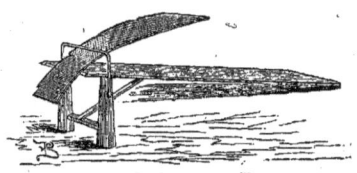

Fig. 2. — Mâchoire des treillageurs.

— Les treillageurs nomment *mâchoire* une équerre en fer (fig. 2) fixée sur le devant de leur dressoir, et qui sert à redresser les lattes torses ou les échalas.

MACIGNO, *s. m.* — Variété de GRÈS (Voy. ce mot) de la Toscane. On dit aussi *mocigno* et *mucigno*.

MAÇON, *s. m.* — Pris dans une acception générale, ce terme sert à désigner l'ouvrier qui exécute les divers genres de travaux en maçonnerie ; il existe diverses catégories de maçon qui correspondent aux divers travaux spéciaux qu'ils exécutent. On distingue les garçons, les compagnons et les maçons proprement dits ; ces derniers reçoivent plusieurs qualifications, telles que *maçon à plâtre, briqueteur, plâtrier* ou *plafonneur, poseur de ciment, tailleur de pierre* et *contre-poseur*. Dans les contrées qui emploient beaucoup le plâtre, le maçon faisant sa spécialité de la construction au plâtre se nomme LIMOUSIN. (Voy. ce mot.) — Un bon maçon doit savoir assez bien tailler la pierre pour dresser un lit ou un joint, pour faire un trou de scellement, ajuster et rogner des dalles. — Les outils dont les maçons se servent sont : la ligne, la règle, l'équerre, le niveau, le compas, le fil à plomb, la hachette, le décintroir, le marteau, la truelle, le riflard, le ciseau, la pince, l'auge, le balai, le seau, les pelles, le tamis, le panier, le rabot ou broyon, l'oiseau, le bard, la brouette, le pic et la pioche. — Indépendamment de ces outils, le maçon emploie également des machines à broyer le mortier, à faire le béton, à soulever des fardeaux, telles que la chèvre, la grue, le guindeau, le treuil, les moufles, leviers, rouleaux, le chariot, le diable, etc. Du reste, le lecteur trouvera dans le cours de ce dictionnaire tous les outils et les machines employés par les maçons.

MAÇONNERIE, s. f. — Ouvrage quelconque composé de pierres naturelles ou artificielles de dimensions diverses reliées entre elles au moyen de mortier de chaux, de plâtre ou de ciment, ou simplement posées à sec les unes au-dessus des autres. On comprend encore sous ce terme générique de *maçonnerie* la construction en PISÉ (Voy. ce mot) et les ouvrages qui utilisent des produits céramiques, des bardeaux, lattes, pans de bois, etc. — Les diverses sortes de maçonnerie se distinguent par la nature de la matière principale qui entre dans leur composition, qui en est la base ; ainsi, il y a : les maçonneries de *béton*, de *briques*, de *libages*, de *meulière*, de *moellons*, de *pierrailles* ou de *blocage*, de *pierre de taille*, les maçonneries mixtes en *pierre de taille* et *en petits matériaux*, en *pierres factices*, enfin les maçonneries hourdées en mortier de ciment.

MAÇONNERIE EN BÉTON. — Cette maçonnerie est faite avec des mortiers de chaux hydraulique et des cailloux, du grès ou autres matériaux durs concassés. Les bétons sont surtout employés pour les travaux hydrauliques, les jetées, les ports, digues, etc. — (Voy. BÉTON et BÉTONNAGE.)

MAÇONNERIE DE BRIQUES. — A l'aide des briques, on fait d'excellentes constructions ; on pose ces petits matériaux en liaison, comme si on procédait avec de la pierre de taille ou des moellons ; suivant la manière dont on dispose les briques, on fait des murs d'épaisseur variable. (Voy. BRIQUETAGE.)

MAÇONNERIE DE LIBAGES. — Cette maçonnerie est faite à l'aide de blocs de pierres brutes grossièrement taillées seulement sur leurs lits ; quant aux joints, ils sont dressés avec plus ou moins de soins suivant que la maçonnerie est apparente ou bien qu'elle n'est employée qu'en fondation. (Voy. LIBAGES.)

MAÇONNERIE DE MEULIÈRE. — La construction en meulière constitue une des maçonneries les plus solides ; en effet, de sa nature ce matériau est très-dur et la rugosité de sa surface facilite au plus haut degré l'adhérence des mortiers, de plus cette pierre n'est pas gélive, n'étant pas spongieuse, aussi rien ne peut la détériorer ; c'est pourquoi on utilise ce genre de maçonnerie pour les fondations, les constructions hydrauliques, les aqueducs, citernes, bassins, etc., pour les travaux de fortification. Quoique la meulière ne soit pas susceptible d'être bien taillée ou du moins d'être taillée proprement, on l'équarrit et on la paremente assez convenablement ; elle se prête également au piquage et au smillage, mais elle donne un assez grand déchet. (Voy. MEULIÈRE.)

MAÇONNERIE DE MOELLONS. — On distingue quatre genres de maçonnerie de moellons : 1° celle en moellons bruts ; 2° celle en moellons smillés ; 3° celle en moellons piqués ; 4° celle en moellons d'appareil.

§ 1. *Maçonnerie en moellons bruts.* — Ce genre de maçonnerie n'est employé que pour les massifs de fondation et pour la construction des murs dont les parements doivent être cachés ou recouverts d'un enduit ; les moellons sont simplement *ébousinés* à la hachette par le maçon au fur et à mesure de leur pose ; les lits et les joints sont donc grossièrement dressés ; dans les grands travaux de construction, souvent les moellons arrivent ébousinés à pied d'œuvre, ce qui permet de construire très-rapidement.

§ 2. *Maçonnerie en moellons smillés.* — Cette maçonnerie est surtout utilisée pour les murs et les voûtes dont le parement doit rester apparent; les moellons sont taillés avec soin à la large ou grosse hachette ; ils doivent présenter une face, celle en parement, parfaitement dressée et rectangulaire ; les lits doivent être parallèles.

§ 3. *Maçonnerie en moellons piqués.* — Pour exécuter ce genre de maçonnerie, on emploie des moellons parfaitement taillés par des ouvriers spéciaux nommés *piqueurs de moellons.*

§ 4. *Maçonnerie en moellons d'appareil.* — On emploie ce genre de maçonnerie pour les voussoirs, sommiers, plates-bandes et pour les têtes de murs ; les moellons sont taillés par des ouvriers habiles, suivant les panneaux coupés d'après les épures des ouvrages à exécuter. (Voy. MOELLONS.)

Quel que soit le genre de moellon employé, l'exécution de cette maçonnerie est toujours la même ; on pose ces matériaux comme s'ils étaient des pierres de taille, en ayant soin de les bien liaisonner entre eux et d'éviter la succession de joints verticaux. Les moellons doivent parfaitement porter dans toute leur longueur ; ceux à longue queue sont placés en face de ceux à courte queue ; on doit aussi hourder parfaitement l'ensemble.

MAÇONNERIE DE PIERRAILLES OU DE BLOCAGE. — Ce genre de maçonnerie est employé pour la construction des aqueducs et des égouts ; on l'exécute avec des pierrailles ou moellonnailles hourdées en mortier de ciment, quand les murs ont plus de 0m,12 d'épaisseur ; dans le cas contraire, on les établit à l'aide de coffrages, dans lesquels on verse pêle-mêle de petits matériaux mélangés avec des mortiers de ciment. On dresse les parements de ce genre de maçonnerie à l'aide de cordeaux tendus suivant la courbe des gabarits qui déterminent le *galbe* ou profil des constructions.

MAÇONNERIE DE PIERRE DE TAILLE. — Cette maçonnerie est formée par l'assemblage de blocs taillés suivant des formes et des dimensions déterminées et qu'on nomme APPAREIL. (Voy. ce mot.) Le poids des appareils ou blocs de pierre est toujours trop considérable pour permettre à un homme seul leur maniement ; aussi ce genre de construction comprend : l'appareil, la taille, le bardage, le montage, la pose ; nous ne parlerons pas ici

de ces diverses opérations, car elles sont décrites à leur rang : nous renvoyons donc le lecteur à chacun des articles énumérés ci-dessus.

MAÇONNERIE MIXTE EN PIERRE DE TAILLE ET PETITS MATÉRIAUX. — Ce genre de maçonnerie emploie de la pierre de taille, de la brique, du moellon, de la meulière, etc. ; bien comprise, elle est fort solide ; les Romains l'ont souvent employée dans leurs grandes constructions. Quand on a ces divers genres de matériaux, on les dispose de la façon suivante : les meulières en fondation, on utilise les pierres de taille pour les chaînages et on alterne les assises de maçonnerie entre les chaînes en employant tour à tour deux ou trois assises de moellons et autant d'assises de briques ; du reste, on ne peut, le lecteur le comprendra facilement, poser des règles fixes à cet égard, puisque, suivant la quantité de matériaux, et leur diversité, un constructeur habile crée des combinaisons diverses. Ce genre de maçonnerie étant sujet à un tassement inégal, on doit laisser asseoir parfaitement la construction avant d'élever au-dessus des maçonneries uniformes.

Nous ne parlerons pas en particulier des maçonneries en pierres factices ; car, suivant la dimension des matériaux employés, ces maçonneries entrent dans la catégorie que nous avons décrite dans le présent article, ou dans divers autres de ce dictionnaire. (Voy. BÉTON, BÉTONNAGE, BRIQUETAGE, etc.)

MACQUERIE, *s. f.* — Veines de matière étrangère qui traversent les bancs d'ardoises, dans des directions contraires.

MADRE, *s. m.* — Mouchetures, facettes brillantes qui se trouvent sur certains bois. — Par extension, cœur et racines de divers bois dont on fait des coupes à boire.

MADRÉ, *adj.* — Marqué de madres, qui porte des madres ou mouchetures. Certains bois, le chêne, le hêtre, le pitchpin, sont madrés. — Par extension, on dit qu'une faïence, une porcelaine sont *madrées.* (Voy. MAILLÉ.)

MADRIER, *s. m.* — Bois d'échantillon, qui mesure de 0^m,27 à 0^m,33 de largeur sur 0^m,054 à 0^m,060 d'épaisseur et 3^m,60 à 3^m,90 de longueur, dont on se sert principalement pour faire des plates-formes solides, des palplanches, des couchis, des semelles pour étayements et pour des tabliers de ponts, etc. — Dans certains pays, on utilise des madriers pour faire des planchers légers et solides ; on les pose de champ pour faire les solives et à plat pour former les aires ou parquets ; mais ce plancher, assez économique dans les pays où le bois est à bon marché, présente, entre autres inconvénients, celui d'être très-combustible.

Les plombiers nomment *madrier :* 1° une longue table de chêne qui leur sert à poser leur moule à tuyaux ; ce madrier porte à une de ses extrémités un cric servant à le soulever ; 2° une table en chêne inclinée servant à couler les tables de plomb. A la partie haute, on verse directement le plomb de la chaudière qu'on étale à l'aide d'un râble ou règle plate à manche ; à la partie basse, le surplus du plomb coule dans une auge ; le métal est isolé du bois à l'aide de sable humide.

MAGASIN, *s. m.* — Local servant à enfermer, à emmagasiner des marchandises. Il existe des règlements spéciaux qui régissent la construction des magasins destinés à contenir diverses matières, telles que sel, fulminate, pétrole, etc. (Voy. INCENDIE, SEL, et ÉTABLISSEMENTS DANGEREUX ET INSALUBRES.)

MAGNANERIE, *s. f.* — Local dépendant d'une construction rurale qui sert à élever des vers à soie, ou à leur multiplication. Les magnaneries sont de plusieurs genres ; elles peuvent être *provisoires,* ou construites spécialement pour l'usage auquel on les destine. Les premières sont établies dans les locaux supérieurs de l'habitation d'une ferme, qu'on aménage spécialement dans ce but ; la récolte des cocons faite, on donne à ces locaux leur destination première. Mais quel que soit le genre des magnaneries, elles doivent toujours être chauffées et ventilées, car, sous notre climat, le ver à soie est un insecte extrêmement délicat ;

aussi l'air vicié ou les brusques changements de température peuvent non-seulement influer sur le rendement de la récolte, mais encore amener la perte totale de celle-ci.

MAHOGON. — Voy. ACAJOU.

MAHOMÉTANE (ARCHITECTURE). — Voy. ARABE (*Architecture*).

MAIGRE, *adj.* — En architecture, on applique ce qualificatif à tout corps de bâtiment, à tout membre, à toute décoration pauvre, ténue et grêle ; ainsi une moulure, une saillie qui manquent d'ampleur dans leur forme ou dans leur proportion sont dites *moulure maigre, saillie maigre.* — En maçonnerie, quand une pierre est trop petite pour occuper la place qu'on lui destine, on dit que cette pierre est maigre ; une chaux qui n'est pas onctueuse, qui ne présente pas de liant, qui par conséquent n'est pas grasse, est dite *chaux maigre.* — En charpente, quand une pièce n'a pas l'équarrissage voulu, on dit qu'elle est *maigre.* — En menuiserie, ce terme est également employé ; par exemple, un tenon qui dans sa hauteur et sa largeur ne remplit pas une mortaise est dit *maigre.*

MAIGRIR. — Voy. DÉMAIGRIR.

MAIL, *s. m.* — Gros marteau employé dans diverses industries ; les carriers nomment ainsi le marteau dont ils se servent pour faire sauter des blocs de pierre ; dans les hauts fourneaux, c'est un gros marteau avec lequel on bat la *loupe* pour en chasser le laitier et les scories qu'elle renferme ; enfin beaucoup de corps d'état donnent ce nom à une espèce de marteau d'une forme particulière, qu'on nomme MASSE. (Voy. ce mot.)

MAILLE, *s. f.* — Les treillageurs nomment ainsi les vides que forment les compartiments d'un treillage ; il y a des mailles carrées, oblongues, en losange, etc. C'est aussi un anneau, un chaînon en forme d'S fermée ou de 8, qui sert à former une chaîne. — Au pluriel, ce terme sert à désigner certaines petites faces brillantes que présentent divers bois, quand on les coupe dans le sens de leur longueur; on dit alors que le bois est coupé sur *mailles*. Ces points brillants sont très-accentués dans le chêne et dans le bois de pitchpin; ce dernier bois, coupé sur mailles, produit un très-bel effet décoratif. Dans la langue usuelle, on dit que ces bois sont MADRÉS. (Voy. ce mot et MADRE.)

MAILLÉ, ÉE, *part. pass.* — Qui porte des mailles; quand les matériaux d'une maçonnerie sont posés en échiquier ou à joints obliques, on dit que c'est une *maçonnerie maillée;* c'est celle que les Romains nommaient *opus reticulatum.* — On appelle *fer maillé* les treillages de fer ou grillages qu'on est tenu de fixer aux barreaux des grilles des jours de souffrance. (Voy. JOURS.)

MAILLET, *s. m.*— Espèce de marteau ou de masse en bois employé par divers corps d'état, par les tailleurs de pierre, les charpentiers, les sculpteurs, les menuisiers et les marbriers. Cet outil est en bois de charme, de

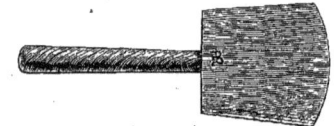

Fig. 1. — Maillet du menuisier.

frêne, de buis ou de noyer; la masse proprement dite, ou tête, mesure 0ᵐ,16 sur 0ᵐ,12, sur 0ᵐ,08, elle est pourvue d'un manche rond; nos figures montrent deux types de maillet, celui

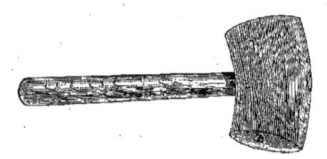

Fig. 2. — Maillet du sculpteur ou du tailleur de pierre tendre.

du menuisier et du sculpteur. — Il ne faut pas confondre avec le maillet un outil de tailleur de pierres, avec lequel il frappe sur le ciseau à pointe nommé *poinçon* pour tailler les

roches : cet outil se nomme MASSE. (Voy. ce mot.)

Les plombiers se servent, pour battre et dresser leur table de plomb ou les feuilles de zinc, d'un maillet qui affecte la forme d'une barre de bois demi-ronde et qu'ils nomment aussi BATTE (Voy. ce mot); ils frappent, suivant le cas, du côté arrondi ou du plat.

MAILLON, *s. m.* — Anneau d'une chaîne.

MAIN, *s. f.* — Pièce de fer recourbée servant à accrocher un fardeau qu'on veut élever. La main peut affecter différentes courbures, la plus commune est celle d'une S qui termine le câble d'une grue, d'une chèvre, d'un treuil, etc. — C'est encore une pièce de fer à ressort dans laquelle se passe l'anse d'un seau.

MAIN COURANTE, *s. f.* — Appui ou pièce supérieure d'une clôture à hauteur d'appui (rampe, balcon, barrière, etc.); c'est cette

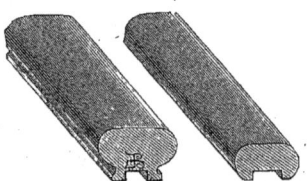

Fig. 1. — Mains courantes simples (deux types).

pièce sur laquelle glisse ou court la main, d'où son nom, *main courante.* — C'est surtout dans les escaliers, soit sur la rampe, soit contre

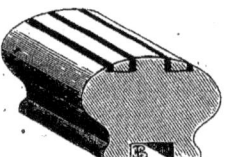

Fig. 2. — Main courante avec incrustation de filet de bois noir ou de cuivre.

le mur, qu'on emploie les mains courantes; elles étaient remplacées anciennement par une corde plus ou moins riche, entourée parfois de velours; mode qui aujourd'hui reparaît dans bien des demeures somptueuses. Certaines habitations anciennes ont même conservé jusqu'à nous l'usage de la corde qui suivait le noyau ou la chandelle de l'escalier, ou bien qui était appliquée contre le mur et retenue par des anneaux.

Du XIIIe au XVIe siècle, les escaliers des

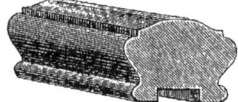

Fig. 3. — Main courante richement profilée (1er type).

maisons n'avaient pas d'autre appui-main qu'une corde; à partir du XVIe siècle, le noyau de certains escaliers ou le mur étaient creusés en moulure ronde qui permettait à la main de s'accrocher en montant ou en descendant

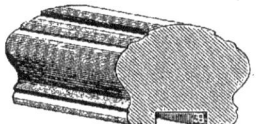

Fig. 4. — Main courante (2e type).

l'escalier. Les escaliers à forte rampe, tels qu'on en faisait encore au XVIIe et au XVIIIe siècle, n'avaient de main courante qu'au long des murs. C'était ordinairement une pièce de de bois cylindrique d'un diamètre proportionné

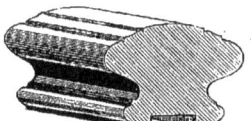

Fig. 5. — Main courante (3e type).

à une main entr'ouverte; elle était soutenue de distance en distance par de petits encorbellements en fer qui avaient encore pour mission de la maintenir dans un certain écartement du mur, afin de laisser un libre passage aux doigts. Les rampes en fer étaient surmontées d'une main courante de même matière ou de cuivre poli; on en fait aujourd'hui en cristal, en bronze et en acier, et celles qui sont

en bois sont souvent incrustées de bois précieux; nos figures montrent depuis les types les plus simples jusqu'à ceux qui sont les plus richement profilés.

Les mains courantes ayant pris de nos jours une grande extension, ce sont des ouvriers

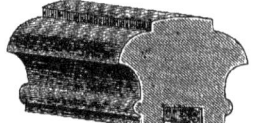

Fig. 6. — Main courante (4e type).

spéciaux qui les fabriquent et les mettent en place; on les nomme *rampistes*. Ces mains courantes, destinées aux balcons et aux rampes d'escaliers, sont aussi faites et posées par les

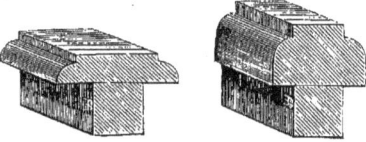

Fig. 7. — Mains courantes en fer pour balcons, rampes et barrières en fer.

menuisiers; les premières, nommées aussi BARRE D'APPUI (Voy. ce mot), sont ordinairement en chêne; elles sont profilées en *olive* ou à *gorge*. On fait également des mains courantes en acajou, en ébène, en poirier noirci, en noyer et en palissandre; on les fixe avec des vis sur la plate-bande métallique couronnant la rampe. Elles se mesurent au mètre linéaire ou courant sur le plus long côté, et les volutes comptent pour 0,30 de plus-value; elles sont estimées suivant la nature de leur bois.

MAIN-D'ŒUVRE, s. *f.* — Façon, travail qu'exécute un ouvrier pour accomplir un ouvrage; suivant la nature de celui-ci, la main-d'œuvre peut influer considérablement sur son prix.

MAIRIE, s. *f.* — On désigne sous ce terme, ou sous celui de *maison commune*, un édifice consacré à l'administration locale d'une cité; suivant l'importance de la ville où elle est construite, une mairie peut être un vaste édifice ou une construction des plus modestes, mais elle comprend toujours un bureau pour l'état civil, une salle des mariages, un cabinet pour le maire et un tribunal pour la justice de paix. Dans les grandes villes, une mairie est un monument considérable, car il doit contenir de nombreux services, tels que ceux de l'état civil, des ponts et chaussées, des travaux d'architecture, du greffe, des adjudications, un tribunal pour la justice de paix, un bureau pour le commissariat de police, enfin des postes télégraphiques, de sapeurs-pompiers, de gardes et d'autres services.

MAISON, *s. f.* — Local servant de logement à l'homme. Ce terme est dérivé du latin *mansio*, maison, qui a une signification différente de *domus*. Il ne faut pas confondre le premier terme de *mansio* avec ceux de *mansio* et *mutatio* des itinéraires de César, qui servent à désigner des emplacements divers. — A quelle époque l'homme a-t-il commencé à se construire une demeure, une habitation, dans un type ayant quelque analogie avec ceux que nous possédons aujourd'hui? Cette question restera toujours sans réponse, car il est certain que rien ne viendra nous apprendre quel peuple, ou plutôt quelle peuplade a la première construit la *maison*, et comment elle pouvait être. On peut avancer cependant, sans crainte de se tromper, que très-anciennement sous la période préhistorique, alors même que l'homme habitait les grottes et les cavernes naturelles, dans les contrées qui ne possédaient point de ces refuges, il dut s'ingénier pour construire des cabanes de bois. Nous connaissons même un fait certain, c'est que dans bien des localités, dans des temps très-reculés, l'homme a construit des cabanes sur pilotis, au milieu des eaux, afin de se mettre à l'abri d'un grand nombre d'animaux féroces qui auraient pu le surprendre dans son sommeil, et par conséquent privé de tous moyens de défense. Une telle situation montre bien que l'homme à cette époque sentait avec évidence sa faiblesse et son isolement au milieu de ces vastes surfaces qui l'environnaient de toutes parts.

Aux articles ARCHITECTURE et CABANE, on peut lire les premiers tâtonnements de l'homme dans l'art de bâtir et de la forme que dut avoir sa première demeure; nous ne nous répéterons donc pas ici, mais franchissant tout le laps de temps qui nous sépare des époques et des peuples inconnus, ou à peu près inconnus, nous arriverons immédiatement à ceux dont l'histoire pourra nous révéler quelques notions sur la *maison*, enfin nous étudierons celle-ci chez les peuples anciens et modernes.

Les premiers habitants de l'Inde eurent pour demeure des grottes ou probablement des cabanes de bambou, cette même cabane dans laquelle, sauf dans les grandes villes, logent encore aujourd'hui les paysans indiens. A Bénarès, à Calcutta, et dans d'autres villes moins importantes que ces dernières, les maisons, sauf la distribution du plan, sont semblables aux maisons européennes, elles possèdent cinq et six étages. — Ce sont probablement les Égyptiens qui ont construit les premiers la maison en matériaux solides, c'est-à-dire en brique et pierre. S'il est tout à fait impossible d'affirmer aujourd'hui un pareil fait, on peut du moins le supposer avec d'autant plus de vraisemblance qu'on sait que Menès, le premier roi d'Égypte, apprit aux hommes l'art de tailler et d'assembler les pierres. C'est, du reste, à ce prince que l'histoire attribue la construction de la grande digue élevée sur une partie du Nil dans le but d'en détourner le cours, afin de créer un vaste emplacement pour y fonder Memphis, l'ancienne capitale de l'Égypte. Comment était construite la maison égyptienne, quelle était sa distribution, ses proportions? Diodore de Sicile nous a laissé quelques rares renseignements à ce sujet; un archéologue, M. Prisse, a même essayé une restitution de la maison égyptienne; nous n'en parlerons pas ici, puisque le lecteur désireux d'avoir quelques détails sur ce sujet les trouvera à l'article ÉGYPTIEN (*Art*), et nous nous occuperons immédiatement de la maison chez les Hébreux.

D'après la Bible, les constructions élevées après le déluge étaient faites en briques crues séchées au soleil et réunies au moyen de bitume

On érigeait également des maisons avec des pierres de taille, qu'on recouvrait d'un enduit de mortier de chaux ou de plâtre. On utilisait comme bois de charpente le sycomore, le cyprès, l'acacia, l'olivier et le cèdre. Le plan de la maison chez les Hébreux ressemblait beaucoup à celui de la maison égyptienne; c'était un grand rectangle ordinairement carré, au milieu duquel se trouvait une cour possédant un puits ou une citerne, auprès desquels on voyait assez souvent un bassin servant aux ablutions et au bain. Les murs de la maison hébraïque étaient percés de fenêtres, surtout ceux qui donnaient sur la cour; les murs extérieurs, au contraire, ne possédaient que de rares fenêtres éclairant des réduits servant de pièces secondaires ou des escaliers qui desservaient les différents étages, car la maison chez ce peuple était assez élevée : elle comportait trois et quatre étages et une terrasse servant de couverture. Celle-ci était revêtue de briques, ou d'une sorte de béton ou cendrée ; la surface de cette terrasse était légèrement inclinée, pour faciliter l'écoulement des eaux pluviales vers des gouttières. Comme chez tous les peuples de l'Orient, les Hébreux, pendant la belle saison, allaient le soir respirer l'air frais sur leurs terrasses; souvent même ils y couchaient sous des tentes, absolument comme le faisaient les Égyptiens.

Les peuples de la Colchide et du Pont, qui possédaient de superbes forêts, construisaient des maisons de bois; ils employaient le bois en grume qu'ils superposaient horizontalement; les peuples chez lesquels les bois étaient rares, les Phrygiens, par exemple, creusaient des tertres et des monticules naturels, et autour de ce bassin ils plantaient des perches qu'ils inclinaient vers le centre de l'orifice, de manière à former une voûte ou coupole qu'ils recouvraient d'une sorte de *bauge* ou *torchis*. On accédait dans ces habitations au moyen d'un couloir ou galerie pratiquée dans le flanc du tertre. Telles sont les seules notions que nous possédions sur la maison chez les différents peuples qui précèdent, peuples dont l'antiquité est si reculée qu'aucune trace de leurs demeures n'a pu arriver jusqu'à nous. Nous allons maintenant étudier la maison chez des peuples rela-

tivement plus récents et chez quelques nations modernes, c'est-à-dire chez les Grecs, les Romains ; chez les Français, les Anglais, etc.

MAISON GRECQUE. — La maison des anciens Grecs comprenait deux parties distinctes : l'*andronitis* (ἀνδρωνῖτις), appartement des hommes (Vitruve, VI, 7,4 ; Festus, *s. v.*), qu'on nommait aussi ἀνδρῶν, ANDRON (Voy. ce mot), et le *gynœconitis* (γυναικωνῖτις), ou appartement des femmes, qu'on désignait aussi sous le nom de *gynécée*, *gynœceum, gynecium* (γυναικεῖον) (Voy. GY-

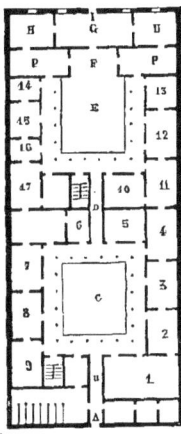

Fig. 1. — Maison grecque.

A, entrée principale ; B, vestibule ; C, cour ; D, μέταυλος; ; 1–9, ἀνδρωνῖτις; E, cour; F, προστά; ; G, G, ἀντιθάλαμος; ; H, H, ἱστῶνες; ; I, κηπαία θύρα.

NÉCÉE). — Ces deux parties de la maison grecque étaient séparées par un passage. La principale pièce du gynécée servait aux femmes pour leur travail de filage, de couture et de confection de tuniques, etc.; elles se tenaient dans cette grande salle avec leurs esclaves. A côté de cette vaste pièce, il en existait deux autres, le *thalamos* (θάλαμος) ou chambre à coucher, le *dormitorium* des Romains et l'*antithalamos* (ἀντιθάλαμος, antichambre), dans laquelle les femmes recevaient les visites. Nous venons de dire que l'andron ou andronitide était séparé par un couloir du gynécée, c'était le cas le plus fréquent pour les maisons de peu d'importance; mais dans les grandes maisons, l'andronitis et le gynécée formaient deux corps de logis complétement distincts séparés par une cour ornée de portiques sous lesquels les Grecs se livraient aux douceurs de la promenade et de la conversation. Cette cour faisait, en effet, partie de l'andronitis; elle était flanquée de diverses pièces, telles que bibliothèque, cabinet de travail, salle à manger, salle de bains, etc. La maison grecque n'avait qu'un ou deux étages au plus, elle était éclairée par des baies pratiquées dans la plate-forme qui lui servait de couverture. Souvent son entrée était décorée d'une statue de Mercure ou d'Apollon Loxias; sa garde était confiée à un portier. Nous n'insisterons pas davantage au sujet de la maison grecque, parce qu'elle présente beaucoup d'analogie avec la maison romaine et surtout gréco-romaine que nous étudions plus longuement; du reste notre figure 1, tirée du dictionnaire de Rich, et la légende qui l'accompagne, fait parfaitement voir dans ses principales dispositions la maison grecque.

MAISON ROMAINE ET GRÉCO-ROMAINE. — Ce n'est véritablement qu'à partir de la période romaine que nous commençons à connaître assez bien l'habitation de l'homme. Il y a un siècle environ, on ne pouvait guère se livrer qu'à des suppositions relativement à la maison romaine; on ne pouvait la restituer ou plutôt la reconstituer qu'à l'aide des auteurs anciens, qui souvent laissaient bien des parties vagues et obscures; mais depuis la découverte de Pompéi, d'Herculanum et du palais des Césars, nous pouvons restaurer pour ainsi dire, et dans son entier, la maison du Romain, mais à la belle époque de l'art. Les logements des premiers habitants de Rome, de la ville de Romulus, ne devaient être que des cabanes de bois et des chaumières, et cela pour deux raisons; premièrement parce que le ramassis de brigands formé par Romulus n'était pas riche, ensuite parce qu'il ignorait certainement les premières notions de l'art de bâtir. Ce ne fut guère que sous Tarquin l'Ancien que s'élevèrent sans doute des constructions d'une certaine valeur, parce que ce roi introduisit dans Rome l'architecture des Étrusques; mais la première invasion gauloise ruina de fond en comble la ville des Tarquins. Après le départ des vainqueurs, les vaincus se

mirent à bâtir à la hâte et avec une très-grande économie; ils employèrent surtout la brique, ce qui permit plus tard à Auguste de pouvoir dire qu'il avait trouvé une ville de briques et qu'il laissait une ville de marbre. C'est sous le règne des empereurs que les Romains, recherchant avec avidité ce que nous nommons aujourd'hui le confort, créèrent plusieurs types de maisons; ils possédèrent, en effet, la maison de ville (*domus*) et la maison des champs (*villa*);

Le premier genre comprenait la maison du riche particulier, c'est-à-dire celle construite pour l'usage d'un seul, ce que nous nommons aujourd'hui *hôtel*, et les maisons construites pour y loger des locataires (*inquilini*); ces dernières, réunies par groupes de plusieurs, formaient l'île (*insula*), séparée par des rues (*viæ*) ou des ruelles étroites (*angiporti*) (Térence, *Adelph.*, IV, 2, 40). Le second genre, la maison des champs, comprenait les villas de rapport (*villæ rusticæ*), et les *villas d'agrément* ou *de plaisance*, parmi lesquelles on plaçait les *villas marines*, c'est-à-dire celles situées sur les bords de la mer.

Les maisons romaines, celles des riches particuliers, possédaient un plan presque identique dans leurs principales dispositions. Nous donnons (fig. 2) le plan de la *maison du Faune*, à Pompéi, qui présente un excellent type. On y voit en 1,1, deux entrées, dont l'une, la principale, possède le PROTHYRON. (Voy. ce mot.) Toutes deux ont un vestibule (*vestibulum*); 2,2, sont des boutiques (*tavernæ*) qui s'ouvrent sur la rue; deux possèdent une arrière-boutique; 3,3, sont des *atria* avec leur *impluvium*, 4; l'ensemble, comprenant l'*atrium*, l'*impluvium* et le *compluvium*, formait ce que les Romains nommaient le *cavædium*. En jetant les yeux sur ce même plan, on voit, en 5,5, des chambres nommées *œci* servant de salles de travail, de parloir, où se tenaient les femmes; quelquefois même l'*œcus*, quand il était spacieux et de proportion convenable, c'est-à-dire plus long que large, l'*œcus*, disons-nous, servait de salle à manger et remplaçait le *triclinium* représenté en 6. — En 7, on trouve plusieurs chambres réservées aux étrangers de passage (*hospitia*); en 8, on voit

une pièce nommée *diœta*, dans laquelle on recevait les visiteurs ; en 9, un *sacrarium* et un
lararium, c'est-à-dire un oratoire pour les dieux
en général et un second pour les *lares ;* en 10,
des passages ou couloirs (*fauces*) ; en 11, la

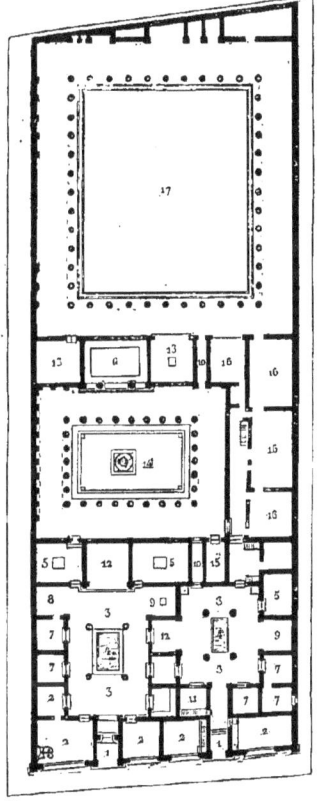

Fig. 2. — La maison du Faune à Pompéi.

1, entrée ; 2, boutiques ; 3, atrium ; 4, impluvium ; 5, œci ; 6,
triclinium ; 7, chambres réservées aux étrangers (hospitia) ;
8, diæta ; 9, sacraria ; 10, passages ; 11, loge du portier ; 12,
2ᵉ et 3ᵉ triclinium ; 13, sacrarium ; 14, impluvium du grand
atrium ; 15, venereum ; 16, chambres ; 17, cavædium.

loge du portier (*cellula ostiarii*), qui était des
plus modestes (Pétron., 29 ; Suét., *Vitell.*, 6) ;
le portier (*ostiarius*) était un esclave qu'on
enchaînait par le pied dans sa loge, afin de lui
ôter la faculté d'aller faire des commérages
chez les voisins. Sa chaîne était assez longue

pour lui permettre de nettoyer et d'entretenir
en bon état la porte d'entrée de la maison, qui
était fort riche, ordinairement en bronze, décorée de belles sculptures, souvent en bois de
prix incrustés d'ivoire, de nacre, d'or et d'argent ; c'était presque une chose sacrée, par
sa situation voisine des dieux lares, qu'on
plaçait souvent dans le vestibule, dans les maisons qui n'avaient pas de *lararium*. La porte
était protégée par quatre divinités : Janus était
le gardien de l'ensemble, Forculus des battants
ou vantaux (*fores*), Limentinus gardait le
seuil (*limen*), Cardea était préposé à la garde
des gonds (*cardines*). Les murs du vestibule
étaient parfois revêtus de magnifiques peintures ; dans la maison de Pansa, qu'on suppose
avoir été un édile, on voyait peint, sur l'une
des parois du vestibule, un serpent, qui passait
pour une divinité gardienne du logis.

Dans le même plan, on suppose que 12 était
un deuxième *triclinium*, 13,13, des *tablina*,
qui servaient soit à des bibliothèques (*zotheca*)
(Pline, *Ep.*, II, 17, 21), soit de galeries de ta-

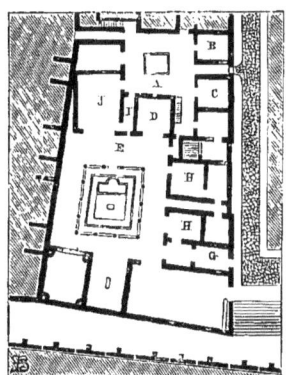

Fig. 3. — Plan de la maison des Vestales.

A, entrée ; B, C, pièces du vestibule ; D, tablinum ; E, portique ;
G, posticum ou seconde entrée ; H, H, appartements divers ;
I, corridor ; J, triclinium.

bleaux (*pinacotheca*) (Vitruve, I, 2, 7 ; Pline,
H. N., xxxv, 2) ; dans les maisons particulières, le *tablinum* était aussi l'équivalent du
dépôt des archives dans les édifices publics.
Dans ce dernier cas, le *tablinum* renfermait les
titres et les papiers précieux de la famille et

les *imagines majorum* ou portraits des aïeux. Par suite de ces diverses destinations, plusieurs pièces pouvaient être affectées à des *tablina*. Le chiffre 14 de notre plan désigne l'*impluvium* du grand atrium corinthien (Voy. ATRIUM); 15 marque l'emplacement du *venereum*; 16, 16, 16, des chambres à coucher (*cubicula*); les unes servaient dans le jour, les autres de nuit, quelques-unes de chambres d'été, d'autres de chambres d'hiver, enfin l'une de chambre nuptiale (*thalamus*).

Les lits étaient de bois ou de bronze richement sculptés ou ciselés; quelquefois, ils étaient formés de simples massifs de maçonnerie, comme on peut s'en convaincre par ceux qui existent encore au grand lupanar de Pompéi. Sur ces lits on plaçait un matelas de crin ou de plume (*culcita*), un traversin (*cubitale*), un oreiller (*cervicale*), un coussin (*pulvinar*). Les draps étaient de toile fine, et les couvertures étaient de couleur pourpre. La maison romaine avait souvent un jardin dans le

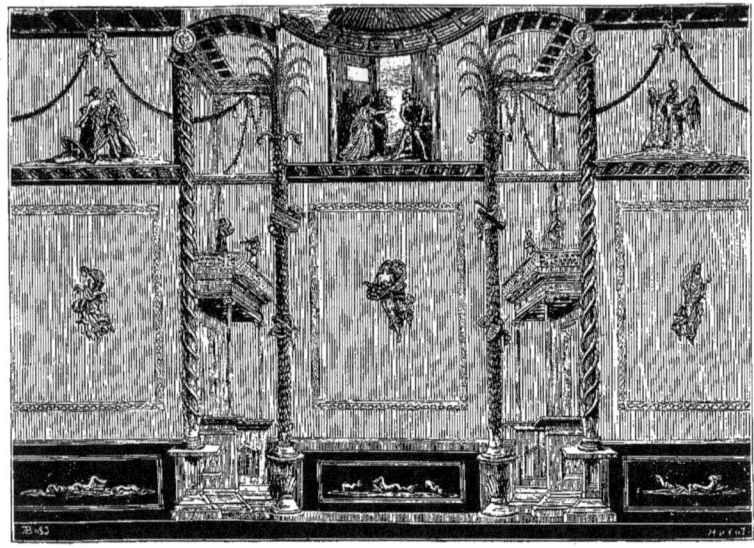

Fig. 4. — Décoration intérieure d'une maison pompéienne. (Peinture sur fond jaune.)

fond; il était décoré d'exèdres, de treilles, de pergoles (*pergulæ*); il renfermait aussi des salles de bains, des écuries, des remises et autres dépendances; souvent aussi la maison ne possédait, comme dans notre plan, qu'une cour entourée de portiques, 17. Rarement la maison n'avait qu'un seul étage; le plus souvent, elle en possédait plusieurs, deux ordinairement. On accédait aux étages au moyen d'escaliers (*scalæ*). Au premier étage se trouvait l'appartement des femmes, le *gynæceum* de la maison grecque; au-dessus, l'*ergastulum* ou l'ensemble des cellules des esclaves, lesquelles étaient parfois si étroites qu'elles pouvaient à peine contenir

chacune un seul homme; mais les Romains trouvaient que c'était bien suffisant pour cette sorte d'animal, pour ce misérable qu'on considérait comme étant d'une tout autre nature que l'homme libre, et comme le dit Florus (III, 20), d'une seconde espèce humaine, *quasi secundum hominum genus sunt*. — Notre figure 3 montre un autre type de maison particulière moins importante que celle du Faune, dont nous venons de donner la description; c'est la maison des Vestales à Pompéi. — Ce qui était surtout remarquable dans les maisons pompéiennes, c'étaient les magnifiques peintures décoratives; nous en donnons ici

deux spécimens (fig. 4 et 5). Au mot Pompéien (*Art*), le lecteur peut voir d'autres
exemples de ces remarquables décorations.
— Mais à Rome chacun ne possédait pas
sa maison ; il y avait, en effet, une classe de
citoyens qui n'était que locataire (*inquilinus*) ;
une autre même, vivant au jour le jour, logeait en garni ; ceux-là, comme le dit Horace (I, *Ep.*, 7, 58), n'avaient pas de lare fixe
(*lare certo*).

A part ces diverses catégories, il existait
une classe moyenne qui, ne possédant pas

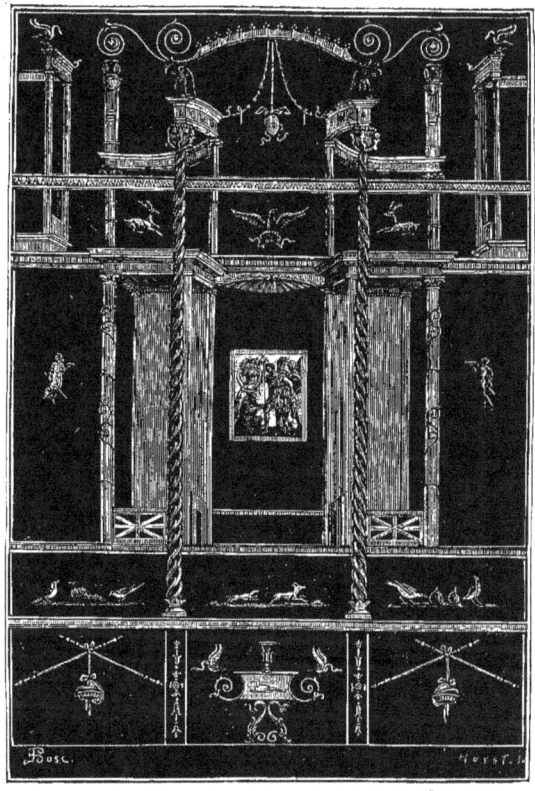

Fig. 5. — Décoration intérieure d'une maison pompéienne. (Peinture sur fond noir.)

beaucoup de ressources, ne voulait pas cependant être locataire, *inquilinus*, parce que
c'était humiliant ; cette classe moyenne, disonsnous, se subdivisait par groupes de cinq à six
personnes qui achetaient ou faisaient bâtir une
maison en commun ; l'un occupait le rez-de-
chaussée, d'autres les étages supérieurs : c'étaient, comme on les nommait par raillerie, des
quarts, des cinquièmes, des dixièmes de proprié-
taire. Enfin les riches citoyens construisaient
des maisons à loyer ; elles étaient même en
grand nombre sous Valens et Valentinien, suivant un dénombrement fait par Publius Victor,
dénombrement qui nous apprend qu'il y avait
à Rome en ce moment 46,602 maisons, dont
44,790 n'étaient que des maisons à loyer.

On peut voir par là que sous Valens le plus
grand nombre des Romains n'étaient pas pro-

priétaires, mais locataires ; que depuis Cicéron les usages avaient bien changé, et que Catilina n'aurait pu railler le grand orateur d'être un *civis inquilinus*, c'est-à-dire un loueur. Les locations se faisaient par l'entremise d'un esclave nommé *servus insularis*, esclave insulaire, parce qu'il louait les maisons réunies par groupe pour former un îlot, une île. Des écriteaux en gros caractères informaient le public des locaux à louer (1). Notre figure 6 montre un groupe de trois maisons formant une île ; il provient du plan de Rome gravé sur marbre sous Septime Sévère, lequel plan se trouve placé par fragments dans l'escalier du musée du Capitole ; en A,A,A, sont les entrées ou *prothyra* donnant sur la rue ; en B,B,B, les

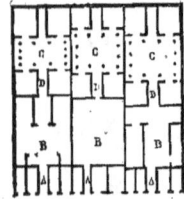

Fig. 6. — Groupe de maisons formant une *insula* (île).

cavædia ; en C,C,C, les *peristylia ;* en D,D,D, les *fauces* ou couloirs ; on aperçoit, sur le devant du plan, des boutiques (*tavernæ*).

Mais de toutes les maisons romaines la plus splendide et la plus luxueuse, celle dans laquelle le riche romain se plaisait le plus, c'était la *villa ;* il en existait de deux sortes : la *villa rustica*, c'est-à-dire la villa agricole, et la *villa de plaisance.* (Voy. VILLA.)

MAISON FRANÇAISE. — Les ancêtres des Français, les Gaulois, avaient des demeures construites en bois et en terre sur un plan de forme circulaire. Un double rang de poteaux soutenait des planches ou des claies en osier entre lesquelles on tassait de la terre ou de la glaise mêlée à de la paille hachée menue : c'était une sorte de pisé. Suivant l'épaisseur qu'il voulait donner à ses murs, le Gaulois espaçait plus ou moins les poteaux soutenant

les parois formant les murs. Ces demeures étaient couvertes de chaume ou de bardeaux supportés par une charpente de branchages

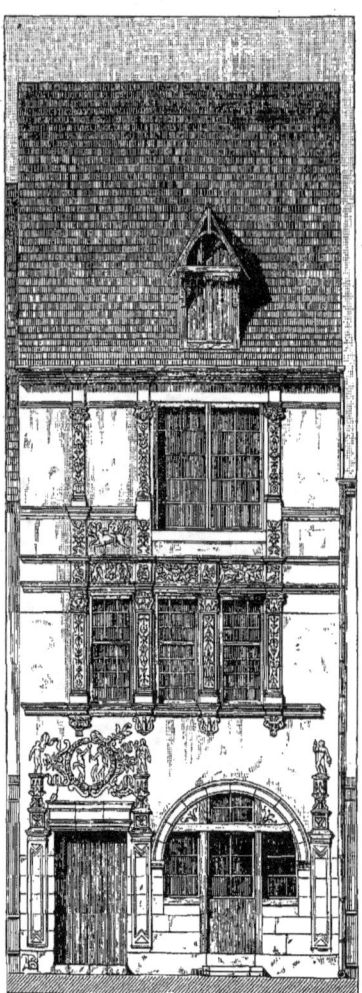

Fig. 7. — Maison dite d'Adam et d'Ève, au Mans (XVIᵉ siècle).

des plus élémentaires. On ne peut donner à ces locaux rudimentaires des Gaulois le nom de *maison ;* c'étaient des huttes, des cabanes, rien de plus. — Voy. GAULOIS (*Art*).

---

(1) Mazois, *Ruines de Pompéi*, tome 2, pages 1 et 102 ; et tome 3, pl. 1, donne deux inscriptions de ce genre.

Pendant la période gallo-romaine, c'est-à-dire sous la domination romaine, les Gaulois employèrent bien la brique et la pierre pour leurs constructions, et leurs maisons devaient ressembler à celles des vainqueurs ; mais les invasions successives survenues en Gaule et en

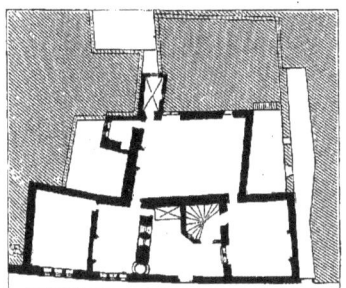

Fig. 8. — Plan d'une maison de Blois.

France ont fait disparaître jusqu'aux moindres vestiges de ces constructions. Nous sommes même à nous demander ce que pouvaient bien être les maisons en France du VIe au

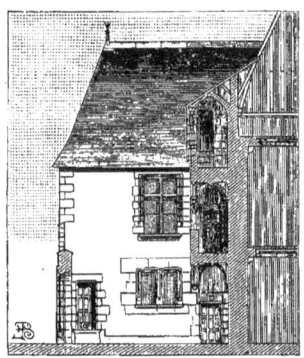

Fig. 9. — Coupe d'une maison de Blois, sur la cour.

l'église du Vézelay nous montre même la représentation d'une maison qui serait antérieure au XIIe siècle ; un autre chapiteau du cloître de Moissac, qui date du XIIe siècle, représente également une maison ayant un escalier extérieur, comme on en voit encore dans certaines maisons du midi de la France, en Italie, en Corse, en Espagne et en Algérie. Nous possédons des spécimens plus nombreux des maisons du XIIIe siècle. Suivant les contrées dans lesquelles se trouvent ces maisons, elles sont en pierre, en briques ou même en bois ; malheureusement, celles construites avec cette dernière matière disparaissent tous les jours.

Il y a même quelque vingt ans qu'on pouvait voir encore des maisons ayant leur rez-de-chaussée et leur premier étage en pierre, tandis que les étages supérieurs étaient en pans

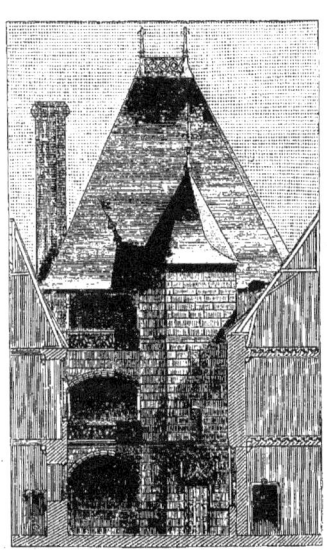

Fig. 10. — Coupe d'une maison de Blois, sur la cour.

XIe siècle, car les plus anciennes qui restent sur le sol français datent seulement du commencement du XIIe siècle. On en retrouve de rares types dans quelques villes de la Champagne, de la Bourgogne, du Nivernais, de l'Orléanais et du Midi, notamment dans le Gard, à Saint-Gilles, par exemple. Un chapiteau de de bois ; mais, ceux-ci ayant été ruinés, leurs propriétaires les ont remplacés par des constructions en pierre ou en briques. Dans une petite ville de Tarn-et-Garonne, à Saint-Saturnin, nous avons vu un assez grand nombre de maisons du XIIIe et du XIVe siècle ; la maison commune de cette ville paraît même re-

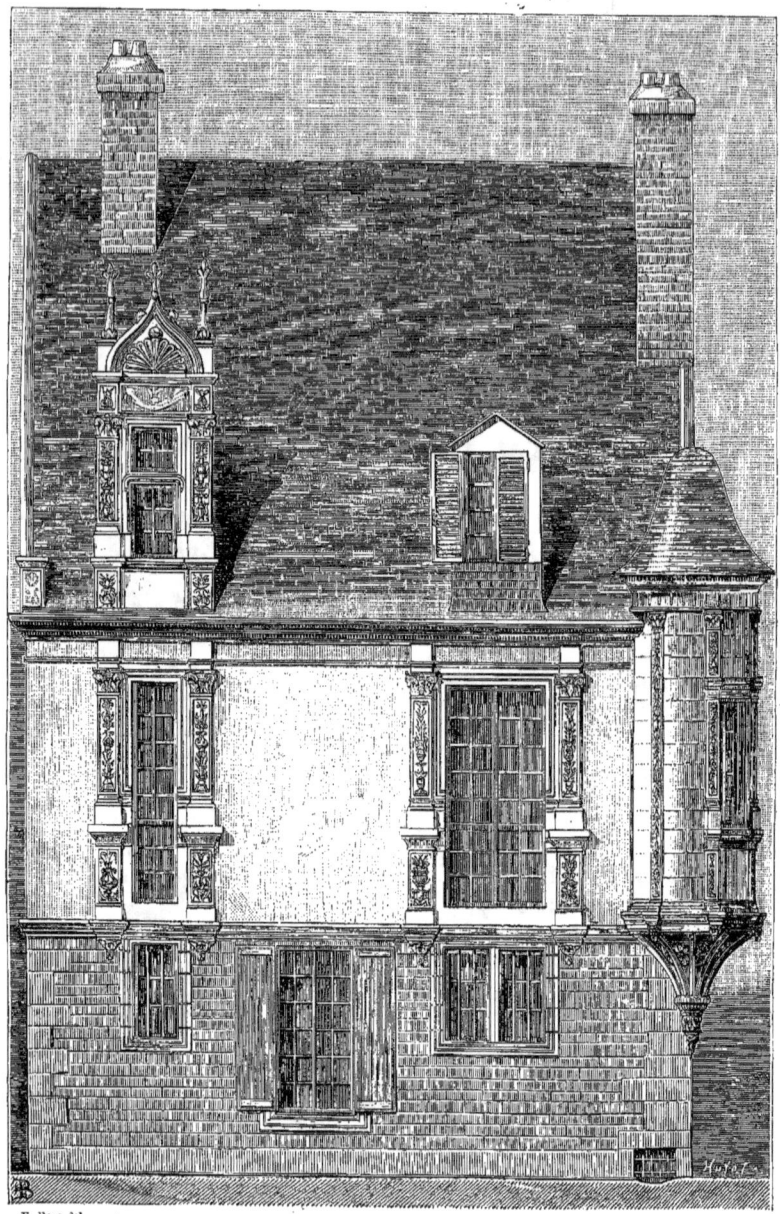

E. Bosc del.

Hnyot sc.

Planche LVI. — Maison de la renaissance, au Mans.

monter au XII° siècle. Tout près de Saint-Saturnin, il existe une autre petite ville, Cordes, qui possède encore aujourd'hui ses maisons de la fin du XIII° siècle et du XIV° siècle ; on retrouve également des maisons de cette époque et du XV° siècle à Montpazier, à Saint-Yrieix, à Toulouse, Alby, Agen, à Nîmes, à Cluny, Bourges, Laon, Beauvais, Reims, Amiens, Soissons, à Caen, à Rouen, à Chartres, à Dreux et à Angers. — Les maisons du XVI° siècle sont beaucoup plus communes en France que celles des siècles précédents ; il en existe à Beauvais, à Amiens, à Rouen, à Paris, au Mans, à Blois, à Orléans, à Toulouse, et dans beaucoup d'autres villes ou localités. Quelques-unes même jouissent d'une certaine célébrité, notamment celle du *Chariot d'or*, rue Saint-Thomas, et celle de la petite rue Saint-Martin, à Beauvais. Une des figures fantastiques de cette dernière maison, figure qui supporte l'entablement du premier étage, a une tête de porc : « C'est, dit Berty (*Renais. monument.*), parce que, d'après la tradition, cette maison fut bâtie pour le fameux évêque de Beauvais, Pierre Cauchon ou Cochon, l'odieux juge de Jeanne d'Arc. »

Des maisons non moins célèbres sont celles que montrent la figure 7 et la planche LVI ; celle représentée par notre figure est la maison dite *d'Adam et d'Ève*, au Mans ; celle de notre planche se trouve également au Mans, rue des Chanoines ; nous avons supprimé, dans le bas des fenêtres, des balcons en fonte qui cachent en partie l'architecture.

Ces deux maisons datent du commencement du XVI° siècle ; elles ont été construites vers 1525 à 1530, autant qu'on peut en juger par les sculptures.

A Amiens, rue des Vergeaux, on voit une maison de la même époque, dite *maison du Sagittaire*, à cause d'une petite figure de Sagittaire sculptée sur la clef de l'une des grandes arcades en ogive du rez-de-chaussée ; à Orléans, une maison dite de *Diane de Poitiers*, rue Neuve, et une deuxième, rue Sainte-Anne, bâtie par Ducerceau, et qu'on a dénommée *maison des olives*, des *oves*, où des *œufs* ; mentionnons enfin, comme datant du VI° siècle, une maison située rue Percière, à

Rouen, et une deuxième en briques, rue Saint-Rome, à Toulouse ; enfin différentes maisons à Blois, dont nos figures 8, 9 et 10 montrent le plan et la coupe de l'une d'elles. Pour d'autres exemples de maisons renaissance, voyez ESCALIER (fig. 8, 9, 10), et FRANÇAISE (*Architecture*) (fig. 15, 16 et 17), et, au mot FAÇADE, nos planches XXXVI et XXXVII.

Au XVII° siècle, sous Henri IV et Louis XIII, dans le nord de la France, les maisons furent construites en briques et pierres ; les toits furent très-élevés ; on passa pour ainsi dire du

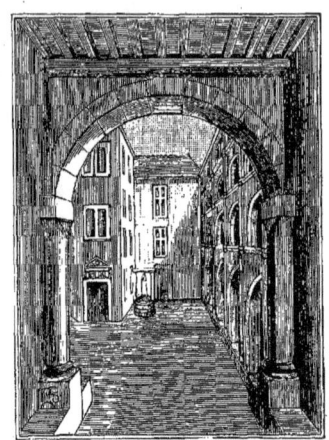

Fig. 11. — Maison dite de *Jeanne d'Albret*, à Nay.
(Vue sur la cour.)

style italien au style flamand ; les places Dauphine et des Vosges, à Paris, peuvent donner une idée de ce qu'était la façade des maisons du Nord. Dans le Midi, au contraire, le style classique prédominait ; notre figure 11 montre une partie de la cour de la maison dite de *Jeanne d'Albret*, à Nay ; la vue en est prise de la porte d'entrée située sous le portique construit sur la rue. — Sous Louis XIV, l'architecture revint au style antique ; enfin, de nos jours, la maison laisse beaucoup à désirer : dans la grande ville, les maisons à location ne sont que des ruches, dont les compartiments sont beaucoup trop exigus pour présenter les conditions d'hygiène et de salubrité désirables ; la faute en est peut-être

aux architectes, mais surtout aux propriétaires qui les commandent. Désirant obtenir
un revenu considérable de leurs immeubles,
ils construisent des maisons avec six et sept
étages; les plafonds ont 2^m,80 de hauteur,
et si des règlements de police ne fixaient

pas un minimum de hauteur d'étage et un
maximum de hauteur pour les maisons, il est
probable que nous aurions des maisons de
vingt-cinq à trente mètres d'élévation et comportant dix ou quinze étages; à Lyon, nous
connaissons des maisons qui ont neuf et dix

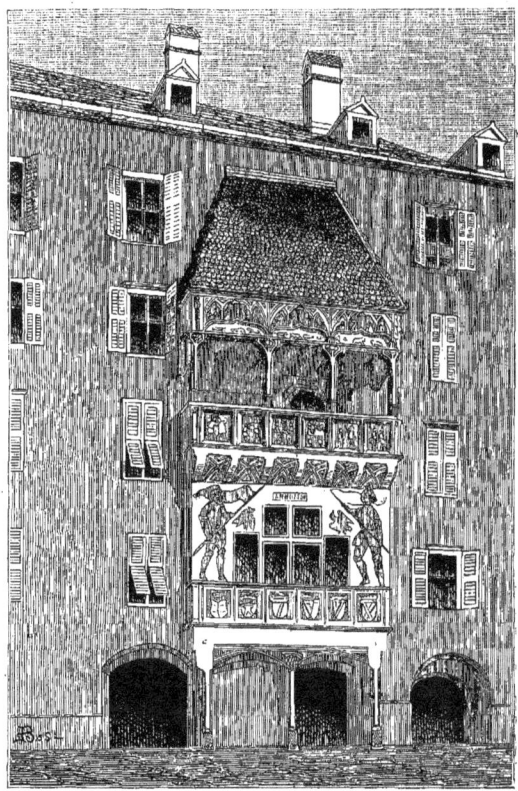

Fig. 12. — Maison dite du *Toit d'or*, à Inspruck (Tyrol).

étages, dans certains quartiers habités par
la population ouvrière.

Le déplorable état des choses que nous signalons n'existe pas d'une manière aussi générale en Angleterre, car toute famille qui
jouit d'une fortune même médiocre possède
pour elle seule une maison; le type le plus généralement adopté consiste en un rez-de-
chaussée élevé d'environ 1^m,20 au-dessus

du niveau de la rue, dont il est séparé par un
fossé de 1^m,50 de largeur sur 2 mètres de
profondeur. Cette disposition permet d'éclairer
la cuisine en sous-sol et ses dépendances, ainsi
que les caves et caveaux. Au droit de la porte
d'entrée, il existe un petit pont en pierre
servant à franchir le fossé. Le rez-de-chaussée
comprend trois ou quatre pièces : le parloir, une
salle à manger, un cabinet, la *nursery* et un

escalier ; le premier et le second étage, 'des
chambres de maître, et le troisième, des logements pour les domestiques.

De nos jours, toutes les maisons pittoresques
tendent de plus en plus à disparaître, et cela
même dans les pays qui paraissent devoir le

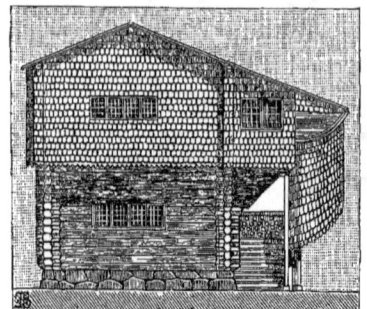

Fig. 12. — Maison de Gustave Vasa, en Suède.

moins sacrifier au goût de l'époque, de faire du
neuf. Ainsi, dans le Tyrol, beaucoup de maisons anciennes disparaissent ; nous donnons,
figure 12, l'une d'elles, dite *maison du Toit d'or,*

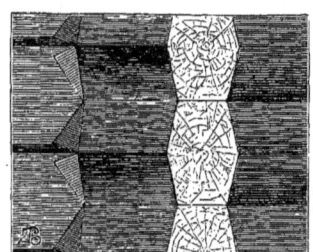

Fig. 13 *bis.* — Détail de construction montrant l'assemblage
des poutres sur un angle.

qui peut-être n'existe plus, et, dans notre
figure 13, la maison de Gustave Vasa située
près de Stockholm (Suède), dont notre figure
13 *bis* donne un détail de construction.

MAISONS OUVRIÈRES. — La difficulté de
loger économiquement et dans de bonnes conditions d'hygiène et de salubrité les ouvriers
des grandes villes a suggéré l'idée à certains
philanthropes de construire dans les alentours
des grandes cités des maisons ouvrières. Au-

jourd'hui même, beaucoup d'usines construisent dans leur voisinage un grand nombre de

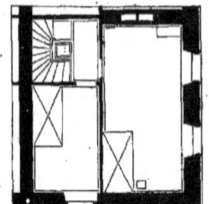

Fig. 1. — Maison ouvrière (1er type).

maisons ouvrières pour loger leurs ouvriers ;
ils ajoutent à celle-ci un temple ou une cha-

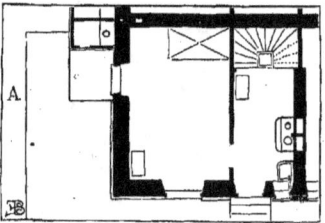

Fig. 2. — Plan d'une maison ouvrière (2e type).

pelle, des écoles pour les enfants des ouvriers,
une bibliothèque, un ouvroir, un lavoir, etc.;

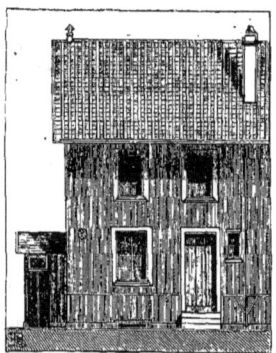

Fig. 3. — Maison ouvrière (2e type) (élévation).

de sorte que les chefs d'usines ont créé dans leur
domaine une véritable ville à laquelle on a donné
le nom de CITÉ OUVRIÈRE. (Voy. ce mot.)

Les usines importantes de l'Angleterre, de l'Allemagne, de la Belgique et de la France possèdent aujourd'hui des cités ouvrières ; les

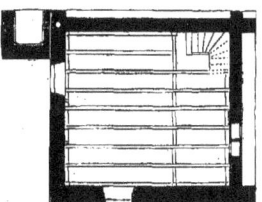

Fig. 4. — Plan des caves de la précédente maison.

types usités dans chaque pays sont à peu près les mêmes, à l'emploi des matériaux près, qui

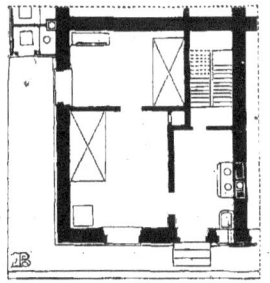

Fig. 5. — Plan d'une maison ouvrière (2ᵉ type) (variante).

varient dans chaque localité. — Notre figure 1 montre un premier type de maison ouvrière ; on

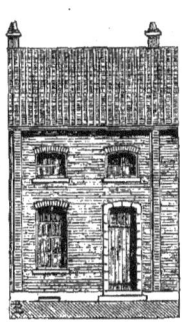

Fig. 6. — Maison ouvrière (3ᵉ type).

trouve en entrant une première chambre, puis l'escalier qui conduit au premier étage, ensuite

une plus grande chambre à droite ; ce type de maison se construit par groupes de quatre, ce

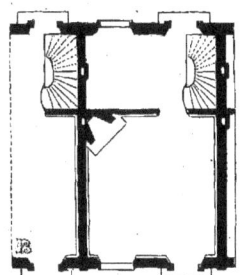

Fig. 7. — Maison ouvrière (3ᵉ type) (plan).

qui donne la disposition figurée par notre croquis (fig. 12). La figure 2 montre le plan d'un

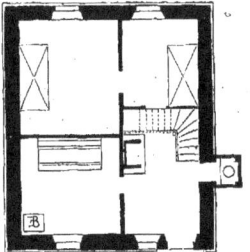

Fig. 8. — Maison ouvrière (4ᵉ type) (plan).

deuxième type qu'on réunit également par groupes de quatre. Après avoir gravi trois mar-

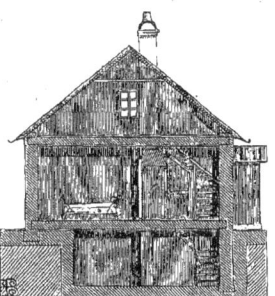

Fig. 9. — Maison ouvrière (4ᵉ type) (coupe).

ches, on arrive dans une première pièce qui est la cuisine, au fond de laquelle se trouve l'escalier pour monter à l'étage supérieur; à gauche, on voit une grande chambre qui sert

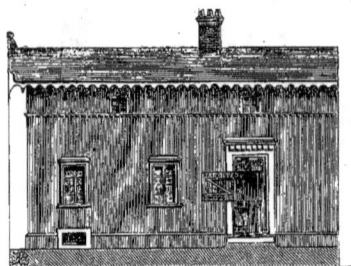

Fig. 10. — Maison ouvrière (5ᵉ type) (élévation).

de salle à manger ; en dehors se trouvent des cabinets d'aisances. Notre figure 3 fait voir l'é-

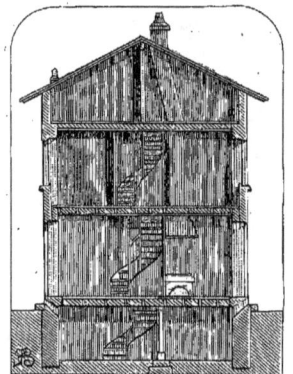

Fig. 11. — Maison ouvrière (coupe).

lévation du deuxième type, dont notre figure 4 montre le plan de la cave, et la figure 5 une

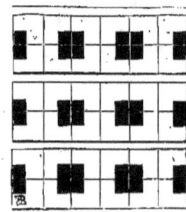

Fig. 12. — Maisons adossées par groupes de quatre.

variante de plan ; car dans le même terrain l'architecte a trouvé une cuisine, un escalier et

deux chambres. La figure 6 est un troisième type construit en briques ; on le retrouve assez fréquemment en Belgique et dans le nord de la France ; la figure 6 représente le plan de cette même maison qu'on construit côte à côte sur une ligne, comme on peut s'en rendre compte par les deux amorces des maisons voisines qui flanquent celle du milieu, qui comprend au rez-de-chaussée une grande pièce

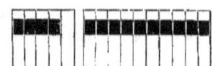

Fig. 13. — Maisons accotées entre cour et jardin.

avec sa cheminée, une pièce plus petite avec un escalier pour desservir l'étage supérieur. Un quatrième type est représenté par notre figure 8 ; on voit en entrant une cuisine, à gauche une salle à manger. En passant sous l'escalier, on trouve une porte qui donne accès à deux chambres. La figure 9 montre une coupe de la maison qui précède, et la figure 10 l'élévation du cinquième type, construit en pan de bois hourdé en mortier ; ce dernier type peut être construit par groupes de deux ou de quatre à volonté. La figure 11 montre la coupe d'une maison ouvrière ayant des caves, un rez-de-chaussée, un premier

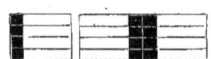

Fig. 14. — Maisons isolées ou adossées deux à deux.

étage et un grenier ; enfin nos figures 12, 13, 14, font voir les différentes dispositions des maisons réunies entre elles pour former les cités ouvrières. — La plupart de nos figures représentent des types de maison ayant figuré à diverses expositions universelles.

MAISON D'ARRÊT, DE JUSTICE, DE COR-RECTION, DE FORCÉ, DE DÉTENTION. — Voy. PRISON.

MAISON DE SANTÉ. — Établissement privé qui rend les mêmes services que les hôpitaux, mais dans lequel les malades payent une pension plus ou moins importante suivant la chambre qu'ils occupent, le genre de maladie qu'ils ont et le régime qu'ils suivent. Ordinairement une maison de santé est dirigée par un docteur en médecine qui l'administre à ses risques et périls ; mais souvent aussi des congrégations religieuses tiennent des maisons de santé. La ville de Paris administre la maison municipale de santé du faubourg Saint-Denis, qu'on nomme également *hospice Dubois*. — Voy. HOSPITALIERS (*Bâtiments*).

MAITRE-COMPAGNON.—Voy. COMPA-GNON.

MAJOLIQUE ou MAIOLIQUE, *s. f.* — Faïences italiennes ou espagnoles du XVᵉ siècle. Aujourd'hui ce mot est devenu synonyme de *faïence* et *céramique*. Au XVIᵉ siècle, on a employé beaucoup de majoliques pour la décoration intérieure et extérieure des édifices ; depuis quelques années, ce genre de décoration est en grande faveur ; les architectes modernes l'ont employé aux pavillons et kiosques placés dans des jardins, aux hôtels, villas, etc.

MALACHITE, *s. m.* et *f.*—Pierre précieuse d'un vert très-brillant et veinée d'une manière toute spéciale. La malachite se tire surtout d'une mine de Sibérie nommée *Nijini Taguislik*, près de Perm, appartenant au prince Demidoff. On utilise cette pierre pour fabriquer des vases, des coupes, des dessus de guéridons, des socles de pendules et en incrustation pour la décoration des marbres, des meubles, etc. — On donne aussi ce nom à une variété de couleur dite *vert de montagne*; et quelquefois au minerai de nickel, qui est d'un beau vert, mais n'a aucun des caractères du malachite.

MALADIE DES BOIS. — Voy. BOIS, § *Défauts du bois..*

MALADRERIE ET MALADERIE, *s. f.* — Établissement dans lequel on soignait les lépreux, et qu'on nommait également *léproserie*. — Au moyen âge, c'était aussi le nom générique qu'on donnait aux hôpitaux. — Voy. HOSPITALIERS (*Bâtiments*).

MALANDRE, *s. f.* — Nœuds et veines des bois, tantôt blancs ou rouges, qui sont pourris ou qui ont une propension à la pourriture. Les malandres diminuent considérablement la résistance des pièces de charpente ; aussi tous les bois qui en sont atteints doivent-ils être rejetés pour les constructions.

MALE, *adj.* — En technologie, on ajoute ce qualificatif à tout ce qui entre dans une autre partie; ainsi, quand on ajoute deux tuyaux de plomb, celui qui pénètre dans un autre de même diamètre agrandi, ou dans un autre de plus grand diamètre, se nomme *mâle*, d'où l'expression *soudure mâle* et *femelle*; la partie d'une ferrure brisée qui ne porte qu'un charnon et qui se place entre les deux autres charnons de l'autre partie, se nomme également *mâle*, etc.

MALFAÇON, *s. f.* — Tout défaut dans un travail, dans une construction, qu'il soit causé par ignorance, par négligence ou par incapacité. Ainsi, en maçonnerie, une pierre *posée en délit* est une malfaçon ; ériger des murs sans empatements, retraites ou fruits nécessaires, sont autant de malfaçons, de même que de ne pas liaisonner entre eux les murs en retour, employer des clausoirs trop petits pour fermer une voûte, se servir de mauvais mortier, etc.; toutes ces opérations constituent des malfaçons.

MALLÉABILITÉ, *s. f.* — Qualité de ce qui est malléable; les métaux possèdent à des degrés divers cette propriété, c'est-à-dire de pouvoir s'étendre et s'élargir sous l'action du marteau ou du laminoir. Les métaux qui possèdent la ductilité sont malléables; mais la réciproque n'est pas vraie, car tous les métaux malléables ne sont pas ductiles. (Voy. DUCTILE et DUCTILITÉ.) Suivant leur degré de malléabilité plus ou moins considérable, on classe les métaux dans l'ordre suivant : or, argent, platine, plomb, cuivre, étain, zinc, fer, fonte, etc.

MALPLAQUET, *s. m.* — Variété de marbre qui ressemble à celui des Pyrénées ; il est d'un ton rouge pâle, tacheté de gris.

MAMELON, *s. m.* — Partie cylindrique formant la moitié d'un gond, d'une fiche à vase ou d'une paumelle, qui porte le goujon, sur lequel pivote l'autre moitié.

MANCHE, *s. m.* — Partie d'un outil qui sert à le tenir ou à le saisir ; il existe des manches en fer et en bois : les uns, comme dans le marteau par exemple, servent de levier ; les autres, comme dans les limes, de poignée. — En serrurerie, on nomme *manche coudé* un outil qui permet de limer un objet posé à plat, c'est-à-dire où la main de l'ouvrier ne pourrait agir au-dessous de la surface à dresser.

MANCHON, *s. m.* — Cylindre en métal rapporté dans l'intérieur d'un corps de pompe en bois, afin de faciliter le glissement du piston. Le manchon rend le frottement plus doux et plus hermétique. — On donne encore ce nom à la douille qui réunit deux tringles qu'on assemble ensuite par une goupille. C'est aussi un bout de tuyau qui sert d'enveloppe à des objets traversant un mur : les tuyaux d'eau, de gaz, les fils des sonneries électriques, les cordons de sonnettes passant au travers d'un mur, d'un plafond, sont pourvus de manchons ; enfin, on donne ce nom à une partie de tuyau qui en réunit bout à bout deux autres d'un moindre diamètre que la partie de tuyau enveloppante ; les tuyaux de drainage et tous ceux en terre cuite sont généralement assemblés par des manchons. — En charpenterie, on donne quelquefois ce nom à des pièces de fonte qu'on nomme BOITES et surtout SABOTS. (Voy. ces mots.)

MANDRIN, *s. m.* — Poinçon rond ou carré, acéré et emmanché comme une tranche, qui sert à percer à chaud le fer ; ceux qui servent à percer à froid s'appellent plus spécialement POINÇON. (Voy. ce mot.) — En serrurerie, on donne aussi ce nom à un calibre servant à forger certaines pièces qui doivent être creuses, comme une douille par exemple ; c'est à tort que quelques auteurs donnent ce nom à un outil servant à agrandir un trou, après qu'il a été percé : l'outil servant à exécuter ce travail se nomme FRAISE. (Voy. ce mot.) — En menuiserie, on nomme *mandrin* ou *âme* un poteau de bois brut que l'on place dans l'axe d'une colonne creuse et qui sert à fixer les *plateaux* ou *touches* qui y sont rapportés de distance en distance, afin de maintenir et d'assujettir les *alaises* formant le fût.

MANÉGE, *s. m.* — Espace clos de forme rectangulaire ou circulaire, dans lequel on dresse des chevaux, ou dans lequel on donne des leçons d'équitation. Un manége comprend une salle de dressage ou d'équitation, des écuries, une sellerie, une loge pour le gardien, des greniers à foin et autres dépendances. Souvent la salle d'équitation est entourée de galeries ou tribunes qui permettent à diverses personnes d'assister aux leçons. Le sol de la salle est parfaitement nivelé et recouvert d'une couche de sable fin mélangé avec du tan ou, ce qui est préférable, à de la sciure de bois. Le terrain est ainsi préparé pour éviter les accidents et amortir les contusions en cas de chutes, afin aussi de rendre moins fatigant et moins dur le trot du cheval.

MANÉGE A MORTIER. — Appareil qui dans les chantiers importants sert à fabriquer le mortier. Il se compose d'une auge circulaire peu profonde, dans laquelle se meuvent deux roues reliées entre elles par un arbre horizontal ; ces roues écrasent et mélangent les matières qui sont successivement ramenées au-dessous des roues par deux râteaux en fer fixés à l'arbre horizontal. On fabrique également le mortier dans des tonneaux malaxeurs qu'on nomme BROYEUSES à mortier. (Voy. ce mot et TONNEAU.)

MANETTE, *s. f.* — Poignée en fer fixée sur le haut des planches servant à construire en pisé. On nomme ces planches *banches*.

MANETTE (clef à). — Clef qui, au lieu de servir à l'ouverture d'une serrure, sert à ouvrir des robinets qui ont la tête de leur canillon terminée en forme d'écrou carré ; les clefs à manette emboîtent cette tête carrée et ouvrent ou ferment le robinet comme le ferait un marteau à l'anglaise ; beaucoup de compteurs à gaz sont fermés à l'aide de clefs à manette. On utilise encore ce genre de clef pour ouvrir ou fermer des serrures fabriquées d'une façon spéciale, et pour certains verrous. (Voy. notre figure.)

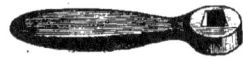

Clef à manette.

MANGANÈSE, *s. m.* — Métal qui a beaucoup d'analogie avec le fer, et dont l'oxyde est utilisé pour rendre les huiles siccatives. C'est à l'aide du manganèse qu'on donne aux verres une légère teinte violacée qui détruit les tons jaunes ou verts qu'on remarque quelquefois dans les verres provenant d'une mauvaise fabrication.

MANGEOIRE, *s. f.* — Auge en pierre, en fonte ou en bois, qui sert à contenir la nourriture des animaux domestiques. Dans les écuries, les vacheries et les bergeries, les mangeoires sont placées au-dessous des râteliers en bois, à des hauteurs variables suivant la taille de l'animal à qui elles sont destinées. Il existe de nombreux types de mangeoires qu'on trouve dans des ouvrages spéciaux, notamment dans notre *Traité des constructions rurales.*

MANIER A BOUT. — Cette expression signifie, dans le langage des couvreurs, déposer et refaire les parties d'une couverture qui sont usées ou détériorées; chez les paveurs, cette même expression signifie, remettre un pavage en bon état. (Voy. REMANIER.)

MANIVELLE, *s. f.* — Pièce de métal, ordinairement de fer ou d'acier, doublement coudée à angle droit et qui sert à donner un mouvement de rotation à l'axe d'une machine, par exemple à l'essieu d'une meule, au volant d'une pompe, au cylindre d'un treuil ou d'un store, etc. — C'est aussi un brancard avec corde et crochet servant aux maçons à enlever des pierres. — En serrurerie, on donne le nom de *manivelle* d'étau, à la tige en fer qui fait mouvoir la vis. (Voy. ETAU.)

MANNE, *s. f.* — Panier d'osier employé au transport dans certains chantiers. Les bateaux de charbons de terre sont souvent chargés et déchargés à l'aide de mannes.

MANNEQUIN, *s. m.* — Ce terme, dérivé de l'anglais *mankind,* ou *forme d'homme,* sert à désigner une figure ayant la forme d'un homme. Les mannequins servent à porter des armures, des vêtements et des costumes divers. Les mannequins employés par les peintres et les sculpteurs ont tous leurs membres à jointures brisées, afin de pouvoir imiter le jeu des articulations humaines. — Par extension, au XVII⁰ et au XVIII⁰ siècle, on employait cette expression pour désigner la représentation en pierre des paniers ou corbeilles de fleurs ou de fruits utilisés dans la décoration des édifices et principalement des portails.

MANŒUVRE, *s. m.* — Homme qui sert d'*aide* au compagnon maçon ou au couvreur ; c'est le manœuvre qui gâche le plâtre, qui porte le mortier et les auges, enfin qui seconde les garçons dans leurs travaux.

MANOIR, *s. m.* — Ce terme, dérivé du latin *manere,* demeurer, sert à désigner le château d'un propriétaire de fief du moyen âge. Ce propriétaire ne possédait pas les droits seigneuriaux, c'est-à-dire que son château ne pouvait avoir des tours et un donjon. Par extension, au moyen âge, ce nom fut appliqué à toute habitation de quelque importance entourée de terres, ou à une agglomération de bâtiments agricoles entourés de fossés renfermant une habitation pour le propriétaire. Les seigneurs qui voulaient se dérober à la vie de château possédaient souvent, en dehors de leurs terres, de leur seigneurie, des manoirs qui leur servaient soit de maison de plaisance ou de rendez-vous de chasse. Bien des constructions du XVI⁰ siècle auxquelles nous donnons le nom de château n'étaient que des manoirs ; tels sont les châteaux de Chambord, de Chenonceaux, de Bournazel, d'Ango près Dieppe, de Blois, de Condé près de Saint-Leu, d'Esserent, d'Ecoville à Caen, etc. Notre figure 1 et notre planche LVII

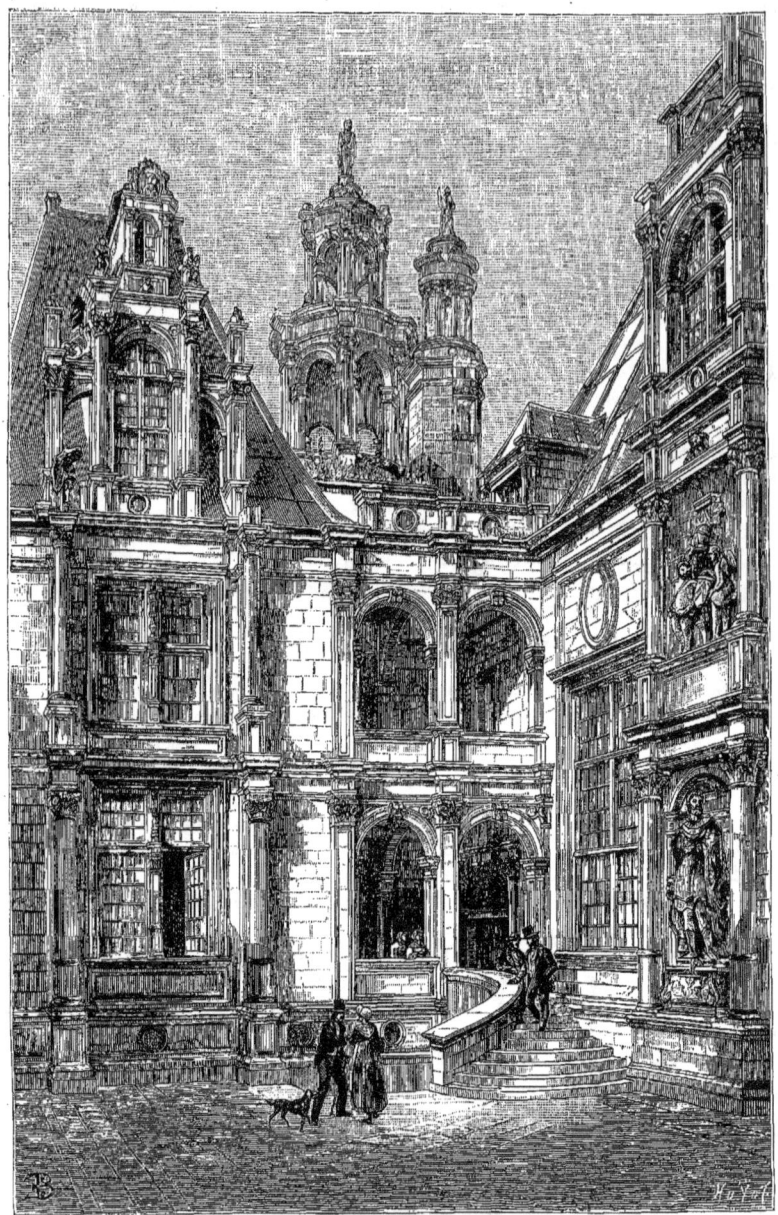

Planche LVII. — Manoir d'Écoville, à Caen.

montrent le vestibule et une partie de la cour du manoir d'Ecoville, à Caen, qu'on nommait aussi *manoir de Valois*, parce qu'il avait été bâti en 1538 par Nicolas le Valois, seigneur d'Ecoville. Ce manoir comprend trois corps de logis du XVIᵉ siècle disposés autour d'une cour à peu près carrée. Notre planche montre le côté de cette cour qui fait face à la place; il est décoré d'un ordre composite. La statue qu'on voit à droite de notre planche représente David tenant la tête de Goliath. Cette statue a pour pendant celle de Judith tenant la tête d'Holopherne. — Le manoir d'Ecoville, situé place Saint-Pierre, sert aujourd'hui de bourse et de tribunal de commerce; nos gravures ont été dessinées d'après des dessins de Feuchères et de Séchan.

Indépendamment du manoir d'Écoville, le Calvados possédait beaucoup d'autres manoirs; l'un d'eux, celui d'Argouges, est encore

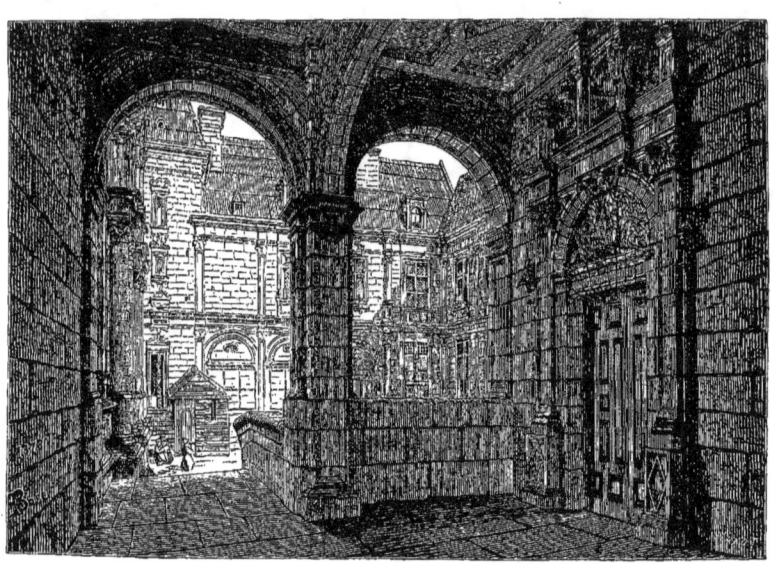

Fig. 1. — Manoir d'Écoville, à Caen. (Vue de la cour.)

debout avec son enceinte garnie de tours et ses fossés remplis d'eau. On y montre encore une chambre, dite *chambre à la dame*, dans laquelle, au dire de certains paysans, se montre parfois dans la nuit « une des nobles châtelaines, la fée d'Argouges, vêtue d'une robe blanche et toute resplendissante de lumière, et qui vient visiter son antique manoir. (*Normandie illustrée*, t. II, page 104) (1).

En remontant la Touque, petite rivière du Calvados, on rencontre, près de Notre-Dame de Courson, au milieu d'arbres touffus, le charmant *manoir de Belleau*, bâti au pied d'un monticule escarpé. Ce manoir est un spécimen assez complet et assez bien conservé, parmi ceux qui nous restent, des manoirs construits en bois de la fin du XVᵉ et du commencement du XVIᵉ siècle. Sur la façade principale on remarque beaucoup de têtes de monstres grimaçants, nommés MARMOUSETS (Voy. ce mot), et *rageurs* par quelques archéologues normands.

Entre Pourville et Varengeville, près de Dieppe, on peut voir encore des restes impor-

(1) *La Normandie illustrée*, par Félix Benoît, etc., 2 vol. in-folio; Nantes, Charpentier père, fils et Cᵗᵉ, MDCCCLII.

tants du *manoir d'Ango*, représenté par notre figure 2. Ce manoir, où le célèbre armateur dieppois reçut les ambassadeurs du roi de Portugal, converti aujourd'hui en laiteries et en greniers, laisse peu sans doute à juger, dans cet état de dégradation, de son importance primitive. Cependant il n'atteignit jamais à la splendeur de ces magnifiques châteaux de la renaissance dont Chambord est encore aujourd'hui la merveille et dont la Normandie possédait un modèle, dont la perte est bien regrettable, dans le palais des archevêques de Rouen, à Gaillon. La demeure d'Ango, tout en portant le cachet du luxe et d'un goût recherché pour les arts, était bien véritablement un manoir, c'est-à-dire une habitation d'ordre secondaire; on s'en convaincra en étudiant les détails du dessin que nous en offrons (fig. 2). Le principal corps de logis se compose d'un seul étage; une partie

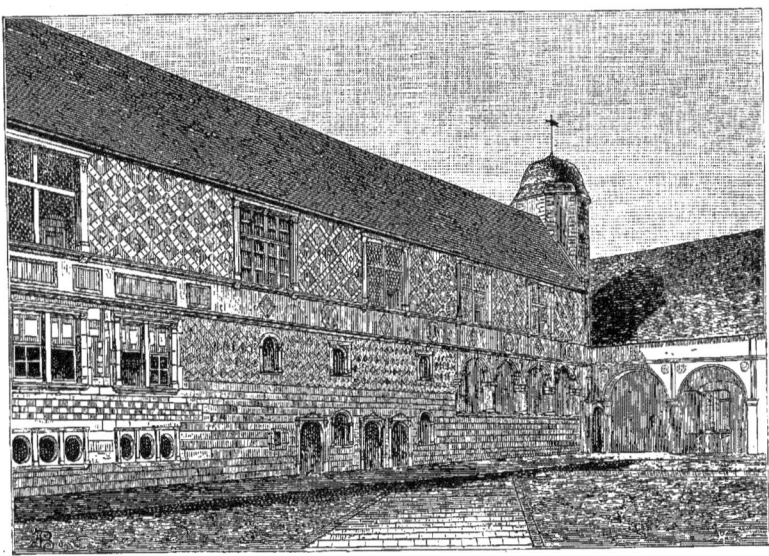

Fig. 2. — Manoir d'Ango.

du rez-de-chaussée est occupée par une galerie dont les arcades à jour sont supportées par des colonnes aux chapiteaux ornés de têtes d'anges et de femmes. Le bandeau qui règne au-dessus est décoré de losanges et de médaillons; les fenêtres du premier étage sont de forme carrée avec un encadrement d'arabesques. Un second corps de logis, moins riche, s'étend en retour d'équerre et se lie au premier par une charmante tourelle à six étages. (*La Normandie illustrée*, t. I, page 64.)

A partir de Louis XIV, le manoir disparaît; il cède sa place au CHATEAU. (Voy. ce mot.)

MANSARDE, *s. f.* — Fenêtre droite dans un comble brisé, ainsi nommée parce que l'invention en a été attribuée à Mansard, architecte de Louis XIV; ce qui est complétement faux, puis qu'il existait des mansardes dès le XIIIᵉ siècle, et que la renaissance en a fait une large application dans ses constructions, à Blois, à Fontainebleau, à Chambord, à Azay-le-Rideau, etc. (Voy. LUCARNE.) — Par extension, on a donné ce nom au comble brisé ou *comble à la Mansard*, ainsi qu'aux chambres construites sous ce genre de comble et qui sont éclairées soit par des châssis à tabatière, soit par des lucarnes.

MANSELLES, *s. f. pl.* — Bras de la hie, dame ou demoiselle du paveur. (Voy. DAME.)

MANTEAU, *s. m.* — Partie de la cheminée qui fait saillie dans une pièce ; elle comprend les jambages, les chambranles, la gorge ou attique, la corniche et la hotte, s'il y a lieu, comme dans certaines cheminées, dans celles de cuisines par exemple. — En serrurerie, on donne ce nom à la barre de fer qui porte sur les jambages d'une cheminée et qui en soutient le manteau.

MANTONNET. — Voy. MENTONNET.

MAQUETTE, *s. f.* — Esquisse ou modèle en terre glaise, en cire ou en toute autre matière, d'un ouvrage de sculpture devant être exécuté en relief ou en ronde bosse. On exécute les maquettes soit en grandeur d'exécution, pour voir l'effet qu'elles produiront en place, soit à une échelle réduite.

MARBRE, *s. m.* — Ce mot, dérivé du grec μαρμαίρειν, *reluire, briller,* s'appliquait anciennement au seul marbre blanc statuaire μάρμαρος ; plus tard on l'adopta pour désigner toute espèce de pierre susceptible de recevoir le poli, albâtres, granits, porphyres, serpentines et marbres.

Aujourd'hui les lithologues n'emploient ce terme que pour désigner les diverses variétés de calcaires possédant une finesse de grain et une dureté suffisantes pour permettre leur polissage. Les variétés de marbres répartis à la surface du globe sont très-considérables, on en découvre tous les jours de nouvelles. — Le constructeur, le décorateur, le marbrier, l'architecte, englobent sous cette dénomination générique de *marbres* des matériaux très-différents les uns des autres au point de vue de leur composition chimique ; en effet, les uns sont calcaires, les autres cristallins, ceux-ci siliceux, ceux-là quartzeux ; dans le présent article nous traiterons de tous ces divers matériaux.

HISTORIQUE. — L'emploi du marbre proprement dit dans les monuments ne remonte guère qu'à l'époque romaine. Les Égyptiens ont bien employé des granits et des porphyres, mais fort peu de marbres. Les Grecs ont exécuté des monuments en marbre pentélique, mais ils ne l'employaient pas à cause de la richesse de la matière, mais bien plutôt parce que ce matériau leur permettait d'exécuter des travaux très-finis, d'un appareillage remarquable et d'un moulurage parfait. Ce qui prouve bien cette préoccupation chez les Grecs, c'est qu'une fois le monument terminé, ils le recouvraient intérieurement et extérieurement d'une fine couche de stuc aux couleurs éclatantes, comme le pratiquèrent après eux les Pompéiens pour revêtir leurs pierres volcaniques aux parements rugueux. Les Romains, au contraire, dédaignant la polychromie artificielle, ou bien ignorant les procédés de cet art, employèrent les marbres avec profusion. A l'époque même de la république, les particuliers décorèrent de marbres leurs maisons, mais l'État n'employa cette précieuse matière que sous les empereurs, et tout le monde connaît les paroles célèbres prononcées par Auguste, le premier empereur des Romains. Les riches particuliers firent venir des marbres des pays étrangers, et ce goût d'aller chercher au loin ces matériaux était, suivant Pline (XXXVI, 1), poussé jusqu'au délire ; on faisait des colonnes de marbre lucullin (on donnait ce nom à un marbre noir de l'île de Chio) qui mesuraient jusqu'à 38 pieds de hauteur. (Pline, XXXVI, 6 et 3.) Quelquefois, au contraire, les colonnes n'étaient pas remarquables par leur hauteur, mais seulement par la beauté de la matière ; celles en marbres de Phrygie et de Caryste, par exemple, étaient fort estimées (Tib. III, *Eleg.* 3).

Ce fut l'orateur Crassus qui importa le premier à Rome des marbres étrangers destinés à un édifice privé (Pline, XXXVI, 3) ; il décora sa maison de six colonnes en marbre blanc cendré de l'Hymette (c'était le marbre statuaire employé par les Grecs) ; ces colonnes mesuraient 3^m,55 de hauteur. L'exemple de Crassus fut imité par tous les riches particuliers, et à partir de cette époque on dépensa à Rome des sommes fabuleuses dans les constructions à cause de leur décoration marmoréenne. Certaines colonnes des impluvia étaient payées chacune (Cic., *Verr.*, I, 56) jusqu'à 40,000 sesterces, c'est-à-dire environ 8,000 francs de notre monnaie (1). Ce fut Lucullus qui introduisit celles en marbre noir de Chio, qu'on appela de son nom, comme nous venons de le voir, marbre *lucullin*. Un citoyen, Marmura, avait sa maison décorée de superbes colonnes massives en marbre de Caryste blanc veiné de vert (cipolin) et de Luna (aujourd'hui *Massa-Carrara*) du blanc le plus pur, et le luxe des colonnes marmoréennes était si répandu à Rome que César, pendant les guerres civiles, ayant un grand besoin d'argent ne trouva rien de plus productif que de frapper un impôt sur ces innombrables colonnes, impôt qui fut nommé *columnarium*. (Cic., *ad Attic.*, XIII, 6.)

On divisait aussi le marbre en tables minces à l'aide de la scie sans dents et du sable d'Éthiopie (Pline, XXXVI, 6); on employait ces tables en revêtement, mais les riches amateurs critiquaient cet art de scier le marbre (*ibid.*), parce qu'il rendait, disaient-ils, son usage plus commun, ce qui lui ôtait de son prix comme objet de luxe. Les Romains faisaient des pavements en marbre précieux (Pline, XXXVI, 1) si bien poli, si *resplendissant* comme le dit Tibule (*Eleg.*, liv. III, 3) qu'ils réfléchissaient l'éclat des plafonds dorés (Horace, *Od.* 15, liv. II ; Senec., *Ep.* CXIV ; *de Ira*, III, 35). Quelquefois les dalles de marbre étaient incrustées de pièces rapportées (Pline, XXXV, 1) représentant des choses diverses mais surtout des animaux (*ibid.*); un autre genre de pavé était nommé *lithostratum* (lithostrate) c'est-à-dire tapis de pierre (Pline, XXXVI, 25); il comprenait deux variétés : le *sculpturatum*, c'est-à-dire gravé, et le *vermiculatum*, vermiculé. (Mazois, *Ruines de Pompéi*, t. II pl. 40, 46, 15, 14.)

(1) Le sesterce fut à l'origine une monnaie d'argent d'une valeur assez variable ; il valait deux as et demi et le quart d'un denier, soit environ 20 centimes. On peut considérer cette estimation comme la valeur ayant eu le plus longtemps cours, car, suivant les époques, le sesterce a valu 28, 30 et jusqu'à 40 centimes ; il n'est ici question que du sesterce d'argent, car ce ne fut que plus tard qu'apparut le *sestertius* en *aurichalcum* ou en cuivre très-fin. (Pline, XXXIV, 2.)

César prisait si fort ce genre de pavé et le trouvait d'un usage si agréable que, lors de son expédition dans les Gaules, il en faisait transporter pour en couvrir le sol de sa tente. (Suét., *Cæs.*, 46.) On cite Lépidus qui, l'an de Rome 676, construisit une maison tellement renommée pour la beauté de ses marbres qu'elle passait pour la plus belle de Rome (Pline, XXXVI, 15); on y remarquait surtout des seuils en marbre de Numidie (jaune antique), qui était tout à fait inconnu avant lui (Pline, XXXVI, 6).

Par ce qui précède, on voit combien l'emploi du marbre était fréquent à Rome, même pour les maisons des particuliers; aussi beaucoup se vendaient-elles à des prix très-élevés. L'illustre Cicéron, qui n'était cependant qu'un simple rhéteur, avait acheté pour l'habiter la maison de son confrère Crassus, sur le Palatin. Il l'avait payée le prix de trois millions cinq cent mille sesterces, c'est-à-dire environ 700,000 francs. (Cic., *Ep. famil.*, V, 6.) Publius Clodius en avait payé une quatorze millions huit cent mille sesterces c'est-à-dire, 2,960,000 francs de notre monnaie. (Voir la note 1, colonne ci-contre.)

Certains philosophes du temps de César critiquaient très-haut et très-fort ce grand luxe marmoréen que les particuliers déployaient dans leurs maisons; l'un de ces philosophes, en voyant un jour passer des chariots de marbres attelés d'un très-grand nombre de bœufs, s'écria : « Jusques à quand les lois se tairont-elles, en voyant ces marbres de prix passer dans une maison privée, à la face des dieux d'argile dont les frontons de nos temples sont ornés! » (Pline, XXXIV, 3.) Cette critique était faite par un censeur un peu trop sévère et même, avouons-le, partial, car, dès l'année 606 de la fondation de Rome, Q. Cécilius Métellus avait érigé en marbre le temple de Jupiter et de Junon, temple qui au siècle d'Auguste se trouvait encore enclavé dans le portique d'Octavie. — Mais c'est surtout à partir du siècle d'Auguste que Rome se couvrit de monuments en marbre. Le soin et la recherche qu'on mettait à leur construction entraînaient de grandes lenteurs dans leur édification; ainsi le forum d'Auguste n'exigea pas moins de vingt-sept années pour son exécution, le portique de Livie vingt-six, et la basilique Julia trente-deux ans; et cependant Auguste était très-impatient de voir s'achever ces constructions. (Voy. FORUM.)

Ce prince aima le marbre jusqu'à la folie ; il en usa et il en abusa, il l'employa en tout et pour tout, et les citoyens, imitant son exemple, le répandirent à profusion dans leurs demeures. Tibère, Claude, Néron, utilisèrent comme Auguste une énorme quantité de marbre dans la construction des édifices qu'ils érigèrent; Néron fit même pour ses chevaux des écuries toutes resplendissantes de marbre; leur sol en était pavé, leurs murs en étaient revêtus et les auges et mangeoires de ses chevaux étaient taillées dans cette matière. Cet emploi inusité amena bien vite la rareté des marbres et le gaspillage dans les carrières; aussi Néron rendit un décret aux termes duquel toutes les carrières, divisées en trois classes, étaient considérées comme propriétés de l'État. Les plus importantes étaient exploitées par l'empereur lui-même, par l'entremise d'un préfet; les autres étaient affermées ou livrées à des compagnies qui donnaient une partie des produits à l'État. C'est alors qu'on créa des charges dont les officiers étaient tenus de surveiller l'exploitation rationnelle et économique des carrières; on les nommait *magistri a marmoribus* ou *præfecti tabellariis curationis marmorum*. Ces deux titres sont même confirmés par une inscription funéraire trouvée dans le midi de la France, laquelle inscription nous dit qu'un certain Lucius Junius Urascius était *magister a marmoribus*, et qu'un nommé Semnone, qui vivait dans les Gaules sous Septime-Sévère, était *præfectus tabellariis curationis marmorum*.

Titus, Trajan, les Antonins, font rechercher et ouvrir de nouvelles carrières, pour ne pas épuiser trop rapidement les anciennes, et à ce moment on fait venir à Rome des marbres de l'Égypte, de la Numidie, de la Grèce et de la Sicile.

Aussi la quantité de marbres introduite à Rome pendant l'empire est si considérable qu'aujourd'hui encore on ne peut faire un pas dans la ville éternelle ou dans ses alentours sans se heurter à quelques masses marmoréennes. On trouve, en effet, cette matière transformée en statues, en colonnes, en tombeaux, en sarcophages, en tables, en candélabres, en vases, en bas-reliefs, en autels, en cippes, en objets d'art de tous genres que l'on retrouve en grand nombre dans les villas, dans les palais, dans les édifices publics, dans les musées nationaux et dans les collections privées; de sorte que, si on ne peut donner à Rome comme à Gênes l'épithète de *ville de marbre*, on peut du moins l'appeler la *ville des marbres*. Devant cette énorme quantité de marbre, on se demande quelles richesses marmoréennes devait renfermer Rome au temps de sa splendeur ; on ne saurait s'en faire une idée même en tenant compte de tout ce que l'incendie, les invasions et le pillage en ont fait disparaître. Il ne faut pas non plus oublier les marbres, en nombre incalculable, transportés par Constantin et ses successeurs pour décorer les édifices de Byzance et d'autres villes de l'Orient; car aujourd'hui dans beaucoup de mosquées, et cela dans un grand nombre de villes, on retrouve des colonnes et des chapiteaux de marbre qui avaient été exécutés à Rome et pour Rome, afin d'orner et d'embellir cette capitale du monde.

Après les empereurs, comme l'observe judicieusement un éminent artiste, notre collègue M. Charles Garnier (1), lorsque les tyrans gouvernent l'empire romain, le marbre est toujours mis en œuvre; mais l'exploitation diminue peu à peu; les carrières se ferment et déjà l'on commence à détruire plusieurs édifices pour en construire d'autres avec leurs débris, puis enfin l'empire romain se divise, s'affaiblit et disparaît, oubliant l'art et les traditions passées. Les ruines succèdent aux monuments, et au milieu des dissensions intestines, des guerres ou des invasions, Rome, trop

---

(1) *A travers les arts*, p. 159, 1 vol. in-12, Paris, 1869. — Notre confrère est avec raison grand partisan des marbres pour la décoration architecturale ; il a défendu avec une très-grande verve et beaucoup de brio sa thèse, et, chose plus rare, il a eu la bonne fortune de pouvoir joindre l'exemple au précepte en construisant son Opéra. Un peu plus loin nous aurons occasion de donner une partie du brillant plaidoyer de notre confrère en faveur de la décoration marmoréenne. (Voir page 132.)

faible pour construire de toute pièce, abandonne
ses anciens matériaux et se transforme en une
vaste carrière où chacun vient puiser à son tour en
offrant au Dieu des chrétiens les dépouilles du paganisme.

Au XIIIᵉ siècle, Rome n'a plus le monopole du
marbre. Le goût s'est déplacé ; l'Italie, et l'Italie du
Nord surtout, adopte la décoration marmoréenne,
tant à l'extérieur des édifices qu'à l'intérieur. Le
Giotto, Jean de Pise, Brunelleschi et leurs rivaux
élèvent des édifices chauds, colorés et resplendis-
sants de marbres et de porphyres.

A Florence, Sainte-Marie des Fleurs, le campanile et le baptistère se couvrent de ces matériaux.
A Pise, à Orvieto, à Sienne, le marbre fait partie
intégrante des édifices ; Prato et Pistoia, Gênes et
Vérone et bien d'autres cités rayent ou
décorent leurs monuments par des assises ou des panneaux de marbres ; des carrières sont ouvertes en
Toscane et dans la rivière du Levant, et la polychromie naturelle, de nouveau remise en vigueur,
subsiste en Italie jusqu'à l'époque de la renaissance, époque à laquelle elle se transforme, mais ne
s'affaiblit pas. Le marbre est presque délaissé alors
pour les extérieurs ; mais, par contre, les parties
intérieures des monuments en sont couvertes, c'est
alors que Saint-Pierre s'élève et entasse dans ses
nefs ces prodigieux trésors que tous admirent.

A la même époque, le marbre s'introduit
dans la décoration des monuments de Flo-

même en Sicile et en Espagne. L'Italie moderne, malgré sa gêne financière, construit

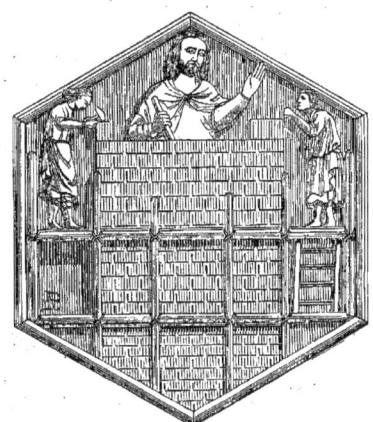

Fig. 2. — L'architecte Dédale.

encore ses façades d'églises en marbre : il y a
deux ans à peine que l'on vient de terminer à
Florence la reprise des façades latérales et la
façade principale de Sainte-Marie des Fleurs ;
il n'y a guère que cinq ou six ans qu'a été
terminée la façade de Santa-Croce, que représente notre planche LVIII.

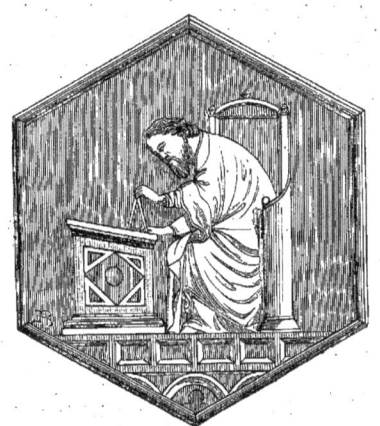

Fig. 1. — Le géomètre Euclide.

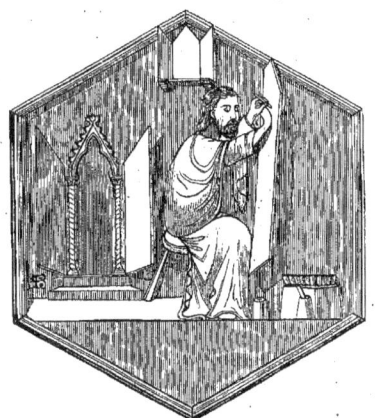

Fig. 3. — Le peintre Apelle.

rence, de Gênes, de Venise et de Naples,
enfin dans toute la péninsule italique, il pénètre

Nos figures 1, 2, 3 et 4 reproduisent quatre médaillons du campanile de la cathédrale

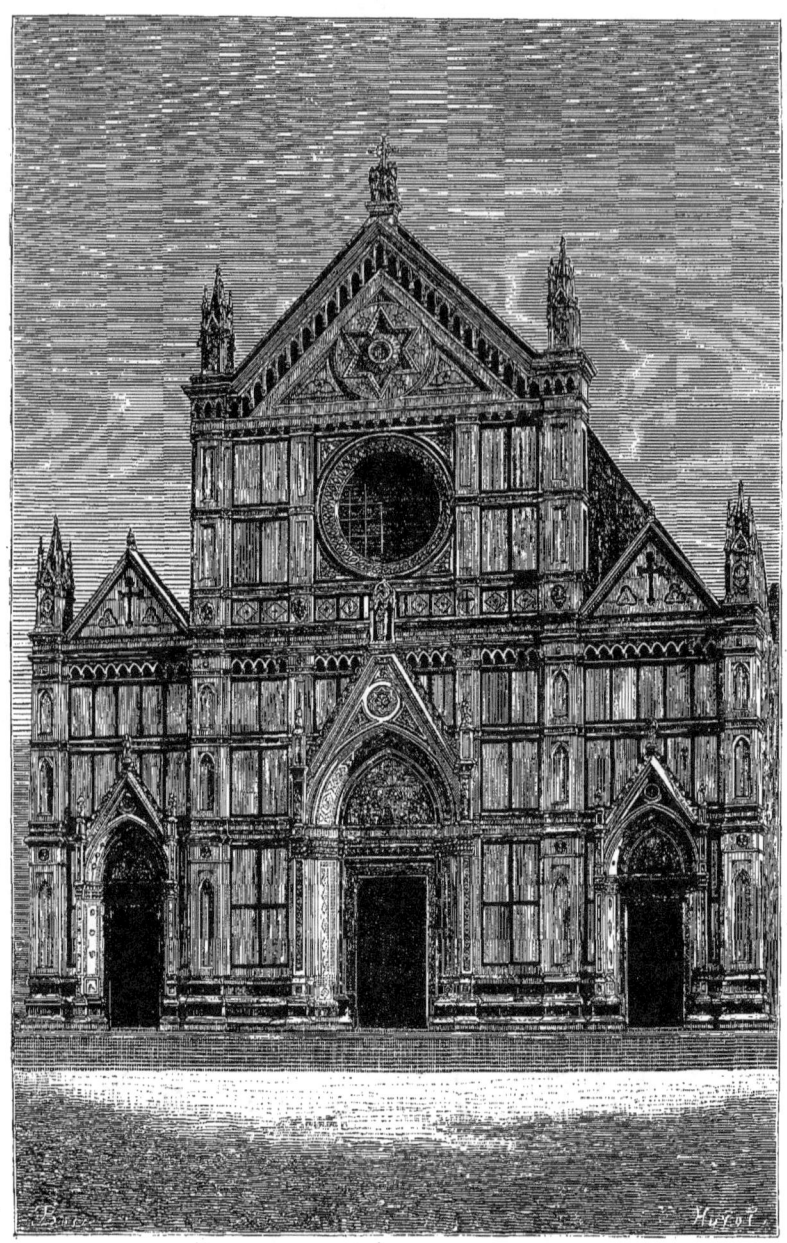

Planche LVIII. — Façade de l'église Santa-Croce, à Florence.

de Florence; nous les avons dessinés d'après une planche des *Annales archéologiques* (vol. XV, p. 171). La figure 1 représente Euclide ou la géométrie; notre figure 2, Dédale ou l'architecture; les figures 3 et 4, Apelles ou la peinture, et Phidias ou la sculpture.

En France, le marbre n'a été employé qu'à partir de l'époque romaine, et seulement dans quelques villes et dans de nombreuses villas. A cette époque, les marbres des Gaules furent largement exploités par les Romains; on en retrouve des vestiges à Lyon, à Vienne, à

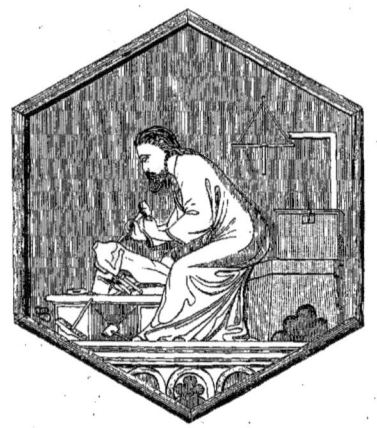

Fig. 4. — Le sculpteur Phidias.

Valence, à Avignon, à Nîmes, à Arles, à Aix, à Marseille, à Nice, à Toulouse, à Limoges, et dans d'autres villes d'origine gallo-romaine. Mais là où ces vestiges sont sans contredit beaucoup plus nombreux, c'est à Rome même, et on peut estimer que les marbres gaulois ont fourni près d'un dixième de l'ornementation générale « de la Rome marmoréenne ».

A partir du moyen âge, on n'a guère utilisé cette brillante matière qu'en petits échantillons; cependant les architectes romans ne trouvèrent rien de mieux pour décorer les églises qu'ils construisaient que de dépouiller de leurs marbres les bains, les temples et les villas élevés dans notre pays pendant la période gallo-romaine; c'est de là qu'ils tirèrent les colonnes et les revêtements de mar-

bre que nous voyons encore dans des églises du XIe et du XIIe siècle. Dans le midi de la France, le marbre fut employé jusqu'au XIVe siècle, comme peuvent en témoigner les colonnes et les chapiteaux de marbre qui existent dans beaucoup d'édifices religieux des XIIe, XIIIe et XIVe siècles, notamment dans les cloîtres. On l'employa aussi comme pavement et en incrustation, comme à Saint-Martin d'Ainay à Lyon, par exemple; on fit également des tombeaux, des statues, des rétables et des autels en marbre. Quelques-uns de nos musées méridionaux, ceux de Toulouse, de Montpellier, d'Avignon, possèdent de nombreux spécimens plus ou moins bien conservés de marbres appartenant aux XIIe, XIIIe, XIVe et XVe siècles. François Ier et son successeur Henri II donnèrent en France un grand essor à la décoration marmoréenne; ils firent rechercher et rouvrir les anciennes carrières pour décorer les châteaux de Rambouillet, de Fontainebleau, de Saint-Germain et d'Anet. Henri IV, qui s'occupait activement des affaires de son royaume et qui ne négligeait rien de ce qui pouvait être utile à sa prospérité, Henri IV, disons-nous, faisait rechercher d'anciennes et de nouvelles carrières; la lettre datée de Chambéry que nous donnons en note semblerait, du moins, témoigner du fait que nous avançons (1). Après ce prince, Louis XIV donna à l'industrie des

(1) Voici cette lettre, adressée vers 1600 au connétable Bonne de Lesdiguières :

« Mon compère,

« Celui qui vous rendra la présente est un marbrier que j'ai fait venir expressément de Paris, pour visiter les lieux où il y aura des marbres beaux et faciles à transporter pour l'enrichissement de mes maisons des Tuileries, Saint-Germain en Laye et Fontainebleau, en mes provinces de Languedoc, Provence et Dauphiné, et pour ce qu'il pourra avoir besoin de votre assistance, tant pour visiter les marbres qui sont en votre gouvernement que les faire transporter comme je lui ai commandé. Je vous prie de le favoriser en ce qu'il aura besoin de vous. — Vous l'affectionnerez aussi, et qu'il y va de mon contentement.

« Sur ce, Dieu vous ait, mon compère, en sa garde.

« Le 3 octobre, à Chambéry.

« HENRY. »

marbres un très-grand essor, on peut même dire que sous son règne elle atteint à son apogée; Trianon, Versailles, Meudon, Marly et autres résidences royales sont là pour en témoigner. Nous ajouterons que les dépôts considérables de marbres accumulés par Louis XIV suffirent largement aux besoins des règnes suivants, et furent probablement la cause indirecte de l'abandon des exploitations françaises. Les derniers monuments français dans lesquels le marbre a été employé très-largement, dans ces temps modernes, sont : le palais de Versailles, le tombeau de Napoléon aux Invalides, et l'Opéra de Paris, où notre confrère M. Garnier a montré le parti avantageux qu'on pouvait tirer de la décoration marmoréenne, dont il plaide si bien la cause, comme on peut en juger par les lignes suivantes, qui termineront l'historique du marbre : « Les marbres, dit notre éminent confrère (page 152 de l'ouvrage cité plus haut), sont, pour l'architecture, une des ressources les plus précieuses : ils donnent la vie et l'éclat; ils complètent la décoration; ils créent pour ainsi dire un nouveau monument. Les architectes italiens du moyen âge et de la renaissance, artistes pleins de foi, d'audace et de vigueur, n'ont eu garde de délaisser un moyen d'effet aussi puissant. Leurs édifices, parfois médiocres, parfois sublimes, ont tous, grâce à l'emploi du marbre, un mouvement, une légèreté, que la pierre serait impuissante à donner. La pierre produit une impression plus grave, plus énergique : c'est l'élément masculin de l'art; le marbre donne une impression plus douce et plus gracieuse : c'est l'élément féminin avec sa vivacité, sa coquetterie et sa parfaite élégance. »

NOMENCLATURE DES DIVERSES VARIÉTÉS DE MARBRES. — Il est bien entendu que nous donnerons ici non-seulement les calcaires formant la classe des marbres proprement dits, mais encore toutes les pierres dures susceptibles d'un beau poli qui sont généralement classées par l'architecte et le constructeur parmi les marbres. L'ensemble de ces produits comprend à l'heure actuelle plus de seize cents variétés. Pour opérer avec ordre et faciliter au lecteur l'étude de ces nombreux matériaux, nous établirons huit classes distinctes, savoir : 1° albâtres, 2° basaltes, 3° brèches, 4° brocatelles, 5° granits, 6° lumachelles, 7° marbres proprement dits, 8° porphyres.

I. ALBATRES. — Il existe des carrières d'albâtre en France, en Algérie, en Espagne, au Mexique et dans l'Asie Mineure. Cette substance était connue dès la plus haute antiquité, puisque les anciens Égyptiens l'ont employée pour faire des statues, comme on peut s'en convaincre en visitant divers musées, notamment celui du Louvre, qui possède une statue qu'on suppose représenter un Rhamsès. En France, les carrières les plus connues sont celles de Berzé-la-Ville, près de Mâcon, et de Poligny, dans le Jura; il existe diverses variétés d'albâtre, nous les avons décrites à ce mot. (Voy. ALBATRE.)

II. BASALTES. — Cette substance est une espèce de lave d'un noir verdâtre, très-difficile à travailler, parce qu'elle a un grain très-fin et par suite une contexture très-serrée; les basaltes étaient, comme les albâtres, connus dans une haute antiquité, puisque les Égyptiens ont taillé dans cette matière des statues, des sphinx et des lions; on peut voir divers spécimens de sculpture égyptienne en basalte au musée du Louvre, au British Museum, à la villa Borghèse et au Capitole à Rome; la grande cuve du baptistère de Saint-Jean de Latran est également en BASALTE. (Voy. ce mot.)

III. BRÈCHES. — Il existe un grand nombre de variétés de brèches; les plus connues dans l'antiquité étaient : la brèche *antique de Rome*, tachetée de gris et de rouge sur fond jaune; la brèche de *Porta-Santa*, tachetée de bleu, de rouge et de gris sur un fond variable du blanc sale au gris rose; la brèche *jaune antique*, veinée de rouge, de jaune et de blanc : il en existe deux variétés, dont l'une rappelle la brocatelle; la brèche *rose antique*, à fond rouge incarnat, tacheté de rose, de noir et de blanc; la brèche *violette antique*, à fond violet tacheté de lilas, de rose et de points blancs : on peut voir de ce marbre à l'Opéra de Paris et au musée du Louvre; la brèche *vierge antique*, à fond chocolat tacheté de blanc, de rouge et de points rouges très-brillants; la brèche *arlequine antique*, à fond fauve avec une multitude de fragments de diverses couleurs.

Mentionnons encore : en Espagne, dans la Navarre, une brèche blanche et violette ; dans l'Aragon, la brèche de Riela ; en Portugal, la brèche d'Alentejo ; en Grèce, la brèche de Taygète, à fond brun avec les fragments gris ou jaunâtres veinés de noir ; en Italie, la *brèche de Vérone*, la brèche *africaine* ou de *stazzema*, la brèche *violette de l'Hermitage ;* en Belgique, la brèche *impériale*, la brèche de Dourlais, la brèche de Fontaine-l'Évêque.

En France, nous possédons beaucoup de carrières de brèches, mais un grand nombre n'est pas exploité ; les brèches françaises les plus connues sont : la brèche *jaune* de Digne (Basses-Alpes) ; la *brèche portor ;* la brèche *lazuli ;* la brèche Sainte-Victoire ; la brèche dite de *Memphis* ou *de Marseille*, la brèche de Saint-Romain ; la brèche *chinoise*, dans la Haute-Garonne ; les brèches du Languedoc, dites *beau languedoc antique*, *sanguin*, *blanc*, etc. ; la brèche de Dourlers, la brèche d'Estrœungt ; la brèche *grise ;* la brèche de *Sauveterre*, la brèche *Caroline*, la brèche *infernale* de Mauléon, la brèche de la montagne du Château, la brèche de Pleide, la brèche de Penne, la brèche *jaune* de Montagne de Sainte-Beaune (Var), la brèche *Framont*. (Voy. Brèche.)

IV. BROCATELLES. — La brocatelle est une variété de brèche qui ne renferme que des débris, des fragments de petites dimensions ; les brocatelles les plus employées sont énumérées à BROCATELLE. (Voy. ce mot.) Il existe de ces marbres en Espagne, dans la Castille, la Catalogne ; dans la Toscane, les brocatelles les plus renommées sont celles *della Gherardesca*, près Florence, *della Pieva* et des monts *Alcino* et *Arrenti*, enfin la brocatelle *di Rosia ;* dans la Sicile, les brocatelles de Pidichiasa et de Trapani. — La France ne possède pas de brocatelles proprement dites (1), ou du

moins aucune carrière n'est encore exploitée ou connue.

V. GRANITS. — Les Grecs nommaient le granit πυροπεκίλον, et les Romains *marbre syénite* ou *thébaïque :* ces derniers et surtout les Égyptiens ont fait un large emploi des granits ; ils devaient même avoir un outillage spécial pour le tailler, le façonner et le polir, car cette substance est tellement dure qu'aujourd'hui dans la marbrerie on désigne les granits sous le nom de *marbres durs*. La France possède une assez belle collection de granits ; nous mentionnerons : dans les Vosges, le granit *vert* ou *porphyre des Vosges*, le granit des carrières de Ballon, de Servance et le granit *feuille morte ;* dans l'Yonne, le granit *rouge* des carrières des grottes d'Arcy ; dans la Vendée, le *granit des Lucs ;* dans la Haute-Vienne, le granit de Fanet ; dans le Rhône, le granit d'Arbresle, ceux de Chessy et de Taranne : le premier est gris, le second rouge ; dans les Pyrénées-Orientales, le granit du Canigou et celui de l'Ille ; dans le Puy-de-Dôme, le *granit syénite antique ;* dans l'Orne, le granit de Sainte-Honorine, ceux de Touvaille et de Pont-Percé ; dans la Lozère, le granit de Saint-Alban ; dans la Manche, le granit de Cherbourg ; dans la Loire, le granit de Saint-Julien ; dans le Finistère, le granit du *Laber* et celui de Kersanton ; dans le Gard, le *granit d'Anduze ;* dans la Drôme, les granits de Tain et de Châteauneuf ; dans la Corse, le granit avec sphène de d'Algaïola. Les larges dalles des trottoirs de Paris sont faites en granit de Bretagne ou de Normandie. (Voy. GRANIT.)

VI. LUMACHELLES. — Ces marbres sont formés par l'agglutination de coquilles fossiles au moyen d'un ciment naturel d'une extrême finesse. Les variétés connues de lumachelles sont très-nombreuses ; mentionnons : en Italie, la lumachelle de Sienne (*lumachino di Sienna*) ; en France, dans l'Yonne, les lumachelles *jaune pâle et bleues ;* la lumachelle claire de Lourdes (Hautes-Pyrénées) ; dans le Puy-de-Dôme, les lumachelles de Nonette, dont une variété est d'un gris blanc, jaune et bleu, et une deuxième gris de perle ; dans l'Oise, la lumachelle de Senantes et celle d'Hécourt ; dans le département du Nord, la lumachelle de Pont-sur-

_____

(1) Disons cependant que dans le commerce des marbres on donne le nom de brocatelles à des marbres de Sainte-Baume (Bouches-du-Rhône) et de Molinges (Jura).

Sambre; dans la Marne, la lumachelle *cham-pcnoise*, assez commune, grise ou jaunâtre, renfermant des ammonites, des bélemnites et des oursins; dans le Doubs, la lumachelle de Méry; dans la Côte-d'Or, la lumachelle de Bourgogne et celle de Charcey; dans l'Aisne, la lumachelle *bleue* et celle dite *des Bossus*; enfin la lumachelle de l'Ain, dans le département de même nom. (Voy. LUMACHELLE.)

VII. MARBRES PROPREMENT DITS. — Nous diviserons ceux-ci en deux classes : *A marbres antiques*, et *B marbres modernes;* dans cette dernière division, nous traiterons d'abord des marbres étrangers, puis des marbres français.

Les anciens comprenaient sous le nom générique de *marbres* toutes les pierres dures susceptibles de recevoir un beau poli, c'est-à-dire qu'ils avaient adopté la même classification que les architectes modernes. « Ils employaient, dit Rondelet (1), le marbre en bloc pour les édifices les plus somptueux, tels que les temples, les arcs de triomphe et autres monuments où ils se plaisaient à étaler la magnificence. Ils se servaient, de préférence, du marbre blanc pour les entablements, les chapiteaux et les bases des colonnes, pour les bas-reliefs et les ornements de sculpture ; mais ils employaient les marbres de couleur pour les colonnes et les compartiments dont ils décoraient l'intérieur de leurs édifices, et des débris ils formaient des pavés en mosaïque. — Pour retenir les lambris de marbre dont ils revêtaient les murs, ils faisaient usage de crampons en bronze; et, de plus, ils scellaient dans les murs des espèces de tasseaux de marbre, sur lesquels ils arrêtaient les principales pièces de revêtement... Il se trouve des monuments que l'on croirait construits en blocs de marbre et qui ne sont formés que par des revêtements; tel est celui

---

(1) *Traité de l'art de bâtir*, tome I, page 31. — Nous avons emprunté à Jean Rondelet, mais en y apportant de nombreuses modifications et additions, une partie de sa nomenclature sur les marbres anciens et modernes. Nos additions ont été faites avec des notes prises par nous, en diverses localités, et aux expositions universelles de 1867 et 1878.

connu à Rome sous le nom d'arc des Orfèvres. »

A MARBRES ANTIQUES.

Marbres blancs. — Strabon, qui était contemporain d'Auguste, nous apprend qu'on tirait de Luna, aujourd'hui Luni près de Spezzia, de très-grands blocs de marbre blanc et de couleur; les marbres tirés de ces carrières sont les mêmes que ceux que nous appelons aujourd'hui marbre de Carrare et dont nous parlons plus loin (marbres modernes, Italie, page 136). Les plus beaux marbres blancs dont l'antiquité ait fait usage sont : le marbre de *Paros*, une des îles de l'Archipel; les Grecs l'appelaient *lychnite*, soit parce qu'ils procédaient à son extraction éclairés par des lampes, soit parce que ce marbre à demi transparent servait à faire des lampes; le marbre *thasien*, qu'ils tiraient de Thasos, île de la mer Égée; le marbre de *Luna*, plus blanc que celui de Paros; le marbre de l'île de *Proconnèse*, de la Propontide, aujourd'hui mer de Marmara; le *lygdinus*, transparent comme l'albâtre, et qu'on tirait de l'île de Paros; le *lapis coraliticus*, marbre d'un blanc d'ivoire qui se tirait de l'Asie Mineure; le *marbre arabique*, plus blanc que le marbre de Paros, dont il possédait toutes les qualités ; le *marbre blanc de l'île de Chio*, dont les carrières se trouvaient sous le mont Pelleno, et qui fournissait des blocs de toute grandeur; le marbre *cappadocien*, qui avait une telle transparence qu'on l'utilisait comme pierre SPÉCULAIRE (Voy. ce mot); le marbre *pentélique*, qu'on tirait du mont Pentélès ou Pentélique près d'Athènes : c'était un marbre statuaire, plus beau que le Paros; du mont Hymette on tirait également une espèce de marbre blanc veiné qui avait beaucoup d'analogie avec un marbre de l'île de Brattia, située en face des côtes de la Dalmatie. Les anciens employaient également l'albâtre; ils en possédaient plusieurs variétés, *l'albâtre commun, l'albâtre oriental, l'albâtre onyx;* ils tiraient ces genres de marbre de l'Arabie, de Karamanie, de Syrie, de l'Égypte, de l'Italie, de la Grèce et de la Germanie. L'albâtre égyptien se tirait près d'une ville de la Thébaïde nommée Alabastron.

Marbre bleu. — Ce marbre, fort rare, était à fond blanchâtre sillonné de veines d'un bleu plus ou moins intense.

Marbre jaune. — Le *jaune antique*, d'une belle couleur dorée, était fort rare, aussi n'est-il employé que par incrustation. D'après Pausanias, on l'aurait tiré de Lacédémone; d'après d'autres auteurs, du mont Atlas. Les *brèches jaune antique* sont de beaux marbres veinés de rouge et de jaune; une variété imitant la brocatelle est semée de petites taches jaunes, rouges, verdâtres, séparées par des veines noires; le *rosato antico* présente de grandes taches rouges et jaunes fondues ensemble : ce marbre est susceptible d'un très-beau poli. Enfin, dans les marbres jaunes, nous signalerons un assez beau marbre tacheté de jaune, de rouge et de gris, qu'on nomme *brèche antique de Rome.*

Marbres noirs. — Les marbres noirs antiques sont : le *ténarien ;* le *lydien ;* le marbre *grand antique*, noir à veines d'un beau blanc largement dessinées ; il renferme quelquefois des coquilles: c'est un marbre assez rare, car la carrière en est perdue; un autre marbre noir antique est nommé *lucullien* ou *lucullite*, c'est un des marbres les plus noirs connus; enfin le marbre *alabandique*, et le *portor*, qu'on tirait de Carrare, un des plus beaux marbres, et dont les veines jaunes, brillantes comme l'or, justifient bien le nom.

Marbres rouges. — Le marbre *rouge antique* appelé *ægyptium*, est d'une seule couleur ; il est fort rare; nous ne connaissons guère exécuté en cette matière que le *Faune mangeant des raisins*, trouvé à la villa d'Adrien, qui se trouve au musée du Capitole dans la salle II du 1ᵉʳ étage, à laquelle cette magnifique pièce a donné son nom. La dernière fois que nous avons vu ce faune, il était placé sur un autel assez bizarre consacré à Sérapis. Un marbre rouge d'une grande beauté était le *synnadicum*, originaire de Synnas ou de Docimium, dans la Phrygie ; il s'en trouvait aussi des carrières dans l'Asie Mineure. Les Romains estimaient beaucoup ce marbre, ils en faisaient venir des colonnes et de très-grandes tables qu'ils employaient à l'ornementation et à la décoration de leurs plus beaux édifices.

Ce marbre est blanc, fortement veiné de rouge ; la porte de Saint-Pierre du Vatican en possède dans sa décoration. Les autres marbres rouges antiques sont : l'*occhio di Pavone* (œil de paon), rouge et blanc ; la brèche rose antique, à fond rouge incarnat, avec des taches roses noires et blanches; la brèche vierge antique, à fond violet avec des fragments anguleux de marbre lilas ou rose et des taches blanches; enfin la brèche arlequine, de Porte-Sainte, etc.

Marbres verts. — Le marbre *vert antique* est extrêmement dur, il présente un mélange de vert tendre et de vert foncé avec des fragments noirs beaucoup plus petits que les blancs et les verts; les anciens le tiraient de la Laconie et de la Morée, aussi l'a-t-on surnommé souvent *marbre laconique.* Le cipolin antique (*cipolino antico*) est à fond gris vert veiné de blanc et quelquefois de jaune doré : ce marbre avait depuis de longues années disparu de la consommation, mais des carriers suisses l'ont depuis peu (mai 1878) remis dans le commerce. Ce cipolin, tiré des carrières de Saillon (Suisse), ne nous paraît pas aussi beau que le cipolin antique, du moins autant que nous en avons pu juger par les échantillons qui ont été soumis à notre examen à l'exposition universelle de 1878 et à la Société centrale des architectes. Les autres marbres verts antiques sont : le *vert Auguste*, le *vert Tibère*, le *vert antique sanguin*, et le marbre phrygien (*lapis phrygius*), qui est une variété du cipolin.

B MARBRES MODERNES.

L'Italie est la terre classique du marbre ; on trouve, en effet, dans la péninsule italique des carrières marmoréennes, pour ainsi dire, à chaque pas. Nous commencerons notre nomenclature par les marbres blancs, nous traiterons ensuite des marbres de couleurs.

Marbres blancs. — Dans le Piémont, il existe deux carrières principales, celle de Foresto et celle de Brosasco; dans le territoire de Pise, le marbre de San-Juliano, qui a servi à construire la cathédrale, le baptistère, la tour penchée et le campo-santo ; le marbre de *Gênes*, qui a un beau grain et d'une blancheur uniforme et sans veines : les principaux monuments, les palais de Gênes, ainsi que la Grande-Terrasse, *gran terrazzo marmoreo*, sont construits avec ces matériaux; mais, chose curieuse, des dalles de cette grande terrasse ont éclaté de toutes parts, le constructeur n'ayant pas tenu compte de la dilatation de cette matière sous l'action du soleil ardent de Gênes. Le marbre blanc des carrières de Carrara, le centre le plus riche et le plus productif de l'industrie marbrifère des Alpes Apuennes. Les roches qui constituent ces montagnes appartiennent au terrain du trias, infralias, jurassique, crétacé et houiller, et les marbres aux variétés dites *saccharoïdes* et *compactes*. En partant de la Pania della Croce jusqu'au Pizzo de l'Oiseau, on ne trouve dans cette région que des marbres statuaires ; il existe des milliers de carrières dont près de quatre cents sont aujourd'hui exploitées. L'exploitation la plus active est entre Serravezza et Carrara, parce qu'il existe une route carrossable de Serravezza à la mer (1). Les principales carrières de marbre blanc, car il en existe de couleur que nous retrouverons plus loin, sont : les carrières de Bettogli, Carpevola, Calacata, Canal-Bianca, Cavetta, Crestola, Fantiscritti, Finocchioso, Fossa-Granda, Fossa-Zecchina, Michelangiolo, Mossa, Silvestro, Palvaccio, Sponda et Zampone, ainsi que les carrières d'Altagna, Antona, Campo-Francesco, canal Bertone, Capraia, Casania, Diacetto, Nido del Corvo, Palazzuolo, Pierara, Rodolfo et Taneto. Ces carrières fournissent surtout le beau marbre statuaire. Fournissent un marbre blanc très-clair, les carrières de Balza, Battaglino, Ciochetto, Costa, Jossa degli Angeli, Gioia, Grotta-Colombara, Grotta-Scura, Mocello, Morano, Paleci, Pendola, Piastra, Rava, Ravaccione, Scalocella, Vallini et Viticciaia, ainsi que les carrières d'Avenate, Fornata, Brugiana, Canal-Bertono, Casetta, Cerignano, Carchio, Carchietta, Costa-Grande, Confino,

---

(1) C'est sur les lieux mêmes que nous avons pris toutes les notes qui nous ont servi pour rédiger la partie de notre travail sur les marbres de Carrare; ajoutons que beaucoup de variétés de marbre sont données en italien, parce que ces marbres n'ont pas pour la plupart des noms français.

Poggio-Cipallo, Sordola ; enfin les carrières del Pianello et del Palvazzo, qui commencent à s'épuiser. Les carrières suivantes fournissent des marbres ordinaires veinés : Bacchiatto, Bedizzano, Belgio, Boncaglia, Canal-Piccino, Fossa-Cava, Tecchia, Vara et d'autres encore.

Dans les maremmes de Sienne, dans le lieu dit *il Conventa*, on tire le *bianco di Sienna ;* dans le voisinage, le *bianco di Pelli*, *bianco della Rochetta* et le *bianco alborese* ou *Alberino*.

Dans le Véronais, mentionnons les marbres suivants : dits, *bianconi*, *arzago*, *bagolino*, *bagnalica*, *gregoria*, *lavandara*, *maso ruga*, *della Pozze di Cona*, *suisi ;* mentionnons enfin, dans les marbres blancs italiens les plus connus : *Scuro di Arno*, *rognoso di Milano*, *albarese di Mugniones*, *di Rignano*, *di Vichio*, *d'Ombrone*, *fiorita di Pisa*, *bianco da Carco*, *mischio di Serra valle*, *brecchia di Routa*, *di Castellamare*, etc.

Les marbres blancs de la Grèce moderne sont le marbre de Paros, le marbre pentélique, les marbres de Thasos, de Syra, d'Antiparos, de Chio, de Naxos et de Ténos.

Les marbres blancs de l'Espagne sont : les marbres de Macael, de Velez-Rubio, de Muxias de Paxedes, de Cuevas, de Sil, de Rosas, de Cordoue, de Cortegna, de Filabre, de Malina, de Grenade.

Les marbres blancs du Portugal sont : les marbres d'Estrennas, d'Estremoz et de Vianna.

Les marbres blancs d'Allemagne sont : ceux de Walfenbatel, de Ratisbonne, de Hidelsheim, de Kuzendorf et d'Ostergyllen.

En Autriche, il n'existe pas actuellement des carrières de marbre très-blanc en exploitation ; les seules que nous connaissions fournissent un marbre d'un blanc grisâtre ; elles sont à Neudorf et à Sakahora.

Les marbres blancs de France sont tirés des carrières de Montagne-de-Grasse (Var), de Puits-Real (Vaucluse), de Moviler (ancien département du Haut-Rhin), d'El-Hop, d'El-Buix, d'El-Gitanos d'Arles, de Buixate de Saint-Sauveur, de Carol (Pyrénées-Orientales), de Héréchède (Hautes-Pyrénées), de Jarrance, de Loubie, de Gabas, de Bayonne

(Basses-Pyrénées), de Champ-Robert (Nièvre), de Mont-Sainte-Marie (Meuse), de Moulis et de Montaillon (Ariége), de Châtel-Perron (Allier), de Saint-Béat (Haute-Garonne).

Ces derniers marbres ont une très-grande importance au point de vue de l'industrie française, aussi le lecteur nous saura gré sans aucun doute de les lui signaler et de fournir quelques renseignements sur ces marbres. M. Delesse, dans ses *Matériaux de construction de l'exposition universelle de* 1855, nous donne des renseignements très-précieux dont nous avons pu constater l'exactitude par les spécimens que nous avons admirés à l'exposition universelle de 1878. Ce savant ingénieur nous dit que le marbre de Saint-Béat « est blanc, très-cristallin, lamelleux et sa structure le rapproche des marbres blancs de la Grèce; il a plus de cohésion que le marbre de Carrare, et il a été employé avec succès par nos principaux statuaires (1); pour certains ouvrages quelques-uns le préfèrent même au carrare. — Ce calcaire saccharoïde contient accidentellement des mouches de soufre et une petite quantité de matière bitumineuse, » mais ce sont là des accidents fort rares et qui par conséquent ne peuvent nuire sérieusement à la beauté de ce marbre, qui du reste a été employé à l'époque gallo-romaine, comme l'indiquent des traces de travaux retrouvés dans la carrière ainsi que des sculptures romaines découvertes dans des fouilles pratiquées en 1824 à Martres et quelques années plus tard à Nérac. Ces débris de sculpture figurent aujourd'hui au musée de Toulouse. — Au moyen âge, l'exploitation fut rouverte et on trouve du marbre de Saint-Béat à Saint-Sernin, à Saint-Étienne de Toulouse et à Saint-Bertrand de Comminges.

Dans une notice (2) publiée par MM. Dervillé, à l'occasion de l'exposition universelle de 1878, nous trouvons sur l'historique de ces mêmes marbres des renseignements fort intéressants, dont nous allons donner une courte analyse. François Ier chargea Jean de Bernuy, conseiller au parlement de Toulouse, de faire revivre les anciennes carrières des Pyrénées. Celui-ci s'adressa, pour diriger les travaux, à Bachelier, sculpteur toulousain et élève de Michel-Ange; plusieurs blocs descendirent sur des radeaux jusqu'à Toulouse, en 1536, et furent employés à Rambouillet. — Scaliger, et nous devons croire à cette autorité, prétend qu'une charge de maître des requêtes fut conférée par Henri II à l'avocat qui le premier lui envoya un bloc de Saint-Béat; cet avocat, que le parlement de Toulouse avait refusé de nommer conseiller, reçut le surnom de « maître des requêtes de marbre ». — C'est ce même Henri II qui, écrivant aux consuls de Saint-Gaudens, s'exprimait ainsi : « Les beaux marbres rouges, blancs et verts de votre pays sont choses qui équipollent bien ceux que l'on porte ici, à grand coût, de Gènes et suis marri qu'on n'ait continué à en tirer comme par le passé et du temps de mon seigneur et père... Fesant a orner certaines parties de ce mien chasteau de Saint-Germain-en-Laie, je voudrais avoir aucuns de vos marbres à cest effet, et si, par adventure, vous m'obligez en cela, vous me trouverez toujours bon prince à vous servir, mesmes si vous les envoïés tost, ores, il y a loen de vos montagnes à ceste mienne maison. »

Henri IV, puis Louis XIV, firent bien continuer l'extraction, mais depuis le XVII° siècle jusqu'à nos jours les carrières de Saint-Béat avaient été délaissées, lorsqu'en 1851 MM. Dervillé reprirent l'exploitation de ces beaux marbres qui aujourd'hui font une concurrence si redoutable aux magnifiques marbres étrangers, surtout à ceux de Carrare. L'Algérie possède une grande variété de très-beaux marbres; les marbrières les plus anciennement exploitées sont peut-être celles du mont Filfila, situé dans le golfe de Numidie, à huit kilomètres par mer du port de Philippeville. Les masses de marbre qui se rencontrent à Filfila ont été anciennement exploitées par les Romains, elles ont fourni sans contredit les statues, les colonnes, les tombeaux, les sarcophages, ainsi que d'autres œuvres, qu'on

---

(1) Parmi lesquels nous citerons Barré, Bonnassieux, Carrier-Belleuse, Caillé, Carpeaux, Chapu, Crauck, Cugnot, Chatrousse, Delaplanche, Etex, Lanzirotti, Lavigne, Marcellin, de Marcilly, Millet, Noël, Truphême et Marquet de Vasselot.   •   E. B.

(2) Broch. in-4° de 41 pages, Paris, 1878.

retrouve aujourd'hui en assez grande quantité dans les antiques villes de *Russicada* (Philippeville), *Cirta* (Constantine), etc. — Les marbres de Filfila, comme ceux de Saint-Béat dont nous venons de parler, offrent un très-grand avantage, celui de se trouver en masses considérables et homogènes ; en outre, le pied de la montagne est baigné par la mer, ce qui rend les transports très-commodes pour exporter ces marbres en France, en Italie, en Espagne, ou dans d'autres pays plus éloignés ; et cependant l'exploitation de ces beaux marbres, dont on a pu admirer de remarquables spécimens à l'exposition universelle de 1878, cette exploitation, disons-nous, n'a pas une très-grande activité, faute de débouchés. Cependant les marbres blancs de Filfila sont aussi beaux que ceux de Carrare et même de Grèce, de sorte que les sculpteurs et les architectes français pourraient les employer avec autant d'avantage que les marbres étrangers, car, nous nous plaisons à le répéter, ils sont au moins aussi beaux et ils peuvent satisfaire les plus difficiles, soit qu'on les emploie pour l'architecture, la statuaire ou la marbrerie. Les marbres blancs de Filfila sont connus dans le commerce sous le nom de Pentélique, blanc de première qualité, blanc clair ou biscuit blanc à larges grains, blanc de Paros, de coralitique, qui est d'un blanc légèrement azuré, opaque et dont la pâte très-fine et très-compacte est susceptible de prendre un très-beau poli ; enfin nous devons mentionner le blanc veiné de noir, dont le fond est gris clair magnifiquement sillonné de veines noirâtres qui fournissent cette variété de marbre, aujourd'hui si rare, de blancs veinés, qu'ils pourraient remplacer avec avantage dans divers travaux d'architecture, notamment pour les monuments funèbres.

Marbres bleus, ou dans lesquels cette couleur domine. — Les marbres bleus d'Italie sont : le bleu turquin des côtes de Gênes, connu sous le nom de *Bardiglio* ; le bleu turquin veiné de blanc de Carrare (*bardiglio di Carrara*), dont les principales carrières sont à Montatello, Pianello, Carpevola, Artana, Finestra, Gioia, Calacata, Lorano, Roncaglia, Vaddo, Altagna, Antona, Carchio, Casette, Ficale, Saineta, Forno, etc. D'autres bleus turquins encore fort estimés, sont : le *bardiglio liniata di Massa*, le *turchino di Rossa* des environs de Sienne, et le *bottazo*, le *bardiglio* de Toscane, le *bardiglio fiorito*, le *bardiglio scuro* et le *bardiglio dei bagni alla duchessa*.

La Grèce et l'Espagne ne possèdent pas, ou du moins n'exploitent pas de marbres bleus. Le Portugal n'exploite qu'une carrière à Serpa ; l'Allemagne, une seule à Hurtignag, dans le Wurtemberg.

Les marbres bleus de France sont : le louvic-soubiron, le bedoux et le bleu de ciel (Basses-Pyrénées), le bleu de Salins (Jura), le bleu turquin de la Haute-Garonne, le blanc de Plougastel (Finistère), le bleu doré de Châtillon-sur-Seine (Côte-d'Or), le bleu turquin de Serragio (Corse), les bleus turquins de l'Aude, dénommés aussi bleus de Caunes ; enfin le bleu de Valle-en-Pallières (Jura). Signalons en Algérie dans les carrières du Filfila, province de Constantine, le bleu turquin fleuri dont le fond est agréablement rompu par des nuances blanchâtres et sillonné de petites veines d'un ton noir.

Marbres gris ou dans lesquels cette couleur domine. — Les marbres gris d'Italie sont : le marbre de Cé, dans le Bergamasque ; le *valdieri* (Sardaigne), le *mischio di marmoraja* et le *bijio di Radi* des environs de Pise, le *mischio di Serra-Valle*, le *bigio di fiume grassino* des environs de Turin, la *pietra di grassino* dans le Piémont ; la *pietra di Frabosa*, la *pietra Pernice*, le *scuro liniata di Mugione*, dénommé aussi *bigio con frappa di Pise* et quelquefois *nuvoloso di Mugnione*, mais ces deux marbres sont différents : le premier est d'un gris olivâtre, et le second d'un gris rougeâtre ; le *mischio da Volterra*, le *mischio dei Conti* et le *scuro del Porto-Venere*, le *brantonico* et le *maiolica*, le *brescian* du val de Camonica, l'*Ardese* de Bergamasque, le *minerale di Taglia-Ferro* et le *breccia di Mitigliano* en Toscane.

Les marbres gris de la Belgique sont : les pieds-de-souris des carrières de Montigny-Saint-Christophe (Hainaut) ; le violon de Vodelée ; le florence de Lesves et celui de Philippeville ; le léopard de Philippeville, dans la province de Namur; le sainte-anne de La-valle-Chaudeville, de Bossulès-Walcourt, le sainte-anne de Fontaine-Valmont, le brayel-le saint-anne de Barbançon, dans le Hainaut; dans la même province, tous les sainte-anne de la Buissière, de Solre-sur-Sambre, de Montigny-Saint-Christophe, de Leugnies, de Solre-Saint-Gery, des Hautes-Whiries, enfin dans le Namur, les sainte-anne de Soulme et de Lesves.

La Grèce ne possède pas, ou n'exploite pas de marbres gris proprement dits; elle n'a que des marbres d'un blanc grisâtre.

L'Espagne possède peu de marbres gris; les plus employés sont le marbre de Tolède et une variété de marbre de Cortegna (Andalousie).

Le Portugal ne possède pas, ou n'exploite pas de carrières de marbres gris.

Les marbres gris d'Allemagne sont : les gris cendrés de Querfut, de Goslard, de Greiffen-berg; les marbres de Diegeigen, de Zoeblitz et de Selbitz.

La Moravie possède trois variétés de mar-bres gris : les marbres de Spornhan, d'Hos-tienitz et de Wiesthal.

Les marbres gris de France sont : le pul-teau (Vendée), le sussac (Haute-Vienne), la lave de Volvic (Puy-de-Dôme), le linghon (Pas-de-Calais), le grandrieux (Nord), le bour-bonnais ou le corbing, le gris bleu du Niver-nais (Nièvre); dans le département de Maine-et-Loire, le marbre d'Angers, la fleur de pêche de Savennières, qui ne ressemble en rien avec le marbre italien du même nom (*fiore di per-sica*); les marbres d'Assier, de Reyrevignes (Lot), le cousance près Lons-le-Saulnier (Ju-ra), le marbre cendré de Fauche (Pyrénées-Orientales), le gris blanc de Saint-Béat (Haute-Garonne), le marbre d'Entrevaux et le tacheté de Barbançon (Basses-Alpes), le gris de Val-de-Suzon (Côte-d'Or), ainsi que le coarlon dans le même département; le gris veiné de jaune de Gilly près de Bourbon-l'Archambault (Allier); le marbre gris et noir veiné de blanc de Grandrieux, près Maubeuge (Nord); le gris et noir veiné de jaune de l'Es-tendar, près de Saint-Maximin (Var).

Marbres jaunes et autres dans lesquels cette couleur domine. — Les marbres jaunes d'Italie sont : le jaune de Pelli et de Casenti (Toscane); de Montarenti, dans les environs de Sienne; de Serravezza, près de Carrare; du lac de Garde, au lieu dit *Torri*; les jaunes de Fiesole, de Volterra, de Sienne, le *mugnione*, le *castro-nuova*, le *grandino*, l'*esmate*, le *ceno*, le *nembro* et le *pillora del fiume Ema*; enfin, sur les bords de l'Arno, il existe plusieurs variétés de marbres jaunes, ce sont : le *tigrata*, le *caia di pillora*, le *giallo liniata* et le *giallo con frappa*.

La Belgique ne possède pas de marbres jaunes proprement dits; on n'y trouve ce ton que mêlé à d'autres couleurs.

La Grèce, l'Espagne, le Portugal, l'Alle-magne, l'Autriche et l'Angleterre sont dans le même cas que la Belgique.

Les marbres jaunes de France sont : le jaune d'Ampus et l'isabelle, dans le Var; dans la Seine-Inférieure, le marbre de Saint-Étienne; le beauregard (Meurthe), le saint-julien (Lozère), les jaunes d'Appisson et du Céon; le floirac, le gramat et le saint-simon (Lot); le fougères (Hérault), le saint-jean, le marbre de Tray (Bouches-du-Rhône), le saint-rémy d'Aveyron; le nankin du Val-Niger, l'incarnat du même lieu, dans l'Aude.

Marbres noirs. — Les marbres noirs d'I-talie sont : le marbre de Como, du Piémont, de Guzzania, de Vallerano; le *parangone*, et le *santa-maria del Bosco*.

Les marbres noirs de Belgique les plus connus sont : le noir de Dinant, de Galzinnes, une variété du précédent; les draps-mortuai-res de Roisin et d'Angre.

Le seul marbre à peu près noir de la Grèce est un marbre exploité à Ténare.

L'Espagne et le Portugal n'ont pas de mar-bres noirs proprement dits; ces contrées ne possèdent que des variétés de *portor*.

L'Allemagne ne possède guère qu'un mar-bre noir, employé surtout pour les monuments funèbres : c'est le wernigerode; ensuite une espèce de basalte, mais d'un noir puce dit *marbre de Stalpen* (Poméranie).

L'Autriche possède en Moravie deux va-riétés de marbres noirs situées dans les couches du terrain devonien et qu'on appelle *marbre noir de Losch et de Tichnowitz*.

Les marbres noirs français sont tirés des carrières de l'île Ronde (Finistère), de Laval (Mayenne), de Bisé (Haute-Garonne), de Caunes (département de l'Aude), de Castres (Tarn), de Saint-Fortunat (Rhône), de Fremaye (Saône-et-Loire), de Charleville (Ardennes), de Pouilly (Doubs) et de Barbançon (Nord).

Marbres noirs et blancs. — Les marbres noirs et blancs d'Italie sont : les marbres de Porto-Venere, de Monte-Alcino, de Bergamasque, de Tavernola et de Poggio.

La Belgique, la Grèce, le Portugal, l'Allemagne, l'Autriche, l'Angleterre, ne possèdent pas de marbres franchement nuancés de blanc et de noir ; l'Espagne n'exploite qu'une carrière à Morviedro.

Marbres rouges, roses et roux et autres dans lesquels ces couleurs dominent. — L'Italie possède une très-grande variété de ces marbres, nous ne mentionnerons que les principaux ; ce sont : le *rosso de Verone*, le *rosso fiorito de Arno*, le *garatonio*, le *trapani*, le *castagneto*, le *caldana*, les *campigliese*, enfin diverses variétés provenant de Taormina.

Les marbres belges de cette catégorie sont : le rouge royal de Frauchimont ; les marbres de Merbec-le-Château, ceux de Renlies, Rances, Haye-des-Saules, dans le Hainaut.

La Grèce possède quelques variétés de marbres rouges fort belles, la plupart très-anciennement exploitées ; mentionnons le rouge antique de Cynopolis, les rouges antiques de Lageia et de Damaristica.

L'Espagne et le Portugal ne possèdent point de marbres franchement rouges ; ils sont tous plus ou moins mélangés de jaune et de gris ou de brun ; mentionnons cependant, en Espagne, le rouge de Murcie, le brun-rouge de Cueta (province de Léon), les rouges de Cordoue, de Molina et de Séville.

L'Allemagne ne possède que deux variétés de marbres à fond rouge ou rougeâtre, ce sont les marbres de Stelzburg, de Ratisbonne, de Bohême et de Wolfenbuttel.

La Moravie (Autriche) exploite une carrière de marbre rouge à Hostienitz.

Les variétés de marbres français faisant partie de cette classe sont extrêmement nom-breuses ; nous mentionnerons plus particulièrement : dans le département de la Sarthe, les marbres de Juigné, le tigré de Sablé, le saint-serges et le madréporique ; dans le département du Nord, le rouge foncé de Cousolre, le rouge d'Hestrud et le rouge dozoir ; dans la Mayenne, le rose enjugeraie, le sarrancolin de l'Ouest, le rose de laize, le rouge et noir de Laval et le saint-berthevin ; dans la Meurthe, le beauregard et le lorrain ; dans la Lozère, le rouge jaspé de la Peyrère, le marbre de Languedoc ; dans le Lot, les marbres d'Aynac, de la Poujade et de Livernon ; dans la Haute-Loire, le laugeat ; dans le Jura, le pourpré de Dôle, la fausse griotte, le sirod ou ventre-de-biche, le crosets ; dans l'Hérault, le marbre de Cette, le beau languedoc, l'antique, le sanguin ; dans la Haute-Garonne, le rouge sanguin, la fleur de pêcher ; dans le Gard, le marbre rouge d'Alais ; dans le Doubs, le rosé ou jaspe-agate ; dans la Côte-d'Or, le marbre dauphin, le pourpre, le fixin et le rouge-joyeux ; dans la Corse, trois ou quatre variétés de marbre d'Oletta ; dans les Bouches-du-Rhône, le marbre de Tholonet, celui de Beaurecueil, et ceux de Pennes et de Fabregoule ; dans l'Aude, le rouge-français, l'isabelle campan, le félines-d'hautepoul et le grand-incarnat ; dans l'Ariége, le marbre cervelas, le grand-rouge de Montferrier, le rouge de Belasta ; dans les Ardennes, le cerfontaine, le charleville, les rouges de Flandre et de Givet, le charlemont ; dans l'Ain, le rosé, le bagny ; enfin dans le département de l'Allier, le bourbonnais.

Mentionnons ici une fort belle variété de marbre rouge algérien nommée *pourpre numidique*, qu'on extrait depuis quelques années seulement des marbrières du Filfila, province de Constantine. Nous avons vu de fort beaux échantillons de ce marbre à l'exposition universelle de 1878. Sa couleur est extrêmement riche et brillante, éclatante même, mais elle est nuancée de tons jaunâtres qui harmonisent très-heureusement sa tonalité générale. Le pourpre numidique est très-dur, aussi son poli est remarquable et doit se conserver intact fort longtemps.

Nous ne saurions terminer la nomenclature des marbres rouges sans donner des détails complémentaires sur le sarrancolin, que nous n'avons fait que mentionner un peu plus haut, et sur le rouge acajou de Cierp (Haute-Garonne) (1).

Les carrières de sarrancolin sont situées sur deux versants, Ilhet et Beyrède, situés l'un en face de l'autre et qui encaissent le cours de la Neste dans la vallée d'Aure (Hautes-Pyrénées). Les carrières furent ouvertes par l'un des fils de la Montespan, le duc d'Antin, intendant général des bâtiments, lequel duc possédait dans les Pyrénées de vastes propriétés. Grâce aux caisses de l'État, le fils de la Montespan donna une vigoureuse impulsion à l'exploitation de ces carrières, qui fournirent des matériaux pour le salon d'Hercule, la galerie des Glaces, et la cheminée de l'Œil-de-bœuf à Versailles. Il existe encore d'autres travaux en sarrancolin, notamment diverses cheminées à Trianon, le socle du tombeau de Lebrun à Saint-Nicolas du Chardonnet, enfin un grand nombre de piédestaux et de gaînes au musée du Louvre; les trente colonnes monolithes de l'escalier de l'Opéra sont en sarrancolin; leur prix de revient est d'environ 5,000 fr. l'une. Le rouge acajou de Cierp se rapproche beaucoup des rouges antiques. Cierp est un petit village situé à quelques kilomètres de Saint-Béat, l'exploitation de ce marbre n'a commencé qu'en 1874 par la société des marbrières françaises (Dervillé et Cie).

Marbres verts, ou dans lesquels cette couleur domine. — Les marbres verts italiens sont extrêmement nombreux; nous mentionnerons : dans le Piémont, le *verde di Susa* et de *Porto-Venere*; dans la Toscane, l'*impronela*, le *nuvoloso di Arno*, le *breccia di pillora di Arno*, le *Mugione*, le marbre vert de Pise, le *verde di Pistoja*, le marbre de Vallerano, le marbre de Florence, le florentin ou poppi; dans l'ancien duché de Parme, le *verde di Pratolino*, le *verde di Prata*; dans la Sardaigne, le vert du val Sesia ou Rocca; dans la Sicile, le vert de Trapani, le *serravezza di Majola*, le bisachino; dans les environs de Padoue, le *verde mischio*.

A part toutes ces variétés, il existe un grand nombre de serpentines dans diverses localités et dans le commerce; on ne les désigne que sous le nom générique de *serpentine*.

La Belgique, le Portugal et l'Angleterre ne possèdent, ou du moins n'exploitent pas de marbres verts; la Grèce possède une belle serpentine dite *de Ténos*; l'Allemagne, un marbre vert uni assez remarquable qu'on extrait des carrières de Rochlitz; enfin l'Autriche (Moravie), deux serpentines, celles de Lind et de Gastein.

Les gisements de marbres verts français sont assez considérables; nous mentionnerons : dans les Basses-Alpes, le lauzanier; dans les Bouches-du-Rhône, le leirie, dans les environs d'Aix; dans la Corse, la serpentine du Bivinco, les *cippolini* de Corte et d'Herbalonga, et le *verde di Corsica*; dans le Lot, les serpentines de Véru, de Pech-Cardaillac, d'Estival; dans les Basses-Pyrénées, le lescun; dans les Hautes-Pyrénées, le vert rubané, le campan vert clair d'Espiadet, le campan vert foncé; dans le Var, une belle serpentine; dans la Vienne et dans la Haute-Vienne, deux belles serpentines; enfin dans les Vosges, la serpentine des Goujats, près d'Éloyes.

VIII. PORPHYRES. — Les porphyres sont pour ainsi dire des variétés de granits; ils sont formés d'une pâte feldspathique, mais le quartz et le mica n'entrent pas dans leur composition. On emploie les porphyres pour le pavage, pour les chaussées d'empierrement, enfin pour divers autres usages, notamment pour des colonnes, des tombeaux, des sarcophages, des bénitiers, etc. Nous ne donnerons pas une longue nomenclature de ces matériaux, car la plupart des porphyres se ressemblent, mais nous mentionnerons ceux qui sont les plus connus, soit à l'étranger, soit en France. — Les anciens tiraient leurs porphyres de l'Éthiopie, de l'Égypte, de la Numidie, des bords de la mer Rouge, des îles de l'Archipel et de plusieurs carrières de l'Italie. On trouve aujourd'hui des carrières de porphyre à Wilsdorf en Saxe, en Transylvanie, en Norvège, en Suède, en Belgique, etc. Les porphyres belges de Lessines et de Quenast sont employés à Paris pour les

---

(1) Ces renseignements sont tirés en partie de la notice signalée ci-dessus, page 137, note 2.

chaussées d'empierrement; le porphyre sué-
dois d'Elfdal, dans l'ancienne province de Da-
lécarlie, était autrefois fort célèbre; aujourd'hui
ces carrières ont cessé d'être exploitées. Le
plus bel ouvrage que nous ayons vu de cette
matière est un vase colossal, imité de l'antique, et qui se trouve placé devant le château
de Rosendal au parc royal, près de Stockholm; ce vase mesure 4^m,50 de largeur sur
2^m,70 de hauteur, il pèse plus de 6,000 kilogrammes. Dans l'église de Riddarholmen à
Stockholm, nous avons vu également une fort
belle pièce du même porphyre : c'est un sarcophage renfermant les restes de Charles XIV;
c'est une copie du sarcophage d'Agrippa qu'on
voit au Vatican.

En France, les porphyres les plus connus
sont : dans le département des Hautes-Alpes,
le feuille-morte; dans l'Ariége, le moulis; les
porphyres de Corse, et parmi ceux-ci le *giro-
lata*; dans le département de la Loire, les
porphyres de Saint-Maurice et de Villeret;
dans la Loire-Inférieure, le porphyre violet
d'Erbée; dans la Lozère, les porphyres de
Canilhac; dans le Puy-de-Dôme, le porphyre
rouge et le porphyre noir; dans l'ancien département du Haut-Rhin, le porphyre des
Vosges; dans la Haute-Saône, les porphyres
de Ternay et de Belfahy; dans le Var, le porphyre rouge; dans les Vosges, le porphyre
des Vosges.

PRATIQUE. — Dans le présent paragraphe
nous nous occuperons de l'exploitation, du
débit et de la taille des marbres. — Comme
les autres calcaires, les marbres se trouvent
dans la nature par bancs d'une épaisseur plus
ou moins considérable; aussi, pour les extraire
de la carrière, on opère à peu de chose près
comme s'il s'agissait d'extraire d'autres roches; toutefois, comme on s'efforce de retirer
de grands blocs d'une seule pièce, on choisit
les bancs qui paraissent devoir s'y prêter plus
facilement. On taille le bloc de droite à gauche
et sur les côtés à angle droit, puis on pratique une rainure sur la face supérieure du
banc : c'est dans celle-ci qu'on enfonce des
coins sur lesquels on frappe afin de détacher
la masse, après avoir eu soin toutefois de
dégager le dessous du banc qui souvent est

terreux. Quand un gros quartier est détaché,
on dresse grossièrement les parements sur toutes
les faces, on obtient ainsi le *marbre brut*,
qu'on dirige sur les scieries, afin de le débiter; ce débitage s'obtient à l'aide de châssis
de sciage qui marchent mécaniquement, soit à
l'eau, soit à la vapeur. Dans l'antiquité ces
forces motrices étaient remplacées par les bras
de l'homme, on y employait des esclaves. Chaque châssis de sciage comporte une moyenne de
trente lames, ce qui permet de débiter trente et
une tables à la fois. La distribution de l'eau, du
grès, et la descente du châssis elle-même, se font
automatiquement; un seul homme suffit pour
surveiller le travail qui autrefois aurait exigé
trente ouvriers. On nomme *marbre en tranche*
celui qui est débité en tables de 1 à 6 centimètres
d'épaisseur; *marbre dans sa passe*, celui qui a
été débité sur la largeur du banc, c'est-à-dire
parallèlement à son lit; *marbre en contre-passe*,
celui qui au contraire a été débité perpendiculairement au lit, c'est-à-dire dans la hauteur du lit. On nomme *marbre piqué* celui
qui n'a été taillé qu'à la pointe; *marbre ébau-
ché*, celui qui n'a été travaillé qu'à la double
pointe et au ciseau; *marbre poli*, celui qui,
après avoir été frotté avec le grès (Voy.
ÉGRISAGE) et la pierre de Gotland ou le
rabot, est ensuite repassé avec la pierre ponce,
et poli avec le bouchon de liége, de la potée
d'étain et d'émeri, puis avec le bouchon de
linge et de la potée d'os; enfin *marbre lustré*,
celui qui a été lissé, frotté, poli et passé au
bouchon avec de la cire. — Sous le rapport
de leurs défauts, on distingue : les *marbres
filandreux*, c'est-à-dire ceux qui ont des fils ou
des veines terreuses, on les nomme aussi *terrasseux*, parce qu'ils ont leur surface couverte de
tendres appelées *terrasses*, qu'on bouche ordinairement avec des MASTICS (Voy. ce mot);
marbres poufs, ceux qui ne gardent pas la
taille et se rapprochent des grès; *marbres
fiers*, ceux qui sont durs, difficiles à travailler
et sujets à s'éclater; *marbres camelotés*, ceux qui,
après avoir été travaillés, présentent des *éton-
nures* ou l'aspect d'une pierre ÉTONNÉE. (Voy.
ce mot, ADOUCIR, ADOUCISSAGE et LUSTRÉ.)

MARBRE FACTICE OU ARTIFICIEL.

— On désigne sous ce nom ou sous celui de *stuc* des compositions de plâtre durci par des procédés divers. (Voy. Stuc.)

MARBRERIE, *s. f.* — L'une des industries du bâtiment qui comprend tous les travaux exécutés en marbres ou en pierres dures classées parmi ceux-ci. La marbrerie comprend le débit ou débitage, la taille, le polissage du marbre, l'exécution des cheminées, chambranles de portes, niches, escaliers, salles de bains, les dallages, les pavements, les lambris, les plinthes, etc. (Voy. Marbre.)

MARBRIER, *s. m.* — Ouvrier qui pratique tous les travaux de marbrerie ; ce même terme s'applique aux entrepreneurs qui exécutent ou font exécuter ces mêmes travaux, ainsi qu'à ceux qui vendent les cheminées, tombeaux, monuments funéraires, colonnes, etc. — Dans la peinture en décor, on nomme *marbrier*, celui qui peint en marbre, c'est-à-dire qui imite les divers genres ou variétés de marbre.

MARBRIÈRE, *s. f.* — Carrière d'où l'on tire le marbre.

MARBRIFÈRE, *adj.* — Qui porte, qui fournit du marbre, qui est en marbre : ainsi on dit, carrière ou montagne marbrifère.

MARCHAGE DE L'ARGILE. — Corroyage de l'argile avec les pieds. Ce procédé, qui n'est plus en usage que dans les petites tuileries ou briqueteries, tend tous les jours à disparaître, par suite des machines à bas prix inventées pour suppléer à ce travail de l'homme.

MARCHAND, *s. m.* — Celui qui vend une marchandise : ainsi, un marchand de ciment, de bois, de plâtre, etc.

MARCHAND (fer). — Fer qui se trouve dans le commerce et qu'il n'est pas nécessaire de faire exécuter sur commande.

MARCHANDAGE, *s. m.* — Industrie du marchandeur. — Entreprise à la tâche de travaux sous-traités par un entrepreneur. Le terme de *marchandage* n'est guère plus employé aujourd'hui qu'en parlant des travaux de menuiserie. Ce terme est synonyme de travail à la Tâche. (Voy. ce mot et Tacheron.)

MARCHANDEUR, *s. m.* — Celui qui travaille aux pièces à façon ou à la tâche. Ce terme est synonyme de Tacheron. (Voy. ce mot.)

MARCHANDER, *v. a.* — Faire un travail pour un prix convenu, ou d'après des prix débattus ou réglés par des tarifs en usage.

MARCHANDISE, *s. f.* — Chose dont on peut trafiquer.

MARCHE, *s. f.* — Degré d'escalier, c'est-à-dire partie sur laquelle on pose le pied, sur laquelle on *marche*. Les marches peuvent être en pierre, en bois, en fer, en fonte ; elles sont, suivant leur coupe, diversement assemblées. Dans un escalier, on nomme *marche palière*

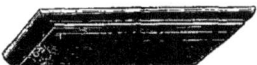

Fig. 1. — Marche droite (vue de dessous).

celle qui correspond à la hauteur d'un palier ; *marche de départ*, celle qui sert de point de départ à l'escalier, et *marche d'arrivée*, la dernière marche ; *marche droite*, celle dont le giron est compris entre deux lignes parallèles ; *mar-

Fig. 2. — Contre-marche.

che dansante, celle où ces mêmes lignes ne sont pas parallèles : le dessous de ces marches est une surface gauche DÉBILLARDÉE (Voy. ce mot et DÉBILLARDEMENT) ; *marche biaise*, celle dont les extrémités ne sont pas coupées d'équerre à la face antérieure, mais de biseau ; dans le langage ordinaire, on confond trop souvent celle-ci avec la *marche dansante* ; *marche pleine* ou *marche massive*, celle qui est taillée en plein dans la masse du bois ou de la pierre et qui n'est pas évidée. Notre figure 1 montre une marche droite vue de dessous, et notre figure 2 sa contre-marche; la languette supérieure de celle-ci s'encastre dans la rainure placée au-dessous de la marche. (Voy. ESCALIER, fig. 1, 2, 3, 4.)

MARCHEPIED, *s. m.* — Petit escalier portatif composé de marches assemblées dans deux limons semblables à ceux des échelles de meunier. Les marchepieds sont simples ou doubles; dans le premier cas, un assemblage en bois les maintient debout; dans le second cas, les deux échelles sont ferrées avec de grandes équerres dites *à tête de compas* et maintenues dans un espacement convenable à l'aide de crochets d'écartement. — On donne encore ce nom à la marche la plus élevée d'une estrade quelconque; enfin, on nomme *marchepied* le passage que les riverains d'un cours d'eau sont tenus de laisser le long desdits cours d'eau, comme chemins de HALAGE. (Voy. ce mot et la législation qui le concerne.)

MARCHÉ, *s. m.* — Lieu couvert ou découvert, suivant le pays où il se trouve, affecté à la vente des denrées ou à celle de marchandises et d'objets divers nécessaires aux besoins journaliers. Chez les Grecs, le marché se tenait à l'AGORA (Voy. ce mot); chez les Romains, dans le FORUM. (Voy. ce mot.) Le

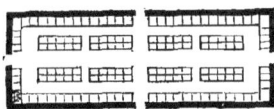

Fig. 1. — Plan d'un marché en forme de halle.

moyen âge créa les halles, vastes couverts en charpente supportés par des piliers, des colonnes ou des poutres. Ces grands bâtiments, généralement affectés à la vente d'une ou du moins d'un petit nombre de denrées ou de marchandises agricoles, ou d'objets manufacturés, étaient bas, obscurs et malsains; il était réservé à notre siècle de créer de vastes marchés, larges, aérés et bien ajourés, et de leur donner un caractère monumental. Nos figures montrent deux plans différents de marchés. (Voy. HALLE.)

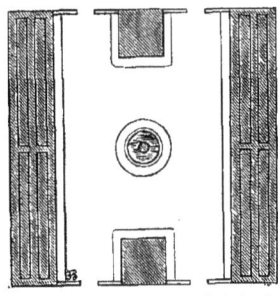

Fig. 2. — Plan d'un marché avec cour, fontaine et pavillon.

MARCHÉ. — Ce terme est aussi synonyme de *convention*, de CONTRAT. (Voy. ce mot, CAHIER DES CHARGES et DEVIS.)

MARDELLE. — Voy. MARGELLE.

MARGELLE, *s. f.* — Sorte de bahut entourant l'orifice d'un puits, afin de prévenir les accidents qui pourraient survenir si les puits n'étaient pas pourvus de ce genre de barrière. Les margelles peuvent être circulaires, carrées ou à pans; quelquefois même on a utilisé pour cet usage de magnifiques chapiteaux, des fonts baptismaux, etc., qu'on a perforés. La maçonnerie qui supporte les margelles se nomme mur de mardelle. (Voy. PUITS.)

MARGEOIR, *s. m.* — Plaque de fonte bouchant les soupiraux dans un four à fusion destiné à la fabrication des glaces.

MARGOUILLET (ENTAILLE A). — Entaille plus profonde à ses deux extrémités que dans son milieu. Ce genre d'entaille n'est guère employée que par les charpentiers. — En termes de marine, on nomme ainsi une sorte d'anneau que de petits manœuvres emploient pour descendre sur le pont.

MARGRITIN, *s. m.* — Espèce de rocaille très-fine employée pour la décoration des jardins paysagers.

MARGUÉ, *s. m.* — Manche d'un marteau des forges catalanes.

MARIAGE, *s. m.* — Réunion de plusieurs bandes de marbre ou de plusieurs carreaux que l'on scelle bout à bout sur une dalle, afin de pouvoir les diviser d'un même trait de scie. — En termes de marine, on nomme ainsi la réunion de deux cordages au moyen d'amarrages plats; d'où le terme, *marier* deux cordages.

MARIE-SALOPE, *s. f.* — Petit bateau plat d'une construction particulière servant à transporter à une certaine distance la vase et le sable et autres immondices extraits d'un port, d'une rivière, à l'aide d'une drague. On lui donne aussi le nom de *gabare à vase.*

MARMENTEAU, *adj.* et *s.* — Bois marmenteau, arbre de haute futaie conservé auprès d'une maison comme décoration, et faisant pour ainsi dire partie de l'immeuble; aussi l'usufruitier n'a pas le droit de le faire couper. — Ce terme est pris quelquefois substantivement.

MARMITE, *s. f.* — Vase de fonte dans lequel les plombiers font fondre leur plomb.

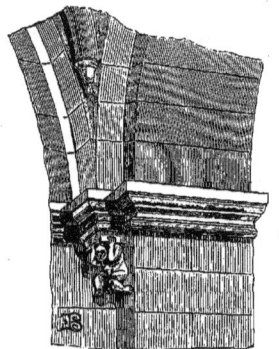

Fig. 1. — Marmouset remplissant l'office d'un culot
(église de Rosheim).

MARMORÉEN, ENNE, *adj.* — Qui a la nature ou l'apparence du marbre; calcaire marmoréen; décoration marmoréenne.

MARMORIFORME, *adj.* — Qui a la forme, l'apparence du marbre.

MARMOUSET, *s. m.* — Petite figure grotesque. Ces petites figures sont accroupies ou couchées, elles tiennent souvent un phylactère

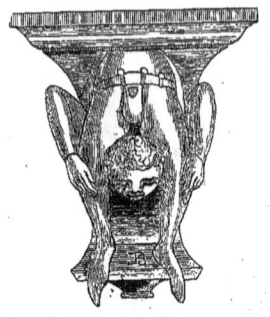

Fig. 2. — Marmouset adossé à un support (face)
(hôtel des ambassadeurs d'Angleterre, à Dijon).

déroulé; elles forment la décoration d'un culot, d'un support, et servent à remplir le vide d'un caisson. Leur origine remonte au XIII° siècle; on peut même voir l'idée première du marmouset dans certains motifs de style roman. Mais c'est principalement dans le style ogival tertiaire qu'on voit les marmousets apparaître fréquemment dans la décoration; à cette époque, en effet, on les retrouve sur toutes les parties des édifices susceptibles

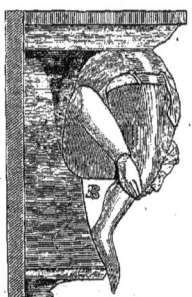

Fig. 3. — Profil de la fig. 2.

de les recevoir, sur les chapiteaux des colonnes et des piliers; souvent même ils remplacent à eux seuls les chapiteaux; ils figurent à l'extrémité des clefs pendantes, comme amortissements recevant la retombée des nervures des voûtes. Les marmousets ornent également les archivoltes, les culs-de-lampe, les portails

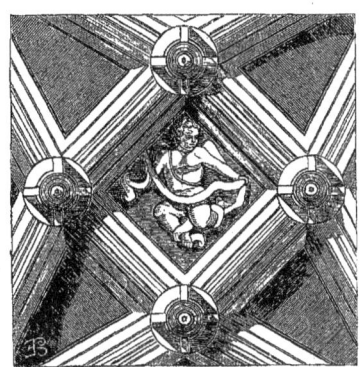

Fig. 4. — Marmouset avec phylactère décorant un caisson (plafond du château d'Azay-le-Rideau).

des églises, etc. (Voy. nos figures.) — On donne aussi ce nom à une espèce de chenet en fonte en forme de prisme triangulaire et dont une extrémité est ornée d'une figure grotesque.

MARNE, *s. f.* — Terre argileuse mélangée de calcaire et de sable dans des proportions variables. — On emploie les marnes argileuses pour faire des briques et même des poteries communes.

MARONAGE (Droit de). — Faculté que possèdent les habitants d'une commune située dans le voisinage d'une forêt de se faire délivrer des bois de cette forêt pour construire ou réparer leurs maisons; les règles applicables au droit de maronage ont beaucoup d'analogie avec celles concernant l'Affouage. (Voy. ce mot.)

MAROUFLE, *s. f.* — Terme de peinture. Colle très-forte et très-résistante dont on se sert pour maroufler.

MAROUFLER, *v. a* — En menuiserie, c'est coller à la colle forte de la toile solide et

résistante derrière des panneaux de lambris ou derrière des planches assemblées. Les menuisiers marouflent ces panneaux pour empêcher la disjonction des rainures. — En peinture, c'est coller un tableau peint sur toile, avec de la *maroufle*, en l'appliquant soit sur une toile pour renforcer la toile peinte, soit sur un enduit, soit sur un mur. Aujourd'hui, les grandes peintures monumentales, au lieu d'être exécutées à la fresque, sont peintes sur toile et marouflées. Si ce procédé eût été employé par les anciens et au moyen âge, nous n'aurions pas à regretter des pertes irréparables d'une quantité de peintures à la fresque. — C'est aussi couvrir avec de la colle de pâte ou de la gélatine des toiles peintes ou des papiers peints, qu'on pose sur des châssis placés sur les murs, afin d'empêcher l'adhérence de ces tentures sur les murs. Ce procédé offre le double avantage d'obtenir des tentures mieux tendues et d'empêcher l'humidité des murs de ruiner ces tentures dans un avenir plus ou moins lointain. Aujourd'hui, toutes les belles tapisseries sont marouflées.

MARQUE, *s. f.* — Tout signe servant à faire reconnaître; mais on donne plus particulièrement ce nom à des signes conventionnels exécutés sur la pierre, sur le bois, soit pour les tailler, soit pour reconnaître leur assemblage ou la place qu'ils doivent occuper dans la construction, ce qui facilite leur pose. — A l'époque romane et même pendant le moyen âge, chaque ouvrier, ou chaque groupe d'ouvriers, inscrivaient sur les blocs qu'ils taillaient ou qu'ils mettaient en œuvre un *signe* ou *sigle*, dénommé *signe* ou *marque lapidaire* ou bien *marque de tâcherons*. Ces signes restaient apparents, soit à l'intérieur, soit à l'extérieur des édifices, et ils servaient au règlement des travaux. Sur un grand nombre d'anciennes constructions, principalement sur les églises des XIe, XIIe, XIIIe et XIVe siècles, on retrouve sur le parement des pierres de ces marques, dont on ne connaissait pas bien la signification, il y a quarante ou cinquante ans. Certains archéologues y voyaient simplement des marques employées pour éviter la confusion au milieu des matériaux et servant à guider la pose des pierres; d'autres archéologues y voyaient avec raison des marques des tailleurs de pierres servant à distinguer la besogne accomplie par chacun

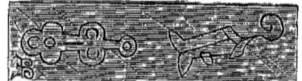

Fig. 1. — Marques de tâcherons
(chœur de l'église de Neufchâtel).

d'eux. — Nous venons de dire que l'usage de ces marques remonte au xıᵉ siècle, nous pensons même que celles de l'ancienne église de Neuf-

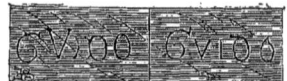

Fig. 2. — Marques de tâcherons (intérieur de l'église de Neufchâtel).

châtel (Suisse), que nous donnons ici, sont du xᵉ siècle; mais l'antiquité paraît avoir employé ce mode de contrôler les travaux : il en existait, dit-on, sur les murs d'enceinte de

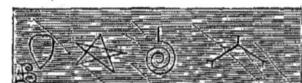

Fig. 3. — Marques de tâcherons (transsept de l'église de Neufchâtel).

Pompéi, sur l'amphithéâtre d'Arles, sur la porte dénommée *Porte noire* à Trèves, et ailleurs; mais nous devons ajouter que, dans les monuments antiques, ces marques n'existent que sur des constructions ou sur des parties de constructions non ravalées et par conséquent inachevées, tandis qu'au moyen âge on les voit sur des monuments complétement terminés.

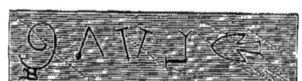

Fig. 4. — Marques de tâcherons (intérieur de l'église de Neufchâtel).

Du reste, cet usage ne s'est pas entièrement perdu; encore aujourd'hui, les pierres de Château-Landon, qui arrivent toutes taillées sur

certains chantiers, portent des marques identiques aux anciennes marques de tâcherons. — En général, les signes lapidaires sont

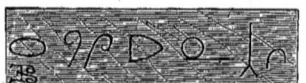

Fig. 5. — Marques de tâcherons
(intérieur de l'église de Neufchâtel).

formés de lettres, de chiffres, de figures géométriques, de pièces héraldiques, d'emblèmes

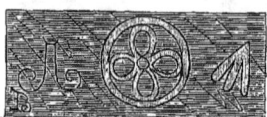

Fig. 6. — Marques de tâcherons
(extérieur de l'église de Neufchâtel).

vulgaires, d'outils et d'instruments élémentai-

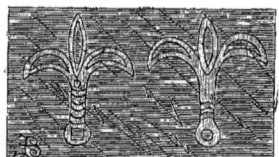

Fig. 7. — Marques de tâcherons
(extérieur de l'église de Neufchâtel).

res, c'est-à-dire de signes fort simples, composés de lignes droites et par conséquent faciles à

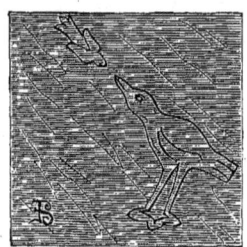

Fig. 8. — Marques de tâcherons
sur l'abside extérieure de l'église de Neufchâtel.

tracer. Quelquefois ces sigles sont en saillie, mais le plus souvent ils sont gravés en creux. Nos figures de 1 à 8 montrent des spécimens que nous avons relevés sur l'ancienne église de Neufchâtel (Suisse); notre figure 9 montre diverses marques qu'on rencontre le plus fréquemment sur les monuments érigés en France, notamment dans le Nord, aux cathédrales de Paris et de Reims; enfin nos figures 10, 11 et 12 font voir différentes marques de tâche-

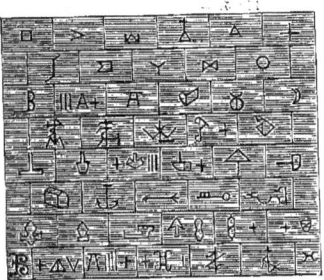

Fig. 9. — Diverses marques de tâcherons du nord de la France.

rons qui existent encore, du moins en partie, sur des monuments romans du midi de la France. Les mêmes marques se retrouvent parfois sur les monuments romans des bords du Rhin, ce qui peut faire supposer jusqu'à un certain point que ce sont les mêmes artistes et les mêmes ouvriers qui ont concouru à l'érection de ces mêmes édifices. Dans le midi de la

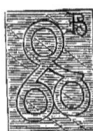

Fig. 10. — Marque de la tour de la cathédrale de Viviers (Ardèche).

France, les monuments qui portent des traces encore visibles de ces marques ou signes lapidaires, sont, dans le département de Vaucluse : les églises de Notre-Dame des Doms à Avignon, de Saint-Quenain de Vaison, de Notre-Dame de Vaison, de Beaumont, de Pernes; enfin on en voit dans la crypte d'Apt ; dans le département de la Drôme, les églises de Saint-Restitut, de Saint-Paul-Trois-Châteaux; dans les Bouches-du-Rhône, les monuments portant des

marques de tâcherons sont les églises Saint-Blaise, Saint - Trophime ; Sainte - Madeleine d'Arles, Saint-Jean de Moutiers-Arles, Saint-Honorat des Aliscamps, les chapelles de Saint-Gabriel et de Saint-Marcellin à Boulbon, toutes deux situées près de Tarascon ; dans le département de l'Ardèche, la crypte de Saint-Polycarpe du Bourg-Saint-Andéol, enfin la tour de la cathédrale de Viviers. Nous avons dit précédemment que les signes lapidaires servaient aussi quelquefois à guider les ou-

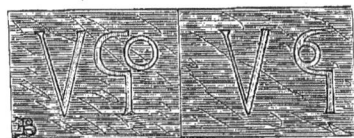

Fig. 11. — Marque d'un tâcheron nommé Hugo, qu'on retrouve aux églises de Beaumont, de Vaison, et à la crypte d'Apt (Vaucluse).

vriers dans la pose des pierres; cette intention est très-marquée sur la façade occidentale de la cathédrale de Reims. La semelle est la marque distinctive de l'assise; on voit employés à la porte centrale un croissant et un T renversé pour distinguer chaque jambage; à la porte de gauche, on a fait usage d'un couperet pour

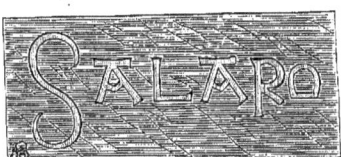

Fig. 12. — Marque d'un nommé Salard à l'église de Pernes (Vaucluse), au dixième de l'exécution.

le jambage droit et d'un dard pour celui de gauche ; ce qui donne, par exemple :

Jambage de gauche, 1re assise, un dard et une semelle ;

—   —   2e assise, un dard et deux semelles ;

—   —   3e assise, un dard et trois semelles ;

et ainsi de suite. Dans le jambage de droite, c'est un couperet qui remplace le dard et accompagne les semelles. Les voussoirs de la porte de droite sont indiqués, ceux du rampant de droite par un losange, ceux du rampant de gauche par une roue ; la situation de leur place, leur rang est également indiqué par un certain nombre de semelles, mais on y voit aussi tant sur l'un que sur l'autre des rampants de l'arc une clef, signe distinctif de leur qualité de voussoirs ; de sorte que, par exemple, le-premier voussoir du côté droit est marqué d'un losange, d'une clef et d'une semelle, et ainsi de suite. Du reste, le signe expressif de la clef est encore usité, mais on ne l'applique plus aujourd'hui qu'au voussoir central ou clausoir fermant l'arc ou la voûte ; on ne le grave plus sur les parements des joints, on se contente de le tracer à la pierre noire sur le parement de face. — Autrefois ces signes étaient gravés non-seulement sur le parement de face de chaque pierre, mais aussi sur les parements de joints et sur ceux de lits. Disons en terminant que les tâcherons employaient aussi comme marque une taille imitant la feuille de certaines fougères, ce qui fait qu'on donne aussi à ces marques ou sigles le nom de *tailles lapidaires*.

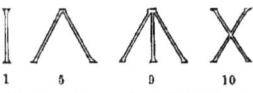

Fig. 1. — Marque des bois (chiffres).

MARQUE DES BOIS. — La marque des bois comprend une série de chiffres et de figures

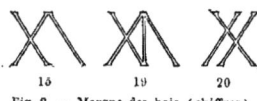

Fig. 2. — Marque des bois (chiffres).

pratiquées sur les pièces de bois avec l'aide d'un ciseau tranchant. Ces marques servent à indiquer les emplacements que doivent occuper les pièces au moment du levage, ainsi que les parties de ces mêmes pièces qu'on doit joindre pour former les divers assemblages. Les modes de marquer les bois sont assez variables, mais le plus usité est celui que nous donnons ici

d'après un habile praticien, Eyerre (1), et qui utilise des lettres majuscules et des chiffres romains, enfin des signes particuliers que nous

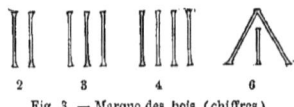

Fig. 3. — Marque des bois (chiffres).

donnons dans nos figures et qui indiquent les marques d'établissement, de position et d'étages,

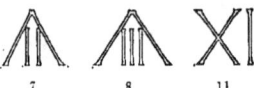

Fig. 4. — Marque des bois (chiffres).

de sciage, etc., etc.; en tout vingt marques, qu'on divise en trois catégories qui sont : les

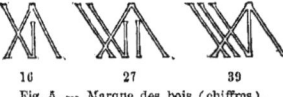

Fig. 5. — Marque des bois (chiffres).

nombres, les *lettres* et les *signes conventionnels*. La *marque numérale* comporte sept chiffres

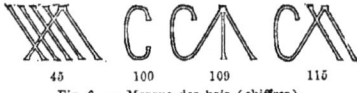

Fig. 6. — Marque des bois (chiffres).

normaux correspondant aux chiffres romains I, V, IX, X, XV, XIX, XX ; on les représente

Fig. 7. — Signifie 12, une montée ou 1er étage.

comme le montrent nos figures 1 et 2. Ces

(1) *L'appareil et la pratique de la charpenterie ou charpente civile en bois*, par Eyerre, premier charpentier, ancien prud'homme, compagnon charpentier et démonstrateur du trait. 1 vol. in-8, Paris, 1854. Nos figures sont en grande partie tirées de cet auteur, livre 1er, *Alphabet du charpentier*.

chiffres se combinent entre eux comme dans la numération romaine ordinaire pour former d'autres nombres ayant leur valeur propre :

Fig. 8. — Signes normaux (franc).

ainsi (fig. 3) les nombres 2, 3 et 4 se composent en répétant le nombre 1 autant de fois qu'il est nécessaire; les nombres 6, 7, 8, sont

Fig. 9. — Signes normaux (contre-marque).

formés du v renversé (fig. 4), renfermant un I pour 6, deux I pour 7, et ainsi de suite; 11 se compose de X et de I comme dans la numéra-

Fig. 10. — Signes normaux (crochet).

tion romaine; notre figure 5 montre le nombre 16, 17 et 39 formés par X, Λ plus I = 16; XX plus Λ plus II = 27; les XXX, plus le signe

Fig. 11. — Signes normaux (patte d'oie).

normal 9, égalent 39; enfin notre figure 6 montre les signes 45, 100, 109 et 115.

La *marque par lettres* comprend les lettres de

Fig. 12. — Signes normaux (langue de vipère).

l'alphabet majeur qui ne sont composées que de jambages, et, comme on les emploie conjointement avec les nombres, on a soin de ne pas utiliser les lettres I, V et X qui pourraient occasionner des erreurs, puisqu'on pourrait les confondre

respectivement avec les nombres 1, 5 et 10.

« La *marque par signes conventionnels*, comme le dit Eyerre (ouv. cité, page 60), com-

Fig. 13. — Demi-rond.

prend six signes normaux adoptés par l'usage et auxquels on a donné les différentes nominations de *franc, contre-marque, crochet, patte*

Fig. 14. — Double contre-marque.

d'oie, langue de vipère et *demi-rond.* A tous ces nombres et aux signes, on donne la dénomination de *francs,* quand ils ne sont pas accompa-

Fig. 15. — Double crochet.

gnés du signe *contre-marque.* » Nos figures représentent ces différents signes. Toutes ces marques peuvent être combinées ensemble et

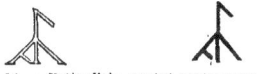

Fig. 16. — Patte d'oie, crochet contre-marque.

former des signes nouveaux qui prennent alors le nom de ceux dont ils sont composés. Ainsi, en alliant le nombre *quatre* avec le signe *patte*

Fig. 17. — Langue de vipère, contre-marque.

d'oie et la lettre N, on obtient un nouveau signe qui exprime : *quatre-patte-d'oie* à l'N.

En regard des autres signes, nous donnons l'explication de ce qu'ils représentent.

Par les figures qui précèdent, on peut voir

que les marques des bois ne sont guère composées que de lignes droites, et que les parties

Fig. 18. — Langue de vipère, patte d'oie (deux montées ou 2e étage).

courbes y sont rares ; les marques sont ainsi établies afin que l'ouvrier charpentier puisse

Fig. 19. — Crochet, contre-marque.

les tracer facilement soit avec le ciseau ou la bisaïguë, soit avec la rainette ; aussi, dans la

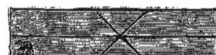

Fig. 20. — Trait à couper.

pratique, au lieu de marquer les bois avec le soin que réclameraient les types indiqués par nos

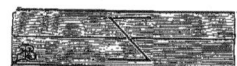

Fig. 21. — Trait à ramener ou trait rameneré.

figures depuis 1 jusqu'à 19, on les marque par un simple trait, comme le montrent les dou-

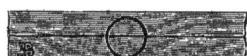

Fig. 22. — Ligne ou face de dessous.

bles figures placées à droite des premières et comme sont marquées nos figures de 20 à 37.

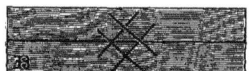

Fig. 23. — Ligne ou face de dessus.

Des signes spéciaux, nommés *marques d'établissement,* servent à indiquer les assemblages

et les coupes. On distingue dix-huit marques d'établissement, ce sont :

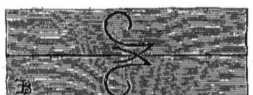

Fig. 24. — Ligne du milieu.

Le *trait à couper* (fig. 20), qui indique à l'ou-

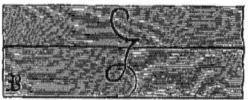

Fig. 25. — Une naissance ou un raccord de cintres.

vrier chargé de la taille que la pièce de bois doit être entièrement coupée à cette marque ;

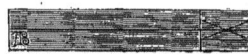

Fig. 26. — Le tenon.

lorsque celle-ci est faite sur une épure, elle sert à marquer sur celle-ci l'extrémité du bois

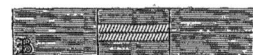

Fig. 27. — La mortaise carrée.

que l'on y doit placer. Le *trait à ramener* ou *trait rameneré* (fig. 21), qui sert de ligne de

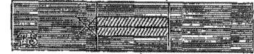

Fig. 28. — La mortaise à gorge.

repère tracée en travers d'une pièce de bois qui doit être *ramenée* plusieurs fois sur lignes

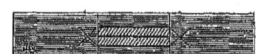

Fig. 29. — La mortaise tournisse ou à double gorge.

ou *retourner en établissement ;* ce même trait indique aussi la place présumée d'un tenon dont les arasements ne sont faits qu'au levage. La *ligne* ou *face de dessous* (fig. 22), la *ligne* ou *face de dessus* (fig. 23), la *ligne du milieu*

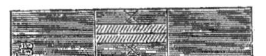

Fig. 30. — La mortaise peu profonde et sans enlaçure.

(fig. 24); ces trois marques sont également employées par les tailleurs de pierres. Une *nais-*

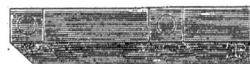

Fig. 31. — Le vide d'entaille.

sance ou un *raccord de cintres* (fig. 25), le *tenon* (fig. 26), la *mortaise carrée* (fig. 27), la

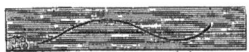

Fig. 32. — La bouge.

mortaise à gorge (fig. 28); la *mortaise tournisse* (fig. 29), qu'on nomme aussi *mortaise à double*

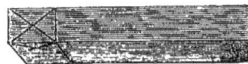

Fig. 33. — L'épaulement.

gorge, la *mortaise peu profonde et sans enlaçure* (fig. 30) ; le *vide d'entaille* (fig. 31); la *ligne*

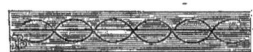

Fig. 34. — La plumée de dévers.

bouge ou le *trait bouge* (fig. 32), qui sert à indiquer le point où le trait de scie doit changer

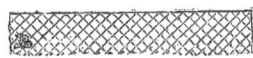

Fig. 35. — Le carreau.

de direction; l'*épaulement* (fig. 33), la *plumée de dévers* (fig. 34) ; le *carreau* (fig. 35), dont le sommet indique l'arasement du sol de l'étage ; le *rémur* (fig. 36), qui sert à indiquer

soit une portée en plein mur, soit une portée dans un pan de bois ; la *portée* (fig. 37), qui sert, comme son nom le dit, à indiquer la portée

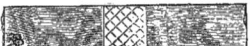

Fig. 36. — Le rémur.

d'une pièce de bois dans un mur, dans un pan de bois ou sur une poutre.

MARQUE (Tringle de). — Les treillageurs

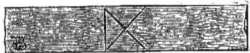

Fig. 37. — La portée.

désignent sous ce terme une tringle de bois ou un échalas sur lequel ils tracent les divisions de hauteur d'un treillage; la tringle sur laquelle sont tracées les divisions de largeur se nomme *latte de marque*.

MARQUER ou TRACER, *v. a.* — Tracer avec la pointe ou un crayon, sur le bois ou la pierre, des lignes servant à diriger la coupe que l'ouvrier doit exécuter sur ces matériaux. — C'est aussi tracer ou *frapper* sur les bois les marques ou signes conventionnels nécessaires à leur établissement. (Voy. MARQUE DES BOIS.)

MARQUETER, *v. a.* — Orner de MARQUETERIES. (Voy. ce mot.)

MARQUETERIE, *s. f.* — Assemblage de bois rares et précieux, soit d'une seule couleur

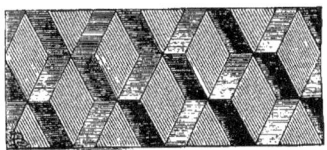

Fig. 1. — Marqueterie pour fonds à trois couleurs.

soit de plusieurs, qui sont appliqués par feuillets minces sur un fond de menuiserie. Le talent du marqueteur consiste à profiter des veines et des accidents du bois, afin de produire de beaux effets. A l'aide de la teinture, on colore des bois blancs, afin d'obtenir les tons les plus variés, et par ce moyen on reproduit en placage des espèces de tableaux qui représen-

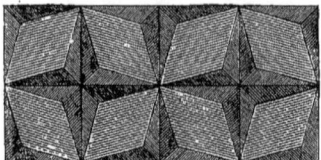

Fig. 2. — Marqueterie pour fonds à trois couleurs.

tent des fleurs, des fruits, des oiseaux et même des figures humaines ; on obtient aussi de beaux résultats en employant des filets et des plaques d'or, d'argent, de cuivre, d'ivoire, d'é-

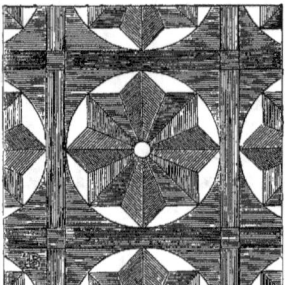

Fig. 3. — Marqueterie pour fonds à trois couleurs.

caille et de nacre. Dès le XVe siècle, les Italiens excellaient dans l'art de la marqueterie ; c'est du reste à Florence que naquit cet art, qu'on nomma *tarsia* et qui atteignit son apo-

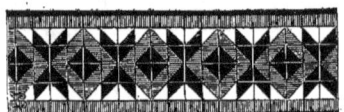

Fig. 4. — Marqueterie pour bordures.

gée avec les Bruneleschi, les Benedotto da Maïano et d'autres artistes. C'est alors qu'on employa la marqueterie à la décoration des chaires, des stalles, des armoires et à toutes sortes de meubles. Cet art ne pénétra en France

que vers la fin du XVIe siècle, mais il brilla d'un vif éclat au XVIIe siècle et un excellent ouvrier, Boule, imagina un genre de marqueterie composé de bois d'ébène comme fond avec

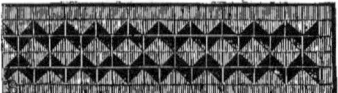

Fig. 5. — Marqueterie pour bordures à trois couleurs.

des incrustations d'écaille et de cuivre, dont il formait une riche ornementation avec des cartouches, des rinceaux et des compartiments.

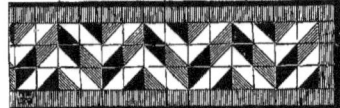

Fig. 6. — Marqueterie pour bordures.

On a également exécuté des marqueteries avec des marbres et des pierres de couleurs ; autrefois on nommait plutôt ce dernier genre

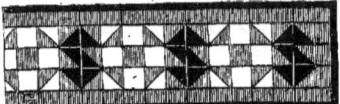

Fig. 7. — Marqueterie pour bordures.

marquetage, mais aujourd'hui l'usage a confondu les deux genres sous le même terme et nous avons dû nous y conformer. Ce dernier genre de marqueterie en marbre est fort an-

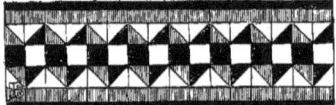

Fig. 8. — Marqueterie pour bordures.

cien, puisque nous voyons dans Pline que les marbriers de son temps savaient teindre les marbres et les incorporer les uns dans les autres pour former dans l'intérieur des appartements des compartiments de couleurs variées.

On a exécuté des marqueteries de marbres à toutes les époques; nos figures en font voir

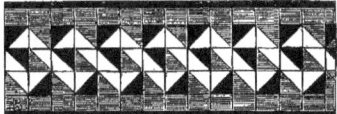

Fig. 9. — Marqueterie pour bordures.

pouvant servir pour fonds et pour bordures, et notre planche en couleur LIX en montre divers autres spécimens. Dans le haut de la plan-

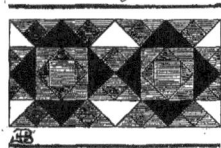

Fig. 10. — Marqueterie pour fonds et pour bordures.

che, à gauche, nous donnons une partie de la marqueterie qui formait le dallage du forum de Pompéi; à droite, c'est un dallage de la maison de Caïus Sallustius, anciennement dite

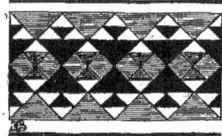

Fig. 11. — Marqueterie pour fonds et pour bordures.

d'*Actéon* dans la même ville; enfin, dans le bas de notre planche, la marqueterie formant le

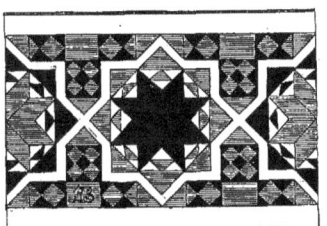

Fig. 12. — Marqueterie pour fonds et pour bordures.

dallage de l'église Sainte-Sophie à Trébizonde. La marqueterie en marbre est, à vrai dire, une véritable MOSAÏQUE (Voy. ce mot), et la ville de Florence a exécuté dans ce genre des travaux remarquables; nous ne citerons qu'un

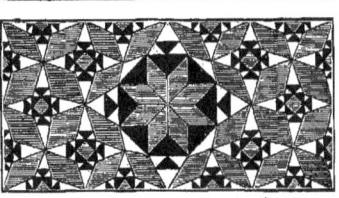

Fig. 13. — Marqueterie pour fonds et pour bordures.

seul exemple, c'est l'admirable chapelle des Médicis. Aujourd'hui encore, dans cette ville, on exécute des panneaux de marbre incrustés, des dessus de tables et de guéridons qui sont de véritables merveilles; on fabrique également en marqueterie des bijoux qui témoignent de la grande habileté et du goût des ouvriers qui les exécutent.

On désigne encore sous ce nom un genre de

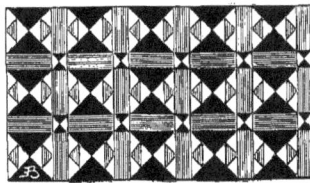

Fig. 14. — Marqueterie pour fonds et pour bordures.

mosaïque monumentale formée de pierres de diverses couleurs qui décorent les murailles de

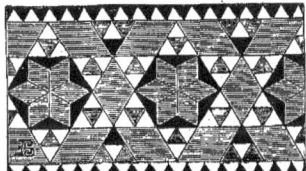

Fig. 15. — Décoration en marqueterie à l'église Saint-Laurent hors les murs, à Rome.

certains édifices romains ou de la renaissance. C'est surtout en Auvergne que ce genre de décoration produit un effet assez pittoresque,

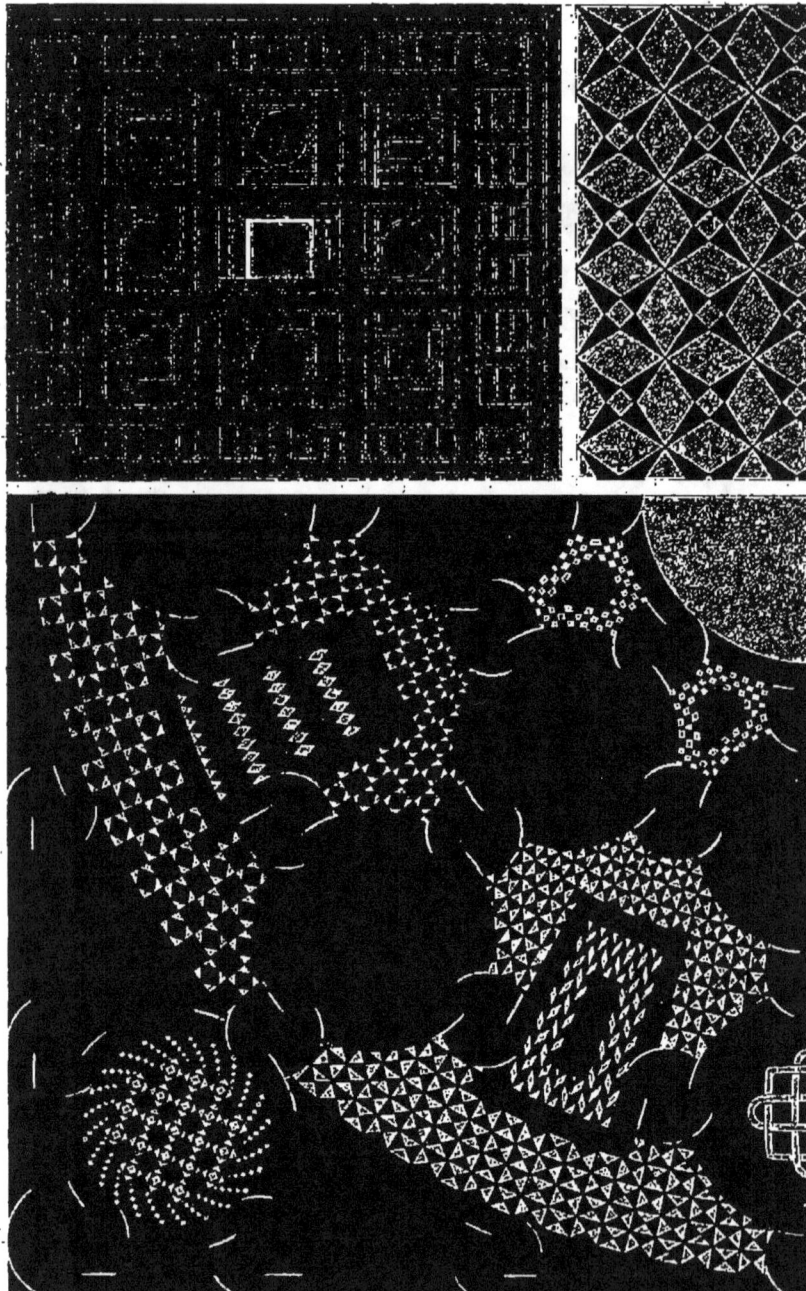

MARQUETERIE

parce que dans ce pays les constructeurs ont employé des laves et des scories de volcan de diverses couleurs. Les constructeurs de l'école

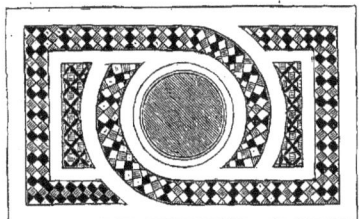

Fig. 16. — Décoration en marqueterie au cloître de l'église de Saint-Paul hors les murs, à Rome.

auvergnate ont su tirer de ces matériaux un excellent parti, en les mêlant avec des grès rougeâtres ou gris, du ciment rouge et des carreaux ; les absides de Notre-Dame du Port à

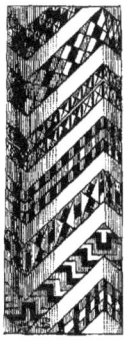

Fig. 17. — Colonne décorée en marqueterie au cloître de l'église Saint-Paul hors les murs, à Rome.

Clermont-Ferrand et celle de la cathédrale d'Issoire offrent des spécimens remarquables de ce genre de marqueterie murale en style roman, et le manoir d'Ango un exemple de marqueterie de l'époque de la renaissance. (Voy. MANOIR, fig. 2.)

MARQUISE, s. f. — Couverture légère, auvent qu'on place en avant et au-dessus d'une porte d'entrée, d'un perron, d'un bâtiment quelconque et qui sert à abriter contre les eaux pluviales ce qui se trouve au-dessous. On construit des marquises en bois, mais sur-

tout en fer ; on les scelle dans le mur, on les y maintient à l'aide d'ancres, ou bien on supporte les marquises à l'aide de consoles ou même de colonnettes en fonte, quand elles ont une forte saillie ; les colonnettes peuvent être espacées de 8 mètres, car elles n'ont pas à supporter beaucoup de poids.

MARRE, s. f. — Pelle large et courbée ; c'est aussi une pioche et une espèce de houe. — Cet instrument était connu des anciens, qui le nommaient *marra*. (Columelle, X, 70,

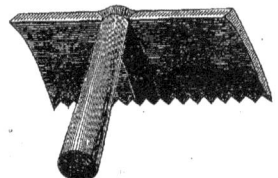

Marra antique.

80.) Il servait à arracher les herbes et à extraire du sol les racines. Notre figure montre une *marra* ancienne, trouvée à Rome dans la tombe d'un martyr chrétien, ce qui pourrait faire supposer qu'elle aurait pu servir d'instrument de torture.

MARRON, s. m. — Noyau calcaire qui n'a pu être calciné lors de la cuisson de la pierre à chaux, et qu'on retrouve dans la chaux après son extinction. — En peinture, c'est une couleur brune assez foncée, qu'on obtient à l'aide de diverses substances.

MARRONNIER, s. m. — Arbre de première grandeur, dont le bois, blanc, mais tendre et filandreux, ne possède qu'une qualité, c'est qu'il ne se laisse pas attaquer par les vers ; aussi le bois de marronnier sert-il à faire des modèles. Le poids spécifique de ce bois est de 0,655.

MARTEAU, s. m. — Outil en fer aciéré qui, suivant le corps d'état pour lequel il a été fait, sert à divers usages. — On distingue, dans un marteau, la *tête* et le *manche ;* la *tête* est percée d'un *œil* qui reçoit le manche, et la partie de la tête avec laquelle on frappe se nomme *panne*. — Indépendamment du mar-

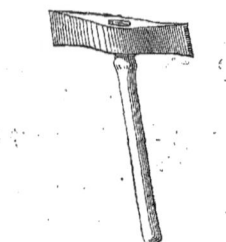

Fig. 1. — Marteau du tailleur de pierres à taillant et brettelure.

teau ordinaire, que tout le monde connaît, et qui joue un rôle plus ou moins important dans

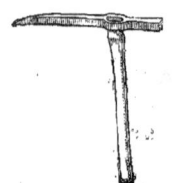

Fig. 2. — Marteau du maçon.

diverses industries du bâtiment, on distingue : le *marteau du tailleur de pierres* (fig. 1), celui du maçon (fig. 2); celui du *couvreur*, dont la tête se termine d'un côté par une pointe pour percer l'ardoise et de l'autre par une panne qui permet de clouer l'ardoise sur la volige; le *marteau du paveur* (fig. 3), celui du *gravatier*, celui du *menuisier* (fig. 4), celui du

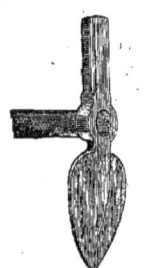

Fig. 3. — Marteau du paveur.

serrurier (fig. 5), celui du *charpentier* et celui du *treillageur*.

Le marteau du tailleur de pierres peut être à deux taillants, à taillant et à brettelure comme celui représenté par notre figure 1, ou bien il peut être à deux brettelures; ces derniers, suivant le nombre et la largeur des dents, prennent le nom de *chien, rustique, petite* BRETTELURE. (Voy. ce mot.) — Le marteau de maçon peut servir à la fois pour les fouilles

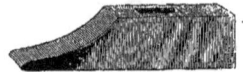

Fig. 4. — Marteau du menuisier.

que les maçons exécutent accidentellement, pour le déblaiement des gravois, enfin pour la démolition des maçonneries. Quand la solidité de ces dernières est considérable et qu'on est obligé de les attaquer avec la masse

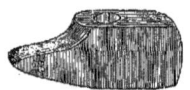

Fig. 5. — Marteau du serrurier.

et le coin, le pic remplace le marteau de maçon.

Le marteau du menuisier (fig. 4) a sa tête qui mesure depuis 0^m,09 jusqu'à 0^m,13 de

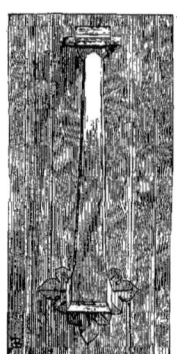

Fig. 1. — Marteau de porte simple (face).

hauteur; la panne est carrée et le manche mesure de 0^m,22 à 0^m,28 de longueur. Le marteau du treillageur a une tête ronde et ténue ; elle est emmanchée dans un manche long d'environ 0^m,33 de longueur. Les marteaux des serruriers sont de diverses sortes : les plus gros

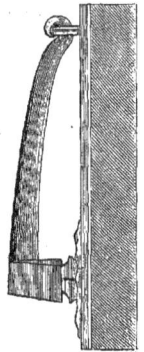

Fig. 2. — Marteau simple (profil).

se nomment *marteaux à devant* et sont employés pour forger ; les marteaux moyens sont dits *marteaux à main ;* enfin les plus petits sont dits *marteaux d'établi* ou *rivoirs ;* il y a les *petits rivoirs,* les *demi-rivoirs* : on les nomme ainsi parce qu'ils servent à river ; enfin il y a les *marteaux à bigornes,* les *tranches* et les Chasses. (Voy. ce mot.) — Le marteau du charpentier est assez lourd et armé en fer, sa

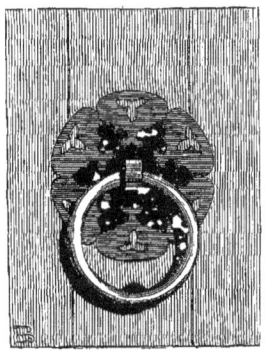

Fig. 3. — Marteau de porte en forme de gros anneau.

tête est carrée et légèrement bombée ; le côté opposé à la frappe ou panne est aplati et fendu en pied de biche.

On donne encore le nom de *marteau* à la petite pièce à détente qui frappe sur les tim-

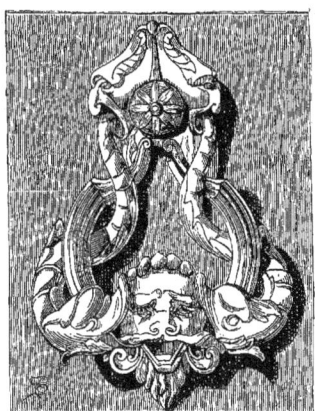

Fig. 4. — Marteau de porte en bronze orné.

bres, et cela quelle que soit la forme de cette pièce : dans les sonneries électriques, par exem-

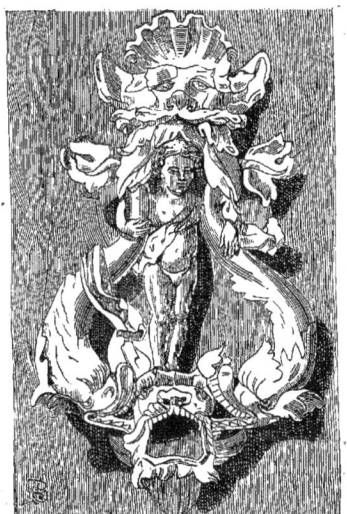

Fig. 5. — Marteau de porte en bronze orné.

ple, c'est une sphère pleine en métal ; enfin à un objet qu'on place sur les portes des maisons pour se les faire ouvrir et qu'on appelait anciennement *heurtoir*. L'usage de ces marteaux remonte à une haute antiquité; les anciens faisaient leurs marteaux en bronze;

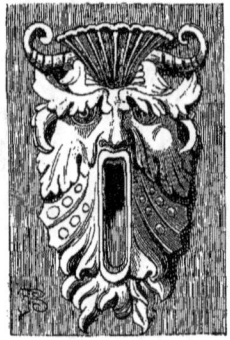

Fig. 6. — Marteau de porte en forme de masque.

ils les nommaient également TIMBRE D'APPEL. (Voy. ce mot.) On en a retrouvé dans les ruines de Pompéi; on peut en voir des spécimens au

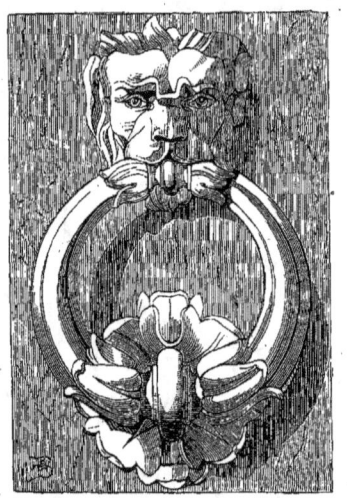

Fig. 7. — Marteau avec tête de lion et anneau décoré.

musée de Naples et à celui de Pérouse. Les marteaux, tels que nous les connaissons aujourd'hui, apparaissent dans le nord de l'Italie au commencement de l'ère vulgaire ; ce sont dans le principe de simples maillets en fer suspendus au moyen d'un tourillon (fig. 1 et 2); ensuite un anneau frappant sur une grosse tête de clou, le tourillon soutenant l'anneau sort d'une plaque décorative ajourée (fig. 3); ils sont en fer poli, plus tard on les fait en bronze. Nos figures 4 et 5 montrent deux spécimens que nous avons tirés du *Kunsthistoriche Bilderbogen* (n° 162). Nos figures 6 et 7 représentent deux autres types qui nous sont fournis par le *Gwerbe Hall*. Notre figure 8 fait voir un marteau en fer forgé qui se trouve sur la porte d'une maison de Lyon. Enfin, notre planche LX reproduit un des plus beaux spécimens de marteau de l'époque de la renaissance; nous l'avons dessiné d'après nature, à Venise, il y a déjà bien des années. Nous avons même restauré la partie gauche qui était endommagée. Depuis le commencement du siècle, dans beaucoup de grandes villes de l'Europe le marteau a été remplacé par des cordons de sonnette ; mais c'est un élément si décoratif qu'on ne saurait le remplacer par autre chose, aussi de magnifiques portes cochères portent aujourd'hui sur leurs panneaux des marteaux fixes et muets qui ne servent plus que de poignées pour tirer les vantaux des portes.

MARTELER, *v. a.* — Frapper le fer avec un marteau ou avec un ciseau pour en resserrer les fibres.

MARTELET, *s. m.* — Petit marteau du couvreur, qui lui sert à écorner et tailler la tuile.

MARTELINE, *s. f.* — Petit marteau du sculpteur, dont l'une des extrémités est terminée en pointe, tandis que l'autre porte de fortes dents d'acier pour *gruger* le marbre.

MARTELLIÈRE, *s. f.* — Ouvrage en maçonnerie dans lequel s'engagent les vannes servant à donner passage aux eaux ou à fermer ce passage ; dans le langage ordinaire, on confond souvent à tort ce terme avec celui de vanne.

MARTINE, *s. m.* — Barre de fer ou d'acier

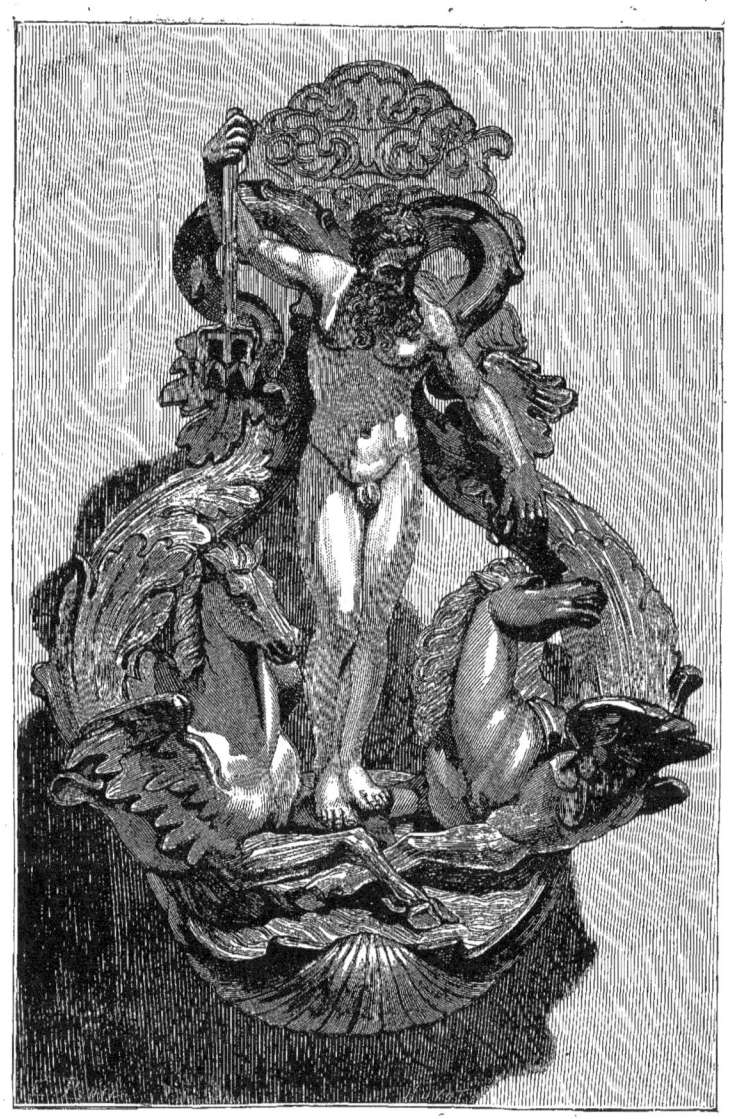

Planche LX. — Marteau de porte à Venise, (Renaissance italienne.)

de petit échantillon, qu'on a étiré sous le
MARTINET. (Voy. ce mot.)

MARTINER, *v. a.* — Frapper avec le
martinet ; martiner une barre de fer, c'est

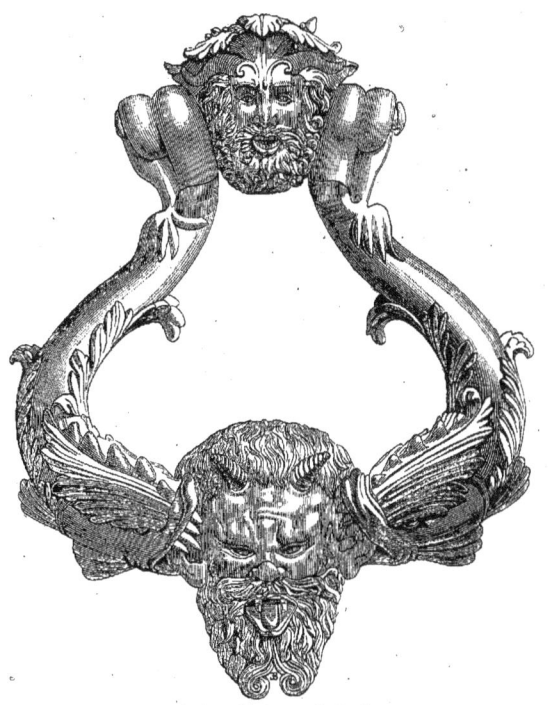

Fig. 8. — Marteau en fer forgé.

l'étirer sous le martinet, d'où cette barre
prend le nom de MARTINE. (Voy. ce mot.)

MARTINET, *s. m.* — Gros marteau mû
par un moulin. — En marbrerie, on désigne
sous ce terme une forte molette de grès mue
à l'aide d'une corde et qu'on utilise avec de
l'eau et du grès pour l'égrisage des carreaux de marbre ; enfin, dans le commerce
des fers, on nomme *martinets ronds* des fers
ronds de petit diamètre.

MARTOIRE, *s. m.* — Gros marteau à
deux pannes, dont les serruriers font usage.

MARTYRIUM, *s. m.* — Les premiers
chrétiens, qui ne pouvaient dans les cata-

combes ou dans les églises avoir des cryptes

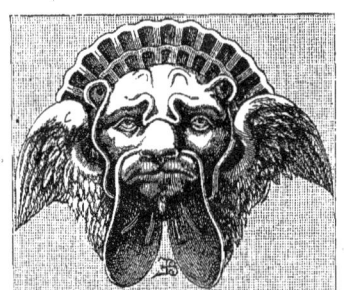

Fig. 1. — Mascaron du XVIIIe siècle.

donnaient le nom de *martyrium* à un simu-
lacre de crypte qu'on nommait aussi *confessio*.

C'était ordinairement un réduit étroit et voûté, quelquefois plafonné, qui était placé sous l'autel principal ; c'est dans le martyrium qu'on plaçait le martyr ou le saint qu'on

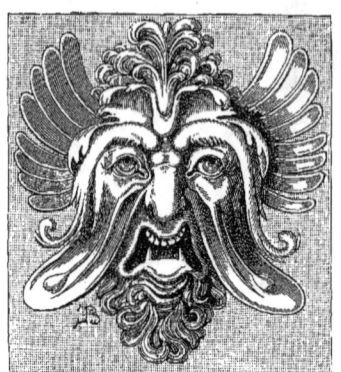

Fig. 2. — Mascaron du XVIIIᵉ siècle.

invoquait dans les églises; on le voyait au travers d'une grille ou d'une dalle en marbre perforée : c'était donc une espèce de châsse qui renfermait des reliques, dont la garde était

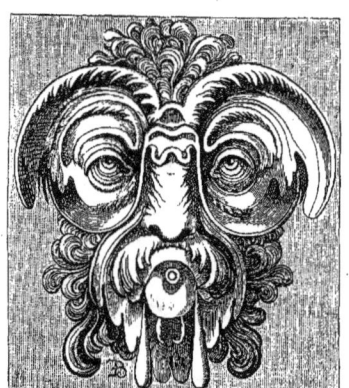

Fig. 3. — Mascaron avec un ajutage pour fontaine (XVIIᵉ siècle).

confiée à un fidèle qui, à cause de cela, se nommait *martyraire*. (Voy. Albert Lenoir, *Architecture monastique*.)

MASCARON, *s. m.* — Ce terme est dérivé de l'italien *mascherone, maschera*, qui signifie gros masque; les mascarons sont, en effet, des têtes grotesques ou fantastiques d'hommes et

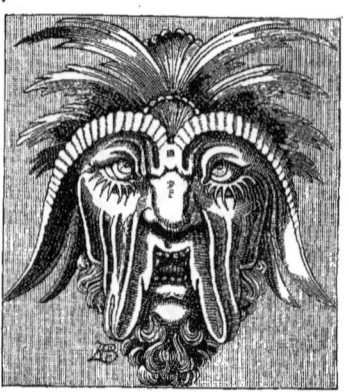

Fig. 4. — Mascaron du XVIIIᵉ siècle.

d'animaux; ils sont sculptés en ronde bosse ou en bas-relief sur les clefs d'arcs ou de voûtes, sur des chapiteaux, sous les corniches d'entablements et sous les balcons. On a également employé des mascarons comme orifices des fon-

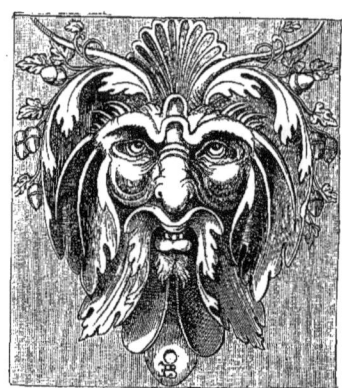

Fig. 5. — Mascaron du XVIIIᵉ siècle.

taines, surtout au XVIIᵉ et au XVIIIᵉ siècle, souvent l'ajutage sortait par la bouche des mascarons, notre figure 3 en montre un exemple. L'usage des mascarons dans la décoration architecturale est fort ancien, beaucoup de monuments de l'antiquité sont encore là pour le témoigner; on employait souvent en Grèce et à Rome des têtes de satyres, beaucoup de fontaines n'avaient pas d'autres orifices. Les mascarons étaient également em-

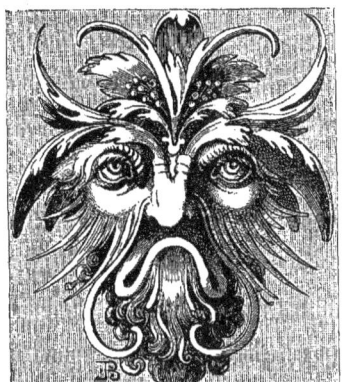

Fig. 6. — Mascaron du XVIIIᵉ siècle.

ployés à la décoration de vases. De nombreux auteurs ont donné à tort ce nom à des têtes qui figuraient sur des modillons ou des clefs des époques romane et ogivale; pendant cette période de l'architecture, on n'a employé que des têtes plates ou saillantes et des Masques.(Voy. ce mot.) Les XVIIᵉ et XVIIIᵉ siècles ont employé le mascaron jusqu'à l'abus; à notre époque on l'a également employé, et d'une façon très-large, pour décorer des chéneaux, des gouttières, des consoles, des chapiteaux, des modillons, etc. On a exécuté et on exécute des mascarons en toute sorte de matières, en terre cuite, en pierre, en bronze, en plomb, enfin on en fait aujourd'hui en zinc.

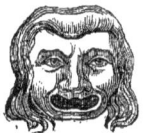

Fig. 1. — Masque de vieillard (type comique).

MASQUE, s. m. — Têtes empreintes d'expressions diverses, exécutées en bas-relief et en peintures, et susceptibles d'être placées sur les diverses parties d'un grand nombre d'édifices, mais principalement sur les théâtres.

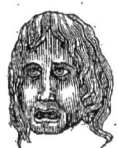

Fig. 2. — Masque d'idiot (type tragique).

L'origine des masques remonte à une haute antiquité; ce sont les représentations scéni-

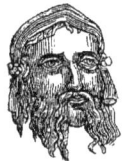

Fig. 3. — Masque d'un personnage muet servant dans les pièces de tous genres.

ques qui avaient lieu chez les Grecs et les Romains qui en ont introduit et répandu l'usage, et,

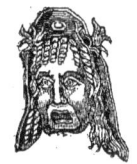

Fig. 4. — Masque tragique (2ᵉ type).

comme le dit avec raison Quatremère de Quincy (*Dict. d'arch.*), « les masques des anciens, destinés à exprimer toutes les variétés des âges,

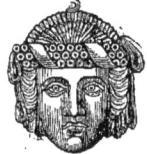

Fig. 5. — Masque de Bacchus. (Musée Britannique.)

des physionomies, des passions, sont effectivement devenus pour nous une sorte de recueil de modèles d'expression, dont les traits exagérés, comme ceux de quelques savantes caricatures, peuvent devenir d'utiles leçons dans l'étude des caractères des têtes. — La pein-

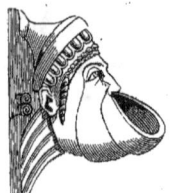

Fig. 6. — Masque servant d'antéfixe. (Musée de Naples.)

ture, la sculpture, la gravure, l'architecture des Grecs et des Romains, nous ont transmis

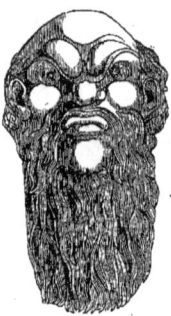

Fig. 7. — Charge du philosophe (type comique).

des figures innombrables de masques scéniques ou autres, et il n'y a point de collection d'an-

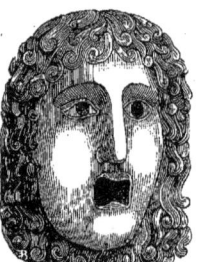

Fig. 8. — Masque de comédie.

tiquités qui ne nous en offre de nombreux et de bons modèles. »

Nos figures reproduisent des spécimens de

masqués antiques, sur lesquels nos légendes fournissent quelques détails explicatifs, suffisants, pensons-nous, pour que le lecteur puisse

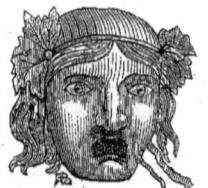

Fig. 9. — Masque tragique (3e type).

en saisir les divers caractères. Nous ajouterons néanmoins que, dans l'antiquité, il existait pour le théâtre 43 types de masques comiques et 25 types de masques tragiques; qu'ensuite le masque (fig. 5) qui représente Bacchus était suspendu dans les vignobles, parce qu'une

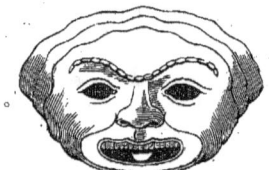

Fig. 10. — Masque dit du *manducus* ou glouton (type du masque comique).

croyance populaire admettait que les parties de vignobles vers lesquelles cette image tournait les regards produisaient beaucoup plus de vin.

Dans les arts modernes, le masque est moins

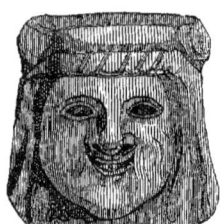

Fig. 11. — Masque étrusque d'un rieur.

en faveur que le mascaron; on n'emploie guère dans nos théâtres des masques que pour symboliser la tragédie et la comédie.

MASSE, s. f. — Ensemble d'un édifice ou d'un ouvrage d'architecture considéré dans ses proportions générales; ainsi, on dit la *masse* de cet édifice présente un beau caractère; on fait, dans ce cas, abstraction des détails de cet

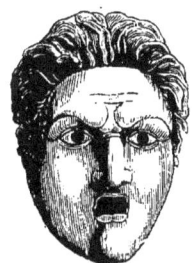

Fig. 12. — Masque de comédie.

édifice; ou bien on dit encore : les *masses* de ce monument sont bien distribuées, ce qui signifie que toutes les grandes parties se pondèrent parfaitement. Évidemment, il n'y a pas de règles fixes à donner pour établir les *mas-*

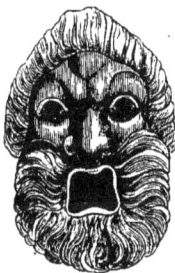

Fig. 13. — Masque de tragédie.

ses d'un édifice, puisque, suivant la destination de celui-ci, les *masses* sont variables dans leurs proportions et par conséquent dans leur effet; mais si l'architecte a à construire un édifice consacré au plaisir, la *masse* doit être élégante et gracieuse. S'il s'agit, au contraire, d'élever un monument funéraire, la masse pourra être lourde et cependant produire un heureux effet; si, enfin, on doit ériger un arc de triomphe en commémoration de grandes victoires, la *masse* de l'architecture devra être grandiose et imposante; tel est le premier caractère que doit

posséder toute construction; si la masse d'un édifice ne répond pas à la destination de celui-ci, l'architecte aura beau se torturer l'esprit, il aura beau étudier tous les détails avec art et avec une grande somme de talent, tout ce travail sera presque inutile, si la *masse* de l'édifice ne produit pas l'effet utile et indispensable que réclame le genre de construction qu'il s'agit d'élever.

En matière d'exploitation de carrières, de terrassements, etc., on nomme *masse* l'ensemble des bancs de pierre, le gros œuvre du terrassement; descendre une fouille jusqu'à la *masse*, fonder sur la *masse*, fouille en *pleines masses*, sont autant d'expressions usuelles dans l'art de bâtir et qui signifient que toute extraction des terres doit être exécutée sur une étendue et une profondeur relativement considérables, et sans qu'il soit réservé des terres au-dessus du fond de l'excavation.

Enfin on donne encore ce nom de *masse* à un outil, une espèce de marteau que les ouvriers appellent aussi maillet, qui se compose d'un bloc de fer affectant presque la forme d'un parallélépipède, lequel bloc est emmanché d'un manche de bois flexible. On emploie la masse pour frapper sur les coins en fer employés à débiter les pierres ou à démolir des constructions résistantes. Les carriers font un fréquent usage de la masse pour l'exploitation des pierres. L'espèce de maillet en fer dont les tailleurs de pierres se servent avec le poinçon porte également le nom de *masse*. — On donne encore ce nom au gros morceau de bois dont se servent les plombiers pour battre leur plomb; à un gros marteau de fer qu'emploient les treillageurs pour enfoncer des pieux ou des poteaux en terre. — Enfin par cette expression, *exécuter une menuiserie dans la masse*, il faut entendre toute espèce d'ouvrage qui n'est point fait à l'aide d'assemblages, mais dont les champs et les panneaux sont tirés d'un seul morceau ou bloc de bois, ou dans plusieurs morceaux collés les uns sur les autres.

MASSICOT, s. m. — Oxyde de plomb qui, chauffé au rouge cerise, entre en fusion et donne la *litharge*. Chauffé dans un fourneau à réverbère, après avoir été réduit en poudre fine, le massicot produit une substance nommée Minium. (Voy. ce mot.)

MASSIF, s. m. — Ce terme est synonyme de *plein*. Construction confuse faite à bain de mortier et devant servir de base à un autre plus soigné. On exécute des massifs sous les murs, sous les perrons, sous les dés, etc. On emplit également par des massifs les reins des voûtes de caves. On donne également le nom de *massif* à toute la limousinerie intérieure ou blocage d'une construction, quand ce blocage y occupe une large place, comme dans une culée de pont par exemple. Toute la solidité des massifs réside dans la qualité et l'abondance du mortier, quand on emploie des matériaux de petite dimension, très-irréguliers et posés confusément. Dans les grands massifs en pierres, on doit disposer les matériaux de manière que par leur appareillage ils tendent à ne faire qu'une seule masse. Rondelet, pour opposer plus d'obstacle à leur désunion, propose de donner une légère inclinaison au centre des assises formant les massifs, et il prétend par ce moyen augmenter de beaucoup la stabilité. Mais n'est-ce pas un moyen dangereux ?

On donne aussi ce nom aux petits murs en moellon élevés sous les chéneaux, afin de leur donner une forte pente.

Enfin, dans l'art des jardins, on donne le nom de massif à une agglomération de plantes, d'arbustes ou d'arbres.

MASTIC, s. m. — Mélange de diverses substances formant une pâte, plus ou moins consistante, que l'on emploie dans les constructions concurremment avec des mortiers. Ces compositions servent à boucher les trous, les joints des dalles, à souder des éclats de pierres, à enduire des surfaces exposées à l'humidité. Il existe un grand nombre de mastics, qu'on pourrait diviser en deux classes : ceux à base de litharge, et ceux dans la composition desquels cette substance n'entre pas ; nous citerons les principaux parmi ceux qui sont les plus employés.

MASTICS A BASE DE LITHARGE.

MASTIC DE DHIL. — Ce mastic, qui a été inventé à la fin du siècle dernier, se compose en volume de $0^{gr},92$ de ciment de gazette provenant des fabriques de porcelaine et de $0^{gr},08$ de litharge ou oxyde de plomb. Ces substances sont triturées et gâchées avec de l'huile de lin dans la proportion de 24 kilogrammes d'huile pour 50 de mastic. — Ce mastic sert à rejointoyer les dallages humides, ainsi que les joints de maçonnerie en pierre de taille qui doivent recevoir des couches de peinture. Les joints doivent être grattés à vif et être parfaitement secs avant toute application du mastic.

MASTIC DE CORBEIL. — Ce mastic sert aux mêmes usages que le précédent ; il se compose, pour 30 kilogrammes de mastic par exemple, de ciment de tuileau en poudre et passé au tamis de soie. . . . . 15 kilogr.
Blanc de céruse. . . . . . . 2 kilogr. 500
Huile grasse pour siccatif. . 2 kilogr. 500
Litharge . . . . 2 kilogr. 500
Huile de lin pour la détrempe. 7 kilogr. 500

Afin que le mastic puisse durcir, et que l'huile se mêle facilement et parfaitement avec les matières, il faut employer du ciment, de la litharge et de la céruse parfaitement secs.

Voici la composition d'un autre ciment à la litharge :

Ciment. . . . . 12 kilogr.
Blanc de céruse . . . . 2 kilogr.
Litharge. . . . . 2 kilogr.
Huile grasse. . . . . 1 kilogr.
Huile de lin. . . . . 6 kilogr.

MASTIC DE LA ROCHELLE.

Sable siliceux. . . . . . . 28 parties en vol.
Pierre calcaire pulvérisée   28   —
Huile de lin. . . . . 1/4 du poids total.
Litharge en poudre, un poids égal au sable et à la pierre réunis.

On doit bien mélanger les poudres, puis les malaxer avec l'huile, et afin de faciliter l'absorption de l'huile, le calcaire et le sable doivent être passés au four et avoir subi un commencement de calcination.

MASTIC DE THÉNARD. — Ce mastic s'emploie pour souder les éclats de pierre pour revêtir les bassins et les cuviers et s'opposer à l'infiltration des eaux, enfin pour couvrir les terrasses ; on l'applique à la manière du plâtre, et après avoir mouillé les surfaces qu'il s'agit d'enduire ; quand il se produit des gerçures, trois ou quatre jours après son application, on les bouche avec le même mastic. Il se compose de 93 parties de tuileau ou d'argile bien cuite et pulvérisée, et de 7 parties de litharge réduite en poudre passée au tamis de soie. Une fois ces matières mélangées, on y ajoute de l'huile de lin pure en quantité suffisante pour donner au mélange la consistance du plâtre gâché. Ce mastic, au bout de deux ou trois jours, devient très-dur.

MASTIC PIERRE ARTIFICIELLE. — Ce mastic, dont on fait un grand usage depuis quelques années, se compose de 1 volume de sable sec rude et bien lavé et de 2 volumes de pierre calcaire silicifère pulvérisée et tamisée. Quand ces deux matières sont bien mélangées, on ajoute par 100 kilogr. au mélange 12 kilogrammes de litharge, et l'on broie le tout en le mouillant avec de l'huile de lin, dans la proportion de 4 litres d'huile pour 50 kilogr. de matières pulvérisées. Une addition de 4 à 5 pour 100 de céruse en poudre augmente, dit-on, la qualité du mastic, mais cette addition n'est pas indispensable.

MASTICS SANS LITHARGE.

MASTIC ORDINAIRE. — Ce mastic sert à rejointoyer et à ragréer les tablettes et bahuts en pierre de taille formant le couronnement des murs, ainsi que d'autres travaux analogues exposés aux variations de température et aux intempéries de l'air. — Il se compose de deux parties de ciment auquel on ajoute une légère proportion de limaille de fer, une partie de chaux vive mesurée en poudre et éteinte dans du sang de bœuf ; on bat toutes ces substances jusqu'à ce qu'elles forment une pâte parfaitement homogène et douce au toucher.

MASTIC DE VAUBAN. — Ce mastic est excellent pour le revêtement intérieur des citernes ; il se compose de 5 à 6 parties de chaux éteinte dans l'huile de lin, qu'on mêle avec deux parties de ciment passé au tamis de soie ; on bat fortement le mélange pendant un laps de temps assez considérable, puis, quand il est bien reposé, on recommence le battage ; il peut dès lors être employé. On l'applique par couches de deux et trois millimètres d'épaisseur ; on pose ainsi jusqu'à six couches, en laissant un intervalle de trois à quatre jours entre l'application de chaque couche, qu'on a soin de picoter pour faciliter leur adhérence entre elles.

MASTIC DE FIENNES. — Ce mastic se compose de deux parties de chaux hydraulique éteinte spontanément et laissée sur des planches dans une cave pendant huit jours, de deux parties de ciment pulvérisé et passé au tamis fin. Le mélange est pétri avec une partie d'huile de lin qu'on ajoute par petites portions. — Son mode d'emploi est le suivant : après avoir gratté à fond et à vif les joints, on les imbibe d'huile de lin très-chaude, et à l'aide d'une truelle on applique immédiatement le mastic, après l'avoir remanié avant son emploi.

MASTIC DE TUNIS. — Ce mastic se compose de 2 parties de cendres, 3 parties de chaux éteinte en poudre et une partie de sable fin ; le tout passé au tamis, puis mélangé et battu, sans discontinuer, trois jours et trois nuits, avec des maillets de bois, en y jetant alternativement, à des intervalles réglés, de l'eau et de l'huile jusqu'à ce que toutes les matières aient acquis une consistance pâteuse. Ce mastic est le ciment de citerne en usage dans le royaume de Tunis ; il paraît être le même que celui des citernes encore existantes de l'ancienne Carthage.

MASTIC DE LIMAILLE DE FER. — Le mastic de limaille de fer peut être employé au même usage que les mastics de Dhil et de Corbeil ; il possède une dureté et une solidité extrêmes. Il sert ordinairement pour faire les joints des tablettes de murs d'appui et ceux des dallages des rez-de-chaussée ; voici la recette assez bizarre que nous trouvons dans plusieurs auteurs. — Ce mastic est composé de 12 kilogr. de limaille de fer, quelquefois mélangée de limaille de cuivre, et de 1 kilogr. 50 de sel que l'on met à infuser pendant vingt-quatre heures dans 2 litres de vinaigre, auxquels on ajoute quelquefois un demi-litre d'urine et de l'ail (quatre aulx) ; au bout de ce temps, on obtient par le mélange des matières un mastic que l'on emploie immédiatement. Il est indispensable que la limaille ne soit .pas rouillée (oxydée), autrement le mastic ne pourrait ni se fixer sur la pierre ni durcir.

MASTIC DE FONTAINIER. — Ce mastic s'emploie à chaud, après avoir bien brassé le mélange ; il sert à sceller les robinets des fontaines, rejointoyer les pierres et carreaux, et assembler les tuyaux de grès et de terre réfractaire; sa composition est la suivante : 100 parties d'arcanson avec 200 parties de brique pilée.

MASTIC A DROGUE. — Les fabricants de fontaines à filtre, les marbriers et les plombiers se servent d'un autre mastic qu'ils nomment *mastic de fontaine, mastic à drogue;* ces divers ouvriers se servent de ce mastic pour faire des joints, des collets de robinets, des bouchons de pierres d'évier, pour sceller des douilles de bonde, de cuvettes de faïence et autres travaux analogues qui sont tenus dans une humidité constante. Le *mastic de fontaine* s'obtient en pulvérisant des débris de poteries de grès ou de tuile de Bourgogne, et cette poudre est amalgamée avec du *mastic gras* (voir plus loin, *Mastics des marbriers*), de manière à obtenir une pâte consistante. Quand on ajoute à ce mélange du goudron, on obtient alors le *mastic à drogue.*

MASTIC ALBUMINEUX. — On le prépare en incorporant de la chaux éteinte en poudre avec du blanc d'œuf, de manière à obtenir une pâte assez molle. On emploie ce mastic pour coller la faïence, la porcelaine, le cristal, le marbre et l'albâtre ; c'est ce mastic qu'on vend sur les places publiques ; il n'est bon que .s'il est frais; il ne peut se conserver longtemps.

MASTIC DE KUHLÉ. — Ce mastic sert aux mêmes usages que les *mastics albumineux* et *au fromage;* c'est un mélange de 60 grammes d'amidon et 100 grammes de craie délayée dans parties égales d'eau pure et d'eau-de-vie, additionnée de 10 grammes de colle forte, puis d'une seconde addition à chaud de 30 grammes de térébenthine de Venise.

MASTIC AU FROMAGE. — Ce mastic s'applique à chaud ; il se compose de chaux vive pulvérisée et de fromage blanc délayé à l'eau bouillante.

MASTIC DE DAVY. — Ce mastic s'emploie à froid pour les fuites des tuyaux à eau et à gaz, pour coller des poteries brisées et pour réparer les gerçures qui se produisent sur les couvertures de plomb et de zinc. On le fabrique en faisant fondre huit parties de poix ordinaire et une partie de gutta-percha.

MASTICS DES MARBRIERS. — Les marbriers emploient de nombreux mastics pour reboucher, réparer et recoller leurs marbres ; nous n'indiquerons ici que les principaux :

1° Mélange de poix blanche, de résine et de cire jaune mêlées de plâtre fin et de soufre. Suivant les tons du marbre, on ajoute de la potée rouge, du noir de fumée, de l'ocre, afin d'obtenir un ton analogue au fond et aux nuances des marbres à réparer.

2° *Mastic gras*, composé de deux kilogr. de résine avec un demi-kilogr. de cire et un quart de kilogr. de poix blanche ; on verse cette composition dans de l'eau filtrée pour saisir la pâte et pouvoir la rouler en bâtons.

3° Mélange de gomme laque et de cire d'Espagne de même couleur que le marbre à réparer.

MASTIC DU MENUISIER. — Voy. FUTÉE.

MASTIC DE VITRIER. — Ce mastic sert à fixer les vitres et luter les joints des châssis vitrés ; on l'obtient en broyant de la craie ou blanc de Meudon avec de l'huile de lin ou de l'huile de noix, de manière à former une pâte d'une consistance moyenne ; on emploie ordinairement 400 grammes d'huile pour 2 kilogr. de blanc. On nomme *gros blanc* un mastic composé de blanc de Bougival broyé et détrempé avec de la colle tiède pour en former une pâte. Les menuisiers emploient le gros blanc pour boucher les trous et autres défectuosités des bois; les peintres, pour boucher les trous dans les plâtres qui doivent être peints à la colle; mais ils n'opèrent ce rebouchage qu'après que les plâtres ont reçu une première couche.

Enfin on donne aussi le nom de mastics à des enduits bitumineux dénommés *glu marine, bitume de Judée, mastic Machabée,* etc. (Voy. ENDUIT, § *Enduits bitumineux*.)

MASTICAGE, *s. m.* — Action de masti- quer. — Emploi qu'on fait du mastic de vi- trier pour fixer et consolider les pièces de verre dans leur châssis. — Troisième opéra- tion du polissage des marbres qui consiste à placer du mastic dans les marbres terrasseux. (Voy. MASTIC et MARBRE, § *Pratique*.) — Le bouchement des crevasses et des petits trous qu'on pratique dans la construction ou sur les pierres se nomme REBOUCHAGE (Voy. ce mot), alors même qu'on emploie des mastics; si pour exécuter ces travaux on se sert de ci- ment, on donne, suivant le cas, à ces opérations les noms de *jointoiement, calfeutrement, scelle- ment*, etc.

MASTIQUER, *v. a.* — Appliquer du mas- tic sur des vitres, sur des marbres; faire un MASTICAGE. (Voy. ce mot.)

MASURE, *s. f.* — Mauvais bâtiment, mé- chante habitation; ruines d'un bâtiment aban- donné.

MAT, ATE, *adj.* — En peinture, on dit qu'une couleur est mate quand elle ne brille pas; les couleurs en détrempe non vernies sont mates. — En dorure, l'or mat est un or sur apprêt qui n'a pas été bruni.

MAT, *s. m.* — Longue pièce de bois qui, dans les théâtres et les amphithéâtres de l'an-

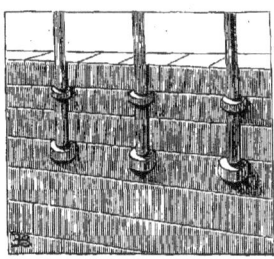

Fig. 1. — Mâts du grand théâtre de Pompéi.

tiquité, servait à soutenir le *velarium*, ou tente destinée à garantir les spectateurs contre la pluie ou contre les rayons ardents du soleil. (Lucrèce, VI, 110.) Notre figure 1 montre com-

ment les mâts étaient fixés au sommet du grand théâtre de Pompéi; souvent la pierre sur laquelle portait le mât affectait la forme d'une console, comme on peut le voir sur notre figure 2. Dans les deux exemples que nous

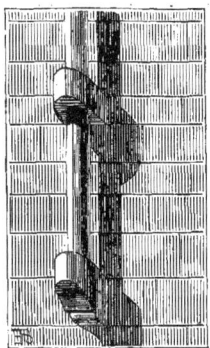

Fig. 2. — Mât porté sur une console.

venons de soumettre à nos lecteurs, les pierres supérieures sont creuses et forment bagues; mais dans bien des théâtres ou des amphithéâ- tres cette bague de pierre affectait également la forme d'une console, laquelle portait un nu-

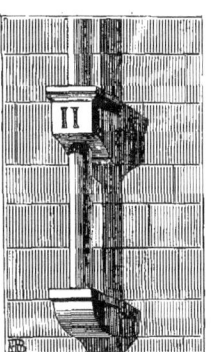

Fig. 3. — Mât portant sur un corbeau et traversant une console numérotée.

méro d'ordre, comme on peut le voir par notre figure 3, qui montre une console portant le n° II. Dans certains amphithéâtres, à ceux d'Arles et de Nîmes par exemple, il n'existait qu'une console traversée par le mât, et le pied de celui-ci portait sur les corniches d'entablement. Au Colisée, les mâts traversaient la petite corniche de couronnement, et leur pied portait sur de petits corbeaux ou consoles placés à peu près à mi-hauteur de l'ordre du troisième étage. — On donne encore ce nom aux colonnes d'une presse d'étoffe ou d'un pressoir à raisin, qu'on manœuvrait au moyen d'une vis et d'un écrou. (Pline, *Hist. nat.*, XVIII, 31, 74.)

MATAGE, *s. m.* — Opération de la dorure qui consiste à passer sur l'or bruni une légère couche chaude de colle de parchemin. Le matage conserve l'or et le préserve contre toutes les éraflures.

MATER, *v. a.* — Terme de charpenterie. C'est élever, dresser une pièce de bois, une forte perche, un mât. (Voy. MATTER.)

MATÉRIAUX, *s. m. pl.* — On désigne sous ce terme générique les différentes matières qui entrent dans la grosse construction d'un édifice, c'est-à-dire les pierres, la chaux, le plâtre, le ciment, les bois de charpente, les gros fers, les terres cuites, poteries, etc.

Dans la langue usuelle ce terme ne s'emploie jamais au singulier; mais dans la langue technique, depuis une dizaine d'années, les architectes et les ingénieurs emploient fréquemment ce terme au singulier; ainsi ils disent la brique est un bon *matériau*. Espérons qu'avec le temps ce mot sera employé au singulier par tout le monde, de même qu'on emploie veau, berceau, carreau, etc.

MATÉRIAUX (*Dépôt des*). — Voy. DÉPÔT.

MATÉRIAUX (*Résistance des*). — Voy. RÉSISTANCE.

MATINAGE, *s. m.* — Les treillageurs se servent de l'expression *faire le matinage* pour désigner la courbure qu'ils impriment à leurs lattes, à leurs copeaux, pour en faire des ornements, des fleurs, des corbeilles, ou autres enroulements.

MATIR, *v. a.* — Rendre mat de l'or ou de l'argent. — En serrurerie, ce terme signifie, faire disparaître la saillie ou la raie produite par la jonction de deux pièces qu'on a soudées ensemble.

MATRICE, *s. f.* — Moule en creux avec lequel on frappe des ornements en plomb, en zinc, en tôle, etc. (Voy. ÉTAMPE.)

MATTE, *s. f.* — Substance métallique tout à fait impure, parce qu'elle n'a reçu qu'une première fonte qui n'a pu la purger, la débarrasser de toutes ses impuretés; on dit, une matte plombeuse ou matte de plomb, matte de fer, de fonte, de cuivre, etc.

MATTER, *v. a.* — Rendre mat. On matte les feuilles de verre en les dépolissant, ou à l'aide d'un tampon et d'une couche de céruse. En termes de doreur, c'est passer avec un pinceau sur de l'or bruni une couche de colle de parchemin pure ou mêlée avec du safran ou du vermeil. — En plomberie, c'est serrer à l'aide du *mattoir* la soudure de deux tuyaux. On écrit aussi *mater* avec un seul *t*, mais il est mieux d'en mettre deux pour ne pas confondre ce terme avec celui de *mâter*, qui a une tout autre signification. (Voy. ci-contre.)

MATTOIR, *s. m.* — Outil servant à matir ou à matter. C'est encore un marteau servant à river les clous ou les boulons chauffés au rouge; enfin c'est un ciseau de plombier non tranchant, qui lui sert à comprimer le plomb formant la soudure de deux tuyaux.

MATTON, *s. m.* — Grosse brique ferrugineuse employée comme pavage. C'est aussi un nœud, un amas de bourre dure qui se trouve dans un cordage.

MAURESQUE (ARCHITECTURE). — On désigne sous ce terme un style particulier d'architecture qui a pris naissance et qui s'est développé en Espagne du XIe au XIIIe siècle. Ce terme de *mauresque*, appliqué à l'architecture espagnole de cette époque, est tout à fait impropre. En effet, il semblerait, d'après ce qualificatif, que ce sont les Maures habitants de la Mauritanie qui ont imaginé, qui ont inventé un style d'architecture, ce qui est complétement faux, comme nous allons bientôt le démontrer. Et tout d'abord, nous devons nous demander ce que sont les Maures; quel est ce peuple, où habitait-il, où a-t-il vécu? — Les anciens nommaient *Mauri, Mauritani*, les habitants de la Mauritanie, ancienne contrée de l'Afrique septentrionale, occupée aujourd'hui par le Maroc et une partie de l'Algérie. Il n'est question de cette contrée dans

ment; mais soixante-douze ans après (42 ap. J.-C.), la Mauritanie tout entière étant mieux organisée, Claude y envoya son lieutenant Paulinus Suétonius pour s'en emparer; elle fut divisée en trois provinces, qu'on nomma Mauritanie césarienne, sitifienne et tingitane. — Le moyen âge a qualifié de *Maures* tous les Arabes conquérants de l'Espagne ; or ce terme ne convient qu'aux *Almohades*, ou plutôt *Almovaheddouns*, qui seuls étaient bien d'origine mauresque. Ces Almovaheddouns formaient une sorte de corporation, d'association militaire

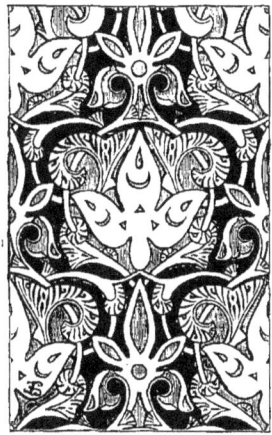

Fig. 1. — Ornementation mauresque de l'Alhambra.

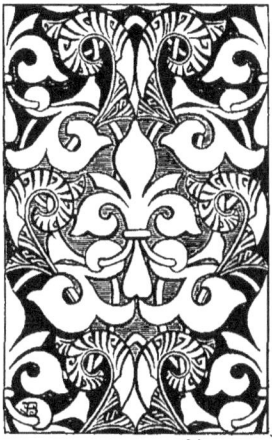

Fig. 2. — Ornementation mauresque de l'Alhambra.

l'histoire qu'au IIᵉ siècle avant J.-C. Elle était alors gouvernée par des despotes; l'un d'eux, Bocchus, livra aux Romains (en 106 av. J.-C.) son gendre Jugurtha, qui de concert avec les Gétules avait fait la guerre aux légions romaines. Pour prix de sa trahison, Bocchus reçut un accroissement de territoire à l'est de ses États et régna dès lors sur les Mauritanies orientale et occidentale. Plus tard (80 avant J.-C.), Auguste, en politique habile, donna à Juba (1), souverain de Mauritanie, tout le pays des Gétules, qui n'avait jamais été soumis complète-

et religieuse. Ils avaient été organisés ainsi par un Berbère du nom d'Abou-Abd-Allah-Mohammed, lequel eut pour successeur immédiat Abdel-Moumen, le fondateur de la dynastie arabe des Almovaheddouns, qui régna de 1130 à 1275 sur la moitié de l'Espagne et de toute l'Afrique d'alors, l'Égypte exceptée. — Nous connaissons maintenant les Maures, nous savons qui ils sont et d'où ils viennent ; il ne reste plus qu'à démontrer qu'ils n'ont pas inventé l'architecture mauresque qu'on leur a faussement attribuée, que cette architecture appartient en propre aux seuls Arabes, et que dès lors on ne devrait plus l'appeler que l'*architecture arabe.* — Le fait que nous avançons est confirmé par un auteur contemporain de la domination des Maures en Espagne, c'est un témoin oculaire

(1) Ce Juba est Juba II, qui avait épousé une fille d'Antoine et de Cléopâtre, et qui après la bataille de Thapsus avait été mené en triomphe à Rome par César ; il fut nommé roi de Mauritanie par Auguste.

qui parle; or voici ce qu'Eben-Saïd écrivait vers 1237 ou 1238. Nous trouvons le passage que nous allons citer dans Girault de Prangey (*Essai sur l'arch. des Arabes*). « C'est, dit Eben-Saïd, des provinces de l'Andalousie réunies à leur empire du Mâhgreb que les émirs almohades Yousouf et Yacoub-al-Mansour firent venir des architectes pour toutes les constructions qu'ils élevèrent à Maroc, à Rabat, à Fez, à Mansouriah; et c'est un fait bien connu qu'à aucune époque la capitale du Mâhgreb ne fut aussi florissante que sous les descen-

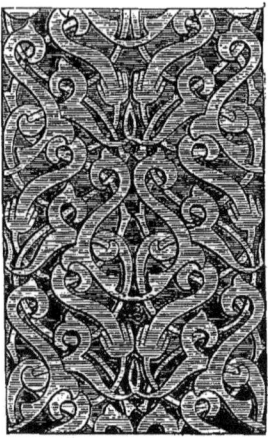

Fig. 3. — Ornementation mauresque de l'Alhambra.

dants d'Abd-el-Moumen. D'autre part, il est également notoire aujourd'hui (1237, c'est Ebn-Saïd qui parle) que cette prospérité, cette splendeur, de Maroc semble s'être transportée à Tunis, dont le sultan actuel construit des monuments, bâtit des palais, plante des jardins et des vignobles à la manière des Andalous. Tous ses architectes sont natifs de l'Andalousie, de même que les maçons, les charpentiers, les briquetiers, les peintres et les jardiniers. Les plans des édifices sont inventés par des Andalous ou copiés sur les monuments mêmes de leur pays. » Ceci prouve donc bien que les Maures n'ont inventé aucune espèce d'architecture et qu'ils n'ont fait que suivre, comme toujours du reste, les traditions du peuple qu'ils avaient conquis, des Arabes, qui étaient leurs maîtres en fait

d'art et de sciences. Ce fait est de toute évidence; du reste, les Maures n'avaient pas une architecture à eux, et ils arrivaient en 1130 dans un pays que les Arabes occupaient depuis plus de quatre siècles, depuis 711, c'est-à-dire depuis la bataille de Xérès. Les Arabes avaient donc eu le temps, pendant ce laps de temps, de perfectionner le style arabe primitif, *primaire*, pourrions-nous dire, car il est bien évident que le style dénommé à tort *mauresque* est une seconde manière du style arabe. En fait d'art, la marche est toujours la même : un style se crée, après bien des hésitations et des tâtonnements; il grandit, se transforme, atteint son

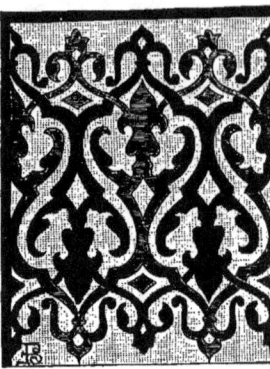

Fig. 4. — Revêtement mauresque, d'après le tombeau d'un kalife.

apogée, et arrive enfin à sa décadence. — Est-ce que le style ogival, que nous connaissons bien aujourd'hui, n'a pas subi les mêmes évolutions et n'avons-nous pas eu l'ogival primaire, secondaire et flamboyant? Aussi proposons-nous de dénommer à l'avenir le *style mauresque*, style *arabe de transition*, *arabe flamboyant*. Tous ceux qui ont admiré l'Alhambra, ce magnifique palais des rois de Grenade, ne pourront pas refuser à ce style le qualificatif dont nous l'accompagnons, d'autant qu'il passe avec raison pour le plus beau type de l'architecture dite *mauresque;* aussi en donnerons-nous une brève description. Ce palais fut construit par Abou-Abd-Allah-Ben-Naser, qui régna de 1231 à 1273. — A l'extérieur, l'Alhambra a un aspect de lourdeur qui

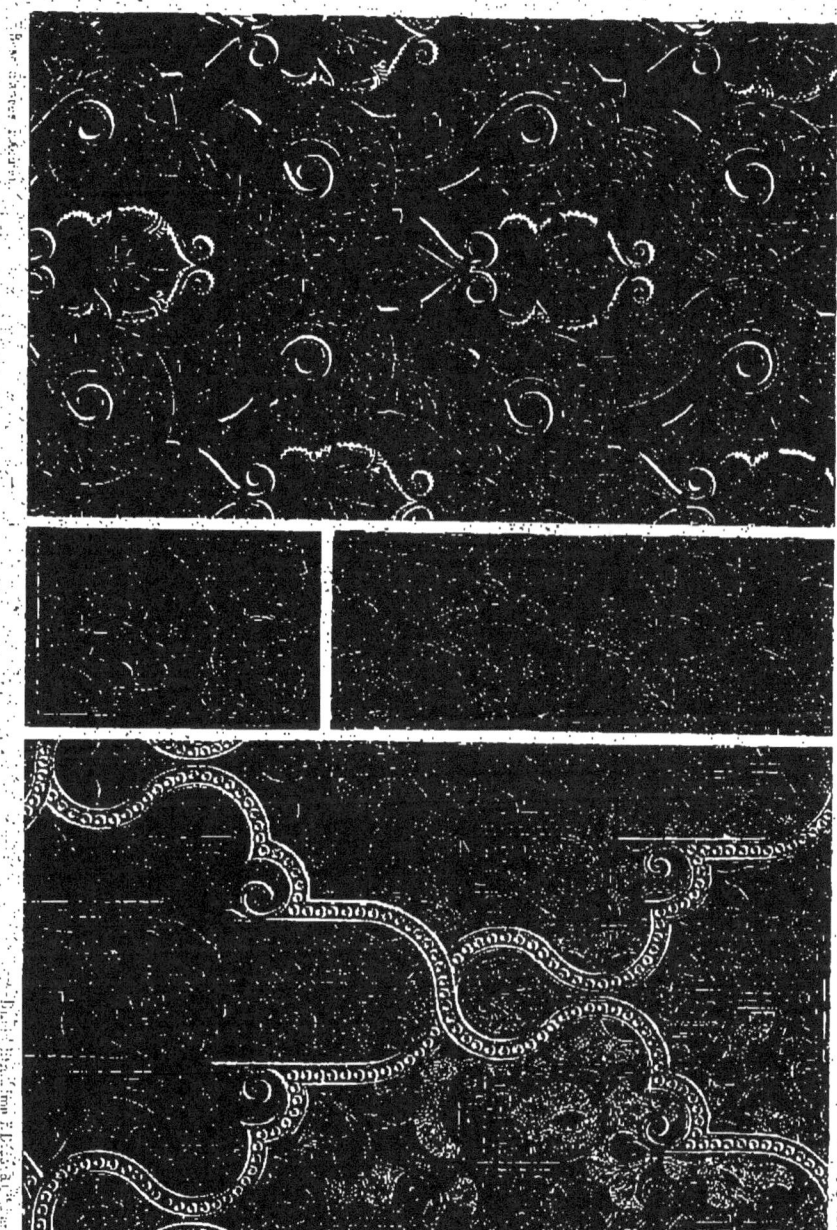

convient à une forteresse, ses murs sont nus et dépourvus de tout ornement; mais l'intérieur passe avec raison pour le chef-d'œuvre de l'architecture mauresque. Par la principale entrée, (porte du Jugement), on arrive dans la cour (patio) de l'*Alberca* ou cour des Bains; de chaque côté de cette cour, il existe deux galeries dont les arcs en fer à cheval sont découpés par de fines broderies; par l'une de ses galeries on arrive,

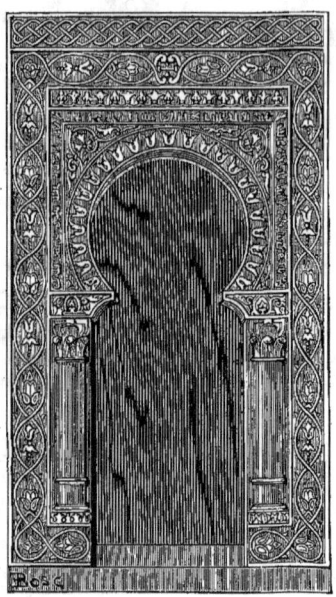

Fig. 5. — Porte mauresque.

en prenant l'arcade centrale, plus grande que les autres, dans la salle dite de la *Barca*, puis dans la *salle des Ambassadeurs*. Plus loin, à l'ouest de la cour des Bains, dont nous venons de parler, on arrive dans un bâtiment qui comprend la *cour des Lions*, la *tour des Deux Sœurs*, la *salle du Jugement*, et la *salle des Abencerrages*. La cour des Lions tire son nom de la célèbre fontaine qui est placée dans son centre; nous l'avons donnée au mot FONTAINE (fig. 7). Après avoir traversé la galerie méridionale de cette dernière cour, on peut entrer dans la salle des Abencerrages. — L'ensemble de la décoration de ce vaste monument est vraiment féerique; on

ne voit partout que festons, rinceaux, fines découpures, entrelacs, arabesques, inscriptions, le tout recouvert des plus vives couleurs, rehaussées d'or, qui se fondent harmonieusement. Nos lecteurs peuvent se faire une idée de cette riche décoration en jetant les yeux sur notre planche en couleur qui montre des motifs de la salle des Ambassadeurs, ainsi que sur nos figures noires qui reproduisent des motifs d'ornementation tirés de la salle des Deux Sœurs, enfin une porte qui provient sans doute du sanctuaire d'une mosquée, laquelle porte se trouve aujourd'hui incrustée dans l'un des murs du cloître de la cathédrale de Taragone, et (fig. 4) le revêtement d'un tombeau d'un kalife. — Voy. ARABE (*Architecture*).

MAUSOLÉE, *s. m.* — Superbe tombeau qu'Arthémise, reine de Carie, fit construire (379 ou 353 ans avant J.-C.) en l'honneur de son époux Mausole. Les architectes de ce magnifique tombeau, que l'on plaça parmi les sept merveilles du monde, furent Pythis et Satyros; les sculpteurs les plus célèbres de la Grèce consacrèrent leur talent à sa décoration. Pryaxis exécuta les sculptures de la face nord, Timothée celles du sud, Scopas celles de l'est, et Léocharès celles de l'ouest. Le mausolée, tout en marbre blanc, était construit à mi-côte d'une colline en hémicycle sur laquelle on pratiqua une esplanade carrée qui mesurait 103m,50 de côté. Sur un soubassement élevé, on avait construit une sorte de temple quadrangulaire entouré de trente-six colonnes ioniques, ayant dans leurs entre-colonnements des statues colossales de héros et des lions en marbre de grandeur naturelle. Au-dessus de ce péristyle, haut d'environ 12 mètres, s'élevait une pyramide formée par 24 gradins, aussi élevée que le péristyle. Le monument était couronné par un quadrige colossal en marbre blanc, dont le char renfermait les statues de Mausole et d'Arthémise. Ces deux personnages étaient représentés debout, et leurs figures mesuraient 3 mètres de hauteur. Les harnais des chevaux et tous les accessoires étaient en bronze. La hauteur totale du monument était de 43m,50; mais de la plus belle place d'Halicarnasse, dont on le voyait, il paraissait beaucoup plus élevé, surtout quand on l'apercevait du côté de la mer, parce que le monument avait pour base une suite de rampes et de terrasses qui ajoutaient encore à ses grandioses proportions. (Vitruve, II, 8; VII, préf.; Pline, XXXVI, 4.) C'est depuis la création de cette sépulture que l'on appela *mausolées* les magnifiques tombeaux. — Les architectes qui

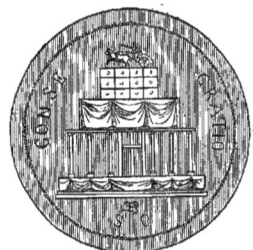

Fig. 1. — Médaille de Caracalla (revers) représentant un bûcher.

avaient créé le tombeau de Mausole avaient eu en vue de représenter l'immense bûcher qu'on élevait pour les funérailles d'un grand personnage. Ce fait est facile à contrôler en comparant les médailles qui représentaient des bûchers anciens, et celle qui fut frappée en souvenir du tombeau de Mausole (fig. 1

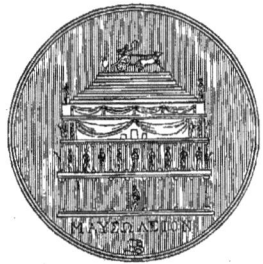

Fig. 2. — Tombeau de Mausole, d'après une médaille.

et 2). — Ce monument subsista, en grande partie du moins, jusque vers l'année 1520 ou 1522; à cette époque, les chevaliers de Jérusalem le ruinèrent de fond en comble pour en employer les matériaux à la construction d'un château fort (la tour Saint-Pierre) élevé à Budroum. Vers 1857, le consul anglais à Mytilène chercha et retrouva l'emplacement du mau-

solée; il y recueillit un grand nombre de sculptures; il eut même la bonne fortune de retrouver la statue de Mausole, qu'on peut voir aujourd'hui au British Museum.

MAUSOLÉE D'AUGUSTE. — Auguste fit bâtir pour lui, sa famille et ses amis, près du Tibre, à l'extrémité nord du Champ de Mars, un superbe mausolée. Il se composait d'un vaste soubassement circulaire en marbre blanc décoré de grandes niches. Sa face principale était un portique à six colonnes, décoré d'un fronton et flanqué de deux obélisques. Le soubassement était surmonté d'un immense cône divisé en trois parties en retraite les unes au-dessus des autres, et l'espace laissé entre chaque retraite formait une sorte de

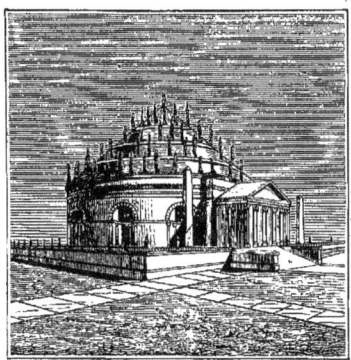

Fig. 3. — Mausolée d'Auguste.

canal, ou plutôt de fossé, rempli de terre et planté de cyprès. Au sommet du monument, qui mesurait près de 100 mètres d'élévation, on voyait une statue colossale d'Auguste en bronze doré. Le monument avait 92 mètres de diamètre à sa base. Auprès de la *strada di Ripetta*, on peut voir encore les restes du mausolée d'Auguste. (Cf. Strabon, liv. V, c. III, § 8.) Notre figure 3 montre une restauration du mausolée d'Auguste.

MAUSOLÉE D'ADRIEN. — Le mausolée d'Adrien, bâti probablement sur les plans de ce prince, était situé sur la rive droite du Tibre vis-à-vis le pont Saint-Ange. C'était un temple circulaire à trois étages concentriques portant sur un soubassement quadrangulaire mesurant environ 83^m,50 de côté sur 18 mètres de hauteur (fig. 4). Le premier étage, entouré de colonnes corinthiennes en marbre, avait 67^m,50 de diamètre et 15 mètres de hauteur. Le deuxième étage, en retraite sur le premier, avait la même forme que celui-ci ; enfin le troisième étage était en forme d'attique également retraité ; il était couvert d'un toit hémisphérique qui portait comme amortissement une énorme pomme de pin en bronze doré. Entre les colonnes de ces deux étages, on avait placé des statues, ainsi que sur l'acrotère supporté par les

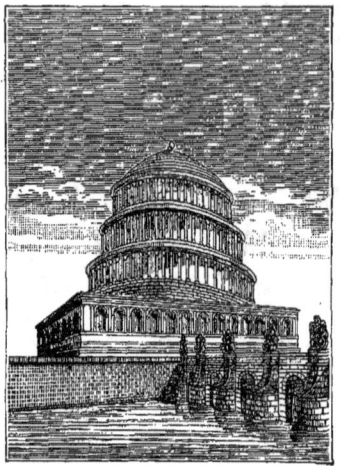

Fig. 4. — Mausolée d'Adrien (restauration).

colonnes du deuxième étage. Le *moles Adriana*, comme on le nommait alors, a été converti en forteresse pendant le moyen âge ; c'est aujourd'hui le château ou le fort Saint-Ange ; tout le soubassement carré est enfoui dans la terre et il ne reste plus que le premier étage, dépourvu de ses colonnes, mais qui produit encore un fort bel effet, quand on le voit du commencement du pont, du côté de la rive gauche ; nous avons dû en faire une restauration. — Pour d'autres détails sur les mausolées d'Adrien et d'Auguste, voir Nibby, *Roma antica*, P. II, pages 488 et 520.

Dans nos temps modernes, on ne construit plus de mausolées, on se contente de tombeaux ; on en trouve de remarquables dans les cimetières des grandes villes. (Voy. TOMBEAU.)

MAXIMUM, *s. m.* — Le plus haut degré qu'une chose puisse atteindre ; c'est l'opposé du terme *minimum*. Par exemple, on dit : le maximum de la température a atteint aujourd'hui 25 degrés ; le maximum de résistance d'une pierre est de 20 kilogrammes par centimètre carré, etc. — On nomme *forfait à maximum* un forfait dont le prix pourra être abaissé, mais ne pourra jamais être dépassé.

MÉANDRE, *s. m.* — Ornement courant qui se compose ordinairement de lignes brisées à angle droit se contournant et s'enlaçant parallèlement, comme le montrent nos figures 1 et 2. — On nomme aussi cet ornement *grecques*, *bâtons rompus*, *guillochis*, *entre-lacs*, etc. D'après les étymologistes, ce

Fig. 1. — Méandres (1er type).

nom de *méandre* tirerait son origine du fameux fleuve de Lydie de ce nom, connu par ses nombreuses sinuosités. Du reste, comme Strabon nous l'apprend (liv. XI), dans l'antiquité, on donnait le nom de ce fleuve à tout ce qui était sinueux et contourné. En outre,

Fig. 2. — Méandres (2e type).

ce qui prouve que les Grecs n'ont pas puisé l'idée de cet ornement dans les sinuosités du fameux fleuve, c'est qu'on retrouve le prototype des méandres sur des monuments assyriens de beaucoup antérieurs à ceux des Grecs. Nous pensons plutôt que ce peuple fit un tel usage des méandres qu'on a fini par les considérer comme l'ornement grec par excellence, et c'est pour cela qu'on l'a dénommé *grecque*. En effet, les Grecs ont placé des méandres sur les faces et les plafonds des larmiers, sur les bandeaux, les soffites ; ils les ont employés en encadrements, en ornements sur les terres cuites, en pavements, en peinture, et jusque sur les coupes et les vases. — Les Romains, en adoptant l'art étrusque et l'art grec, firent également usage, mais d'une manière moins étendue, des méandres, qui ne furent complétement abandonnés en Occident qu'à l'époque ogivale ; car l'époque romane les avait encore conservés, abâtardis, il est vrai, sous le nom de FRETTES. (Voy. ce mot, ENTRELACS, GRECQUE, etc.)

On donne encore ce nom aux chemins ou sentiers sinueux des labyrinthes de jardins ou ceux exécutés en pavement. (Voy. LABYRINTHE.)

MÉCANIQUE, *s. f.* — Science qui étudie les forces motrices, les lois de l'équilibre et du mouvement ainsi que la théorie de l'action des machines. La mécanique a deux branches principales, la DYNAMIQUE et la STATIQUE. (Voy. ces mots.)

MÉCANIQUE, *adj.* — Qui a rapport aux machines. Par extension, ce terme sert aussi à exprimer tout ce qui s'opère par la main, par le corps, qu'on considère comme une machine par rapport à l'esprit ; aussi nomme-t-on *arts mécaniques* les arts qui ne demandent que l'office de la main ou du corps pour leur exercice, par opposition aux *arts libéraux*, qui exigent de la part de ceux qui les exercent du sentiment, du goût, de la finesse, une certaine tension d'esprit et, pour ainsi dire, de l'intuition.

MÉCANIQUEMENT, *adv.* — Qui agit d'une façon mécanique, mû par un mécanisme quelconque. (Voy. le mot suivant.)

MÉCANISME, *s. m.* — Ensemble de pièces faisant mouvoir une machine ; ensemble des mouvements, soit naturels, soit artificiels, à l'aide desquels on fait fonctionner une machine, un outillage, etc.

MÈCHE, *s. f.* — Petit outil en acier ou en fer aciéré qui, à l'aide du VILEBREQUIN (Voy. ce mot), sert à percer le bois, la pierre, la

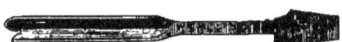

Fig. 1. — Mèche du menuisier ou à mortaiser.

brique, etc. Suivant leurs formes ou leurs dimensions, les mèches portent différents noms. Notre figure 1 représente la mèche à mortaiser

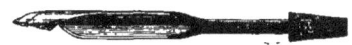

Fig. 2. — Mèche, façon Styrie.

ou du menuisier ; la figure 2, une mèche de menuisier, dite *façon Styrie* ; la figure 3, une mèche anglaise à trois pointes ; enfin la fig. 4

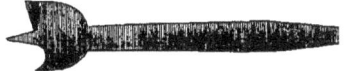

Fig. 3. — Mèche à trois pointes ou anglaise.

une mèche à double hélice ou américaine. Toutes les mèches, du côté opposé à leur pointe, sont terminées en pyramide quadrangulaire

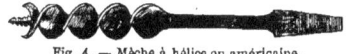

Fig. 4. — Mèche à hélice ou américaine.

tronquée ; c'est cette extrémité qu'on introduit dans le trou carré du vilebrequin. — On donne le nom de mèche à l'extrémité d'une TARIÈRE. (Voy. ce mot.)

MÈCHE A TRÉPAN. — Voy. TRÉPAN.

MÉCRIN (PIERRE DE). — Pierre de Lorraine, qu'on extrait d'une carrière nommée Mécrin, près de Commercy (Meuse).

MÉDAILLON, *s. m.* — Grande médaille ronde ou ovale portant sur sa face un sujet sculpté en bas-relief ; souvent ce terme est employé pour désigner le portrait de face, mais surtout de profil, sculpté en bas-relief sur une petite plaque de marbre circulaire, ou sur un bronze de même forme. Les architectes et les décorateurs emploient souvent des médaillons pour décorer des panneaux, des dessus de portes, des cheminées, des lambris, des meubles, etc. La renaissance et les styles Louis XIV, Louis XV et Louis XVI ont fait un très-large usage de médaillons. — L'étymologie de ce mot vient de l'italien *medaglione*, augmentatif de *medaglia*, médaille.

MÉDIAN, ANE, *adj.* — Qui passe par le milieu. Dans un édifice quelconque, la ligne d'axe qui passe dans son milieu est la ligne médiane. Vitruve nomme colonnes *médianes* les deux colonnes du milieu d'un portique, et dont l'entre-colonnement est, dans beaucoup de monuments anciens, plus large que les entre-colonnements voisins.

MÉDIMNE, *s. m.* — Terme d'antiquités. — Mesure de capacité grecque qui servait surtout à mesurer les choses sèches; mais elle servait aussi pour les liquides. Elle contenait environ 51 litres 85 ou six *modii* romains. (Nepos, *Attic.*, 2; Rhemn. Fann., *de Pond.*, etc., 64.)

MÉDIONNER, *v. a.* — Prendre le milieu, ou un terme moyen, compenser; ainsi, par exemple, dans le métré des crépis et des enduits, on compte 3 ou 4 mètres superficiels pour une partie de maçonnerie qui a été refaite au milieu de cet enduit. Ce terme a beaucoup vieilli.

MÉGALITHIQUE, *adj.* — Ce terme, employé surtout en archéologie, signifie, construit en grosses pierres; on nomme *monuments mégalithiques* les monuments CELTIQUES. (Voy. ce mot.)

MÉGALOGRAPHIE, *s. f.* — Nom que les anciens donnaient à la grande peinture d'histoire, qui représentait les nobles actions des dieux et des héros. — C'était aussi l'art de dessiner et de peindre en grand.

MEIX, *s. m.* — Terme d'ancienne coutume qui servait à désigner l'habitation d'un culti-

vateur jointe à autant de terre qu'il en faut pour l'occuper et le nourrir.

MÉLAC, *s. m.* — Étain du Pérou.

MÉLANGE, *s. m.* — Le résultat de plusieurs choses mêlées ensemble. — En peinture, c'est une teinte formée par le broyage et le détrempage de plusieurs couleurs.

MÉLÈZE, *s. m.* — Arbre de la famille des conifères, qu'on nomme *pinus larix* et qui fournit la térébenthine de Venise. Dans les pays où le mélèze est abondant, par exemple en Suisse, on l'emploie au même usage que le sapin; quoique résineux, ce bois brûle difficilement, aussi est-il employé pour la construction des maisons, dont on fait les murs avec de grosses poutres; nous avons donné un exemple de ces bois assemblés au mot MAISON (fig. 13 *bis*). Ce bois pourrit très-difficilement, et sous l'eau sa durée est pour ainsi dire illimitée; aussi dans beaucoup de pays l'emploie-t-on pour faire des pilotis. Le mélèze est aussi excellent pour faire des bardeaux.

MÉLUSINE, *s. f.* — En termes de blason, c'est une figure nue, moitié femme et moitié serpent, qui se baigne dans une cuve où elle se mire et se peigne sa chevelure échevelée; Mélusine est le nom d'une femme; on la confond souvent avec la sirène, qui est moitié femme et moitié poisson. (Voy. BLASON, fig. 50.)

MEMBRE, *s. m.* — Les architectes anciens ont trouvé, à tort ou à raison, qu'il existait une corrélation entre les proportions architecturales et celles du corps humain; c'est pourquoi ils ont appelé *membres* toutes les grandes parties du système architectural, telles que les frises, les corniches, les colonnes, etc. Cette expression s'est implantée dans notre langue et elle est restée en vigueur. Aujourd'hui, on donne le nom de *membre* non-seulement aux parties principales d'un édifice, mais encore aux parties secondaires, à des lignes d'architecture et même à chacune des moulures composant une corniche. Ainsi on dit fort bien :

cette corniche se compose de trois membres de moulures; bien plus, on dit aussi de trois corps de moulures. — On appelle *membre couronné* le membre de moulure accompagné d'un petit filet. — Un *membre creux* est une moulure concave, une *scotie*, une *gorge* par exemple; un *membre bombé* est un *tore*, un *boudin*, un *talon*, etc.

MEMBRETTE, *s. f.* — Ce terme est synonyme de ALETTE (Voy. ce mot); mais il est moins employé que lui.

MEMBRON, *s. m.* — Baguette plus ou moins haute qui sert d'ourlet à la bavette d'un BOURSEAU. (Voy. ce mot.)

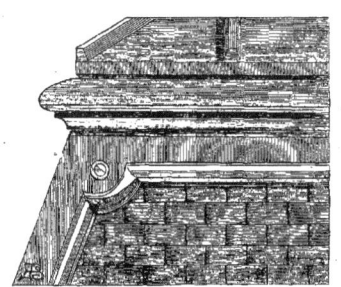

Fig. 1. — Membron en zinc.

C'est aussi une partie de plomb qui couvre la partie qui sépare le comble proprement dit du faux comble ou comble de brisis. (Voy. COM-

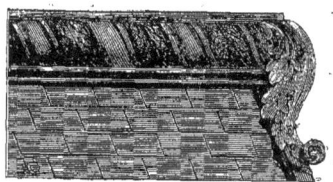

Fig. 2. — Membron en plomb estampé.

BLE.) — Autrefois les membrons étaient fort simples, aujourd'hui les architectes en font un motif de décoration; même ceux exécutés en zinc sont moulurés, comme le montre notre figure 1; on en fabrique aussi en plomb estampé beaucoup plus riches et beaucoup plus décoratifs, comme peuvent en témoigner ceux représentés par nos figures 2 et 3.

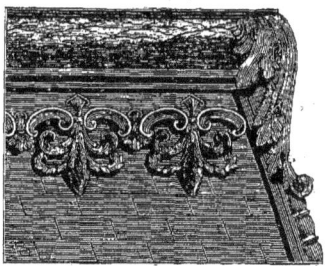

Fig. 3. — Membron en plomb estampé.

MEMBRURE, *s. f.* — Pièce de bois d'échantillon qui mesure 0^m,08 de haut sur 0^m,16 de largeur, et 2 mètres et jusqu'à 4^m,50 de longueur. Les membrures servent à faire les cadres des panneaux; on les emploie également dans les chantiers comme points d'appui et pour d'autres usages.

MÉMOIRE, *s. m.* — Les mémoires des travaux sont des pièces de comptabilité qui donnent l'énumération détaillée de tous les travaux, présentée dans un ordre méthodique et par nature de chaque espèce de travaux. Il y a donc des mémoires de terrasse, de maçonnerie, de charpente, de menuiserie, de peinture et de vitrerie, de pavage, etc. Les mémoires doivent porter l'énonciation des mesures, des produits, des quantités; ils ne doivent jamais contenir un chiffre en argent excepté pour de petites fournitures qu'il est impossible de porter autrement. Telle est la première partie du mémoire. La seconde partie contient la récapitulation ou résumé. — Les mémoires de travaux importants sont généralement dressés par des *métreurs-vérificateurs*; ils sont réglés par les architectes. — Dans beaucoup de pays où il existe des séries de prix, il serait très-facile de faire des mémoires précis; mais l'usage a prévalu d'augmenter les prix d'un cinquième de leur valeur véritable, c'est ce qu'on nomme des *mémoires faits sur demande*; des *mémoires en règlement* sont ceux, au contraire, qui sont faits à prix fixe, pour nous servir d'une expression usuelle.

MÉNAGER, *v. a.* — Ce terme, dans la langue technique, signifie préserver, conserver. Ainsi quand un architecte fait démolir un mur, il peut dire de *ménager* des harpes dans le mur d'à côté. — En peinture, quand on peint une deuxième couche, on peut *ménager* une bande, des filets, dans la couleur de la première couche.

MENEAU, *s. m.* — Montant et traverse en pierre ou en bois qui divisent une baie en plusieurs compartiments. Le meneau a pris naissance avec l'architecture ogivale. Les premières baies en ogive étaient souvent divisées en deux par une colonne de moyenne dimension, on obtint ainsi la baie géminée. Pendant plus de deux siècles, ces colonnettes continuèrent à former à elles seules des meneaux, mais elles devinrent de plus en plus grêles. Au XVe siècle, elles se transformèrent en simples moulures verticales et prismatiques allant sans interruption de leur base jusqu'à l'extrémité des dernières ramifications du *réseau*. Les meneaux divisant une baie en quatre parties, c'est-à-dire formant croix, se nomment aussi *croisillons*. (Voy. FENÊTRE.)

MENHIR. — Voy. CELTIQUES (*Monuments*).

MENIANE, *s. m.* — Terme d'antiquités. — Les Romains donnaient ce nom (*mænianum*) à un balcon faisant saillie sur la rue, soit qu'il fût soutenu par des consoles, soit qu'il fût porté par des colonnes. portant sur le sol. (Festus, *s. v.*; Val. Max., IX, 12, 17; Cic., *Acad.*, II, 22.) A cause de leur destination, on nommait ce genre de colonnes *mænia columna*. Il existait même à Rome, dans le Forum, une colonne ainsi dénommée auprès de laquelle les triumvirs criminels (*capitales*) jugeaient les délits. (Cic., *Div.*, *Verr.*, 16.) Dans les théâtres, les amphithéâtres et même dans les cirques, on donnait le nom de *mænianum* à toute une rangée de banquettes comprise entre deux *précinctions* (*præcinctiones*). Le méniane était partagé en un certain nombre de compartiments égaux par les degrés (*scalæ*); ces compartiments se nommaient *coins* (*cunei*). (Voy. AMPHITHÉATRE.)

MÉNIL, *s. m.* — Ancien mot, aujourd'hui presque hors d'usage, qui signifie *habitation*.

MENSOLE, *s. f.* — Pierre située au milieu d'une voûte d'arête ou autre, et qui sert à la fermer; c'est donc une clef de voûte, mais cette clef est unie, sans ornement, plate, d'où son nom de mensole (*tablette*), diminutif de *mensa*, table.

MENSTRUE, *s. f.* — Liqueur employée pour dissoudre certaines substances entrant dans la composition d'un corps.

MENSURABLE, *adj.* — Qui peut être mesuré.

MENTONNET, *s. m.* — Pièce de cuivre, mais surtout de fer, qu'on fixe dans l'embrasure d'une porte ou sur son battant pour recevoir l'extrémité d'un loquet ou d'un loque-

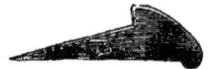

Fig. 1. — Mentonnet à pointe simple.

teau. Il en existe de divers genres, à pointe simple, à deux pointes et à vis; nos figures montrent ces trois types. — On donne aussi

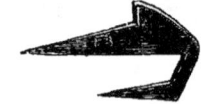

Fig. 2. — Mentonnet à deux pointes.

ce nom à la palette d'une tarière recourbée à angle presque droit, laquelle palette sert à retenir dans la tarière les matières retirées du trou de sondage. Les charpentiers nomment *mentonnet* une sorte de tenon pratiqué sur la tête des pilots et qui sert à arrêter les madriers ou plates-formes qu'on pose sur ces pilots. — En mécanique, on donne ce nom à la pièce saillante fixée à une roue ou à un ar-

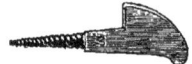

Fig. 3. — Mentonnet à vis.

bre tournant et qui vient faire son arrêt sur une autre pièce, lorsque dans son mouvement de rotation elle la rencontre.

MENUISERIE, *s. f.* -- Art de travailler le bois ; cet art est intermédiaire entre la charpenterie et l'ébénisterie. La menuiserie ne travaille que le *menu* bois pour l'établissement des portes, fenêtres, lambris, parquets, cloisons, escaliers, volets, persiennes, jalousies et meubles en bois blancs. On fait également en menuiserie des colonnes, des entablements et autres ouvrages décoratifs d'architecture qu'on pose sur des bâtis en charpente. — On emploie également ce terme pour désigner l'ouvrage fait par le menuisier ; ainsi l'on dit, une *belle menuiserie*, une *menuiserie* bien établie, bien exécutée. — L'art de la menuiserie comprend la connaissance des bois, leur assemblage et l'étude de leurs profils. Pour exécuter de la bonne menuiserie, il ne faut employer que des bois très-secs ; les meilleurs travaux sont ceux exécutés avec des vieux bois qui ne sont plus susceptibles de *jouer* ou de *travailler ;* l'absence de tout aubier est une condition encore plus rigoureuse pour les bois destinés à la menuiserie qu'à ceux destinés à la charpenterie. L'art de la menuiserie est extrêmement compliqué, parce qu'il occupe une très-grande place dans les constructions ; en effet, il ne produit pas seulement des œuvres d'utilité pratique, mais la menuiserie fournit de très-beaux motifs de décorations intérieures ; aussi son exécution ne peut être livrée au caprice et à la fantaisie, il faut qu'elle s'étaye sur des règles fixes, sur les règles qui régissent l'architecture elle-même ; la menuiserie doit être appropriée au caractère de l'édifice ou du local qu'elle est appelée à orner. Cet accord de la menuiserie et de l'architec-

ture proprement dite est des plus importants, et, si l'architecte n'y prend pas garde, il ne produira que des œuvres disparates, sans caractère et sans style, car ce sont les travaux de menuiserie qui donnent le fini le plus complet à une œuvre d'architecture et servent à caractériser le plus puissamment son style. — La menuiserie a été employée à toutes les époques ; malheureusement, par la fragilité même du bois, nous ne connaissons presque rien de la menuiserie chez les anciens. Elle brilla d'un vif éclat pendant le moyen âge et surtout pendant la renaissance ; il nous reste de ces époques des modèles inimitables, tels que chaires, bancs d'œuvre, bahuts, tribunes, buffets, huches, rétables, lambris, armoires, et principalement de magnifiques PORTES. (Voy. ce mot, où le lecteur trouvera des spécimens remarquables.) Aujourd'hui la belle menuiserie est bien délaissée ; dans notre siècle industriel, les conditions de l'existence ont tellement changé qu'un seul genre subsiste, la menuiserie courante du bâtiment, qui comprend la fourniture, la façon et la pose des huisseries, des cloisons légères, des parquets et lambourdes, des bâtis, des portes, croisées et châssis de toutes sortes, et qu'on a divisée en *menuiserie mobile* et *menuiserie dormante.* La première catégorie comprend tous les ouvrages mobiles, tels que portes, croisées, persiennes, etc. ; la seconde catégorie, tous les travaux fixés à demeure et qui ne peuvent sortir de la position dans laquelle on les a placés, tels que lambris, parquets, revêtements, etc.

MENUISERIE D'ASSEMBLAGE. — Cette menuiserie consiste en bâtis assemblés à tenon et mortaise et en panneaux assemblés à rainure et à languette ; cette menuiserie est collée, chevillée, mobile ou dormante.

MENUISERIE DE PLACAGE. — Cette menuiserie est celle sur laquelle on a appliqué des bois durs et de prix débités en feuilles minces et collés ; ce genre de menuiserie est surtout employé pour l'ébénisterie et la MARQUETERIE. (Voy. ce mot.)

MENUISIER, *s. m.* — Ouvrier qui fabrique et pose les ouvrages en menuiserie. Il existait autrefois une ancienne corporation pour ce corps d'état. D'après les statuts, qui dataient de 1396, la durée de l'apprentissage était de six ans, le brevet coûtait 24 livres et la maîtrise 600 livres. Un édit en date de 1776 réunit cette corporation à celle des layetiers, des ébénistes et des tourneurs en bois. Les ouvriers menuisiers se divisent en compagnons et en apprentis; parmi les premiers, on distingue plusieurs catégories suivant le talent ou le genre particulier de travail auquel ils se livrent; c'est ainsi que les travaux de parquetage sont exécutés par des ouvriers spéciaux nommés *parqueteurs*. Le maître compagnon, ou le commis dirigeant l'atelier, se nomme *correcte*, et le tâcheron *marchandeur*. — Les menuisiers doivent posséder et au delà toutes les connaissances que possède le charpentier; du reste, la nature du travail de ces deux corps d'état a beaucoup d'analogie; les outils dont ils se servent sont presque les mêmes; ce sont : les scies, les vilebrequins, les tarières, l'herminette, le fermoir, le maillet, le marteau ordinaire, etc., auxquels le menuisier ajoute diverses espèces de rabots, bouvets, varlopes, etc. — Les menuisiers travaillent leur bois sur une forte table nommée ÉTABLI. (Voy. ce mot.) Il en existe de divers genres.

MÉPHITIQUE, *adj.* — Gaz, vapeurs méphitiques, gaz et vapeurs toxiques et asphyxiantes qui se dégagent des égouts, de certaines fouilles, des fosses d'aisances; aussi doit-on prendre de grandes précautions quand on fait travailler des ouvriers dans de pareils milieux. (Voy. FOSSE D'AISANCES.)

MÉPLAT, TE, *adj.* — Qui est à demi plat; se dit d'une pièce de bois qui est plus large qu'épaisse. C'est aussi la face la plus large d'une pièce mince; on dit, une pièce *posée sur son méplat*; *fer méplat*, c'est-à-dire fer plus mince que large; on l'appelle souvent *fer en bande*. — En sculpture, on nomme *méplat* une partie qui n'est ni creuse ni plane, mais d'un relief uni; dans ce dernier sens, ce terme est pris substantivement.

MERCURE, *s. m.* — Métal blanc liquide, qui ne se solidifie qu'à 40 degrés au-dessous de zéro. Dans son état naturel, il ressemble à de l'argent liquide, aussi le nomme-t-on *vif argent*. Le mercure, dans son état naturel, ne sert guère qu'à confectionner des baromètres, des thermomètres, et à aider à recueillir certains gaz qui se dissoudraient dans l'eau; dans l'industrie, il n'est guère employé qu'à l'état d'*amalgame*, c'est-à-dire allié à un autre métal. Les amalgames d'étain et d'argent servent pour l'étamage des glaces, ceux d'argent et ceux d'or à argenter et à dorer les bronzes par le procédé dit argenture et dorure au mercure; enfin un minerai de mercure, le *cinabre*, sert à fabriquer un pseudo-vermillon. (Voy. CINABRE et VERMILLON.)

MÉREAU, *s. m.* — Jeton qu'on distribuait aux ouvriers dans certaines corporations; on en faisait en plomb, en cuivre, et même en argent. Il existait également des méreaux fiscaux, et même au moyen âge, dans certaines

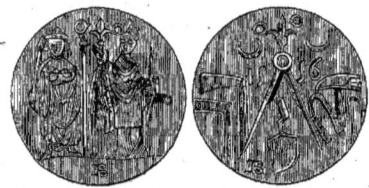

Fig. 1. — Méreau des charpentiers.

foires, des méreaux étaient délivrés par les gardes ou receveurs aux marchands étalagistes, en signe d'acquit du droit d'exposition de

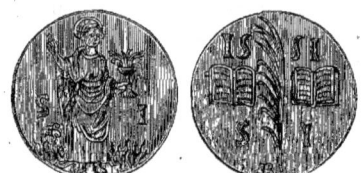

Fig. 2. — Méreau des imprimeurs-libraires.

leurs marchandises. Il en était aussi délivré sur les routes aux voituriers pour constater le payement des droits de travers et de chaussée, et l'on ne peut guère douter que l'usage des méreaux ne fût également appliqué au recouvrement de bien d'autres impositions établies sous différents noms sur les personnes et sur les choses, et parmi lesquelles nous devons citer les droits de maltôte, de tonlieu, d'assis, d'entrée, de guidage, de rivage, de barrière, etc. (1). Comme on peut le voir par ce qui précède, les taxes au moyen âge étaient en très-grand nombre, et on s'efforçait comme de nos jours d'obtenir un maximum de recettes avec

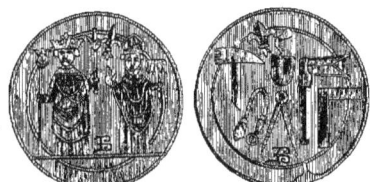

Fig. 3. — Méreau des tailleurs-maçons.

un minimum de plaintes chez le contribuable.

Nos figures donnent des méreaux de certaines corporations ; notre figure 1 montre le méreau des charpentiers ; sur l'avers ou face, on voit deux personnages, saint Louis et saint Blaise, patron de la corporation ; sur le revers, les instruments du charpentier, tels que compas, hache, équerre, marteau, une fleur de

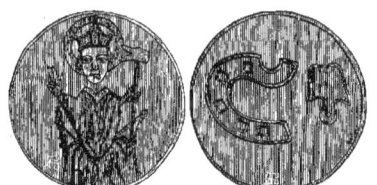

Fig. 4. — Méreau des maréchaux ferrants.

lis entre deux croissants, enfin dans le champ la date de 1556. L'avers de la figure 2 (méreau des imprimeurs-libraires) nous montre saint Jean, la tête nimbée, au milieu des flam-

mes de son martyre, indiquant de sa main droite le ciel et tenant de la gauche une coupe; sur le revers, deux livres séparés par une palme accostée dans le haut de la date 1551 et dans le bas des lettres S. J. Dans la figure 3 (méreau des tailleurs-maçons), le lecteur peut voir sur l'avers saint Louis et saint Blaise, et sur le revers les instruments des maçons, marteau bretté, truelle, compas, etc.; dans la

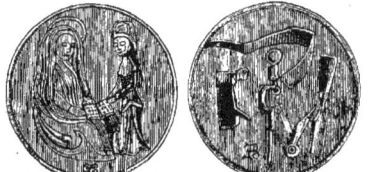

Fig. 5. — Méreau des menuisiers.

figure 4 (méreau des maréchaux ferrants), le grand saint Éloi, la tête nimbée, assis et bénissant de la main droite, tandis que de la gauche il porte un marteau ; le revers montre un fer de cheval accosté d'un ciseau de maréchal. Notre figure 5 montre le méreau des menuisiers; dans le champ de l'avers, c'est sainte Anne et la Vierge ; dans le champ du revers,

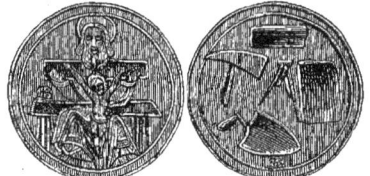

Fig. 6. — Méreau des plombiers-couvreurs.

ce sont les instruments professionnels, en tête un valet, puis un rabot, un vilebrequin, un compas, une gouge. La figure 6 représente un des méreaux des plombiers-couvreurs; d'un côté, on voit Dieu le Père, la tête nimbée, soutenant les bras de la croix sur laquelle son Fils est crucifié; de l'autre face, ce sont les instruments de la profession, truelle, compas, hachette et tuile ; enfin notre figure 7 (méreau des serruriers), nous montre le grand saint Éloi, toujours bénissant de la main droite et tenant un marteau de la gauche avec la lé-

(1) Arthur Forgeais, *Numismatique des corporations parisiennes d'après les plombs historiés*, page 259 ; 1 vol. in-8°, Paris, Aubry, 1874. Cet ouvrage, très-intéressant, donne une grande partie des plombs des corporations parisiennes, ainsi qu'un très-grand nombre de méreaux ; une partie de nos figures sont extraites de ce livre, les autres ont été dessinées d'après nature.

gende : SAINT ÉLOI ; au revers, ce sont deux clefs liées par un cordon.

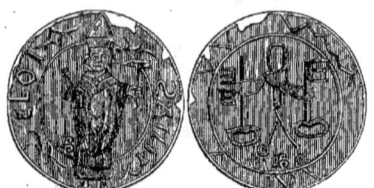

Fig. 7. — Méreau des serruriers.

— On donnait aussi des méreaux comme jetons de présence aux chanoines pour les récompenser de leur exactitude aux offices, et aux maires des villes pour leur donner un souvenir honorifique de leur passage au pouvoir.

MÉRELLÉ, *adj.* — Terme de blason. Qui ressemble à une marelle, à un méreau.

MÉRISIER, *s. m.* — Variété de cerisier sauvage dont le bois, rougeâtre, est employé en charpente et en menuiserie ; son poids spécifique est de 0,716.

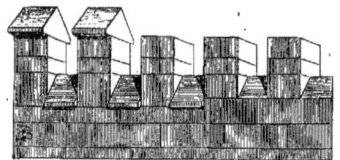

Fig. 1. — Merlons (deux types employés dans l'antiquité).

MERLETTE, *s. f.* — Terme de blason. Oiseau sans bec et sans pattes. (Voy. BLASON, fig. 48.)

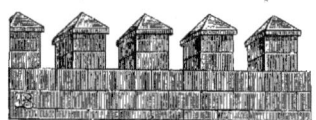

Fig. 2. — Merlons terminés par un pyramidion.

MERLIN, *s. m.* — Cordelette formée de deux ou trois fils de caret commis ensemble.

MERLON, *s. m.* — Partie saillante d'un pa-

rapet militaire, que l'on nomme trop souvent à tort CRÉNEAU. (Voy. ce mot.) Les merlons

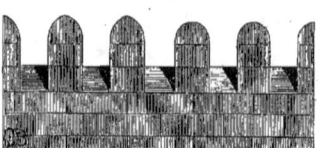

Fig. 3 — Deux types de merlons, l'un terminé en ogive et l'autre en cercle.

séparent et déterminent les créneaux, ils affectent des formes très-diverses, comme nos figures

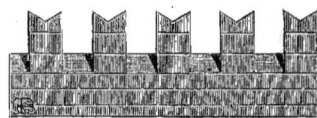

Fig. 4. — Merlons à pointes (moyen âge).

peuvent en témoigner. — C'est aussi la partie saillante d'un épaulement comprise entre deux

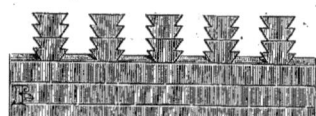

Fig. 5. — Merlons dentés ou dénchés (moyen âge).

embrasures. On appelle *demi-merlon* l'espace compris entre une embrasure et l'extrémité de l'épaulement ou de la batterie.

MERLUSINE. — Voy. MÉLUSINE.

MERRAIN, *s. m.* — Bois dur de chêne ou de châtaignier qu'on débite sous une faible épaisseur. Les merrains servent pour faire des lambris et des frises de parquets.

MÉSAULON. — Nom qu'on donnait chez les Grecs au couloir qui séparait les deux corps de logis nommés andronitide et gynécée. (Voy. MAISON.) Dans le milieu de ce couloir il existait une porte qui, une fois fermée, interceptait toute communication entre les deux corps de logis. (Vitruve, VI, 7, 5.)

MESURER, *v. a.* — Prendre une mesure ; *mesurer par équarrissement,* mesurer une pièce de bois de forme irrégulière, une pierre et en donner le cube.

MESURES, *s. f. pl.* — Quantités que l'on prend comme unités pour apprécier les longueurs, les superficies et les volumes. En France, comme dans beaucoup d'autres pays, le mètre sert de base au système de mesurage adopté, aussi l'a-t-on nommé *système métrique.* (Voy. Poids.)

META. — Voy. Borne (fig. 3 et 4).

MÉTAIRIE. — Voy. Rurales (*Exploitations*).

MÉTAL, *s. m.* — Corps opaque et lourd qui se trouve dans le sein de la terre mêlé avec des substances terreuses, dont on le débarrasse par la fusion. Les métaux sont d'un secours indispensable pour la construction ; aujourd'hui le fer remplace en grande partie les bois de charpente. — En blason, on n'emploie que deux métaux, l'or et l'argent.

METOCHE, *s. f.* — Espace compris entre deux denticules.

MÉTOPE, *s. f.* — Intervalle carré ou ayant la forme d'un rectangle allongé qui, dans l'ordre dorique, sépare les triglyphes. Les métopes sont tantôt unies, tantôt couvertes

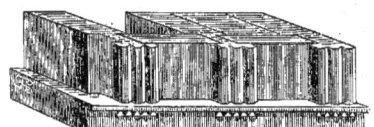

Fig. 1. — Métopes (un mode de les construire).

de peintures et surtout de sculptures. Nos figures donnent des métopes provenant de divers monuments. — On nomme *demi-métopes* les métopes placées à l'angle de la frise ; *métope barlongue* ou *barlongée,* celle qui n'est pas carrée et qui est ordinairement

plus haute que large. — La disposition des métopes dans la frise dorique est subordonnée à celle des triglyphes qui occupent, d'après l'ordonnance générale, certaines places obligées, comme par exemple celles qui corres-

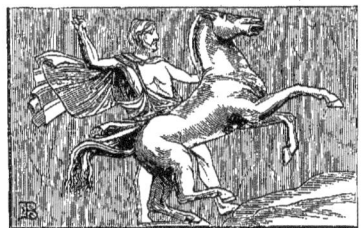

Fig. 2. — Métope du temple de Thésée à Athènes (Hippocome apaisant l'ardeur d'un cheval).

pondent à l'axe des colonnes et des entre-colonnements. L'ordre dorique chez les Grecs n'admettant pour l'entre-colonnement qu'une largeur égale au diamètre inférieur de la colonne ou peu de largeur en plus, la frise put être divisée en espaces parfaitement uniformes ; un triglyphe tombant respectivement entre les axes de chaque colonne et de chaque

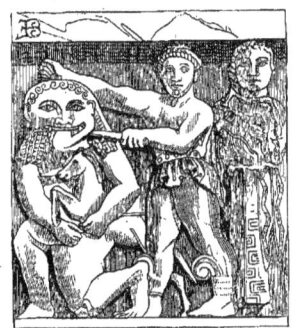

Fig. 3. — Métope du temple de l'acropole de Sélinonte (Persée coupant la tête de Méduse).

entre-colonnement, la métope y occupe constamment un espace qui comprend une partie du diamètre et une partie de l'entre-colonnement. La seule dérogation à ce principe, à cette règle, pourrions-nous dire, a été pratiquée par les Grecs qui ont placé un triglyphe à l'angle de l'architrave. Pour dérober aux yeux la petite irrégularité provenant du manque d'aplomb du triglyphe d'angle sur l'axe de la colonne, et par suite l'inégalité de métope qui

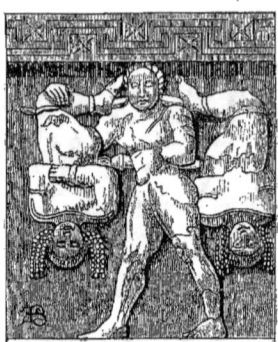

Fig. 4. — Métope du temple de l'acropole de Sélinonte
(Hercule portant les Cécrops).

devait en résulter, on gagnait de proche en proche cette différence par un espacement progressivement plus large ; de sorte que le triglyphe précédant celui de l'angle ne répon-

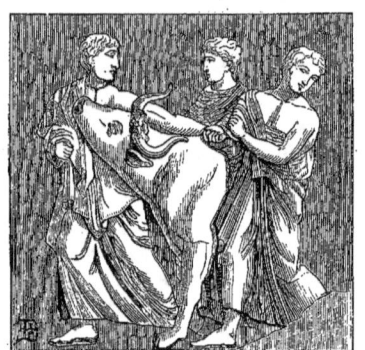

Fig. 5. — Métope du temple de Thésée à Athènes
(sacrifice d'une vache).

dait pas exactement à l'axe de l'entre-colonnement. On faisait plus large que les autres la métope qui précédait le triglyphe d'angle ; ou bien encore, selon Vitruve (liv. IV, ch. III), le constructeur resserrait l'entre-colonnement d'angle d'un demi-triglyphe. Ces petites diffé-

rences, loin de choquer la vue, étaient à peine sensibles à l'œil.

Nos figures présentent divers exemples de métopes ; la première nous montre un mode de les construire, les autres des bas-reliefs décorant des métopes de divers monuments.

MÉTOYERIE, *s. f.* — Ancien terme de jurisprudence remplacé aujourd'hui par celui de Mitoyenneté. (Voy. ce mot.)

MÉTRAGE, MESURAGE, *s. m.* — Opération par laquelle on détermine le nombre de mètres superficiels, carrés ou cubes que donnent une longueur, une surface, un volume. Le métrage sert à évaluer les quantités d'ouvrages exécutés par des ouvriers. Le terme *mesurage* est plutôt employé pour désigner le métrage qui se fait à l'aide des mesures de capacité. (Voy. Métrer.)

MÈTRE, *s. m.* — Unité de mesure de longueur ayant servi de base au système métrique ; le mètre est égal à la dix-millionième partie de la distance du pôle à l'équateur, c'est-à-dire du quart du méridien terrestre. Dans la pratique usuelle, le mètre est figuré sur une règle de métal ou plutôt de bois qui mesure 100 centimètres divisés par dixièmes 10, 20, etc., centimètres ; on fait même des mètres pliants divisés par sections d'un décimètre ou d'un double décimètre ; les premiers comprennent donc dix lames et les seconds cinq.

MÉTRÉ. — Voy. le mot suivant.

MÉTRER, *v. a.* — Faire un métré, c'est-à-dire évaluer et mesurer des quantités d'ouvrages produits par des ouvriers. — Mesurer les diverses parties d'une construction, en faire la description d'une manière générale et détaillée, classer les différents travaux d'après la nature et la valeur de chacun d'eux, en faire les calculs en les réduisant au mètre superficiel, carré ou cubique, tel est le travail du métré, lequel est fait par l'entrepreneur et pour son compte ou par un métreur spécial. Les métrés pour l'établissement d'attachements ou pour la vérification des mémoires sont établis contradictoirement entre l'architecte et l'entrepreneur, et plus ordinairement entre le conducteur des travaux de l'architecte et le commis de l'entrepreneur. On nomme *travail au métré*, par opposition à *travail à forfait*, les travaux qui après leur exécution seront vérifiés et réglés d'après leur métrage. — *Métrer bout avant* est une expression employée par les charpentiers pour désigner une manière spéciale de métrer la charpente en prenant la longueur des bois tels qu'ils sont employés, y compris les tenons et portées.

MÉTREUR, *s. m.* — Celui qui fait des métrés de bâtiments, qui établit des devis, des états de situation, etc. Les honoraires que touchent les métreurs sont fixés à tant pour mille sur le montant des *mémoires en demande*. (Voy. MÉMOIRE.) Il n'existe pas de tarif précis à cet égard, puisque, suivant la nature et l'importance des travaux, des métreurs demandent 12, 11, 10, 8 francs par mille du montant des mémoires.

METTEUR AU POINT, *s. m.* — Praticien, ouvrier sculpteur qui dégrossit un ouvrage de sculpture et le *met au point*, c'est-à-dire le mène à un état d'avancement tel que le patron n'a plus qu'à sculpter les finesses et les détails délicats de son œuvre.

METTRE, *v. a.* — Comme dans le langage ordinaire, ce terme dans le langage technique a de nombreuses significations. *Mettre debout, mettre d'aplomb, mettre d'équerre, mettre en surplomb, mettre en avant-corps, en arrière-corps, mettre en long, en large, horizontalement, verticalement,* sont des expressions trop connues pour qu'il soit nécessaire de les expliquer ; nous donnerons donc des termes plus techniques et par conséquent moins connus, par exemple :

METTRE EN CHANTIER, c'est disposer, sur des supports quelconques, une pierre, une pièce de bois, etc.

METTRE DEDANS, c'est assembler provisoirement les pièces de bois, après que la taille est terminée. (Voy. MISE EN DEDANS.)

METTRE EN RACCORD, c'est raccorder ; c'est

aussi, en marbrerie, présenter après leur taille toutes les pièces de marbre qui doivent être réunies, afin de s'assurer avant leur pose si toutes coïncident bien entre elles, si elles se joignent et affleurent parfaitement.

METTRE SUR SON FORT OU SUR SON ROIDE, c'est placer la partie convexe, le bombement d'une pièce de bois en contre-haut ou par-dessus.

MEULE, *s. f.* — Pierre de grès taillée en forme de disque, qui sert à beaucoup de corps

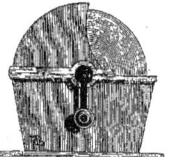

Fig. 1. — Meule à main avec capuchon et auge en bois.

d'état, mais surtout au menuisier, pour aiguiser, *affûter* ses outils. Souvent le menuisier emploie

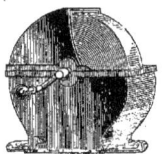

Fig. 2. — Meule à main avec capuchon et auge en fonte.

des meules sans être montées, mais il utilise aussi des meules montées, c'est-à-dire percées

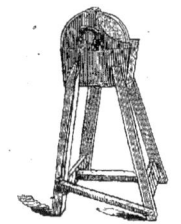

Fig. 3. — Meule au pied avec capuchon.

dans leur milieu et traversées par une tige de fer, un arbre, dont les extrémités tournent sur des coussinets. Il existe des meules à main et des meules à pied, les premières sont manœuvrées avec la main de l'homme, qui met en mouvement une manivelle (fig. 1 et 2) ; les secondes sont mises en mouvement par une pédale qui fait mouvoir la manivelle ; nos figures 3, 4, 5, montrent trois types différents de ce

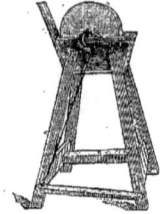

Fig. 4. — Meule au pied en bois sans capuchon.

second genre. La plupart des modèles que nous donnons sont munis de capuchons qui ont pour effet d'empêcher l'eau de se projeter sur

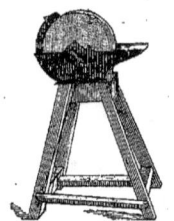

Fig. 5. — Meule au pied, auge en fonte.

l'aiguiseur par suite du rapide mouvement de rotation imprimé à la roue. — Aujourd'hui l'industrie utilise très-grandement les scies cir-

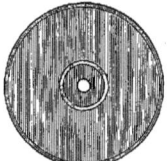

Fig. 6. — Meule artificielle en émeri, pour l'affûtage des scies.

culaires qui économisent un temps précieux et une dépense de force musculaire considérable pour le sciage et le débitage des bois ; mais ce genre de scie ne fonctionne bien qu'autant qu'il est bien affûté, c'est pourquoi on a inventé des meules artificielles, composées de

gutta-percha et d'émeri pour l'affûtage de ce genre de scie. Notre figure 6 montre une de ces meules, dont la tranche est arrondie suivant l'écartement et le profil des dents de scie circulaire.

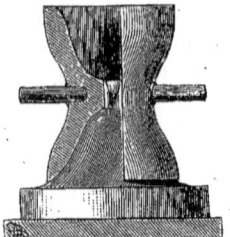

Fig. 7. — Meule à blé (Pompéi).

En termes d'antiquités, on nomme *meule* la pierre inférieure d'un moulin à blé (Paul, *Dig.*, 33, 18, § 5), comme le montre notre figure 7, à laquelle nous avons supprimé le quart de la pierre supérieure, afin de bien faire comprendre le fonctionnement de ce moulin. La pierre supérieure, nommée *catillus*, affecte la forme d'un sablier ; la partie supérieure servait de trémie et recevait le blé qui tombait, au fur et à mesure de son écrasement, par quatre ou cinq

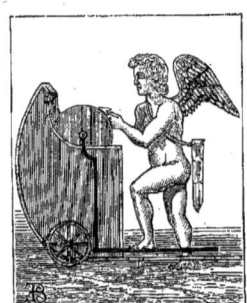

Fig. 8. — Mola versatilis.

trous percés au fond de l'entonnoir ; la partie inférieure coiffait la meule proprement dite (*meta*), et les grains pris entre ces deux pierres, mises en mouvement par deux esclaves ou par un âne, étaient écrasés et convertis en farine qui s'écoulait sur les bords de la meule, où on la ramassait. — Dans l'antiquité on donnait aussi le nom de meule tournante (*mola versatilis*) aux meules à repasser, du moins Rich (*Dict.*, v° Mola) le suppose, et il donne comme exemple Eros aiguisant ses flèches d'après une pierre gravée ; nous reproduisons à plus grande échelle cette même figure (fig. 8).

MEULIÈRE, *s. f.* — Pierre à surface très-rugueuse formée de débris quartzeux, de chaux carbonatée, d'oxyde de fer et d'alumine dans des proportions très-diverses. Il existe deux variétés de meulière. L'une, de couleur grisâtre et d'une extrême dureté, sert à faire des meules de moulin, mais elle n'est pas bonne pour les constructions, parce qu'elle possède une cassure unie qui empêche l'adhérence des mortiers ; dans les chantiers, on la nomme *caillasse* et son emploi est proscrit par les devis et cahiers des charges. (Voy. CAILLASSE.)

L'autre variété de meulière se trouve par petits blocs ou en masses peu étendues à la surface du sol ou à une très-petite profondeur ; sa couleur est rougeâtre, sa surface est criblée d'une multitude de trous irréguliers qui facilitent au plus haut degré l'adhérence des mortiers. Cette meulière, qui résiste parfaitement à toutes les influences atmosphériques, fournit un excellent matériau de construction ; il est surtout très-utile pour les constructions hydrauliques. Une ordonnance de la préfecture de la Seine prescrit son emploi pour la construction des FOSSES D'AISANCES (Voy. ce mot) ; les égouts de Paris ainsi que leurs branchements sont construits avec cette meulière, qui est également employée pour massifs et fondations ; du reste, des édifices entiers, tels que prisons, halles aux vins, bâtiments de douanes et autres, sont dans beaucoup de villes construits avec cette pierre. La meilleure meulière employée à Paris provient des carrières de Ponthiery, d'Orgenoy, de Ris-Orangis, de Châtillon-sur-Seine, de Montgeron, de Brunoy et de Villeneuve-Saint-Georges ; il en arrive également de la Ferté-sous-Jouarre, de Tournant et de Gresse, enfin de Versailles et de Buch, mais celle de ces deux localités est beaucoup moins estimée. On fait avec la meulière des moellons irréguliers, piqués et smillés ; les résidus provenant du piquage et du smillage sont concassés en petits morceaux de 0ᵐ,06 et sont utilisés pour les routes et chaussées d'empierrement.

MEURTRIÈRE, *s. f.* — Espèce de BARBACANE (Voy. ce mot) pratiquée dans des murs dans un but de défense. Les meurtrières sont en général plus variables dans leur forme que

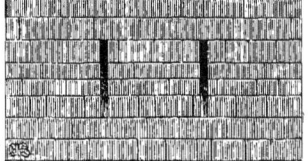

Fig. 1. — Meurtrières antiques.

les barbacanes ; leur usage remonte à une assez haute antiquité, mais dans les temps anciens elles furent invariablement longues et étroites, en manière de fente (fig. 1). Ce ne fut que

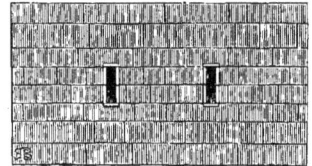

Fig. 2. — Meurtrières (2ᵉ type).

pendant le moyen âge qu'elles prirent diverses formes pour répondre, à ce qu'on suppose, à des armes de différente nature ; ainsi les longues meurtrières à la manière antique (fig. 1)

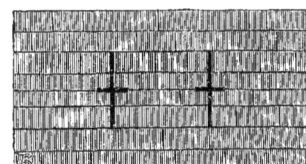

Fig. 3. — Meurtrières arbalétrières.

paraissent avoir servi pour le tir de l'arc, et pour cela avoir reçu le nom d'*archières* ou d'ARCHÈRES. (Voy. ce mot.) Un autre genre de meurtrière plus large et moins haute (fig. 2) n'était peut-être destinée qu'à donner de l'air ou du jour. Celles en forme de croix, représentées par nos figures 3 et 4, sont nommées *arbalétrières* et servaient donc pour le tir de l'arbalète; celles qui avaient un trou circulaire dans le bas ou dans leur milieu (fig. 5 et 6) semblent avoir servi pour le tir des armes à feu; enfin celle que montre notre figure 7, réunissant à elle seule les formes des deux types précédents, aurait pu servir à la fois au tir de l'arbalète et

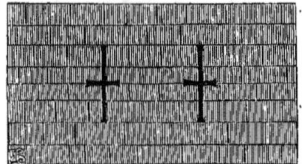

Fig. 4. — Meurtrières arbalétrières (2° type).

des armes à feu. — En général, les meurtrières sont percées sur tous les points où se portait la défense, particulièrement sur les tours; les

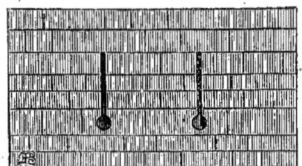

Fig. 5. — Meurtrières pour le tir des armes à feu.

courtines en étaient pourvues quand elles étaient casematées, ou qu'un bâtiment habi-

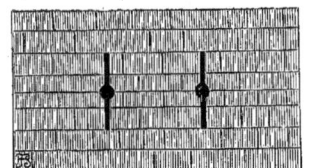

Fig. 6. — Meurtrières pour le tir des armes à feu (2° type).

table y était adossé intérieurement. Souvent, à l'intérieur des bâtiments, l'ébrasement des meurtrières était très-considérable, afin qu'un homme pût s'y loger; elles étaient même pourvues de bancs en pierre, et toujours percées à une certaine hauteur au-dessus du sol intérieur; on y parvenait au moyen d'une ou de

plusieurs marches. Nos figures 8, 9 et 10 mon-

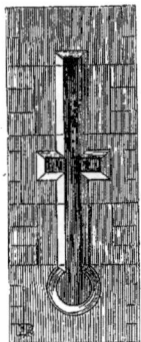

Fig. 7. — Meurtrière pour le tir de l'arbalète et des armes à feu.

trent le plan, la coupe et l'élévation intérieure d'une meurtrière de ce genre. On voit dans le plan (fig. 8), en *a*, l'espace réservé au tireur;

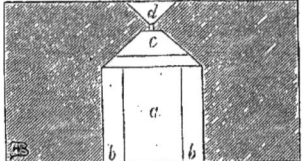

Fig. 8. — Plan d'une meurtrière avec bancs de pierre.

en *b, b*, deux bancs en pierre; en *c*, l'embrasure intérieure à laquelle on arrive par deux

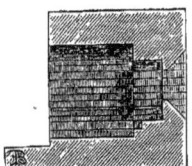

Fig. 9. — Coupe de la meurtrière fig. 8.

marches; en *d*, l'ébrasement extérieur.

Nous dirons en terminant (1) : « Il est important de remarquer les précautions prises par les ingénieurs pour que les meurtrières ne

(1) Troisième cahier des *Instructions du Comité des arts*, p. 56.

servissent point de passage aux traits de l'en-nemi. On a vu qu'elles sont souvent élevées au-

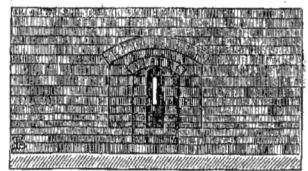

Fig. 10. — Élévation de la meurtrière des fig. 8 et 9.

dessus de l'aire des étages qu'elles éclairent ou qu'elles défendent. Leur amortissement, en

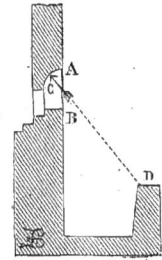

Fig. 11. — Principes observés pour la construction des meurtrières.

outre, est formé par une portion de voûte dont la courbe est calculée de façon à rencon-

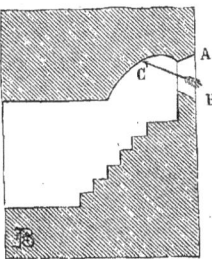

Fig. 12. — Principes observés pour la construction des meurtrières.

trer toujours un trait lancé d'en bas et de l'ex-térieur, à la portée ordinaire. Soit (fig. 11 et 12) AB le mur dans lequel la meurtrière CAB est percée; CA est la portion de voûte qui forme son amortissement; D est le point

d'où l'ennemi peut lancer ses traits. On voit que la voûte CA empêchera qu'ils n'arrivent de but en blanc à l'intérieur, et sa courbe même contribuera à les faire retomber dans l'embrasure, au lieu de leur permettre de ricocher à l'intérieur. »

On a aussi donné, mais à tort, le nom de *meurtrières* aux assommoirs ou MACHICOULIS. (Voy. ce mot.)

MEXICAINE (ARCHITECTURE).—A l'aide de travaux patients, l'archéologie est parvenue à soulever le voile qui nous cachait l'histoire monumentale de l'Amérique primitive.

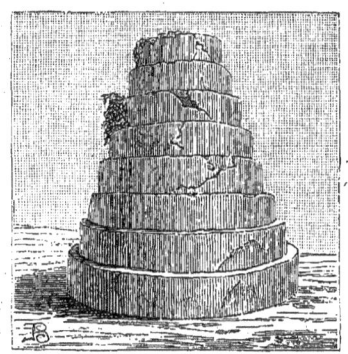

Fig. 1. — Téocalli près de Tehuantepec.

Il y a cinquante ans à peine, on ignorait complétement qu'il eût existé un art primitif dans le nouveau monde. Quand les Espagnols, ayant à leur tête Christophe Colomb, pénétrèrent sur le continent américain, ils crurent et affirmèrent que ces immenses régions étaient seulement peuplées par des races primitives tout à fait sauvages. Dans des expéditions subséquentes, les Espagnols reconnurent bien qu'ils s'étaient trompés, mais ils se gardèrent bien de le dire. Au contraire, Fernand Cortez et ses successeurs s'efforcèrent de détruire tous les témoignages de l'ancienne civilisation, afin de réduire et d'habituer plus facilement à la servitude les populations conquises. Ce n'est guère qu'en 1787 que, des colons ayant découvert dans une forêt de Chiapas (Mexique) les ruines d'une ancienne ville qu'ils nommèrent

Palenque ou *Culhuacan*, ce n'est qu'alors, disons-nous, que le gouvernement espagnol fit faire une exploration dont les résultats recueillis par Antonio del Rio, ne furent publiés en anglais que vers 1828 ou 1829. Le savant allemand Alex. de Humboldt devait le premier attirer l'attention sur les ruines américaines, et l'Anglais Stephens devait bientôt découvrir les ruines de quarante villes perdues au milieu d'une luxuriante végétation qui les cachait aux tribus voisines. — Dans le présent article nous ne parlerons que des monuments situés sur les hauts plateaux d'Anahuac et du Mexique ; de ces monuments, les uns semblent remonter à des temps très-reculés, les autres ne dater que du moyen âge ; à l'article PÉRUVIEN

ment comme les Égyptiens, qui, nous le savons, ont puisé les premières notions de leur art dans l'Inde. — Voy. ÉGYPTIEN (*Art*). — Enfin les monuments mexicains, ceux d'Uxmal en particulier, paraissent avoir une origine orientale, surtout si on les étudie au point de vue de la décoration ; ils rappellent les belles pagodes de l'Inde. Nous devons ajouter cependant que certains monuments ont bien leur caractère propre et original, local, pourrions-nous dire, et n'ont d'analogue chez aucun autre peuple ; mais ces monuments sont d'origine plus récente, et n'infirment donc en rien l'opinion émise plus haut. Les monuments mexicains les plus caractéristiques sont des pyramides dénommées *téo-*

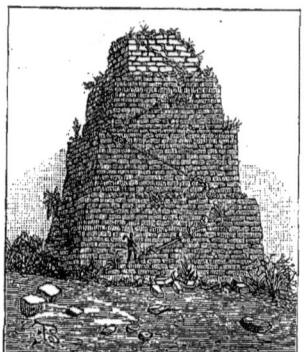

Fig. 2. — Téocalli à San-Cristoval Téapantepec.

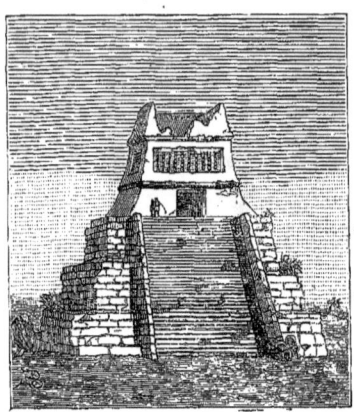

Fig. 3. — Téocalli à Santiago Guatusco.

(*Art*) le lecteur trouvera des renseignements complémentaires. — Quelle a été l'origine de l'ancienne architecture mexicaine ? D'après les uns, elle serait autochthone ; d'après les autres, elle viendrait de l'Inde. Nous nous rangeons d'autant plus volontiers à cette opinion que la religion des peuples primitifs de l'Amérique ressemble en beaucoup de points à la religion boudhique de l'Inde. Comme les Hindous, les Américains brûlent leurs morts ; ce n'est que dans des circonstances particulières qu'ils les ensevelissent dans des sépultures monumentales. Leurs chefs sont à la fois prêtres et rois, ils possèdent un pouvoir absolu ; enfin la caste sacerdotale possède des chants et une langue hiératiques inconnus au vulgaire, absolu-

callis, qui sont, comme leur nom l'indique, des édifices religieux (Θεός, Dieu, et καλία, maison). Ces temples (fig. 1, 2,) sont tous édifiés sur le même plan ; ce sont des pyramides à plusieurs assises qui s'élèvent au milieu d'une vaste enceinte carrée. Un grand escalier avec ou sans rampe conduisait au sommet de la pyramide ; celle-ci était tronquée et portait sur son plateau un édicule ou chapelle qui renfermait l'image des dieux et un autel pour les sacrifices (fig. 3). Ces pyramides ont trois, quatre, et un plus grand nombre d'assises ou étages en retraite les uns sur les autres ; celle de *Paplanta*, découverte au siècle dernier, en compte sept. Souvent chaque étage possède des chambres qui ont leurs murs revêtus d'hiéroglyphes, mais exécutés en relief, au lieu d'être gravés en creux comme ceux des Égyptiens. Dans la vallée de Mexico, à Saint-Jean de *Teotihuacan*, on voit deux *téocallis*, de différente grandeur, que les indigènes nomment encore de nos jours les *maisons du Soleil et de la Lune*; mais la pyramide la plus célèbre est celle de *Cholula*, dite *Montagne faite de main d'homme*. Elle s'élève sur un plateau dénudé qui n'a pas moins de 2,200 mètres au-dessus du niveau de la mer. Sa hauteur est de 54 mètres, et sa base mesure 439^m,50 de largeur. Elle est à quatre étages, construite alternativement avec un rang de briques et une couche d'argile; comme

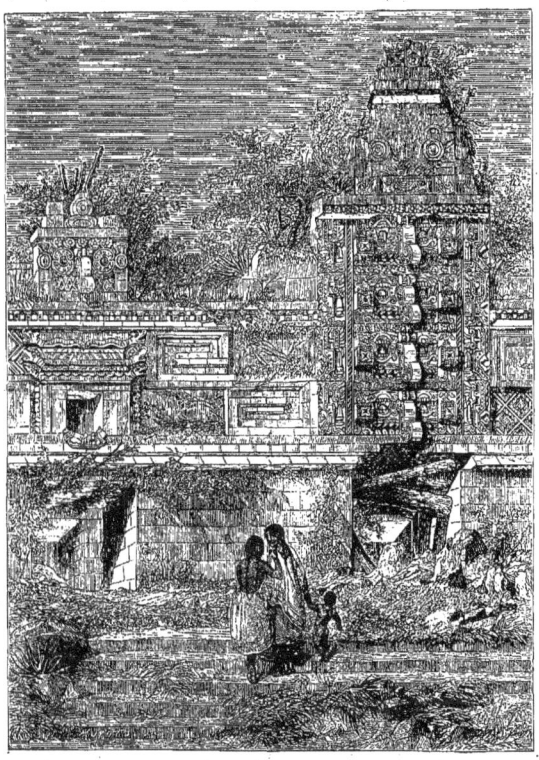

Fig. 4. — Ruines d'un palais à Uxmal (Yucatan).

elle est chargée d'une épaisse végétation, on dirait de loin une petite colline. Au temps des Aztèques, sa plate-forme, qui présente une superficie de 4,000 mètres environ, portait un petit autel dédié au dieu de l'air, Quetzacoalt; les prêtres espagnols y ont érigé une chapelle, qu'ils ont placée sous l'invocation de Notre-Dame de *los Remedios*. A l'intérieur de ce *téocalli*, il existe des chambres sépulcrales. Un monument très-curieux, qui paraît appar-

tenir à l'architecture militaire, est celui nommé maison des Fleurs (*Xochicalco*). C'est un gigantesque rocher isolé qu'on a taillé en forme de cône; il mesure 118 mètres d'élévation, est entouré d'un fossé; sa plate-forme est surmontée d'un *téocalli*. Les murs de l'édifice sont couverts de figures d'hommes et d'animaux de grandeur nature; de Humboldt pense que le *Xochicalco* était un temple fortifié.

Mais les monuments les plus complets et les

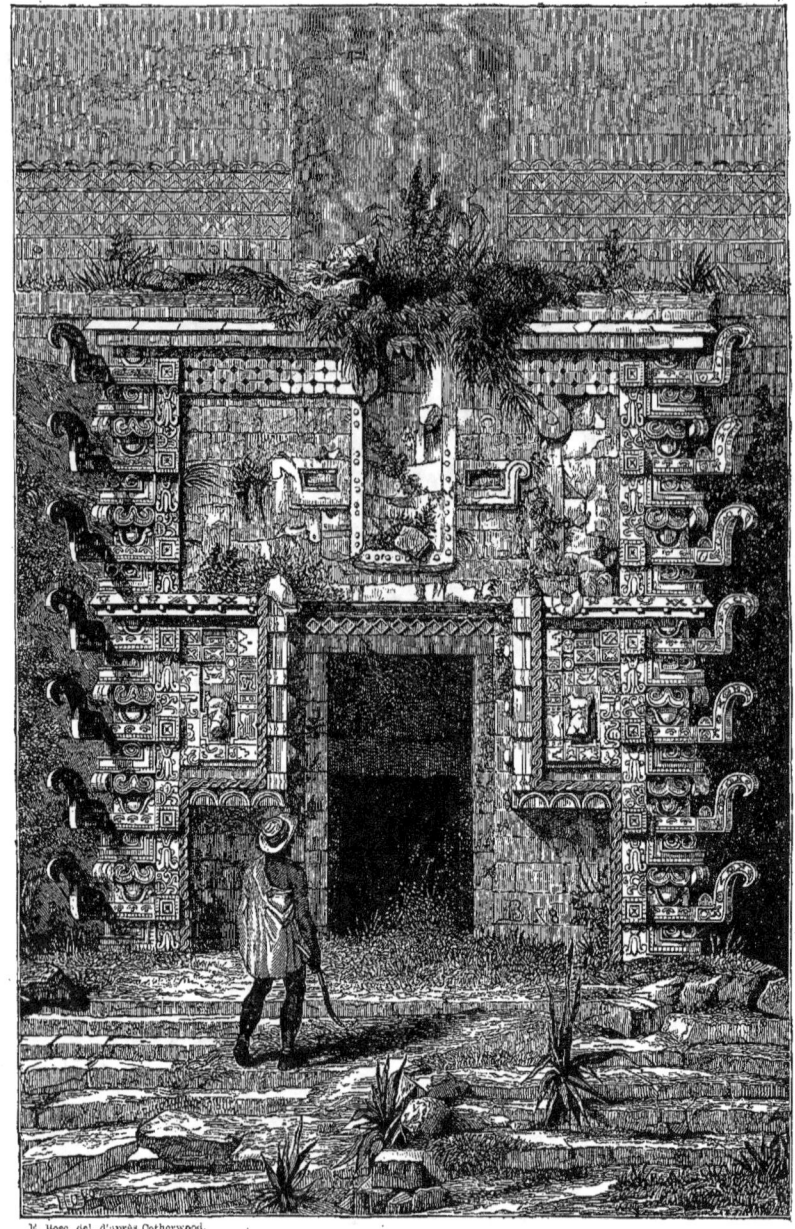

E. Bose, del. d'après Catherwood.

Planche LXI *bis.* — Porte du grand Téocalli à Uxmal (Yucatan).

mieux conservés sont sans contredit ceux qui se trouvent à Uxmal et à Kabah dans le Yucatan, presqu'île mexicaine située entre le golfe du Mexique et la mer des Antilles. (Voy. nos fig. 4, 5 et 6.) Les principales constructions consistent en palais, en téocallis, et en gymnases. Ces édifices sont bâtis en belles pierres taillées avec un grand soin, et les portes sont encadrées de sculptures représentant des grecques ou méandres, des postes, des zigzags, et même des nébules, ornement qu'on avait cru jusqu'ici appartenir exclusive-

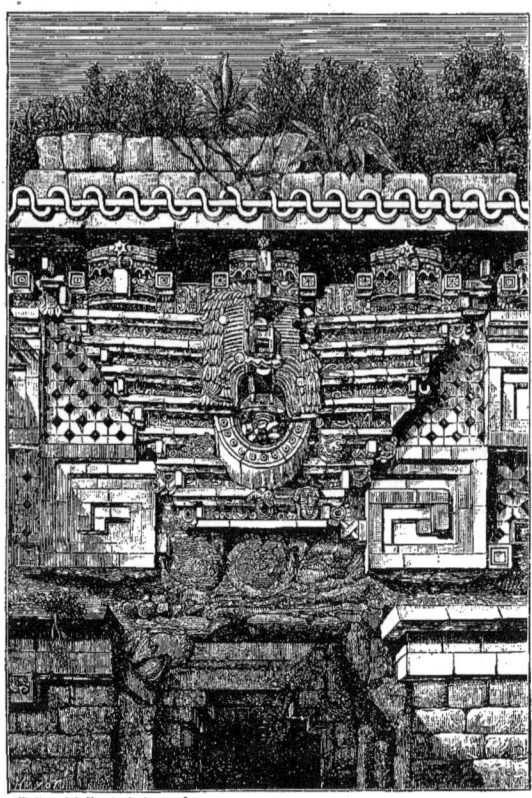

E. Bosc del. d'après Catherwood.
Fig. 5. — Porte d'un palais à Uxmal (Yucatan).

ment à l'architecture européenne du moyen âge. Les édifices où cette ornementation est la plus franchement caractérisée sont : la porte du grand *téocalli*, représentée par notre planche LXI *bis*; celui dit de Chichen-Iza, dont la façade a 7m,60 de hauteur et 10m,64 de largeur; le palais d'Uxmal; enfin l'édifice de Kabah, dont la porte a un très-beau caractère et des proportions imposantes et dont la voûte *ogivale* est fermée par des clefs ou *clausoirs* (fig. 6). La plupart de nos figures ont été dessinées d'après Catherwood dans Gailhabaud, *Monuments anciens et modernes*, 4 vol. in-4°.

BIBLIOGRAPHIE. — Aglio, *Antiquities of Mexico*, Londres, 1830; — de Humboldt, *Vues des Cordillères et monuments des peuples indigènes de l'Amérique*, 1 vol. in-8°, Paris, 1816; — lord Kinsborough, *Antiquities of Mexico*, 4 vol. in-fol., 1831; — Alex.

Lenoir, *Antiquités mexicaines*, Paris, 1836 ; — Frédéric de Waldeck, *Voyage pittoresque et archéologique dans la province de Yucatan*, 1 vol. in-fol., 1838 ; — C. Nebel, *Voyage pittor. et archéol. dans la partie la plus intéressante du Mexique*, in-fol., Paris, 1836 ; — von Braunschweig, *Ueber die altamericanischen Denkmaler*, 1 vol. in-8°, Berlin, 1840 ; — I. Lowenstern, *le Mexique*, 1 vol. in-8°, Paris, 1843 ; — J.-L. Stephens, *Incidents of travel in Yucatan*, 1 vol. in-8°, Paris, 1843.

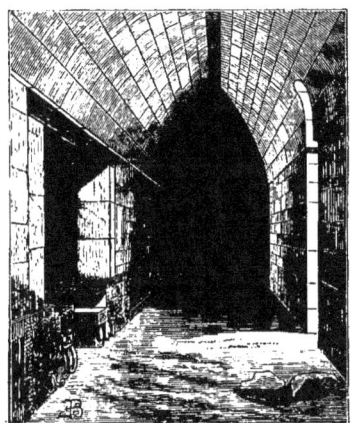

Fig. 6. — Intérieur d'un édifice à Kabah (Yucatan).

MEZZANINE, *s. f.* — Petit étage bas, espèce d'entre-sol pratiqué entre deux étages élevés. La renaissance italienne et la renaissance française ont largement utilisé la mezzanine dans les palais et les édifices d'une certaine importance ; aujourd'hui il est rare qu'on établisse des mezzanines entre le premier et le second étage d'une maison, on n'utilise guère cet étage secondaire qu'au-dessus du rez-de-chaussée (on le nomme alors entre-sol), ou bien comme étage d'attique ou de couronnement dans les édifices publics ou les hôtels privés. — On donne surtout ce nom aux petites fenêtres carrées ou barlongues pratiquées dans un entre-sol, dans un étage d'attique, ou dans la frise d'un grand ordre d'architecture.

MICA, *s. m.* — Silicate d'alumine, de potasse, de magnésie, ou d'oxyde de fer, qui se présente en feuillets minces, en paillettes ou par petites masses lamellaires brillantes et flexibles et diversement colorées. Il existe en Russie des gisements de cette substance minérale en échantillons d'une dimension suffisante et assez transparents pour permettre de les employer au lieu de vitres. Dans l'antiquité, on a dû utiliser le mica comme pierre spéculaire pour l'éclairage des temples et autres édifices. — Voy. HYPÈTHRE et SPÉCULAIRE (*Pierre*).

MILITAIRE (ARCHITECTURE). — Sous ce titre générique, on désigne tous les monuments d'architecture qui concourent à la défense ou à l'attaque d'une place forte. — Après avoir construit leurs demeures, les hommes durent songer, immédiatement après la formation de quelques groupes, de quelques peuplades, les hommes, disons-nous, durent songer à se défendre contre les attaques et les incursions de leurs voisins. Les collines abruptes furent, dès la plus haute antiquité, les premiers lieux choisis pour se retrancher ; des levées de terre ou des murs de pierres brutes, seules ou avec des troncs d'arbres entassés pêle-mêle, furent leurs remparts primitifs. Ce mode de fortification fut la première expression de ce que nous nommons aujourd'hui *architecture militaire* et prit un corps dans l'ACROPOLE. (Voy. ce mot.) Dans les localités qui ne possédaient ni collines ni escarpements d'une forme convenable, on en érigeait de factices ; on les entourait d'un fossé, que dès les temps les plus reculés on considérait déjà comme le meilleur obstacle à opposer à une agression. Cet usage d'élever des buttes factices s'est même perpétué jusque dans le moyen âge, puisque les seigneurs féodaux construisaient souvent leurs châteaux ou, du moins, leurs donjons sur des mottes, usage qui s'est conservé jusqu'au XIIIᵉ siècle. Par ce qui précède, on peut affirmer, sans crainte de se tromper, que tous les peuples ont eu une architecture militaire ; malheureusement, la plupart de ces travaux ne subsistent plus, soit que les peuples et leur civilisation aient entièrement disparu, soit que la transformation de certains d'entre eux leur ait permis d'utiliser les matériaux de leurs fortifications pour d'autres édifices. Les Égyptiens, les Babyloniens, les Mèdes, les Perses, les Assyriens ont possédé des ouvrages d'architecture militaire ; nous ne saurions en douter, pour ces derniers surtout, puisque nous voyons, sur des bas-reliefs assyriens de Korsabad, des béliers frappant sur des tours faisant partie des murs de la ville (fig. 1). Le bélier assyrien est même beaucoup plus puissant que le bélier romain ; la comparaison est facile si nous le rapprochons par exemple de celui qui est figuré sur un bas-relief de Septime Sévère (fig. 2). Nous n'avons pas jusqu'ici beaucoup de renseignements sur les fortifications de ces peuples anciens, et il nous faut arriver aux Grecs, aux Étrusques et aux Romains pour avoir des données plus complètes sur l'architecture militaire des peuples anciens.

les fortifications sont établies d'après certaines données, d'après certains principes, parmi lesquels nous reconnaissons l'emploi d'angles saillants pour défendre l'enceinte d'une ville, et, bientôt après, le flanquement des murailles au moyen de tours massives, lesquelles tours, tantôt rondes, tantôt rectangulaires, sont réparties sur la surface des murailles à des distances calculées sur la portée des traits ou projectiles. Dès ce moment, les remparts ne possèdent pas seulement des tours, mais des courtines, un parapet crénelé, dont les merlons mettent les défenseurs à l'abri des coups des assaillants et dont les créneaux leur permettent de tirer, tout en abritant la plus grande partie de leur corps. Enfin l'excédant de l'épaisseur de la muraille servait pour un chemin de ronde qui permettait de circuler sur le rempart en traversant les tours ou en les pourtournant à l'intérieur de la ville. L'art de la fortification, arrivé à ce point, était

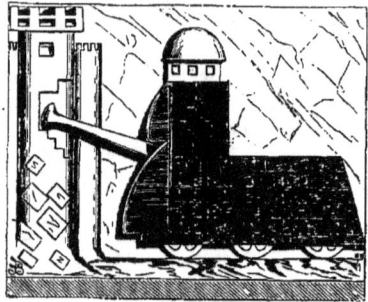

Fig. 1. — Bélier assyrien.

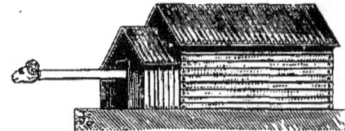

Fig. 2. — Bélier romain.

Chez les Grecs, nous trouvons tout d'abord l'acropole, établie sur un rocher escarpé, au pied de laquelle on construisait souvent la ville, quand la population devenait trop considérable pour pouvoir se loger dans la citadelle, dont les fortes murailles étaient faites en gros blocs de pierres brutes d'abord, puis grossièrement équarries et en dernier lieu régulièrement taillées. On donnait aux premiers murs anciens le nom de *murs cyclopéens* ou *pélasgiques*. (Voy. APPAREIL, fig. 2.) Nous retrouvons ce genre de murs non-seulement en Grèce, mais en Asie Mineure, en Italie, en Étrurie, et dans tous les pays que peuplèrent les Hellènes. Dans toutes ces contrées,

entré dans une voie dont, sauf de légères modifications, il ne devait plus sortir qu'à l'apparition ou, du moins, à la généralisation des armes à feu et de l'artillerie, c'est-à-dire vers la fin du XVe et le commencement du XVIe siècle.

Grâce aux restes assez importants des enceintes fortifiées qui subsistent encore, et que nous donnerons ici en partie, nous avons pu étudier le système de défense des Grecs et des Romains. Or nous voyons qu'un point les préoccupait tout particulièrement, c'était la défense des portes. Nous venons de dire que le chemin de ronde pourtournait ordinairement les tours ; mais souvent aussi celui-ci était interrompu au droit des tours. Cette solution de continuité était franchie à l'aide d'un plancher étroit et mobile facile à enlever, parce que les anciens considéraient avec raison les tours comme les points solides et résistants de l'enceinte et comme dominant les courtines. Aussi prenaient-ils toutes les mesures pour en faire comme des forteresses isolées, dans lesquelles les défenseurs pouvaient se défendre avec avantage, en supposant même que l'ennemi se fût emparé d'une partie des murs et par conséquent de la ville. En défendant les portes, les assiégés empêchaient le gros de l'armée ennemie d'y pénétrer, ce qui pouvait souvent donner le temps de repousser cette armée, si elle était parvenue à pénétrer dans la place par escalade ou par une brèche. Du reste, les portes n'étaient jamais pratiquées en grand nombre,

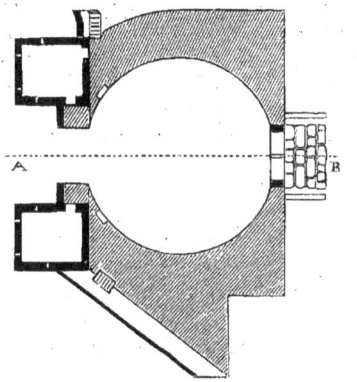

Fig. 3. — Plan de la porte Mégalopolis à Messène.

le plan, la coupe et les élévations intérieures et extérieures d'une des portes de la capitale de la Messénie, celle dite *porte de Mégalopolis*, parce qu'elle conduisait à cette ville. Les murs de Messène étaient très-épais, hauts de 9m,65 environ et couronnés de créneaux ; les tours mesuraient 15m,50 de hauteur ; leur plan était de forme rectangulaire, à peu près carrée, puisqu'elles mesuraient 7 mètres de face sur 8 mètres de côté ; cependant quelques-unes, rectangulaires à la face postérieure, avaient leur façade ronde. Notre plan (fig. 3) montre une cour ou *cavædium* circulaire dont le rayon mesure 9m,85 ; à droite et à gauche de la porte, on aperçoit une niche carrée, et, sur l'une d'elles, une inscription nous informe que *Quintus Plotius Euphémion* a fait la restauration. De quoi ? De la niche, de

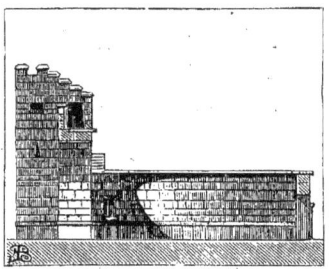

Fig. 4. — Coupe sur la ligne AB du plan (fig. 3)
de la porte de Mégalopolis.

et toujours situées en retraite des murs et flanquées de tours ; souvent même elles étaient doubles, l'une placée dans les conditions dont nous venons de parler et l'autre en retraite du côté de la ville; l'espace qui les séparait était formé par une cour, nommée *cavædium*, autour de laquelle étaient accumulés tous les moyens de défense dont l'art militaire pouvait disposer à cette époque. Aussi, en supposant la première porte et sa herse franchies, l'assaillant était criblé de tous côtés dans le *cavædium*, car l'assiégé le prenait en flanc, à revers et par devant. On peut se rendre compte de cette disposition, qui réalisait un grand progrès, dans l'enceinte de Messène, qu'on peut considérer comme érigée à la fin du IVe siècle avant l'ère vulgaire, c'est-à-dire vers 371 avant Jésus-Christ. Nos figures 3, 4, 5 et 6 montrent

la statue, ou des murs ? Rien ne l'indique, mais on peut présumer qu'il ne s'agit que de la restauration d'une statue ; car, si cet inconnu avait restauré les murs, l'inscription eût été placée dans un endroit plus en vue et eût été plus complète et plus explicite. Les murs de Messène sont construits en pierres de grand appareil à joints très-fins et posées à sec ; le parement extérieur est en bossages rustiques qui lui donnent un caractère vigoureux qui convient à des murs de fortifications ; la porte, qui est carrée, et dont le linteau, d'une seule pierre, mesure près de 6 mètres de longueur sur 1 mètre de hauteur, est surmontée d'une baie triangulaire qui rappelle celle qui surmonte la porte du trésor d'Atrée ; or ces deux constructions sont de deux époques très-différentes. Enfin l'ensemble des murs de Messène est remarquable, et il n'est pas étonnant que Pausanias nous dise que ce sont « les plus belles murailles qu'il ait jamais vues. »

Nos figures de 7 à 12 montrent les murs de Pompéi ; construits une première fois de 540 à 530 avant Jésus-Christ, mais presque rui-

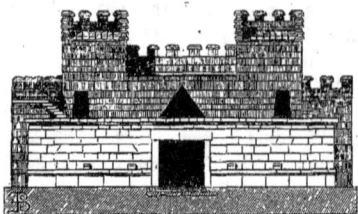

Fig. 5. — Élévation de la porte de Mégalopolis (côté de la ville).

nés par les ordres de Sylla, ils furent reconstruits sous Pompée. Cette enceinte, dont on voit aujourd'hui une grande partie, offre cette particularité assez curieuse, c'est qu'elle se compose d'un terre-plein compris entre deux murs d'inégale hauteur et garnis chacun de créneaux. Le mur extérieur, celui qui regarde la campagne, mesure environ 8m,25 de hau-

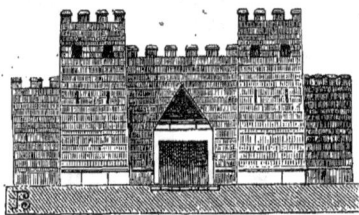

Fig. 6. — Élévation de la porte de Mégalopolis (côté de la campagne).

teur, son parement est légèrement incliné en talus ; le mur intérieur, celui du côté de la ville, a 10m,85 de hauteur. L'espace compris entre les deux murs est comblé avec de la terre et forme terrasse. Végèce (IV, III) décrit, du reste, des murs construits sur des principes analogues. Ces murs sont bâtis en blocs de grand appareil posés à sec ; les assises inférieures sont légèrement retraitées, elles sont en pierre de *travertin*, tandis que les assises formant le restant du mur sont en *péperin*. Quel-

ques archéologues prétendent avoir vu dans les parties inférieures de ces murs, c'est-à-dire dans les parties les plus anciennes, des marques et signes de tâcherons ; nous en avons vainement cherché les traces à plusieurs reprises et en plusieurs endroits, et nous avouons que nos recherches sont restées infructueuses. (Voy. MARQUE LAPIDAIRE.)

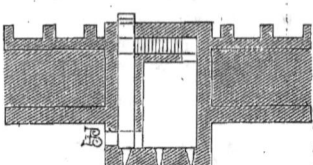

Fig. 7. — Plan d'une tour des murs de Pompéi.

Beaucoup d'autres villes d'Italie possédaient également des fortifications (1) ; nous n'en parlerons pas, nous contentant de renvoyer le lecteur au mot ENCEINTE, et nous étudierons immédiatement l'architecture militaire en France. Nous la divisons en deux périodes ; nous nous occuperons en premier lieu de l'époque gallo-romaine et carolingienne ; ensuite de la période féodale, qui s'étend du x° au xiv° siècle, c'est-à-dire pendant un laps de temps qui

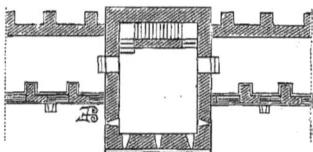

Fig. 8. — Plan d'une tour des murs de Pompéi, au niveau du chemin de ronde.

nous fournira tout le développement du système féodal, époque pendant laquelle les luttes de seigneur à seigneur forment l'éduca-

(1) A propos de l'enceinte de Rome ancienne, nous signalerons à l'attention de nos lecteurs un ouvrage des plus intéressants et d'une grande exactitude, celui de M. J. H. PARKER C. B, notre collègue à la Société française d'archéologie, lequel ouvrage a pour titre : *The primitive fortification of the city of Rome*. 1 vol. in-8° avec de nombreuses planches en photogravure ; 2° éd., London, John Murray, 1878.

tion militaire d'une grande partie des peuples de l'Occident, et surtout de notre nation.

I. ARCHITECTURE MILITAIRE PENDANT L'ÉPOQUE GALLO-ROMAINE. — Les Romains

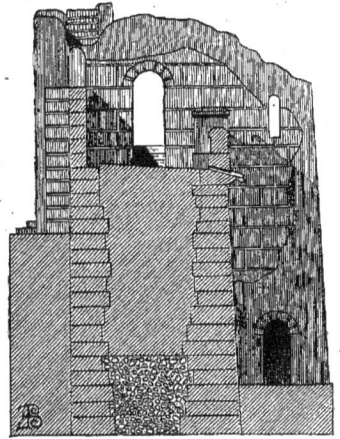

Fig. 9. — Coupe des murs de Pompéi (état actuel).

avaient trois genres de forteresses : le *castrum*, qui ne désignait pas seulement un camp volant, mais aussi une place forte entourée de murs, un *oppidum ;* le *castellum*, ou château,

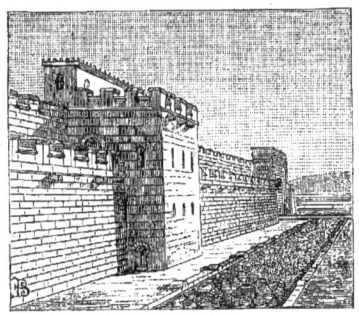

Fig. 10. — Murs de Pompéi restaurés.

qui n'était qu'une fortification de moindre importance que le *castrum ;* enfin le *burgus*, diminutif du *castellum*, comme nous l'apprend Végèce (*de Re militari*, IV) : *Castellum parvum, quod burgum vocant* (1). Malgré leur dif-

férence comme importance, ces trois genres de forteresses donnèrent souvent naissance à des bourgs et plus tard à des villes ; beaucoup de cités gauloises n'eurent d'autre origine

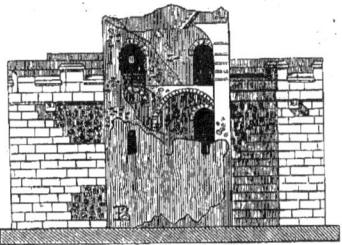

Fig. 11. — Tour des murs de Pompéi (état actuel).

qu'un camp romain. Les *castra* eux-mêmes étaient de trois sortes : les *castra stativa*, ou stations, camps fixes, qui servaient d'abri à des troupes permanentes préposées à la garde d'un pays ; parmi les camps fixes, nous devons placer le *camp prétorien*, dont nous donnons (fig. 13)

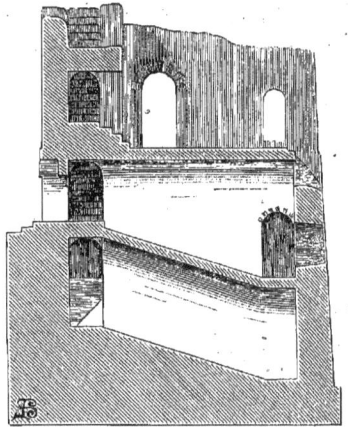

Fig. 12. — Murs de Pompéi ; coupe sur une des tours (état actuel).

une restauration d'après Leveil, toutefois nous

municipium, les villes qui avaient droit de *cité ;* les termes de *castrum, castellum, vicus* et *firmitas*, servaient à désigner les villes moins importantes, mais qui étaient bâties sur des lieux élevés et qui comportaient l'idée de forteresse. On nommait le châtelain *dominium* ou *castellarius*.

_____

(1) On appelait *civitas*, *urbs*, *oppidum*, et quelquefois

y avons apporté quelques modifications peu importantes; ensuite les *castra hiberna*, dans lesquels les troupes passaient leurs quartiers d'hiver; ces deux genres de camps étaient entourés de fossés profonds, de remparts gazonnés et quelquefois en pierres et défendus par des tours. Le troisième genre était les *castra æstiva*, ou camps temporaires, qui n'étaient protégés que par un rang de palissades planté sur l'escarpe d'un fossé fait à la hâte et de peu de profondeur. Enfin, quand les Romains faisaient la guerre sur des territoires couverts de forêts, comme dans la Gaule ou la Germanie, ils construisaient souvent des tours ou des remparts en bois qui formaient comme des travaux avancés. On peut voir la disposition de ces fortifications en bois sur la colonne Trajane (fig. 14). Les Celtes eux-mêmes, au dire de César (*de Bello Gallico,* VII, 23), employaient le même mode de fortifications; ils

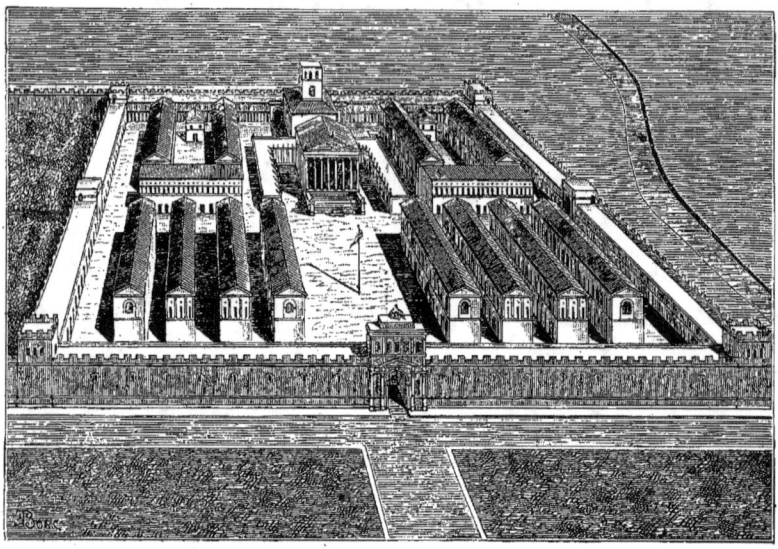

Fig. 13. — Camp prétorien.

utilisaient de fortes pièces de bois bien dressées, qu'ils couchaient à terre parallèlement en les posant à deux pieds de distance l'une de l'autre; ils plaçaient au-dessus, transversalement, des troncs d'arbres, et ils remplissaient les vides avec de la terre. Sur cette première assise ils posaient de gros quartiers de rochers, puis ils établissaient une nouvelle assise en pièces de bois, et ils continuaient successivement jusqu'à ce que l'ouvrage eût atteint une hauteur désirable; au mot OPPIDUM le lecteur peut voir des exemples de semblables constructions. César ajoute : « Ce mode de construire était excellent pour la défense des places, puisque les matériaux différents, bois et pierres, formaient un tout solidairement uni, et de plus les pierres empêchaient les bois de brûler, et ceux-ci, reliés entre eux dans l'épaisseur des murs, empêchaient la ruine de ces murs. Les Germains, eux, faisaient également des remparts en bois, mais d'un genre différent, et ils couronnaient ces remparts avec des fascines en osier, comme on peut le voir sur la colonne Antonine à Rome (fig. 15). Quand les hommes formant la tortue avec leurs boucliers (voy. notre fig. 15) s'avançaient pour incendier ces remparts de bois, les assiégés lançaient du haut des murs des projectiles de toutes sortes.

Les Romains utilisaient aussi des tours en bois très-élevées et des ouvrages en charpente, soit pour voir ce qui se passait dans l'intérieur des murs, soit pour pouvoir approcher de ceux-ci sans avoir à redouter les projectiles

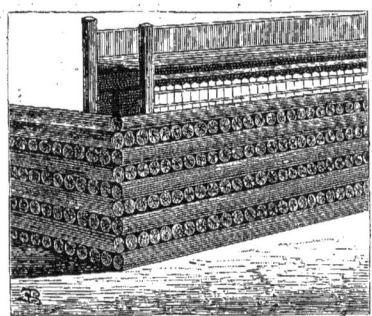

Fig. 14. — Remparts en bois (colonne Trajane).

de l'ennemi ; la colonne Trajane nous fournit aussi des spécimens de ces constructions, comme on peut le voir dans notre figure 15 *bis*. Enfin, d'après Polybe et Hygin, on a pu reproduire un *camp consulaire*, car ces auteurs ont indiqué dans leurs écrits l'ordre et la disposi-

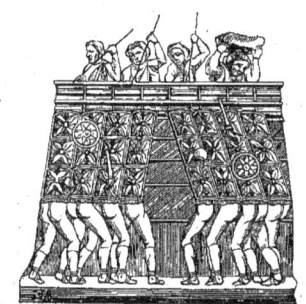

Fig. 15. — Remparts en bois avec fascines en osier, d'après la colonne Antonine.

tion qu'occupaient les différents corps de troupes. A moins d'un terrain particulier, le camp consulaire était carré, et chacun de ses côtés était percé d'une porte. Celle qui faisait face à l'ennemi, et qui était située devant le prétoire, se nommait *porte prétorienne* ; celle qui se trouvait en face, c'est-à-dire derrière le pré-

toire, *porte décumane*, ainsi nommée parce qu'elle permettait à dix soldats de passer de front ; enfin les deux portes situées sur les côtés du camp se nommaient *portes principales*, parce qu'elles se trouvaient respectivement dans l'axe de la *via principalis*, ou rue qui pas-

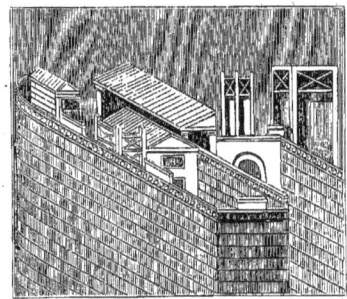

Fig. 15 *bis*. — Tours en charpente (colonne Trajane).

sait sur le front du prétoire, c'est-à-dire devant la tente du général en chef. Cette voie était divisée en deux tronçons égaux par une rue qui lui était perpendiculaire et qui allait par conséquent de la porte prétorienne à la porte décumane. Après la description que nous venons de donner des divers camps romains, nous ajouterons encore que souvent les grands châteaux, les *castra* de premier ordre, pour nous servir d'une expression moderne, les *castra*, disons-nous, occupaient une étendue beaucoup plus considérable qu'une ville, quand le plateau sur lequel était située cette ville n'était pas tout occupé par les maisons. A l'appui de ce fait nous citerons le témoignage de Grégoire de Tours (*Historia Francorum*, III, 13), qui, en parlant du *castrum* de *Merliac*, nous informe que, situé sur un rocher qui s'élevait à plus de cent pieds de haut, il était fortifié naturellement, et non par des murs. Il renfermait dans son centre un immense étang d'eau très-agréable à boire ; on y voyait également des fontaines, et par une des portes un ruisseau d'eau vive s'échappait. Mais les remparts occupaient un si vaste espace que ceux qui étaient dans l'intérieur des murs cultivaient la terre et récoltaient des fruits en abondance : *Ut manentes infra murorum septa terram excolant, frugesque in abundantia colligant.*

Pendant le IV° siècle, ces *castra* étaient fort nombreux; mais tous n'avaient pas de remparts de pierres, une levée de terre provenant du creusement d'un fossé en tenait lieu. (Voy. OPPIDUM.)

Zosime (*Historiæ novæ*, livre II, p. 33, éd. in-fol. Basileæ) nous informe que Dioclétien échelonna sur toutes les frontières de son empire des places fortes, des camps et des bourgs, dans lesquels il établit des garnisons permanentes. Il devait exister en Gaule un grand nombre de monuments militaires, et cependant il reste fort peu d'enceintes gallo-romaines, car elles ont été détruites au moyen âge, afin de faire place à un autre genre de

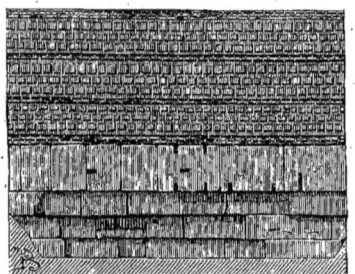

Fig. 16. — Murs d'enceinte gallo-romaine, au Mans.

fortifications. Dans beaucoup de villes, ces dernières ont subi le même sort en vue de faciliter l'agrandissement des cités, et sur leur emplacement on a créé des promenades plantées d'arbres nommées boulevards, ce qui rappelle leur origine. Au XII° siècle, beaucoup de villes possédaient encore des murs gallo-romains, mais à partir du XIII° siècle ils furent tous détruits en grande partie; cependant, par de rares débris qu'on retrouve encore çà et là enfouis en terre, dans des caves ou ailleurs, on peut affirmer que dans un grand nombre de localités, les enceintes gallo-romaines étaient construites en pierres de petit appareil, séparées par quatre ou cinq assises, à l'aide de cordons faits avec trois briques posées à plat. Au Mans il existait, il y a une dizaine d'années, un mur d'enceinte gallo-romaine ainsi construit et qui portait sur un soubassement érigé avec des pierres

provenant de divers édifices et appareillé irrégulièrement, comme le montre notre figure 16. — Nous ne possédons que fort peu de détails sur l'architecture militaire qui comprend la période qui s'étend du V° au XI° siècle; la perturbation apportée dans les esprits par l'invasion des barbares ne laissa pas, au commencement du V° siècle, la faculté de construire des travaux; on se contenta de réparer tant bien que mal les anciennes forteresses, et les populations s'y enfermèrent en attendant des temps meilleurs. On ne construisit guère que vers la fin du V° siècle; dans quel ordre d'idées, nous l'ignorons. Nous savons seulement par l'évêque de Clermont, Sidoine Apollinaire, que vers la fin du V° siècle toute la haute Auvergne était couverte de châteaux fortifiés et de campagnes riantes, de gras pâturages, de coteaux plantés de vignes, qui produisaient un si bel effet qu'une fois qu'un étranger avait vu toutes ces beautés, beaucoup oubliaient souvent leur patrie : *Ut semel visum advenis, multis patriæ oblivionem sæpe persuadeat.* » (Sidon. Apollinarii *Epistolarum* lib. IV, *ep.* 22.) — Pendant le VI° siècle on construisit fort peu; cependant la reine Brunehaut, qui avait fondé beaucoup d'églises et de monastères, éleva aussi quelques châteaux forts; mais elle dut employer des ingénieurs romains, car cette femme était très grande admiratrice de leurs travaux. Justinien, pendant le même siècle, fit aussi construire ou rebâtir de nombreuses forteresses, mais il n'apporta, pour ainsi dire, aucune innovation dans ces travaux; il se contenta de faire des murs plus élevés, et, comme il savait que dans les places fortes on manquait souvent d'eau, il fit creuser des puits là où c'était possible, ou bien il faisait construire des citernes et des réservoirs immenses là où le forage des puits était impraticable. (Cf. Procope, *de Edificiis Justiniani*, lib. III et IV.) — L'art de fortifier les places ne varia point au VIII° et au IX° siècle. Charlemagne lui-même, ce grand réformateur, n'apporta que fort peu de changements à l'architecture militaire que les Romains avaient introduite en Gaule. Il se contenta de faire en plus grand nombre des travaux défensifs.

exécutés à la hâte et qui n'avaient qu'un caractère provisoire, puisqu'ils n'étaient établis que pour un temps donné. Ce qui prouve bien que ces travaux étaient hâtivement construits et ne présentaient pas une résistance bien considérable, c'est que pendant la première moitié du IXe siècle des troupes normandes et même des pirates ravageaient périodiquement et sans difficulté un grand nombre de provinces de la France. Or ces dévastations n'auraient pu se produire si ces troupes, parfois peu nombreuses, s'étaient trouvées en face de véritables fortifications solidement construites à demeure.

II. ARCHITECTURE MILITAIRE SOUS LA FÉODALITÉ. — Pendant la seconde moitié du IXe siècle, les travaux de fortification deviennent beaucoup plus sérieux; nous approchons, du reste, de la féodalité, c'est-à-dire de l'époque pendant laquelle on construisit une quantité considérable de châteaux et de forteresses, à l'époque où la villa seigneuriale se transforme en citadelle, enfin où les monastères, les abbayes et les églises elles-mêmes possèdent des fortifications.

A cette époque, c'est-à-dire au Xe siècle, voici quel était le plan et l'administration d'une forteresse. — Dans une première enceinte, dénommée *cingulum breve, cingulum minus*, faite de grosses murailles, se trouvait le donjon (*dominium, donjo*), dans lequel quatre officiers principaux avaient leur résidence : le veilleur ou chevalier du guet (*vigil*), le garde (*custos*), le pourvoyeur ou asinaire (*asinarius*), enfin le portier (*portarius*). Cette première enceinte était enveloppée d'une autre beaucoup plus grande, qu'on nommait *cingulum majus*, et qui renfermait les habitations de gens qui y trouvaient un refuge moyennant un droit dit de *sauvement* (*salvamentum*). Le châtelain (*castellanus, dominus firmitatis*) (voy. la note page 200) avait sa demeure dans cette seconde enceinte, et l'espace occupé par les habitations de ceux qui payaient le *salvamentum* se nommait le bourg (*burgum*). Dans bien des villes il existait un plus grand nombre d'enceintes, et souvent le châtelain (*castellanus* ou *castellarius*) pouvait pénétrer de sa maison dans le donjon par une porte

souterraine; enfin, quand les châteaux possédaient des fermes, on les nommait *bordes* (1). Aussi pendant le Xe et le XIe siècle un changement total s'opère dans les mœurs, et l'établissement du régime féodal généralise à tel point le système défensif qu'il change entièrement la face des pays. D'où provient cette évolution ? Sismonde de Sismondi l'explique parfaitement dans son *Histoire de France* (tome IV) :

Sous la première race, les seigneurs avaient rarement fortifié leurs châteaux ou demandé la permission de le faire, parce que les peuples germaniques conservaient encore leur haine pour les enceintes de murailles et leur mépris pour ceux qui faisaient usage de quelque avantage dans le combat. Ces permissions avaient été rarement accordées sous la seconde race, aussi longtemps que les empereurs possédèrent assez d'autorité pour les refuser à leur noblesse dont ils se défiaient. Lorsque Louis le Bègue, aussi faible d'esprit et de santé que dénué de crédit, ne put plus résister aux usurpations des grands, des mains desquels il reçut comme par grâce la couronne de son père, tout fut changé dans les mœurs, les opinions, le système militaire de l'État; les riches propriétaires, en se fortifiant chez eux, songèrent d'abord à leur sûreté, bientôt à leur force, l'ambition prit dans leur cœur la place de la cupidité; la possession de vastes campagnes, que jusqu'alors ils avaient considérées sous le seul rapport de leurs revenus, devint un moyen d'augmenter leur puissance; ils recommencèrent à distribuer leurs terres en lots nombreux sous la condition du service militaire. La permission de se fortifier qu'ils avaient tout récemment arrachée au monarque, ils l'accordèrent à leur tour à leurs vassaux, et les châteaux s'élevèrent par milliers autour de la forteresse du comte ou du chef d'une province. Les familles de l'ordre équestre se multiplièrent avec une rapidité qui tient presque du prodige; la noblesse naquit en quelque sorte toute à la fois du milieu du IXe siècle au milieu du Xe siècle, et la fable de Deucalion et Pyrrha semble pour la seconde fois recevoir une explication allégorique : la France, en autorisant l'édication des forteresses, sema des pierres sur des jachères, et il en sortit des hommes armés.

(1) Cf. Carlier, *Histoire du duché de Valois jusqu'en* 1703, tome I, p. 283, et tome III, p. 374. 3 vol. in-4°, Paris, 1763.

Telles sont les causes qui transformèrent l'architecture militaire et en créèrent pour ainsi dire une nouvelle. Cette manie même de batailler et de guerroyer ne fut pas sans utilité, et le système féodal, que nous ne pourrions admettre aujourd'hui, servit l'époque où il apparut; il provoqua de grands faits d'armes; de *manants* qui n'auraient pu que gratter péniblement la terre il fit des chevaliers et des nobles qui eurent le temps de s'instruire. La féodalité créa la chevalerie, donna naissance aux croisades, qui eurent tant d'influence sur nos arts, nos sciences et notre littérature; aussi c'est avec juste raison que Guizot dit, dans son *Essai sur l'histoire de France,* que « le temps durant lequel a régné le système féodal a été pour l'Europe moderne ce que furent pour la Grèce les temps héroïques. » La quantité de châteaux, de forteresses et de donjons construits pendant cette période est si considérable que l'énumération en serait sinon impossible, tout au moins fastidieuse; nous nous bornerons à mentionner les principaux. Parmi les châteaux avec *mottes* datant du x⁰ et du xı⁰ siècle, nous signalerons les châteaux de Livry (Calvados), de Cesny-en-Cinglais, d'Aulnay (Calvados) et des Olivets ou de Grimbosq; parmi les châteaux avec DONJONS (Voy. ce mot) et datant de la même époque (1), nous mentionnerons les châteaux de Langeais, de Plessy-Grimoult, de Saint-Laurent-sur-Mer, de Pommeraye, du Pin (Calvados), de Loches, de Beaugency-sur-Loire, de Domfront, de Falaise, de Sainte-Suzanne (Mayenne), de Nogent-le-Rotrou (Eure-et-Loir), de la Roche-Posay, de l'Islot, de Tonnai-Boutonne, de Tonnai-Charente, de Pons (Charente-Inf.), de Chamboy (Orne), de Montbazon (Indre-et-Loire), de Montrichard, de Douvres, de Courcy (Calvados), d'Huriel-en-Bourbonnais, de Carentan (Manche), de Condé-sur-Noireau; celui d'Arques près de Dieppe, aujourd'hui

(1) Il est bien entendu que nous n'avons pas la prétention de fixer une date absolue, car beaucoup de ces châteaux ont été commencés à une époque, continués ultérieurement et terminés à une époque plus rapprochée de nous; ce qui ne permet pas d'assigner des dates précises à un grand nombre d'édifices.

bien ruiné et bâti vers le milieu du xı⁰ siècle par Guillaume d'Arques; les châteaux de Broue (Charente-Inf.), d'Étampes, de Houdan, de Provins, de Conches, de la Roche-Guyon, de Laval, de Maurepas, de Châteaudun, de Châtillon-sur-Loing, de Château-Gaillard, de Nauflé. On peut considérer comme de la fin du xıı⁰ siècle le château de Landsberg en Alsace et celui de Château-sur-Epte; et comme du xııı⁰ siècle, dans l'Allier, le château de Sendré ; dans l'Indre, le château d'Issoudun ; le château de Villeneuve-le-Roi (Yonne), de Dourdan (Seine-et-Oise), de Lillebonne, de Najac, de Tournebu, de Cesson près Saint-Brieuc, de Bourbon-l'Archambault, de Semur, de Montargis, de Chinon (Indre-et-Loire), d'Alluye (Eure-et-Loir), de Vérain (Nièvre), de Chalusset (Haute-Vienne); les deux châteaux de Ribeauvillers dans l'ancien département du Haut-Rhin, ceux d'Ortembourg sur la chaîne des Vosges, de Romont (Suisse), de Falkenberg sur les bords du Rhin; les châteaux de Reichestein près de Siqueviller, de Gutemberg près de Wissembourg, de Geroldseck près de Saverne, de Landskron près de Bâle, etc., etc. — Vers la fin du xııı⁰ siècle, l'architecture militaire subit, pour ainsi dire, un temps d'arrêt, car le *réseau des forteresses,* pour nous servir d'une expression moderne, ce réseau, disons-nous, était terminé. On restaure les châteaux existants, on reconstruit ceux qui avaient été plus ou moins ruinés ; mais le système de fortification est toujours le même. Pendant le xıv⁰ siècle, même stationnement, mais nous devons ajouter que les appartements des châteaux de cette époque deviennent plus grands, plus luxueux, ils sont même agrandis aux dépens de la défense ; les seigneurs, las sans doute des guerres, semblent en prévoir la fin; aussi peut-on bien dire que dès la fin du xıv⁰ siècle la féodalité a perdu de son prestige et que son rôle militaire est totalement terminé, car Charles VII et Louis XI ne veulent plus être, pour ainsi dire, à la merci des seigneurs et de leurs vassaux; aussi ces princes commencent à créer des armées régulières qui ne connaissent et ne servent que le roi. Dès lors les châteaux, bien que possédant encore un caractère militaire, n'ont plus, à part quelques exceptions, cet aspect de solidité et de force robuste qui répondait si bien à leur destination. Ce caractère militaire va en s'affaiblissant de plus en plus, si bien qu'au XVIIᵉ et au XVIIIᵉ siècle les châteaux ont encore des enceintes crénelées avec tours, bastions et courtines, mais ce sont là des accessoires employés plutôt comme ornements que des pièces créées en vue d'une résistance devenue désormais inutile.

Les principaux châteaux du XIVᵉ et du XVᵉ siècle sont : les châteaux de Clisson, sur la Sèvre (Loire-Infér.), de Bourdeille (Dordogne), de Roquetaillade (Gironde), de Baynac, de Turenne, de Montespan, de Lespurge, de Mauvezin, de Beaucens, de Saint-Céré (Lot), de Puyvert (Aude), de Penne (Tarn), de Billy (Allier), de Montbard (Côte-d'Or), de Tonquédec près Lannion (Côtes-du-Nord), de Chaumont (Loir-et-Cher), de la Bastille, de Vincennes, de Pierrefonds, de Villebon, de Montsoreau, de Sillé-le-Guillaume, d'Ussé, de Coudray-Montpensier, de Montreuil-Bellay, de Saumur, de Kœnigsheim en Alsace. On peut considérer comme entièrement ou en grande partie construits au XVᵉ siècle les châteaux de Bellon, de Cintray, de Luynes, de Nantes, de Culant, de Moy (Aisne), de Colombières (Calvados), de Folleville, du Plessis-Macé (Maine-et-Loire), de Tevray (Eure), de Vigny (Seine-et-Oise), enfin Château-l'Évêque près de Périgueux. On peut ranger comme étant de la même époque les manoirs construits en bois de Firfol dans les environs de Lisieux, et de Belleau, tous deux dans le Calvados. — Les principaux châteaux du XVIᵉ siècle sont ceux de Chenonceaux, Blois, Anet, Chambord, Ussé-sur-Loire, Bournazel (Aveyron), Azay-le-Rideau, Saint-Germain-en-Laye, de Lasson, de Bernesque, de Meillant-en-Berry, de Chanteloup (Manche), de Lion (Calvados) ; les manoirs d'Ango, à Varengeville (Seine-Infér.) (Voy. MANOIR, fig. 2), d'Argouges, de Sousmont, de Saint-Agnan, des Gendarmes près de Caen : ces derniers manoirs sont situés dans le Calvados ; les châteaux de Gaillon et de Vienne, aujourd'hui détruits; ceux de Baron près Falaise, de Vomissel (Calvados), de Sassy près de Châlons-

sur-Marne, de Serville (Seine-Inférieure), de Livet, de Beauvillers, de Boutemont et de Mesnil-Guillaume, situés tous quatre près Lisieux; les châteaux de Beaumais (Calvados) ; ceux d'Ancy-le-Franc, de Chevillon, de Saint-Fargeau, de Tanlay et de Chastellux, tous dans l'Yonne; enfin les châteaux de Fumichon, de Fresnay, de Flers (Orne), de Dampierre (Calvados), de Mailloc, d'Ouillie-du-Houlley, de Cauchy près Bayeux et de la Chalerie près Domfront; enfin le château de Courtanvaux, situé au bourg de Besse (Sarthe), qui est un spécimen remarquable de l'architecture militaire de l'époque de Henri II. (Voy. ENCEINTE, fig. 6, 7 et 8.) — Parmi tous les châteaux que nous venons d'énumérer, les uns sont entièrement détruits, les autres sont dans un état de délabrement complet et l'on prévoit le jour où ils finiront par disparaître ; d'autres enfin sont classés parmi les monuments HISTORIQUES (Voy. ce mot) ou appartiennent à des particuliers assez intelligents pour les entretenir avec soin.

Quant aux villes fortifiées, la plupart ont disparu, d'autres ont successivement rasé leurs enceintes romaines ou du moyen âge ; cependant nous possédons en France quelques villes qui ont encore des restes imposants de leur architecture militaire, les uns datant de l'époque gallo-romaine, les autres du moyen âge. Nous allons les étudier rapidement; le présent paragraphe complétera ce que nous avons déjà donné se rattachant au même sujet au mot ENCEINTE.

Les murs de ville n'avaient rien de particulier qui les distinguât de ceux qui entouraient les BAYLES des CHATEAUX. (Voy. ces mots.) Comme eux, ils étaient flanqués d'un nombre plus ou moins considérable de tours de formes diverses, et l'enceinte d'une ville ne différait de celle d'un château que par son étendue. Les murs et les tours étaient couronnés d'un parapet crénelé; ils étaient percés quelquefois à diverses hauteurs, souvent dans les merlons seulement, de MEURTRIÈRES. (Voy. ce mot.) Souvent les portes présentaient au-dessus de leur ouverture un encorbellement qui couvrait la HERSE (voy. ce mot), et de chaque côté de cet encorbellement venaient se loger les montants du pont-levis. Souvent aussi les murs et les portes étaient *mâcherolés* ou *mascholés*, c'est-à-dire garnis de mâchicoulis, qui primitivement étaient en bois et n'avaient qu'un caractère provisoire; on les nommait. alors HOURD. (Voy. ce mot.) Les mâchicoulis en pierre ne font guère leur apparition que vers la fin du XIIIᵉ siècle; et leur emploi n'est généralisé que vers la moitié du XIVᵉ siècle; aussi, quand on en voit couronnant des murs plus anciens, on peut en conclure avec certitude qu'ils ont été ajoutés après coup, à une époque postérieure à la construction première de ces murs. Un autre détail qui peut encore servir à caractériser l'architecture militaire du XIVᵉ siècle, ce sont les meurtrières en forme de croix; les plus anciennes ne sont que des fentes longitudinales simples, puis elles sont plus ou moins ébrasées à leur intérieur ou à leur extérieur. — Pendant le moyen âge, pour l'escalade des murs, les assiégeants se servaient, comme dans l'antiquité, de grosses tours en bois. Pour l'attaque et pour la défense des places, on utilisa pendant une grande partie du moyen âge, comme on l'avait fait dans l'antiquité, des *catapultes* pour lancer des pierres et des dards fort lourds (Végèce, *de Re militari*, I, IV), ainsi que des *balistes* pour envoyer des flèches et des traits fort longs et fort lourds. (Ammien Marcellin, XXIII, 4.) — Une partie qui dans les places fortes était beaucoup plus soignée que dans les châteaux, c'étaient les portes et leurs tours; c'est là où les constructeurs du moyen âge ont dépensé le plus de soins et de talent. Leur accès était défendu par des avancées, des bastilles et des bastillons et autres travaux qui en défendaient l'approche. Parmi les fortifications des villes du moyen âge, nous citerons celles de Beaucaire. En face du château du roi René, bâti à Tarascon au XVᵉ siècle, s'élève le château de Beaucaire, dont la construction doit remonter au Xᵉ ou XIᵉ siècle, puisque dans la partie la plus ancienne de cette forteresse on voit une chapelle romane. C'est dans la portion de l'enceinte qui joint cette chapelle que Raymond VII, comte de Toulouse, assiégea les croisés. Au XIIIᵉ et au XIVᵉ siècle, on agrandit les fortifications,

et ce qui reste de plus curieux des travaux de cette époque, c'est une tour triangulaire garnie de mâchicoulis et couronnée par des créneaux. Nous en donnons ici le plan (fig. 17) d'après un croquis qui nous a été fourni, il y a déjà

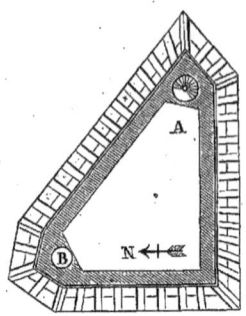

Fig. 17. — Plan du donjon de Beaucaire.

bien des années, en 1862, par M. le Dʳ Granier, maire de Beaucaire. La grande salle du premier étage a une voûte ogivale surbaissée. Beaucaire, anciennement *Ugernum*, avait été une station romaine. Dans l'enceinte même du château, nous avons reconnu, il y a vingt ans,

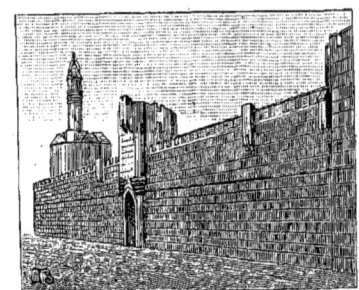

Fig. 18. — Remparts d'Aigues-Mortes (porte Ouest, et vue de la tour Constance).

des restes de substructions romaines; nous ignorons si elles sont aujourd'hui encore visibles. C'était une muraille de forme angulaire située en face de la colline et dont le parement était formé à l'aide de pierres posées en appareil réticulé. Auprès du même mur, on voyait également des constructions de même nature qui formaient des hémicycles. Jusqu'ici on n'a pu déterminer d'une manière précise à quoi avaient pu servir ces hémicycles; nous pensons qu'ils avaient un double emploi, ils servaient, en effet, de silos pour enfermer des grains et d'éperons

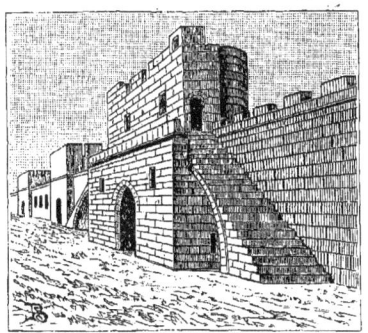

Fig. 19. — Remparts d'Aigues-Mortes (porte Sud).

pour tenir les terres. Au Nymphée de Nîmes on retrouve des constructions analogues, mais le diamètre des hémicycles était plus considérable. (Voy. NYMPHÉE.) Les remparts de la

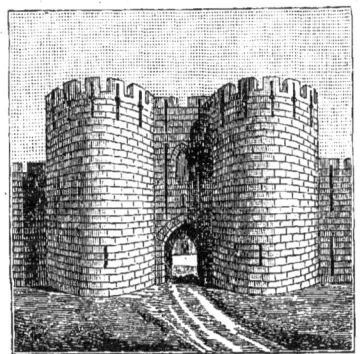

Fig. 20. — Remparts d'Aigues-Mortes (une des portes sur le mur Nord).

ville d'Aigues-Mortes (fig. 18 à 21) ont été élevés par Philippe le Hardi, et, comme ils ont été en partie restaurés ou reconstruits dans ces derniers temps, ils peuvent nous donner une idée de ce qu'était l'architecture militaire du XIIIe siècle. Les parements de cette enceinte sont faits avec des pierres de grand appareil,

taillées en bossage. Les murs sont flanqués de distance en distance de tours rondes ou carrées, dont les unes, ouvertes à la gorge, ne possèdent point de plate-forme, tandis que les autres, communiquent avec les courtines par de petites portes fort étroites. D'après la tradition, ces remparts auraient été construits suivant le type adopté par la ville de Damiette; ils ont la forme d'un parallélogramme à peu près rectangle, mais dont un des angles aurait été

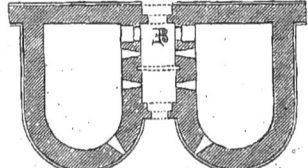

Fig. 21. — Plan de la porte fig. 20.

supprimé : c'est dans cet angle, mais en dehors de la ville, que se trouve une immense tour dite *tour de Constance*, haute de 34m,20 et mesurant 22m,50 de diamètre ; les murs ont à leur base 6 mètres d'épaisseur. Primitivement cette tour, dont on aperçoit le sommet dans notre figure 18, était environnée d'un large fossé circulaire avec contrescarpe ; ce fossé a été comblé en 1835. On a été longtemps indécis pour déterminer à quelle époque avait été érigée cette tour ; aujourd'hui ce point est parfaitement élucidé, cette tour a été construite par saint Louis, et les murs de la ville par son fils Philippe le Hardi. Le premier fait est constaté par une lettre de Clément IV adressée à Louis IX (1), et le second fait par un traité

(1) Nous donnons ici des extraits de cette lettre qui signalent l'existence de la tour et constatent que c'est bien Louis IX qui l'a construite. Cette lettre montre aussi la suprématie que les papes s'arrogeaient alors, même sur les rois. « Depuis que dans le port qu'on nomme vulgairement Aigues-Mortes, situé dans le diocèse de Nîmes, vous avez construit à grands frais une grande tour, afin de protéger le séjour des pèlerins et des marchands qui s'embarquent de ce lieu pour la terre sainte, nous savons que, pour rendre ce lieu plus sûr et plus commode par le concours des habitants, on vous a sollicité et supplié à diverses reprises d'y faire élever des remparts, dans l'enceinte desquels ils puissent

de Philippe le Hardi avec Guillaume Bocca-negra (1). Par ce traité celui-ci s'engageait à consacrer 5,000 livres tournois (88,500 fr.) à la construction de l'enceinte d'Aigues-Mortes, moyennant quoi le roi lui faisait abandon, à titre de fief, à lui et à ses descendants, de la moi-tié des droits domaniaux auxquels le port et la ville étaient assujettis. Quelques années plus tard, en 1284, Philippe le Hardi racheta ces droits domaniaux en remboursant à la veuve de Boccanegra, Jacquette ou Jacobine, la somme de 5,000 livres. Aux fortifications d'Aigues-Mortes se rattache une tour de forme carrée, nommée la *Carbonnière*, qui est un châtelet situé en avant de la ville et qui en défendait l'approche. Les gouverneurs d'Aigues-Mortes ajoutaient souvent à leur titre celui de *capi-taine de la tour Carbonnière*, ainsi que le cons-tatent divers documents déposés aux archives de l'ancienne cité. Au mot CHATELET, le lec-teur peut voir une vignette représentant la *tour Carbonnière.*

L'antique cité de Carcassonne a eu succes-sivement plusieurs enceintes ; la première avait

été construite par les Romains ; après la ruine de celle-ci, les Visigoths en construisirent une seconde presque sur le même emplace-ment, puisqu'ils utilisèrent des substructions et des tours romaines. Louis IX, de retour de

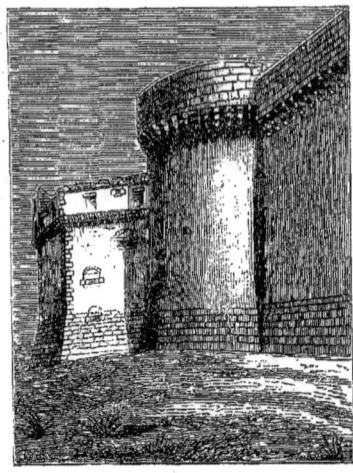

Fig. 22. — Bastillon de l'Est (Mont-Saint-Michel).

bâtir des maisons...... Afin que vous soyez indemnisé des dépenses que vous occasionneront la clôture et la garde de cette ville, il est juste que vous établissiez un impôt convenable sur les dits marchands...... et que cet impôt soit perçu par vous et vos successeurs. Bien qu'il paraisse conséquent à quelques personnes que, comme roi, vous puissiez, dans votre royaume, établir ces choses que réclame l'utilité commune et même une indispensable utilité, néanmoins, afin d'agir avec plus de sûreté et plus de prudence, vous nous avez demandé notre conseil et notre consentement.... Par la teneur de ces présentes nous permettons à Votre Altesse d'appe-ler auprès d'elle, ou auprès de celui qu'elle désignera, les prélats de la province Narbonnaise, les barons et seigneurs du voisinage, les consuls de Montpellier et des lieux adjacents, afin que, d'après leur avis, on statue sur ce qui paraîtra le plus opportun dans cette affaire. Vous aurez soin que l'impôt à établir soit modéré, et qu'il ne puisse être augmenté dans les temps à venir. — Donnée à Viterbe, le XII des kalendes d'octobre, seconde année de notre pontificat. » (Épîtres de Clé-ment IV, livre III, ép. 260.) — Ce pape, qui se nommait Gui-Fulcodi, Foulques ou Foucault, avait mené une existence aventureuse ; il avait été successivement mi-litaire, avocat, marié, père de famille, et secrétaire de Louis IX ; il était originaire de Saint-Gilles-du-Gard.

(1) *Histoire générale du Languedoc* (Reg. 80 du Trésor des chartres, n° 441.)

DICT. D'ARCHITECTURE. — T. III.

la première croisade, rebâtit et agrandit l'an-cienne enceinte de la ville, et, comme à Ai-gues-Mortes, il construisit une énorme tour, la *Barbacane*, qu'il relia à l'enceinte de la ville par l'intermédiaire du château, au moyen

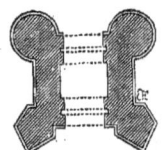

Fig. 23. — Plan de la porte des Croux, à Nevers.

de grandes rampes. Cette tour, qui comman-dait les bords de l'Aude et défendait le pont, permettait aux troupes casernées dans le châ-teau de faire des sorties, et cela sans avoir à craindre d'être inquiétées par les assiégeants. Philippe le Hardi continua les travaux com-mencés par son père ; il fit, entre autres ou-vrages, la porte Narbonnaise, la tour dite *du Trésau*, la partie de l'enceinte du côté sud

14

et une partie de celle de l'est. On voit donc que la ville de Carcassonne a possédé successivement des enceintes au v⁰, au xii⁰ et au xiii⁰ siècle. Aujourd'hui les murs de l'ancienne cité, sauf la Barbacane, ont été restaurés ou plutôt reconstruits en grande partie.

La ville et l'abbaye du Mont-Saint-Michel possèdent également des remparts construits à diverses époques et dont les premiers remontent au xiii⁰ siècle, c'est-à-dire après

a été élevé au xvi⁰ siècle pour renforcer les remparts du xv⁰ siècle.

Beaucoup d'autres villes possèdent encore des restes de remparts du moyen âge ; nous citerons notamment la petite ville de Cordes, Limoges, Saint-Macaire, Meaux, Périgueux, Rodez, Cahors, Escure près d'Alby, Compiègne, Paris, Nevers, dont nos figures 23 et 24 montrent en plan et en élévation la porte des Croux ; Royat, près de Clermont-Ferrand en Auvergne, possède une église fortifiée, représentée par notre figure 25 ; Tarascon, Avignon, etc. (Voy. DONJON, ENCEINTE, FORTIFICATIONS, PONT, TOUR, etc.) Les murs d'Avignon ne paraissent pas avoir été construits en vue de défendre la ville, car en bien des endroits ils n'ont pas de mâchicoulis ; ils ne sont couronnés que par un crénelage qui semble créé dans

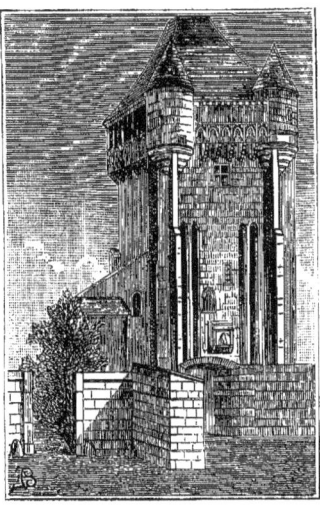

Fig. 24. — Porte des Croux, à Nevers.

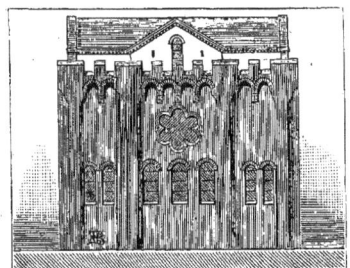

Fig. 25. — Église fortifiée de Royat.

l'incendie de 1203, et qui comprenaient : la muraille crénelée s'étendant du nord jusqu'aux crêtes de rochers situés à l'ouest ; ensuite la tour Saint-Aubert, construite en 1240 ; enfin il existe également d'autres parties élevées au xiv⁰, au xv⁰ et au xvi⁰ siècle. Au mot FORTIFICATION, nous avons donné un pont fortifié du Mont-Saint-Michel et une porte faisant partie des remparts du xv⁰ siècle. Nous donnons ici (fig. 22) le bastillon de l'Est, flanc sud, montrant la tour Boucle. Ce bastillon (1)

un but décoratif plutôt que pour être utilisé. Nous donnons (fig. 26) une porte flanquée de ses deux tours, dite *porte de Pétrarque*, parce qu'elle donne accès dans la rue de ce nom. En général, les tours de cette enceinte sont carrées et ouvertes du côté de la ville ; dans bien de leurs parties, les murs sont si peu élevés qu'ils n'étaient pas à l'abri de l'escalade. Mais si l'enceinte de la ville était faible, la citadelle au contraire était des plus solides et pouvait soutenir un siége en règle.

(1) On a dit que le bastillon ou boulevard de la tour Boucle a été bâti par Vauban ; cependant il est certain que cette dernière fortification fut construite au même temps que la *plate-forme* ou tour Gabriel, ainsi que le prouvent tous les détails architectoniques, identiques

dans ces deux ouvrages. Ces défenses renforçant les remparts du xv⁰ siècle furent élevées vers 1530, c'est-à-dire plus d'un siècle avant la naissance de Vauban, né en 1633 et mort en 1707. (Ed. Corroyer, *Description du Mont-Saint-Michel*, 1 vol. in-8°, 1877, Paris, Dumoulin.)

Les murs de celle-ci sont d'une hauteur considérable, appuyés par des éperons robustes qui supportent des mâchicoulis formés par une suite d'arcs en tiers-point laissant entre eux et le parement extérieur du mur un large vide qui permettait de jeter en quantité sur les assaillants des projectiles d'une grosseur considérable. L'enceinte d'Avignon, reconstruite presque entièrement de nos jours, avait été élevée au xive siècle, en 1348.

MILLIAIRE, *adj.* et *s.*—On donne ce nom à des bornes ou à des colonnes que les Romains plaçaient de mille en mille pas (1) sur leurs voies, afin d'indiquer la distance comprise entre diverses villes ou diverses localités. Ces pierres milliaires (*milliarii lapides*), qui étaient souvent rondes et quelquefois carrées, portaient gravées des inscriptions indicatrices. Ce fut C. Gracchus qui le premier introduisit à Rome cet usage. (Plut., *C. Gracch.*, 7.) Auguste érigea devant le temple de Saturne, au milieu du forum romain : *in capite fori romani* (Pline, *H. n.*, III, 5, 9 ; Tacite, *Hist.*, I, 27 ; Suétone, *Oth.*, 6) une colonne dorée, le *milliaire d'or* (*milliare aureum*), pour marquer le point exact où convergeaient et aboutissaient les grandes voies militaires. (Plut., *Galb.*, 24.) Cependant

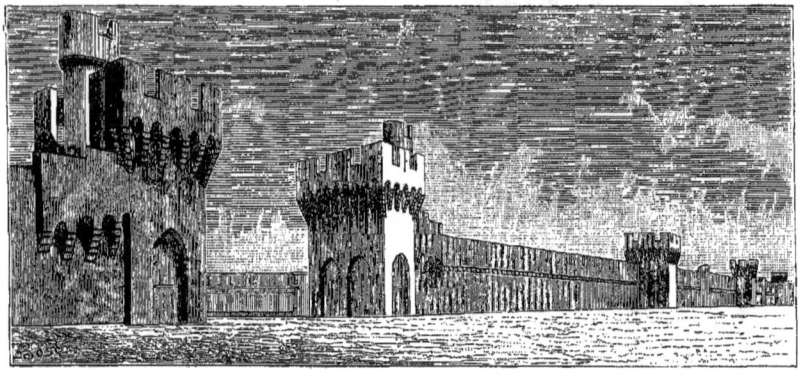

Fig. 26. — Murs d'enceinte d'Avignon (porte de Pétrarque).

on ne comptait pas toujours les distances à partir du milliaire d'Auguste ; d'anciennes pierres trouvées encore à leur première place témoignent, au contraire, que les distances étaient souvent comptées à partir des portes de Rome ; enfin des livres de jurisprudence tendent à prouver qu'on mesurait les distances à partir du dernier rang des maisons : *Mille passus non a milliaro urbis, sed a continentibus ædificiis numerandi sunt.* (Macer., *Dig.*, 50, 16, 154.) Devant ces trois modes de compter les distances, les archéologues, quand ils essayent de déchiffrer et de traduire des inscriptions lapidaires dans le genre de celles qui nous occupent, les archéologues, disons-nous, doivent bien étudier l'espèce dont il s'agit, car ils peuvent commettre, sans cette distinction, des fautes graves pour la géographie ancienne, surtout pour celle des Gaules, et pour déterminer l'emplacement de villes aujourd'hui disparues. A Rome, on voit encore sur la place du Capitole, la colonne milliaire qui était placée à la fin du premier mille, puisqu'elle porte le chiffre I ; quant à l'inscription, elle relate que les empereurs Vespasien et Nerva l'ont restaurée. Notre figure montre une colonne milliaire trouvée près de la ville de Vic-sur-Aisne (1) ; son inscription, que nous donnons

(1) Le mille romain était de mille pas, équivalant à 1,481 m, 50. Dans les provinces soumises à l'empire, il variait quelquefois suivant les localités.

(1) Montfaucon (*Antiquité expliquée, Suppl.*) pense que

ci-dessous en note, indique qu'elle a été posée la quatorzième année du règne de Caracalla (212 ap. J.-C.) (1). — En 1708, dans les jardins de l'abbaye de Saint-Médard près de Soissons, on a trouvé une borne milliaire de l'époque de Septime Sévère, comme on peut en juger par l'inscription (2). — Dans les musées de beaucoup de villes on conserve un grand nombre de milliaires; malheureusement, un plus grand nombre se détruit et disparaît tous les jours, ce qui est d'autant plus regrettable que ce sont autant de points de repère qui disparaissent et qui feront un jour défaut pour reconstituer les grandes voies romaines dans les provinces.

ou trente ans, on pouvait en compter un grand nombre sur l'antique voie Domitienne allant d'Ugernum à Substantium (Beaucaire à Castelnau). (Cf. *Histoire du Languedoc;* Astruc, *Mémoire pour l'hist. nat. du Languedoc;* Bergier, *Hist. des grands chemins de l'empire romain*, 2ᵉ éd.; Itinéraire d'Antonin; Tables de Peutinger; Maffei, *Gall. ant.;* etc., etc.)

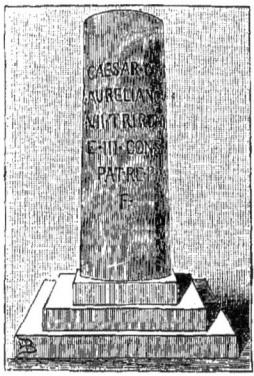

Colonne milliaire de Vic-sur-Aisne.

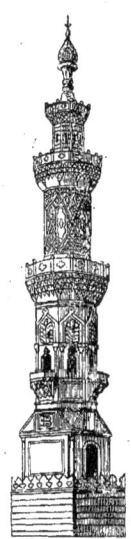

Fig. 1. — Minaret de la mosquée de Kaïd-Bey, au Caire.

Dans le département du Gard il existait de nombreuses pierres milliaires; beaucoup ont disparu, et cependant, il y a encore vingt-cinq

MINARET, *s. m.* — Tour élevée de l'architecture arabe, construite à côté des mosquées et du haut de laquelle le muezzin ou

---

cette borne remplaça celle de Septime Sévère après la mort de cet empereur.

(1) *Imperatore Cæsare Marco Aurelio Antonino pio, Augusto, britannico, maximo, tribunica potestate decimum quartum, imperatore secundum, consule tertium, patre patriæ, proconsule, ab Augusta Suessionum leugæ septem.* Ce qui signifie : Étant empereur, Marc-Aurèle Antonin pieux, auguste, vainqueur des Bretons, très-grand, revêtu pour la quatorzième fois de la puissance tribunitienne, dans la seconde année de la puissance impériale, la troisième de la consulaire, père de la patrie, proconsul, cette colonne indique la septième lieue depuis Soissons.

(2) On peut voir un dessin figurant cette colonne itinérique dans les *Antiquités et monuments du département de l'Aisne*, par Ed. Fleury, 1ʳᵉ partie, page 188, 3 vol. in-4°, Paris, 1877-78-79. Voici l'inscription qui a été lue.

et restituée par Moreau de Mautour de la façon suivante : *Imperatore Cæsare Lucio Septimo Severo, pio Pertinace, Augusto, Arabico, Adiabenico, Partico, maximo patre patriæ*, consule *tertium et imperatore Cæsare Marco Aurelio Antonio pio*, felice, Augusto, Partico, maximo, *curante L. P. Postumo legato Augustorum propratore, ab Augusta Suessionum leugæ septem* : « Sous l'empire de Lucius Septimus Sévérus, pieux, pertinax, Auguste, vainqueur des Arabes, des Adiabéniens, des Parthes, très-grand, père de la patrie, consul pour la troisième fois, et étant empereur Marc-Aurèle Antonin, pieux, heureux, auguste, vainqueur des Parthes, très-grand, consul; par les soins de L. P. Posthumus, légat des Augustes, propréteur, cette colonne a été placée pour indiquer la septième lieue après Soissons. » Le texte en latin imprimé en romain a été restitué.

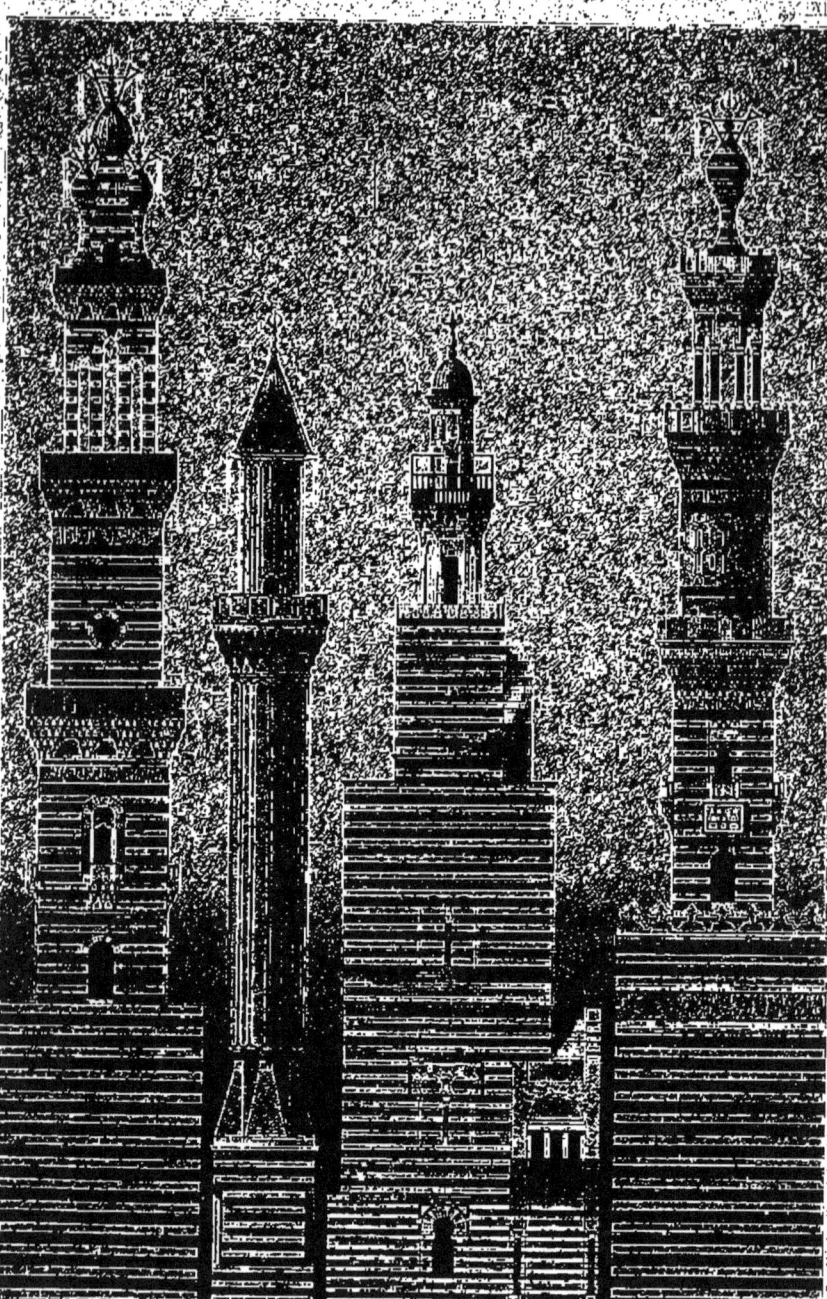

crieur appelle cinq fois par jour les fidèles à la prière. Les muezzins sont généralement choisis parmi des aveugles ; leur charge ne se borne pas seulement à cet appel, ils accompagnent encore les convois des morts aux cimetières. Les minarets, par leur physionomie élégante et pittoresque, contribuent beaucoup à l'ornement des mosquées, qui en possèdent un, deux, quelquefois un plus grand nombre; mais il n'y a

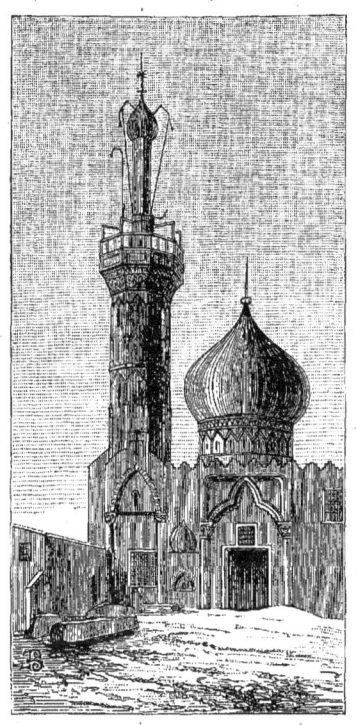

Fig. 2. — Minaret.

que les djamis de fondation impériale qui puissent en posséder quatre. Les premiers minarets ont fait leur apparition au commencement du VIIIe siècle, à la mosquée de Damas, érigée en 705 par le calife El-Walid. Ce furent sans doute les architectes byzantins qui imaginèrent cette nouveauté, qui fut introduite dans les églises grecques au IXe siècle. Les minarets sont généralement construits en briques revêtues en

stuc, mais il en existe aussi en pierres. Le mot arabe *smenâr, minareh*, signifie *signal, fanal, phare*, parce qu'on illumine les minarets pendant les nuits du rhamazan. (Voy. MOSQUÉE.)

— Les minarets sont divisés dans leur hauteur en plusieurs étages en retraite les uns au-dessus des autres, chaque étage porte une galerie ou des balcons saillants encorbellés. Un des plus jolis types de minarets de ce genre est celui de la mosquée de Kaïd-Bey, au Caire. (Voy. notre fig.)

Notre planche en couleur LXII montre quatre types de minarets dessinés à la même échelle : le premier à gauche est celui de la mosquée de Mohamed-Bey, les suivants des mosquées de Scander-Pacha, de Teyloun et de Barqanq.

MINE-ORANGE, *s. f.* — Oxyde de plomb qui fournit une couleur d'un ton orange très-vif et qu'on emploie pour peindre à l'huile ou à la colle. (Voy. MINIUM.)

MINE, *s. f.* — Terme d'antiquités ; poids grec pesant 324 grammes. C'était aussi une monnaie grecque en argent pesant la valeur de 69 francs de notre monnaie. (Voy. MINES et MINIÈRES.)

MINÉRALOGIE, *s. f.* — Science faisant partie de l'histoire naturelle et qui traite des minéraux, c'est-à-dire des corps inorganiques composés d'éléments tels qu'ils se trouvent dans la nature.

MINES, MINIÈRES, *s. f. pl.* — Terrains situés au-dessous du sol, d'où l'on extrait des substances minérales, des métaux, des pierres précieuses, etc.

JURISPRUDENCE ET LÉGISLATION. — Avant 1789, les mines étaient régies par des arrêts du Conseil ; mais à partir de cette époque elles furent l'objet d'une nouvelle loi en date du 12 juillet 1791, laquelle loi a été remplacée par une autre en date du 21 avril 1810. D'après cette loi (art. 1), les masses de substances minérales ou fossiles, renfermées dans le sein de la terre ou existant à la surface, sont classées, relativement aux règles de l'exploitation de chacune d'elles, sous les trois qualifications de mines, minières et carrières; nous ne nous occuperons ici que de la législation des mines et minières, et, pour ce qui concerne les carrières, nous renverrons les lecteurs à ce mot. (Voy. CARRIÈRE.)

Titre Ier.

Art. 2. — Seront considérées comme mines, celles connues pour contenir en filons, en couches ou en amas, de l'or, de l'argent, du platine, du mercure, du plomb, du fer en filons, en couches, du cuivre, de l'étain, du zinc, de la calamine, du bismuth, du cobalt, de l'arsenic, du manganèse, de l'antimoine, du molybdène, de la plombagine, ou autres matières métalliques, du soufre, du charbon de terre ou de pierre, du bois fossile, des bitumes, de l'alun et des sulfates à base métallique.

Art. 3. — Les minières comprennent les minerais de fer dits d'alluvion, les terres pyriteuses propres à être converties en sulfate de fer, les terres alumineuses et les tourbes.

(L'article 4 concerne les CARRIÈRES. Voy. ce mot.)

Titre II. — De la propriété des mines.

Art. 5. — Les mines ne peuvent être exploitées qu'en vertu d'un acte de concession délibéré en conseil d'État.

Art. 6. — Cet acte règle les droits des propriétaires de la surface sur le produit des mines concédées.

Art. 7. — Il donne la propriété perpétuelle de la mine, laquelle est dès lors disponible et transmissible comme autres biens et dont on ne peut être exproprié que dans les cas et selon les formes prescrites pour les autres propriétés, conformément au Code civil et au Code de procédure civile. — Toutefois une mine ne peut être vendue par lots ou partagée, sans une autorisation préalable du gouvernement, donnée dans les mêmes formes que la concession.

Art. 8. — Les mines sont immeubles. — Sont aussi immeubles, les bâtiments, machines, puits, galeries et autres travaux établis à demeure conformément à l'article 524 du Code civil. — Sont aussi immeubles par destination, les chevaux, agrès, outils et ustensiles servant à l'exploitation. — Ne sont considérés comme chevaux attachés à l'exploitation, que ceux qui sont exclusivement attachés aux travaux intérieurs des mines. — Néan-

moins les actions ou intérêts dans une société ou entreprise, pour l'exploitation des mines, seront réputés meubles, conformément à l'art. 529 du Code civil.

Art. 9. — Sont meubles, les matières extraites, les approvisionnements et autres objets mobiliers.

Art. 10. — Nul ne peut faire de recherches pour découvrir des mines, enfoncer des sondes ou des tarières sur un terrain qui ne lui appartient pas, que du consentement du propriétaire de la surface ou avec l'autorisation du gouvernement, donnée après avoir consulté l'administration des mines, à la charge d'une préalable indemnité envers le propriétaire et après qu'il aura été entendu.

Art. 11. — Nulle permission de recherches ni concession de mines ne pourra, sans le consentement formel du propriétaire de la surface, donner le droit de faire des sondes et d'ouvrir des puits ou galeries, ni celui d'établir des machines ou magasins dans les enclos murés, cours ou jardins, ni dans les terrains attenant aux habitations ou clôtures murées, dans la distance de 100 mètres desdites clôtures ou habitations.

Art. 12. — Le propriétaire pourra faire des recherches, sans formalité préalable dans les lieux réservés par le précédent article, comme dans les autres parties de sa propriété ; mais il sera obligé d'obtenir une concession avant d'y établir une exploitation. Dans aucun cas les recherches ne pourront être autorisées dans un terrain déjà concédé.

Art. 13. — Tout Français, ou tout étranger naturalisé ou non en France, agissant isolément ou en société, a le droit de demander et peut obtenir, s'il y a lieu, une concession de mines.

Art. 14. — L'individu ou la société doit justifier des facultés nécessaires pour entreprendre et conduire les travaux et des moyens de satisfaire aux redevances et indemnités qui lui seront imposées par l'acte de concession.

Art. 15. — Il doit aussi, le cas arrivant de travaux à faire sous des maisons et autres lieux d'habitation, sous d'autres exploitations ou dans leur voisinage immédiat, donner caution de payer toute indemnité en cas d'accidents ; les demandes ou oppositions des intéressés seront en ce cas portées devant les tribunaux.

Art. 16. — Le gouvernement juge des motifs ou considérations d'après lesquels la préférence doit être accordée aux divers demandeurs en concession, qu'ils soient propriétaires de la surface, inventeurs ou autres. — En cas que l'inventeur n'obtienne pas la concession d'une mine, il aura droit à une indemnité de la part du concessionnaire ; elle sera réglée par l'acte de concession.

Art. 17. — L'acte de concession, fait d'après l'accomplissement des formalités prescrites, purge en faveur du concessionnaire tous les droits des propriétaires de la surface et des inventeurs, ou de leurs ayants droit, chacun dans leur ordre, après qu'ils ont été entendus ou appelés légalement, ainsi qu'il sera ci-après réglé.

Titre III.

Art. 18. — La valeur des droits résultants en faveur du propriétaire de la surface, en vertu de l'article 6 de la présente loi, demeurera réunie à la valeur de ladite surface, et sera affectée avec elle aux hypothèques prises par les créanciers du propriétaire.

Art. 19. — Du moment où une mine sera concédée, même au propriétaire de la surface, cette propriété sera distinguée de celle de la surface, et désormais considérée comme propriété nouvelle sur laquelle de nouvelles hypothèques pourront être assises sans préjudice de celles qui auraient été ou seraient prises sur la surface et la redevance, comme il a été dit à l'article précédent.

Si la concession est faite au propriétaire de la surface, ladite redevance sera évaluée pour l'exécution dudit article.

Art. 20. — Une mine concédée pourra être affectée par privilège, en faveur de ceux qui, par acte public et sans fraude, justifieraient avoir fourni des fonds pour les recherches de la mine, ainsi que pour les travaux de construction, ou confection de machines nécessaires à son exploitation, à la charge de se conformer aux articles 2103 et autres du Code civil relatifs aux priviléges.

Art. 21. — Les autres droits de privilége et d'hypothèque pourront être acquis sur la propriété de la mine, aux termes et en conformité du Code civil, comme sur les autres propriétés immobilières.

Les autres articles de la loi du 21 avril 1810 ont moins d'importance, parce qu'ils règlent des questions d'ordre secondaire ; aussi nous nous bornerons à analyser les principaux.

Les demandes en concession sont faites par voie de pétitionnement au préfet, qui enregistre la demande et qui dans les dix jours doit en ordonner l'affichage (art. 22), qui doit rester apposé pendant quatre mois dans le chef-lieu du département et dans celui d'arrondissement où la mine est située ; l'insertion doit être faite également dans les journaux (art. 23). — L'exploitation des mines n'est pas considérée comme un commerce et n'est pas sujette à patente (art. 32), mais les propriétaires des mines sont tenus de payer à l'État une redevance fixe ou proportionnelle aux produits extraits (art. 33).

Des tourbières. — Les tourbes ne peuvent être exploitées que par le propriétaire du terrain ou de son consentement (art. 83). — Tout propriétaire actuellement exploitant, ou qui voudra commencer à exploiter des tourbes dans son terrain, ne pourra continuer ou commencer son exploitation, à peine de 100 francs d'amende, sans en avoir préalablement fait la déclaration à la sous-préfecture et obtenu l'autorisation (art. 84). — Un règlement d'administration publique déterminera la direction générale des travaux d'extraction dans le terrain où sont situées les tourbes, celle des rigoles de desséchement, enfin toutes les mesures propres à faciliter l'écoulement des eaux dans les vallées et l'atterrissement des entailles tourbées (art. 85). — Les propriétaires exploitants, soit particuliers, soit commune d'habitants, soit établissements publics, sont tenus de s'y conformer, à peine d'être contraints de cesser leurs travaux (art. 86). — Pour plus de détails sur la législation des tourbières, cf. E. Bosc, *Traité complet de la tourbe,* vol. in-8° avec figures, p. 170 à 175.

Expertise, police et juridiction relatives aux mines. — En matière de mines et de minières, toutes les fois qu'il y a lieu de procéder à des expertises, celles-ci sont soumises à des règles spéciales indiquées aux articles 87 à 92 de la loi du 21 avril 1810. — Les experts sont pris parmi les ingénieurs des mines, ou parmi des hommes notables et expérimentés dans le fait des mines et de leurs travaux (art. 88). Les contraventions des propriétaires de mines exploitants non encore concessionnaires ou autres personnes sont assimilées aux contraventions de voirie ou de police. Les poursuites sont portées d'office par les procureurs de la république devant les tribunaux de police correctionnelle ; les peines consistent en une amende de 100 fr. au moins et de 500 fr. au plus, lesquelles en cas de récidive sont portée au double; quant à la détention, elle ne peut excéder la durée fixée au Code pénal par l'article 465. — La loi du 9-17 mai 1866 modifie les articles 57 et 58 de la loi du 21 avril 1810 relatifs à l'exploitation des minières.

MINIMA, *loc. adv.* — Terme de jurisprudence, usité seulement dans cette formule : *appel à minima,* c'est-à-dire un appel interjeté par le ministère public, quand il croit qu'une peine trop faible a été appliquée. (Voy. MINIMUM.)

MINIMUM, *s. m.* — Le plus petit degré auquel une grandeur puisse être réduite. *La température minimum* est la température la moins élevée dans un temps donné, de même que la *température maximum* est le degré le plus élevé atteint par la température dans un temps donné.

MINIUM, *s. m.* — On donne vulgairement ce nom au deutoxyde de plomb calciné. Cette matière fournit une poudre d'un beau rouge vif orangé qu'on emploie pour imprimer les fers et les bois qui doivent occuper des emplacements humides. Depuis quelques années, on utilise sous le nom de *minium de fer* un deutoxyde de fer dont la couleur est plus terne et plus foncée, mais qui est d'un aussi bon usage que le deutoxyde de plomb et qui coûte moins cher. — Le minium entre dans la composition de certains mastics employés pour *luter* les jointures et raccords de tuyaux de distribution employés pour l'eau, le gaz, et de certains appareils de chauffage en cuivre rouge en fer ou en fonte.

MINUTE, *s. f.* — Brouillon original d'un écrit : *minute d'un devis,* brouillon de ce devis; *minute d'un plan* ou *plan minute,* brouillon d'un plan qui a servi à rédiger les *rendus* ou les plans d'exécution. — C'est aussi la douzième partie du *module* dans les ordres toscan et dorique, et la dix-huitième partie dans les ordres ionique, corinthien et composite. (Voy. MODULE et ORDRES.)

MIPOUX, *s. m.* — Les plombiers et les serruriers donnent ce nom au sous-borate de soude, qu'ils emploient pour souder le plomb ou *braser* le fer. (Voy. BORAX et BRASER.)

MIRADORE, *s. m.* — Espèce de belvédère en usage chez les Espagnols.

MIRE, *s. f.* — Espèce de jalon qui, avec le niveau, est employé pour faire des nivellements. Il existe deux genres de mires, les *mires à voyant* et les *mires parlantes.*
La mire à voyant se compose d'une tige verticale de 2 mètres de hauteur environ, portant des divisions métriques; sur cette tige, une planchette carrée, nommée *voyant,* portée sur une tige de même longueur, glisse ou s'arrête verticalement, suivant que l'on serre ou que l'on desserre une vis de pression qui agit sur *l'embrasse* ou bague qui réunit les deux tiges verticales ou *jalons.* — Le voyant, qui est carré, a sa surface, dite *face de visée,* subdivisée en quatre autres carrés peints deux à deux diagonalement de la même couleur, ordinairement rouge et blanc. Le point de centre formé par les quatre carreaux sert de repère pour viser avec le niveau. Le *mireur,* c'est-à-dire le porteur de la mire, lit la hauteur du centre, ou *ligne de visée* de la planchette, sur la division. — *Les mires parlantes* consistent en une planche ou longue règle plate, peinte, sur laquelle les divisions métriques sont indiquées par des teintes occupant tout l'espace compris entre deux divisions successives; ces teintes diffèrent entre elles suivant la hauteur à laquelle elles correspondent, de sorte que l'opérateur qui se sert du niveau peut lire lui-même les cotes de hauteur, ce qui évite les chances d'erreur et les pertes de temps que nécessite l'emploi de la mire ordinaire, si le *porte-mire* ne possède pas une habitude suffisante de ce genre de lecture, et oblige ainsi l'opérateur à lire lui-même les cotes fixées par le voyant. — Les maçons poseurs, et surtout les paveurs, se servent de mires plus petites, dans lesquelles le voyant est fixe; on les nomme NIVELETTES. (Voy. ce mot.)

MIRER, *v. a.* — Tourner la mire, viser avec une MIRE. (Voy. ce mot.)

MIROIR, *s. m.* — Cavité qui se produit dans le parement d'une pierre par suite d'un gros éclat qui se produit pendant qu'on la travaille. — Au pluriel, ce terme sert à indiquer des parties brillantes que possèdent certains bois, le chêne, le PITCHPIN (voy. ce mot) par exemple; on dit aussi *mailles*. — C'est encore un ornement ovale qui se taille dans les moulures creuses.

MIROITERIE, *s. f.* — L'une des industries du bâtiment, qui s'occupe de la fabrication, du commerce et de la pose des glaces et des miroirs.

MISE, *s. f.* — Morceau de fer ou d'acier qu'on soude à chaud à une pièce, à une barre, à un ouvrage en fer quelconque, que l'on veut renforcer. La mise est appliquée sur le fer soumis à une chaude suante.

En maçonnerie, on appelle *mise en ligne* la construction d'un mur dont les parements sont bien d'aplomb les uns sur les autres, parce qu'ils sont dressés entre deux lignes ou cordeaux tendus de chaque côté du mur.

En peinture, la *mise en couleur* des parquets est une opération qui a pour but de leur donner une couleur uniforme, ce qui permet de les tenir dans un état constant de propreté. La mise en couleur se fait à la colle et à l'huile, soit en rouge ou jaune, mais préférablement à la cire et à l'essence; dans ce cas on laisse au bois, surtout au chêne, sa couleur naturelle, ou bien on le teinte légèrement de la couleur de bois.

En charpenterie, on nomme *mise en dedans* l'assemblage provisoire des pièces de bois constituant une charpente; cet assemblage se fait au moyen des chevilles de fer ou *chevilles d'assemblage*.

En sculpture, on nomme *mise au point* un travail fait par le praticien qui amène la copie d'une statue, d'un bas-relief ou tout autre ouvrage, au point où le statuaire, le sculpteur n'a plus qu'à terminer le fini de l'œuvre.

MISÉRICORDE, *s. f.* — Petite tablette ou console en forme de cul-de-lampe placée sous la sellette mobile d'une stalle et sur laquelle on s'appuie, quand la sellette est relevée; on la nommait autrefois *patience*. Les culs-de-lampe qui supportent les miséricordes sont fréquemment sculptés, ce sont des feuillages, des rinceaux, des oiseaux, des marmousets accroupis, etc.; souvent les miséricordes des stalles fournissent toute une série de sujets représentant les diverses scènes de la vie du Christ, ou bien une suite d'une légende religieuse. (Voy. STALLE.)

MITOYEN (MUR). — Mur qui, placé sur la ligne de deux héritages limitrophes, appartient par moitié au propriétaire de ces deux héritages.

LÉGISLATION ET JURISPRUDENCE. — Les dispositions de la loi actuelle sur cette question, qui est la source de tant de conflits, sont presque entièrement puisées dans la Coutume de Paris; les principes de la mitoyenneté tiennent à la matière des servitudes par la charge qu'elle impose, et sous plusieurs rapports ils tiennent également à la propriété. — Un mur peut dès son origine, dès sa construction, être un mur mitoyen, lorsque, pour l'établir, ses fondations ont été prises moitié sur l'un et l'autre héritage qu'il sépare, et quand les deux propriétaires desdits héritages ont fait la clôture à frais communs.

Le mur non mitoyen dans l'origine peut le devenir par diverses causes : 1° par l'achat de la mitoyenneté, s'il plaît au voisin contigu de l'acquérir; 2° par la volonté du père de famille; 3° par l'effet d'un partage; 4° enfin par la prescription trentenaire, c'est-à-dire si le propriétaire voisin a fait constamment sur le mur séparatif des actes apparents, si restreints qu'ils soient, de copropriété.

Il peut arriver que l'un des voisins fasse à lui seul les frais de construction du mur placé à cheval sur la ligne séparative des deux héritages; sauf convention contraire, ce mur est et demeure mitoyen, et, à moins que le propriétaire constructeur n'y ait formellement renoncé, il peut, pendant trente ans, réclamer du voisin, ou des tiers détenteurs de l'immeuble, le remboursement intégral de la moitié des frais. (21 mars 1843, Cass.; Cour de Paris, 22 fév. 1834; Pardessus, t. 1er, n° 153).

DE LA PRÉSOMPTION DE MITOYENNETÉ. —
D'après l'article 653 du Code civil, « dans les
villes et les campagnes, tout mur servant de
séparation entre bâtiments jusqu'à l'héberge,
ou entre cours et jardins, et même entre enclos
dans les champs, est présumé mitoyen, s'il n'y
a titre ou marque du contraire. » Si donc il
n'y a de bâtiments que d'un seul côté, c'est le
propriétaire desdits bâtiments qui est censé
avoir fait le mur. (Toull., n° 185; Merlin, *Rép.*,
v° *Mitoyenneté*, § 1er, n° 5.) Néanmoins, dans
les villes et faubourgs, où la loi prescrit une clôture forcée, le mur sera présumé mitoyen jusqu'à
la hauteur prescrite pour les murs de clôture.
(Pothier, *Contr. de société*, n° 202; Toullier,
n° 187; Pardessus, n° 159.) Et même dans les
campagnes, la mitoyenneté se présumerait si,
par exemple, le jardin aboutissant au bâtiment
était clos sur les côtés autres que ceux des
bâtiments (Delv., t. 1er, p. 395); mais Duranton (t. 5, n° 303) rejette cette distinction, car, dit-il, et selon nous avec raison,
« une présomption légale ne doit pas s'étendre
d'un cas dans l'autre : » ce serait, en effet,
amener une étrange et dangereuse confusion.
Pardessus (n° 59) prétend que si la cour ou
le jardin étaient séparés d'un pré, d'un bois
ou de toute autre propriété qui n'aurait pas
la qualité d'enclos, le mur appartiendrait au
propriétaire de la cour ou du jardin. — Si
l'un des deux champs que le mur sépare n'est
pas entièrement clos, le mur serait censé
appartenir exclusivement à l'autre. (Toull.,
n° 187.) Mais toutes ces questions sont su-
jettes à controverse; ainsi, quoique l'article
653 ne statue rien sur le mur de séparation
entre deux fonds qui ne seraient, ni l'un ni
l'autre, cour, jardin, ou enclos, à défaut de
titre, il faudrait le réputer mitoyen. (Dur.,
n° 305.) Un arrêt de la cour de cassation, en
date du 18 juillet 1837, semble confirmer
l'avis du savant jurisconsulte, puisqu'il y est
dit qu'en présence d'un mur de séparation,
il n'y a plus à se demander aujourd'hui comment on devait le faire avant le Code, sous certaines coutumes ; si le mur porte ou non des
signes de mitoyenneté, la mitoyenneté est,
dans le système du Code, une présomption à
laquelle n'ont pas besoin de s'ajouter des

signes apparents. — Dans le cas où un mur
dépasse le bâtiment le plus élevé, c'est le
propriétaire de ce dernier qui doit être présumé avoir construit au delà, soit pour protéger son toit contre les vents, soit dans la
prévision d'exhausser un jour son bâtiment
(Dur., t. 5, n° 306; Delv., t. 1er, p. 394); Pardessus (n° 160), nous ne savons trop pourquoi,
pense que ce mur est mitoyen, ni l'un ni l'autre
des propriétaires ne profitant de l'excédant.
Ici se place une question délicate qui a été
tranchée par la cour de Bordeaux, et un
pourvoi dirigé contre l'arrêt de ladite cour a
été rejeté par la chambre des requêtes. (Cour
de Bord., 1er fév. 1839 ; Cass., dans Sirey-
Villen., 1838, 1325). Il s'agissait, dans l'espèce,
d'un mur séparant immédiatement deux maisons de hauteur inégale, lesquelles maisons
avaient appartenu au même vendeur, mur qui
avait été qualifié de mitoyen sans autre explication dans les deux contrats de vente. L'un
des acquéreurs prétendait que le mur ne pouvait être réputé mitoyen dans toute son
élévation, mais seulement jusqu'à l'héberge,
c'est-à-dire jusqu'au toit de la maison la plus
basse; or la cour de Bordeaux avait jugé avec
raison que l'énonciation du titre, qui ne renfermait aucune donnée restrictive pour l'un
des acquéreurs, que cette énonciation, disons-nous, entraînait la mitoyenneté dans
toute sa hauteur.

PREUVES CONTRE LA PRÉSOMPTION DE
MITOYENNETÉ. — L'article 654 du Code civil
détermine quelques signes de non-mitoyenneté, il y est dit :

« Il y a marque de non-mitoyenneté, lorsque la sommité du mur est droite et à plomb
de son parement d'un côté, et présente de
l'autre un plan incliné.

« Lors encore qu'il n'y a que d'un côté ou
un chaperon ou des filets et corbeaux de pierre
qui y auraient été mis en bâtissant le mur.

« Dans ces cas, le mur est censé appartenir
exclusivement au propriétaire du côté duquel
sont l'égout ou les corbeaux et filets de pierre. »

Les coutumes admettaient en outre d'autres
signes de non-mitoyenneté. Ceux de ces signes qui existent encore conservent tout leur
effet, sans quoi, dit Toullier (t. 3, n° 192), la

nouvelle loi aurait un effet rétroactif. Chabot, (*Quest. trans.*, v° *Servitude*), Duranton (t. 5, n° 10), sont du même avis; mais Pardessus (t. 3, n° 162) est d'un avis contraire. Enfin la présomption de mitoyenneté disparaît devant des *marques contraires* autres que celles spécifiées dans l'article 654, telles que celles résultant d'un titre, de signes ou marques spécialement désignées, soit enfin une possession suffisante pour prescrire; mais il faut que tous les titres ou signes ci-dessus énumérés soient clairs, précis et formels. — Si les filets d'un seul côté du mur suffisent, selon l'art. 654, pour exclure la mitoyenneté, il ne faut pas conclure que les filets des deux côtés la prouvent; car, comme le dit Toullier, l'indice n'est qu'équivoque. Ainsi on n'y verrait pas une preuve de mitoyenneté, si l'un des héritages seulement était enclos de murs, et que les filets fussent établis du côté de l'héritage non clos. (Toullier, t. 3, n° 90.) Mais pour que les filets ou les corbeaux soient un signe de non-mitoyenneté, il faut qu'ils aient été placés lors de la construction du mur; le voisin qui pourrait prouver qu'ils n'ont été placés qu'après coup serait autorisé à les faire supprimer. — Les filets et corbeaux ne prouvent la non-mitoyenneté qu'à partir de l'endroit où ils se trouvent; le bas reste mitoyen. (Pardessus, n° 164; Delv., t. 1er, p. 396 et 397.) Cependant, la partie supérieure peut être déclarée mitoyenne, si l'un des propriétaires produit une quittance constant sa part de frais dans l'exhaussement. — Le propriétaire d'un immeuble qui a la mitoyenneté de la partie inférieure du mur qui le sépare de son voisin ne peut, sous le prétexte qu'il veut élever sa maison, réclamer la mitoyenneté de la partie supérieure du mur, si le voisin y possède des fenêtres d'aspect ou vues droites depuis plus de trente ans; ainsi jugé par la cour de Grenoble (20 juillet 1822). — Le mur de soutenement d'une terrasse est réputé appartenir de plein droit au propriétaire de la terrasse et sans qu'il soit besoin de signe de non-mitoyenneté. (Pardessus, n° 164.)

DROITS ET CHARGES DE LA MITOYENNETÉ. — « La réparation et la reconstruction du mur mitoyen, nous dit l'article 655 du Code civil, sont à la charge de tous ceux qui y ont droit, et proportionnellement au droit de chacun. » La Coutume de Paris (art. 204) nous apprend « qu'il est loisible à un voisin de percer ou faire percer et démolir le mur commun et mitoyen d'entre lui et son voisin, pour se loger et édifier, en le rétablissant dûment à ses dépens, s'il n'y a titre au contraire, en le dénonçant toutefois au préalable à son voisin, et est tenu de faire incontinent et sans discontinuation le dit rétablissement. » Et Goupy, dans la note (a) p. 269, dit que la disposition de cet article n'est point conçue en termes clairs; il se demande si la faculté accordée par cet article à celui qui veut bâtir, si cette faculté s'applique au mur entier ou à une partie du mur, et là-dessus il se perd dans une dissertation à perte de vue sur la signification exacte du terme rétablir et reconstruire. Aujourd'hui la jurisprudence a fixé ce point : on sait parfaitement qu'on ne peut faire démolir un mur mitoyen que lorsqu'il y a nécessité, et ce ne sont pas les parties qui sont juges, mais les experts, le tribunal; car tous les travaux à faire dans un mur mitoyen, si toutefois, ils ne sont consentis à l'amiable entre les parties, ne peuvent être exécutés qu'en vertu d'un jugement ou d'une ordonnance en référé. — Du reste, les copropriétaires du mur mitoyen ont la charge de veiller à la conservation du mur, et celui qui l'aurait endommagé, celui-là seul aurait à supporter les frais de réparation. (Pardessus n° 165; Toull., t. 3, n° 213; Dur., t. 5, n° 18.) — Pour réparer ou reconstruire le mur mitoyen, il n'est pas nécessaire que le mur tombe en ruine; il suffit que les experts décident que la réparation ou la réfection est jugée nécessaire, et nous devons ajouter qu'il est quelquefois très-difficile d'établir qu'un mur menace ruine et a besoin d'être refait. Nous avons souvent vu des murs hors d'aplomb, en fort mauvais état, tenir de longues années. La tour penchée de Pise peut témoigner en faveur du fait que nous avançons, et cependant, si dans Paris la tour Saint-Jacques et Saint-Germain l'Auxerrois se trouvait dans une position identique, il est très-probable que des experts n'oseraient se prononcer pour son maintien. Il existe donc des cas extrêmement difficiles où les experts ne sauraient et ne pourraient décider en toute connaissance de cause.

La Coutume de Paris nous dit encore (art. 205) : « Il est loisible à un voisin de contraindre ou faire contraindre par justice son autre voisin, à faire ou refaire le mur et édifice commun *pendant* et *corrompu* entre lui et son dit voisin, et d'en payer sa part selon son héberge, et pour telle part et portion que lesdites parties ont et peuvent avoir audit mur et édifice mitoyen. » Voici encore un article de la Coutume qui, disons-le, tombe de plus en plus en désuétude, et voici pourquoi : le mur est très-bon pour l'office qu'il remplit actuellement, mais l'un des copropriétaires veut le faire servir pour un autre usage, il veut que ce mur puisse rendre de plus grands services que ceux qu'il a rendus jusqu'ici, eh bien, ce n'est que celui à qui la chose profite qui doit payer la différence, et le voisin, dont le mur est très-suffisant pour l'office qu'il lui réclame, peut parfaitement se refuser à concourir même pour une part minime aux dépenses de réparations ou de réfection. Un arrêt de la cour de Grenoble (20 juillet 1822) a reconnu avec juste raison que les réparations d'un mur mitoyen ne doivent être supportées à frais communs entre les propriétaires « qu'autant qu'elles sont nécessaires des deux côtés du mur, ou dans la totalité. » Maintenant celui qui veut démolir un mur mitoyen, ou sa maison adossée à un mur mitoyen, doit avertir l'autre propriétaire; et les voisins peuvent faire, à leurs dépens, les étais et autres travaux nécessaires pour soutenir les maisons et édifices; c'est aussi au propriétaire à payer les réparations des dégradations commises pour le descellement des poutres et autres travaux analogues. (Toullier, t. 3, n° 215, et Paillet, sur l'art. 655.) Les incommodités résultant des travaux, tels que le passage des ouvriers, le rangement des matériaux, sont supportées par parts égales; les déplacements des personnes ou des meubles incombent à celui qui y est obligé et se font à ses frais. (Toullier, t. 3, n° 215; Pardessus, n° 167; Delv., t. 1er, p. 400.) — Il en est de même de la perte ou détérioration des ornements, tels que sculptures et peintures, à moins qu'elles ne proviennent de quelque fait de l'un des voisins. (Toullier, t. 3, n° 215; Domat; Pothier; Pardessus, n° 167.) — Le mur ne peut être rétabli que tel qu'il existait; sa largeur est arbitraire, car ni le Code ni la Coutume de Paris ne spécifient aucune mesure qui en fixe l'épaisseur, mais l'usage à Paris est de lui donner 0m,50 d'épaisseur, enduits compris, plus un empatement dans les fondations. Celui qui voudrait un mur plus épais supporterait seul les frais de ce changement; dans ce cas, la ligne mitoyenne ne serait pas déplacée, mais elle ne serait plus dans l'axe du mur. Cependant l'un des copropriétaires pourrait exiger et obtenir l'élargissement du mur, si celui-ci n'avait pas antérieurement l'épaisseur nécessaire pour l'usage auquel le consacraient les copropriétaires. (Pardessus, n° 167.)

DE LA FACULTÉ D'ABANDON. — La faculté d'abandon n'est pas accordée à celui qui a un bâtiment soutenu par le mur mitoyen (art. 656, *Code civ.*). Pour le mur qui n'est pas dans cette condition, le copropriétaire peut faire l'abandon de son droit de mitoyenneté, pour se dispenser de contribuer aux réparations et reconstructions, mais cet abandon entraîne celui du terrain sur lequel le mur est assis. — Celui qui fait l'abandon d'un mur de clôture n'est pas déchargé de l'obligation de contribuer aux frais de réparation, si ce n'est pour la partie supérieure à la hauteur légale : tel est l'avis de jurisconsultes éminents, notamment de Pardessus (n° 168), et, disons-le, la Coutume de Paris est conforme à cette opinion ; cependant il existe des jugements contraires; ainsi la cour de Toulouse (7 janvier 1834) a jugé que dans les villes et faubourgs, comme à la campagne, on peut se dispenser de contribuer à la construction ou réparation d'un mur mitoyen, en renonçant à la mitoyenneté. — L'abandon n'est censé fait que sous la condition expresse que le mur sera refait ou réparé, et si, par hasard, le voisin n'exécutait pas les travaux nécessaires et laissait tomber le mur en ruine, les matériaux et le sol doivent être partagés par moitié par droit de mitoyenneté. (Duranton, t. 5, n° 320; Toullier, t. 3, n° 220.) Du reste, l'abandon n'ôte pas le droit d'acquérir ultérieurement la mitoyenneté d'un mur en se conformant à l'article 661 ainsi conçu : « Tout propriétaire joignant un mur a de même la faculté de le rendre mitoyen, en tout ou en partie, en remboursant au maître du mur la moitié de sa valeur, ou la moitié de la valeur de la portion qu'il veut rendre mitoyenne et moitié de la valeur du sol sur lequel le mur est bâti. »

DU PAN DE BOIS. — Le *Manuel des lois du bâtiment*, élaboré par la Société centrale des architectes, nous dit (page 36) (1) « qu'on ne doit pas faire en pan de bois la clôture séparative entre deux bâtiments. La sûreté publique y est un premier obstacle, et le droit qu'a tout voisin d'acheter une mitoyenneté en serait gêné, puisqu'il ne pourrait s'en servir dans cet état, pour le cas où il voudrait y adosser des cheminées. Si un pan de bois existe dans une ancienne construction, l'un des deux voisins peut toujours le faire considérer comme n'étant pas bon pour lui. Si le pan de bois est en mauvais état, il sera remplacé par un mur construit à frais communs. S'il ne porte aucune charge et que l'un des voisins ne veuille pas augmenter son épaisseur, le mur pourra être en briques ou matériaux équivalents de l'épaisseur qu'avait le pan de bois. » Nous pensons que toutes ces énonciations ne sont pas justes. 1° Aucune loi, aucun usage, aucune coutume n'interdit le pan de bois comme clôture, comme mur mitoyen, les auteurs du Manuel le savent fort bien, puisqu'il est dit (page 35 du même petit volume), et nous partageons cet avis (voy. ci-dessus) : « Ni le Code ni la Coutume de Paris ne spécifient aucune mesure pour l'épaisseur du mur mitoyen ; on peut donc le faire aussi mince que l'on veut, pourvu qu'il réponde d'ailleurs aux règles de la solidité pour une pareille construction, et pour l'usage commun des deux propriétés. » Donc nous pouvons conclure de cette citation qu'on peut construire le mur mitoyen en pan

de bois, construction « qui peut répondre aux règles de la solidité » et satisfaire à l'usage commun des deux propriétés. 2° Rien n'oblige un propriétaire à remplacer un pan de bois en mauvais état par un mur d'un autre genre, comme semblent l'insinuer les auteurs du Manuel ; au contraire, nous voyons dans Dalloz (*Dict. de Jurispr.*, t. 5, p. 359) : « D'abord l'art. 655 du Code civil ne s'applique pas au pan de bois servant de clôture ou séparation entre deux maisons; par suite, et s'il y a lieu de remplacer le pan de bois, l'un des propriétaires ne peut exiger qu'il le soit par un mur ; il peut l'être par un autre pan de bois. — (5 déc. 1832. Req. Metz. Schneider. D. P. 33, 1, 100.) » — Pour ce qui est du remplacement du pan de bois, les auteurs du Manuel nous informent que « le propriétaire qui voudrait employer d'autres matériaux, exigeant une plus grande épaisseur, serait obligé de prendre la différence d'épaisseur de son côté sans changer la ligne mitoyenne. » Ceci est fort juste et nous partageons cet avis, confirmé, du reste, par un arrêt de la cour d'appel de Paris en date du 23 fév. 1867 (affaire Pollac et Petit). Mais nous ne pouvons partager l'avis suivant, qui est ainsi formulé : « Quand même le pan de bois serait bon, l'un des propriétaires a toujours le droit de le remplacer par un mur, mais construit à ses frais, et dont le parement du côté du voisin sera toujours la même ligne que le parement du pan de bois. » Nous pensons que le propriétaire qui, par un caprice ou même par un besoin justifié, veut remplacer un pan de bois qui est bon par un mur, non-seulement doit payer les frais de construction, mais devra une indemnité à son voisin pour le dérangement ou le dommage qu'il pourra lui causer. Au surplus, admettons pour un instant que les auteurs du Manuel aient raison, mais ils auraient dû, au moins, appuyer une pareille affirmation sur des faits, sur une jurisprudence, sur une coutume quelconque. Ils ont négligé de le faire, parce qu'ils n'ont émis certainement cette idée que par une intuition purement sentimentale, ce qui n'est pas suffisant, pensons-nous, pour faire jurisprudence.

DROITS RÉSULTANT DE LA MITOYENNETÉ. — De l'article 657 du Code civil il résulte

---

(1) Nous n'entendons parler ici que de la 1re édition car la seconde, sous presse depuis longtemps, n'a pas encore paru aujourd'hui (décembre 1878).

que tout copropriétaire d'un mur mitoyen a le droit de bâtir contre ce mur, d'y faire placer des poutres ou solives jusqu'à une certaine profondeur, sauf au voisin à les faire réduire à l'ébauchoir jusque dans le milieu du mur, si toutefois cela lui est nécessaire pour certains travaux. A plus forte raison a-t-il le droit d'y adosser un hangar, un pressoir, ou autres constructions légères analogues. Mais on ne peut pratiquer des ouvertures ou fenêtres, des saillies, des corniches du côté du voisin, ni y placer des tuyaux de cheminées ou de poêles, ni y adosser des fumiers, des bois et autres matières dont le contact serait nuisible au mur, et même on ne pourrait les y placer avec toutes les précautions convenables, si elles pouvaient aider à passer chez le voisin ou à voir chez lui ce qui s'y passe. (Toullier, t. 3, n° 212; Pardessus, n° 171.) — Pour les travaux considérables, il est nécessaire de s'entendre avec le voisin; mais pour des travaux secondaires, on peut les exécuter sans avoir à l'en informer. Un arrêt de la cour de Metz, en date du 25 avril 1863, a décidé qu'on peut se passer du consentement du voisin quand il s'agit d'appliquer contre le mur mitoyen des objets mobiliers, tels que potences, consoles, etc., pour soutenir des planches et des étagères, quand ces objets sont installés pour le service d'un magasin, etc. Un arrêt de la cour de Rennes, en date du 20 fév. 1811, a jugé que chaque propriétaire d'un mur mitoyen peut s'en servir à sa volonté, pourvu qu'il n'y occasionne aucune dégradation. Ce même arrêt édicte que l'on peut fixer à un mur mitoyen une enseigne volante, un placard en fer dont le bruit peut même gêner les voisins.

DE L'EXHAUSSEMENT DU MUR MITOYEN. — Tout copropriétaire peut faire exhausser le mur mitoyen; mais il doit payer seul la dépense de l'exhaussement, les réparations d'entretien au-dessus de la hauteur de clôture commune et en outre l'indemnité de la surcharge et suivant la valeur à dire d'experts (art. 658, *Code civil*). — Le Code civil ne fixe pas l'indemnité de cette surcharge, mais la Coutume de Paris (art. 197) (1) la fixe à raison du sixième de l'exhaussement, et dès lors les experts font l'évaluation suivant les circonstances. — Le droit d'exhausser n'est pas restreint au cas où celui qui exhausse veut bâtir; d'autres motifs peuvent déterminer un copropriétaire à surélever le mur mitoyen, par exemple dans le but d'empêcher le voisin d'avoir vue sur sa propriété; et ce dernier ne serait pas recevable dans sa plainte de ce que l'élévation obscurcirait sa cour ou sa maison, ou causerait dans celle-ci de l'humidité. (Toullier, n° 202 et 534.) — La Coutume de Paris consacre la jurisprudence ci-dessus; nous allons donner l'article 195 de cette coutume, ainsi que le commentaire 2 qui l'accompagne.

Il est loisible à un voisin de hausser à ses dépens le mur mitoyen d'entre lui et son voisin, si haut que bon lui semble, sans le consentement de son voisin, s'il n'y a titre contraire, en payant les charges; pourvu toutefois que le mur soit suffisant pour porter le surhaussement : et s'il n'est pas suffisant, il faut que celui qui veut rehausser le fasse fortifier, et se doit prendre la plus forte épaisseur de son côté.

Comment. 2. — Presque tous les commentateurs sur la Coutume sont d'avis que l'on doit admettre de l'exception à ce qu'il est dit à cet article 195, *qu'il est loisible*, etc., et ils disent qu'il faut entendre : Pourvu que ce soit pour son utilité, et non à dessein prémédité de nuire à son voisin, en lui ôtant l'air et la lumière. Par exemple, si une maison avait une petite cour, séparée de l'héritage voisin par un mur de clôture, et que cette maison ne pût avoir d'air et de jour que par le dessus de ce mur de clôture, l'on pourrait empêcher de le hausser de façon que la maison en fût obscurcie et les logements rendus inhabitables, sans en tirer d'autre utilité que le plaisir mauvais de nuire et faire tort au propriétaire de la maison. Ils rapportent un arrêt du 4 février 1559, par lequel il a été jugé que le mur qu'un voisin avait fait élever si haut, que la maison de l'autre voisin en était obscurcie et rendue inhabitable, serait abaissé à une certaine hauteur réglée par l'arrêt, dont les auteurs ne font pas mention et ne marquent pas les mesures. Mais supposé qu'il y eût à craindre que l'on ne passât de la maison par-dessus le mur pour entrer dans

---

(1) Les charges sont de payer et rembourser pour ce- lui qui se loge et héberge contre et dessus un mur mitoyen, de six toises l'une, de ce qui sera bâti au-dessus de dix pieds.

l'héritage voisin, on le pourrait élever de quelque chose de plus haut que la hauteur réglée par la Coutume pour les murs de clôture, comme de quinze à dix-huit pieds. Mais si le rehaussement du mur était absolument nécessaire au voisin pour y adosser un bâtiment, celui dont la maison en serait obscurcie ne l'en pourrait pas empêcher (p. 168 et 169).

Celui qui exhausse ne doit aucune indemnité au voisin pour les embarras que peut lui causer l'exhaussement, mais seulement pour les dégradations et détériorations irréparables. (Cour de Paris, 4 mai 1813.) — De ce qu'un mur mitoyen a été construit par un individu qui avait la propriété des deux maisons que sépare ce mur, il ne s'ensuit pas une destination du père de famille, qui empêche qu'après la vente de ces maisons à deux acquéreurs, l'un d'eux puisse user de la faculté d'exhausser. (Cour de Metz, 12 juin 1807.) — Si la solidité d'un mur mitoyen est insuffisante, tous les frais de reconstruction totale sont d'après l'art. 659 du Code civil à la charge de celui qui veut exhausser, ainsi que l'obligation de prendre sur le terrain lui appartenant l'excédant d'épaisseur nécessaire. — Mais si, indépendamment du projet d'exhaussement, le mur n'était pas assez solide pour supporter ledit exhaussement, la réparation ou construction pourrait suivant les cas être réglée de plusieurs manières: 1° si le mur était suffisant au copropriétaire qui ne demande pas l'exhaussement, le voisin paye tous les frais; 2° si le copropriétaire ne voulant pas l'exhaussement devait être, par suite de l'état de vétusté du mur, obligé de le reconstruire dans un avenir prochain, la reconstruction serait à frais communs, mais seulement dans la proportion de ce qui serait nécessaire pour rétablir la partie mitoyenne, le surplus, c'est-à-dire l'exhaussement devrait être fait aux frais de celui qui l'a demandé. Les étayements et déplacements quelconques adossés ou appuyés contre le mur mitoyen, les frais d'expertises et autres dépenses secondaires sont supportés par celui qui fait exhausser, mais il ne peut pas être rendu responsable de la perte ou détérioration des ornements décoratifs ou embellissements exécutés sur le mur, le voisin connaissant parfaitement la fa-

culté que la loi conférait à son voisin de surélever le mur.(Toullier, t. 3, n° 208; Pardessus, n° 174; Duranton, t. 5, n° 331.) — La partie exhaussée est la propriété exclusive de celui qui a fait l'exhaussement; aussi l'entretien est à la charge de ce dernier; mais le voisin peut acquérir la mitoyenneté de l'exhaussement, alors même qu'il n'a aucun projet de construction en vue d'utiliser le mur, et seulement dans le but de faire fermer les jours de souffrance pratiqués dans le mur avant qu'il devînt mitoyen. Si le voisin achète, il doit payer non seulement la moitié des frais nécessités par l'exhaussement du mur, mais encore la moitié du sol fourni pour l'excédant d'épaisseur, si cette fourniture a eu lieu. (Code civil, 668, 675.) — Enfin Toullier (n° 211) prétend que celui qui exhausse doit tenir compte au voisin des indemnités que les travaux d'exhaussement ont forcé celui-ci à payer à ses locataires; Duranton est d'un avis contraire; le *Manuel des lois du bâtiment* dit à cet égard:

Il n'est dû aucune indemnité aux occupants pour les dommages et incommodités qui dérivent directement du fait même de la reconstruction, pourvu que les travaux ne durent pas plus de quarante jours, par la raison que les travaux à faire à un mur mitoyen, soit qu'on le reconstruise en entier ou en partie, et dans le cas où ces travaux sont autorisés par la loi, constituent un sinistre commun qui a dû entrer dans les prévisions du preneur aussi bien que dans celles du bailleur. Le preneur peut demander la résiliation de son bail, si les travaux sont de nature à rendre l'exercice de son industrie impossible; il ne peut plus, lorsqu'il n'a pas usé de cette faculté, réclamer qu'une diminution de loyer conformément à l'article 724 du Code civil.

DE LA MITOYENNETÉ ENTRE LES PROPRIÉTAIRES DES DIVERS ÉTAGES D'UNE MAISON. — L'article 664 du Code civil nous dit à ce sujet: « Lorsque les différents étages d'une maison appartiennent à divers propriétaires, si les titres de propriété ne règlent pas le mode de réparation et reconstruction, elles doivent être faites ainsi qu'il suit: Les gros murs et le toit sont à la charge de tous les propriétaires, chacun en proportion de la valeur de l'étage qui lui appartient. — Le propriétaire de chaque étage fait le plancher sur lequel il marche

— Le propriétaire du premier étage fait l'escalier qui y conduit; le propriétaire du second étage fait, à partir du premier, l'escalier qui conduit chez lui, et ainsi de suite. »

La contribution de chaque propriétaire s'établit bien sur la valeur de chacun proportionnellement à toute la maison; mais, d'après Toullier (n° 223), l'estimation ne doit pas comprendre les embellissements, tels que lambris, parquets, plafonds, dorures, etc.; on ne doit avoir égard qu'à la dimension de la pièce et de son utilité. — Le plafond, d'après Duranton (n° 344), ne fait pas partie du plancher dont parle la loi; la dépense en est à la charge du propriétaire de l'étage qui en jouit, à moins qu'il ne fût dégradé par le propriétaire de l'étage supérieur, qui devrait alors supporter les frais de réparation. — Le propriétaire du grenier est tenu d'en entretenir le plancher; mais si, entre le dernier étage et le toit, il n'y a pas de grenier, le plancher est considéré comme faisant partie du toit et entretenu à frais communs. (Lepage, t. 1er, p. 111.) — La réparation d'un gros mur est à la charge de tous, alors même qu'elle aurait lieu à un seul étage, car elle est utile à tous. (Id., ibid., p. 109.) — Il faut comprendre parmi les gros murs les murs de clôture des bâtiments; ils servent à la sûreté de tous les étages et sont par conséquent communs entre les différents propriétaires. Les règles prescrites pour les étages au-dessus du sol s'appliquent aux étages de caves : ainsi les propriétaires des caves contribuent aux réparations ou reconstructions des gros murs, chacun en proportion de la valeur de sa cave; le propriétaire du rez-de-chaussée entretient la voûte de la première cave, le propriétaire de cette cave entretient la voûte de la seconde, le propriétaire de la première cave est chargé de l'escalier qui y conduit, et ainsi de suite. Mais nous devons ajouter qu'à propos des voûtes de caves les jurisconsultes sont divisés. Ainsi ce que nous venons de dire ci-dessus à ce sujet est l'opinion de Lepage (t. 1er, p. 112). Duranton (t. 5, n° 342) paraît partager l'avis de Lepage, quand il dit « que les voûtes de caves doivent être regardées comme le plancher sur lequel marche le propriétaire du rez-de-chaussée, et qu'ainsi celui-ci doit à lui seul en

supporter la réparation. » Delvincourt, lui, (t. 1er, p. 385) est d'un avis contraire; il pense qu'à défaut de titres les divers propriétaires doivent contribuer aux réparations et reconstructions des digues, des voûtes, des murs de caves, et en un mot de tous les objets nécessaires à la solidité ou servant à la commodité de tout l'édifice. Pardessus (n° 193) considère aussi l'entretien de la voûte de la cave comme une charge commune. Comme on le voit, la question est controversée; il ne peut en être autrement, car de prime abord il semble que le propriétaire du rez-de-chaussée, qui se sert comme de plancher des voûtes de caves, doit avoir la charge de l'entretien; d'un autre côté, on considère que les caves font partie du gros œuvre de l'édifice, qu'elles le réconfortent et le consolident, et dès lors ceux qui professent cette opinion demandent que les voûtes de caves soient considérées comme gros murs et comme étant d'une utilité générale à tous les copropriétaires de l'immeuble. — Pour nous, nous nous déclarons d'un avis complètement opposé; nous pensons que l'entretien des voûtes incombe à ceux qui marchent dessus, et voici pourquoi : cette charge, qui paraît onéreuse de prime abord en théorie, ne l'est pas dans le fait, dans la pratique, parce que les voûtes de caves, solides et résistantes, font un bien plus long usage qu'un plancher, dont les bois peuvent pourrir par diverses causes et quelquefois dans un délai rapproché. Nous concluons donc que les voûtes doivent être assimilées aux planchers des divers étages; car, en supposant même que des propriétaires soient obligés de les refaire, les délais qui séparent leur reconstruction ou leur réparation sont tellement éloignés les uns des autres qu'ils ne grèvent pas plus cette propriété que celle d'un étage quelconque; et quand bien même cette charge serait plus lourde pour son propriétaire, la jurisprudence n'a pas à intervenir pour dégrever celui-ci, car dans l'espèce l'article 664 du Code civil établit entre les divers propriétaires de l'immeuble une servitude réciproque plutôt qu'une société ou propriété commune. Ainsi l'a décidé la cour de Grenoble (15 juin 1832), et c'est tellement vrai que le propriétaire de chaque étage peut apporter chez lui toutes les innovations qu'il lui plaît, pourvu qu'il n'en résulte aucun préjudice pour ses copropriétaires et qu'ils ne changent en rien la destination de la chose commune. Bien plus, un arrêt de la cour de Grenoble, en date du 12 août 1828, a décidé que le propriétaire d'un troisième étage et d'un galetas pouvait exhausser le toit commun, tant que cela ne produit aucune surcharge et ne porte par conséquent aucun préjudice aux copropriétaires. — Pardessus (n° 193), s'autorisant de ce que le plancher n'est à la charge que de celui qui marche dessus, conclut que le propriétaire du rez-de-chaussée n'est tenu d'aucune dépense d'entretien pour cet objet. Quant au propriétaire du dernier étage (Pardessus, *ibid.* et Paillet, sur l'art. 664), il doit, outre l'entretien du plancher sur lequel il marche, celui du plancher du grenier, s'il en jouit seul ; si le grenier sert à plusieurs ou à tous, la réparation du plancher est réglée proportionnellement entre les copropriétaires.

DES ENTAILLES ET AUTRES TRAVAUX ANALOGUES. — On ne peut, sans le consentement du voisin, pratiquer dans le mur mitoyen des entailles longitudinales ou verticales, pour y pratiquer des placards, des armoires, ou pour y encastrer un objet quelconque ; du reste, on ne doit pas pratiquer dans le mur des vides ou solutions de continuité, car de pareils travaux de la part des deux voisins ne tendraient à rien moins qu'à faire cesser toute séparation entre lesdits voisins, ensuite à compromettre la solidité du mur. Demolombe, au contraire (t. II, n° 411), pense que l'on peut pratiquer des enfoncements, en tant qu'ils ne peuvent causer un préjudice au voisin. Ce jurisconsulte se fonde, sans doute, sur l'article 662 du Code civil, ainsi conçu : « L'un des voisins ne peut pratiquer dans le corps du mur mitoyen aucun enfoncement, ni y appliquer ou appuyer aucun ouvrage sans le consentement de l'autre, ou sans avoir à son refus fait régler par experts les moyens nécessaires pour que le nouvel ouvrage ne soit pas nuisible aux droits de l'autre. » C'est sans doute en s'appuyant sur cet article que les copropriétaires d'un mur mitoyen ont la faculté de loger dans l'épaisseur de ce mur les tuyaux de cheminée, et qu'au cas d'acquisition de la mi-

toyenneté l'acquéreur ne peut en exiger la suppression. (Cour de Bourges, 19 fév. 1872 ; cour de Poitiers, 28 déc. 1841.) Pardessus (n° 172) est beaucoup plus affirmatif encore : « Il n'est permis, dit-il, à aucun des copropriétaires du mur mitoyen de creuser dans son épaisseur une armoire ou une niche, ni d'y construire une cheminée, puisqu'il serait impossible que chacun en fît autant de son côté dans le même endroit du mur. »

Le préfet de la Seine, se servant de ce même article 662, a, par un arrêté en date du 8 août 1874, interdit d'une façon formelle la construction des tuyaux de cheminée dans l'épaisseur des murs mitoyens. A Paris surtout, où l'on profite du terrain à un point extrême, cette mesure a considérablement gêné les constructeurs, et nous nous demandons si le préfet de la Seine, dans une intention louable peut-être, n'a pas outrepassé ses droits en imposant un règlement si vexatoire, que journellement les copropriétaires de murs mitoyens n'en tiennent pas compte. Espérons que cet arrêté tombera en désuétude et qu'il ne causera plus d'entraves aux constructeurs, qui, du reste, s'entendaient fort bien et s'entendent encore pour s'accorder réciproquement ce service, si ce n'est ce droit.

Celui qui achète la mitoyenneté d'un mur ne peut exiger la suppression des ouvrages existant sur ou dans le mur, à moins toutefois qu'ils soient incompatibles, c'est-à-dire en opposition avec l'objet de la mitoyenneté. Ainsi un copropriétaire ne serait pas admissible dans sa demande tendant à provoquer la suppression de tuyaux de cheminée incorporés dans le mur, lesquels existaient avant la manifestation de la volonté d'acquérir ; ainsi jugé. (Cour de Bourges, 19 fév. 1872.)

DES FONDATIONS DANS LES MURS MITOYENS. — De même qu'on a le droit d'exhausser le mur mitoyen (voy. ci-dessus, p. 222), on a également le droit d'en descendre la profondeur, afin de construire des caves ou pour toutes autres raisons ; mais, comme le dit Pardessus (n° 17), en prenant toutes les précautions nécessaires pour que les travaux ne causent aucun dommage à autrui. — Bien plus, on a le droit de descendre les murs en fondation autant qu'on le voudra, quand bien même ces fondations viendraient à couper les eaux d'un puits et en détourner les sources. (Voy. Puits.) — Les règles d'après lesquelles s'acquiert la mitoyenneté de l'exhaussement sont applicables aussi à la partie des fondations qui excède la profondeur ordinaire. (Desgodets, art. 194, n°s 19 et 20 ; Frémy-Ligneville, p. 46, n° 251 ; Pardessus, t. Ier, n° 175 ; Demolombe, t. 11, n° 409 ; Delv., t. Ier, p. 161, note 12.)

Mais si les fondations sont plus larges et plus profondes que d'usage, l'acquéreur de la mitoyenneté ne serait tenu que de payer les fondations d'un mur ordinaire, et il ne paierait la valeur totale de celles-ci qu'autant qu'il voudrait à son tour y adosser les mêmes constructions que son voisin. — Pour d'autres détails, voy. Abandon, Cloture, Haie, Jambe, Jour, Vue, Contre-mur, Mur, Puits, Exhaussement, etc.

MITOYENNETÉ, s. f. — Qualité de ce qui est mitoyen. Un mur, un puits, un fossé, peuvent être mitoyens. — Droit de copropriété que possèdent deux voisins sur l'un ou plusieurs de ces objets. La mitoyenneté existe par moitié sur la totalité ou sur une partie de l'objet placé entre les deux héritages. — Voy. l'article ci-dessus, Mitoyen (Mur).

MITRAILLE, s. f. — Débris ou petits morceaux de laiton fin dont on se sert pour souder à la brasure des pièces de fer.

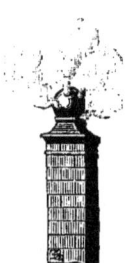

Fig. 1. — Mitre imaginée par Serlio.

MITRE, s. f. — Appareil fait à l'aide de différentes matières, mais surtout en terre cuite, que l'on place comme couronnement au-dessus des tuyaux de fumée. Ces appareils sont généralement construits de façon à empêcher la pluie de pénétrer dans les conduits de la fu

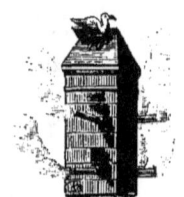

Fig. 2. — Mitre imaginée par Cardan.

mée, ou le vent de refouler la fumée dans ces mêmes conduits. Pendant le moyen âge, la renaissance et à l'époque actuelle, on a fait

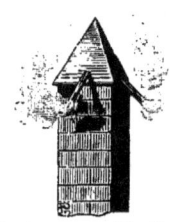

Fig. 3. — Mitre imaginée par Léon Baptista Alberti.

des mitres dans des proportions plus ou moins considérables, soit qu'on les ait taillées dans la pierre, soit qu'on ait utilisé pour cel

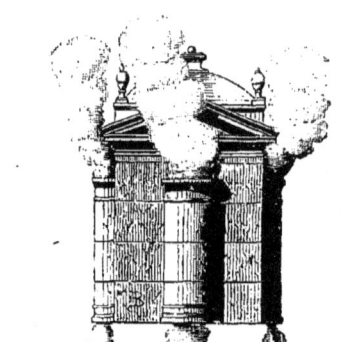

Fig. 4. — Mitre imaginée par Philibert Delorme. (1er type).

les-ci des terres cuites vernissées. Les mitres affectent toutes sortes de formes, elles sont à base rectangulaire, carrée, ovale, et le plus communément cylindrique; on les pose sur les souches de cheminée. Nos sept figures représentent divers genres de mitres, dont les légendes expliquent la provenance. Pour d'autres

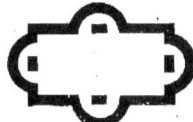

Fig. 5. — Plan de la figure 4.

types, le lecteur pourra consulter notre *Traité complet du chauffage et de la ventilation.* Quand elles ne sont formées que d'un bout de tuyau de

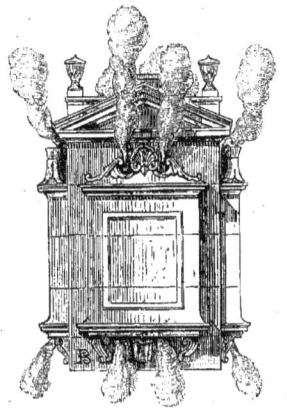

Fig. 6. — Mitre imaginée par Philibert Delorme (2e type).

terre cuite cylindrique, on les coiffe de divers appareils en tôle, afin de diriger la fumée suivant le courant du vent, ce qui augmente le tirage de la cheminée. Ces appareils, ordinai-

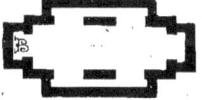

Fig. 7. — Plan de la figure 6.

rement en tôle, se nomment *abat-vent, aspirateurs, capotes, cauchoises, champignons, fumivores, lanternes, lanternons,* etc. L'industrie en fabrique et en fait breveter chaque année

un très-grand nombre de modèles. — Les paveurs nomment *mitre* un pavé triangulaire sur deux parements parallèles (face et dessous); ils placent ce pavé au point d'intersection où deux ruisseaux se réunissent en un seul.

MITRE (Arc en). — Voy. ARC ANGULAIRE ou EN FRONTON.

MITRON, *s. m.* — Petite mitre de forme cylindrique, beaucoup plus petite que les mitres ordinaires, carrées, rectangulaires ou cylindriques. Les mitrons ont quelquefois leur base carrée et le corps du tuyau cylindrique.

MIXTILIGNE, *adj.* — Terme de géométrie. *Figures mixtilignes,* figures terminées en partie par des lignes droites et en partie par des lignes courbes. On nomme *triangle mixtiligne,* un triangle formé de lignes droites et de lignes courbes, soit deux droites et une courbe, soit inversement.

MIXTION, *s. f.* — Genre de mordant qui sert à fixer l'or à l'huile. Pour dorer, on étale la mixtion sur la teinte une fois qu'elle est assez durcie; et, avant que la mixtion ne soit entièrement sèche, on y applique l'or. Ces sortes de mordants s'obtiennent à l'aide de diverses substances; l'un d'eux se fait avec de l'essence, des résines et du vermillon, le tout détrempé dans un cinquième en poids d'huile grasse; un deuxième procédé consiste à dissoudre dans l'essence de l'ambre jaune ordinaire, du mastic en larmes et du bitume, dans moitié en poids d'huile grasse; enfin, beaucoup de peintres font de la mixtion en détrempant dans de l'huile grasse les substances déposées au fond du PINCELIER. (Voy. ce mot.)

MOBILE, *adj.* — Qui se meut ou qui peut être mu. — En technologie, ce mot s'applique surtout à la menuiserie. On donne le nom de *menuiserie mobile* à celle qui n'est pas complétement fixe, telle que portes, fenêtres, guichets, etc. Par assimilation, comme on exécute aujourd'hui beaucoup de travaux en fer qu'on faisait autrefois en bois, il existe une partie de serrurerie dite *mobile* : les volets, les persiennes en fer, etc.; les grandes lames ou plaques de tôle qui ferment les boutiques, sont nommées *fermetures mobiles*.

MOBILIER, ÈRE, *adj.* — Terme de jurisprudence. Qui est de la nature des meubles. Biens mobiliers; actions mobilières, droit mobilier, vente mobilière, saisie mobilière, etc. (Voy. IMMEUBLES.) Pris substantivement, ce terme sert à désigner l'ensemble des meubles qui garnissent un appartement.

MODELAGE, *s. m.* — Terme de sculpture. — Action de modeler, opération de celui qui modèle; c'est aussi le résultat de ce travail; par exemple, on dit : ces sculptures sont d'un beau modelage, d'un modelage large et magnifique, etc.

MODÈLE, *s. m.* — Objet qu'on copie, qu'on cherche à imiter : *modèle de dessin*, estampe, plâtre, figure, représentation quelconque qui sert à apprendre à dessiner ; *modèle d'architecture*, etc. — C'est aussi le nom qu'on donne à l'exécution en relief, mais sur une échelle réduite (généralement 1 centimètre par mètre), d'un monument ou d'une portion de monument, projeté ou exécuté, pour en faire saisir plus facilement l'ensemble. On fait généralement les modèles en relief, en plâtre, en bois tendre, en liége, etc. — A l'École des beaux-arts de Paris, il y a des modèles exécutés en liége par un antiquaire de Nîmes, A. Pelet; ces reliefs représentent certains monuments romains du midi de la France. — L'usage des modèles, pour se rendre compte des édifices à construire, était autrefois très-répandu chez nous; cet usage s'est conservé en Angleterre, en Allemagne, dans certaines villes d'Italie. A l'exposition universelle de Paris en 1878, nous avons vu beaucoup de modèles de monuments français et étrangers.

Les sculpteurs exécutent leurs modèles en terre glaise qu'ils coulent ensuite en plâtre, aussitôt qu'ils sont reconnus suffisamment achevés. Ces moulages servent pour l'exécution définitive. Quand il ne s'agit que de faire la copie d'une sculpture à reproduire, on obtient le modèle en moulant ou en estampant le type à reproduire. — Pour les membres et les grandes

lignes d'architecture, les chapiteaux de colonnes ou de pilastres, les chambranles ornés, les frontons décorés de sculptures, enfin pour tous les ouvrages ayant une certaine importance et sur l'effet desquels on veut compter, on exécute des modèles à une grande échelle et souvent grandeur d'exécution. On les pose à la place définitive qu'ils doivent occuper, et on se rend ainsi compte de l'effet que ces motifs produiront, une fois exécutés. — Les serruriers, les bronziers, les menuisiers font aussi des modèles pour des travaux exceptionnels.

MODELÉ, *s. m.* — Terme de peinture et de sculpture. Représentation, imitation des formes. Un beau modelé, un modelé remarquable de finesse et de bon goût, etc.

MODELER, *v. a.* — Terme de peinture et de sculpture. Dans le premier de ces arts, c'est rendre, par la science du clair-obscur, les reliefs des figures, les méplats et les saillies du système musculaire.

En sculpture, c'est représenter, à l'aide de la terre glaise, de la cire, etc., un modèle. On dit aussi *modeler la glaise*, pour travailler un modèle dans cette matière. Enfin, on emploie improprement ce terme comme synonyme de *tirer en creux, faire des moules ;* or ces opérations se nomment MOULER. (Voy. ce mot.)

MODELEUR, *s. m.* — Celui qui modèle. Les peintres et les sculpteurs modèlent; mais ce terme s'applique surtout au sculpteur qui exécute des modèles avec de la terre glaise.

MODÉNATURE, *s. f.* — Proportion et galbe des moulures d'une corniche. Une bonne modénature donne un excellent caractère aux ordres d'architecture. Ce terme est dérivé de l'italien *modanatura*.

MODERNE, *adj.* — Qui est des derniers temps. Le *style moderne* signifie le style de nos jours, en opposition à *style ancien*. Les artistes de *l'école moderne*, signifie les artistes presque contemporains.

MODERNER, *v. a.* — Rendre moderne.

On moderne un édifice pour le faire servir à des usages nouveaux. Ce terme s'emploie aussi dans ce sens pour dire, restaurer un ancien édifice pour le rendre moderne. (Voy. le terme suivant.)

MODERNISER, *v. a.* — Donner une tournure moderne à un objet ancien. Moderniser l'intérieur d'un édifice, c'est le distribuer de façon que cette distribution semble faite dans le dernier goût.

MODERNISTE, *s. m.* — Celui qui estime les œuvres d'art modernes plus que celles de l'antiquité; d'où l'expression *modernité*, qui sert à désigner ce qui possède la qualité d'être moderne.

MODIFIER, *v. a.* — Changer, disposer d'une autre façon. On reproche aux architectes de *modifier* leurs plans, d'y apporter de graves *modifications;* ce qui souvent est chose utile. Il n'y a guère que les gens sans talent qui sont toujours heureux et satisfaits de leur idée première, mais l'artiste consciencieux *polit et repolit sans cesse* son travail. Plus on modifie ses plans sur le papier, moins on a à les retoucher à l'exécution.

MODILLON, *s. m.* — Ce terme, qui nous vient de l'italien *modiglione*, sert à désigner un ornement en forme de console renversée qu'on retrouve sous les larmiers des corniches

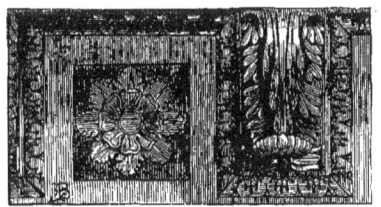

Fig. 1. — Modillon du temple de Mars Vengeur, à Rome (plan).

corinthiennes et composites. Suivant la richesse de l'ordre à la décoration duquel ils concourent, les modillons sont plus ou moins riches, plus ou moins ornés. Comme nous ve-

nons de le dire, les modillons affectent généralement la forme d'une console renversée; mais l'enroulement est plus ou moins découpé. Dans les monuments de la belle époque, dans

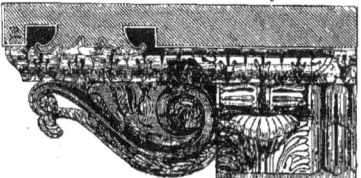

Fig. 2. — Modillon du temple de Mars Vengeur (élévation).

lesquels la sculpture est si richement fouillée, les modillons sont entièrement ajourés. Nos

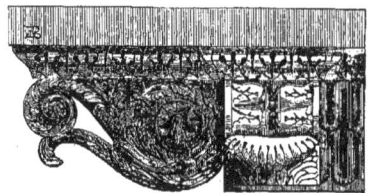

Fig. 3. — Modillon du temple du forum de Nerva.

figures 1 et 2 montrent en plan et en élévation un modillon du temple de Mars Vengeur, à

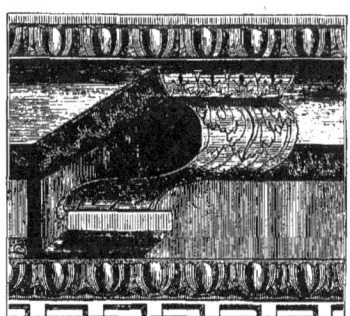

Fig. 4. — Modillon du temple romain de Nîmes.

Rome; notre figure 3, un modillon du temple du forum de Nerva. Comme le montrent nos figures, le grand enroulement est appliqué sur le mur, tandis que la partie qui va en s'amincissant regarde le spectateur. Au temple romain de Nîmes, qu'on nomme vulgairement la *Maison Carrée*, la corniche possède un modillon posé à contre-sens (fig. 4). Nous pensons que c'est

corniche du temple de Nîmes, qu'on nomme vulgairement la *Maison Carrée*. On appelle ces *modillons*, des *modillons à contre-sens*. »

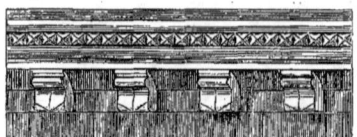

Fig. 5. — Corniche romaine avec modillons.

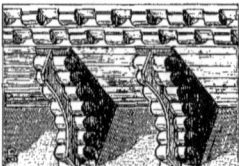

Fig. 8. — Modillon arabe.

un exemple unique; nous avons vu à peu près tous les principaux monuments romains de l'Europe et une partie de ceux de l'Afrique, et jamais nous n'avons rencontré de modillons

— Si nous en jugeons d'après Vitruve (IV, 2, 3 et 5), ce terme n'aurait pas existé dans la

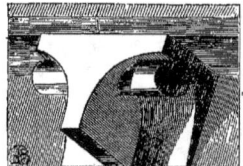

Fig. 6. — Modillon roman.

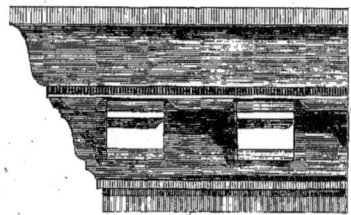

Fig. 9. — Corniche romaine à modillons.

ainsi disposés. Cependant il semblerait, d'après Quatremère de Quincy (*Dict. d'arch.*, v° *Modillon*) que cette manière de disposer ces modillons constitue un genre; mais le savant au-

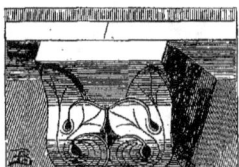

Fig. 7. — Modillon roman.

teur ne nous cite pas d'autre monument que celui de Nîmes où l'on pourrait voir un autre spécimen de ce genre. « Quelquefois, dit-il, on en a disposé (des modillons) ce qu'il faut appeler à *contre-sens*, c'est-à-dire qu'on a placé le modillon de manière que la console qui en forme le corps présente de front son grand enroulement. Cela se voit ainsi à la

latinité, car cet auteur ne parle jamais que des mutules (*mutuli*) ou des *denticules* (*denticuli*) (ID., *ibid.*, et III, 5, 11). Dans l'antiquité, on aurait donc considéré ce que nous nommons *modillons* comme de forts denticules. Du reste, ils figuraient dans la construction la même fonction, c'est-à-dire qu'ils représentaient les têtes de chevrons (*asseres*) dans la charpente du toit. C'est pourquoi les modillons et les denticules ne devraient point figurer ensemble dans les rampants de fronton, et les denticules ne devraient pas non plus figurer sous des modillons, comme cela se voit dans beaucoup d'édifices anciens et modernes. (Voy. MUTULE et DENTICULE.) Dans l'architecture romane et ogivale, on nommait autrefois les modillons des *corbeaux;* mais aujourd'hui les architectes et les archéologues les nomment avec juste raison modillons, puisqu'ils remplissent la même fonction que ceux-ci, comme le montre notre figure 5, qui représente une corniche romaine ; nos figures 6, 7 et 8 font voir des modillons de formes et d'époques diverses dessinés d'après Batissier; enfin notre figure 9 montre un deuxième type de corniche romane à modillons qui proviennent de l'atrium de Lorsh. (Voy. Ordres.)

MODILLONS RAMPANTS. — Modillons qui sont d'équerre avec les corniches rampantes d'un fronton; ici les modillons figurent l'extrémité des pannes supportant les chevrons.

MODILLONS EN CONSOLE. — Ce sont des modillons peu saillants, mais très-hauts, qui coupent la frise, et dont l'enroulement inférieur se lie quelquefois à l'architrave; la Renaissance a souvent employé ce genre de modillon.

MODILLONNAIRE et MODILLONNÉ, adj. — Orné ou chargé de modillons. Ainsi on dit : ordre, architecture, façade modillonnaires ou modillonnés.

MODINATURE, s. f. — Ce terme, que nous avons vu seulement dans le Recueil d'antiquités de d'Hancarville (t. Ier, p. 175), est remplacé par Modénature. (Voy. ce mot.)

MODIOLAIRE, adj. — Qui a la forme d'un moyeu de roue.

MODIUS. s. m. — Sorte de boisseau, symbole d'abondance que certaines divinités portent sur la tête. La Diane d'Éphèse, Isis, Sérapis, portaient le modius. (Voy. Poids.)

MODULAIRE, adj. — Qui a rapport au module. — L'architecture modulaire est celle qui dérive des ordres grecs et romains qui ont le module comme règle ou canon.

MODULE, s. m. — Du latin modulus, mesure. — Unité de mesure adoptée par les architectes pour régler les différentes proportions d'un ordre d'architecture ou de tout un édifice. On peut choisir le module arbitrairement; mais de même que les peintres et les sculpteurs de l'antiquité paraissent avoir pris la tête de l'homme pour régler les proportions du corps humain, de même les architectes grecs prirent pour module une mesure inhé-

rente à l'architecture elle-même. Ils prirent donc pour module le demi-diamètre du fût de la colonne mesuré à la base de celle-ci. (Vitruve, V, 9, 3.) L'ordre toscan a 12 ou 14 modules de hauteur; le dorique, 13 à 14; l'ionique, 15 ou 16; le corinthien, 18 à 20. Le module se subdivise lui-même en 12 parties ou minutes pour le toscan et le dorique, et en 18 minutes pour les autres ordres. Certains architectes ont même porté ces subdivisions jusqu'à 28 et 30 minutes. (Voy. Ordres.) — On nomme encore module la mesure qui, dans l'antiquité, servait à apprécier la quantité d'eau fournie dans un temps donné par un aqueduc ou un château d'eau, et qui correspondait à ce que nous nommons pouce fontainier. (Front., de Aquæd., 34 et 36.)

MOELLON, s. m. — En général, on donne le nom de moellon à toute pierre de petite dimension, quelle que soit sa nature; mais on désigne plus particulièrement sous ce terme une pierre calcaire qu'on exploite dans les environs de Paris. Les moellons sont faits avec des débris ou des éclats de pierres de taille, ou avec des blocs défectueux. On fait également des moellons avec de la pierre de certaines carrières dont la hauteur de banc ne permet pas de tirer de la pierre de taille. Suivant leur nature, on divise les moellons : 1° en moellons de roche ou moellons durs ; on utilise ceux-ci pour les limousineries qui doivent présenter une grande résistance; 2° en moellons francs ou moyennement tendres; la qualité de ceux-ci les place entre les moellons de roche et les moellons tendres ; 3° enfin, en moellons tendres, avec lesquels on peut faire à peu de frais des parements parfaitement dressés, parce qu'au sortir de la carrière ces moellons se taillent avec une très-grande facilité. Ces deux derniers genres de matériaux servent à faire des murs de clôture, de refend ou de séparation ; ils sont extrêmement légers.

Sous le rapport de leur emploi, on divise les moellons en cinq classes : 1° les moellons bruts, c'est-à-dire ceux qu'on emploie tels qu'ils arrivent de la carrière et qui s'emploient pour blocages et grands massifs; — 2° les moellons ébousinés, ceux qui ont reçu une légère taille sur leurs lits et joints au moment même de leur emploi ; — 3° les *moellons smillés*, dont on a taillé les parements, les lits et joints d'une manière suffisante pour permettre de les employer dans les travaux apparents, mais d'une grande simplicité ; — 4° les *moellons piqués*, qui sont taillés régulièrement avec beaucoup de soin de manière à obtenir des arêtes vives ; — 5° les *moellons d'appareil*, qui sont parfaitement équarris et bien dressés sur toutes leurs faces, absolument comme de la pierre de taille et qu'on utilise au lieu et place de celle-ci, et dont on fait en outre des carreaux et carrotins, des sommiers de voûte, etc. — Les moellons trop petits pour être taillés sont employés comme GARNI (Voy. ce mot) à l'intérieur des murs et comme remplissage dans les reins de voûte. — On donne le nom de *moellon bloqué* à celui qui présente une masse informe incapable d'être régulièrement taillée ; dans les chantiers, les ouvriers le nomment *tête de chèvre ;* on ne peut l'employer qu'en le noyant dans du mortier, dans des maçonneries de blocage, de là son nom de *moellon bloqué*. Les ouvriers nomment *moellons blancs* de forts morceaux de plâtre qu'ils emploient par fraude et qu'ils font passer au lieu et place de vrais moellons. — Enfin on utilise aussi, dans les constructions, des moellons débités dans des pierres de taille provenant de matériaux de démolitions ; quand les pierres sont sèches et saines, elles fournissent d'excellents moellons.

MOELLONAILLE, *s. f.* — Moellons informes et de petite dimension provenant soit de débris de gros moellons, soit de la taille des pierres. On les emploie en massifs ou comme GARNI (Voy. ce mot) dans l'intérieur des murs.

MOELLONIER, *s. m.* — Coin dont on se sert pour diviser la pierre, pour faire du moellon.

MOELLONIÈRE, *s. f.* — Carrière de laquelle on extrait exclusivement du moellon. On donne le même nom à la voiture ou charrette affectée au transport du moellon de la carrière au chantier de construction.

MOFETTE, *s. f.* — Les ouvriers donnent ce nom aux gaz sulfureux et ammoniacaux qui se dégagent des fosses d'aisances. C'est, du reste, un terme de chimie ancienne qui servait à désigner tout gaz non respirable.

MOIE ou **MOYE**, *s. f.* — Partie tendre qui se trouve dans une pierre dure. Tantôt les moies se présentent sous la forme d'une poche, mais plus souvent en couche mince et ondulée suivant la direction du lit de carrière. On donne aussi ce nom à un tas de sable ou de sablon.

MOILETTE, *s. f.* — Outil en bois garni de feutre, employé par les miroitiers pour frotter les glaces.

MOINS-VALUE, *s. f.* — Ce terme est employé pour désigner une dépréciation, une diminution sur un objet, comme *plus-value* sert à désigner une augmentation. Les vérificateurs en réglant les mémoires baissent les prix de certains ouvrages, les frappent de *moins-value*, parce qu'ils ont été mal exécutés, ou incomplétement achevés.

MOIRÉ, *s. m.* — Apparence de la moire qu'on donne à certains objets, mais surtout au fer-blanc étamé.

On obtient ce moiré sur le fer-blanc en attaquant la surface étamée avec un acide qui met en évidence la texture cristalline que peut fournir l'étain ; on vernit ensuite les surfaces avec des vernis nuancés en groseille, vert, rouge, etc., et l'on obtient ainsi un certain effet décoratif qui vers 1830 a été appliqué à une foule d'objets, quinquets, lampes à huile, porte-mouchettes, etc.

MOISAGE, MOISEMENT, *s. m.* — Action de moiser ; assemblage de pièces de charpente au moyen de *moises*.

MOISE, *s. f.* — Assemblage particulier fait de pièces de bois jumelles serrées l'une contre l'autre à l'aide de boulons à écrou ou à vis ; ces pièces jumelles relient et solidifient plusieurs autres pièces de charpenterie. Les moises sont souvent ou délardées ou entaillées à mi-bois, ce qui donne plus de *raide* à l'ouvrage. Les entail-

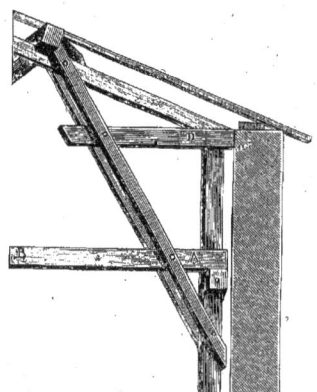

Fig. 1. — Jambe de force composée de deux moises.

les sont droites ou obliques, suivant que les pièces qui les portent sont droites ou inclinées. No-

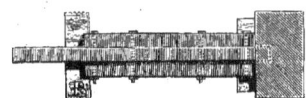

Fig. 2. — Plan de la figure 1.

tre figure 1 montre une jambe de force composée de deux moises reliant ensemble une solive de

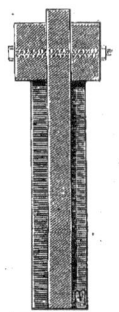

Fig. 3. — Pieux et palplanches moisés.

plancher A, un blochet D et un arbalétrier, plus un poteau de soutien placé en avant de la maçonnerie. On comprend qu'une ferme ainsi

agencée présente une grande rigidité et par suite beaucoup de solidité. Notre fig. 2 montre le plan, vu en dessous, de cette ferme. Notre figure 3 montre un genre de moise employé pour pieux et palplanches; notre figure 4, un troisième de genre moises entaillées comme des liernes, qu'on peut voir en plan, fig. 5. Ce dernier genre de moise est aussi employé assez fréquemment pour épis, digues, batardeaux, brise-glace,

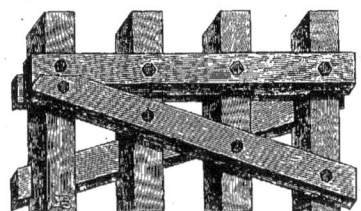

Fig. 4. — Moises entaillées comme des liernes.

etc. — On distingue plusieurs genres de moises : on nomme *moises de décharge* de longues pièces

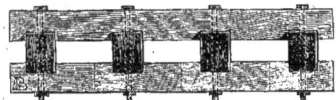

Fig. 5. — Plan de la figure 4.

obliques qui supportent un poinçon; *moises de palée*, celles placées en travers des pièces d'une palée; *moises en jambettes*, les petites moises qu'on emploie pour relier un arbalétrier et une décharge; *moises de tête* ou *brise-glace*, des moises posées obliquement sur la tête des pieux; *moises circulaires*, celles qui sont employées à la construction des roues de moulin ou à des roues élévatoires ; *moises coudées*, celles qui pour accoler un poinçon au-dessous de son bossage ne sont pas entaillées, mais délardées de leurs demi-épaisseur, afin qu'elles puissent se loger dans l'assemblage ; enfin, en charpenterie, on donne aussi ce nom à des pièces qu'on pose sur des poutres, afin de diminuer la portée des solives. — Les fontainiers nomment *moise* le bourrelet conservé comme bec au milieu d'un corps de pompe pour arrêter le collier en fer qui doit fixer en place ce corps de pompe.

MOISER, *v. a.* — Lier, réunir ou maintenir des pièces de bois ou de métal au moyen de moises. On moise les fermes d'un comble, les pieux d'un batardeau, d'un épi, etc. (Voy. MOISE.) Aujourd'hui, on moise beaucoup en charpenterie de fer.

MOISISSURE, *s. f.* — Commencement de pourriture qui se manifeste dans les couches d'un arbre ; symptôme de vieillesse qui indique une profonde altération des bois et qui les rend impropres aux constructions.

MOLASSE, *s. f.* — Pierre calcaire de médiocre qualité qu'on emploie comme moellon. Les molasses renferment ordinairement du sable et de l'argile dans leur composition, ce qui fait que ces calcaires se taillent assez facilement au sortir de la carrière. — On donne aussi ce nom à un grès argileux. En Suisse, dans le canton de Vaud, il existe un grès d'un blanc gris qu'on nomme molasse et qui est employé dans les constructions. On nomme *molasse asphaltique* un grès imprégné de matières bitumineuses.

MOLE, *s. m.* — Massif de maçonnerie, placé en avant des ports pour briser les vagues et faciliter au vaisseau l'entrée du port. Souvent un môle suffit; quelquefois on en établit deux, un de chaque côté du port. L'extrémité du môle possède généralement une petite tour ou guérite qui est surmontée d'un fanal, et qu'on nomme *feu du port*, tandis que le phare se trouve dans le port, ou quelquefois au loin, sur une pointe, un promontoire qui s'avance dans la mer. (Voy. JETÉE.) — Ce terme est dérivé du latin *moles*, masse.

MOLE, MOLET, *s. m.* — Instrument employé par les menuisiers pour s'assurer si les languettes des panneaux ont exactement l'épaisseur voulue. Cet instrument est fait en bois dur ; il mesure 0^m,54 de longueur sur 0^m,08 de hauteur, et il porte une rainure dans laquelle on fait entrer les languettes des panneaux, ce qu'on nomme *mettre les panneaux au molet.*

MOLETÉ, *s. m.* — Ornement imprimé dans les pâtes céramiques à l'aide d'un moule en métal nommé *molettes.*

MOLETOIR, *s. m.* — Instrument employé par les miroitiers pour polir les glaces, et qu'il ne faut pas confondre avec la MOILETTE. (Voy. ce mot.)

MOLETAGE, *s. m.* — Action d'appliquer avec les molettes des ornements dans la pâte céramique encore molle.

MOLETTE, *s. f.* — Espèce de cône en marbre, en pierre dure, en verre ou en acier, qui sert aux peintres à broyer leurs couleurs.

En marbrerie, on emploie pour polir les marbres des moilettes ou des molettes en grès, en plomb, ou faites à l'aide de morceaux de faïence.

MOLETTON, *s. m.* — Blanc d'Espagne ou de Meudon mélangé à la céruse. C'est un terme d'argot employé par les peintres et qui a passé aujourd'hui dans la langue technique des architectes.

MONASTÈRE, *s. m.* — Ensemble des bâtiments à l'usage d'une communauté religieuse. — Dans les premiers siècles du christianisme, un grand nombre de néophytes, pour fuir les persécutions, se retirèrent dans des lieux écartés et solitaires afin d'y travailler plus efficacement à leur salut éternel. Ce nouvel ordre dans les idées créa l'ermite, l'ascète, enfin le *moine*, c'est-à-dire l'homme qui vivait seul (μονὸς). Plus tard, le christianisme progressant, les ascètes, les moines, tous ceux enfin qui voulaient se consacrer à la vie religieuse, ne craignirent pas de se réunir en société ; aussi les nomma-t-on dès lors *cénobites* (de κοινος, commun, et βίος, vie, vie en communauté). Dès cette époque les monastères furent fondés. Ce ne furent d'abord que de misérables baraques de planches, des chaumières faites à l'aide de roseaux, qui avaient un aspect de pauvreté extraordinaire, car il ne fallait pas à cette époque attirer les regards et surtout la convoitise des barbares; l'oratoire, la chapelle elle-même n'était faite qu'à l'aide de pièces de bois et de planches. Les moines vivaient là heureux et tranquilles, à l'aide d'aumônes et de leurs travaux agricoles, car alors il leur fallait bien cultiver la terre « à la sueur de leur front, » suivant l'expression divine; aussi tous les monastères étaient situés hors des villes, en pleine campagne. Dès les premiers siècles de l'ère vulgaire, il en existait ainsi en Orient et en Occident; mais on comprend facilement que, vu leur état de pauvreté, ces édifices ne comportaient pas une architecture spéciale, comme cela arriva plus tard. (Voyez l'art. suivant.)

MONASTIQUE (ARCHITECTURE). — L'architecture monastique comprend tous les monastères et tous les bâtiments qui en dépendent, qui furent élevés du VIe au XVIe siècle pour le service des communautés religieuses. La vie monastique prit naissance en Orient, vers le IVe siècle; mais il n'existait pas alors d'architecture monastique, chaque moine vivant isolément et pour son propre compte. Ce ne fut guère qu'au VIe siècle que saint Benoît donna une règle qui fut pendant longtemps la seule en usage et sous l'empire de laquelle se formèrent de véritables communautés de moines, travaillant, priant et mangeant en commun, ce qui donna lieu à la création de vastes bâtiments répondant à tous ces soucis collectifs. Du reste, les moines ne firent pas de grands frais d'imagination; ils se contentèrent de copier purement et simplement la villa romaine. » C'est un fait indiscutable que fait parfaitement ressortir un illustre archéologue, de Caumont. Voici comment s'exprime à cet égard cet auteur dans son *Abécédaire d'archéologie : « Les* moines ont emprunté les dispositions principales de leurs maisons conventuelles aux maisons romaines, c'est-à-dire aux maisons de campagne et aux maisons de ville. — Le cloître représente le péristyle des maisons de ville, la partie réservée à la vie intérieure; il répond aussi à la *urbana* ou cour d'honneur des *villæ*. — La cour de la ferme ou première cour répond à la *villa rustica* des maisons de campagne romaines. — Le *tablinum*, ou lieu de réception des maisons romaines, et la salle qui y correspond dans les *villæ* furent transformés en *salle capitulaire* dans les abbayes;

les cuisines et les salles à manger, placées sur le côté des cours dans les maisons romaines, conservèrent cette place dans l'architecture monastique. Un seul élément nouveau, l'*église*, vient se substituer à certaines dépendances de l'habitation antique et forma toujours un des côtés de la cour du cloître; de telle sorte que les maisons conventuelles, après s'être développées parallèlement à l'église, venaient en retour d'équerre s'appuyer d'un côté sur le transsept ou le sanctuaire, de l'autre, sur la partie occidentale de la nef. — En résumé, les abbayes avec les bâtiments claustraux représentant l'*urbana* ou *prætorium*, au milieu desquels on voit le cloître et le préau, frappante imitation d'un portique et d'un xyste, avec leur basse-cour comprenant tout ce qu'exige une exploitation et de vastes magasins pour serrer les récoltes, avec leur parc entouré de murs, etc., etc., offrent une image frappante des grandes *villæ* romaines, dans lesquelles l'exploitation rurale était réunie au *prætorium*. » — Pendant les VIIe et VIIIe siècles, les abbayes s'agrandissent, mais leurs constructions sont de modeste apparence. On peut voir dans la chronique de l'abbaye de Fontenelle, devenue plus tard l'abbaye de Saint-Wandrille, ce qu'était une abbaye à cette époque, et que ce type a peu varié dans la suite. (Voy. ABBAYE.) Le IXe et le Xe siècle ne firent que plus grands, mais non plus luxueux, les monuments de l'architecture monastique; les couvents et les moines n'étaient pas encore bien riches; mais ils surent tirer parti des terreurs qu'inspirait aux fidèles l'approche de l'an 1000, qui était, dit-on, le terme assigné pour la fin du monde. Nous ne dirons pas comment les moines opérèrent à cette époque; le lecteur pourra le voir au mot FRANÇAISE (*Architecture*), p. 340 et suiv. Mais, à partir de cette époque, ils sont fort riches, et les monuments monastiques sont des œuvres d'architecture remarquables. — Au commencement du Xe siècle, des moines fondent la célèbre abbaye de Cluny (Saône-et-Loire); puis, vers la fin du XIe, celle non moins célèbre de Cîteaux; et de ces deux abbayes partent et se propagent avec rapidité une foule de fondations qui couvrent bientôt l'Europe tout entière. — Les clunisiens et les cisterciens construisent beaucoup et de tous côtés pendant le XIᵉ siècle, mais avec cette différence que les premiers font très-grand et très-riche, et que les seconds se distinguent par une extrême simplicité, qui convenait parfaitement à l'architecture monacale et lui donnait son caractère vrai. Au XIIᵉ siècle, à quelque communauté qu'elle appartînt, une abbaye comprenait une église attenante au cloître, lequel avait sur ses côtés une salle capitulaire, un réfectoire, des dortoirs et des cuisines. Auprès de ce cloître, il en existait souvent un plus petit, sur le côté duquel étaient placés une bibliothèque, des cabinets de travail; plus loin étaient le cimetière, l'infirmerie, le bâtiment du noviciat, celui des frères convers; enfin, près de la porte, l'aumônerie, avec le logement de l'abbé; enfin, des dépendances telles que granges, celliers, pressoirs, cuviers, et, suivant les localités, des scieries, des huileries, des moulins et autres établissements industriels, le tout environné de jardins fruitiers et potagers, de terres labourables, de bois et de prés. Souvent un cours d'eau traversait l'enclos de l'abbaye ou passait sous les murs mêmes du monastère. Ce courant pouvait facilement alimenter les bâtiments industriels ou fournir de l'eau pour l'irrigation des prés ou l'arrosage des jardins. Ces dispositions, du reste, se trouvent à l'abbaye de Cîteaux. Quant à la position des bâtiments entre eux, ils étaient ordinairement placés au midi du cloître, l'église au nord de celle-ci, la salle capitulaire toujours au rez-de-chaussée et vis-à-vis le réfectoire; au milieu du cloître ou derrière lui, le cimetière, qui souvent entourait l'église. Au reste, on dérogea souvent à cette disposition, suivant l'emplacement sur lequel on construisait. Vers la fin du XIIᵉ et au commencement du XIIIᵉ siècle, les moines sont propriétaires d'immenses terrains, et par ce fait deviennent seigneurs féodaux et jouissent de toutes les prérogatives attachées à ce titre. Ils se fortifient de manière à rendre leurs monastères capables de soutenir un siége; ils y établissent un lieu de justice, une prison; ils ont des baillis, des sergents, des huissiers et des archers qui tiennent garnison. Dès lors les monastères ne sont plus fondés au fond d'un vallon, sur le bord d'un cours d'eau si utile aux exploitations agricoles et industrielles, mais sur des hauteurs, sur des terrains escarpés, dans des localités analogues à celles que cherchait le seigneur féodal pour y construire sa demeure. Mais bientôt ces républiques, si économiquement administrées, sont si riches et si puissantes qu'elles font ombrage à la royauté. Aussi celle-ci détourna la noblesse de la vie monastique en la jetant dans la carrière des armes, et les croisades portèrent un coup fatal à l'institut monastique, qui dut ne s'occuper depuis que de ses devoirs religieux. Les monastères perdent alors toute activité; il surgit des querelles entre un couvent et un autre, et comme les moines ne mènent plus qu'une vie d'oisiveté et de paresse, ils finissent par se livrer à des excès de toutes sortes et à des orgies telles qu'elles provoquent et amènent en 1789 la suppression des monastères. — L'architecture monastique disparaît alors; aujourd'hui les couvents et les monastères n'ont pas d'architecture propre; ils utilisent d'anciens locaux qu'ils aménagent suivant les besoins des industries qu'ils exercent.

MONDER, v. a. — En peinture, c'est nettoyer ou séparer des matières mélangées avec des substances étrangères.

MONOCHROME, adj. — D'une seule couleur. — Ce terme s'applique surtout à la peinture. On dit *peintures monochromes*, pour désigner celles qui sont faites d'un seul ton uniforme, car les *grisailles* et les *camaïeux* ne sont pas monochromes, puisque ces peintures sont faites à l'aide de plusieurs tons. — Dans l'antiquité, on nommait *sculptures monochromes* les sculptures en pierre, en marbre, qu'on laissait dans leurs tons naturels et qui n'étaient pas peintes; mais les statues faites avec des marbres de couleurs, de l'onyx, et qui renfermaient, en outre, des parties faites avec de l'or, de l'argent, du bronze, de l'ivoire, etc., étaient dénommées polychromes. (Voy. POLYCHROMIE.)

MONOCYLINDRIQUE, *adj.* — Supports, points d'appuis isolés de forme cylindrique, comme les colonnes funéraires, commémoratives, etc. La colonne de Juillet est un monument monocylindrique ou MONOSTYLE. (Voy. ce mot.)

MONOGRAMME, *s. m.* — Réunion de plusieurs lettres en un seul caractère, de telle sorte que le même jambage ou la même panse serve à plusieurs caractères à la fois. — Beaucoup d'artistes, au lieu de signer leurs œuvres de leur nom, les ont signées et les signent seulement de leur monogramme; on nomme ces artistes *monogrammistes*, et beaucoup d'ouvrages donnent les monogrammes des principaux artistes. Les graveurs, les faïenciers, les émailleurs, les peintres, les sculpteurs et les architectes ont signé de cette façon un grand nombre de leurs ouvrages.

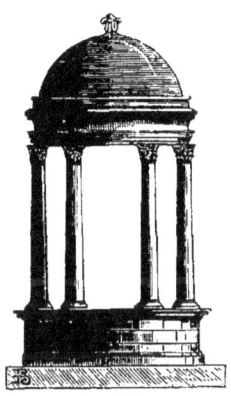

Monoptère.

MONOGRAPHIE, *s. f.* — Écrit sur un point déterminé d'archéologie, d'histoire, d'architecture. L'écrivain qui écrit des monographies se nomme *monographe*.

MONOLITHE, *adj.* — D'une seule pierre. Colonne, bloc, obélisque *monolithe*, c'est-à-dire taillé dans un seul morceau. On dit aussi *monolithique*, car le terme *monolithe* est souvent pris substantivement.

MONOME, *s. m.* — Terme d'algèbre.

Quantité algébrique entre les parties de laquelle il n'y a pas le signe d'addition ou de la soustraction. *a c* est un monôme, $a + c$ est un binôme.

MONOPTÈRE, *s. et adj.* — Temple circulaire de l'antiquité formé d'un seul rang de colonnes supportant une coupole. (Voy. figure ci-contre.)

MONOPYLE, *adj.* — A une seule porte. — Édifice monopyle, arc de triomphe monopyle, enceinte monopyle, etc.

MONOSTYLE, *adj.* — A une seule colonne, à un seul fût. Ce terme est synonyme de *monocylindrique*. La colonne de la Grande Armée de même que la colonne de Juillet sont des monuments *monostyles* ou *monocylindriques*.

MONOTRIGLYPHE, *adj.* — Entre-colonnement de l'ordre dorique, si étroit qu'il ne permet l'emploi que d'un seul triglyphe entre deux colonnes. Au portail de l'église des Invalides à Paris, Mansard a employé le monotriglyphe ; le triglyphe porte tour à tour sur l'axe des colonnes et sur le vide de l'entre-colonnement. Le lecteur peut s'assurer de ce fait au mot FRANÇAISE (*Architecture*), p. 375 (fig. 21).

MONTAGE DES MATÉRIAUX. — Cette opération a pour but d'élever les matériaux jusqu'à la hauteur de la place qu'ils doivent occuper. Souvent ils arrivent jusque sur l'é-

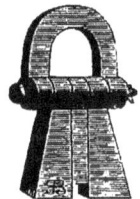

Fig. 1. — Louve des Romains.

chafaud seulement, et de là ils sont bardés jusqu'au lieu de la pose. Il existe de nombreux engins pour effectuer cette opération, tels que le BOURRIQUET, la GRUE, la CHÈVRE, le CA-

BESTAN, la LOUVE, etc. (Voy. ces mots.) Depuis l'ancienne louve des Romains (fig. 1) jusqu'à celle décrite par Vitruve (fig. 2), on a utilisé bien des engins pour le montage des matériaux. Aujourd'hui on emploie dans nos chantiers surtout le type de louve représenté par notre figure 3. On monte la brique, le plâtre, les moellons, en un mot tous les petits matériaux, à l'aide d'un bourriquet qui s'élève au milieu de tours en bois, ou *sapines,* qui sont de plusieurs sortes. (Voy. MONTE-CHARGE.) Mais le montage des pierres présente beaucoup plus de difficulté, et la plupart des appareils

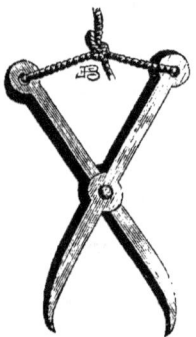

Fig. 2. — Louve de Vitruve.

mais ces cordages, malgré les précautions qu'on peut prendre, déterminent trop souvent des épaufrures sur les arêtes vives des pierres. Le montage des pierres présente encore plus de difficulté quand on les monte ravalées et profilées, comme dans le midi de la France et comme le pratiquent d'excellents architectes dans le Nord. Aussi un inventeur, M. Barrère, a-t-il rendu un grand service aux constructeurs en inventant l'appareil saisisseur représenté par notre figure 4. Cet appareil est une espèce de fortes tenailles, dont les branches sont embrassées par deux traverses jumelles m' tournant autour de goupilles c fixées à ces traverses. Les extrémités de ces branches portent des patins p, articulés au point b. Ce sont ces patins, dont la face plane quadrillée est recou-

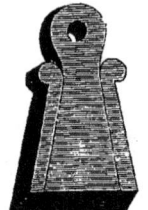

Fig. 3. — Louve moderne.

nécessitent le percement des matériaux ; or ce percement présente bien des inconvénients. En effet, le trou pratiqué dans les pierres pour l'encastrement des louves exige non-seulement une taille, et par suite une dépense inutile, mais encore ces trous, qui ont une profondeur variable, dégradent plus ou moins et affaiblissent toujours les matériaux. Cependant ce ne sont là que les moindres inconvénients de ce procédé; il constitue un danger bien plus grave, puisqu'il met en péril la vie des ouvriers qui opèrent le montage. En effet, on a vu la louve faire éclater les pierres tendres, et le bloc, venant à s'échapper, atteignait souvent les ouvriers occupés à la manœuvre. Aussi, dans bien des chantiers, la louve a-t-elle été délaissée, et on lui a substitué le bourriquet pour les pierres de petit échantillon, et les *élingues* ou BRAYERS (Voy. ce mot), les *aussières* pour les pierres de grand échantillon ;

verte de cuir pour augmenter l'adhérence, qui saisissent le corps à soulever. La pression des patins contre ce corps (la pierre dans notre figure) s'obtient par le rapprochement des bras. Une disposition ingénieuse permet le rapprochement ou l'écartement des bras, car leurs extrémités supérieures sont reliées au moyen de pièces articulées en d à une chape $m e$, à laquelle est fixé le crochet de suspension. Cette chape porte à sa partie supérieure un goujon qui pénètre à frottement doux dans une pièce $f g$, qui repose sur une plaque h, placée au-dessus des traverses jumelles. En tournant à l'aide de la main la pièce $f g$, de gauche à droite, on soulève le point d, et par suite on obtient l'écartement du point a, ce qui serre les mâchoires contre la pierre. Celle-ci est soulevée quand la pression des mâchoires est suffisante pour s'opposer au glissement. La force développée pour soulever le corps s'exerçant sur la pièce *e m*, par l'intermédiaire du crochet de suspension, le point *d* tend à s'éloigner d'autant plus des traverses que le corps est plus lourd : donc la pression des patins est d'autant plus grande que le corps soulevé est plus lourd. C'est là une idée heureuse d'avoir transformé l'action du poids du corps à soulever en pression exercée sur le corps lui-même. On a ainsi une garantie de sécurité, puisque la pression ne peut qu'augmenter au moment du départ, et cela d'autant plus que le corps soulevé sera plus pesant. Des trous pratiqués en divers points des traverses jumelles permettent d'augmenter ou de diminuer à volonté l'écartement des branches, suivant la dimension des matériaux à saisir.

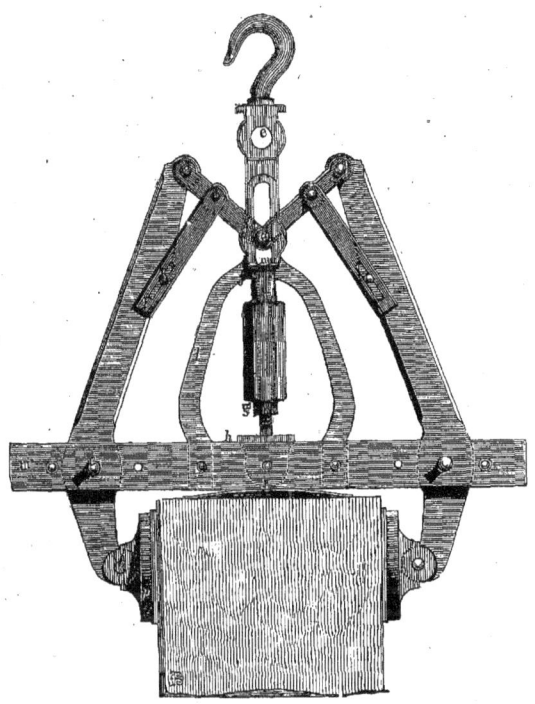

Fig. 4. — Appareil saisisseur de M. Barrère.

La pièce *l* sert à guider le point *d*, à contrebouter l'ensemble de l'appareil et à le réconforter.

MONTANT, TE, *adj.* — Toute pièce, ligne de construction ou d'architecture s'étendant dans le sens vertical, on nomme *joint montant* le joint vertical situé entre deux pierres et *joints normaux* ceux qui sont perpendiculaires à l'arc de la voûte.

Pris substantivement, ce terme s'applique en général à des corps placés d'aplomb, tels que les poteaux verticaux des portes, des chambranles, etc. Les montants, suivant l'office qu'ils remplissent, portent différents noms. Les *montants de lambris* sont des espèces de pilastres longs et étroits très-souvent décorés avec des chutes de fruits, des festons ; ils servent à séparer les compartiments d'un lambris ; les *montants d'embrasure* sont des revêtements en bois ou en marbre avec des compartiments arasés en saillie, dont on lambrisse les embrasures ou ébrasements de portes et de fenêtres ; les *montants de menuiserie* sont dans l'assemblage des portes et des croisées les principales pièces de bois à plomb qui sont coupées carrément par les traverses ; les *montants de charpenterie* sont, dans les machines, des pièces de bois à plomb retenues par des arcs-boutants ; les *montants de serrurerie* sont des espèces de pilastres composés de divers ornements en rinceaux, enroulements, etc., renfermés entre deux barreaux parallèles pour séparer et soutenir les travées des grilles en fer. Ces montants servent aussi à remplir l'espace compris entre une porte et un pilier en maçonnerie. Une grille a des *montants principaux* et des *montants de remplissage ;* les premiers sont ceux que nous venons de décrire, les seconds sont souvent les simples barreaux de la grille.

Montant (Petit). — Dans une feuille de parquet, on donne ce nom aux petits bâtis de remplissage qui ont exactement la mesure des panneaux et qui sont assemblés dans d'autres ayant le double de largeur.

MONTE-CHARGE, *s. m.* — Échafaudage que l'on dresse auprès d'une construction, et qui sert à élever les matériaux jusqu'à la hauteur du lieu de la pose. Les monte-charges, qu'on nomme aussi dans les chantiers *sapines,* s'élèvent à environ 2 mètres au-dessus du bâtiment à construire ; ils se composent de quatre fortes pièces de sapin dont l'équarrissage au gros bout, c'est-à-dire au pied, est de 0^m,35 de côté pour les pièces de 19 à 20 mètres de longueur. Ces pièces sont fortement scellées dans le sol à une profondeur de 0^m,80 à 0^m,90 aux quatre angles d'un rectangle ayant environ 1^m,30 de côté. Quand ce rectangle mesure 2 mètres sur 1 mètre de largeur, la face de 2 mètres est placée parallèlement à l'édifice ; mais aujourd'hui les monte-charges sont généralement carrés. Ces grandes pièces sont reliées par des traverses horizontales et par de fortes planches formant des croix de Saint-André ; sur chaque côté de la machine et sur toute sa hauteur, comme le montrent nos figures, il existe quatre et cinq étages de ces croix. Toutes ces planches et traverses sont boulonnées avec soin, de manière à fournir une charpente rigide. Le cadre formé par les traverses qui relient les poteaux, à leur sommet, supporte deux poutrelles entre lesquelles sont posées la poulie ou les poulies sur lesquelles passe la chaîne de fer manœuvrée à l'aide du treuil qui se trouve au pied de la machine. Ce treuil est manœuvré soit par des hommes à l'aide de manivelles, soit par une locomobile à vapeur et une courroie de transmission. Un ou plusieurs poteaux sont munis de fortes échantignolles qui remplissent l'office d'échelons et

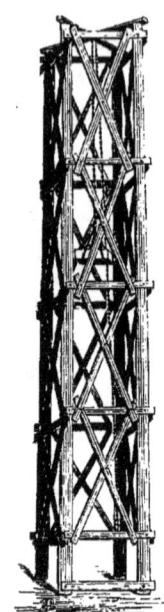

Fig. 1. — Monte-charge, dit *sapine.*

permettent de monter au sommet de l'appareil et d'en descendre à volonté. Notre figure 1 montre une tour en bois, nommée *sapine,* pour le montage des matériaux d'un poids très-usuel ; cette sapine a près de 17 ou 18 mètres de hauteur ; notre figure 2 en montre une moins élevée, pour hisser des fardeaux très-lourds ; enfin notre figure 3 montre la sapine anciennement employée à Paris dans les constructions : elle n'est guère utilisée aujourd'hui qu'en province et dans divers pays étrangers. Elle se compose d'une grande pièce de sapin, haute de

13 à 14 mètres, et dont le pied est armé d'un pivot mobile dans une crapaudine fixée dans le sol, ordinairement sur une forte pièce de bois. L'extrémité supérieure est armée d'un énorme goujon qui peut tourner dans un collier, lequel est maintenu par des *haubans*. A 1^m,50 de son sommet se trouvent placées deux pièces de bois jumelles qui relèvent le bec du côté par où s'élèvent les matériaux; ces jumelles embrassent une pièce de bois formant potence. Un câble ou une chaîne de fer passent sur trois poulies, deux en haut, une en bas, et

riaux placés sur un plateau inférieur vide. On emploie pour ce genre de monte-charge, nommé *ascenseur Édoux*, du nom de l'ingénieur inventeur, la force ascensionnelle de l'eau des conduites forcées qui circulent dans bien des villes. Quand le plateau supérieur est en bas, on le vide, et l'eau s'échappe dans des bassins ; on l'utilise pour les besoins du chantier. On emploie également aujourd'hui dans les constructions, pour le montage des bri-

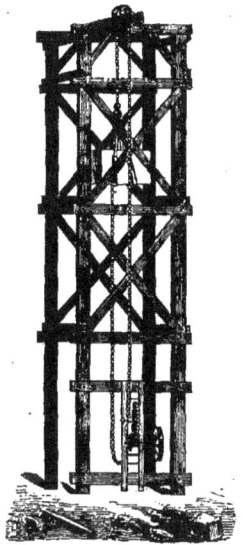

Fig. 2. — Monte-charge (2ᵉ type).

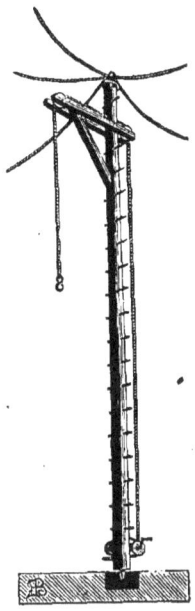

Fig. 3. — Sapine ancienne.

viennent s'enrouler sur un treuil placé à 0^m,80 au-dessus du sol; on manœuvre ce treuil à l'aide de manivelles. Cette sapine porte de chaque côté des tiges de fer rondes qui forment une espèce d'échelle de perroquet servant à monter et descendre. Les haubans, au nombre de cinq, s'amarrent comme pour les autres machines.

Il existe des monte-charges qui fonctionnent par la pression de l'eau, laquelle, arrivant dans un réservoir formant le plateau supérieur de l'appareil et voulant s'équilibrer, entraîne dans un mouvement ascensionnel les maté-

ques, des plâtres et des auges à plâtre ou à mortier, le *monte-charge Abel Delgorge*, qui se compose de deux montants verticaux réunis par des traverses horizontales. Cet appareil a l'apparence d'une forte échelle sur les montants de laquelle glissent, dans des rainures pratiquées à cet effet, des châssis avec planchettes qui reçoivent les matériaux qu'il s'agit d'élever ; quelquefois la planchette est entourée d'une petite balustrade en bois. On place les ascenseurs Delgorge à l'angle des constructions, ce qui leur permet de desservir deux côtés d'une bâtisse. Dans les nouvelles maisons de Paris, ainsi que dans les grands hôtels, on utilise des monte-charges pour élever les personnes et les fardeaux; on leur a donné le nom d'*ascenseurs*; mais on ne doit employer que des systèmes à déclenchement qui donnent toute sécurité en cas de rupture du câble. Aujourd'hui, les ingénieurs constructeurs posent des systèmes perfectionnés qui présentent

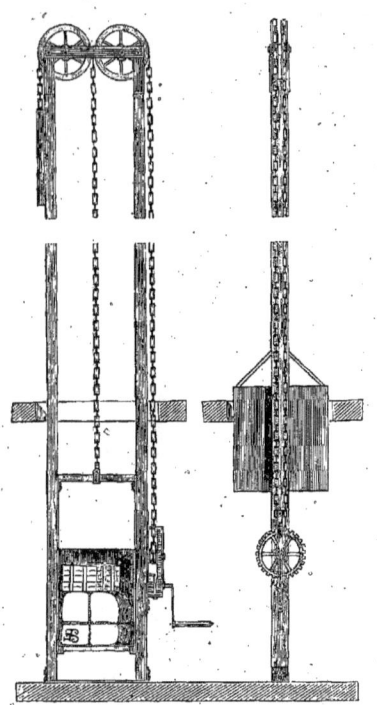

Fig. 4. — Monte-charge (3e type).

toute garantie pour le public. On utilise dans ce but des freins automatiques. Un des meilleurs systèmes est celui de MM. Mégy, Écheverria et Bazan, qui ont inventé un embrayage à ressort qui permet de pouvoir embrayer et débrayer en marche, quelle que soit la vitesse des arbres, et cela sans la moindre secousse. Cet embrayage permet, en outre, de régler à volonté la limite de l'effort à transmettre, ce qui présente un grand avantage, puisqu'on peut ainsi garantir les arbres et autres organes des ma-

chines contre l'effet des chocs et des surcharges; on évite ainsi les frottements nuisibles et l'usure des pièces qui en résulterait; enfin leur manœuvre est très-simple, et leur fonctionnement sûr et régulier offre la plus grande sécurité. — Notre figure 4 montre un genre de monte-charge dont le système, d'une extrême simplicité, est appliqué également pour les monte-plats desservant les salles à manger.

MONTÉE, *s. f.* — On donne vulgairement ce nom à la révolution d'un escalier comprise entre deux paliers, ou à l'escalier lui-même; mais, en technologie, on emploie ce terme pour désigner l'exhaussement des murs, l'élévation des voûtes, des colonnes, etc.

MONTÉE DE CLAVEAU, DE VOUSSOIR. — Hauteur du panneau de tête de ce claveau, de ce voussoir; cette hauteur se mesure depuis la douelle jusqu'à son couronnement. — Les claveaux ordinaires des portes et des croisées, en supposant leur plate-bande arasée, n'ont jamais moins de $0^m,33$ de montée.

MONTÉE DE VOUTE. — La montée d'une voûte, ou *voussure*, est la hauteur de cette voûte depuis sa naissance ou première retombée jusqu'au-dessus du claveau ou voussoir de fermeture.

MONTER, *v. a.* — Ce terme a la même signification qu'ériger. Ainsi on dit : *monter* une construction, une souche de cheminée; *monter* un chambranle, un jambage, une pile, etc. Il signifie également assembler les diverses pièces devant fournir un tout complet; par exemple, on *monte* une charpente. — En marbrerie, ce terme indique le scellement de tranches de marbre sur des dalles ou des noyaux de pierre; par exemple, les foyers de cheminées sont *montés* sur des dalles de liais. — Dans l'art du bronzier, c'est réunir plusieurs pièces de ce métal pour former un ensemble; les bronziers montent des statues, des candélabres, des lampadaires, etc. — Enfin, c'est opérer le MONTAGE des matériaux à l'aide de MONTE-CHARGES. (Voy. ces mots.)

MONTOIR, *s. m.* — Grosse pierre, en forme de dé ou de cylindre, qui sert à monter à cheval. Anciennement, on nommait le montoir *perron.*

MONTURE, *s. f.* — Corps principal d'un objet, qui sert à réunir, à assembler, à fixer ses différentes parties. Les scies, les rabots, divers outils possèdent des montures.

MONUMENT, *s. m.* — Pris dans un sens générique, ce mot sert à désigner un signe, un édifice, un objet quelconque propre à rappeler à la mémoire des faits remarquables, des hommes illustres, des actions d'éclat; dans ce sens, un grand édifice, une médaille, une fibule, un papyrus, sont des monuments commémoratifs, archéologiques, linguistiques, etc. Dans un sens plus restreint, dans le langage ordinaire, ce terme de *monument* ne rappelle à l'esprit que l'idée d'un édifice plus ou moins somptueux; il sert même à désigner plus particulièrement un édifice consacré à éterniser la mémoire d'un fait éclatant, de grandes victoires, ou même pour perpétuer le souvenir d'une catastrophe. Telle est la colonne connue à Londres sous le nom de *le Monument,* qui a été érigée en 1671, sur une petite place de Fish-street-Hill, pour perpétuer le souvenir du terrible incendie qui dévora une partie de la ville de Londres en 1666. C'est la plus grande de toutes les colonnes monumentales; elle mesure 61ᵐ,70 de hauteur. La colonne de Juillet, qui vient ensuite, a 50ᵐ,50; celle de Pétersbourg, 50 mètres; celle de Boulogne-sur-Mer, 48ᵐ,72; la colonne de la Grande Armée, 43ᵐ,50; celle de Blenheim, 40 mètres; enfin celle de Catherine de Médicis à la Halle au blé de Paris, 30ᵐ,80. — Les arcs de triomphe, les statues équestres et les colonnes sont surtout les types d'édifice choisis pour élever des monuments commémoratifs.

MONUMENTS CELTIQUES. — Voy. CELTIQUES (*Monuments*).

MONUMENTS COMMÉMORATIFS.— Voy. COMMÉMORATIFS (*Monuments*).

MONUMENTS HISTORIQUES. — Voy. HISTORIQUES (*Monuments*).

MONUMENTAL, ALE, *adj.* — Qui a l'aspect, l'apparence d'un monument, qui est très-grand de proportions. — Un édifice a un caractère monumental, quand il a de belles et grandioses proportions; un meuble très-grand, très-riche, et bien pondéré dans ses proportions, est qualifié de meuble monumental, etc.

MORAILLER, *v. a.* — Saisir, pincer avec des morailles.

MORAILLES, *s. f. pl.* — Espèces de tenailles employées par les fabricants de verre pour saisir et étirer les cylindres de verre avant de les ouvrir pour les appliquer sur les tables. — En termes de blason, c'est un meuble représentant des tenailles denchées intérieurement; quand il y en a plusieurs dans l'écu, elles sont superposées.

MORAILLON, *s. m.* — Pièce de fer méplate à charnière et percée dans son milieu d'une lunette ou trou rectangulaire, de façon à pouvoir laisser passer l'anneau d'un piton monté sur platine, lequel piton reçoit la bague d'un cadenas. Les moraillons servent à la fermeture de malles, de coffres, etc. Certains moraillons, qui portent des auberons, sont nommés à cause de cela AUBERONNIÈRES. (Voy. ce mot.)

MORAINE, *s. f.* — Ce terme sert à désigner, en technologie, le cordon en mortier que le maçon forme autour d'un ouvrage en PISÉ (Voy. ce mot), et qui produit en petit ce qu'en termes de géologie on nomme *moraine.*

MORATOIRE, *adj.* — Terme de jurisprudence. — Ce sont des intérêts en raison du retard apporté au payement d'une créance exigible par l'effet d'une demande en justice.

MORBIDESSE, *s. f.* — En peinture et en sculpture, ce terme sert à désigner l'imitation de cette douceur, de cette finesse et délicatesse que possèdent les chairs de la femme et de l'enfant. Ce mot est dérivé de l'italien *morbidezza, morbida,* délicat, souple au toucher.

MORCE ou **AMORCE**, *s. f.* — Pavé qui, dans un ruisseau, forme la liaison de la chaussée et de son revers. On donne aussi ce nom au pavé qui des contre-jumelles va aboutir aux bordures d'une route.

MORCEAU, *s. m.* — Partie d'un corps solide; en général, portion, partie séparée ou non d'un tout; morceau de pierre, de marbre, de fer, de bronze, etc.

MORCELLER, *v. a.* — Séparer en morceaux; d'où le terme *morcellement*, qui sert à désigner la séparation d'une terre ou d'un terrain en morceaux. Quand on divise ces morceaux en lots pour la vente du terrain, on désigne cette opération sous le nom de *lotissement*.

MORDACHE, *s. f.* — Tenailles enveloppes, en bois ou en plomb, quelquefois en cuivre mou, que l'on place sur les mâchoires d'un étau, afin de ne pas endommager les pièces qu'elles doivent serrer, pendant qu'on travaille ces pièces.

MORDANT, *s. m.* — Substance servant à fixer l'or sur différents objets. Il existe des mordants de diverses sortes. Celui employé pour *dorer à l'or mat* est composé de bitume de Judée et d'huile grasse; on y incorpore quelquefois de la mine de plomb, et on l'éclaircit avec de l'essence de térébenthine. Le *mordant pour rehausser en détrempe* est composé d'un kilogramme de cire jaune, 500 grammes d'huile de lin et la même quantité de térébenthine de Venise, qu'on fait bouillir ensemble sur un feu doux et sans flammes. On emploie ce mordant à chaud pour rehausser les ornements en tons clairs, à l'aide de petites hachures dessinées à l'aide d'un petit pinceau. (Voy. ASSIETTE, BATTURE et MIXTION.)

MORDS, *s. m.* — Chacune des deux mâchoires d'un étau ou de tenailles.

MORESQUE (ARCHITECTURE). — Voy. MAURESQUE et ARABE (*Architecture*).

MORFIL, *s. m.* — Barbes ou dentelures très-fines qui se trouvent sur le tranchant d'un outil qui a été aiguisé sur la meule; on donne du fil au tranchant de cet outil en faisant tomber le morfil au moyen de l'affiloir ou de la pierre fine à repasser. (Voy. AFFILOIR.) — Ivoire qui n'a pas été travaillé, c'est-à-dire dents d'éléphant séparées de l'animal.

MORGUE, *s. f.* — Second guichet d'une prison, dans lequel le gardien de la prison examine les individus que l'on écroue, afin de les bien connaître. — C'est aussi un établissement dans lequel on place les personnes qui meurent hors de chez elles et dont on n'a pu constater l'identité. On porte dans les morgues les noyés, les suicidés et les personnes qui meurent d'accident; on les expose dans une grande salle, qui est publique, afin que les personnes qui font des recherches sur des gens disparus puissent les reconnaître, s'ils ont été amenés dans ce lieu. — Ce genre d'établissement comprend une salle d'exposition avec des tables de pierre légèrement inclinées sur lesquelles on place les cadavres : un filet d'eau tombe sur la tête de ceux-ci, afin de les maintenir dans un état de fraîcheur le plus longtemps possible; une loge et un logement pour le gardien ou surveillant, un bureau pour le greffe, une remise pour enfermer des voitures ou charrettes; enfin, dans les grandes villes, une pièce avec cabinet noir pour le photographe chargé de photographier les cadavres dès leur entrée. Cet établissement doit être pourvu d'une eau abondante, afin de pouvoir effectuer des lavages, car les morgues doivent être tenues dans un grand état de propreté.

MORIZET ou **MORISET**, *s. m.* — Espèce de BOULIN (Voy. ce mot), long de 4 mètres environ que l'on emploie spécialement pour les échafauds de plafond.

MORNE, *s. f.* — Terme de blason. — Cercle que forme une trompette ou un huchet à son extrémité.

MORNÉ, NÉE, *adj.* — Terme de blason. — Se dit des animaux sans dents, sans bec, langue, griffes et queue. Aigle morné, lion morné, merlette mornée, etc.

MORNET, *s. m.*, ET MORNETTE, *s. f.* — Terme de blason. Petite MORNE. (Voy. ce mot.)

MORS D'ANE, *s. m.* — Assemblage en menuiserie et en charpenterie qui affecte la

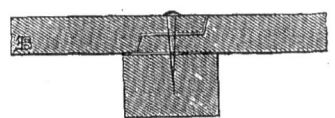

Mors d'âne (en coupe).

forme d'un mors d'âne. Il existe deux genres de cet assemblage ; notre figure en montre un.

MORTAISAGE, *s. m.* — Action de *mortaiser*, de pratiquer une mortaise.

MORTAISE, *s. f.* — Entaille ronde, carrée ou de toute autre forme, pratiquée dans une pièce de bois, de fer, de fonte ou de tout autre métal, pour y recevoir une autre pièce portant

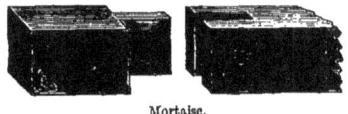

Mortaise.

tenon. — En charpenterie, la mortaise est généralement carrée, de même largeur et de même hauteur que le tenon, mais un peu plus profonde que la longueur du tenon, afin qu'il ne puisse toucher le fond de la mortaise, ce qui pourrait empêcher l'adhérence des joints. On nomme *jouées* ou *joues* les faces de ceux-ci. Dans notre figure, on voit à gauche le tenon et à droite la mortaise avec une de ses *jouées* ou *joues*. — En serrurerie, l'ouverture faite dans une gâche pour recevoir le pêne, se nomme *mortaise d'empênage*.

MORTAISER, *v. a.* — Pratiquer une mortaise dans une pièce de bois, de fer, etc. Ce terme signifie aussi, *tailler à mortaise*.

MORTAISEUSE, *s. f.* — Machine à faire les mortaises.

MORTELLERIE, *s. f.* — Travail du *mortellier*, c'est-à-dire de l'ouvrier qui brise certaines variétés de pierres dures pour en faire du ciment. Aujourd'hui on a des machines pour concasser les pierres, et l'industrie de la mortellerie s'en va et dépérit de plus en plus.

MORTIER, *s. m.* — Mélange de diverses matières amenées à l'état pâteux et qui a la propriété de durcir et d'adhérer fortement aux matériaux de construction avec lesquels on les met en contact. Les mortiers servent donc à lier entre eux ces matériaux pour en former des masses solides qui remplissent des conditions déterminées de forme et de résistance. — La nature des mortiers est très-variable en raison des localités et de la destination des constructions. Les mortiers les plus généralement employés sont : les mortiers de terre, de sable, de chaux, de pouzzolane, de ·ciment et de plâtre.

PRATIQUE. — MORTIER DE TERRE. — On obtient ce mortier en détrempant avec de l'eau une certaine quantité de terre argileuse, qu'on extrait souvent sur les lieux mêmes où l'on construit ; on amène cette terre à l'état de pâte plus ou moins dense en la broyant avec le rabot en fer. Dans certaines localités on emploie souvent un rabot en bois, mais cet outil rend le travail plus pénible et plus imparfait. — On emploie ce mortier dans les constructions rurales pour hourder et exécuter des maçonneries en moellons et en briques. Mélangé avec de la paille ou du foin haché menu, ce mortier constitue la BAUGE ou TORCHIS. (Voy. ces mots.) — On blanchit souvent à la chaux les constructions faites en mortier de terre ; mais quand on veut leur donner une plus grande durée et empêcher le ramollissement de leurs surfaces, on les recouvre d'un enduit de plâtre ou d'un mortier de chaux ; ce dernier, en préservant les constructions du contact de la pluie et de l'humidité, leur permet de résister aux intempéries de l'atmosphère. — Avec une terre franche, moyennement argileuse et une forte proportion de sable, on fait également un mortier de terre d'un assez bon usage pour les maçonneries de briques, telles que fourneaux, forges, etc.

Étudions maintenant les *mortiers ordinaires non hydrauliques* et les *mortiers hydrauliques*.

DES MORTIERS ORDINAIRES DE CHAUX GRASSE ET DE SABLE, etc. — Il existe de nombreux mortiers composés de chaux, sable, terre, arène, chaux maigre, chaux-grasse hydraulique, etc. Nous analyserons brièvement ces divers genres; mais quelles que soient les proportions employées pour constituer ces divers mortiers, leur fabrication comprend toujours trois opérations distinctes : 1° extinction de la chaux; 2° dosage des matières; 3° mélange desdites matières. — Pour l'EXTINCTION DE LA CHAUX, nous renverrons le lecteur à ce mot. Pour ce qui est du *dosage des matières*, les mesures les plus commodes et les plus pratiques, celles dont on se sert dans les chantiers, ces mesures sont des brouettes, parce que les quantités devant former les mélanges se mesurent au volume. Suivant la qualité du mortier qu'on désire obtenir, les qualités de chaux et de sable varient dans les proportions suivantes : 1 partie de chaux pour 2, 3 ou même 4 parties de sable, suivant qu'on veut obtenir un mortier de plus en plus maigre. Quand les matières sont mélangées, comme elles forment une masse très-compacte, leur volume est moindre que la somme des volumes mélangés. — Quand on désire obtenir un mortier pour des ouvrages d'une grande imperméabilité, il faut que le volume de la chaux soit un peu supérieur à la somme des volumes des vides laissés entre les grains de sable. Divers moyens, dont nous n'avons pas à parler ici, existent pour déterminer les vides existants entre les grains de sable; mais un fait pratique dispense de se livrer à des travaux d'analyse : ce moyen, que nous pourrions appeler empirique, consiste en ce que, le mortier fait, le cube de celui-ci est à peu près égal à celui du sable employé; et même, quand on a une bonne qualité de chaux, bien éteinte, bien fine et bien liante, le volume du mortier est égal et quelquefois inférieur à celui du sable employé. Raucourt, dans son *Traité des bons mortiers*, détermine le volume des vides de divers sables et cailloux concassés.

Pour les constructions qui n'ont pas à redouter l'humidité, on emploie un mélange de sable et de chaux maigre ou grasse non hydraulique. Le mortier ainsi obtenu, qui absorbe avidement l'acide carbonique de l'air, durcit assez promptement à l'air libre, trop promptement quelquefois; aussi dans les grandes chaleurs est-on obligé d'humecter les murs ou les parties de mur construites pendant les heures chaudes de la journée. Enfoui dans les terrains humides, ce mortier ne durcit que fort lentement. L'introduction du sable dans les chaux grasses a pour objet de modérer le retrait et d'économiser la quantité de chaux; on ne doit employer que des sables d'un grain assez fort, et à égalité de grain on choisira de préférence les sables rudes au toucher, parce qu'ils sont grenus et à facettes, au lieu d'être arrondis. — Les mortiers de chaux grasse n'ont sur le PISÉ (Voy. ce mot) qu'un seul avantage, c'est que l'acide carbonique de l'air les revêt d'une couche ou plutôt d'une croûte insoluble, partant imperméable, de carbonate de chaux, qui leur permet de résister aux intempéries de l'atmosphère. En définitive, ce sont de mauvais mortiers; aussi Vicat, dans son *Traité des mortiers, ciments et gangues à pouzzolane*, conseille, pour les obtenir les moins mauvais possible, l'ingénieur Vicat, disons-nous, conseille de « prendre le contre-pied de ce que font les maçons, c'est-à-dire qu'au lieu de noyer la chaux dans une très-grande quantité d'eau pour l'éteindre, et de gâcher à consistance très-molle, presque fluide, il faut employer la chaux en pâte ferme » et n'ajouter de l'eau que lorsqu'il y a nécessité absolue, c'est-à-dire lorsque le sable est trop sec pour permettre d'obtenir un mortier de bonne consistance, et encore, ajoute Vicat, « malgré ces précautions, on n'arrivera jamais, en pratique, à des mortiers dont la cohésion finale soit de plus de 3 kilogrammes par centimètre carré.» Nous dirons cependant qu'on arrive à obtenir des mortiers qui supportent une pression plus considérable, mais c'est l'exception.

Mélange des matières. — Ce mélange s'opère de diverses manières. Dans les petits chantiers et pour de faibles quantités, le travail s'effectue à bras d'homme; pour les grandes quantités, sur les grands chantiers, on emploie des moyens mécaniques, des broyeuses, tonneaux à mortier, lesquels appareils sont manœuvrés à l'aide d'un cheval ou par une courroie de transmission mise en mouvement par une locomobile à vapeur. — Voici comment s'opère la manipulation à bras. Sur une aire en planches, et non sur le sol, ce qui doit être interdit dans un bon chantier, on étale avec une pelle trois brouettées de sable; on forme un bassin circulaire au milieu duquel on verse de la chaux en pâte en proportion variable, suivant le genre de mortier qu'on veut obtenir; ensuite, à l'aide du rabot en fer, on broie le mélange en le comprimant; pendant que le maçon effectue cette opération, deux manœuvres avec des pelles relèvent les bords du tas et les projettent dans le centre; on malaxe ainsi le tout jusqu'à ce que la chaux et le sable fassent un mélange intime, ce qui se reconnaît quand le mortier a une teinte égale et uniforme et qu'il ne se trouve pas de parties de chaux isolées dans la masse et reconnaissables. — Dans bien des contrées, on met directement la pierre de chaux dans l'intérieur du bassin pour l'éteindre, après quoi on procède au mélange. C'est un mauvais procédé, parce que la chaux n'est jamais suffisamment éteinte, et qu'une fois le mortier employé, elle éclate çà et là; il convient donc de n'employer que de la chaux éteinte longtemps à l'avance, surtout pour les mortiers confectionnés avec de la chaux grasse, comme nous allons le voir bientôt.

MANIPULATION MÉCANIQUE. — Sur les grands chantiers, on ne manipule les mélanges des mortiers et on ne procède à leur corroyage qu'à l'aide de machines mises en mouvement par des chevaux ou par la vapeur. Anciennement on employait des roues mues par un manége dans une auge qui contenait le mortier; aujourd'hui ce système est presque abandonné, et on lui a substitué des TONNEAUX ou BROYEUSES à mortier (Voy. ces mots) dont l'arbre est mû par la vapeur. Une locomobile de la force de trois ou quatre chevaux vapeur peut faire fonctionner 4 à 5 broyeuses, qui peuvent produire chacune, suivant leur capacité, douze à quinze mètres cubes de mortier par 8 à 10 heures de travail et quelquefois

davantage. — La pesanteur spécifique des mortiers varie suivant leur âge et leur composition; depuis les travaux de Vicat, il est établi que cette densité varie entre 1,26 et 2,05.

Voici la composition des principaux mortiers ordinaires :

MORTIER BATARD. — Ce mortier est d'un très-mauvais usage, il doit être proscrit pour toutes les maçonneries exposées à l'air; nous le donnons néanmoins, parce que dans beaucoup de contrées on en fait encore usage. Il se compose d'un mélange d'une partie de plâtre en poudre et d'une partie de mortier ordinaire, le tout gâché avec une quantité d'eau suffisante pour faire une bouillie assez compacte. On ne doit le faire qu'au fur et à mesure de son emploi.

MORTIER FIN. — Ce mortier est employé pour les travaux en briques exécutés dans l'intérieur, tels que cheminées, cloisons, etc. Ce mortier, comme celui qui vient après, doit être battu et corroyé avec beaucoup de soin; la chaux doit être parfaitement cuite et purgée de *rigaux* ou *biscuits*; le sable employé doit être très-fin et très-sec. Il se compose de :

Chaux vive, mais réduite en bouillie	1 partie.
Sable fin bien pur, bien lavé et bien sec	2 —

MORTIER FIN A POSER. — Comme son nom l'indique, ce mortier sert à la pose des pierres de taille; on l'utilise également pour parementer les maçonneries de brique, ainsi que pour enduits et rejointoiements. Il se compose de :

Chaux éteinte en pâte	2 parties.
Sable très-fin	3 —

Dans quelques contrées, notamment dans le midi de la France, on remplace souvent le sable par de la pierre tendre réduite en poudre et passée au tamis fin.

GROS MORTIER. — Ce mortier, employé pour les basses fondations et pour les travaux de grosse limousinerie, se compose de :

Chaux éteinte en pâte	1 partie.
Sable	2 —

Nous ne saurions terminer ce qui concerne les mortiers ordinaires sans parler du mortier Loriot, qui, à une époque, a excité beaucoup d'enthousiasme parmi certains constructeurs. Nous pensons que les enthousiastes en ont dit trop de bien et les détracteurs trop de mal. Nous allons en donner la composition et la fabrication, afin que nos lecteurs puissent se faire une opinion à l'égard de ce mortier. Voici (1) le procédé tel qu'il se trouve imprimé dans une brochure in-8° publiée *par ordre du roi* en 1776 (page 32) :

Prenez, pour une partie de brique pilée très-exactement et passée au sas, deux parties de sable de rivière passé à la claie ; de la chaux vieille éteinte, en quantité suffisante pour former dans l'auge, avec l'eau, un amalgame ordinaire, et cependant assez humecté pour fournir à l'extinction de la chaux vive que vous jetterez en poudre jusqu'à la concurrence du quart en sus de la quantité de sable et de briques pilées, pris ensemble : les matières étant bien incorporées, employez-les promptement, parce que le moindre délai en peut rendre l'usage défectueux ou impossible.

A la page 36, il (Loriot) prévient qu'à cause des différents degrés de force qui se rencontrent non-seulement entre la chaux ordinaire d'un canton et celle d'un autre, mais encore entre la chaux provenant des pierres de la même carrière, si elle a été plus nouvellement ou plus anciennement cuite, on ne peut pas assigner la quantité proportionnelle de chaux vive à faire entrer dans le ciment : ici il en faut davantage, là il en faut moins ; c'est pourquoi le sieur Loriot a pris un terme moyen en indiquant le quart en sus du total des matières de sable et de brique pilée, qui est la mesure d'une chaux de médiocre qualité employée en sortant du four ; si elle était cuite depuis longtemps, il en faudrait davantage.

Voici comment Vicat (ouvrage cité ci-dessus) a apprécié le procédé Loriot :

Ce procédé et celui qu'on a cherché à lui substituer se bornent donc à provoquer chez les mortiers à chaux grasse une première prise assez prompte, sans les améliorer en rien pour l'avenir, sans modifier leur manière d'être vis-à-vis de l'eau et des intempéries, tout en imposant une main-d'œuvre compliquée et inadmissible sur les grands travaux. Ces procédés sont depuis longtemps abandonnés.

MORTIERS HYDRAULIQUES. — On désigne sous ce terme les mortiers qui ont la propriété de prendre corps et de durcir sous l'eau et à l'air dans un laps de temps plus ou moins considérable, et cela quelle que soit la composition de ces mortiers. — Il existe une variété infinie de mortiers hydrauliques qu'on peut ramener à trois groupes, savoir : 1° les *mortiers hydrauliques* à base de *sable* et de *chaux hydraulique* ; 2° les *mortiers hydrauliques* à base de *chaux* et de *pouzzolane naturelle* ou *artificielle* ; 3° enfin les *mortiers de ciment*. — On pourrait même classer dans les mortiers hydrauliques les *bétons*, car ce sont des chaux hydrauliques mêlées avec des cailloux concassés ou des recoupes de pierres, mais nous avons préféré les classer à part ; aussi le lecteur pourra voir en leur rang ce que sont ces mortiers. (Voyez BÉTON et BÉTONNAGE.)

Nous dirons ici cependant qu'il faut que les mortiers employés à la fabrication des bétons soient des mortiers gras. Ainsi les pierres artificielles fabriquées par le système Ducournau sont de véritables *bétons*, tandis que d'autres dénommés *bétons agglomérés* sont uniquement des *mortiers* comprimés. — Du reste, comme la plupart de nos lecteurs le savent, les chaux grasses et les chaux maigres ont des éléments constitutifs très-différents. Celles-ci, de même que les ciments, sont cuites dans des fours différents et à des températures beaucoup plus élevées que les chaux grasses. Ce mode de cuisson exerce des influences très-fâcheuses sur les produits ; aussi les mortiers fabriqués avec les chaux et les ciments de cette catégorie entraînent, quand ils sont employés sans digestion préalable, la ruine totale ou partielle des travaux. C'est pour parer à ces graves désordres qu'un inventeur, M. Ducournau, a imaginé une poudre qu'il nomme *agré-*

---

(1) Ce qui suit est tiré du *Traité de l'art de bâtir*, de Rondelet, tome Ier, p. 142. — Cet immortel ouvrage, qui a fourni matière à de si nombreuses compilations, n'a jamais permis de faire rien d'aussi complet sur le même sujet. En effet, depuis la publication de ce chef-d'œuvre de savoir pratique et d'érudition, aucun auteur n'a osé faire un ouvrage d'une importance. Mais nous devons ajouter qu'il a paru des manuels de construction qui, bien que plus modestes que l'ouvrage de Rondelet, n'en ont pas moins rendu de grands services aux constructeurs ; en première ligne nous devons mentionner *Pratique de l'art de construire*, par J. Claudel et L. Laroque, 1 vol. in-8°, Paris, 1863.

gat et qui mélangée, dans une faible proportion (un vingtième ou un dixième au plus), a la propriété de vieillir les ciments et les chaux hydrauliques de récente fabrication, et de neutraliser par conséquent les fâcheux effets que nous avons signalés ci-dessus. Le mélange de l'agrégat et des mortiers s'opère au moment du corroyage de ces mortiers. — Pour plus amples renseignements sur cette grave question, nous renverrons le lecteur pages 32 et 135 d'un livre très-pratique de M. Ducournau (1).

MORTIER HYDRAULIQUE DE CHAUX ET DE SABLE. — Nous devons dire tout d'abord que par cette expression *hydraulique*, appliquée aux mortiers dont il s'agit, le lecteur ne doit pas en conclure que ces mortiers ne peuvent et ne doivent être employés qu'immergés, c'est-à-dire pour les travaux hydrauliques. Au contraire, ces mortiers sont employés aujourd'hui avec grand avantage dans les travaux aériens, c'est-à-dire exécutés en plein air ; seulement il est bon et utile, suivant que les mortiers doivent être immergés ou émergés, de varier leur composition ; le lecteur le comprendra facilement, surtout après avoir lu les quelques généralités suivantes. — Les mortiers hydrauliques placés sous l'eau ou dans une terre humide n'atteignent pas à beaucoup près un degré de dureté aussi considérable que lorsqu'ils sont placés dans des conditions telles qu'ils ont à subir toutes les influences atmosphériques ; dans ce cas, certains de ces mortiers atteignent une dureté comparable à celle de calcaires moyens. D'après des expériences concluantes, la résistance de ces mortiers à l'écrasement est de 9 kilogrammes par centimètre carré pour les chaux argileuses moyennement hydrauliques, de 15 kilogrammes pour les mêmes chaux éminemment hydrauliques ; enfin cette résistance atteint jusqu'à 18 kilogrammes pour les chaux siliceuses éminemment hydrauliques. La grosseur et la qualité du grain de sable, malgré l'avis contraire de certains praticiens, exerce une influence très-appréciable sur la qualité de ces mortiers ; le sable d'un grain moyen, d'un millimètre de grosseur environ, est le meilleur. Les sables trop gros, de même que ceux qui sont trop fins, ne sont pas bons ; les premiers ne donnent pas une adhérence suffisante aux molécules, et les seconds absorbent la portion liante, gélatineuse, si nous pouvons employer cette expression, de la chaux. Évidemment, c'est un travail moléculaire très-difficile à reconnaître et par conséquent à déterminer, mais qui n'en existe pas moins. Les résultats dont nous parlons n'ont pas échappé aux observations consciencieuses et approfondies de Vicat ; cet éminent ingénieur a bien eu soin de nous informer que les sables de la Seine dragués à Paris sont trop gros, et que les sables de la Loire, de la Dordogne, de l'Allier et de la Garonne sont des sables excellents pour la fabrication des chaux hydrauliques. Du reste, si on représente par 100 le maximum de la cohésion d'un mortier hydraulique à sable moyen, cette cohésion descendra à 50 pour du gravier et s'élèvera à 70 par l'emploi d'un très-gros sable. Suivant qu'un mortier doit être employé dans l'eau ou sous la terre, sa composition doit varier. — Pour les ouvrages placés sous l'eau, les meilleurs mortiers sont faits avec de la pouzzolane et de la chaux non hydraulique, ou bien avec du sable, de la pouzzolane et de la chaux légèrement hydraulique. Pour les travaux exécutés sous l'eau à une certaine profondeur, il ne faut pas craindre de charger le mortier en chaux et de lui donner une certaine consistance, afin qu'il ne puisse se délayer pendant la descente au fond de l'eau ; du reste, on opère aujourd'hui ces genres de constructions à l'aide de caisses ou coffres qui ne s'ouvrent qu'une fois qu'ils sont arrivés sur le sol. Pour les ouvrages placés sous la terre, on mélange les chaux éminemment hydrauliques avec du sable, qui procure non-seulement une économie, mais qui présente en outre l'avantage de rendre la chaux moins soluble et d'augmenter par suite sa dureté par son exposition à l'air. Mais quelle que soit la variété de mortiers qu'on ait à fabriquer, il faut apporter beaucoup de soin à leur gâchage, car c'est ce dernier qui fait le bon mortier. Les praticiens attachent avec raison la plus grande

(1) *Analyse et perfectionnements nouveaux pour l'emploi des ciments dans les ouvrages à l'air*, par Ducournau, 1 vol. in-8° avec pl.; Paris, A. Lefèvre, 1877.

importance à cette opération. Aussi nous donnerons, d'après Vicat, la marche à suivre.

Les mortiers hydrauliques, dit-il, doivent toujours être gâchés à couvert, quand la saison est pluvieuse, ce qui suppose un sable mouillé ; on ne prend alors que la moitié ou le tiers de la chaux en pâte ordinairement employée, et l'on remplace ce qui manque par la même chaux éteinte en poudre, afin d'absorber l'eau du sable ; sans cette précaution on n'obtiendrait qu'un mortier délavé. Par un temps sec et chaud, il devient, au contraire, quelquefois indispensable d'ajouter de l'eau, mais avec réserve, car il en faut très-peu pour noyer le mortier. — On insiste sur ces précautions, parce que la consistance donnée au mortier dans le gâchage exerce une grande influence sur sa dureté future ; dans aucun cas, on ne doit lui donner ce degré de mollesse qui constitue les bouillies, même épaisses ; il faut qu'ils tiennent bien sur la truelle, sans trop s'y affaisser ; il y a 50 pour 100 à perdre, dans la bonté de la maçonnerie exposée à l'air, par l'emploi d'un mortier noyé ou introduit sous forme de coulis entre les pierres ou moellons dont elle se compose, et 30 pour 100 s'il s'agit de constructions hydrauliques destinées à une immersion constante.

Nous terminerons cet article en donnant la composition d'un certain nombre de mortiers, nous avons puisé des renseignements dans divers auteurs (Miché, Raucourt, Vicat, Château, Claudel, Laroque, Rondelet, Loriot, etc.), mais en apportant souvent des modifications dans les dosages, d'après des données fournies par notre propre expérience.

MORTIERS DE POUZZOLANES NATURELLES ET ARTIFICIELLES.

Mortier de pouzzolane volcanique. — Ce mortier est très-employé pour les constructions hydrauliques dans le midi de la France et dans l'Italie centrale et méridionale. Il se compose de :

Chaux éteinte par immersion (en poudre)... 2 parties.
Pouzzolane volcanique.................. 3 —

Mortier de chaux hydraulique, pouzzolane et sable. — Ce mortier, qui est employé pour constructions hydrauliques, se compose de :

Chaux hydraulique éteinte par immersion
  (en poudre)......................... 2 parties.
Sable................................. 1 —
Pouzzolane............................ 1 —

Mortier de trass. — On compose avec le trass des mortiers très-employés sur les bords du Rhin. Le plus usuel se compose de :

Chaux hydraulique vive à l'état de pâte.... 5 parties.
Trass................................. 4 —
Sable................................. 4 —

Mortier de Saint-Léger. — Ainsi nommé du nom de son inventeur, ce mortier est surtout employé pour des chapes de voûtes, des enduits de citernes, de réservoirs et de bassins ; on l'étend en une couche de 3 à 5 millimètres d'épaisseur, et, suivant l'état hygrométrique de l'atmosphère, on le lisse quatre ou cinq heures après son emploi. Il se compose de :

Chaux hydraulique vive et réduite en poudre. 2 parties.
Pouzzolane de tuileau (argile cuite)........ 2 —
Sable de rivière d'un grain moyen........ 2 —

Mortier de basalte calciné. — Ce mortier se compose de :

Chaux éteinte par immersion.............. 2 parties.
Basalte calciné......................... 3 —

On fait également des mortiers avec du schiste, des grès, des terres ocreuses, etc. ; dans tous ces mortiers, ces substances entrent pour trois parties et la chaux pour deux parties.

On fait aussi des mortiers avec de la chaux hydraulique et des CENDRÉES (Voy. ce mot), qui sont d'un excellent usage, surtout pour les constructions dans l'eau. La nature et la composition de ces mortiers sont extrêmement variables ; nous nous bornerons donc à signaler les principaux :

Mortier de chaux hydraulique, cendrée et sable. — Ce mortier se compose de :

Chaux hydraulique mesurée en pâte....... 3 parties.
Cendrée............................... 2 —
Sable fin.............................. 1 —

Mortier de cendrée. — Ce mortier se compose de :

Chaux mesurée vive.................... 3 parties.
Cendrée de four à chaux purgée de charbon
  et tamisée.......................... 2 —

Pour faire ce mortier, on éteint la chaux par immersion ; on la réduit en poudre, et on opère le mélange de celle-ci et de la cendrée dans un bassin en ajoutant de l'eau. On corroie le mélange à plusieurs reprises et pendant plusieurs jours de suite, jusqu'à ce qu'il forme une pâte fine et bien liante. On conserve ce mortier sous des bâches ou sous des paillassons, et chaque fois qu'on veut l'employer on doit le rebattre dans le bassin, mais sans ajouter de l'eau. Le mortier de cendrée est d'un excellent usage; on l'emploie dans bien des localités, mais surtout dans les départements du Nord et du Pas-de-Calais, dans la Flandre, le Hainaut et le Brabant. Dans ces dernières localités, on fait aussi un mortier dit de *cendres de houille*, dont la composition est celle-ci :

Chaux mesurée en poudre (éteinte par immersion).............................. 6 parties.
Cendres de houille purgées de scories et tamisées....................................... 3 —

Mortier de chaux hydraulique, cendres de houille et sable.

Chaux hydraulique, mesurée en pâte....... 3 parties.
Cendres de houille....................... 2 —
Sable................................... 1 —

Enfin, on fait des *mortiers de ciment* de plusieurs variétés, dans lesquels le ciment joue tantôt le rôle de chaux et tantôt le rôle de pouzzolane; dans les premiers, le ciment est mêlé avec du sable, dans les seconds avec des chaux hydrauliques. Nous ne donnerons pas les compositions de ces divers mortiers, parce qu'elles sont extrêmement variables; nous nous bornerons à renvoyer le lecteur au mot CIMENT. Nous donnerons ici, au milieu des commentaires qui l'accompagnent, un tableau composé par Claudel et Laroque, qui résume et indique les compositions le plus usuellement adoptées pour les mortiers de ciment de Vassy, les plus généralement employés aujourd'hui.

Le mortier n° 1, c'est-à-dire celui de ciment pur, est employé exclusivement à l'étanchement des sources et des fuites d'eau ; son extrême imperméabilité et sa solidification presque instantanée le rendent très-propre à ces sortes de travaux.

Les mortiers 2, 3, 4 et 5 sont employés pour faire les enduits de fosses, de citernes, de réservoirs, etc., pour lesquels l'adhérence et l'imperméabilité sont les principales conditions à exiger.

Les mortiers 6, 7 et 8 sont ceux dont l'usage est le plus fréquent. On les emploie avec de grands

avantages de solidité pour hourder toutes les maçonneries de meulières, de briques, de moellons, etc.; pour faire des rejointoiements de toute nature, des chapes et enduits de maçonneries vieilles et neuves ; on les emploie également pour la reprise des maçonneries en sous-œuvre et pour la restauration de vieux parements de pierre de taille dégradés par le temps, et en général pour tous les ouvrages couverts ou continuellement exposés aux intempéries de l'atmosphère, auxquelles ils résistent parfaitement.

TABLEAU DE LA COMPOSITION DU MÈTRE CUBE DE QUELQUES MORTIERS DE CIMENT ROMAIN (1).

Numéros.	Proportion en volume.		Volume de sable.	Poids de ciment, déchet compris.	
	Ciment.	Sable.		Sans tare.	Avec tare.
			m. cube.	kilogr.	kilogr.
1	1	0	0,00	1204	1336
2	3	1	0,35	928	1030
3	2	1	0,46	843	936
4	3	2	0,55	771	856
5	1	1	0,70	651	723
6	2	3	0,84	530	588
7	1	2	0,98	451	480
8	1	2,5	1,00	390	423
9	1	3	1,00	300	325
10	1	3,5	1,00	258	580
11	1	4	1,00	235	255
12	1	4,5	1,00	205	250
13	1	5	1,00	185	200

Les mortiers 9 et 10 sont employés avec de très-grands avantages pour les murs, voûtes et massifs qui peuvent attendre le parfait durcissement avant d'être soumis à de fortes pressions, ou pour lesquels la condition de complète imperméabilité n'est pas indispensable.

Les mortiers de ciment dans lesquels les proportions de ciment sont moindres que pour celui n° 10 commencent à être maigres et à perdre graduellement leurs qualités principales, autant sous le rapport de l'adhérence que sous celui de l'imperméabilité ; cependant on peut les utiliser encore avec avantage pour les travaux de remplissage et la construction des massifs.

Le mortier n° 13, jouissant encore de la propriété d'un durcissement presque immédiat (deux heures sous l'eau), dans un grand nombre de cas

(1) *Pratique de l'art de construire*, page 117, 1 vol. in-8°, Paris, édit. de 1863.

il peut remplacer très-utilement les mortiers de bonnes chaux hydrauliques.

MORTIER. — On donne aussi ce nom à un vase de fonte ou de fer, employé par les plombiers pour y broyer le mâchefer et les scories de plomb, desquels ils croient pouvoir encore extraire du métal.

MOSAIQUE, s. f. — Assemblage de prismes ou de petits cubes réguliers ou irréguliers, faits au moyen de matières plus ou moins dures (pierre, marbre, terre cuite, verre, émail, etc.), qui sont réunis à l'aide d'un mortier ou d'un mastic quelconque. On forme, à l'aide de ces petits cubes de diverses couleurs, des dessins, des ornements, et même des figures d'hommes et d'animaux. On utilise les mosaïques dans la décoration des édifices, pour pavements, revêtements de murs, de plafonds et de voûtes, pour tympans, culs-de-four, etc. Quelle est l'étymologie de ce nom de mosaïque (*opus musivum*)? Les uns prétendent qu'il est dérivé de *Musæ* (Muses), parce qu'il aurait été inventé par celles-ci, ou bien parce que ce genre de pavement était fort employé dans les temples des Muses. Du reste, les produits de cet art portaient différents noms correspondant à divers genres de mosaïques; on nommait *opus tessellatum* (de *tesseræ*) les mosaïques formées de petits cubes; *musivum musaïcum*, celles formées à l'aide de matières vitreuses; *opus sectile*, les mosaïques faites au moyen de feuilles de marbre; *lithostratum* (Pline, XXXVI, 25; Mazois, *Ruines de Pompéi*, t. 2, pl. 14, 15, 40 et 46), tapis de pierre, les mosaïques qui rappelaient par leurs dessins les tapis orientaux; parmi ceux-ci les uns étaient dits gravés, *sculpturati* (*Id.*, *ibid.*), et les autres, vermiculés, *vermiculati*, parce que les dessins rappelaient vaguement la forme ou la marche des vers sur la terre. Les dalles de marbre incrustées de pièces rapportées (Lucil., fragm. IV, *ex-incert.*, éd. Corpet; Pline, XXXV, 1) représentaient des fleurs et des animaux (Pline, *ibid.*). — L'usage des mosaïques remonte à une haute antiquité; il est aujourd'hui à peu près certain qu'il prit naissance chez les Orientaux, qui en firent une ingé-

nieuse application dans le but de remplacer sur les murs la peinture, et pour pavement les tapis de la Perse. De l'extrême Orient, ce genre de décoration passa chez les Égyptiens, qui le transmirent aux Grecs, et ceux-ci aux Romains. Chez les Perses, on employa, dit-on, à l'origine, des dés de deux couleurs seulement, qu'on disposa de diverses façons; puis on utilisa des pierres ou des terres cuites de divers tons qu'on disposa de manière à imiter les dessins de certaines étoffes. Devons-nous voir un premier type de mosaïque dans le pavement du palais d'Assuérus, dont parle la Bible, pavement composé de porphyre et de marbre blanc, lequel « était embelli de plusieurs figures de belle et grande variété. » Sans remonter aussi loin, nous savons très-bien que ces ouvrages de lithostrate (λιθόστρωτον ou λιθόστρωτα) étaient surtout employés pour les pavements des temples et des palais, et que la maison de Démétrius de Phalère à Athènes, ainsi que le vaisseau que fit construire Hiéron II de Syracuse, étaient décorés de mosaïques (Athénée, livre XII); ce dernier ouvrage représentait toute l'Iliade, et Athénée nous dit aussi (livre V) que tout le plancher de celui-ci avait été fait à l'aide de dés de toutes sortes de pierres : Ταῦτα δὲ πάντα δάπεδον εἶχεν ἐν ἀβακίσκοις συγκείμενον ἐκ παντοίων λίθων. — Pline nous informe que l'art du mosaïste se développa à Pergame et que le très-célèbre Sosus avait exécuté en ce genre des travaux remarquables dans le palais d'Attale (1). Le même auteur nous dit aussi que ce fut Sylla qui introduisit cet art à Rome, et qui fit exécuter la plus ancienne mosaïque, représentant des vues de l'Égypte dans le temple de la Fortune, à Préneste. Cette mosaïque existe encore aujourd'hui en partie à Palestrina (ancienne Préneste). — Les Romains perfectionnèrent cet art en y ajoutant de nouveaux matériaux inconnus des Grecs, et l'usage s'en répandit d'une façon considérable, de sorte

---

(1) Celeberrimus fuit in hoc genere Sosus, qui Pergami stravit quem vocant ἀσάρωτον οἶκον, quoniam purgamenta cœnæ in pavimentum, quæque versi solent, velut relicta, fecerat parvis e tessellatis tinctisque in colores varios. (Pline, XXXVI, 60.)

que César en voyage avait des mosaïques portatives qui formaient le pavement de sa tente. (Voy. MARQUETERIE.) Quant à Cicéron, il estimait à tel point ce genre de décoration que tous les portiques de sa maison et de ses *villæ* étaient ainsi pavés. A Herculanum et surtout à Pompéi, tous les *atria* des maisons

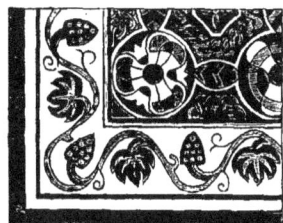

Fig. 1. — Mosaïque des thermes de Jurançon.

sont pavés de même. Du reste, les Romains poussaient l'amour de la mosaïque jusqu'à la folie; non-seulement toutes les belles maisons de Rome en possédaient, mais encore tous les pays qui ont été sous la domination romaine en possèdent de magnifiques restes. En

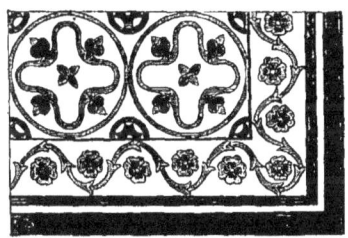

Fig. 2. — Mosaïque de Jurançon.

France, on en a découvert un très-grand nombre de l'époque romaine et gallo-romaine: on en voit dans le département de l'Aisne à Blanzy, à Basoche, à Nisy (1); à Autun, à Lyon, à Nîmes, à Vienne, à Aix, à Orange, à Évreux, à la villa Bapteste près de Bordeaux, à Reims, aux thermes de Jurançon

---

(1) On peut voir quelques dessins de ces mosaïques dans le tome II, p. 13 et suiv. des *Antiquités de l'Aisne*, par M. Ed. Fleury, Paris, 1877 et 1878.

(fig. 1 et 2), à Bielle (fig. 3), etc., etc., car à une certaine époque toutes les villes importantes de la Gaule romaine avaient leurs temples, leurs bains, leurs thermes, leurs théâtres pavés en mosaïques. Nos figures de 4 à 15 montrent divers spécimens de mosaïques dont nos légendes fournissent une explication suffisante pour qu'il ne soit pas nécessaire d'en parler en dehors; disons cependant que la figure 10

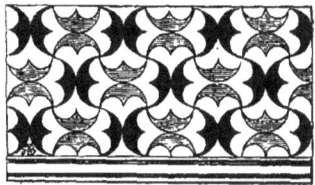

Fig. 3. — Mosaïque de Bielle.

montre un type assez répandu dans l'antiquité, type qui servait à décorer l'entrée des maisons; on y lit le mot de bienvenue adressé à l'étranger : SALVE; faisons observer en outre

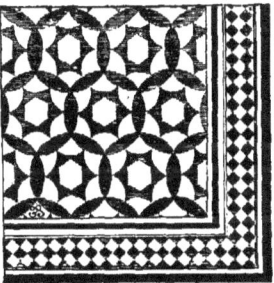

Fig. 4. — Mosaïque avec encadrements.

que la bordure de la mosaïque est formée à l'aide de compartiments triangulaires qu'on nommait TRIGONUM. (Voy. ce mot.) Nos figures de 1 à 4 sont tirées du 2e volume du *Bulletin du comité de la langue de l'histoire et des arts* (pl. II et III). Les plus belles mosaïques que nous connaissons sont les suivantes : au musée national de Naples, la magnifique mosaïque qui représente la bataille d'Issus et qui comporte dans son ensemble 26 figures d'hommes et 16 chevaux. On y voit Alexandre à cheval, ayant perdu son casque et perçant de sa lance un guerrier. Vis-à-vis, on aperçoit Darius s'enfuyant sur un quadrige, cependant il excite encore ses soldats. Cette mosaïque fut découverte à Pompéi dans la maison du Faune, le 24 octobre 1831. — Dans le même

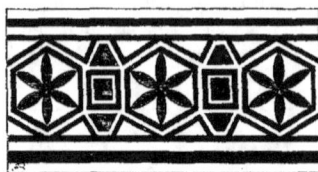

Fig. 5. — Bordure de mosaïque.

musée, nous signalerons une mosaïque d'un fini remarquable qui représente une scène comique : deux acteurs et une actrice accompagnée d'un enfant jouent de divers instruments; dans la partie gauche supérieure du

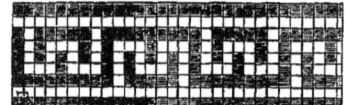

Fig. 6. — Bordure de mosaïque (terre cuite).

dessin on lit : ΔΙΟΣ ΚΟΥΡΙΔΗΣ ΣΑΜΙΟΣ ΕΠΟΙΗΣΕ. — Une autre mosaïque représente diverses espèces de poissons qu'on reconnaît fort bien, entre autres une pieuvre. On voit enfin un chat qui dévore un oiseau; des ca-

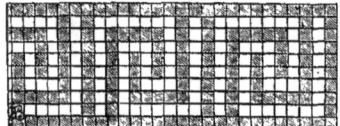

Fig. 7. — Grecque en mosaïque (terre cuite).

nards et des poissons; un combat de coqs; un Bacchus sur un lion, et un chien attaché par une chaîne, sous les pieds duquel on lit : CAVE CANEM. Notre planche en couleur LXIII montre avec d'autres dessins ces deux dernières mosaïques de Pompéi. N'oublions pas de mentionner la belle composition trouvée en 1826 dans la

maison dite *Omerica*, qui représente le *choragium* ou partie de la scène d'un théâtre, dans laquelle on voit le directeur ou *choragus* occupé des préparatifs du spectacle. Il est assis sur un siége, et, pendant qu'un joueur de flûte

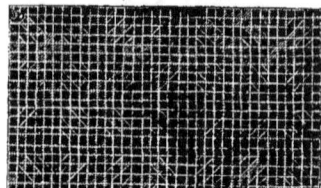

Fig. 8. — Mosaïque en terre cuite (fond).

accorde son instrument, le choragus a l'air de donner ses dernières instructions à deux acteurs qui n'ont pour tout costume qu'un caleçon en peau de bête; enfin on voit çà et là, dans cette mosaïque, des masques et parmi eux celui que nous avons donné (fig. 3) à ce mot.

Fig. 9. — Mosaïque en marqueterie de marbre (bordure).

(Voy. MASQUE.) — Au musée Pio-Clémentin, dans la salle ronde, la mosaïque d'Otricoli, découverte en 1780, qui représente des combats de centaures, avec des néréides et des tritons. — Au musée du Capitole, la fameuse mosaïque de Sosus, d'un genre tout particulier, nommée

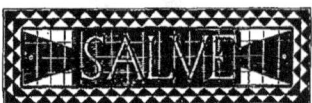

Fig. 10. — Mosaïque décorant un prothyrum.

asarotum (de α privatif, et σαίρειν, balayer), parce qu'elle représentait un parquet chargé de débris de mets, c'est-à-dire qui après un festin n'aurait pas été balayé. Au centre de cette mosaïque, faite de cailloux de diverses couleurs, il y a deux colombes posées sur le bord d'un canthare dans lequel elles boivent. —

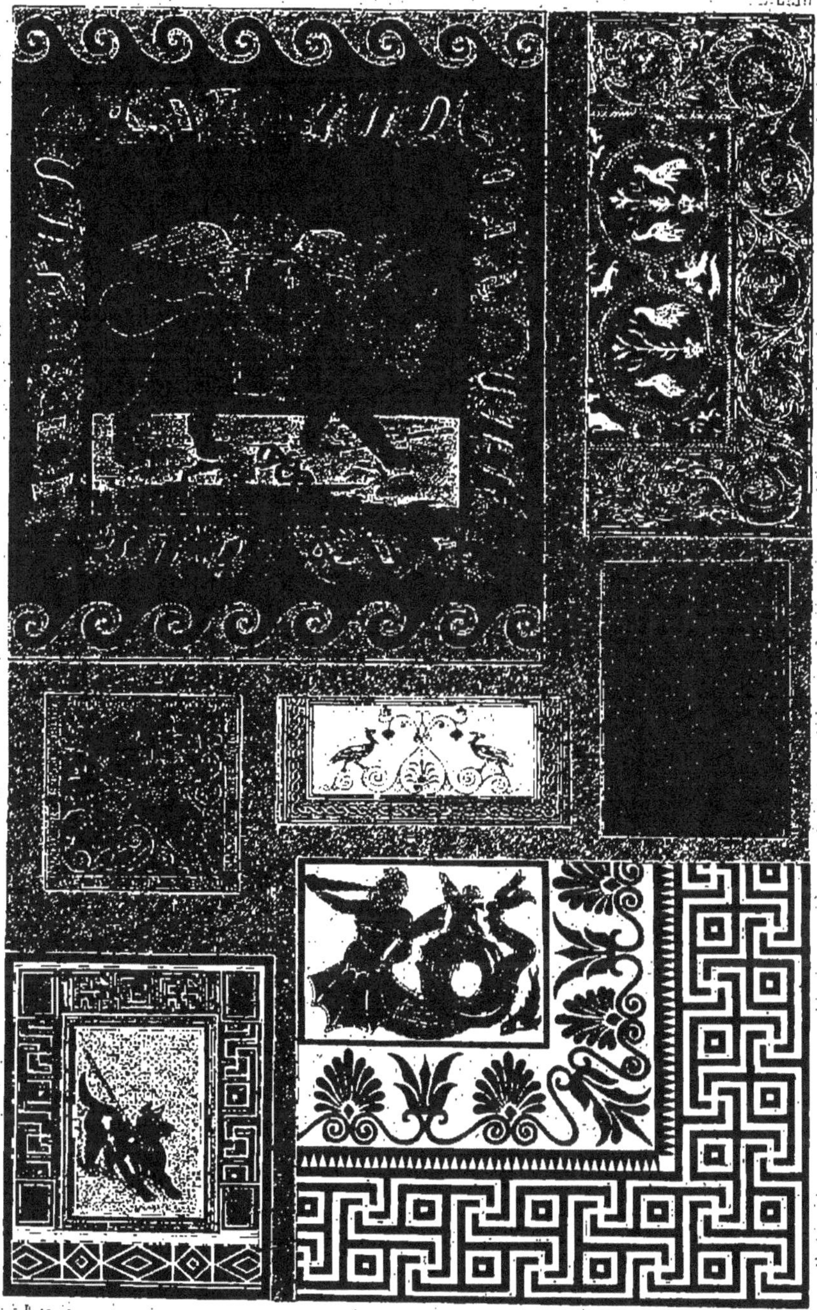

En 1737, à la villa Adrien près de Tivoli, on a trouvé une copie de cette mosaïque, et une autre à Pompéi vers 1833. — Au palais Borghèse, une belle mosaïque représente Orphée jouant de la lyre au milieu d'animaux. — Au palais Barberini, c'est l'enlèvement d'Europe ; cette mosaïque a été trouvée à Palestrina (ancienne Préneste). — Enfin, la villa Albani possède une belle mosaïque qui a été découverte dans le pays d'Urbin. — En France, à

d'une plus grande abondance. C'est alors qu'ils imaginèrent d'employer des verres et des pâtes vitrifiables, des émaux. — Le verre fut employé à cet usage dès le premier siècle de l'empire ; les mosaïques de verre ne furent, sans doute, dans le principe, que des bijoux, puisque dans bien des musées on peut voir de toutes petites pièces enchâssées dans des bijoux et dont les dessins, la plupart des oiseaux et des arabesques, sont d'une finesse et d'un éclat

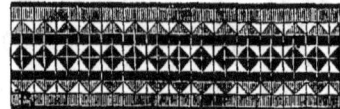

Fig. 11. — Mosaïque en marqueterie de marbre (bordure).

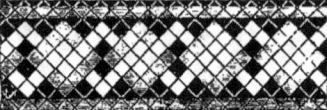

Fig. 13. — Mosaïque en terre cuite (bordure).

Nîmes, les fouilles opérées dans l'ancien forum, à la fontaine, aux anciens thermes et dans d'autres localités, ont mis à jour de remarquables mosaïques, qui sont en partie placées dans la *Maison-Carrée*. Divers musées possèdent en outre des mosaïques romaines et gallo-romaines. Le musée de Rouen en a recueilli une superbe retrouvée dans la forêt de Brotonne. En Espagne, au milieu de nombreuses mosaïques, on en distingue une plus célèbre,

incomparables. Un peu plus tard, on appliqua ce genre à la mosaïque décorative, c'est-à-dire à celle employée en pavement et en revêtement. L'effet obtenu donna de si beaux résultats qu'on appliqua les mosaïques de verre aux colonnes, aux murs, aux voûtes, et jusqu'aux meubles ; à l'époque de Constantin, on employait ce genre avec une profusion inconcevable. Il se forma alors des écoles remarquables ; dès le IVe siècle les mosaïstes siciliens

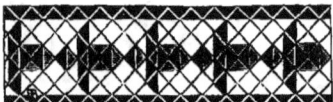

Fig. 12. — Mosaïque en terre cuite (bordure).

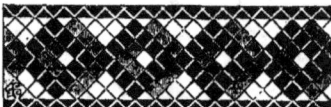

Fig. 14. — Mosaïque en terre cuite (bordure).

celle dite d'*Italica,* qui fait voir les jeux du cirque, et dont la bordure renferme de grands médaillons au milieu desquels se voient les bustes des Muses. — Il existe encore de belles mosaïques anciennes en Saxe, dans le Wurtemberg, en Allemagne et en Angleterre. — Les artistes romains avaient longtemps cherché à faire des mosaïques plus brillantes que celles que pouvaient fournir les marbres, c'est pourquoi ils utilisèrent des pierres précieuses, telles que les onyx, les agates, les cornalines, et même les sardoines, les améthystes et les émeraudes ; mais le haut prix de ces pierres les obligea à chercher d'autres matériaux moins chers et

étaient passés maîtres. Nous voyons que Symmaque (*Litt.,* liv. VIII, *Ep.* 4) demande au mosaïste Antiochus de Sicile des modèles d'un nouveau genre pour les appliquer à quelques édifices de Rome. Du reste, les mosaïstes étaient tellement recherchés et honorés, que Théodose les dispensa de tout service public. Sous Constantin déjà l'usage des mosaïques s'était tellement répandu qu'on les employa exclusivement à toute autre décoration pour l'ornementation des églises ; et, comme l'observe Bâtissier (*Hist. de l'art mon.,* p. 374), « souvent on plaça dans le fronton de l'église une image du Christ, assis sur un trône, dans

dans l'action de bénir; le reste de la façade jusqu'à la naissance du porche fut également rehaussé de mosaïques... on en plaçait même sous le narthex... A l'intérieur, les murs latéraux offrent des pilastres et de riches placages de marbre, tandis que la voûte de l'abside et les parois mêmes de la nef brillaient de l'éclat des mosaïques sur fond d'or. » Sous le Bas-Empire, les mosaïques remplacèrent la peinture; c'est alors que les mosaïstes byzantins, perfectionnant de plus en plus cet art, finirent par imaginer la mosaïque sur fond d'or, qui donna bientôt naissance à la *peinture sur émail.* Ce genre de mosaïque se compose de petits cubes de marbre, sur lesquels on place de l'or et qu'on

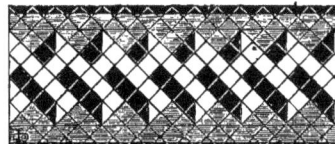

Fig. 15. — Mosaïque en terre cuite (bordure).

recouvre ensuite de verres de diverses couleurs. Théophile (1) nous dit que les Grecs disposèrent leurs mosaïques de telle façon que les figures se détachaient sur un fond d'or, et cette manière s'est conservée longtemps en Italie pendant le moyen âge. La feuille d'or s'appliquait sur ces cubes au moyen de quelques gouttes de gomme; puis une couche de verre pilé, en se révivifiant dans le fourneau, formait sur cette dorure un vernis ineffaçable. — Nous pouvons nous faire une idée des beaux effets qu'ont obtenus les artistes byzantins en étudiant leurs magnifiques travaux dans l'église de Sainte-Sophie à Constantinople; dans les églises de Sainte-Agnès, de Saint-Pierre et de Saint-Paul hors les Murs, de Saint-Damien, à Rome; à Saint-Marc de Venise; enfin dans les églises de Saint-Vital et de Saint-Apollinaire, à Ravenne. Au XIIe et au XIIIe siècle, il y eut en

Grèce et en Italie de très-habiles mosaïstes. Les Vénitiens attirèrent chez eux des artistes grecs, et l'un des plus célèbres, Apollonius, après avoir initié dans son art Andréa Tafi, collabora avec lui à diverses mosaïques représentant des sujets bibliques. Jacopo et Mino da Tarrita, ainsi que Jacopo da Camerino, peuvent être considérés comme des artistes de la même école; Gaddo Gaddi vint après ceux-ci, et fit des travaux remarquables. Enfin Giotto, élève de Cimabué, ne fit pas seulement des peintures, mais encore des mosaïques, entre autres celle qui se trouve aujourd'hui placée au-dessus de la porte centrale de Saint-Pierre de Rome et connue sous le nom de *Nave di Giotto* ou *Nave di San-Pietro*, qui représente la barque de saint Pierre agitée par la tempête. — Au Xe siècle, le pavé de beaucoup d'églises se composait de mosaïques et de compartiments faits en pierres de diverses couleurs; au XIe, ce système est encore en usage, puisque Guyon Widon exécute en 1090 le pavement de l'église de Reims en mosaïques faites avec des pierres de jaspe, de porphyre, de marbre, et des pierres cuites peintes et émaillées. Le pavé de l'église de Tournus, Saint-Philibert, qui date de la même époque, était également en mosaïques et représentait, entre autres choses, les signes du zodiaque. L'église de Saint-Martin d'Ainay, à Lyon, avait une mosaïque de la même époque qui représentait le pape Pascal II. — Au XVe et au XVIe siècle, la mosaïque, délaissée du XIIe au XIVe siècle, reprit faveur; c'est alors que se fondèrent les fabriques de Venise; à la fin du XVIe siècle, celle de Florence, qui fournit plutôt des produits de marqueterie, nous en parlerons bientôt; enfin la fabrique du Vatican, dont la riche palette peut fournir dix mille tons différents. Aussi les plus belles mosaïques modernes sont sans contredit celles qui sortent *della Studio del mosaico*, située sous la galerie des Inscriptions du Vatican. Les artistes, après avoir tracé sur un enduit en plâtre les contours du sujet qu'ils veulent rendre en mosaïque, enlèvent successivement par place le plâtre; ils le remplacent par un mastic particulier, et c'est dans celui-ci qu'ils piquent les uns contre les autres les petits fils d'émaux taillés, et

─────────────────────

(1) Theophili lib. II, cap. XV, *de vitro Græco quod musivum opus decorat.* Cf. aussi Theophili presbyteri et monachi lib. III, *seu diversorum artium schedula*, apud Lessing, *zur Geschichte und litteratur*, 5 vol. in-8°, Brunswick, 1781.

souvent passés à la meule pour rendre leur juxtaposition plus serrée. Certaines copies de tableaux qui décorent les autels de la basilique de Saint-Pierre ont coûté jusqu'à vingt-cinq années d'un travail quotidien assidu. Dans un petit cabinet qui se trouve sur la droite de la galerie, nous avons vu des merveilles : ce sont des tableaux de petite dimension qui reproduisent des tableaux célèbres ou la vue de certains monuments de Rome; c'est dans ce petit musée que le pape va puiser les cadeaux qu'il fait aux personnages importants. C'est la fabrique du Vatican qui a exécuté les portraits des papes dont les médaillons décorent la basilique de Saint-Paul hors les Murs. Au commencement du XVIIᵉ siècle, Clément VIII fit décorer de mosaïques la coupole de Saint-Pierre. Quatremère de Quincy donne au sujet de ces mosaïques des renseignements qui présentent quelque intérêt et qui font voir l'origine de l'application de la mosaïque à la reproduction des tableaux; c'est pourquoi nous les donnons ici :

Parmi les artistes qui furent employés à la décoration de la coupole de Saint-Pierre, dit cet auteur (*Dict. d'arch.*, vᵒ *Mosaïque*), on distingue Paul Rosseti et François Zucchi. Tous les ornements en figures qui remplissent les compartiments de la coupole furent terminés avec beaucoup de succès en 1603. Comme la durée de la mosaïque tient à la bonne qualité des mastics, vers le même temps Jean-Baptiste Calendra en inventa un qui contribua beaucoup à accréditer, pour la décoration, l'emploi de la mosaïque. Il exécuta dans l'espace de quatorze années les grandes mosaïques des pendentifs de la coupole, qui représentent les quatre Pères de l'Église, d'après les peintures de Lanfranc, d'André Sacchi, de Romanelli et de Pellegrini. — Ces grands ouvrages de mosaïque persuadèrent de plus en plus que ce procédé était propre à reproduire dans d'impérissables copies les ouvrages du pinceau. La mosaïque eut enfin le même sort que la tapisserie; ce dernier art n'avait eu d'abord d'emploi que dans la tenture des planchers; on l'étendit ensuite à la couverture des murs intérieurs; on y traça des ornements, puis des figures; enfin on conçut l'idée de lui faire copier des tableaux, et telle est aujourd'hui sa plus brillante destination. — L'église Saint-Pierre devait encore fournir l'occasion d'ouvrir à la mosaïque cette nouvelle carrière. Plusieurs causes locales

ne tardèrent point à prouver que les peintures à fresque ou à l'huile y étaient attaquées par l'humidité. On résolut de ne plus compromettre la durée de plusieurs tableaux estimés, et de les remplacer par leur copie en mosaïque. Dès lors toutes les chapelles de Saint-Pierre reçurent des peintures de ce genre. Le projet de ne plus admettre dans Saint-Pierre que des tableaux en mosaïque fut cause que non-seulement on remplaça ainsi les anciennes peintures, mais que l'on fit exprès, d'une dimension à la vérité plus grande, des copies de plusieurs tableaux de grands maîtres placés ailleurs. Quelque distance qu'il doive y avoir des originaux à leurs copies, toutefois l'effet de celles-ci est tel que l'on y est trompé au premier coup d'œil.

Cette dernière observation de Quatremère de Quincy est fort juste, il faut y regarder à deux fois pour reconnaître que les tableaux de Saint-Pierre sont en mosaïque; mais là où ces mosaïques sont de véritables trompe-l'œil, c'est dans la décoration des façades des autels, et dans la mosaïque qui sert de fond et encadre la statue de saint Pierre, dont tous les fidèles vont baiser l'orteil.

L'origine de l'école de mosaïque romaine remonte donc au commencement du XVIIᵉ siècle; elle fut très-florissante au XVIIIᵉ, car elle possédait des maîtres tels que Christophoris, Coccei, Conti, Fattori, Gossone, Ottaviano et d'autres encore, qui ont exécuté la plupart des immenses tableaux d'autels qui décorent la basilique de Saint-Pierre. — Depuis cette époque, la mosaïque a pénétré dans divers pays de l'Europe; la Russie, l'Angleterre, l'Allemagne et la France ont successivement monté des fabriques de mosaïques, mais l'Italie a tenu et tient encore la tête dans cet art. Il faut, sans doute, attribuer ce fait à plusieurs causes : premièrement, c'est que, depuis près de deux mille ans, l'Italie, exécutant des mosaïques, en a fourni à un grand nombre de peuples et s'est perfectionnée par la pratique et le long usage qu'elle a fait de tous les procédés anciens et modernes; ensuite l'Italie a eu sous la main une quantité considérable de matériaux de toutes les couleurs que les autres peuples ne possédaient pas, tels que marbre, albâtre, serpentine, jaspe, porphyre, onyx, agate, etc.; l'Arno lui-même ne fournit-il pas à Florence de superbes cailloux aux tons les plus brillants et les plus riches ; enfin, la main-d'œuvre a été longtemps dans ce pays à très-bas prix, et, pour des travaux dont l'exécution réclame tant de mois, tant d'années même, ce n'est pas encore un mince détail. Tels sont les principaux motifs qui ont maintenu à l'Italie sa supériorité dans l'art qui nous occupe. En 1808, le gouvernement français fonda une école de mosaïque dont la direction fut confiée au Florentin Belloni ; c'est dans cette école qu'a été exécutée la belle mosaïque qu'on voit au Louvre dans la salle de la Melpomène. Cette école fut supprimée en 1822 ou 1823. Antérieurement, Louis XIV avait tenté de fonder une école de mosaïstes aux Gobelins, mais son existence fut très-éphémère. Un dessus de table qu'on pouvait voir au château de Saint-Cloud était sorti, dit-on, de cette école. Cette table a dû périr dans l'incendie allumé sans doute par les Prussiens en 1870, incendie qui ruina de fond en comble ce château et les merveilles qu'il renfermait.

Dans ces dernières années, on a installé une fabrique de mosaïques vénitiennes à la manufacture de Sèvres. Notre confrère Charles Garnier a beaucoup fait indirectement pour cette création ; nous disons indirectement : en effet, dans un ouvrage plein de verve, de talent et d'esprit, enfin tel qu'il devait sortir de la plume d'un tel artiste, notre illustre confrère a beaucoup poussé à cette création et a eu le bonheur de voir réaliser le vœu qu'il avait formé en ces termes : « Cet atelier (de mosaïque) serait très-facile à installer ; la manufacture de Sèvres a tout le matériel nécessaire pour un tel agencement, et les frais de première installation seraient presque nuls. Je ne puis avoir la prétention que ma conviction isolée porte assez haut et assez loin pour influer sur une grande décision ; mais si d'autres artistes élevaient la voix, si ceux à qui incombe le devoir de protéger l'art en France étaient disposés à soutenir le désir que j'exprime, sans nul doute alors un grand établissement prendrait place ici et honorerait celui qui le formerait, tout autant que les Gobelins ont honoré le souverain qui les a fondés. — Enfin, je confie mon idée à la fortune... Puisse-t-elle devenir féconde ! » (A travers les arts, page 182.) —

Non-seulement la fortune a fécondé l'idée, mais M. Garnier a pu encore employer dans la décoration de l'Opéra des mosaïques de la fabrique de Sèvres. — Dans le midi de la France, il existe des fabriques de mosaïques ; l'une de celles qui produisent le plus, existe près d'Orange, dans le département de Vaucluse. A Marseille, à Nîmes, à Toulouse et dans d'autres villes, depuis près de vingt ans, on a créé des fabriques d'une certaine importance. A Paris, nous avons aussi plusieurs fabriques ; ce sont, en général, des ouvriers italiens qui y travaillent. L'une de ces fabriques, montée par une société anglaise, n'exécute de travaux que pour l'Angleterre ; elle colle des petits cubes de marbre sur du fort papier gris à l'aide d'une colle faite avec du gluten de froment, puis elle expédie par caisses des bordures et des fonds qu'on n'a plus qu'à incruster dans un mastic ou ciment, par compartiments d'un mètre de longueur sur $0^m,50$ à $0^m,60$ de largeur.

MOSAÏQUE FLORENTINE. — La mosaïque florentine est une véritable marqueterie ; et si nous plaçons ici ce terme, c'est que, tout le monde ayant nommé cette marqueterie, *mosaïque*, nous sommes bien obligé de nous conformer à l'usage. — Ce genre de mosaïque a eu pour prédécesseur, pour précurseur, si nous pouvons nous exprimer ainsi, l'*opus Alexandrinum*, c'est-à-dire un genre de mosaïque ou plutôt de marqueterie inventé, selon Lampride, par Alexandre Sévère, dans le commencement du IIIe siècle de l'ère vulgaire. Cette espèce de marqueterie précieuse était composée de granit, de porphyre rouge et vert, de marbre et d'émaux. Les dispositions de ces matériaux sont très-variées et de tons bien tranchés, et présentent cependant beaucoup d'harmonie. Sous le Bas-Empire, on employa l'*opus Alexandrinum* à l'ornement de frises, de panneaux, de médaillons et même pour faire des pavements. Nous ne connaissons pas d'appareil alexandrin datant plus haut que du XIIe siècle ; celui que nous avons vu de cette époque est à Saint-Laurent hors les Murs, près de Rome. Tous les autres sont, d'après nous, postérieurs à celui-ci, du moins ceux que nous avons vus en Italie et en Sicile ; ils sont de la fin du XIIe siècle et du XIIIe. Il en existe de fort beaux dans d'église de Monréale en Sicile et dans le cloître de Saint-Paul hors les Murs à Rome, enfin dans l'église Saint-Clément de la même ville. Nous devons mentionner ici un genre de mosaïque qui se rattache à l'*opus Alexandrinum* et à la mosaïque florentine, c'est le revêtement de la coupole de la cathédrale de Sienne, composé de plaques de marbres de trois tons, blanc, gris foncé et noir. Ces marbres représentent divers sujets du Nouveau Testament, qui, vus du sol de l'église, imitent des peintures en grisaille. Les figures de Moïse, de Samson, de Judas Machabée et de Josué ont été faites par Duccio ; Adam et Ève, le sacrifice d'Abraham, Moïse sur le mont Sinaï, sont de Beccafumi ; enfin des artistes aujourd'hui inconnus ont exécuté les symboles de Sienne et des villes ses alliées, Hermès Trismégiste, Socrate et Cratès, les Sibylles, etc. — Beaucoup d'ouvrages analogues à ceux de Sienne, mais moins importants et partant moins célèbres, ont été exécutés dans diverses villes italiennes ; mais c'est à Florence où ce genre de marqueterie a reçu les plus belles applications, parce que la richesse de la matière le dispute à la perfection du travail. La manufacture nationale de Florence a été fondée en 1588, par le grand-duc de Toscane Ferdinand de Médicis, et les travaux qui en sont sortis depuis sont incalculables ; ils sont répandus dans le monde entier. On a pu s'en faire une idée aux expositions universelles de Londres et de Paris, surtout à celle de 1878. Ce genre de marqueterie s'exécute tantôt sur des surfaces planes, tantôt en relief, et quelquefois même en creux, mais partiellement ; par exemple, pour donner plus de profondeur aux objets représentés, à des fruits, surtout à des raisins. Il est difficile de voir des tons plus frais que ces bouquets de fleurs composés de myosotis, de jasmins et de boutons de roses se détachant sur du fond noir, ou bien que ces grappes de glycine ou de lilas de couleur avec des papillons ou des oiseaux. Du reste, la gamme des couleurs employées dans la fabrique de Florence est des plus riches, le lecteur pourra s'en faire une idée quand il saura qu'on n'emploie pas moins de soixante pierres plus ou moins pré-

cieuses, lesquelles fournissent chacune plusieurs tons, et quelques variétés donnent à elles seules jusqu'à cinq et six tons différents. Voici une partie des pierres employées ; la plupart de ces renseignements nous ont été fournis par M. Peruzzi, un des derniers syndics de Florence. Parmi les pierres dures, nous mentionnerons : les jaspes de Barge, province de Coni, les agates de Sienne, les jaspes d'Arménie, d'Égypte, de Sibérie, de Bohême, d'Espagne, les calcédoines de Monte-Rufoli, les jades de la Perse et des Indes orientales, les granits orientaux d'Éléphantine, ceux d'Algaïola en Corse ; les quartz de l'Inde, de Bohême, du Brésil, les quartz-agates des Pyrénées et d'Aberstein, l'agate rouge du Mongol, les sardoines de Sibérie et de Madagascar, les quartz de l'Égypte et les quartz zonés de l'Arno ; le feldspath du Labrador, les diverses variétés du lapis-lazuli ou lazulites de la Sibérie, de la Chine et de la Perse, les diorites micacés de l'Égypte, les diorites orbiculaires de la Corse et de la Sardaigne, les porphyres quartzifères et globuleux de la Corse, sept à huit variétés de porphyres antiques de la Grèce, de l'Égypte, le *porfido di fiorito*, les porphyres d'Elfdalen en Suède, des hypersténites, des métaphyres, des brèches d'Italie, de France et d'Égypte, enfin trois variétés de coraux.

Parmi les matériaux tendres, nous mentionnerons : les malachites de Sibérie, les marbres, noirs de Dinant, toute la série des marbres antiques et modernes, enfin jusqu'à la nacre. Une des plus belles applications sur une grande échelle de la mosaïque de Florence, c'est la chapelle des Médicis, dont on ne saurait se faire une idée sans l'avoir longtemps admirée.

MOSAISTE, *s. m.* — Ouvrier, artiste qui fabrique, qui exécute des mosaïques.

MOSQUÉE, *s. f.* — Édifice consacré au culte de la religion musulmane. Ce terme est dérivé de l'espagnol *mezquita*, dérivé lui-même de l'arabe *mesdjid* par l'intermédiaire de l'égyptien *mesquid*. La *mesdjid* ou *mesdjïda* est le type le plus simple de la mosquée ; c'est le local dans lequel on se prosterne pour adorer Dieu et son prophète ; on donne le nom de *djama*, qui signifie en arabe réunion, à la grande mosquée dans laquelle se réunissent et s'assemblent en foule, tous les vendredis, les croyants ; enfin on nomme *zaouia* la mosquée-école dans laquelle on enseigne aux enfants, avec les principes de la religion, la lecture et l'écriture : ce dernier type de mosquée est, pour ainsi dire, placé sous l'invocation d'un personnage qui a mené une vie exemplaire, qui a fait beaucoup de bien durant son existence terrestre. Souvent la dépouille mortelle de ce saint personnage est enterrée dans la *zaouia*. — En général, le plan des mosquées est carré ; si l'édifice n'a que des proportions restreintes, quatre ou huit colonnes dans le centre de la mosquée supportent un dôme ; s'il atteint de plus grandes proportions, il est sillonné d'un nombre plus ou moins considérable. La mosquée de Cordoue, à part les pilastres, renferme plus de cinq cent soixante colonnes dans son intérieur ; ces colonnes, qui supportent la retombée d'arcs polylobés, produisent un effet étourdissant, d'autant que la riche ornementation peinte et dorée de cet édifice ajoute encore à ce grand effet. Chaque mosquée contient le *mirah* ou *mihrab*, c'est-à-dire un grand mur très-orné dans lequel est pratiquée une niche dont l'ouverture est dirigée du côté de la Mecque ; cette niche, que les musulmans nomment *kiblâh*, est le sanctuaire dans lequel Dieu est censé se placer, car la religion musulmane n'admet pas de représentation figurée de Dieu, ni d'aucune figure, humaine ou animale. Les croyants se tournent vers le *mirah* pour prier ; à droite de celui-ci se trouve placé le siége du *cheik* ou *scheik*, c'est-à-dire du chef ; à gauche, la *maksoura* ou tribune, dans laquelle il y a une autre tribune (*koutbé*) où le *katib* (l'iman) prononce la prière ; au-dessus de celle-ci il existe une *mastaché*, ou plate-forme carrée, sur laquelle les *muezzins* ou crieurs répètent l'appel à la prière. Enfin, du même côté, mais un peu en dedans de la nef, se trouve, surmontée de deux drapeaux, la chaire (*member* ou *mimbar*), dans laquelle se place le *katib* (prédicateur princi-

pal) ; enfin d'autres chaires plus basses (*koursi*) sont placées au milieu de la mosquée et sont occupées par des prédicateurs (*vaïfs*). Les musulmans marchent dans les mosquées sans chaussures ; ils doivent les quitter dans le porche, car souvent celles-ci en possèdent ; mais le sol des mosquées est couvert de nattes et de tapis (*sedjadeh*) souvent fort riches et, disons-le, très-moelleux. Des lampes à huile suspendues aux voûtes, et affectant la forme de couronnes de lumière ou toute autre disposition, brûlent dans toute l'étendue de la mosquée, qui sans cela serait fort sombre ; mais, au contraire, les lumières en font briller l'intérieur d'une manière très-éclatante. La décoration intérieure est très-luxueuse ; les murs, les tympans, les colonnes, tout enfin est couvert d'arabesques, d'inscriptions tirées du Koran. La peinture, la sculpture, les mosaïques, l'or, l'argent et le bronze sont largement utilisés pour cette décoration. Généralement, les grandes mosquées sont précédées d'un portique ou grand vestibule ; sont disposées autour de l'édifice, des fontaines (*sebil*) et des piscines pour les ablutions et des bains (*hamman*). Souvent, derrière la mosquée, il y a un jardin (*raoudha*) planté de cyprès, au milieu duquel se trouve le tombeau (*turbe*) du fondateur ; enfin il y a dans le voisinage des colléges (*medrése*), des cuisines pour les pauvres, ou IMARET (Voy. ce mot), des écoles secondaires (*makteb*), des bibliothèques (*kitabkhané*), enfin des hôtelleries ou *karavanserails*. Tel est le plan d'une grande mosquée ; quant aux élévations, les portes sont très-élevées, en arcade ogivale, ou en fer à cheval, profondes, et leur voussure est formée d'une série de petites niches encorbellées formant des espèces de stalactites. La surface des murs est unie et percée seulement de distance en distance de fenêtres ogivales ou en fer à cheval, suivant le style adopté ; ces fenêtres sont simples ou géminées. Une forte corniche assez saillante couronne les murs, elle est souvent surmontée d'une galerie crénelée dont les merlons sont à redans. Le centre de l'édifice est coiffé d'une coupole tantôt surbaissée, tantôt elliptique ou bulbiforme. Les coupoles des riches mosquées sont recouvertes de

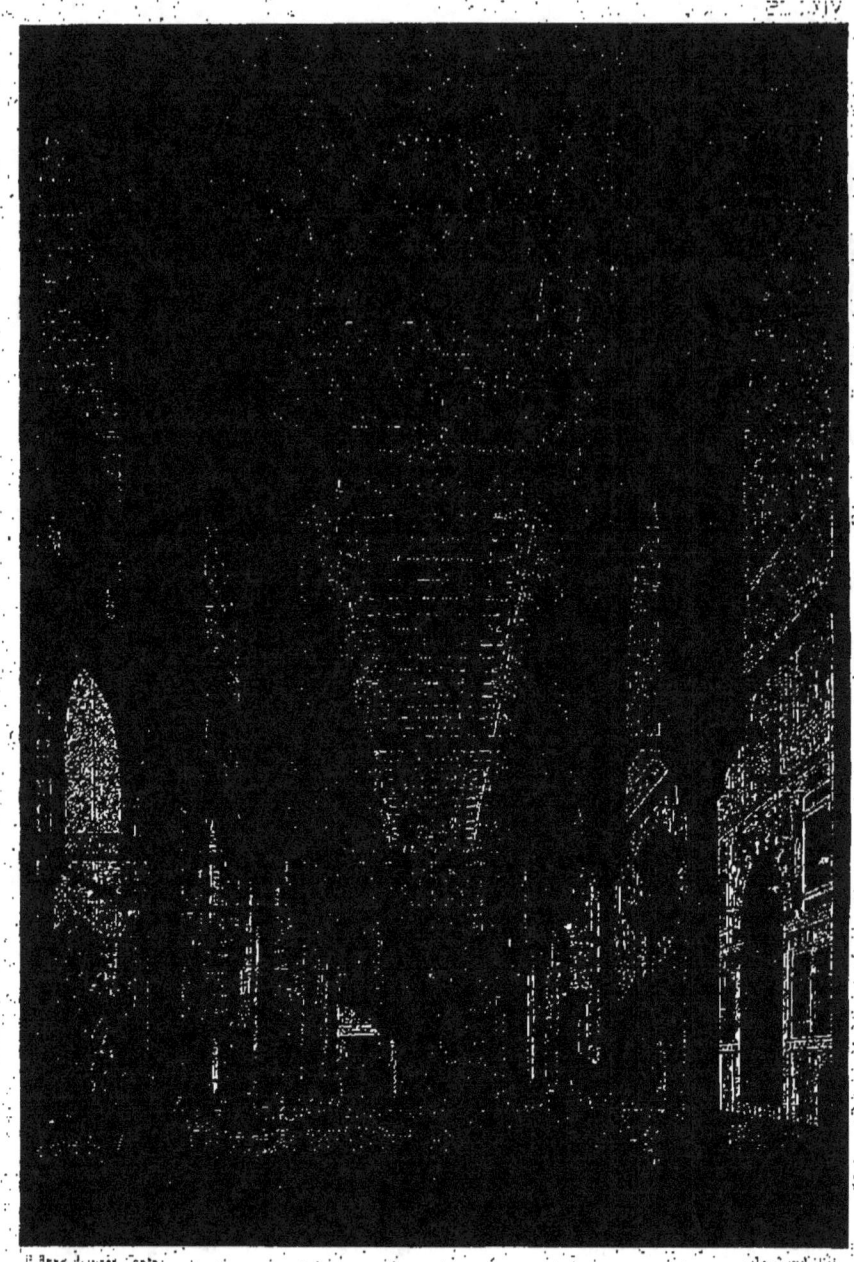

INTÉRIEUR DE LA MOSQUÉE EL MOYED

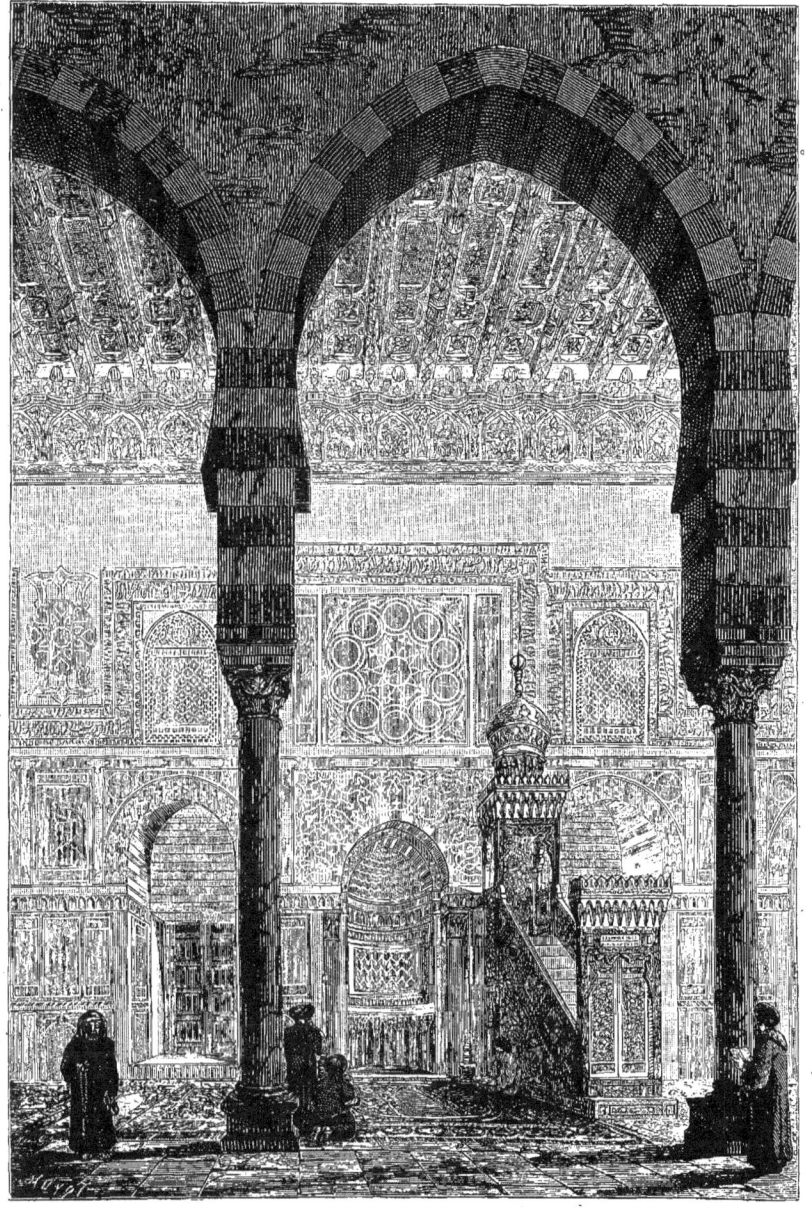

Planche LXV. — Niche du sanctuaire de la mosquée d'El-Moyed.

briques émaillées, de marbre, et souvent certaines parties sont dorées ou peintes; à l'angle ou aux angles de l'édifice, suivant son importance, attenant à la construction ou séparés de celle-ci, il y a un ou plusieurs minarets, c'est-à-dire ce qui remplace les clochers des églises chrétiennes. (Voy. MINARET.) Ces tours contribuent beaucoup à l'ornementation des mosquées par leur richesse et leur élégance, car elles sont toujours très-élancées et souvent richement décorées; beaucoup de ces minarets ont été érigés par des architectes grecs; les deux anciens minarets de la grande mosquée de Damas étaient certainement de style grec; du reste, à l'origine de l'islamisme, les musulmans ne pouvaient employer que des artistes de ce pays. La fameuse Kaaba, la grande et célèbre mosquée de la Mecque, qui passait pour avoir été fondée par Adam et réédifiée après le déluge par Abraham et Ismaël, la Kaaba, disons-nous, fut reconstruite sous Mahomet par deux architectes étrangers, un Copte et un Grec. Le prophète avait fait également construire à Médine une mosquée toute en briques et en bois de palmier, comme nous en informe un auteur, Aboulféda (t. 1er, n° 34, éd. de Reiske). La plupart des mosquées érigées peu après Mahomet ont été construites par des artistes grecs, comme l'affirme Abdel-Latif (p. 499), dans ses relations sur l'Égypte (1). A cette époque, les mosquées étaient décorées de mosaïques byzantines, lesquelles plus tard furent remplacées par des revêtements de briques émaillées. — Il existe des mosquées dans l'Inde, la Perse, la Syrie, l'Égypte, l'Algérie, la Tunisie, le Maroc, l'Espagne, la Turquie et la Grèce. Parmi les plus célèbres, mentionnons celles d'Agra, d'Ispahan et de Damas (2); au Caire, celles d'Amrou, de Barkauk, d'El-Azhar, d'El-Moyed ou d'El-Moaïed, de Hassan, de Kaïtbaï et de Tou-

loun; à Alexandrie, la mosquée d'Aboud-Dinian. Dans les mosquées du Caire, les arcades sont en ogive et les claveaux sont alternativement appareillés en pierres blanches et en briques rouges de deux tons; elles possèdent toutes des voûtes en cul-de-four ou des coupoles en pendentifs, suivant le style byzantin; l'ornementation intérieure est extrêmement riche, les caractères arabes y jouent un grand rôle, et souvent on trouve reproduite cette sentence du Koran : « Celui qui élève une mosquée en l'honneur du Seigneur s'élève une maison dans le paradis. »

La mosquée d'*Amrou* est la plus ancienne *djami* de l'Égypte; son plan offre une première cour ayant à droite des bâtiments servant pour bains et abreuvoir, des citernes; à gauche, un *okel* ou bâtiment servant à loger des étrangers, enfin des écuries pour loger des chevaux, des chameaux et des troupeaux; on pénètre ensuite dans une seconde cour entourée de portiques, au milieu de laquelle se trouve une fontaine; enfin se trouve le sanctuaire, qui possède trois *mirhab*. Cette mosquée est décorée de plus de trois cents colonnes.

La mosquée d'*Aboud-Dinian* à Alexandrie possède une porte monumentale placée dans l'axe de la coupole bulbiforme; elle est accompagnée d'un joli minaret; les murs sont couronnés de merlons à redans; on peut voir cette partie de la façade au mot MINARET (fig. 2).

La mosquée de *Barkauk* ou *Barquauq* date de la moitié du XIIe siècle; celle d'*El-Azhar*, qui a 150 mètres de longueur, date de la fondation même du Caire; quoique sa construction ait été terminée vers 982, son minaret, d'une hardiesse remarquable, n'a été bâti qu'au commencement du XVIe siècle; elle est précédée d'un harem; son sanctuaire, divisé en neuf rangs de nefs, a des arcs plein cintre et des arcs lancéolés.

La mosquée d'*El-Moyed* ou d'*El-Moaïed* date de la première moitié du XVe siècle; son sanctuaire est divisé en trois nefs; elle possède également un harem; elle a été construite avec des matériaux provenant d'édifices romains. Notre planche en couleur LXIV donne une vue du sanctuaire de cette mosquée, tandis que notre planche noire LXV fait voir la niche du sanc-

---

(1) Traduction de Silvestre de Sacy, 1 vol. in-4°, Paris, 1810.

(2) Consulter *Voyage en Perse*, par Coste et Flandin, 1 vol. in-fol., Paris; *Description de l'Arménie et de la Perse*, par Texier, 1 vol. in-fol., Paris, 1842; *Voyage en Arménie et en Perse*, par Am. Joubert, 1 vol. in-8°, Paris, 1821.

tuaire et la chaire à prêcher de la même mosquée.

La mosquée d'*Hassan*, bâtie vers 1356 ou 1358, est surtout remarquable par la hardiesse de sa coupole, la grandeur de son vaisseau, par la richesse de ses marbres et de sa brillante ornementation, dans laquelle se jouent, dans un heureux mélange, l'or, le bleu d'outremer, le vert et le rouge. Cette mosquée est surmontée de plusieurs dômes, et a deux superbes minarets d'une élévation peu ordinaire.

La mosquée de *Kaïtbaï* est un des plus jolis types de mosquée malgré ses proportions restreintes; sa construction date du XVᵉ siècle; son minaret est tout en pierre ; la salle dite *du Tombeau* renferme deux cubes en granit qui portent l'empreinte des pas du Prophète. —La mosquée de *Touloun* a été bâtie à la fin du IXᵉ siècle, par Ahmed-Ben-Touloun ; d'après une inscription en caractères koufiques anciens, on ne peut douter du nom de son fondateur. Elle est toute en briques et les murs sont revêtus d'un enduit en stuc. Son harem est environné de portiques dont les plafonds sont en charpente.

Au mot Minaret, le lecteur pourra voir, sur notre planche en couleur LXII, la représentation des minarets des mosquées de Teyloun et de Barquauq.

En Espagne, la plus belle mosquée est celle de Cordoue ; nous en avons dit quelques mots au commencement de cet article. A Séville, il existait une magnifique mosquée sur l'emplacement de la cathédrale actuelle ; il n'en reste qu'un des minarets, la célèbre tour dite *la Giralda*. —Voy. Arabe (*Architecture*).

MOTIF, *s. m.* — Morceau principal, sujet de décoration peinte ou sculptée ; ainsi on dit : Cette décoration renferme de nombreux motifs, renferme des motifs remarquables. Les principaux motifs de sculpture décorative de la galerie dorée de la Banque de France représentent des trophées de chasse et de marine qui symbolisaient la double fonction de son ancien propriétaire, qui était amiral et grand veneur.

MOUCHARABY, *s. m.* — Ce terme, dérivé de l'arabe *moukscharab*, sert à désigner un encorbellement, une petite loge fermée de toutes parts et placée en saillie sur un mur. Au moyen âge, on donnait ce nom à un balcon placé au-dessus d'une porte ou d'un passage, et ayant des mâchicoulis qui permettaient de défendre l'approche de cette porte. On nommait aussi les moucharabys des *Assommoirs*.

MOUCHE (Aile de). — Voy. Aile.

MOUCHER, *v. a* — En technologie, *moucher une arête* signifie arrondir légèrement cette arête. C'est une excellente pratique qui diminue les chances d'épaufrures et qui n'ôte pas à des tableaux, à des pilastres, le caractère que leur donne la vive arête. On mouche les arêtes des seuils, des marches, des tableaux ou embrasures des portes et des fenêtres, etc.

MOUCHETTE, *s. f.* — Larmier d'une corniche, qui empêche l'eau, à l'aide d'un coupe-larme, de passer sous la corniche et de filer sur la face des murs. Si le plafond de la corniche est évidé en forme de canal renversé, on nomme ce larmier *mouchette pendante ;* au contraire, on appelle *mouchette saillante* le listel qui couronne un talon ou un quart de rond. (Voy. Larmier.)

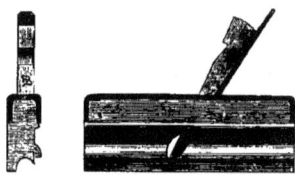

Fig. 1. — Mouchette à joue.

Les maçons nomment *mouchettes* les parties agglomérées du plâtre qui constituent le résidu du tamisage du plâtre. C'est du plâtre imparfaitement écrasé. On bat ces mouchettes pour les réduire en plâtre fin, ou bien on les utilise en les mélangeant avec du gros plâtre pour faire des pigeonnages, du hourdage, des massifs, pâtés, etc.

En menuiserie, on donne ce nom à des rabots qui ont leur fût et leur fer affûtés de manière à pouvoir pousser des quarts de rond et d'autres moulures. Notre figure 1 montre une *mouchette à joue, tarabiscot bois debout ;*

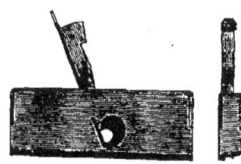

Fig. 2. — Mouchette à joue, semelle en fer.

notre figure 2, une *mouchette à joue* avec semelle en fer ; notre figure 3, une *mouchette cintrée à deux baguettes,* pouvant moulurer des plateaux ou des panneaux circulaires, comme un dessus de table, par exemple. Il existe

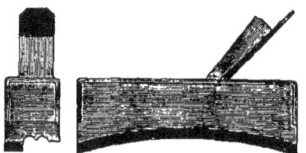

Fig. 3. — Mouchette cintrée à deux baguettes.

également des GUIMBARDES *à mouchettes.* (Voy. ce mot.) Outre la mouchette à joue, qui sert à appuyer en même temps dessus et contre la pièce qu'on travaille, il existe des *mouchettes sans joue.*

MOUCHETURE, *s. f.* — Ornement de fantaisie dont on garnit les espaces vides des ouvrages de sculpture. — En termes de blason, queues d'hermine, lorsqu'elles sont en nombre déterminé et qu'elles ne sèment pas l'écu.

MOUCHOIR, *s. m.* — En maçonnerie, *en mouchoir* signifie obliquement ; refaire un vieux mur en mouchoir, c'est conserver les parties qui sont bonnes en décrivant une ou plusieurs lignes obliques du pied au sommet du mur. — En termes de construction navale, c'est remplir des vides triangulaires dans le bordage d'un navire, avec des morceaux de madriers taillés en triangle.

MOUCHURE, *s. f.* — Morceau de bois coupé sur le bout d'une pièce. — Parties roides et dures qu'on retire du chanvre avant d'armer avec celui-ci le piston d'une pompe.

MOUFETTE. — Voy. MOFETTE.

MOUFLE, *s. m.* — Assemblage de poulies enchâssées et retenues par un boulon dans une main de bois, de fer ou de bronze, appelée *chape* ou *écharpe.* Les moufles sont des machines servant à élever les lourds fardeaux.

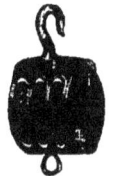

Fig. 1. — Poulies mouflées (1er type).

Il existe beaucoup de systèmes de moufles, mais qui peuvent se ramener à deux : les poulies sont égales ou inégales ; dans le premier cas, elles tournent sur un seul axe ; dans le second, elles possèdent chacune leur axe par-

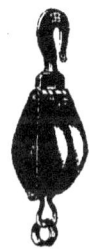

Fig. 2. — Poulies mouflées (2e type).

ticulier, c'est-à-dire qu'elles sont indépendantes les unes des autres, au lieu d'être écharpées ensemble. — Mais quel que soit le système, le principe du fonctionnement est le même. Une corde est enroulée sur toutes les poulies des moufles ; elle va d'une poulie du haut ou du premier système à une poulie du bas ou du deuxième système. Une des extrémités de la corde est fixée dans le bas de la chape du système supérieur, tandis que l'autre est libre ; c'est par celle-ci qu'on exerce un tirage sur la corde. La chape inférieure porte un fort crochet auquel on attache le fardeau à soulever. La force de traction exercée à l'extrémité de la corde tirée est multipliée par le moufle, proportionnellement à deux fois le nombre de poulies composant le système inférieur.

On donne aussi ce nom à tout assemblage formé de deux pièces entrant l'une dans l'autre de la même manière. Enfin on donne le nom de *moufle* ou *mouflette* à deux pièces de bois creuses qui réunies forment une poignée mobile et servent à tenir le fer à souder, quand il est chaud. (Voy. nos figures.)

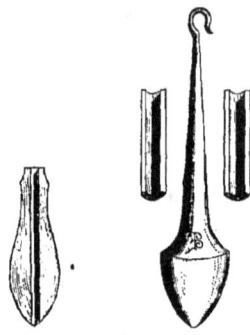

Fig. 3 et 4. — Moufles du plombier.

MOUFLE (Ajustement à). — Assemblage à l'aide duquel on rallonge une barre de fer; l'une des pièces est en forme de fourchette et reçoit l'extrémité de l'autre, élégie à cet effet ; chacune de ces parties porte un œil dans lequel passe une clavette ; nos figures montrent divers types d'assemblages à moufle employés pour les chaînages en fer.

MOUFLÉ, ÉE, *p. pas.* — Poulie mouflée, poulie qui agit concurremment avec plusieurs autres.

MOUFLER, *v. a.* — *Moufler un mur*, c'est y appliquer une barre de fer à l'extrémité de laquelle on a pratiqué des yeux. (Littré.) Cette expression nous est totalement inconnue et ne signifie rien de précis.

MOULAGE, *s. m.* — Opération qui consiste à *mouler.* (Voy. le mot suivant.)

MOULER, *v. a.* — Employer des moules pour donner à certaines matières des formes déterminées. On moule les terres glaises réfractaires, l'argile, etc., pour faire des carreaux, des tuiles, des briques, des drains, des faîtages, etc.; tous ces objets, après leur moulage, sont cuits. Notre figure 1 montre un moule monté pour y mouler un carreau de terre glaise; notre figure 2, le carreau moulé et l'outil démonté. — On moule également la

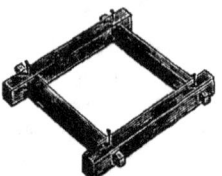

Fig. 1. — Moule avec ses clavettes.

fonte et le bronze pour faire des tuyaux, des candélabres, des statues, des objets d'art, etc. Enfin, dans ces dernières années, on a moulé les détritus de charbon de terre, la tourbe, le poussier de charbon de bois, etc., en mélangeant ces matières avec du brai pour faire des charbons agglomérés et des briquettes. — En sculpture, le moulage est une opération qui consiste à prendre la copie d'une

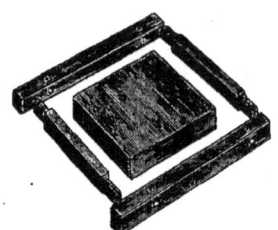

Fig. 2. — Moule démonté.

figure, d'un bas-relief, d'une console, d'un chapiteau, d'un ornement quelconque, au moyen d'un *moule* en plâtre pris sur l'objet à mouler. Quand il s'agit de reproduire une petite pièce, une médaille ou un médaillon, qui n'offre pas de grands creux et de grandes saillies, on se contente d'enduire l'objet à mouler avec de l'huile, puis on verse du plâtre très-fin et assez liquide pour épouser exactement les pièces à reproduire. Une fois le plâtre bien sec, on le sépare facilement de l'objet, et on a le moule en creux, c'est-à-dire la forme qui une fois huilée permet d'obtenir la contre-épreuve. — Un autre mode de mouler, pour obtenir le modèle d'un ornement ou d'une statue en ronde bosse, consiste dans l'emploi des moules formés de plusieurs pièces qui, étant réunies, donnent en creux l'original. Pour se servir de ce moule, on enduit ces diverses parties avec de l'huile, puis on les réunit en les ligaturant fortement ; après quoi, on coule dans ce moule du plâtre très-liquide, afin qu'il puisse pénétrer facilement dans les sinuosités les plus délicates du moule. Quand le plâtre a fait prise et qu'il est bien sec, on le dépouille de son moule pièce par pièce ; on découvre ainsi la figure moulée, sur laquelle on trouve des BALÈVRES (Voy. ce mot) produites par la juxtaposition des pièces. On peut tirer plusieurs exemplaires de l'objet moulé en répétant l'opération ; mais les premiers tirages sont les meilleurs, parce qu'ils possèdent toutes les finesses de l'original. — Dans l'industrie de la fonte et du bronze, on se sert de moules de terre, qui reçoivent ces métaux liquides au sortir des fourneaux. Pour empêcher l'adhérence des métaux à leurs moules, on saupoudre ceux-ci avec de la poussière de charbon extrêmement fine, quelquefois même on emploie de la fécule de pomme de terre, qui présente moins de danger pour la santé des ouvriers. Dans les ateliers, certains artisans disent *modeler*, au lieu de mouler ; mais ce terme a une tout autre signification. (Voy. MODELER.) — Enfin ce terme signifie aussi *passer à la meule*. Les menuisiers moulent un grand nombre d'outils.

MOULET, *s. m.* — Calibre de bois employé par les menuisiers pour régler les épaisseurs de certaines pièces.

MOULEUR, *s. m.* — Ouvrier qui moule des ouvrages de sculpture. On donne également ce nom au fondeur ; on les désigne souvent sous le nom de *mouleur en sable*,

mouleur en terre, suivant qu'ils emploient l'une ou l'autre de ces matières pour faire leurs moules.

MOULIN, *s. m.* — Appareil servant à moudre, à broyer ; et, par suite, bâtiment qui renferme la machine. L'usage de moudre le grain remonte à une très-haute antiquité. Au mot MEULE, nous avons donné des mou-

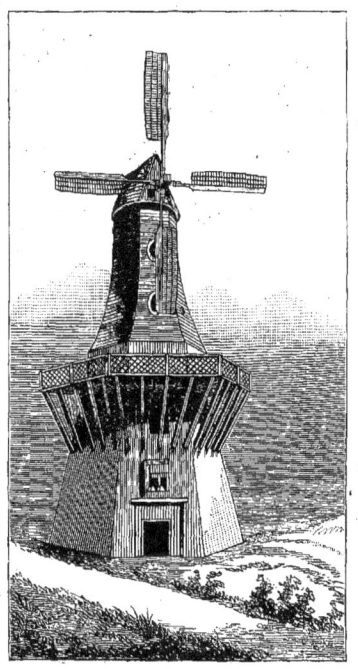

Moulin du château de Sans-Souci.

lins à farine trouvés dans les ruines de Pompéi. — On a utilisé toutes sortes de force pour faire tourner les meules à moudre, le vent, l'eau, la vapeur ; d'où on a donné le nom de *moulins à vent, moulins à eau, moulins à vapeur*, aux machines fonctionnant à l'aide de l'un de ces agents. — Les moulins ne servent pas seulement à moudre les grains ; les uns sont employés à moudre les plâtres, les argiles, les tuileaux et à broyer les couleurs ; devant l'Institut, nous avons vu pendant longtemps, sur la Seine, un moulin à eau d'un fabricant de couleurs. Aujourd'hui la force la plus généralement employée pour faire fonctionner les moulins, c'est la vapeur.

Notre figure montre un moulin historique, aujourd'hui détruit, celui du château de Sans-Souci à Potsdam, le Versailles prussien. C'est dans ce moulin que le grand Frédéric aimait à se reposer des fatigues de la chasse; c'est là où il aimait à jouer de la flûte, entouré de ses chiens. Nous avons dessiné ce moulin d'après un croquis exécuté sur place en 1862 par M. Ernest Desjardin, de l'Institut.

MOULINAGE, *s. m.* — Opération qui consiste à passer les pierres au grès avec la molette ou le *martin*. On pratique également le moulinage sur les marbres. (Voyez Mou-LINER.)

MOULINÉ, ÉE, *part. passé.* — On nomme *bois mouliné* un bois tout piqué par les vers. — Ce terme s'applique aussi aux pierres, plus particulièrement aux pierres à bâtir, quand celles-ci, soit par la nature de leur composition, soit par une cause quelconque, se désagrégent et tombent en poussière, absolument comme si elles avaient été écrasées ou moulues; d'où leur qualification de pierres *moulinées*. Les pierres formées de grains siliceux ou calcaires, à contexture peu serrée, se moulinent très-souvent au contact de l'air humide ou salé des bords des lacs ou de la mer. Ces pierres se désagrégent et fournissent un poussier très-fin. La pierre à plâtre, employée comme moellon, se mouline assez rapidement, quand elle est exposée au vent du nord-ouest. Certaines variétés de marbres, notamment une espèce particulière de *bleu turquin*, se moulinent aussi, et quelquefois d'une manière assez rapide.

MOULINER, *v. a.* — Dégrossir le parement ou les tranches d'une plaque de marbre en le *grésant* à la MOLETTE ou avec le MAR-TIN. (Voy. ces mots.)

MOULINET, *s. m.* — Treuil horizontal ou vertical armé transversalement de leviers en croix, qui lui donnent l'aspect des ailes d'un petit moulin, d'où son nom de *moulinet*. Ces leviers servent à faire tourner le treuil de manière à enrouler ou dérouler une corde reliée à des engins destinés à élever des fardeaux.

MOULU (OR). — Or réduit en poudre, qui est employé à la dorure sur métaux. Généralement l'or moulu est amalgamé avec du mercure; on l'étale sur les métaux, qu'on passe au four : la chaleur fait volatiliser le mercure et fixe l'or sur le métal qu'il s'agit de dorer. Ce genre de dorure au feu est de beaucoup plus solide, et partant plus durable que la dorure au pinceau.

MOULURE, *s. f.* — Ornements creux ou saillants employés à la décoration des édifices, des meubles, d'objets d'art, etc. On les a nommés avec raison l'alphabet de l'architecture, parce qu'en effet les moulures servent non-seulement à caractériser un style d'architecture, mais encore les différentes époques de ce style. Grâce aux moulures, on a pu préciser, d'une manière positive, à quel âge et à quel peuple ont appartenu des monuments dont le caractère général n'était pas assez tranché pour permettre de les attribuer à tel ou tel autre peuple. On comprend dès lors l'intérêt qui s'attache à bien connaître le sentiment qui a présidé à la composition des moulures chez les divers peuples. L'archéologue qui connaît bien les principes qui ont prévalu chez les diverses nations, pour la

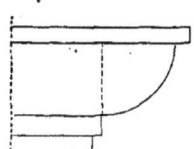

Fig. 1. — Quart de rond (1er tracé).

composition de leurs moulures, peut déterminer et classer avec toute sécurité les monuments des divers peuples.

Les moulures sont *simples* ou *composées*, *droites* ou *courbes;* nous allons les énumérer.

MOULURES SIMPLES. — Le *filet, réglet, bandelette* ou *listel*, est une moulure dont le profil est carré ; le *bandeau* ou *plate-bande*, ou *fasce*, est un filet, mais qui possède une grande

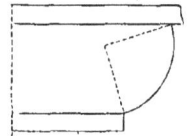

Fig. 2. — Quart de rond (2ᵉ tracé).

largeur par rapport à son peu de saillie ; le *larmier* est aussi un filet, mais dans de grandes proportions, il possède une forte saillie ;

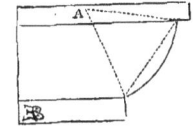

Fig. 3. — Quart de rond (3ᵉ tracé).

le *quart de rond* ou *échine* (fig. 1, 2, 3) est une moulure convexe demi-cylindrique ; l'*ove* (fig. 3 *bis*), qui est formé par deux arcs de cer-

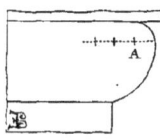

Fig. 3 *bis*. — Ove.

cle, dont le premier a son rayon égal au quart de la hauteur de la moulure et le second aux trois quarts de la même hauteur ; le *cavet* (fig.

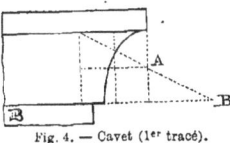

Fig. 4. — Cavet (1ᵉʳ tracé).

4, 5, 6, 7) est une moulure concave affectant la même forme que la précédente, mais en sens contraire ; le *congé* (fig. 8) n'est qu'un petit cavet ; le *boudin* ou *tore* (fig. 9) est une moulure convexe formée d'un demi-cy-

lindre ; la *baguette* est un diminutif du tore ; la *gorge* est un demi-cylindre, mais creux, c'est une moulure concave.

MOULURES COMPOSÉES. — Le *talon droit*

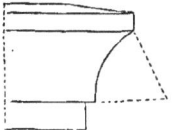

Fig. 5. — Cavet (2ᵉ tracé).

(fig. 10 et 11) est une moulure à la fois concave et convexe, puisqu'elle est formée d'un cavet et d'un quart de rond ; la *doucine*

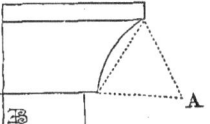

Fig. 6. — Cavet (3ᵉ tracé).

est également concave et convexe, puisqu'elle est formée des mêmes éléments que le

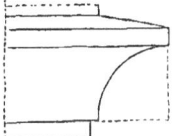

Fig. 7. — Cavet (4ᵉ tracé).

talon, mais disposée inversement, aussi la nomme-t-on souvent *talon renversé* (fig. 12) ;

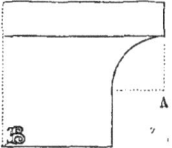

Fig. 8. — Congé.

la *scotie*, qui est une sorte de gorge largement ouverte et dont le profil est décrit au moyen de deux centres situés sur une même horizontale ; la *bravette* ou *tore corrompu*, moulure convexe qui est exactement le contraire de la scotie, et dont le profil est par conséquent déterminé au moyen de deux centres situés sur une même horizontale.

Chaque moulure courbe peut être doublée : par exemple, deux baguettes simples juxtapo-

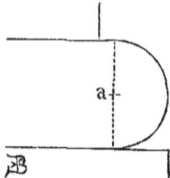

Fig. 9. — Boudin ou tore.

sées forment une *double baguette* (fig. 13) ; de plus, une baguette double, triple, quadruple, etc., peut avoir les divers éléments qui la composent exécutés dans des dimensions diverses. D'après cela, on peut juger de la variété que

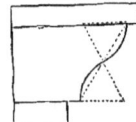

Fig. 10. — Talon droit (1ᵉʳ tracé).

les moulures peuvent présenter dans leur composition. Ainsi notre figure 14 montre une moulure composée formée au moyen d'une baguette A ayant son centre en B, d'un bandeau, et d'un cavet ayant son centre en C.

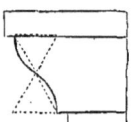

Fig. 11. — Talon droit (2ᵉ tracé).

En outre, chaque *moulure composée* peut être renversée, ou bien encore être aplatie ou creuse, suivant la position des centres ayant servi à décrire son profil. Nous n'avons pas donné de longues explications pour le tracé des moulures ; car l'inspection de nos figures, montrant les centres des courbes, facilite au plus haut degré leur construction, qui

est élémentaire. — Dans les monuments antiques, surtout dans l'art grec, les moulures sont d'une extrême simplicité, et leur

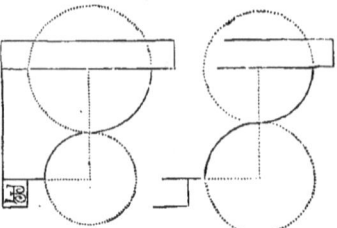

Fig. 12. — Talons renversés (2 tracés).

nombre ne comporte guère que les variétés que nous venons de décrire ; les traités d'architecture classique n'en admettent presque

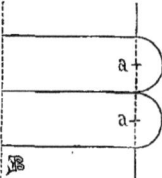

Fig. 13. — Double baguette de même diamètre.

que pas d'autres, sauf le *filet chanfreiné*, dans l'ordre grec nommé *pæstum*. (Voy. ORDRES.) L'architecture du moyen âge, au contraire, a employé de nombreuses variétés de moulu-

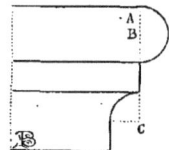

Fig. 14. — Baguette, bandeau et cavet.

res ; parmi celles-ci, quelques-unes, nous devons l'avouer, pèchent par une extrême maigreur, d'autres par une extrême lourdeur ; elles manquent souvent de goût, mais enfin d'autres présentent des formes et des profils agréables. Il y a une trentaine d'années environ, les moulures du Xᵉ au XVᵉ siècle ne portaient pas de nom, lorsqu'un de nos confrères, Ad. Berty (*Dict. de l'architecture du moyen âge*), a proposé une classification qui nous paraît fort raisonnable, et que nous donnerons, après avoir toutefois relaté les justes réclamations de notre confrère. Nous appuyons bien volontiers la classification proposée par Berty, car, nous nous plaisons à le répéter, elle nous paraît bonne.

Il résulte de cette absence de dénomination dans les moulures du moyen âge que leur description est souvent impossible, et qu'il y a là quelque chose de très-fâcheux et à quoi il est urgent de porter remède. » Voilà à peu près comment cet auteur formule ses plaintes, et il ajoute :

Nous sommes si bien convaincu que cette pénurie d'expression est vraiment regrettable, que, malgré la conscience que nous avons de notre infimité comme archéologue, nous nous hasarderons à proposer des noms pour quelques-unes de ces

glet carré, n° 1. — *Anglet à chanfrein ordinaire,* n° 2. — *Anglet à chanfrein renversé,* n° 3. — *Anglet à chanfrein double,* n° 4. — *Anglet à cavet ordinaire,* n° 5. — *Anglet à cavet renversé,* n° 6. — *Anglet à double cavet,* n° 7. — *Anglet trapéziforme,* n° 8. — *Anglet trapéziforme, rectangulaire,* n° 9.

Les moulures curvilignes sont beaucoup plus difficiles à distinguer ; elles offrent, en effet, surtout au XVe siècle, des contours si compliqués qu'on ne peut guère croire qu'on arrivera à les classer toutes ; mais, de ce qu'on ne peut faire tout, il ne résulte pas qu'on ne doive rien faire du tout.

Nous proposons donc de nommer :

Tore elliptique, celui dont la coupe est une demi-ellipse coupée suivant son petit diamètre, n° 1 ; — *tore elliptique plat,* celui dont la coupe est également une demi-ellipse, mais coupée suivant son grand axe, n° 2 ; — *tore ogive,* celui dont la coupe est une forme ogivale, n° 3 ; — *tore lancéolé,* celui qui affecte la forme dite *lancéolée,* n° 4 ; — *tore en soufflet,* n° 5, celui dont les contours rappellent ceux de cet ustensile (1).

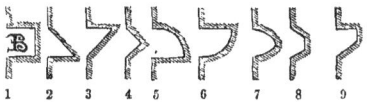

Fig. 15. — Moulures de l'architecture ogivale.

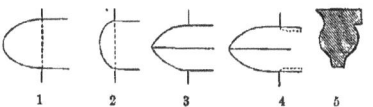

Fig. 16. — Moulures curvilignes de l'architecture ogivale.

moulures qu'il faut absolument pouvoir spécifier clairement. Nous n'osons que peu espérer, nous l'avouons, de les voir sanctionner par l'usage ; mais nous aimons à penser que si notre hardiesse n'est pas couronnée de succès, elle pourra au moins attirer l'attention de quelques-unes de nos sommités archéologiques et les décider à suppléer à l'insuffisance de la nomenclature existante.

Le *chanfrein :* ce mot est assez généralement adopté, mais il serait bon qu'on distinguât, ce qu'on ne fait pas, le *chanfrein ordinaire* (fig. 15, n° 2), le *chanfrein renversé* (fig. 15, n° 3), le *chanfrein double* (fig. 15, n° 4).

L'*anglet :* cette expression est reçue aussi, mais elle est d'un usage fort restreint et très-rare (1). Elle désigne une rainure rectangulaire, mais on pourrait l'employer pour toutes en général, en modifiant son nom de la manière suivante : *An-*

Beaucoup d'auteurs ont donné le nom de *moulures* à des ornements de diverses époques qui décorent les moulures et servent ainsi à mieux caractériser les architectures grecque, romaine et romane ; nous n'en parlerons pas ici, car ce serait perpétuer une fâcheuse confusion, mais nous renverrons le lecteur aux mots suivants : ORNEMENT, CHEVRON, FRETTE, CONTRE-CHEVRON, BILLETTES, POINTES DE DIAMANT, PALMETTES, TÊTE, FLEURON, RAIS DE CŒUR, OVES, POSTES, PERLES, ENROULEMENTS, etc.

___

(1) A. Berty ajoute, à propos de cette dernière moulure : « Cette appellation, n'étant point dissimulée sous une forme grecque, pourra paraître par trop triviale à quelques personnes ; nous leur ferons observer que Philibert Delorme se sert de la même expression pour désigner certaines clefs pendantes, et qu'il n'est pas plus ridicule de l'employer en parlant d'une moulure. Il nous semble aussi qu'elle peint assez bien les contours que nous voulons représenter à l'esprit, et s'il en est ainsi, on ne niera pas qu'elle ait au moins un avantage. »

___

(1) Nous ignorons si, à l'époque où écrivait Berty (1845), cette expression n'était pas usuelle à Paris ; mais nous pouvons dire que depuis que nous étudions l'architecture, c'est-à-dire depuis plus de vingt-cinq ans, nous l'avons toujours vu employer couramment partout. E. B.

De tous les membres d'architecture, les moulures sont de beaucoup les plus importants ; car, leur caractère, le plus ou moins de pureté de leur profil ayant varié d'une façon extrême chez tous les peuples et à toutes les époques, leur exécution permet d'établir non-seulement une classification de peuple à peuple, nous l'avons déjà dit, mais encore de déterminer les belles époques d'un art, ou celles de sa décadence et de la corruption du goût, chez ceux qui les ont exécutées d'une façon lourde et maladroite. L'ornementation des mêmes moulures vient aussi corroborer, et souvent d'une manière très-concluante, les présomptions qu'on pouvait avoir relativement à un type particulier d'architecture.

Le bel effet obtenu à l'aide des moulures et leur utilité ornementale ont fait rechercher des moyens de les produire rapidement et à bas prix. Un des moyens utilisés pour satisfaire à ces conditions consiste dans l'emploi des moulures rapportées, c'est-à-dire de moulures taillées d'avance et susceptibles d'être appliquées après coup par des moyens à la fois simples et économiques. Les Grecs et les Romains ont fait usage des moulures rapportées ; dans les temps les plus anciens ils utilisèrent des moulures en terre cuite diversement colorées, plus tard ils en taillèrent dans le marbre, enfin ils en ciselèrent dans le bronze, auquel ils laissèrent sa couleur naturelle, ou qu'ils recouvrirent d'or.

Pendant l'époque ogivale on délaissa la moulure rapportée, parce qu'on profilait les pierres sur le chantier et qu'on les plaçait après coup; mais à l'époque moderne les moulures de rapport ont de nouveau reparu. On fait aujourd'hui des moulures en bois, en fer étiré, en fonte de fer, en bronze, en cuivre, en zinc, en pierre artificielle, en carton-pierre, en terre cuite, en faïence, etc.; souvent ces moulures sont décorées d'oves, de perles, de rais de cœur, en un mot d'ornements de toute espèce. — Les moulures en bois sont sans contredit les plus répandues. On les fabrique depuis longtemps déjà par des moyens mécaniques : une machine sépare le bois en lames, une autre dégrossit ces la-

mes, et une troisième les transforme en moulures de tous échantillons et de tous profils ; il suffit d'un simple changement du fer qui sert à pousser la moulure. Aussi place-t-on des moulures de menuiserie sur les plafonds non-seulement pour y dessiner des compartiments, mais encore pour remplacer les moulures à gorge formant les corniches. Notre figure 17 montre une corniche en menuiserie formée par quatre pièces de bois réunies au moyen de languettes et de rainures. On fait également, pour les fenêtres et les serres, des moulures en fer pour remplacer les petits bois des châssis.

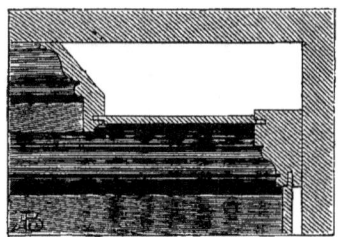

Fig. 17. — Corniche en menuiserie.

PRATIQUE. — L'exécution des moulures sur pierre de taille comprend, comme pour les travaux de sculpture, un *épannelage* ou *saillie-masse*, une *taille* préparatoire, enfin une taille profilée et ragréée. Les moulures sur pierre tendre sont exécutées sur le *tas*, après avoir été épannelées sur le chantier. On fait de même pour la pierre demi-dure, lorsque les profils ne comportent que des moulures de petite dimension. Au contraire, les moulures d'une grande dimension, exécutées sur pierres dures, sont profilées sur le chantier et on ne procède à leur pose que lorsqu'elles sont entièrement terminées; aujourd'hui même, certaines pierres de prix très-dures, telles que marbres, granits, porphyres et autres, sont taillées et profilées sur la carrière même et expédiées au loin. Cette méthode procure un double avantage : les ouvriers qui exécutent ce travail à la carrière le font plus économiquement, ayant une grande habitude de la taille de leur pierre; ensuite, le transport de celle-ci coûte beaucoup moins, puisqu'au lieu d'expédier un gros bloc brut, on n'expédie que la pierre entièrement terminée et polie. — Du xie au xve siècle inclusivement, les pierres étaient entièrement moulurées sur le chantier à pied d'œuvre, et on ne procédait à leur pose qu'après leur complet achèvement ; à partir de la fin du xve siècle, on commença à exécuter sur le tas certaines moulures et sculptures, tandis que d'autres, susceptibles d'être mises en place après coup, étaient entièrement taillées au chantier.

De l'exécution des moulures en platre. — L'exécution des moulures en plâtre comprend une série d'opérations ; ces moulures s'exécutent à l'aide d'un Calibre (Voy. ce mot) présentant en creux le profil qu'on désire obtenir au moyen du *traînage*. On exécute de même les moulures en mortier, en blanc de bourre, en ciment, en stuc, etc. Mais quelle que soit la matière sur laquelle on opère, on établit d'abord ce qu'on nomme les *saillies-masses*, c'est-à-dire la masse du profil exécutée à l'avance. Ces saillies-masses font partie des travaux de grosse construction, parce que, suivant leur nature, elles sont faites en moellons lancés en saillie, en briques, en plâtras, ou en gros plâtre seul. Les saillies-masses à établir sur les pans de bois sont obtenues par les sablières d'entablement, que les charpentiers disposent de telle sorte qu'il ne soit pas nécessaire de faire une trop forte charge de plâtre ; il suffit, en effet, de *larder* la sablière de clous à bateau. Cependant, quand les moulures sont très-saillantes et exigent une forte charge de plâtre, on emploie des Rappointis (Voy. ce mot), afin de donner une plus grande solidité aux ouvrages.

De l'évaluation des moulures. — Cette évaluation s'effectue de diverses manières : on applique le métrage en linéaire pour toutes les moulures fabriquées mécaniquement et rapportées ; on compte, au contraire, au mètre superficiel les moulures compliquées, on multiplie le développement de leur profil par la longueur du cours des moulures. Ce mode de métré s'applique aux moulures taillées dans la pierre, traînées au plâtre, au stuc, etc. Enfin, on peut réduire à l'*unité de taille*

chaque membre de moulures en pierre, et évaluer en *légers* les moulures traînées au plâtre.

Moulures prismatiques. — Sorte de moulures qui affectent la forme d'un prisme, et qu'on retrouve assez fréquemment dans les archivoltes romanes. On applique la même épithète aux moulures qui caractérisent le

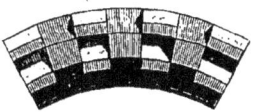

Fig. 18. — Moulure prismatique.

style ogival tertiaire, quoique. bien souvent celles-ci par leurs formes sinueuses soient tout à fait en dehors du prisme. Les Anglais qualifient ces moulures de *reed-like mouldings* (moulures semblables à des roseaux), appellation qui bien souvent n'est pas plus heureuse que celle de *prismatiques* que nous leur donnons en France.

MOULURIER, s. m. — Ouvrier qui exécute des moulures.

MOUR, s. m. — Museau de la tuyère ; c'est l'extrémité qui pénètre dans le fourneau.

MOURANT (En). — Locution adverbiale, qui signifie *amener à rien*. Ainsi, quand on amincit une pièce de bois ou de fer pour la faire affleurer un point ou la réunir à une autre, deux pièces s'affleurent ainsi en *biseau* très-aigu ou *en mourant*.

MOUSSES, s. f. pl. — Plantes parasites qui croissent à la surface des arbres et des bois, à la manière des lichens, et qui détériorent la qualité de ces bois. Ceux qui en sont atteints ne peuvent être employés dans les constructions.

MOUSSELINE (Verre). — Qualité de verre dont la pâte en fusion a été mélangée à une certaine quantité d'émail blanc qui le rend opaque ; on en fait également à fleurs, à

18

carreaux qui imitent les dessins de mousseline pour rideaux, de là le nom donné à ce verre. On l'emploie pour vitrer des châssis de portes et de fenêtres, de couloirs, de passages et de water-closets, car le verre mousseline tamise la lumière sans laisser voir au travers. C'est un genre de *verre dépoli*; on donne aussi, mais à tort, le nom même à des verres gravés à l'aide de l'acide fluorhydrique.

MOUSTIER, *s. m.* — Ancien mot qui est remplacé aujourd'hui par *monastère ;* cependant, encore aujourd'hui, ce terme sert à désigner, surtout en Allemagne, les églises desservies par les moines.

MOUTON *s. m.* — Bloc de fer, de fonte, mais principalement de bois armé d'une frette en fer, qui dans une sonnette sert au battage des pieux ou pilotis. Le mouton est retenu par des clefs en avant des deux montants de la sonnette. Cet engin, qui paraît avoir succédé au bélier servant aux anciens à battre les murs, était probablement connu dans l'antiquité, car Vitruve (III, 5) conseille de raffermir un terrain sur lequel on veut fonder en y chassant des pilotis avec des machines (*machinis*). — Suivant la puissance de la machine qui les supporte, les moutons pèsent 350, 400, et jusqu'à 950 kilogrammes. — Les plus forts moutons se nomment *hies ;* on ne peut les soulever qu'au moyen d'un MOULINET (Voy. ce mot) ; on les laisse ensuite retomber en lâchant le DÉCLIC. (Voy. ce mot.) Aujourd'hui on emploie des locomobiles à vapeur de la force de 4 à 6 chevaux, ce qui donne un choc beaucoup plus puissant. (Voy. SONNETTE.) — On nomme encore *mouton* l'armature en bois à laquelle est suspendue une grosse cloche.

MOUVEMENT, *s. m.* — État d'un corps qui se meut. — On donne aussi ce nom à une pièce de fer, de cuivre ou de laiton, posée en bascule, qui sert à faire mouvoir soit les fils d'une sonnette, le cordon d'une porte cochère, ou tout autre objet ; de là les expressions suivantes : *mouvement de tirage, d'angle, grand, moyen, petit mouvement ; mouvement grand modèle, petit modèle ; mouvement à patte, à pointe, à congé, à ressort, à scellement, mouvement sur support ; mouvement monté sur platine ou sous platine, mouvement entaillé ; mouvement à charnière, à pied de biche*, etc. On nomme le mouvement à deux branches d'une sonnette AILE DE MOUCHE. (Voy. ce mot.) — Quand les *mouvements de tirage* sont placés dans l'ébrasement d'une porte, sur l'un de ses pieds-droits, pour faire mouvoir une sonnette d'entrée, on les nomme aussi COULISSEAUX. (Voy. ce mot.)

MOYE. — Voy. MOIE.

MOYEN AGE (ARCHITECTURE DU). — Voy. OGIVAL (*Style*).

MOYER, *v. a.* — Scier ou fendre une pierre dans le sens d'une moie ou partie tendre. Cependant pierre *moyée* ne signifie pas pierre sciée ou refendue suivant la moie, mais pierre dont on a supprimé toute la partie tendre ; une *pierre moyée* ou *moyeuse* sert aussi à désigner une pierre qui a des moies.

MOYEU, *s. m.* — Partie centrale de la roue, dans laquelle s'emboîtent les rais et qui est traversée par l'essieu. — Les treillageurs donnent ce nom au morceau de bois dans lequel sont placées les tiges de fleurs.

MUETTE, *s. f.* — Anciennes petites maisons construites dans les parcs, dans lesquelles on conservait les *mues* de cerfs, les oiseaux de fauconnerie du temps de la mue, enfin les mentes de chiens. Plus tard on donna ce nom aux pavillons servant de relais ou de rendez-vous de chasse. Le château de la Muette à Passy ne doit son nom qu'à ce qu'il a été bâti sur une muette du XVIIIe siècle.

MUFLE, *s. m.* — Tête d'animal, mais plus particulièrement tête de tigre ou de lion. On utilise les mufles pour la décoration peinte ou sculptée. Souvent l'eau des chéneaux s'écoule par des mufles de lion : par exemple, au Parthénon. On peut voir cette application au mot DÉCORATIF (*Art*), pl. XXIII. — En serrurerie, c'est aussi une bande de fer placée sous le bout d'un ressort.

MUID, *s. m.* — Ancienne mesure qu'on employait autrefois pour mesurer la chaux, le plâtre ; sa capacité variait suivant la province. Pour le plâtre, le muid de Paris devait contenir trente-six sacs de deux boisseaux et demi chacun, c'est-à-dire environ 925 litres.

MULTILOBÉ, *adj.* — Synonyme de PolyLOBÉ. (Voy. ce mot.)

MUR, *s. m.* — Massif de maçonnerie, d'une hauteur et d'une épaisseur variables, construit en pierre de taille, en meulière, en moellons, en briques, en cailloux, pisé, etc., hourdé en terre, en plâtre, en mortier, etc., qui sert à enclore ou à supporter des terrassements ou les étages d'une construction. L'épaisseur des murs doit être proportionnée à la charge qu'ils ont à supporter. Suivant la position qu'ils occupent dans une construction, suivant la fonction qu'ils remplissent, suivant les matériaux qui entrent dans leur construction, suivant leur forme, enfin suivant l'état dans lequel ils se trouvent, les murs portent des noms divers. Pour apporter quelque ordre dans cette étude, nous avons classé les murs en cinq divisions.

I. DÉNOMINATION DES MURS PAR RAPPORT A LA POSITION QU'ILS OCCUPENT DANS LES CONSTRUCTIONS. — On nomme : *murs de fondation*, ceux qui sont enfouis dans le sol, et qui n'ont qu'à supporter des murs ou des travaux en élévation (Voy. FONDATIONS) ; *murs de soubassement*, les murs de fondation qui s'élèvent au-dessus du sol jusqu'à une hauteur déterminée, afin de garantir le rez-de-chaussée contre l'humidité occasionnée par les terres ou l'eau de pluie : les murs de soubassement peuvent être de même largeur que ceux de fondation sur lesquels ils s'élèvent ou être un peu en retraite ; *murs de terrasse* ou *de soutènement*, ceux qui soutiennent les terres. Ils sont construits en talus intérieur ou extérieur, ils portent souvent des éperons ou contre-forts pour les aider à résister à la pression des terres, lesquels éperons sont reliés entre eux par des arcs. Quand ils sont très-élevés, on pratique dans leur hauteur un ou plusieurs rangs de barbacanes ou chantepleures, disposées en échiquier, afin de permettre l'écoulement des eaux qui pourraient s'amasser derrière le mur. (Voy. SOUTÈNEMENT.) — On nomme *murs de face* les murs extérieurs des bâtiments. Si la face est située du côté d'une vue ou de l'entrée principale, on le nomme *mur de face principale*, *mur antérieur* ; s'il est situé du côté de cours ou jardins, c'est un *mur de face postérieure* ; enfin, si ces murs portent gouttières, on les nomme aussi *gouttereaux* ou *goutterots*, par opposition au *mur pignon*, dont la partie supérieure est terminée en *pointe* ou *mitre*, parce qu'elle épouse la forme des rampants des combles ; enfin on nomme *murs de refend* les murs intérieurs qui divisent, séparent ou *refendent* en plusieurs pièces l'intérieur d'un bâtiment, par opposition aux *murs extérieurs*, ou de pourtour, qui forment l'enceinte dudit bâtiment ; *mur en talus*, celui qui a une inclinaison sensible dans le but de s'opposer à l'éboulement des terres : ces murs servent donc à les arc-bouter et à résister aussi au courant des eaux ; *mur en l'air*, tout mur qui ne porte pas de fond, qui *porte* donc *à faux*, soit parce qu'il est construit sur un arc, une poutre ou un poitrail, soit qu'il se trouve élevé sur le vide par suite d'une sujétion quelconque ; enfin un mur peut être *en l'air* accidentellement, par exemple, quand on l'établit sur des étais pour y pratiquer des reprises en sous-œuvre ; *mur mitoyen*, le mur appartenant à deux propriétaires et séparant mutuellement leurs propriétés. La législation et la jurisprudence de ce mur ont une grande importance ; nous les avons données au mot MITOYEN ; *mur de quai*, le mur de soutènement qui retient les terres sur les berges d'un canal, d'une rivière, d'un fleuve, d'un port ; *mur de barrage*, celui qui maintient la maçonnerie ou les terres formant un barrage quelconque (Voy. BARRAGE) ; *mur planté*, celui qui est fondé sur pilotis ou sur un gril en charpente.

II. DÉNOMINATION DES MURS D'APRÈS LEUR FONCTION. — On nomme : *mur de clôture*, celui qui sert à clore, à fermer une propriété, un espace de terrain quelconque (Voy. CLOTURE); *mur en aile*, celui qui s'avance en retour d'équerre, ou qui s'élève depuis le dessus d'un mur de clôture et qui va en diminuant jusqu'au fond. On donne aussi ce nom au mur droit ou courbe construit en avant de la tête d'un pont. (Voy. AILE.) — On nomme : *murs d'échiffre* les murs servant à porter les rampes d'escalier et descentes de cave ou *vis potoyères* (Voy. ECHIFFRE et ESCALIER) ; *mur d'appui* ou *de parapet*, le mur qui n'a qu'un mètre de hauteur au-dessus du sol : il s'en trouve sur les quais, sur les ponts, sur les terrasses, dans les cours et les jardins ; *mur d'allége*, celui qui forme l'appui d'une croisée, on le nomme aussi quelquefois *mur de soubassement*; *mur en décharge*, le mur dont le poids est soulagé par des arcades en maçonnerie, bandées de distance en distance ; *mur de dossier* ou *dosseret*, le mur en exhaussement sur un mur de pignon, qui excède en hauteur le comble et sur lequel sont adossés les tuyaux de cheminées : la partie du mur de dossier à droite et à gauche du tuyau et dans son aplomb se nomme *pied d'aile; mur de douve*, le mur intérieur d'un réservoir ou d'un bassin : ce mur est ordinairement garni à l'extérieur d'un corroi en terre glaise ou d'un cailloutis noyé dans du mortier hydraulique; *contre-mur*, le mur adossé à un autre, soit pour le réconforter, soit pour satisfaire à des obligations légales. (Voy. CONTRE-MUR.)

III. DÉNOMINATION DES MURS SUIVANT LEUR COMPOSITION. — On nomme : *mur en* PISÉ, *en* BAUGE ou TORCHIS, les murs construits avec ces matériaux (Voy. ces mots); *mur en pierres sèches*, le mur élevé avec des pierres qui ne sont liaisonnées entre elles par aucun mortier ; on les utilise pour des murs de clôture ou pour des contre-murs qu'on élève contre les terres pour les retenir : les pierrées et puisards sont faits ordinairement en murs en pierres sèches, on les utilise également pour les fonds et le bas des puits, parce qu'ils laissent arriver dans les puits les eaux de sources ; *murs en briques*, les murs construits avec ces matériaux (Voy. BRIQUE et BRIQUETAGE) ; *murs en moellons*, en *meulière*, en *pierre de taille*, les murs construits avec ces matériaux

(Voy. MOELLON, MEULIÈRE et PIERRE DE TAILLE). Les murs en pierre de taille sont appareillés de diverses manières : nous n'avons pas à en parler ici, puisque le lecteur peut voir les divers genres d'APPAREILS à ce mot ; *mur en parpaing*, celui dont les assises de pierres font parement des deux côtés. (Voy. APPAREIL.) Sauf les murs en pisé, bauge ou torchis, tous ceux dont nous venons de parler sont désignés sous le titre générique de *murs en maçonnerie* ; quand ils sont composés de briques et de moellons, de pierre de taille et de briques, de meulière et de briques, etc., on les dit *murs de maçonnerie mixte*. On comprend les nombreuses combinaisons que peut fournir la maçonnerie mixte pour la construction des murs.

IV. DÉNOMINATION DES MURS SUIVANT LEUR FORME. — On nomme : *mur droit*, le mur bâti perpendiculairement, c'est-à-dire dont les deux faces sont des plans verticaux et parallèles ; *mur incliné*, celui dont l'une des faces n'est pas parallèle à la face droite, mais qui s'amincit en s'élevant : les *murs en talus* (voyez ci-dessus) sont des murs inclinés; *murs courbes, murs circulaires*, ceux qui sont bâtis sur un plan courbe ou sur un plan circulaire ; *gros murs*, les murs principaux qui portent poutre ou poitrail, les murs mitoyens, par exemple.

V. DÉNOMINATION DES MURS SUIVANT LEUR ÉTAT. — On nomme : *mur bouclé*, celui qui fait ventre *avec crevasse* ; *mur coupé*, celui dans lequel on a pratiqué une tranchée horizontale ou verticale pour y loger des bouts de solives, ou des poteaux quelconques ; *mur crénelé*, celui dont le sommet est couronné par des merlons et des créneaux, soit dans un but utilitaire, ou dans un but décoratif ; *mur déchaussé*, un mur qui dépérit et dont le pied à rez-de-chaussée est ruiné : on donne également cette épithète au mur dont les fondations paraissent en partie, parce que le sol du rez-de-chaussée est plus bas qu'il ne devrait être ; *mur dégradé*, celui dont une partie des moellons ou des briques des parements est tombée ou arrachée, ou bien dont le blocage ou le crépi sont tombés en partie ou en totalité ; *mur déversé*, en *surplomb* ou *forjeté*, celui qui n'est pas d'aplomb ; *mur lézardé* ou *crevassé*, celui qui présente des lézardes ou des crevasses plus ou moins larges et profondes, faute de liaison dans les joints, les murs sont aussi lézardés s'ils ont à supporter une trop grande surcharge ; *mur orbe* (du latin *orbus*, privé de lumière), un grand mur de maison qui n'est percé d'aucune ouverture, ni portes ni fenêtres, ou bien dans lequel celles-ci sont des baies aveugles ; *mur pendant, corrompu* ou *fendu*, un mur qui menace ruine, qui est en péril imminent, et qu'il faut abattre, s'il est mitoyen ; on peut dans certaines conditions forcer le voisin à le reconstruire : voyez MITOYEN (*Mur*) ; *mur en reprise*, celui dont la construction est faite à travers un mur existant ; *mur en reprise par épaulée*, le mur reconstruit par petites portions successivement, afin d'éviter les frais d'un étaiement ; *murs blanchis, enduits, crépis, ravalés* et *jointoyés*, les murs sur lesquels on a pratiqué ces diverses opérations.

PRATIQUE POUR LA CONSTRUCTION DES MURS. — On applique à la construction des murs les mêmes règles qui régissent en général l'art de bâtir ; en effet, les murs ne sont en définitive que des maçonneries en pierre de taille, en moellons, en briques, et dont l'épaisseur est plus ou moins considérable. — Quelle que soit la nature des pierres employées pour leur construction, on doit, sauf de rares exceptions, les hourder à bain de plâtre ou de mortier et les liaisonner les unes aux autres, de manière à éviter, avec le plus grand soin, la continuité des joints. Les murs de face se construisent avec toutes sortes de matériaux, mais on doit préférer les matériaux de choix. Les jambes étrières, les linteaux et les appuis doivent être autant que possible en pierres de taille, quand le reste de la construction est en moellons ou en briques. Les angles des bâtiments doivent également être en pierres de taille et à bossages ; dans les grandes constructions, entre les trumeaux de fenêtres, on pourra établir aussi des chaînes de pierres ; on doit employer la roche pour les socles et les soubassements des murs, et cela jusqu'à une certaine hauteur au-dessus du sol. Du reste, on doit employer aussi les meilleurs matériaux

pour l'exécution des encadrements des baies, pour celle des encoignures et des voûtes. — Les murs de face se construisent d'aplomb du côté du parement intérieur ; à l'extérieur, au contraire, on leur donne un léger fruit, environ deux ou trois millimètres par chaque mètre de hauteur. — Les murs de refend se construisent généralement sans fruit avec les mêmes soins que les murs de face, parce que souvent ils ont à supporter des souches de cheminées, des planchers, quelquefois des portées d'escalier et même des voûtes ; aussi, lorsqu'on craint qu'ils ne se déversent sous la charge, on les maintient avec des ancres et des tirants en fer. (Voy. ANCRE.) En outre, il est très-important de les établir sur un sol bien résistant, parfaitement pilonné et arasé. — En général, l'épaisseur à donner aux murs est soumise à des règles de statique et varie en raison de la hauteur et de la longueur qu'on leur donne, des efforts qu'ils doivent supporter en tous sens, de la nature des matériaux qui concourent à leur construction, enfin de la fonction et de la position qu'ils ont à remplir et occuper. Ainsi, dans des conditions égales de longueur, de hauteur et de charge, les murs isolés résistent moins que ceux qui se rattachent à un autre qui lui est perpendiculaire ; ceux-ci sont moins résistants qu'un troisième mur qui se rattacherait à deux autres qui lui seraient perpendiculaires. Mais les murs qui sont maintenus par des murs perpendiculaires, par des planchers qu'ils supportent, sont dans de meilleures conditions de solidité. (Voy. STATIQUE.)

MURAILLE, *s. f.* — Ce terme est quelquefois synonyme de *mur*, cependant on l'applique de préférence aux murs hauts et solides qui à eux seuls constituent une construction ; ainsi on dit les *murs* d'une maison, d'un jardin, et les *murailles* d'une ville.

MURALE (PEINTURE). — Voy. FRESQUE, PEINTURE et POMPÉIEN (*Art*).

MUREAU, *s. m.* — Maçonnerie de la tuyère d'un tuyau de forge ; elle doit être faite avec des matériaux réfractaires.

MURER, *v. a.* — Enfermer dans des murs, entourer de murs. — Fermer au moyen d'un mur une fenêtre, une porte, une baie quelconque.

MUROS (Extra et Intra). — Locutions latines, usitées dans notre langue pour dire *hors des murs* et *dans les murs.*

MUSEAU, *s. m.* — On donne ce nom à certains accoudoirs de stalles, parce qu'ils sont terminés par le mufle, la tête ou le *museau* d'un

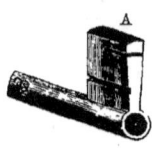

Museau.

animal. (Voy. Stalle.) — En serrurerie, c'est le devant A du panneton d'une clef à tige forée, ou d'une clef bénarde. (Voy. notre fig.)

MUSÉE, MUSÉUM, *s. m.* — Ce terme, dérivé du grec μουσεῖον, désignait à l'origine un temple dédié aux Muses; puis un endroit qui leur était consacré, et dans lequel on se livrait avec fruit à l'étude des sciences, des lettres et des arts, parce que ce lieu était hanté par les Muses, qui inspiraient et secondaient ceux qui étudiaient dans ce lieu. Plus tard on appliqua ce nom à un établissement littéraire fondé à Alexandrie d'Égypte par Ptolémée Philadelphe, et dans lequel travaillaient en commun et vivaient aux frais de l'État des savants et des littérateurs (Spart., *Hadr.*, 20; Sueton., *Claud.*, 42); mais les écrivains latins donnaient aussi ce nom à des grottes ou à de petites constructions retirées qui se trouvaient dans les grandes villas, et dans lesquelles se retiraient pour travailler dans le silence les littérateurs qui vivaient chez un patron. (Pline, *H. N.*, XXVI, 42; Varro, *R. R.*, III, 5, 9; Pline, *Ep.*, I, 9; Cic., *Leg.*, II, 1.) — Aujourd'hui, on a donné le nom de muséum, ou plutôt de musée, à l'ensemble d'un édifice qui renferme des collections de tableaux, de peintures, de sculptures, de dessins, d'estampes, de pierres gravées, de marbres, de bronzes, enfin d'objets d'art. Dans l'antiquité, on ne voyait que dans les temples, dans les gymnases, dans les académies et dans d'autres édifices, les œuvres des artistes. Ce n'est guère que dans ces temps modernes que l'on a construit des édifices spéciaux, disposés de façon à recevoir les magnifiques collections qu'on y admire; ce n'est que de la fin du XVIIᵉ siècle, et non du XVᵉ, comme l'ont dit quelques auteurs et comme l'ont répété un plus grand nombre, que date la création de nos musées.

Toutes les grandes villes possèdent des musées, dont l'importance s'accroît tous les jours davantage. Parmi les musées célèbres, nous citerons en première ligne les musées du Vatican à Rome, des Offices et du palais Pitti à Florence, le musée national de Naples, les musées de Madrid, de Munich, d'Anvers, de Dresde, de Pétersbourg, dū Louvre, enfin le British Museum de Londres, qui, d'après nous, est le type le plus complet de musée, car à lui seul l'immense édifice de Londres renferme des livres, des objets d'art, de curiosité et de sciences, des collections d'histoire naturelle, et des fragments considérables d'architecture. Le British Museum est divisé en dix départements; au rez-de-chaussée se trouvent les bibliothèques, qui renferment 40,000 manuscrits et 6 ou 700,000 volumes, ainsi que les collections archéologiques, qui comprennent des monuments de l'Asie Mineure, de l'Égypte et de la Grèce. L'immense salle circulaire de lecture éclairée par un vaste dôme permet à 300 lecteurs d'y travailler à la fois. Dans ces dernières années les collections ont reçu un accroissement considérable, parce que le Parlement anglais, comprenant toute l'importance de l'institution, vote des crédits considérables, tandis qu'en France le budget de nos musées nationaux peut à peine disposer de quelques centaines de mille francs, une fois les dépenses du personnel et d'entretien soldées. — Les musées secondaires, mais qui renferment cependant des collections de grand mérite, sont : les musées de Berlin, de Vienne, de Weimar, de Darmstadt, de Prague, de Nuremberg, de Copenhague, d'Oxford, de Dublin, d'Édimbourg, et le musée Rath à Genève; en France, les musées du Luxembourg, de Cluny et de l'École des beaux-arts, à Paris; en province, les musées de Versailles, de Lyon, de Marseille, de Toulouse, de Bordeaux, de Rouen, de Montpellier, d'Aix, d'Angers, de Grenoble, de Lille, de Nantes, d'Amiens, de Nîmes, de Reims, de Caen, du Mans, de Rennes, etc.

MUSIF. — Voy. MUSSIF.

MUSIQUE, *s. f.* — Les ouvriers désignent sous ce nom les poussiers de gravois, de plâtre, de chaux, etc., qu'ils passent au grand crible ; et comme ce criblage produit un bruit particulier, une *musique*, ils ont donné ce nom à tout ce qui sort de l'autre côté du crible. — La musique ne devrait servir qu'au garnissage de l'intervalle des lambourdes des planchers ou à faire une fausse aire pour les carrelages; malheureusement, les ouvriers l'emploient aussi pour frauder le mortier, le plâtre, et aussi pour atténuer la force expansive de celui-ci. Le plâtre mélangé à de la musique est qualifié de *plâtre mort*, et son emploi peut être efficace et utile pour le hourdis des cloisons et des pans de bois, pour la pose des carrelages, des dallages, etc.; mais il ne faut pas en abuser et exagérer les proportions, qui ne doivent pas dépasser un huitième pour les hourdis et un quart pour le scellement des carreaux. — On utilise aussi, comme musique, les râclures de plâtre, la poudre de moellons, les cendres, etc.

MUSOIR, *s. m.* — Tête d'une écluse; extrémité, pointe d'une digue. Ce terme est sans aucun doute dérivé de MUSEAU. (Voy. ce mot.)

MUSSIF (OR). — Bisulfure d'étain, c'est-à-dire combinaison de soufre et d'étain qui sert à divers usages. (Voy. OR.)

MUTATIO. — Terme d'archéologie latine qui signifie *changement*. Les Romains nommaient *mutationes* les maisons de poste ou relais de chevaux établis sur les grandes routes pour le service de l'État. Le propriétaire de la plus petite *mutatio* ne pouvait pas entretenir moins de vingt chevaux, et celui d'une grande moins de quarante. (*Imp. Arcad. et Honor.;*

Cod. Theodos., 8, 5, 53; *Cod. Just.*, 12, 51, 15.) Il ne faut pas confondre ce terme avec celui de *mansio*. En effet, la *mutatio* était plutôt un relais de poste (*mutatio equorum*), un lieu dans lequel on ne séjournait point, comme son nom l'indique (*mutatio*, changement), tandis que la *mansio*, qui tirait son nom de *manendo, manere*, séjourner, demeurer, était une sorte d'auberge, d'hôtellerie, ce que les Latins nommaient *diversoria* ou *deversoria cauponæ, tabernæ, diversoriæ* ou *deversoriæ*, etc. La *mutatio* était tenue par les *statores*, qui fournissaient des postillons, *veredarii*, ainsi nommés parce qu'ils conduisaient des chevaux de poste *rapides* (*viredi*). (Sidon. *Ep.*, V, 7; Festus, v. *Viridus;* Suétone, *Aug.*, 49; Martial, XII, 14; XIV, 86; *Imp. Jul. Cod.*, 12, 5, 4.) Ces postillons conduisaient aussi les chevaux de poste nommés *agminales*, c'est-à-dire employés comme bêtes de somme à la suite des armées, et qui portaient les armes, l'équipement et les bagages des soldats romains. (*Dig.* 50, 4, 18, § 21; *Cod. Theod.*, 8, 5, 6.) Les grandes *mansiones* étaient le siège d'un *mancipium*, c'est-à-dire d'un entrepôt de tous les approvisionnements et objets nécessaires aux armées et aux voyageurs ; elles renfermaient des étables (*stabula*), des greniers (*horreæ*), et une boutique de maréchal ferrant vétérinaire (*mulo medicus*). Le chef ou directeur du *mancipium* se nommait *manceps;* il vérifiait aussi les passeports (*diplomata*) des messagers ou voyageurs de l'État (*viatores*). (Cic., *ad. Fam.*, VI, 12; Pline, *Ep.*, X, 31; Capitol., *Pertin.*, 1). — Il y avait des *mutationes* et des *mansiones* sur toutes les voies romaines. Les unes étaient exclusivement réservées pour le service de l'État, les autres pour les particuliers en voyage (*diversores* ou *deversores* et non *viatores*). Enfin, sur les routes secondaires, le même établissement servait pour l'État et pour les particuliers. Dans la Gaule il existait un grand nombre de ces établissements, qui portaient souvent le nom du lieu près duquel ils étaient fixés; ainsi, sur la voie Domitienne, qui allait de Nîmes à Arles, il y avait une *mutatio* dite du *Pontis ærarii*, parce qu'elle était établie à Bellegarde (Gard), près du pont jeté sur le Rhône, pour le passage duquel on payait un droit de péage, d'où son nom de *pons æra-*

rius; il était situé à 12 milles de Nîmes (*Nemausus*) et à 8 milles d'Arles (*Arelate*).

Certains archéologues ont prétendu, mais sans apporter aucune preuve à l'appui, que les termes de *mutatio* et de *mansio* étaient exclusivement employés, le premier pour désigner des relais de poste, le second pour les auberges de voyageurs. C'est là une grave erreur qu'il est important de ne pas se laisser perpétuer. Nous affirmons que dans l'antiquité ces deux termes s'employaient fréquemment l'un pour l'autre et que les auteurs les employaient quelquefois comme synonymes. A l'appui de cette affirmation, nous citerons l'autorité de Pline (*H. N.*, XII, 14, 32), qui, parlant des stations de l'Orient dans lesquelles on s'arrêtait pour faire boire les chameaux et faire des provisions d'eau, nomme ces stations *mansiones camelorum*, et non *mutationes*. — Sur les routes qui n'avaient point de bornes milliaires, les *mansiones* et les *mutationes* servaient à compter la distance qui séparait une ville d'une autre; mais l'intervalle qui séparait ces établissements variait de plusieurs milles, suivant les localités.

MUTE, *s. f.* — Vieux mot provenant du bas latin *muta*, et qui signifiait *cloche, beffroi* ou *tourelle*.

MUTULE, *s. f.* — De *mutulus,* qui sert à désigner toute pierre ou toute pièce de bois faisant saillie, telle que le bout d'une petite poutre ou d'un chevron dépassant l'alignement du mur (Cato, *R. R.*, 8; Varro, *R. R.*, III, 5, 13; Serv., *ad Virg. Æn.*, I, 740); mais, par extension, et c'est sa principale signification, ce terme sert à désigner une sorte de modillon carré placé sous le larmier de la corniche ionique, et qui représente au-dessous de celui-ci l'extrémité des chevrons. (Vitruv., IV, 11.) Les Romains ont quelquefois employé les mutules dans l'ordre composite. — Dans la corniche dorique grecque, la distribution des mutules est réglée par celle des colonnes ou des triglyphes; à l'aplomb de chacun de ceux-ci correspond une mutule, laquelle est pourvue sous son plafond de petites saillies coniques nommées gouttes, *guttæ*. L'ordre qui porte des mutules est dit *mutulaire*. (Voy. ORDRES.)

MYRIA. — Ce terme, qui signifie dix mille, est un radical qui figure dans beaucoup de mots; ainsi *myriagramme* signifie dix mille grammes; *myriamètre*, dix mille mètres; *myriare*, dix mille ares, etc.

MYSTRE, *s. m.* — De μύστρον, mesure grecque employée pour les liquides, qui contenait le quart d'un *cyathus*. (Rhemn. Fan., 71.) (Voy. POIDS ET MESURES.)

MYTHE, *s. m.* — Traditions obscures touchant des dieux et les héros du paganisme, récits allégoriques et symboliques précédant les temps préhistoriques; d'où les expressions de *mythographes* et *mythologues* pour désigner les écrivains qui expliquent et analysent les traditions poétiques et religieuses (mythologiques) des anciens âges.

MYTHIQUE, *adj.* — Qui appartient à un mythe, qui est fondé sur un mythe : les héros, les dieux mythiques, les récits mythiques. Ce terme est dérivé de *mythe*, qui lui-même vient du grec μῦθος, qui signifie légende, récit fabuleux.

MYTHOLOGIE, *s. f.* — Histoire qui embrasse les individualités formant le polythéisme ancien; cette histoire a fourni aux peintres et aux sculpteurs de nombreux motifs de tableaux et de sculptures employés dans la décoration architecturale.

N

N. — Onzième consonne et quatorzième lettre de l'alphabet. Comme signe abréviatif, cette lettre pouvait signifier, chez les Romains, *Numa, Nonius, Numidius, Numitor ; natus, nobilis, numen, numerus, nonæ, nomen,* etc. N. P. signifiait *notarius publicus* ; N. L., *non liquet,* formule qui, inscrite sur un bulletin de vote, voulait dire : la question n'est pas suffisamment éclaircie pour me permettre de voter. — En français, N.-S. signifie Notre-Seigneur, N.-D. Notre-Dame, N. nord, N.-O. nord-ouest, N.-E. nord-est, etc. Comme signe numérique, le N̄ des Grecs valait 50, v′ (*nu,* v) 50,000. Chez les Romains, N valait 90 et surmonté d'un tiret (N̄), 90,000 ; mais ces deux valeurs ne sont pas certaines, car quelques épigraphistes lui attribuent dans le premier cas une valeur de 900 et dans le second de 900,000.

NAISSANCE, *s. f.* — Point de départ d'un arc, d'une voûte, d'un enduit, d'une colonne, etc. — On nomme *ligne des naissances,* ou *sous-tendante,* une ligne imaginaire passant par les points où un arc ou une voûte s'appuient sur leurs pieds-droits ; *plan des naissances,* le plan qui contient tous ces points : ce plan peut être *horizontal* ou *incliné,* suivant que l'arc ou la voûte sont *droits* ou *inclinés.* Les naissances d'arcs ou de voûtes sont aussi désignées sous le nom de RETOMBÉES, et celles d'enduits sous celui de NUS. (Voy. ces mots.) — Dans les travaux de plâtrerie, on nomme *naissance* un raccord d'enduit ou de crépi dont la largeur n'excède pas 0ᵐ, 33 sur les murs et 0ᵐ,50 sur les plafonds. On désigne encore ainsi les plates-bandes d'enduit qui forment le pourtour des croisées; on ne les distingue des panneaux de crépi ou d'enduit que par la couleur du badigeon. Enfin la naissance de colonne est la partie de cette colonne qui joint le petit membre carré en forme de listel portant sur la base de la colonne.

NANCELLE, *s. f.* — Partie concave entre deux tores ; c'est donc une moulure creuse qui peut avoir pour profil un demi-cercle, ou une scotie, ou toute autre courbe. On dit aussi, mais improprement, *nacelle.*

NAOS, *s. m.* — Terme grec (ναὸς) qui correspondait à *cella* dans les temples romains; c'était l'intérieur du temple. — Partie des églises grecques où se tenaient les fidèles, et qui a fait donner le nom de nef à cette partie des églises modernes; le *naos* était donc distinct du *pronaos,* ou porche, et du *bêma,* sanctuaire. (Voy. NEF et TEMPLE.)

NAPPE, *s. f.* — Large table de plomb, que les plombiers emploient à la couverture des terrasses, des terrassons et des grands chéneaux. — On donne encore ce nom aux masses d'eau qui s'écoulent en forme de nappe. On dit que les nappes sont *déchirées,* quand les bords des bassins ou réservoirs par lesquels l'eau s'échappe sont pourvus de feuilles de plomb présentant de larges dentelures qui en déchirant la nappe lui donnent un plus grand mouvement et semblent augmenter le volume de l'eau. La nappe de la cascade du Trocadéro à Paris produirait beaucoup plus d'effet, si sa nappe, au lieu d'être plate et lisse, était déchirée.

NARTHEX, *s. m.* — Espèce de porche ou de vestibule qui précédait les basiliques chrétiennes, et qui correspondait au *pronaos* des basiliques romaines. Le narthex était réservé aux catéchumènes, aux énergumènes et aux pénitents. Parfois il précédait immédiatement l'église à laquelle il attenait ; d'autrefois il était formé par des galeries, ou bien encore il donnait sur une cour ou atrium entouré de portiques. Quand les églises possédaient deux narthex, l'un extérieur et l'autre intérieur, comme Sainte-Sophie de Constantinople par exemple, on nommait le premier *exonarthex* et le second *esonarthex*. Les églises du moyen âge ne possédaient point de narthex, mais des porches ; cependant, dans le langage usuel, on confond ces deux termes, et l'on dit : l'un des beaux narthex d'une église du moyen âge est celui de l'église de Vézelay. (Voy. PORCHE et NEF.)

NATTE, *s. f.* — Ornement particulier au style romano-byzantin, mais qu'on retrouve

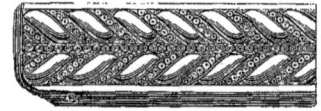

Fig. 1. — Nattes (1ᵉʳ type).

aussi dans des monuments de l'époque ogivale, notamment dans l'église de Bayeux. Cet ornement figure des nattes tressées. — Notre

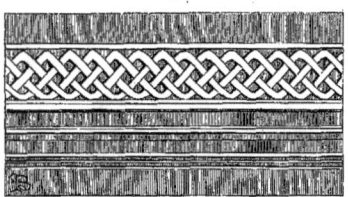

Fig. 2. — Nattes (2ᵉ type).

figure 1 montre un premier genre de natte, et notre figure 2 un deuxième type. (Voy. ENTRELACS.)

NAUMACHIE, *s. f.* — Édifice construit sous le règne des empereurs romains, et dans lequel on donnait des représentations navales ; c'étaient des joutes, des courses de galères, et même des combats navals. Les naumachies étaient des édifices circulaires ou ovales comme

des amphithéâtres ; l'arène de ceux-ci était remplacée par un bassin rempli d'eau, autour duquel étaient disposés des gradins pour recevoir les spectateurs. Il y avait à Rome plusieurs naumachies. (Suét., *Tib.*, 72 ; *Tit.*, 7 ; *Jul.*, 44 ; *Claud.*, 21 ; *Ner.*, 12.) Notre figure représente un de ces édifices, d'après une médaille de l'empereur Domitien. — On donnait aussi, mais rarement, des naumachies, des

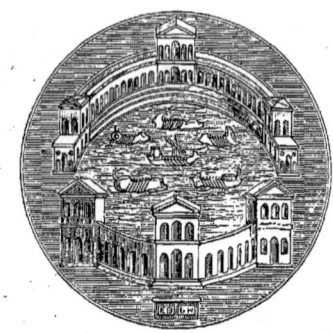

Naumachie d'après une médaille.

combats navals dans les amphithéâtres, mais seulement dans le commencement du Iᵉʳ siècle de l'ère vulgaire, alors qu'il n'existait pas d'édifices spécialement affectés à cet usage, ou bien parce qu'ils étaient encore en petit nombre.

NAVÉE, *s. f.* — Ce terme, aujourd'hui peu usité, servait à désigner le contenu, le chargement d'un bateau de pierres de Saint-Leu ; il n'a, du reste, jamais été employé que par les maçons.

NAVETTE, *s. f.* — Espèce de GUILLAUME (Voy. ce mot), ainsi nommé parce que son fût affecte la forme d'une navette de tisserand. — Appliqué à un lingot de plomb, ce terme est synonyme de SAUMON. (Voy ce mot.)

NAVRER, *v. a.* — Redresser à l'aide d'une encoche ou d'un coup de serpette un échalas tordu. Les treillageurs sont souvent obligés de *navrer* leur bois pour faire des travaux réguliers.

NÉBULES, *s. f. pl.* — Ornements de l'époque romane et de l'époque de transition appliqués à la décoration des larmiers de corniche et des moulures d'archivolte ; ces derniers

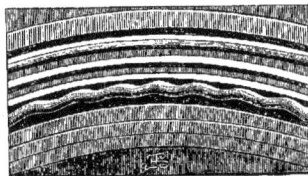

Fig. 1. — Nébules contournées.

sont aussi nommés *tores ondulés*, dénomination parfaitement juste, puisque les nébules qui décorent les archivoltes sont formées de tores contournés en S. (Voy. notre fig. 1.)

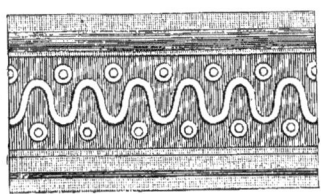

Fig. 2. — Nébules en feston.

Mais le nom de nébules convient plus particulièrement à une suite de festons arrondis et ondulés encore employée au xiiie siècle comme ornement de cordon et de bandeau (fig. 2). (Voy. Ondes.)

NÉCROPOLE, *s. f.* — Ce terme, qui signifie littéralement *ville des morts*, sert à désigner en effet ces vastes emplacements dans lesquels, dans l'antiquité, on enterrait les morts. Les nécropoles ont fourni d'importantes découvertes archéologiques, parce que très-souvent on enterrait les morts avec les objets qu'ils aimaient. C'est dans les nécropoles étrusques qu'on a retrouvé ces énormes quantités de vases qui font l'un des plus beaux ornements de nos musées européens. Il ne faut pas confondre ce terme avec celui d'Hypogée. (Voy. ce mot.)

NEF, *s. f.* — D'après son étymologie (*navis,* vaisseau) et dans un sens générique, ce terme s'applique à tous les édifices, civils et religieux, qui par la figure de leur plan et la forme de leur voûte ressemblent à la coque d'un navire renversé ; cette forme est essentiellement caractérisée dans les grandes salles du Palais de justice de Rouen. — Dans un sens plus restreint, on a donné ce nom à la partie antérieure d'un temple ou d'une église, comprise entre la façade principale et le sanctuaire, ou au transsept dans les églises qui en possèdent. Souvent celui-ci n'est lui-même qu'une nef transversale. Dans une église, on distingue la grande nef, ou *nef majeure,* c'est-à-dire le vaisseau central, et les petites nefs, *nefs mineures* ou collatéraux, nommées aussi bas côtés, qui flanquent la grande nef. A l'origine du christianisme, quand les chrétiens transformèrent les basiliques en églises, ils trouvèrent souvent à l'intérieur de celles-ci une grande nef contre laquelle se trouvaient deux galeries plus basses ; ces dernières étaient surmontées de petites galeries qui rachetaient la différence de hauteur existant entre le grand vaisseau et les galeries latérales : il est bien évident que c'est cette disposition qui a motivé le plan des églises primitives qui ne comportaient qu'un grand vaisseau et deux bas côtés, ou l'église à trois nefs. A cette époque, les hommes et les femmes étaient séparés dans les églises ; la nef principale et le collatéral de droite étaient réservés aux hommes, le collatéral gauche aux femmes mariées ; les galeries du premier étage étaient exclusivement occupées par les veuves et les vierges. Mais à partir du xiiie siècle les galeries du premier étage sont supprimées pour divers motifs, entre autres pour donner plus de hauteur aux collatéraux, et les grandes nefs, qui jusque-là laissaient voir la charpente de leur couverture, commencent à être voûtées en pierre. De petites chapelles terminent les trois nefs ; on les nomme *absidioles,* et souvent un déambulatoire passe entre elles et le chœur. Les fenêtres des murs latéraux, tout en restant de même largeur, s'élèvent beaucoup plus ; mais comme elles s'allongent, elles paraissent devenir plus étroites qu'à l'époque romane, où cependant elles laissaient tant d'espace entre elles pour la peinture murale. La nef centrale comprend trois étages : un rez-de-chaussée de même hauteur que les bas côtés ; une galerie étroite ou *triforium*, ne servant souvent que de passage, établie sur les collatéraux ; enfin une CLAIRE-VOIE. (Voy. ce mot.) Les trois nefs communiquent entre elles par de larges arcades dont d'élégants piliers reçoivent la retombée. A partir du XIVᵉ siècle, les collatéraux se garnissent de quelques chapelles, qui finissent par former un cordon serré et continu autour de l'église. Pendant les XVᵉ et XVIᵉ siècles, les églises, au lieu d'avoir trois nefs, en ont cinq, comme nous en avons un grand nombre d'exemples. Tandis que primitivement les églises n'ont qu'une seule nef ou trois, à partir des XIIᵉ et XIIIᵉ siècles certaines églises en ont jusqu'à cinq, comme Notre-Dame de Paris, la cathédrale de Bourges, et même jusqu'à sept, comme la cathédrale d'Anvers. (Voy. ÉGLISES.)

NÉFLIER, *s. m.* — Arbuste dont le bois, fin et dur, était employé anciennement pour faire des dents de roues d'engrenage. Aujourd'hui on lui a substitué d'autres bois plus durables, et le néflier n'est guère employé que comme arbuste d'agrément pour la décoration des jardins, à cause de son beau feuillage.

NERF, *s. m.* — Filaments intérieurs du fer dus à la compression du fer par le laminoir ou le martelage, qui transforme le grain en fils ou nerfs. Le fer grenu est plus cassant que le fer nerveux. (Voy. ANCRE.) — Autrefois on employait aussi ce terme comme synonyme de *nervure*, pour désigner les moulures placées sur les arêtes d'une voûte ogivale. (Voy. NERVURE.)

NERPRUN, *s. m.* — Arbrisseau dont le fruit sert à obtenir la couleur d'un vert très-brillant nommée *vert de vessie*. (Voy. GRAINE D'AVIGNON.)

NERVER, *v. a.* — Voy. MAROUFLER.

NERVEUX, SE, *adj.* — En technologie, ce terme est souvent employé comme synonyme de *fort*. Ainsi un style d'architecture qui présente des qualités de force et de vigueur est dit *style nerveux, architecture nerveuse*. — En serrurerie, on dit qu'un fer est nerveux quand sa cassure, au lieu d'être grenue, présente des filaments intérieurs nommés nerfs. Les fers nerveux sont moins cassants que les fers grenus.

NERVURE, *s. f.* — Partie d'un ouvrage faisant saillie en forme de côte. Tel est le sens

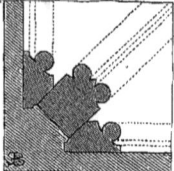

Fig. 1. — Nervures d'angle (tore simple), nervure centrale (tore double).

général de ce terme ; mais on l'emploie surtout pour désigner les moulures en forme de

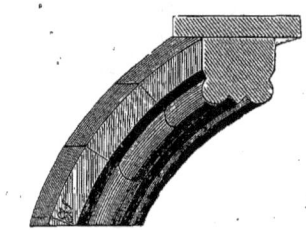

Fig. 2. — Nervure à deux tores séparés par un filet.

côtes ou d'arêtes saillantes des voûtes ogivales ou de leurs angles rentrants, quand celles-ci

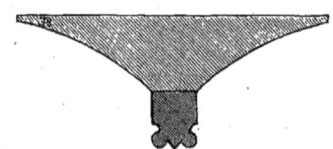

Fig. 3. — Plan de la figure 2.

sont en arc de cloître. Ce sont les nervures qui forment les LIERNES et les TIERCERONS (Voy. ces mots), et qui forment aussi, pour ainsi dire, la carcasse ou charpente des voûtes et répartissent également la charge sur des points d'appui. Les nervures ont, en outre, l'avantage de simplifier les moyens de cons-

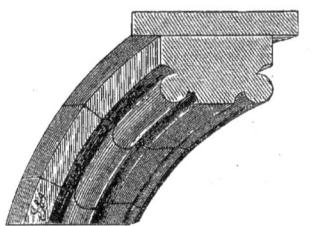

Fig. 4. — Nervure composée de deux tores séparés par un bandeau.

truction; car, lorsqu'elles sont montées, le reste de la maçonnerie n'est qu'une sorte de remplissage. Les nervures ne font leur appa-

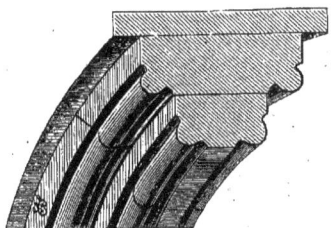

Fig. 5. — Nervure semblable à celle de la figure 4, mais flanquée de deux tores supérieurs.

rition qu'à la période de transition, c'est-à-dire au XIᵉ siècle; ce ne sont alors qu'un simple tore accompagné quelquefois de filets, puis le tore se double et souvent un simple filet les

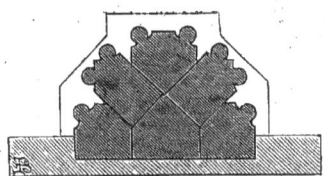

Fig. 6. — Plan montrant la disposition d'un pilier formé de nervures.

sépare, notre figure 1 montre en plan ces deux dispositions; nos légendes expliquent suffisamment les autres figures; enfin elles se profilent suivant le goût et le style de chaque époque. Le

double tore paraît au XIIᵉ siècle ; à la fin de ce siècle, on voit fréquemment trois tores, dont les deux latéraux sont souvent en retraite sur celui

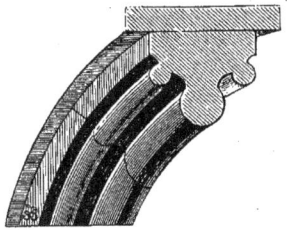

Fig. 7. — Nervure à trois tores.

du milieu. A partir du XIIIᵉ siècle, on retrouve reproduites dans les nervures les moulures des archivoltes. Jusqu'au milieu du XVᵉ siècle,

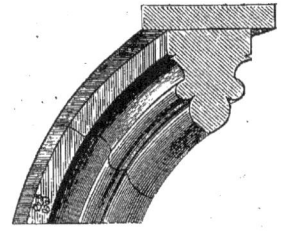

Fig. 8. — Nervure en forme de trèfle (1ᵉʳ type).

on n'avait utilisé les nervures que sur les arêtes des voûtes et pour former les croisées d'o-

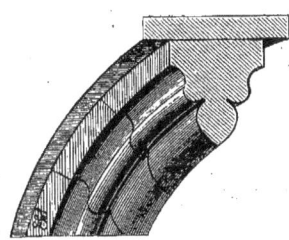

Fig. 9. — Nervure en forme de trèfle (2ᵉ type).

gives, mais alors elles se multiplient sous le nom de *liernes* et de *tiercerons*, et elles forment des réseaux très-compliqués, qui, à la renaissance, aboutissent aux caissons. C'est vers le xvᵉ siècle que es simples tores se transforment en feuillage pour former des espèces de guirlandes qui courent le long des croisées d'ogives pour aboutir aux clefs pendantes. Notre figure 10 montre le plan d'un pilier de voûte à nervures recouvrant une travée

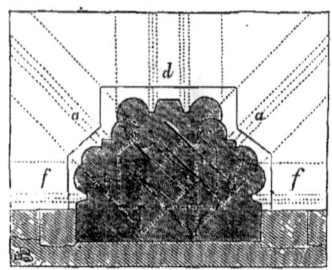

Fig. 10. — Plan d'un pilier de voûte ogivale ;
a, a, croisées d'ogives ; f, f, arcs formerets ; d, arc doubleau.

de bas côtés. On y voit le mur, deux demipiliers, engagés dans l'épaisseur du mur, l'arc doubleau, des arcs formerets, des croisées d'ogives. C'est dans les églises du nord de la France et en Belgique où l'on retrouve les plus belles voûtes à nervures. Dans les

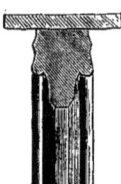

Fig. 11. — Nervure d'un arc doubleau.

étages souterrains, dans les cryptes ou dans les bâtiments de dépendances, les nervures se composent ordinairement d'une simple côte quadrangulaire à laquelle on a abattu les arêtes en chanfrein pour lui ôter de sa lourdeur. Ce genre de nervure élémentaire se retrouve à toutes les différentes époques du style ogival.

Ce terme de *nervure* s'applique encore aux parties lisses, plates ou convexes, qui séparent les cannelures, mais qu'on nomme plus ordinairement CANNES (Voy. ce mot), ainsi

qu'aux côtes des feuillages d'ornement qui représentent les tiges de plantes naturelles. — En menuiserie, on donne ce nom aux feuillures de forme triangulaire pratiquées sur les faces d'un poteau de remplissage ; cette feuillure, qu'on nomme aussi *arrachement*, sert à fixer les lattes de la cloison. — En serrurerie, on donne ce nom à un filet saillant servant

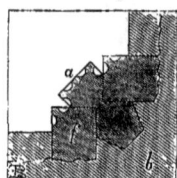

Fig. 12. — Plan d'un pilier d'angle à nervures cannelées ;
a, croisée d'ogive ; f, formeret ; b, mur.

à renforcer une pièce ; à un assemblage composé de ce filet ou *nervure* et d'une rainure qui le reçoit ; enfin on nomme *pêne à nervure* celui dont le chanfrein est doublement renforcé par deux nervures ou filets.

NETTOYAGE, *s. m.* — Ce terme s'applique à un grand nombre d'objets. *Nettoyage des façades,* ordonné à Paris tous les dix ans. (Voy. FAÇADE.) — *Nettoyage des vitres :* cette opération se fait au moyen d'un linge trempé dans une dissolution épaisse de blanc d'Espagne ; puis on essuie les vitres avec un linge propre et doux, et mieux avec une peau de chamois. Quand les vitres sont tachées par de la peinture à l'huile, on enlève ces taches avec de l'eau de potasse. — En marbrerie, le *nettoyage des marbres* se fait par un lavage à l'eau tiède, puis on passe le bouchon de liége avec de la cire pour lustrer le marbre.

NEZ ou CROCHET, *s. m.* — Petite saillie ménagée sur une tuile plate pour l'accrocher à la latte. — Demi-cône en zinc ou en tôle qu'on soude sur un tuyau de descente pour le maintenir et l'assujettir contre un mur au moyen des brides. (Voy. notre fig.) — En menuiserie, on nomme *nez-de-marche* un outil à fût qui sert à pousser une moulure sur le devant des marches.

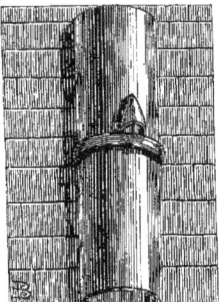

Nez en zinc ou en fer-blanc.

NICHE, *s. f.* — Enfoncement pratiqué dans l'épaisseur d'un mur, d'une maçonnerie quelconque, afin de pouvoir y placer, dans un but décoratif, un groupe, une statue, un buste, un vase ou tout autre objet. Suivant leur forme, les niches portent différents noms, nous le verrons bientôt ; mais les deux formes principales constituent la niche carrée et la niche circulaire, c'est-à-dire construite sur plan rectangulaire

employés par les Romains dans leurs basiliques, leurs temples et surtout dans leurs thermes. Tous les peuples ont utilisé la niche dans leur architecture, aussi existe-t-il de nombreux types de niches ; les unes sont, comme nous venons de le dire, rectangulaires ou circulaires, simples ou ornées ; d'autres sont simples ou décorées de bossages, de pilastres et de colonnes supportant des frontons ; d'autres sont très-profondes, ou ont peu de profondeur ; le moyen âge et la renaissance, par exemple, plaçaient leurs statues sur des culs-de-lampe saillants, posés au bas de niches assez plates et couronnées par des DAIS. (Voy. ce mot.) Souvent le sommet de la niche, qui est fermé par un quart de sphère, est orné d'une coquille (fig. 1), laquelle aurait fourni ainsi l'étymologie du mot *nichia* (niche), dérivé de *nichio* (coquille). Parmi les nombreux types de niches nous devons distinguer plus particulièrement les suivants ; on nomme :

NICHE A CRU, la niche qui ne porte point sur un massif, mais qui part du sol ; on donne le même nom à celle qui, dans une façade, porte immédiatement sur l'appui des croisées sans plinthe.

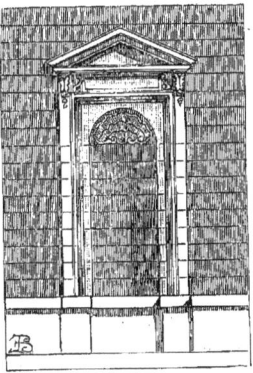

Fig. 1. — Niche circulaire ou sphérique.

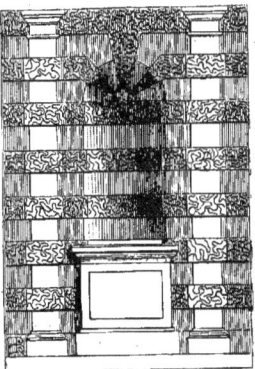

Fig. 2. — Niche à bossages vermiculés.

ou circulaire. Les proportions à donner aux niches sont très-variables ; mais elles doivent, sauf dans des cas exceptionnels, avoir en hauteur deux fois leur largeur. Quand les niches occupent toute une partie de muraille, on les nomme *culs-de-four* ; ceux-ci ont été fort

NICHE ANGULAIRE, celle qui est prise dans une encoignure et qui est fermée à son sommet par une TROMPE. (Voy. ce mot.)

NICHE CARRÉE, celle qui forme dans le mur un renfoncement dont le plan et la fermeture sont quadrangulaires ; cependant une niche à plan rectangulaire peut être fermée par un cintre.

NICHE RONDE, CIRCULAIRE OU SPHÉRIQUE, celle qui est cintrée par son plan et sa fermeture (fig. 1).

NICHE RUSTIQUE, celle dont les assises sont tantôt unies et tantôt ornées de bossages, de refends ou de vermiculures (fig. 2).

NICHE EN TOUR RONDE, celle qui est prise dans un mur circulaire à son extérieur et dont la fermeture porte saillie.

NICHE EN TOUR CREUSE, celle qui est prise à l'intérieur d'un mur circulaire; c'est donc le type opposé de la précédente.

NICHE EN TABERNACLE, celle qui porte un fronton et dont les chambranles sont ornés de colonnes cylindriques ou torses.

NICHE FEINTE, celle qui a peu de profondeur et qui est décorée de figures peintes ou en bas-relief.

NICHE DE BUSTE, celle dont le renfoncement est ordinairement circulaire, ou formé par une demi-sphère.

NIFE, s. f. — Surface supérieure d'un banc d'ardoises.

NIGOTEAU, s. m. — Quart de tuile, ou même simplement un fragment, que les maçons plâtriers placent le long d'un SOLIN ou d'une RUELLÉE. (Voy. ces mots.)

NILLE, s. f. — Rouleau de bois creux formant une pièce de gaîne et servant à garnir une manivelle pour faciliter son maniement et empêcher le fer de blesser la main de celui qui se sert de cette manivelle. Les volants de pompe à eau ont ordinairement leur manivelle garnie d'une nille.

En vitrerie, on donne ce nom à des espèces de petits pitons carrés qui reçoivent de petites clavettes courbes qui servent à fixer les panneaux de vitraux.

NIMBE, s. m. — Ce terme, dérivé du latin nimbus (nuage), servait à désigner, dans l'antiquité, tantôt un nuage dans lequel s'enveloppait un dieu pour descendre sur la terre, tantôt la couronne lumineuse qui ceignait la tête

d'une divinité, comme Jupiter, Apollon ou le Soleil, par exemple. — Dans l'iconographie chrétienne, c'est un ornement, tantôt rond, tantôt carré, qui entoure la tête des images de Dieu ou des saints; quand il entoure la tête d'une des trois personnifications de la Trinité, le nimbe est toujours croisé. (Voy. ICONOGRAPHIE, où le lecteur trouvera la représentation nimbée croisée du Père, du Fils et du Saint-Esprit.)

NIVEAU, s. m. — Instrument servant à tracer des lignes horizontales ou à déterminer des surfaces ou plans horizontaux, à poser des assises de maçonnerie horizontalement, à régler des pentes, etc. De là diverses sortes de niveaux, le niveau à bulle d'air (fig. 1.), à

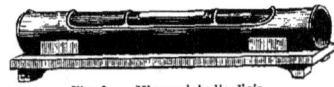

Fig. 1. — Niveau à bulle d'air.

pendule, à pinnules, etc.; mais tous partent d'un principe : ils déterminent la ligne parallèle à l'horizon. — Dans l'art de bâtir, on emploie souvent l'expression de niveau ; ainsi on dit : poser de niveau, araser de niveau, dresser de niveau; on dit aussi qu'une allée est de

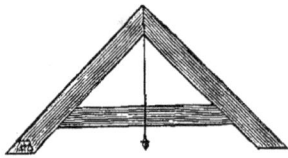

Fig. 2. — Niveau du poseur (1er type).

niveau, quand elle est d'une égale hauteur dans toute son étendue. — On nomme niveau de pente un terrain qui, sans ressaut, a une pente réglée dans sa longueur.

NIVEAU DU PAVEUR. — Longue règle au milieu et sur l'épaisseur de laquelle est assemblée, à angle droit, une autre règle au sommet de laquelle est attaché un cordeau avec un plomb, qui pend sur une autre ligne de foi tracée d'équerre à la grande règle, et qui marque, en couvrant exactement cette ligne, que la base est de niveau.

NIVEAU DU POSEUR. — C'est un niveau dont les trois règles assemblées forment un triangle isocèle. On attache à l'angle du som-

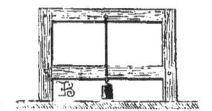

Fig. 3. — Niveau du poseur (2ᵉ type).

met un fil à plomb qui passe sur une ligne de foi tracée d'équerre à la grande règle, ce qui indique que la ligne qui porte l'instrument est de niveau. Il existe aussi des niveaux de poseur rectangulaires, analogues à ceux employés par les menuisiers et les charpentiers : le fil à plomb est suspendu dans l'axe de la règle transversale supérieure qui affleure les

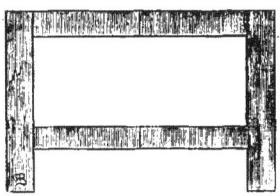

Fig. 4. — Niveau du poseur (grand modèle).

règles verticales, ce qui permet d'appliquer ce niveau en dessous des pièces horizontales, et en même temps contre les pièces verticales, pour s'assurer si elles sont bien d'équerre et d'aplomb. On fait, du reste, pour s'assurer de l'horizontalité des pièces de dessous, des niveaux dits *de dessous* (fig. 3 et 4).

NIVELER, *v. a.* — Exécuter un nivellement. — On emploie aussi ce terme dans le sens d'aplanir, d'égaliser, de régulariser, et de régaler la surface d'un terrain, le sol d'une cour, etc.

NIVELETTE, *s. f.* — Jalon portant une plaque à une ou deux couleurs et que l'on emploie pour des nivellements, pour régler des pentes, pour déterminer certains écartements, comme par exemple la pose de deux rails parallèles. — Il existe des nivelettes

qu'on pose sur le sol (fig. 1), et d'autres qu'on plante dans le sol, parce que leurs bouts sont ferrés (fig. 2).

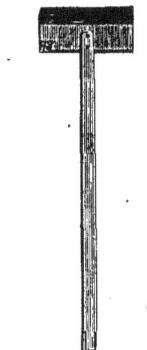

Fig. 1. — Nivelette de pose.

NIVELLEMENT, *s. m.* — Opération géométrique à l'aide de laquelle on peut déterminer la distance de divers points d'un terrain

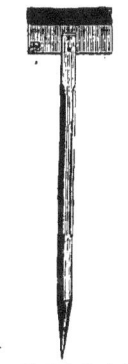

Fig. 2. — Nivelette ferrée à pointe.

en relief à un même plan de niveau dit *plan de comparaison.* — La connaissance des principaux détails de cette opération est indispensable aux chefs de chantier et même aux ouvriers, surtout pour les travaux publics, où presque toutes les hauteurs cotées sur les plans d'exécution sont ordinairement indiquées par leur distance en contre-bas d'un plan fictif horizontal, que nous avons désigné précédemment sous le nom de *plan de comparaison.* Il existe plusieurs modes de tracer ce plan fictif; ils sont spécifiés dans tous les traités élémentaires d'arpentage et de nivellement.

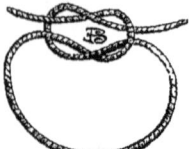

Fig. 1. — Nœud d'amour.

NŒUD, *s. m.* — Défaut du bois qui provient d'une piqûre d'insecte, d'une excroissance ou d'un enchevêtrement des fibres aux

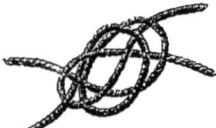

Fig. 2. — Double nœud d'amour.

points d'où s'élèvent les branches. Sauf pour les bois de placage, pour lesquels les loupes et

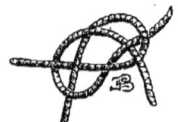

Fig. 3. — Nœud de marine (1er type).

les nœuds sont recherchés, en général ceux-ci sont toujours préjudiciables à la qua-

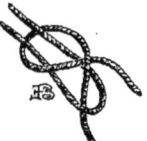

Fig. 4. — Nœud de marine (2e type).

lité du bois, surtout quand ils sont forts, parce qu'en rompant le fil du bois ils lui ôtent toute élasticité et toute résistance, principalement pour les bois de sciage employés dans la me-

nuiserie et dans la charpente. Les nœuds vicieux, c'est-à-dire ceux qui sont très-forts,

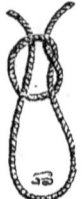

Fig. 5. — Boucle à nœud simple, ou nœud coulant (nœud de marine).

mal placés et pourris, doivent faire rejeter des constructions les bois qui en sont atteints. Du reste, souvent les nœuds sont formés de

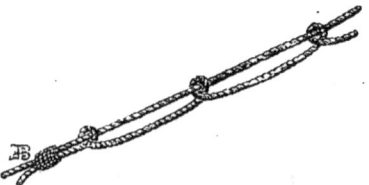

Fig. 6. — Nœud d'artificier, ou nœuds courants (1er type).

bois mort qui amène tôt ou tard la pourriture des bois.

On donne encore ce nom ou celui d'*émeril*

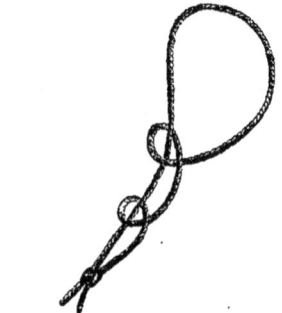

Fig. 7. — Nœud d'artificier, ou nœuds courants (2e type).

à des durillons que l'on rencontre dans les marbres blancs ; on les écrase à la marteline. Ceux qui se trouvent dans les marbres de couleur se nomment *clous.*

En serrurerie, on donne ce nom à la partie en saillie roulée ou soudée qui reçoit la broche d'une fiche ou d'une charnière. On nomme improprement *nœud de paumelle, de penture*, l'œil de ces ferrures ; mais on nomme *nœud enlevé, nœud soudé*, la pièce de façon qui

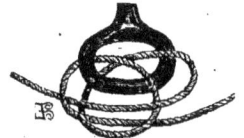

Fig. 8. — Nœud du tisserand (1er type).

affecte la forme de ces soudures et qui sert

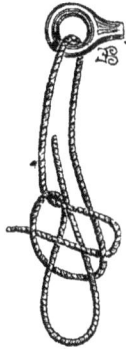

Fig. 9. — Nœud du tisserand (2e type).

à l'ouverture ou à la fermeture d'une porte de grille en fer, etc.

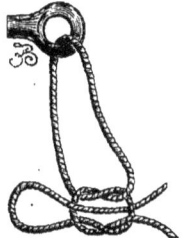

Fig. 10. — Nœud du tisserand à longue boucle.

En plomberie, on nomme *nœud de soudure* le point de jonction de deux tuyaux de plomb aboutis l'un contre l'autre ou emboîtés l'un dans l'autre ; c'est le renflement produit par la soudure qu'on nomme *nœud de soudure*.

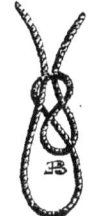

Fig. 11. — Nœud du voleur (1er type).

On nomme encore *nœud* l'entrelacement d'une corde avec elle-même ou avec une autre. Ce système de réunir des cordes pour les allonger ou pour en obtenir divers services est employé dans un grand nombre d'industries, mais surtout dans la marine, dans la charpenterie et dans la maçonnerie, soit pour

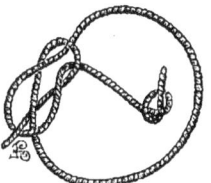

Fig. 12. — Nœud du voleur (2e type).

la construction des échafaudages, soit pour élever des fardeaux. Suivant la manière dont sont formés les nœuds, on leur donne diffé-

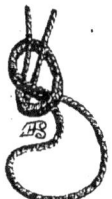

Fig. 13. — Nœud à double chaînette (charpentier).

rents noms. Nos figures en montrent un grand nombre ; ce sont les *nœuds coulants, courants, ferrés, doubles, de charpentier, de voleur, de marinier, d'artificier, de tisserand, nœuds d'amour*, etc. (Voy. nos figures.)

Nous devons ajouter que ces diverses déno-

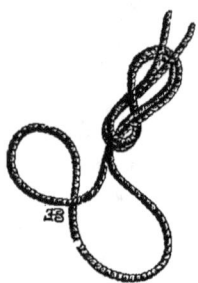

Fig. 14. — Nœud du charpentier à double chaînette et double boucle.

minations ne signifient pas que ces nœuds sont exclusivement employés par les diverses corporations qui leur ont donné leurs noms,

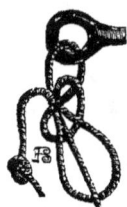

Fig. 15. — Nœud du charpentier à boucle courte et indénouable.

mais qu'ils sont utilisés par tous les corps d'é-tat indifféremment. Quelques nœuds, ceux qui portent boucle, notamment, ne peuvent être serrés qu'autant que leur boucle est traversée

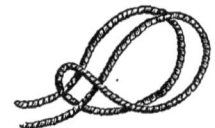

Fig. 16. — Nœud à double boucle (charpentier).

par une pièce de bois, une tête de vis, etc. (Voy. nos fig. 16, 19, etc.)

NOIR, *s. m.* — Couleur employée par les peintres, soit seule, soit mélangée à d'autres, pour obtenir des gris ou des bleus, des verts, plus ou moins foncés. Il existe un grand nom-

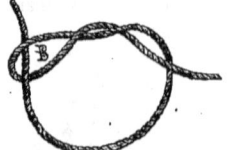

Fig. 17. — Nœud à simple boucle.

bre de noirs, mais qui sont tous compris dans trois variétés principales, savoir : les *noirs de*

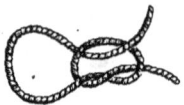

Fig. 18. — Nœud coulant.

fumée, les *noirs d'os* ou *d'ivoire*, enfin les *noirs végétaux*.

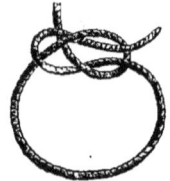

Fig. 19. — Boucle à double nœud.

Les NOIRS DE FUMÉE, qui sont les plus impurs de tous les noirs, sont aussi les plus

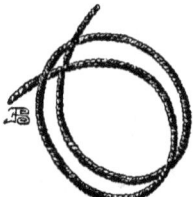

Fig. 20. — Boucle à double nœud (charpentier).

employés. Ils proviennent de la combustion incomplète de résines, d'huiles communes, qu'on fait brûler dans des locaux spéciaux, et les fumées, se déposant sur les parois des chambres et sur de vastes entonnoirs leur servant le plafonds, fournissent le noir. On les utilise pour de nombreux travaux : on peint avec ces noirs les ferrures et ferrements intérieurs ; mélangés avec du vinaigre et de l'eau, ils servent à faire des soubassements dans les pièces blanchies à la chaux; mélangés avec du vernis à l'esprit-de-vin, ils servent à peindre les tableaux noirs des écoles, ainsi que les bureaux ou pupitres des écoliers, etc.

Les NOIRS D'OS, D'IVOIRE, dénommés aussi NOIR ANIMAL, proviennent de la calcination en vase clos, mais incomplète, d'os, d'ivoire, etc. On nomme ces noirs indifféremment, noirs de Cassel, de Cologne, d'Agen, etc., suivant les pays dans lesquels ils sont fabriqués.

Les NOIRS VÉGÉTAUX proviennent de la calcination de bois de diverses essences amenés à l'état de charbon, qu'on réduit en poudre. Ces noirs sont en général de médiocre qualité; nous devons néanmoins en excepter deux, le *noir de vigne* et le *noir de pêche*, qui sont fort beaux et servent à teindre les bois de poirier employés dans l'ébénisterie. Ces noirs sont obtenus, le premier en calcinant de jeunes pousses et des feuilles de vigne, le second des noyaux de pêche. Broyé à l'huile et mélangé avec de la céruse, le noir de vigne donne une belle nuance de *gris argent*; celui-ci, mélangé avec du carmin, donne des gris perle et des gris violets, lilas, très-remarquables.

Pris adjectivement, ce terme sert à désigner, en serrurerie, un ouvrage brut; ainsi une *serrure noire* est une serrure dont le palastre n'a pas été *blanchi* à la lime ou à la meule, ni par conséquent *poli*. Par opposition au fer-blanc, on nomme les tôles *fers noirs*.

NOIRCIR, *v. a.* — Rendre noir par une peinture. Mais ce terme sert surtout à désigner l'action de rendre noir des objets de serrurerie, en les faisant chauffer, puis en les frottant d'huile de corne, ou bien avec une huile grasse et du noir de fumée. On noircit les fers et certains objets de quincaillerie pour les préserver de la rouille.

NOIX, *s. f.* — Ce terme s'applique à la fois à la gorge demi-circulaire pratiquée dans un battant dormant de porte ou de fenêtre et à la languette de même forme qui emboîte cette gorge. Généralement, les fermetures sont à *noix* sur un des bords de leur châssis, et à

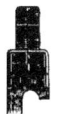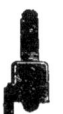

Outil à fût pour gueule-de-loup.

gueule-de-loup sur l'autre. (Voy. GUEULE-DE-LOUP.) — On donne également ce nom à l'outil à fût qui sert à pousser cette gorge et sa languette; c'est une sorte de bouvet, simple ou avec une poignée. (Voy. notre figure.)

NOQUET, *s. m.* — Bande de plomb que l'on pose généralement dans les angles rentrants des couvertures d'ardoises, le long des pignons, des jouées de lucarnes et des jours. On emploie aussi des noquets pour couvrir des ARÊTIERS. (Voy. ce mot.)

NORMAND (STYLE). — L'un des noms sous lesquels on désignait autrefois le *style roman*, qui pendant fort longtemps a reçu des dénominations tirées du nom des pays dans lesquels on retrouvait des monuments romans. Ainsi le roman diffère bien de contrée à contrée, mais il forme toujours un style identique, malgré les différences locales qui peuvent le caractériser; le roman de la Lombardie, par exemple, n'est pas identique à celui de la Normandie, celui des bords du Rhin à celui de l'Auvergne, etc. — Voir ce que nous disons à LOMBARD (*Style*). — Les Anglais appellent encore aujourd'hui *norman style* l'architecture qui, à partir de la conquête de leur pays par Guillaume le Conquérant en 1066, remplaça chez eux l'architecture anglo-saxonne. A cette époque, cette épithète de *normande*, appliquée au style d'architecture importé dans leur pays, n'était pas impropre, puisqu'il venait bien de la Normandie ; mais il est surprenant que les Anglais l'aient encore conservée jusqu'à aujourd'hui.

Le style normand persista en Angleterre jusqu'au XIII° siècle, époque à laquelle le style ogival s'implanta définitivement dans la Grande-Bretagne. — Voy. ROMANE (*Architecture*).

NOUCHE, *s. m.* — Ancien terme qui signifiait un *nœud*, un *fermail*. (Voy. NŒUD.)

NOUE, *s. f.* — Angle rentrant formé par la rencontre de deux combles qui se joignent, ou par la rencontre du comble d'une lucarne avec le grand comble de l'édifice. Quand les toits sont couverts en tuiles, les noues sont formées au moyen de tuiles faîtières retournées; mais quand les couvertures sont en ardoises ou en métal, la noue se couvre en plomb ou en zinc. Il y a des noues à un et à deux *tranchis*, c'est-à-dire à une ou deux bordures.

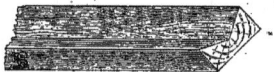

Noue.

dures. Une partie et quelquefois la totalité de l'eau, en tombant sur les deux versants adjacents, se dirige vers la noue, qui remplit l'office de canal pour conduire les eaux dans le chéneau; en conséquence, la noue doit être assez profonde pour recevoir les eaux et favoriser leur écoulement. Les noues sont donc le contraire des arêtiers. — En charpenterie, la noue est une pièce de bois qui, partant du faîtage, vient aboutir à l'entablement. Cette pièce reçoit les empannons des deux combles qui se joignent à angle rentrant. Les deux faces verticales par lesquelles la noue vient embrasser le poinçon sont dites *faces d'engueulement*, de même qu'on donne le nom de *délardement* à l'opération qui consiste à creuser la noue dans la pièce de bois. — Les paveurs nomment *noue* une certaine portion de pavé de forme triangulaire, placée dans l'axe d'un angle rentrant et dont les deux revers forment ruisseau; on voit donc que cette disposition a de l'analogie avec les noues de comble, et justifie ainsi cette appellation.

NOULET, *s. m.* — Assemblage de charpente, formé qui se place à l'intersection de deux combles de hauteur différente, et plus spécialement dans le cas où l'un des deux combles est à deux versants. Les noulets forment un angle composé de deux longues pièces de bois qu'on nomme *branches de noulet*, qui reçoivent de petits chevrons en empannons. Pour les grands combles, les noulets sont posés comme des fermes couchées sur le versant qu'ils rencontrent; pour les petits combles, tels que ceux d'un lucarnon ou d'une lucarne, les noulets se posent tout simplement sur les chevrons, c'est-à-dire sur la pente du

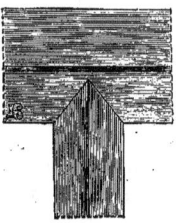

Noulet.

grand toit. — Le noulet est *droit*, quand les deux lignes de faîtage des deux combles sont perpendiculaires; dans le cas contraire, le noulet est *biais*.

NOYAU, *s. m.* — Nom générique donné à toute saillie brute, surtout à celle faite en briques, sur laquelle on doit traîner au calibre des moulures lisses. — Pilier central qui supporte une voûte annulaire qu'on nomme aussi dans ce cas *voûte sur le noyau*. — Enfin, on nomme encore noyau l'âme d'un escalier en hélice ou en colimaçon, qui est une espèce d'arbre, de *chandelle*, autour duquel l'escalier décrit sa révolution. Pendant le moyen âge, les tours de clocher et beaucoup de maisons privées n'eurent pas d'autre genre d'escalier que ceux dits *à noyau*. Dans les constructions privées, le plus souvent, ce noyau était en bois; il se composait d'un arbre profilé de moulures suivant la révolution de l'escalier et exécutées avec beaucoup d'art. Au bas de l'arbre, ces moulures reposaient sur un embasement, et le sommet était terminé par un amortissement. Souvent la moulure était ronde et servait de ce côté de MAIN COU-RANTE. (Voy. ce mot.) On nommait ce dernier genre *noyau à corde.* Dans les escaliers en hélice construits en pierre, les marches, toutes taillées sur un panneau identique, portent chacune leur noyau, et souvent il est mouluré comme les noyaux en bois. Tous ces *noyaux* ou *cylindres* partent de fond et soutiennent d'un côté les abouts des marches. Dans les grands escaliers, qui ont des cages spacieuses, le noyau est souvent évidé ; on le nomme alors *noyau creux,* il retient les marches par encastrement. Les noyaux qui partent des fondations et qui montent aux derniers étages sont dits *noyaux de fond ;* ceux qui sont coupés au-dessous des rampes et paliers de chaque étage sont dits *noyaux coupés.* Enfin, on fait des *noyaux carrés ;* on les utilise pour les escaliers en arc de cloître, à lunette et à repos. — En charpenterie, on donne ce nom : 1° aux *poinçons,* quand les formes du comble sont à entrait; 2° aux pièces de bois coniques verticales qui reçoivent les abouts des chevrons des combles coniques, sphériques et elliptiques. — En plomberie, le noyau est le cylindre qui est situé au centre des moules dans lesquels on coule les tuyaux de plomb.

NOYER, *s. m.* — Arbre de seconde grandeur de la famille des *inglandées*, qui fournit de superbes pièces de bois pour plateaux, et des feuilles de placage pour la menuiserie et l'ébénisterie. On ne l'emploie guère pour la charpente, à cause de son haut prix ; mais cependant dans les pays montagneux du midi de la France, dans les Cévennes et dans la Lozère, on utilise le noyer pour des ouvrages de charpenterie, et il est d'un excellent usage.

NOYER, *v. a.* — Entailler, perdre dans le bois, le plâtre, la maçonnerie, un objet de serrurerie, soit *de façon,* soit de quincaillerie. — En maçonnerie, on nomme *chaux noyée, plâtre noyé, ciment noyé, mortier noyé,* la chaux, le plâtre, etc., qui ont été éteints ou délayés dans une trop grande quantité d'eau. — Les coulis de plâtre ou de mortier, étant

nécessairement composés de matières noyées, ne présentent pas toute la solidité qu'on pourrait attendre du bon plâtre ou du bon mortier. Les plâtres et les ciments noyés présentent, en outre, l'inconvénient de se gercer, de se fendiller, quand ils sont employés en enduits.

NOYURE, *s. f.* — Trou en forme de petit cône servant à loger une tête de vis; quand on enfonce avec le chasse-pointe les têtes de pointes dans le bois, on dit que cette tête est *noyée* dans le bois. (Voy. NOYER.)

NU, *s. m.* — On nomme *nu d'un mur,* la surface unie, plane, de ce mur, par opposition aux ressauts ou parties saillantes et ornementées de ce mur; donc le nu du mur sert de champ à ces surfaces. — Dans les travaux de plâtrerie, on donne ce nom aux bandes de plâtre de longueur variable, mais dont la largeur ne dépasse par $0^m,03$ à $0^m,04$; on les établit pour dresser les enduits des murs, des plafonds, et quelquefois pour exécuter des moulures. Ce travail, qui de prime abord ne paraît pas difficile, réclame cependant une certaine habitude et beaucoup de précision, puisqu'il sert de guide à l'*enduiseur* pour exécuter son travail. Parfois les nus des murs se dressent au GUILLAUME. (Voy. ce mot.) On les fait encore, dans quelques cas, avec un bout de latte entaillé, nommé COCHONNET (Voy. ce mot), que l'on traîne sur une pièce de bois bien dressée, ou mieux sur une règle. Ce moyen est particulièrement employé pour les nus de plafonds d'escaliers, dont les limons servent à diriger le *cochonnet.* (Voy. NAISSANCE.)

En menuiserie, ce terme s'applique à tout ce qui est situé sur le devant d'une partie quelconque; ainsi les menuisiers disent : cette moulure a une saillie de $0^m,12$ sur le nu du bâti, du panneau, de l'éçoinçon, de la maçonnerie, etc.

NUE PROPRIÉTÉ, *s. f.* — Propriété de laquelle l'acte constitutif a séparé l'usufruit. Comme toute autre, cette propriété est susceptible de transmission; mais celui qui acquiert fait un marché aléatoire, puisqu'il est basé sur les chances de survie de l'usufruitier.

NUMÉRALES (LETTRES). — Lettres qui expriment les nombres; telles sont celles qui forment la numération romaine.

NUMÉROTAGE, *s. m.* — Action de numéroter; poser un numéro sur un objet ou un immeuble quelconque. Nous devons parler ici nuiquement du numérotage des maisons, qui ne date que de 1806. Avant cette époque, on désignait la position d'une maison dans une rue par des circonlocutions topographiques; par exemple, on disait : M. Bernard demeure, rue de Seine, dans la maison qui fait l'angle de la rue des Marais, en face de la boutique qui a pour enseigne au Dragon vert. Il est facile de comprendre combien les recherches pour trouver un individu ou une maison étaient pénibles, et cependant l'administration a trouvé de grandes difficultés pour faire adopter le numérotage. Dès l'année 1775, la municipalité de Paris essaya de faire numéroter les maisons; mais les hôtels résistaient au nouvel ordre de choses, parce qu'ils se trouvaient humiliés d'être confondus dans la foule et comme *encanaillés* dans la bourgeoisie; aussi la mesure ordonnée tombat-elle en désuétude. En 1776 fut publié le premier *Almanach de Paris*, qui donnait les adresses des habitants de

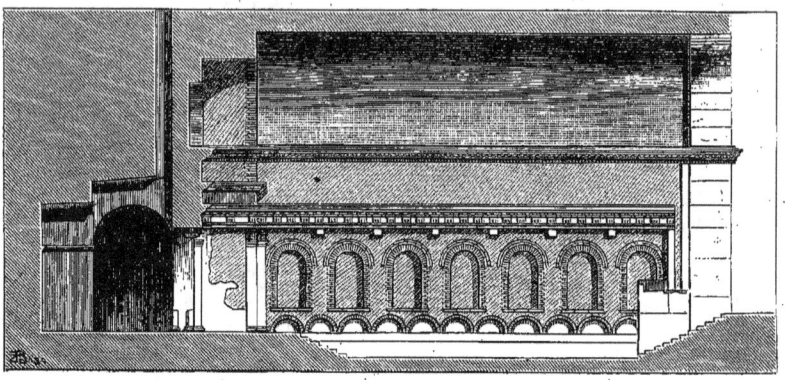

Fig. 1. — Coupe longitudinale de la nymphée d'Albano.

Paris; le publicateur de cet *annuaire*, un nommé Kremfeld, prôna beaucoup le numérotage des maisons : cela, en effet, eût bien simplifié sa besogne; mais il ne put faire réussir la chose. Ce fut seulement en 1806 que l'administration rendit la mesure absolument obligatoire et classa les rues en deux divisions : l'une comprenait les rues parallèles à la Seine, et l'autre les rues perpendiculaires. Dans les rues parallèles, la série des numéros se dirige de l'est à l'ouest, c'est-à-dire suit la direction du fleuve; dans les rues perpendiculaires au fleuve, la série part du côté de celui-ci et se dirige du côté de la ville; enfin, dans toutes les rues, les numéros pairs sont à droite et les impairs à gauche. Quant aux rues qui se dirigent sur les grands boulevards ou qui sont parallèles à ceux-ci, le numérotage est établi d'après le même ordre que dans les rues perpendiculaires ou parallèles à la Seine : c'est le boulevard qui remplace le fleuve. Ce système de numérotage laisse bien à désirer évidemment, mais enfin il rend de très-grands services.

NUMISMATIQUE, *s. f.* — La numismatique a pour objet la science des monuments métalliques, tels que *médailles*, *monnaies*, *jetons*, *méreaux*, etc. Cette science est d'un grand secours pour l'histoire générale et pour l'histoire de l'art. Grâce à la numismatique on a pu assigner à un grand nombre de monuments de l'architecture l'époque précise de leur construction, car souvent leurs fondateurs ont eu la précaution de placer dans les fondements des monnaies contemporaines. La science numismatique comprend deux divisions principales : la numismatique ancienne, de beaucoup la plus intéressante et la plus compliquée, et la numismatique moderne.

NYMPHÉE, *s. f.* et *m.* — Ce terme, dérivé du grec νυμφαῖον ou νυμφεῖον, signifie édifice

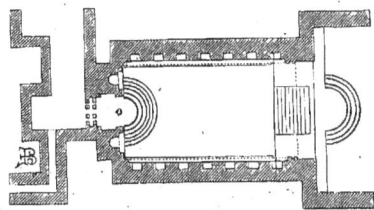

Fig. 2. — Plan de la nymphée d'Albano.

consacré aux Nymphes (1). (Pline, *H. N.*, XXXV, 12, 43.) C'étaient à l'origine des grottes naturelles d'où s'échappait une source jaillissante ; l'art, dans la suite, se chargea d'em-

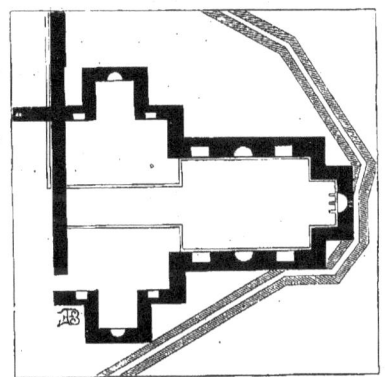

Fig. 3. — Plan de la nymphée d'Égérie.

bellir ces grottes, et souvent d'une manière luxueuse, comme nous le verrons bientôt. Les Grecs décorèrent ces grottes de portiques et de

statues, du moins celles des nymphes Anigridès et Cythéronidès étaient ainsi décorées; la première de ces nymphées était située près de Samicon en Élide, la seconde dans le territoire de Thèbes. Sur le Parnasse, une nymphée remarquable était celle dédiée à la nymphe Corycia. Dans l'Attique, il existait, il n'y a pas encore longtemps, une nymphée érigée par un certain Archidamas de Phèré, comme l'indi-

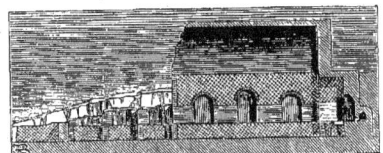

Fig. 4. — Coupe de la nymphée d'Égérie.

que une inscription placée au bas de la figure de ce fondateur. — On donnait aussi ce nom : à une chambre élevée, décorée de colonnes, de statues, de peintures et d'inscriptions, au milieu de laquelle se trouvait une fontaine

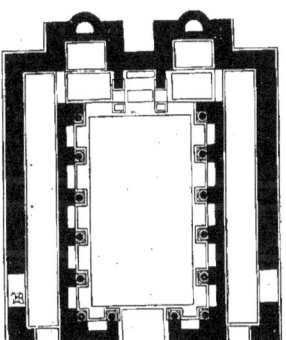

Fig. 5. — Plan de la nymphée de Nîmes.

jaillissante (Liban., *Antioch.*, p. 372); à une grande pièce dépendant d'un établissement de bains ou de thermes (Ammian., XV, 7, 3 ; Ca-

(1) Il existait des nymphes de divers genres ; les unes nommées *Océanides*, *Mélies* et *Néréides*, étaient les nymphes marines ; d'autres, les *Naïades*, les *Oréades* et les *Dryades*, étaient les nymphes des fontaines ; celles des rivières et des fleuves s'appelaient *Potamées* ou *Potamides* ; celles des lacs ou des étangs, *Eymades* ou *Napées*. Les nymphes n'étaient pas immortelles, elles vivaient seulement quelques milliers d'années. On leur offrait du miel, du lait, de l'huile, et quelquefois des agneaux et des chèvres. La fête des nymphes se célébrait le 13 octobre, le troisième jour avant les ides ; on nommait ce jour *Fontinales*. (Virg., *Égl.*, 5.)

pitol., *Gord.*, 32; *cod. Theod.*, 11, 42 et *Valent.*, 5, 6), et dans laquelle on venait respirer la fraîcheur. (Philostrate, *Apoll. Tyan.*, VIII, 12.) — D'après Fabricius (*Descript. de Rome*), on nommait encore nymphées des édifices publics dans lesquels se faisaient les noces de ceux qui n'avaient pas de locaux assez grands pour célébrer cette fête. — De toutes ces destinations, un fait constant et indubitable se dégage, c'est qu'à l'origine les nymphées n'étaient très-certainement que des grottes naturelles renfermant des sources plus ou moins abondantes; plus tard on embellit et on décora ces grottes; enfin, le luxe grandissant, et avec lui le goût des plaisirs, on créa dans les lieux qui

figure qui accompagne ce mot.) Au palais Barberini, on voit une peinture antique qui représente une nymphée rustique : c'est une grotte percée dans le tuf, dont la voûte est formée de pierres brutes; à l'entrée on aperçoit une petite chapelle ou *sacellum*, dont l'entablement, supporté par des colonnes, est orné de vases. — L'origine des nymphées remonte à une très-haute antiquité, puisque Homère parle dans l'Odyssée de la grotte de l'île d'Ogygie, qui servait de demeure à la nymphe Calypso. Dès les premiers jours de Rome, Numa allait consulter sur les affaires de l'État la nymphe Égérie dans sa grotte. A Rome il y avait de nombreuses nymphées; Gordien

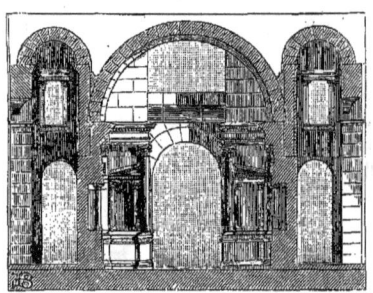

Fig. 6. — Coupe transversale restaurée de la nymphée de Nîmes.

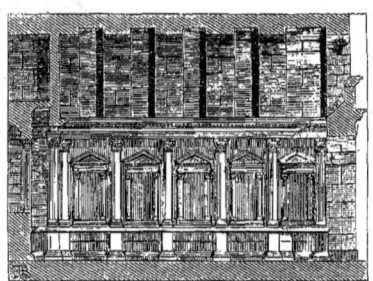

Fig. 7. — Coupe longitudinale restaurée de la nymphée de Nîmes.

n'avaient pas de grottes naturelles des nymphées, dans des localités isolées et solitaires, au milieu des bois et des jardins, et souvent sur l'emplacement d'une source. Ces bâtiments avaient un caractère particulier, et leur décoration rustique en rocaillages rappelait plus ou moins les grottes naturelles. Quand il ne se trouvait ni source ni fontaine dans le voisinage des nymphées, les anciens y conduisaient de l'eau quelquefois de fort loin; ils employaient plusieurs modes de conduites : tantôt des tuiles retournées sur le dos, *imbrices;* ou bien, comme Pline nous l'apprend, tantôt des aqueducs, tantôt des conduites de plomb ou de terre cuite : *Inducebatur (aqua) per canales vel fistulas aquarias, per tubos plumbeos vel fictiles seu testaceos.* (Pline, XVI, 42; XXI, 6.) Ce que cet auteur nomme *testaceos* était l'*imbrex supinus.* (Voy. IMBREX et la

en fit construire plusieurs, celle de l'empereur Marcus était surtout célèbre. (Capitol., *in Gord.*, XXXII; Marcell., *Rer. gest.*, XV, VII.) Nibby cite deux autres nymphées ou *lymphées*, celle de Claude (*Roma antica*, I, p. 352) et celle d'Alexandre Sévère (*ibid.*, p. 368, 369). A Rome, certaines nymphées servaient aussi quelquefois de dépôts pour les archives (Cic., *pro Milone*, 27; *Parad.*, IV), parce que le TABULARIUM (Voy. ce mot), malgré son étendue, ne pouvait contenir toutes les lois et tous les actes publics; mais c'était là une exception, car dans le principe ces édifices étaient exclusivement consacrés au culte; mais, comme le dit fort bien notre confrère Gailhabaud (*Edif. anciens et modernes*, t. Ier) :

Ces sanctuaires perdirent peu à peu sous les empereurs et leur caractère religieux et leur destination primitive. Dès lors on s'y porta comme à

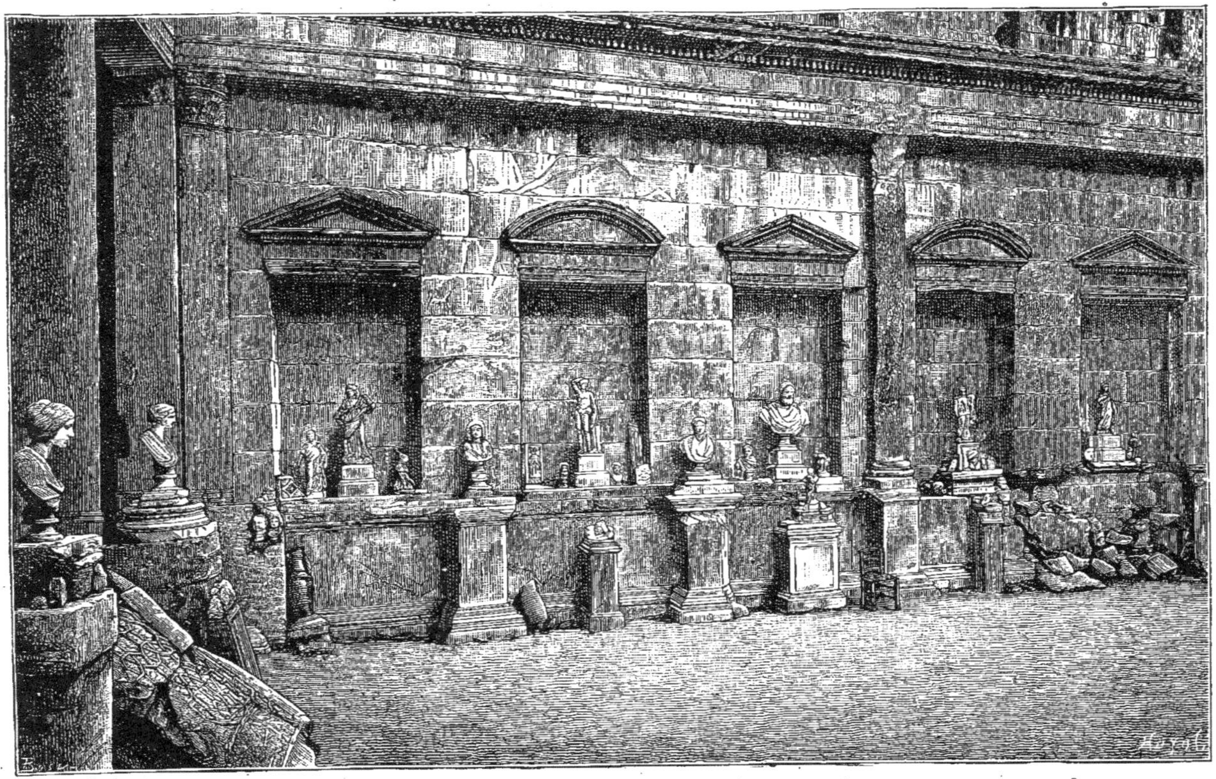

Planche LXVI. — Vue intérieure de la nymphée de Nîmes (état actuel).

1. _Bosc del. d'après Bauer._

un lieu public ; puis on les fréquenta afin d'y respirer un air frais et agréable ; enfin ils devinrent des endroits de rendez-vous où se passèrent, suivant les écrivains de l'antiquité, les plus honteuses débauches. Les vers d'Horace, de Martial et d'Ovide ne laissent à ce sujet aucun doute. C'était là qu'on fêtait Vénus Pandémos et la lubrique déesse Lubentie. Tibère même rendit les nymphées témoins de ses orgies ; et, dans ces temps de corruption, la sainteté du sanctuaire ne fut bientôt plus qu'un voile sous lequel, observe un auteur, le plaisir se cachait plus hardiment, après en avoir chassé pour jamais les divinités pudiques et sauvages.

Parmi les nymphées dont il nous reste des ruines, nous en mentionnerons, parmi les plus connues, deux situées sur les bords du lac d'Albano, près de Rome : l'une du côté de Marino, l'autre du côté de Castel-Gandolpho ; cette dernière est taillée irrégulièrement dans la montagne, c'est la grotte naturelle qui a fourni le plan, qui est tout à fait irrégulier. La voûte est décorée de rocailles de tuf ou de pierre ponce. — Nos figures 1 et 2 montrent la coupe et le plan d'une des nymphées des environs du lac d'Albano.

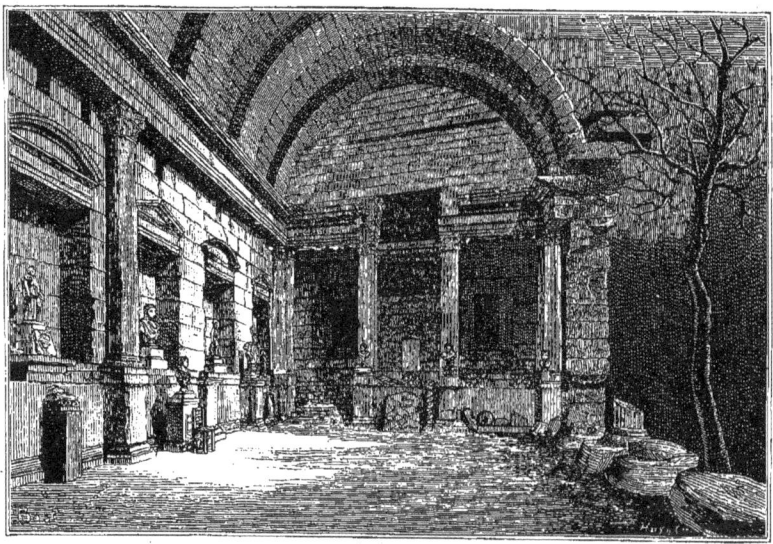

Fig. 8. — Vue intérieure de la nymphée de Nîmes (état actuel).

NYMPHÉE D'ÉGÉRIE. — Cette nymphée, située près de Rome, n'est pas du tout celle dans laquelle Numa allait puiser ses inspirations. Le monument aujourd'hui ainsi désigné est situé à plus de trois mille de la grotte d'Égérie, de celle dans laquelle le roi allait consulter son amie, comme le dit Juvénal (*Sat.*, III) : *Hic ubi nocturnæ Numa constituebat amicæ.* — Du reste, la construction et l'appareil (*opus reticulatum*) de l'édifice en question démontrent que l'édifice représenté par nos figures 3 et 4 date du règne de Vespasien, ou au plus tôt du commencement de l'ère impériale. Cet édifice, aujourd'hui bien ruiné, était d'une grande beauté ; il se composait d'une grande salle voûtée en berceau, dans laquelle il existait treize niches, six de chaque côté, et une dans le fond de laquelle s'échappait la source qui s'écoulait dans un bassin par trois conduits. Les niches avaient été revêtues en marbre blanc ; les corniches de la salle étaient en marbre rouge, et le sol était dallé en marbre serpentin.

NYMPHÉE DE NÎMES. — Cette nymphée, improprement désignée sous le nom de *temple de Diane,* est située auprès de la source qui fournit des eaux à la ville de Nîmes. C'est, comme le montre notre figure 5, un édifice rectangulaire couvert d'une voûte en berceau d'une construction toute particulière, puisque, au lieu d'être unie, elle est formée d'une suite d'arcs doubleaux. Les archéologues ont long-temps discuté sur la destination primitive de ce monument, mais aujourd'hui on ne peut mettre en doute que c'était une nymphée : cinq inscriptions trouvées en divers endroits l'ont prouvé d'une façon tout à fait péremp-toire ; ensuite, lors des fouilles exécutées en 1740 autour de l'édifice, on découvrit aussi en divers endroits un assez grand nombre d'ins-criptions votives dédiées aux *nymphes Au-gustes*, NYMPHIS AUGUSTI SACRUM.

La nymphée de Nîmes a passé, comme tous les monuments de ce pays, par des vicissitudes sans nombre, il a dû conserver sa destination primitive jusque vers la fin du IVe siècle ou le commencement du Ve, c'est-à-dire à l'épo-que probable de la destruction des monuments romains de Nîmes par les Visigoths devenus maîtres de cette place. L'historien de Nîmes, Ménard (vol. I, p. 164), nous dit qu'en 991 un évêque du nom de Frataire fonda un mo-nastère de filles qui prit le titre d'abbaye de Saint-Sauveur de la Fontaine, parce qu'il était situé près de la source de la fontaine, et que l'ancien temple construit par les Ro-mains fut transformé en église, mais que le monastère fut réformé en 1552 « à cause du relâchement des mœurs qui s'y était intro-

duit. » (Ménard, vol. IV, p. 116.) Plus tard, le temple fut livré à des fermiers ; l'un d'eux, au dire de Rulman (*Inv. man. de Nîmes*, livre XI, p. 11), y enferma en 1552 une quantité considérable de bois, et un ennemi du fermier, voulant lui porter préjudice, y mit nuitamment le feu, et l'incendie endommagea considérable-ment l'édifice ; Ménard, de son temps, atteste qu'on y voit partout des traces du feu (vol. VII, p. 51). Enfin, en 1557, les habitants de la ville, craignant que le maréchal de Bellegarde ne s'emparât de la nymphée, située hors des murs, et ne s'y fortifiât, démolirent la moitié de ce qui restait de ce bel édifice, que les en-trepreneurs des revêtements des bastions de la ville continuèrent de dégrader en 1622, et laissèrent dans l'état que nos gravures le mon-trent. Notre figure 5 représente le plan res-tauré de cette célèbre nymphée, les figures 6 et 7 les coupes restaurées, la figure 8 une vue in-térieure de l'état actuel que nous avons dessinée d'après nature, en 1852 et 1853, de même que la planche LXVI, qui montre une deuxième vue intérieure. Nos restaurations sont faites d'après l'ouvrage de Clérisseau, dont notre planche LXVII reproduit le frontispice ; cette gravure donne l'état de la nymphée du temps de cet auteur ; on peut donc voir, en comparant ce frontispice avec nos figures 6, 7 et 8, que l'œuvre de destruction, grâce à quelques restaurations, n'a pas progressé depuis 1778, époque à laquelle a été publié l'ouvrage de Clé-risseau, *Antiquités de la France*.

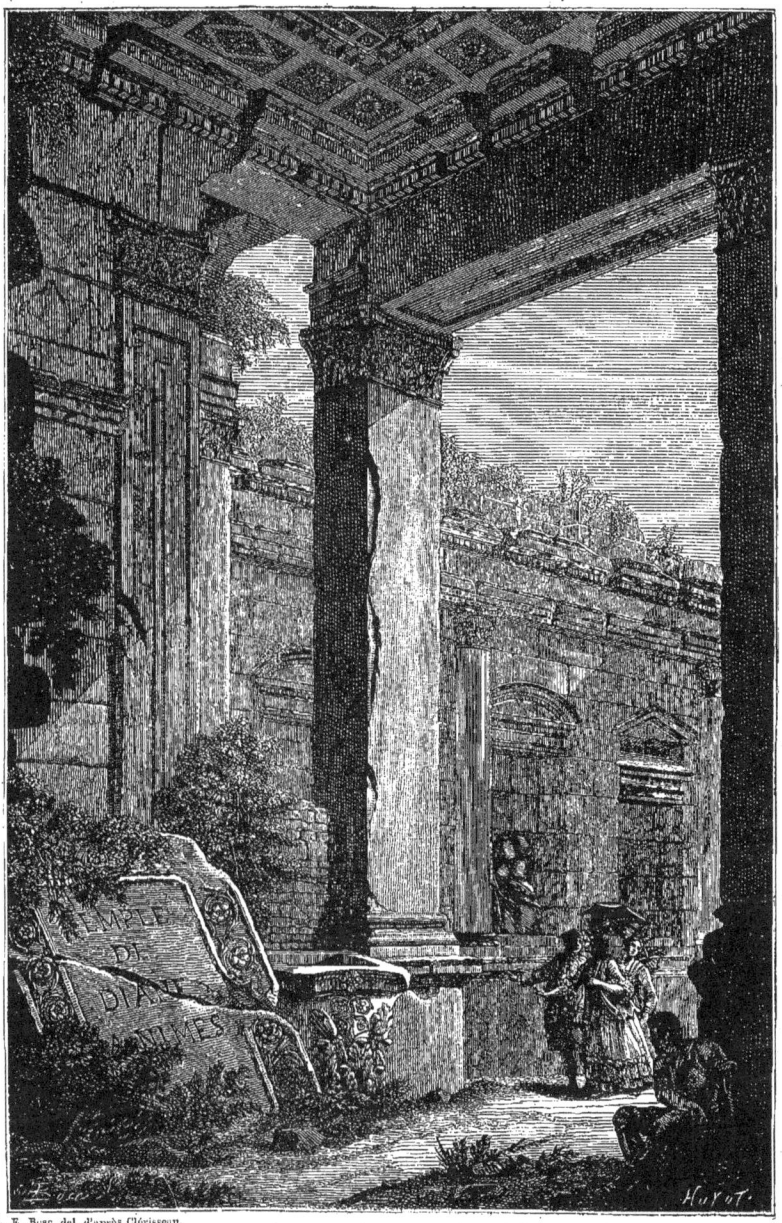

E. Bosc del. d'après Clérisseau.

Planche LXVII. — Vue intérieure de la nymphée de Nîmes.

O

O. — Quatrième voyelle et quinzième lettre de notre alphabet. — Dans les inscriptions latines, O est employé comme abréviations de *ossa, optimus, olla, omnis, officium*, etc. O. M. signifie *optimus maximus;* O. P., *optimus princeps*, etc. Comme valeur numérique, chez les Grecs, o valait 70,000; avec un accent, o′, seulement 70; quant à l'ω′, il valait 800. Chez les Latins, l'O valait 11, et surmonté d'un tiret (Ō), il valait 11,000.

OBBA. — Ce terme, dérivé du grec ἄμϐιξ, sert à désigner une espèce de vase ou plutôt de coupe (Pers., V, 148; Varro, *ap. Non., s. v.*) terminée en pointe à son extrémité inférieure. On faisait des *obba* en terre cuite, en bois et même en jonc tressé. Dans l'antiquité, on donnait aussi ce nom au couvercle d'un vase employé à l'épuration et à la fabrication du mercure. (Dioscoride, V, 110, *apud Plin. H. N.*, XXXIII, 8, 41.) Pline nomme cette coupe *calix*. On donnait l'épithète d'*obbatus* à Castor et Pollux, parce qu'ils portaient un bonnet à pointe qui présentait quelque ressemblance avec l'*obba*. (Apul., *Met.*, X, p. 234.) (Voy. VASE.)

OBÉLISQUE, *s. m.* — Les étymologistes nous apprennent que ce terme est dérivé du grec ὀϐελίσκος, qui signifie *petite broche*, et que par suite on aurait donné ce nom à tous les objets qui ont une extrémité amincie et en pointe comme une *broche*, mais surtout à ces colonnes élevées, minces, rectangulaires, placées sur un étroit piédestal, et se terminant à leur sommet par une pointe ou pyramidion, qui furent originairement inventées par les Égyptiens, et qui gardent encore chez nous leur ancien nom d'*obélisques*. (Pline, *H. N.*, XXXVI, 14; Ammian, XVII, 4, 6; Rich, *Dict. des antiq. grec. et rom.*, v° *Obeliscus*.) Avant la lecture des

hiéroglyphes, on ne pouvait se livrer qu'à des hypothèses relativement à la destination de ces monolithes; mais aujourd'hui on peut dire qu'ils servaient de monuments commémoratifs et décoratifs, puisque certains obélisques nous apprennent des faits historiques. Aucun

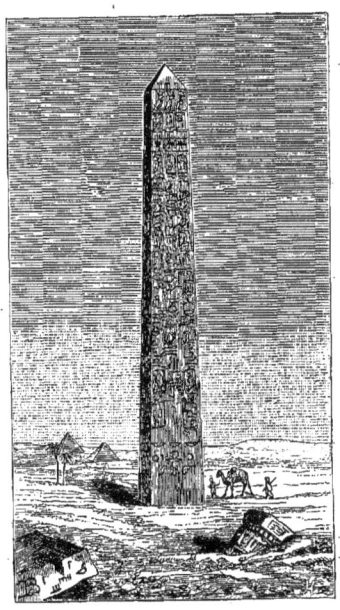

Fig. 1. — Obélisque égyptien.

peuple avant et après les Égyptiens ne paraît avoir utilisé le même genre de monument (fig. 1). Les Romains, après la conquête de l'Égypte, transportèrent à Rome un grand nombre d'obélisques, qui servirent principalement à la décoration des cirques; on les posait sur la *spina* qui séparait l'arène en deux parties.

Une fois les cirques détruits, on transporta les obélisques sur les places; c'est ainsi qu'on en voit à Rome, sur les places Saint-Pierre, Navone, del Popolo, etc.; à Paris, la place de la Concorde est décorée d'un obélisque provenant de Louqsor. Il y a environ un an, on a transporté à Londres un superbe obélisque nommé l'*aiguille* de Cléopâtre, car on donne également ce nom à ce genre de monuments qui mesurent jusqu'à 25 et 30 mètres de hauteur. Hérodote même parle d'obélisques qui

anciennement dans notre langue par *salvance*, *salvetat*. (Cf. Raynouard, *Dict. de la langue romane*.) — En France, dans le département du Lot, aux environs de Figeac, on voit encore deux obélisques (fig. 2 et 3), qui ont été l'objet de nombreux commentaires. Un archéologue émérite bien connu par ses travaux, M. de Laurière (1), se demande « si ces étranges obélisques ont été élevés en commémoration d'un miracle qui aurait décidé Pépin

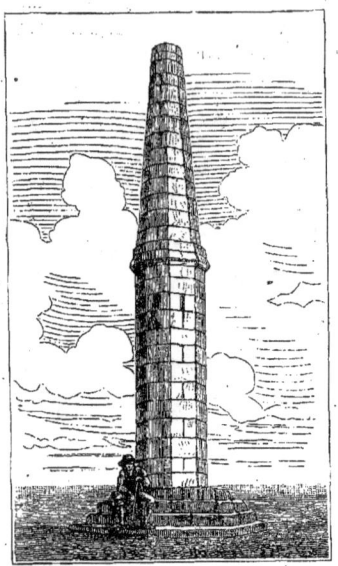

Fig. 2. — Obélisque de Figeac (1er type).

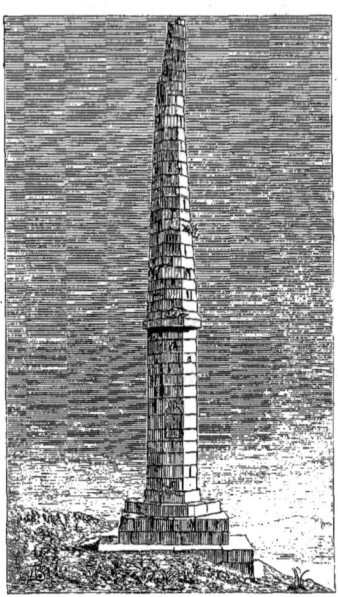

Fig. 3. — Obélisque de Figeac (2e type).

auraient mesuré jusqu'à 120 pieds de haut : par exemple, celui élevé par le roi Nectebis, qui fut transporté à Alexandrie par Ptolémée Philadelphe. (Voy. AIGUILLE.)

Les obélisques ont eu dans ces temps modernes des destinations diverses; ils servaient dans les pays de montagnes à indiquer des chemins qui auraient pu être couverts par la neige pendant une époque de l'année, ou bien à délimiter de grandes propriétés territoriales, à rappeler un événement ou un souvenir historique, ou bien enfin à indiquer un lieu d'asile, un *salvamentum*, qu'on traduisait fort

à choisir sur les bords du Célé l'emplacement d'un grand monastère; ou bien s'il ne faut voir en eux autre chose que des fanaux destinés à guider pendant la nuit les pieux pèlerins vers la grande église du Sauveur. » Mais M. de Laurière ne peut admettre aucune de ces deux solutions; il a bien raison : en effet, les obélisques de Figeac étaient, d'après nous, le centre d'un lieu d'asile, c'est-à-dire que, dans un rayon plus ou moins étendu, d'un kilo-

(1) Cf. CONGRÈS ARCHÉOLOGIQUES DE FRANCE, XLIVe session, à Senlis, pages 499 et suiv.

mètre par exemple, autour de chacun des obélisques, les malheureux et les coupables trouvaient un asile inviolable et ne pouvaient être arrêtés. D'autres archéologues agrandissent outre mesure ce champ d'asile ; ils admettent que ces obélisques, qui étaient au nombre de quatre primitivement, étaient placés aux angles d'une vaste enceinte qui aurait servi d'asile de protection, de *sauvetat,* pour des malfaiteurs. Mais cette supposition n'est-elle pas un peu hasardée ? car un aussi vaste espace que celui délimité par les obélisques de Figeac aurait pu abriter presque tous les criminels de la France.

OBLIQUE, *adj.* — Qui penche à droite ou à gauche, qui n'est ni perpendiculaire ni horizontal. Ainsi une ligne, un plan, sont obliques à une direction donnée, quand ils ne sont ni horizontaux, ni verticaux à cette direction.

OBLIQUÉ (APPAREIL). — Sorte d'appareil en épi, composé de pierres rhomboïdales, qu'on rencontre dans certaines constructions de l'antiquité, mais principalement dans celles d'Occident, datant du ve au xe siècle. (Voy. APPAREIL, § *Appareil en épi.*)

OBSERVATOIRE, *s. m.* — Édifice servant à faire des études et des observations astronomiques et météorologiques ; aussi possède-t-il des terrasses et une ou plusieurs tours élevées. La plate-forme et la calotte sphérique de l'une de ces tours est susceptible de recevoir un mouvement de rotation à l'aide d'un mécanisme spécial. L'origine des observations astronomiques remonte à la plus haute antiquité ; bien des peuples, les Phéniciens, les Chaldéens, les Égyptiens et d'autres encore, ont consulté les astres. A quel degré de savoir était arrivée la science astronomique chez les anciens, nous l'ignorons complétement, puisque tout ce qui a pu être dit ou écrit sur ce sujet est perdu.

Aujourd'hui, les principales villes du monde ont des observatoires ; ceux de Greenwich, de New-York, de Rome, de Naples (situé à mi-côté du Vésuve), celui du Puy-de-Dôme, d'autres encore, sont renommés ; l'un des plus anciens et des plus curieux est celui de Paris, construit par l'architecte de la colonnade du Louvre par Claude Perrault, en 1667. La forme de cet édifice est celle d'un rectangle qui mesure environ 29 mètres d'un côté sur 27 de l'autre, flanqué de deux tours pentagonales du côté sud, car l'édifice est exactement orienté du nord au sud. Quatremère de Quincy dans son *Dict. d'architect.,* v° Perrault, ajoute : « A la façade opposée (celle du nord), et dans son milieu, est un corps avancé, carré à l'extérieur, qui au rez-de-chaussée donne entrée dans un vestibule à pans coupés dont la voûte est ouverte à son sommet. Le plan du premier étage est distribué en différentes pièces, qui ont chacune leur destination scientifique. Originairement l'espace octogone d'une de ces tours n'avait pas de voûte ; elle formait une sorte de puits destiné à mesurer la quantité d'eau qui tombe annuellement ; cet espace a par la suite été voûté. Il faut dire que, dans la construction de cet édifice, Perrault n'a employé ni fer ni bois. Toutes les pièces sont voûtées avec la plus grande solidité, et chacune peut passer pour un chef-d'œuvre dans l'art de l'appareil des pierres. »

OBTUS (ANGLE). — Angle plus grand que l'angle droit.

OCHE, *s. f.* — Ce terme, dérivé d'*encoche,* a presque la même signification, car on donne ce nom à l'entaille ou marque que les charpentiers font sur leurs règles de bois pour y marquer certaines mesures ou dimensions.

OCRE, *s. f.* — Substance terreuse, de nature argileuse, qui est employée en peinture, soit pour la peinture à la colle, à la détrempe ou à l'huile. On l'utilise aussi pour les badigeons, et pour l'impression des papiers peints. Il existe des ocres jaunes, rouges, brunes ; ces teintes sont dues à la quantité plus ou moins grande d'oxyde de fer qu'elles contiennent. — L'ocre jaune ne comporte que deux tons, tandis que l'ocre rouge possède de nombreuses variétés qui portent le nom des pays dans lesquels on les trouve : il y a l'ocre rouge de Venise, d'Anvers, d'Auvergne, d'Allemagne, enfin deux variétés nommées le *brun rouge* et la *craie rouge ;* cette dernière fournit la mine pour les crayons rouges.

OCTOGONE, *s. m.* — Polygone de huit côtés. Ce terme se prend aussi adjectivement ; cependant on dit plutôt alors *octogonal, octogonale,* qui signifie, ayant la forme d'un octogone, ayant huit côtés : par exemple, *pyramide octogonale,.* c'est-à-dire pyramide qui a pour base un octogone.

. OCTOSTYLE, *s. m.* et *adj.* — Qui a huit colonnes de front. Portique *octostyle,* temple *octostyle,* etc. (Voy. TEMPLE.)

. OCTROI, *s. m.* — Les octrois ou bureaux d'octroi sont de petits édicules élevés aux portes ou aux abords des routes qui donnent accès dans les villes. C'est dans ces bureaux que des gardes perçoivent les *impôts indirects,* les *taxes* dont sont frappés les objets et denrées de consommation. Ces bureaux comprennent une pièce servant à la fois de corps de garde et de bureau ; à côté se trouve un magasin pour les objets saisis ; enfin, au premier étage, des chambres et leurs dépendances.

OCULUS, *s. m.* — Fenêtre ronde, qu'on retrouvait souvent dans le tympan du fronton des basiliques latines, et quelquefois dans quelques églises du XIᵉ siècle. Ce sont ces *oculi* qui ont sans doute donné naissance aux magnifiques roses dont l'usage s'est généralisé si rapidement pendant l'époque ogivale. (Voy. ŒIL, ROSE et PORTAIL.)

ODÉON, *s. m.* — Petit théâtre d'Athènes à toit convexe et construit par Périclès afin d'y entendre des concours de musique (ᾠδαι). (Plutarque, *Pericl.,* 13 ; Vitruve, V, 9, 10.) — Les chorèges des différentes tribus de la Grèce, à la veille des grands concours, venaient à tour de rôle pour s'y exercer et instruire les chœurs et pour y faire, pour ainsi dire, leurs répétitions générales. L'exemple d'Athènes fut suivi par beaucoup d'autres villes de la Grèce, car toutes les villes principales possédaient un odéon. Pausanias, qui ne parle que de ceux de Corinthe et de Patras, laisse entendre, en

parlant de ce dernier, qu'il en existait un grand nombre en Grèce. Il y en avait également en Asie Mineure. — Rome posséda aussi plusieurs odéons. Fabricius (*Descr. de Rome*) en compte quatre, mais on ne connaît positi-

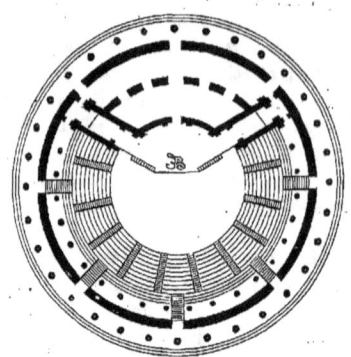

Plan type d'un odéon.

vement que l'existence de deux, le premier construit par Domitien, et le second bâti sous le règne de Trajan par l'architecte Apollodore. Notre figure montre le plan type d'un odéon.

ŒIL, *s. m.* — Ce terme, en architecture, s'emploie par métaphore pour désigner une

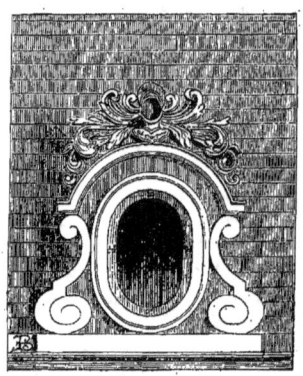

Œil-de-bœuf.

ouverture ovale ou circulaire pratiquée dans un comble, un attique, un pignon, un gable, un tympan de fronton, ou dans les reins d'une voûte. Les Grecs désignaient ce terme par ὀπαῖον. (Voy. HYPÈTRE.) — Les basiliques chrétiennes étaient éclairées souvent sur leur façade principale ou absidale par des œils, *oculi.* (Voy. OCULUS.) Certaines églises romanes étaient éclairées de même, et le style ogival substitua aux œils, qui paraissent en être le rudiment, les ROSES. (Voy. ce mot.) — Dans ces temps modernes, la renaissance, après le moyen âge, a employé très-largement l'œil comme baie d'attique ou même de rez-de-chaussée, comme on peut le voir au manoir d'Ango. (Voy. MANOIR, fig. 3.)

En serrurerie, on nomme *œil :* 1° l'ouver-

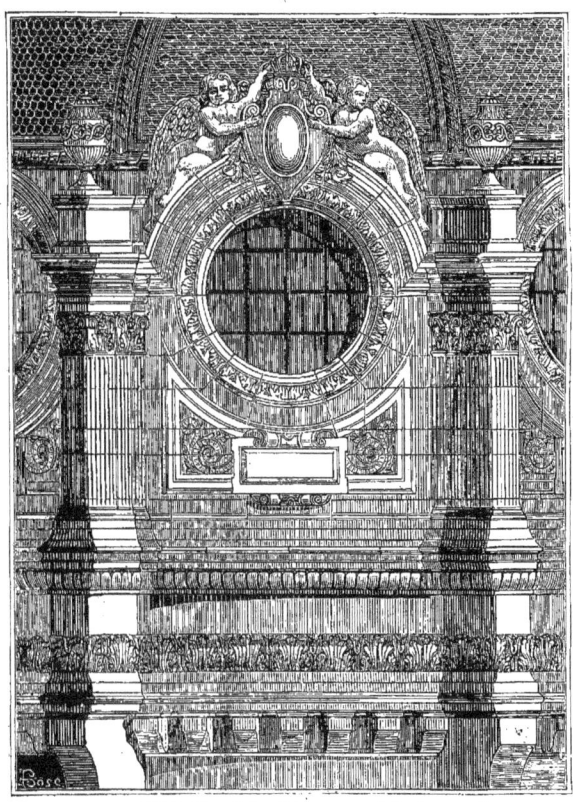

Œil de dôme (tribunal de commerce de Paris).

ture qui reçoit le manche d'un outil, l'*œil* d'un marteau, d'une étampe, etc.; 2° l'ouverture placée à l'extrémité d'une tringle, d'une penture, d'une charnière, et dans laquelle passe un gond, un goujon; 3° le trou dans lequel passe l'ancre, et situé à l'extrémité d'une chaîne.

On nomme *œil roulé* l'œil d'une penture dont l'extrémité n'a été contournée que sur un mandrin, au lieu d'avoir été reployée sur elle-même et soudée.

Ce terme est souvent accompagné des épithètes suivantes :

ŒIL-DE-BŒUF. — Jour pris à la partie supérieure d'une salle, soit dans le mur, soit dans le plafond de cette salle, afin de l'éclairer. On donne aussi ce nom aux ouvertures circulaires ou ovales pratiquées dans le haut d'une porte cochère, ou bien aux lucarnes placées au sommet d'un édifice, ou sur la partie mansardée de son toit. (Voy. LUCARNE.)

ŒIL DE DÔME. — Ouverture pratiquée à l'extrémité de la coupole d'un dôme, comme au Panthéon de Rome, ou à celui de Paris, aux dômes du Val-de-Grâce et des Invalides. Ces dômes sont souvent surmontés d'une lanterne. — Notre figure (page 309) montre un des œils de dôme du tribunal de commerce de Paris, construit sous la direction de notre confrère M. Bailly, membre de l'Institut.

ŒIL DE PONT. — Ouvertures circulaires pratiquées dans les tympans existant entre deux arches de pont, et qui ont un double but : celui d'alléger l'ouvrage, et d'augmenter le débouché de l'eau en cas de crue s'élevant au-dessus des piles du pont.

ŒIL DE VOLUTE. — Petit cercle formant le centre de la volute ionique, et dans lequel se trouvent tous les centres servant à décrire la circonvolution de cette courbe. (Voy. VOLUTE.)

ŒUVRE, s. m. et f. — Ce qui est fait, ce qui est produit. — Ce terme a, du reste, de nombreuses significations. Il s'emploie comme synonyme d'ouvrage, nous venons de le voir ; ensuite comme synonyme de bâtisse, de construction ; ainsi on dit : voilà une œuvre solide. — On nomme gros œuvre l'ensemble des murs d'une construction, d'où les expressions hors œuvre et dans œuvre, qui signifient hors des murs ou entre les murs; par exemple : Cet édicule mesure 5 mètres hors œuvre, et 4 mètres dans œuvre. — Mettre en œuvre, signifie employer un matériau quelconque pour lui donner une forme déterminée ; ainsi : Des briques crues et séchées au soleil avaient été mises en œuvre pour cette partie des murailles, etc. — Reprendre en sous-œuvre, signifie exécuter un travail dans une partie basse sans toucher ou démolir la partie haute qu'on soutient avec des étais; ainsi on dit : Les assises inférieures de ce mur sont mauvaises, il est indispensable de reprendre ce mur en sous-œuvre et d'y remplacer les mauvais matériaux

par de bons. Amener les matériaux à pied d'œuvre, signifie prendre des matériaux en divers lieux, à la carrière, à l'usine, à la fabrique, au chantier, et les amener à la base, au pied de la construction qu'on élèvera avec ces matériaux.

ŒUVRE (Banc d'). — Voy. BANC.

ŒUVRE (Chef-d'). — Voy. CHEF-D'ŒUVRE.

ŒUVRE (Main-d'). — Voy. MAIN-D'ŒUVRE.

ŒUVRE (Maître de l'). — Voy. ARCHITECTE.

OFFICE, s. m. — Dans les palais et dans les hôtels des riches particuliers, on nomme bâtiments des offices les bâtiments qui comprennent les cuisines, les garde-manger, les laveries, la salle à manger des domestiques, les sommelleries, dépenses, etc. Ces bâtiments font partie des communs. Dans les maisons ordinaires, on nomme office une petite pièce attenant à la salle à manger et dans laquelle on dépose les plats, les assiettes ; dans laquelle on découpe les mets, et où est déposé le dessert. Aujourd'hui, dans beaucoup de maisons, à part cet office, il existe près de la cuisine une pièce qui sert de salle à manger et de lieu de réunion aux domestiques, et qu'on nomme à cause de cela office des domestiques, office des gens, sous-entendu de service.

OGIVALE (ARCHITECTURE). — L'art ogival a pris naissance pendant la période du moyen âge, période qui s'étend depuis la chute de l'empire romain jusqu'à la renaissance des arts, des sciences et des lettres; c'est-à-dire depuis le VIe siècle jusqu'à la moitié du XVIe inclusivement. Telle est la période historique du moyen âge ; mais pour l'architecture dite ogivale, ou du moyen âge, cette période n'est pas aussi considérable. On comprend, en effet, que les grands événements qui ont motivé la division des temps historiques, en amenant une révolution dans l'art architectural, n'ont pas eu une action assez prompte, assez violente, pourrions-nous dire, pour faire disparaître instantanément l'art qui existait avant cette révolution. Un changement d'art ne s'accomplit pas aussi rapidement

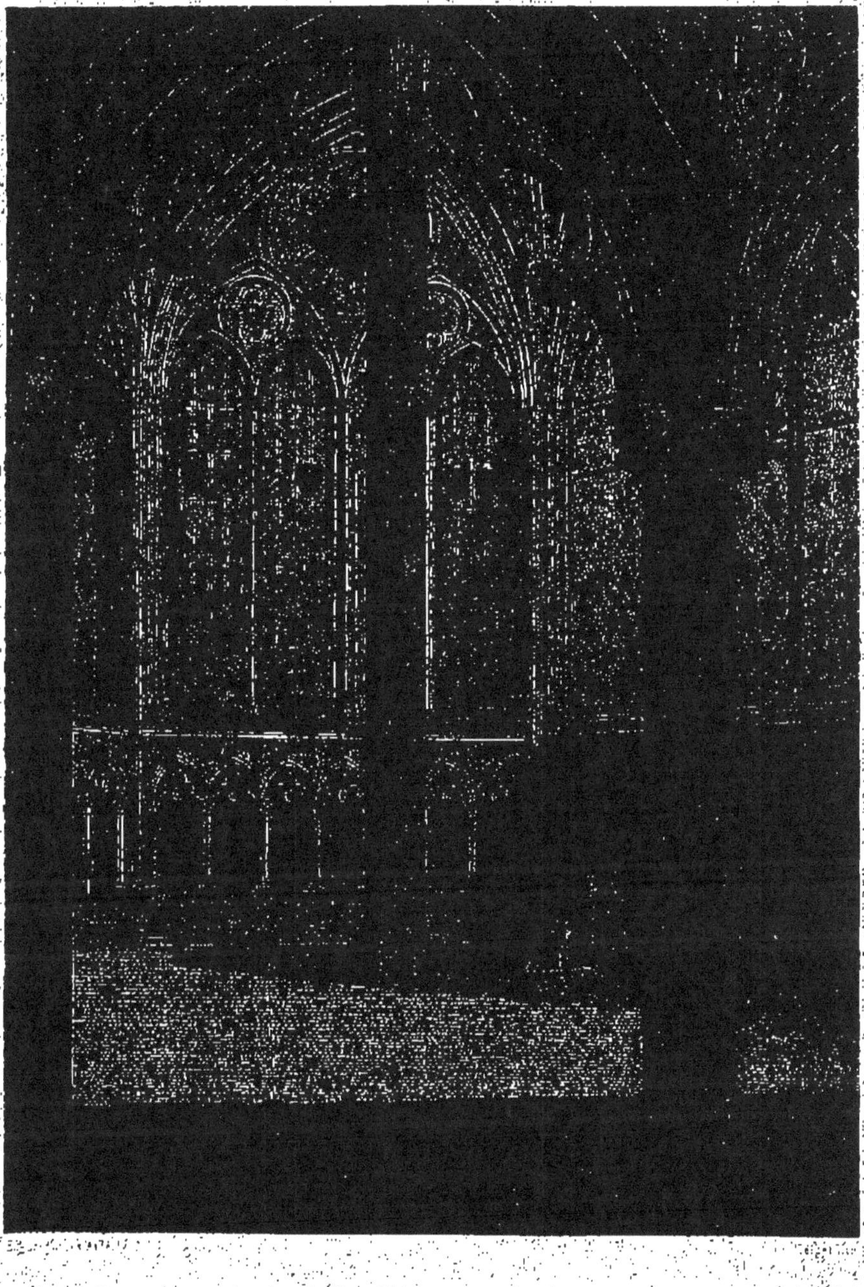

Pl. VIII.

OGIVAL

FENÊTRE D'UNE CATHÉDRALE DE SALISBURY

qu'un changement de gouvernement; il faut toujours une certaine période d'incubation non-seulement pour produire, mais même pour transformer un art. Celui-ci, en effet, ne s'invente pas, ne sort pas subitement de terre; ce n'est que par des tâtonnements successifs et en traversant une époque de transi-

dire, en Europe, principalement dans l'Occident, l'architecture du moyen âge, l'architecture dite *ogivale*, qu'on a très-improprement dénommée jusque dans ces derniers temps, *architecture gothique*.

I. FAUSSES DÉNOMINATIONS DE CE STYLE.— Cette dénomination pourrait faire supposer que

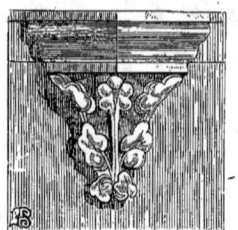

Fig. 1. — Cul-de-lampe de la chapelle basse de l'archevêché de Reims (XIIIᵉ siècle).

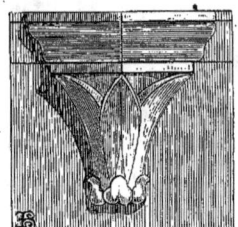

Fig. 3. — Cul-de-lampe de la chapelle basse.

tion plus ou moins longue, suivant le génie du peuple où cette transition s'effectue, qu'une architecture nouvelle peut naître et se développer, parce que cet art par excellence satisfait à des mœurs, à des besoins et à des goûts nouveaux. Aussi voyons-nous persister jusqu'au XIᵉ siècle l'architecture antique, bien

ce style architectural a pris naissance chez les Goths, ce qui est complétement faux, puisque ceux-ci avaient disparu de l'Italie au VIᵉ siècle, de l'Espagne et de la Gaule au VIIᵉ; ils n'ont donc pu exercer aucune espèce d'influence sur un art qui n'a fait son apparition qu'au milieu du XIᵉ siècle et qui n'a même

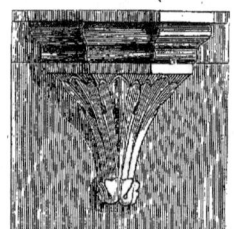

Fig. 2. — Cul-de-lampe de la chapelle basse.

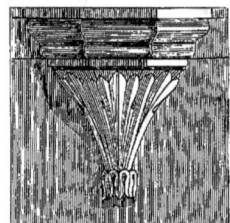

Fig. 4. — Cul-de-lampe de la chapelle basse.

dégénérée, il est vrai, et constituant pour ainsi dire un style, ou plutôt un genre à part, qui avec le temps s'éloigne de plus en plus du *romain*, et nous donne en Orient le *romano-byzantin* et en Occident le *style latin*, lesquels se mêlent ensemble dans beaucoup de contrées. Ce n'est donc que vers le milieu du XIᵉ siècle, un peu avant ou un peu après cette époque, suivant les localités, que se manifesta d'une façon appréciable, palpable, si l'on peut

été bien caractérisé qu'au XIIᵉ siècle. Et cependant cette idée, ou plutôt cette dénomination, était si enracinée chez certains auteurs que, jusque dans ces dernières années, ils ont toujours et constamment dénommé cette architecture, *gothique*; bien plus, ils l'ont subdivisée en plusieurs groupes. De ces auteurs, les uns ont établi un *gothique ancien* et un *gothique moderne*; sous la rubrique *vieux gothique*, ils ont englobé tous les monuments construits après l'invasion des barbares et qu'on classe aujourd'hui parmi les monuments latins et romans. — Voy. ROMANE (*Architecture*). Sous la rubrique de *gothique moderne* ont été compris les monuments de l'architecture *ogivale*, que certains ont qualifiée de *sarrasine*, nous ignorons pourquoi, puisque les Sarrasins n'ont utilisé pour leurs constructions que le .style arabe. D'autres auteurs, grands partisans des classifications, sont allés beaucoup plus loin; ils ont distingué entre le *gothique du Nord*, le *gothique du Midi* et le *gothique oriental*. Dans la première classe, ils ont établi les subdivisions suivantes : le gothi-

qu'être imparfaite; nous en faisons juge le lecteur : que signifie, par exemple, le *gothique trèfle*, *à trèfle*, ou *trifolié*, qui, d'après ces auteurs, aurait été en usage du Xᵉ au XIᵉ siècle ; le *gothique rosé* ou *fuselé*, dans lequel les vitraux étaient disposés en roses, et les points d'appui formés par un faisceau de colonnettes *fuselées;* le *gothique ondulé, panaché*, en *stalactites* ou *pendulé*, c'est-à-dire le gothique décoré d'*ondulations*, de *gables panachés* et décoré de *clefs pendantes?* N'était-il pas préférable de diviser les monuments par époque, de les classer ainsi dans un ordre chronologique, en donnant à chacune de ces périodes une épithète empruntée à

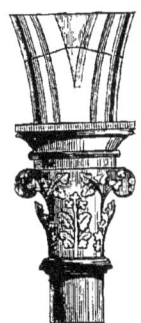

Fig. 5. — Chapiteau des colonnettes isolées de la galerie (chapelle de l'archevêché de Reims).

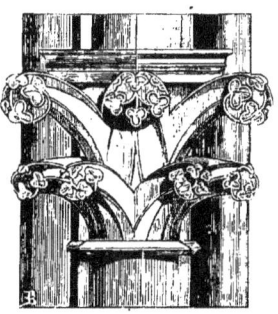

Fig. 6. — Chapiteau dans la nef (chapelle haute de l'archevêché de Reims).

que *anglais* ou *breton*, *flamand* ou *normand*, le gothique *germain*, avec les variétés de *lombard*, de *tudesque* et de *saxon*. La seconde classe comprenait le *gothique du Midi*, avec de nombreuses variétés ; la troisième classe, le *gothique oriental* ou *asiatique*, se subdivisant, lui aussi, en *arabe*, en *sarrasin*, en *moresque* et en ·*syrien*. Il était impossible de créer plus de confusion, car cette nomenclature, qui ne repose sur aucune donnée scientifique, confond les styles les plus divers. — D'autres auteurs enfin ont voulu créer des classifications basées sur l'exécution du travail, sur son ornementation; ce dernier parti, qui paraît plus logique, ne laisse pas que d'être fort obscur, car à des intervalles fort divers les mêmes ornements, la même décoration, ont été employés; de sorte que cette nouvelle nomenclature, basée sur des détails tout à fait accessoires, ne pouvait

une forme particulière et caractéristique de construction, ou basée encore sur une ornementation générale créée pendant cette époque ? C'est ce qui a été fait; de là, les trois grandes divisions adoptées aujourd'hui par les archéologues modernes, divisions que nous allons suivre et examiner l'une après l'autre. (Voy. CLASSIFICATION.)

II. LES TROIS PÉRIODES DU STYLE OGIVAL. — La première période, qui va du XIIᵉ au XIVᵉ siècle exclusivement, comprend le *style ogival primitif* ou à *lancette*. Pendant le développement de ce style, le plan général des églises est à peu près identique à celui des églises romano-byzantines ; seulement le chœur et les nefs majeures s'agrandissent, les nefs mineures ou bas côtés forment *déambulatoire*, c'est-à-dire pourtournent le chœur en passant devant les chapelles absidales, qui sont en plus grand nombre, mais qui existent seules dans l'église, car encore les collatéraux n'en possèdent point. Le nombre des chapelles absidales est dans le principe de trois, de cinq ; puis de sept, de neuf, et arrive jusqu'à quinze, comme à la cathédrale de Tours. Dès cette époque, quelques cathédrales ont cinq nefs, et un certain nombre d'églises n'ont pas d'absides, c'est une muraille plate qui les remplace; enfin, dans d'autres, la chapelle de la Vierge est fort grande et forme pour ainsi dire à elle seule une petite église à une seule nef, comme à la cathédrale de Rouen, au Mans, à Coutances et dans d'autres lieux. L'ogive règne à peu près exclusivement dans toute la construction, et si l'on retrouve encore des arcs plein cintre,

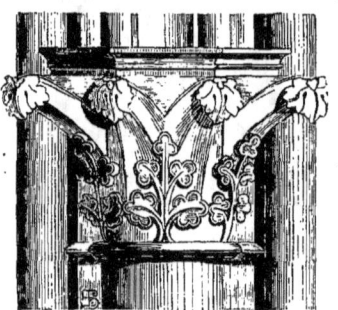

Fig. 7. — Chapiteau dans l'abside (archevêché de Reims).

ils sont toujours décorés de moulures et d'ornements de style ogival. Les colonnes se groupent en faisceaux pour former les piliers qui soutiennent les voûtes ou reçoivent la retombée des arcades; elles sont de diamètre variable, mais cependant elles sont robustes, beaucoup portent des ANNELETS (Voy. ce mot), et quelquefois une ou deux colonnes, se détachant de la masse, sont isolées et n'y tiennent que par des annelets qui lancent harpe dans le mur ou le pilier. Les entablements, peu saillants, sont décorés de *dents de scie*, de *crosses*, de *crochets*, de larges *feuilles d'eau* ou de *fléchières* ENTABLÉES (Voy. ce mot), mais ces dernières décorations n'apparaissent guère qu'au milieu du XIIIᵉ siècle. Les entablements sont surmontés à leur tour de galeries qui tan-

tôt occupent toute la largeur du collatéral, tantôt ne forment qu'un passage étroit pour la circulation. Les fenêtres sont très-allongées et partant étroites, mais elles sont très-ébrasées ; elles sont simplement moulurées, ou bien elles sont richement décorées, et comme elles affectent la forme de l'ogive dite en *lancette* ou en fer de lance, ce sont elles qui ont donné le nom au style ogival de cette période.

Dans les églises de petites ou de moyennes dimensions, ces fenêtres sont simples; dans les grandes églises, au contraire, elles sont *géminées*, c'est-à-dire réunies deux à deux sous une arcade ogivale, et l'espace qui reste entre les trois ogives forme tympan; ou bien, et c'est le cas le plus fréquent, il est ajouré d'une rose trilobée ou quadrilobée. Le meneau central est souvent formé par une colonnette qui reçoit

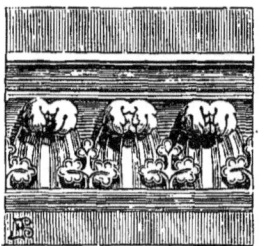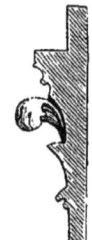

Fig. 8. — Bandeau d'ébrasement des fenêtres avec feuilles entablées (archevêché de Reims).

sur un élégant chapiteau la retombée des arcades ; dans ce cas, cette colonnette est reproduite à gauche et à droite de la baie *géminée*, laquelle peut aussi être encadrée d'une forte moulure torique, alors le meneau est mouluré de même ou bien il forme un pilastre dont les arêtes sont abattues. Vers la seconde moitié du XIIIᵉ siècle, et surtout au commencement du XIVᵉ, les fenêtres revêtent de plus grandes proportions, elles sont divisées par deux et trois meneaux ; chaque division formée par ceux-ci est couronnée d'une rose trifoliée ou quadrifoliée. Les fenêtres qui se trouvent sur les façades sont toujours formées par la réunion de trois baies qui symbolisent la *Trinité*, parce que l'arcade qui embrasse ces trois ouvertures, pour former une seule fenêtre, symbolise à son tour l'unité dans la *Trinité*. Ce genre de grande fenêtre des façades du XIIIᵉ siècle a reçu le nom de *triplet*.

Le système général de construction de la période de la *lancette* utilise la pierre de moyen appareil et quelquefois, pour certaines parties, de grand appareil ; le petit appareil (*opus spicatum*, appareil en losange ou en arête de poisson) a complétement disparu. Les voûtes sont formées et soutenues par des nervures saillantes, construites en pierre de moyen appareil, assez mal ajustées, car souvent elles sont liaisonnées par une forte couche de mortier. La poussée de ces voûtes est maintenue et appuyée extérieurement par des contre-forts et des arcs-boutants ; ces contre-forts se retraitent en s'élevant, de sorte que, forts et solides à la base, leur extrémité est couronnée par des niches et des clochetons d'une grande élégance. Les portails sont assez trapus, peu moulurés, mais quelquefois surchargés de sculptures qui sont loin d'atteindre la finesse de celles des siècles suivants ; ces sculptures mêmes servent parfaitement à caractériser les diverses phases ou évolutions du style ogival. Bien des portails sont précédés de PORCHES ou NARTHEX (Voy. ces mots), et les tympans de ces portails sont si lourds qu'ils nécessitent un pilier pour les soutenir dans leur milieu, ce qui divise le portail en deux. — Les façades complètes sont toujours surmontées de hautes tours carrées, tellement élevées que ces clochers gigantesques, dont la construction demandait tant de temps et de si grosses sommes d'argent, fatiguaient et la patience des fidèles et surtout leur bourse, car plusieurs générations ne pouvaient suffire aux sommes considérables qu'il aurait fallu pour leur érection ; aussi beaucoup de ces tours n'ont eu leur flèche que fort tard ; d'autres, plus nombreuses, n'en ont jamais possédé et n'en posséderont jamais. La manie des clochers était si forte à cette époque, qu'on en plaçait aussi sur les façades latérales et sur le croisillon des transsepts.

A l'intérieur, les nefs, les chapelles, sont libres ; aucune claire-voie, aucune balustrade ni grille ne les ferme ; seul le chœur est ceint d'une clôture fixée entre les piliers qui reçoivent la retombée des arcades et des voûtes du déambulatoire ; le soubassement ou stylobate supportant ces balustrades est souvent orné de bas-reliefs représentant des sujets tirés de l'Ancien ou du Nouveau Testament. La partie antérieure du chœur est quelquefois fermée par une clôture de pierre nommée JUBÉ. (Voy. ce mot.) — Pendant cette période, le pavage des églises est très-simple ; on commença à y introduire des pierres tombales et des dalles historiées, le reste du pavement consistait en dalles de pierre unies ; cependant le chœur commença à recevoir des carreaux grossièrement émaillés. Au commencement du XIIIᵉ siècle, les vitraux des fenêtres sont formés, pour le fond, de dessins géométriques, de médaillons, de mosaïques ; quant à leur bordure, elle représente ordinairement des rinceaux de feuillages, des enroulements, des postes ou des méandres ; les couleurs dominantes sont le rouge, le jaune, le vert et le bleu. Les murs sont peints à la fresque, mais d'une façon très-sobre ; ce sont de petits motifs, de petits *semés* dans le commencement du XIIIᵉ siècle, mais vers la fin de ce même siècle les peintures murales commencent à représenter des personnages. Les fresques suivent donc la même filière, la même route que les vitraux, qui, eux aussi, ne figurent des personnages qu'à la fin du XIIIᵉ siècle. On peut, du reste, prévoir dès ce moment que le XIVᵉ siècle sera une brillante étape de l'art ogival.

La deuxième période du style ogival se développe pendant le cours du XIVᵉ siècle, et donne naissance au *style ogival secondaire* ou *rayonnant*. La transition entre la fin du *style à lancette* et le *style rayonnant* n'est pas très-tranchée ; ce qui fait que, dans bien des contrées, il est très-difficile de décider à première vue si un monument est de la fin du XIIIᵉ ou du commencement du XIVᵉ siècle, quand des dates précises, inscrites sur la pierre ou sur des parchemins, ne viennent pas en aide à l'archéologue. Ainsi, dans des contrées dans lesquelles l'art était moins en progrès que dans d'autres, il n'est pas rare de voir des monuments du XIVᵉ siècle ne présenter que des reflets du caractère du XIIIᵉ et *vice versa*; aussi faut-il une grande connaissance, une

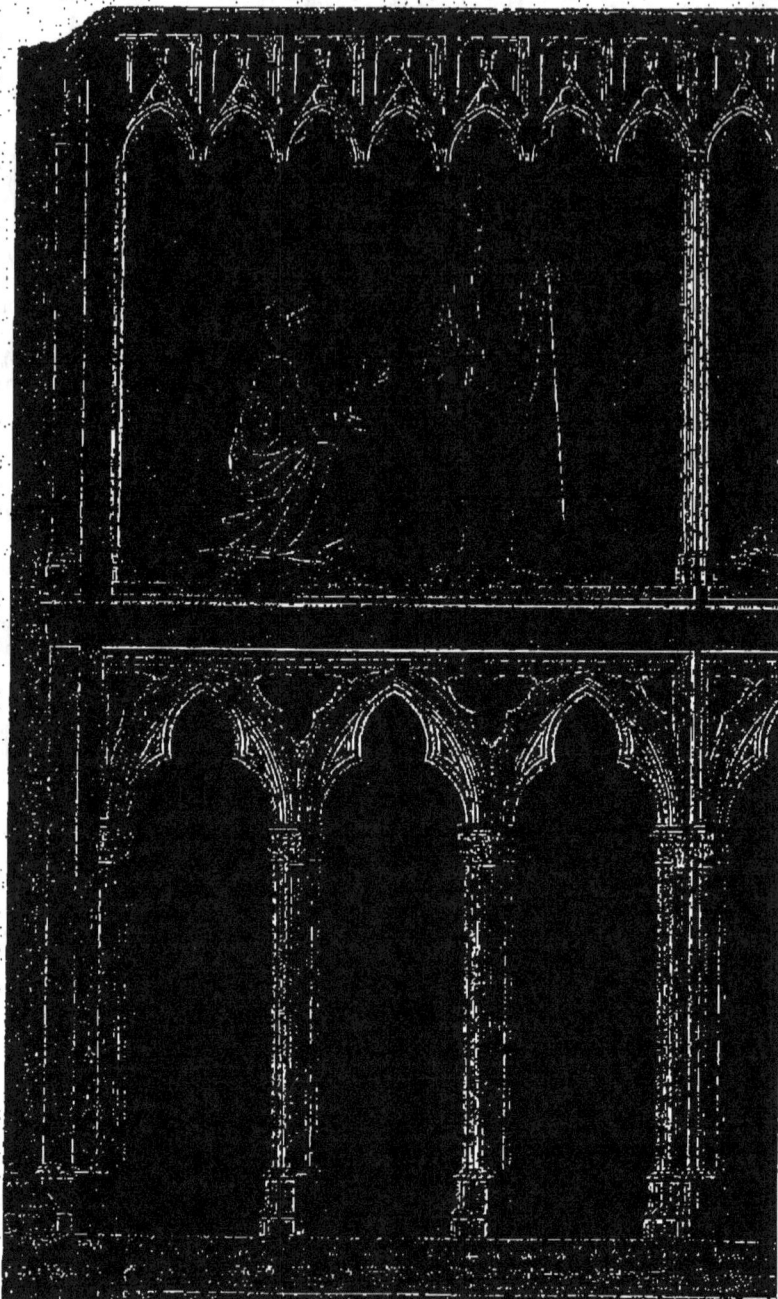

grande habitude pour pouvoir déterminer

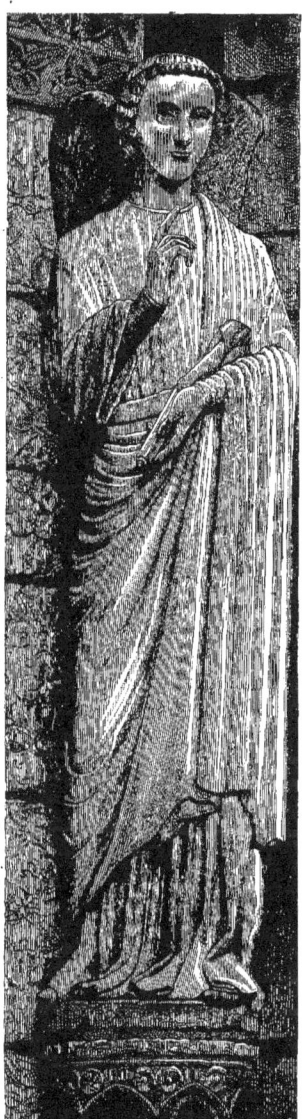

Fig. 9. — L'ange Gabriel (cathédrale d'Amiens).

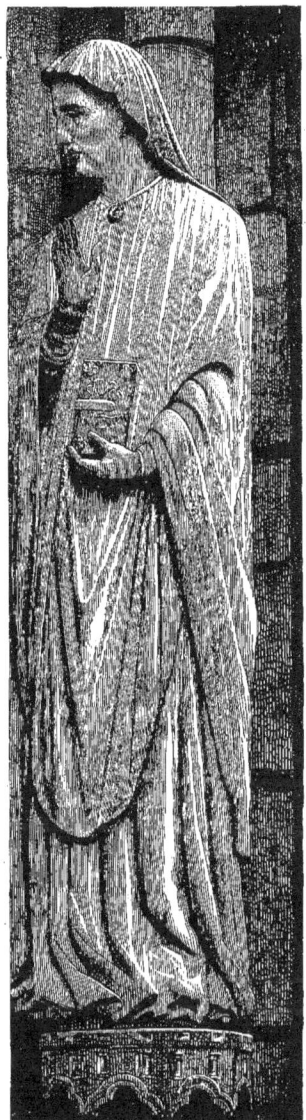

Fig. 10. — La vierge Marie (cathédrale d'Amiens).

dans ses affirmations et utiliser surtout les do-

d'une manière précise l'âge d'un monument ; il faut apporter une grande circonspection cuments historiques qu'on peut recueillir sur la localité dans laquelle se trouve le monument à étudier. C'est au xive siècle que le plan des églises reçoit une innovation importante : les murs des collatéraux se garnissent de chapelles secondaires, dans la partie comprise entre les transsepts et la façade principale; les fûts des colonnes formant les piliers s'amincissent ; les fenêtres s'agrandissent, les meneaux se multiplient, les fenêtres sont surmontées de roses, de rosaces ou de figures rayonnantes, elles sont couronnées de gables dont les rampants sont garnis de crochets et de crosses amortis par des panicules de feuillages, des clochetons, des fleurons ou d'autres figures. Du reste, l'ornementation est beaucoup plus refouillée; ce sont des rinceaux de feuillages finement découpés, tels que des feuilles de persil, d'ache, de ciguë ou d'autres plantes, qui courent dans les gorges et dans les frises des corniches et des archivoltes. C'est au xive siècle où l'on utilise le plus la flore indigène et la flore exotique dans la décoration. (Voy FLORE.) Les murs intérieurs et extérieurs se couvrent de sculptures, de niches, de dais, de culs-de-lampe, ornés de figures bizarres, de reptiles et de MARMOUSETS (Voy. ce mot), de pinacles, de colonnettes et de fleurons. Les contre-forts eux-mêmes, ainsi que les arcs-boutants, sont ajourés; les premiers possèdent des arcatures; dans ce cas, les colonnettes des arcatures sont disposées comme les rayons d'une grande roue ; les contre-forts portent comme amortissement des niches ou des pinacles ; enfin tout l'ensemble et les détails de cette architecture sont plus sveltes, plus élancés; dans les nervures des voûtes les tores sont moins saillants, plus aplatis, mais accostés d'autres moulures plus fines qui leur donnent une grande diversité.

La troisième période, qui s'étend du xve siècle au milieu du xvie, donne naissance au *style ogival tertiaire* ou *flamboyant*, ainsi dénommé parce que les meneaux qui forment les compartiments des fenêtres, se contournant en sens divers, sont tellement tourmentés qu'ils ressemblent à des flammes. C'est à ce style qu'on a appliqué à tort le nom de *gothique fleuri*. La disposition des églises est la même en plan et en élévation que pendant la période précédente; ce n'est donc que dans l'interpré-

tation des détails qu'on aperçoit des changements dans le style flamboyant, mais ces variations sont très-sensibles et caractérisent d'une façon très-marquée le style tertiaire. Les colonnes s'allégent encore plus qu'auparavant, leurs fûts s'élèvent à perte de vue, courent même sur les voûtes, dont ils semblent former les nervures. Les piliers sont couverts de nervures qui s'élèvent sur leurs bords sans interruption, car le chapiteau a disparu; elles forment sur les voûtes des réseaux très-compliqués qui aboutissent à des clefs pendantes; ces mêmes nervures pourtournent les arcades et les archivoltes. — L'ogive équilatérale est encore en vigueur au commencement du xve siècle, mais l'ogive surbaissée fait son apparition; elle est bientôt suivie de l'arc en *accolade* et en *doucine* (Voy. ARC), qui règne seul au xvie siècle. On le retrouve, en effet, aux baies des clochers, aux fenêtres, aux arcatures vraies ou feintes; c'est à ce moment que le plus grand luxe décoratif est en usage; les arcades des portes sont surchargées de sculptures, les voussures des portails sont extrêmement profondes et leur sculpture est très-refouillée; on voit des dais et des niches, enfilés comme des grains de chapelet, suivre la courbe des arcades de ces portails; c'est un déploiement immodéré de sculptures, ce ne sont que guirlandes de feuillages, bouquets épanouis, festons, dentelures ajourées, niches et statues, dais, pinacles, clochetons, amortissements, rinceaux, pyramides, sujets satiriques et grotesques portant des cartouches, des cuirs, des banderoles, qui présentent à l'œil un fouillis des plus fatigants; l'exécution matérielle est plus soignée, mais l'ensemble de l'œuvre sent l'afféterie et une recherche exagérée, signes précurseurs, témoins inconscients d'un art en décadence. — Telles sont les principales phases de l'art ogival à travers ses trois périodes; mais il faut ajouter que, suivant le pays où le style ogival s'est implanté, ces principaux caractères se modifient par suite de son alliance avec le style d'architecture qui l'a précédé ; ce qui fait que l'Italie, l'Angleterre, l'Espagne, l'Allemagne, la Belgique et la France ont bien un style ogival commun, qui a ses trois grandes périodes chez tous ces peuples, mais l'architecture de chaque pays a des particularités qui la différencient chez toutes ces nations. Et ici se pose cette question capitale : dans quel pays ce style a-t-il pris naissance, en quel lieu a-t-il reçu ses premières applications ? Cette question a été très-controversée, chaque peuple, ou du moins bien des peuples ayant revendiqué, chacun pour eux, l'honneur d'avoir inventé l'architecture ogivale; nous examinerons bientôt avec la plus grande impartialité cette question, qui présente pour l'histoire de l'art un grand intérêt, mais après avoir toutefois donné l'explication des figures qui illustrent cet article, et avoir étudié l'ogive et ses différentes formes.

Dans divers articles de cet ouvrage, le lecteur peut voir de nombreux spécimens de l'architecture ogivale; nous complétons ces matériaux et ces documents en donnant ici d'autres figures, ainsi que deux planches en chromolithographie. La première, planche LXVIII, reproduit d'après Berty une vue de la salle capitulaire de la cathédrale de Salisbury; cette salle, à l'est du cloître, communiquait avec lui au moyen d'une galerie de deux travées ; anciennement cette salle était polychrome, on voyait, il y a quelques années, des traces de couleurs dans divers endroits, notamment sous les moulures des arcatures. La fine décoration sculpturale qu'on remarque dans le monument qui nous occupe accuse un travail qui date de la moitié du XIIIᵉ siècle. — La planche LXIX montre une partie de la clôture du chœur de Notre Dame de Paris; dans l'origine, cette clôture était polychrome, l'architecture était peinte en ton de pierre, bleu, rouge et or : cette décoration était encore intacte au commencement du XVIIᵉ siècle, si nous en croyons Du Breuil (*Hist. de Paris*).

Nos figures 1, 2, 3, 4, montrent des culs-de-lampe de la chapelle basse de l'archevêché de Reims, monument du XIIIᵉ siècle; la figure 5, un chapiteau des colonnes isolées de la galerie ; les figures 6, 7 et 8, des chapiteaux et un bandeau du même monument; ces figures sont tirées des *Annales archéologiques* (vol. XIV, p. 25). Nos figures 9 et 10 montrent deux magnifiques spécimens de la statuaire du XIIIᵉ siècle de la cathédrale d'Amiens; la figure 11,

l'état actuel de la tour de Jean sans Peur, seul vestige de l'hôtel des ducs de Bourgogne, bâti au XIIIᵉ siècle par le comte d'Artois ; cette tour ne date que du XVᵉ siècle, elle est percée de baies ogivales dont on ne voit que peu de vestiges; mais au mot TOUR le

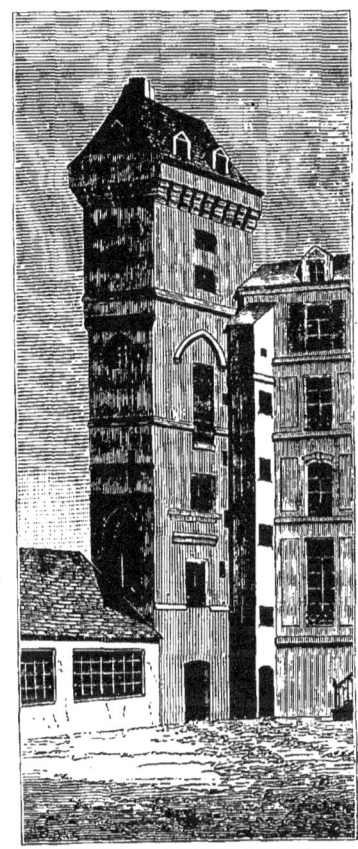

Fig. 11. — Tour de Jean sans Peur (XVᵉ siècle).

lecteur peut voir une restauration de ce monument dans notre planche noire XCVI, ainsi que deux plans restaurés, qui montrent l'escalier à vis qui desservait cette tour, couronnée de MACHICOULIS. (Voy. ce mot). Notre figure 12 montre un tombeau lycien avec sa toiture ogivale; nos fig. 13, 14, 15 et 16, diverses formes d'ogives que nous décrivons un peu plus loin; notre figure 17, une clef de voûte du XIIIᵉ siècle de la cathédrale de Laon (Aisne); nos figures 18 et 19, deux statues du XIIIᵉ siècle attribuées au sculpteur Sabine de Steinbach, lesquelles statues décorent la façade de la cathédrale de Strasbourg; enfin notre figure 20, une clef de voûte du XIIIᵉ siècle, provenant de la nef de l'église de Saint-Jean aux Bois. (Voy. FRANÇAISE (*Architecture*), PORTAIL, TOUR, etc., etc.)

III. DE L'OGIVE ET DE SES DIVERSES FORMES. — L'architecture ogivale ne consiste pas seulement dans l'emploi de l'ogive, de l'arc ogival, mais bien plutôt dans certaines dispositions architectoniques, créées et inventées par les promoteurs et les créateurs de cette architecture. Sans cela, si l'architecture ogivale avait pris naissance en même temps que l'arc ogive, elle aurait existé de tout temps, elle aurait été la première de toutes les architectures, puisque l'arc ogival qui a donné son nom à l'architecture du XIᵉ au XVIᵉ siècle a existé de toute antiquité. On a, en effet, retrouvé l'ogive à l'ouverture de l'aqueduc de Tusculum, à la porte de Signia, au trésor d'Atrée à Mycènes, au trésor de Mynias près d'Orchomène, dans des tombeaux helléniques de la Sicile, au tombeau de Tantale à Smyrne, aux murs de Tyrinthe, dans un grand nombre de constructions égyptiennes et jusque dans des ruines à Ninive. Mais ce n'est dans tous les monuments que nous venons de citer qu'un fait isolé, et qui n'est point appliqué et pris comme un principe de construction. Du reste, la forme ogivale est tellement simple, tellement élémentaire, pourrions-nous dire, qu'elle a toujours existé. Il est probable que le premier homme qui a formé une cabane à l'aide de branches d'arbre, il est probable, disons-nous, que cet homme a dû employer, pour former la baie d'entrée de cette cabane, deux branches courbes s'arc-boutant mutuellement. Ce mode de construction était même pour lui de beaucoup le plus simple et le plus commode; d'une application plus facile, par exemple, que de courber une branche en forme de cintre, ou même de placer un linteau horizontal, ou du moins une branche horizontale, sur deux verticales faisant fonction de po-

teaux. Cet homme fit donc une première application de l'arc ogival. Du reste, les magnifiques voûtes de verdure des arbres des forêts ne présentaient-elles pas à ses yeux charmés cette première forme? Milizia et Chateaubriand ont consigné dans leurs ouvrages que l'entre-croisement des branches de sapin dans les forêts du Nord et des palmiers en Orient, cet entre-croisement forme des ogives parfaites, et ces deux poëtes en concluent que la contemplation de ces forêts a suggéré aux hommes l'idée de construire des édifices à l'aide de l'ogive. Nous ne pouvons admettre ces conclusions, car de la connaissance de ces faits à celle des propriétés spéciales de l'arc

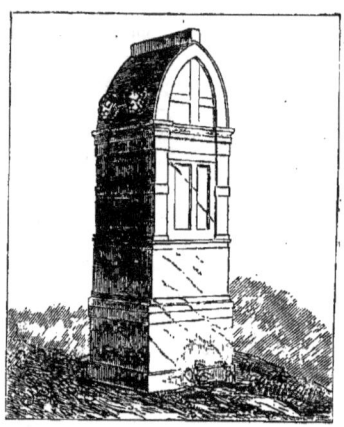

Fig. 12. — Tombeau lycien.

ogive, propriétés sur lesquelles on a pu établir un nouveau mode de construction, la distance est fort grande : la preuve en est dans l'emploi si tardif de ce nouvel élément de construction, emploi qui n'a pu être fixé et déterminé que par des tâtonnements successifs et des études longues et laborieuses, car l'architecture ogivale a accompli, comme par plaisir, de véritables tours de force dans l'art de bâtir. — Mais sans remonter aussi loin qu'aux voûtes des forêts, qui existent depuis que la végétation couvre notre planète, nous voyons la voûte ogivale très-bien caractérisée dans les lignes suivantes que nous trouvons dans Hope, traduit par Baron (*Hist. de l'arch.*,

3° éd., p. 237) : « A quelques milles au nord de Sadras, dit cet auteur, sur la côte du Coromandel, dans un lieu nommé Malipuram, se trouvent les ruines de deux pagodes d'une si haute antiquité que les Indous eux-mêmes ne peuvent en expliquer les inscriptions; eh bien, les toits de ces deux pagodes se composent de deux segments de cercle qui forment un arc ogival complet. » Voilà qui nous paraît concluant. Du reste, nous n'ignorons pas qu'il existe sur les côtes de la Lycie un grand nombre de monuments funéraires, de mausolées, dont les toits affectent cette même forme ogivale, comme le montre notre figure 12; or ces monuments sont d'une époque fort ancienne, d'une époque antérieure à la domination romaine, comme semblent le confirmer les inscriptions grecques gravées sur ces édicules. A une époque beaucoup plus rapprochée de nous, nous trouvons l'arc ogival utilisé à la crypte de Saint-Denis, dont la construction, d'après certains auteurs, remonterait à l'époque de Charlemagne. Dans un monument postérieur, à l'église de Saint-Germain des Prés à Paris, dont la nef et le chœur étaient terminés avant la mort de leur fondateur, survenue en 1014, nous retrouvons encore l'arc ogival en cinq exemplaires à l'extrémité est du chœur, qui fut sans aucun doute achevé le premier, comme c'était la coutume et comme nous en avons de nombreux exemples dans tant d'églises. Ainsi donc, par ce qui précède, l'arc ogival a existé de toute antiquité, mais c'est bien l'architecture qui a pris naissance vers le milieu du XI° siècle qui l'a utilisé comme principe de construction, et qui dès lors en a généralisé l'emploi d'une manière tout à fait inusitée avant cette époque. — Étudions maintenant les différentes formes de l'ogive, après avoir toutefois donné la définition de ce mot et passé en revue ses diverses étymologies. On nomme *ogives* (du latin du moyen âge *aügiva*) les nervures saillantes qui se croisent en diagonales sur les voûtes et y forment des compartiments courbes triangulaires. Cette disposition particulière forme la *croisée d'ogive* proprement dite; mais, par une fausse interprétation, par une manière défectueuse de parler, on a pris le mot *croisée* comme sy-

nonyme de fenêtre, et l'ogive n'a plus été dès lors qu'une arcade formée de deux segments de cercle se coupant suivant un certain angle; de sorte que, suivant le plus ou moins d'ouverture ou d'écartement qui existe entre ces arcs de cercle, on obtient des ogives de diverses formes auxquelles on a donné les dénominations suivantes :

OGIVE OBTUSE ou MOUSSE, dite aussi *ogive plein cintre brisé*. C'est une arcade presque circulaire dont le sommet présente un arc très-ouvert et à peine sensible; de toutes les ogives, c'est la plus ancienne, on la rencontre dans des monuments de la fin du XI° siècle.

OGIVE EN LANCETTE ou POINTUE. C'est une arcade formée par deux arcs qui ont leur centre au delà du point de retombée de l'arc

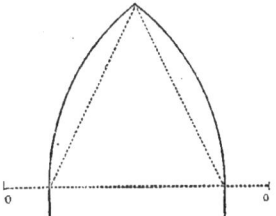

Fig. 13. — Ogive en lancette.

qui leur est opposé, puisque le rayon qui sert à les déterminer est plus grand que l'ouverture de l'arcade. On peut donc inscrire dans cette ogive un triangle isocèle. L'ogive en lancette a été employée postérieurement à l'*ogive obtuse*, c'est elle qui a donné son nom au style ogival secondaire; elle a été en usage depuis le milieu du XII° siècle jusqu'au commencement du XIII°. On l'employa bien postérieurement, mais non d'une manière générale; dans des cas exceptionnels, par exemple dans des espaces resserrés, là où le constructeur n'avait pas un emplacement suffisant pour tracer un arc plus ample, dans des passages, des murs coupant des chemins de ronde, des portes de tour et de forteresse, etc.

OGIVE EN TIERS-POINT, ou OGIVE ÉQUILATÉRALE. C'est une arcade dont les cordes soutendant les segments de cercle sont égales à l'ouverture de l'arcade; on peut donc inscrire dans cette ogive un triangle équilatéral. Les deux arcs formant cette courbe ont chacun leur centre situé à la naissance de l'arc de cercle qui lui est opposé. Cette ogive, sans contredit la plus élégante de toutes, a été fort en usage au XIV° siècle.

OGIVE SURBAISSÉE. Celle-ci est formée par

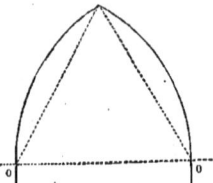

Fig. 14. — Ogive équilatérale.

deux arcs décrits avec un rayon plus court que l'ouverture de l'arcade ; elle a été surtout employée au XV° siècle.

OGIVE SURHAUSSÉE. C'est celle dont les arcs se prolongent au-dessous de la ligne de leur centre suivant deux droites qui deviennent parallèles ; on nomme aussi cette dernière *ogive lancéolée*.

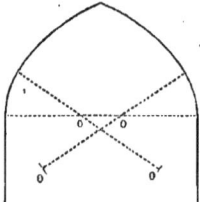

Fig. 15 — Ogive surbaissée.

OGIVE ARABE ou MAURESQUE. Ce n'est rien autre qu'un *arc en fer à cheval brisé*.

Passons à l'étymologie de ce mot. Les uns le font dériver du latin *ovum*, œuf, parce que, disent-ils, la voûte en ogive ressemble à la moitié d'un œuf coupé horizontalement ; les autres disent que ce mot est dérivé du latin *augere*, augmenter, parce que les voûtes sont augmentées, ou plutôt renforcées par les nervures saillantes ; un auteur, Frézier, dans son *Traité de la coupe des pierres*, a donné une éty-

mologie qui ne peut soutenir la discussion, mais que nous sommes bien obligé de relater pour la combattre, parce qu'elle a été reproduite comme bonne par certains archéologues. « *Ogive* ou *augive*, dit cet auteur, signifie, chez le P. Dérand, les voûtes gothiques en tiers-

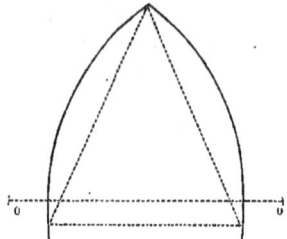

Fig. 16. — Ogive surhaussée.

point. Ce mot, suivant ma conjecture, vient de l'allemand *aug*, qui signifie *œil*, parce que les arcs de cercle des cintres des voûtes gothiques font des angles curvilignes semblables à ceux des coins de l'œil, quoique dans une position différente. »

L'étymologie la plus probable de ce terme, qui a été si longtemps discutée, est celle qu'a proposée un de nos illustres confrères, Lassus (*Annales archéologiques*, tome II, p. 43). Voici comment il s'exprime :

Convenons d'abord d'un fait qui résulte de tout ce qui précède, c'est que le mot ogive avait pour but unique de distinguer la voûte croisée simple, à pénétrations anguleuses, c'est-à-dire la voûte romaine et romane, de la voûte croisée à nervures saillantes qui appartient exclusivement, n'en déplaise à M. Quatremère de Quincy, à l'architecture gothique (1). Ainsi le mot ogive ou augive, appliqué

_____

(1) Voici le passage de Quatremère auquel Lassus fait allusion ; nous avons jugé utile de le présenter à nos lecteurs :

« Toutefois on ne saurait s'empêcher de remarquer que les ogives des voûtes gothiques nous prouvent non-seulement que l'arc aigu ne fut pas une invention de leurs architectes, puisqu'on en trouve des exemples dans toutes les architectures antérieures, mais que ces architectes ne méconnurent pas, comme on le répète trop souvent, l'arc plein cintre. » Évidemment Quatremère a raison, personne n'a prétendu et ne peut prétendre que les architectes *gothiques*, comme il les nomme, ont inventé l'arc à une voûte, indique que les arêtes sont augmentées, renforcées, doublées, ou plutôt remplacées par des corps saillants, véritables soutiens de la voûte. Or, si l'on cherche l'étymologie du mot ogive ou augive dans ce sens, voici ce que l'on trouve d'abord dans le *Lexique de la langue des troubadours* par Raynouard, tome II :

« AUGER, v. lat. *augere*, augmenter, accroître. »

Puis, dans le tome IV de Ducange, au mot *Ogis,* on lit la citation suivante :

Rex regum mundi venerabilis ille Philippus,
Catholicæ fidei calidus defensor et OGIS.

Quant au nom par lequel on désignait ce que nous appelons aujourd'hui l'ogive, c'est-à-dire l'arc aigu, voici un texte curieux que je dois à l'obligeance de M. H. Dusevel, d'Amiens, membre de nos comités historiques. Rien ne semble plus précis :

«... Item II crois d'augives pour faire les voûtes « sur et une arche entre II crois augivères, etc...»

Ici *arche* exprime l'arc doubleau qui a la forme aiguë.

Dans le manuscrit des archives du royaume, déjà cité, l'arc aigu est appelé *arc empoitiez.*

IV. QUEL PEUPLE A ÉTÉ LE CRÉATEUR DU STYLE OGIVAL. — Parmi les peuples qui revendiquent l'invention, ou plutôt la création de l'architecture ogivale, on n'admet guère que les Anglais, les Allemands et les Français, et ajoutons, quelquefois les Italiens, mais c'est un petit nombre d'auteurs, car la plupart des maîtres italiens ont toujours professé un tel mépris pour ce style architectural qu'ils l'ont traité de *tedesco,* de *gotico tedesco.* — Vasari et Cæsarinus trouvent cette architecture atroce, abominable, complétement étrangère à l'art italien, entièrement ultramontaine; ils ne trouvent pas d'expressions assez énergiques pour la flétrir (1). Dans les passages de leurs

aigu; mais il faut bien reconnaître, quand on est de bonne foi, que ces architectes en ont fait des applications si hardies qu'ils ont créé un genre d'architecture tout à fait remarquable, et que c'est là un fait indiscutable et pour lequel on ne saurait trop admirer leur savoir comme constructeurs et leur goût comme artistes décorateurs ; car enfin rien dans notre architecture contemporaine ne nous émeut comme la vue des portails de nos cathédrales *gothiques,* c'est bien là un véritable résultat de l'art. — E. B.

(1) Il n'y a pas encore un demi-siècle que, dans notre pays, l'architecture ogivale était traitée avec un pareil mépris par les architectes dits *classiques.* — Au-

ouvrages dans lesquels ils parlent du style ogival, ils traitent cette architecture d'*architettura alla maniera tedesca* et ses monuments de *lavori tedeschi.*

Ciampini, parlant du ciboire gothique qui se trouve aujourd'hui dans la crypte de Saint-Pierre du Vatican (la Sacrée Grotte), dit : *Ciborium cuspidatum germani operis cujus architectus fuit quidam Arnulphus.*

Il semblerait donc, d'après ces auteurs, que les Allemands seraient les inventeurs, ou du moins les auteurs des monuments dits *gothiques* élevés en Italie ; et cependant Maffei, dans son livre *Verona illustrata,* Muratori dans le tome III des *Annali d'Italia* (p. 269), et d'autres auteurs, affirment que jamais « ni Goths ni Allemands n'ont introduit en Italie aucun genre d'architecture, ni un art quelconque.» Ce dernier parti semblerait donc revendiquer pour ses concitoyens la création du style ogival italien, et cependant le célèbre commentateur de Vitruve, Cæsarinus, affirme que toutes les parties de style gothique de la magnifique cathédrale de Milan, parties achevées avant la renaissance, ont été conçues et exécutées par des Allemands à la *maniera tedesca.* Nous devons ajouter que quelques architectes français ont concouru à la construction du célèbre monument fondé en 1386 par Galéas Visconti. Que croire au milieu de toutes ces versions ? On est fort embarrassé; on peut cependant conclure que, puisque la généralité des Italiens professe un souverain mépris pour l'architecture ogivale, il est probable qu'elle n'a pas pris naissance dans leur pays. Ce qui nous confirmerait dans cette opinion, c'est que la plupart des monuments commencés en style ogival ont été achevés en style de la renaissance, parce que l'art antique et les traditions qui en dérivent étaient tellement ancrés chez ce peuple, que le plein cintre reprit le dessus. Brunelleschi lui-même, qui utilisa le style ogival dans les façades de Sainte-Marie del

jourd'hui tous les artistes de valeur et tous les hommes de savoir admirent dans le style ogival ce qui est digne d'admiration, réservant leur critique pour tout ce que ce style offre de critiquable dans son système de construction.

Fiore, revint entièrement au style antique dans les églises qu'il construisit ultérieurement; et le peuple de Florence, au dire de Vasari, ne trouvait pas d'expressions assez élogieuses pour féliciter et remercier *Andrea di Ciona* (Orcagna) d'avoir créé les belles proportions des arcades plein cintre de la *loggia dei Lanzi*. Il est donc évident, par ce qui précède, que les Italiens n'ont pas créé l'architecture ogivale.

Examinons si les Anglais ont des titres suffisants pour revendiquer ce style d'architecture. Tous les auteurs de bonne foi, même parmi les Anglais, disent avec raison et prouvent que l'Angleterre n'a jamais inventé le style ogival; parmi ces derniers cependant un certain nombre disent le contraire : par exemple, M. Parker, d'Oxford, qui a beaucoup écrit sur l'archéologie, prétend que les Normands auraient créé le style ogival et qu'ils en auraient emprunté les premiers éléments aux différents peuples qu'ils avaient traversés, à ceux de l'Anjou, du Poitou, du midi de la France, de la Sicile et jusqu'aux peuples de l'Orient, et que du mélange et de l'assemblage des styles dominant dans ces diverses contrées ils auraient créé une architecture nouvelle. De pareils raisonnements sont insoutenables : en premier lieu, ce n'est pas en puisant à tort et à travers dans différents styles qu'on peut en créer un nouveau, il faut apporter toujours une certaine méthode dans tout ce que l'on fait pour obtenir une œuvre de quelque valeur; ensuite, l'architecture ogivale n'a rien emprunté, mais absolument rien, à l'architecture des populations que nous venons de mentionner, et c'est là son principal mérite; le style ogival est bien un style nouveau, un style créé de toutes pièces. Mais nous ne nous appesantirons pas davantage sur l'opinion de M. Parker, et nous donnerons le témoignage d'un autre auteur Anglais autrement compétent, de Hope, qui, lui, reconnaît parfaitement et démontre d'une façon irréfutable que ses compatriotes n'ont pu inventer ce style architectural. Voici comment s'exprime cet auteur (*Hist. de l'arch.*, trad. de Baron, page 246) :

Quelques hommes réellement animés d'un esprit patriotique, croyant, comme Millner, avoir trouvé en Angleterre des dates et une combinaison de formes spéciales qui démontraient l'origine anglaise du style gothique, ou peut-être fatigués de frapper à la porte de toutes les nations continentales, pour leur demander le créateur de ce style, sans recevoir jamais de réponse satisfaisante, ont fini par s'arroger sans crainte un titre auquel les étrangers semblaient disposés à renoncer; ils ont hardiment prononcé que l'architecture ogivale était en Angleterre un produit indigène; et de là ils ont tiré ou laissé tirer à d'autres cette conclusion inévitable, que tous les peuples du continent, chez qui cette architecture a produit des ouvrages bien plus nombreux et plus magnifiques qu'en Angleterre, ont cependant pris leurs modèles dans ce pays, depuis les côtes de la Baltique jusqu'à celles de la Méditerranée, depuis le cœur de la Suède jusqu'aux extrémités de l'Espagne. Cette opinion est devenue si générale dans ces derniers temps, que ceux qui ne l'ont pas adoptée, ceux mêmes que l'expérience des voyages ou l'étude des monuments historiques a seulement portés à en révoquer en doute la justesse, ont été presque accusés de manquer de patriotisme et d'esprit public et de préférer l'honneur des étrangers à celui de leurs concitoyens. Et cependant, si cette opinion était fondée, l'Angleterre présenterait les premiers modèles de ce style, aussi bien dans la simplicité de ses traits primitifs que dans la complication de ses développements ultérieurs. Elle eût créé des modifications inconnues aux autres pays, ou du moins il n'y manquerait aucune de celles que l'on rencontre ailleurs. Enfin, selon toute vraisemblance, les principaux architectes des édifices gothiques, construits même hors de l'Angleterre, auraient été des Anglais.

Les motifs invoqués par Hope sont très-justes et fort raisonnables, mais les conclusions que cet auteur donne plus loin (pages 247, 248 et 252) nous paraissent de nature à convaincre le lecteur; en voici une analyse : Mais sans supputer rigoureusement et comparer minutieusement les dates des plus anciennes productions du style gothique en général et de chacun de ses développements ultérieurs en Angleterre, plusieurs faits sont évidents pour tous ceux qui ont pu comparer les diverses espèces d'édifices ogivaux dans les différents pays où ils existent, et qui ne se laissent point aveugler par les préjugés nationaux; par exemple, si on considère les différentes parties d'un édifice ogival comme réunies par un système général, dégagées de tout mélange avec un style plein cintre et formant un ensemble, la France et l'Allemagne offrent sous ce point de vue des exemples bien antérieurs à ceux que peut fournir l'Angleterre ; et Hope ajoute :

Loin de donner des modèles, l'Angleterre fut toujours la dernière à adopter les nouvelles modifications introduites dans le style ogival ; elle ne peut présenter le moindre détail dont on ne trouve sur le continent un type plus ancien ; tandis que beaucoup de formes nouvelles, nées en Italie, en Allemagne, en France et dans les Pays-Bas, n'apparaissent jamais sur le sol de la Grande-Bretagne. L'Angleterre n'a point de cathédrale gothique qui approche, pour l'étendue, de celles d'Anvers, de Paris, de Cologne et de Milan ; pour l'élévation, de celles d'Amiens, de Beauvais, de Paris et de Reims ; pour la richesse des ornements, encore de celles d'Amiens, de Ratisbonne et de Côme ; elle n'offre rien que l'on puisse comparer aux tours d'Utrecht, d'Anvers, de Malines, d'Ulm, de Fribourg et de Vienne ; aux portails de Strasbourg, de Toul et de Ratisbonne ; aux découpures délicates des chœurs de Beauvais, de Cologne, d'Aix-la-Chapelle et de Bordeaux, à la légèreté de la lanterne intérieure et à la hardiesse des arcs-boutants extérieurs des cathédrales d'Anvers, de Paris, de Reims, de Milan et de beaucoup d'autres.... L'Angleterre ne peut donc, à aucun titre, revendiquer l'invention du style ogival, considéré comme un tout harmonieux et bien lié dans ses diverses parties ; nous verrons même ·qu'elle fut peut-être un des derniers pays qui l'accueillirent, un de ceux qui lui donnèrent le moins de variété.

Les conclusions de Hope sont fort justes pour tous ceux qui ont voyagé en Angleterre, en Allemagne, en Belgique, en France, en Espagne et en Italie ; il est donc bien évident que les Anglais n'ont pas créé le style ogival, et nous pensons qu'il ne peut subsister aucun doute dans l'esprit de nos lecteurs.

En ce qui concerne la Belgique, l'Espagne et le Portugal, ces pays n'ont jamais revendiqué l'invention du style ogival ; la Belgique, comme nous l'avons déjà dit, à BELGE (*Architecture*), a toujours suivi les traditions françaises et n'a jamais eu une architecture en propre ; quant à l'Espagne et au Portugal, le plus grand nombre de leurs monuments ogivaux sont en général postérieurs à ceux construits chez les autres nations de l'Europe, de sorte qu'il est bien évident que, loin d'avoir innové le style ogival, ces deux contrées n'ont fait que reproduire ce qui existait ailleurs. Mais nous devons ajouter cependant que quelques édifices importants de l'Espagne ont été construits dès le XIIIᵉ siècle, entre autres la cathédrale de Burgos (1221) et celle de Barcelone (1299) ; mais ce sont là des exceptions. Quant au Portugal, son plus beau monument ogival, l'église de Bathala, ne date que de la fin du XIVᵉ siècle, puisqu'il a été fondé en 1385, et même, d'après certains auteurs, en 1388 ; et l'un de ses historiens, le P. Souza, affirme que l'architecte était étranger au pays ; d'autres documents nous apprennent que parmi les maîtres de l'œuvre il y avait un Irlandais du nom de Hachet ou Hacket ; du reste, la cathédrale de Bathala présente dans plusieurs de ses parties une grande analogie avec celle d'York. Il ne reste donc en présence que l'Allemagne et la France. Jusqu'ici la majorité des auteurs allemands ont attribué à leurs compatriotes l'invention de l'architecture ogivale, la plupart des auteurs français ont agi de même ; mais nous devons dire que, des deux côtés, on n'a pas fourni des preuves pour établir une argumentation sérieuse : on s'est contenté d'apporter dans cette discussion des affirmations qui ne pouvaient avoir une grande portée, puisqu'elles n'étaient pas étayées sur des faits. Ainsi donc actuellement la question subsiste tout entière. A notre tour, nous allons essayer de l'élucider en produisant des preuves et des arguments nouveaux, et nous espérons bien la trancher définitivement, au moins auprès des hommes de bonne foi et auprès de tous les esprits libres de préjugés patriotiques. — Si avec Wiebeking, de Munich, nous admettions comme exactes les dates auxquelles il fait remonter la fondation des principales églises ogivales, la question serait bien vite vidée, il n'y aurait plus qu'à s'incliner et à dire que l'architecture ogivale est si ancienne en Allemagne que ce pays a bien été son berceau ; mais nous nous permettons de mettre en doute et les travaux de Wiebeking et ceux d'un grand nombre d'archéologues allemands. Certes nous tenons en grande estime les travaux érudits et sérieux·

des Mommsen, des Ottfried Muller et de quelques autres de leurs compatriotes; mais, d'un autre côté, nous tenons pour suspects et nous nous méfions des labeurs de certains Allemands, surtout en ce qui concerne la chronologie, et aujourd'hui nous n'avons plus le droit de confondre le roman et l'ogival, comme l'ont fait, il n'y a pas encore de longues années, certains archéologues allemands qui passent dans leur pays pour des esprits très-sérieux. Malgré la légèreté de caractère qu'on attribue aux Français, nous ne pourrions pas dire, sans prêter à rire ou du moins sans exciter des murmures de dénégation, et comme l'ont écrit des Allemands (1), que le portique de l'atrium de l'église de Lorsh, qui date positivement du VIIIe siècle, est un monument du XIIe. Du reste, notre impartialité nous fait un devoir d'ajouter que d'autres auteurs du même pays ont bien reconnu que ce portique était évidemment de l'époque carolingienne (2).

Aujourd'hui les études archéologiques permettent d'affirmer que le style ogival est né en France, et nous espérons le démontrer. Il est un fait incontestable, reconnu par les auteurs de toutes les nationalités, c'est que dès 1140 l'abbé Suger appliquait l'ogive à la restauration du portail de l'église de Saint-Denis. Voilà un premier point très-certain ; ensuite, dès 1149 Villart de Honnecourt commence la cathédrale de Cambrai, qui fut consacrée en 1182, mais seulement terminée en 1472 ; en 1170 Hildward reprend les travaux de la cathédrale de Chartres ; c'est lui probablement qui construisit le portail occidental, car nous ne pouvons admettre, comme l'ont dit certains archéologues, que ce portail ogival remonte à la construction primitive de l'église, construction faite par l'évêque Fulbert, mort en 1029. Citons encore la cathédrale de Laon, incendiée en 1112, reconstruite en 1115, qui n'a jamais

été terminée, mais dont les travaux, entrepris à cette époque, ont duré jusqu'au XIIIe siècle. Notre figure 17 montre une clef de voûte de cette église. La cathédrale d'Amiens, commencée en 1220, par Robert de Luzarches ; la cathédrale de Paris, commencée vers 1180 et terminée en 1275 ; la Sainte-Chapelle du palais à Paris, consacrée en 1248, et qui montre un art arrivé déjà à cette époque à son apogée ; enfin une quantité d'églises en style ogival dont la plus grande partie était déjà construite au commencement du XIIIe siècle. Cette grande quantité de monuments de style ogival construits en France dès le milieu du XIIe siècle et le

Fig. 17. — Clef de voûte de la cathédrale de Laon (XIIIe siècle).

commencement du XIIIe semble donc prouver que l'architecture ogivale est bien née en France, puisqu'en Allemagne on n'a construit que plus tard des monuments de même style, et ces monuments n'avaient ni la grâce ni la finesse de ceux érigés en France. — Les premiers monuments de style ogival primaire de l'Allemagne sont : la salle capitulaire de la cathédrale de Mayence, terminée en 1243 ; le chœur de l'église de Remagen, terminé en 1246, et encore ce chœur, par l'ensemble de sa forme, est roman, ses fenêtres seules sont couronnées de l'arc en tiers-point. L'église de Saint-Cunibert à Cologne, qui s'est écroulée en 1830, avait été commencée vers 1237 ou même 1238, et consacrée dix ans plus tard, et, quoique construite au XIIIe siècle, elle était encore

(1) F. Kugler, p. 356 et pas., in *Handbuch der Kunstgeschichte*, 1 vol. in-8, Stuttgart, 1842, et Ét. Schnaase, p. 492, 1 vol., in *Geschite der bildenden Kunste in Mittelater*, Dusseldorff, 1844.

(2) Gottfried Kinkel, page 163, in *Geschite der bildenden Künste bei den chirstlichen Valkern von aufang unserer Zeitrechnung bis zur gegenwort*, 1 vol. in-8°, Bonn, 1845.

en style roman, son transsept occidental possédait seul des arcs en tiers-points. La nef de la cathédrale de Fribourg en Brisgau fut commencée probablement en même temps que la célèbre tour, c'est-à-dire vers 1235 ou 1237 ; enfin le plus célèbre monument de style ogival

en France. Nos figures 18 et 19 montrent deux spécimens célèbres de la statuaire de l'église de Strasbourg, qui sont attribués à Sabine de Steinbach. Mais nous n'insisterons pas outre mesure sur ce point ; en effet, quoiqu'il soit parfaitement établi que c'est bien à Saint-Denis

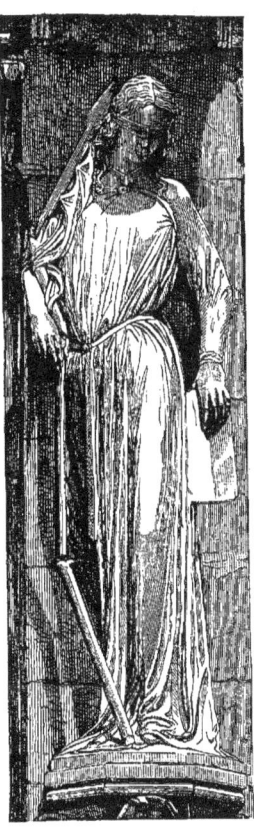

Fig. 18. — La Synagogue (cathédrale de Strasbourg).

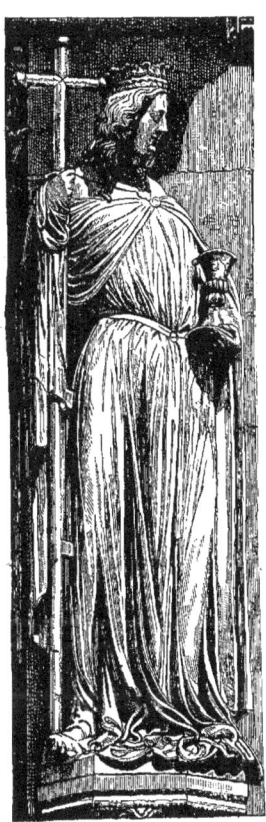

Fig. 19. — L'Église (cathédrale de Strasbourg).

de l'Allemagne, la cathédrale de Cologne, dont l'ancien chœur avait été commencé en 1248, sur les plans de Gérard de Riel, et le nouveau chœur actuel en 1322, de même que la cathédrale de Strasbourg, dont la partie ogivale la plus ancienne remonte seulement à l'année 1277 : tous ces monuments, disons-nous, sont postérieurs à ceux de même style érigés

qu'a été faite la première application de l'ogive comme principe d'un nouveau système de construction, on pourra toujours objecter, l'esprit de parti pris aidant, que l'architecture ogivale a pu naître simultanément dans deux pays. Du reste, les dates sont toujours discutables, surtout quand il s'agit de déterminer une époque précise, celle pendant laquelle ont été faites des parties ogivales dans un monument commencé en roman, par exemple au Xᵉ ou au XIᵉ siècle. On voit donc par là la confusion inévitable qui peut s'établir. Aussi préférons-nous chercher une preuve moins matérielle peut-être, mais plus certaine, dans le génie des deux peuples; nous pourrons voir, nous pourrons découvrir par ce moyen la vérité. Or, si en face de l'Allemagne et de la France nous nous posons cette question : de ces deux peuples, quel était celui dont le génie pouvait créer le style ogival, celui qui par son goût, ses ressources naturelles, était le plus en mesure de créer ce genre d'architecture? la réponse nous semble facile. Tous ceux qui se sont occupés de l'histoire de l'art savent fort bien, car c'est un fait indiscutable, que les œuvres allemandes sont toujours plus ou moins empreintes de lourdeur. Or ce qui distingue le nouveau style qui nous occupe, c'est précisément son élégance ; car l'architecture ogivale possède, sur tous les autres genres d'architecture qui l'ont précédé, cet avantage d'avoir créé des formes d'une élégance et d'une légèreté telles qu'avec le temps cette architecture a fini par pécher par un excès de maigreur dans sa structure générale. Il nous paraît que cet argument est concluant. Ainsi donc les Allemands ne peuvent avoir créé un style complétement en dehors de leur goût et de leurs habitudes, antipathique à leur nature, pour ainsi dire. Or il est une vérité, c'est que le style c'est l'homme ; or le style ogival n'est nullement la résultante, la représentation de l'Allemand. La lourdeur est tellement enracinée chez ce peuple qu'aujourd'hui même, après sept siècles écoulés, c'est encore le principal reproche qu'on adresse aux œuvres d'art et même d'industrie produites au delà du Rhin. — Du reste, du IXᵉ jusqu'à la fin du XIIIᵉ siècle, l'Allemagne ne vécut qu'au milieu de luttes et de guerres presque continuelles; donc pendant plus de quatre siècles les Allemands n'eurent pas beaucoup de temps pour s'occuper d'art et partant pour créer l'architecture ogivale. Pendant ce laps de temps, l'Église et la féodalité défendaient le pouvoir qu'elles détenaient contre des empereurs qui cherchaient à établir l'unité du pouvoir temporel

et spirituel; de plus, l'Allemagne était peuplée de nombreuses races qui, n'ayant ni les mêmes idées ni les mêmes aspirations, ne pouvaient créer un style unique. Les villes elles-mêmes cherchaient alors à s'ériger en villes libres, en communes, afin de se défendre contre les triples prétentions de l'Église, de la noblesse et de l'empereur. — Nous pensons avoir bien établi que c'est à la France que revient l'honneur d'avoir créé l'architecture ogivale; et, s'il restait à cet égard. certains doutes à quelques-uns de nos lecteurs, nos conclusions devraient, ce nous semble, les leur enlever. Nous terminerons donc cet article en disant que de ce qui précède nous pouvons conclure :

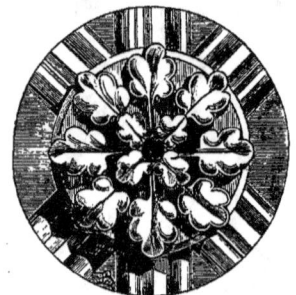

Fig. 20. — Clef de voûte dans la nef de Saint-Jean aux Bois (XIIIᵉ siècle).

1° Que l'*arc brisé*, aujourd'hui nommé *arc ogival*, a existé dès la plus haute antiquité, mais que dans les temps reculés, et jusqu'au XIIᵉ siècle, cet arc a été employé non comme un principe d'un nouveau système de construction, mais seulement comme un motif, un membre d'architecture ;

2° Que ce sont les architectes laïques qui l'ont inventé au milieu du XIIᵉ siècle (Voy. FRANÇAISE (*Architecture*), page 356) ;

3° Que c'est en France que le style ogival a pris naissance, puisque jusqu'ici on n'a pu citer aucune application antérieure à celle faite à l'église abbatiale de Saint-Denis, application qui date de 1140;

4° Que les premiers monuments de style ogival ont été élevés en Normandie, et que de là ils se sont répandus successivement en Angleterre, en Sicile, en Allemagne, en Italie, en Espagne et en Portugal;

5° Que le style ogival a fait son apparition presque simultanée en France, en Normandie et en Allemagne;

6° Que l'esprit et le génie allemands étaient complétement opposés et pour ainsi dire antipathiques à la création d'un pareil style; mais comme les contraires s'attirent, le jour où l'Allemagne a adopté le style ogival, elle l'a préféré à tout autre non-seulement pour ses édifices civils et religieux, mais encore pour ses ustensiles, ses meubles, ses manuscrits et même pour ses caractères d'imprimerie;

7° Que ce qui tend à prouver que les Français sont bien les inventeurs de ce style, c'est que dès la fin du XIII° siècle, dans les divers pays où il s'est implanté, l'Italie excepté, ce style d'architecture était nommé *architecture française,* architecture à la *manière française* ;

8° Que si, en Italie, l'architecture ogivale est appelée par certains auteurs architecture *gothique,* architecture à la manière *tudesque,* c'est que les Allemands l'avaient introduite les premiers en Italie, surtout dans l'Italie septentrionale, qui, du reste, appartenait alors aux princes allemands. — Mais nous devons ajouter que les Italiens avaient modifié si profondément le style ogival allemand qu'ils avaient créé une variété très-différente, qui ne ressemblait nullement à l'ogival allemand ni à celui d'aucun autre peuple ; ce qui nous permet de dire que Muratori et Maffei ont bien raison d'affirmer que jamais les Allemands n'ont introduit en Italie aucune espèce d'architecture (1).

OGIVAL, LE, *adj.* — En forme d'ogive, c'est-à-dire d'arc aigu. Ce terme signifie aussi, dans lequel l'arc aigu joue un rôle important ; c'est ainsi qu'on dit, *architecture ogi-*

vale, *arcature ogivale, style* OGIVAL. (Voy. ce mot, ci-dessus.)

OGIVE, *s. f.* et *adj.* — Voy. OGIVALE (*Architecture*), pages 317 et *suiv.*

OGNETTE, *s. f.* — Ciseau du sculpteur et du marbrier, à tranchant fort étroit, qui leur sert à faire la taille sur le joint d'un marbre très-mince, ou sur d'autres pièces étroites.

OISEAU, *s. m.* — Outil formé de deux planchettes assemblées à angle droit et pourvu de deux bras. Cet outil sert aux manœuvres pour porter sur leurs épaules le mortier aux maçons limousinants.

OKEL, *s. m.* — Édifice particulier à l'Orient, construit dans le voisinage des mosquées. C'est une espèce de caravansérail qui sert à la fois d'auberge, d'atelier, de magasin, de bazar ou d'entrepôt de toutes sortes de marchandises.

OLIVE, *s. f.* — Fruit de l'olivier, ornement qui affecte la forme de ce fruit et qui entre dans la composition des CHAPELETS (Voy. ce mot), qu'on utilise pour la décoration des baguettes, des astragales, des chambranles de portes, de fenêtres, etc. — On donne aussi ce nom à tout objet de forme analogue : ainsi on nomme *boutons en olive* les poignées de porte qui affectent la forme d'une olive ; il y a aussi des *douilles à olive,* des *paumelles à olive,* etc.; du reste, on applique encore ce terme à la partie d'une pièce de forge, d'ajustement ou de quincaillerie. — En peinture, on donne ce nom à une couleur verdâtre, obtenue au moyen du jaune, du bleu et d'une pointe de noir.

OLIVIER, *s. m.* — Arbre du midi de

---

(1) Muratori, *Annali d'Italia,* t. III, p. 269 ; — Maffei, *Verona illustrata,* passim. Cf aussi : Warton, Bentam, Grose et Milner, *Essays on gothic architecture,* 1 vol. in-8°, 1808 ; — Hawkings, *History of origin of gothic architecture,* 1 vol. in-8°, 1813; — Hall, *Essay on origin, history and principles of gothic architecture,* 1 vol. in-8°, 1813; — Rickman, *Essay on gothic architecture,* 1 vol. in-8°, 1835 ; — Auguste Pugin, *Specimens of gothic*

architecture, 2 vol. in-4°, 1821 ; — A. Pugin et Wilson, *Examples of gothic architecture,* 3 vol. in-4°, 1888-40; — A. Pugin et John le Keux, *Historical and descriptive Essays of architecturals antiquities of Normandy,* 1 vol. in-4", 1887 ; — A. G. B. Schayes, *Essai sur l'architecture ogivale en Belgique,* 1 vol. in-4°, 1840 ; — Don José Caveda, *Ensayo historico sobre los diverses generos de arquitectura de Espana,* 1 vol. in-8°, 1848.

l'Europe, de la famille des *jasminees*, dont le bois, dur et veiné d'une façon remarquable, est employé par les ébénistes et surtout les tabletiers. Certaines villes, comme Nice, Menton, fabriquent une quantité d'objets avec le bois d'olivier, tels que boîtes, règles, porteplumes, dessus de table et de guéridons, etc. — En architecture, les Romains et les Grecs ont utilisé d'une façon remarquable la feuille de l'olivier, pour la décoration de chapiteaux corinthiens; ce membre d'architecture ainsi décoré présente un fort beau caractère, qui l'emporte même par sa richesse sur la feuille d'acanthe. On retrouve également assez fréquemment dans les édifices romains une sorte de feuille d'olivier disposée en palmette et creusée en forme de canal.

OMBRE, *s. f.* — Ce terme sert à désigner l'obscurcissement d'un point par suite de la lumière supprimée en ce point par la projection d'un corps ; c'est ce qu'on nomme *ombre portée*. Dans les dessins, dans lesquels on désire produire un bel effet, on indique les *ombres réelles* et les *ombres portées ;* les premières se trouvent du côté opposé aux surfaces éclairées, les secondes sont produites par le corps lui-même et sont placées à côté de lui. Les om-

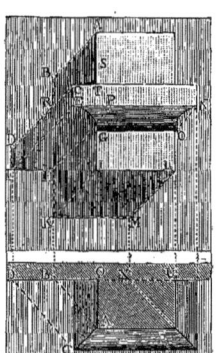

Fig. 1. — Ombre d'un listel sur le nu d'un mur.

bres portées sont d'autant plus grandes, d'autant plus étendues, que les corps qui les projettent sont élevés ou que la lumière qui éclaire ces corps est parallèle à ceux-ci ; quand la lu-

mière est exactement placée au-dessus du corps, l'ombre portée est nulle. — *Déterminer les ombres,* c'est tracer une suite de points

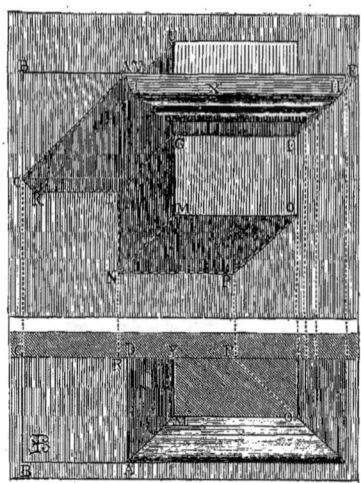

Fig. 2. — Ombre d'un pilastre et de son chapiteau sur le nu d'un mur.

qui délimitent l'intersection des rayons lumineux avec les différentes surfaces de l'ouvrage éclairé. Dans le *tracé des ombres* des œuvres de l'architecture, on suppose généralement les

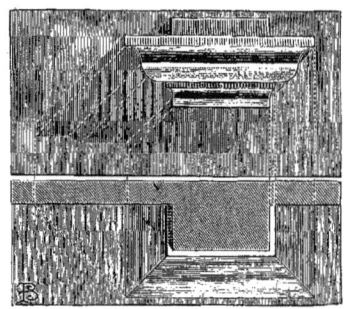

Fig. 3. — Ombre d'un talon.

corps éclairés à 45 degrés, parce que l'expérience a prouvé que les dessins d'architecture éclairés sous cet angle produisaient un meilleur effet. Cependant beaucoup d'architectes, afin d'obtenir de vigoureux effets, ombrent leurs dessins sous un autre angle, ou même de *chic,* comme on dit en style d'atelier ; c'est un grand tort, car en ombrant en dehors des principes généralement admis, on alourdit

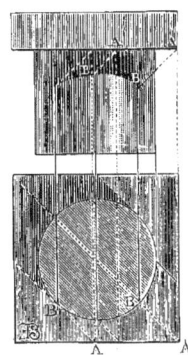

Fig. 4. — Ombre d'un tailloir sur une colonne ou sur un cylindre.

souvent les dessins, et l'on ne se rend pas compte aussi exactement de l'effet que les édifices produiront une fois exécutés. — Dans les dessins d'architecture, les ombres des corps

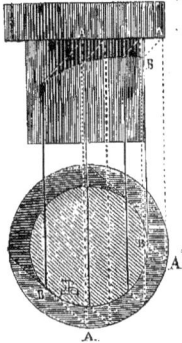

Fig. 5. — Ombre d'un tailloir circulaire sur une colonne.

situés sur un premier plan doivent être plus accentuées, plus foncées que celles qui sont dans les plans subséquents; néanmoins on fait quelquefois exception dans le *rendu* des REFLETS. (Voy. ce mot.) Il est aisé de comprendre pourquoi l'on établit cette gradation : c'est parce que la couche d'air interposée entre un objet et celui qui le regarde est d'autant plus épaisse que les objets sont éloignés du spectateur, et c'est l'épaisseur de la couche d'air qui affaiblit la vivacité des ombres. On donne à cette gradation des effets proportionnés à la distance le nom de PERSPECTIVE aérienne. (Voy. ce mot.) Après ces données géné-

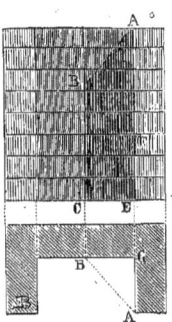

Fig. 6. — Ombre dans une tour carrée.

rales, nous donnerons quelques exemples qui feront comprendre bien mieux que de longues explications la marche à suivre pour le *tracé des ombres.* Notre figure 1 montre l'ombre portée d'un listel et d'un congé sur le nu du mur.

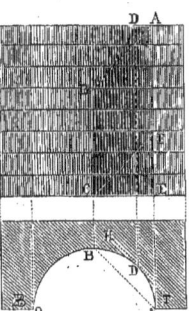

Fig. 7. — Ombre dans une tour creuse.

Le bas de notre figure montre le plan à l'aide duquel on peut élever les verticales DE, BH, XM, UL : du point K on tire l'horizontale KM ; pour l'ombre, IL, HK sont égaux à GI, FH à EP, DF à CE, etc. (1).

_____

(1) Cette figure ainsi que les trois ou quatre qui sui-

Notre figure 2 montre l'ombre portée d'un pilastre et de son chapiteau sur le nu d'un mur. Dans le bas de la figure on voit le plan horizontal qui permet d'amener les verticales CB, RI, P, O, E, etc. Par l'inspection de nos figures, le lecteur peut voir que l'ombre d'un point quelconque doit descendre verticalement au-dessous de ce point et s'en éloigner horizontalement sur sa droite ou sur sa gauche, suivant que la figure est éclairée d'un côté ou

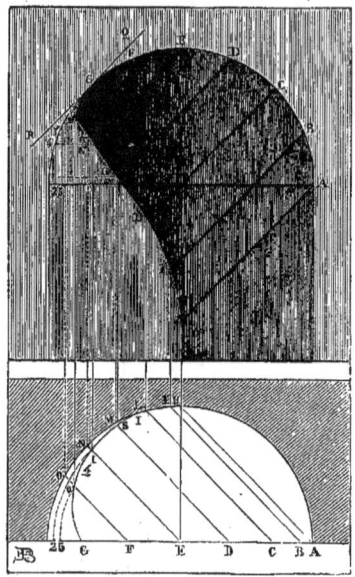

Fig. 8. — Ombre d'une niche à voûte sphérique.

d'un autre, autant que ces points sont éloignés du corps qui reçoit l'ombre; en un mot, l'ombre d'un corps doit être aussi large verticalement et horizontalement que le corps est saillant dans ces deux sens; donc enfin l'ombre est aussi large que la saillie du corps qui l'occasionne. Aussi N P est égal à MO, IN à GM, CA à IX, OP à PO, etc.

Notre figure 3 montre l'ombre d'un talon droit, qui est tracée d'après les mêmes prin-

vent sont tirées des *Règles des cinq ordres d'architecture de Vignole*, par Delagardette, nouv. éd., Paris, 1818.

cipes; notre figure 4, l'ombre d'un tailloir carré sur une colonne ou un cylindre; les points A et B du plan relevés fournissent la ligne courbe de l'ombre portée sur le cylindre, tandis que la même ombre portée sur un cylindre par un tailloir circulaire détermine

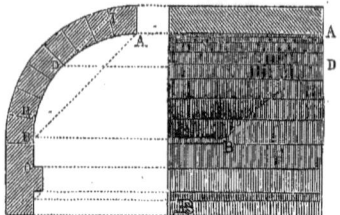

Fig. 9. — Ombre d'une voûte en berceau.

une tout autre courbe (fig. 5). La figure 6 indique l'ombre portée dans une tour carrée; la ligne AB du plan fournit la diagonale à 45 degrés qui détermine la ligne AB et CE de l'élévation respectivement égale à AB et BG du plan. La figure 7 fait voir le tracé des ombres

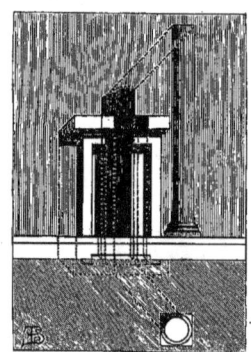

Fig. 10. — Ombre portée d'une colonne sur une baie.

dans une tour creuse ou dans l'intérieur d'un cylindre; les points du plan relevés fournissent l'ombre de l'élévation. La figure 8 donne le tracé de l'ombre pour une niche à voûte sphérique; les points A, B, C, D, E, F, G, relevés et coupés par les diagonales à 45 degrés correspondantes, donnent par leur intersection les courbes T, G, L, I, H; plus on multipliera les points sur la ligne AG du plan, plus on obtiendra des points intermédiaires pour le tracé de cette courbe. La figure 9 montre l'ombre d'une voûte en berceau; la diagonale AB de la coupe verticale donne la hauteur de l'ombre projetée. Enfin notre figure 10 montre la projection de l'ombre d'une colonne sur une baie; on voit dans cette figure le ressaut de l'ombre de la colonne sur la tablette qui couronne la baie, qui est plus proche de la colonne que celle qui est portée sur le mur, parce que les ombres se portent d'autant plus loin que les parties qui les reçoivent sont plus éloignées de celles qui les occasionnent. Du reste, le tracé est toujours le même : l'épaisseur de la colonne, déterminée par les deux diagonales, est relevée; quant au ressaut du couronnement de la baie, il est déterminé par la saillie de ce couronnement.

OMBRE (Terre d'). — Terre brune, d'un marron plus ou moins foncé, qui est composée d'oxyde de fer et d'oxyde de manganèse : on la nomme ainsi parce qu'autrefois on la tirait de l'Ombrie, province romaine; mais on en tire également de l'île de Chypre. On emploie cette substance de diverses manières, soit avec un mélange de lait de chaux, soit en détrempe ou même comme peinture à l'huile. Il ne faut pas confondre ce terme avec celui de BISTRE (Voy. ce mot), avec lequel on le confond quelquefois, parce qu'en effet la terre d'Ombre peut fournir un ton bistre, quand elle est mélangée avec diverses ocres.

OMBRES (Tracé des). — Voy. OMBRE.

ONDE, *s. f.* — Marque que laisse sur le bois, à chaque copeau qu'il enlève, le fer des varlopes et des rabots. — On fait aujourd'hui des outils spéciaux, fonctionnant à bras d'homme ou au moyen de machines, pour pratiquer des ondes sur la surface et le champ des moulures. — Ces ornements, qu'on nomme aussi *ondulations, flots, lignes d'eau,* décrivent des sinuosités régulières analogues à la marche du serpent ou au mouvement de l'eau agitée par les vents. On exécute également ce genre d'ornement sur la pierre, en peinture et autrement. L'architecture romane et l'architecture ogivale ont utilisé ce genre de décoration, dont on retrouve des exemples sur des monuments d'une très-haute antiquité. (Voy.

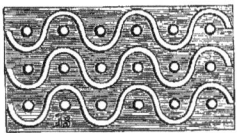

Ondes (ornement roman).

notre fig.) Au moyen âge, on nommait NÉBULES (Voy. ce mot) un ornement analogue aux ondes.

ONGLET, *s. m.* — On nomme assemblage *d'onglet* ou *à onglet,* celui dont le joint apparent des deux pièces de bois fait la bissectrice de l'angle formé par les deux pièces,

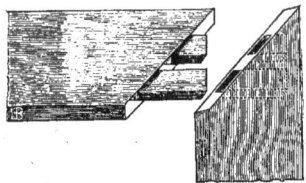

Fig. 1. — Assemblage à onglet.

tandis que le bois debout est dissimulé dans l'intérieur de l'assemblage. Dans les pièces assemblées d'équerre, le joint apparent est exactement incliné à 45 degrés sur l'une et l'autre pièce. Notre figure 1 montre deux

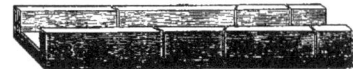

Fig. 2. — Boîte d'onglet.

pièces de bois taillées pour être assemblées à onglet et fait comprendre la pénétration des tenons affermissant l'onglet. — Les onglets très-aigus sont nommés *onglets en sifflet* ou *onglets en contre-marque.* — Quand les menuisiers ont à faire un grand nombre d'onglets de même angle, ils utilisent une *boîte* dite *d'onglet* (fig. 2), qui consiste en une sorte de canal dont les parois verticales portent des traits de scie obliques dans lesquel on engage la lame de la scie et qui servent de guide à celle-ci.

ONGLETTE, *s. f.* — Sorte de poinçon dont l'extrémité est triangulaire, et qui sert à ciseler la pierre et le marbre. — C'est aussi un petit burin plat dont se servent les graveurs.

ONYX, *s. m.* — Agate très-fine qui présente des couches parallèles de différents tons, opaques ou transparentes. L'Algérie possède de très-belles variétés d'onyx. On commence à l'employer pour la décoration monumentale; mais on en fait surtout des coupes, des vases, des statues et des objets d'art. Ce terme est quelquefois pris adjectivement; ainsi on dit, une agate onyx. •

OOLITHIQUE, *adj.* — Qui résulte d'une agglomération d'oolithes. Les calcaires *oolithiques,* qui forment les assises supérieures du terrain jurassique, sont composés de petits grains semblables à des œufs de poisson, lesquels grains sont nommés *oolithes.* — On nomme *fer oolithique* le minerai de fer qui présente un grand nombre de petits grains reliés par un ciment calcaire.

OPALIN, *adj.* — On donne cette dénomination à des marbres qui ont une teinte laiteuse ou bleu pâle, comme l'opale.

OPÉRA. — Voy. Théatre.

OPE ou OPA, *s. m.* — Ouverture qui est entre deux métopes. Ce terme, dérivé du grec (ὀπή), correspondait chez les Romains à celui de *columbarium* (Vitruve, IV, 2, 4); il servait à désigner le lit, la cavité, sur lequel repose la tête d'un entrait (*tignum*). L'espace compris entre un *ope* et un *tignum* se nomme *intertignum* ou *metope,* métope. Les opes sont décorés de triglyphes. On donne aussi ce nom aux trous de boulins laissés dans les murs, après l'enlèvement des échafaudages.

OPHITE, *s. m.* — On donne ce nom à certaines roches trapéennes des Pyrénées d'une composition variable. — C'est aussi un marbre vert obscur rayé de filets jaunes entre-croisés.

OPISTHODOME, OPISTHION ou OPISTHONAOS, *s. m.* — Termes par lesquels les Grecs désignaient la façade postérieure d'un temple, tandis que la façade antérieure se nommait Pronaos (Voy. ce mot); c'était le *posticum* des temples romains. Le peuple n'entrait jamais par l'*opisthodomos* dans le temple, cette entrée était exclusivement réservée aux prêtres. — On donnait aussi ce nom à une chambre fermée située derrière le temple (Front., *ad M. Cæsar.,* I, 8); c'était comme une sacristie dans les temples modernes. •

OPPIDUM. — Dans un sens générique, ce terme sert à désigner les places fortes élevées

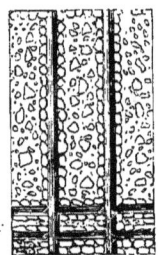

Fig. 1. — Plan des murailles de Murcens (état actuel).

dans divers pays, notamment en Gaule, au temps de la conquête romaine. Les premiers

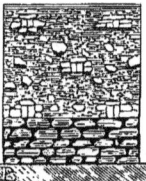

Fig. 2. — Murailles de Murcens (état actuel).

travaux de défense construits par l'homme remontent à la plus haute antiquité, comme le lecteur peut s'en convaincre en se reportant au mot Acropole. Dans les Gaules, ce qui remplaçait ce genre de citadelle, c'était l'*oppidum*. On est à peu près d'accord aujourd'hui pour fixer l'époque à laquelle ont été érigées ces fortifications rudimentaires, et cependant très-solides; la majorité des archéologues fait remonter l'origine des *oppida* à l'époque de la construction des dolmens, des menhirs et des

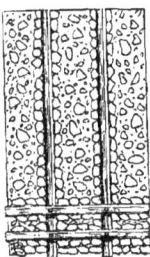

Fig. 3. — Plan des murailles de Murcens avec les poutres, c'est-à-dire restauré.

tumulus, en un mot des monuments dits CELTIQUES. (Voy. ce mot.) On les érigeait sur des plateaux élevés et escarpés; on choisissait de préférence un emplacement d'une forme circulaire ou triangulaire, ou qui se rapprochait plus ou moins du rectangle; on entourait cet emplacement d'un mur bâti en pierres sèches,

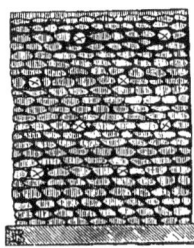

Fig. 4. — Murailles de Murcens (restauration).

rarement les pierres formant ces murs étaient liaisonnées avec des mortiers de chaux. Le seul système qu'on employait pour donner de la solidité et de la résistance à ces murs consistait à placer dans leur intérieur des poutres qu'on disposait tantôt en longueur, tantôt en travers des murs, à des intervalles plus ou moins rapprochés. Ces poutres, nous en donnerons bientôt un exemple (fig. 3, 7, 13),

étaient ordinairement réunies entre elles à l'aide de forts clous en fer, ou plutôt de chevilles, qui ne mesuraient pas moins de $0^m,20$, $0^m,22$ et jusqu'à $0^m,32$ de longueur (fig. 9 et 10). C'était entre ces poutres, formant des *grils*, qu'on établissait un certain nombre d'assises en pierres; on construi

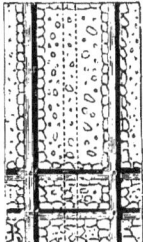

Fig. 5. — Plan des murailles de Murcens; état actuel. (2ᵉ mode de construction.)

sait un autre gril, et l'on montait successivement les murailles en suivant toujours le même procédé. Il est probable que celles-ci, qui étaient souvent fort larges, qui mesuraient environ 7 mètres, étaient encore appuyées par des talus en terre. — On comprend la solidité de pareilles fortifications, qui étaient percées d'un nombre très-restreint de portes. Aussi, devant de pareils murs,

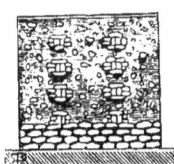

Fig. 6. — Murailles de Murcens; état actuel. (2ᵉ mode de construction.)

César dut souvent s'incliner, malgré le nombre et la valeur de ses soldats et la supériorité de ses puissantes machines de guerre; il dut souvent recourir au blocus, c'est-à-dire à la famine, pour s'emparer d'*oppida* qu'il n'aurait jamais pu prendre de vive force. — Il existe sur le sol de notre pays de nombreux restes d'oppida dont on connaît l'origine certaine, et un plus grand nombre de restes incertains.

Zosime a eu soin de nous informer que Dioclétien disposa sur toutes les frontières de
l'empire des places fortes (*oppidis*) dans lesquelles des garnisons s'établissaient à demeure :
« In iis domicilium haberent (1). » La plupart

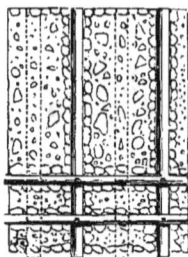

Fig. 7. — Plan restauré des murailles de Murcens
(2ᵉ mode de construction).

des villes anciennes fortifiées ont été construites sur l'emplacement d'anciens oppida ;
telles sont, par exemple, pour n'en citer que
quelques-unes, les villes de Béziers, de Lan-
gres, de Laon, de Sainte-Reine (*Alesia*), du
Puy-en-Velay, etc. Rien que dans le Soisson-

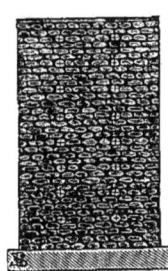

Fig. 8. — Élévation des murailles de Murcens (2ᵉ mode de
, construction restauré).

nais, au dire de César, il n'y avait pas moins
de douze oppida : « Oppida habuere numèro
XII, » parmi lesquels se trouvaient *Noviadu-
num* et *Bibrax*, mais dont l'emplacement n'a
jamais été déterminé d'une manière très-cer-
taine, malgré les nombreuses recherches et les
longues dissertations produites au sujet de ces

places fortifiées. — Parmi les oppida les plus

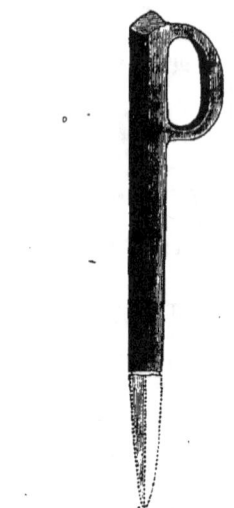

Fig. 9. — Cheville de fer reliant les poutres des murailles
de Murcens (1/2 grandeur réelle).

renommés, nous citerons ceux de *Murcens*,

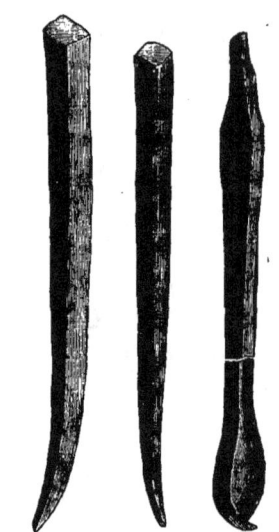

Fig. 10. — Clous reliant les poutres des murailles
de Murcens (1/2 grandeur réelle).

d'*Uxellodunum*, de l'*Impernal*, d'*Avaricum*,
d'*Alesia*, etc. L'oppidum de Murcens tire son

(1) *Zosimi comitiis et exadvocati fisci historiæ novæ*,
p. 33, lib. II, in-f°, Basileæ.

nom de *muris cinctus*, sous-entendu *locus*, ce qui signifie lieu, emplacement entouré de murs, d'où on a fait *Mursceint*, *Murscen* ou *Murcens*. Cet oppidum est situé dans la commune de Cras, département du Lot; le plateau sur lequel il a été établi est d'une assez grande étendue; il est bordé de falaises assez abruptes; son altitude est de 316 mètres; il domine d'environ 130 mètres deux cours d'eau; sa superficie est d'environ 150 hectares; il se rattache par une sorte d'isthme à une hauteur voisine. Le développement total des murs est d'environ 6,200 mètres, dont 4,200 sont élevés sur des rochers abruptes qui ne mesurent pas moins de 70 mètres d'élévation. Aucune règle fixe n'a présidé au tracé de ces murs; ils suivent toutes les sinuosités du terrain sur lequel ils sont construits, comme on peut s'en assurer par

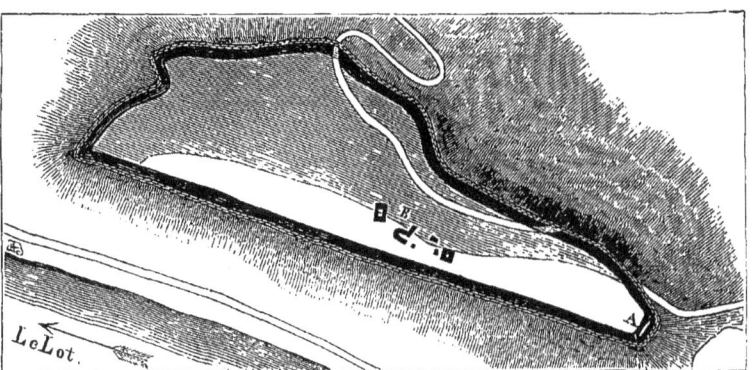

Fig. 11. — Oppidum gaulois de l'Impernal. A, camp de César; B, ruines romaines.

l'inspection de notre figure 11; ils sont faits en pierres dans lesquelles sont noyés des grils en charpente formés de grosses poutres. Nos figures montrent, en plan et en élévation, une partie de ces murailles (1), ainsi que des chevilles ou clous de fer qui reliaient les poutres entre elles. — Les murs de l'oppidum d'Uxellodunum et de l'Impernal étaient construits à peu de chose près comme ceux de Murcens; nos figures permettront de comparer ces murs, qui étaient généralement fondés sur le roc arasé de niveau. La hauteur de ces murailles était d'environ 12 mètres, et l'on comprend facilement que César, qui n'aimait pas à rencontrer

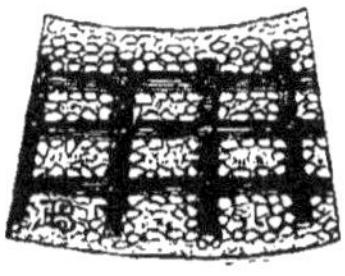

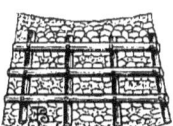

Fig. 12. — Plan des parties courbes des murs de l'Impernal (état actuel).

Fig. 13. — Plan restauré des parties courbes des murs de l'Impernal.

(1) Nos figures ainsi que divers renseignements sur les oppida de Murcens, d'Uxellodunum et de l'Impernal, sont tirés du mémoire de M. Castagné, qui a suivi les travaux des fouilles, 1 vol. in-8° de 114 pages, Tours, 1876.

de résistance, ne pouvait attaquer des oppida placés à des hauteurs telles que les plus hautes tours de guerre n'auraient pu arriver qu'au tiers de l'élévation du rocher. Il se contentait donc d'en faire le blocus, si toutefois il ne pouvait attirer par ruse les assiégés en dehors pour les forcer d'accepter une bataille rangée. — Les ouvrages de fortification des oppida étaient la dernière expression de la science militaire des Gaulois ; ils ne remontent pas au delà d'un siècle avant l'ère chrétienne. De ce qui précède, on peut déduire qu'antérieurement à la conquête romaine le système général de fortification en usage pour la défense des oppida comprenait chez les Gaulois les éléments suivants, que nous résumons d'après M. Castagné (*op. cit.*, p. 90) de la manière suivante :

1° Des murailles avec assises de pierre et grils en bois sur les points accessibles aux machines de siége au moyen desquelles elles pouvaient être sapées ou battues en brèche ;

2° Des murailles faites uniquement en pierre sur les parties du périmètre de l'emplacement au-dessous desquelles il existait des pentes abruptes ou des rochers escarpés : ces murs n'avaient d'autre objet que de mettre la place à l'abri d'un coup de main, soit par l'escalade ou par tout autre moyen ;

3° Des retranchements en terre avec escarpes assez prononcées pour établir, indépendamment de la grande enceinte des lignes de défense intérieures ou extérieures, des redoutes, des postes et autres ouvrages avancés (1) ;

4° De larges terrasses au sommet des murs en pierre ou des retranchements en terre qui servaient à loger les défenseurs de la place ;

5° De petits camps ou postes d'observation ménagés sur les angles saillants formés par les murs, dans le but de surveiller les mouvements de l'ennemi et d'appeler au besoin des troupes en cas d'attaque ;

6° Des fossés extérieurs sur les portions des murs d'enceinte d'un accès facile, et notamment au point d'attache de l'oppidum avec le reste de la montagne ;

7° Enfin des murailles en pierres sèches sur les revers de la montagne, dans le but de protéger les camps ou postes avancés. — Sur le mont Beuvray, sur lequel on suppose qu'é-

(1) Ces lignes de défense, formant, pour ainsi dire, d'autres enceintes, ne sont pas admises par un grand nombre d'archéologues en ce qui concerne les oppida ; mais nous devons dire que nous partageons entièrement l'opinion de M. Castagné sur des enceintes successives dans certains oppida.

tait située la célèbre Bibracte, de même qu'à Laudunum, localité située entre Laignes et Riceys (Côte-d'Or), on voit encore des murs d'enceinte qui présentent les mêmes particularités que les murs des oppida que nous venons de décrire. — Comme complément du présent article, voir MILITAIRE (*Architecture*).

OPPIDUM. — Dans l'antiquité, on désignait encore sous ce terme la masse des bâtiments qui occupaient l'extrémité d'un cirque, où se trouvaient les loges ou *carceres*, les places situées au-dessus de celles-ci et qui étaient occupées par les musiciens ou des spectateurs. Les tours placées de chaque côté de la masse des

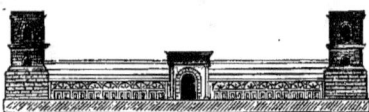

Fig. 14. — Oppidum des cirques romains.

bâtiments, ainsi que la grande porte centrale par laquelle passait la procession du cirque entrant dans l'arène, ces trois constructions faisaient partie de l'oppidum. (Nævius, *ap. Varr.*, L. L. V, 133 ; Festus, *s. v.*) En se reportant au mot CIRQUE, le lecteur verra la position de l'oppidum par rapport au reste de l'édifice, tandis qu'ici nous donnons l'oppidum isolé (fig. 14).

OPUS ALEXANDRINUM. — Voy. MOSAÏQUE.

OPUS INCERTUM, INSERTUM, ISODOMUM, RETICULATUM, etc. — Voy. APPAREIL.

OPUS MUSIVUM. — Voy. MOSAÏQUE.

OR, *s. m.* — Métal brillant, de trois tons jaunâtres très-différents : l'un est jaune foncé, l'autre jaune rouge, et le troisième jaune vert ; sa densité est de 19,50. De tous les métaux, l'or est le plus ductile et le plus malléable ; on l'étire en fil d'une telle finesse qu'on peut l'enrouler sur des fils de laine, de coton ou autres qu'on emploie au tissage des étoffes. Cet emploi de l'or pour le tissage des étoffes remonte à une haute antiquité, comme le lecteur peut s'en assurer en consultant l'article JUDAÏQUE (*Art*). — Par le battage, on réduit l'or en feuilles si minces qu'il n'en faut pas moins de mille pour faire une épaisseur d'un millimètre ; aussi, malgré son prix élevé (3,800 fr. le kilogr.), peut-on l'employer dans la décoration sans dépenser des sommes considérables. C'est là un très-grand avantage pour le décorateur, qui ne saurait remplacer la dorure par aucun autre procédé pouvant rivaliser avec celui-ci. Afin de pouvoir manier d'aussi légères feuilles d'or, on les vend dans de petits cahiers de papier composés de vingt-six feuillets entre lesquels sont placées vingt-cinq feuilles d'or. Quarante de ces cahiers, ou *quarterons d'or*, font le *millier d'or* du commerce. — Au point de vue décoratif, on nomme :

Or UNI ou MAT, celui qui n'est pas *bruni*, mais simplement appliqué sur des moulures non sculptées ou sur des fonds unis ;

Or BRUNI, celui qui, après avoir été appliqué sur la détrempe, est poli (*bruni*) au moyen du BRUNISSOIR (Voy. ce mot et DORURE) ;

Or BRETTELÉ, l'or appliqué en hachures sur un fond ;

Or REPASSÉ ou VERMILLONNÉ, celui sur lequel on a étendu du vermillon pour lui donner un plus bel aspect et cacher les imperfections que la couche pourrait avoir ;

Or SUR APPRÊT, l'or posé sur des *blancs* couchés *d'assiette* : l'or sur apprêt ne s'emploie que pour les dorures d'intérieur ;

Or A L'HUILE, celui qui est couché sur un fond imprimé d'huile de teinte dure et d'*or couleur* : ce genre de dorure s'emploie à la décoration intérieure ou extérieure ;

Or COULEUR, une mixtion de consistance épaisse et gluante d'un ton d'or jaune rougeâtre : cette substance est fabriquée avec le résidu de diverses couleurs recuites et broyées, ou bien de blanc de céruse, de litharge et de terre d'ombre, le tout délayé dans de l'huile d'œillette ou dans de l'huile grasse ;

Or D'ALLEMAGNE, *Clinquant*, ou encore *Oripeau*, du cuivre battu en feuilles qu'on emploie à la place de l'or : cet *or* ou *bronze*, mis en poudre, sert à faire l'or en coquille, que le commerce vend à bas prix, mais on fait également des coquilles en or fin ;

Or MAT REPASSÉ, une dorure qui se fait en appliquant une couche d'or sur deux couches d'impression et une couche de jaune : l'opération terminée, l'on *matte* l'or avec deux couches de colle ;

Or MUSSIF OU BRONZE MOULU, une composition faite à l'aide d'une partie de bisulfure d'étain et de six parties d'os calcinés : on l'applique sur une mixtion convenable à l'aide d'un linge humecté sur l'objet à bronzer, on laisse sécher, puis on frotte avec un linge sec et l'on brunit ;

Or MOULU, un amalgame d'or et de mercure qu'on applique sur les métaux pour dorer. Voici comment on procède : on frotte les pièces avec une petite brosse en fil de laiton nommée *gratte-boesse*, puis on chauffe le métal à une température peu élevée ; on le laisse refroidir, puis on plonge ces pièces dans un bain d'acide nitrique faible ; on les essuie et on les recouvre d'amalgame, après quoi on les chauffe fortement : le mercure s'évapore et l'or est déposé sur le métal.

Dans le blason, l'or est un des deux métaux de l'écu, il y figure en or ou en jaune ; en gravure on le représente par une surface pointillée. (Voy. BLASON.)

ORANGE (MINE). — Couleur rougeâtre, nommée aussi *minium*, que l'on emploie pour l'impression des fers ; on l'obtient par la calcination du bicarbonate de plomb.

ORANGERIE, *s. f.* — Grande serre élevée, n'ayant de grandes baies vitrées que d'un seul côté, au midi, et dans laquelle on fait hiverner les orangers et les plantes de serre froide dans les climats sous lesquels ces plantes ne pourraient supporter les rigueurs de l'hiver. Les orangeries, dans les grands parcs, dans les jardins des palais, des châteaux et des villas, peuvent, si elles sont d'un grand style architectural, fournir un très-beau motif de décoration.

ORATOIRE, *s. m.* — Ce terme, dérivé du latin *orare* (prier), sert à désigner une petite pièce, un endroit retiré d'un appartement, d'une maison, dans lequel on prie. On donne également ce nom à de petits édicules en forme de chapelle qu'on voit quelquefois sur les bords des routes ou dans le voisinage des couvents et des monastères, à l'entrée ou au milieu d'un pont, soit enfin dans un lieu consacré par quelque légende ou quelque fait historique; dans nos cimetières modernes un assez grand nombre de tombeaux sont disposés en oratoire.

ORBE, s. m. — Filet placé sous l'ove d'un chapiteau, au sommet ou au bas d'une colonne; dans ces deux derniers cas, on dit aussi *ceinture*. — Pris adjectivement, on nomme *mur orbe* un grand mur qui n'est percé d'aucune ouverture. (Voy. MUR.)

ORBEVOIE, s. f. — Ancien mot, à peu près inusité aujourd'hui, et qui servait à désigner une fausse arcade, une fausse fenêtre.

ORCA. — Grand vase de terre, mais moins grand cependant que l'amphore. Les auteurs anciens en parlent comme d'un vaisseau qui aurait une étroite embouchure, un long col, la panse renflée et terminée en pointe. Nous sup-

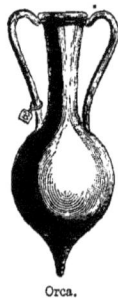

Orca.

posons qu'il y avait deux formes différentes d'*orca* : sans cela, on ne pourrait guère supposer que le type que nous venons de décrire pouvait contenir, comme le dit Horace (*Sat.*, II, 4, 6), du poisson salé; mais il pouvait fort bien renfermer, comme nous l'apprennent Columelle (XII, 15, 2) et Pline (*H. N.*, XV, 21), des figues sèches, ou, suivant Varron (*R. R.*, I, 13, 6), de l'huile et du vin. (Voy. notre fig.) Bartolomeo Fontan, dans ses commentaires sur Perse (III, 50), précise nettement notre type : *angustæ collo non falliere orcæ.* (Voy. VASE.)

ORCHESTRE, s. m. — Partie la plus basse dans les théâtres de l'antiquité, et qui était comprise entre le *proscenium* et les gradins. Chez les Grecs, l'orchestre devait avoir la moitié du diamètre de tout l'édifice, et sa largeur être double de sa longueur. Il se divisait en trois parties : la première était l'*orchestro* proprement dit (ὀρχηταί, danser), parce qu'elle était réservée aux mimes et aux danseurs qui venaient, pendant les entr'actes ou à la fin du spectacle, y exécuter divers exercices; la deuxième partie où se tenaient les chœurs s'appelait la *thymélé* (estrade ou autel), parce qu'elle possédait dans son centre un autel dédié à Bacchus; enfin la troisième, dite *hyposcenium* (sous-scène), était réservée aux musiciens. La disposition des orchestres dans les théâtres grecs était invariable; ce fait est constaté par la découverte de dix théâtres différents découverts en Lycie et décrits et dessinés par Spratt et Forbes (*Travels in Lycia*, vol. II, pl. 2). (Voy. THÉATRE.)

Dans les théâtres romains, l'orchestre se rapprochait beaucoup de la disposition de ceux de nos théâtres modernes; il était légèrement incliné vers la scène et pavé de carreaux de terre cuite, de mosaïques ou de dalles de marbre, tandis que le plancher de l'orchestre grec était planchéié, non-seulement pour donner aux pieds des danseurs un supplément d'élasticité, mais encore pour ajouter à la sonorité des instruments et des voix des chanteurs. Les places de l'orchestre étaient exclusivement réservées aux sénateurs, aux édiles, aux vestales, enfin aux personnages de distinction (Suét., *Aug.*, 35; *Nero*, 12; *Jul.*, 39); aussi, par suite, ce mot était employé pour désigner les classes supérieures de la société, par opposition à la populace (Juv., III, 178).

Dans les théâtres modernes, on nomme *orchestre* la partie basse d'une salle de spectacle qui est comprise entre l'avant-scène et le *parterre*; elle comporte deux divisions : l'une, celle qui est au pied de la *rampe* de l'avant-scène, est réservée aux musiciens, c'est l'orchestre proprement dit; l'autre, située en arrière de celle-ci et devant le parterre, est occupée par des spectateurs, qui occupent dans les premiers rangs des *fauteuils d'orchestre* et dans les derniers des *stalles*. Dans les théâtres de province, òn donne à cette partie de l'orchestre le nom de *parquet*. — L'orchestre des musiciens doit être assez bas, afin que les artistes et leurs instruments ne puissent masquer la vue de la scène aux spectateurs des fauteuils et des stalles d'orchestre ; il doit être, en outre, disposé de manière à éviter toute déperdition du son. Pour obtenir ce résultat, on l'établit sur un vide et des arcs isolés et parallèles en supportent le plancher, qui doit être en sapin sec, léger et résonnant, de manière à produire des vibrations. L'espace vide situé sous l'orchestre se nomme *caisse d'harmonie*, par analogie à la table d'harmonie des instruments à cordes, tels que violons, basses, violoncelles, etc.

ORDONNANCE, *s. f.* — Dans un sens générique, ce terme s'applique à la composition d'un édifice et à la disposition d'ensemble de toutes ses parties; ainsi l'on dit : Voilà un monument d'une belle et magnifique ordonnance. — Ce terme sert aussi à désigner le nombre de colonnes placées sur la façade d'un édifice et leur disposition; ainsi on dit qu'un temple possède une ordonnance *tétrastyle, hexastyle, octostyle, décastyle*, suivant qu'il a quatre, six, huit ou dix colonnes de front; enfin ce terme désigne aussi l'application qu'on fait des ordres d'architecture pour décorer une façade; par exemple, on dit : *ordonnance toscane, dorique, ionique, corinthienne, composite*.

ORDONNANCES DE POLICE. — On désigne sous ce terme toutes les ordonnances qui régissent les propriétés et les travaux de construction concernant les fosses d'aisances, les précautions à prendre contre l'incendie, l'entretien des façades, la propreté intérieure et le nettoyage de la voie publique, la salubrité des habitations, enfin tout ce qui concerne la *petite* voirie. — Dans le courant de cet ouvrage on trouvera en grande partie les textes de ces diverses ordonnances. (Voy. FOSSES, INCENDIE, ÉTABLISSEMENTS DANGEREUX ET INSALUBRES, FORGE, etc., etc.)

ORDRES D'ARCHITECTURE. — Terme sous lequel on désigne certaines proportions et dispositions données aux parties d'un édifice, de manière à former un ensemble non-seulement régulier, mais surtout harmonieux. Il existe cinq modes de disposer des membres d'architecture; ces cinq modes ont été employés dans l'antiquité.

Un ordre se compose de trois parties principales; le *piédestal*, la *colonne* et l'*entablement*. Chacune de ces parties se subdivise en trois autres qu'on appelle aussi *membres d'architecture;* ainsi le piédestal comporte : une *base*, un *dé* et une *corniche ;* la colonne : une *base*, un *fût* et un *chapiteau;* l'entablement : une *architrave*, une *frise* et une *corniche*. Il arrive parfois que l'on supprime la première des trois parties principales : le piédestal, et même la base de la colonne, sans que le reste cesse de constituer un ordre; mais lorsqu'on supprime aussi l'entablement, ou lorsqu'on le modifie au point de le priver de l'une de ses trois parties constitutives, l'ensemble des membres restants ne peut plus recevoir le nom d'ordre. — Quant à la colonne, quelles que soient les suppressions de membres qu'on ait fait subir à un ordre, elle ne manque jamais, parce que c'est la partie essentielle, indispensable, et sans laquelle il n'existerait pas d'ordre architectonique. Aussi est-ce par la dimension de son fût que l'on règle les proportions des divers ordres, et par la forme et la décoration de son chapiteau qu'on les caractérise le mieux. Nous ferons même remarquer ici que, sur les cinq ordres, deux, le *toscan* et le *dorique*, ont leur chapiteau uniquement composé de moulures et que les trois autres, que nous allons bientôt nommer, ont leur chapiteau décoré de feuillages ou d'enroulements nommés VOLUTES. (Voy. ce mot.) — Les Grecs ont employé, le *dorique*, l'*ionique* et le *corinthien*, auxquels les Romains ont ajouté le *toscan* et le *composite*, d'où on a quelquefois donné à ces deux ordres le nom d'*ordres latins;* mais, à vrai dire, ils peuvent dans l'antiquité n'être considérés que comme des variantes du dorique et du corinthien. Bien des auteurs même n'admettent dans l'antiquité que, trois ordres véritables, car les deux autres sont relativement modernes. Notre figure 1 montre les cinq ordres d'architecture, tels qu'ils sont aujourd'hui admis par tout le monde.

Au XVII° siècle, et même encore au XVIII° siècle, on décorait du nom d'*ordre persique* certains éléments architectoniques que l'on nomme aujourd'hui ATLANTES ou *Télamons*, CARIATIDES. (Voy. ces mots.)

Les moulures employées dans la composition des ordres d'architecture sont : les *filets* ou *listels*, les *larmiers*, les *fasces* ou *plates-bandes*, le *quart de rond*, la *baguette*, le *tore*, la *scotie*, le *cavet*, le *congé*, le *talon* ou *cymaise*, *droit* ou *renversé*, la *doucine*. (Voy. MOULURE.)

Dans tous les ordres, le fût de la colonne diminue du sixième de son diamètre inférieur à partir du tiers du fût jusqu'au chapiteau, et même il arrive souvent, chez les modernes du moins, qu'à cette diminution se joigne un

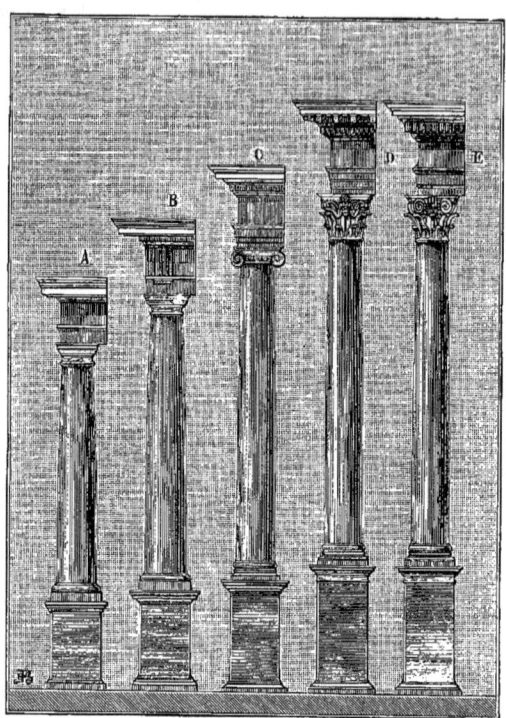

Fig. 1. — Les cinq ordres d'architecture : A, toscan; B, dorique; C, ionique; D, corinthien; E, composite.

léger renflement de la colonne. — Dans chacun des ordres, sauf pour le composite, qui est de même hauteur que le corinthien, la colonne a des proportions différentes qu'on règle à l'aide du *module*, ou mesure de comparaison égale à la moitié du diamètre inférieur du fût, ou par le diamètre, c'est-à-dire le double module. Ainsi la colonne toscane a sept diamètres de hauteur, c'est-à-dire sept fois le diamètre inférieur de son fût, ou quatorze modules, y compris base et chapiteau. La colonne dorique a huit diamètres de hauteur, ou seize modules; l'ionique, neuf diamètres, ou dix-huit modules; la corinthienne ou la composite, dix diamètres, ou vingt modules. Mais dans l'antiquité ces proportions n'étaient pas fixes et rigoureuses; chaque architecte créait son ordre suivant son goût, et, suivant l'édifice auquel il était destiné, il donnait au même ordre d'architecture des proportions ou plus lourdes ou plus élancées ; ce n'est qu'à l'époque de la renaissance que certains architectes, Vignole à leur tête, ont adopté des proportions fixes et immuables. Est-ce un bien, est-ce un mal ? Certains architectes, grands amateurs du classique, prétendent que Vignole a rendu un véritable service à l'art ; d'autres trouvent, et nous sommes de ce nombre, qu'il est puéril de vouloir s'astreindre à créer des proportions architectoniques avec des mesures ; c'est l'œil, c'est le goût, c'est le savoir, c'est l'intelligence qui sont les meilleurs guides pour un artiste, et nous sommes persuadé qu'un artiste n'a pas besoin d'une mesure pour créer une colonne, un ordre ayant de belles proportions, et rien ne peut suppléer au sentiment artistique. Du reste, aujourd'hui aucun architecte véritable ne s'astreint au module ; on revient à l'esprit qui guidait les anciens. — Vignole et ses contemporains ne se sont pas contentés d'assigner des proportions rigoureuses aux colonnes, ils en ont encore fixé pour les entre-colonnements, comme nous le verrons bientôt.

ORDRE TOSCAN. — Cet ordre est le plus simple et le plus robuste des ordres d'architecture ; aussi lui fait-on supporter les autres, quand une façade comporte dans son ordonnance plusieurs ordres. C'est, en définitif, un dorique, plus simple et particulièrement employé par les architectes de l'Étrurie, qui construisirent dans ce style les premiers édifices de Rome.

Entre-colonnement toscan (1). — Parmi les antiquités de Rome, dit Vignole, je n'ai trouvé aucun ornement toscan sur lequel je puisse me faire une règle comme je l'ai pratiqué à l'égard des ordres dorique, ionique, corinthien et composite ; j'ai donc recouru à l'autorité de Vitruve, et je me suis servi de la règle qu'il donne dans le chapitre VII du livre IV, où il est dit que la hauteur de la colonne toscane doit être de sept fois son diamètre, c'est-à-dire de quatorze modules, y compris la base et le chapiteau. A

---

(1) Pour tout ce qui concerne les entre-colonnements, les portiques, les piédestaux et les bases des ordres, nous citerons littéralement Vignole, puisqu'il est encore d'usage de donner, dans les ouvrages classiques, les dimensions en modules.

l'égard des autres parties de cet ordre, qui sont l'architrave, la frise et la corniche, j'ai cru devoir y observer la même règle que j'ai trouvée pour les autres ordres, laquelle est de donner à leur ensemble, qu'on nomme *entablement*, le quart de la hauteur de la colonne, c'est-à-dire trois modules et demi. Notre figure 2 montre un entre-colonnement dessiné d'après les proportions de Vignole.

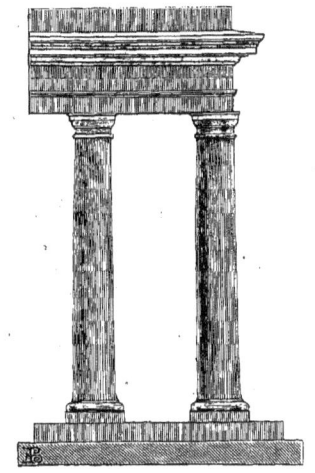

Fig. 2. — Entre-colonnement toscan sans piédestal.

Portique toscan sans piédestal. — Quand on voudra se servir de l'ordre toscan sans piédestal, on divisera toute sa hauteur en dix-sept parties et demie ; chacune d'elles s'appellera module et sera divisée en douze parties égales, qui serviront à former l'ensemble de l'ordre ainsi que chacun de ses membres en particulier. Notre figure 3 fait voir un portique toscan sans piédestal d'après les proportions susénoncées.

Portique toscan avec piédestal. — Quand on voudra établir le même ordre avec son piédestal, il faudra diviser toute sa hauteur en vingt-deux parties plus un sixième, attendu que la hauteur du piédestal doit être le tiers de celle de la colonne avec sa base et son chapiteau ; ainsi, comme cette hauteur est de quatorze modules, le tiers en sera de quatre modules deux tiers, qui, ajoutés à dix-sept modules et demi, que comporte cet ordre sans piédestal, donnent les vingt-deux modules un sixième.

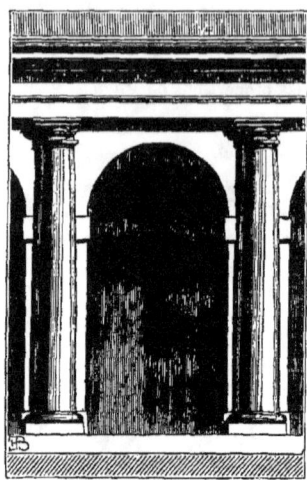

Fig. 3. — Portique toscan sans piédestal.

Entablement et chapiteau toscans. — La hauteur totale de l'entablement toscan est de trois modules six parties, ainsi décomposée : la

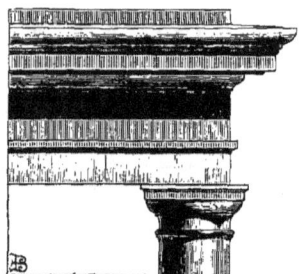

Fig. 4. — Entablement toscan.

corniche, un module quatre parties; la frise, un module deux parties; l'architrave, un module; quant au chapiteau, il mesure un module.

Piédestal et base toscans. — Bien qu'il ne soit pas d'usage de donner communément un piédestal à l'ordre toscan, j'en donne néan-

moins la figure, afin de me conformer à la méthode que j'ai suivie pour les cinq ordres; méthode de laquelle il résulte, comme règle générale, que le piédestal avec ses ornements est le tiers de la hauteur de la colonne avec la base et le chapiteau, de même que toute la hauteur de l'entablement, c'est-à-dire l'architrave, la frise et la corniche, doit en être le quart. Cela bien entendu, il est facile d'établir

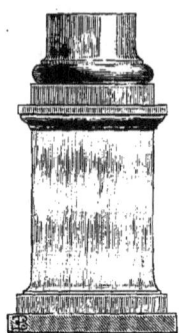

Fig. 5. — Piédestal et base toscans.

celui des cinq ordres que l'on voudra dans une hauteur donnée quelconque, en divisant cette hauteur en dix-neuf parties égales; quatre de ces parties seront pour le piédestal, trois pour l'entablement et douze pour la colonne; cette dernière hauteur étant à son tour divisée en quatorze, seize, dix-huit ou vingt parties, suivant que l'on aura à dessiner les ordres toscan, dorique, ionique ou corinthien, on aura le module qu'on divisera comme il convient de le faire pour pouvoir ensuite établir l'ordre dans ses plus petits détails.

ORDRE DORIQUE. — L'ordre dorique a été importé en Grèce de l'Égypte, celui du moins qu'on a retrouvé dans les tombeaux de l'Hepta-ponthide et auquel on a donné le nom de *proto-dorique*. En Grèce il fut soumis à des règles qui peuvent, malgré leur haute antiquité, faire considérer le dorique comme un ordre grec. On peut encore alléguer un autre motif, c'est que pendant très-longtemps il fut le seul employé par les Grecs tant dans leur patrie que dans tous les pays où ils fondèrent des colonies. L'ordre dorique grec diffère du romain, et ces deux doriques diffèrent également de celui adopté par les modernes. Les deux ordres doriques anciens diffèrent entre eux par le style, par le caractère, par les proportions et surtout par un détail caractéristique, la présence ou l'absence d'une base sous les colonnes, enfin par leur configuration générale. Leur différence est telle que, quand l'ancien dorique des Grecs reparut, beaucoup d'archéologues ne voulurent y voir que l'ébauche grossière de cet ordre perfectionné par les Romains ; aussi lui donna-t-on un nom nouveau, on l'appela l'*ordre Pæstum*. Ce qui distingue l'ordre dorique, c'est une extrême simplicité qu'on remarque dans sa forme générale et dans les détails de ses moulures, mais

l'*orle,* ou *ceinture* inférieure du fût de la colonne ; la hauteur du fût sans l'*orle* sera de quatorze modules, et celle du chapiteau d'un module. Les quatre modules qui restent, et qui sont le quart de la hauteur de la colonne et de son chapiteau, comme nous l'avons dit ci-dessus, seront pour l'entablement, c'est-à-dire l'architrave, la frise et la corniche réunies ; on donnera un module de hauteur à l'architrave, un module et demi à la frise et la même

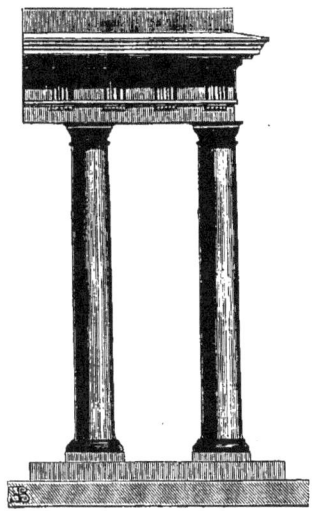

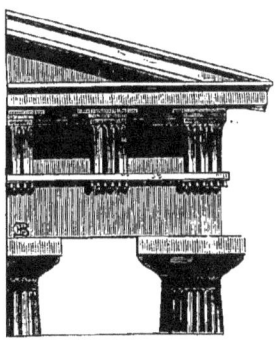

Fig. 6. — Entablement dorique grec dit *ordre Pæstum.*

Fig. 7. — Entre-colonnement dorique.

surtout c'est la présence, dans la frise de son entablement, des TRIGLYPHES (Voy. ce mot), symétriquement distribués, et quelquefois chargés de MUTULES. (Voy. ce mot.) Le fût de la colonne dorique est parfois élégi de cannelures qui ont ordinairement un caractère particulier à cet ordre, qui peut être considéré comme un ordre fondamental dont découlent tous les autres ; aussi certains auteurs l'ont surnommé *ordre mâle* ou *masculin.*

Entre-colonnement dorique. — Pour faire la division de l'ordre dorique sans piédestal, il faut en diviser toute la hauteur en vingt parties, l'une desquelles sera le module, que l'on divisera en douze parties comme pour l'ordre toscan ; on donnera un module de hauteur à la base dans laquelle est compris

dimension à la corniche : ces quatre modules réunis aux seize qui forment la hauteur totale de la colonne donnent vingt modules.

Portique dorique sans piédestal. — On divise toute la hauteur en vingt parties, l'une d'elles est le module. On donne sept modules d'intervalle entre les pieds-droits et chacun d'eux en a trois de largeur. Il s'ensuit que la hauteur des vides sera double de leur largeur, et que les métopes et les triglyphes se trouveront exactement distribués. La saillie des colonnes hors du pied-droit est d'un tiers de module plus forte que son demi-diamètre, afin que la saillie des imposte ne dépasse point l'axe de la colonne.

Portique dorique avec piédestal. — Il faut diviser toute la hauteur en vingt-cinq parties un tiers, et de l'une d'elles en faire le module. La distance d'un pied-droit à l'autre sera de dix modules et la largeur des pilastres de cinq :

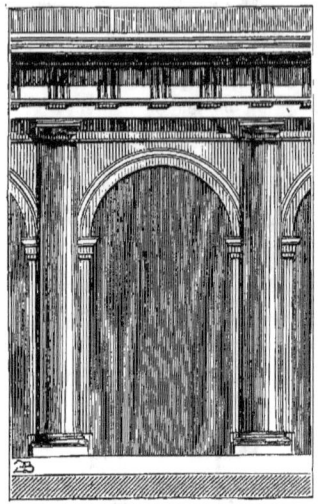

Fig. 8. — Portique dorique.

de cette manière on trouvera la distribution des métopes et des triglyphes, et les arcades auront de bonnes proportions, leur hauteur étant le double de leur largeur, c'est-à-dire de vingt modules.

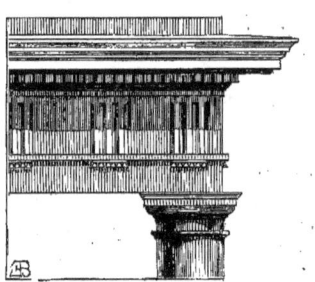

Fig. 9. — Entablement dorique denticulaire.

Entablement et chapiteau doriques denticulaires. — L'entablement doit avoir quatre modules, ainsi décomposés : la corniche, un module et demi ; la frise, un module et demi ; l'architrave, un module ; quant au

chapiteau, il a également un module de hauteur.

Entablement et chapiteau du dorique mutulaire. — Les proportions de ces divers membres d'architecture ont exactement le même nombre de modules que dans le dorique denticulaire.

Piédestal et base doriques. — Le piédestal dorique doit avoir cinq modules un tiers de hauteur.

ORDRE IONIQUE. — Cet ordre, qui tient le milieu entre les ordres *mâles* et *solides* et les

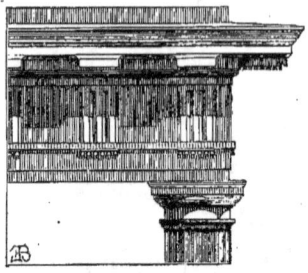

Fig. 10. — Entablement dorique mutulaire.

ordres *délicats* ou *féminins*, est le premier que les Grecs joignirent au dorique ; c'est dans leurs colonies d'Asie Mineure, en Ionie, qu'il

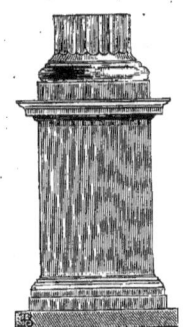

Fig. 11. — Piédestal et base doriques.

aurait pris naissance. Il se distingue principalement par son chapiteau, composé de moulures et de deux grandes *volutes* ou enroulements en spirale formant coussinet entre cette partie du chapiteau et le tailloir. — La plu-

part des ornements à moulures peuvent concourir à la décoration de cet ordre, dont la
colonne est souvent cannelée et même rudentée.
(Voy. COLONNE.) Il existe aussi des exemples
d'ordre ionique dont la corniche d'entablement est chargée de MODILLONS (Voy. ce
mot), bien que l'existence de ceux-ci puisse
passer pour une licence ou une anomalie, si
l'on consulte Vignole pour l'établissement
de cet ordre.

Entre-colonnement ionique sans piédestal. —
On divise la hauteur donnée en vingt-deux

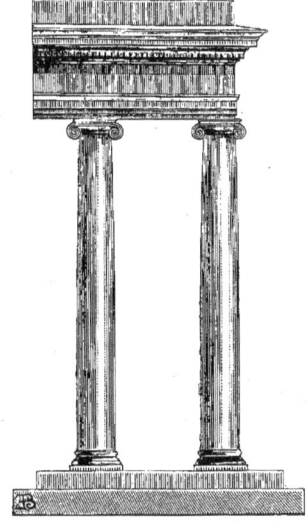

Fig. 12. — Entre-colonnement ionique sans piédestal.

parties et demie, et l'une d'elles sert de module
que l'on divise en dix-huit parties. La colonne
de cet ordre devra avoir dix-huit modules, y
compris la base et le chapiteau ; l'architrave,
un module et quart ; la frise, un module et
demi, et la corniche, un module trois quarts :
de cette manière l'entablement, formé de ces
trois parties ensemble, aura quatre modules
et demi, qui font le quart de la hauteur totale
de la colonne.

Portique ionique sans piédestal. — On donne
trois modules de largeur à chaque pied-droit
de l'arcade, laquelle a huit modules et demi
d'ouverture ; sa hauteur est double de cette

ouverture, c'est-à-dire qu'elle atteint dix-sept
modules.

Portique ionique avec piédestal. — On divise

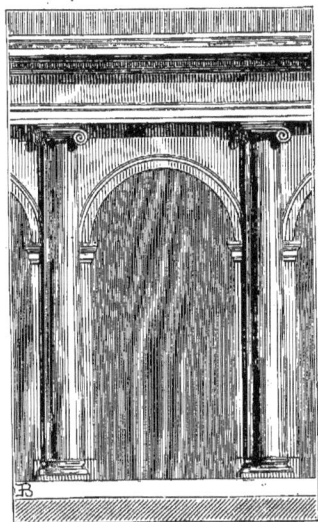

Fig. 13. — Portique ionique sans piédestal.

la hauteur en vingt-huit parties et demie. Le
piédestal en mesure six de hauteur ; la colonne,
y compris la base et le chapiteau, en a dix-
huit. L'ouverture des arcades est de onze modules, leur hauteur de vingt-deux, enfin la
largeur des pieds-droits est de quatre.

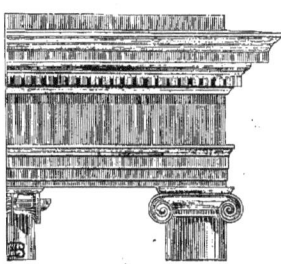

Fig. 14. — Entablement ionique.

Entablement et chapiteau ioniques. — Cet
entablement mesure quatre modules un neuvième de hauteur, et le chapiteau un module
un dixième ; quant aux volutes, on les trace au

moyen de deux lignes verticales distantes chacune d'un module de chaque côté de l'axe de la colonne ; ces deux lignes, qui servent à déterminer le centre des yeux des volutes, se

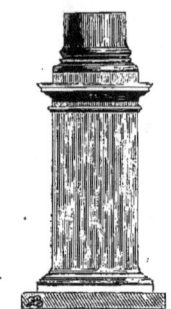

Fig. 15. — Piédestal et base ioniques.

nomment *cathètes*. — Voy. VOLUTE, pour y étudier son tracé.

Piédestal et base ioniques. — Le piédestal a

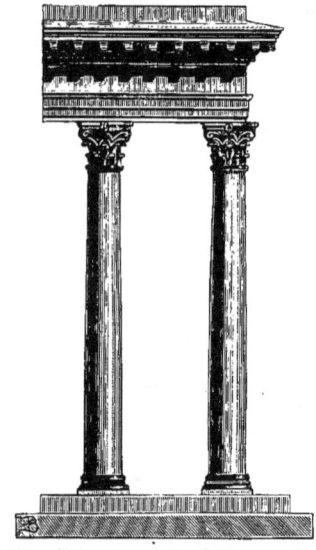

Fig. 16. — Entre-colonnement corinthien sans piédestal.

six modules, qui se décomposent de la façon suivante : corniche, un demi-module ; dé, cinq modules ; base, un demi-module ; quant aux bases de colonne, elles mesurent un module de hauteur.

ORDRE CORINTHIEN. — Cet ordre a été qualifié de féminin par certains architectes de la renaissance, parce qu'il est d'une grande sveltesse et possède beaucoup d'élégance, surtout dans les proportions de son chapiteau, composé de larges feuilles découpées richement galbées, composées de feuilles d'acanthe, de persil, de laurier et quelquefois d'olivier. (Voy. ACANTHE.) De la Grèce l'ordre corinthien passa en Italie ; il y devint même l'ordre le plus fréquemment employé, et c'est lui qui donna naissance à l'ordre composite.

Entre-colonnement corinthien. — Pour faire l'ordre corinthien sans piédestal, on divise la hauteur proposée en vingt-cinq parties : l'une d'elles forme le module, qui se subdivise en dix-huit parties comme celui de l'ordre ionique. La distance entre les colonnes doit être de quatre modules deux tiers, afin que les architraves qu'elles supportent ne souffrent pas

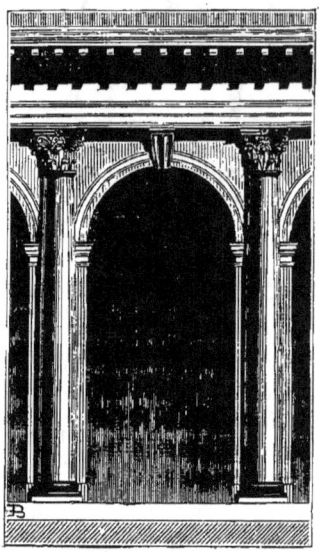

Fig. 17. — Portique corinthien sans piédestal.

d'une trop grande portée, et que la distribution des modillons de la corniche soit telle que, ceux-ci également espacés, il s'en trouve toujours un dans l'axe de chaque colonne.

Portique corinthien sans piédestal. — L'ouverture des arcades doit avoir neuf modules de largeur sur dix-huit de hauteur; la largeur des pieds-droits est de trois modules.

Portique corinthien avec piédestal. — On divise toute la hauteur en trente-deux parties

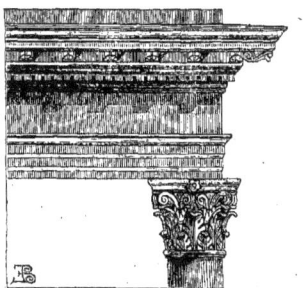

Fig. 18. — Entablement et chapiteau corinthiens.

égales, dont l'une est le module. L'ouverture des arcades doit avoir douze modules de largeur et vingt-cinq de hauteur; la largeur des pieds-droits est de quatre modules.

Entablement et chapiteau corinthiens. — L'entablement mesure cinq modules de hauteur, ainsi répartis : corniche, deux modules;

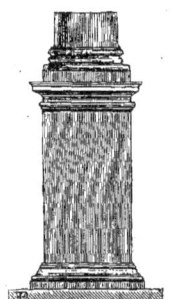

Fig. 19. — Piédestal et base corinthiens.

frise et architrave, un module et demi chacun; quant au chapiteau, il mesure deux modules et demi de hauteur.

Tracé du chapiteau. — On établit le plan de ce chapiteau en formant un carré dont la diagonale a quatre modules; après quoi l'on construit sur chaque face de ce carré un triangle équilatéral, et du sommet de chacun de ces

triangles on trace la courbe de l'ABAQUE. (Voy. ce mot.) Quant au profil, après avoir marqué la hauteur des feuilles, des caulicoles et de l'abaque, on détermine la saillie des feuilles et des caulicoles au moyen d'une ligne

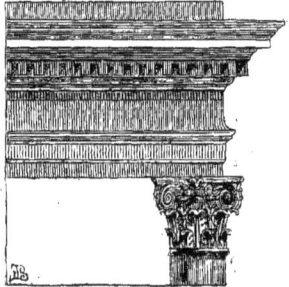

Fig. 20. — Entablement et chapiteau composites.

amenée de l'extrémité de l'abaque à l'astragale de la colonne; l'enroulement des feuilles ne doit pas dépasser cette ligne.

Base et piédestal corinthiens. — Quand le piédestal a de hauteur le tiers de la colonne, il mesure six modules deux tiers de hauteur; mais souvent, pour lui donner plus d'élégance,

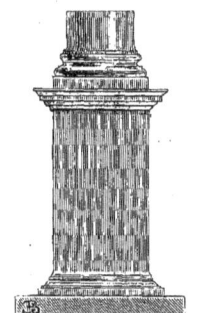

Fig. 21. — Piédestal et base composites.

on lui donne sept modules. Quant à la base et à la corniche du piédestal, leurs proportions sont respectivement d'un module; le dé a donc par conséquent quatre ou cinq modules, suivant que l'ensemble du piédestal en mesure six ou sept.

ORDRE COMPOSITE. — Cet ordre offre les mêmes proportions et les mêmes dispositions que le corinthien, dont il est, nous l'avons déjà dit, une variété, un dérivé. Il se distingue surtout par son chapiteau, qui tient à la fois de l'ionique et du corinthien, et par une plus grande profusion ornementale. Ce que nous avons dit des proportions de l'ordre corinthien nous dispensera de nous étendre plus longuement sur l'ordre composite.

OREILLE, s. f. — Partie de pierre ménagée aux abouts d'un seuil ou d'un appui de croisée qui entre dans le tableau de ces ouvertures, tout en conservant une saillie sur le nu du mur. Les pierres portant des oreilles sont généralement évidées à chacune de leurs extrémités, afin de laisser porter les pierres formant tableau et ébrasement sur la masse même de la construction ; car si ces pierres portaient sur la pierre formant seuil ou appui de croisée, les pieds-droits, par suite d'un tassement, pourraient rompre la pierre d'appui, ce qu'on évite par un simple évidement qui rend les pieds-droits et la pierre indépendants l'un de l'autre. — En menuiserie, on nomme *oreilles* de petits cintres qu'on place aux angles de traverses droites ou contournées, et qui sont formés d'un quart de cercle ou d'ovale. — En serrurerie, on désigne sous ce terme de nombreuses pièces, mais qui toutes sont saillantes, qui excèdent le corps de l'ouvrage principal, soit pour lui donner plus d'empatement, soit un moyen de le saisir ; par exemple, l'écrou qui porte deux petites branches servant à le tourner à la main. Certaines tenailles à vis sont pourvues de cet écrou. Beaucoup de *décrottoirs* sont à oreilles, etc. — Les fontainiers nomment *oreilles* les saillies ménagées à un porte-clapet et dans lesquelles passent les vis.

OREILLE-D'ANE. — Outil méplat servant à fixer sur un étau une clef dont on veut limer ou travailler le panneton ; l'oreille-d'âne se place dans l'anneau de la clef.

ORGANEAU, s. m. — Gros anneau en fer scellé dans les murs d'un quai ou d'un port, et qui sert à amarrer les câbles. On dit aussi ARGANEAU. (Voy. ce mot et la figure qui l'accompagne.)

ORGNES, s. f. pl. — Dans les toitures en chaume, on désigne sous ce terme les rangées horizontales de *javelles* qui se recouvrent au moins de la moitié de la longueur de la partie pendante des *javelles*. Dans chaque orgne les javelles sont attachées deux à deux sur la perche-latte correspondante, au moyen d'un lien qui passe entre elles et sert à lier les deux javelles suivantes.

ORGUE, s. m. et f. au plur. — Le plus grand et le plus puissant des instruments de musique, enfin le plus complet sous le rapport de l'étendue de son diapason, qui embrasse huit octaves et demie. L'orgue forme à lui seul tout un orchestre, par la variété des instruments dont il peut imiter ou contrefaire le son. Au mot BUFFET D'ORGUES, le lecteur trouvera des détails complémentaires du présent article. — On donne aussi ce nom à des tuyaux de cheminées ou autres, ayant une disposition analogue à celle des tuyaux de cet instrument. — Sorte de herse servant à fermer la porte d'une forteresse, et différant de la herse ordinaire en ce qu'elle est composée de diverses pièces de bois qui tombent d'en haut l'une après l'autre, au lieu d'être formée par une grille de fer. (Voy. HERSE.)

ORGUEIL, s. m. — Grosse cale en fer, en pierre, en bois dur ou de toute autre matière solide et résistante sur laquelle on peut exercer une pesée à l'aide d'une pince ou d'un levier pour opérer un mouvement en avant ou en arrière, ou un ABATAGE. (Voy. ce mot.) L'orgueil sert donc de point d'appui ou de centre de mouvement.

ORIEL, s. m. — Oratoire de très-petite dimension, puisqu'il est pratiqué dans l'épaisseur d'un mur.

ORIENTATION, s. f. — Disposition du plan d'un édifice, telle que l'axe longitudinal de cet édifice passe par une ligne allant du nord au midi, de sorte que, si l'édifice est un rectangle, ses quatre faces correspondent exactement aux quatre points cardinaux. Les temples anciens, sauf ceux des Doriens, étaient généralement tournés vers l'orient. A l'origine du christianisme, et pour rompre avec le passé, le sanctuaire de toutes les églises était tourné vers l'occident ; mais, dans ces temps, les prêtres qui officiaient, au lieu de tourner le dos aux fidèles, regardaient l'assistance et par suite l'orient, parce qu'ils se tenaient de l'autre côté de l'autel, qui était placé à contre-sens d'aujourd'hui et qui était très-bas et sans retable. Plus tard, un peu avant le moyen âge, on orienta les églises comme les temples païens ; enfin, aujourd'hui on ne tient plus compte de l'orientation des églises, mais on les construit suivant que le comportent les exigences du terrain. — Les musulmans orientent leurs mosquées de manière à ce que le miradour fasse face à la Mecque. (Voy. Mosquée.) — Employé d'une manière générique, ce terme signifie disposer d'une certaine façon les bâtiments entre eux suivant des règles reconnues bonnes pour tels ou tels autres édifices : ainsi, dans une ferme, les porcheries, les laiteries, les glacières, doivent être orientées de façon à ce que l'ouverture de ces locaux regarde le nord, les jumenteries et les serres le midi ; mais on ne saurait poser des règles fixes à cet égard. En effet, suivant les climats sous lesquels on construit, et le but qu'on veut atteindre, l'orientation des bâtiments est fort variable ; un seul exemple suffira pour le faire comprendre. Ainsi une villa d'hiver devra avoir le plus d'ouvertures en face du midi, une villa d'été en face du nord ; une salle à manger d'été devra être en plein nord, une salle à manger d'hiver en plein midi. L'architecte devra donc, pour certains bâtiments particuliers, tels que abattoirs, hôpitaux, hospices, serres, usines et fabriques, bien étudier l'orientation la plus favorable pour ces divers établissements, et même celle qui conviendra le mieux pour certains locaux de ces établissements.

ORIENTER, v. a. — Marquer sur le terrain à l'aide de la boussole, ou sur un plan à l'aide d'une flèche ou d'une rose des vents, la position d'un bâtiment par rapport aux points cardinaux. On dit qu'un édifice est *orienté*, quand ses quatre faces correspondent exactement aux quatre points cardinaux ;

mais ce terme est aussi synonyme de celui d'*exposé*. Ainsi une maison est bien ou mal *orientée*, c'est-à-dire bien ou mal *exposée*, suivant les vents dominants dans une contrée ; on dit de même : *serre orientée vers le midi*, ce qui semble un contre-sens, mais ici le mot est évidemment mis à la place de *exposée*.

ORIENTER (S'), v. réfl. — Tâcher de se reconnaître dans un lieu, soit au moyen de la boussole, soit d'après quelque objet ou point remarquable, afin de lever le plan d'un terrain ou d'un bâtiment.

ORIFICE, s. m. — Ouverture qui sert d'entrée ou de sortie : *orifice* d'un tuyau, d'un puits, d'un aqueduc, d'un égout, d'un moule. etc.

ORILLON, s. m. — Dans l'architecture militaire, ce terme sert à désigner la partie de la face d'un bastion s'avançant au delà de l'épaule et destinée à protéger le reste des flancs contre les coups de ricochet. Les orillons ne sont guère employés de nos jours.

ORIPEAU. — Voy. OR, § *Or d'Allemagne*.

ORLE, s. m. — Filet ou listel qu'on nomme également *colarin* ou *gorgerin*, et qui est placé sous l'ove d'un chapiteau ; le filet ou listel placé au bas du fût de la colonne se nomme aussi *ceinture*. (Voy. ORBE.) On nomme aussi *orle* le listel qui décore les enroulements de la volute du chapiteau ionique. — Dans le blason, ce terme est synonyme de *filière*.

ORLET, s. m. — Ce terme, diminutif du précédent, sert à désigner la petite moulure plate couronnant une CYMAISE. (Voy. ce mot.)

ORME, s. m. — Arbre de la famille des *ulmacées*, qui atteint jusqu'à 28 et 30 mètres de hauteur, et dont le poids spécifique est assez variable, suivant son âge et suivant le terrain sur lequel il a végété, mais ou peut dire que ce poids est en moyenne de 0, 65. Le bois de l'orme sert à de nombreux usages ; il est employé dans la charpenterie surtout pour faire des pièces destinées à des moulins et à des pressoirs ; il sert également à fabriquer des vis, des écrous, des dessus d'établis, des crics, des billots, des auges, des gouttières, des tuyaux de conduite et même des pompes, car ce bois se comporte très-bien dans l'eau et dans la terre, tandis qu'à l'air il se dessèche quelquefois trop rapidement, et devient alors dur et cassant. Un an ou deux après sa coupe, l'orme se laisse travailler aisément ; il est alors souple, liant et susceptible d'un beau poli. La loupe de l'orme est employée par les ébénistes et les fabricants de voitures pour faire des placages. Une variété d'orme très dure, parce que les fibres sont très-tourmentées, l'*orme tortillard*, est employée pour faire des poinçons de combles à plusieurs égouts, poinçons qui reçoivent un grand nombre de mortaises.

ORNEMANISTE, *s. m.* — Artiste sculpteur décorateur qui étudie et exécute l'ornementation destinée à décorer les monuments de l'architecture. L'ornemaniste fait les sculptures intérieures et extérieures des monuments, et fabrique, à l'aide de mastic et de carton-pâte, des ornements courants nommés *pâtisseries,* qu'on applique après coup sur des plafonds, des corniches, des trumeaux, etc.

ORNEMENT, *s. m.* — On désigne sous ce terme tous les motifs qui concourent à former une décoration ; il existe donc des ornements peints, sculptés, moulés, repoussés, moulurés, etc. En architecture, les principaux ornements sont : les moulures, les sculptures, les festons, les fleurons, les feuilles, les oves, les grains, les graines, les enroulements, les

Fig. 1. — Ornement composé de palmettes
(style grec et romain).

rudentures, les rinceaux, les volutes, les palmettes, les guirlandes et les rosaces , les consoles, les modillons, les denticules, les trigly-

phes, les caissons, les cuirs, les cartouches, les trophées, les vases, les bas-reliefs, les statuettes, les statues et les groupes.

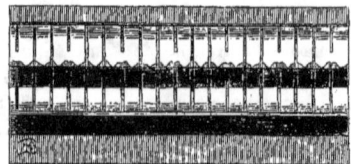

Fig. 2. — Larmier de corniche décoré de canaux (style grec).

Tous les peuples qui ont possédé un certain degré de civilisation ont utilisé des or-

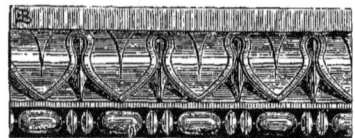

Fig. 3. — Rais de cœur et chapelet de perles ou pirouettes.

nements pour la décoration de leurs monuments, de leurs meubles, de leurs ustensiles,

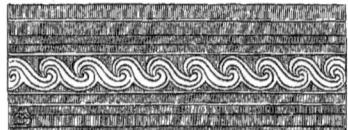

Fig. 4. — Ornement dénommé *postes.*

etc. Chez les peuples ayant une civilisation avancée, chaque période de l'art a créé des

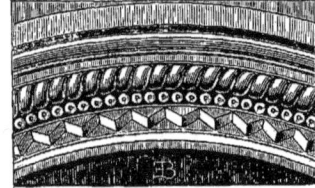

Fig. 5. — Ornement roman : quart de rond, câble,
perles et dents de scie.

ornements caractéristiques à ces périodes. Nous donnons ici quelques types d'ornements. Notre figure 1 montre une doucine décorée de palmettes, dont les unes sont formées de feuilles aiguës recourbées en dedans et d'autres dont les mêmes feuilles sont recourbées en dehors ; cet ornement a été également employé par

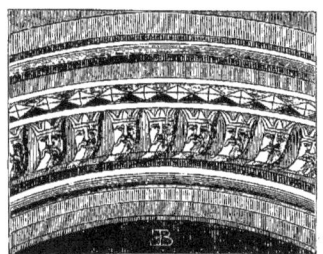

Fig. 6. — Ornement roman : petites pyramides et têtes.

les Grecs et les Romains. (Voy. PALMETTE.) La figure 2 fait voir un larmier de corniche décoré de *canaux*, ou espèce de cannelures courtes, dont le rang supérieur est séparé par

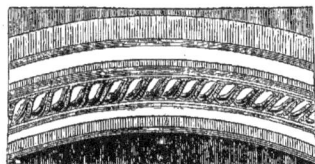

Fig. 7. — Ornement roman : torsade et perles.

des sortes de feuilles : cet ornement est essentiellement grec, tandis que la figure 3 montre un autre motif ornemental employé chez les Grecs et les Romains ; il se compose de *rais*

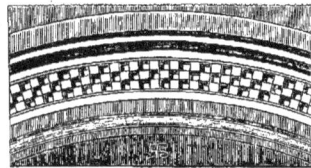

Fig. 8. — Ornement roman en damier ou échiquier.

de cœur et d'un chapelet de perles ou *pirouettes ;* la figure 4 est la représentation de l'ornement nommé *postes*. Nos figures de 5 à 13 montrent une série d'ornements de l'époque romane ; dans la figure 5 on peut voir une

moulure d'archivolte composée d'un *quart de rond*, d'un *câble* ou *tore tordu*, de *perles* et de *dents de scie ;* dans la figure 6 ce sont de petites pyramides, au-dessous desquelles on voit des TÊTES. (Voy. ce mot.). La figure 7 montre une torsade avec perles ; la figure 8,

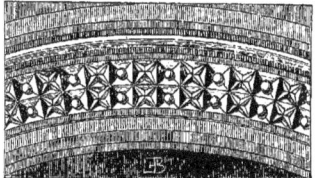

Fig. 9. — Ornement roman : étoiles et perles.

une moulure ornée d'un *damier* ou *échiquier ;* la fig. 9, des étoiles et des perles ; la figure 10, des galons perlés formant des INTERSÉCANCES (Voy. ce mot) ou des cintres entrela-

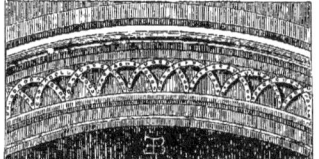

Fig. 10. — Ornement roman : galons perlés à intersécances.

cés ; la figure 11, des violettes couronnées d'un galon perlé ; la figure 12, un ornement *fuselé ;* la figure 13, un panneau roman dont l'orne-

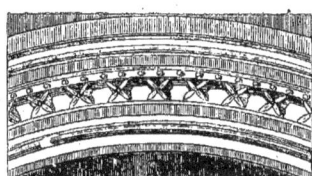

Fig. 11. — Ornement roman : violettes et galons perlés.

mentation est largement dessinée ; enfin la figure 14 fait voir une moulure de cadre ou de plafond ornée d'un *treillis fleuronné* ou à *fleurons*. Cet ornement a été employé à diverses époques.

On nomme :

ORNEMENTS COURANTS, ceux qui se répètent et se reproduisent régulièrement, seuls

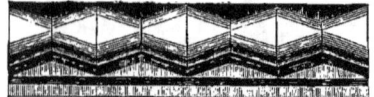

Fig. 12. — Ornement fuselé (roman).

ou alternativement avec d'autres, dans une gorge, une frise, une moulure, un trumeau,

Fig. 13. — Panneau roman.

etc., tels que entrelacs, rinceaux, oves, postes, piécettes, fusarolles, etc. ;

ORNEMENTS DE COINS ou DE VOUSSURES,

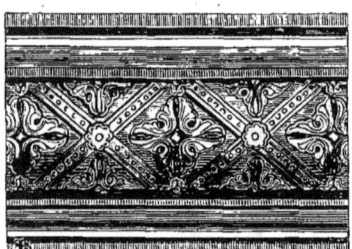

Fig. 14. — Moulure de plafond ou de cadre,
ornée d'un treillis à fleurons.

ceux qui servent à décorer les angles de plafonds ou de voussures, ou les coins des chambranles autour des fenêtres et des portes;

ORNEMENTS EN CREUX, ceux qui sont fouillés dans les moulures creuses ;

ORNEMENTS EN RELIEF, ceux qui sont taillés sur le contour des moulures et qui forment saillie.

Dans le blason, on nomme *ornements* tout ce qui ne fait pas partie intégrante d'une armoirie et se trouve en dehors de l'écu, tels que les timbres, les cimiers, les lambrequins, les supports, les manteaux, les colliers, etc.

ORNEMENTATION, *s. f.* — Ensemble d'une décoration, art de décorer l'intérieur et l'extérieur des édifices. — Voy. DÉCORATIF (*Art*).

Notre planche en couleur LXX montre un spécimen d'ornementation de l'époque Louis XIII; c'est une partie du plafond de la chambre d'Anne d'Autriche au Louvre.

ORNEMENTISTE.— Ancien mot inusité et remplacé aujourd'hui par ORNEMANISTE. (Voy. ce mot.)

ORPIMENT, *s. m.* — Substance jaune, sulfure d'arsenic, qui est employée en peinture. Il y a de l'*orpiment naturel* et de l'*orpiment artificiel ;* on trouve le premier dans la nature à l'état de lamelles et d'écailles, il est d'un jaune vif; le second, qui est le plus commun, est un composé d'arsenic et de soufre qu'on fond dans des creusets, et qui donne, suivant les proportions, du jaune et du rouge ; le jaune, mélangé avec du bleu de Prusse, fournit une couleur d'un beau vert éclatant ; on nomme aussi l'orpiment, *orpin.*

ORPIN. — Voy. ORPIMENT.

ORTHOGRAPHIE, *s. f.* — Ce terme, dérivé du grec (ὀρθῶς, droit, et γράφειν, écrire), est synonyme de dessin, *plan géométral.* C'est la représentation géométrale d'un édifice à une échelle quelconque, que cette représentation soit le plan, la coupe ou le profil, ou l'élévation d'un édifice.

ORTHOSTATA. — Ce terme, dérivé du grec ὀρθοστάτης, signifie, *qui se tient debout.* Les architectes romains désignaient sous ce terme la surface extérieure d'un mur élevé avec

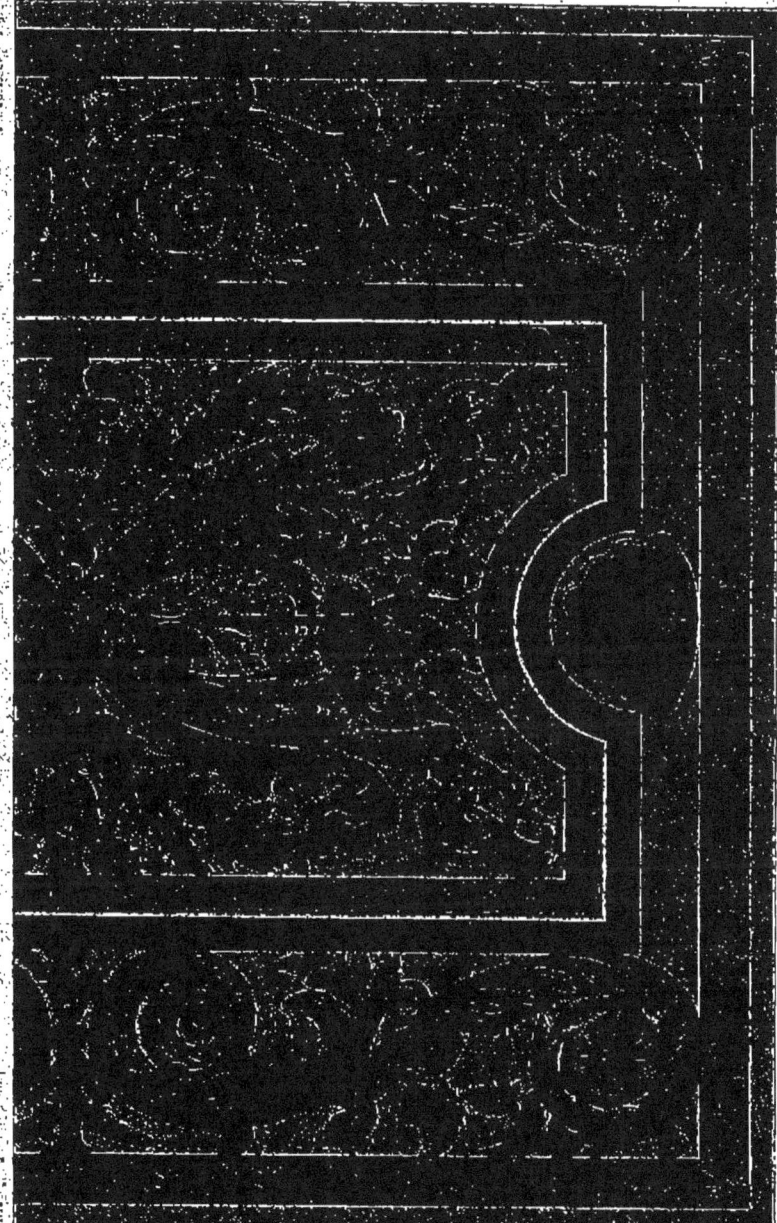

des matériaux différents de ceux qui formaient sa masse intérieure. (Vitruve, II, 8, 4.)

OSIER. — Voy. SAULE.

OSSATURE, *s. f.* — Ce terme , dérivé de l'italien *ossatura* (carcasse, squelette), sert à désigner l'ensemble soutenant la carcasse d'un ouvrage quelconque, mais plus particulièrement la carcasse d'une voûte ou l'armature d'un vitrail. Dans une voûte quelconque, l'ossature forme le système de construction adopté, nervure, arc-doubleau, arc-formeret, etc. ; dans une voûte d'ogive, l'ossature est la *croisée d'ogive*, plus les arcs, quel que soit leur système de construction, qui soutiennent la croisée d'ogive. (Voy. ARMATURE, VITRAIL et VOUTE.)

OSSUAIRE, *s. m.* — Bâtiment dépendant d'un cimetière et situé dans son voisinage, dans lequel on déposait les ossements provenant des fouilles pratiquées dans d'anciennes tombes situées dans les églises ou les cimetières. Les ossuaires affectent deux dispositions principales. Ce sont ordinairement des galeries analogues à des cloîtres qui occupent une partie des cimetières ou des *campi-santi*. Quand les cimetières sont placés auprès d'une église, les ossuaires sont en communication avec elle. Une seconde disposition des ossuaires, disposition qu'on voit en Bretagne, consiste en un bâtiment isolé affectant le genre d'une chapelle. Au moyen âge tous les cimetières possédaient un ossuaire de ce genre. On les nomme souvent CHARNIERS (Voy. ce mot), et quelquefois *reliquaires*. Les villes qui possèdent des catacombes les utilisent souvent comme *ossuaires ;* les anciennes catacombes de Paris et de Rome ont encore aujourd'hui une telle destination.

Dans l'antiquité on nommait *ossuaire, ossaire (ossuarium, ossarium)* de petites urnes, des coffres en pierre, en marbre, en albâtre, dans lesquels on enfermait des vases de prix contenant les cendres ou les *os* calcinés d'un mort. Ces ossuaires étaient déposés dans des chambres funéraires ou sépulcrales. Nous donnons ici (Voy. notre figure) un de ces coffres, conservé

au musée du Capitole à Rome, et qui contenait, comme l'atteste l'inscription gravée sur un de ses côtés, les cendres d'Agrippine, la veuve de Germanicus.

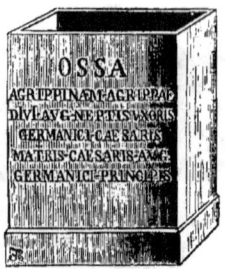

Ossuaire (*ossuarium, ossarium*).

OSTEAU, *s. m.* — Ancien terme qui servait à désigner la rose placée à la partie supérieure d'une fenêtre à meneaux ; on l'employait également pour désigner une rosace et un médaillon.

OTELLE, *s. f.* — Terme de blason. Un des meubles de l'écu, que quelques-uns croient être une lance et d'autres une amande, parce que c'est une petite figure ovale et pointue.

OUBLIETTES, *s. f. pl.* — Cachots souterrains très-profonds, nommés aussi *in pace*, qui n'avaient ni portes ni fenêtres et dans lesquels on jetait les prisonniers en faisant jouer une trappe placée au centre de la voûte qui les recouvrait. Au moyen âge on trouvait des oubliettes dans un grand nombre de tours de couvents, de prisons, de châteaux et de donjons. On les nommait ainsi parce que les prisonniers y mouraient dans l'oubli, ou étaient envoyés dans la paix de la mort, *in pace*. Beaucoup d'archéologues voient des *oubliettes* partout, d'autres n'en rencontrent nulle part. Nous pensons qu'il ne faut pas nier l'existence de ces cachots souterrains, mais qu'aussi beaucoup d'anciennes fosses d'aisances, beaucoup d'anciens puits ou d'anciennes glacières, ont été pris à tort pour des oubliettes. (Voy. PRISON.)

OUIES, *s. f. pl.* — Ancien terme, aujour-

23

d'hui fort peu usité, qui sert à désigner les grandes baies qui renferment les abat-son des clochers d'église.

OULICE, *s. f.* — On nomme *assemblage à oulices*, un assemblage des pans de bois qui consiste en une pièce de bois verticale assemblée dans une pièce inclinée ; le tenon de l'about de la pièce verticale est triangulaire : on nomme ce tenon, *tenon à oulices*.

OURCEL, *s. m.* — Ancien terme signifiant BÉNITIER. (Voy ce mot.) — On disait aussi, mais plus rarement, *orcel* et *orceau*.

OURLET, *s. m.* — Rebord de deux morceaux de zinc ou de plomb, de deux feuilles de zinc ou de deux tables de plomb, repliés l'un dans l'autre. On pratique des *ourlets* sur les bords de chéneaux, de cuvettes, de certains genres de couvertures métalliques, etc., pour empêcher les eaux pluviales de refluer entre certains joints.

OUTIL, *s. m.* — Objet servant à exécuter un travail matériel. Le terme d'*instrument* est plutôt réservé aux objets employés pour des opérations qui réclament de la précision. Cependant dans la pratique on confond ces deux termes ; mais il n'est pas inutile de dire qu'un marteau, une pelle, sont plutôt des outils ; un niveau, un fil à plomb, des instruments. — Chaque nature d'ouvrage exige l'emploi d'outils spéciaux. Les uns sont communs à plusieurs genres d'industrie, les autres à une seule. — Les outils employés aux travaux de terrassement sont la *pelle* et la *pioche*, parfois le *pic* et le *bigot*, la *masse* et le *poinçon*. Dans les travaux de maçonnerie on fait usage de la *pince*, du *marteau* de maçon, de la *hachette*, du *rabot* à mortier, de la *griffe* à béton, de la *truelle* à mortier dite *greluchonne*, de la *truelle à plâtre*, de la *truelle* brettelée, de la *spatule* à jointoyer ; de la *scie à grès* ou sans dents, de la *scie à dents* ou à pierre tendre, du *têtu*, de divers *marteaux* et *ciseaux*, de la *ripe*, de la *taloche*, du *riflard*, du *guillaume*, des *chevillettes*, des *grattoirs*, des outils dits *petits fers*, de l'*auge* à plâtre et à mortier, etc. — Les ouvriers dé-

molisseurs emploient le *têtu*, le *marteau*, la *pince*, la *pelle*, la *scie à bois*, le *coin*, la *masse* ; les charpentiers, la *scie à bois*, la *cognée*, la *bisaïgue*, le *maillet*, le *ciseau*, l'*herminette*, la *tarière*, le *marteau* ordinaire ; les couvreurs, le *marteau à tuile*, le *marteau à ardoise*, l'*enclume à ardoise*, l'*essette*, le *tire-clou*, la *truelle* et l'*auge*. Les serruriers se servent de divers *marteaux* et *ciseaux*, d'*enclumes*, de *filières*, d'*étaux*, de *tenailles* et de diverses *machines-outils*. Les menuisiers emploient la *scie*, le *marteau*, divers *ciseaux* et *fermoirs*, divers genres de *rabots* ou *bouvets*. Les peintres-vitriers font usage de *grattoirs*, de *brosses* et de *pinceaux*, de *diamants* à couper le verre, d'*égrugeoirs*, etc. — Comme nous avons consacré dans ce dictionnaire un article spécial à chacun de ces divers outils, nous n'entrerons pas dans de plus amples détails, et nous prierons le lecteur de se porter à chacun des mots écrits en italique dans le présent article.

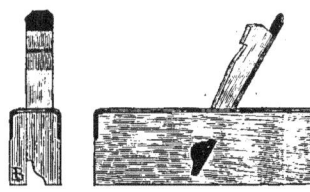

Outil à corniche.

OUTIL A CORNICHE. — On donne ce nom à une sorte de bouvet ou rabot servant à pousser un *talon* renversé ou une doucine sur la rive d'une planche. (Voy. notre figure.)

OUTILLAGE, *s. m.* — Ensemble des outils, des instruments et des machines ou engins employés dans une industrie, et indispensables pour exécuter des travaux de maçonnerie, de charpente, de couverture, de menuiserie, de peinture et vitrerie, de plomberie, etc. Les entrepreneurs doivent avoir un excellent outillage pour pouvoir exécuter rapidement et bien de bons travaux, ensuite pour économiser et épargner la force, la vigueur, et même la vie de leurs ouvriers.

OUTREMER, *s. m.* — Couleur bleue que

l'on obtient de plusieurs manières, mais surtout par extraction, de la *lazulite* ou *lapis-lazuli*, et qui fournit aussi la *cendre bleue* ou *cendre d'outremer*. On obtient également de l'*outremer* par une combinaison variable de sulfure de sodium. et de silicate d'alumine et de soude; l'outremer ainsi obtenu est dit *artificiel*. (Voy. AZUR.)

OUTREPASSÉ (ARC). — Arc dont le centre est placé au-dessus de la ligne des naissances. Il existe plusieurs genres d'arcs outrepassés; l'arc en fer à cheval est un arc outrepassé. (Voy. ARC.)

OUVERTURE, *s. f.* — Vide ou baie dans un mur, qui sert à donner un passage ou du jour. — Ce terme sert aussi à désigner une large crevasse, une fracture, qui se sont produites dans un mur par suite d'une malfaçon ou de la caducité. — On donne aussi ce nom au commencement de la fouille d'un terrain, dans lequel on a pratiqué une tranchée ou une rigole.

En menuiserie, on donne ce nom à certaines dispositions qui servent à faire fonctionner les battants d'une fermeture quelconque; on dit : une *ouverture à noix*, *à gueule de loup*, en *vasistas*, en *doucine*, en *feuillure*, etc.

OUVERTURE PLATE. — Ouverture placée au haut d'une coupole ou qui sert à éclairer par en haut la cage d'un escalier. Pour ce qui est de la législation de ce mot, voyez VUES.

OUVRAGE, *s. m.* — Résultat du travail d'un ouvrier. Dans la maçonnerie, on distingue les gros ouvrages et les *légers*. Les premiers comprennent les voûtes, les murs en pierre, en meulière, en moellons et en briques. Les ouvrages *légers* sont les enduits, les cheminées, les carrelages, les plafonds, en un mot les travaux dans lesquels il n'entre que du plâtre, des plâtras, des clous et des lattes. — On nomme *ouvrages de sujétion* ceux dont le prix augmente en raison du déchet considérable de la matière ou de la grande difficulté que réclame leur exécution; tels sont, par exemple, les travaux cintrés, rampants ou cachés, ou exécutés dans des parties tellement étroites

que l'ouvrier y travaille avec beaucoup de gêne.

Dans l'architecture militaire, on nomme *ouvrage* un travail avancé en dehors d'une place. Il existe de nombreux travaux dans ces conditions qui tous portent des noms particuliers; on nomme :

OUVRAGE A CORNE, ou simplement CORNE, un ouvrage avancé placé devant une courtine ou devant un bastion, et qui se compose d'une courtine et de deux demi-bastions réunis à la place par deux longs côtés nommés *ailes* ou *branches*; cet ouvrage forme par son ensemble ce qu'on nomme un *front de fortification*. Il existe des *cornes à double flanc*, c'est-à-dire dont les ailes sont en retour au lieu d'être parallèles à partir du demi-bastion, elles se brisent vers le milieu d'une des courtines de la place, à peu de distance du chemin couvert; des *cornes triangulaires*, qui étaient à bastion entier, au lieu d'être à demi-bastion. Aujourd'hui on n'utilise guère ce genre de corne, de même que les *cornes couronnées*, fort en usage au XVII° siècle. Ces dernières avaient leur front couvert par une demi-lune, ou par une défense en forme de bastion accompagné de deux petites courtines.

OUVRAGE A COURONNE, celui qui a un front composé d'un bastion flanqué de deux courtines qui se terminent chacune par un demi-bastion. Certains ouvrages à couronne double se construisent à trois fronts.

OUVRAGE DE CAMPAGNE. On désigne sous ce terme générique tous les travaux faits en terre et quelquefois palissadés, tels que *blockhaus* ou *redoutes*, *fortins*, *flèches*, etc.

OUVRAGÉ, *part. pass.* — Ouvrage, objet de façon, qui ont demandé beaucoup de travail : par exemple, une grille en fer forgé d'une riche ornementation est un travail très-ouvragé.

OUVRANT, TE, *adj.* — Partie d'une porte qui s'ouvre. Quand les portes sont à deux vantaux, l'un, qui est fixe, se nomme *vantail dormant*; l'autre, qui sert de passage et à la fermeture de la porte, se nomme *vantail ouvrant*. (Voy. PORTE.)

OUVRER, *v. a.* — Travailler, façonner, mettre en état d'accomplir une fonction. On *ouvre* le bois, le fer, le bronze, etc.; d'où les expressions, bois ouvré, fer et bronze ouvrés, par opposition au bois brut, au fer et au bronze non travaillés.

OUVRIER, *s. m.* — Celui qui, moyennant un salaire, exécute un travail manuel. Tous les corps d'état ont leurs ouvriers; nous n'avons pas à en parler ici, mais nous renverrons le lecteur aux divers articles de ce dictionnaire qui traitent des divers corps d'état. (Voy. Compagnon, Garçon, Compagnonnage, Charpentier, Gacheur, Maçon, Limousin, Menuisier, Couvreur, Peintre, Vitrier, Serrurier, Entrepreneur, etc., etc.)

OUVROIR, *s. m.* — Salle dans laquelle des ouvrières exécutent des travaux de couture. Ce terme nous vient du moyen âge, car dès cette époque il existait des salles dans lesquelles des ouvrières travaillaient en commun. De nos jours, dans quelques villes, il existe des *ouvroirs publics* dans lesquels les femmes sans travail se rendent pour travailler; malheureusement, ce genre d'établissement est très-peu répandu, et le travail qu'on y exécute est peu rétribué, parce que les communautés et les congrégations religieuses font exécuter dans leurs ouvroirs des travaux à vil prix.

OVALE, *s. m.* — Courbe plane fermée qui affecte diverses formes, mais dont la princi-

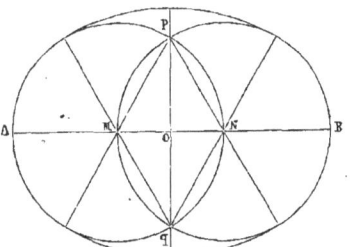

Fig. 1. — Ovale, ellipse.

pale est parfaitement reproduite par la section ou coupe perpendiculaire d'un œuf, *ovum*;

d'où le nom donné à cette courbe. On décrit des ovales de plusieurs manières : à l'aide de quatre arcs de cercle, comme le montre notre figure 1. Pour tracer l'ovale suivant notre figure 1, voici comment on opère : sur la ligne AB, on mène les deux circonférences AMN, MNB; puis avec un rayon égal à AN et MB son semblable, du point P comme centre, on dé-

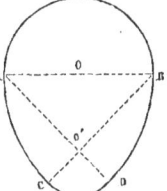

Fig. 2. — Ovale vrai.

crit l'arc de cercle inférieur, et du point Q comme centre l'arc supérieur; ces deux arcs, se raccordant aux deux cercles, complètent l'ovale ou l'ellipse. Si l'on veut employer le mode de construction représenté par notre figure 2, on commence par décrire la demi-circonférence AB; puis des points A et B, comme centre, deux arcs de cercle AC, BD; enfin avec un rayon égal à OB on obtient en o' le point de centre qui permet de décrire la corde de raccord CD. L'ovale régulier (fig. 1) est une ellipse; l'ovale irrégulier (fig. 2) est l'ovale véritable, puisqu'il ne peut porter un autre nom.

OVE, *s. m.* — Ce terme, dérivé du latin *ovum*, œuf, sert à désigner : 1° la moulure convexe formée par un quart de cercle et qu'à

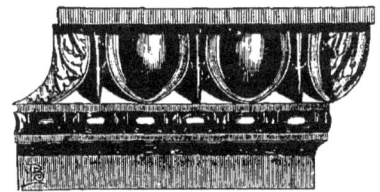

Fig. 1. — Oves.

cause de cela on nomme aussi *quart de rond;* 2° l'*échine du chapiteau;* 3° un ornement ayant la forme de l'œuf, qu'on applique sur des moulures rondes faites de diverses matières. Les oves (fig. 1) ne s'emploient guère que réunis les uns à côté des autres, entourés de nervures ou coques gracieuses qui les enveloppent en partie, et séparés par des fers de flèche nommés DARDS. (Voy. ce mot.) Très-répandus dans les architectures grecque et romaine, les oves ne

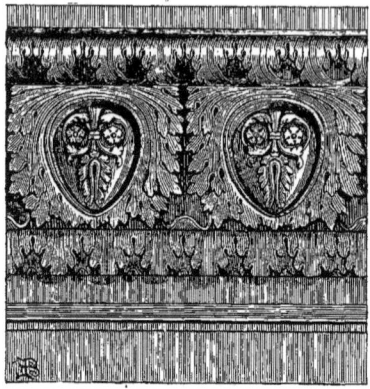

Fig. 2. — Oves du temple de Jupiter Tonnant, à Rome.

cessèrent de figurer dans la décoration des édifices que lors de l'abandon complet de l'architecture antique, puisqu'on les retrouve encore dans les monuments carolingiens et de l'époque romane ; mais alors ils sont fort peu saillants, et, au lieu de se détacher de la moulure par un fort relief, les oves sont très-méplats. Cet ornement est souvent accompagné, et superposé à des chapelets composés de perles, d'olives ou d'amandes. — On nomme *oves fleuronnés* les oves ornés de feuilles, comme ceux que montre notre figure 2. Ils proviennent de l'ancien temple de Jupiter Tonnant.

OVICULE, *s. m.* — Ove de petite dimension. — On donne aussi ce nom à la moulure ronde des chapiteaux ioniques et composites, laquelle est ordinairement sculptée.

OVUM. — Terme d'archéologie latine, passé dans notre langue, qui sert à désigner les boules coniques en forme d'œuf qui étaient placées sur la *spina* d'un cirque au-dessus d'une

table de pierre supportée par quatre colonnes. (Voy. notre fig.) — Ces boules servaient à indiquer aux spectateurs le nombre de tours de cirque qui dans chaque course avaient été faits par les concurrents. Suivant le cas, on élevait ou on descendait un de ces œufs à mesure qu'un nouveau tour commençait ou s'achevait, et, comme le dit Rich (*Dict. des antiq.*) : « Comme chaque course se composait de sept tours d'arène, et que l'empressement et l'intérêt que la populace apportait à ce genre de spectacle allait presque jusqu'au délire, il était nécessaire d'inventer quelque moyen de montrer à chaque instant à tous le nombre de

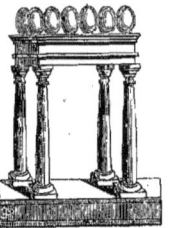

Ovum.

tours déjà faits, de manière à ôter toute possibilité de dispute. C'est le résultat qu'on obtenait au moyen de ces ovoïdes. »

OXYDATION, *s. f.* — Transformation lente d'un métal en oxyde, c'est-à-dire combinaison d'un métal avec l'oxygène de l'air. Cette transformation, notamment dans le fer, a pour résultat de rendre le métal *aigre* et cassant, d'en diminuer par conséquent la ténacité et même le volume, au point de le détruire complétement quand l'oxydation est complète. Le moyen de remédier à l'oxydation des métaux, et en particulier du fer, c'est de les priver du contact de l'air et de l'humidité, et le moyen le plus simple c'est de peindre les métaux. Dans ces dernières années, on a beaucoup préconisé la galvanisation ; mais comme ce procédé consiste lui-même à revêtir certains métaux très-oxydables avec d'autres qui le sont moins, le procédé est, selon nous, défectueux et loin de donner les avantages promis. — L'oxydation produit les oxydes qu'on emploie comme substances colorantes. (Voy. l'article suivant.)

OXYDE, s. m. — Substance provenant de l'oxydation de certains métaux ou de certaines matières, c'est-à-dire de leur combinaison avec l'oxygène de l'air. Certains oxydes métalliques sont employés dans les travaux de bâtiment comme matières colorantes; on les utilise dans les peintures à l'huile ou à la détrempe. Les oxydes de fer fournissent des ocres rouges, brunes ou jaunâtres ; ceux de plomb, les céruses et les miniums ; les oxydes de zinc, le blanc de zinc, etc., etc.

Parmi les principaux oxydes nous mentionnerons plus particulièrement les suivants :

OXYDE D'ANTIMOINE. — Cette substance blanche, qu'on nomme également *acide antimonieux, antimoniate,* a été substituée à la céruse dès 1844 pour les travaux de peinture ; elle se mélange très-bien avec les huiles grasses et couvre presque aussi bien que la céruse ou blanc de plomb, qui n'est elle-même qu'un oxyde de plomb combiné à l'acide carbonique.

OXYDE D'ARSENIC. — Substance blanche dénommée aussi acide arsénieux, arsenic blanc ; employé avec l'*oxyde de manganèse,* dont nous parlons ci-dessous, il sert à blanchir et à donner de l'homogénéité à la pâte du verre. Son action s'exerce parce qu'en se volatilisant, il opère une agitation favorable au mélange.

OXYDE DE MANGANÈSE. — Il sert également, comme l'oxyde d'arsenic, à blanchir le verre ; il transforme le ton vert du verre en ton jaune à peine sensible ; il est employé également pour donner au verre un ton violacé assez intense.

OXYDE DE PLOMB. — En traitant la céruse par l'eau de javelle assez alcaline, jusqu'à ce que le mélange ait acquis une teinte brune foncée, on obtient de l'*oxyde puce de plomb* qui fournit une peinture d'une belle couleur d'un brun doré. Cette couleur n'est guère employée, peut-être parce qu'elle est vénéneuse, mais surtout parce qu'elle est peu connue.

OXYDE DE ZINC. — Cet oxyde est le *lana philosophica,* la laine philosophique des anciens ; très-pur, il constitue le protoxyde de zinc ; il est insoluble dans l'eau. L'oxyde de zinc est aujourd'hui beaucoup employé dans la peinture du bâtiment sous le nom de *blanc de zinc;* nous en parlons au mot BLANC, § *Blanc de zinc,* où nous renvoyons le lecteur.

P

P. — Seizième lettre de l'alphabet et douzième consonne. Dans les inscriptions latines, comme signe abréviatif, cette lettre a de nombreuses significations ; elle peut remplacer les mots : *Publius, Pompilius, Paulus, patronus, pontifex, proconsul, perpetuus, posuit,* etc. P. P. signifie *propraetor, praepositus, pater patriae* ; P. C., *patres conscripti* ; Æ. P., *aes publicum* ; R. P., *res publica* ; P. K., *pridie kalendas* ; S. P. Q. R., *senatus populusque romanus.* — Comme valeur numérique, chez les Grecs, Π valait 5 comme initiale de πέντε, cinq ; π′ valait 80, et ͵π 80,000. Chez les Latins, P n'a pas une valeur bien précise : il vaut tantôt 7, 100 et 400 ; surmonté d'un trait horizontal (P̄), il vaut 4,000, ou 40,000, ou même 400,000.

PADOCK, *s. m.* — Petite cour entourée d'un grillage placée devant une écurie, et dans laquelle, pendant certaines heures de la journée, on laisse les chevaux, les poulains ou les juments, promener en liberté. (Voy. ÉCURIE.)

PÆSTUM. — Bien des archéologues ont désigné sous ce nom l'ordre dorique grec employé dans les monuments antiques de *Paestum,* ville distante de Naples d'environ quarante kilomètres. Il existe dans cette ville trois restes de temples assez imposants, et l'on considère ces monuments comme les plus parfaits parmi ceux que les Grecs ont construits en Italie ; ce sont un temple hexastyle et périptère de Neptune ; celui de Cérès, également hexastyle et périptère, et une basilique. — On voit encore, sur l'emplacement de l'ancienne ville ou des environs, des restes d'aqueduc, d'amphithéâtre, de théâtre, d'une enceinte carrée, enfin un castrum ayant servi de logement à des soldats. — Voy. ORDRES et EC (*Art*).

PAGODE, *s. f.* — Édifice religieux des Hindous et des Chinois. — Les grandes pagodes antiques de l'Inde sont des temples monolithiques taillés dans des montagnes rocheuses ; mais on donne également ce nom aux temples construits en plein air qui sont faits en brique, en pierre, et quelquefois en bois peint. Ces édifices sont généralement surmontés d'une construction pyramidale plus ou moins tourmentée. Ils possèdent quelquefois deux étages, et des idoles plus ou moins nombreuses sont placées dans leur intérieur ; on en voit aussi quelquefois aux abords de l'édifice.—Voy. INDIENNE (*Architecture*).—On donne encore ce nom aux idoles du sanctuaire ; elles sont en pierre, en terre cuite ou en bois, mais toujours richement peintes et dorées.

PAIEMENT, *s. m.* — Le paiement des travaux de construction exécutés pour le compte des grandes administrations publiques ou privées s'effectue de diverses manières, mais en général on donne à l'entrepreneur des à-compte mensuels ou trimestriels sur états de situation dressés par l'architecte. De ces états on ne paie que les sept dixièmes, l'excédant étant reporté sur le paiement pour solde, que les administrations détiennent un laps de temps plus ou moins long, car c'est un fonds de réserve affecté pour ainsi dire à la garantie de la bonne exécution des travaux. Ce dernier paiement pour solde ne s'effectue qu'après la vérification, le règlement et la révision des mémoires, opérations auxquelles on ne procède qu'après la réception définitive des travaux. — Le paiement des travaux exécutés pour le compte des particuliers dépend entièrement des conventions passées entre les particuliers et leurs entrepreneurs ; ces conventions sont généralement consignées dans le cahier des charges dressé par les architectes. Généralement, on fractionne le montant général des mémoires en cinq parties qui sont payées au fur et à mesure de l'avancement des travaux. Par exemple, l'entrepreneur de maçonnerie, pour une construction de quatre étages, est payé de la manière suivante : un premier cinquième après l'achèvement des caves; un deuxième cinquième à la pose du plancher du second étage ; un troisième cinquième à la pose du plancher du comble ou de l'achèvement du gros œuvre ; un quatrième cinquième à la fin des travaux ; enfin le dernier cinquième, pour solde de tout compte, à trois, six ou neuf mois de date après la réception définitive des travaux de maçonnerie.

PAILLASSE, *s, f.* — Ossature faite en fer carillon ou côte de vache, qui dans un fourneau de cuisine supporte les réchauds et le carrelage. (Voy. FOURNEAU.) La bande de fer méplat qui enveloppe la paillasse et la maintient se nomme *ceinture de paillasse ;* elle est scellée dans le mur par ses deux extrémités. — On donne également ce nom au massif en maçonnerie qui porte le feu, dans une forge.

PAILLASSON, *s. m.* — Nattes de paille longues et étroites, qui servent de coussinets pour amortir le choc de la pierre sur le sol quand on lui fait faire quartier, ou quand elle toucherait le sol lorsque pendant le bardage on retire le rouleau de derrière. Les paillassons empêchent donc les épaufrures et ménagent les arêtes vives de la pierre. On emploie aussi les nattes pour protéger les pierres contre la pression des cordes ou des chaînes en fer qui les serrent sur les *binards* ou les chariots, et lors du montage dans les chantiers.

PAILLE, *s. f.* — Tige desséchée de diverses graminées, mais surtout du blé, du seigle et de l'avoine, dont on se sert pour faire des couvertures économiques et pour tresser des paillassons pour le bardage des pierres. On utilise aussi la paille pour garantir contre les effets de la gelée les constructions en cours d'exécution et même les matériaux apportés à pied d'œuvre comme approvisionnements. — Hachée menu,

elle entre dans la composition du *torchis*, du *pisé*, de la brique crue, etc. ; dans ces matériaux elle sert de liant à la matière principale. Comme corps mauvais conducteur de la chaleur, la paille est d'un emploi fort utile dans la construction des GLACIÈRES (Voy. ce mot), où elle sert à la fois comme doublis et comme couverture, afin de combattre la chaleur en interceptant les rayons de la lumière solaire ; enfin on l'utilise aussi pour la construction des couvertures. (Voy. CHAUME et COUVERTURE, § *Couvertures économiques.*)

En serrurerie, on nomme *pailles* de petits morceaux de fer, de petites lamelles qui se détachent du fer quand on le forge ; du reste, ce terme s'applique aussi au défaut de liaison, aux légères cassures qu'on retrouve non-seulement dans le fer et dans l'acier, mais encore dans tout autre métal.

PAILLETTE, *s. f.* — Petite pièce de fer, mais principalement d'acier, en forme de lame, qu'on place entre un verrou et sa platine pour lui servir de ressort et le tenir levé. Certaines serrures possèdent également dans leur intérieur des paillettes. On nomme *ressort à paillette* une fermeture d'armoire en acier, laquelle est évidée d'une mortaise et retenue dans un mentonnet ; on nomme aussi ce genre de ressort *arrêt à paillette.*

PAILLEUX, SE, *adj.* — Métal qui contient des PAILLES. (Voy. ce mot.) L'emploi des fers pailleux doit être proscrit dans une construction, parce que ces fers, ne présentant pas une homogénéité suffisante, peuvent provoquer de graves accidents dans un édifice.

PAL, *s. m.* — Forte planche portant sa DOSSE. (Voy. ce mot.) On utilise les pals pour la construction des digues et BATARDEAUX. (Voy. ce mot.)

PALAIS, *s. m.* — Ce terme, dérivé du latin *palatium*, signifiait à son origine, *maison du Palatin*, maison située sur le mont Palatin à Rome, c'est-à-dire maison d'Auguste et plus tard *maison des Césars.*

Dans la suite, on a étendu par analogie

ce terme à tout édifice vaste et somptueux, habité par un prince ou par un grand personnage, car aujourd'hui, à Rome et dans toute l'Italie, toute grande famille habite un palais, un *palazzo*, et la plupart de nos lecteurs connaissent sans aucun doute les grands palais de marbre de Gênes *la Superbe*. — Dans notre langage moderne, on donne le nom de *palais* à tout édifice qui se distingue des autres par de belles et de grandioses proportions, par la richesse décorative de ses façades extérieures ou intérieures, ainsi que par le luxe de son ornementation intérieure et de son ameublement. Aussi avons-nous, indépendamment du palais des princes et des chefs des États, le palais des Beaux-Arts, le palais de la Bourse, le palais de la Légion d'honneur, le palais de l'Institut, le palais du Parlement, le palais du Sénat, le palais de l'Assemblée nationale, le palais du Commerce, le palais de l'Industrie, les palais de l'Ambassade, de l'Archevêché, de l'Évêché, le palais de Justice, etc. Il ne nous est pas possible de donner une nomenclature, même très-abrégée, des palais qui ont existé ou qui existent dans le monde ; mais nous dirons quelques mots des plus célèbres, ainsi que des monuments d'un certain ordre qui, sans être des palais, sont désignés sous ce terme. Les plus anciens palais dont il soit fait mention dans l'histoire sont les *palais des héros*, et les seules notions que nous en avons, nous ont été fournies par Homère. L'illustre poète nous a parlé des palais d'Alcinoüs, de Ménélas et d'Ulysse, et il nous a appris (*Odyssée*, I, XVII) que ces palais se trouvaient dans l'enceinte des villes, mais qu'ils avaient leur enceinte particulière (ἕρκος), d'une étendue plus ou moins considérable, et qui était fermée par une clôture en pierre ou seulement de bois, ce qui donnait à l'édifice l'aspect d'une forteresse. On ne pénétrait dans ces enceintes que par une porte qui avait à droite et à gauche des bancs de pierres brutes ou polies, et des chiens sculptés dans la pierre, comme au palais d'Alcinoüs, par exemple. (Hom., *Iliade*, XVIII, v. 5; *Odyssée*, III, v. 406.) Ce dernier palais avait certains membres d'architecture revêtus d'or, d'airain et d'autres matières : χρυσοῦ, ἠλέκτρου,

τε καὶ ἀργύρου. (*Odyssée*, VII.) La description du palais d'Ulysse est de beaucoup la plus complète. Homère nous informe qu'en entrant on trouvait une première cour, autour de laquelle on voyait des écuries, des étables, des magasins et des remises pour les chars ; ensuite c'était la cour principale (αὐλή), qui était entourée de portiques ; au milieu de cette cour se trouvait l'autel du grand Jupiter Herceus (Ζεὺς Ἑρκεῖος). Après cette cour on trouvait un vestibule (πρόδομος), dans lequel reposaient les étrangers ; puis venait une grande salle (δόμος), dans laquelle les étrangers et les amis de la famille avaient accès ; après cette salle, c'était l'habitation d'Ulysse, audessus de laquelle était disposé l'appartement des femmes. — Le *palais de Priam* possédait sur les côtés de sa cour centrale cinquante chambres pour les fils du roi, et sous le portique du vestibule, en face de l'entrée, douze chambres en *pierres polies* pour ses filles et leurs maris. Ces palais étaient sans doute couverts au moyen de terrasses ; on peut du moins le supposer, puisqu'un des compagnons d'Ulysse, Elpénor, se précipita du haut du palais de Circé : or, si les toits avaient été portés par des combles aigus, il est probable qu'Elpénor se serait jeté tout simplement par une fenêtre, n'ayant pu accéder sur le toit.

Grâce aux travaux des orientalistes, nous avons pu nous faire une idée des palais assyriens ; surtout depuis les fouilles faites par M. Botta, notre ancien consul à Mossoul, et aujourd'hui les ruines de Khorsabad, de même que ses immenses bas-reliefs, sont connues du public quelque peu instruit.

Babylone possédait également deux palais d'une dimension considérable, si nous en jugeons d'après les monceaux de briques situés sur les bords de l'Euphrate et qui représentent seuls aujourd'hui l'ancienne demeure de Sémiramis. Nous ne possédons aucune donnée sur les palais des rois égyptiens.

Aujourd'hui les archéologues admettent assez généralement que tout ce qu'on nommait autrefois les palais de Memnon, d'Aménophis, etc., n'était que des temples ; ce qui est d'autant plus admissible que les rois étaient à la fois chefs des pouvoirs spirituel et temporel ; le monument de Médinet-Abou, que l'on regardait naguère comme le seul type de palais égyptien, n'est, d'après M. Mariette, qu'un monument d'architecture militaire (1).

Un palais fort renommé, c'est celui construit par Salomon ; on le nommait *Maison du Liban*. Ce palais, décoré avec un très-grand luxe, comme tous ceux, du reste, érigés par les princes de l'Orient, ce palais, disons-nous, renfermait un grand nombre de salons de réception ou d'apparat. Si nous ajoutons foi aux récits anciens, les plafonds de cette demeure royale étaient faits à l'aide de bois de cèdre, et les colonnes qui les soutenaient étaient également tournées, ou du moins taillées, dans ce bois. Le livre des Rois nous informe que dans ce palais rien n'était en argent, tout était d'or. Le trône sur lequel Salomon rendait la justice était en ivoire ; il était élevé de cinq à six marches au-dessus du sol, et sur ces marches l'artiste avait disposé douze lions sculptés.

La Perse moderne possède d'assez nombreux palais à Téhéran, sa capitale, et surtout à Ispahan ; nous donnons quelques renseignements sur ces édifices au mot . PERSANE (*Architecture*), où nous renvoyons le lecteur.

La Perse ancienne possédait également de fort beaux palais à Suse, à Ecbatane et surtout à Persépolis. L'un des plus remarquables dans cette dernière ville était celui de Xerxès, qui fut incendié, nous pourrions même dire *pétrolé*, par la courtisane Thaïs, qui avait suivi Alexandre dans la guerre que ce prince avait entreprise contre les Mèdes et les Perses. C'est à la suite d'une orgie royale que cette célèbre courtisane demanda comme une faveur d'incendier le palais de Xerxès, qui avait incendié autrefois la ville d'Athènes, la patrie de la courtisane. Son royal amant se leva de table et donna le signal de l'incendie ; il paraît

même que la demande de Thaïs n'était qu'une simple comédie, puisqu'on prétend que toutes les boiseries du palais, notamment les poutres en bois de cèdre, avaient été enduites préalablement d'huile de naphte. Nous ne donnerons point ici la description des palais de Persépolis, nous prierons le lecteur désireux de renseignements sur ce sujet de consulter l'article concernant l'architecture PERSÉPOLITAINE. (Voy. ce mot.)

Il existait aussi en Phrygie, dans l'Asie Mineure, un vaste palais bâti par Xerxès ; malheureusement, nous ne possédons aucun document qui puisse nous renseigner sur sa construction.

L'empereur Dioclétien bâtit un grand nombre de palais ; le plus renommé de tous ceux que ce prince avait érigés, c'était celui de Spalatro, l'antique Salona. Au dire des historiens, c'était une ville complète, il renfermait des temples, des hippodromes, des bains et des fontaines. Malgré sa grandeur et sa richesse, autant qu'on a pu en juger par ses débris, ce palais de Dioclétien montre que l'architecture était au moment de cette construction en complète décadence. Son plan formait un vaste carré ; de grandes avenues bordées de chaque côté de portiques conduisaient à une sorte de forum situé au centre de l'habitation impériale ; chaque avenue était précédée d'une porte monumentale, dont quelques-unes pouvaient passer pour des arcs de triomphe. En général les colonnes formant les portiques ne portaient point d'architraves, mais elles étaient surmontées d'arcades plein cintre.

De même qu'en Égypte, les palais de l'Inde étaient tout à la fois des temples et des demeures royales. L'un des plus célèbres est celui de Madoureh, qui renfermait dans sa vaste enceinte des jardins, des étangs, de vastes galeries et une magnifique pagode. Dans l'île de Ceylan il existait un magnifique palais, dont Ribeyra (*Hist. de l'île de Ceylan*) nous donne une description. « On voyait à Aneradjapoura, nous dit cet auteur, un vaste palais qui ne contenait pas moins de seize cents colonnes en très-beau marbre et admirablement travaillées. Ce palais renfermait trois

---

(1) Paul Pierret (*Dict. d'archéol. égyp.*, vº Palais) dit que les rois égyptiens n'ont jamais eu de palais, et cependant, au mot MÉDINET-ABOU, il nous informe que « le temple de Ramsès III est accompagné d'un *palais* et que c'est dans cette habitation royale qu'on a recueilli les détails les plus intéressants de la vie intime du Pharaon. » Il y a là une contradiction fâcheuse.

cent soixante-cinq pagodes, dont vingt-quatre étaient d'une grandeur extraordinaire et d'une beauté remarquable. Autour de ces édifices il y avait des lacs factices, qui recevaient de l'eau au moyen d'aqueducs fort bien bâtis ; on remplissait et on asséchait ces lacs à volonté. » Il est utile d'ajouter qu'un auteur anglais, Chapman (*Transact. of the Royal Asiat. Soc. of Great-Britain*, t. III, p. 463), prétend que le monument en question était un édifice religieux et non un palais. Il n'est peut-être pas invraisemblable d'ajouter que, comme nous l'avons vu pour l'Égypte et pour d'autres parties de l'Inde, cet édifice pouvait avoir une double destination. Ce n'est guère que dans la période moderne que l'on voit les palais des princes mahométans exclusivement réservés à leur habitation. Tel était, par exemple, le palais du roi à Aisnagor, dont Bâtissier (*Hist. de l'art monument.*) nous donne la description d'après un ambassadeur du xvᵉ siècle. « Il dit (p. 450) que ce palais est environné de quatre longs et vastes bazars couverts, où les marchands sont rangés par professions, et que chaque bazar est accompagné d'un donjon très-élevé. Des courants d'eau traversent le palais en différents sens et circulent dans des canaux revêtus de pierre. A droite de l'appartement royal, il existe une grande salle, soutenue par quarante colonnes ; c'est dans cette salle où le roi reçoit les ambassadeurs. L'envoyé persan dit avoir été reçu par le roi dans une salle particulière de dix coudées en carré, dont le plancher et les murs étaient couverts de lames d'or ou attachées avec des clous de même métal. Au milieu il y avait une estrade sur laquelle s'élevait un trône d'or. » (Langlès, *Collec. de voy., Monum. de l'Hindoustan*, t. II, p. 52.) D'autres palais indiens, tels que ceux de Tauris et de Sultaniêh, sont bâtis, au dire des voyageurs, sur des collines artificielles. Leur plan est très-simple : ces palais sont précédés d'une place (*meïdan*) qui aboutit à une porte principale, très-élevée et richement décorée ; cette porte donne sur une grande cour dallée, ornée de fontaines et de bassins, ainsi que de belles plantes au riche feuillage; à l'extrémité de la cour, située en face de la principale porte, se trouve le salon

d'audience (*diwan-kanèh*); derrière celui-ci se trouve placé l'appartement des femmes ou *harem*.

Au Mexique il existe un palais assez renommé, bien qu'il ne possède rien de remarquable, c'est le palais de Montézuma. Il se compose d'une enceinte rectangulaire renfermant plusieurs corps de logis peu élevés, séparés par des cours ; il possédait trois grandes salles, plus de mille chambres incrustées de marbre et lambrissées de bois de cèdre, ainsi que des jardins peuplés des plus belles plantes. Ces jardins étaient arrosés avec des eaux amenées de fort loin à l'aide d'aqueducs; ces mêmes eaux alimentaient des cascades et des bassins, et traversaient de superbes volières peuplées d'oiseaux les plus rares.

Les Arabes élevèrent aussi de magnifiques palais. Les plus célèbres sont ceux du sultan Khoumarouiah à Mesr ; de Zahra, bâti à Médina-el-Zahra, à cinq milles de Cordoue, par le khalife Abd-el-Rahaman. Ce palais passait pour une des merveilles de l'architecture ; malheureusement, son existence fut de courte durée, puisque, construit vers 936, il fut démoli au commencement du xiᵉ siècle, vers 1008, sous le règne d'Hescham, lors de la prise de Cordoue par Mohammed-al-Mouhdy. Les auteurs qui nous ont laissé des descriptions du palais de Zahra ont fait un si pompeux éloge de son architecture et de sa décoration, qu'ils nous font regretter très-vivement la perte de cette merveille, à laquelle avaient concouru les plus habiles artistes de Bagdad, de Constantinople et d'autres pays, sous la direction de l'architecte Abdoullah-ben-Yonas ou Muslimaton-ben-Abdallah, car on ignore exactement l'auteur de cette merveille architecturale; mais ce qu'on sait fort bien, c'est que dix mille ouvriers y furent employés pendant fort longtemps, et que ce palais avait été construit par Abdérame pour sa maîtresse Al-Zahra (la Fleur), qui avait donné son nom au monument.

Pendant le moyen âge et la renaissance, on éleva un grand nombre de palais en France et à l'étranger; dans l'impossibilité où nous sommes d'en donner même une nomenclature très-incomplète, nous nous bornerons à signaler les principaux palais de notre pays : PALAIS DES BEAUX-ARTS. — Ce palais, situé rue Bonaparte, à Paris, a été commencé en 1820 sur les plans de l'architecte François Debret. L'illustre Félix Duban, beau-frère du précédent architecte, fit en 1833 des remaniements importants aux plans primitifs et les améliora considérablement ; les galeries d'exposition sur le quai Malaquais, la cour du Mûrier, le musée des plâtres devant le grand amphithéâtre dit *hémicycle*, ainsi que celui-ci, sont l'œuvre de Duban, qui a eu pour successeur M. Ernest Coquart, l'architecte actuel du palais. (Voy. ÉCOLE, § *Écoles de dessin,* pour d'autres renseignements sur cet édifice.)

PALAIS BOURBON.— Ce palais, depuis 1848, a reçu le nom de *palais du Corps législatif.* On le nommait précédemment *palais Bourbon,* parce qu'il avait été construit sur une partie de l'emplacement du palais Bourbon, bâti en 1722. En 1796, on éleva une grande salle pour le conseil des Cinq-Cents, laquelle salle fut plus tard occupée par le Corps législatif du premier empire, puis, sous la Restauration, par la Chambre des députés. Cette salle fut ensuite démolie et remplacée en 1832 par la salle actuelle, construite par M. de Joly; mais la façade sur le quai a été construite en 1808 ou 1809 par l'architecte Poyet.

PALAIS DE LA CITÉ. — Ce palais de Paris tirait son nom de sa situation même, car il était construit dans l'île de la Cité. Il servit de résidence aux rois de France; mais on suppose que, même sous la domination romaine, il fut habité par les rois et princes mérovingiens. Ce qui est très-certain, c'est que le roi Eudes, vers la fin du IXᵉ siècle, y demeurait ; que, vers 1003 ou 1004, Robert, dit *le Pieux,* le fit rebâtir, au moins en grande partie, et que tour à tour il fut la résidence de Louis IX (1226-1270), de Louis X, dit *le Hutin* ou *le Querelleur* (1314-1316), de Charles V, dit *le Sage* (1364-1380). Sous ce dernier roi, le palais de la Cité avait l'aspect d'une véritable forteresse. Charles VII (1422-61) abandonna totalement au parlement cet édifice, dans lequel dès Louis X le parlement tenait déjà régulièrement des séances; enfin c'est aujourd'hui le Palais de justice. Nous ajouterons que

peu de nos monuments nationaux ont passé par autant de péripéties que l'édifice qui nous occupe. En effet, le palais de la Cité a subi des incendies terribles, et cela à diverses époques ; et, phénix d'un nouveau genre, il sort de ses ruines fumantes toujours plus brillant et plus solide. Le premier incendie connu remonte à l'année 1618; d'autres eurent lieu en 1630, en 1776, en 1871. — L'architecte Desmaisons rebâtit la partie centrale et les deux ailes qui circonscrivent la *cour du Mai,* qui est fermée par une belle grille dont le lecteur trouvera le motif principal au mot GRILLE. Plusieurs architectes modernes ont réédifié des parties importantes de ce monument, mais l'architecte Duc est celui qui a attaché son nom au monument, comme ayant exécuté les plus grands travaux du Palais de justice. Les parties refaites, reconstruites ou restaurées par M. Duc sont les bâtiments en façade sur la rue de la Sainte-Chapelle, les façades sur le bord de l'eau, quai de l'Horloge, enfin la façade de la cour d'assises ainsi que les salles d'audience de cette cour; enfin le même architecte a restauré la tour de l'Horloge, les tours du quai et la salle des Pas perdus , parallèle à la Seine, appelée anciennement la *Grand'salle.* Cette galerie célèbre fut construite en 1622 par l'architecte de Marie de Médicis, Jacques Debrosse, sur les fondations d'une salle de mêmes proportions élevée par Louis IX; elle mesure 72 mètres de longueur sur 27 mètres de largeur; elle est divisée en deux nefs voûtées en plein cintre, dont les retombées sont reçues par des piliers ayant une hauteur de 8ᵐ,25. La superficie totale de l'emplacement occupé par le Palais de justice de Paris est de 3 hectares.

PALAIS DE COMPIÈGNE. — Les rois de la première race eurent un château à Compiègne, et les Carlovingiens y résidèrent si souvent qu'on nommait anciennement cette ville *Carlopolis,* puis *Compedium.* Le palais de Compiègne a été bâti sous Louis XIV, Louis XV et Louis XVI; Napoléon Iᵉʳ y apporta certains embellissements; il fit exécuter notamment le long berceau en treillage qui ne mesure pas moins de 2,000 mètres de longueur. Les jardins de ce palais communiquent avec la forêt, qui a une superficie de 15,000 hectares, et qui est traversée par 335 routes dont le développement total atteint 880 kilomètres; elle est également traversée, à l'une de ses extrémités, par une voie romaine, dite *chaussée de Brunehaut*.

PALAIS DU CONSEIL D'ÉTAT ET DE LA COUR DES COMPTES. — Ce palais, qui a été en partie détruit par l'incendie de 1871, avait été construit en 1810, sur les plans de Bonard; mais il ne fut terminé qu'en 1842 par Lacornée. Ce palais avait la prétention de vouloir rappeler par son plan et par son élévation les beaux palais d'Italie; mais l'architecte n'avait pas fait preuve d'une grande imagination en composant ses façades avec des ordres de Vignole qu'il avait superposés; nous dirons néanmoins que, du côté de la rue de Lille, l'aspect des façades de la cour a un certain caractère de grandeur.

PALAIS DE FONTAINEBLEAU. — L'origine de ce palais remonte au temps du roi Robert, et jusqu'au XIVe siècle beaucoup de rois de France y séjournèrent pendant la belle saison. Il avait alors des proportions très-modestes; François Ier le reconstruisit presque totalement, et ses successeurs, notamment Henri II, Charles IX, Henri III et surtout Henri IV, agrandirent et embellirent ce palais. Louis XIII, Louis XIV et Louis XV y exécutèrent de belles décorations. Ce château, dont les bâtiments sont placés d'une façon assez irrégulière, possède six cours et trois entrées principales. La grille d'honneur est située en avant de la cour dite du *Cheval blanc*, dans laquelle Napoléon Ier, après son abdication (6 avril 1814), fit ses adieux à sa vieille garde. On montre aujourd'hui dans un des salons de Fontainebleau le guéridon sur lequel Bonaparte signa son abdication. L'intérieur de ce palais est admirablement décoré. Les appartements les plus remarquables au point de vue décoratif sont : la galerie Henri II, les appartements de Henri IV, la chapelle de la Trinité, etc. Un grand nombre d'artistes italiens de la renaissance ont concouru à la décoration de ce palais; nous mentionnerons plus particulièrement les travaux d'Andréa del Sarte, du Primatice, de Léonard de Vinci,

de Nicolo dell'Abbate, etc. La plus grande partie du palais donne sur un magnifique parc, dans lequel se trouvent des jardins et des parterres, des pièces d'eau, une grotte, enfin un jardin paysagiste. Ce palais est construit dans le voisinage de la forêt de Fontainebleau, très-célèbre par ses magnifiques sites et la variété de ses points de vue. Cette forêt a une superficie de plus de 16,000 hectares.

PALAIS DE L'INDUSTRIE. — Ce palais, situé à Paris, dans l'ancien carré Marigny aux Champs-Élysées, a été construit pour servir d'exposition universelle en 1855. Sa forme est un vaste rectangle qui mesure 234 mètres de longueur sur 108 mètres de largeur. Il ne comporte qu'un rez-de-chaussée et un premier étage dans son pourtour, car l'intérieur du monument est une vaste salle ou nef qui ne mesure pas moins de 192 mètres de longueur sur 48 mètres de largeur et 30 mètres de hauteur. Ce vaste vaisseau est couvert par une voûte en plein cintre en fer, toute vitrée; les côtés sont formés par deux rangs d'arcades superposées en fonte, qui mesurent ensemble 18 mètres d'élévation; ces arcades sont supportées par des colonnes en fonte derrière lesquelles, au rez-de-chaussée, il existe une double galerie, tandis qu'au premier étage, il n'y a qu'une seule galerie et un promenoir qui donne sur la grande halle du rez-de-chaussée. Le premier étage est desservi par dix escaliers, deux dans chaque pavillon d'angle et deux à droite et à gauche du pavillon central formé par la porte monumentale en façade sur l'avenue des Champs-Élysées. Cette porte, qui est naturellement le plus grand motif de décoration du monument, a 15 mètres de diamètre et près de 20 mètres d'élévation, y compris l'attique de couronnement, qui est supporté par des colonnes corinthiennes accouplées. Un vaste bas-relief, qui représente les Arts et l'Industrie apportant leurs œuvres à l'exposition, décore l'attique, qui est lui-même surmonté d'un groupe colossal : c'est la France qui récompense les arts et l'industrie des nations exposantes. — Ce palais a été construit d'après les projets des architectes-ingénieurs Barrault, Alexis Cendrier et Lorentz, qui dirigèrent les travaux. Vers la fin du gros œuvre, A. Cendrier et Lorentz se retirèrent par suite de contrariétés que leur suscitèrent MM. Yorck et Cie, concessionnaires de l'entreprise, et pour ne point subir des exigences que voulaient leur imposer ces messieurs. C'est alors, à la fin des travaux, disons-nous, qu'un architecte, Viel, qui avait dirigé plus spécialement la construction des maçonneries sous les ordres du comité de direction de MM. Yorck, fut chargé de terminer les travaux qui restaient à faire, tels que ravalements intérieurs, peinture, vitrerie et agencements. — Aujourd'hui, le palais de l'Industrie sert pour des expositions nationales de divers genres, et c'est dans son enceinte que chaque année a lieu l'exposition des artistes vivants, le *Salon*.

PALAIS DE L'INSTITUT. — Trois jours avant sa mort, c'est-à-dire le 6 mars 1661 (1), le cardinal Mazarin se trouvait dans une des salles du château de Vincennes, et comme il sentait sa fin très-prochaine, il manda auprès de lui François le Fouin et Nicolas Vasseur, tous deux notaires et *gardes-notes du Chastelet*, et il leur fit cette déclaration : « Depuis longtemps j'ai l'intention de fonder un collége et une académie pour l'instruction des enfants de gentilshommes ou des principaux bourgeois de Pignerol et de son territoire, d'Alsace et pays d'Allemagne, de l'État ecclésiastique, de l'Italie, de Flandre et de Roussillon. » Ensuite il chargea les notaires de dresser un acte de fondation dans lequel il

---

(1) Le cardinal est mort le 9 mars au soir, à cinquante-neuf ans ; il laissa pour la fondation dont il est parlé ci-dessus deux millions en argent et une rente de 45,000 livres sur l'hôtel de ville de Paris. Le contrat de fondation fut confirmé et approuvé par Louis XIV, au château de Saint-Germain en Laye, en juin 1665, et par des lettres patentes données en juin 1669. — On fit un grand nombre d'épitaphes sur l'Éminence défunte ; mais l'une des plus curieuses est sans contredit celle-ci :

Ci-gît le cardinal Jules,
Qui pour se faire pape amassa force écus.
Il avait bien ferré sa mule,
Mais il ne monta pas dessus.

Mazarin avait toujours nourri ce projet ; il avait même affecté trente abbayes et quinze millions à l'acquisition du sacré collége.

est dit « que des soixante écoliers qui doivent être entretenus et instruits dans ledit collège, il y en aura quinze de Pignerol, territoires et vallées y jointes, et de l'État ecclésiastique en Italie, préférant ceux de Pignerol à tous autres, les Romains ensuite et au défaut d'eux, ceux des autres provinces de l'État ecclésiastique en Italie ; quinze du pays d'Alsace et autres pays d'Allemagne contigus, vingt des pays de Flandres, Artois, Hainaut et Luxembourg, et dix des pays du Roussillon, Conflans et Sardaigne. Les quinze personnes pour l'académie seront tirées du collège sans aucune distinction de dites nations, et si le collège n'en peut fournir un si grand nombre, le surplus jusqu'au nombre de quinze sera pris parmi les personnes des nations susdites, bien que n'ayant pas étudié au dit collège. Les soixante écoliers du collège et les quinze personnes de l'académie seront logés, nourris et instruits gratuitement au moyen de la présente fondation. » Voilà pourquoi le palais de l'Institut s'appela, à son origine, *collége Mazarin*, *collége des Quatre-Nations*. Les plans avaient été dressés par Louis Levau en 1665 ; mais, cet architecte étant mort, deux de ses élèves, Lambert et d'Orbay, furent chargés de l'exécution. La façade située sur le quai Conti, en face le pont des Arts, comprend un bâtiment en hémicycle, arrêté à ses extrémités par deux pavillons rectangulaires. Au centre de l'hémicycle s'élève un péristyle composé de quatre colonnes corinthiennes et deux pilastres de même ordre aux angles ; ce péristyle supporte un fronton triangulaire derrière lequel se dresse le dôme avec ses baies et sa fameuse coupole, si habilement reconstruite par notre confrère C. Moyaux. C'est sous ce dôme que se trouvait la chapelle du collége, laquelle chapelle de forme ovale a été convertie en une vaste salle qui sert aujourd'hui aux séances publiques des académies établies dans le palais de l'Institut. (Voy. ACADÉMIE et INSTITUT.)

PALAIS DE JUSTICE. — Édifice dans lequel les tribunaux rendent la justice, dans lequel siégent les magistrats chargés de ce soin. Un palais de justice comprend des services généraux et des services particuliers ; c'est un monument dont le plan est des plus complexes précisément à cause des nombreux services qui doivent se trouver concentrés dans un espace relativement restreint. Du reste, le nombre et les dimensions des locaux doivent être en rapport avec l'importance du *ressort*, c'est-à-dire suivant qu'il s'agit d'une cour ou bien d'un tribunal de première instance; dans ce dernier cas, cet édifice se nomme simplement *tribunal*. — Voici la nomenclature des principaux locaux qui composent un palais de justice de premier ordre. Il existe plusieurs entrées avec vestibules et salles d'attente; auprès des entrées, il y a toujours un concierge, un corps de garde, un poste de sapeurs-pompiers.

COUR D'ASSISES. — Ce service comprend une grande salle d'audience dans laquelle siégent les magistrats, dans le fond de la salle, élevé de quelques marches et fermé par une balustrade; à la droite des magistrats, les bancs avec pupitres pour le jury; en face, une sorte de boxe où sont placés les accusés avec les gendarmes; ensuite, des banquettes pour les avocats et les huissiers; entre le jury et les bancs des accusés, se trouve la barre devant laquelle les témoins viennent déposer. Toute cette partie de la salle d'audience se nomme *prétoire*, parce que c'est là où les jurés prêtent serment de juger selon leur honneur et leur conscience, et les témoins jurent de dire la vérité, rien que la pure vérité; le reste de la salle est la partie réservée aux curieux qui assistent aux débats, lesquels doivent être publics, à moins qu'en vertu de son pouvoir discrétionnaire le président ne déclare que les débats auront lieu à huis clos, parce qu'ils sont de nature à porter atteinte à la morale publique. — A côté de la salle d'audience, il doit y avoir un cabinet pour le président, un second pour l'avocat général, une salle de délibération pour les jurés, une seconde pour les juges, enfin des vestiaires, une pièce pour les témoins à charge, une autre pour les témoins à décharge, au moins deux cellules pour les accusés; enfin, dans les grandes villes, les locaux de la cour d'assises comprennent une buvette, des urinoirs et des water-closets.

COUR. — *Première chambre.* — Une salle d'audience, un cabinet pour le président, une chambre pour les délibérations, un vestiaire pour les conseillers.

Deuxième chambre (police correctionnelle). — Une salle d'audience, un cabinet pour le président, une salle de délibération, une chambre pour les témoins à charge, une autre pour les témoins à décharge, une salle pour les prévenus.

Troisième chambre. — Une salle d'audience, un cabinet pour le président, une salle pour les délibérations, un vestiaire.

Chambre des mises en accusation. — Une salle pour les délibérations, un cabinet pour le président, une pièce pour les avocats.

Greffe de la cour. — Un cabinet pour le greffier, une salle pour le casier judiciaire, des pièces, en nombre plus ou moins considérable suivant l'importance du ressort, pour les commis greffiers, une pièce pour les archives, une autre pour les pièces à conviction.

Parquet du procureur général. — Un cabinet précédé d'une antichambre pour le procureur général avec salle d'attente, un cabinet pour son secrétaire et un sous-secrétaire, trois ou quatre cabinets pour les avocats généraux, deux ou trois cabinets pour les substituts, une ou plusieurs pièces pour dépôts ou archives.

TRIBUNAL CIVIL. — *Première chambre.* — Une salle d'audience, un cabinet pour le président, une chambre pour les délibérations, une pièce pour les juges, une chambre pour les référés, une pièce pour les témoins à charge, une autre pour les témoins à décharge.

Deuxième chambre (police correctionnelle). — Une salle d'audience, un cabinet pour le président, une salle de délibération, un cabinet servant de vestiaire pour les juges, une pièce pour le juge préposé aux ordres.

Greffe. — Un cabinet pour le greffier en chef, un cabinet pour le greffier et une ou deux pièces pour les commis greffiers, une pièce pour les avocats, enfin des vestiaires.

INSTRUCTION CRIMINELLE. — *Première chambre.* — Un cabinet pour le juge d'instruction, un autre pour son secrétaire, une antichambre.

Deuxième chambre. — Un cabinet pour le juge d'instruction, une autre pour son secrétaire, une pièce pour les témoins et une ou deux cellules pour les prévenus ; cette cellule sert pour les deux chambres.

Procureur de la république. — Un cabinet avec salle d'attente pour le procureur de la république, un cabinet pour son secrétaire, trois ou quatre cabinets pour ses substituts, un bureau pour les commis et les employés du parquet, une salle de dépôts ou pour les archives, un cabinet pour l'huissier du parquet.

Petit parquet. — Une pièce pour les commissaires de police, les inspecteurs ou agents de la force publique, un cabinet pour le procureur de la république ou son substitut, une grande pièce ou salle pour les individus arrêtés préventivement.

Enfin, indépendamment de tous les services et locaux que nous venons d'indiquer, des prisons pour les prévenus doivent se trouver à proximité des palais de justice et communiquer, autant que possible, directement avec eux, afin que les accusés puissent comparaître à leurs bancs par un couloir, soit qu'ils viennent de la prison ou du dépôt. (Pour le palais de justice de Paris, voy. PALAIS DE LA CITÉ.)

PALAIS DE LA LÉGION D'HONNEUR. — Ce palais a été bâti, en 1786, par l'architecte Rousseau, pour le prince de Salm ; aussi porta-t-il le nom d'*hôtel de Salm* jusqu'en 1802, époque à laquelle Napoléon l'affecta à la grande chancellerie de la Légion d'honneur. Il reçut dès lors le nom qu'il porte aujourd'hui. Brûlé en 1871, il a été restauré par M. Lejeune ; M. Mortier a terminé les travaux. Il forme un bâtiment isolé, borné au nord par le quai d'Orsay, à l'est et à l'ouest par les rues de Bellechasse et de Solférino, au sud par la rue de Lille ; c'est sur cette rue que se trouve l'entrée principale, qui donne accès dans la cour d'honneur et au corps de logis principal, dont la façade se termine par deux pavillons contre lesquels aboutissent les portiques qui entourent la cour d'honneur. Dans l'axe du palais se trouve le magnifique salon en hémicycle dont la partie circulaire est accusée en façade sur le quai par le mur et par la coupole. Le bâtiment en aile du côté ouest comprend une vaste salle à manger et quelques salons d'attente, le cabinet du secrétaire général et divers bureaux ; l'aile droite renferme le cabinet du grand chancelier, sa bibliothèque et diverses autres pièces. Les grands appartements sont élevés de quelques marches au-dessus du sol de la cour et du jardin.

PALAIS DU LOUVRE. — L'origine de ce palais est fort ancienne. Alors que des forêts couvraient encore les bords de la Seine et s'avançaient, pour ainsi dire, jusqu'au pied des murs de la cité naissante, c'est-à-dire vers le Xe et peut-être même le IXe siècle, il existait dans les bois un rendez-vous de chasse connu sous le nom de *castellum Lupara* ou *Loupara*, ce qui voulait dire probablement *château des loups*, parce qu'on voyait fréquemment des loups dans son voisinage. Est-ce là l'origine du nom du palais du Louvre ? Beaucoup le prétendent (1) ; mais ce qui est certain, c'est que sous Philippe-Auguste le château du Louvre prit une grande importance ; la nouvelle enceinte de Paris vint se joindre à ce château, qui fut transformé en forteresse, et la grosse tour que ce prince fit élever au centre du monument servit à enfermer les trésors du roi et les prisonniers d'État (2).

Indépendamment de la grosse tour, il y avait encore la tour de la Librairie, celle de l'Horloge, du Bois, de l'Écluse, de l'Armoirie, de la Fauconnerie, de la Taillerie, de la grande et de la petite Chapelle, du pont des Tuileries, etc. — En 1367, Charles V renferma le Louvre dans l'enceinte même de Paris et y résida souvent, parce que sa femme, Jeanne de Bourbon, préférait de beaucoup cette habitation à celle de l'hôtel Saint-Paul. Aussi les corps de

---

(1) D'autres ont dit que ce mot signifiait l'*ouvrage* par excellence, le *chef-d'œuvre*, ou bien que Louvre est dérivé du saxon *louër*, qui signifie *château*.

(2) Parmi les prisonniers qui ont été enfermés dans cette tour, on cite : trois comtes de Flandre, et Enguerrand de Coucy, qui y fut enfermé par ordre de Louis IX, pour avoir fait pendre trois jeunes gentilshommes flamands qui avaient tué quelques lapins dans ses terres ; Enguerrand de Marigny, captal de Buch, et Jean de Grailly. Le dernier prisonnier qui ait séjourné dans la grosse tour du Louvre est le duc d'Alençon (Jean II). Quand la prison d'État fut supprimée au Louvre, on mit les prisonniers à Vincennes, puis à la Bastille, à la tour de Bourges, au château d'Angers et dans d'autres lieux fortifiés.

logis, qui n'avaient que deux étages sous Philippe-Auguste, furent surmontés de deux autres, car il y eut des appartements distincts pour le roi et pour la reine. On y fit des salons superbes; l'un d'eux, dit *des Joyaux*, renfermait plus de 700 kilogrammes d'or ouvré, 65 émeraudes, 78 saphirs, 180 rubis, 225 diamants et 1,220 perles. La tour de la Librairie était ainsi dénommée parce qu'elle renfermait la bibliothèque de Charles V, la plus belle et la plus complète du temps, puisqu'elle renfermait à cette époque neuf cents volumes environ. Jusqu'à François Ier, les successeurs de Charles V ne logèrent que fort rarement au Louvre, et sous ce prince les bâtiments étaient en si mauvais état que, pour y loger en 1539 Charles-Quint, il fallut faire des réparations très-considérables. Du reste, le Louvre avec ses massives constructions ne pouvait guère convenir à un roi comme François Ier, qui ne l'aimait pas du tout ce qui avait un aspect sévère et austère, à ce roi qui faisait construire Chambord, qui étudiait déjà les plans de Fontainebleau et rêvait d'employer des artistes italiens, parce que leur talent souple, gracieux et coquet convenait parfaitement à l'humeur royale, à ce Père de notre belle renaissance française. — Aussi François Ier, qui ne prenait pas quatre chemins pour atteindre un but, résolut-il de faire abattre purement et simplement le vieux Louvre de ses pères ou du moins de ses prédécesseurs, et de faire construire sur l'emplacement déblayé un édifice nouveau et plus élégant. Il en voulut confier l'exécution à Sébastien Serlio; mais, Pierre Lescot ayant déjà fait un projet, le roi le montra à l'artiste italien qui déclara nettement au roi que le projet de son confrère valait mieux que le sien. C'est bien le cas de dire : *Que les temps sont changés !*

Le nouveau palais, nommé depuis le *Vieux Louvre*, fut donc commencé sur les plans de Pierre Lescot, qui en fut nommé architecte le 3 août 1546, et le traitement qu'il toucha, à partir de l'année 1550, fut fixé à 1,200 livres par an, payables mensuellement. Jusqu'à sa mort, survenue le mercredi 10 septembre 1578 vers quatre heures de l'après-midi, Lescot ne cessa pas de diriger les travaux du Louvre. Ceux qui

ont été exécutés sous ses ordres comprennent l'aile occidentale, depuis le pavillon de l'Horloge exclusivement jusqu'à l'angle sud-ouest de la cour, enfin la presque totalité de l'aile méridionale. Dans le principe, l'édifice ne devait comporter qu'une galerie flanquée de deux pavillons ; celui du côté de la Seine devait servir d'habitation, le pavillon opposé devait contenir un grand escalier et une chapelle. Henri II continua l'œuvre commencée par son père et y ajouta une aile au midi, c'est-à-dire le long du fleuve. Le grand escalier et la salle dite *des Cariatides* ont été construits également sous Henri II. Jean Goujon a fait toutes les sculptures des bâtiments que nous venons de mentionner; mais il s'adjoignit comme collaborateur le Florentin Paul Ponzio, dit *Trebati*, qui sculpta toute l'ornementation des étages supérieurs, et se réserva pour lui-même celle de l'étage inférieur et du rez-de-chaussée, que l'œil atteint plus facilement. Charles IX érigea l'aile qui part du jardin de l'Infante et se dirige du côté du pont des Saints-Pères. Henri IV acheva les bâtiments situés derrière le pavillon de l'Horloge; c'est lui qui le premier eut la pensée de réunir le Louvre et les Tuileries, idée qui ne devait se réaliser que beaucoup plus tard, vers 1865. Louis XIII termina les travaux du pavillon de l'Horloge, la façade à la suite qui se dirige du côté de la rue de Rivoli ; il construisit aussi les ailes au nord et à l'est et termina l'aile du midi, ce qui compléta la cour du Louvre telle qu'on la voit aujourd'hui. — Levau fit un projet pour l'agrandissement du Louvre, il en avait reçu l'ordre de Mazarin ; mais son projet ne fut pas goûté du successeur du cardinal, de Colbert. Ce dernier, esprit large et très-pratique, attachant une grande importance à l'agrandissement du Louvre, ne trouva rien de mieux que d'ouvrir un concours pour mener à bien cette vaste entreprise. C'est là le premier exemple que nous trouvons en France du concours public. Levau y envoya un modèle en bois que tout le monde trouva fort mauvais ; en revanche, l'opinion générale trouva fort beau un dessin qui n'était pas signé et qu'on sut bientôt être l'œuvre de Claude Perrault, médecin et mathématicien.

Mais les artistes évincés firent entendre à Colbert que le projet de Perrault n'était qu'un beau dessin, mais nullement exécutable; qu'avant de se lancer dans une pareille construction, il devait réfléchir; surtout qu'il entraînerait à des dépenses considérables. Enfin la cabale fit tant et si bien que Colbert fut très ébranlé et, pour sortir d'embarras, résolut de consulter les meilleurs architectes italiens; mais les meneurs, au lieu d'envoyer en Italie le projet de Perrault, n'expédièrent que le modèle de Levau, et les artistes étrangers, au lieu de donner leur avis, fournirent plusieurs plans soumis à Louis XIV, qui préféra l'œuvre de Bernin; aussi le fit-il venir en France. La cabale n'avait donc obtenu qu'un résultat, celui d'évincer un compatriote pour faire admettre le travail d'un étranger. Louis XIV ordonna qu'on reçût le Bernin avec tous les honneurs dus à un artiste de mérite, et de fait on lui fit une réception digne d'un prince du sang. Du reste, toute cette affaire est rapportée dans des chroniques du temps; voici comment s'exprime l'auteur contemporain, c'est-à-dire un témoin oculaire (*Chron. de l'Œil-de-bœuf*, p. 132):

« Il vient de se passer quelque chose de curieux dans le monde savant; le fait est bon à noter. Louis XIV a fait venir à grands frais d'Italie le seigneur *Bernini*, architecte renommé ; son entrée à Paris ressemblait à celle d'un ambassadeur; on lui a donné un hôtel, des domestiques, beaucoup d'or et un carrosse. Au milieu de tout ce faste, l'Italien, si grandement traité, se met à dessiner de sa main illustre les plans de la façade du Louvre qui doit regarder l'église de Saint-Germain l'Auxerrois; il termine ses dessins, monte dans son beau carrosse, et vient se présenter en triomphateur devant M. Colbert... Mais ne voilà-t-il pas que les plans d'*il signore* Bernini sont trouvés mesquins et que le contrôleur général fait rougir l'artiste étranger en lui en montrant d'autres qui sont admirables, quoiqu'ils n'émanent pas d'une imagination italique. Les dessins préférés ont été conçus par Claude Perrault ; et ce qu'il y a de plus singulier dans tout ceci, c'est que Perrault est... médecin. Son projet, adopté par tout le docte conseil des bâtiments, sera exécuté n'en déplaise à M. Levau, qui ne saurait concevoir qu'un médecin ait pu dresser des plans d'architecture...

· Ce passage, qui explique fort bien ce qui

s'est passé relativement à l'affaire du Louvre, montre aussi que Levau avait tout employé pour empêcher le concours d'aboutir ; et l'autorité que nous venons de citer est digne de foi; du reste, il paraît que le fait avait été consigné dans le *Journal des savants*, comme on peut le voir par les lignes suivantes empruntées aux mêmes chroniques (p. 133) : « J'ai lu, dit le même auteur, tout ce que je viens d'écrire dans une gazette toute nouvelle, appelée le *Journal des savants;* c'est encore une institution utile encouragée par M. Colbert. »

Voilà donc Claude Perrault remis en possession du travail, et c'était justice, car le plan de Bernin, au lieu de compléter le Louvre, l'augmentait d'une cour immense qui arrivait presque au Pont-Neuf, et au milieu de cette cour il plaçait la statue du grand roi, sur un rocher au pied duquel se groupaient des naïades et des tritons. Le public ridiculisa ce projet d'une décoration par trop théâtrale, et le Bernin, berné, quitta Paris et n'y revint plus. Colbert patronna alors ouvertement le projet de Perrault ; il reconnut et déjoua les intrigues qui avaient empêché jusqu'alors le mérite d'arriver, et il fit approuver le projet par le roi. Tel est le récit fidèle du premier concours en France. — En historien sincère, nous devons ajouter que Colbert n'avait pas en son médecin pleine et entière confiance en tant qu'architecte ; aussi lui adjoignit-il un conseil composé de l'architecte Levau, de d'Orbay, son élève; et du peintre Lebrun , le conseil se tenait deux fois par semaine sous la présidence de Colbert : ce qui nous permet de dire que si un médecin avait dessiné le projet du Louvre, ce furent des architectes qui l'exécutèrent. Ce fait est parfaitement authentique, nous ne saurions le mettre en doute ; le témoignage d'un contemporain va encore le confirmer ; or voici ce que Boileau (1ʳᵒ *Réflex. sur Longin*) nous dit en parlant de Claude Perrault : « Je ne nierai point cependant qu'il ne fût homme de très-grand mérite et fort savant, surtout dans les matières de physique. Messieurs de l'Académie (1), néanmoins, ne conviennent pas

_____

(1) Claude Perrault était membre de l'Académie des sciences.

tous de l'excellence de sa traduction de Vitruve, ni de toutes les choses avantageuses que monsieur son frère rapporte de lui (1). Je puis même nommer un des plus célèbres de l'Académie d'architecture (2) qui s'offre de lui prouver, papier sur table, que c'est le dessin de M. Levau qu'on a suivi dans la façade du Louvre, et qu'il n'est pas vrai que ni ce grand ouvrage d'architecture, ni l'Observatoire, ni l'arc de triomphe (3), soient des ouvrages d'un médecin de la faculté. »

Quoi qu'il en soit, Claude Perrault jeta en 1665 les fondements de la colonnade du Louvre, laquelle fut terminée en 1680, et dont notre figure montre une perspective vue du premier étage. Il érigea également une partie en retour d'équerre sur le fleuve ; mais les dépenses folles de Versailles, de Trianon et de Marly, de même que les désastres militaires survenus pendant les dernières années du règne de Louis XIV, interrompirent les travaux. Louis XV confia à Gabriel et à Soufflot la direction des travaux pour l'achèvement du Louvre ; ces habiles architectes construisirent l'étage d'attique placé derrière la colonnade, les frontons de couronnement au nord et au midi, dans la cour, et le vestibule qui donne accès dans la rue de Rivoli. Mais à cette époque des favoris de Louis XV furent autorisés à se créer des logements dans ce magnifique édifice ; dès lors on ne respecta plus rien, chaque nouveau venu s'y tailla des appartements à sa guise en perçant des portes, des plafonds, en démolissant des murs, en en construisant de nouveaux ; des maisons particulières furent

même érigées dans la cour, et d'atroces baraques non-seulement cachèrent et souillèrent le bas du monument, mais ruinèrent même les belles sculptures. Cet état de choses dura fort longtemps. Sous le premier empire on fit quelques travaux ; des additions plus importantes vinrent s'ajouter à l'édifice sous Louis XVIII, Charles X et Louis-Philippe ; mais ce ne fut qu'en 1848 que le gouvernement provisoire rendit deux décrets pour l'achèvement du Louvre. Ces décrets ayant une certaine importance, nous les donnons en note (1).

Dès la fin de l'année 1848, il fut décidé qu'on procéderait à la décoration de la façade sud, c'est-à-dire de celle qui est parallèle à la Seine ; qu'on exécuterait la décoration du grand salon carré, du salon des Sept-Cheminées, et de la galerie d'Apollon. Ces travaux, d'une

---

(1) Le frère de Claude Perrault était Charles Perrault, auteur des *Contes* et des *Hommes illustres*, dans lesquels il est question de l'affaire du Louvre.

(2) Ce membre de l'Académie, c'était d'Orbay lui-même, l'élève et le collaborateur de Levau.

(3) Les bâtiments de l'Observatoire furent construits par Perrault de 1668 à 1671. Quant à l'arc de triomphe dont il est ici question, c'était un monument à ériger à la gloire de Louis XIV, avenue de Vincennes, en commémoration de la conquête de la Flandre et de la Franche-Comté. La première pierre fut posée le 6 août 1670, mais la construction fut arrêtée par suite des folies commises à Versailles, à Trianon, à Marly, enfin par les désastres survenus dans les dernières années du règne de Louis XIV.

---

(1) Voici le premier de ces décrets : « Le gouvernement provisoire, considérant qu'il convient à la république d'entreprendre et d'achever les grands travaux de la paix ; que le concours du peuple et son dévouement donnent au gouvernement provisoire la force d'accomplir ce que la monarchie n'a pu faire ; qu'il importe de concentrer dans un seul et vaste palais tous les produits de la pensée, qui sont comme les splendeurs d'un grand peuple, décrète : 1º le palais du Louvre sera achevé ; 2º il prendra le nom de Palais du Peuple ; 3º ce palais sera destiné à l'exposition de peinture, à l'exposition des produits de l'industrie, à la bibliothèque nationale ; 4º la rue de Rivoli sera continuée d'après le même plan ; 5º une commission sera nommée par le ministre des finances, par le ministre des travaux publics et par le maire de Paris pour régler tous les moyens d'exécution ; 6º le maire de Paris, les ministres des finances et des travaux publics sont chargés de l'exécution du présent décret.

« Fait en conseil, le 24 mars 1848. »

Voici le second :

« Le gouvernement provisoire, vu le décret ordonnant l'achèvement du Louvre, sur la proposition du maire et du ministre des travaux publics, décrète : 1º les travaux relatifs à l'achèvement et la construction du palais du Louvre sont déclarés d'utilité publique ; 2º l'expropriation se poursuivra sans délai, l'indemnité devant être réglée par une commission permanente ; 3º les propriétés désignées pour l'expropriation seront expropriées en vertu d'un décret spécial rendu sur la proposition du maire et du ministre des travaux publics ; 4º le maire de Paris et le ministre des travaux publics sont chargés de l'exécution du présent décret.

« Fait en conseil du gouvernement, le 28 mars 1848. »

grande importance, furent confiés à l'illustre Duban, qui leur donna le cachet et l'origi- nalité que tout le monde connaît et qui font l'admiration des connaisseurs et de tous

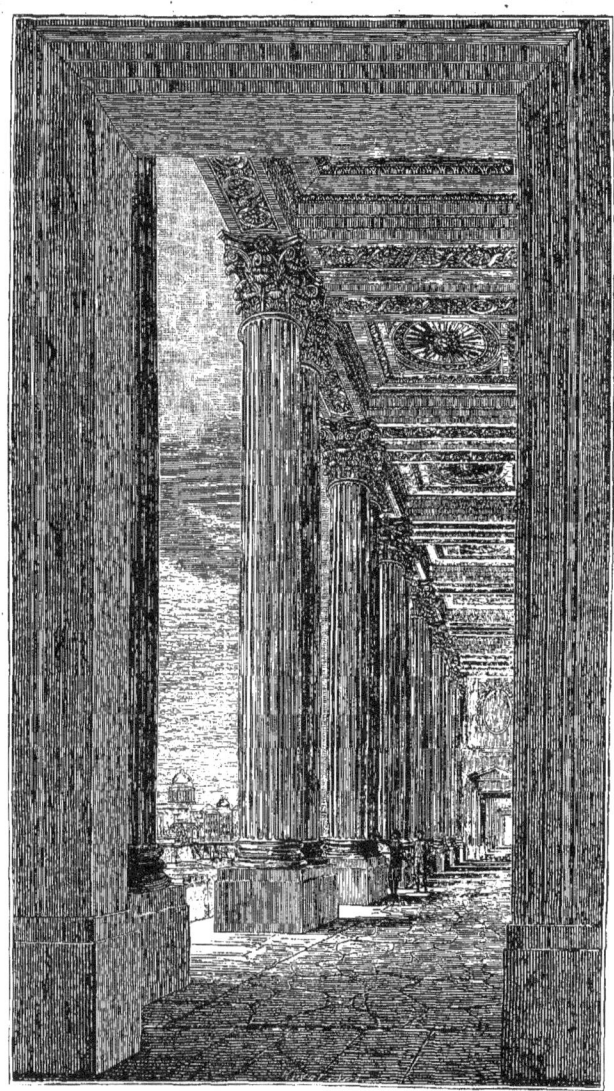

Vue de la colonnade du Louvre (perspective du premier étage).

les artistes français et étrangers. Un nouveau décret en date du 16 octobre 1849 affectait une somme de 6,400,000 francs à l'achat et à la démolition des maisons situées entre le

Louvre et les Tuileries ; mais la ville de Paris avait pris à sa charge un tiers de cette somme. Enfin un décret du président de la république, en date du 12 mars 1852, décréta la réunion du palais du Louvre à celui des Tuileries ; nous en parlons plus loin. (Voy. PALAIS DES TUILERIES.)

PALAIS DU LUXEMBOURG. — Ce palais, situé rue de Vaugirard, a passé successivement dans les mains de nombreux propriétaires et a eu des destinations très-diverses. A son origine, c'était une grande maison, un *hôtel* entouré de jardins, que Robert de Harlay de Sancy avait fait construire vers le milieu du XVIᵉ siècle. A la mort de Robert, sa veuve, Jacqueline de Marinvillier, en devint propriétaire ; puis le duc de Piney-Luxembourg en fit l'acquisition et acheta, en 1583 ou 1585, des terres pour agrandir les jardins. Le 2 avril 1612, Marie de Médicis acheta cette propriété moyennant la somme de 90,000 livres ; en 1613, elle y adjoignit la ferme de l'Hôtel-Dieu, contenant « sept arpens et demi, plus vingt-cinq autres arpens au lieu appelé le Boulevard. » (Roquefort, *Dict.*, p. 322.) Jacques Debrosse dressa les plans du monument qui, commencé en 1615, fut terminé en 1620 sous sa direction. Ce palais devait alors porter le nom de *palais Médicis* ; mais la veuve de Henri IV le légua à son second fils, Gaston d'Orléans, et le palais reçut la dénomination de *palais d'Orléans*, qu'il abandonna bientôt pour reprendre le nom de l'ancien propriétaire, Luxembourg, sous lequel on le désigne encore de nos jours. A la mort de Gaston (1660), ce palais échut par moitié à Anne-Marie-Louise d'Orléans, duchesse de Montpensier, qui acheta l'autre moitié 500,000 livres ; puis il passa en 1672 à Élisabeth, duchesse d'Orléans et d'Alençon, qui le céda en 1693 ou 1694 au duc d'Orléans, frère de Louis XIV. Il devint ensuite l'habitation de la duchesse de Brunswick et de Mˡˡᵉ d'Orléans, reine d'Espagne. Louis XV l'acheta ensuite, et Louis XVI le donna à son frère, *Monsieur*, qui fut plus tard Louis XVIII. A la chute de la monarchie, il devint propriété nationale ; le 5 novembre 1795, le directoire exécutif y résida jusqu'à sa suppression (18 brumaire an VIII, 9 nov. 1799). Il porta depuis le nom de palais du Sénat, parce qu'il était occupé par le sénat conservateur (1), et en 1814 il prit le nom de Chambre des pairs. En 1848, le gouvernement provisoire y tint ses séances ; en 1852, il servit de nouveau de lieu de réunion pour les séances du sénat, ainsi que le 4 septembre 1870 aux premières séances du gouvernement de la Défense nationale ; enfin, en juin 1871, il fut occupé par la préfecture de la Seine pour permettre la reconstruction de l'hôtel de ville, incendié pendant la guerre civile de 1871. L'entrée principale du monument qui nous occupe fait face à la rue de Tournon : c'est un portique couronné d'un dôme et flanqué à droite et à gauche de galeries qui s'arrêtent à de grands pavillons d'angle. Après avoir franchi l'entrée, on pénètre dans la cour d'honneur, dans l'aile droite de laquelle on trouve le grand escalier d'une seule rampe à deux volées, lequel escalier conduit à la galerie des fêtes, à la salle en hémicycle pour les séances qui servaient au sénat, enfin aux grands appartements. L'aile gauche sert actuellement de musée et renferme des œuvres des artistes contemporains. C'est dans cette aile et dans ses pavillons que se trouvaient les appartements de Marie de Médicis. Malgré les additions que ce monument a reçues à diverses époques, il a toujours conservé un très-beau caractère ; son style toscan à bossages produit un très-heureux effet. Mentionnons aussi, dans les jardins, la belle fontaine créée par Debrosse (nous l'avons donnée au mot FONTAINE, pl. XXXIX et à laquelle dans le principe on avait donné le nom de *grotte de Marie de Médicis*.

PETIT-LUXEMBOURG. — A l'ouest du grand

<hr />

(1) Voici un extrait du *Moniteur*, du 8 nivôse an VIII, qui donne le projet de résolution adopté par la commission législative du conseil des Cinq-Cents :

« Art. 1ᵉʳ. — Le sénat conservateur et les consuls entreront en fonctions le 4 nivôse an VIII...

« Art. 7. — Les édifices nationaux ci-après désignés seront affectés aux diverses autorités constituées : 1° le palais du Luxembourg, au sénat conservateur ; 2° le palais des Tuileries, aux consuls ; 3° le palais des Cinq-Cents, au corps législatif ; 4° le palais du Tribunat, aux tribuns, etc. — Pour ce dernier palais, Voy. PALAIS-ROYAL.

palais, et sur la rue de Vaugirard, se trouve le Petit-Luxembourg. On ignore qui a été l'architecte de ce monument; mais ce qu'on sait fort bien, c'est que Germain Boffrand a construit la partie extrême du côté de l'orangerie pour la princesse palatine, Anne de Bavière, veuve de Jules de Bourbon, qui l'avait habité également du vivant de son mari à qui cette propriété avait été léguée par la duchesse d'Aiguillon, nièce du cardinal de Richelieu, qui l'avait fait construire vers l'année 1629. Aussi le Petit-Luxembourg porta successivement les noms de ses divers propriétaires; il fut d'abord dénommé *palais Cardinal, hôtel d'Aiguillon, hôtel du Petit-Bourbon*. — Le Petit-Luxembourg servit d'habitation aux membres du Directoire; pendant les premiers mois de son consulat Bonaparte y demeura; en 1852, il servit de demeure au président du sénat; aujourd'hui il est habité par le préfet de la Seine. — En face du Petit-Luxembourg, de l'autre côté de la rue, se trouvent les bâtiments des communs qui dépendent du palais.

PALAIS-ROYAL. — Les fondations de ce palais furent jetées en 1629, en partie sur l'ancien emplacement des hôtels Mercœur et de Rambouillet et en partie hors de l'enceinte de Charles V; il ne fut terminé qu'en 1636. Il prit successivement les noms d'*hôtel Richelieu, palais Cardinal*, parce que Richelieu l'avait fait construire par l'architecte Lemercier pour son habitation. Trois ans après (1639), le cardinal fit don de son palais à Louis XIII, qui l'accepta, avec son mobilier et des bijoux (1).

---

(1) Voici la teneur de l'acceptation : « Sa Majesté ayant très-agréable la très-humble supplication qui lui a été faite par M. le cardinal de Richelieu d'accepter la donation de la propriété de l'hôtel de Richelieu au profit de Sa Majesté et de ses successeurs rois de France, sans pouvoir être aliénée de la couronne, pour quelque cause et occasion que ce soit; ensemble sa chapelle et ses diamants; son grand buffet d'argent cizelé et son grand diamant, à la réserve de l'usufruit de ces choses la vie durant le sieur cardinal et à la réserve de la capitainerie et conciergerie dudit hôtel, pour ses successeurs ducs de Richelieu... etc.

« Fait à Fontainebleau, le premier jour de juin 1639.

« Signé LOUIS.

« Et plus bas :

« SUBLET. »

Le 7 octobre 1643, Anne d'Autriche, régente, Louis XIV et le duc d'Anjou quittèrent le Louvre pour aller au palais Cardinal, afin de s'y installer; et comme quelques courtisans représentaient à la reine mère qu'il n'était pas convenable que le jeune roi habitât un palais portant le nom d'un de ses anciens sujets, la reine remplaça l'inscription par celle de palais Royal, qu'il porte encore aujourd'hui. En 1763, un incendie qui éclata dans le théâtre le ruina complétement, ainsi que l'aile orientale du palais; aussi le petit-fils du régent, Philippe d'Orléans, fit réédifier le palais actuel par Moreau et Contant d'Ivry. L'architecte Louis construisit pour Louis-Philippe-Joseph d'Orléans les bâtiments en façade sur le jardin (1786). Enfin Fontaine et Percier érigèrent pour le duc d'Orléans, devenu plus tard Louis-Philippe Ier, la galerie dite *d'Orléans*, dont l'emplacement était occupé par d'affreuses baraques en charpente dénommées *galeries de bois*, lesquelles avaient été élevées en 1787. — Successivement le Palais-Royal, indépendamment des noms que nous avons donnés ci-dessus a été appelé *palais Égalité* (1792), *palais du Tribunat* (18 brumaire an VII), *Palais national* (1848); enfin il a repris le nom qu'il porte actuellement. Après l'incendie de 1871, les façades sur les rues de Valois, Saint-Honoré et de Richelieu, ainsi qu'une partie du théâtre, ont été restaurées. C'est sur la scène de ce théâtre (Théâtre-Français) qu'est mort Molière en prononçant le mot *juro* du rôle d'Argan du *Malade imaginaire*.

PALAIS DE SAINT-CLOUD. — Ce palais était construit sur l'emplacement d'un ancien hôtel de Catherine de Médicis, d'un ancien hôtel du surintendant Fouquet et d'une maison de plaisance du cardinal de Gondi, dans laquelle Jacques Clément assassina Henri III. Ce palais avait été construit vers 1658 par Mansard et Lepautre pour le duc d'Orléans, frère de Louis XIV; il était situé à mi-côte, et, des appartements et de la terrasse, l'œil du spectateur jouissait d'une vue magnifique. Le palais de Saint-Cloud était devenu château royal en 1782 par l'acquisition qui en avait été faite par Marie-Antoinette. C'est dans l'orangerie du parc qu'avait été accompli le coup d'État du 18 brumaire : aussi Napoléon Iᵉʳ a toujours eu pour cette demeure une prédilection marquée ; il en faisait sa résidence d'été. Le magnifique parc, qui s'étend jusqu'aux bords de la Seine, a été dessiné par Lenôtre ; quant à la superbe cascade, elle est l'œuvre de Lepautre. Ce magnifique palais a été incendié en 1871 par les Prussiens, après la signature de l'armistice, et tous les beaux objets d'art qu'il renfermait ont été pillés par les armées allemandes ou ont péri dans l'incendie. Un écrivain d'art, M. Marius Vachon, en a dressé un inventaire dans un charmant volume publié par l'imprimeur-libraire Quantin.

PALAIS DU TROCADÉRO. — Ce palais, construit pour l'exposition universelle de 1878, est l'œuvre d'un architecte et d'un ingénieur-architecte ; le premier a fait l'architecture proprement dite de ce vaste édifice, le second a étudié plus particulièrement tous les travaux qui sont du domaine de l'ingénieur. Cette collaboration féconde a donné sinon un monument parfait, du moins une œuvre très-méritante. L'architecture du Trocadéro, très-étudiée dans son ensemble et dans tous ses détails, possède beaucoup de charme et beaucoup de finesse, et fait honneur au dessinateur Davioud ; mais le monument est un peu froid, les sculptures et les bossages manquent de saillie : en un mot, le style adopté, qui ne laisserait rien à désirer pour un édifice construit sur une place publique, n'a pas une architecture assez colorée, assez vigoureuse pour la place qu'il occupe ; M. Davioud est trop *parisien* et pas assez *florentin*. Nos lecteurs, habitués à saisir les nuances, comprendront certainement l'énorme distance qui sépare un architecte parisien du XIXᵉ siècle et un artiste florentin du XVIᵉ siècle. Diverses parties de la construction, notamment la charpente en fer de la salle des fêtes, sont d'une grande hardiesse et témoignent de la valeur réelle de M. Bourdais. On a beaucoup admiré et surtout critiqué ce monument, qui, disons-le sans arrière-pensée, possède un fort bel aspect ; son étendue et son emplacement, nous le voulons bien, concourent beaucoup à ce résultat, c'est là un fait indéniable. La critique principale et très-sérieuse formulée par les vrais artistes, c'est que la forme en hémicycle adoptée pour le plan n'a pas été heureuse. Une longue ligne droite en façade avec saillies et avant-corps, terminée par deux ailes en retour d'équerre de chaque côté du monument, aurait produit un effet beaucoup plus grandiose qu'une ligne courbe qui est toujours molle, qui ne fournit pas les vives oppositions d'ombre et de lumière indispensables à un monument qui possède un grand développement et qui doit être vu de loin. Or la ligne courbe supprime les vigueurs, ne donne que des demi-teintes qui s'estompent, s'effacent et disparaissent totalement au fur et à mesure qu'on s'éloigne d'un monument, dont on ne peut saisir l'ensemble qu'à une certaine distance. Ensuite la ligne courbe a gêné pour le classement des collections à l'intérieur des bâtiments ; les perspectives intérieures et extérieures ont été brisées par cette malheureuse ligne courbe, tandis que la ligne droite aurait fourni une perspective beaucoup plus considérable et sans contredit bien plus agréable à l'œil. Enfin, et c'est là le défaut capital du palais du Trocadéro, les gens les plus compétents, dont l'autorité est indiscutable, ont parfaitement reconnu que la partie circulaire extérieure de la salle des fêtes aurait dû être placée du côté de la place et non en regard de la Seine, parce que cette énorme proéminence coupe en deux le monument, gêne donc la perspective générale, puisqu'elle empêche les promeneurs d'un des côtés de la galerie de voir l'autre côté. C'est là un défaut capital, nous le répétons, et qui ne trouve son excuse que dans la hâte et la précipitation avec lesquelles les architectes du monument ont dû procéder. Peut-être même un scrupule très-fâcheux est-il cause du grave défaut que nous venons de signaler ; nous voulons dire que les auteurs du projet ont voulu rester dans les données de leurs projets primés, crainte d'être accusés de changements ou d'avoir utilisé les idées des autres concurrents (1). — En tout

(1) Nos lecteurs se rappellent sans doute qu'un con-

cas, il est incontestable qu'une façade rectangulaire du côté de la Seine pour la salle des fêtes et pour les galeries latérales aurait produit un monument d'un aspect beaucoup plus grandiose. Mais nous devons ajouter que, quoi qu'on puisse dire, ce monument fait le plus grand honneur aux artistes qui l'ont conçu et exécuté; les décorations, surtout celles de l'intérieur, sont remarquables : aussi serions-nous injuste de ne pas mentionner, en terminant, les noms de deux précieux collaborateurs, M. Lameire, le décorateur, et M. Raulin, l'inspecteur des travaux, de nos confrères Davioud et Bourdais.

PALAIS DES TUILERIES. — Ce palais tire son nom de l'emplacement sur lequel il se trouve et qui était occupé autrefois par des tuileries, comme nous allons le voir. La tuile, qu'on employait très-anciennement à Paris, se fabriquait au bourg de Saint-Germain des Prés ; il existait même à l'extrémité de la rue du Cherche-Midi une rue dénommée des *Vieilles-Tuilleries*. Plus tard, la consommation de ces matériaux devenant de plus en plus considérable, on créa sur la rive droite de la Seine de nouvelles tuileries dans le lieu dit *la Sablonnière ;* il existait même en 1340 un *hôtel des Tuilleries* qui était occupé par Pierre des Essarts et sa femme ; enfin nous trouvons dans les *Ordonnances du Louvre* (vol. X, p. 373 et 374) qu'en 1416 Charles VI ordonna que toutes les tueries et escorcheries seraient transportées hors des murs de la ville, « près ou dans les environs des Tuilleries Saint-Honoré, qui *sont sur la dite rivière de Seine, outre les fossés du château du Louvre.* » Nicolas Neuville de Villeroi, secrétaire des finances et audiencier de France, était propriétaire d'une de ces tuileries, qui était entourée de vastes jardins en bordure sur la Seine. François Ier, qui désirait donner à sa mère, Louise de Savoie, une demeure plus agréable et plus salubre que le palais des Tournelles, qu'elle habitait, acheta une petite

tuilerie près de celle de Villeroi et proposa à celui-ci, en échange de sa propriété, une terre sise à Chanteloup. Le contrat d'échange fut signé le 12 février 1518. Mais Louise de Savoie se dégoûta bientôt de cette propriété et la donna en jouissance, leur vie durant, à Jean Tiercelin, maître d'hôtel du Dauphin, et à Sulde du Trot, sa femme. Les lettres constatant cette donation furent enregistrées à la chambre des comptes le 23 septembre 1527. Henri II, blessé par Montgomery dans un tournoi, mourut au palais des Tournelles; Charles IX et Catherine de Médicis le considérèrent dès lors comme un lieu frappé de malédiction, et le roi en ordonna la démolition par lettres patentes en date du 23 janvier 1563. Dès lors Catherine acheta les bâtiments et les jardins des Tuileries, anciennement occupés par Louise de Savoie, et fit commencer en 1564 le *palais des Tuileries.* Elle chargea Philibert Delorme de cette construction ; on prétend même qu'elle lui donna un croquis de ce qu'elle voulait à son architecte : du reste, il n'y a rien d'étonnant dans ce fait, car cette princesse aimait beaucoup l'architecture. Delorme, dans la dédicace de son *Traité d'architecture,* nous l'apprend en ces termes : « Madame, je vois de jour en jour l'accroissement du grandissime plaisir que Vostre Majesté prend à l'architecture, et comme de plus en plus votre bon esprit s'y manifeste et reluit de plus en plus, quand vous même prenez la peine de portraire (faire le plan) et esquicher les bastiments qu'il vous plaît commander estre faits, sans y omettre les mesures des longueurs et largeurs avec le département des logis qui véritablement ne sont ni vulgaires ni petits, ains fort excellents et plus que admirables ; comme entre plusieurs est celuy du palays que vous faictes bastir de neuf en Paris, près la porte neusve, et le Louvre maison du roy, le quel palays je conduis de votre grâce, suivant les dispositions, mesures et commandements qu'il vous plaist m'en faire, etc. » Le projet de Philibert Delorme nous a été conservé par Ducerceau dans le second volume de son principal ouvrage. Le plan affectait la forme d'un grand quadrilatère régulier « d'environ

cours public été institué pour l'érection des monuments à élever pour l'exposition universelle de 1878, et que le projet de MM. Davioud et Bourdais a été classé parmi les projets couronnés à ce concours.

136 toises de largeur sur 84 de profondeur ; » ce quadrilatère renfermait à l'intérieur une grande cour et quatre cours secondaires. Delorme ne put pas exécuter son vaste projet, car il mourut bientôt après avoir élevé le bâtiment central et les deux portiques qui l'accostent. Notre figure montre une partie de cette façade de Delorme. Après celui-ci, Jean Bullant poursuivit les travaux, qui furent continués par Ducerceau en 1600, et seulement terminés par F. d'Orbay, sur les plans et dessins de Louis Levau ; mais n'anticipons pas sur les événements. Après Catherine, les travaux furent arrêtés ; elle-même de son vivant quitta les Tuileries pour aller habiter son hôtel de Soissons, où elle avait fait construire en 1572, par Jean Bullant, une colonne d'ordre dorique, afin d'étudier les astres (1). Cette colonne est celle que l'on voit encore aujourd'hui adossée contre la halle

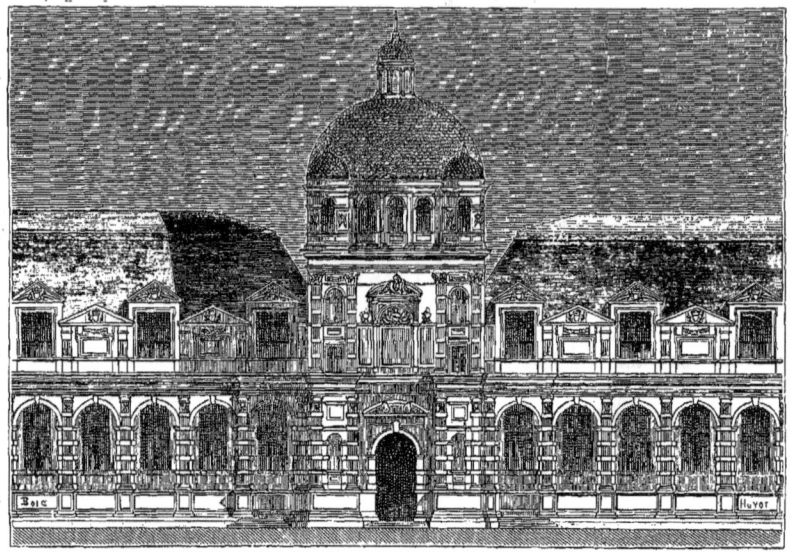

Ancien palais des Tuileries (façade de Philibert Delorme).

au blé. Les travaux des Tuileries ne furent repris que par Henri IV ; c'est lui qui fit faire, de chaque côté des bâtiments exécutés par Delorme et Bullant et peu en saillie sur leur alignement, deux autres corps de logis terminés chacun par un grand pavillon. C'est ce même prince qui fit faire, ou du moins qui commença, en 1600, la galerie du bord de l'eau, qui devait réunir les Tuileries au Louvre ; mais cette galerie, de même que les deux corps de logis et leur pavillon, ne furent terminés que sous Louis XIII, et même Ducerceau opéra de grands changements dans la décoration première des façades, de sorte que les Tuileries formaient sous Louis XIV

(1) Catherine de Médicis quitta son palais des Tuileries pour un motif assez singulier. Cette femme était très-infatuée d'astrologie ; or un de ses astrologues lui prédit qu'elle mourrait près de Saint-Germain : aussitôt elle quitta son ancienne demeure, parce qu'elle était située sur la paroisse de Saint-Germain ; elle n'alla plus à Saint-Germain en Laye, aux églises Saint-Germain l'Auxerrois et Saint-Germain des Prés. Malgré toutes ses précautions, elle mourut près d'un Saint-Germain, puisque le prêtre qui l'assista dans ses derniers moments se nommait Laurent de Saint-Germain, ce qui fit dire aux amateurs d'*astrologie judiciaire*, comme on appelait alors les faiseurs d'horoscopes, que la prédiction de l'astrologue s'était réalisée.

des disparates fort étranges, que le grand roi voulut, mais en vain, dissimuler. On entreprit alors des travaux fort regrettables, dont Levau et d'Orbay furent chargés. Dans l'espoir de donner de l'unité à l'ensemble des bâtiments, ces architectes démolirent l'escalier de Delorme, un chef-d'œuvre de construction (cet escalier se trouvait dans le pavillon central); ils changèrent les formes et les dispositions de ce pavillon central, ils ne conservèrent que l'ordre à tambours du rez-de-chaussée, qu'ils surmontèrent d'une ordonnance corinthienne au premier étage, composite au deuxième, le tout couronné d'un fronton et d'un attique; et le dôme circulaire si élégant fut remplacé à son tour par un comble quadrangulaire fort lourd et de très-mauvais goût. Enfin, Louis XIV termina la salle de spectacle commencée sous Henri IV par Vigarani. Louis XV n'ajouta rien au palais, il se contenta de faire organiser la machinerie du théâtre par l'architecte Servandoni. Cette salle de spectacle fut détruite en 1793; mais la Convention nationale y fit construire dans son emplacement une salle pour ses séances. Le consul Bonaparte voulut loger dans les Tuileries : il fit exécuter dans l'intérieur de l'édifice de nouvelles dispositions; il rétablit le théâtre dans l'ancienne salle de la Convention nationale; il fit élever une chapelle et une salle de conseil; le pavillon sur la rue de Rivoli, dit *pavillon de Marsan*, fut remanié de fond en comble. A l'extérieur, le premier consul fit démolir des bâtiments qui avaient été construits jusque sur les façades, et c'est lui qui fit placer la grille du Carrousel pour isoler le palais de ce côté de la place. Sous Louis-Philippe, l'architecte Fontaine apporta fort peu d'améliorations à ce palais, qui a été incendié en 1871. Aujourd'hui, les ruines qui subsistent ne peuvent être conservées; l'architecte du monument, M. Lefuel, l'a lui-même déclaré, et nous ne comprenons pas pourquoi l'on laisse subsister des traces de nos dernières guerres civiles, lorsqu'il serait si facile de construire sur cet emplacement un musée devenu aujourd'hui indispensable pour loger nos richesses artistiques, trop à l'étroit dans nos divers musées nationaux. M. Lefuel, qui a déjà restauré après l'avoir créé le pavillon de Flore, a reconstruit le pavillon de Marsan, un autre architecte sera sans doute bientôt chargé d'étudier et de construire un édifice central qui complétera ce vaste monument, unique au monde, et dont tant de générations ont demandé l'achèvement. Espérons que notre siècle verra enfin se réaliser ce grand rêve.

PALAIS DE VERSAILLES. — Le palais de Versailles et ses jardins ont eu pour origine une seigneurie située dans le village de Versailles; le seigneur de ce territoire se nommait, paraît-il, Hugues de Versaillis. La première mention qui soit faite de ce lieu, c'est dans une charte donnée en 1037 par un Adam ou Eudes, comte de Chartres, au monastère de Saint-Pierre dans ladite ville. Cette seigneurie fut acquise par Martial de Loménie, secrétaire de Charles IX; la famille de Gondi l'acheta à son tour en 1579. En 1627, Louis XIII fit construire dans le voisinage de cette seigneurie un petit pavillon de chasse pour y loger ses équipages, et cinq ans après, en 1632, il acheta au sieur J. F. de Gondi sa propriété. On voit par là que jamais monument aussi fastueux n'eut une origine plus modeste. Du reste, un auteur contemporain parle ainsi du château que Bassompierre appelait le *chétif château* : « L'espèce de pavillon de chasse où le roi Louis XIV eut dernièrement deux entrevues, fut bâti par Louis XIII, dans les bois qui avoisinent le bourg de Versailles. Rien de moins commode que ce pied-à-terre : les appartements en sont si resserrés que, lors des parties de chasse du feu roi, les seigneurs de sa suite devaient coucher partie dans un cabaret de rouliers, partie dans un moulin à vent, situés à proximité. Aussi Louis XIII ne passait-il la nuit au *chétif château* que par extrême nécessité, et lorsque, excédé de fatigue, il ne se sentait plus la force de regagner Paris ou Saint-Germain. Louis XIV coucha plus rarement encore au pavillon de Versailles (1). » Mais bientôt le grand roi va transformer cette misérable bicoque, parce que le séjour de Pa-

_____

(1) *Chroniques de l'Œil-de-bœuf*, t. I, p. 47.

ris lui devient odieux à cause des souvenirs de la Fronde ; aussi va-t-il s'établir à Saint-Germain, afin de donner le temps à Levau de lui construire un palais à Versailles digne de la magnificence du roi-soleil. Les travaux entrepris dureront plus de vingt ans et coûteront à la nation plus d'un milliard de livres de l'époque. Ces folies, du reste, étaient prévues par tous les contemporains. Voici, en effet, ce que nous trouvons dans l'auteur contemporain que nous avons cité déjà (*Chron. de l'Œil-de-bœuf*, t. I, p. 116) : « Les travaux de Versailles ont continué sans interruption depuis près de trois ans ; au château construit sous Louis XIII, et qui ne se composait que de quatre petits pavillons liés par un corps de bâtiment fort simple, ont été ajoutées de vastes constructions dans lesquelles le roi a voulu qu'on enclavât l'ancien édifice. Bien des millions sont déjà engloutis à Versailles, et ce palais est loin d'être achevé. La nature oppose chaque jour de nouveaux obstacles aux projets du roi : les terres sont sablonneuses, remuantes, privées d'eau, les plantations meurent dévorées par l'ardeur du soleil. Il faudrait amener, à force d'artifice, une rivière sur ce sol aride ; Louis XIV y songe et Colbert en frémit. » — Ce qu'on vient de lire se rapporte à l'année 1664 ; nous allons bientôt voir ce qui se passait vingt ans après, en 1684. A ce moment, la machine de Marly ne fournissait pas assez d'eau pour alimenter les jardins, les fontaines et les lacs de Versailles ; aussi Louvois propose à Sa Majesté un moyen infaillible pour prévenir cette disette d'eau, c'est de dériver la rivière d'Eure tout entière et de l'amener à Versailles. Les ingénieurs consultés, Lahire et Vauban, trouvent le projet très-faisable, d'autant que Colbert était mort ; et puis on devait, comme les Romains, employer l'armée à ces travaux ; et copier les Romains flattait beaucoup la vanité de Louis XIV. On employa donc trente mille soldats et six mille chevaux à une entreprise qu'on ne put mener à bonne fin, faute de ressources (Voy. AQUEDUC, p. 108) et parce que les soldats étaient décimés par toutes sortes de maladies, surtout par les fièvres. Un général faisant observer à Louvois le triste état des soldats pâles, maigres, fié-

vreux et languissants, ce ministre lui répondit : « Qu'ils meurent en remuant la terre dans une place ennemie, ou en la remuant dans les plaines de la Beauce, qu'importe ! c'est toujours pour le service du roi. » On dépensa à cet aqueduc la somme de 8,613,000 livres, chiffre bien considérable, mais qui ne pèse cependant pas d'un grand poids dans les dépenses totales de la création du palais de Versailles et de son parc, lesquelles s'élevèrent à la somme d'un milliard de livres du temps. Aussi appela-t-on Versailles le *tombeau des millions*, le *Versailles des louis d'or* ; et, devançant l'opinion et les critiques de Quatremère de Quincy (*Diction.*, v. Palais, *in fine*), un auteur du temps disait que tout était disparate et mesquin dans ce vaste palais. — « Mais si tout étonne, dit Touchard-Lafosse (*Chron. de l'Œil-de-bœuf*, t. I, p. 378), dans ce tombeau de tant de millions, dans ce *Versailles de louis d'or*, comme l'appelle un seigneur de mes amis, rien ne plaît, rien ne satisfait. Il n'y eut, à proprement parler, jamais de plan général pour la construction du palais, commencé il y a vingt-deux ans ; dans ce long espace de temps, les vues du roi changèrent si souvent, les projets durent être modifiés à tel point, que la plus grande disparité se remarque partout. Des parties d'édifice vastes et de bon goût touchent à d'autres parties mesquines, basses, étranglées. Les appartements du roi et de la reine sont resserrés, privés d'air, obscurs et sans dégagements. Toutes les richesses qui s'y trouvent réunies, tous les trésors de l'art qu'on y a commeent assés, déguisent mal l'imperfection originelle des lieux : on a paré ces vices nombreux de construction, mais il n'a pas été possible de les cacher. Je ne vois que la grande galerie, qu'on termine en ce moment, qui réponde à l'idée que chacun se fait de la magnificence du palais de Versailles avant de l'avoir vu. » Ces critiques sont fort sensées : jamais Louis XIV n'adopta un plan d'ensemble pour ce vaste palais ; il voulut conserver les constructions de Louis XIII. Les travaux furent commencés sous la direction de Levau ; plus tard ils furent confiés à Jules Hardouin-Mansard, mais ce dernier ne fit que la construction, la *bâtisse* proprement dite. Lebrun fut chargé des décorations intérieures. L'idée de la galerie des Glaces est de cet artiste; il étudia les détails des menuiseries, les serrures mêmes furent exécutées d'après ses dessins. Les pilastres de marbre d'ordre composite, l'entablement, les peintures de la voûte, tout enfin avait été exécuté par Lebrun ou sous sa direction. — Le palais de Versailles a deux façades principales : l'une du côté de la ville, sur la place d'Armes; l'autre sur le parc. La première de ces façades est séparée de la place par une grille, derrière laquelle se trouve une vaste cour qui mesure 126 mètres de largeur et 150 mètres de profondeur; on la nomme *cour des Ministres*, elle est bordée à droite et à gauche par de grands bâtiments en ailes, mais séparés du reste de la construction. Au-devant de ces bâtiments se trouvent de grandes terrasses avec balustrades. Dans le fond de la cour des Ministres se trouve la *cour de Marbre*, dont les trois bâtiments qui la circonscrivent forment la façade principale du côté de la ville : ce sont les bâtiments construits par Louis XIII. De chaque côté, et en retraite, il existe un bâtiment en aile; parallèlement à l'aile droite se trouve la chapelle, élevée, nous l'avons déjà dit, par J. H. Mansard. — La façade sur les jardins, qui ne mesure pas moins de 450 mètres de longueur, sur environ 20 de hauteur, est d'une grande monotonie. Au rez-de-chaussée, les 125 fenêtres-portes sont en arcades, les murs sont décorés de refends; le premier étage est décoré de pilastres et de colonnes adossées de l'ordre ionique, dont l'entablement supporte un attique, lequel est couronné d'une balustrade. Cette longue ligne de construction n'est interrompue dans son axe que par un vaste avant-corps très-saillant. — Quant à l'intérieur du palais, transformé en musée sous Louis-Philippe, il n'a conservé, tels qu'ils étaient au temps de sa splendeur, que l'appartement du roi, celui de la reine, la grande galerie, la salle du Conseil, la chambre à coucher de Louis XIV, celle de Louis XV, le cabinet de travail de Louis XVI, l'escalier de marbre ou des Ambassadeurs, sa chapelle et sa magnifique salle de spectacle. — Devant le palais se trouve le *parterre*

d'eau, ainsi nommé parce qu'il renferme dix bassins avec gerbes jaillissantes : deux sont d'une très-grande dimension. Tous ces bassins sont entourés de jardins *de propreté*, ou parterres à la française, ou jardins de broderies, comme on les nommait sous le grand roi : voyez JARDINS (*Art des*). En contre-bas de ces parterres, on arrive au parc proprement dit, qui mesure 4,700 mètres de profondeur sur 3,130 mètres de largeur. Ce parc est entouré de bois et de fermes; c'est là que se trouvent deux anciennes résidences royales, nommées le grand et le petit Trianon. C'est dans le magnifique parc de Versailles que sont placées les pièces d'eau, si justement célèbres, et qu'on nomme : la fontaine de la Pyramide, la Cascade, l'Allée d'eau, la fontaine du Dragon, le bassin de Neptune, le bassin d'Apollon, etc., enfin *la pièce d'eau des Suisses*, qui se trouve en face de l'orangerie. Disons, en terminant, que le palais, les jardins et le parc de Versailles sont peuplés de statues, de groupes, d'édicules, d'objets d'art de toute sorte, exécutés par les premiers artistes du XVIIᵉ siècle. — Voy. FRANÇAISE (*Architecture*).

PALAN, *s. m.* — Engin, machine servant à soulever des fardeaux. Il se compose d'un système de poulies mouflées; ordinairement un même cordage allant d'une poulie à l'autre les réunit; la poulie supérieure porte un fort crochet servant à suspendre ou à accrocher le palan. (Voy. POULIE.)

PALANÇON, *s. m.* — Pièce de bois qu'on emploie pour maintenir un mur, une cloison faite en torchis.

PALASTRE, *s. m.* — Espèce de boîte carrée en forte tôle qui renferme le pêne, les ressorts, enfin toutes les pièces qui constituent l'intérieur d'une serrure. Trois côtés du palastre se nomment *cloison;* le quatrième, celui qui sert au passage du pêne, s'appelle *rebord*. Ce dernier est formé par le retour de la platine, tandis que les trois autres côtés sont unis à la platine par des *étoquiaux* fraisés et rivés. Le rebord se nomme aussi *tête* ou *têtière;* il est ajusté à queue d'aronde avec les extrémités de la cloison. — On appelle « *palastre à chapeau, orné, ciselé, doré*, etc., celui qui a cette forme, ou qui est orné, ciselé, etc. » (F. Husson, *Dict. prat. du serrur.*)

PALE, *s. f.* — Planche taillée en pointe qui sert à fermer les ABBÉES (Voy. ce mot et LANÇOIR); espèce de petite vanne qui sert à fermer la chaussée d'un étang. — On donne aussi ce nom à de longues planches, espèce de madriers ou pieux plats, taillées en pointe, qu'on enfonce dans la terre pour former des palissades, bâtardeaux, etc.

PALÉE, *s. f.* — Rangée de pieux enfoncés dans le sol à peu de distance les uns des autres

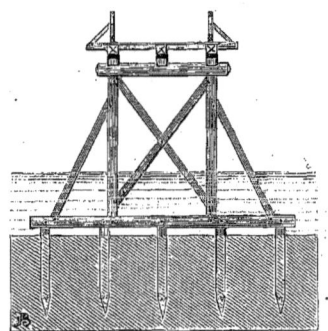

Fig. 1. — Palée supportant un pont en charpente.

et réunis entre eux par des chapeaux, des liernes et des moises boulonnées. On utilise les

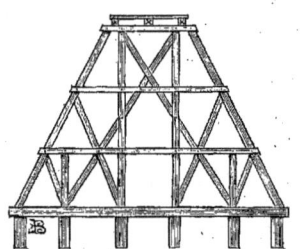

Fig. 2. — Palée supportant un pont en charpente (2ᵉ type).

palées pour porter des échafaudages, pour des constructions hydrauliques, pour soutenir des terres au bord de l'eau, pour renforcer une

digue; on l'emploie aussi comme pile pour des ponts en charpente (Voy. nos figures), qu'on élève sur des cours d'eau peu importants et sur lesquels on n'a pas à craindre des crues subites ou des débâcles; cependant, par excès de précaution, ces ponts portent toujours en amont des brise-glace.

PALÉ, *adj.* — Terme de blason; se dit d'un écu divisé en six pals égaux par cinq lignes perpendiculaires. De ces pals trois sont d'un émail et trois d'un autre; ou bien l'un est de métal et l'autre de couleur alternativement. Il existe aussi des écus palés de huit pièces; quand les pals sont appointés, *aiguisés*, on dit que l'écu est *palissé*.

PALÉOGRAPHIE, *s. f.* — Ce terme, dérivé du grec (παλαιὸς, ancien, et γραφὴ, γράφειν, écriture, écrire), signifie, science des anciennes écritures. C'est une des branches de l'archéologie. — La paléographie envisage les caractères extrinsèques de l'épigraphie; ces

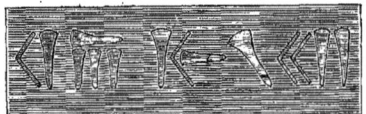

Fig. 1. — Premiers caractères cunéiformes parvenus en Europe.

caractères extrinsèques sont : la substance ou la matière sur laquelle on a écrit, telle que peau, feuille et écorce d'arbre, papyrus, étoffe, parchemin, papier, bois, ivoire, pierre, marbre, brique, métal, etc.; les instruments dont on s'est servi pour écrire, tels que pinceaux, styles, roseaux (*calami*), plumes, crayons, encres, ciseaux, burins, etc.; la composition, les différents genres d'écriture, avec corrections, signes de ponctuation, d'abréviation, les monogrammes, les lettres conjointes; enfin la forme et la reliure des livres. Presque chaque peuple et chaque époque ont eu des écritures différentes; aussi la paléographie est-elle d'un grand secours pour déterminer l'âge des inscriptions et par suite l'âge des monuments. Ce moyen, quand on peut l'employer, est un des plus certains, et d'autant plus infaillible que les caractères et leurs formes ont subi des changements successifs. Parmi les écritures les plus anciennes que nous connaissons au-jourd'hui, nous devons citer les caractères cunéiformes de l'Assyrie, de la Perse, de la Médie et de la Babylonie, enfin les caractères hiéroglyphiques de l'Égypte. (Voy. HIÉRO-

INSVLA · ARRIANA
POLLIANA·GN·ALIH·NIGIDI·MAI·
IOCANTVR·EX·I·IVLIS·PRIMLS·TABERNAE
CVM·PERGVLIS·SVIS·ET·COENACVLA
EQVESTRIA·ET·DOMVS·CONDVCTOR
CONVENTIO·PRIMVM·GN·ALIEI
NIGIDI·MAI·SER·

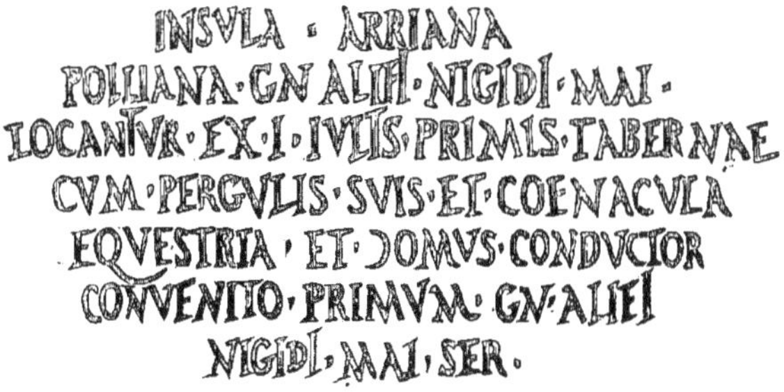

Fig. 2. — Inscription à Pompéi.

GLYPHE.) — Notre figure 1 montre la représentation des premiers caractères cunéiformes parvenus en Europe, dans une lettre de Pietro della Valle, en date du 21 octobre 1621, envoyée de Schiraz à son ami Mario Schipano.

Après ces peuples, nous citerons les caractères des Étrusques, des Grecs et des Latins, qui paraissent dérivés cependant d'une même

N·TESTII·AMPLIATI
FAMILIA·GLADIATORIA·PVGNA·ITERVM
PVGNA·XVI·K·IVN·VENAI·VELA

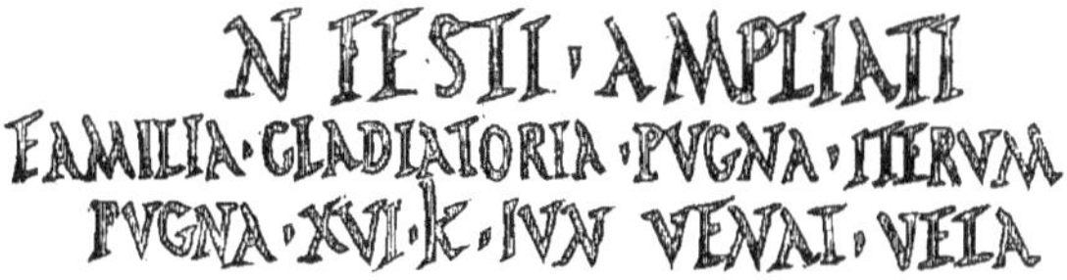

Fig. 3. — Inscription de Pompéi.

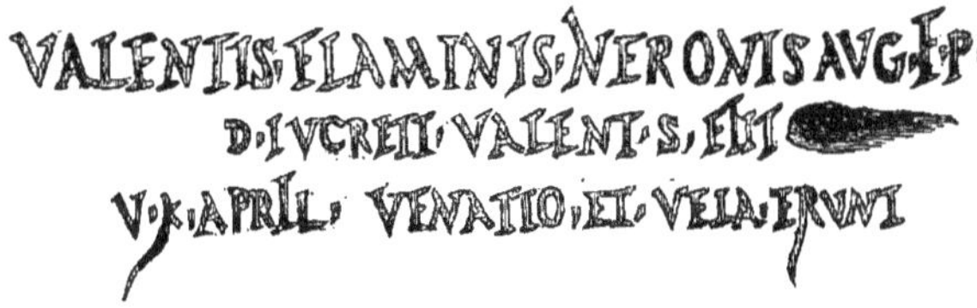

origine, de l'écriture pélasgique, qui dérivait elle-même des caractères égyptiens. — Il existe un grand nombre de monuments paléographiques, mais nous devons ajouter que les monuments les plus nombreux qui nous restent de l'antiquité consistent en paléographie murale, c'est-à-dire inscrite sur les murs; la paléographie manuscrite, au contraire, est

VALENTIS·FLAMINIS·NERONIS·AVG·P
D·IVCREII·VALENTS·FILI
V·K·APRIL·VENATIO·ET·VELA·ERVNT

Fig. 4. — Inscription à Pompéi.

assez restreinte, nous ne possédons guère qu'un nombre assez restreint de papyrus de l'antique Égypte. Il faut arriver dans ces temps modernes pour avoir des documents nombreux dans les deux genres. Nous n'étudierons donc que les écritures modernes ; elles sont, du reste, assez nombreuses.

ÉCRITURE LOMBARDIQUE. — Cette écriture, qu'on devrait nommer plutôt *romano-byzantine*, a fait son apparition au VIᵉ siècle de l'ère vulgaire et a duré jusqu'au milieu du XIIIᵉ siècle; on la nomme aussi *romaine* et *romane*. En effet, cette écriture conserve les

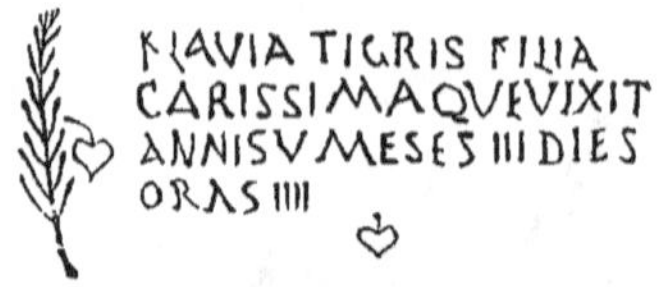

Fig. 5. — Inscription dans les catacombes de Rome.

formes de l'alphabet romain; elle emploie trois sortes de caractères, la *majuscule*, la *minuscule* et la *cursive*. Le premier de ces caractères, la majuscule, est surtout employé pour les inscriptions, le second pour les manuscrits, et le troisième, la cursive, pour

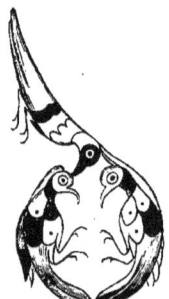

Fig. 6. — Lettre ornithoïde.

les chartes. — La majuscule romaine possède deux variétés : la *capitale*, qui tire son nom de *caput* (tête), parce qu'elle était employée

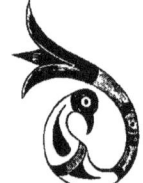

Fig. 7. — Lettre ornithoïde.

pour le commencement des volumes et des chapitres, pour l'*entête*. — Nos figures 2, 3, 4, reproduisent des inscriptions qu'on a retrouvées à Pompéi. La première est pour ainsi dire

un écriteau de location, on peut y lire : « Dans l'*insula* (îlot de maisons) Arriana Polliana, appartenant à Alfius Nigidius Major, sont à

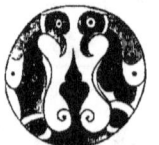

Fig. 8. — Lettre ornithoïde.

louer, à partir du 1ᵉʳ des ides de juillet, des boutiques, etc. » Nos figures 3 et 4 sont deux

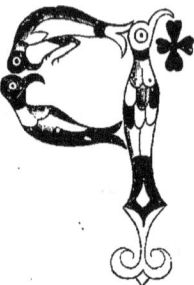

Fig. 9. — Lettre ornithoïde.

annonces de spectacle; la première informe que la troupe gladiatorienne de N. Festus Ampliatus combattra à outrance le 16 des calendes de juin ; il y aura une chasse et on dressera le velarium. La formule était : *vela erunt*, comme il est dit dans la figure 4. — Notre figure 5 montre une inscription des catacombes de

Fig. 10. — Lettre ornithoïde.

Rome, qui nous apprend que Flavia, la fille très-chérie de Tigris, vécut cinq années trois mois quatre jours et quatre heures. — Les *onciales* ne sont que de petites capitales arrondies;

il n'en existe que neuf, qui diffèrent totalement des capitales romaines : ce sont A, D, E, G, H, M, Q, T, V. Les moines bénédictins distinguent plusieurs variétés d'*onciales*, auxquelles ils ont

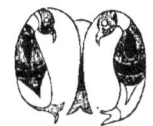

Fig. 11. — Lettre ornithoïde.

donné les épithètes d'*anguleuses*, d'*élégantes*, de *massives*, de *tortueuses*. C'est sous Charlemagne et ses successeurs que cette forme de lettres atteignit son plus haut degré de perfection ; elle fut d'un usage très-général du VIᵉ au commencement du IXᵉ siècle ; les manuscrits en lettres onciales sont antérieurs

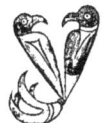

Fig. 12. — Lettre ornithoïde.

au XIᵉ siècle. — A partir du VIIIᵉ siècle, les lettres capitales commencent à revêtir des ornements, des enjolivures ; aussi leur donne-t-on des noms qui caractérisent le genre d'ornement qu'elles possèdent : elles sont dites

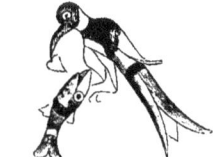

Fig. 13. — Lettre ornithoïde et ichthyoïde.

fleuronnées, *marquetées*, *anthropomorphiques*, *ornithoïdes* (fig. 6 à 12), *ichthyoïdes* (fig. 13 à 17), et *zoomorphiques*, suivant qu'elles sont ornées de fleurs, marquetées, décorées de personnages, d'oiseaux, de poissons, d'animaux divers. — La minuscule diffère de la capitale non-seulement par ses dimensions, mais aussi par sa forme ; cependant elle emprunte, mais en les

modifiant, quelques lettres aux différentes variétés de majuscules. Ce caractère date seulement du VIIIᵉ siècle ; quelques paléographes prétendent même qu'il était connu des Romains ; nous

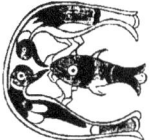

Fig. 14. — Lettre ornithoïde et ichthyoïde.

en doutons fort, mais ce qui est certain, c'est qu'il se maintient sans notables changements

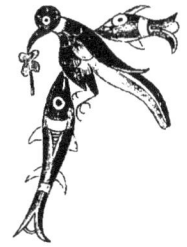

Fig. 15. — Lettre ornithoïde et ichthyoïde.

jusqu'au commencement du XIᵉ siècle. Elle comporte plusieurs périodes, pendant lesquelles elle reçoit des dénominations diverses : pen-

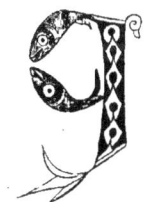

Fig. 16. — Lettre ichthyoïde.

dant la première période (VIIIᵉ siècle), on la nomme *caroline*, *carolingienne*, *carlovingienne* ; pendant la seconde, sous les Capétiens, elle porte le nom de *capétienne*. Ceux des paléographes qui prétendent qu'elle existait avant le VIIIᵉ siècle la nomment *mérovingienne* au VIᵉ siècle, et *saxonne* au VIIᵉ siècle ; mais cette nomenclature est loin d'être admise par les hommes de valeur versés dans la science paléographique, notamment par N. de Wailly (*Éléments de paléogr.*). — L'écriture cursive est une écriture fine, liée, coulée, expéditive ; les lettres sont conjointes à l'aide de traits et de liaisons. Elle existe à toutes les époques, on la retrouve dans des manuscrits romains, mérovingiens, carlovingiens, capétiens et gothiques. Nous n'insisterons pas plus longuement sur ce genre d'écriture, parce qu'il est fort peu employé pour les inscriptions

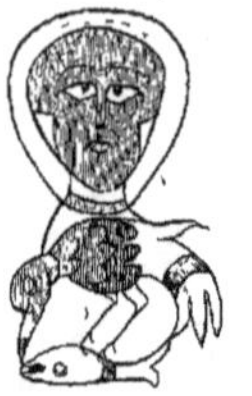

Fig. 17. — Lettre anthropomorphique, ornithoïde et ichthyoïde.

murales, qui doivent surtout nous occuper ici.

La paléographie du moyen âge, qu'on nomme *gothique*, comporte deux époques distinctes : la première période comprend le gothique ancien, commençant au XIe siècle et

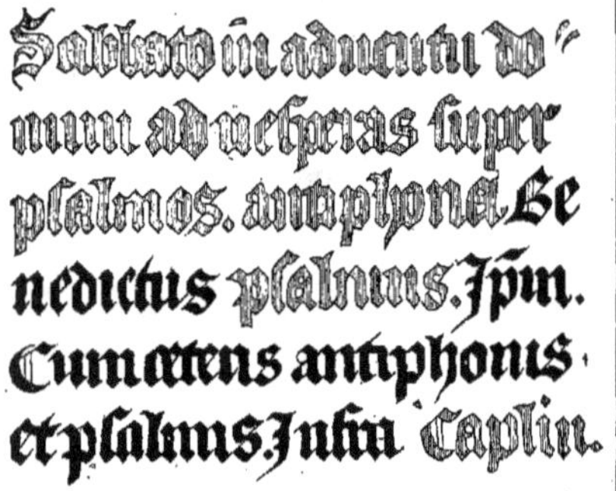

Fig. 18. — Écriture gothique du XVe siècle.

s'étendant jusqu'au XIIIe siècle ; la seconde, le gothique moderne, qui va du XIIIe au XVIe siècle. Nos figures 18 et 19 montrent des spécimens d'écriture du XVe siècle d'après la page d'un bréviaire qui fait partie des collections de la bibliothèque royale de Bruxelles. Nous ajouterons que l'écriture gothique n'est en définitive que de l'écriture romaine dont les caractères ont une forme anguleuse; elle se divise en quatre genres : la *majuscule*, la *minuscule*, la *cursive* et la *mixte*.

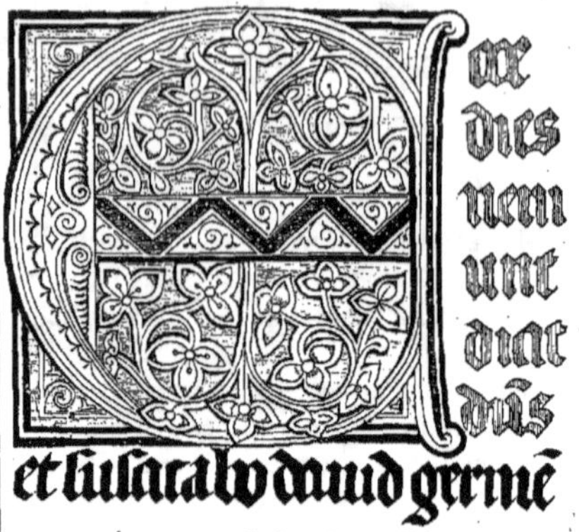

Fig. 19. — Capitale du XVe siècle.

PALESTRE, *s. f.* — Vaste édifice dans lequel on s'exerçait à la lutte et qui servait à d'autres exercices de gymnastique. Les Romains n'eurent pas d'édifices isolés de ce nom, ils se trouvaient confondus dans les THERMES. (Voy. ce mot.) En Grèce, la palestre se nommait *gymnase*, ou n'occupait qu'un espace restreint de ce genre d'édifice. (Voy. GYMNASE et ACADÉMIE.)

PALETS DE GARGANTUA. — Voy. CELTIQUES (*Monuments*).

PALETTE, *s. f.* — Ce terme a de nombreuses significations. Il sert à désigner, en peinture, une planchette mince de bois dur, de forme variable, mais ordinairement ovale ou rectangulaire, sur laquelle les peintres étalent ou mélangent leurs couleurs avec le *couteau à palette*. C'est aussi un large pinceau plat, fait en poils longs de petit-gris ou de blaireau, qui sert à prendre la feuille d'or sur le coussinet sur lequel on la coupe ; ce pinceau se nomme *palette à dorer*. On nomme *palette à forer* une pièce de bois concave s'appliquant sur la poitrine comme un plastron, et qui reçoit dans des trous disposés à cet effet l'extrémité d'un foret ;

on nomme aussi cette palette CONSCIENCE. (Voy. ce mot et la fig. qui l'accompagne.) Enfin, dans l'architecture hydraulique, on nomme *palettes* des ais ou planchettes placées sur la circonférence de roues hydrauliques dites *roues à palettes :* ces palettes sont des espèces d'ALICHONS. (Voy. ce mot.)

PALIER, *s. m.* — Plate-forme qui sépare les *volées, rampes* ou révolutions d'un escalier, et qui servent soit de repos, soit à donner accès aux logements de chaque étage. Les paliers intermédiaires entre chaque étage se nomment *paliers de repos;* ceux, au contraire, qui desservent les étages sont des *paliers principaux.* Dans

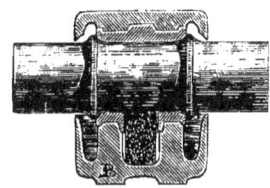

Fig. 1. — Palier double graisseur (coupe longitudinale).

les escaliers à cages circulaires, les paliers sont de forme triangulaire ; dans les cages carrées ou rectangulaires, au contraire, le palier est rectangulaire, l'un de ses côtés est égal à la largeur de l'emmarchement et le grand côté à la largeur de la cage; enfin les paliers sont carrés dans les escaliers à repos, dont les rampes sont droites et parallèles. — On nomme *demi-palier*

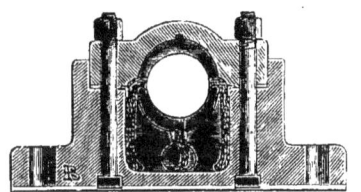

Fig. 2. — Palier double graisseur (coupe transversale).

un palier carré de la longueur des marches et placé à demi-étage. — Les paliers des escaliers sont lattés par-dessus et par-dessous ; ils sont dallés, carrelés, planchéiés par-dessus et plafonnés par-dessous. (Voy. ESCALIER.) — En mécanique, on nomme *palier,* dans les ma-

chines, une sorte de patin, de sabot ou de pièce solide, qui sert à supporter l'extrémité ou les extrémités d'un arbre ou d'un axe destiné à recevoir un mouvement de rotation. Comme ce palier est huilé ou graissé, pour faciliter le mouvement de rotation de l'arbre, on le nomme souvent *palier graisseur.* — Nos figures 1 et 2 montrent un palier double graisseur, inventé par un mécanicien de Paris, M. Boudin, qui peut être très-utilement employé pour transmission de mouvement et pour des machines-outils de toutes sortes. Notre figure 1 montre la coupe longitudinale de ce palier, et la figure 2 la coupe transversale : on voit dans ces deux croquis la graisse et l'huile humectant l'arbre qui tourne dans les deux réservoirs de ces matières, ce qui rend le frottement pour ainsi dire nul, tant la lubrification constante est parfaite.

PALIÈRE (MARCHE). — Dernière marche d'une rampe ou d'une volée d'escalier ; c'est la marche qui affleure le palier et ne fait, pour ainsi dire, qu'un avec celui-ci. C'est à tort qu'on donne quelquefois ce nom à la marche qui porte sur le palier et qui commence la série des marches composant une volée ; cette marche porte le nom de *marche de départ.* (Voy. ESCALIER et PALIER.)

PALIS, *s. m.* — Petits pals ou pieux faits avec des lattes plates ou demi-rondes appointées, et qu'on emploie pour former des PALISSADES. (Voy. ce mot.) On enfonce les palis en terre suivant le terrain à clore, puis on les relie à leur partie supérieure et à 0^m,15 ou 0^m,20 au-dessus du sol par des perches refendues, ou par de simples cours de cordes d'osier ou de fils de fer.

PALISSADE, *s. f.* — Enceinte formée à l'aide de pieux, de *palis* fichés en terre. — Pendant l'antiquité et surtout pendant le moyen âge, l'usage des palissades était très-répandu. Les Romains employaient des palissades pour protéger les camps et les travaux militaires. Le moyen âge employait des palissades pour clore des bourgades, pour défendre les abords des châteaux forts ; on les plaçait à une certaine distance des murs et des for- tifications. De nos jours on emploie également des palissades dans l'art militaire. — On fait également des treillages de palissades pour clôtures rurales ; on les emploie dans les fermes, les jardins et les parcs. (Voy. PALIS.)

PALME, s. f. — Feuille de palmier (phœ-nix dactylifera) qui a été employée dès la

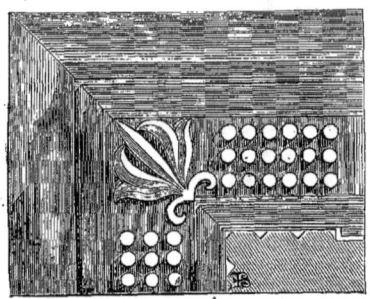

Fig. 1. — Palmette décorant un plafond de corniche (temple d'Hercule à Cori).

plus haute antiquité comme motifs de déco- ration et d'ornementation. Les Égyptiens ont employé souvent la palme pour décorer des

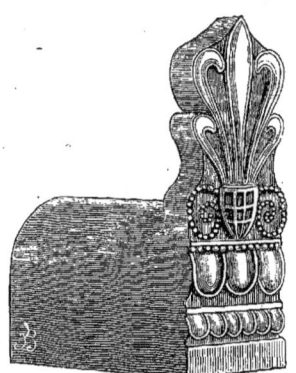

Fig. 2. — Palmette vue de trois quarts (terre cuite).

chapiteaux ; nous en avons donné des exem- ples au mot CHAPITEAU (fig. 6 et 7) : le pre- mier provient du temple d'Apollinopolis, le second d'un temple des environs d'Esneh. — Les Grecs et les Romains ont également

employé des palmes dans leur décoration ; du reste, ils en utilisaient de naturelles pour leurs fêtes et leurs processions religieuses. — Dans le symbolisme chrétien, la palme est employée pour décorer les tombes et les tombeaux des martyrs, parce qu'elle symbolise le martyre, ou plutôt le triomphe du chrétien qui a

Fig. 3. — Palmette avec dauphins (terre cuite).

subi victorieusement les épreuves du martyre. — La palme est aussi une mesure de longueur employée dans l'antiquité, et encore de nos

Fig. 4. — Palmette avec bucranes (terre cuite).

jours, surtout en Italie, pour le commerce des marbres ; elle vaut environ 0m,24 cent.

PALMETTE, s. f. — Ornement qui affecte diverses formes, mais surtout celle de deux feuilles de palmier placées en regard l'une de l'autre et réunies par leur pied. L'antiquité a créé cet ornement, qui a produit des types admirables de finesse et de goût. Elle a employé des palmettes en moulures pour décorer les

PALPLANCHE, *s. f.*— Fortes planches ou madriers affûtés par un bout et *frettés* par l'autre, qu'on enfonce entre des moises reliant des pieux, pour former une sorte d'enceinte.

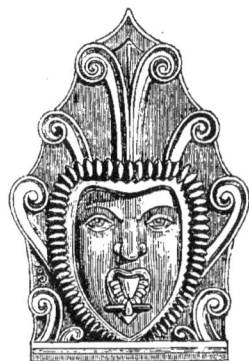

Fig. 5. — Palmette avec masque (terre cuite).

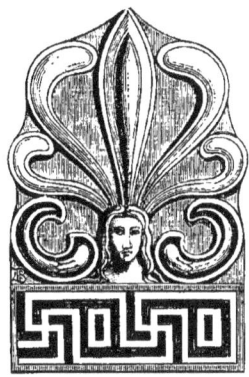

Fig. 7. — Palmette avec tête et grecque.

angles des plafonds de corniche dorique (fig. 1), comme amortissements de fronton, comme acrotères. On a fait des palmettes avec toutes sortes de matières, mais surtout avec des terres cuites; nos figures montrent des pal-

— Les palplanches sont quelquefois ferrées, c'est-à-dire qu'elles sont armées de sabots en fer ou en fonte; dans ce cas, on les enfonce dans des terrains très-compactes à l'aide du mouton,

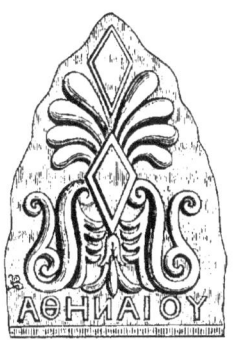

Fig. 6. — Palmette archaïque (style pompéien).

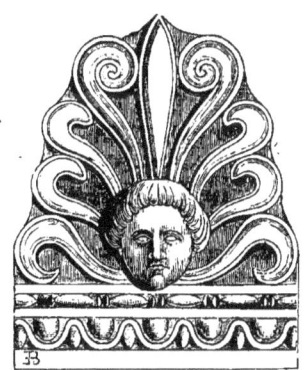

Fig. 8. — Palmette avec tête, rang de perles, oves, etc.

mettes que nous avons dessinées d'après des croquis de Caristie, qu'a bien voulu nous confier notre confrère M. Bourgeois, inspecteur des bâtiments civils. Notre figure 10 montre une palmette de l'époque romane. — Le moyen âge et la renaissance ont également utilisé la palmette dans leurs décorations.

sans crainte de les faire éclater. On emploie des palplanches pour former des bâtardeaux ou des encaissements, pour prévenir les affouillements, retenir des terres situées au bord de l'eau, ou jeter les fondations de certaines maçonneries qu'on élève dans les cours d'eau. (Voy. PILOTIS.) Anciennement, on assemblait les palplanches à grain d'orge, ce qui augmentait la difficulté du travail sans donner de meilleurs résultats que la pose qu'on fait au-

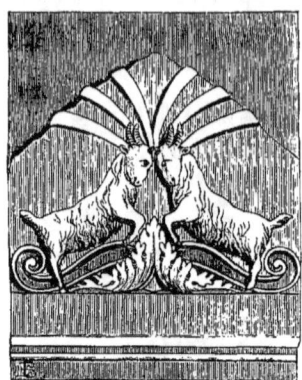

Fig. 9. — Palmette décorée de chèvres.

jourd'hui, et qui consiste à dresser parfaitement les faces des palplanches destinées à être posées jointives, et à les descendre bien d'aplomb.

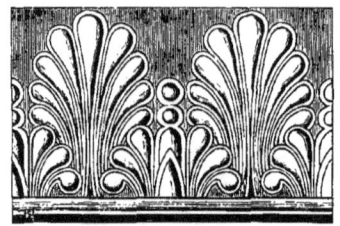

Fig. 10. — Palmettes de l'époque romane.

PAMPRE, *s. m.* — Rameau de vigne, tige de vigne ayant ses feuilles et ses fruits, dont on a fait usage à toutes les époques pour la décoration peinte et sculptée. — Beaucoup de colonnes torses sont décorées de pampres et de grappes de raisin. On voit aussi des mosaïques et des sacorphages romains qui représentent des pampres ; d'après certains auteurs, ils seraient sur les monuments funéraires comme un symbolisme, une allégorie de la vie.

PAN, *s. m.* — Partie d'un tout, face quelconque, surtout d'un ouvrage de maçonnerie; ainsi on dit : tourelle à six pans. Il existe des *pans de bois, pans de fer, pans de fonte, pans de mur, pans coupés, pans de cloison, pans de couverture, pans de comble,* etc. Nous allons passer successivement en revue tous ces termes.

PAN DE BOIS, *s. m.* — Assemblage de différentes pièces de charpente, montants, traverses, poteaux, tournisses, décharges, écharpes ou guettes, etc., dont on fait des murs pour toute espèce de constructions, en remplissant les intervalles existant entre les diverses pièces de charpente par des plâtras, des moellons, des briques, hourdés en plâtre ou en mortier. Quand les pans de bois, au lieu de former des murs de face, ne servent dans une construction que comme murs de refend, on les nomme *cloisons.* — Ce genre de mur présente des avantages et des inconvénients : ils sont économiques, n'occupent pas beaucoup de terrain et ne chargent pas le sol, de sorte qu'on peut les élever sur des fondations peu profondes; mais ils ont un grand inconvénient, celui d'offrir un aliment très-combustible à l'incendie; aussi, comme nous le verrons bientôt au paragraphe *Législation,* est-il défendu dans les grandes villes de construire en pan de bois les façades des maisons donnant sur la voie publique.

On distingue deux espèces de pans de bois : ceux en charpente apparente et ceux entièrement recouverts d'un enduit. Dans ces deux genres, les bois sont équarris plus ou moins bien, suivant qu'ils doivent être apparents ou cachés. Quand les bois employés sont ronds, on nomme ce genre *colombage;* mais, au point de vue de la construction, les colombages s'établissent de même que les pans de bois. — L'emploi des pans de bois apparents tend de plus en plus à disparaître, ce qui est un tort, car ce genre de construction était plus soigné et par conséquent plus solide que les pans de bois entièrement hourdés au mortier ou au plâtre. — La maçonnerie d'un pan de bois consiste à le latter à claire-voie, puis à remplir l'intérieur entre les lattes et les pièces de charpente au moyen de bons plâtras bien secs et blancs, de recoupes de pierre, de déchets de moellons, etc., posés à sec et hourdés ensuite. Le garnissage se fait avec du gros plâtre gâché serré (on emploie aussi des *mouchettes*), et on le lisse très-grossièrement, afin de lui permettre de recevoir et bien retenir le plâtre plus fin qui sert pour l'enduit. On doit rejeter, pour le remplissage des pans de bois, les plâtras provenant des tuyaux de cheminées, parce qu'étant imprégnés de suie et colorés par elle, ils teintent en bistre les enduits et jusqu'aux papiers de tenture qu'on colle sur les murs. Le hourdis étant achevé, on termine le pan de bois en ravalant les deux faces, interne et externe, après avoir au préalable enfoncé aux trois quarts de leur longueur des *rappointis* et des clous de bateau au droit des arêtes des tableaux et des ébrasements. Tous les pans de bois sont composés des mêmes éléments, c'est-à-dire des pièces de charpente que nous avons désignées au commencement de cet article.

Les *poteaux corniers*, c'est-à-dire d'angle, mesurent 0^m,24 sur 0^m,27 d'équarrissage ; cette force est indispensable, parce que les sablières viennent s'assembler dans ces poteaux, qui montent de fond dans l'élévation des étages de face, où les *pans de refend* ou cloisons de distribution viennent buter dans les façades.

Les *poteaux d'huisserie*, c'est-à-dire ceux qui forment les jambages des baies, portes ou fenêtres, doivent avoir 0^m,16 sur 0^m,22 d'équarrissage.

Les *poteaux de remplissage* ou poteaux intermédiaires mesurent 0^m,15 à 0^m,20 ; quand ces poteaux sont fort courts, on les nomme *potelets* : tels sont ceux placés sous les pièces d'appui formant la partie inférieure de la fenêtre, ou qui sont placés sur les *linteaux* des baies. — Quand on est obligé de placer des *guettes* ou des *croix de Saint-André* au-dessus des ouvertures de boutiques ou de grandes baies du rez-de-chaussée, il est nécessaire, que ces guettes mesurent au moins de 0^m,16 sur 0^m,22 d'équarrissage. — Un bon établissement de pan de bois demande certaines précautions et mesures générales que nous allons examiner. Ainsi toutes les pièces de charpente doivent être assemblées à tenon et à mortaise et chevillées ; l'extrémité de toutes les pièces obliques doit être réunie aux sablières par des tenons

en about. Dans les pans de bois bien établis, les décharges, les guettes, les tournisses, toutes les pièces inclinées, en un mot, doivent être assemblées en OULICE (Voy. ce mot); malheureusement, on se contente trop souvent de couper les pièces en *sifflet* et de les arrêter avec des *dents-de-loup*. Mais tous les bons praticiens rejettent cette méthode ; car, comme le dit Miché (*Nouvelle Arch. prat.*, p. 28), *c'est un mauvais ouvrage*. Tous les poteaux sont assemblés dans les *sablières* ; celles-ci sont posées à la hauteur de chaque étage et doivent mesurer 0^m,18 sur 0^m,24 d'équarrissage ; les solives de plancher reposent sur la sablière haute de chaque étage. — Pour arrêter et liaisonner les pans de bois avec le

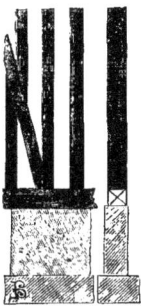

Pan de bois portant sur un parpaing.

reste de la construction, l'on pose ordinairement à chaque étage des tirants et des ancres. On emploie aussi d'autres ferrements pour consolider et donner du *raide* à tous les assemblages ; des bandes de fer pour réunir les cloisons avec les pans, des équerres en fer pour les pièces qui s'entre-croisent, enfin des étriers pour soutenir des abouts et relier des sablières et des contre-sablières. Les pans de bois sont montés sur des petits murs. Notre figure montre un pan de bois portant sur un mur de ce genre, nommé *parpaing*, fait en pierre de taille ; mais on emploie également pour ces murs parpaings, qui n'ont guère que 0^m,25 d'épaisseur, de la meulière, des moellons et des briques : on doit cependant rejeter, autant que possible, surtout sous les climats humides, ces deux derniers matériaux comme étant trop hygrométriques et par suite comme fournissant de l'humidité aux pans de bois, ce qui les expose à la pourriture.

LÉGISLATION. — Une ordonnance du prévôt de Paris, en date du 22 septembre 1600, défend « à tous maçons, charpentiers, menuisiers et autres ouvriers et artisans, de ne faire à l'avenir aucuns bâtiments, pans de bois, etc., sur les rues, chemins et voies de ladite ville de Paris, faubourgs et banlieue, sans avoir au préalable pris l'alignement du voyer ou de son commis.. » Un édit confirmatif de cette ordonnance, daté de décembre 1607, enregistré au parlement le 14 mars 1608, défend « au grand-voyer ou à ses commis de permettre qu'il soit fait aucunes saillies, avances et pans de bois estre aux bâtiments neufs et mesme à ceux où il y en a à présent, de contraindre les réédifier, ni faire ouvrages qui les puissent conforter, conserver et soutenir, etc. » Cet édit ne concernait que Paris, car nous trouvons une ordonnance des trésoriers de France, en date du 4 février 1683, qui défend à tous particuliers, propriétaires, maçons, etc., « d'élever ni construire aucuns pans de bois qu'après en avoir pris la permission et allignemens de Nous, aussi à peine de démolition et pareille amende (20 livres). »

Une ordonnance de police du 18 août 1667 enjoint « aux propriétaires de faire couvrir à l'avenir les pans de bois de lattes, clous et plâtre, tant en dedans qu'au dehors, en telle manière qu'ils soient en état de résister au feu, le tout à peine de 150 livres d'amende. »

Les règlements de grande voirie sont applicables aux pans de bois joignant la voie publique, car nul ne peut construire, démolir, réparer ou reconstruire sur la voie publique sans en avoir préalablement obtenu l'autorisation par l'autorité compétente ; de même que cette même autorité a le droit de défendre, comme pouvant porter atteinte à la sécurité publique, tous les travaux exécutés par les particuliers, que ces travaux soient en bordure sur la voie publique ou dans l'intérieur des propriétés. (Lois des 16-24 août 1790.) Pour tout ce qui concerne le pan de bois au point de vue de la mitoyenneté, nous prions le lecteur de se porter au mot MITOYEN (*Mur*).

PAN DE FER. — La grande combustibilité des pans de bois a amené à construire des pans de fer et des *pans de fonte*. Malheureusement, malgré le dire contraire de certains constructeurs, les pans de fer coûtent plus cher que les pans de bois, et nous ne pouvons savoir quelle sera leur durée ; tandis que dans certaines villes il existe encore des maisons en pan de bois qui datent du XIVe siècle, ou tout au moins du XVe siècle, ce qui nous fournit une durée de près de cinq siècles. Or nous pouvons dire, sans crainte d'être contredit, qu'il est à peu près certain que les pans de fer ou de fonte, tels qu'on les fait aujourd'hui du moins, ne peuvent prétendre à une aussi longue durée. Cependant nous étudierons un système inventé par M. Liger, ancien architecte-voyer de la ville de Paris ; nous donnerons même une analyse d'une brochure explicative qu'il a publiée à ce sujet (1).

Après avoir dit que les murs les moins accessibles au feu sont les murs en brique et les pans de fer, M. Liger ajoute que les pans de fer, vu leur peu d'épaisseur comparativement aux autres murs, même à ceux en brique, ont l'avantage d'exiger peu d'espace et de

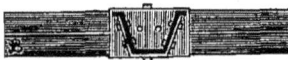

Fig. 1. — Plan d'un poteau demi-tubulaire.

donner un maximum de solidité, surtout parce qu'ils se prêtent très-bien aux chaînages, et que les conditions essentielles à la construction d'un pan de fer sont :

1° La qualité de l'assemblage ;

2° La stabilité de l'œuvre dans son ensemble ;

3° La consistance et la solidité du tout sans le secours du hourdis, qui ne doit avoir d'autre effet utile que de clore.

Le poteau est formé d'un fer tubulaire dit *fer Zorès* (Voy. nos fig.), dont la section présente un échantillon qui, en se rapprochant

(1) *Assemblage des planchers, des pans de fer et des pans de fonte*, par F. Liger, architecte, broch. in-8°; Paris, 1872.

de l'échantillon des poteaux de bois, est favorable à la stabilité, et l'auteur ajoute : « Le
poteau peut encore être formé de deux fers à
double T tenus à distance par des cales et

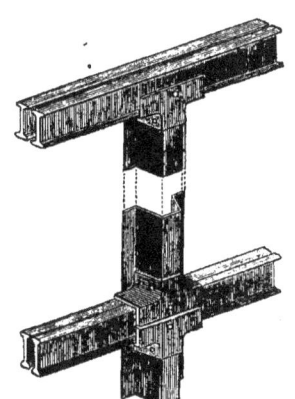

Fig. 2. — Assemblage d'un poteau demi-tubulaire
avec des solives en fer.

boulonnés. Le manchon est composé de manière à emboîter à la fois la sablière et le poteau, auxquels il se boulonne en tous sens ;
il se divise en deux parties qui sont elles-mê-

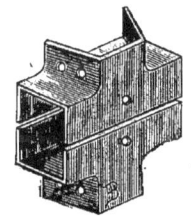

Fig. 3. — Manchon formé par les boîtes d'assemblage.

mes fixées entre elles par des boulons placés
en sens vertical. C'est, comme on le voit, le

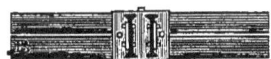

Fig. 4. — Plan d'un poteau en fer à T.

manchon qui forme l'assemblage du poteau et
des sablières. Le manchon est donc l'objet
principal du système. Nos figures de 1 à 3
montrent l'assemblage d'un poteau demi-tubu-

laire (fer Zorès) avec ses deux sablières et son
manchon à boîte d'assemblage ; nos figures
de 3 à 6 représentent l'assemblage d'un po-

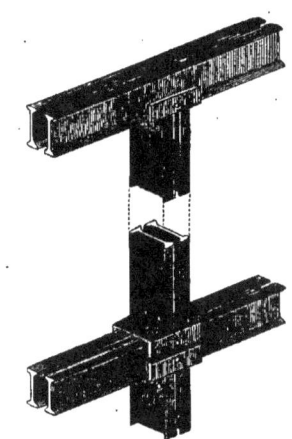

Fig. 5. — Élévation d'un assemblage d'un poteau en fer à T.

teau formé de deux fers à double T avec ses
deux sablières et un détail de la boîte d'assemblage à plus grande échelle. — Les manchons ont pour effet de réunir les poteaux aux

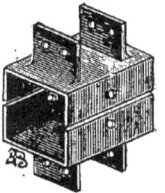

Fig. 6. — Boîte d'assemblage dn poteau en fer à T.

sablières et de former de ces diverses pièces
un tout homogène et solidaire. — Dans le système que nous venons de décrire, les poteaux
ne se placent plus aux tableaux des baies
comme dans les pans de bois ordinaires : on
les dispose dans les trumeaux ; ils ne se placent
pas non plus dans les angles comme poteaux
corniers, mais à quelque distance des angles ;
le hourdis se fait en platras, en brique, en
carreaux de plâtre, en béton comprimé, etc. —
Dans les constructions ordinaires, les sablières
en fer à double T de 0^m,12 sont suffisantes ;

les poteaux, placés à environ 2 mètres l'un de l'autre, sont en fer Zorès de 19 kilogr. ou 15 k. 500 le mètre, ou en fer double T de 0ᵐ, 12, pesant 21 kilogr. le mètre.

PAN DE FONTE. — Les pans de fonte ne

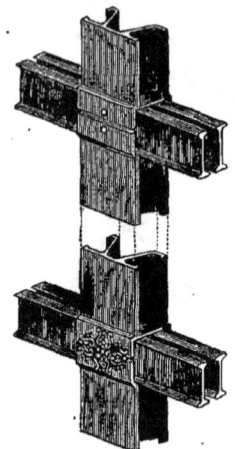

Fig. 7. — Assemblage d'un poteau en fonte et de ses sablières.

diffèrent du pan de fer que par la substitution de la fonte au fer dans la composition du poteau ; l'assemblage s'effectue par les mêmes moyens et avec des manchons similaires. Comme la fonte permet d'appliquer des for-

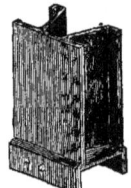

Fig. 8. — Boîte d'assemblage en fonte.

mes différentes de celles du fer laminé, le manchon, qui restera invariable dans ses parties emboîtant la sablière en fer à double T, devra varier néanmoins dans ses parties emboîtant le poteau dont il épousera les formes. Nos figures 7 et 8 montrent un assemblage d'un poteau en fonte et de ses sablières en fer avec un détail à plus grande échelle de la

boîte d'assemblage en fonte. (Voy. SABOT et PLANCHER, § *Planchers en fer.*)

Pour nous résumer, nous dirons que le pan de fer présente sur le pan de bois quelques avantages ; d'après nous, le principal est de permettre d'adosser des cheminées, ce que ne permet point le pan de bois. Mais, quoi qu'on puisse dire et répéter, le fer est plus cher que le bois, et, en opérant avec la plus stricte économie, le pan de fer varie de 10 à 12 francs le mètre superficiel, tandis que le plus fort pan de bois, y compris ses ferrements, ne coûte guère qu'environ 8 francs ; à plus forte raison, des pans de bois légers et des colombages coûteront infiniment moins que le pan de fer et seront préférés pour les constructions économiques, surtout pour les bâtiments ruraux.

PAN DE CLOISON. — Partie d'une cloison comprise entre deux planchers.

PAN DE COMBLE. — Partie de la charpente d'un comble, côté quelconque d'un comble. Les plus longs côtés d'un comble s'appellent *longs pans.*

PAN COUPÉ. — Surface de mur qui en réunit deux autres, lesquels prolongés auraient formé un angle. Beaucoup de maisons placées à l'intersection de deux rues sont à *pans coupés.* Ce procédé de construction facilite beaucoup la circulation des voitures et des véhicules dans les grandes villes.

PAN DE COUVERTURE. — Une partie quelconque de couverture ; par exemple, une portion comprise entre deux souches de cheminée.

PAN DE LIT. — Traverse qui est assemblée dans les pieds du lit et dans laquelle portent les goberges, c'est-à-dire les barres ou tringles attachées les unes aux autres à l'aide de sangles. Ce sont les goberges qui supportent la paillasse et les matelas.

PAN DE MUR. — Partie d'un mur depuis le sol jusqu'à son sommet.

PANACHE, *s. m.* — Partie triangulaire, qu'on nomme aussi *fourche*, qui dans une voûte aide à supporter la tour d'un dôme. (Voy. PENDENTIFS.) On donne aussi ce nom à des feuilles d'ornement découpées en forme de panache dans les platines des loqueteaux ou des targettes anciens. — Enfin, on nomme *panaches* des plumes d'autruche sculptées dans des chapiteaux composites, et qui remplacent les feuilles d'acanthe de laurier ou de persil, qui décorent ordinairement les chapiteaux.

PANCARTE, *s. f.* — Feuille en carton, enseigne, servant à donner un avis au public. Anciennement on appliquait ce terme à un ornement peint ou sculpté qui représentait une guirlande de fleurs ou de fruits.

PANICULE, *s. f.* — Ornement de peinture ou de sculpture qui présente un mode de florescence pyramidal, comme la fleur du marronnier d'Inde, du ricin (*palma Christi*), etc. Par extension, on nomme ainsi l'enroulement de certaines feuilles employées dans la décoration sculpturale.

PANIER, *s. m.* — Panier fait en large treillis d'osier, qui sert à tamiser le plâtre et fournit ce qu'on nomme dans la langue du constructeur le gros plâtre, dit *plâtre au panier*. On construit pour le même usage des tamis dont le fond, au lieu d'être en toile métallique, est fait au moyen d'un treillis d'osier. (Voy. PLATRE.)

On nomme aussi *paniers* des corbeilles sculptées remplies de fleurs et de fruits qu'on emploie comme décoration en amortissement. On désigne ce genre de panier sous le nom de MANNEQUIN. (Voy. ce mot.) Quand des statues, des termes ou des cariatides portent sur leur tête des paniers de fleurs ou de fruits dont le récipient imite des corbeilles d'osier, on les nomme CANÉPHORES. (Voy. ce mot.)

PANIER (Anse de). — Courbe surbaissée à plusieurs centres qui est employée comme génératrice de certains arcs et de certaines voûtes dénommés à cause de cela *arcs et voûtes en anse de panier*. (Voy. ANSE DE PANIER et VOUTE.)

PANNE, *s. f.* — Pièce de charpente en bois ou en fer posée horizontalement sur les fermes d'un comble et qui reçoit les chevrons. (Voy. COMBLE.) Comme ces pièces, par la position qu'elles occupent sur les arbalétriers, pour-

raient glisser, on prévient ce glissement à l'aide de cales en forme de coins clouées et chevillées sur les arbalétriers, et qu'on nomme CHANTIGNOLLES. (Voy. ce mot.) Dans les combles en fer, les pannes sont arrêtées dans les arbalétriers au moyen d'équerres en fer. Quand la longueur du comble ne permet pas d'employer des pannes d'une seule pièce, on les ajoute bout à bout par une entaille en *sifflet*, ou bien on les fait chevaucher, c'est-à-dire qu'on place l'extrémité d'une panne à côté de la panne qui lui sert de prolongement : c'est ce qu'on nomme un *cours de pannes*. Anciennement les pannes, qu'on nommait *filières*, étaient mortaisées pour recevoir les chevrons. Cette méthode, qui dans les fortes charpentes anciennes ne nuisait point à la solidité, est aujourd'hui entièrement abandonnée, comme donnant lieu à une plus-value de main-d'œuvre et comme affaiblissant les pannes, qui souvent sont fort légères, vu le haut prix des bois : aussi se contente-t-on aujourd'hui de cheviller simplement les chevrons sur les pannes ; nonseulement le procédé est plus expéditif et plus économique, mais encore il est très-bon. Dans les grands combles, il existe deux ou trois cours de pannes ; dans les combles moyens, un seul cours suffit, il est placé entre la faîtière et la sablière ou plate-forme. — On nomme *pannes de brisis* les pièces de bois sur lesquelles se forme la brisure des combles à la Mansard; *pannes à liernes*, celles qui, au lieu de porter sur les arbalétriers, sont assemblées dans ceux-ci ; *pannes interrompues*, celles qui, dans les combles en fer, sont coupées de la longueur comprise entre deux arbalétriers, sur lesquels elles sont assemblées avec des équerres boulonnées.

LÉGISLATION. — Il est interdit de faire passer un tuyau de cheminée auprès d'une panne, à moins de laisser un vide de 0^m,16 entre ce tuyau et ladite panne.

PANNE. — Partie élégie du marteau dit *rivoir*, opposée à la tête; la panne sert à RIVER et à MATTER. (Voy. ces mots.)

PANNEAU, *s. m.* — Ce terme a de très-nombreuses acceptions, mais en général il sert à désigner une surface encadrée de moulures ou autres saillies, laquelle surface peut être lisse ou couverte de sculptures, de décorations ou d'ornements quelconques; dans d'autres cas, ce terme est synonyme de compartiment, par exemple, quand on dit, *panneau de vitrail.* Dans tout panneau il y a la partie centrale ou circonscrite dans le cadre, qu'on nomme *champ.*

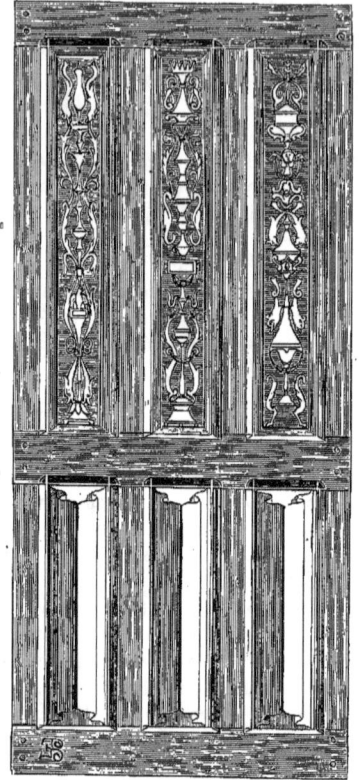

Fig. 1. — Panneaux de lambris (hôtel d'Alluye, à Blois).

En maçonnerie, on donne ce nom : 1° à un morceau de zinc ou de carton, ou bien à un assemblage de tringles légères en bois, qui sont employées comme patrons pour tracer et porter sur les pierres les coupes ou contours suivant lesquels on doit les tailler : le panneau est découpé d'après l'épure tracée par le conducteur des travaux ou le maître compagnon;

2°, à des parties d'enduit unies autour desquelles on traîne des moulures pour former des cadres : on nomme aussi ce genre de panneau, *table ;* 3° à la maçonnerie comprise entre deux poteaux d'une cloison ou d'un pan de bois.

En menuiserie, un panneau est formé par un assemblage de plusieurs planches réunies ensemble au moyen de languettes et de rainures, lequel assemblage est embrevé dans des bâtis ou cadres d'un ouvrage nommé LAMBRIS. (Voy. ce mot.) Les panneaux de menuiserie ou lambris furent largement employés comme décoration au xv° et au xvi° siècle ; tous les châteaux avaient alors leurs princi-

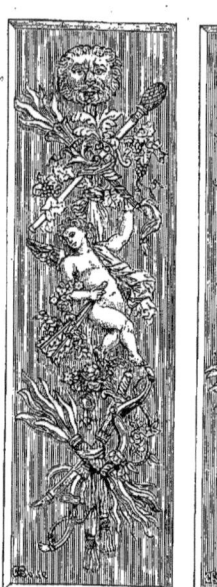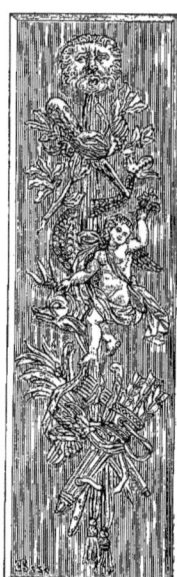

Fig. 2 et 3. — Panneaux décoratifs (château de Bercy).

pales salles lambrissées. Ces lambris ne s'élevèrent d'abord qu'à 1 mètre ou 1^m,50 au-dessus du sol, puis au niveau du manteau des grandes cheminées monumentales, c'est-à-dire qu'ils atteignirent 2 mètres, 2^m,80 et jusqu'à 3 mètres de hauteur. Ils étaient richement moulurés, et leurs panneaux supérieurs se couvrirent de fines sculptures, tandis que les panneaux inférieurs imitaient les plis d'une étoffe largement plissée. Notre figure 1 montre des panneaux de lambris tels que nous venons de les décrire; ils proviennent de l'hôtel d'Alluye à Blois, nous les avons dessinés d'après Vaudoyer. Quand les lambris étaient plus riches encore, leur hauteur était divisée par trois cours de panneaux. Les panneaux inférieurs, *panneaux d'appui*, mesuraient environ 1 mètre de hauteur; les deux rangs de panneaux supérieurs avaient la même hauteur; ou bien encore les panneaux les plus élevés étaient carrés, tandis que ceux intermédiaires (*panneaux de frise*) étaient des rectangles qui avaient deux ou trois fois plus de hauteur que les panneaux supérieurs. — A partir du XVIIe siècle, les panneaux sont délaissés; au XVIIIe siècle, sous Louis XV, ils reprennent faveur, mais de nos jours on ne les emploie que rarement, dans des édifices publics ou dans des demeures somptueuses.

Nos figures 2 et 3 montrent des panneaux sculptés de l'ancien château de Bercy, dont la décoration avait été faite au XVIIIe siècle.

Suivant leur forme, la manière dont ils sont assemblés, la place qu'ils occupent dans un ouvrage de menuiserie, les panneaux prennent des noms divers; parmi les principaux

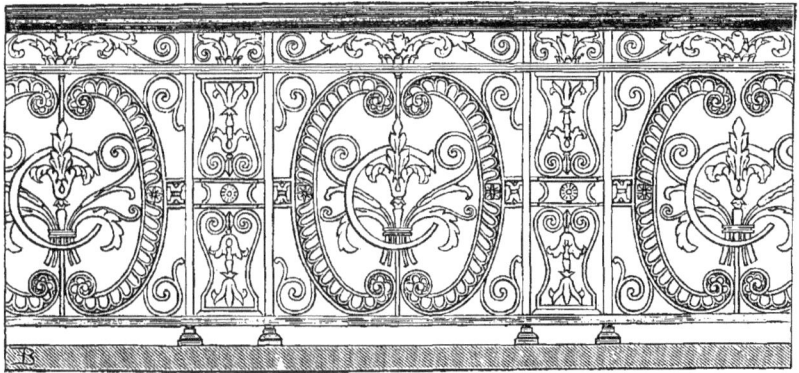

Fig. 4. — Panneau de rampe de la cour de cassation, à Paris.

genres il y a lieu de distinguer les suivants :

PANNEAU D'APPUI, le panneau, souvent de forme carrée, placé au bas d'une porte pleine ou vitrée ;

PANNEAU DE FRISE, celui qui dans une porte est placé entre le panneau d'appui, que nous venons de décrire, et le panneau de hauteur, désigné ci-après;

PANNEAU DE HAUTEUR, panneau toujours plus haut que large et qui occupe le haut d'une porte ou d'un lambris ;

PANNEAU D'ÉPAISSEUR, panneau qui affleure exactement les deux parements de son bâti : on le nomme aussi *panneau arasé ;*

PANNEAU DOUBLE, le panneau rapporté sur un autre, comme cela se pratique au bas d'une porte cochère;

PANNEAU A GLACE, panneau quelconque, de porte ou de lambris, qui n'est décoré d'aucune moulure ni plate-bande, et qui entre de son épaisseur tout entière, qui entre *vif* dans les rainures du bâti;

PANNEAU PENDANT, celui qui, rapporté au-dessus d'une baie, ne porte point de traverse dans le bas;

PANNEAUX ÉGAUX ou SEMBLABLES, les panneaux d'une porte ou de lambris qui sont de même dimension et de même forme;

PANNEAU ARASÉ (Voy. PANNEAU D'ÉPAISSEUR);

PANNEAU A TABLETTE SAILLANTE, panneau qui forme saillie sur son bâti : on le nomme aussi *panneau recouvert.*

PANNEAU FLOTTÉ, panneau à double face,

qui d'un côté est *recouvert* sur ses rives par un ravalement fait sur les traverses et les battants formant son bâti;

PANNEAU RECOUVERT (Voy. PANNEAU A TABLETTE SAILLANTE);

PANNEAU DE PARQUET, panneau formé de remplissage et qui forme des feuilles de PARQUET. (Voy. ce mot.)

Ordinairement tous les panneaux de lambris qu'on adosse sur les murs sont marouflés sur la face adossée. (Voy. MAROUFLER.)

En charpente, on nomme *panneau d'échiffre* la partie d'échiffre d'un escalier comprise entre le patin, le limon et le noyau ou poteau, dans les *escaliers à chandelle*. Ce panneau est vide, ou des *dosses* forment son remplissage.

En serrurerie, on nomme *panneau* un ornement en fer forgé ou en fonte qui sert à remplir les châssis ou cadres d'un balcon, d'une rampe, d'une porte ajourée. Notre figure 4 montre un panneau droit de rampe de l'escalier de la cour de cassation à Paris. Les impostes en fer dans les portes rectangulaires ou légèrement cintrées à leur sommet sont souvent remplies par un panneau de serrurerie. Dans les rampes d'escalier, les panneaux sont obliques; quand le panneau est formé par des tringles de fer carillon ou de bandelette, lesquelles sont assemblées obliquement et par entailles et forment de petites mailles losangées, ce genre de panneau se nomme *panneau en mosaïque*. Les treillageurs nomment *panneau de grillage* un grillage ou une partie de grillage qui, au lieu d'être monté dans un châssis en bois, n'a pour encadrement qu'un fort fil de fer.

En peinture, on nomme *panneau feint* une peinture qui imite, à l'aide de moulures et d'encadrements peints (*filtés*), un panneau de porte ou de lambris.

En vitrerie, ce terme est appliqué à un assemblage de plusieurs morceaux de verre blanc ou de couleur de diverses formes engagés dans les languettes de plomb; cet assemblage forme un *panneau de vitrail*.

En marbrerie, on nomme *panneaux* les morceaux de marbre rapportés dans l'encadrement d'un foyer, par exemple, ou dans tout autre encadrement. Les MARQUETERIES (Voy. ce mot) forment souvent des panneaux qui, rapportés les uns à côté des autres, forment de brillants motifs de décoration.

En miroiterie, on donne le nom de *panneau de glace* à une glace qui, placée dans un bâti en menuiserie, tient lieu du panneau; aujourd'hui on fait des panneaux de glace gravés très-remarquables.

PANNERESSE, *s. f.* — On donne ce nom aux matériaux, surtout à la brique et à la pierre, qui, engagés dans un mur, montrent en parement leur longueur et leur hauteur.

PANNETON, *s. m.* — Appendice placé à l'extrémité de la tige d'une clef latéralement à son axe; c'est le *panneton* qui pénètre dans la serrure et qui, à l'aide d'un mouvement de rotation qu'on lui imprime, fait mouvoir le pêne et les autres pièces mobiles de l'intérieur d'une serrure. — Autrefois les serruriers fabriquaient des clefs dont les pannetons étaient extrêmement compliqués, mais qui pour cela n'assuraient pas mieux la sécurité, l'inviolabilité des serrures. — Dans l'antiquité, les clefs romaines, par exemple, avaient des pannetons armés de longues dents brisées à angle droit que le moindre crochet pouvait remplacer. Aujourd'hui, à l'aide de *rouets* allant en sens inverse, on fabrique d'excellentes serrures de sûreté. Les pannetons ont leur MUSEAU (Voy. ce mot), ou face du panneton, parallèle à la tige découpée d'entailles qui laissent passer les *garnitures* ou *gardes* de l'intérieur de la serrure; aussi toute autre clef ne peut fonctionner dans ce genre de serrures. (Voy. SERRURE.) — On nomme encore *pannetons* les ferrures qui servent à arrêter les volets mobiles d'une fenêtre; quand ces ferrures, au lieu d'être droites, sont coudées, on les nomme *agrafes*. — C'est aussi une sorte de tenon fixé sur une tige de crémone ou d'espagnolette, et qui arrête et ferme les volets d'une croisée, quand ce tenon s'engage dans une agrafe posée à cet effet sur l'un des volets. — En général, on donne le nom de panneton à toute pièce arrondie par un bout et terminée à patte par l'autre.

PANONCEAU, *s. m.* — Écusson d'armoiries, écusson de notaire, d'avoué, d'huissier, etc. Certains architectes de la ville de Paris ont placé au-dessus de leur porte des panonceaux; d'autres architectes se contentent de mettre au-dessus de leur porte une stèle antique, un fragment de marbre ou un plâtre représentant un bas-relief, un antéfixe, une palmette, etc.

PANORAMA, s. m. — Édifice tout moderne dans lequel on expose un tableau peint en *panorama*, c'est-à-dire un vaste tableau qui affecte une forme circulaire, mais développé sur la paroi intérieure d'une rotonde couverte en coupole. Une zone de verre dépoli placée à la partie inférieure de la couverture sert à éclairer ce tableau. Les panoramas sont des spectacles de jour; les vastes tableaux qu'ils montrent représentent la vue d'une cité tout entière, un site quelconque, une bataille; mais on peut voir tous les sujets représentés dans toutes les directions. Le trompe-l'œil est si bien imité, qu'un panorama bien exécuté joue des lointains si parfaits, si bien imités, que l'œil émerveillé du spectateur croit ne plus rien distinguer au delà de ce profond horizon, parce qu'il paraît à une distance très-considérable, tandis qu'en réalité la paroi qui fait face au spectateur est à 18 ou 20 mètres au plus. Le panorama constitue donc une véritable illusion d'optique, et rien de plus; mais l'effet produit est très-surprenant, et l'on ne peut guère se rendre un compte exact de cet effet qu'après avoir vu ce genre de spectacle. — L'invention des panoramas est attribuée à un peintre de portraits d'Édimbourg, Robert Barker, qui, en 1789, exposa le premier panorama, représentant la *ville de Londres;* il avait pris un brevet dès 1786. Il exposa ultérieurement divers ports anglais, entre autres celui de Portsmouth, en 1792. Quelques auteurs (1) ont attribué à tort à Ful-

ton cette invention : le fait est inexact, c'est bien Barker qui est le premier inventeur connu; mais le célèbre ingénieur-mécanicien Fulton a bien construit les premiers panoramas en France, à Paris, sur le boulevard Montmartre. Le premier des panoramas de Fulton, placé dans une rotonde de 14^m,50 de diamètre, représentait une vue de Paris peinte par Constant Bourgeois, Fontaine et Prévost. Ce panorama obtint un très-grand succès; aussi l'ingénieur américain en construisit bientôt deux autres en face du premier, à côté du passage nommé depuis *passage des Panoramas.* Dans ces deux derniers panoramas, on vit successivement le port et la ville de Toulon en 1793, c'est-à-dire au moment où les Anglais, abandonnant cette ville, incendient la flotte et le port avant leur départ; un autre tableau représentait le camp de Boulogne, les batailles de Tilsitt et de Wagram, etc. Ces panoramas subsistèrent jusqu'en 1831, époque de leur démolition. Dès 1810, Prévost avait fait bâtir sur le boulevard des Capucines, près la rue de la Paix, une vaste rotonde de plus de 30 mètres de diamètre; il l'inaugura en mai 1811 avec une vue du port et des chantiers d'Anvers, à laquelle succédèrent d'autres peintures représentant des vues de Rome, de Jérusalem, d'Athènes, etc. A ce moment, le peuple se portait en foule à ce spectacle. Napoléon Ier, qui dès 1810 avait été fortement impressionné par la vue du panorama de Tilsitt, pensa que rien ne pourrait mieux populariser ses victoires, et par suite lui aider à fonder une dynastie, comme de pareils tableaux; aussi commanda-t-il un vaste panorama aux Champs-Élysées, afin d'y montrer les grands faits de son règne. Les tableaux, qui devaient se renouveler chaque année, auraient pu ensuite être exhibés dans les grandes villes de France; mais les désastres de 1812 à 1814 coupèrent court à ce projet, qui fut aban-

---

(1) Nous citerons notamment Roquefort, qui dit, p. 338 (*Dict. des mon. de Paris*) : « On attribue l'invention des panoramas à Robert Fulton, peintre anglais. Deux localités sont affectées à Paris à cette sorte de spectacle : la première, sur le boulevard Montmartre, au passage dit *des panoramas;* la seconde, sur le boulevard des Capucines. — Les prix d'entrée sont de 2 fr. au premier endroit et de 2 fr. 50 c. au second. » — Roquefort

commet deux erreurs : premièrement, ce n'est pas Fulton qui a inventé le panorama; ensuite, Fulton n'est pas Anglais, mais Américain; il est né en 1764 à Little-Britain (Pensylvanie); mais il est vrai qu'en 1786 il vint s'établir à Londres pour étudier la peinture d'histoire; il eut pour maître West, et enfin, en 1789, il fit des travaux de mécanique avec Rumsey.

donné. Ce n'est qu'en 1828 que l'architecte Hittorff construisit aux Champs-Élysées, pour un peintre Langlois, le plus vaste panorama qu'on ait jamais vu jusque-là : il mesurait 40 mètres de diamètre dans œuvre, sans supports intérieurs ; car, jusqu'au panorama construit par Hittorff, les charpentes de toutes ces vastes rotondes étaient soutenues par un pilier central. Cet architecte supporta la charpente de son comble à l'aide de câbles en fils de fer, amarrés à douze contre-forts placés dans une galerie extérieure enveloppant le panorama ; l'idée de ce système de construction lui avait été suggérée par la construction des ponts suspendus dits *ponts de chaines*, qui venaient d'être inaugurés en France (1826) sur de grands fleuves, et dont l'un des plus beaux était le pont de 450 mètres jeté sur le Rhône entre Beaucaire et Tarascon. (Voy. PONT.) Ce panorama fut démoli en 1855 et remplacé en 1859 par celui qui existe aujourd'hui sur le côté ouest du palais de l'Industrie.

Nous ne pouvons énumérer les diverses phases par lesquelles a passé cette invention, mais nous décrirons en quelques mots quel est le procédé moderne employé pour obtenir cette illusion d'optique. — Les panoramas sont peints à l'huile sur une forte toile à tableau. Une des conditions essentielles pour obtenir un bon résultat, c'est que la toile soit parfaitement tendue ; on atteint ce but en employant le moyen suivant. Nous avons dit que le mur est circulaire ; il porte à son sommet un fort cercle de bois, sur lequel est cloué le haut de la toile peinte. Mais comme un panneau de cette dimension prendrait toujours dans son milieu du *rond*, une forme convexe, on remédie à cet inconvénient en roulant la partie inférieure de la toile sur une énorme bague en fer d'un diamètre un peu moindre que celui du cercle en bois du sommet. Cette bague porte de distance en distance des poids qui rendent constante et égale la tension de la toile, qui forme légèrement l'entonnoir ; aussi la lumière ne projette aucune ombre sur cette toile. Le spectateur voit le tableau de tous les côtés parce qu'il se trouve placé au centre de la rotonde sur une tribune circulaire dont la hauteur du plancher met l'œil du spectateur, qui est debout, de niveau avec la ligne d'horizon du tableau. Une zone de verre dépoli située sur l'extrémité inférieure du comble éclaire vivement le tableau, tandis que le spectateur se trouve dans la pénombre, parce qu'il est placé sous un vaste parasol peint en gris de fer, lequel parasol est posé à trois mètres au-dessus de la tribune, qu'il dépasse de son demi-diamètre, ce qui fait que le bord du parasol cache à l'œil du spectateur l'extrémité supérieure du tableau, le haut du ciel ; le diamètre de la tribune, de son côté, cache l'extrémité inférieure du tableau. En outre, des avant-corps en relief ou en demi-relief relient par l'effet perspectif la plate-forme de la tribune ou galerie avec les premiers plans du tableau. Tout cet ensemble, qui frappe l'imagination du spectateur, lui fait supposer l'idée d'un espace immense qui n'est que le résultat d'une illusion d'optique.

PANOROGRAPHE, *s. m.* — Instrument qui sert à obtenir sur une surface plane le développement des objets vus en perspective autour d'un spectateur, c'est-à-dire les objets qui entourent l'horizon du spectateur.

PANSE, *s. f.* — Partie renflée d'un vase, du fût d'un balustre, etc.

PANTOGRAPHE, *s. m.* — Instrument fait à l'aide de règles mobiles, avec lequel on peut augmenter ou réduire, d'une manière exacte et précise, à une échelle donnée, des dessins ou même des reliefs. Le pantographe peut rendre d'utiles services aux architectes pour des dessins de grandes dimensions qu'on ne pourrait réduire facilement à l'aide d'échelles ou de compas de réduction. — Le pantographe est connu depuis le commencement du XVIIe siècle.

PAPIER, *s. m.* — Les papiers employés par les architectes pour exécuter des dessins sont de diverses sortes ; on distingue : le *papier bulle*, qui est *gris rose* ou *saumon* ; il sert à faire les études et les tracés et détails grandeur d'exécution ; on l'emploie aussi pour faire des *rendus*, surtout quand ces derniers sont faits avec de légères teintes de couleur ou d'encre de Chine, ou bien à l'aide du tire-ligne et de la plume ; — le *papier à calquer*, qu'on nomme aussi *papier végétal* ou DIOPTIQUE (Voy. ce mot) ; ce dernier sert à faire de nouvelles études sur des dessins exécutés sur des papiers forts; il sert également à faire des calques, c'est-à-dire à fournir une ou plusieurs expéditions d'un dessin : comme ce papier est transparent, on se contente de le placer sur le dessin à reproduire et de suivre toutes les indications déjà dessinées une première fois; on obtient ainsi rapidement des reproductions, puisque le dessinateur n'a pas à chercher des dimensions et à étudier des profils : on peut également exécuter des teintes et des lavis sur les papiers à calquer; —*papiers blancs*, il en existe de plusieurs sortes, mais les deux qualités les plus usuelles sont le papier *Canson* ou *papier français* et le papier *Whatmann* ou *papier anglais;* le premier, d'un prix moins élevé, ne permet pas de faire d'aussi beaux lavis, surtout à l'aquarelle, que le papier anglais. Les papiers français sont unis ou vergés ; pour les études prolongées, ils se graissent plus facilement que le whatmann, ensuite la gomme élastique enlève facilement leur encollage.

On fait aussi des *papiers quadrillés* au millimètre et au centimètre; les filets sont bistres, bleus ou gris; les uns sont en rouleaux et les autres en mains. Ces papiers, utilisés par les architectes pour le levé des plans, sont surtout employés pour les travaux des ingénieurs.

Les divers papiers dont nous venons de parler se trouvent dans le commerce en feuilles et au rouleau; le whatmann seul n'existe qu'en feuilles : les rouleaux mesurent 10 à 12 mètres de longueur sur une hauteur variable de 0^m,75, 0^m,80 à 1^m,20 et même 1^m,50; même certains papiers à calquer ou dioptiques se vendent par rouleaux de 25 mètres.

PAPIERS PEINTS. — Voy. TENTURE (*Papiers de*).

PAPILLON, *s. m.* -- Insecte de la famille des *lépidoptères*, qui était chez les anciens le symbole de l'âme. Posé sur une tête de mort, il symbolisait l'immortalité. — En fumisterie, on nomme *papillon* la clef d'un poêle.

PARABOLE, *s. f.* — Courbe ouverte dont tous les points sont également distants du foyer et d'une droite appelée *directrice*. Un cône à base circulaire, coupé par un plan parallèle à une génératrice, fournit une parabole. La parabole est fréquemment employée dans les constructions, dans les ponts et dans les voûtes, par exemple dans celles dites *trompes sur le coin*. (Voy. TROMPE.)

PARADIS, *s. m.* — Au moyen âge, on donnait ce nom aux chambres de parade; aujourd'hui, ce terme sert à désigner dans un théâtre les places situées au dernier étage.

PARAFFINE, *s. f.* — Substance blanche, solide, onctueuse, ayant une odeur *sui generis*, qui cristallise en belles lamelles nacrées. Sa densité est de 0,87 ; elle a une grande analogie, quant aux caractères physiques, avec le blanc de baleine (*spermaceti*), dont la densité est de 0,94. Cette substance se volatilise sans décomposition et brûle avec une belle flamme blanche; on l'extrait des goudrons minéraux, notamment de ceux provenant de la tourbe. (Pour d'autres détails techniques, cf. E. Bosc, *Traité complet de la tourbe*, pages 145 et suiv.) La paraffine a peu d'affinité pour un grand nombre de corps, de là son nom (*parum affinis*) ; mais elle est surtout très-réfractaire à l'humidité, aussi un architecte, M. Caudrelier, utilisant cette propriété, a composé avec la paraffine une peinture hydrofuge qui peut rendre d'utiles services aux constructeurs : c'est pour ce motif que nous donnerons, avec les différentes substances qui entrent dans sa composition, divers renseignements tirés d'une notice écrite par l'inventeur.

COMPOSITION DE L'HYDROFUGE. — L'hydrofuge à base de paraffine se compose, en proportions variables, d'hydrocarbure mélangé avec des benzines, de l'éther et de la paraffine, enfin de blanc de zinc à l'huile, qui sert non-seulement à couvrir les surfaces, mais à donner plus ou moins de consistance aux peintures. Cet hydrofuge présente cet avantage, grâce au blanc de zinc, de pouvoir être mélangé avec toutes les couleurs broyées à l'huile ; il s'emploie à froid et à chaud.

APPLICATION A FROID.—Après avoir nettoyé et épousseté les surfaces, mais sans avoir employé aucun lavage, on applique la composition qui a été préparée de la manière suivante. La paraffine préalablement dissoute à froid dans l'hydrocarbure est mise dans un CAMION (Voy. ce mot) chauffé au bain-marie par une lampe à alcool; une chaleur de 40 à 50 degrés suffit pour empêcher la coagulation de la paraffine. On étale ensuite la composition, avec une brosse en soie blanche et assez garnie, absolument comme on fait pour une peinture ordinaire. L'absorption par la pierre ou le plâtre est immédiate; elle se fait généralement à une profondeur de 5 à 6 millimètres. Quelques heures après l'application, l'hydrocarbure s'est volatilisé, la paraffine s'est solidifiée et elle couvre parfaitement la surface sur laquelle elle a été appliquée. Il faut environ 1 kilogramme d'hydrofuge pour couvrir 4 à 5 mètres de surface, suivant la porosité de la pierre sur laquelle on a fait cette application et son plus ou moins de siccité; l'enduit sur plâtre bien sec absorbe pour 5 mètres superficiels environ 1 kilogramme 200 grammes.

APPLICATION A CHAUD. — On étale la paraffine comme il a été dit ci-dessus ; et comme elle commence bientôt à se coaguler, on chauffe, au moyen d'un jet de gaz hydrogène, la surface enduite. On dirige le jet du gaz hydrogène sur la partie à chauffer par zones horizontales, en ayant soin de commencer toujours par le bas de la partie à chauffer.

Non-seulement la paraffination arrête l'humidité des murs, mais encore elle est employée pour rendre parfaitement étanches des bassins et des citernes. Dans le midi de la France, on l'a appliquée avec succès contre les parois des cuves vinaires.

PARAGE DES BRIQUES. — Opération qui consiste à enlever sur les briques avec un couteau de bois les bavures du moule ou toute matière étrangère que l'argile fraîche peut ramasser sur le sable où on les place. Le parage s'exécute avant l'enfournement.

PARALLÈLES, *adj.* et *s.* — Deux droites sont *parallèles* quand, situées dans un même

plan, elles ne peuvent jamais se rencontrer, aussi loin qu'on les prolonge.— Deux plans sont *parallèles* quand ils sont également distants l'un de l'autre dans toute leur étendue. Pris substantivement, ce terme sert à désigner une tranchée faite parallèlement au côté d'une place qu'on assiége, dans ce cas il est du genre féminin ; mais quand ce terme est du masculin, il désigne un cercle parallèle à l'équateur.

PARALLÈLEMENT, *adv.* — D'une manière parallèle. Un mur est placé parallèlement à un autre quand toutes les parties de ce mur sont également distantes les unes des autres.

PARALLÉLIPIPÈDE, OU MIEUX PARALLÉLÉPIPÈDE, *s. m.* — Solide terminé par six parallélogrammes, dont les côtés opposés sont égaux et parallèles. Deux des

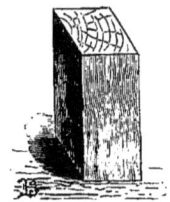

Fig. 1. — Parallélépipède droit.

faces opposées sur lesquelles peut porter ce solide se nomment *bases*. Quand les quatre parallélogrammes formant les autres côtés

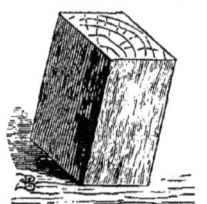

Fig. 2. — Parallélépipède oblique.

sont perpendiculaires aux bases, le parallélipipède est dit *droit* (fig. 1); dans le cas contraire, il est dit *oblique* (fig. 2). Quand les bases sont des rectangles, le parallélépipède est dit *rectangle* ou *rectangulaire*.

PARALLÉLISME, *s. m.* — État de deux lignes ou de deux surfaces parallèles. Correspondance symétrique ou non entre deux objets.

PARALLÉLOGRAMME, *s. m.* — Quadrilatère ou figure de quatre côtés, dont les côtés opposés sont égaux et parallèles.

PARAPET, *s. m.* — Mur à hauteur d'appui, qui sert de garde-corps et qu'on élève sur le bord d'un pont, d'une terrasse, etc. Quand les parapets sont à jour ou formés à l'aide de balustres, on les nomme BALUSTRADES. (Voy. ce mot.) — Dans l'architecture militaire, ce terme sert à désigner la partie supérieure d'un rempart, servant à protéger les défenseurs d'une place; c'est une élévation en terre, ordinairement gazonnée, en forme de glacis, qui permet de tirer sur les assiégeants. Le sommet des parapets est aujourd'hui crénelé avec des sacs à terre.

PARASANGE, *s. f.* — Mesure itinéraire chez les anciens Perses. Elle valait environ 5,250 mètres.

PARASTATES. — Ce terme signifie *qui se tient devant;* il est synonyme d'ANTES. (Voy. ce mot.)

PARATONNERRE, *s. m.* — Appareil destiné à protéger les édifices et les navires contre les atteintes de la foudre : aussi le nommait-on anciennement *Parafoudre.* — La question des paratonnerres est fort complexe, et jusque dans ces dernières années on s'est demandé s'il n'était pas souvent plus dangereux qu'utile de placer de ces appareils sur les édifices. Encore aujourd'hui la plupart des problèmes que soulève cette question sont loin d'être résolus, malgré les travaux considérables de nombreux savants. Mais il convient d'ajouter que l'étude de l'électricité est encore dans l'enfance, que nous connaissons à peine ce puissant agent, et qu'une fois qu'il sera plus étudié et mieux connu, la science pourra formuler des principes, fournir des données certaines à l'aide desquelles on pourra procéder au bon

établissement des paratonnerres. Comme cette question présente un grand intérêt et qu'elle est d'une utilité incontestable, les développements que nous donnerons dans le présent article formeront pour ainsi dire un *Traité abrégé du paratonnerre.* En effet, nous passerons en revue tout ce qu'il est utile de connaître, afin de donner les conseils les plus utiles et les plus pratiques pour la construction des paratonnerres ; c'est dans ce but que nous résumerons tous les documents officiels ayant une valeur réelle.

I. HISTORIQUE. — De tout temps, les natures même les moins impressionnables ont été fortement émues par le bruit et l'éclat de la foudre ; aujourd'hui même que nous connaissons la nature électrique de ce météore, nous ne sommes guère plus rassurés quand nous entendons le grondement terrible du tonnerre. Il est bien évident que dès l'antiquité la plus reculée l'homme a dû chercher des moyens pour se soustraire aux dangers de la foudre. En quoi consistaient ces moyens, nous l'ignorons. Il est probable que dans sa détresse l'homme se contentait d'adresser des prières aux dieux et de leur offrir des sacrifices. On prétend cependant que, malgré son étendue, le temple construit par Salomon ne fut jamais frappé par la foudre. Il est probable que le hasard, qui ne fait pas cependant grand'chose, aida ici le constructeur, et que la couverture du temple, qui était en métal, en bronze peut-être, a pu le protéger contre les atteintes de la foudre, car on peut supposer que des ornements ou des tuyaux de descente pour les eaux pluviales ont pu servir de conducteurs pour l'écoulement de l'électricité aérienne. Ce n'est guère, en effet, que pendant la seconde moitié du XVIIᵉ siècle que les physiciens connurent la véritable origine de la foudre, parce que vers 1670 ou 1675 Otto de Guéricke (1) construisit la

---

(1) Le physicien Otto de Guéricke est né à Magdebourg en 1602, et mort en 1686 ; c'est lui qui a inventé la première machine électrique, la balance pour peser l'air, et les deux hémisphères dits de Magdebourg pour démontrer la force de compression de l'air. Guéricke étudia l'astronomie, et parla un des premiers des ta-

première machine susceptible de donner des étincelles électriques : les physiciens purent dès lors faire un rapprochement entre l'électricité et la foudre, puisque le bruit et la lumière, toutes proportions gardées, étaient de même nature dans les deux cas. Après Otto de Guéricke, Franklin établit, à l'aide de ses batteries électriques, un parallèle frappant entre la foudre et l'électricité. C'est lui le premier qui reconnut les électricités positive et négative, ainsi que le pouvoir que possèdent les pointes de déterminer lentement et à distance l'écoulement de l'électricité : c'est ce dernier fait qui l'amena à inventer le paratonnerre. Toutes ces observations et expériences sont consignées dans ses œuvres, surtout dans un mémoire spécial qu'il publia en 1749. Un de nos compatriotes, contemporain de Franklin, le botaniste Thomas Dalibard, répéta les expériences du grand physicien américain. Dans son jardin de Marly, il fit dresser une barre de fer isolée haute de 33 mètres, laquelle, un jour d'orage, le 12 mai 1752, fournit, dit-on, des étincelles assez fortes pour charger une bouteille de Leyde. La même année, l'Académie de Bordeaux mit au concours l'étude de l'analogie pouvant exister entre l'étincelle électrique et la foudre ; un ouvrage, paraît-il, fut couronné l'année suivante, en 1750, c'est-à-dire au moment où Buffon fit traduire en français et publier les lettres de Franklin, qui occupaient beaucoup le monde savant. Deux ans après, en 1752, dans le courant du mois de septembre, Franklin pratiqua son expérience, demeurée célèbre, du cerf-volant qu'il fit enlever dans l'air par un ciel très-orageux ; son cerf-volant n'avait, paraît-il, qu'une corde de chanvre, et l'illustre physicien, quoique le temps fût fortement chargé d'électricité, ne put recueillir aucune étincelle. Il allait même enrouler sa corde pour faire descendre le cerf-volant, quand une pluie, venant à propos, mouilla

la corde. Dans cet état, celle-ci, meilleure conductrice de l'électricité, amena des étincelles. Telle fut la première expérience concluante qui confirma les idées préconçues de Franklin. — Le 17 juin 1753, de Romas (1) répéta l'expérience du physicien américain, mais il doubla sa corde d'un fil métallique. Le 6 août de la même année, un physicien russe, Richmann, de Livonie, professeur à Pétersbourg, fut foudroyé dans son cabinet pendant un orage, parce que, voulant renouveler les expériences de Franklin, il avait placé sur sa maison une barre de fer isolée portant un fil conducteur aboutissant dans le cabinet du physicien, qui fut ainsi foudroyé à l'âge de quarante-deux ans (2).

L'Académie des sciences de France s'occupa, et cela à sept reprises différentes, de la question des paratonnerres ; mais les solutions qu'elle proposa, ainsi que les rapports émis par ce corps savant, renferment souvent des données contradictoires. Il n'y a rien d'étonnant dans ce fait, puisque les instructions sont séparées, comme nous allons le voir, par des laps de temps assez considérables et que la science progresse pour ainsi dire chaque jour. — La première commission, instituée le 24 avril 1784, se composait de Franklin, de Leroy, de Coulomb, de Laplace et de Rochon ; le 6 nivôse an VIII (27 déc. 1799), un deuxième rapport fut élaboré par Coulomb, Leroy et Laplace ; le 25 août 1807, une commission, dite comité des fortifications, soumit à l'Académie des sciences une instruction relative aux paratonnerres à établir sur les magasins à poudre ; le 23 avril 1823, l'Académie rédigea une instruction demeurée célèbre pour l'établissement des paratonnerres : ce travail avait été confié à une commission composée de Poisson (3), Lefebvre-Gineau, Gérard, Dulong,

---

(1) A. de Romas était assesseur au présidial de Nérac. Les études qu'il fit au sujet des paratonnerres sont consignées dans le Recueil de l'Académie des sciences, tome II, des ouvrages des savants étrangers.

(2) Guillaume Richmann est né en Livonie en 1711 ; il obtint en 1745 la chaire d'histoire naturelle à Pétersbourg.

(3) L'auteur de la Théorie mathématique des actions des corps électrisés les uns sur les autres.

---

ches du soleil, qu'il considérait comme des planètes très-rapprochées de cet astre. Ses principaux travaux et observations sont consignés dans : Experimenta nova, ut vocant, Magdeburgica, etc., 1 vol. in-fol., Amsterdam, 1682.

Fresnel, et Gay-Lussac, rapporteur. Dans sa séance du 5 mars 1855, l'Académie revise en partie l'instruction du 23 avril 1823, et c'est ce nouveau travail qui jusqu'à ces derniers temps a été le plus généralement suivi par les praticiens (1); le 14 janvier 1867, nouveau rapport académique, rédigé par une commission composée de Becquerel, Babinet, Duhamel, Fizeau, Ed. Becquerel, Regnault, Vaillant, et Pouillet, rapporteur; le 20 juillet 1868, à l'occasion d'une nouvelle installation des paratonnerres du Louvre et des Tuileries, l'Académie donna une nouvelle consultation par l'organe d'une commission composée des mêmes membres que ceux désignés en 1867, à l'exception cependant de MM. Fizeau et Regnault. Pour compléter l'énumération de tous ces travaux, nous devons ajouter que l'Académie a reçu de nombreuses communications; mais elle n'a guère discuté et approuvé que celles de Deleuil père et fils, et de M. Perrot, ingénieurs constructeurs. Certains édifices de la ville de Paris ayant subi à diverses reprises des avaries par suite des coups de foudre (2), l'administration municipale voulut à son tour faire étudier la question, et, le 20 mai 1875, la ville de Paris a fourni le dernier travail relatif à l'établissement des paratonnerres. Le rapport, élaboré par la commission municipale nommée à cet effet, s'inspire non-

seulement des instructions de l'Académie, mais encore admet comme seule bonne une grande partie des solutions proposées par la savante compagnie; nous aurons occasion de citer ce dernier travail dans le courant de cet article. Tel est l'historique à peu près complet sur les paratonnerres.

II. ÉLÉMENTS QUI ENTRENT DANS LA COMPOSITION DES PARATONNERRES. — Les paratonnerres se composent : d'une *tige métallique*, terminée généralement en pointe, cette tige se dresse verticalement dans l'air; d'un *conducteur*, qui du pied de la tige amène, *conduit* le fluide dans le sol où il se perd au moyen du *perd-fluide*; ensuite de *compensateurs* de dilatation, de *supports* de diverses formes, d'*isolateurs*, de *colliers d'attache*, etc.

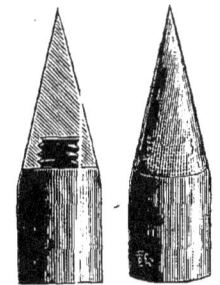

Fig. 1 et 2. — Pointes en platine massives.

III. POINTES. — La tige, qui s'élève dans l'air, au-dessus des faîtages des bâtiments, est terminée par une pointe: c'est cette pointe qui a fourni le plus de matière à la discussion dans l'établissement des paratonnerres, nous le verrons bientôt; mais quel que puisse être « l'effet primitif produit par la pointe, cette dernière doit avoir une masse et une conductibilité suffisantes pour résister à une décharge disruptive; cette pointe doit être faite en métal bon conducteur (1). » Le fer est généralement rejeté pour la construction de celle-ci; certains constructeurs prétendent que le meilleur métal à employer est le platine, d'autres lui préfèrent le cuivre; du reste, nous allons

---

(1) Cette commission était composée de MM. Babinet, Becquerel, Duhamel, Cagniard de Latour, Despretz, Regnault, de Sénarmont, et Pouillet, *rapporteur*.

(2) Bien des personnes se rappellent sans aucun doute l'accident survenu le 2 août 1862 à la caserne du Château-d'Eau : ce jour-là, un orage avait traversé Paris sans causer de coups de tonnerre; mais, arrivé sur le quartier du Château-d'Eau, la caserne, quoique armée de sept paratonnerres, fut foudroyée, et, fait curieux, la foudre ne frappa point sur un des angles du monument, qui n'était protégé que par un seul paratonnerre, mais bien au milieu de la cour, c'est-à-dire dans le seul point où s'exerçait l'action de tous les paratonnerres de l'édifice; de la cour, le fluide électrique, au lieu de suivre le conducteur et s'écouler dans le sol, passa dans le corps de garde, dans lequel se trouvaient une vingtaine d'hommes. Ici les paratonnerres avaient évidemment attiré la foudre, et l'on peut se figurer le désastre qui serait survenu si le tonnerre avait frappé sur les magasins à poudre qui se trouvent dans cette caserne.

(1) Inst. municip. du 20 mai 1875.

donner ici l'avis de l'Académie sur cet important sujet.

La commission (celle du 5 mars 1855) (1) a examiné avec intérêt les pointes de paratonnerres présentées à l'Académie par MM. Deleuil ; elle trouve que le travail est tel qu'on pouvait l'attendre de ces habiles constructeurs et qu'il ne laisse rien à désirer. L'une de ces pointes est un cône de platine massif exactement conforme aux indications données précédemment ; l'autre est un cône pareil pour la forme et les dimensions et pour toute l'apparence extérieure, parce qu'il est fait au moyen d'une capsule conique de platine appliquée à la soudure forte sur l'extrémité conique de la tige de fer.

La première disposition est représentée en coupe et en perspective dans nos figures 1 et 2. La se-

ainsi que l'or et l'argent au titre de 950, soit en cône massif, soit en capsule conique d'une épaisseur suffisante, et nous ne doutons pas que, dans les ateliers de MM. Deleuil, ces autres pointes ne soient fabriquées avec la même perfection que les pointes de platine qu'ils présentent à l'Académie.

Cependant tous ces métaux sont d'un prix élevé, bien peu d'ouvriers ont l'habitude de les travailler, ou du moins d'apporter à ce travail la précision et les soins délicats qui sont ici les conditions indispensables du succès. Ces motifs nous ont ramené à une proposition qui avait déjà été discutée dans le sein d'une première commission, et qui consiste à faire simplement la pointe des

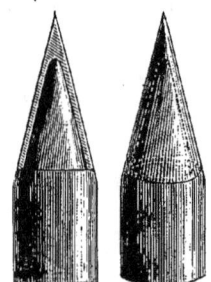

Fig. 3 et 4. — Pointes en platine en capsules.

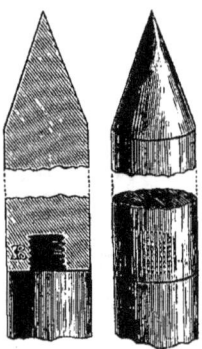

Fig. 5 et 6. — Pointes en cuivre rouge.

conde est aussi représentée en coupe et en perspective dans nos figures 3 et 4. Ces figures sont de demi-grandeur naturelle ; la partie hachée dans les coupes indique le platine, celle qui ne l'est pas indique la partie supérieure du fer de la tige du paratonnerre. Celle-ci est supposée ronde et de 0m,02 de diamètre ; le cône a une hauteur double, soit 0m,04.

Nous pensons que cette seconde disposition ne doit avoir pour l'usage aucune infériorité sur la première ; mais il faut pour cela qu'elle soit exécutée par un habile ouvrier qui sache réussir toujours à faire prendre la soudure sur tous les points de la capsule, afin qu'elle soit intimement unie au fer par toute sa surface intérieure.

Nous ajoutons que nous ne verrions aucun inconvénient à substituer au platine le palladium

paratonnerres avec du cuivre rouge, comme elle est représentée en coupe et en perspective dans les figures 5 et 6 dessinées, de demi-grandeur naturelle, sauf la brisure qui en réduit la hauteur.

Le cylindre de cuivre rouge a 0m,02 de diamètre, comme la partie supérieure de la tige de fer du paratonnerre, et il est brasé avec elle pour en faire le prolongement ; la longueur est d'environ 0m,20 et il se termine en haut par un cône de 0m,03 à 0m,04 de hauteur.

Notre conclusion, à l'égard de cette pointe de cuivre rouge, est que rien ne s'oppose à ce qu'elle soit employée presque avec la même confiance que les précédentes ; si l'on peut craindre qu'elle n'éprouve quelques altérations superficielles de la part des agents atmosphériques, ces inconvénients possibles sont bien plus que compensés par les avantages suivants :

1° Le cuivre rouge, tel qu'on le trouve dans le commerce, est, avec le palladium, l'or et l'argent, parmi les meilleurs conducteurs de la chaleur et de

(1) Voir les *Comptes rendus des séances de l'Académie des sciences*, t. XL, p. 520 (séance du 5 mars 1855).

l'électricité ; la pointe du cône de ce métal s'échauffera donc beaucoup moins que celle du cône de platine sous l'influence des courants électriques et même des coups de foudre. Ainsi, avec la forme que nous lui donnons, il est très-probable qu'elle ne sera ni fondue ni profondément oxydée.

2° Le paratonnerre à pointe de cuivre rouge n'entraîne qu'à une moindre dépense ; il devient accessible non-seulement aux communes, mais à la plupart des propriétaires ; il peut être fabriqué partout, car il y a sans doute en France bien peu de villages où l'on ne trouve un ouvrier fort capable de travailler et d'ajuster toutes les pièces d'un paratonnerre établi d'après ce système.

Avant que le rapport soit mis aux voix, M. Despretz, membre de la commission, appelle l'attention sur un point relativement auquel il n'a pu partager l'opinion de ses collègues.

M. Despretz craint que la couche de carbonate ou de toute autre matière peu conductrice dont se couvrira le cuivre, plus ou moins, selon les localités, n'affaiblisse l'action efficace du paratonnerre. Cette crainte porte M. Despretz à ne pas approuver la proposition de terminer les paratonnerres par une tige en cuivre. Il ne croit pas qu'il soit prudent d'abandonner le platine. Il désire donc qu'on termine les paratonnerres par un cône en platine arrondi à sa partie supérieure et soudé au cuivre ou au fer à la soudure forte. La dépense ne lui paraît pas devoir dépasser 50 francs pour les édifices ordinaires.

Il croit encore qu'il y a dans tous les chefs-lieux de département, et dans les ateliers placés sous la direction du ministère de la guerre ou de la marine, des hommes tout à fait en état de souder le platine à la soudure forte.

Malgré ces observations et les réponses de MM. Pouillet et Regnault, le rapport est mis aux voix et adopté. Ce rapport admet donc comme bonne l'extrémité des tiges de paratonnerres terminées par une pointe conique ayant 0^m,02 de diamètre et de 0^m,03 à 0^m,04 de hauteur ; il admet en outre le cuivre rouge comme métal très-propre à confectionner le cône, ce métal même étant meilleur conducteur de l'électricité que le platine lui-même et par suite étant bien moins susceptible que celui-ci de s'échauffer « sous l'influence des courants électriques et même des *coups de foudre* ». Enfin, un des membres de la commission propose de supprimer totalement les pointes des paratonnerres et de les remplacer par un cône de platine « arrondi à sa partie supérieure. » Et, d'autre part, l'instruction municipale de la ville de Paris nous dit : « La commission trouve inutiles les pointes en platine, et adopte, pour placer au sommet de chaque tige, une flèche en cuivre rouge pur, d'environ 0^m,50 de longueur, terminée suivant un cône dont l'angle au sommet sera de 15° avec la verticale, soit 30° pour l'angle total. — Cette flèche sera vissée, goupillée à vis et soudée à la soudure forte à l'extrémité de la tige en fer. »

Nous voilà donc en présence de contradictions dans lesquelles nous allons nous efforcer de porter quelque lumière ; et tout d'abord nous conseillerons d'adopter de préférence le cuivre au platine, premièrement parce qu'il est reconnu aujourd'hui que ce métal est onze fois plus conducteur de l'électricité que ne l'est le platine, par suite de cet avantage, il favorise beaucoup mieux l'écoulement de l'électricité ; ensuite, il est beaucoup moins cher que le platine : ceci lui assurerait donc la préférence à avantages égaux, donc *on doit faire les pointes des tiges en cuivre rouge*.

Quant à craindre que l'oxydation du cuivre puisse affaiblir d'une manière sensible l'action efficace du paratonnerre, cette crainte nous paraît exagérée, d'autant que l'on sait fort bien qu'il est indispensable de visiter de temps en temps l'installation des paratonnerres et de les entretenir en parfait état. On aurait donc l'occasion de remplacer les pointes par trop oxydées par des pointes neuves.

Ici se pose une seconde question. Les tiges métalliques exercent-elles une action neutralisante d'autant plus considérable que leur pointe est plus effilée ? Les uns disent *oui*, les autres répondent *non*. Il semble aujourd'hui qu'on renonce à cette pointe très-effilée. Or, d'après nous, c'est un grand tort ; nous espérons le démontrer en nous appuyant sur des autorités, mais nous citerons auparavant les partisans des pointes à 30°. De ce nombre se trouve la commission municipale de la ville de Paris, nous venons de le voir ; elle s'appuie sans doute sur l'ancienne instruction sur les paratonnerres, car nous y voyons, page 97 :

« La pointe aiguë, d'un angle de 30°, que nous substituons à la pointe aiguë et beaucoup plus effilée dont on se sert généralement, n'empêche pas l'action préventive du paratonnerre, bien qu'elle soit moins propice à la favoriser quand les distances sont petites et les intensités faibles ; mais elle a une incontestable supériorité par la résistance incomparablement plus grande qu'elle oppose à la fusion, résistance que nous jugeons nécessaire. » On peut voir par ce qui précède qu'il est bien évident que l'Académie reconnaît que l'action neutralisante d'une pointe est d'autant plus considérable qu'elle se trouve plus effilée ; mais qu'elle abandonne cet avantage, afin d'obtenir d'une pointe moins aiguë un maximum de résistance quant à la fusion. N'est-ce pas une théorie dangereuse ? car le premier résultat qu'on doit demander à un paratonnerre, c'est de soutirer l'électricité, ce qu'on obtient par des pointes très-effilées ; ensuite, en admettant qu'un coup de foudre soit assez puissant pour fondre le métal, il triomphera certainement presque aussi facilement d'une pointe à 30° que d'une pointe qui ne mesurerait que 15° ou même 10° C'est pourquoi nous estimons qu'on doit préférer des pointes très-effilées montées sur des olives, comme le montre notre figure 7, et en cela nous sommes d'accord avec Gavaret, du Moncel, Babinet et d'autres encore. Le célèbre physicien anglais Faraday estime lui aussi « qu'une longue pointe de cuivre rouge peut neutraliser en deux minutes environ, dans le nuage vers lequel elle est dirigée, une quantité d'électricité égale à celle d'un coup de foudre, tandis qu'une tige terminée par un cône de 30 à 38° mettrait quarante à cinquante fois plus de temps pour produire le même résultat. » (Perrot, *Notice sur les paratonnerres.*)

Notre figure 7 montre une tige de paratonnerre formée par un faisceau de pointes : en A, on voit un détail en olive, c'est l'extrémité de la tige du paratonnerre ; et en B un détail de l'assemblage.

Du reste, les expériences de Beccaria ont prouvé d'une manière tout à fait concluante que les tiges de paratonnerres terminées en

pointe soutiraient beaucoup plus fortement l'électricité aérienne (1).

Voici l'une des expériences en question. — A quelques mètres de distance, Beccaria fit élever deux paratonnerres, l'un était terminé en pointe et l'autre en boule ; les deux conducteurs de ces paratonnerres présentaient dans leur parcours une solution de continuité qui permit de constater que le paratonnerre à pointe fournissait un grand nombre d'étincelles, tandis que celui qui était terminé en boule en donnait beaucoup moins et à des intervalles de temps beaucoup plus considérables.

Ainsi donc cette expérience prouve que *toutes les pointes de paratonnerres doivent être*

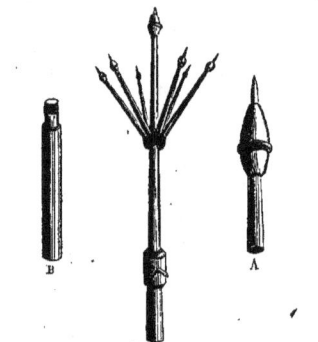

Fig. 7. — Pointe de paratonnerre en faisceau : A, détail d'une pointe ; B, détail de l'assemblage.

aiguës et non terminées par une surface plus ou moins arrondie, comme quelques constructeurs ont voulu en établir dans ces dernières années.

IV. TIGES. — Les tiges ou flèches de paratonnerres sont en fer forgé, étiré, quelquefois étampé et d'une seule longueur ; cependant, quand elles sont fort longues, elles peuvent être formées de plusieurs morceaux ; elles sont

(1) J.-B. Beccaria est né à Mondovi en 1716 et mort à Turin en 1781 ; il enseigna dans cette dernière ville la physique expérimentale, il étudia surtout l'électricité, et Franklin estimait si fort le principal ouvrage de Beccaria, *dell'Eletricismo artifiziale* (Turin, 1772), qu'il le fit traduire en anglais.

rondes, carrées ou légèrement coniques. L'instruction de la commission municipale dit
qu'elle sera « autant que possible galvanisée
en zinc, mais sous aucun prétexte elle ne

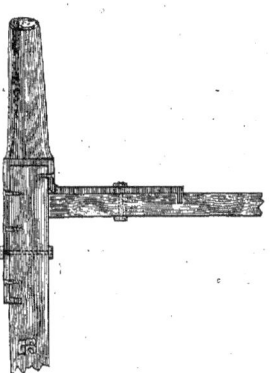

Fig. 8. — Tige avec fourchette coudée.

devra être peinte. » Nous pensons que la galvanisation en zinc est complétement inutile
et ne peut exercer aucune espèce d'influence
sur le plus ou moins de conductibilité électrique. Quant à la peinture, c'est autre chose,
et il est bien évident que des couches accumu-

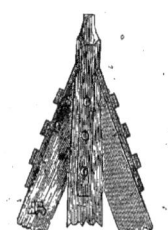

Fig. 9. — Tige assujettie par une double fourchette.

lées de peinture sur une tige de paratonnerre
pourraient former une sorte d'enveloppe iso-
lante qui enrayerait totalement le but qu'on
se propose d'atteindre. Nous dirons même
qu'il est préférable de ne point peindre ces
tiges, parce qu'une légère couche de rouille,
loin de nuire à l'effet de la transmission électrique, lui est au contraire favorable, puisque,
par un temps humide ou pluvieux, cette rouille
tient la tige dans un état hygrométrique émi-

nemment favorable à l'absorption du courant
électrique. Ces dernières observations s'appliquent exclusivement aux tiges, car il est préférable de peindre les conducteurs; nous en parlerons plus loin. Les tiges de paratonnerres sont
fixées sur les bâtiments de plusieurs manières :
elles peuvent être scellées dans la maçonnerie,,

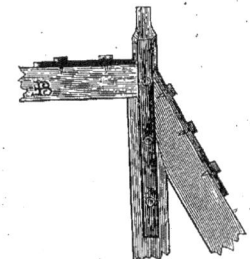

Fig. 10. — Tige assujettie par une double fourchette dont l'une
a un des bras coudé à angle droit et l'autre à 20° environ.

fixées sur la charpente du comble, généralement sur les poinçons ou bien simplement sur
le faîtage. Il peut se présenter des cas particuliers pour fixer ces pièces. Notre figure 8
montre une tige avec une fourchette coudée,
parce que le poinçon, trop court pour la lon-

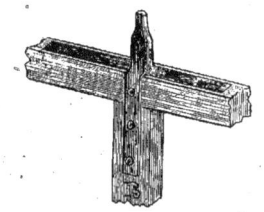

Fig. 11. — Tige assujettie par une double fourchette
dont l'une a ses branches inclinées à angle droit.

gueur de la fourchette, a d'un côté une pièce
de charpente qui empêche le développement
normal d'un des bras de la fourchette ; notre
figure 9 montre, au contraire, une double fourchette entièrement assujettie sur le poinçon.
Comme on peut le voir par nos figures, toutes
les tiges sont boulonnées à vis sur la charpente :
ce mode d'assemblage donne plus de raide et
est de beaucoup préférable aux tire-fonds, qui,
une fois ébranlés par les vibrations et le

fléchissement des tiges exposées aux coups de vent, ne peuvent plus être vissées solidement. Nous terminerons ce qui nous reste à dire sur les tiges de paratonnerres en citant l'instruction de l'Académie; nous laissons la parole à Gay-Lussac.

Une tige de paratonnerre, dit-il, de la dimension supposée, étant d'un transport difficile, on la

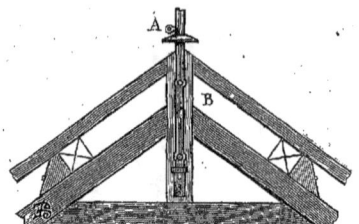

Fig. 12. — Assujettissement de la tige (4ᵉ mode).

coupe en deux parties, au tiers ou aux deux cinquièmes environ de sa longueur, à partir de sa base. La partie supérieure s'emboîte exactement, par un tenon pyramidal de 0ᵐ,19 à 0ᵐ,20 dans la partie inférieure, et une goupille l'empêche de s'en séparer. On doit cependant, autant qu'on le pourra, ne faire la tige que d'une seule pièce, parce qu'elle aura plus de solidité.

Au bas de la tige, à 0ᵐ,08 du toit, est une embase soudée au corps même de la tige; elle est destinée à rejeter l'eau de pluie qui coulerait le long de la tige, et à l'empêcher de s'infiltrer dans l'intérieur du bâtiment et de pourrir les bois de la toiture. — Immédiatement au-dessus de l'embase, la tige est arrondie sur une étendue d'environ 0ᵐ,06 pour recevoir un collier brisé à charnière,

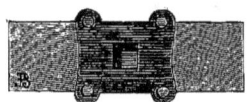

Fig. 13. — Plaque en fer servant à assujettir la tige.

portant deux oreilles, entre lesquelles on serre l'extrémité du conducteur du paratonnerre au moyen d'un boulon. Au lieu du collier, on peut faire un étrier carré qui embrasse étroitement la tige. Enfin on peut encore, pour diminuer le travail, souder un tenon à la place du collier; mais il faut avoir soin de ne pas affaiblir la tige en cet endroit, qui est celui où elle doit opposer le plus

de résistance, et le collier ou l'étrier sont préférables.

La tige du paratonnerre se fixe sur le toit des bâtiments selon les localités. Si elle doit être posée au-dessus d'une ferme B (fig. 12 et 13), on perce le faîtage d'un trou dans lequel on fait passer le pied

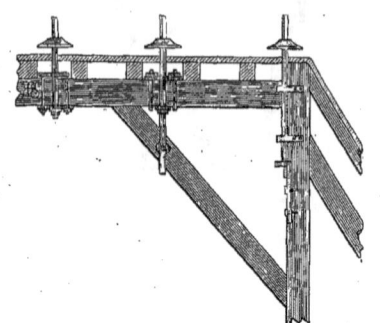

Fig. 14. — Divers dispositifs adoptés pour assujettir les tiges.

de la tige et on l'assujettit contre le poinçon, au moyen de plusieurs brides, comme le montrent nos figures. — Cette disposition est très-solide, et doit être préférée, lorsque les localités le permettent.

Lorsqu'on doit fixer la tige sur le faîtage en A (fig. 12), on le perce d'un trou carré de même di-

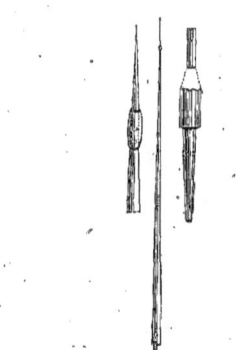

Fig. 15. — Tige de paratonnerre.

mension que le pied de la tige, et par-dessus et en dessous on fixe, avec quatre boulons ou deux étriers boulonnés qui embrassent et serrent le faîtage, deux plaques de fer de 0ᵐ,02 d'épaisseur, portant chacune un trou correspondant à celui fait dans le bois. La tige s'appuie par un petit collet sur la plaque supérieure contre laquelle on la presse fortement au moyen d'un écrou se vissant sur l'extrémité de la tige contre la plaque inférieure.

Notre figure 10 montre une tige assujettie par une double fourchette dont l'une a l'un de ses bras coudé à angle droit et l'autre à environ 20°. Notre figure 11 montre un troisième mode d'assemblage.

Notre figure 14 fait voir divers dispositifs adoptés pour assujettir la tige des paratonnerres sur un faîtage d'après le dernier mode que nous venons de décrire.

A propos des tiges de paratonnerres, nous

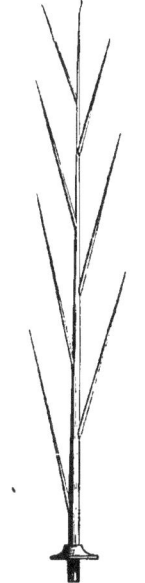

Fig. 16. — Tige de paratonnerre armée de pointes.
Échelle de 0,01 pour 1 mètre.

croyons utile de donner ici en grande partie une circulaire adressée aux architectes de la ville de Paris par le directeur des travaux d'architecture. Cette circulaire, datée du 1er octobre 1875, fournira quelques détails complémentaires intéressants.

« Toute tige de paratonnerre aura la forme d'un tronc de cône droit ; à sa partie supérieure, et quelle que soit sa hauteur, elle aura un diamètre de 0m,022 à 0m,025 au maximum. Quant à son diamètre à la base, il devra être égal à la centième partie de la longueur de ladite tige, non compris la pointe en cuivre Cependant, dans aucun cas, le diamètre à la base ne devra dépasser 0m,10. A cause des difficultés de forge, on accordera sur le diamètre de la base une tolérance en plus ou en moins de 0m,003, soit un écart total de 0m,006. Toute tige ne remplissant pas ces conditions et présentant un excès de poids inutile devra être rejetée. »

Notre figure 15 montre une tige complète de paratonnerre : à gauche de notre croquis on voit à plus grande échelle la pointe et son mode d'attache, à droite l'assemblage de la tige avec son support. Notre figure 16 fait voir une tige de paratonnerre armée de pointes ou dards. Ce système, préconisé par certains praticiens, peut avoir du bon, car il soutire très-bien l'électricité de l'atmosphère, mais aussi chaque ajustage des pointes fournit un élément de destruction.

Si on avait à placer une tige de paratonnerre sur une voûte, si cette tige ne devait pas avoir une grande hauteur, on la terminerait par trois ou quatre empatements, ou, dans le cas contraire, par trois ou quatre contre-forts qu'on scellerait dans la pierre par les procédés ordinaires.

V. ZONE DE PROTECTION. — On nomme *zone de protection* l'espace qu'un paratonnerre peut protéger efficacement contre les atteintes de la foudre. Aujourd'hui il est parfaitement admis que, dans une construction ordinaire, une tige protège, et cela d'une manière efficace, le volume d'un cône de révolution ayant la pointe pour sommet et la hauteur de cette tige, mesurée à partir du faîtage, multipliée par 1,75 pour rayon de base. Ainsi une tige de 9 mètres protège d'une manière efficace un cône dont la base mesurée sur le faîtage aura 1,75 × 9 = 15m,75 de rayon. Telle est la zone de protection théorique et mathématique ; mais dans la pratique on peut donner et on donne toujours un écartement plus considérable aux tiges, à la condition toutefois d'établir les circuits des faîtes dans de bonnes conditions ; on suit à cet égard les *Instructions de l'Académie.*

VI. CIRCUIT DES FAÎTES. — On appelle

ainsi le conducteur métallique qui règne sans interruption sur les faîtages des édifices qu'il s'agit de protéger. Le *circuit des faîtes* ou *des faîtages* est relié métalliquement à toutes les tiges de paratonnerres de l'édifice et aux conducteurs qui *conduisent* le fluide à la nappe d'eau formant le réservoir commun. Le circuit des faîtages est généralement composé de barres de fer carrées de 0ᵐ,02 de côté

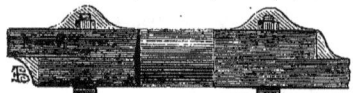

Fig. 17. — Mode d'assemblage des barres de circuit.

et mesurant 4 à 5 mètres de longueur. On emploie également des cordes en fils de fer ou de cuivre ; nous parlerons de celles-ci un peu plus loin, quand nous traiterons des *conducteurs*.

Les barres de circuits doivent être jointes l'une à l'autre par superposition des extrémités, avec deux boulons et une bonne soudure à l'étain, comme le fait voir la figure 17 ; notre figure 18 montre la coupe transversale de la figure 17 dans son milieu : nous l'avons dessinée au double pour la rendre plus claire. — Lorsqu'il y aura lieu d'établir sur la ligne principale du circuit, un embranchement perpendiculaire, la jonction se fera comme le fait voir notre figure 19.

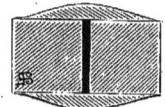

Fig. 18. — Coupe transversale de la figure précédente dans son milieu.

La nouvelle branche se termine en forme de T, dont la traverse S se superpose à la ligne principale, où elle est boulonnée et soudée à la manière ordinaire, tandis que la tige du T se prolonge pour constituer l'embranchement.

Dans certains cas le circuit des faîtes pourra reposer immédiatement sur le faîtage ; cependant, comme il importe que ses joints et soudures ne soient en rien compromis, soit par les réparations des couvertures, soit par d'autres causes, il est probable qu'en général il faudra le

soutenir à une certaine hauteur par des supports convenablement espacés. Ces supports pourront varier suivant la forme et la disposition des faîtages eux-mêmes : quelquefois il faudra recourir aux supports fixes, alors ils devront être à fourchettes, afin d'empêcher les déplacements latéraux d'une trop grande amplitude, en même temps

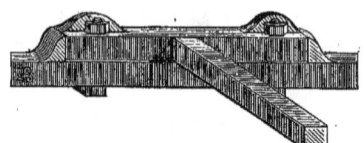

Fig. 19. — Embranchement perpendiculaire (mode d'assemblage).

qu'ils permettront le jeu de la dilatation. D'autres fois on pourra se borner à de simples coussinets en fonte, du poids de 5 à 6 kilogrammes, simplement posés sur le faîtage et portant à leur face supérieure une gorge destinée à recevoir la barre (1).

VII. Conducteurs. — On nomme ainsi les barres de fer qui servent à former les circuits des faîtages et qui conduisent sans interruption la foudre dans la nappe d'eau sou-

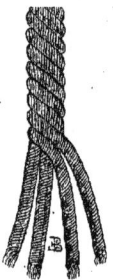

Fig. 20. — Câble métallique détordu.

terraine. On a également employé pour remplir cet office de grosses cordes ou petits câbles en fil de fer, de cuivre ou de laiton, parce que ce genre de conducteur peut avoir environ 25 mètres de longueur, ce qui

---

(1) *Inst. sur les paratonnerres du Louvre et des Tuileries*, dans les *Comptes rendus des séances de l'Acad. des sciences*, t. LXVII (séance du 20 juillet 1868).

évite les raccords à des distances assez rapprochées de 4 à 5 mètres, qui existent quand on utilise les barres de fer; ensuite les câbles métalliques se prêtent beaucoup plus facilement au pourtournement des moulures, des corniches, des souches de cheminées, etc. ;

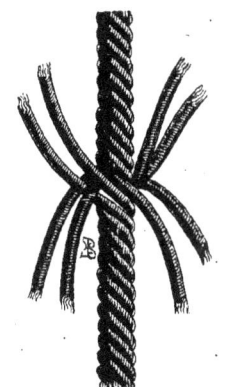

Fig. 21. — Câbles métalliques rapprochés pour former une épissure.

enfin ils passent dans des localités où les barres de fer ne passeraient que difficilement. On ajoute les câbles métalliques au moyen d'épissures, qu'on fait absolument comme s'il s'agissait de câbles en chanvre. On détord à leurs extrémités, sur une longueur de $0^m,12$ à $0^m,14$ environ, les câbles qu'on veut réunir (fig. 20). On rapproche les deux bouts de câbles détordus de telle sorte que les torons d'un câble s'entrelacent réciproquement avec les torons correspondants de l'autre, comme le

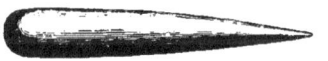

Fig. 22. — Épissoir.

montrent nos figures 20 et 21. Ordinairement ces câbles ont 5 torons; mais, pour faciliter l'intelligence de l'opération, nous n'en avons figuré que quatre. Quand les bouts de câbles sont rapprochés à fond, c'est-à-dire jusqu'au bout des parties détordues, on donne une torsion à l'un des câbles en sens inverse : cette opération a pour but de donner du

lâche aux torons serrés; c'est alors qu'on passe un épissoir (fig. 22) dans le câble opposé, afin de former un premier anneau dans lequel on passe un toron, puis un second, un troisième et un quatrième, dans lesquels on passe successivement le deuxième, le troisième et le quatrième toron. A l'aide

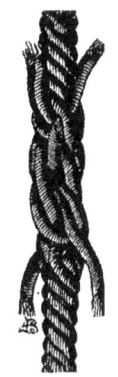

Fig. 23. — Câbles métalliques réunis par une épissure.

d'une poulie mouflée, on tire ces torons pour serrer les deux câbles; on obtient alors la jonction fournie par notre figure 23. Les

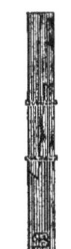

Fig. 24. — Ajustement de deux barres de fer en trait de Jupiter.

épissoirs sont en bois ou en fer. Si l'on ne veut pas faire une épissure, on se contente souvent, après avoir entrelacé les torons, comme l'indique notre figure 21, de les réunir accolés les uns aux autres en un faisceau cylindrique que l'on recouvre d'une ligature ou que l'on soude comme l'épissure à la soudure d'étain, en employant une petite poche formée d'un sac de toile, qu'on remplit jusqu'au bord. Le sac est brûlé pendant l'opération ; on le laisse, ou on l'arrache des parties encore résistantes, peu importe.

Quand les conducteurs sont faits avec des barres de fer, on emploie du fer carré de $0^m,018$ à $0^m,020$. Si ces barres ne sont pas galvanisées au zinc, on peut les recouvrir d'une forte couche de peinture, car dans ce cas cette couche ne présente pas les mêmes inconvénients que nous avons signalés pour les tiges peintes ; l'électricité, une fois soutirée, suit parfaitement le meilleur conducteur, c'est-à-dire le fer. Du reste, tous nos lecteurs savent parfaitement que plusieurs fils réunis ensemble pour le service des télégraphes sont isolés entre eux avec de la gutta-percha, et cet isolement n'empêche pas la transmission des dépêches.

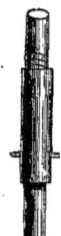

Fig. 25. — Barres de fer rondes.

On relie ces barres de fer soit avec des colliers à vis (fig. 39), soit avec un assemblage en trait de Jupiter (fig. 24), ou semblable à celui que nous donnons plus loin (fig. 38), assemblage indiqué par Gay-Lussac dans son instruction. On construisait anciennement des conducteurs avec des barres de fer rondes réunies par des bagues ou anneaux (fig. 25) : ce système doit être complétement rejeté comme très-dangereux. En effet, chaque attache forme une résistance pour l'écoulement de l'électricité, quand il n'est pas totalement enrayé par l'oxydation. Ce système est, du reste, reconnu mauvais depuis longtemps, puisque Daguin, dans son *Traité de physique*, dit : « Les chaînes ordinaires doivent être rejetées, parce que les anneaux ne communiquent entre eux que par des surfaces étroites, où il ne peut y avoir pression (sous-entendu une pression suffisante pour assurer un contact parfait). C'est ce qui est arrivé, le 19 avril 1827, à la chaîne d'un paquebot, le *New-York* ; elle fut dispersée en fragments sur toute sa longueur, et le pont du paquebot fut couvert de globules de fer incandescent, de la grosseur de balles, qui y mettaient le feu en cinquante endroits, malgré une couche de grêle qui le couvrait et une pluie qui tombait à flot. »

Nous compléterons ce récit en disant que le *New-York* avait reçu un premier coup de foudre un peu auparavant et qu'il était alors par 38° de latitude nord et 63° de latitude

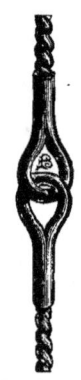

Fig. 26. — Mauvais raccord des câbles.

occidentale, c'est-à-dire à 600 kilomètres des terres les plus voisines. Les marins de l'équipage, effrayés par ce premier coup, établirent vite un paratonnerre à bord : ils armèrent le grand mât d'une barre de fer d'environ $1^m,20$ et ils utilisèrent comme conducteur une chaîne d'arpenteur qui avait environ 40 mètres de longueur. Cette chaîne était faite avec du fil de fer de $0^m,006$ de diamètre ; les chaînons, mesurant $0^m,45$ de longueur et terminés en boucles, étaient réunis par des anneaux ronds, et probablement à chaque 5 mètres ces anneaux étaient en laiton. Au moment de l'explosion, tout le bâtiment fut vivement éclairé, et il arriva alors ce que nous avons rapporté ci-dessus d'après Daguin.

On emploie également pour conducteurs des câbles en fils de fer, de laiton ou de cuivre rouge; ces derniers sont les meilleurs, à cause de la plus grande conductibilité électrique du métal, nous avons déjà eu occasion de le dire en traitant des pointes. — Si à cause de leur prix de revient, bien inférieur à celui des câbles en cuivre rouge, on utilise des câbles en fils de fer, ces fils doivent être galvanisés et avoir de 0^m,0025 à 0^m,003 de diamètre, et le nombre des fils employés à confectionner les câbles sera tel que la somme des aires de leurs sections droites soit égale à celle d'une barre de fer carrée qui aurait 0^m,020 de côté, augmentée en outre d'un cinquième. Ces câbles seront, autant que possible, d'un seul bout ou réunis par une épissure longue et les fils employés continus, recuits et galvanisés. Les extrémités de ces câbles, celle qui part de la tige comme celle qui aboutit au sol, devront être encastrées et goupillées à vis dans des pièces de fer; enfin ces assemblages doivent être noyés dans la soudure d'étain et non réunis comme le montre notre figure 26. — Les fils de métal employés à la construction des torons ont, nous venons de le voir, environ 0^m,003 de diamètre; chaque toron est formé de sept fils et le câble lui-même de sept torons. Nous avons vu également la section que doivent avoir ces câbles; mais nous devons ajouter que la grosseur des câbles doit être en raison directe de leur longueur, car on sait aujourd'hui que la résistance qu'un conducteur oppose à l'écoulement de l'électricité est aussi en raison directe de sa longueur, abstraction faite, bien entendu, de la portion enfouie sous terre. Disons encore que dans les pays où les orages sont très-fréquents ou d'une grande intensité, il n'y a aucun inconvénient à employer des câbles à forte section; si les frais d'établissement sont plus élevés, on les rattrape promptement, parce que dans ces contrées les conducteurs à faible section sont rapidement usés par le passage continuel de l'électricité, qui brûle, pour ainsi dire, les fils et les détériore en trois ou quatre ans, bien plus que l'oxydation ne pourrait le faire en dix ou quinze années.

Enfin, certains praticiens ont conseillé de construire des conducteurs en paille tordue; ils ont ajouté que le prix de revient de ces conducteurs est presque nul et qu'avec une perche placée sur le sommet du bâtiment et une botte de paille enfouie en terre, laquelle botte serait reliée au conducteur, on pouvait construire un paratonnerre sans bourse délier, et qui pourrait rendre d'immenses services dans les campagnes, surtout pour les fermes isolées placées sur des points culminants. Ces praticiens ont oublié un fait bien simple, mais qui cependant a une grande importance, c'est qu'un bâtiment isolé dans la campagne est protégé par les grands arbres qui entourent les bâtiments, et si, par impossible, les constructions ne sont pas entourées d'arbres, il est bien facile de planter dans le voisinage de la ferme un ou deux peupliers dans les terrains humides, ou des ormeaux, des *sequoia gigantea*, ou tout autre conifère élancé, dans les terrains secs. Ce genre de paratonnerre, de beaucoup préférable à la perche et à la paille tordue, ne risque pas de s'enflammer aussi facilement et ne coûte pas davantage, car tout cultivateur peut élever dans sa culture quelques arbres dans cette intention.

VIII. COMPENSATEURS DE DILATATION. — Les circuits de faîtes ont généralement un long développement, aussi est-il indispensable pour les construire de tenir compte de la dilatation des métaux. Nous ne parlerons pas ici des câbles métalliques, premièrement parce qu'ils sont moins employés, ensuite parce que, par leur constitution même, ils se prêtent assez facilement à la dilatation et à la contraction; nous ne nous occuperons que des conducteurs en fer carrés. On sait que la dilatation du fer est à peu près d'un millimètre par mètre pour une variation de température d'environ 80 degrés centigrades. Or c'est la différence de température par laquelle les circuits de faîtages peuvent passer sous notre climat; en effet, pendant les chaleurs de l'été, les barres de fer placées sur les combles, surtout sur les combles métalliques, peuvent atteindre une chaleur moyenne de 60 degrés et descendre en hiver à une température de — 20 degrés, ce qui donne bien une variation de température de 80 degrés. Ainsi donc chaque 100 mètres de parcours de circuit peut s'allonger de 1 décimètre en passant de l'extrême froid à 60 degrés de chaleur, et réciproquement. Si, lors de la construction des conducteurs, on ne prévoyait pas cette dilatation, il pourrait en hiver se produire des ruptures dans le cours des circuits ; dès lors il est indispensable d'établir dans les grandes longueurs des compensateurs de dilatation, qui éviteront sinon des ruptures, au moins des trac-

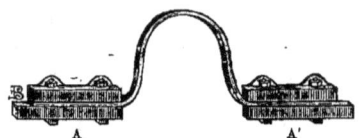

Fig. 27. — Compensateur de dilatation (ouvert).

tions et des poussées assez considérables pour compromettre les ajustements de l'appareil. Or voici le type de compensateur indiqué par l'instruction académique (1) :

Dans des circonstances, probablement rares, et dont l'architecte est le meilleur juge, nous proposons l'emploi du compensateur qui est représenté par nos figures 27 et 28. Il se compose d'une bande de cuivre rouge de 2 centimètres de largeur, 5 mil-

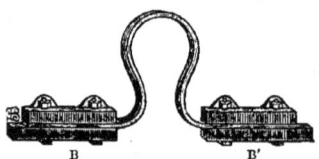

Fig. 28. — Compensateur de dilatation (fermé).

limètres d'épaisseur et 70 centimètres de longueur, dont les extrémités reçoivent à la soudure forte les bouts de fer B et B' du calibre ordinaire et de 15 centimètres de longueur ; alors la bande de cuivre est pliée comme l'indique la fig. 28 et n'oppose qu'une résistance peu considérable à une flexion un peu plus grande ou un peu plus petite. On comprend, par exemple, que les fers B et B' étant

maintenus sur une même ligne horizontale, s une force les oblige à se rapprocher ou à s'éloigner davantage, le sommet de la courbe formée par la bande de cuivre montera un peu plus haut ou descendra un peu plus bas.

Supposons maintenant que, pour le jeu des dilatations, l'on ait conservé une lacune de $0^m,15$ entre deux barres A et A' du circuit, la température étant par exemple 20 degrés centigrades au moment de la pose ; supposons maintenant qu'en même temps, pour combler cette lacune et pour rendre au circuit sa continuité métallique, on ait boulonné et soudé les fers B et B' du compensateur en les alignant sur les extrémités A et A' du circuit, comme le représente la figure 28 ; alors c'est en ce point que viendront se concentrer tous les effets de la chaleur et du froid.

A mesure que la température s'élève et marche de plus en plus vers son maximum de 60 degrés au-dessus de zéro, la dilatation rapproche les extré-

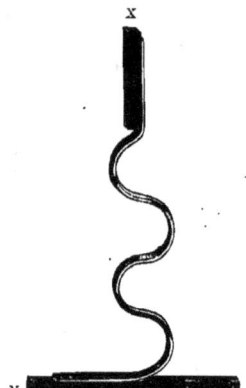

Fig. 29. — Compensateur de dilatation permettant de céder à l'entraînement du circuit.

mités des barres A et A', de telle sorte qu'au maximum de chaleur la lacune est réduite par exemple à $0^m,10$, comme on le voit figure 28, et le compensateur atteint son maximum de fermeture.

Au contraire, le refroidissement au-dessous de + 20 degrés écarte de plus en plus les extrémités des barres A et A', et la lacune augmente de telle sorte qu'au maximum de froid elle arrive par exemple à $0^m,20$, comme on le voit fig. 27, et le compensateur atteint son maximum d'ouverture. — S'il arrivait que le compensateur dût être exposé à des chocs accidentels, on trouverait aisément les moyens de le protéger.

(1) *Instruction sur les paratonnerres du Louvre et des Tuileries*, dans les *Comptes rendus des séances de l'Académie des sciences*, t. LXVII (séance du 20 juillet 1868).

L'instruction académique du 20 juillet 1868 a soin de nous informer aussi que dans les points du circuit où la dilatation acquiert une amplitude considérable, il faudrait donner au conducteur de la tige une certaine souplesse qui lui permît de céder à l'entraînement du circuit sans rien compromettre. On peut obtenir ce résultat de diverses manières, et l'une d'elles, préconisée par l'Académie, est la suivante ; nous l'empruntons textuellement à l'instruction visée ci-dessus :

Le fer X (fig. 29) du conducteur de la tige est, comme à l'ordinaire, dirigé perpendiculairement au fer Y du circuit, mais il n'y arrive pas ; on le rogne pour laisser un intervalle de 0ᵐ,40 ou 0ᵐ,50, destiné à recevoir une bande de cuivre rouge, dont la portion libre est ondulée, tandis que les extrémités X et Y restent droites pour se souder, la première sur le fer du conducteur, la seconde sur le fer du circuit. Cette bande de cuivre doit avoir 0ᵐ,02 de largeur sur 0ᵐ,005 d'épaisseur; ses portions rectilignes auront chacune 0ᵐ,15 de longueur, et sa portion libre environ une fois et demie la longueur qui mesure la distance des fers X et Y; elle aura ainsi une souplesse suffisante pour obéir aux déplacements du circuit provenant des variations de température.

IX. MASSES MÉTALLIQUES RELIÉES AUX CONDUCTEURS. — Toutes les pièces métalliques de masse un peu considérable, telles que poutres, poitrails, solives en fer, chéneaux, tuyaux de descente en fonte, surfaces de couvertures métalliques, etc., en un mot toutes les fortes pièces métalliques qui entrent dans la construction des édifices, doivent être reliées métalliquement aux systèmes de paratonnerres. — Ces communications sont faites ordinairement avec des lames de forte tôle, avec des bandes de cuivre rouge, avec des fers méplats ou autres, mais dont la section aura au moins 1 centimètre carré, et sous la condition indispensable que les deux soudures des extrémités aient chacune au moins 25 centimètres carrés d'étendue superficielle.

X. ARRIVÉE EN TERRE DES CONDUCTEURS. — Tout ce qui précède nous montre la portion de l'appareil soutirant l'électricité de l'air et empêchant celle-ci de frapper l'édifice ; mais ce vaste ensemble ne forme qu'une partie de l'appareil, l'autre partie est celle qui vient noyer la foudre dans la nappe souterraine, dans le réservoir commun : c'est là le but final auquel aboutit tout paratonnerre. Arrivé à ce point, on ne cherche plus le parfait isolement de l'appareil. On cherche au contraire les moyens pouvant diviser, pouvant dissoudre, *diffuser* l'électricité. Il existe plusieurs moyens pour obtenir cette diffusion ; mais le plus simple et le meilleur, c'est de forer des puits de sonde, ou de fouiller des puits à la manière ordinaire jusqu'à ce qu'on obtienne une nappe d'eau assez profonde pour qu'elle soit inépuisable. Quand on ne peut obtenir des puits avec de l'eau, après avoir creusé une certaine profondeur, on remplit le vide de la fosse avec du coke. On dirige ordinairement des tuyaux de drainage dans ce genre de puits, pour y entretenir une humidité indispensable. — Dans un grand édifice, on pose plusieurs tiges de paratonnerres, puisque nous savons qu'une tige ne protége qu'une zone superficielle de bâtiments assez restreinte; or, de même qu'on est obligé de placer plusieurs tiges sur un édifice, de même il est prudent d'établir plusieurs conducteurs aboutissant à des puits différents, et, suivant l'étendue des faîtages et la disposition des édifices, le nombre des puits peut être considérable. Ainsi au Louvre et aux Tuileries la longueur des constructions atteint près de trois kilomètres, et cette longueur circonscrit une étendue de 18 hectares ; aussi la commission qui a rédigé l'instruction que nous avons citée (page 415) conseille non-seulement de forer dix ou douze puits pour recevoir un pareil nombre de conducteurs descendants, mais elle donne encore les conseils suivants :

Ces puits seront exclusivement réservés au service des paratonnerres ; ils seront établis dans les cours et près des façades ; la position de chacun d'eux sera déterminée par l'architecte, de telle sorte que le conducteur descendant qui doit lui appartenir puisse y arriver avec un parcours horizontal de quelques mètres de longueur.

Voici donc l'allure du conducteur descendant : à son point de départ, il est boulonné et soudé sur le circuit des faîtes à la manière d'un embranchement perpendiculaire (fig. 19) ; ensuite la tige du fer T est courbée suivant les convenances du lieu pour arriver à la façade ou à l'angle de l'édifice, d'où elle descend verticalement jusqu'à environ 0ᵐ,20 au-dessous du pavé ; dans cette course, il faut soutenir son poids et la maintenir à une certaine distance des murs ; l'architecte avisera suivant les circonstances. — Ce conducteur descendant, arrivé à la limite de sa course verticale, est replié paral-

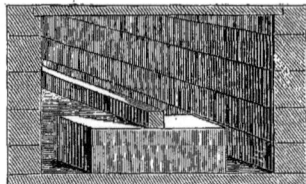

Fig. 30. — Section transversale du conduit.

lèlement au pavé et dirigé vers l'axe du puits, où il arrive par un conduit préparé à cette fin, en restant ainsi à 0ᵐ,20 ou 0ᵐ,25 au-dessous du sol. Ce conduit est ensuite fermé avec des dalles de fonte ou de granit, dont la face supérieure effleure le pavé et qu'il suffit de lever quand on veut reconnaître l'état de cette partie du conducteur.

La figure 30 représente une section transversale du conduit où est logé le conducteur pour venir du pied de l'édifice à l'axe du puits.

C'est là qu'il reçoit une dernière pièce formant

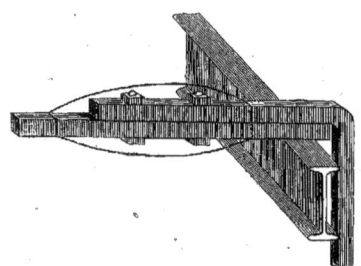

Fig. 31. — Extrémité supérieure du conducteur (1ᵉʳ mode de suspension).

son complément indispensable ; la longueur de cette pièce dépend de la profondeur du puits ; nous en représentons les deux extrémités (fig. 31, 32, 32 bis). La figure 31 est une élévation de l'extrémité supérieure et de son ajustement sur l'extrémité du conducteur horizontal. — Notre figure 32 montre un deuxième mode de suspension de l'extrémité supérieure. — La fig. 32 bis, étant dessinée

DICT. D'ARCHITECTURE. — T. III.

en géométral, ne fait voir que deux des quatre racines qui doivent, avec la tige principale, être immergées dans l'eau sur une longueur de 80 centimètres au moins. Les racines sont boulonnées

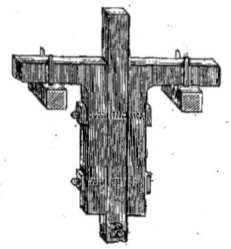

Fig. 32. — Extrémité supérieure du conducteur (2ᵉ mode de suspension).

et soudées sur les faces antérieure et postérieure de la tige. Tout cet assemblage est noyé dans un nœud de soudure.

Notre figure 33 montre une vue d'ensemble du puits recouvert de sa dalle. On y voit la

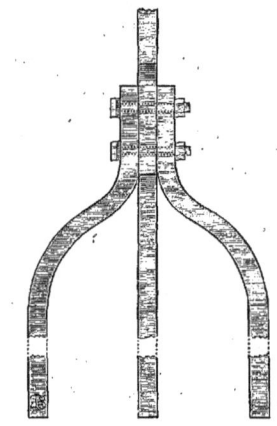

Fig. 32 bis. — Extrémité inférieure du conducteur (perd-fluide).

partie supérieure du conducteur, et en partie inférieure qui plonge dans l'eau.

Pour éviter divers accidents, l'instruction académique rédigée par Gay-Lussac recommande de placer le conducteur, quand il atteint le sol, c'est-à-dire depuis le pied du bâtiment jusqu'au puits, dans une canalisation

27

qu'on remplit de braise de boulanger une fois le conducteur posé, afin d'empêcher le fer d'être en contact immédiat avec la terre, parce que l'humidité qui s'en dégage couvrirait de rouille le conducteur et finirait par le détruire. On évite cette altération en faisant

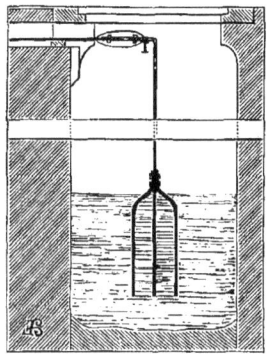

Fig. 33. — Vue d'ensemble du puits recouvert de sa dalle.

courir le conducteur dans un auget (fig. 34), qu'on construit de la manière suivante ; après avoir fait dans le sol une tranchée de 0ᵐ,55 à 0ᵐ,60 de profondeur, on y pose un rang de briques à plat sur les bords desquelles on en pose d'autres de champ ; on répand alors une

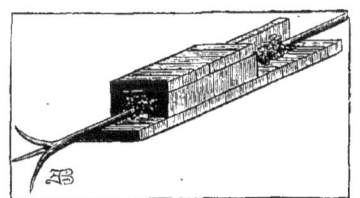

Fig. 34. — Auget avec son conducteur terminé par un perd-fluide.

couche de braise de boulanger, et une fois le conducteur en place, on le recouvre d'une seconde couche de braise et l'on ferme l'auget par un rang de briques. L'instruction ajoute que le fer dans ces conditions n'éprouve pendant trente ans aucune altération. Ce fait a pu se réaliser dans des terrains spéciaux, mais nous doutons qu'il en soit ainsi dans un sol humide. Du reste, aujourd'hui, on procède

autrement et on s'en trouve beaucoup mieux. On a substitué à la braise du boulanger le coke, qui est plus solide, plus résistant et qui possède une capacité conductrice beaucoup plus considérable ; ensuite l'auget en brique est remplacé par une canalisation de tuiles creuses qu'on place à recouvrement et à contre-pente pour faciliter l'écoulement des eaux d'infiltration (l'*imbrex supirus* des anciens), la face con-

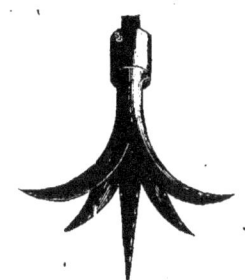

Fig. 35. — Perd-fluide armé de cinq pointes.

cave en dessus ; le conducteur posé au milieu du coke, on recouvre le tout avec les mêmes tuiles, la face convexe en dessus, en les plaçant également à recouvrement. On enfonce ce canal-manchon dans une tranchée d'environ

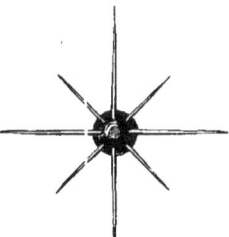

Fig. 36. — Perd-fluide sphérique.

0ᵐ,50 de profondeur. Tel est le système d'auget économique que l'on emploie pour les passages souterrains dans les jardins ou dans les localités qui n'ont pas à supporter de lourdes charges. Quand les conducteurs, au contraire, doivent traverser des routes ou des cours qui peuvent supporter de lourds véhicules, on construit les canalisations avec des matériaux solides.

XI. Perd-fluides.—On nomme *perd-fluide* un appareil placé à l'extrémité des conducteurs, qui plonge dans le sol et qui est destiné à obtenir la diffusion de l'électricité, à *perdre le fluide* dans le réservoir commun. Il existe

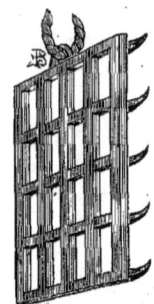

Fig. 37. — Perd-fluide en forme de herse à cinq rangs de dents.

des perd-fluides de plusieurs genres ; nous en avons déjà donné deux (fig. 33 et 34); notre figure 35 en montre un troisième type fort simple : c'est une tige armée de cinq pointes ; d'autres affectent la forme d'une boule armée de

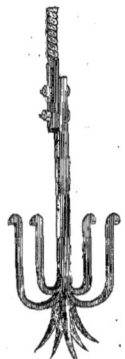

Fig. 38. — Perd-fluide à charbon et à grappin.

pointes (fig. 36), d'une herse (fig. 37); notre figure 38 montre un perd-fluide autour duquel on maintient du charbon de coke au moyen d'un grillage en fil de fer, de sorte que, quand ce perd-fluide est armé de sa garniture, le grappin seul de dessous est apparent. — Le perd-fluide est un élément très-important dans la

construction des paratonnerres, car si la foudre aboutissait dans un puits renfermant une petite quantité d'eau, ou même si le perd-fluide ne présentait pas un grand écoulement à l'électricité, il pourrait survenir de graves accidents, choc en retour, ébranlement de fondations, incendie partiel ou total de l'édifice. Aussi, pour donner un grand écoulement à l'électricité, a-t-on conseillé dans bien des

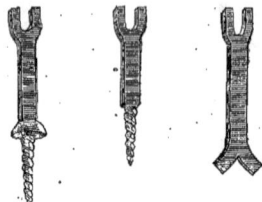

Fig. 39. — Supports verticaux.

cas de terminer les perd-fluides avec des plaques de tôle de fer, etc.; il est bien entendu que toute la partie du conducteur qui plonge dans l'eau et son perd-fluide ne doivent être recouverts d'aucune couche de peinture ou d'enduit.

XII. Supports. — Nous nous sommes occupé jusqu'ici des tiges, des conducteurs, ainsi que des éléments qui entrent dans la construction de ces différentes parties du pa-

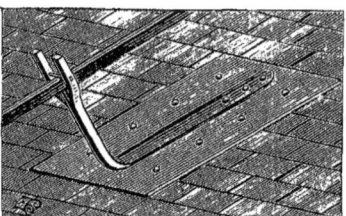

Fig. 40. — Support posé sur une plaque de plomb.

ratonnerre; mais du pied de la tige aux perd-fluides les conducteurs sont fixés, dans leur parcours sur les faîtages ou contre les murs, par divers engins nommés *supports*, qui sont à fourchette ou à bague, et que nous allons décrire. Ils tiennent les conducteurs suspendus à 0ᵐ,15 au-dessus des couvertures, à 0ᵐ,20 des murs verticaux. Notre figure 39 montre des supports verticaux, c'est-à-dire de ceux qu'on place sur des faîtages ou sur des parois horizontales ; le premier type représenté dans notre figure est à vis avec une sorte d'embase qui lui sert d'arrêt ; le second est à vis, mais sans embase ; le troisième est à scelle-

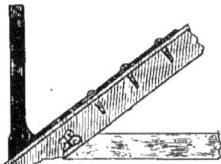

Fig. 41. — Support vertical.

ment en queue de carpe. Souvent les supports verticaux ou crampons, au lieu d'être terminés en pointe ou à vis, sont formés au moyen d'une tige coudée, de 0m,25 de longueur plaque mince de plomb qu'on applique sur une sur 0m,05 de largeur. Ces supports forment

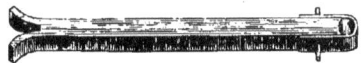

Fig. 42. — Support horizontal.

avec le toit un angle droit, tel est celui représenté en perspective par notre figure 40 ; ou bien encore ils mesurent un angle égal à celui qui forme le toit avec la verticale, comme l'indique notre figure 41.

Nos figures 42 et 43 montrent des supports

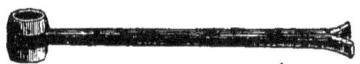

Fig. 43. — Support horizontal.

horizontaux, c'est-à-dire faits pour maintenir les conducteurs dans une position verticale et à une certaine distance des constructions. La bague du premier de ces supports est formée par une simple lame de fer courbée, le second porte une bague en porcelaine et en verre ; mais l'isolement des supports n'est nullement nécessaire, car ils n'ont à remplir aucune condition électrique ; aussi les construit-on

avec toutes sortes de matériaux, mais principalement avec du fer et de la fonte. On a fait avec cette dernière matière des supports horizontaux, pour conducteurs, qui n'étaient nullement fixés par des scellements, qui se maintenaient à la place qu'on leur assignait par leur propre poids. Le système présentait des inconvénients que le lecteur comprendra sans qu'il soit nécessaire de les énumérer ; aussi aujourd'hui a-t-on délaissé les supports en fonte pour les seuls types que nous venons de décrire.

XIII. CHEMINÉES D'USINES. — Il est indispensable d'armer de paratonnerres les cheminées des usines, parce que leur grande élévation les rend susceptibles de recevoir les coups de foudre ; ensuite, leur sommet intérieur ou extérieur est toujours revêtu d'une couche plus ou moins épaisse de suie qui renferme du carbone, c'est-à-dire un corps assez bon conducteur de l'électricité. — Suivant le diamètre du chapiteau, la flèche est fixée sur un support en fer à trois ou quatre branches scellées dans la maçonnerie. La pose de ces appareils devra être faite en même temps que la construction des cheminées, qui s'exécute sans échafaudages. (Voy. CHEMINÉE, § *Cheminée d'usine*.) Les conducteurs doivent être établis avec un grand soin et descendre le long de la paroi extérieure. Cependant, quand on a négligé de poser de ces appareils lors de la construction des cheminées, on peut placer le conducteur dans l'intérieur de la cheminée, pourvu que celle-ci ne rejette pas, en même temps que les produits de la combustion, des gaz ou des vapeurs délétères qui pourraient ronger et corroder le conducteur. Dans ce cas, il faut le revêtir de divers enduits préservateurs. Enfin, il est toujours indispensable de faire sortir extérieurement les conducteurs, quand ils atteignent le niveau où peut s'exercer l'action destructive de la chaleur.

XIV. ÉGLISES. — Si un édifice réclame l'emploi des paratonnerres, c'est sans contredit l'église, car le clocher, qui est en général fort élevé, ainsi que les cloches, attirent la foudre ; malheureusement, il existe dans les campagnes et même dans certaines villes une croyance absurde, c'est que dans les temps d'orage le bruit des cloches fait fuir le tonnerre. Aussi à l'approche d'un orage on sonne à toute volée, pour *fendre la nue orageuse*, disent les habitants des champs. Aujourd'hui même que la foudre a démoli tant de clochers et tué tant de sonneurs, et qu'il est parfaitement démontré que la foudre frappe plutôt les clochers où l'on sonne que ceux où l'on ne sonne pas, cette croyance est si invétérée qu'il est très-difficile de l'extirper (1).

mode de construire le paratonnerre, le rapporteur dit que ce genre est applicable à toute espèce de bâtiment, aux tours, aux dômes, aux clochers et aux églises, avec de très-légères modifications. Par exemple, sur une tour, la tige du paratonnerre doit s'élever de 5 à 8 mètres, suivant l'étendue de sa plate-forme. — Les dômes et les clochers, qui dominent ordinairement les édifices circonvoisins, n'ont pas besoin de tiges de paratonnerres aussi élevées. Du reste, il serait difficile d'en établir dans de bonnes conditions de solidité, si les tiges

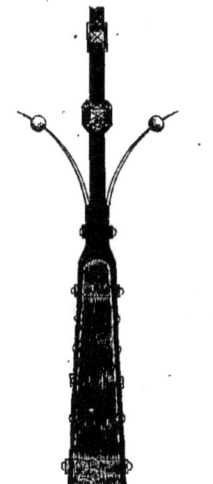

Fig. 44. — Croix fixée à un poinçon et remplaçant la tige d'un paratonnerre.

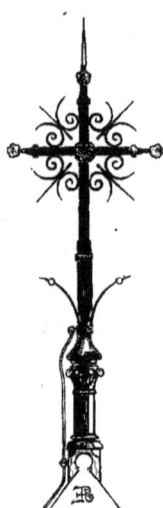

Fig. 45. — Tige du paratonnerre remplacée par une croix.

Il est donc indispensable d'armer les clochers d'églises de paratonnerres. Nous allons résumer les conseils pratiques fournis à ce sujet par l'instruction académique de 1823. Après avoir donné la description du meilleur

atteignaient 7 à 8 mètres. Enfin le rapporteur termine ce paragraphe en disant :

Nous conseillons donc pour ces édifices, et surtout pour ceux dont le sommet est d'un accès difficile, de n'employer que des tiges minces, s'élevant

---

(1) Voici ce que nous trouvons dans l'*Histoire de l'Académie royale des sciences*, 1719 : « En 1718, M. Deslandes fit savoir à l'Académie des sciences que, la nuit du 14 au 15 avril de la même année, le tonnerre était tombé sur vingt-quatre églises, depuis Landerneau jusqu'à Saint-Pol de Léon, en Bretagne ; que ces églises étaient précisément celles où l'on sonnait, et que la foudre avait épargné celles où l'on ne sonnait pas ; que dans celle de Couesnon, qui fut entièrement ruinée, le tonnerre tua deux personnes des quatre qui sonnaient. » — Voilà

donc un exemple déjà assez ancien. Nous trouvons ensuite, dans l'ancienne instruction de Gay-Lussac de 1823, ces lignes : « Il est certain que le tonnerre tombe fréquemment aussi bien sur les clochers où l'on sonne que sur ceux où l'on ne sonne pas ; et, dans le premier cas, les sonneurs sont en danger d'être foudroyés, à cause des cordes qu'ils tiennent dans leurs mains, et qui peuvent conduire la foudre jusqu'à eux. » L'instruction donne ensuite la relation des malheurs arrivés, le 11 juillet 1819, à Châteauneuf-les-Moustiers, par l'effet de la foudre.

de 1 à 2 mètres au-dessus des croix qui les terminent. Ces tiges étant alors très-légères, il sera facile de les fixer solidement à la tête des croix, sans que la forme de ces dernières paraisse altérée de loin, et sans que le mouvement des girouettes

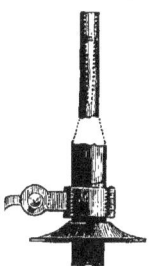

Fig. 46. — Collier d'attache pour conducteur en fer.

qu'elles portent ordinairement en soit gêné. — Nous pensons même que, pour peu qu'on éprouve des difficultés à placer ces tiges sur un dôme ou sur un clocher, on peut les supprimer entièrement. Il suffira, pour défendre ces édifices des atteintes de la foudre, d'établir, comme pour le cas où ils sont armés de tiges, une communication très-intime entre le pied de chaque croix et le sol. Cette disposition, qui est très-peu dispendieuse et qui offre également une très-grande sûreté, sera surtout avantageuse pour les clochers des petites communes rurales.

En effet, aujourd'hui on se contente pour tous les clochers d'attacher les conducteurs au pied des croix de fer qui les surmontent, et les nombreuses pointes dont sont décorées les croix soutirent l'électricité de l'air aussi bien et mieux que ne pourrait le faire une pointe unique. Nous avons, du reste, dit précédemment, dans le paragraphe qui traite des

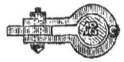

Fig. 47. — Plan d'un collier d'attache pour conducteur en fer.

pointes, qu'aujourd'hui les pointes multiples sont en général préférées par les praticiens aux pointes uniques; et si nous avons cité les quelques lignes de l'instruction qui précèdent, c'est qu'aujourd'hui beaucoup de nos confrères sont souvent inquiétés par les villes,

les fabriques ou les curés, quand ils établissent des conducteurs directement sur les croix en fer.

Notre figure 44 montre une croix fixée directement sur un poinçon, laquelle croix peut remplacer la tige du paratonnerre en reliant le conducteur à cette croix au moyen d'un collier dans le genre de ceux que nous allons bientôt décrire. Mais on peut fort bien se dispenser d'employer un collier, il suffit pour cela d'approcher le plus près possible le conducteur de la croix en fer et de le terminer par une

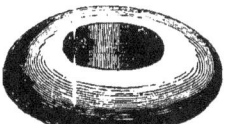

Fig. 48. — Modèle d'embase.

penser d'employer un collier, il suffit pour cela d'approcher le plus près possible le conducteur de la croix en fer et de le terminer par une

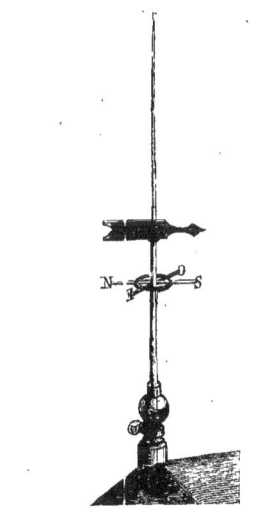

Fig. 49. — Paratonnerre avec girouette et rose des vents.

boule de fer ou de cuivre; notre figure 45 montre une croix de fer ainsi armée.

Dans le paratonnerre ordinaire, le bas de la tige porte au-dessus de son embase le collier d'attache pour le conducteur. Nos figures 46 et 47 montrent en élévation et en plan un collier d'attache pour les conducteurs faits avec des barres de fer ; notre figure 48, une embase en fer polie extrêmement solide ; notre figure 49, un paratonnerre installé sur un faîtage, lequel paratonnerre forme girouette et porte une rose des vents. Dans ce paratonnerre, l'embase est faite avec un petit dé circulaire surmonté d'une boule, et le collier d'attache se trouve placé entre la boule et le dé. — Quand les conducteurs sont faits au moyen de câbles, le collier qui sert à les réunir à la tige,

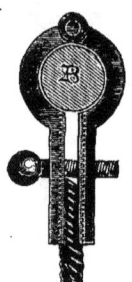

Fig. 50. — Plan d'un collier d'attache pour câble.

au lieu d'être fait au moyen d'une double bague, ce collier, disons-nous, est simple, mais il porte deux bras ou mâchoires qui, à l'aide d'une vis, servent à serrer le câble ; nos figures 50 et 51 montrent en plan et en élévation un collier de ce genre, et notre figure 52 l'arrivée de la corde en terre ; cette corde s'engage dans un fer rond auquel on ajuste un perd-fluide. Notre figure 53 montre un collier

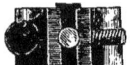

Fig. 51. — Collier d'attache pour câble.

d'attache pouvant servir pour des conducteurs en fer rond et pour ceux faits au moyen de câbles.

On adapte aussi les conducteurs à leur tige au moyen d'une soudure à l'étain, comme le montre notre figure 54. Le conducteur a son extrémité arrondie et à vis ; elle traverse de part en part la tige ou flèche du paratonnerre, et son extrémité reçoit un écrou du côté op-

posé. C'est donc une sorte de boulon fixe qui assujettit le conducteur à la tige ; de là une très-grande solidité et une forte adhérence entre ces deux parties du paratonnerre.

XV. MOULINS A VENT. — Il est extrêmement rare de voir les moulins à vent armés de paratonnerres ; cependant, par leur situation sur des lieux élevés et par leur isolement même ces constructions sont exposées plus que toute autre aux coups de foudre. Cette absence de

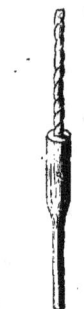

Fig. 52. — Arrivée de la corde en terre.

paratonnerres provient peut-être de l'incurie ou de la nonchalance des meuniers, peut-être aussi de la difficulté de poser des conducteurs fixes sur des constructions dont une partie au moins est fort mobile, car souvent un mouvement automatique fait tourner la toiture

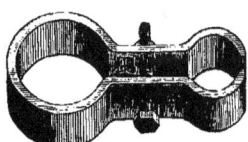

Fig. 53. — Collier d'attache.

mobile du moulin pour mettre les ailes du côté du vent, ou bien à l'aide d'une manivelle mue à bras d'homme on opère la même conversion. Dans ces conditions, il est assez difficile d'établir un conducteur qui doit rester fixe. Il faut donc utiliser un pivot vertical ou des supports horizontaux qui existent toujours dans un moulin, et, quand ces pièces sont en bois, les remplacer par des pièces en fer, car la foudre, suivant le conducteur qui s'appuie sur elles, pourrait les enflammer si elles étaient en bois. Tels sont sans doute les principaux motifs qui privent les moulins à vent de paratonnerres qui leur seraient si utiles. Du reste, ce genre de moulin tend à disparaître chaque jour, car les moulins mus par la vapeur

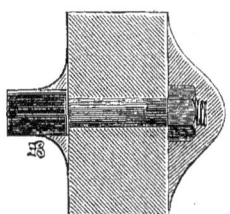

Fig. 54. — Conducteur adapté à la tige au moyen d'une soudure.

ou par une force hydraulique se multiplient de plus en plus chaque jour.

XVI. NAVIRES. — Il est aujourd'hui reconnu qu'il est indispensable d'armer les navires de paratonnerres. Au commencement de cet article, à propos des conducteurs, nous avons cité l'accident survenu sur le *New-York*, accident qui prouve non-seulement l'utilité des paratonnerres sur les vaisseaux, mais encore la nécessité de les établir dans de bonnes conditions. Or voici les renseignements fournis par les instructions académiques à ce sujet :

Pour un vaisseau (fig. 55), la tige du paratonnerre se réduit à la partie en cuivre qui surmonte le grand mât. Cette tige est vissée sur une verge de fer ronde (fig. 56) qui entre dans l'extrémité de la flèche du mât de perroquet, et qui porte une girouette. Une barre de fer, liée au pied de la verge, descend le long de la flèche et se termine par un crochet ou anneau, auquel s'attache le conducteur du paratonnerre, qui est ici une corde métallique; celle-ci est maintenue de distance en distance à un cordage (fig. 55), et, après avoir passé dans un anneau fixé aux porte-haubans, elle se réunit à une barre ou plaque de métal qui communique avec le doublage en cuivre du vaisseau. Sur les bâtiments de peu de longueur, on n'établit ordinairement qu'un paratonnerre au grand mât; sur les autres, on en met un second au mât de misaine.

Aujourd'hui, le crochet dont il est question

ci-dessus est remplacé par un *crapaud*, c'est-à-dire par un anneau articulé et boulonné qu'on ajuste sur la douille en cuivre qui termine le mât (fig. 56). Pour poser le câble conducteur, on retire la cheville qui maintient réunies les deux parties de l'anneau, on passe dans celles-ci l'œil du câble, puis on referme l'an-

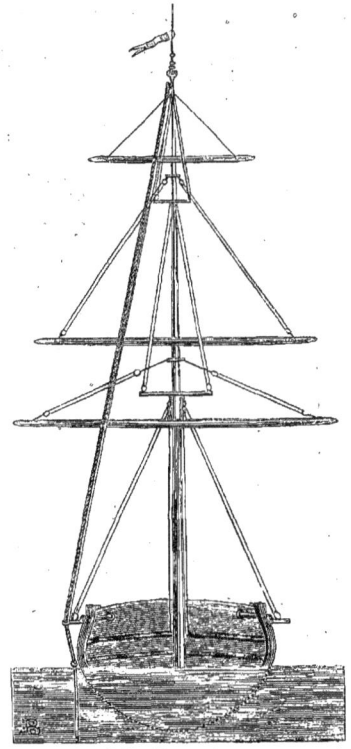

Fig. 55. — Installation d'un paratonnerre sur un navire.

neau en le chevillant. — La marine anglaise a adopté un système qui nous paraît excellent : il consiste à revêtir les mâts portant le parafoudre de plaques de cuivre clouées et dont les bords superposés forment un ensemble continu et sans aucune interruption. Cette sorte de blindage ou plutôt de recouvrement part de l'extrémité du mât, traverse les ponts et va jusqu'au pied du mât dans la câle, qu'il traverse au moyen d'un fort boulon de cuivre qui est relié au blindage, ou du moins au doublage du navire, qui forme ainsi un immense perd-fluide.

Enfin, un troisième mode consiste à placer sur le grand mât à son extrémité, sur le *cacatois*, une forte douille en cuivre. Le fer serait beaucoup plus résistant, mais les vapeurs salines de la mer attaquent et corrodent si rapidement le fer qu'on doit toujours de préférence employer le cuivre; du reste, les marins le tiennent dans un état de propreté tel qu'on peut dire que jamais on ne trouve ce métal oxydé sur un navire. Au-dessus de cette douille

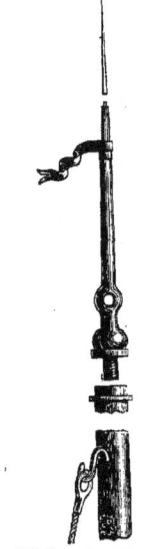

Fig. 56. — Détail montrant l'agrafe du mât.

on ajuste et l'on soude à la soudure forte une courte flèche de cuivre avec embase, au-dessus de laquelle on fixe, par les moyens précédemment indiqués, le câble conducteur, qui doit être en cuivre rouge.

XVII. POUDRIÈRES ET MAGASINS A POUDRE. — Tout le monde comprendra l'importance d'armer de paratonnerres les poudrières, car ici ce n'est plus l'incendie d'un bâtiment ou la mort de quelques personnes qu'on peut avoir à déplorer, mais des explosions formidables qui, surtout dans le voisinage des villes,

peuvent avoir les suites les plus funestes. Mais si tout le monde comprend l'utilité de prémunir les poudrières contre la foudre, les praticiens sont loin d'être d'accord sur le meilleur mode à employer. D'aucuns même disent que c'est un danger de fixer des tiges quelconques de paratonnerres sur les poudrières; qu'on doit se contenter de poser des conducteurs, et que même de grands arbres placés à 6 ou 7 mètres de distance des murs des poudrières seraient de beaucoup préférables à tout autre moyen. Nous ne le pensons pas, et nous donnerons le système que nous voudrions voir établir comme présentant les plus sérieuses garanties; mais nous citerons d'abord l'instruction académique concernant les poudrières.

La construction des paratonnerres pour les magasins à poudre et les poudrières ne diffère pas essentiellement de celle qui a été décrite comme type pour toute espèce de bâtiment; on doit seulement redoubler d'attention pour éviter la plus légère solution de continuité et ne rien épargner pour établir entre la tige du paratonnerre et le sol la communication la plus intime. Toute solution de continuité donnant lieu, en effet, à une étincelle, le pulvérin qui voltige et se dépose partout dans l'intérieur, et même à l'extérieur de ces bâtiments, serait enflammé, et pourrait propager son inflammation jusqu'à la poudre. C'est par ce motif qu'il serait très-prudent de ne point placer les tiges sur les bâtiments mêmes, mais bien sur des mâts qui en seraient éloignés de 2 ou 3 mètres. Il serait suffisant de donner aux tiges 2 mètres de longueur; mais on donnera aux mâts une hauteur telle, qu'avec leurs tiges ils dominent les bâtiments au moins de 4 à 5 mètres. On fera aussi très-bien de multiplier les paratonnerres plus qu'on ne le ferait ailleurs; car ici les accidents sont des plus funestes. Si le magasin était très-élevé, comme, par exemple, une tour, les mâts seraient d'une construction difficile et dispendieuse pour leur donner de la solidité : on se contenterait, dans ce cas, d'armer le bâtiment d'un double conducteur sans tige de paratonnerre, qu'on pourrait faire en cuivre. Ce conducteur n'étendant pas son influence au delà du bâtiment, ne pourrait attirer la foudre de loin, et il aurait cependant l'avantage de garantir le bâtiment de ses atteintes s'il en était frappé ; de sorte que ceux-là mêmes qui rejettent les paratonnerres, parce qu'ils croient qu'ils déterminent la foudre à tomber sur un bâtiment qu'elle eût épargné sans eux, ne pourraient faire aucune objection fondée contre la disposition qui vient d'être indiquée.

Malgré la juste autorité du rédacteur de la note qui précède, nous ne pouvons admettre qu'on établisse sur des poudrières des conducteurs sans tiges. On sait, en effet, fort bien aujourd'hui que si aucune pointe n'attire la foudre, l'électricité de l'air peut frapper sur un comble, sur un angle de la construction, sur un crochet en fer de la couverture, posé là pour le service de l'entretien et des réparations à exécuter sur celle-ci ; aussi nous pensons qu'il faut, au contraire, multiplier les conducteurs

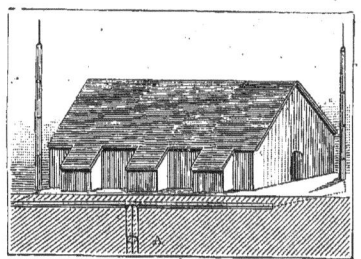

Fig. 57. — Poudrière armée de mâts parafoudres.

et les armer sinon de très-longues tiges, au moins de tiges courtes et très-nombreuses, comme le montre notre figure 60. Si, au con-

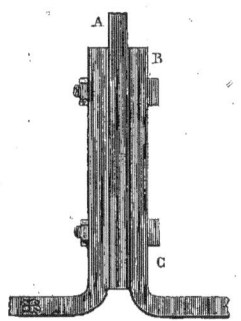

Fig. 58. — Circuit de ceinture.

traire, on ne veut pas employer ce système, on fera bien de placer sur des mâts des paratonnerres isolés autour des poudrières et des magasins à poudre.

Notre figure 57 nous montre une poudrière ainsi défendue contre la foudre ; on voit qu'elle est placée entre deux mâts, dont les

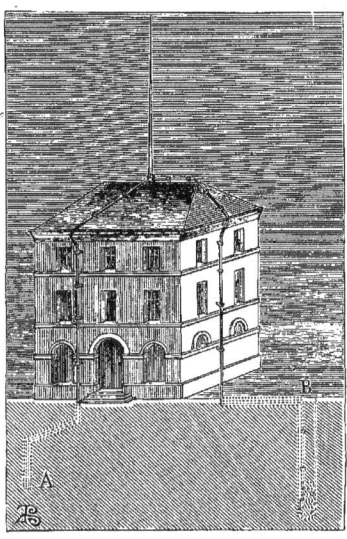

Fig. 59. — Installation complète d'un paratonnerre (1er type).

conducteurs vont perdre la foudre dans le puits A. Ces paratonnerres, dont la tige n'a guère que 4 mètres de hauteur, sont établis sur des mâts de 15 mètres ; le conducteur descend le long de ces mâts jusqu'au sol. Un *circuit de ceinture*, ainsi nommé parce qu'il suit à une petite profondeur au-dessous du sol

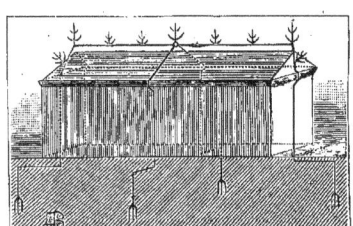

Fig. 60. — Installation complète (2e type).

l'extérieur d'un chemin de ronde, passe au pied des deux supports et vient se souder à chacun des conducteurs qui descendent des tiges ; notre figure 58 montre le point de rencontre des deux conducteurs et du conducteur descendant dans le puits A ; ces trois conducteurs sont fortement reliés ensemble à l'aide de boulons à vis B, C. — Notre figure 59 montre une installation complète d'un paratonnerre ; on y voit une tige et deux conducteurs qui vont perdre la foudre assez loin des murs dans les puits marqués en A et en B.

Depuis quelques années, on a préconisé un autre mode d'établissement des paratonnerres, mode, du reste déjà bien ancien, qui consiste à supprimer les tiges et à les remplacer par des espèces de petits hérissons en fil de fer ; notre figure 60 montre un bâtiment protégé d'après ce système. Dans la séance du 31 mars 1879 de l'Académie des sciences de Paris, nous avons entendu la lecture d'une note rédigée par M. Melsens relative à un nouveau système de paratonnerre, qui est composé de fils multiples avec houppes métalliques très-nombreuses destinées à recueillir l'électricité. Le système inventé ou plutôt préconisé à nouveau par M. Melsens présente, sur l'ancien mode, des avantages dont le principal serait la modicité du prix de revient ; c'est ainsi que, pour une superficie de 42,000 mètres carrés, comprenant 20,000 mètres de bâtiment, l'installation des paratonnerres de M. Melsens n'aurait coûté que 4,200 francs, tandis que pour une superficie égale, les paratonnerres de la Villette ont nécessité à la ville de Paris une dépense de 36,000 francs. Comme on peut le voir, l'économie est notable ; il serait à désirer que ce système de paratonnerre fût étudié par une commission compétente et qu'elle voulût bien formuler son avis ; sans cela ce système risque fort de ne pas être adopté de longtemps, malgré les tentatives nombreuses déjà faites en faveur de son admission dans les constructions.

XVIII. ÉLECTROMÈTRES.

— On nomme *électromètres* des appareils destinés à mesurer les courants électriques, ou du moins l'intensité électrique développée à la surface d'un corps. La construction de ces appareils repose sur la propriété que possèdent les aiguilles aimantées d'indiquer par leurs oscillations la présence et la direction des courants électriques. Ainsi, quand un courant électrique quelconque passe près d'une aiguille aimantée librement suspendue, comme les aiguilles des boussoles par exemple, celle-ci s'agite, dévie de sa position normale, c'est-à-dire du nord. Dans les électromètres, l'aiguille, au lieu d'être placée horizontalement, se trouve placée verticalement, et la pointe aimantée est tenue debout, parce qu'elle est légèrement lestée pour se maintenir dans cette position. Si le courant électrique se dirige du pôle positif au pôle négatif, l'aiguille s'incline, son pôle nord s'avance à droite ; dans le cas contraire, c'est-à-dire si le courant électrique se dirige du pôle négatif au pôle positif, le pôle sud de l'aiguille s'élève vers la gauche. Cette découverte de l'action des courants électriques sur l'aiguille aimantée a été faite par un physicien danois, nommé Œrsted (1), et a permis aux académiciens Arago et Ampère de reconnaître la propriété que possèdent les fers doux de s'aimanter sous l'action d'un courant électrique. On voit donc l'importance de la découverte du physicien danois, puisque c'est elle qui a donné naissance aux électro-aimants, à la bobine d'induction de Ruhmkorff et à tous les appareils employés aujourd'hui pour la télégraphie, l'horlogerie et la lumière électriques.

Il existe divers genres d'électromètres : un des plus simples, et qui nous paraît devoir rendre tous les services qu'on est en droit d'attendre d'un pareil instrument, c'est l'électromètre de M. Francisque Michel, qu'il a bien voulu soumettre à notre appréciation, à la Société centrale des architectes. La manière de se servir de cet instrument est fort simple : on le met en contact avec un conducteur de paratonnerre près de l'endroit où il va entrer sous terre ; on fait arriver un courant électrique sur le pied de la

---

(1) Œrsted est né à Radkjobing en 1777, il y a donc un peu plus d'un siècle ; il est mort en 1851 ou 1852. Il était professeur de l'université à Copenhague ; il avait été élu en 1842 associé étranger de l'Académie des sciences. Ses travaux sur l'électricité sont consignés : 1° dans son *Mécanisme de la propagation des forces électriques et magnétiques* (1806) ; 2° dans ses *Recherches sur l'identité des forces chimiques et électriques* (1812) ; 3° dans ses *Expériences sur l'effet du conflit électrique sur l'aiguille aimantée* (1820).

tige du paratonnerre, par exemple, et si l'aiguille oscille, le paratonnerre est bien établi ; dans le cas contraire, l'aiguille reste immobile. Le cadran sur lequel l'aiguille se meut est divisé en degrés ; cette aiguille indique la force proportionnelle au sinus de son angle d'écartement. Les fabricants ont donné aux électromètres divers noms ; on les a appelés successivement galvanomètres, magnétomètres, rhéomètres, boussoles d'inclinaison, de déclinaison, de sinus, etc.

XIX. APERÇU DES PRIX DES DIVERS ÉLÉMENTS QUI ENTRENT DANS LA COMPOSITION D'UN PARATONNERRE. — Nous avons pensé que pour l'établissement d'un devis, il serait utile de donner ici un aperçu des prix des divers éléments qui entrent dans la composition d'un paratonnerre. Voici les prix moyens de ces divers objets (1) :

Tige de paratonnerre en fer forgé, étiré, étampé, ayant environ 6 mètres de hauteur, avec empatement établi à la demande et recouvert d'une couche galvanique	145 fr.	»
Pointe de paratonnerre en cuivre et en platine ayant 0m,40 de hauteur.	30 fr.	»
ayant 0m,50	40 fr.	»
ayant 0m,62 environ de hauteur....	65 fr.	»
Collier d'attache formé de deux parties percées chacune de deux trous et reliées ensemble par deux boulons : ce collier sert à relier la chaîne conductrice à la tige du paratonnerre	10 fr.	»
Câble métallique pour conducteurs en fil de fer galvanisé, ayant 0m,016 de diamètre	3 fr. 25	
en fil de fer galvanisé, ayant 0m,020 de diamètre	4 fr. 25	
en fil de cuivre rouge ayant 0m,016 de diamètre	6 fr. 50	
en fil de cuivre rouge ayant 0m,020 de diamètre	11 fr.	»
Support en fer forgé à vis ou scellement, selon l'utilité, servant à main-		

---

(1) Ces prix sont à peu de chose près ceux que nous avons réglés à un de nos entrepreneurs électriciens de Paris, M. Jarriant, qui a exécuté sous nos ordres des travaux dont nous avons toujours été très-satisfait.

tenir la chaîne conductrice à une certaine distance du mur	2 fr. 50	
Perd-fluide en fer forgé, muni au sommet d'un anneau d'une ouverture égale au diamètre exact du câble...	12 fr.	»

RÉSUMÉ ET CONCLUSION. — Après un travail aussi important sur les paratonnerres, nous pensons qu'il est indispensable d'attirer l'attention de nos lecteurs sur les principaux points qu'il est utile de connaître pour posséder des paratonnerres parfaitement établis ; nous résumons ces principaux points dans les paragraphes suivants :

1° Les meilleures pointes pour les paratonnerres sont en cuivre rouge.

2° On doit donner la préférence aux pointes très-aiguës, parce que leur action neutralisante est en raison directe de leur acuité.

3° Les tiges ou flèches de paratonnerres doivent être légèrement coniques ou pyramidales et, autant que possible, d'une seule pièce ; si, au contraire, elles sont faites de plusieurs morceaux, elles doivent être parfaitement ajustées d'après le mode ci-dessus décrit.

4° Les conducteurs doivent, autant que possible, être d'une seule longueur ; mais, quand ils sont en fer, l'ajustement des diverses parties doit être parfait et soudé à la soudure forte. Les conducteurs en fer doivent être pourvus de compensateurs de dilatation ; les modèles adoptés par l'Académie des sciences sont très-bons.

5° Quand on emploie des câbles métalliques, s'ils ne sont pas d'un seul bout, on doit assembler les divers tronçons au moyen d'une épissure longue. Ces câbles doivent être faits avec des fils de cuivre rouge d'environ 2 millimètres et demi de diamètre, et la force des câbles sera d'autant plus élevée que les cours de circuits des faites auront plus de développement ; quand on emploiera des câbles de fils de fer, ces fils seront galvanisés ; mais, quel que soit le type de conducteur adopté, il devra toujours communiquer parfaitement au sol.

6° Il ne doit exister entre la pointe du paratonnerre jusqu'au perd-fluide aucune solution de continuité.

7° Toutes les parties de l'appareil doivent avoir des sections convenables. Des sections plus fortes que celles que réclame une saine théorie ne peuvent avoir dans la pratique qu'un seul inconvénient, très-secondaire, celui de donner un prix de premier établissement un peu plus élevé.

8° L'arrivée en terre du conducteur doit être terminée par un perd-fluide présentant de larges surfaces, afin de donner une grande et rapide diffusion à l'électricité; ce qui évite des chocs en retour souvent désastreux, ou qui brûlent tout au moins et rendent très-cassants les conducteurs, et les mettent promptement hors de service.

9° Les paratonnerres une fois posés et les travaux terminés, on doit s'assurer de leur parfait fonctionnement à l'aide de l'électromètre.

10° Il est indispensable de faire visiter les paratonnerres par des ouvriers spéciaux, et cela au moins une fois l'an. L'époque la plus convenable est le mois d'août ou de septembre.

11° Nous conseillons d'établir des paratonnerres non-seulement sur les édifices publics, et suivant les dispositions spéciales décrites pour chacun d'eux (clochers, poudrières, moulins à vent, etc.); mais il serait prudent d'en placer encore sur les hôtels isolés, dans les villas, etc. L'utilité incontestable des paratonnerres étant aujourd'hui parfaitement reconnue, nous pensons qu'il n'est pas nécessaire d'insister sur ce point; mais nous dirons qu'il est indispensable de s'adresser à des constructeurs spéciaux pour être assuré d'une manière certaine de leur parfait établissement et de leur bon fonctionnement; sans cela, on s'exposerait à attirer la foudre sur un édifice qui, sans une installation vicieuse, n'aurait peut-être jamais été frappé par ce météore.

PARC, *s. m.* — Terrain d'une vaste étendue, planté d'arbres de haute futaie, entouré de murs et de palissades, qui sert soit à chasser, soit à faire des promenades à cheval ou en voiture. Les grandes demeures seigneuriales, les châteaux, les vastes proprié-tés, étaient et sont encore presque toujours accompagnés d'un vaste parc, dont les allées sont quelquefois tracées en lignes droites ou plus souvent en lignes courbes. La meilleure disposition pour l'aménagement des parcs et la distribution des allées font partie de l'art des JARDINS. (Voy. ce mot.)

On nomme aussi *parc* tout enclos formé de murs, de palissades, de claies ou de treillages, qui sert à parquer; c'est ainsi qu'on a des *parcs aux huîtres*, des *parcs pour les bœufs, pour les moutons*, etc. Dans les marchés aux bestiaux, de même qu'à l'entrée des villes devant les bureaux de perception de l'octroi, on voit des *parcs de comptage*, c'est-à-dire des enclos dans lesquels sont enfermés des animaux, qui ne peuvent sortir que l'un après l'autre; entre les divers compartiments des parcs de comptage, et devant le passage, qui ne permet qu'à un seul animal de sortir, il y a de petits espaces quadrangulaires destinés à placer d'un côté l'homme préposé au comptage et de l'autre le contrôleur.

PARCHEMIN, *s. m.* — Ce terme est dérivé par corruption de *pergamin*, dérivé lui-même de *charta pergamena*, papier de Pergame. Le parchemin est fait avec de la peau de mouton, d'agneau ou de chèvre convenablement préparée, et polie avec de la pierre ponce, au point qu'il ne reste plus ni parties mucilagineuses ni filaments sur la surface. Ainsi préparée, cette peau peut servir à écrire. L'invention du parchemin remonterait, dit-on, à l'an 160 avant l'ère vulgaire et l'inventeur en serait Eumène, roi de Pergame. Les anciens distinguaient deux genres de parchemin: l'un taillé en petites feuilles carrées, sur lesquelles on écrivait des deux côtés et qui, une fois assemblées en volume, formaient un livre carré (*codex*) qu'on nommait aussi *opisthographe* (écrit des deux côtés); l'autre sorte de parchemin formait un rouleau (*volumen*) sur lequel on n'écrivait que d'un seul côté. Le premier parchemin, celui de Pergame, était jaune; plus tard, les Romains inventèrent un procédé qui permit d'obtenir des parchemins fort blancs. A partir du VI° siècle, les parchemins servirent pour écrire des chartes et des diplômes; depuis l'invention du papier, le parchemin n'est plus employé que pour des diplômes, et pour écrire des actes importants ou des manuscrits enluminés.

En peinture, on donne le nom de parchemin aux rognures de peau d'agneau et de peau de lapin qu'on emploie pour faire la colle dite *de peau.*

PARCHEMINIERS, *s. m.* — On nommait ainsi au XIII° siècle les artisans qui fabriquaient le parchemin. Ils étaient réunis en corporation et avaient pour patron saint Jean l'Évangéliste, qui était représenté sur l'avers du méreau de la corporation. Le 5 novembre 1368, Charles V créa par lettres patentes dix-huit charges de parcheminiers jurés, qui avaient pour mission de visiter tous les parchemins qui arrivaient à Paris, et qui rebutaient ceux qui n'étaient pas beaux. Il existait de grandes foires de parchemin; la plus célèbre était celle dite *de Saint-Lazare.*

PARCLAUSE ou **PARCLOSE,** *s. f.* — Petites traverses de bois mince qu'on rapporte dans le haut ou dans le bas d'une planche ravalée et élégie dans son milieu pour figurer un ouvrage d'assemblage, tel qu'un pilastre de lambris, un ébrasement, etc. — On donne aussi ce nom à la paroi verticale d'une stalle, dont la partie supérieure s'engage dans le MUSEAU de l'ACCOUDOIR. (Voy. ces mots et STALLE.)

PARFEUILLE, *s. f.* — Traverse fixée extérieurement sur les *banches* ou *planches* d'un moule servant à construire en pisé. La parfeuille sert à maintenir ces banches.

PAREMENT, *s. m.* — Surface apparente, visible, c'est-à-dire extérieure, de toutes les matières employées dans la construction. La pierre, la brique, le bois ouvré, ont pour parement la face formant revêtement. — Plus spécialement, en maçonnerie, on applique ce terme à la face apparente d'une

pierre d'un mur, dans un ouvrage quelconque. Une pierre peut avoir son parement *brut, uni* ou *layé* : il est *brut,* quand la face de la pierre est telle qu'elle est sortie de la carrière, sans taille; le parement est *uni,* quand il a été *taillé* et *riflardé;* il est *layé,* quand la face de la pierre a reçu une taille avec la *laie* ou *laye.* Les moellons peuvent avoir leurs parements *bruts, smillés* ou *piqués.* (Voy. MOELLON.)

On nomme *parement de tête* la *taille* et la mise en ligne et d'aplomb des pierres formant soit la tête d'un mur isolé, soit le tableau et l'ébrasement d'une baie quelconque placée à l'extrémité d'un trumeau.

En menuiserie, c'est la surface apparente d'un ouvrage. Une planche de séparation d'une stalle d'écurie est à double parement, parce que ses deux faces sont apparentes; tandis qu'on nomme *porte à un parement* une porte d'armoire ou de placard qui n'est blanchie que sur une seule face.

En couverture, on nomme *parement* l'enduit au plâtre exécuté sur le lattis ou le voligeage d'une couverture pour lui donner la pente nécessaire pour faciliter l'écoulement de l'eau. On fait également des parements sur les gouttières ou les noues en plomb, afin d'appuyer et de soutenir la tuile ou l'ardoise qui doivent les recouvrir.

Les paveurs nomment *parement,* dans un pavé, la face la plus unie, celle de dessus, sur laquelle on marche.

PAREMENTER, *v. a.* — Exécuter, faire un parement : *mur parementé,* mur dont les faces sont dressées et présentent une face unie et taillée. (Voy. PAREMENT.)

PARLOIR, *s. m.* — Salle dans laquelle on parle; elle est généralement située au rez-de-chaussée, non loin de la principale porte d'entrée de l'édifice. Les collèges, lycées, pensions, possèdent des parloirs, dans lesquels les personnes étrangères à la maison peuvent à certaines heures du jour venir causer avec les élèves. Les grands établissements possèdent souvent plusieurs parloirs, le *grand parloir,* le *petit parloir,* le *parloir des élèves internes,* des *demi-pensionnaires*, des *professeurs*, etc. Anciennement, à l'origine de la commune, on nommait *parloirs aux bourgeois* les maisons communes, dénommées plus tard *mairies* et *hôtels de ville*, qui n'étaient composées que d'une grande salle avec quelques dépendances, où les bourgeois en causant de leurs affaires s'entretenaient aussi de celles de la commune.

Les abbayes, les couvents et les monastères du moyen âge possédaient tous des parloirs, situés généralement au rez-de-chaussée. (Voy. MONASTIQUE (*Architecture*), ABBAYE, etc.)

PARMIN, *s. m.* — Pierre calcaire fort tendre, à grain moyennement fin, qu'on extrait de l'Ile-Adam pour les constructions de Paris. La hauteur du banc de cette pierre mesure environ 0^m,65 ; son poids spécifique varie suivant sa variété de 1,875 à 1,878 kilogrammes le mètre cube. — On écrit aussi *parmain*.

PAROI, *s. f.* — Surface latérale et verticale d'un bassin, d'une citerne, d'une cuve, etc. C'est aussi la surface intérieure d'un tuyau, d'une douille, d'un tube, d'une chaudière, etc.— Ce terme est aussi employé comme synonyme de PAREMENT. (Voy. ce mot.)

PAROS (MARBRE DE). — Voy. MARBRE.

PARPAING, *s. m.* — Pierre qui fait parement sur les deux faces opposées d'un mur ; car si une pierre a deux parements sur l'angle d'un mur, d'un ébrasement quelconque, on ne peut l'appeler *parpaigne*. Cependant beaucoup de vocabulaires d'architecture, ou de dictionnaires des termes de la construction, définissent le terme de *parpaing*, « morceau de pierre à deux parements, » ce qui n'est pas exact... On nomme aussi *parpaings* les murs en pierres, les soubassements en pierres qui supportent un PAN DE BOIS. (Voy. ce mot.) Enfin on distingue et on dénomme :

PARPAING D'APPUI, la pierre à deux parements placée entre les allèges d'une croisée et formant appui, principalement dans les croisées dont l'embrasure descend jusqu'au plancher. (Voy. ALLÉGE.)

PARPAING D'ÉCHIFFRE, le mur rampant qui sert à porter les marches d'un escalier et sur lequel on pose la rampe. (Voy. ÉCHIFFRE.)

PARPAIGNE, *adj. f.* — *Pierre parpaigne*, pierre qui fait parement sur les deux faces opposées d'un mur ; on la nomme aussi simplement PARPAING. (Voy. ce mot.)

PARPINE, *s. f.* — Bout de planche qu'on loge dans la masse d'un mur en pisé pour prévenir les lézardes et les déversements. (Littré, *Dict. de la langue franç.*) Nous n'avons rencontré ce mot dans aucun ouvrage, il doit être purement local ; sans doute, le savant linguiste l'aura lu dans quelque ouvrage ancien.

PARQUET, *s. m.* — Assemblage de petites pièces de bois, qu'on fixe sur des lambourdes pour former un plancher. On fait des parquets

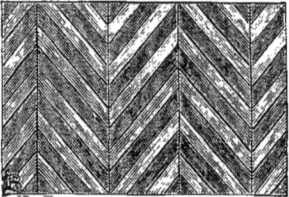

Fig. 1. — Parquet à point de Hongrie.

en sapin, mais le bois de chêne est de beaucoup préférable et plus solide ; dans les parquets

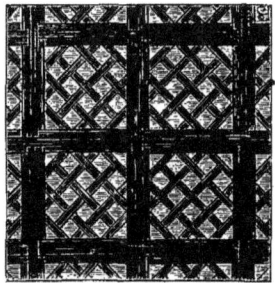

Fig. 2. — Parquet d'assemblage.

riches à compartiments on emploie même des bois très-précieux. Les parquets sont dits *à l'anglaise* ou *à frises*, *à point de Hongrie*, *à bâ-*

tons rompus, *à fougères*, *à compartiments*, *en mosaïque* ou *marqueterie*, etc. ; nous allons les décrire successivement.

Les *parquets à l'anglaise* ou *à frises* sont faits avec des planches réduites à 0ᵐ,08 ou

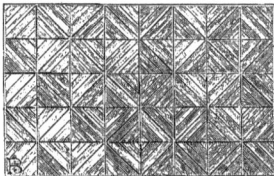

Fig. 3. — Panneau d'assemblage à onglet.

0ᵐ,11 de largeur environ qu'on assemble à rainures et languettes. On les fixe sur des lam-

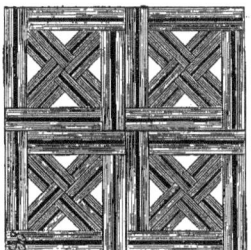

Fig. 4. — Parquet d'assemblage ou à compartiments avec incrustation d'ébène.

bourdes qui ont environ 0ᵐ,08 d'équarrissage, et qu'on espace d'environ 0ᵐ,56; elles sont

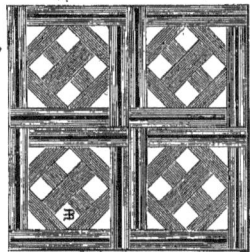

Fig. 5. — Parquet d'assemblage avec incrustation d'ébène.

maintenues sur le plancher par des scellements au plâtre. On fixe les frises soit directement sur les solives, quand elles sont en bois, soit

sur les lambourdes à l'aide de clous sans tête qu'on enfonce dans les joints, avec lesquels

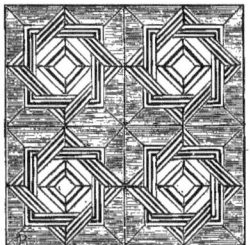

Fig. 6. — Parquet en mosaïque ou en marqueterie.

ils font une inclinaison de 18 à 20°. Les extrémités des planches sont chevauchées de façon qu'elles aboutissent toujours dans

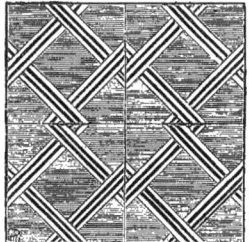

Fig. 7. — Parquet en mosaïque ou en marqueterie.

l'axe d'une lambourde. Enfin ces parquets sont ordinairement entourés d'un encadrement avec lequel ils sont assemblés à rainures et languettes.

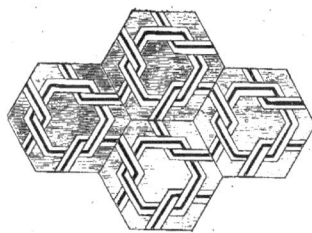

Fig. 8. — Parquet en mosaïque ou en marqueterie.

Les *parquets à point de Hongrie* sont également formés de planches jointes à rainures et languettes et clouées sur des lambourdes qui sont posées de telle sorte que chaque joint longitudinal des frises porte dans le milieu des lambourdes. Les frises ont ordinairement 0ᵐ,08 de large sur 0ᵐ,60 de long; mais on en fabrique de beaucoup plus petites qui forment des parquets plus riches et plus solides.

Les *parquets à bâtons rompus* sont assem-

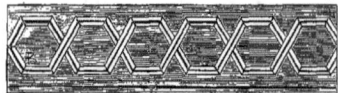

Fig. 9. — Bordure de parquet.

blés comme les précédents; mais les extrémités des *frises* ou *lames*, au lieu d'être coupées d'onglet, sont coupées d'équerre.

Les *parquets à compartiments*, ou *d'assemblage*, sont susceptibles de dispositions très-variées. Ils sont fabriqués avec des planches

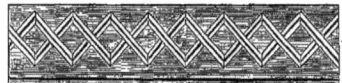

Fig. 10. — Bordure de parquet.

de chêne de petites dimensions et débitées sur MAILLES. (Voy. ce mot.) On nomme également ces parquets *parquets sans fin*, parce qu'on les fabrique par compartiments qu'on juxtapose à l'infini, suivant la dimension des pièces.

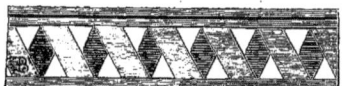

Fig. 11. — Bordure de parquet.

Les *parquets en mosaïque*, ou *en marqueterie*, sont les parquets les plus riches; ils sont formés avec des bois de prix de diverses couleurs qu'on dispose de mille manières pour former des dessins variés; comme ils sont fort beaux, on ne les fixe pas directement sur des lambourdes, mais on les construit sur un plancher en chêne ou en sapin rouge qu'on fixe solidement sur des lambourdes. Pour ce

dernier genre de parquet, on ne doit employer que des bois de même densité, pour éviter les usures inégales qui ruineraient promptement de fort beaux parquets. Nos figures montrent quelques types de parquets de différents genres, ainsi que des types de bordures qu'on emploie le plus ordinairement pour encadrer les divers

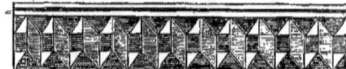

Fig. 12. — Bordure de parquet.

genres de parquets. On utilise pour cette fabrication des bois de toutes les essences, les bois les plus communs comme les bois les plus précieux; mais le parquet à bas prix ne peut être fabriqué que dans les pays qui possèdent en abondance des sapins, des chênes

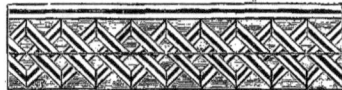

Fig. 13. — Bordure de parquet mosaïque.

et des noyers. Une des grandes fabriques de parquets que nous connaissons et que nous

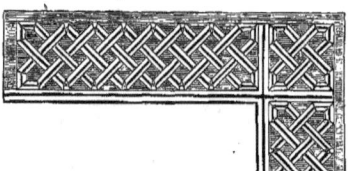

Fig. 14. — Bordure de parquet mosaïque avec un retour d'angle.

ayons visitées avec un grand intérêt, c'est l'usine de MM. Camps et Cheminon à Carouge, près de Genève; elle produit des parquets depuis 3 fr. 40 le mètre carré jusqu'à 36 et 40 francs. (Voy. BORDURE.)

PARQUETS A LA GOURGUECHON. — On nomme ainsi un genre de parquet particulier qu'on pose dans les rez-de-chaussée et dans les endroits humides. Ce genre de parquet

est fort solide et non-seulement n'a pas à
redouter l'humidité, mais encore empêche
celle-ci d'arriver par le sol ou les voûtes de
caves, parce que les lambourdes sont scellées
sur bitume. Notre figure 15 montre la coupe
d'un parquet de ce genre; on y voit les lam-

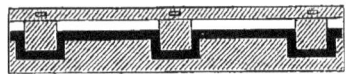

Fig. 15. — Coupe d'un parquet à la *Gourguechon.*

bourdes noyées dans le bitume, qui est représenté en noir sur notre croquis. On fait
également un autre genre de plancher où les
frises sont directement scellées dans le bitume.

PARQUET DE GLACE. — Assemblage de bois
à petits panneaux avec bâti d'entourage et
bâti intérieur, qui sert à porter les glaces des
trumeaux et des dessus de cheminées. — En
menuiserie, on nomme ainsi tous les ouvrages
analogues qui ont ou n'ont pas de moulures
ou de panneaux; par exemple, les fonds d'armoire, de bibliothèque, de porte, de placard, etc. (Voy. ORCHESTRE.)

PARQUETER, *v. a.* — Poser un parquet; couvrir un plancher de feuilles de parquet.

PARQUETEUR, *s. m.* — Ouvrier qui fabrique et qui pose des parquets. La pose
des parquets dépend des travaux de menuiserie, mais il existe aujourd'hui des entrepreneurs spéciaux qui constituent un corps
d'état à part; ainsi le *marchandeur* traite
avec l'entrepreneur de menuiserie pour les
travaux de parquetage; ce travail se paye à
la tâche ou au mètre.

PARTAGE (POINT DE). — Dans le tracé
d'un chemin de fer, d'un canal, d'une route,
etc., on nomme *point de partage* le point intermédiaire entre deux distances, lequel point
se trouve sur l'altitude la plus élevée. Pour
un canal, c'est sur le *point de partage* que
doit se faire l'alimentation; aussi nomme
t-on le bief construit sur ce point *bief de*

partage. (Voy. BIEF.) — On dit aussi, *ligne
de partage.*

PARTAGER, *v. a.* — Diviser en deux ou
plusieurs parts un objet.

PARTERRE, *s. m.* — Jardin ou partie d'un
jardin dans lequel on cultive des fleurs, des
plantes et des arbustes d'agrément. On nomme
parterres de broderies les parterres qui à l'aide
de petites plantes basses et de divers tons imitent les broderies; *parterres à l'anglaise*, les
tapis de gazon entourés de plates-bandes formées par des plantes de couleurs ou panachées,
ou de fleurs. — Voy. JARDINS (*Art des*).

Dans un théâtre, on nomme *parterre* la
partie du rez-de-chaussée placée en contre-
bas de la scène, et qui est circonscrite par les
baignoires et l'orchestre ou les fauteuils d'orchestre. (Voy. THÉÂTRE.)

PARVIS, *s. m.* — Atrium ou cour fermée
qui précédait autrefois les églises, notamment les BASILIQUES. (Voy. ce mot.) Les parvis étaient souvent entourés de petits bâtiments ou boutiques dans lesquelles on vendait
des objets de piété, et qui fournissaient un
revenu à l'église de qui le parvis relevait. On
le nommait anciennement *aître* (dérivé de
atrium). Avant la révolution, les parvis des
églises, qui déjà n'étaient plus que des places
publiques devant les cathédrales, servaient à
inhumer certains bienfaiteurs de l'église. — On
a beaucoup discuté sur l'étymologie de ce nom
on a même imprimé beaucoup de naïvetés;
l'une des plus curieuses est celle qui le fait
dériver de *paradis*, en supprimant l'*a* et en
remplaçant le *d* par un *v*, et qui voudrait dire
que le parvis est le *paradis terrestre* par lequel
il faut passer pour arriver au *paradis céleste*
ou l'église. L'étymologie la plus logique, s'il
faut absolument en trouver une à ce mot,
viendrait du latin *parvium* (à travers la route),
et qui signifie accès ou passage qui permet
d'arriver dans un autre lieu.

PAS, *s. m.* — Ce terme a de nombreuses
significations. Il sert à désigner en charpenterie l'entaille par embrèvement faite dans la

sablière ou plate-forme d'un comble pour recevoir le pied des chevrons.

On nomme :

PAS DE PORTE, la pierre qui est placée au bas d'une porte entre ses deux tableaux et forme une sorte de seuil, mais qui ne dépasse pas le nu du mur, EN MANIÈRE DE MARCHE. (Voy. SAILLIE.)

PAS DE VIS, la distance qui sépare les circonvolutions saillantes d'une vis. Ces circonvolutions peuvent être formées par une arête vive ou arrondie, ou par un filet ; le pas de vis est dit *carré* quand la profondeur est égale à la hauteur du filet.

PAS D'ENGRENAGE, la distance comprise entre les deux axes des dents consécutives.

En termes de fortification, on nomme :

PAS DE SOURIS, des degrés qui conduisent au bas de fossés secs.

PASSAGE, *s. m.* — Dans son sens générique, ce terme sert à désigner des localités intérieures et étroites servant à établir une communication entre deux rues, deux propriétés, ou deux pièces ou chambres, assez distantes l'une de l'autre. Les entrées de maisons en forme d'allées ou corridors sont aussi dénommées *passages*. Dans l'antiquité, les Romains nommaient *fora transitoria* de véritables passages. (Voy. FORUM.) De nos jours, dans les grandes villes, on donne surtout le nom de *passages* à des galeries couvertes et vitrées, qui sont bordées de boutiques et même de maisons. Ces boutiques sont affectées à la vente d'objets de luxe ou de fantaisie ou autres genres de marchandises, susceptibles d'être vendus aux personnes oisives et riches qui se promènent dans ces passages. Les grandes villes possèdent presque toutes des galeries de ce genre ; à Paris, nous avons les passages Colbert, Choiseul, des Panoramas, des Princes, Jouffroy, etc. ; Lyon a le passage de l'Hôpital ; Marseille, le passage Saint-Ferréol ; Gênes, le passage Victor-Emmanuel, parallèle à la rue de Rome ; Bruxelles, les galeries Saint-Hubert, remarquables par leurs belles proportions.

On qualifie également de *passages* les voies ou rues appartenant à des particuliers. Les propriétaires de ces voies sont tenus à observer certains règlements de police ; le principal consiste dans l'obligation de fermer ces rues avec des grilles en fer à chaque extrémité.

On nomme *passage à niveau* le point de croisement d'une route, d'un chemin quelconque avec une voie ferrée ; les passages à niveau sont fermés de chaque côté de la voie ferrée par des barrières que l'employé de chemin de fer préposé à leur garde doit fermer, cinq minutes au moins avant le passage d'un train.

JURISPRUDENCE ET LÉGISLATION. — On nomme *passage de servitude* ou *passage légal*, le droit que possède un particulier de traverser la propriété d'autrui pour se rendre dans la sienne ; on jouit de ce droit par *convention*, en vertu d'un *titre* ou par *prescription*. D'après l'article 682 du Code civil, le *droit de passage* est dû « au propriétaire dont les fonds sont enclavés, et qui n'a aucune issue sur la voie publique, » moyennant indemnité, bien entendu. Du reste, nous traiterons assez longuement de cette question juridique au mot SERVITUDES. (Voy. ce mot.)

PASSAGE CONVENTIONNEL. — Voy. SERVITUDES.

PASSAGE LÉGAL. — Voy. SERVITUDES.

PASSAGE DE TOLÉRANCE. — Voy. SERVITUDES.

PASSAGE (Droit de). — Voy. SERVITUDES.

PASSANT, *s. m.* — Scie sans monture dont se servent les charpentiers. (Voy. SCIE.)

PASSE-PARTOUT, *s. m.* — Scie qui sert à débiter les pierres tendres. — Les charpentiers donnent également ce nom à une scie composée d'une lame dont les extrémités portent une douille ou une sorte de tube, et dans lesquelles on passe un morceau de bois rond qui sert de manche pour tirer la scie, ou passe-partout, qui est manœuvrée par deux hommes. Les charpentiers emploient le passe-partout pour couper transversalement es grosses pièces de bois et les arbres en grume ; ils s'en servent également pour scier des pièces de bois qui réclament des traits spéciaux qui ne pourraient être donnés avec des scies montées.

En serrurerie, on nomme *passe-partout* une clef qui peut ouvrir toutes les serrures employées usuellement dans les maisons ; le panneton du passe-partout est évidé largement, de manière à laisser passer toutes les garnitures qui, sans cela, pourraient empêcher le pêne de fonctionner.

PASSE-PERLE, *s. m.* — Fil de fer très-fin, qui n'a qu'un quart de millimètre de diamètre, c'est le numéro le plus faible de la jauge; il sert à enfiler des perles et à faire des cardes. On le fabrique grandement à Livourne.

PASSERELLE, *s. f.* — Petit pont en charpente légère, de bois, de fer ou de fonte, qu'on établit à demeure sur de petits cours d'eau, des ravins, des failles, etc. Sur les voies ferrées, on jette souvent des passerelles pour maintenir des communications entre deux parties d'une même propriété qui a été coupée en deux par la voie ferrée. Les passerelles n'ont qu'un service assez restreint, elles ne servent que pour le passage des piétons et des cavaliers; aussi leur tablier est souvent fait à l'aide de madriers posés jointifs.

PASSERESSE, *s. f.* — Terme de marine. Petit cordage qui sert à serrer les voiles contre les mâts ou les antennes, lorsque le vent est très-fort.

PASSERNIQUE, *s. f.* — Espèce de pierre à aiguiser demi-fine.

PASSE-VIOLET, *s. m.* — Couleur que l'acier ou le fer acquièrent quand ils ont supporté une certaine température du feu.

PASTOPHORE, *s. m.* — En termes d'antiquité, ce mot signifie, une sorte de prêtre représenté portant des statuettes ou de petits temples de dieux ; du reste, l'étymologie du mot l'explique parfaitement, elle est dérivée de παστός, petite chapelle, et φορὸς, qui porte ; enfin, cette racine a également fourni le terme de *pastophoria*, par lequel les premiers chrétiens désignaient les absidioles qui flan-

quaient souvent l'abside principale dans les basiliques.

Nous devons dire cependant que d'autres étymologistes expliquent ce mot de pastophores, *eum qui* PALLIUM *gestat* (de παστὸς, voile de diverses couleurs) ; du reste, ce terme se prête à ces deux significations, car les Grecs avaient des *naos*, les édicules (Jablonski, *Panth.*, II, 2) peints de diverses couleurs, et les divinités qu'ils renfermaient pouvaient également avoir des voiles de diverses couleurs. — Les pastophores étaient aussi chez les Égyptiens des membres d'un certain collège de prêtres qui portaient à travers la ville les images des dieux dans une sorte de petite châsse ou édicule (νεὸς) ou sur un petit autel. (Pline, *H. N.*, VII, 71.) Ces prêtres s'agenouillaient et sollicitaient des passants des aumônes. On peut voir au Louvre une statue égyptienne qui représente un de ces prêtres mendiants, dont parle Apulée dans divers passages de son livre XIe des *Métamorphoses* (1). Chez les Égyptiens, les pastophores étaient aussi chargés de la garde des temples ; du moins, l'écriture hiéroglyphique semblerait en témoigner. (Dévéria et Pierret, *Mélanges d'arch. égypt. et assyr.*, I, 61-66.)

PASTOURAUX, *s. m. pl.* — On désigne sous ce terme des pierres cubiques qui forment le petit appareil, dans les monuments antérieurs au XIIe siècle.

PATE (CARTON-). — Voy. CARTON.

PATÉ, *s. m.* — Les *pâtés* ou *formes*, sur lesquels on construit les voûtes quand on ne veut pas faire usage de cintres en charpente, se font ordinairement en moellonnailles posées

---

(1) Voici l'un des passages d'Apulée; nous le traduisons : « Alors celui d'entre les prêtres qui était secrétaire, se tenant debout près de la porte, appela tous les pastophores à l'assemblée, c'est ainsi qu'on nomme ce sacré collège ; puis, après avoir récité toutes les prières, il finit son sermon en disant en grec, suivant le rite, que la cérémonie était achevée et qu'on pouvait se retirer : — *Cœtu pastophorum quod sacrosancti collegii nomen est... renuntiat sermone rituque Græciensi ita :* λαοιςαξεοιο. »

à sec, que l'on recouvre d'un mortier de terre ou d'un enduit de gros plâtre ; mais on ne doit faire usage de pâtés que pour des voûtes d'une ouverture moyenne : on prétend cependant que la voûte du Panthéon de Rome, la *Rotunda*, dont le diamètre intérieur est de $48^m,50$, a été construite sur un énorme pâté en terre dont le volume n'a pas été évalué à moins de 60,000 mètres cubes. Cependant les Romains ont connu les cintres en charpente, puisque dans un grand nombre de leurs constructions la disposition des localités n'a pu permettre d'employer un autre mode de soutènement des matériaux. — On améliore sensiblement l'emploi du pâté en terre en interposant entre celui-ci et la voûte des conchis en madriers qui remédient en partie à la compression inégale des pâtés par suite du poids qu'ils ont à supporter. — On emploie des pâtés, au lieu de cintres, pour des voûtes de caves de petites dimensions, pour les voûtes d'évidements ou de contre-forts, pour les voûtes d'arête et d'arc de cloître, pour les voûtes rampantes, pour celles en dôme, en pénétration, etc. — On nomme encore *pâté* un blocage de moellonnaille noyée dans le plâtre, auquel on donne'une forme convexe et qu'on fait au pied de baliveaux, de perches qui portent certains échafaudages légers.

En serrurerie, on donne ce nom à un paquet de menus fers que l'on soude ensemble en les corroyant.

En terrasse, on nomme *pâtés* les petites buttes de terre ou témoins que l'on conserve dans des travaux de fouille pour l'évaluation des déblais.

PATENOTRES, *s. f. pl.* — Ce terme, dérivé du latin *pater noster*, est arrivé par une succession assez curieuse à désigner un ornement d'architecture. En effet, on donna primitivement le nom de *patenôtre* à l'oraison dominicale, puis à d'autres prières, au chapelet, enfin aux grains du chapelet ; c'est pour cette dernière ressemblance qu'on a donné le même nom à l'ornement en forme de grains enfilés qui se trouve au-dessus des OVES. (Voy. ce mot.)

En termes de blason, on nomme *patenôtres* une dizaine de chapelet ou le chapelet tout entier, dont on entoure l'écu.

PATENTE, *s. m.* — Droit que l'on paye pour exercer une industrie ou un commerce. Tout habitant de France, étranger ou citoyen, est assujetti à ce droit. La patente se compose d'un *droit fixe* et d'un *droit proportionnel.* — La question de savoir si les architectes devraient ou non payer patente est fort controversée ; en effet, s'ils sont considérés comme artistes, comme exerçant une profession libérale, ils ne devraient pas plus payer patente que les poëtes, les romanciers, les peintres, les statuaires, les graveurs, etc. Malheureusement pour l'architecte, il n'est pas dans la même position que les hommes que nous venons de mentionner ; en effet, les littérateurs, les peintres, les statuaires et graveurs ne produisent que des œuvres d'art, et si quelques-uns, cela se voit, exercent une véritable industrie avec leur plume, leur pinceau, leur ciseau ou leur burin, ils sont couverts par le directeur de théâtre, l'éditeur, en un mot, par celui qui exploite le produit de leur imagination. Est-il possible d'assimiler l'architecte aux autres artistes exerçant une profession libérale ? Nous ne le pensons pas, et voici pourquoi : si l'architecte ne donnait que ses plans et ses dessins à un entrepreneur, il serait dans le même cas que les artistes que nous venons de citer ; il livrerait le produit de son imagination, l'entrepreneur l'exécuterait, l'exploiterait, et tout serait pour le mieux, puisque l'entrepreneur paye patente. Mais les fonctions de l'architecte de même que ses connaissances sont multiples ; nous les avons énumérées dans le premier volume (Voy. ARCHITECTE) : il est à la fois artiste, constructeur, et un peu notaire, avoué, juge, courtier de terrain, etc., etc. ; il est donc raisonnable qu'il paye patente pour l'ensemble des petites parts d'industrie qu'il exerce ; on doit faire exception cependant pour les architectes des administrations, de l'État ou des villes, mais à la condition que ceux-ci ne construiront exclusivement que pour leur administration et non pour des particuliers.

Ainsi donc rien de plus logique, de plus juste, que l'architecte paye patente ; mais ici

nous nous trouvons en présence d'un fait anor-
mal. En effet, une patente confère un droit
qui n'est exercé que par celui qui l'acquitte ;
or, dans l'espèce, tout le monde peut exercer
et exerce en effet la profession d'architecte
sans payer patente. Il serait donc logique de
faire payer double patente, par exemple, à
l'entrepreneur qui construit des édifices sans
employer d'architecte, au propriétaire qui construit également sans le concours de l'homme
de l'art ; il devrait payer une prime fixe pour
avoir le droit d'élever un immeuble, et une
deuxième s'il est à la fois son architecte et son
entrepreneur. Dans ce cas, les droits de chacun
sont sauvegardés et la patente confère un véritable droit.

Sans vouloir nous appesantir outre mesure
sur cette question, il nous paraît cependant
indispensable d'ajouter encore quelques mots.
A une certaine époque, on avait considéré les
architectes comme de simples artistes, on les
avait même dispensés de la patente ; plus tard,
sous le dernier empire, on est revenu sur la
première décision, on a considéré les architectes comme de véritables industriels et on
leur a imposé de nouveau la patente. Il est
bien évident qu'elle ne sera jamais supprimée.

— Il y a quelques années, l'une des sociétés
des architectes de Paris, la Société centrale,
adressa une pétition à la Chambre des députés
dans le but d'obtenir non-seulement un dégrè-
vement, mais encore la suppression de la
patente. Inutile d'ajouter qu'il n'a été donné
aucune suite à cette affaire, et la Société
centrale, quoique battue, s'est tenue pour
satisfaite. Cependant, si cette société avait
réellement à cœur la défense des intérêts professionnels, elle aurait dû, selon nous, s'y
prendre autrement, et, ne pouvant obtenir
une suppression et des dégrèvements qui n'é-
taient pas justes, ou du moins toujours discutables, elle aurait dû demander alors,
comme garantie de son droit de patente, que
tous ceux qui exercent de près ou de loin, à
long terme ou temporairement, la profession
d'architecte, fussent soumis à la patente. Tel
était le véritable terrain sur lequel il fallait se
placer. Ces principes admis, les ingénieurs,
les entrepreneurs, par exemple, qui chassent

sur les terres d'autrui, ce qu'on ne peut rai-
sonnablement empêcher, chacun entreprenant
suivant son activité et sa capacité, ces constructeurs, disons-nous, auraient payé double
patente. Quant aux propriétaires s'érigeant
au rang d'architectes ou d'entrepreneurs, ils devraient également être frappés d'un droit proportionnel aux travaux qu'ils exécutent. Ce
serait là de la bonne justice distributive, et
un moyen fort pratique de sauvegarder les
intérêts de la corporation ; car enfin on ne
paye patente que pour pouvoir exercer un
droit, on n'achète un privilége que pour en
bénéficier. Or, dans le *statu quo*, on ne *paye
une patente d'architecte que pour exercer un
droit que chacun peut exercer gratuitement*. Tel
était le point de vue sous lequel il fallait présenter la question de la patente des architectes. Si la Société centrale avait ainsi posé
la question, nul doute qu'elle n'eût abouti à
une conclusion ; d'autant qu'en fait d'impôts
le législateur admet difficilement les suppressions, et cela se conçoit, mais il accepte avec
empressement la création de nouveaux impôts
justes, logiques et protecteurs des droits de
chacun.

PATÈRE, *s. f.* — Petit vaisseau de forme
circulaire, assez plat, ressemblant à ce que
nous nommons aujourd'hui *soucoupe*. La patère servait à contenir des liquides (Becker,
Quest. Plaut., p. 50) et surtout à faire des li-

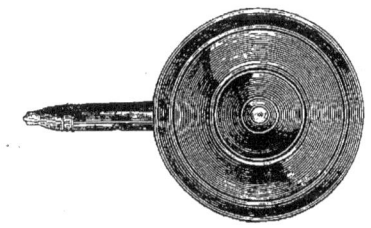

Fig. 1. — Patère (face intérieure).

bations. Des patères, les unes étaient avec
manche, et les autres n'en avaient pas ; les
unes étaient en terre cuite, en argent, en
bronze, et quelquefois en or, richement travaillées. Nos figures montrent, de face et de

profil, une patère découverte à Pompéi et qui se trouve aujourd'hui au musée national de Naples. (Varro, *L. L. V.*, 122 ; Macrob., *Sat.*, V, 21 ; Virg., *Æn.*, I, 739 ; Ovide, *Mét.*, IX, 160.) Il existait également des patères d'airain à deux anses ; celles-ci, plus grandes que les autres, servaient surtout à recevoir le sang des victimes pendant leur égorgement, tandis

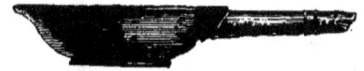

Fig. 2. — Patère (profil).

que les autres modèles servaient à verser le vin ou les autres liquides sur la tête des victimes. — Les architectes grecs ont employé la patère comme ornement ; ils en ont représenté notamment dans les métopes de la frise dorique. C'est cet ornement qui a donné naissance aux rosettes qui sont également employées à la décoration des métopes.

Aujourd'hui il existe dans le commerce des rosettes en cuivre ou en bronze qu'on utilise pour la décoration des rampes d'escaliers, des balcons, des portes, etc.; on les peint ou on les dore.

Les gaziers donnent ce nom à un morceau de bois carré d'un côté et tourné sur l'autre en forme de patère, qu'on noie dans le plâtre ou dans la maçonnerie, et qui sert à fixer les tiges ou bras des appareils d'éclairage au gaz.

PATIENCE, *s. f.* — On donnait autrefois ce nom à la partie mobile des stalles qu'on nomme aujourd'hui *miséricorde*. (Voy. STALLE et MISÉRICORDE.) — Sous le nom de *patience d'écurie*, on désigne un appareil en fer découpé qui sert à marquer sur le sable, dans les grandes écuries de luxe, les armes du propriétaire des chevaux, ses initiales ou toute espèce de symboles on d'allégories hippiques.

PATIN, *s. m.* — Petit massif en plâtre et en moellonnaille, ou en plâtras, qu'on fait au pied d'une perche ou d'une écoperche, d'un baliveau, d'une règle, etc., pour les maintenir dans une position verticale. — On emploie ce système, que les ouvriers nomment aussi *pâté*,

pour ne point creuser le sol, ce qui permet de ne pas détruire des dallages, des bitumes ou autres genres de pavements, qui pourraient exister dans les lieux où l'on pose ces écoperches; du reste, un grand nombre d'échafaudages construits sur la voie publique, sur des trottoirs, sur des terrasses, dans des cours dallées, ont leur pied maintenu sur le sol à l'aide de patins. — On donne aussi ce nom aux petits massifs de plâtre appliqués sur les parois verticales et qui servent à maintenir les règles de maçon dans une position horizontale et fixe, comme pour indiquer une ligne de repère, une cote de hauteur, etc. Les broches d'implantation de bâtiment sont fixées souvent de cette manière, surtout quand il s'agit d'élever un édifice entre les deux murs de bâtiments voisins.

En serrurerie, on nomme *patins* les cales en fer qui reçoivent la portée des poitrails, les pièces en pierre ou en fonte sur lesquelles portent des colonnes ; ce terme, en serrurerie, est aussi assez souvent synonyme de SEMELLE. (Voy. ce mot.)

En charpente, on donne le nom de *patin* à une pièce de bois sur laquelle repose le limon d'un escalier ; ces patins mesurent environ de 0^m,21 à 0^m,24. On nomme *patin sous plateforme* une pièce de bois fixée ou assemblée sur la tête des pilots d'un pilotage de fondation, c'est sur ce patin que portent les plates-formes; quand celles-ci n'ont pas au-dessous d'elles de pilots, on pose au-dessous d'elles, et en travers, d'autres pièces de bois qu'on nomme également *patins*.

Enfin, les treillageurs donnent ce nom à la forte pièce de bois dans laquelle sont engagés les pieds des bancs de jardins ; quelquefois cette pièce de bois est remplacée par une pierre.

PATRON, *s. m.* — Nom sous lequel on désigne le maître, le chef d'atelier, de chantier, etc. — Ce terme est aussi synonyme de PANNEAU. (Voy. ce mot.) — En vitrerie, on nomme *patron* une table en bois blanc très-épaisse, ce qui permet de la blanchir au rabot de temps en temps, sur laquelle table les vitriers tracent avec de la pierre noire les différentes parties de panneaux, les figures de compartiments de panneaux, d'après lesquelles on coupe les pièces de verre.

PATRONAGE, *s. m.* — Sorte de peinture faite avec des patrons découpés.

PATTE, *s. f.* — Ce terme, seul ou accompagné de qualificatifs, a des significations très-diverses; nous passerons les plus usuelles en revue.

On donne ce nom à de petits morceaux de fer triangulaires ou quadrangulaires aplatis en tête,

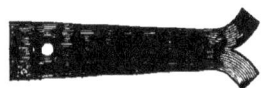

Fig. 1. — Patte en queue de carpe à scellement.

et pointus de l'autre bout; ces pattes servent à divers usages, à arrêter et fixer des menuiseries, des parquets de glace, des dalles, des chambranles de cheminées, les bâtis de portes, les cloisons, les dormants de fenêtres, etc., etc. Suivant les emplois auxquels on les destine, il existe des *pattes droites, coudées, à pointe, à vis, à écrou, à scellement, droites* ou *coudées,* ou en forme de T; il y a aussi des *pattes à*

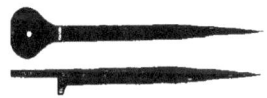

Fig. 2. — Patte droite à pointe (face et profil).

queue d'aronde, ou en *queue de carpe,* à large tête. (Voy. nos fig.) Du reste, en quincaillerie ou en serrurerie, tout objet en fer, en cuivre ou en laiton est dit *à patte* quand il est terminé d'un bout par une tête plate percée de trous pour recevoir des clous ou des vis; ainsi il y a des gâches à patte, des gonds à patte, etc.

On donne aussi le nom de *pattes* à des objets qui forment appendice à des instruments, à des outils: par exemple, à la partie mobile d'un *sergent.*

PATTE DE CANON. — Voy. PATTE DE FONCET.

PATTE DE FONCET, *s. f.* — Morceau de fer

en forme de queue d'aronde double qui sert de monture au foncet d'une serrure; on la nomme aussi *patte de canon.*

PATTE-DE-LION, *s. f.* — Les charpentiers donnent ce nom à l'enrayure formée par l'assemblage des demi-tirants qui tiennent le chevet d'une vieille église.

PATTE-D'OIE, *s. f.* — Enrayure du comble au-dessus d'une église de style ogival. — Assemblage en charpente placé dans une rivière pour indiquer un endroit dangereux sur lequel les bateaux ne doivent point passer. — Signe employé par les charpentiers pour marquer les bois. (Voy. MARQUE DES BOIS.) — Enfin, on nomme *patte-d'oie* le point de rencontre de trois routes, de trois cours d'eau, etc.

PAUME, *s. f.* — Genre particulier d'assemblage employé en charpente pour réunir des pièces se croisant à angle droit. (Voy. ASSEMBLAGE.) — C'est aussi une coupe à mi-bois oblique ou à sifflet que l'on fait, par exemple, au bout d'un chevron pour le joindre à une pièce en prolongement.

PAUMELLE, *s. f.* — Sorte de gond ou de penture à deux branches formant T, et qu'on pose sur les portes, les volets, les persiennes, en hauteur, au lieu d'être placées horizontalement comme dans les pentures ordinaires. Il existe de nombreux modèles de paumelles, parmi lesquelles il y a lieu de distinguer les *paumelles simples* et les *paumelles doubles.* « La paumelle *simple* ou *à gond* est destinée à la ferrure des portes, des persiennes et des volets, ainsi que les paumelles à *équerre simple* et *double.* Les paumelles *doubles* s'emploient généralement comme ferrures de portes, de croisées, de châssis, etc.; elles peuvent aussi être à *équerre simple* ou *double.* Elles sont dites *de façon, à boules, à nœuds bouchés, à olive, laminées, à nœuds rabotés, boiteuses,* etc., suivant leur forme ou leur façon, et peuvent être munies de bagues en fer ou en cuivre. (Voy. BAGUE.) Elles s'entaillent et se fixent avec des vis. Celles qui sont destinées aux menuiseries extérieures sont, pour plus de sûreté et de solidité, fixées avec des clous rivés. Il y en a de petites avec lesquelles on ferre les vasistas. » (Husson, *Dict. du serrur.*) Il y a également des paumelles à pivot.

PAVAGE, *s. m.* — Ouvrage fait avec du pavé : par exemple, un pavage de grès, et par extension un pavage fait avec d'autres matériaux, tels que porphyre, briques, bois debout, etc., mais avec des matériaux ordinaires ; car si on employait des matériaux précieux, ce ne serait plus un pavage, mais un

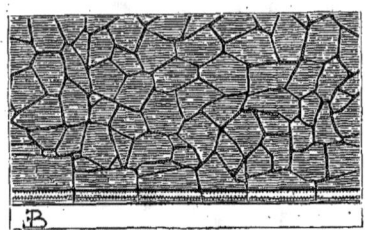

Pavage des chaussées romaines.

PAVEMENT. (Voy. ce mot.) Les pavages de rues, de routes, s'exécutent de différentes manières, on en fait en grès, en porphyre, en bois, avec des cailloutis, etc. Notre figure montre le système de pavage employé par les Romains pour leurs chaussées. Le lecteur trouvera à ce sujet des renseignements au mot CHAUSSÉE. (Voy. ce mot.)

PAVÉ, *s. m.* — Ce terme sert à désigner tous les matériaux pouvant servir à exécuter un pavage ; il est aussi employé à tort comme synonyme de *pavage* et de *pavement*, mais on désigne plus spécialement sous ce terme les blocs de grès, de porphyre, de forme cubique et de proportions variables, employés pour le pavage des rues, des cours et des places. Pour le pavage de Paris, on tire le pavé de Fontainebleau, de l'Yvette, de Montbuisson, de Palaiseau, d'Orsay et de localités encore plus proches de Paris. Suivant leurs formes, leurs dimensions ou leur état, on distingue plusieurs sortes de pavés ; on nomme :

PAVÉ D'ÉCHANTILLON, ou PAVÉ DE VILLE, celui qui mesure pour ses trois dimensions $0^m,22$ à $0^m,23$. On l'emploie pour le pavage des villes ; on le pose à sec sur une couche de sable, et il est battu et dressé à la *hie*, *dame* ou *demoiselle*.

PAVÉ DE DEUX ou DE REFEND. Comme son nom l'indique, ce pavé provient de la refente de gros pavés en grès ; ils sont de même longueur que ceux-ci, $0^m,23$, mais n'ont que la moitié de leur épaisseur, soit $0^m,11$. On emploie ce genre de pavé pour le pavage des cours, le passage des portes cochères, dans les localités enfin où la circulation des voitures et autres véhicules est moins active que sur la voie publique.

PAVÉ DE TROIS, pavé obtenu par une levée faite sur un gros pavé refendu en deux.

PAVÉ BATARD, le pavé qui n'a pas les dimensions du pavé d'échantillon et qui ne mesure que $0^m,18$ à $0^m,19$ de côté.

PAVÉ CHATRÉ, le bloc qui reste d'un pavé après avoir fait une levée pour obtenir un pavé de trois.

PAVÉ CUBIQUE. Ce pavé a pour dimensions $0^m,19$ et $0^m,16$.

PAVÉ MÉPLAT. Il existe des pavés méplats de plusieurs dimensions ; les uns mesurent $0^m,19$ sur $0^m,10$; d'autres, $0^m,16$ sur $0^m,07$, enfin $0^m,14$ sur $0^m,07$ d'épaisseur.

PAVÉ DE CHAMP, pavé posé sur son fort, c'est-à-dire sur la partie la plus étroite.

PAVÉ DE DÉMOLITION, pavé qui provient d'un ancien pavage supprimé.

PAVÉ DÉMAIGRI, pavé dont le dessus est plus large que le dessous.

PAVÉ EN RECHERCHE, pavé isolé qu'on pose dans un pavage pour remplacer un mauvais pavé qu'on a arraché.

PAVÉ DE ROCHE DURE, pavé taillé dans de la roche dure.

PAVÉ DE ROCHE FRANCHE, pavé tiré de la partie de la roche du grain le plus fin ; refendu, ce pavé sert pour les cours et les cuisines.

PAVÉ DE REBUT, pavé qui a été supprimé lors du remaniement d'un pavage quelconque.

LÉGISLATION. — Une ordonnance de police, en date du 8 août 1829, règle par les articles 25 à 37 l'entretien du pavé de Paris ; voici un extrait de cette ordonnance :

CHAPITRE II.

Entretien : 1° du pavé de Paris; 2° du pavé à la charge des particuliers. — Rues non pavées.

SECTION Iʳᵉ.

Pavé de Paris.

Art. 25. — Les entrepreneurs du pavé de Paris seront tenus de prévenir, au moins vingt-quatre heures d'avance, les commissaires de police de leurs quartiers respectifs du jour où ils commenceront des travaux de relevé à bout.

Art. 26. — Ils ne pourront former leurs approvisionnements de matériaux que le jour même où les ouvrages commenceront. Les pavés seront rangés et le sable retroussé, de manière à occuper le moins de place possible.

Art. 27. — Ils seront tenus de faire éclairer pendant la nuit, par quelques appliques, leurs matériaux et leurs chantiers de travail, de veiller à l'entretien de l'éclairage et de prendre les précautions dans l'intérêt de la sûreté publique.

Art. 28. — Il leur est défendu de barrer les rues et portions de rues autres que celles dont le pavé sera relevé à bout et dont la largeur n'excédera pas dix mètres.

Toutefois, si des circonstances nécessitaient le barrage de rues ou portions de rues ayant plus de dix mètres de largeur, l'autorisation de les barrer pourra leur être accordée, sur la demande que l'ingénieur en chef du pavé de Paris en fera au préfet de police.

Art. 29. — Lorsqu'il sera fait un relevé à bout dans les halles et marchés, aux abords des salles de spectacle ou d'autres lieux très-fréquentés désignés dans l'état qui en sera dressé annuellement par l'ingénieur en chef du pavé de Paris, et approuvé par le préfet de police, il ne devra être entrepris que la quantité d'ouvrage qui pourra être terminée dans la journée. Dans le cas où il aura été levé plus de pavé qu'il n'en était besoin, il sera bloqué, en sorte que la voie publique se trouve entièrement libre et sûre avant la retraite des ouvriers. — Cette mesure s'étendra à tous les relevés à bout sans distinction la veille des dimanches et jours fériés.

Art. 30. — Les entrepreneurs réserveront, dans les rues ou portions de rues barrées, un espace suffisant pour la circulation des gens de pied. Ils établiront, au besoin, des planches solides et commodes pour la facilité du passage.

Ils prendront, en outre, des mesures convenables pour interdire aux voitures du public tout accès dans les rues ou portions de rues barrées. Ils placeront, à cet effet, des chevalets mobiles, qui, en servant d'avertissement au public, laisseront la facilité de faire sortir et entrer les voitures des personnes demeurant dans l'enceinte du barrage. Les mêmes précautions seront prises pour les rues latérales aboutissant aux rues barrées.

Il est défendu aux entrepreneurs de substituer des tas de pavés aux chevalets mobiles.

Art. 31. — Dans les rues qui ne seront point barrées, les entrepreneurs disposeront leurs ateliers de telle sorte qu'ils soient séparés les uns des autres par un intervalle de quinze mètres au moins, et que chaque atelier ne travaille que sur la moitié de la largeur de la rue, afin de laisser l'autre moitié à la circulation des voitures.

Art. 32. — Les chantiers des travaux seront complètement débarrassés de tous matériaux, décombres, pavés de réforme, retailles, vieilles formes et autres résidus des ouvrages, dans les vingt-quatre heures qui suivront l'achèvement des travaux, pour les relevés à bout et pavages neufs, et au fur et à mesure de l'exécution des ouvrages pour les réparations simples et les raccordements.

Art. 33. — Il est expressément défendu de troubler les paveurs dans leurs ateliers et de déplacer ou arracher les appliques, chevalets, pieux et barrières établis pour la sûreté de leurs ouvrages.

SECTION II.

Pavé à la charge des particuliers.

Art. 34. — Il est enjoint aux propriétaires des maisons et terrains bordant les rues ou portions de rues pavées, et dont l'entretien est à leur charge, de faire réparer, chacun au devant de sa propriété, les dégradations de pavé et d'entretenir constamment en bon état le pavé desdites rues.

Art. 35. — Ces propriétaires et leurs entrepreneurs seront tenus, pour les approvisionnements de matériaux destinés aux réparations, pour l'exécution des ouvrages et l'enlèvement des résidus, de se conformer aux dispositions prescrites en la section précédente aux entrepreneurs du pavé de Paris.

Art. 36. — Il leur est défendu de barrer ni faire barrer les rues pour l'exécution des travaux, sans y être autorisés par le préfet de police.

SECTION III.

Rues et portions de rues non pavées.

Art. 37. — Il est enjoint à tous propriétaires de maisons et terrains situés le long des rues ou portions de rues non pavées, de faire combler, chacun au droit de soi, les excavations, enfoncements et ornières, enlever les dépôts de fumier, gravois, ordures et immondices, et de faire, en un mot, toutes les dispositions convenables pour que la liberté, la sûreté de la circulation et la salubrité ne soient point compromises.

Ils sont tenus d'entretenir constamment en bon état le sol desdites rues, et de conserver ou rétablir les pentes nécessaires pour procurer aux eaux un écoulement facile.

Les rues non pavées qui deviendront impraticables pour les voitures seront barrées de manière que tous accidents soient prévenus.

PAVEMENT, *s. m.* — Sorte de revêtement en belle pierre, en marbre, en mosaïque, etc., qu'on exécute sur le sol naturel ou sur une aire quelconque pour en égaliser la surface, la rendre imperméable, l'affermir et la décorer en même temps. Le pavement diffère du pavage en ce sens que le premier est fait avec des matériaux de choix et de prix, et le second avec des matériaux ordinaires. On exécute des pavages à l'extérieur des édifices et des pavements à l'intérieur. — Ceux-ci se composent de belles dalles de pierre ou de marbre, de marqueteries, de mosaïques, et sont susceptibles de recevoir des dessins de tous genres et de produire par la variété des couleurs des effets décoratifs tout différents et appropriés au milieu qu'ils doivent orner. Nous n'insisterons pas davantage sur ce point ; le pavement étant du domaine de l'art décoratif, c'est à l'architecte à en tirer le parti le plus avantageux. Ce sont ordinairement les marbriers et les mosaïstes qui exécutent les beaux pavements. (Voy. MARQUETERIE et MOSAÏQUE.)

PAVER, *v. a.* — Exécuter un pavage, faire un pavage.

PAVEUR, *s. m.* — Ouvrier qui fait des pavages ; entrepreneur qui se charge d'exécuter les travaux de pavage. Comme dans beaucoup d'autres corps d'état, les paveurs se divisent en compagnons et en garçons. Parmi les compagnons, on distingue le *dresseur*, ouvrier qui est chargé d'affermir et dresser les surfaces du pavage en le battant avec la *hie* ou

demoiselle. Dans les travaux de peu d'importance, c'est le maître compagnon ou le premier ouvrier qui fait le dressage du pavé. Le métier de paveur est extrêmement pénible, surtout pour les ouvriers qui travaillent sur la voie publique ; ils passent la plus grande partie de la journée courbés, le dos au soleil ou à la pluie, et remuent dans cette position des blocs de grès qui pèsent environ 30 kilogrammes. Le marteau dont ils se servent est fort lourd, le lecteur peut le voir figuré au mot MARTEAU (fig. 3). Indépendamment de cet outil, les paveurs emploient le COUPERET (Voy. ce mot), pour tailler, piquer et refendre les pavés ; la hie ou demoiselle, pour opérer le dressage après la pose ; la pioche, pour ameublir les terres ; la pince, pour dépaver ; la fiche et la truelle, pour travailler au mortier. Le paveur emploie aussi la pelle, pour dresser et niveler le sol, et exécuter les petits travaux de terrassement ; la brouette et le camion, pour les transports à petite distance des sables, graviers, terres et pavés.

PAVILLON, *s. m.* — Petit bâtiment isolé ou de médiocre grandeur affectant différentes formes : il peut être carré, circulaire, octogonal, à pans, etc. — On donne aussi le même

Fig. 1. — Pavillon en bois découpé (1er type).

nom à l'avant-corps central d'une façade ou à l'avant-corps d'une des extrémités de cette façade. — C'est aussi une planche découpée et ajourée qui couvre la tête d'une jalousie, et la

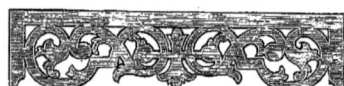

Fig. 2. — Pavillon en bois découpé (2e type).

cache quand cette jalousie est soulevée. Nos figures montrent deux spécimens de ces pavillons ajourés ; on en fait également en tôle estampée et perforée.

LÉGISLATION. — Il résulte d'une décision du préfet de police en date du 15 février 1850 :

1° Qu'il ne pourra être établi des pavillons de jalousies formés d'une planche dont chaque extrémité sera appliquée sur le mur. Ces pavillons ne devront avoir d'autre saillie que l'épaisseur de la planche.

2" Les pavillons de jalousies sont assimilés, pour la perception des droits, aux tableaux servant d'enseignes.

3° Les pavillons en forme de petit auvent sont prohibés.

PAVONAZZO, *s. m.* — Marbre antique, panaché de rouge et de blanc.

PAVONIEN, *adj.* — *Marbre pavonien*, marbre qui a des taches œillées semblables à l'extrémité des plumes de la queue d'un paon, d'où son nom.

PAYSAGER, *adj.* — Ce terme s'applique à la fois au jardin et à l'artiste qui le crée : ainsi on dit, un *jardin paysager*, c'est-à-dire un jardin anglais dessiné à l'aide de formes et de courbes irrégulières; on dit de même, *architecte paysager*, pour désigner l'artiste qui crée et dessine des parcs et des jardins anglais. Du reste, ce terme dans la langue usuelle est synonyme de *paysagiste*, qui, lui, est substantif, mais qui est pris adjectivement; ainsi on dit indifféremment, jardin *paysagiste* ou *paysager*. — Voy. JARDINS (*Art des*).

PAYSAGISTE. — Voy. le terme précédent.

PEAU-DE-CHIENNER, *v. a.* — Une des opérations de la dorure, qui consiste à polir une surface avec de la peau de chien de mer, mais après y avoir appliqué une couche de blanc d'apprêt qu'on laisse parfaitement sécher avant de la peau-de-chienner. (Voy DORURE.) — Dans les ateliers d'architecte et de peintre, ce terme est employé comme un mot d'argot et signifie, plaisanter, malmener un individu absent.

PÉDICULE, *s. m.* — Petit pied, petit support. — On donne ce nom au petit pilier qui supporte certains fonts baptismaux ou certains types de bénitiers, qu'à cause de cela on qualifie de *pédiculés*. (Voy. BÉNITIER.) Du reste, en architecture, tout membre analogue et remplissant les mêmes fonctions peut porter ce nom; par exemple, on nomme pédicule la tige qui supporte les amortissements en bouquet des arcs en accolade ou d'autres membres d'architecture.

PÉDICULÉ, ÉE, *adj.* — Porté par un pédicule. Beaucoup de fleurons sont supportés par des pédicules. — Cette locution s'emploie plus particulièrement en parlant des fonts baptismaux et des BÉNITIERS. (Voy. ce mot.)

PEGMATITE, *s. f.* — Sorte de granite sans mica qui est uniquement composé de quartz et de feldspath.

PEIGNE, *s. m.* — Outil du peintre, qui affecte la forme des peignes à cheveux faits en ivoire ou en buis, et qui lui sert à faire les veines du bois quand il peint des faux bois. Il y a des peignes en laiton, en cuir et en acier, dont les dents, plus ou moins longues et plus ou moins serrées, permettent au peintre de simuler fort bien les fibres ligneuses de bois

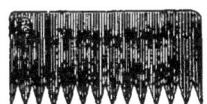

Fig. 1. — Peigne du peintre à grosses dents.

de diverses essences. Le peintre en décor qui se sert de cet outil imite, dans la perfection, les bois de chêne, d'acajou, de palissandre, de noyer, d'érable, etc., qui sont les plus souvent reproduits par la peinture. Nos figures montrent deux principaux types de peignes; avec celui à grosses dents on fait les grandes veines du bois, et avec l'autre, comme celui représenté par notre figure 2, on revient par-dessus le premier travail, ou l'on trace à côté des fibres beaucoup plus fines; ensuite le peintre adoucit l'ensemble de son travail en passant légèrement au-dessus une toile souple de canevas.

PEIGNE OU HERSE. — Extrémité supérieure d'une palissade, d'un échalas de treillage qui dépasse la traverse ou latte qui soutient cette palissade. Les lattes perpendiculaires ou légèrement inclinées formant la palissade ou le treillage sont taillées en pointe, de

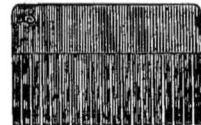

Fig. 2.— Peigne à petites dents espacées par faisceaux.

sorte qu'elles forment bien une herse renversée ou figurent les dents d'un immense peigne. On donne aussi le nom de *peigne* à la partie des mêmes treillages qui est enfoncée dans le sol. — Les tourneurs nomment *peigne* l'outil qui leur sert à fileter les vis.

PEIGNE (Tenon à). — Tenon rapporté et collé dans les traverses droites, mais surtout dans les traverses cintrées. Comme ces tenons ont des goujons de leur épaisseur qui entrent dans les traverses, cela forme une sorte de peigne, et c'est pour cela qu'on a nommé ce tenon *à peigne*. (Voy. TENON.)

PEINDRE, *v. a.* — Appliquer de la couleur, de la peinture.

PEINTRE, *s. m.* — Dans sa signification générale, ce terme sert à désigner tout individu qui fait de la peinture, artiste ou manouvrier; mais nous n'avons à nous occuper ici que du peintre en bâtiments, parmi lequel nous trouvons les classifications suivantes : le *peintre d'impression*, le *peintre de décor*, le *peintre de lettres* et *d'attributs*, et le *colleur*.

Le *peintre d'impression* est celui qui fait lui-même toutes les teintes unies destinées à *coucher* les murs, les plafonds, les menuiseries et les boiseries quelconques, et aujourd'hui les gros fers, tels que *solives, poitrails, chevrons, lanternes, limons d'escalier*, verandas, serres, grilles, rampes, etc.; c'est

le peintre d'impression qu'en langage familier on appelle *barbouilleur, peintureur*, et le gamin de Paris *Raphaël à la toise*.

Le *peintre de décor* est celui qui, les impressions et les apprêts terminés, imite la pierre, le marbre, le granit, fait les faux bois. Parmi les peintres en décor, nous devons ranger le *fileur*, c'est-à-dire celui qui ne fait que les filets et qui imite avec son pinceau les moulures, sur les enduits, la pierre, le bois, etc.

Le *peintre de lettres* fait toutes les inscriptions dans les escaliers, dans les administrations; il peint aussi les lettres des enseignes de boutique et de magasins. Parmi les peintres de lettres se trouve le *peintre d'attributs*, c'est-à-dire celui qui dessine les *écussons, panonceaux*, les *ornements intérieurs* et *extérieurs* des magasins, enfin qui peint les *stores* et *transparents*.

Le *peintre colleur*, ou simplement le *colleur*, colle sur les murs des appartements les papiers de tenture.

PEINTURE, *s. f.* — Art qui consiste à reproduire à l'aide de la couleur tous les objets du monde réel et toutes les suppositions imagées de l'esprit, de l'imagination. Pour exprimer sa pensée, le peintre possède des crayons, des pinceaux, de la couleur et des huiles; ce sont là ses outils, qu'il finit toujours par manier avec plus ou moins d'habileté quand il a pratiqué longtemps ou qu'il a une grande dextérité naturelle. Mais pour produire des œuvres d'art le peintre doit posséder, en outre, de nombreuses connaissances : le *dessin*, la *perspective aérienne*, la *perspective linéaire*, le *tracé des ombres*, la *science du clair-obscur*, l'*anatomie*, enfin il doit avoir le *génie de l'invention* et la *science de la composition*.

Il existe de nombreux procédés pour peindre, et, suivant que l'on emploie l'un d'eux, on produit un genre de peinture. On distingue, en effet : la *peinture à l'huile*, à la *cire* ou à *l'encaustique, à fresque;* la *peinture à l'eau (lavis et aquarelle)*, aux *crayons de couleur (pastel);* la *gouache*, la *peinture en détrempe* ou à *la colle*, la *peinture sur émail*, etc.

Ces divers genres de peinture ne s'exécutent pas indifféremment sur toutes les matières, car, suivant les procédés matériels employés, on distingue la *peinture murale* ou *monumentale*, la peinture sur *bois* ou sur *panneau*, sur *toile*, sur *lave*, sur *émail*, sur *ivoire*, sur *cuivre*, sur *porcelaine*, sur *verre*, etc. Suivant les sujets représentés, on distingue la *peinture d'histoire*, le *portrait*, le *paysage*, les *marines*; la *peinture de genre*, qui a pris une grande extension à notre époque; la *peinture des animaux*, des *fleurs*, de *nature morte*, qui peut représenter des animaux morts, des objets d'art et de curiosité, l'*arabesque*, etc.

Il ne peut entrer dans le cadre de cet ouvrage de traiter de tous ces genres de peinture, de faire leur histoire et d'indiquer les divers procédés applicables à chacun d'eux; il faudrait un gros volume pour atteindre ce but; du reste, il existe de nombreux traités et ouvrages sur la peinture, le lecteur les trouvera à la bibliographie qui termine cet article. Dans le présent article, nous ne dirons que quelques mots de la *peinture murale* et de la *peinture du bâtiment*, car ces deux genres sont traités dans un grand nombre d'articles de ce dictionnaire auxquels nous prions le lecteur de se reporter, notamment aux mots suivants : BADIGEON, DÉTREMPE, ENCAUSTIQUE, FRESQUE, POLYCHROMIE, POMPÉIEN (*Art*), etc.

PEINTURE MURALE. — La peinture murale est sans contredit un des moyens les plus puissants pour obtenir de belles et remarquables décorations, elle a été employée dès les temps les plus reculés; au mot FRESQUE, nous avons assez longuement parlé de ce genre de peinture pour qu'il ne soit pas nécessaire d'insister, mais nous ne pouvons passer sous silence les admirables peintures murales que nous a léguées le style gréco-romain et dont on peut voir de remarquables spécimens dans divers musées, surtout dans celui de Naples. Notre planche LXXI en chromolithographie montre une représentation de la muraille dite *des Poissons*, qui est incrustée dans le mur d'une des salles du rez-de-chaussée du musée napolitain; cette magnifique peinture, que nous avons dessinée d'après nature en 1877, provient de Pompéi, qui en renferme encore un grand nombre sur les murs de ses antiques maisons..Il serait bien désirable que le gouvernement italien pût créer à Pompéi même de grandes salles à côté du petit musée actuel pour abriter ces peintures que le temps détruit de plus en plus, et qui finiront par disparaître totalement si on les laisse à la place qu'elles occupent. Aux mots POMPÉIEN (*Art*) et à MAISON, le lecteur peut voir d'autres spécimens remarquables des peintures murales de Pompéi.

PEINTURE DU BATIMENT. — Les peintures employées dans les édifices, dans les bâtiments sont de plusieurs genres; il y a lieu de distinguer :

1° La grande *peinture murale*, dont nous venons de parler et la peinture à FRESQUE, dont nous avons traité à ce mot ;

2° La *peinture ornementale*, employée en revêtement sur les murs intérieurs et extérieurs, dont il est question à l'article POLYCHROMIE (Voy. ce mot) ;

3° Enfin, la *peinture ordinaire*, la *peinture commune*, si l'on peut dire, celle qu'on emploie pour revêtir de couleur les surfaces construites en maçonnerie, en plâtre, en menuiserie, etc. On peint ces surfaces non-seulement dans un but de propreté et de salubrité, mais encore et surtout pour les rendre d'un aspect plus agréable et pour assurer leur conservation et leur durée.

THÉORIE. — Tous les peuples, même ceux dont l'origine remonte à une haute antiquité, ont utilisé la peinture pour la décoration de leurs monuments; de là provient l'alliance intime qui a toujours existé entre la peinture et l'architecture. — Les édifices de l'Inde, de l'Asie Mineure, de l'Assyrie, de l'Égypte, de la Grèce et de Rome étaient peints à l'intérieur ou à l'extérieur, et même, chez beaucoup de peuples, la peinture servait à la fois à la décoration intérieure et extérieure des édifices. (Voy. POLYCHROMIE.) — Dans ces temps reculés, on se préoccupait beaucoup plus que dans le nôtre du contraste des couleurs, des motifs de décoration à appliquer sur telle ou telle partie d'un monument. Nous

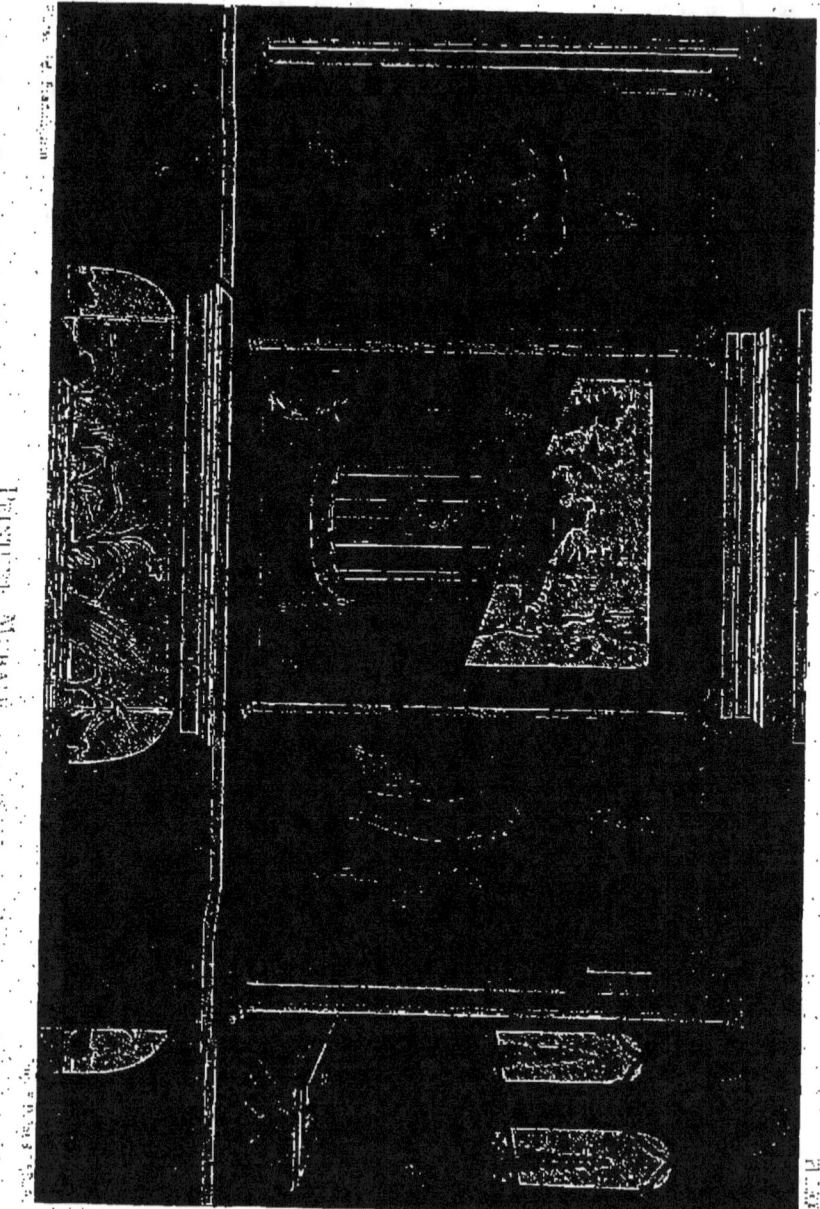

sommes bien obligé de reconnaître qu'aujourd'hui, sauf de rares exceptions, les décorateurs modernes peignent l'intérieur des monuments sans trop raisonner la forme ou la couleur de l'ornementation qu'ils adoptent pour l'emplacement qu'il s'agit de décorer; ils s'en rapportent beaucoup trop au hasard pour le résultat à produire. Cependant c'est par l'emploi raisonné des formes et des couleurs que l'artiste arrive à créer une décoration peinte qui produit un bon ou mauvais effet.

Nous venons de dire que de nos jours, sauf dans les grandes villes, nous ne possédions pas des décorateurs sachant raisonner suffisamment les couleurs et les formes pour en tirer le meilleur parti ; cependant, à l'époque romane et surtout à l'époque ogivale, principalement en France, nous avons possédé des artistes qui non-seulement avaient des connaissances spéciales dans l'art de peindre le monument, mais ils avaient pour ainsi dire créé des écoles élémentaires de décorateurs, car, pendant la période ogivale, l'église du moindre village, quand elle était peinte, l'était avec autant de goût que la plus riche cathédrale. Nous sommes loin aujourd'hui de cet ensemble au point de vue du goût. Si dans certains de nos monuments modernes nous possédons de véritables œuvres d'art décoratif, nous voyons aussi trop souvent des peintures décoratives très-hautes de tons, surchargées de couleurs et d'ors qui produisent des résultats fâcheux, funestes même pour l'art. Notre époque, en effet, a confondu l'éclat et le tapage avec l'art décoratif pur et simple, et cela malgré les saines données esthétiques exposées par des écrivains de valeur. Voy. Décoratif (Art). — Ceci prouve une fois de plus que la théorie, même la mieux exposée, ne suffit pas pour créer des artistes, et qu'un simple praticien est de beaucoup le meilleur guide en pareil cas et produit des résultats par ses données pratiques bien supérieurs à ceux que pourraient fournir les plus belles théories, savamment et brillamment exposées, du reste. — Nous ne pouvons développer ici une thèse d'une telle importance, car il nous faudrait écrire un volume; mais nous espérons qu'à l'aide de quelques mots

appuyés d'exemples, nous pourrons faire pressentir à nos lecteurs, surtout aux artistes, les principaux points sur lesquels il est important d'être fixé afin de se faire une idée saine de la peinture monumentale, et afin de pouvoir s'étayer pour créer des œuvres raisonnées, c'est-à-dire de valeur.

Il n'existe que trois couleurs fondamentales : le *jaune*, le *rouge* et le *bleu* ; c'est avec leur concours et leur union, leur mélange, qu'on peut créer tous les tons. Le blanc et le noir ne sont pas des couleurs, mais des néga-

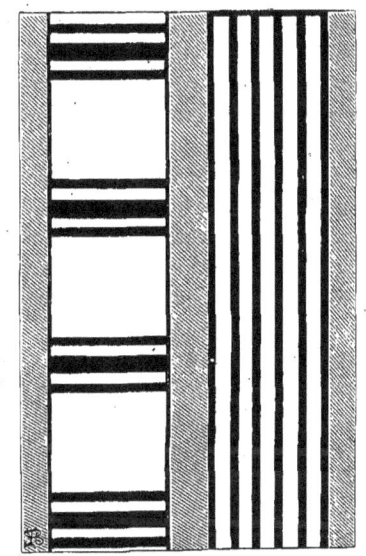

Fig. 1. — Pilastres peints de bandes horizontales et verticales.

tions, des oppositions permettant de représenter la lumière et l'ombre, qui n'est que l'absence de lumière ; c'est au moyen de ces deux négations qu'on peut faire ressortir plus brillamment la valeur absolue des différents tons, c'est-à-dire la valeur réelle et la valeur relative. Les trois couleurs fondamentales ont chacune une intensité propre qui leur donne une valeur ou *puissance* qu'on peut exprimer mathématiquement par les chiffres 1, 2, 3 ; les couleurs secondaires, c'est-à-dire faites avec le mélange des premières, et qui sont l'*orangé*, le *pourpre*, le *violet*, le *vert*, etc., peuvent fournir des couleurs d'une intensité partant de 1 jusqu'à un nombre considérable et aboutir au noir, c'est-à-dire à la couleur la plus intense, à la couleur représentant la plus grande puissance. Ces principes théoriques admis, il est bien évident que le décorateur de monuments peut graduer sa palette à l'infini avec des couleurs variées, mais un praticien capable ne le fera jamais. En effet, si pour un tableau qu'on examine de près la grande variété des couleurs peut être utile et

ou blancs, ou quelquefois d'un filet blanc entre deux noirs, si les tons à séparer sont pâles, ou d'un filet noir entre deux blancs, si les tons sont foncés. L'artiste qui sait bien utiliser le noir en obtient des résultats remarquables ; par exemple, pour *cerner* les ornements qui sur certains fonds paraissent porter des *bavures,* on y remédie à l'aide des *cernures.* Tels sont les principes généraux qui doivent guider le décorateur dans l'emploi des couleurs ; nous allons étudier maintenant le parti qu'on peut tirer de la forme.

Si le décorateur se trouve en présence d'une

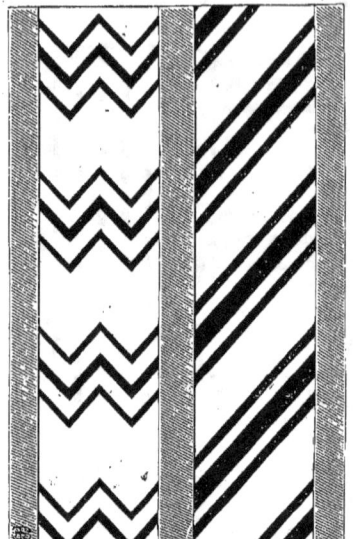

Fig. 2. — Pilastres peints avec des chevrons et des bandes diagonales.

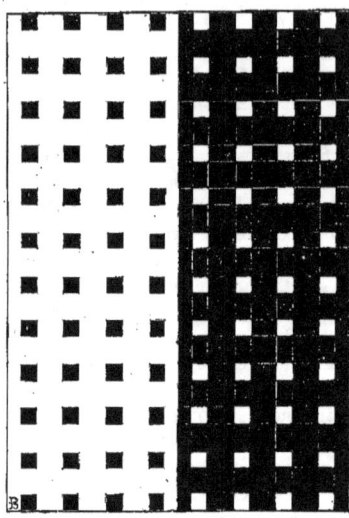

Fig. 3. — Billettes noires et blanches.

produire des résultats surprenants, il n'en est pas de même pour la peinture monumentale décorative. Au contraire, pour produire en ce genre des résultats satisfaisants, logiques, pourrions-nous dire, le décorateur doit placer côte à côte des tons heurtés, des couleurs tranchées ; des nuances fondues amèneraient une mollesse illogique et toujours déplacée, car elle détruirait dans son essence même l'art décoratif, qui doit être solide, vigoureux et robuste pour être en harmonie avec l'architecture. On isole les tons et on leur donne de la netteté à l'aide de filets noirs

colonne ou d'un pilastre à décorer à l'aide de la peinture, il peut à son gré alourdir ou donner de la sveltesse à cette colonne ou à ce pilastre. Le moyen à employer pour obtenir ce résultat est des plus simples : s'il veut rendre un pilastre plus élancé, il tracera des bandes verticales ; s'il veut obtenir l'effet contraire, il peindra des bandes horizontales. On peut juger de l'effet en jetant les yeux sur notre figure 1, qui montre deux pilastres de même largeur et de même hauteur, et cependant celui de gauche paraît plus lourd que celui de droite. — Notre figure 2 montre deux autres pilastres de même largeur; cependant celui de gauche, décoré de chevrons, paraît plus élancé que celui de droite décoré de bandes et de filets diagonals.

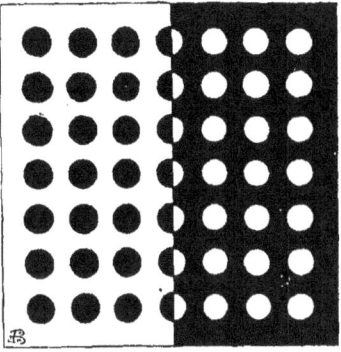

Fig. 4. — Besants noirs et blancs.

Quand il s'agit de décorer des surfaces, on peut employer des refends, des billettes, des triangles, des cercles, des besants, etc., et les disposer de diverses manières; mais en général les motifs sur fonds clairs paraissent plus grands que les mêmes motifs exactement de mêmes dimensions sur des fonds foncés, d'où

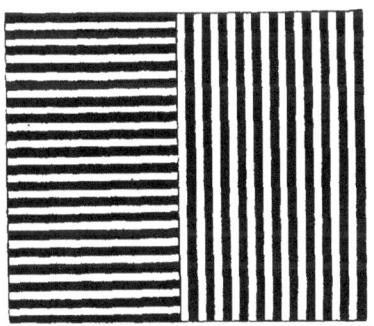

Fig. 5. — Astigmatisme visuel.

on peut conclure que les fonds clairs n'amaigrissent pas comme le feraient les fonds foncés, les fonds noirs par exemple. Nous donnons ici (fig. 3 et 4) des billettes et des besants rendus tantôt en noir, tantôt en blanc, et le lecteur peut s'assurer de l'exactitude du fait que nous

venons d'avancer; mais nous avons hâte d'ajouter cependant qu'ici se place une très-curieuse question, celle de l'*astigmatisme visuel*, c'est-à-dire d'une *aberration monochromati-*

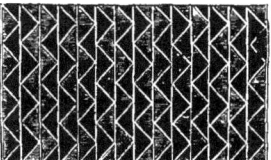

Fig. 6. — Dessin formé par des triangles à deux couleurs séparés par un filet.

que, dont le siége, d'après les spécialistes, réside tantôt dans la cornée, tantôt dans le cristallin, et quelquefois dans ces deux centres réfringents. Or les yeux affectés d'astigmatisme

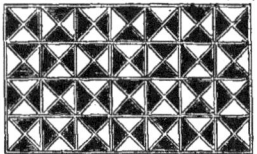

Fig. 7. — Dessin formé par des triangles diversement disposés et séparés par des filets.

ne voient pas également bien les lignes tracées horizontalement ou verticalement.

Notre figure 5 montre des bandes verticales et des bandes horizontales de même

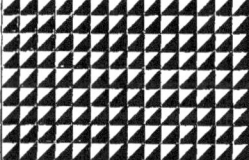

Fig. 8. — Dessin formé par des triangles.

largeur et également espacées entre elles; cependant, dans une réunion de personnes assez nombreuse, une partie des spectateurs voit beaucoup plus distinctement les bandes horizontales, tandis qu'une autre partie des spectateurs aperçoit plus distinctement les bandes verticales. Si notre dernière figure était dessinée sur une feuille de papier d'un assez grand format, l'expérience paraîtrait beaucoup plus concluante.

Nos figures de 6 à 10 montrent divers motifs, surtout des triangles qui, suivant leurs tons et leur disposition, forment des diagonales, des gaufrures ou des dents de scie, etc.; ces quelques exemples peuvent faire comprendre la

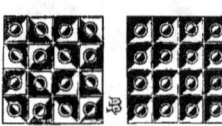

Fig. 9. — Dessins formés par des triangles et des demi-cercles diversement disposés.

variété infinie des décorations qu'on peut obtenir à l'aide des mêmes motifs différemment disposés ou diversement colorés.

PRATIQUE. — Les travaux de peinture sont les derniers qu'on exécute dans les bâtiments en construction. Il existe divers genres de peinture, les plus employés sont les suivants :

Peinture à la détrempe, qui consiste à dé-

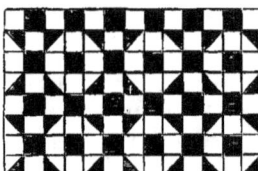

Fig. 10. — Dessin formé par des triangles et des carrés.

tremper avec de la colle étendue d'eau des couleurs broyées à l'eau (Voy. DÉTREMPE);

Peinture à l'encaustique, qui consiste à détremper des couleurs broyées à l'eau avec de l'encaustique composée de cire et de sel de tartre (Voy. ENCAUSTIQUE);

Peinture au vernis, qu'on exécute de la façon suivante : après avoir broyé les couleurs à l'essence, on les détrempe avec du vernis; on ne fait ce détrempage que par petite quantité et au fur et à mesure de l'emploi, car ce genre de peinture durcit assez rapidement; on en fait usage pour les

fonds préparés à la colle et pour ceux préparés à l'huile ;

Peinture à l'huile, dont la préparation consiste à détremper avec de l'huile mélangée avec de l'essence des couleurs broyées à l'huile. On fait des peintures à l'huile grasse, à l'huile de lin, à l'huile d'œillette, à l'huile de noix, de pavot, etc. — Comme ce dernier genre de peinture est le plus généralement employé, nous entrerons dans quelques développements.

La peinture à l'huile est très-solide, elle résiste beaucoup mieux que les autres aux intempéries atmosphériques, mais elle a l'inconvénient de demander beaucoup plus de temps pour son exécution, parce qu'elle sèche lentement ; aussi pour rendre les huiles plus siccatives, les fait-on bouillir avec un huitième ou un dixième de leur poids de LITHARGE. (Voy. ce mot.) On emploie également pour rendre les huiles siccatives de l'essence de térébenthine que l'on mélange au moment de coucher les couleurs et dans les proportions suivantes : pour la première couche, deux tiers d'huile, un tiers d'essence ; pour la deuxième, le mélange s'effectue par moitié ; enfin, si l'on donne trois et quatre couches, on charge de plus en plus en essence. Enfin on emploie également, pour rendre les peintures à l'huile siccatives, une poudre dite SICCATIF (Voy. ce mot), mais qui a l'inconvénient de pousser au noir les tons clairs, notamment les blancs, les gris de céruse et autres couleurs. Du reste, cette dernière substance a le défaut de pousser au noir, ensuite elle est très-dangereuse pour la santé des ouvriers ; aussi lui a-t-on substitué dans ces dernières années le *blanc de zinc*, qui ne présente pas les mêmes inconvénients que la CÉRUSE. (Voy. ce mot.)

La peinture à l'huile est employée à une, deux ou trois couches sur les fers, sur les menuiseries intérieures et extérieures; on peint également sur les maçonneries et les plâtres crus, mais en général sur les surfaces construites on opère avec beaucoup plus de précautions que sur les fers et sur les bois. Ainsi les fers sont imprimés au minium, au cinabre ou au brun Van Dyck, puis ils reçoivent une première et une seconde couche de peinture ; les bois et menuiseries sont imprimés, puis on bouche au mastic les trous, les fentes ou autres imperfections du bois, ensuite on donne une deuxième et une troisième couche ; pour les travaux soignés exécutés sur les menuiseries, après le premier masticage, on ponce ou on passe le papier de verre, puis on donne une deuxième, troisième et quelquefois une quatrième couche.

Les surfaces en maçonnerie ravalées au mortier reçoivent un enduit fait avec un mastic très-liquide ; quand celui-ci a durci, c'est-à-dire après trois ou quatre jours, suivant la température, on donne successivement deux ou un plus grand nombre de couches de couleur ; on ne doit coucher à nouveau que lorsque les premières couches sont bien sèches.

Peinture économique. — Cette peinture consiste dans l'application d'un encollage pour abreuver les surfaces qu'on doit peindre à l'huile ; ce genre de peinture ne s'emploie guère qu'à l'intérieur et dans des locaux très-secs. On comprend que les surfaces, une fois saturées de colle, absorbent moins de couleur : voilà pourquoi cette peinture est économique et peut rendre dans certains cas quelques services.

Peinture au sable ou au grès. — Ce genre de peinture s'applique aux bois et aux charpentes exposés à l'air. Voici comment on procède : on donne une couche de peinture à l'huile, et sur celle-ci, alors qu'elle est toute fraîche, on répand à la main, ou mieux au tamis fin, du sable fin ou du grès d'un grain bien égal. Cette première couche bien sèche, on balaye avec une brosse très-rude les surfaces pour supprimer le sable qui n'y adhère pas fortement et on renouvelle l'opération deux et trois fois, suivant qu'on veut donner plus ou moins d'épaisseur à la couche protectrice.

Enfin il y a des peintures au lait, au sérum du sang, au vinaigre, etc., dont nous ne pouvons parler ici ; nous nous bornerons à renvoyer le lecteur à des traités spéciaux (1), de

même que, pour les autres opérations employées pour la peinture, nous prierons le lecteur de se reporter aux articles suivants : ÉGRENAGE, ENCOLLAGE, ÉPOUSSETAGE, GRATTAGE, BADIGEON, DÉTREMPE, FRESQUE, ENCAUSTIQUE, etc.

PRÉPARATION DES COULEURS. — Toutes les couleurs se trouvent dans le commerce de la droguerie ou chez des marchands de couleurs; elles sont en poudre, liquides ou en pâte, on les vend en tonneaux ou en bidons.

Celles qui sont en poudre ont généralement subi une première opération de broyage à l'eau ; pour s'en servir, il faut les réduire à l'état de pâte liquide en les broyant sur un marbre à l'aide d'une molette, et en les arrosant avec de l'eau ou avec de l'huile, suivant que le broyage a été fait avec l'un ou l'autre de ces liquides. Une fois les couleurs broyées, on les met dans un pot de grès vernissé, ou mieux dans un CAMION (Voy. ce mot), et on ajoute la quantité d'huile nécessaire pour les liquéfier suffisamment pour permettre au pinceau de les étaler. Ce mélange s'opère à l'aide d'une BROSSE (Voy. ce mot) que l'on fait tourner rapidement en roulant le manche entre les mains.

COMPOSITION DES COULEURS. — Le mélange des couleurs demande beaucoup de savoir pour obtenir de beaux résultats, c'est-à-dire des tons frais et brillants. L'assemblage bizarre de couleurs que l'on rencontre fréquemment dans les constructions proviennent de l'absence de goût et de l'ignorance absolue du contraste des couleurs de ceux qui commandent ou dirigent les travaux de peinture. — Nous ne pouvons entrer ici dans de longues explications, car il faudrait faire un véritable cours d'esthétique et étudier la théorie de la couleur et de la lumière pour donner à nos lecteurs un simple aperçu sur la matière ; nous en avons, du reste, déjà dit quelques mots ci-dessus, § *Théorie*, aussi nous bornerons-nous à indiquer ici les règles générales et les principaux mélanges.

Parmi les couleurs, on distingue les couleurs simples ou fondamentales et les couleurs composées; les premières sont : le jaune, le rouge, et le bleu. Avec celles-ci, on compose

---

(1) Dans notre *Traité des constructions rurales*, pages 153 et suiv., nous avons donné la composition d'un grand nombre de ces diverses peintures.

les nuances les plus variées, puisque avec du bleu, du jaune et du blanc on peut faire dix-huit cents tons différents de vert, dont la gamme, non interrompue, part du vert le plus tendre pour aboutir successivement et sans différence appréciable entre chaque ton voisin, au vert le plus intense, à un vert bouteille, à un vert noir. Les couleurs composées résultent du mélange des couleurs simples; on obtient ainsi des violets, des rouges, des bruns, des verts, des jaunes, des cramoisis, etc.

BIBLIOGRAPHIE. — L. Batista Alberti, *de Pictu-ra*, 1 vol. in-8°, Bâle, 1540 (Claudius Popelin a traduit les traités d'Alberti, en un charmant volume in-8°, Paris, 1869) ; — A. F. Doni, *il Disegno*, 1 vol. in-8°, Venezia, 1549 ; — Lomazzo, *Trattato dell' arte della pittura*, 1 vol. in-4°, Milano, 1585 ; — Robert Fludd, *Tractatus de arte picturæ*, 1 vol. in-fol., Francfort, 1624 ; — Bulenger, *de Pictura, plastice et statuaria veterum*, 1 vol. in-8°, Leyde, 1627 ; — Léonard da Vinci, *Trattato della pittura*, traduit par le sieur de Chambray, 1 vol. in-fol., Paris, 1651 ; 2° édition, 1 vol. in-12, Paris, 1716, et 3° éd., *ibid.*, 1724. Raphaël du Fresne, dans un volume in-fol., Paris, 1651, a donné le *Traité de la peinture* de Léonard de Vinci, les *Trois livres de la peinture*, et les deux *Traités des statues* de L. B. Alberti ; — Abraham Bosse, *le Peintre converty aux précises et universelles*, etc., 1 vol. in-8°, Paris, 1667 ; — J. Scheffer, *Graphice*, *id est de arte pingendi*, Nuremberg, 1669 ; — Grégoire Huret, *Optique de portraiture et peinture*, 1 vol. in-fol., Paris, 1670 ; — *l'Académie de la peinture nouvellement mise au jour*, etc., 1 vol. in-12, Paris, 1679 ; — Henri Testelin, *Sentiments des plus habiles peintres*, etc., 1 vol. in-fol., Paris, 1680 ; 2° éd., in-fol., 1696 ; — J. B. Corneille, *les Premiers Éléments de la peinture pratique*, etc., 1 vol. in-12, Paris, 1684 ; — Junius, *de Pictura veterum*, traité publié par Grœvius, 1 vol. in-8°, Rotterdam, 1684 ; — Bellori, *della Pittura antica*, Venezia, 1697 ; — Bernard Dupuy du Grez, *Traité de la peinture*, 1 vol. in-4°, Toulouse, 1699 ; — Roger de Piles, *Dialogue sur le coloris*, 1 vol. in-12, Paris, 1699; du même, *Cours de peinture par principes*, 1 vol. in-12, 1708; 2° éd., *ibid.*, 1720; 3° éd., *ibid.*, 1791 ; — Richardson, *Traité de peinture*, traduit de l'anglais par Rutgers, 3 vol. in-8°, Amsterdam, 1728 ; — de Marsy, *Dictionnaire abrégé de peinture et d'architecture*, 2 vol. in-8°, Paris, 1746 ; — Pernetty, *Dictionnaire de peinture*,

de sculpture et de gravure, 1 vol. in-8°, Paris, 1757 ; — Watelet, *l'Art de peindre*, 1 vol. in-4°, Paris, 1760 ; — Algarotti, *Saggio sopra la pittura*, traduit en français par Pingeron, 1 vol. in-12, Paris, 1769 ; — Hagdorn, *Réflexions sur la peinture*, traduit par Huber, 1 vol. in-8°, Leipzig, 1775 ; — Liotard, *Traité des principes et des règles de la peinture*, 1 vol. in-8°, Genève, 1781 ; — Gérard de Lairesse, *le Grand Livre des peintres*, 2 vol. in-8°, Paris, 1787 ; — Requeno, *Saggi sul ristabilimento dell' antica arte de' Greci e de' Romani pittori*, 1 vol. in-4°, Parma, 1787 ; — Reinolds, *Discours sur la peinture*, traduit de l'anglais par Janssen, 2 vol. in-8°, Paris, 1788; 2° éd., *ibid.*, 1806 ; — Watelet et Lévesque, *Dictionnaire de peinture, de sculpture et de gravure*, 5 vol. in-8°, Paris, 1792 ; — L. Libert, *Traité élémentaire et pratique du dessin et de la peinture, à l'usage des jeunes artistes*, 1 vol. in-12, Lille, 1811 ; — Durand, *Histoire de la peinture ancienne*, 1 vol. in-8°, Londres, 1725 ; — Paillot de Montabert, *Traité complet de la peinture*, 9 vol. in-8° et un atlas in-4°, Paris, 9 vol. 1828-51 ; — Tornbull *Treatise of antique picture*, 1 vol. in-8°, London, 1740 ; — Mérimée, *de la Peinture à l'huile ou des procédés matériels employés dans ce genre de peinture, depuis Hubert et Jean Van-Eyck jusqu'à nos jours*, 1 vol. in-8°, Paris, 1830 ; — Letronne, *Lettre d'un antiquaire à un artiste*, etc., 1 vol. in-8°, Paris, 1836 ; — Raoul-Rochette, *Peintures antiques inédites*, 1 vol. in-4°, Paris, 1836 ; — Théophile, *Schedula diversarum artium*, traduit par Ch. de l'Escalopier, 1 vol. in-4°, Paris, 1843 ; — F. Xavier de Burtin, *Traité théorique et pratique des connaissances*, etc., 2 vol. in-8°, 2° éd., Valenciennes, 1846 ; — J. D. Régnier, *Matières colorantes et procédés de peinture*, etc., 1 vol. in-8°, Gand, 1847 ; — G. Tambroni, *Traité de la peinture de Cennino Cennini*, mis en lumière, etc., et traduit par Victor Mottez, 1 vol. in-8°, Paris, 1858 ; — E. Chevreul, *Exposé d'un moyen de définir et de nommer les couleurs*, etc., 1 vol. in-fol., Paris, 1861 ; — J. D. Régnier, *de la Lumière et de la couleur chez les grands maîtres anciens*, 1 vol. in-8°, Paris, 1865.

PEINTURE (Académie de). — Voy. INSTITUT, § *Académie des Beaux-Arts.*

PELARD (BOIS). — Bois qu'on a dépouillé de son écorce; on dit même, substantivement, *le pelard.*

PÉLASGIEN, IENNE, *adj.* — Qui appartient aux Pélasges; ce terme est synonyme de PÉLASGIQUE. (Voyez ce mot ci-dessous.)

PÉLASGIQUES (CONSTRUCTIONS). — On nomme *constructions pélasgiques* ou *cyclopéennes* des restes de murs construits avec d'énormes pierres de forme polygonale irrégulière, posées à sec les unes à côté des autres, c'est-à-dire sans liaison de mortier ou de ciment; on nomme ce genre d'appareil, *appareil cyclopéen*. (Voy. APPAREIL, fig. 2.) Qu'étaient les Pélasges? Nous en avons déjà dit quelques mots à l'article ÉTRUSQUE (*Art*). (Voy. ce mot.) Nous avons parlé des Pélasges de l'Étrurie, mais les Pélasges étaient répandus dans un grand nombre de localités de l'ancienne Europe; nous allons donc compléter ici brièvement les renseignements historiques que nous possédons aujourd'hui sur ces peuples.

On désigne sous le nom de Pélasges une très-ancienne et très-nombreuse population originaire de l'Asie, qui occupa successivement la Grèce, l'Italie, les îles de l'Archipel, celles de la Méditerranée, et qui vint s'établir jusque dans l'Espagne. La Fable attribue à Pelasgos l'invention de la farine et du pain : c'est lui qui aurait donné son nom, Pélasgie, au pays dénommé plus tard Hellade; mais évidemment cette narration est complétement fausse, puisqu'il est aujourd'hui généralement admis, nous venons de le voir, que les Pélasges sont la plus ancienne migration asiatique dont l'histoire fasse mention.

En pénétrant en Grèce, ces peuples, qui connaissaient l'agriculture et s'adonnaient à la culture du blé, purent bien les premiers moudre le blé et cuire le pain dans un pays dont la population, peut-être sauvage, se contentait auparavant de manger le blé dans son état naturel en grains, soit cru, soit bouilli dans l'eau. Les Pélasges, race agricole, affectionnaient donc les pays de plaine, parce que les riches alluvions dont ils étaient couverts leur donnaient d'excellentes récoltes en céréales; ils construisirent bientôt des villes, des *Argos* et des *Larissa*, comme ils

les nommaient, et, pour les mettre à l'abri des inondations, ils les entourèrent de fortes murailles qui avaient une grande largeur et qui étaient formées à l'aide de quartiers de rocher. Ces rochers étaient entassés les uns sur les autres sans ordre et sans liaison. Les plus anciens murs des Pélasges ne portent aucune trace de travail humain; tels sont les murs de Tirynthe en Argolide, le mur qui fermait l'isthme de Corinthe, etc. En parlant des murs de Tyrinthe, Pausanias dit que ces murs « sont construits en pierres brutes d'une telle dimension que deux bœufs attelés au joug n'ébranleraient même pas les plus petites. » Plus tard cependant ils taillèrent ces pierres pour les raccorder les unes aux autres de manière à ne laisser aucun vide dans leurs joints; tels sont les murs de Mycènes. Les Hellènes, frappés de la proportion gigantesque de ces monuments, les attribuaient aux géants, aux cyclopes, au génie tout-puissant du poëte Amphion, auquel les dieux accordaient le pouvoir de remuer et d'assembler les rochers aux sons de sa lyre. Pausanias (l. IV, 27) nous dit aussi qu'Amphion animait avec des chants guerriers et aux sons de sa lyre les ouvriers qui élevaient les murs de Thèbes; aussi la Fable prétendit-elle que cette forteresse s'était élevée rien que par les sons de cet instrument. — Quoi qu'il en soit, il faut rejeter toute prétention au merveilleux dans les constructions pélasgiques, qu'on ne devrait pas nommer *cyclopéennes*, puisque les cyclopes, vrais ou faux, n'ont en rien concouru à leur construction.

PÉLÉCOIDE, *adj.* — Terme de géométrie. *Figure pélécoïde*, ou substantivement, *la pélécoïde*, se dit d'une figure en forme de hache.

PELETTE, *s. f.* — Instrument qui sert à couper la terre à brique.

PELLAGE ou PELLETAGE, *s. m.* — Opération qui consiste à enlever avec la pelle des terres ameublies avec la pioche. — Les ouvriers nomment aussi *pellage* l'emplacement sur lequel ils ont à faire agir leur pelle. Quand ils doivent *peller* longtemps à la même place, comme par exemple sur une banquette, ils *font* ce qu'ils nomment *leur pellage*, c'est-à-dire qu'ils préparent, aplanissent et raffermissent l'emplacement, la portion du sol qui doit recevoir les terres jetées, afin que la pelle ne creuse pas ce sol et qu'elle puisse, au contraire, y glisser facilement. Ils emploient également ces expressions, *bon* ou *mauvais pellage*, suivant qu'ils pellent avec plus ou moins de facilité; par exemple, le sable est d'un *bon pellage*, tandis que la terre compacte mêlée de pierraille est d'un *mauvais pellage*.

PELLE, *s. f.* — Outil formé d'une sorte de palette légèrement concave qui mesure environ 0^m,30 à 0^m,40 de long sur 0^m,25 à 0^m,30 de largeur. Cette palette, quand elle est en fer, porte une douille dans laquelle vient s'engager un manche d'un mètre de longueur environ ; quand la palette est en bois, elle ne fait qu'un avec le manche. Divers corps d'état se servent de cet outil. Les terrassiers s'en servent pour relever et jeter les terres, les gravois; dans bien des cas, la pelle en fer pointue leur permet de remplacer la bêche et rend le piochage inutile, car on peut l'introduire sans peine dans les terres qui ne sont pas trop compactes. Dans les terrains humides ou graveleux, sa forme lui facilite l'entrée dans les premiers en les taillant, et dans les seconds en déplaçant facilement les cailloux et les graviers. — Les maçons et les ouvriers qui emploient le plâtre ont conservé la pelle en bois, parce qu'elle est plus commode pour le gâchage du plâtre ; mais pour le mortier on emploie des pelles à palette en fer battu.

On nomme *pales* ou *pelles* les petites vannes qui permettent de retenir ou de laisser s'écouler l'eau. (Voy. VANNE.)

PELLE A COULER. — Instrument qui, à l'aide de l'encaissement à revêtir, sert à couler sous l'eau du ciment entre l'encaissement et le mur qu'il s'agit de revêtir. Cette pelle est formée d'une lame de tôle de 0^m,45 de côté qui se relève sous un certain angle à

environ la moitié de sa longueur; elle est garnie d'une joue en retour d'équerre le long d'une arête longitudinale. Cette pelle est garnie d'un pilon dont le manche est de même longueur que celui de la pelle, lequel doit émerger d'environ 1^m,50, quand on travaille au fond de l'encaissement. Le relèvement de l'extrémité de la joue suffit pour maintenir la pellée ou contenu de la pelle, qu'on descend verticalement et avec précaution entre le mur et l'encaissement, en faisant glisser le manche de l'instrument contre les madriers. Arrivé à la profondeur voulue, l'ouvrier pelleteur incline le manche vers lui de manière à rendre la pelle presque verticale et la soulève légèrement. Par ce simple mouvement, la pelletée se détache facilement, l'ouvrier la tasse, la pilonne de manière à ce qu'elle adhère à la paroi du mur et à la partie déjà parementée. Le pilon travaille sans délayer le mortier. Quand l'encaissement est garni jusqu'au niveau de l'eau, on le déplace pour le reporter à droite ou à gauche, suivant qu'on veut exécuter une portion de revêtement à droite ou à gauche du travail accompli.

PELLÉE ou PELLETÉE, *s. f.* — Quantité de terre, de gravois, de plâtre, de sable, ou de toute autre matière, qui peut tenir sur une pelle. Une pelletée de terre, prise avec une pelle en fer ordinaire, représente en moyenne suivant la nature du déblai, environ 0^m,005 cubes. Une brouette se charge en 8 pelletées en moyenne, et un tombereau ordinaire à un seul collier avec 250 pelletées.

PELLER, PELLETER, *v. a.* — Se servir de la pelle, enlever à l'aide de la pelle des déblais ameublis par celle-ci ou par la pioche. Sur les chantiers, les ouvriers disent plutôt *peller*, mais on doit préférer à ce terme celui de *pelleter*.

PELLEUR, PELLETEUR, *s. m.* — Ouvrier terrassier dont l'unique travail consiste à enlever à la pelle les terres ameublies à la pioche. Ordinairement, dans les fouilles en excavation, le *piocheur* est en même temps *pelleteur ;* mais dans les fouilles profondes, quand on a établi des banquettes, chacune d'elles est occupée par un pelleteur. Dans les déblais au niveau du sol, ordinairement chaque piocheur a son pelleteur. L'ouvrier terrassier, quand il est employé à titre de pelleteur, prend rang après le piocheur ; sa paye est moindre que celle de celui-ci.

On nomme encore *pelleteur* un appareil mécanique qui met une ou plusieurs pelles en mouvement.

PELOUSE, *s. f.* — Terrain couvert de gazon, d'herbe menue. Les pelouses sont employées dans la décoration des jardins paysagers.

PELTE, *s. f.* — Ce terme, dérivé du grec πέλτη, signifie petit bouclier en forme de croissant ; d'où l'expression de *lunata* qui le caractérise. (Virg., *Æneid.*, I, 490 ; Varro, VII, 43.) On nommait *peltaste* (*peltasta*) le soldat armé de la pelte, c'est-à-dire le soldat armé à la légère, par opposition à *hoplite* (ὁπλίτης), le soldat armé pesamment. (Hérod., VII, 75.) La pelte était faite avec des matériaux légers, du bois, des treillis d'osier recouverts de peau ou de cuir.

PELVAN, *s. m.* — Pierre longue dressée perpendiculairement en forme de pilier. — Voy. CELTIQUES (*Monuments*):

PENDAGE, *s. m.* — Inclinaison des couches de terrain dans une mine ou dans une carrière.

PENDANT, TE, *adj.* — Qui pend. Ce terme s'applique à un grand nombre d'objets. On nomme *mur pendant* un mur qui menace ruine, qui est hors d'aplomb de plus de son épaisseur ; si ce mur est mitoyen, l'un des copropriétaires est en droit d'en demander la démolition. On nomme *clef pendante* la clef ou voussoir qui occupe le sommet d'une voûte et qui descend en contre-bas de la douelle de cette voûte. (Voy. CLEF.) — Pris substantivement, on nomme *pendants,* les voussoirs

taillés et les voussoirs en moellon piqué placés alternativement à côté les uns des autres.

PENDANTE (Gouttière). — Voy. GOUTTIÈRE.

PENDANTE (Mouchette). — Voy. MOUCHETTE.

PENDENTIF, *s. m.* — Dans une voûte sphérique percée de baies cintrées, on nomme *pendentifs* les parties qui se trouvent entre ces baies ; dans une voûte d'arête, au contraire, les pendentifs sont les espaces compris dans les angles qu'elle forme à ses points de naissance. On désigne encore ainsi les encor-

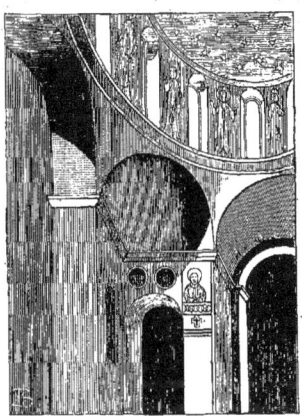

Fig. 1. — Pendentif en niche.

bellements placés dans les angles d'une tour carrée couronnée par une coupole ; ces encorbellements sont destinés à soutenir une partie de cette coupole en rachetant la forme circulaire ; dans ce cas, ils sont formés par de petits arcs, ou bien ils sont disposés en TROMPE (Voy. ce mot) et forment niche (fig. 1) ; mais souvent aussi ce ne sont que des plans inclinés, c'est ce qui se présente souvent quand les pendentifs sont placés à la naissance des flèches dans les clochers.

Dans les voûtes ogivales, on nomme *pendentifs* les portions triangulaires comprises entre les arcs-doubleaux, les nervures et les arcs formerets. — Il existe à Valence, dans le Dauphiné, un monument funéraire qui a des pendentifs en manière de cul-de-four, ce qui les a fait nommer *pendentifs de Valence*. On peut voir des pendentifs de ce genre aux croisées des églises de Saint-Roch et de Saint-Sulpice, à Paris. — Enfin, ce terme est synonyme de *cul-de-lampe* et de *clef pendante* ou *clef en pendentif*, qui descendent des voûtes (fig. 2). Ce genre d'ornement, qui ne manque pas de hardiesse, n'a pris naissance que dans la seconde moitié du XVᵉ siècle, mais il s'est rapidement répandu dans tous les genres d'édifices ; il est fort peu de monuments du XVIᵉ siècle qui en soient dépourvus. Les pendentifs très-décorés sont souvent des chefs-d'œuvre de stéréotomie et d'adresse ; ils sont terminés par des culs-de-lampe, des MARMOUSETS (Voy. ce mot), qui reçoivent quelquefois la retombée d'arcs secondaires. L'ar-

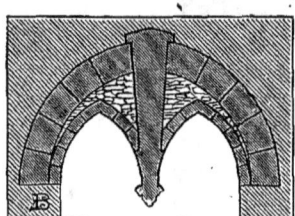

Fig. 2. — Clef en pendentif ou clef pendante.

chitecture romano-byzantine a fait un large emploi des pendentifs ; quant au style arabe, il les a utilisés en décoration jusqu'à la profusion, et bien souvent des voûtes entières ne sont formées que par des séries successives et superposées de pendentifs. (Voy. TROMPE et VOUTE.)

PENDENTIFS (Planchers à). — Dans un but décoratif et aussi pour réconforter les solives, on a placé dans certains planchers, aux points de réunion de ses solives, des pendentifs plus ou moins saillants.

PÊNE, *s. m.* — Pièce de fer mobile, principale pièce d'une serrure, qu'on fait mouvoir ordinairement avec une clef ; l'une des extrémités du pêne s'arrête dans la gâche et tient ainsi une porte fermée. La partie qui pénètre dans la gâche se nomme *tête du pêne ;* l'extrémité qui porte les barbes, et qui est

engagée dans la serrure, se nomme la *queue ;* enfin on nomme *corps du pêne* la portion comprise entre la tête et la queue. Les pênes sont *ronds, méplais, carrés, à mentonnet, à quart de rond,* suivant qu'ils appartiennent à une serrure, à un verrou, à une targette ; on les chasse ou bien on les fait rentrer dans les serrures à l'aide de clefs, de boutons ou de tirages. Dans les becs-de-cane, le pêne est

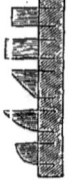

Fig. 1. — Diverses formes des pênes.

mû au moyen du foliot par le double bouton. Les pênes (fig. 1) sont assez variés dans leur forme, et, comme nous le verrons bientôt, ils portent différents noms suivant la forme qu'ils ont ou la fonction qu'ils remplissent. — Les *pênes des targettes* agissent entre deux picolets ou sous une petite couverture ; les pênes des *verrous à ressort* sont méplats ou carrés ; ils sont ronds dans les verrous Couriot et ceux dits *à baïonnette ;* ceux des verrous et des petits becs-de-cane

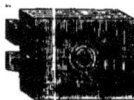

Fig. 2. — Serrure avec un pêne ordinaire et un pêne à ressort.

sont de même forme et chanfreinés ; on les fait agir à l'aide d'un bouton, d'une capucine ou d'un anneau ; les verrous pour les écuries sont pourvus d'un anneau. Ces verrous et targettes sont généralement en cuivre ; mais on en fabrique également en fer. Parmi les pênes les plus employés, on distingue :

Le PÊNE A RESSORT ou PÊNE DEMI-TOUR, sur lequel un ressort agit constamment pour le tenir fermé (fig. 2) ; dans la serrure de sûreté, le pêne demi-tour a une tête en chanfrein ; il agit d'un côté au moyen de l'équerre par la clef et de l'autre côté par le *bouton de coulisse* qu'on nomme aussi *bouton coudé*. Dans la serrure à foliot, ce pêne agit au moyen du foliot par le bouton double ; il est ordinairement maintenu par un picolet.

Le PÊNE DORMANT ne se meut que sous l'action de la clef; il est taillé de *barbes* à cet effet (Voy. BARBES); il est guidé par un arrêt à coulisse.

Le PÊNE FOURCHU est un pêne dormant qui est à double tête, qui a deux têtes sur la même tige (fig. 3).

Le PÊNE EN BORD est celui dont l'extrémité est coudée d'équerre ou arrondie pour faciliter le placement des autres pièces de la serrure.

Le PÊNE A EXCENTRIQUE est celui qui obéit au mouvement d'un excentrique ; ce genre de pêne se retrouve dans les serrures à pompe.

Le PÊNE A PIGNON est celui qui se meut ou qui est commandé par un pignon fixe et tourné sur le palastre.

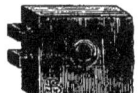

Fig. 3. — Pêne fourchu.

Le PÊNE A VERROU DE NUIT agit au moyen d'un *bouton de coulisse* ou *coudé* ; un picolet sert à le maintenir et à le guider ; il a sa tête méplate, et il peut faire également partie des serrures et des becs-de-cane.

PÉNÉTRATION, *s. f.* — Série de points fournie par l'intersection de deux surfaces courbes qui se rencontrent, qui se *pénètrent*: donc la pénétration de ces deux surfaces est une courbe. Deux cylindres qui se coupent fournissent une ligne de pénétration ; l'intersection de deux berceaux, celle d'une lunette et d'un berceau, fournissent également une pénétration.

PENNE, *s. f.* — Ce terme servait pendant le moyen âge à désigner des créneaux d'une muraille de château, et le château lui-même. — En termes de blason, *penne* ou *pennage*

se dit des plumes (*pennæ*) adaptées à un chapeau sur un écu.

PENNON, *s. m.* — Sorte de girouette composée d'un bâton qui porte dans sa partie supérieure de petites plaques de liége minces sur lesquelles sont plantées des plumes qui indiquent la direction du vent.

PÉNOMBRE, *s. f.* — En termes de peinture, point où l'ombre s'associe à la lumière et délimite le passage du clair à l'obscur.

PENTAGONAL, ALE, *adj.* — Qui a rapport au pentagone, qui affecte la forme d'un pentagone.

PENTAGONE, *s. m.* — Figure, polygone de cinq côtés. Voici un des moyens de tracer

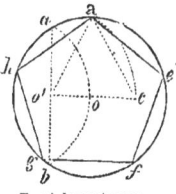

Tracé du pentagone.

cette figure et de la circonscrire dans une circonférence de même diamètre que le pentagone à créer. Du point *o* comme centre, vous décrivez la circonférence; avec le même rayon, et prenant pour centre un point quelconque de la circonférence tracée, vous décrivez un arc de cercle *a o b* ; vous joignez les points *a*, *b*, par une corde, et du milieu de cette corde *o'* vous tracez l'arc *a c*, qui rencontre le diamètre *o' o c* en un point quelconque; vous joignez ce point *c* avec *a*, et vous obtenez ainsi un des côtés du pentagone que vous portez successivement sur la circonférence en *a*, en *h*, en *g*, en *f*, en *e* : si vous joignez tous ces points, vous avez le pentagone demandé.

PENTE, *s. f.* — Inclinaison quelconque d'une surface. Un terrain, un glacis, un mur, un pavage, un chemin, une couverture, une gouttière, peuvent avoir une pente, c'est-à-dire une inclinaison plus ou moins grande. Dans les constructions, on donne certaines pentes déterminées à divers ouvrages pour faciliter l'écoulement des eaux ou pour diminuer la charge qui pèserait sur des murs ; ainsi une lourde charpente pèse d'autant moins sur les murs qu'elle se rapproche de la verticale. La pente des couvertures est réglée à tant de millimètres par mètre ; plus une couverture est inclinée, plus elle a du raide, moins elle est susceptible de charger la charpente qui la supporte par le poids de la neige ; c'est pourquoi dans les pays où la neige est abondante on donne une grande pente aux couvertures. Sous les beaux climats, au contraire, les couvertures sont presque plates, ce sont souvent des terrasses.

En maçonnerie, on nomme *pente* un ouvrage fait de lattes ou de voliges jointives, recouvert d'un enduit de plâtre et parfaitement dressé pour recevoir des tables de plomb, pour chéneaux, gouttières, etc.

Dans le langage des paveurs, on distingue, pour paver un chemin, deux pentes : la *pente latérale*, qui se trouve sur la largeur de la voie, et la *pente courante*, qui suit la longueur de ladite voie.

Les menuisiers entendent par ce mot de *pente* l'inclinaison qu'il convient de donner au fer de leurs outils.

PENTE (CONTRE-). — Inclinaison en sens inverse d'une direction donnée.

PENTURE, *s. f.* — Pièces de serrurerie, ferrures qu'on place sur des portes, sur des

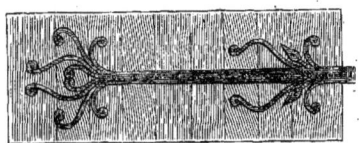

Fig. 1. — Penture de la porte latérale de la cathédrale de Bayeux.

fenêtres et sur des volets, et qui permettent d'ouvrir ou de fermer ces différentes pièces de menuiserie. Généralement, les pentures se composent de bandes de fer plat, percées de plusieurs trous pour recevoir des clous à grosse

tête ; elles sont terminées par un œil ou anneau qui pivote sur un gond. L'œil de la penture est quelquefois rapporté, mais souvent il est tiré de la bande de fer, dont l'extrémité repliée sur elle-même forme une sorte de bague. Les

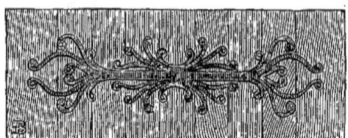

Fig. 2. — Penture de la cathédrale de Bayeux.

pentures sont fixées sur la partie mobile d'une porte ou d'un volet avec des clous, des boulons, des rivets et des vis ; elles servent non-seulement à les faire mouvoir, mais encore à consolider l'assemblage des planches. Il existe

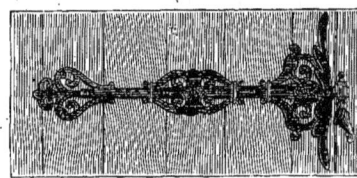

Fig. 3. — Penture au vieux château de Munich.

plusieurs genres de pentures, parmi lesquelles il y a lieu de distinguer :

La *penture ordinaire*, qui sert pour les vantaux communs, portes de cave, de puits, de creux à fumier, etc. ;

La *penture à collet*, ou *élargie*, ou *de façon*, qui, au lieu d'être brute comme la précédente, est dressée, limée et blanchie ; au lieu de la

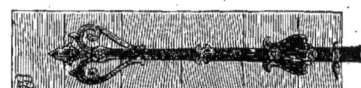

Fig. 4. — Penture au vieux château de Munich.

poser sur la surface du bois, on la pose dans le bois entaillé : ces deux genres de pentures s'appliquent sur l'extérieur des portes, des volets et des contrevents ;

La *penture flamande*, qui est faite d'une

seule bande de fer repliée de manière à ménager dans le pli un œil ou bague pour recevoir le gond ;

Les *pentures à équerre*, les unes à simple équerre, les autres à double équerre : il en existe pour le haut et le bas des vantaux, de même qu'on fait des doubles équerres avec gond et patte pour les guichets de grandes portes cochères ou de granges ;

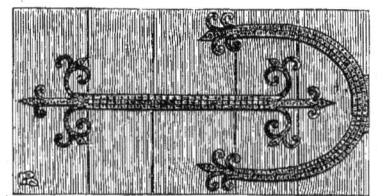

Fig. 5. — Penture à l'ancienne église Saint-André, à Chartres.

La *penture à talon*, dont l'extrémité opposée à l'œil est coudée d'équerre et forme une sorte de crampon.

Enfin, les forgerons fabriquent au marteau de magnifiques pentures pour la décoration des portes ; nos figures en montrent divers exemples de différentes époques. Nous lisons même dans Husson (*Dict. du serru-*

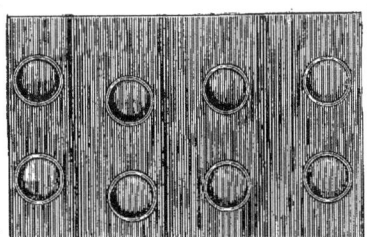

Fig. 6. — Détail à grande échelle de la penture fig. 5.

rier) ce qui suit, qui peut donner une idée du prix élevé que peuvent atteindre certaines pentures : « L'on fait encore des pentures fleuronnées pour les portes d'églises. Il y en a dont les modèles sont très-riches et qui coûtent fort cher. Les huit pentures qui ferrent la porte neuve de Notre-Dame de Paris sont des chefs-d'œuvre et ont coûté 48,000 fr. A côté de ces spécimens admirables de l'art du

serrurier, c'est à peine si nous osons dire un mot des *fausses pentures* en fonte ornée, qui remplacent à un prix très-modéré les ferrures que les serruriers forgent si bien. D'autres ferrures peu employées sont improprement

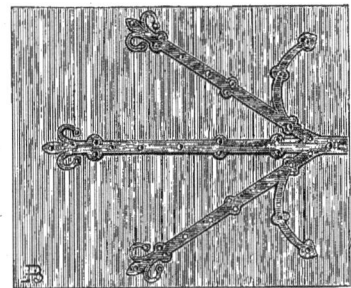

Fig. 7. — Penture du XIe siècle à la chapelle de Sainte-Odile (Alsace).

appelées *pentures à charnière, pentures à pivot*. Ce sont de vraies charnières, des pivots qui ont des branches de pentures. » — Du reste, pendant l'époque romano-byzantine et pendant l'époque ogivale, les pentures devinrent un ornement des plus gracieux ; elles décrivirent des

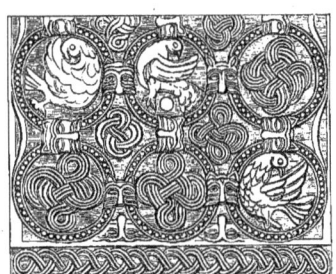

Fig. 8. — Penture de l'époque romane.

rinceaux, des enroulements de feuillages (fig. 8) portant des fleurs et des fruits, des oiseaux, etc. Les plus anciennes pentures ne remontent guère au delà du Xe siècle. A part celles de Notre-Dame de Paris que nous venons de mentionner, car le nouveau modèle a été fait sur les pentures anciennes, nous en avons vu de remarquables aux cathédrales de Rouen, de Beauvais, de Chartres et de Reims. A partir du XVᵉ siècle, comme on chargea de magnifiques sculptures les portes en menuiserie, on délaissa dès lors l'usage des pentures apparentes.

PÉPERIN, *s. m.* — Tuf volcanique employé surtout à Rome, comme pierre à bâtir. Le péperin, comme tous les tufs ses congénères, a l'avantage d'être léger et résistant; il n'est pas aussi dur que le travertin (*travertino*), pierre calcaire dont on fait à Rome un grand usage, mais il est d'une taille plus difficile parce qu'il renferme des points noirs d'une extrême dureté. Le tuf de Rome, dit *peperino*, se tire des carrières de *Frascati*, d'*Albano*, de la *Rocca di Papa*, etc. Il existe un autre genre de péperin d'un bleu cendré, plus dur et plus compact que le précédent; il sert à faire des cheminées communes et des marches d'escalier; on le tire de Monte-Cave, et on le nomme *pietra di marino*. — Dans les environs de Naples, on tire un tuf volcanique qu'on nomme *piperno*; sa texture est inégale, son grain est fort rude, mais il supporte des charges considérables; on l'emploie pour les constructions assez soignées; pour les bâtiments plus ordinaires, on utilise à Naples un tuf d'un ton jaunâtre. Enfin, disons en terminant que beaucoup d'édifices de l'ancienne Pompéi sont construits avec un tuf d'un ton gris rougeâtre très-grenu, qu'on recouvrait de stuc.

PÉPERINE, *s. f.* — Synonyme de PÉPERIN. (Voy. ce mot.)

PERÇAGE, *s. m.* — Action de percer des trous dans le bois, le fer, pour mettre des chevilles, des goupilles.

PERCÉES, *s. f.* — Faire des percées, pratiquer des percées, c'est-à-dire faire des ouvertures, des baies, sur une façade pour éclairer l'intérieur d'un édifice.

PERCEMENT, *s. m.* — Action de percer. On dit, le *percement* d'une rue, d'une voie, d'un isthme, d'un tunnel, d'un puits, d'une carrière, etc. — Ce terme sert aussi à désigner toute ouverture faite après coup dans un mur pour y pratiquer une baie, porte ou fenêtre.

PERCE-MEULE, *s. m.* — Outil servant à percer dans leur milieu les meules en grès.

PERCER, *v. a.* — Faire un trou dans le bois, le fer, pour y placer une cheville, une goupille, un clou de rivet, etc.; c'est aussi faire un PERÇAGE. (Voy. ce mot.) Les outils servant à percer le bois sont : les vrilles, les vilbrequins, les mèches, les tarières, la machine à percer, surtout employée pour les battants de croisée. Les outils à percer le fer sont les forets.

PERCERETTE, *s. f.* — Espèce de foret ou vrille très-fine.

PERCE-RONDE, *s. f.* — Compas à l'usage des cribliers.

PERCHE. — Voy. ÉCHASSE et ÉCOPERCHE.

PERCHETTE, *s. f.* — Petite perche qui sert de tuteur aux jeunes arbres.

PERCHOIR, *s. m.* — Meuble des poulaillers et des volières; il en existe de divers genres, ce sont quelquefois de simples poteaux de bois traversés par de longues chevilles : on nomme ce dernier genre *juchoir*. Pour les gallinacés, on fait des perchoirs à l'aide de bâtons disposés en échelons sur un plan incliné et placées à 0ᵐ,50 l'un de l'autre, de manière que les poules ou autres oiseaux placés dans le bas du système ne reçoivent pas les déjections de ceux placés au sommet.

PERÇOIR, *s. m.* — Espèce de virole ou plaque de fer assez épaisse et évidée dans son milieu, qui sert à percer à chaud ou à froid les fers de peu d'épaisseur sur une enclume à l'aide d'un poinçon.

PERCUSSION, *s. f.* — On emploie la percussion pour s'assurer si les bois sont sains et susceptibles d'être employés dans les constructions ; on reconnaît leur valeur réelle quand, frappés, ils rendent un bruit sonore. Pour s'assurer de ce fait, on place les bois sur deux chantiers, puis on les frappe avec une masse : quand ils renferment des défectuosités, telles que roulure, vermoulure, pourriture, etc., les bois sont insonores. La percussion est le seul moyen de reconnaître les défauts intérieurs des bois, c'est-à-dire qu'on ne peut voir sur leurs faces.

PERD-FLUIDE, s. m. — Appareil qui affecte diverses formes et qu'on place à l'extrémité des conducteurs de paratonnerres pour amener la diffusion de la foudre dans la nappe d'eau souterraine. (Voy. PARATONNERRE, fig. 32 bis à 38.)

PERDRIAUX, s. m. — Ancien terme de jurisprudence remplacé aujourd'hui par celui de témoins, garants. (Voy. BORNE.)

PERDUE (PIERRE). — Dans les maçonneries de blocage, on nomme pierre perdue celle qui est noyée dans le mortier, qui est perdue dans un bain de mortier. — On désigne encore ainsi les pierres qui forment enrochement et protégent le pied des maçonneries hydrauliques ; aujourd'hui on forme beaucoup d'enrochements à l'aide d'énormes blocs de béton.

PÉRÉE. — Voy. PERRÉE.

PERFORER, v. a. — Pratiquer un trou. Il ne faut pas confondre un percement et un trou. Quand on pratique un trou dans un mur, celui-ci ne le perce pas de part en part ; tandis que, lorsqu'on pratique un percement dans un mur, dans une pierre de taille, on la perfore, c'est-à-dire qu'on la perce de part en part.

PÉRIBOLE, s. m. — Enceinte sacrée qui entourait les temples anciens de la Grèce et de Rome. Le péribole comprenait la totalité du terrain sacré. Les premiers temples consistèrent dans un espace de terrain consacré appelé HIÉRON. (Voy. ce mot.) A l'origine de leur civilisation, les Grecs et les Romains n'eurent d'autres temples qu'un hiéron ou un péribole, au centre desquels s'élevait un autel sur lequel on sacrifiait en l'honneur de la divinité à laquelle ces enceintes étaient consacrées ; à cette époque, les périboles n'étaient faits qu'à l'aide de palissades ou de murs ; ils n'avaient qu'une seule entrée. (Varron, de Ling. lat., I, VI.) Plus tard, pendant les derniers temps de l'indépendance grecque, les périboles furent décorés de portiques et de colonnades (Pausanias, l. X, ch. XXXIX) ; ils renfermaient dans leur enceinte non-seulement le temple principal, mais souvent un bois sacré, une source ou une fontaine, des nymphées, des trésors, des statues et des autels. (Pausanias, l. V, ch. XIV.) L'entrée des périboles était quelquefois précédée de PROPYLÉES (Voy. ce mot), par exemple à Sunium et à Éleusis, sous lesquels se trouvait l'autel principal extérieur, mais placé au bas de l'escalier, c'est-à-dire sur un plan inférieur à celui qui portait la statue du dieu. (Vitruve, l. IV, ch. VIII). Tels étaient les périboles chez les Grecs.

Chez les Romains, ces enceintes étaient circonscrites également par des murs ou par des portiques ; leur superficie était très-variable : à Pompéi, par exemple, aux temples d'Isis et de Vénus, elle était fort restreinte ; à Rome, les périboles avaient des développements considérables, par exemple aux temples de Jupiter et de Junon, situés dans le portique d'Octavie, et aux temples de Vénus et de Rome. Le temple du Soleil, situé sur le Quirinal, avait son péribole formé par un mur percé de niches. Au temple de Nîmes, dit la Maison-Carrée, ce qu'on a considéré comme un portique formant un forum pourrait bien n'avoir été qu'un péribole. (Voy. FORUM.)

Parmi les principaux temples ayant des périboles, nous citerons : les temples de Jupiter Olympien et de Bacchus, à Athènes ; ceux d'Hercule et d'Esculape, à Sicyone ; le temple d'Apollon Didyméen, à Milet ; le temple de Sérapis, à Pouzzoles ; enfin le grand temple périptère de Palmyre.

PÉRIDOTITE, s. f. — Variété de basalte.

PÉRIDROME, s. m. — Galerie couverte

autour d'un édifice et qui peut servir de promenoir ; on nomme ainsi, dans un temple périptère, l'espace ou galerie qui règne entre le mur du naos et l'entre-colonnement.

PÉRIER ou PERRIER, s. m. — Instrument du fondeur qui lui sert à faire l'ouverture des fourneaux, afin de faire couler le métal ; c'est un morceau de fer emmanché au bout d'une longue perche.

PÉRIGONE, s. m. — Variété d'agate, qui offre, dit-on, une image grossière des ouvrages d'une place forte.

PÉRIL DES BATIMENTS. — On dit qu'un bâtiment est en péril, quand il menace ruine, soit dans son ensemble, soit dans une de ses parties. — Nous lisons dans Pernot (Dict. des termes employés dans la const.) : « Les périls des bâtiments ont été rangés, par l'arrêté des consuls du 12 messidor an VII, dans la classe des objets de petite voirie. Un arrêt du conseil d'État, du 8 septembre 1832, a confirmé cette jurisprudence et a déclaré que, dans ce cas, le conseil de préfecture était incompétent, et décidé qu'aux termes de l'article 21 de l'arrêté du 12 messidor an VII, il n'appartient qu'au préfet de police de prescrire, pour cause de sûreté publique, la destruction des bâtiments menaçant ruine. »

PÉRIMÈTRE, s. m. — Contour de la surface d'un objet, d'un édifice, etc.

PÉRINET, VIERGE, ou BIJOU, s. m. — Espèce de résine.

PÉRIPHÉRIE, s. f. — Contour d'une figure curviligne.

PÉRIPTÈRE, adj. — On applique cette épithète aux édifices, mais principalement aux temples anciens entourés d'une galerie ou portique, d'un PÉRIDROME. (Voy. ce mot.) Étaient des édifices périptères : le temple de Minerve et de Thésée à Athènes, la plupart des temples de la Sicile et de la Grande-Grèce. (Voy. TEMPLE.)

PÉRISTYLE, s. m. — Galerie formée d'un côté par des colonnes isolées et de l'autre par le mur d'un édifice ; mais on emploie surtout ce terme pour désigner les colonnes placées devant un monument, surtout devant un temple, et qu'on nomme aussi portique. — On nomme encore péristyle la seconde cour ou atrium des maisons romaines et gréco-romaines. (Voy. MAISON.)

PERLE, s. f. — Petits grains ronds, employés seuls ou alternativement avec des piécettes, des olives, des graines de laurier, etc., qu'on emploie pour la décoration des moulures, surtout des baguettes. Cet ornement remonte à une haute antiquité, mais les Grecs furent les premiers à régulariser ses formes avec une rare perfection et à former ce que nous nommons aujourd'hui CHAPELET. (Voy. ce mot.) Les perles ont également été employées dans l'architecture romano-byzantine ; elles ont même joué un rôle nouveau dans l'ornementation de cette époque, car elles n'ont pas seulement figuré sur des baguettes, mais sur des moulures plates, nommées galons, dans des treillis et quelquefois dans des ornements gaufrés.

PERMISSION DE BATIR. — Lorsqu'on se propose de construire, reconstruire ou simplement réparer un bâtiment en bordure sur la voie publique, on doit au préalable en demander l'autorisation à l'autorité administrative, en spécifiant l'objet de sa demande et en l'accompagnant d'un plan et d'une élévation cotés à petite échelle et représentant le bâtiment à construire ou les réparations à exécuter. Cette demande doit être rédigée sur papier timbré et faite par le propriétaire qui se propose de construire, ou du moins rédigée par l'architecte au nom du propriétaire qui la signe comme émanant de lui. — La permission délivrée par l'administration fait connaître l'ALIGNEMENT et le NIVELLEMENT (Voy. ces mots) qu'on est tenu de suivre et prescrit les mesures de voirie auxquelles on est tenu de se conformer. La permission délivrée est ordinairement valable pour un an ; mais, faute d'en avoir usé, au moins par un commencement d'exécution, elle se trouve périmée, et une nouvelle demande doit être adressée si l'on se décide à commencer la construction projetée et abandonnée. — Lorsqu'on se propose d'exécuter des travaux à la façade d'un bâtiment situé sur une voie publique, il faut également adresser une demande à l'administration pour obtenir l'autorisation d'établir une clôture provisoire en planches ou barrière. Généralement, c'est l'entrepreneur de maçonnerie qui se charge d'obtenir les permissions de petite voirie.

Tout ce qui est relatif à l'autorisation de bâtir, aux réclamations en cas de refus de cette autorisation, ou de restrictions mises à son exécution, se trouve consigné dans une instruction concernant la voirie urbaine, en date du 31 mars 1862, qui reproduit en grande partie l'édit du mois de décembre 1607 qui fait loi en France en matière de petite Voirie. A ce mot, le lecteur trouvera une analyse de l'instruction du 31 mars 1862.

PERPENDICULAIRE, *adj.* — Une ligne droite est perpendiculaire à une autre droite quand elle forme avec celle-ci au point de rencontre deux angles à 90 degrés ou *angles droits*. Une droite verticale et la ligne d'horizon qu'elle coupe sont perpendiculaires entre elles, puisqu'elles forment à leur point de rencontre quatre angles droits. Une droite est perpendiculaire à un plan quand elle est perpendiculaire à deux droites quelconques menées par son pied dans le plan. Deux plans sont perpendiculaires entre eux quand deux droites situées une dans chaque plan, menées perpendiculairement à leur intersection, sont perpendiculaires entre elles.

PERPENDICULAIRE (Style). — Voy. Anglaise (*Architecture*).

PERRÉ, *s. m.* — Revêtement en pierre et en talus qui protège les abords d'un pont ou des talus dont on craint l'éboulement, ou qu'on veut défendre contre l'action des eaux. On construit beaucoup de perrées en pierres sèches, mais on emploie aussi dans bien des cas des mortiers pour liaisonner les pierres entre elles. — Dans les chemins de fer, on nomme aussi *perrés* de petits canaux remplis de pierres concassées.

PERREYÉ, ÉE, *adj.* — Revêtu de perrées, revêtu de pierres. Les digues insubmersibles sont souvent perreyées à l'aide de gros blocs de pierre posés jointivement, comme dans l'appareillage dit *polygonal*. (Voy. Appareil.)

PERREYEUR, *s. m.* — Ce terme, qui semblerait vouloir désigner un ouvrier qui fait des *perrées*, signifie uniquement, un ouvrier travaillant dans les ardoisières d'Angers ou dans une perrière.

PERRIER. — Voy. Périer.

PERRIÈRE, *s. f.* — Dans d'Anjou, on donne ce nom aux carrières d'où l'on extrait l'ardoise, et dans d'autres provinces aux carrières de pierres. — C'est aussi le nom d'une machine de guerre employée au moyen âge pour lancer des pierres, des traits et des feux grégeois.

PERRON, *s. m.* — Petite plate-forme ou terrasse élevée de quelques marches au devant de la porte principale d'une façade située sur une cour, un jardin ou une place. Les perrons permettent d'élever les rez-de-chaussée au-dessus du sol et d'obtenir des sous-sols largement éclairés et aérés, sans avoir recours à des fossés, qui tiennent les fondations et les parties basses des édifices dans une humidité constante, surtout dans les pays septentrionaux. Les marches des perrons peuvent être rectangulaires, droites, cintrées, ovales ou circulaires, ou à pans coupés, comme cela existe, par exemple, à l'ancien palais de justice de Rouen. Le perron est simple quand il n'a qu'une rampe, il est double s'il en possède deux. Les perrons sont tantôt établis sur un massif plein en maçonnerie de blocage, tantôt sur des voûtes ou des murs d'échiffre. Ils peuvent être abrités par des auvents ou des marquises en fer.

PERROQUET, *s. m.* — On désigne ainsi, ou sous le terme de *chaise ployante*, une chaise de jardin faite en treillis de fer.

PERSANE (ARCHITECTURE). — On désigne sous ce terme l'architecture moderne des Perses, c'est-à-dire de la période qui s'étend du xᵉ siècle de l'ère vulgaire jusqu'à nos jours. A l'article suivant, PERSÉPOLITAINE (*Architecture*), nous traitons de l'architecture ancienne de la Perse. — Ce qui caractérise l'architecture de la Perse moderne, c'est l'arc ogive et l'arc angulaire, que n'employait pas l'art persan ancien ; il n'utilisait que la plate-bande. Ces arcs, suivant l'époque où ils sont construits, sont plus ou moins élancés. Du xiᵉ au xiiᵉ siècle, ils sont tracés avec un rayon égal aux trois quarts de leur ouverture ; du xiiiᵉ au xivᵉ, avec un rayon égal au dix-huitième, et, du xvᵉ au xviᵉ, le rayon n'est plus que d'un quatorzième de l'ouverture totale. — Un autre trait caractéristique de l'architecture qui nous occupe, c'est un dôme d'une forme particulière, forme qui, d'après notre confrère M. Coste (*Monuments de la Perse*), serait empruntée à la tente des Iliates, une tribu nomade turcomane. Ces Iliates font leurs tentes avec des cerces en bois, qu'ils recouvrent de peaux de bœuf tannées et cousues entre elles à l'aide de cordes en poil de chèvre. Les cerces forment l'ossature de la tente, qui est supportée dans son milieu par une longue perche contre laquelle viennent s'arc-bouter les cerces en bois. Ces dômes, d'une courbe très-élégante, placés au sommet des édifices, des pavillons et des minarets de mosquées, sont d'un très-bel effet décoratif et s'harmonisent parfaitement avec l'architecture élégante et parfois imposante des édifices persans. Le plan des édifices est ordinairement carré ou rectangulaire ; celui des maisons ressemble beaucoup au plan de la maison gréco-romaine. (Voy. MAISON.) Quant aux façades, elles sont assez sobres au point de vue de la ligne ; mais une riche ornementation, aux brillantes couleurs, relève singulièrement ces façades, assez plates, et dans lesquelles, le plus souvent, on ne trouve qu'une immense arcade, en fait d'ouvertures,

et de petites baies. Les ornements sont peints dans une sorte de stuc ; dans les édifices de quelque importance, ce sont des carreaux richement émaillés qui forment l'ornementation. — Le palais de Tchar-Bach à Ispahan est une merveille il est difficile de rien voir de plus brillant, de plus scintillant même que l'intérieur de cet édifice, qui renferme une vaste cour couverte, dont le plafond est supporté par quatre colonnes, au pied desquelles sont adossées, par groupes de quatre, des cariatides portant chacune sur leurs épaules une tête de lion qui vomit de l'eau dans un bassin central, qu'on retrouve dans tous les beaux édifices. Les peintures et les dorures du plafond et des murs se reflètent dans ce bassin aux eaux tranquilles, et tout cet ensemble produit un effet magique.

Après ce palais, les principaux monuments d'Ispahan sont : les mosquées de Djumah, de Mesdjid-i-Schah, le medreech-maderi-schah du sultan Husseim, le caravansérail qui porte le nom du même sultan ; le pavillon des Miroirs, celui des Huit-Portes du Paradis, le pavillon Tchekel-Soutoun, dit des *Quarante-Colonnes*, le bazar de Tcharbagh, celui de Hadji-seid-Husseim, celui dit *des Tailleurs*, enfin les bains publics. A Téhéran, la capitale de la Perse, les deux monuments les plus remarquables sont le château de Kasr-i-Kadjor et le pavillon du Trône. (Voir la BIBLIOGRAPHIE à la fin de l'article suivant.)

PERSÉPOLITAINE (ARCHITECTURE). — De même qu'il n'est pas possible de déterminer quels ont été les premiers habitants de la Perse, il aurait été également bien difficile, il y a quelques années, de connaître certains détails chronologiques ainsi que les noms des premières dynasties qui avaient régné sur ce pays. Aujourd'hui, grâce à de récentes découvertes philologiques, grâce surtout à la lecture des inscriptions cunéiformes, la lumière commence à se faire sur divers points historiques concernant ce pays. Suivant la tradition orientale, deux dynasties auraient régné en Perse depuis l'origine du monde jusqu'à la fin de l'empire de Darius. La première dynastie, celle des *Pischdadiens* (donneurs de lois justes), aurait eu pour premier roi Caïomors, qui aurait régné cinq cent soixante ans environ; il aurait eu pour successeurs douze rois qui auraient occupé le trône trois mille deux cent soixante-dix ans environ. Il est fort probable que ce n'est pas treize rois, mais bien treize dynasties qui ont occupé le trône des Perses pendant ce laps de temps de trois mille huit cent vingt ans, car aujourd'hui l'étude des races et l'ethnographie permettent d'affirmer que la longévité humaine n'a jamais été aussi considérable qu'elle l'est aujourd'hui, et, si réellement c'était bien treize rois, et non treize dynasties, qui ont régné pendant près de quatre mille ans, il faudrait en conclure que les années de l'ancienne Perse n'avaient pas à beaucoup près la durée des nôtres.

Quoi qu'il en soit, Caïomors eut pour successeur son petit-fils Housching, qui le premier aurait établi le culte du feu dans l'Iran, culte qui s'est conservé jusqu'à nos jours. Thahamouros, fils de Housching lui succéda, il eut lui-même pour successeur son fils Djmeschid, qui précéda le règne de Zohak, qui ne dura pas moins de mille ans et qui eut pour successeur immédiat Féridoun, le dernier roi de la première dynastie.

La deuxième dynastie, celle des *Kéams* ou *Kaïams* (rois géants), compta neuf rois et dura environ neuf cent quarante ans; ces rois se nommaient Kaï-Kabad, Kaï-Kaous, Kaï-Kosrous, Lohrap, Gustap, Baham, connu sous le nom d'*Ardeschir* (longue-main), la reine Houmaï, son fils Darab, et son petit-fils Darab II.

D'après la tradition orientale, c'est ce Darab II qui combattit avec *Iskander* le *Roumi* (Alexandre le Grand), parce que celui-ci ne voulut point payer le tribut imposé à Philippe son père par Darab Ier. Iskander battit successivement son ennemi en Syrie, sur les bords de l'Euphrate, enfin à Istakar. Alexandre s'empara alors de Persépolis; il y prit ses quartiers d'hiver, et souilla ses victoires par des festins et des orgies qui se terminèrent par l'incendie du palais de Xerxès. Voici comment Plutarque (*Vie d'Alexandre*, XXXVIII) rapporte cet événement :

« Une belle courtisane du nom de Thaïs, qui avait suivi Alexandre à la guerre, conçut le projet d'incendier le palais. A la suite d'une orgie, elle s'écria en élevant sa coupe : « Je suis bien indemnisée des maux que j'ai soufferts en entrant dans l'Asie, puisqu'il m'est permis aujourd'hui d'insulter à l'orgueil des rois de Perse; mais mon bonheur et ma joie seraient bien plus grands, si je pouvais terminer cette fête en incendiant le palais de Xerxès, comme ce roi incendia autrefois notre belle ville d'Athènes, et y mettre moi-même le feu en présence du roi. On pourrait dire alors que les femmes du camp d'Alexandre ont mieux vengé la Grèce des maux qu'elle a soufferts de la part des Perses que tous les

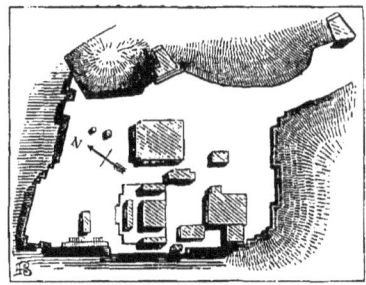

Fig. 1. — Plan général de la citadelle de Persépolis.

généraux qui ont combattu pour elle. » Ces paroles sont accueillies avec enthousiasme par tous les convives avinés; Alexandre se lève de table, saisit une torche et donne lui-même le signal de l'incendie. En quelques heures, l'ancien palais de Xerxès est enveloppé par les flammes; quelques jours après, il n'en restait que les débris, que d'intrépides voyageurs ont découverts et décrits deux mille ans après l'incendie. Beaucoup prétendent que la scène jouée par la courtisane avait été préméditée; on suppose même que la charpente du palais, toute en bois de cèdre (Quinte-Curce, V, VIII, 5), avait été enduite d'huile de naphte, dont on connaissait même très-anciennement les propriétés inflammables : Plutarque (*Vie d'Alexandre*, XXXV) nous dit même que ce liquide « s'allume sans toucher à la flamme, et qu'il enveloppe de feu les objets avant de

80

les consumer. » Quoi qu'il en soit, cet incendie n'entache pas moins la mémoire de ce grand prince, qui était peut-être jaloux du luxe asiatique de Darius et du haut degré de civilisation atteint par les Perses.

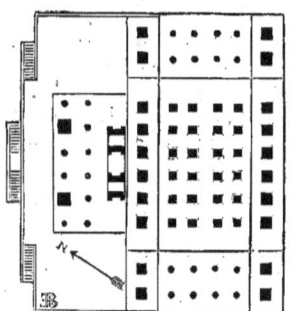

Fig. 2. — Plan d'un des palais de Persépolis, n° 1.

Malgré cet incendie à jamais regrettable, et grâce aux travaux de nombreux savants, tels que ceux de Texier, Coste, Flandin, Morier, Ker-Porter, Norris, Niebuhr, Chardin, Corneille le Bruyn, etc., nous possédons de

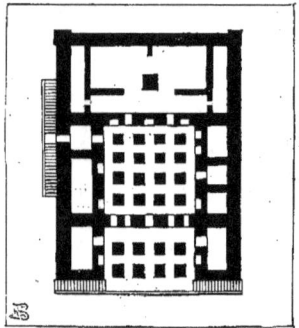

Fig. 3. — Plan d'un palais de Persépolis, n° 2.

nombreux renseignements sur Persépolis et sur ses palais. Nous savons aujourd'hui que cette capitale était fort grande et qu'elle renfermait de nombreux édifices, dont Diodore de Sicile (XVII, 71) parle avec admiration; le même auteur nous informe aussi que la citadelle, qui renfermait ces palais, était imposante par sa situation même, qu'elle était

entourée d'une triple enceinte, dont la première, bâtie sur de solides fondements, était crénelée et ne mesurait pas moins de seize coudées de hauteur; la seconde en avait le double; enfin la troisième, dont le péri-

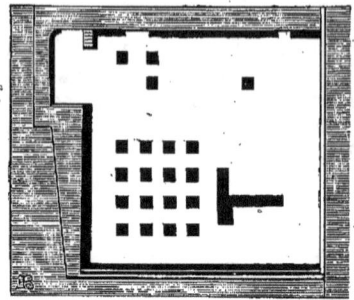

Fig. 4. — Palais de Persépolis, n° 3.

mètre était presque rectangulaire, mesurait soixante coudées de hauteur, c'est-à-dire près de 30 mètres (1). — La montagne au pied de laquelle sont situées les ruines de Persépolis forme un vaste hémicycle dont la base est formée par un énorme mur construit en gros blocs d'une pierre grise fort dure; ce mur, dépourvu de tout ornement, ne porte qu'un groupe d'inscriptions. Dans sa partie occidentale, ce mur est ouvert pour donner passage

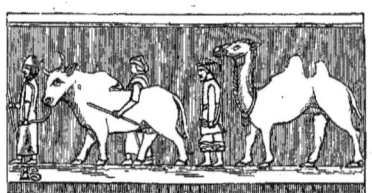

Fig. 5. — Bas-reliefs.

à un vaste escalier à deux rampes dont les marches, qui n'ont que 0^m,10 de hauteur, permettaient à dix chevaux de front d'arriver sur la plate-forme, où se trouvent les ruines de

_____

(1) La coudée vaut environ un pied et demi, c'est-à-dire 0^m,495.

neuf palais. En face de cet escalier gigantesque, la première ruine qu'on aperçoit en arrivant sur la terrasse, c'est un portique sur lequel se trouvent deux énormes taureaux en ronde bosse qui ne mesurent pas moins de 5ᵐ,50 de hauteur sur 6 mètres de longueur ; ils ont une grande analogie avec ceux des palais assyriens de Korsabad. Ce portique, dans la langue des anciens Perses, se nommait *viçadahium*, et une inscription nous apprend qu'il avait été construit par Xercès ; en voici la traduction : « Ormuzd est un grand dieu ; il a créé cette terre, il a créé le ciel, il a créé l'homme, il lui a donné le bonheur, il a créé Xercès roi, seul roi, seul maître sur des milliers d'hommes. — Je suis Xercès le grand roi, le roi des rois, le roi des pays bien peuplés. Je suis fils de Darius roi, Achéménide. — Xercès le grand roi déclare :

voit des ruines au milieu desquelles on trouve douze ou treize colonnes encore debout ; elles appartiennent à un édifice nommé *Tchelminar*. (*Travels into Persia,* etc., t. II, p. 2.) Ce second escalier est beaucoup moins élevé que le premier ; il ne compte que trente marches, tandis que le premier en possédait cent quatre. Le mur contre lequel s'appuie le second escalier est couvert de bas-reliefs disposés de chaque côté en trois bandes horizontales qui repré-

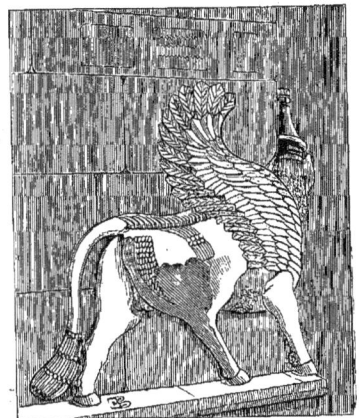

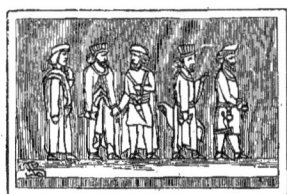

Fig. 6. — Bas-reliefs.

Fig. 7. — Taureau ailé à tête d'homme.

ce portique (*viçadahyu*), d'où l'on découvre tous les pays, je l'ai construit, ainsi que beaucoup d'autres monuments ; je les ai construits comme mon père les a construits, et cette œuvre magnifique et toutes les constructions magnifiques, nous les avons élevées par la grâce d'Ormuzd. — Xercès le roi déclare : qu'Ormuzd me protége moi et mon empire, ainsi que mon œuvre et celles de mon père (1). »

Après avoir franchi ce portique, on arrive par un second escalier aux palais. A droite, on

sentent une longue suite de figures d'hommes et d'animaux ; la suite de ces bas-reliefs n'est interrompue que par trois tables destinées, sans doute, à recevoir des inscriptions, probablement en assyrien, en médo-scythique et en perse. L'inscription dans cette dernière langue est la seule gravée. — Après avoir gravi cet escalier et franchi un vaste perron, on arrive sur la plate-forme qui sert d'emplacement au premier palais ; puis, en se dirigeant sur la droite, on voit, peu distants les uns des autres, les autres palais, qui portent tous, ou presque tous, des inscriptions qui font connaître le nom de leurs fondateurs, Xercès et Darius ; quant à Artaxercès, il n'aurait construit qu'une galerie dans l'un de ces palais. Notre figure 1 montre le plan général de la citadelle de Persépolis avec l'emplacement de ses palais ; nos figures 2, 3, 4, trois plans de ceux-ci ;

(1) Cf., pour le texte perse, RAWLINSON, *Journal of the roy. asia. Soc.*, vol. X, part.III, p. 339 ; BENFEY, *die Persisen. Keil*, p. 65 ; OPPERT, *Inscript. des Achém.*, p. 54. Cf., pour le texte assyrien, OPPERT, *Expédition en Mésopotamie*, t. II, p. 154 ; DE SAULCY, *Mémoire autog.*, de nov. 1849, p. 7.

nos figures de 5 à 11, divers bas-reliefs, parmi lesquels on peut voir un taureau ailé à tête d'homme, la représentation d'Ormuzd, un doryphore, le roi Darius, enfin un lion poignardé par un individu. Ce dernier bas-relief a la même signification que celui qui se trouve représenté dans un écoinçon ou triangle, dans un escalier d'un des palais de Persépolis, et qui figure un taureau terrassé par un lion : c'est le taureau primitif d'*Ormuzd*, le bon principe, la lumière, le soleil, anéanti par le mauvais principe, *Ahriman*, celui qui ternit la lumière. Disons à ce propos que les Perses représentaient fort peu les dieux, on ne connaît guère que la représentation d'Ormuzd, que montre notre figure 8. Voici, du reste, ce que dit, au sujet des représentations d'Or-

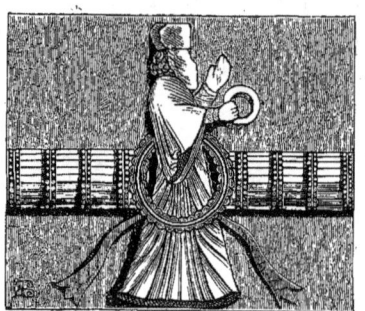

Fig. 8. — Le dieu Ormuzd.

muzd, M. Joachim Ménant, à qui nous avons également emprunté quelques-unes des figures de cet article (1) :

La forme complète représente une figure d'homme, la tête coiffée de la tiare, le corps passé dans un anneau et terminé par des plumes d'oiseau. Des deux côtés du disque s'étendent des ailes déployées. C'est ainsi que nous la voyons à Persépolis, à Bisitoun et sur le cachet de Darius. —

Quelquefois la forme est simplifiée, le buste humain a disparu, il ne reste plus que le disque armé des appendices ornithomorphes. C'est ainsi qu'elle se présente dans les frises des palais et sur le dais de Darius. Ces figures, dans lesquelles on croyait jadis découvrir le *Férouer* du roi, sont aujourd'hui parfaitement comprises : c'est l'image, c'est le symbole du dieu suprême. Comment ces images se rattachent-elles au culte de l'Iran ? C'est ce qu'il est assez difficile de déterminer. Les représentations de cette nature sont fréquentes dans le monde

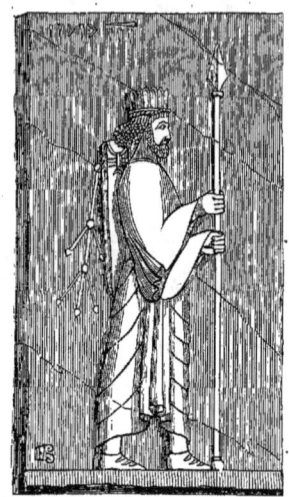

Fig. 9. — Doryphore.

antique, et déjà on peut affirmer qu'elles n'appartiennent pas exclusivement au culte d'Ormuzd. Les monuments assyriens nous offrent la même image avec une signification analogue; seulement, au lieu d'Ormuzd, c'est Assur, le dieu suprême de l'Égypte. Voilà des faits acquis. Mais comment pourrons-nous savoir sous l'influence de quelle pensée les artistes se sont rencontrés pour s'arrêter aux mêmes formes, au même symbole, malgré les exigences des religions les plus différentes ? Nous ne pouvons que poser ici cette question, sans chercher à la discuter, ni surtout à la résoudre.

Les ruines persépolitaines sont à Istakir, à Takt-i-Roustan, à Takt-i-Djemchid, à Nakch-i-Roustan, à Nakch-i-Redjab, à Passargade, à Selmas; enfin, au milieu de diverses ruines, on a relevé, et on les a traduites ensuite, des

---

(1) MONITEUR DES ARCHITECTES, 15 avril 1872, col. 99. Cf. également les numéros du 31 déc. 1871, 31 janvier, 15 et 29 fév., 15 et 31 mars 1872. — Le travail de M. Joachim Ménant sur les *Achéménides*, travail inséré dans le *Moniteur*, alors que nous étions rédacteur en chef de cette revue, est en tous points remarquable et présente un grand intérêt.

inscriptions en caractères cunéiformes à Bisitoun, à Elvend, à Van, à Suse et dans d'autres localités; mais l'inscription de beaucoup la plus importante, parmi celles découvertes jusqu'à ce jour, est celle de Bisitoun, montagne du Kurdistan, le Bagistanon de Diodore. Sur l'un des côtés de cette montagne, qui s'élève à pic à plus de quatre cents mètres, il existe un grand nombre d'inscriptions en caractères cunéiformes; dans l'une d'elles, Darab Ier (Darius) remercie les dieux de dix-neuf victoires qu'il a remportées sur les rebelles de son empire; au milieu des inscriptions, on voit des

sant : je suis Nabuchodonosor, le fils de Nabonid, et il souleva Babylone; un Perse du nom de Martiya mentit en disant : je suis roi en Susiane, et il souleva la Susiane; un Mède nommé Fravartis mentit en disant : je suis Xathritès, de la race de Cyaxarès, et il souleva la Médie; un Sargatien nommé Cithrantaeme mentit en disant : je suis roi en Sargatie, je suis de la famille de Cyaxarès, et il souleva la Sargatie; un Margien du nom de Frada dit : je suis roi en Margiane, et il souleva la Margiane; un Perse du nom de Vayazdate dit :

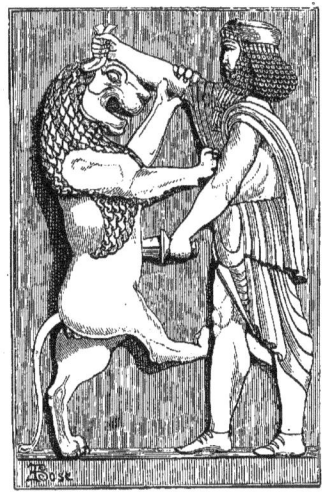

Fig. 10. — Bas-relief, représentant un lion poignardé.

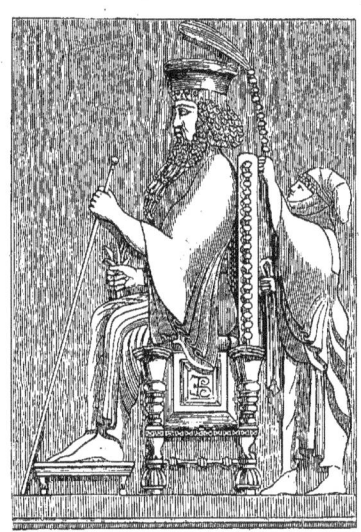

Fig. 11. — Le roi Darius.

bas-reliefs et des sculptures qu'on ne savait trop à qui attribuer avant la lecture qui a été faite de l'inscription que nous donnons ici :

« Darius le roi déclare : ce que j'ai fait, je l'ai accompli par la volonté d'Ormuzd. Mes provinces s'étaient révoltées, et j'ai livré contre elles dix-neuf batailles. Par la volonté d'Ormuzd, j'ai pacifié le pays et j'ai vaincu neuf rois : un mage nommé Gaumatès mentit en parlant ainsi : je suis Smerdis, le fils de Cyrus, et il souleva la Perse; un Susien nommé Athrina mentit en parlant ainsi : je suis roi en Susiane, et il souleva la Susiane; un Babylonien nommé Nadintabel mentit en di-

je suis Smerdis, le fils de Cyrus, et il souleva la Perse; un Arménien du nom d'Harakna mentit en disant : je suis Nabuchodonosor, le fils de Nabonid, et il souleva Babylone. — Darius le roi déclare ici : voilà les neuf rois que j'ai vaincus dans ces dix-neuf batailles. »

Pour nous résumer, nous dirons que l'architecture persépolitaine porte un caractère propre tout à fait asiatique. Ce caractère est très-marqué, on le retrouve dans les formes générales, dans les proportions, dans l'ornementation. Il est vrai que souvent cette ornementation rappelle celle des Égyptiens; mais il n'y a rien de surprenant dans ce fait, comme nous allons bientôt le voir. Les caravanes qui suivaient les routes commerciales tracées entre l'Inde et l'Égypte passaient par Ecbatane, Suse et Ninive ; elles mettaient donc la Perse en contact avec l'Assyrie et l'Égypte : de là les rapprochements possibles entre les divers motifs de décoration architecturale chez ces peuples. Mais on ne peut pas affirmer d'une manière positive, comme l'ont fait certains auteurs, que les Égyptiens ont fourni des architectes à la Perse. Ces auteurs étayent leur thèse à l'aide d'un texte de Diodore (I, 46) qui dit que certains monuments des Perses ont été agrandis et décorés par des Égyptiens; or, dans ce passage, il n'est parlé que d'ouvriers égyptiens emmenés probablement en captivité lors de la conquête d'Égypte par les Perses. Néanmoins il ne répugne pas à la raison d'admettre qu'il pouvait se trouver au milieu de ces captifs des architectes; mais à coup sûr ils n'ont pas dirigé les travaux, ils n'ont pas été les maîtres de l'œuvre. Mais, en admettant même ce dernier fait établi d'une manière tout à fait certaine, il n'en demeure pas moins constant que l'architecture qui nous occupe n'est nullement africaine, mais bien asiatique; qu'elle a son originalité, son caractère propre, et ne rappelle que de loin en loin, dans des détails de peu d'importance, l'architecture égyptienne. Le grand point de ressemblance qu'on retrouve à Persépolis et en Égypte, c'est le couronnement en forme de gorge d'une porte. Cette moulure a un caractère égyptien, nous le voulons bien; mais elle est aussi assyrienne, comme peut en témoigner le profil qui couronne le mur de soutènement du palais de Korsabad, qui est de beaucoup antérieur aux constructions de Persépolis. On donne encore comme témoignage de parenté de ces deux architectures un chambranle de porte à trois retraites, mais ce genre de chambre se retrouve au tombeau d'Atrée à Mycènes et a été employé dans une quantité de monuments postérieurs dont l'architecture ne dérivait pas de celle des Égyptiens. Nous pouvons donc conclure que l'architecture persépolitaine a bien été créée par des artistes autochthones, qu'elle possède son originalité particulière, et que dès lors elle constitue un art tout à fait

à part qui ne relève que des artistes persépolitains.

BIBLIOGRAPHIE. — El viazo de misier Ambrosio, Contarin al signor Vvuncassam, re de Persia, 1 vol. in-4°, Venezia, 1487 ; — Zeni, Libri due dei commentarii del viaggio in Persia, etc., 1 vol. in-8°, Venezia, 1558 ; — Will. Barrey, a New Discourse of sir Ant. Sherley's travels to the Persian empire, 1 vol. in-4°, London, 1601; — Relaciones de D. Juan de Persia, 1 vol. in-4°, Vallad., 1604;— Wicfort, l'Ambassade de Dom Garcia de Sylva Figueron en Perse, 1 vol. in-4°, Paris, 1667 ; — Barbaro Josephat, Viaggi fati da Venezia alla Tana in Persia, India e in Constantinopoli, con la descrizione delle città, luoghi, siti costumi, e della Porta di gran Turco, etc., 1 vol. in-3°, Venezia, 1543; 2ᵉ éd., 1545 ; — Mandelslo, Margenlundische Reisebschreibung, 1 vol. in-fol., Schleswig, 1658 ; 2ᵉ édit., in-fol., Amsterdam, 1727;— Viagi di Pietro della Valle il pelegrino descritti da lui medesimo in lettere familiari al erudito suo amico Mario Schipano, etc., 3 vol. in-4°, Roma, MDCLVI ı (cet ouvrage a été traduit, en français, 4 vol. in-4°, Paris, 1661-1663);— Corneille le Bruyn, Voyage au Levant et dans les principales parties de l'Asie Mineure, etc., en hollandais, 1 vol. in-fol., Delft, 1698 (il en existe deux traductions françaises, 1 vol. in-fol., Delft, 1700, une 2ᵉ édit., in-fol., 1704) ; — Paul Lucas, Voyage au Levant, 2 vol. in-12, Paris, 1704 ; — C. Niebuhr, Voyage en Arabie, etc., traduit de l'allemand, 2 vol. in-4°, Copenhague, 1775-78 ; — Silvestre de Sacy, Mémoires sur diverses antiquités de la Perse, 1 vol. in-4°, Paris, 1793;— J. Chardin, Voyage en Perse et autres lieux de l'Orient, 4 vol. in-4°, Amsterdam, 1735; une autre édition, 1 vol. in-fol., 1806, et une nouvelle édition, 10 vol. in-8° et atlas in-fol., Paris, 1811 ; — Langlès, Voyage dans l'Inde et la Perse, etc., 1 vol. in-8°, Paris, 1811; — Journal d'un voyage dans la Turquie d'Asie et la Perse, etc., 1 vol. in-8°, Marseille, 1809;—Adrien Dupré, Voyage en Perse, etc., 2 vol. in-8°, Paris, 1819;— J. Morier, a Journey through Persia, Armenia, 1 vol. in-4°, London, 1812 ; du même, Second Journey through Persia, Armenia, etc., 1 vol. in-4°, London, 1818 ; — Malcom, History of Persia from the most early period to the present time, 2 vol. in-4°, London, 1815 ; — Rich, Narrative of a journey to the site of Babylon, etc.; Memoir on the ruins with a narrative of a journey to Persepolis, 1 vol. in-8°, London, 1816 (il y a eu une deuxième édit. en 1839) ; — Maurice, Observations on the ruins of Babylon and Persepolis, 2 vol. in-4°, London, 1816-1818 ; — Hoeck, Veteris Mediœ et Persiœ monumenta,

1 vol. in-4°, Gœtingue, 1818 ; — Ker-Porter, *Travels in Georgia, Persia, Armenia*, etc., 2 vol. in-4°, London, 1821 ; — Buckingham, *Travels in Assyria, Media and Persia*, 1 vol. in-4°, London, 1828 ; — de Drouville, *Voyage en Perse, pendant les années 1812-1813*, 1 vol. in-4°, et Pétersbourg, 1819-21;—Jaubert, *Voyage en Arménie et en Perse*, 1 vol. in-8°, Paris, 1821 ; — J. B. Fraser, *Travels and adventures in Persian provinces*, 1 vol. in-4°, London, 1824 ; — Alexander, *Travels from India to England comprehending a visit to the Burman empire*, 1 vol. in-8°, London, 1727 ;— Ainsworth, *Researches in Assyria, Babylonia and Chaldea*, 1 vol. in-8°, London, 1847 ; — Ch. Texier, *Description de l'Arménie, la Perse et la Mésopotamie*, 1 vol. in-fol., Paris, 1841 ;—Westergaard, *des Textes médo-scythiques*, dans les *Mémoires de la Société des antiquaires du Nord*, p. 341, année 1844;— Rawlinson, *Journal of the royal asiatic Society of Great Britain*, t. VI, XXII, XIV, *and anothers;* cf. aussi les travaux de Norris dans la même publication ; — Layard, *Discoveries in the ruins of Niniveh and Babylon*, 1 vol. in-8°, London, 1853 ; — Ch. Texier, *Description de l'Asie Mineure*, 3 vol. in-fol., Paris, 1839-1849 ; — E. Flandin et P. Coste, *Voyage en Perse*, 2 vol. in-8° et 6 vol. in-fol. de planches, Paris, 1850 ; — de Saulcy, *Mémoire autographe sur les caractères cunéiformes*, in-4°, Paris, 1849 ; — J. Fergusson, *the Palace of Niniveh and Perseopolis restored, an essay on ancient assyrian and persian architectures*, 1 vol. in-8°, London, 1851 ; — E. Flandin, *l'Orient*, 3 vol. in-fol., Paris, 1853 ; — Oppert, *les Inscriptions achéménides*, 1 vol. in-8°, Paris, 1851 ; du même, *Expédition scientifique en Mésopotamie*, 2 vol. in-4° et atlas, Paris, 1851-54 ; de Saulcy, *Traduction assyrienne de l'inscription de Behistun*, 1854 ; — Fr. Lenormant, *Lettre assyriologique à M. de Saulcy;* — J. Ménant, *les Écritures cunéiformes, exposés qui ont préparé la lecture et l'interprétation des inscriptions de la Perse et de l'Assyrie*, 1860-63, et dans le MONITEUR DES ARCHITECTES (voir la note ci-dessus, p. 468); — Barbier de Ménard, *Dictionnaire géographique et littéraire de la Perse;* — P. Coste, *Notes et souvenirs de voyages*, 1847-1877, 2 vol. in-8°, Marseille, 1878.

PERSIENNE, *s. f.* — Contrevents extérieurs, construits de manière à laisser pénétrer le jour et l'air dans l'intérieur des locaux fermés avec des contrevents. Une persienne se compose de lames de bois disposées en abatjour les unes au-dessus des autres dans un bâti ; elles diffèrent en cela des JALOUSIES (Voy. ce mot), mais comme celles-ci elles permettent de voir au dehors sans être vu. Souvent les lames sont mobiles et peuvent à l'aide d'un mécanisme spécial être inclinées à volonté, soit à l'intérieur, soit à l'extérieur ; dans ce cas, elles rendent les mêmes services

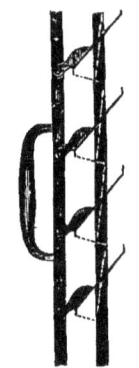

Fig. 1. — Persienne à lames mobiles.

que les jalousies. Notre figure 1 montre cette disposition ; en abaissant la poignée, les lames s'accrochent les unes aux autres et occupent la position figurée par les lignes ponctuées en blanc sur notre croquis. Ces contrevents sont

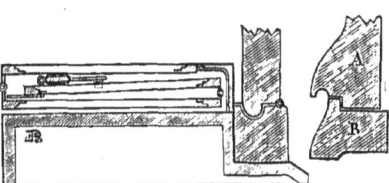

Fig. 2. — Persienne à trois feuilles ; A, coupe-larme de la croisée, et B, pièce d'appui.

pendus sur des gonds scellés dans le mur, près de l'arête extérieure du tableau de la baie ; dans ce cas, ils se rabattent sur le mur extérieur ou trumeau, et un crochet d'arrêt les maintient contre le mur. D'autres fois, chaque vantail des persiennes est brisé en deux ou trois feuilles qui se rabattent dans l'épaisseur du tableau de la baie, parce que le gond se trouve placé à l'extrémité intérieure du tableau. (Voy. nos figures 2 et 3.) Un loqueteau, un crochet ou une poignée composent le système de fermeture de ces contrevents. Les persiennes ont sur les jalousies l'avantage d'être plus durables et de former une clôture presque aussi solide que les contrevents pleins, mais leur rabattement sur les trumeaux coupe souvent d'une façon désagréable la décoration des façades; d'un autre côté, si l'on emploie les persiennes à feuillets ou persiennes brisées, la croisée se trouvant placée presque au droit de la face intérieure du mur, la fenêtre n'a plus d'ébrasement et il en résulte que les intérieurs sont moins éclairés. Dans certaines villes d'Italie, à Florence par exemple, dans les maisons où les murs sont fort épais, les persiennes sont repoussées dans une rainure pratiquée dans l'intérieur du mur, de sorte que, quand la persienne est ouverte, on ne la voit pas du tout sur la façade ni sur le tableau. On emploie au-

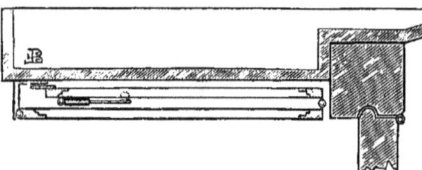

Fig. 3. — Persienne en fer à deux feuilles et à lames mobiles (système Robardet).

jourd'hui les persiennes dans beaucoup d'établissements qui réclament une grande ventilation, dans les séchoirs et sécheries, dans les abattoirs, les marchés, les écoles, etc., etc. On fait aujourd'hui des persiennes en fer, qui sont légères et fort commodes, et le peu d'épaisseur qu'elles ont permet de les loger facilement dans les tableaux d'une baie. Nos figures 2 et 3 montrent en plan des persiennes de ce genre; dans notre figure 2, les feuilles au nombre de trois se développent près de la menuiserie, dont on peut voir en B la pierre d'appui et en A le coupe-larme; ces deux pièces sont peu saillantes afin de permettre le rabattement de la persienne. Notre figure 3 montre un système de persienne qui se développe du côté opposé à la menuiserie. — On nomme *porte-persienne* une porte qui, au lieu d'être en menuiserie pleine, est faite à la ma-

nière des persiennes; on pose ce genre de porte sur des perrons, des balcons, etc.

PERSIL, *s. m.* -- On a utilisé la feuille de cette petite plante pour la décoration, au lieu et place où l'on employait l'acanthe. Les Grecs et les Romains ont orné de feuilles de persil les chapiteaux corinthiens et composites. Au XVIe et au XVIIe siècle, les platines des verrous, des targettes, etc., étaient souvent découpées en forme de feuilles de persil.

PERSIQUE (ARCHITECTURE). — Voy. PERSANE et PERSÉPOLITAINE (*Architecture*).

PERSIQUES (Statues). — Nom que l'on a quelquefois donné aux *cariatides*, principalement aux statues qui représentaient des hommes. (Voy. ATLANTE et CARIATIDE.)

PERSIQUE (Ordre). — On a qualifié ainsi l'ordre dans lequel la colonne est remplacée par une statue d'homme, absolument comme on a donné le nom d'*ordre cariatide* à l'ordre où la colonne est remplacée par une statue de femme. Il n'y pas lieu de désigner sous ces termes des ordres nouveaux; on doit appeler ces supports, qui ne sont pas des colonnes, ATLANTES, CARIATIDES, TÉLAMONS. (Voy. ces mots et ORDRES D'ARCHITECTURE.)

PERSPECTIVE, *s. f.* — Ce terme, dérivé du latin (*perspicere*, voir clairement), sert à désigner l'art de représenter, sur une surface plane ou courbe, les corps ou les objets tels qu'ils paraissent, vus d'une certaine distance et dans une position donnée. La perspective d'un corps, plus ordinairement dénommée *dessin* ou *peinture*, est une figure tracée sur une surface quelconque, de telle sorte que, vue à une certaine distance, elle produise sur l'œil la même sensation que s'il voyait en réalité l'objet représenté.

HISTORIQUE. — Certains auteurs ont prétendu à tort que les anciens n'ont pas connu les règles de la perspective; ils étayent leur prétention en désignant des perspectives mal dessinées sur des bas-reliefs et sur des peintures; on cite notamment, comme preuve, des peintures de Pompéi et d'Herculanum. Nous servant du même argument, nous pourrions dire que les anciens décorateurs de Pompéi connaissaient fort bien la science de la perspective, puisque dans beaucoup de peintures murales de cette ville il y a des perspectives parfaites; quant à celles qui sont fautives, nous répondrons que, même aujourd'hui, nous voyons très-souvent, dans nos expositions de peinture, des tableaux exécutés par des artistes de valeur, lesquels tableaux trahissent parfois une assez grande dose d'ignorance de la perspective chez leurs auteurs. Du reste, toutes les peintures de Pompéi seraient-elles mauvaises au point de vue qui nous occupe, il n'en resterait pas moins établi que les anciens connaissaient, bien avant l'existence de la ville gréco-romaine, la perspective. Nous ne citerons qu'un passage d'un auteur latin, mais qui est très-concluant ; or, voici ce que dit Vitruve, dans sa préface (liv. VII) : « Alors qu'Eschyle enseignait à Athènes l'art de la tragédie, Agatarchus fit le premier une scène et laissa sur celle-ci un commentaire. Instruits par ce commentaire, Démocrite et Anaxagore traitèrent le même sujet et démontrèrent de quelle manière on doit, suivant le point de vue et suivant la distance, reproduire comme le fait la nature toutes les lignes partant du point et aboutissant à un centre déterminé, de manière que, d'après un modèle incertain, variable, on puisse tracer sur les scènes la reproduction exacte des édifices, quoiqu'ils soient peints sur des surfaces droites et planes et que certaines parties de ces édifices paraissent fuyantes et d'autres saillantes (1). »

Ce passage de Vitruve prouve donc d'une façon péremptoire que les Grecs connaissaient

(1) Voici le texte même de Vitruve : *Namque primum Agatarchus Athenis, Eschylo docente tragœdiam, scenam fecit, et de eâ commentarium reliquit. Ex eâ moniti, Democritus et Anaxagoras de eâdem re scripserunt, quemadmodum opporteat ad aciem oculorum radiorumque extensionem, certo loco centro constituto, ad lineas ratione naturali respondere, uti de incerta re certâ imagines œdificiorum, in scenarum picturis redderent speciem, et quæ in directis, planisque frontibus sint figurata, alia abcedentia, alia proeminia esse videantur.*

parfaitement la science de la perspective, au moins pour les décorations théâtrales.

Nous savons aussi que les premiers essais tentés par Eschyle furent poussés beaucoup plus loin par ses successeurs (Schol., *in Vita Soph.*), et que Pamphile, qui fit établir des écoles de dessin dans plusieurs villes de la Grèce (Pline, l. XXXV, ch. IX), recommandait aux élèves l'étude de la géométrie comme indispensable pour faire de beaux tableaux. Pamphile, qui dirigeait l'école de Sicyone, enseignait lui-même la perspective et il exhortait ses élèves à cultiver les sciences et les lettres, dans lesquelles il était lui-même très-versé. (Pline, l. XXXV, ch. XVIII.) Par ce qui précède, on peut donc voir que la perspective était parfaitement connue des anciens, du moins 450 ans avant notre ère.

PRATIQUE. — Les objets exposés à la lumière reçoivent des rayons lumineux sur leur surface, qui les réfléchit en proportions variables; ces rayons réfléchis frappent l'œil et produisent sur la rétine une double sensation : une sensation de *forme*, de *contour* et une sensation de *couleur* ou de *lumière*. De là deux genres de perspective, la *perspective linéaire* et la *perspective aérienne*. Nous n'avons à nous occuper ici que de la première de ces perspectives, de la *perspective linéaire*, qui est constituée par l'ensemble des lignes tracées sur une surface plane, nommée *tableau*, et qui forme le contour apparent de l'objet qu'on veut représenter, suivant la position dans laquelle on se trouve placé par rapport à cet objet. La perspective linéaire nettement tracée, à l'aide de couleurs et de teintes appliquées convenablement sur cette représentation, on obtient l'illusion de l'objet réel ; c'est l'application de ces tons qui constitue la *perspective aérienne*.

Nous avons dit précédemment que la surface sur laquelle on trace la perspective peut être de forme quelconque ; mais nous ne nous occuperons ici que des surfaces planes, des tableaux. Si donc, entre le spectateur et l'objet qu'il voit, on place un tableau transparent, une glace par exemple ; si on imagine une série de lignes droites partant de divers points de l'objet et venant aboutir à l'œil du spectateur, ces lignes perceront la surface, le tableau transparent, en divers points; si on réunit tous ces points, on obtiendra sur ledit tableau une figure, une représentation qui sera la perspective de l'objet, de l'espace. Et si tout à coup on suppose le tableau devenu opaque, il cachera l'objet qu'on voyait au travers auparavant; mais comme l'œil recevra de la figure tracée sur le tableau opaque les mêmes rayons de lumière que précédemment, l'œil du spectateur éprouvera la même sensation de forme que s'il voyait réellement l'objet de l'espace. Si on ajoute à cette représentation les tons et les couleurs réelles de l'objet de l'espace, le spectateur verra cet objet tel que le montre la nature, mais dans des proportions de moins en moins considérables, suivant que le tableau placé entre la nature et l'œil du spectateur sera plus rapproché de ce dernier. — Ainsi donc, pour obtenir la perspective d'un objet quelconque sur un tableau placé entre le spectateur et cet objet, il suffit de mener de divers points de son contour des lignes droites se dirigeant vers l'œil du spectateur et de trouver les intersections de ces droites avec la surface ou plan formant tableau. Cette méthode est des plus faciles pour tous ceux qui connaissent la géométrie descriptive; mais une méthode plus simple, celle dite *méthode des points de concours*, est plus généralement employée; elle est basée sur la propriété des lignes parallèles. La plupart des problèmes de perspective sont résolus par des axiomes de la géométrie; en voici trois fondamentaux : 1° quand une droite de l'espace n'est pas parallèle au tableau, si on lui mène par l'œil une droite parallèle, celle-ci rencontrera le tableau en un point, lequel appartient à la perspective de la droite dans l'espace; 2° toute droite de l'espace parallèle au tableau aura pour perspective une droite qui lui sera parallèle; 3° si plusieurs droites sont parallèles entre elles et non parallèles au tableau, la parallèle à l'une d'elles, menée par l'œil, sera aussi parallèle à toutes les autres, et par suite son point de rencontre avec le tableau appartiendra aux perspectives de toutes les

droites qui devront dès lors se rencontrer toutes à ce même point; on nomme celui-ci *point de concours*. Inversement, si plusieurs droites sont parallèles au tableau et de plus parallèles entre elles, leurs perspectives, devant être parallèles, seront également parallèles entre elles, et par suite n'auront pas de point de concours.

Les points de concours sont souvent désignés sous le nom de *points de fuite*, *points accidentels*, *points terrestres* et *points célestes*. Ces deux dernières dénominations signifient : *point terrestre*, le point situé au-dessous de la *ligne d'horizon*; *point céleste*, le point au-dessus de cette ligne. — Toutes les droites horizontales ont leur point de concours sur la *ligne d'horizon*. — Avant de tracer une perspective dans ses détails, on doit *masser* l'ensemble, et s'assurer, avant de fixer définitivement la position de l'observateur, si quelques parties importantes de l'objet à reproduire ne sont pas masquées par d'autres de moindre importance; c'est ce qu'on nomme chercher les *distances convenables*. Ce choix des distances une fois déterminé, on représente par une droite la direction suivant laquelle on doit regarder les objets, cette droite prend le nom de *rayon principal*. Ensuite, à droite et à gauche de ce rayon, on mène deux autres droites formant avec lui deux angles égaux; l'angle total formé par les deux droites, abstraction faite de la bissectrice ou rayon, se nomme *angle optique*. Enfin, perpendiculairement au rayon principal, on trace, à environ la moitié de la distance qui sépare l'œil du spectateur et le premier plan de l'objet qu'il s'agit de reproduire, une droite qui représente le tableau et qui se termine de part et d'autre à l'angle d'optique. Cette disposition est celle généralement adoptée, parce qu'on suppose que le spectateur est placé en face du centre du tableau et qu'il regarde suivant une direction perpendiculaire au tableau. Suivant la hauteur à laquelle on aura trouvé convenable de placer l'œil du spectateur pour obtenir une perspective d'un aspect agréable, on devra chercher sur le plan donné quel rapport il y a entre cette hauteur et la base du tableau, et cela d'après l'échelle du plan. On trace alors sur le véritable tableau une droite horizontale, nommée *ligne d'horizon*, dont la distance à la base du tableau soit avec cette base dans le rapport précédemment cherché ; si, par exemple, nous supposons l'œil à 3 mètres de hauteur et que dans le plan la base du tableau représente une longueur de 9 mètres, on en conclura que la ligne d'horizon doit être éloignée de la base du tableau d'une quantité égale au tiers de cette base. — Supposons maintenant une perpendiculaire au tableau abaissée de l'œil, elle le rencontrera en un point de la ligne d'horizon ; ce point est nommé *point de vue*, il est généralement situé au milieu de la ligne d'horizon. Enfin, on nomme *points de distance* deux distances égales à la perpendiculaire abaissée de l'œil sur le tableau, portées sur la ligne d'horizon à droite et à gauche du point de vue. On nomme ces points *points de distance* parce que leur distance au point de vue, mesurée sur la ligne d'horizon, représente la distance à laquelle l'œil est placé par rapport au tableau. — Telles sont les données générales sur la perspective, ainsi que les principales expressions employées dans cette science. Nous ne pouvons nous étendre plus longuement sur ce sujet, mais nous renverrons le lecteur désireux d'apprendre cet art, indispensable aux artistes, aux traités spéciaux, surtout aux plus récents et qui sont indiqués dans la bibliographie donnée à la fin du présent article.

BIBLIOGRAPHIE. — Viator, *de Artificiali Prospettiva*, 1 vol. in-fol., Tulli, 1521 ; — Jean Cousin, *Livre de perspective*, in-fol., Paris, 1560 ; — Daniel Barbaro, *la Pratica della prospettiva*, pet. in-fol., Venise, 1569 ; — Jacques Androuet Ducerceau, *Leçons de perspective positive*, in-fol., Paris, 1576 ; — Giacomo Barozzio da Vignola, *le Due Regole della prospettiva pratica, con i commentarj del P. Danti*, in-fol., Roma, 1583 ; — L. Sirigatti, *la Pratica di prospettiva*, in-fol., Venetia, 1596 ; — Jean Vredman, *Perspective, c'est-à-dire le très renommé art du poinct oculaire*, etc., in-4° obl., Lugd. Batav., 1620 ; — André Alberti, *Traité de perspective* (en allemand et en latin), in-fol., Nuremberg, 1623 ; — Dubreuil, *la Perspective pratique*, in-4°, Paris, 1642 ; — A. Bosse, *Manière universelle de M. De-*

sargues pour pratiquer la perspective par petit pied comme le géométral, in-8°, Paris, 1648 ; — Nicéron, *Perspective curieuse*, in-8°, Paris, 1652 ; — A. Bosse, *Moyen universel de pratiquer la perspective sur les tableaux ou les surfaces irrégulières*, in-8°, Paris, 1653 ; — *Traité de perspective faict par un peintre de l'Académie royale*, in-fol., Paris, 1660 ; — Fréart de Chantelou, sieur de Chambray, *la Perspective d'Euclide, traduite en français*, in-4°, le Mans, 1663. — A. Bosse, *Traité des pratiques géométrales et perspect.*, etc., in-8°, Paris, 1665 ; — P. Putei, *Perspectiva pictorum et architectorum*, 2 vol. in-fol., Roma, 1693 ; — Ozanam, *Perspective théorique et pratique*, 1 vol. in-8°, Paris, 1711 ; — Courtone, *Traité de la perspective pratique*, in-fol., Paris, 1725 ; — Galli Bibiena, *Direzione della prospettiva teorica corrispondenti a quelle dell' architettura*, 1 vol. in-12, Bologne, 1732 ; — Amato, *Nuova Pratica di prospettiva*, in-fol., Palerme, 1736 ; — Hamilton, *Stereography or a general treatise of perspective*, 2 vol. in-fol., London, 1748 ; — Jeaurat, *Traité de perspective*, in-4°, Paris, 1750 ; — Kirby, *Brook Taylor's methode of perspective made easy*, gr. in-fol., London, 1758 ; — Rivoire, *Nouveaux Principes de la perspective linéaire, traduits de l'anglais de Br. Taylor et du latin de P. Murdoch*, 1 vol. in-8°, Amsterdam, 1759 ; — Jos. Kirby's, *Perspective of architecture*, 2 vol. in-fol., London, 1761 ; — Th. Malton, *Compleate treatise on perspective on the principle of Brook Taylor*, 2 vol. in-fol., London, 1776-83 ; — P. H. Valenciennes, *Éléments de perspective pratique à l'usage des artistes*, etc., 1 vol. in-4°, Paris, 1800 ; 2° édit., in-4°, Paris, 1820 ; — Lavit, *Traité de perspective*, in-4° et pl. in-fol., Paris, 1804 ; — J. J. Smachtens, *Nouveau Traité de perspective dédié aux artistes*, in-fol., Bruxelles, 1820-25 ; — L. L. Vallée, *Traité de la science du dessin*, etc., in-4°, Paris, 1821 ; — Ch. Choquet, *Traité de perspective linéaire, à l'usage des artistes*, etc., in-4°, Paris, 1823 ; — L. N. Lespinasse, *Traité de perspective linéaire à l'usage des artistes*, in-8°, Paris, 1824 ; — J. B. Cloquet, *Nouveau Traité élémentaire de la perspective*, etc., 2 vol. in-4°, Paris, 1823 ; — J. T. Thibault, *Application de la perspective linéaire aux arts du dessin*, in-4°, Paris, 1827 ; — Adèle Le Breton, *Traité de perspective simplifiée*, 2 vol. in-4°, Paris, 1828 ; — Le chevalier de Brunel Varennes, *Métroscographie, ou Nouveau Système de perspective*, 1 vol. in-4°, Paris, 1830 ; — Charles Normand, *Parallèle de diverses méthodes du dessin de la perspective d'après les auteurs anciens et modernes*, 1 vol. in-4°, Paris, 1833 ; — J. Adhémar, *Traité de perspective*, 1 vol. in-8°, et album de planches, Paris, 1838 (cet excellent ouvrage a eu plusieurs éditions, la dernière date de 1872 ou 1873); — David Sutter, *Nouvelle théorie simplifiée de la perspective*, etc., 1 vol. in-4°, Paris, 1859; — V. Pellegrin, *Théorie pratique de la perspective*, etc., 1 vol. in-4°, Paris, 1870.

PERTE, *s. f.* — Fuite dans un tuyau de conduite.

PERTUIS, *s. m.* — Ce terme, dérivé du latin (*pertusus*, percé, ouvert), sert à désigner un passage très-étroit ménagé dans un barrage et qui est pratiqué dans une rivière, dans un canal, au moyen de deux bâtardeaux. Les pertuis servent à élever le niveau de l'eau et faciliter ainsi la navigation. On ferme les pertuis soit avec des aiguilles, sur les petites rivières, soit avec des planches posées en travers du cours d'eau, soit avec des portes à vanne. — On donne encore ce nom à l'ouverture par laquelle se perd l'eau d'un bassin, ou à celle qui laisse échapper l'eau d'alimentation d'une machine hydraulique.

En serrurerie, on nomme *pertuis* une forte garde, une sorte de garniture que l'on met aux planches des serrures : il y a des pertuis en creux, en rond, en trèfle; il en existe de carrés, de coudés. Enfin, on nomme ainsi l'évidement du panneton d'une clef, c'est-à-dire les découpures qui sont faites sur ce panneton pour correspondre aux gardes et qui sont plus évasées que les fentes.

PÉRUVIEN (Art). — Comme celle d'un grand nombre de peuples, l'origine de la nation péruvienne est entourée de légendes et de fables surnaturelles, lesquelles couvrent d'un voile si épais la vérité, qu'il est bien difficile de savoir quelle a été la véritable origine de cette grande nation, qui a été fort riche, fort prospère, et dont la civilisation avait atteint un haut degré de perfection, comme nous allons le voir bientôt. La plus ancienne tradition prétend que le *Soleil*, la grande divinité tutélaire du Pérou, avait envoyé ses propres enfants sur le sol de ce pays pour réunir les hordes sauvages et en former une nation; les Incas seraient donc des descendants directs des enfants du Soleil. Voici

comment cette légende est racontée par Garcilasso de la Vega (*Commentarios reales*, t. I, cap. vi et vii); nous traduisons d'une manière libre de l'espagnol, afin d'abréger le récit assez prolixe de l'auteur péruvien (1) : « Le père des éléments, le *Soleil*, amena ses deux enfants aux bords du lac de Titicaca, et il leur dit : « Allez sur la terre qui est devant vous, et, où vous croirez trouver un gîte et la nourriture, et quand vous jugerez avoir atteint un lieu propice à votre établissement, essayez d'y fixer la barre d'or que voici. Si du premier coup elle est engloutie dans le sol, dès que vous l'en aurez frappé, c'est là où vous devez fixer votre cour; telle est ma volonté. » Arrivés dans la vallée de Cuzco, les deux enfants du Soleil tentèrent plusieurs fois sur leur route de dresser la barre, mais elle restait toujours immobile; arrivés à la colline de Huanancauri, ils firent une nouvelle tentative : la barre disparut tout à coup. Alors le jeune homme dit à sa sœur et femme : « C'est ici que le Soleil, notre père, nous ordonne de nous arrêter et de nous fixer, que sa volonté soit faite. Pour cela, reine et sœur, il faut que chacun de nous aille de son côté pour attirer les hordes sauvages et les instruire. » Et, partant de la colline de Huanancauri, le jeune homme s'avança vers le nord et sa sœur vers le midi; ils parlèrent à la multitude et l'engagèrent à venir dans la vallée de Cuzco, où ils fondèrent une ville. » Cette région se trouvait placée au centre des tribus, et, fait assez curieux pour être noté, Garcilasso dit que ce nom de *Cuzco* signifie en péruvien *nombril* : nous nous trouverions donc en présence du terme Ὀμφαλὸς, des Grecs, et de *Médie*, donné à beaucoup de villes situées au centre de certains pays (2). Quoi qu'il en soit

---

(1) L'ouvrage de Garcilasso n'a été publié à Lisbonne qu'en 1609, c'est-à-dire 50 ans après son départ du Pérou. Son manuscrit était achevé dès l'année 1576, mais on comprend qu'un descendant des Incas (Garcilasso rappelle sans cesse cette origine) rencontrât une certaine opposition pour publier son ouvrage en Espagne, surtout à cette époque.

(2) Voir au mot ÉTRUSQUE (*Art*), la note 1, p. 219, t. II, où nous mentionnons certaines villes dénommées *Omphale*, nombril.

de cette légende, il n'en demeure pas moins établi que la plaine de Cuzco a été le noyau de la civilisation et le foyer de lumière du royaume fondé par le fils du Soleil, Manco-Capac, et par Mama Octao Hulco, sa sœur et femme. Manco-Capac passe pour avoir enseigné aux hommes l'agriculture et les arts utiles; les anciennes lois qui régissaient la nation péruvienne avaient été données par ce fondateur. De son côté, Mama Octao apprit aux femmes à filer, à tisser, à teindre. — Telle fut, dit-on, l'origine de la monarchie des Incas, fils du Soleil, monarchie qui exerça son pouvoir d'abord sur une bien faible partie de territoire, mais qui s'étendit ensuite sur les pays successivement conquis par les armes. D'après les traditions incasiques, la conquête n'avait eu d'autre but que de faire participer les peuples barbares aux avantages de la civilisation. Voilà une première tradition, mais il en existe une autre qui ferait remonter l'origine de la population du haut Pérou aux tribus composant l'antique royaume d'Israël, c'est-à-dire aux neuf tribus et demie vaincues et emmenées en captivité à Samarie, tandis que les tribus de Juda, de Benjamin et la moitié de la tribu de Manassé demeuraient au royaume de Juda et dans les villes situées sur la rive opposée du Jourdain. Manassé Ben Israël a le premier soulevé cette question de l'émigration des Juifs (l'Espoir d'Israël, 1 vol. in-8°, Amsterdam, 1650) à la prière de Montesini (1). Mariano Eduardo de Rivero, dans ses *Antiquités péruviennes,* ajoute des renseignements à ce sujet qui ont un certain intérêt. Il nous informe que Montesini, en voyageant dans l'Amérique du Sud, reconnut un Israélite dans l'Indien qui lui servait de guide, et celui-ci lui affirma que beaucoup d'Indiens ayant la même origine que lui habitaient les Cordillères. Gregorio Garcia, un ancien auteur péruvien, fait mention, dans son *Origine des Indiens,* d'une tradition suivant laquelle les Américains sont issus des neuf tribus et demie que le roi d'Assyrie Sal-

manazar emmena en captivité. Keckwelder Beltrami, de Laet (*Orbis novus,* v. *Descriptio Indix occidentalis*), William Denn, de Crawford, Beaty, Emmanuel de Moraez, Smith (*On the Varieties of the human species*), et d'autres auteurs, ont soutenu la même thèse, mais avec plus ou moins d'habileté. Adair (*History of the american nations,* pages 150-212) affirme après un mûr examen, que l'origine des Indiens est hébraïque, et nous devons ajouter foi au témoignage de cet auteur qui a vécu quarante ans parmi les Indiens. Il se fonde principalement sur le culte religieux, qui en effet a plus d'un point de contact avec la religion des Juifs, et surtout sur la même signification de certains termes religieux chez les deux peuples. Comme les Juifs, les Péruviens avaient une espèce d'arche sainte, qu'ils portaient à la guerre, et qui ne devait jamais toucher terre, mais seulement la pierre et le bois. Les prêtres gardaient sévèrement l'entrée du sanctuaire où était déposée cette arche, qu'on ne pouvait ouvrir sous peine de sacrilège. Dans certaines parties de l'Amérique du Sud on pratiquait aussi une sorte de circoncision, et le grand prêtre portait sur sa poitrine une coquille blanche ornée de pierres précieuses. Cette coquille remplaçait l'*urim* du grand prêtre des Juifs. Mais si différents auteurs attribuent aux races américaines une souche hébraïque, ils sont loin d'être d'accord sur l'itinéraire suivi par les Juifs pour arriver en Amérique; le plus grand nombre des auteurs pense que les tribus juives traversèrent la Perse, les frontières de la Chine et entrèrent sur le continent américain par le détroit de Behring. Mentionnons aussi une curieuse hypothèse, celle de don Pablo de Cabrera, de Guatemala, qui a une assez grande importance, parce qu'elle s'étaye sur des preuves plus certaines que sur de simples suppositions. Or, cet auteur, à l'aide des inscriptions hiéroglyphiques mexicaines, établit la corrélation existant entre les Phéniciens et les Américains. Au reste, toutes ces données importent peu à la science; on peut admettre que plusieurs races ont pu peupler le continent américain, nous pouvons même l'affirmer, puisque le docteur Tschudi, pendant

---

(1) Montesini est l'auteur des *Memorias antiguas historiales del Peru.*

le long séjour qu'il a fait au Pérou, a pu examiner des centaines de crânes des anciens habitants de ce pays, et il n'hésite pas à dé-
clarer que trois races fort distinctes vivaient
dans le Pérou avant la fondation du royaume
des Incas. Aussi nous n'insisterons pas davantage sur cette question de l'origine des
populations péruviennes ; nous laisserons résoudre ce problème aux anthropologistes et
aux ethnographes, et nous passerons immédiatement à l'étude des arts et des monuments péruviens, après avoir dit toutefois
quelques mots touchant l'époque véritable de
la découverte de l'Amérique.

Quand les Espagnols, sous la conduite de
Christophe Colomb, pénétrèrent pour la première fois sur les plages du nouveau continent,
dénommé plus tard *Amérique*, ces Espagnols,
disons-nous, pensaient que le vaste pays qui
se déroulait devant eux était seulement peuplé
par des hordes sauvages et des races tout à
fait primitives. Mais les expéditions suivantes
les détrompèrent singulièrement et leur donnèrent une tout autre opinion que celle qu'ils
avaient préconçue ; ils se convainquirent alors
que les peuples qu'ils avaient soumis possédaient des institutions, des sciences et des arts
qui dénotaient chez ces peuples une civilisation
déjà fort ancienne. On peut se faire une idée
de l'opinion que les Espagnols avaient des
peuples américains en consultant les nombreux
ouvrages écrits par les auteurs de l'Espagne
pendant les vingt premières années qui suivi-
rent la conquête ; seulement, il ne faudrait pas
accepter en toute confiance et sans contrôle
tout ce qui a été imprimé au XVIe siècle en
Espagne. Nos lecteurs comprendront, du reste,
sans qu'il soit nécessaire d'en dire les motifs,
pourquoi les auteurs espagnols ont eu un grand
intérêt à ne pas dire seulement la vérité.
Aussi quiconque voudra bien connaître l'histoire des origines américaines devra surtout
étudier les travaux des auteurs modernes, qui
témoignent entre autres faits celui-ci, encore
peu connu, c'est que les deux hémisphères
avaient entre eux des rapports avant l'arrivée
de Christophe Colomb. Nous ne pouvons donner ici toutes les preuves fournies à l'appui de
l'affirmation qui précède, mais nous citerons

un travail très-concluant, publié, il y a environ
trente ans, par don Carlos Christian Rafn,
secrétaire de la Société des antiquaires de Copenhague. Le travail de Rafn a été conçu
d'après des manuscrits scandinaves publiés
dans les *Antiquités américaines ;* il traite des
premiers voyages que les Scandinaves firent
en Amérique aux Xe et XIe siècles. Voici ce
que Mariano de Rivero (*op. cit.*) dit à ce sujet :

Il est constant d'après cela (d'après la relation
de Thorlak Runalfson) qu'en 986, Bjarne Her-
julfson, dans sa traversée d'Islande au Groënland,
évêché assez étendu à cette époque, navigua en
vue de la côte orientale d'Amérique. Excité par
les rapports antérieurs, Leif, fils aîné de Erik *le
Rouge*, acheta son navire et commença en 1000
ses découvertes avec trente-cinq de ses compagnons. Leif aborda à la côte déjà découverte par
Bjarne, et la nomma *Hellaland* (aujourd'hui New-
Foundland) ; il se dirigea ensuite vers le sud et
atteignit une côte montueuse qu'il appela *Markland*
(aujourd'hui New-Scotland, New-Brunswick et
Canada) ; de là il descendit sur une plage des plus
fertiles, où un Allemand de l'expédition, nommé
Tyrker, trouva d'excellents raisins en abondance,
ce qui engagea Leif à donner au pays qui se trouve
aujourd'hui entre le cap Sable et le cap Cod le
nom de *Vinland* (terre de vin).

Il revint ensuite au Groënland, et, l'été suivant
(1002), son frère, Thorwald Erikson, fit sur le
même navire une nouvelle traversée, visita les
points déjà découverts par son frère, pénétra plus
avant encore dans l'été de 1004, et, non loin du
cap Cod (sud-est de la ville actuelle de Boston),
il eut un différend avec les *Scralingueros* (Esqui-
maux), et mourut frappé d'un coup de flèche qu'il
reçut sous l'aisselle droite. Suivant ses désirs, il
fut inhumé dans un lieu qu'on dénomma *Krossanes*
(pointe de la croix). Dans l'été de 1007, Thors-
tein, troisième fils d'Erik, entreprit à son tour un
voyage vers les mêmes contrées ; mais la traversée
fut très-mauvaise, il ne put aborder le littoral
et mourut l'hiver suivant au Groënland.

D'autres expéditions eurent lieu successivement ; en 1007, une petite flotte, composée de
trois navires et de soixante hommes d'équipage, sous les ordres de Thorfinn Karlsfne
et Snorri Thorbrandson, suivit la route ordinaire, se dirigea au couchant et passa deux
hivers à Mount-Hope-Baye, près de Seaconnet,
à un degré et demi de latitude de New-York

Il y eut d'autres expéditions depuis 1011 jusqu'en 1112, car il est avéré par les manuscrits scandinaves qu'en cette année l'évêque groënlandais Erik était à Vinland, mais on ignore le temps qu'il y passa.

RELIGION DES PÉRUVIENS. — La première divinité adorée par les Péruviens se nommait *Kon*. C'était l'Être suprême, il n'avait pas de forme matérielle, c'était un esprit invisible et tout-puissant qui habitait l'univers ; par sa seule parole il créa le monde, il éleva les montagnes, creusa les lacs, les vallées, la mer, des terres fertiles qu'il peupla d'animaux, puis enfin les hommes qu'il combla de biens et qui vécurent heureux jusqu'au jour où, oubliant leur créateur, ils négligèrent son culte pour se livrer à toutes sortes de plaisirs impurs qui corrompirent l'humanité. Kon, irrité à la vue de tant d'ingratitude et de tant de désordres, changea les plaines fertiles en déserts et les hommes en bêtes féroces. La situation du monde resta telle jusqu'au jour où *Pachacamac*, fils de Kon, rétablit l'ordre, refit tout ce que son père avait détruit et créa de nouveau les hommes. La nouvelle génération fut plus morale et moins ingrate que celle qui l'avait précédée, elle éleva un temple superbe au nouveau dieu, à Dieu le fils, qui était doué de tous les attributs de douceur et de bonté. En opposition à cet esprit du bien, il y avait un génie du mal, *Supay*, animé d'une haine inextinguible contre l'espèce humaine ; cet être malfaisant rappelle par son caractère l'*Arihman* des Perses et le *Satan* des juifs et des chrétiens. Les mortels avaient une telle crainte de Supay qu'ils lui élevèrent des temples et des autels, sur lesquels on sacrifiait des enfants en bas âge pour apaiser la soif sanguinaire de ce mauvais génie. Comme on le voit, c'était le *Moloch* et le *Typhon* de l'antiquité phénicienne et de l'antiquité égyptienne. — Le culte de Pachacamac était très-répandu et très-invétéré parmi les populations péruviennes, aussi les Incas eurent-ils beaucoup de peine à substituer à cette religion primitive le culte du Soleil. Afin de faire adopter ce culte, l'Inca fondateur dut employer la ruse et une adresse extrême. Il déclara à ses sujets que l'Être suprême était le Soleil, sans

lequel rien ne pouvait exister, et que Kon et Pachacamac étaient ses fils, et que lui, le révélateur, l'Inca, était leur frère et par conséquent fils du Soleil, qui lui avait permis de s'incarner, afin de faire du bien aux hommes et de les instruire sur les choses qui concernaient la divinité. Comme on peut le voir, cette théorie était fort habile ; l'Inca avait dès lors inauguré le droit divin des rois de régner sur les peuples. Ce système avait en outre le grand avantage de ne pas détruire totalement la religion primitive, mais de se souder à elle. La religion formait donc la base de l'autorité royale, aussi le pouvoir de la famille royale des Incas était-il illimité. Cependant le culte primitif resta longtemps vivace parmi les populations péruviennes ; cela tenait peut-être à ce que les Incas eux-mêmes ne croyaient pas beaucoup au culte du Soleil ; du moins, ce que répondit à un prêtre un Inca semblerait en témoigner. — Voici, en effet ce que Garcilasso de la Vega (*Commentarios reales*, Ire part., livre VIII, ch. VIII) rapporte, d'après le P. Blas Valera. Un Inca, du nom de Tupac-Yupanqui, disait : « J'ai toujours entendu dire que le Soleil vit et qu'il a fait toutes choses, il importe que celui qui fait quelque chose soit présent à cet acte ; mais plusieurs choses se font en l'absence du Soleil ; donc il n'est pas l'auteur de toutes choses. Il est bien évident qu'il ne vit pas, parce que ses courses ne le fatiguent pas ; s'il était vivant, il se lasserait comme nous, ou, s'il était libre, il voyagerait dans d'autres parties du ciel où il ne va jamais. C'est comme un objet attaché qui parcourt toujours la même course, c'est absolument comme la flèche qui va où on l'envoie, et non pas où elle veut. »

Dans le P. Acosta (*Hist. natural y moral de las Indias occidentales*, ch. V), nous trouvons une relation encore plus caractéristique et qui prouve que les Incas ne croyaient pas du tout à la divinité du Soleil. Voici ce fait. Un jeune Inca regardait le Soleil ; un grand prêtre, son oncle, lui dit : « Ne sais-tu pas que cela est défendu ? » C'était, en effet, manquer de respect envers le Soleil que d'oser le regarder. L'Inca Huayna-Cap (c'était le nom du jeune roi) se tourna alors vers le prêtre et lui dit : « Je te ferai deux questions en réponse à ton observation. Je suis votre roi et maître à tous ; l'un de vous oserait-il m'ordonner de quitter mon trône et d'aller me promener ? » Le prêtre répondit : « Qui aurait cette impudence ? » L'Inca reprit : « Y aurait-il un de mes vassaux, aussi riche et aussi puissant qu'il puisse être, qui refusât de m'obéir, si je lui donne un ordre ? — Non, Inca, repartit le prêtre, il n'est aucun de tes sujets qui n'ait hâte de t'obéir, devrait-il en mourir. » Le roi dit alors : « Eh bien, je te dis, moi, que le Soleil notre père doit reconnaître un maître plus puissant que lui qui lui ordonne d'accomplir tous les jours le chemin qu'il fait ; car s'il était le maître suprême, une fois ou l'autre il cesserait de marcher et se reposerait, quand bon lui semblerait. »

Il existait des divinités secondaires, après le Soleil (*Inti* ou *Punchau*), le dieu par excellence ; c'étaient les *divinités cosmiques* (*astrales* ou *terrestres*), les *divinités historiques*, les *divinités de la nation*, enfin les *divinités de la famille* ou *des individus*, équivalents aux dieux *lares* et *pénates* des Romains.

Ces divinités de famille, considérées comme dieux inférieurs, étaient aussi désignées sous le nom collectif de *conopa* ou *canopa*; or ce terme *quichua* mérite de fixer l'attention à cause de sa coïncidence avec le terme égyptien *canopus* ou *canobus*, qui signifie esprit bienfaisant, divinité tutélaire, et que les Égyptiens représentaient tantôt sous la forme d'un oiseau, tantôt sous la forme d'un dieu à tête humaine, mais dont le corps ramassé ressemble au vase nommé également *canope*. Russin, du reste (lib. II, *Ecl. hist.*, cap. 26), décrit parfaitement ce dieu comme nous venons de le dire : *exiguis pedibus, attracto collo, ventre tumido* IN MODUM HYDRIÆ *cum dorso*, etc. — On plaçait des canopes aux quatre angles du tombeau des momies égyptiennes : le premier représentait un ibis, le second un cynocéphale, le troisième un épervier, et le quatrième une tête d'homme. Ces canopes renfermaient les viscères du personnage embaumé, et, quand ces quatre vases

étaient placés sous la protection des génies, Amset, Duaumautew, Hapi et Kebseunouw, leurs couvercles reproduisaient la tête de ces génies. Les vases canopes étaient également placés sous la protection des bonnes déesses, Isis, Neith, Nephtys et Selk. Comme on peut le voir, ce rapprochement des mythologies péruvienne et égyptienne est assez curieux et méritait bien d'être fait. Du reste, s'il nous était permis de suivre ici ce genre d'étude, nous pourrions aussi faire un autre rapprochement, celui de *Kon* des Péruviens et celui de *Khons* des Égyptiens, fils d'Ammon et de Maut, qui joue un rôle lunaire « et dans lequel il est coiffé du disque et des cornes en demi-cercle ; il se nomme alors Kons-That. Il était invoqué sous deux noms particuliers : *Khons* en Thébaïde (bon protecteur), et *Khons* (conseiller de la Thébaïde, qui chasse les rebelles), c'est-à-dire les mauvais esprits ; dans ce dernier rôle, une stèle de la fin de la XXᵉ dynastie nous le montre allant exorciser une princesse de Mésopotamie. » (Pierret, *Dict. d'arch. égypt.*). — Nous n'insisterons pas plus longuement sur les religions péruviennes ; ceux de nos lecteurs qui désireraient consulter les plus importants ouvrages sur ce sujet les trouveront consignés dans la note ci-dessous (1), et nous passerons immédiatement à l'étude des monuments.

MONUMENTS DE L'ART PÉRUVIEN.

I. VIABILITÉ. — Les monuments les plus imposants des Péruviens, ce sont les grandes routes ; elles traversaient le pays du nord au midi : l'une d'elles longe les hauteurs des Cordillères, une autre descend de Cuzco à la côte dans la direction du nord. La plupart de ces routes sont aujourd'hui abandonnées, ensevelies en partie sous les décombres et la végétation, mais on en retrouve çà et là des

---

(1) Don Pedro Ciera de Leon, *Cronica del Peru*; Acosta, *Histor. natural y moral de las Indias occidentales*, Madrid, 1730 ; don Francisco Lopez de Gomora, *Hist. natur. de las Indias occidentales*; Desjardins, *le Pérou avant la conquête espagnole*; Jose de Ariga, *Extin. de l'idol. de los Ind. del Peru*, 1 vol. in-4°, Lima, 1621 (ce dernier ouvrage très-important sur la matière).

traces; nous en parlerons d'après les récits des anciens Espagnols. Juan de Sarmiento, dans son *Récit de la succession et du gouvernement des Incas* (1), dit, en parlant de la route des Cordillères : « Ce qui nous frappe surtout d'admiration dans ce pays, ce sont les routes ; on se demande comment les Indiens ont pu construire des voies aussi longues et aussi parfaites, quel nombre considérable d'ouvriers a dû être occupé à ces longs travaux, avec quels outils, en fer ou d'une autre nature que nous ignorons, ils ont pu niveler les montagnes et rompre les rochers pour faire des routes aussi larges et aussi commodes.... On comprend aisément qu'une route de cent ou de deux cents lieues et plus puisse être construite, si on y met une grande diligence, en supposant même que le terrain soit très-ferme et rempli d'aspérités de rochers ; mais ces routes sont tellement étendues, qu'une d'elles a onze cents lieues de long, et elle est entièrement construite sur des sierras énormes, suspendue par moments sur des abîmes ; d'autres sont taillées dans des masses verticales de pierre qu'il a fallu rompre (car les Indiens ne pouvaient les tailler, n'ayant pas l'outillage nécessaire) dans une certaine étendue pour obtenir une route droite et large; et tous les outils que les Indiens avaient à leur disposition étaient le feu et une sorte de pic. Ailleurs, c'étaient des amas épouvantables de neige, ou des lieux tellement impraticables et escarpés, qu'il fallait commencer par faire des escaliers taillés dans le roc depuis la base du précipice jusqu'au sommet, et alors on construisait une large plate-forme à mi-chemin, afin de pouvoir permettre aux ouvriers de se reposer. » Par cette simple citation on peut se rendre compte du travail gigantesque qu'il a fallu aux Indiens pour faire ces routes ; nous n'insisterons pas et nous nous bornerons à signaler quelques lignes d'un autre écrivain qui ne craint pas de comparer ces travaux à ceux des Égyptiens et des Romains. Voici, en effet, ce que dit Lopez de Gomara (*Hist. génér.*,

ch. CXI, CXV) : « Il y avait deux routes qui conduisaient de Quito à la ville de Cuzco, c'étaient de nobles et grands travaux... Celle qui régnait sur la montagne avait aussi 25 pieds de largeur et elle était souvent pratiquée au travers du roc vif, et parfois construite en pierre et chaux ; car il fallut nécessairement déblayer les rochers et combler les vallées pour amener la route à niveau. Tout le monde ici s'accorde pour dire que ce travail surpasse celui des pyramides d'Égypte, les voies pavées des Romains, et même tous les autres travaux de l'antiquité. » Juan Botero Benes partage la même opinion. Nous ne poursuivrons pas ces citations, qui pourraient présenter une certaine monotonie (1), mais cependant nous ne pouvons passer sous silence le témoignage du savant Humboldt (*Ansichten der Natur*, 3º éd., t. II, p. 322); cet auteur dit que, dans le passage des Andes situé entre Mansi et Loxa, la route est admirable et ne le cède en rien aux voies romaines les plus imposantes de France, d'Espagne et d'Italie. «J'ai trouvé, dit-il, par des expériences barométriques que ce travail colossal a été exécuté à la hauteur de 12,440 pieds, dépassant ainsi de plus de 1,000 pieds la hauteur du pic de Ténériffe. » En effet, cette hauteur est presque l'altitude du mont Blanc. Humboldt ajoute : « On trouve sur ces routes des ponts en pierres ou en cordes (ponts suspendus) pour le passage des rivières et des précipices, et des aqueducs fournissant de l'eau aux petites villes et aux *tambos* ou logements (2). »

---

(1) La bibliothèque de l'Escurial possède le manuscrit de l'ouvrage de Juan de Sarmiento, président du conseil royal des Indes.

(1) Ceux de nos lecteurs qui désireraient consulter les auteurs dans lesquels il est question de ces routes célèbres trouveraient des renseignements dans G. Don Juan de Velasco, *Historia del reyno de Quito*, t. II, part. II, p. 59) ; Don Augustin de Zarrate, *Descobrimiento y conquista*, lib. I, cap. XIII.

(2) Un de nos compatriotes, notre ami Ed. André, chargé en 1875-76 d'une mission scientifique dans la Colombie, l'Équateur et une partie du Pérou, a dessiné les hiéroglyphes de Pandi et a donné quelques détails sur le pont naturel d'Iconouzo. Voici ce que nous trouvons à ce sujet dans la *Notice sur le muséum ethnographique*, page 43 (in-8°, Paris, 1878) : « Revenu à Bogota, M. André se dirigea vers le sud-ouest, visita la cascade de Tequendama, admirable chute d'eau formée par le rio Funza, qui se précipite d'un seul bond de 146 mètres de

Indépendamment des ponts construits sur les routes, les anciens Péruviens construisaient également des ponts sur des ruisseaux et sur des rivières profondes. La violence des torrents ne leur permettait point de jeter des fondations pour établir des arches, et, du reste, aurait détruit les plus solides, en admettant même qu'on eût pu en établir : aussi les Péruviens choisissaient sur un courant d'eau la partie où les rives étaient les plus rapprochées l'une de l'autre ; ils y pratiquaient de chaque côté des culées faites en pierres réunies par une sorte de mortier composé d'un mélange de bitume et de chaux. Sur ces culées ils établissaient un tablier au moyen de cinq ou six grosses poutres droites et solides; ces poutres étaient maintenues distantes les unes des autres au moyen de trois ou quatre cordes d'aloès; on plaçait en travers de ces poutres des pièces de bois secondaires dont on garnissait les interstices à l'aide de menus bois qu'on recouvrait de petites pierres et de sable. Il existe encore deux ponts datant des Incas ; l'un sur la lagune de Lauricocha, province de Junin, et l'autre à Compuerta, province de Puno. Les anciens Péruviens utilisaient souvent comme culées des roches naturelles situées sur les bords des rivières. — Nous devons mentionner ici un pont économique assez curieux, nous ne pouvons dire pour piétons, puisqu'on ne peut y marcher ; en effet, le voyageur est dans un panier suspendu à une corde portant un anneau, lequel glisse sur un câble tendu entre les deux rives du fleuve. — Les

anciens Péruviens construisirent également des canaux et des aqueducs pour amener de l'eau dans les villes ou pour arroser les plaines arides. Les canaux se nommaient *rarecac* et les aqueducs souterrains *huircas* ou *pinchas;* chaque champ arrosé était entouré par un petit mur de pierre, de sorte que des plaines étaient divisées par de petits compartiments. Garcilasso (*Com. real.,* Ire part, l. V, ch. XXIV) nous parle de deux canaux dont l'un, construit par l'Inca Viracocha (1), commençait sur les hauteurs des sierras existant entre Parco et Picuy et coulait jusqu'aux Bucanas, c'est-à-dire pendant un espace de cent vingt lieues ; le second coulait du sud au nord et traversait presque tout le *Contisuya;* il parcourait plus de cent cinquante lieues à travers les sierras les plus escarpées.

II. MONUMENTS D'ARCHITECTURE. — Les monuments d'architecture sont nombreux, mais n'ont aucun style, nous sommes bien obligé de le dire, nous trouvant en cela en contradiction flagrante avec nombre d'auteurs qui en ont fait un panégyrique pompeux. Non-seulement le plan des monuments péruviens est mal conçu, mais les murs, quand ils sont ornés, sont couverts de sculptures grotesques, comme nos lecteurs peuvent en juger par nos figures 1, 2 et 3, qui montrent la porte monolithe de Tiauuaco et des détails à plus grande échelle de la sculpture qui la décore. Notre figure 1 montre l'ensemble restauré de cette porte monolithe, dont notre figure 2 fait voir le détail d'ornementation situé au centre de la frise au-dessus de la porte, tandis que notre figure 3 est un détail des petites figures placées au dessous. Nous nous sommes servi pour cette restauration de la figure de la planche 43 de l'ouvrage de M. de Rivero (2). On peut par-

---

hauteur, puis il arriva au pont naturel d'Iconouzo et aux hiéroglyphes de Pandi. — Pour la première fois, la descente à pic fut effectuée dans le rio de Sumapaz sous le pont d'Iconouzo, partie par M. André lui-même, partie par son aide M. Noetzli, ainsi qu'un certificat de l'alcade le constate. MM. de Humboldt et le baron Gros, qui ont visité ce lieu célèbre, n'ont atteint le fond de la rivière de Sumapaz qu'en amont du pont, en descendant sur les rives inclinées à 45°. Cette périlleuse expédition a permis de relever un fait remarquable, c'est que le pont naturel d'Iconouzo n'est pas formé, comme on le croyait, d'une seule pierre roulée en travers du torrent et restée suspendue sur ses bords, mais par la couche schisteuse sous-jacente, épargnée par les eaux, qui ont creusé le lit de la rivière à plus de 100 mètres de profondeur. »

(1) Cet Inca, mort en 1340 de l'ère vulgaire, régnait depuis 1289 ; il prédit la chute de l'empire et l'arrivée d'hommes blancs et barbus qui devaient s'emparer du pays.

(2) *Antiguëdades peruanas,* por Don Mariano Eduardo de Rivero y Dr Don Juan Diego de Tschudi, 1 vol. in-4° avec atlas in-folio obl. de 60 pl., Viena, 1851. — Cet album ne contient que fort peu d'architecture, car toutes les planches, sauf une, ne reproduisent qu'à très-grande échelle des momies, des vases et des ustensiles divers.

faitement juger de l'architecture péruvienne, puisqu'il reste des monuments de tous genres, depuis la maison privée la plus simple jusqu'aux palais des Incas. — Les maisons des particuliers sont, suivant la localité où elles se trouvent, construites en pierre, en briques crues ou en briques et jonc. Elles sont en général petites et ne comportent qu'un nombre de pièces assez restreint ; elles n'ont qu'une porte, qui donne sur la rue ou sur une cour. Dans les maisons qui atteignent de plus grandes proportions, les fenêtres sont en grand nombre et l'intérieur de ces maisons est divisé en plusieurs pièces qui communiquent entre elles au moyen de portes, mais si petites qu'il faut se courber pour les franchir. Les murs ont 0^m,48 à 0^m,50 d'épaisseur, et dans leurs parois on trouve de petites niches servant à serrer les provisions. Les maisons ont deux et trois étages, mais peu élevés ; on arrive d'un étage à l'autre par une ouverture pratiquée dans le plafond ; le dernier

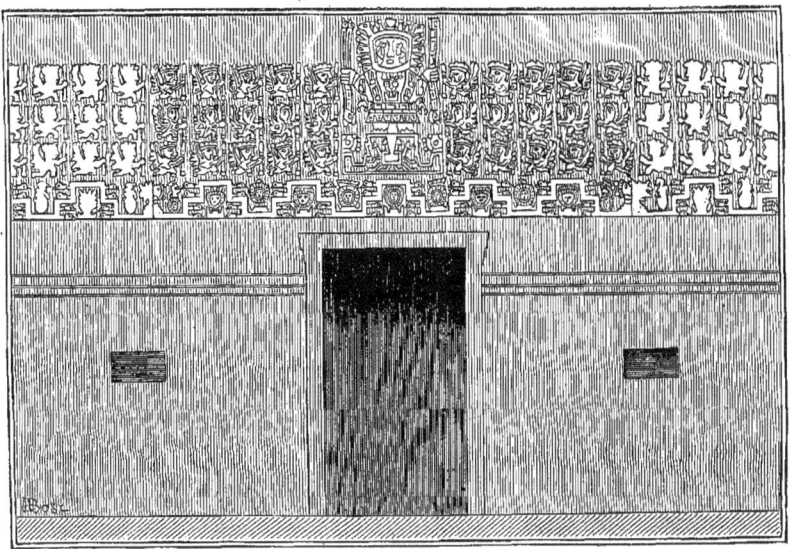

Fig. 1. — Porte monolithe de Tianuaco (restauration).

étage est couvert d'un toit fait avec des tuiles grossières. — Les édifices publics comprennent les hôtelleries royales, les magasins royaux, les maisons de jeu, les bains, les collèges des vierges du Soleil, les temples et les palais royaux.

Les *hôtelleries royales* (*tambos*) étaient bâties sur un plan rectangulaire ou carré ; au centre se trouvait une grande cour ou place, au milieu de laquelle s'élevait une tour. Sur les trois côtés de la place étaient situés les chambres et logements des soldats, et sur le quatrième côté les appartements de l'Inca et de sa suite. Les tambos étaient construites sur les grandes routes à six ou sept lieues de distance les unes des autres, de façon à permettre à l'Inca et à sa suite d'aller de l'une à l'autre sans trop de fatigue ; il en existait cinq à six mille, qui pouvaient recevoir quatre à cinq mille hommes ; elles étaient construites en pierres brutes ou en briques. Ces briques (*adobes* en péruvien, et *ticacuna* en quichua), étaient en argile cuite au soleil ; quelques-unes étaient faites avec un mélange d'argile et de paille hachée menu ; leur forme était triangulaire.

Les *magasins royaux* ressemblaient beaucoup aux hôtelleries, à cela près que la tour centrale de la cour était remplacée par un petit fort, occupé par une garnison permanente. Ces magasins servaient à renfermer les dépôts des tributs, des armes et des approvisionnements de l'armée ; ils étaient divisés en quartiers : l'un, nommé *coptra*, recevait en dépôt les armes, les vêtements, les chaussures ; un second (*pirhua-coptra*) servait de grenier à

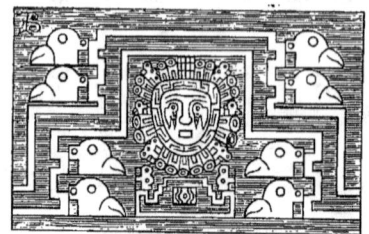

Fig. 2. — Détail de l'ornementation de la porte de Tiauuaco.

maïs ; un troisième (*cumpi-coptra*) était le magasin des laines de lamas et des tissus de vigogne brodés dans les colléges des vierges du Soleil.

Les *maisons de jeu* étaient isolées ou attenantes aux palais ; elles occupaient une grande superficie de terrain ; elles servaient aux fêtes

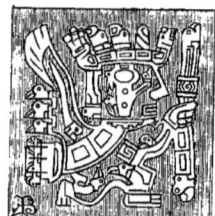

Fig. 3. — Autre détail de l'ornementation.

et réjouissances publiques les jours de pluie. Toutes les villes ne possédaient pas de ces édifices, mais seulement les centres importants.

Les *bains* (*armanahuasi*) étaient les édifices les plus remarquables par leur élégance et le luxe de leur décoration. Les fontaines qui fournissaient l'eau étaient faites à l'aide d'un aggloméré de petites pierres et de bitume ; elles étaient ornées d'un animal ou d'une tête d'animal (lion, singe, tigre, etc.) qui lançait,

d'un ajutage placé dans sa gueule, tantôt un jet vertical (*huraca*), tantôt un jet horizontal (*paccha*), qui était reçu dans des bassins d'argent ou même d'or, car ce métal était d'une extrême abondance dans les pays des Incas. Les bains les plus renommés pour leur luxe étaient ceux de Huamalie.

Les *colléges des vierges du Soleil* (*pasna huasi*) avaient beaucoup de ressemblance avec les hôtelleries royales, mais ils étaient de plus entourés de hautes murailles. Il en existait une vingtaine dans tout le pays des Incas ; quelques-uns contenaient jusqu'à six ou sept cents vierges et trois ou quatre cents serviteurs. Les vierges du Soleil étaient des jeunes filles prises dans les grandes familles et remarquables par leur beauté ; elles faisaient vœu de garder perpétuellement leur virginité ; elles ne s'occupaient qu'à filer la laine de lama ou de vigogne, et à tisser et broder les vêtements et les tissus employés aux usages des Incas et des principaux chefs guerriers. De vieilles matrones administraient et gouvernaient ce genre de couvents et enseignaient aux jeunes vierges tout ce qu'elles devaient connaître. Aucun homme, pas même l'Inca, ne se serait permis de pénétrer dans ces asiles consacrés à la virginité ; du reste, seules les femmes des Incas et leurs filles communiquaient directement avec les vierges du Soleil.

Les *temples* étaient les monuments les plus somptueux de l'architecture péruvienne, surtout ceux qui étaient consacrés à la divinité suprême, au Soleil, à l'*Inti*, comme le nommaient les Péruviens. Ces temples étaient divisés en trois classes suivant leur importance. Les plus grands temples, ceux de la première classe, comprenaient sept divisions principales : la première, dédiée au soleil, à l'*Inti*, était située au centre de l'édifice ; la seconde partie était dédiée à la lune (*Mama Quilla*) ; la troisième, aux étoiles (*Coyllur*) ; la quatrième, à la foudre (*Illapa*) ; la cinquième, à l'arc-en-ciel (*Chuichi*) ; la sixième, au grand prêtre (*Huillac-Uma*) : c'était dans cette enceinte que les prêtres se réunissaient en assemblée pour délibérer ; enfin la septième était divisée en petites pièces qui servaient au logement des prêtres et de tout le personnel chargé du service du culte. — Les historiens espagnols nous font des descriptions tellement hyperboliques des temples du Soleil, ils sont si riches, si fournis en matières d'or et d'argent, qu'il n'est pas possible d'y ajouter foi ; aussi nous bornerons-nous à donner une description beaucoup plus simple, et partant qui doit être plus véridique, que nous trouvons dans Prescott (*Conquesta del Peru*, liv. I, cap. III) :

« Le temple, nommé *Inti-huasi* (maison du Soleil), occupait un espace de plus de quatre cents pas de circuit ; il était entouré d'une épaisse muraille faite en belles assises de pierres de taille, quelques-unes étaient d'une dimension extraordinaire... Je n'ai rien vu en Espagne qui puisse être comparé à ces murs et à la pose de ces pierres, à l'exception de la tour de Calahorra, du pont de Cordoue... Au haut du mur, qui ne dépassait pas dix pieds, il y avait à l'extérieur une espèce de zone ou corniche d'or d'un palme et demi de large enchâssée dans la pierre. »

Garcilasso (*op. cit.*) nous donne aussi une description incroyable d'un de ces temples, et il nous dit avoir vu de ses yeux les faits qu'il décrit ; nous ne citerons que quelques lignes de cet auteur. « Des moulures, dit-il, étaient aux angles et dans tout l'intérieur du tabernacle, et en rapport avec les moulures qui se voyaient sur la pierre. Étaient doublées d'or non-seulement les parois et le plafond, mais encore le bas des tabernacles. Autour des moulures étaient beaucoup d'ornements de pierres fines, d'émeraudes et de turquoises, mais je n'ai vu ni diamants ni rubis. L'Inca s'asseyait dans ces tabernacles aux fêtes du Soleil, tantôt dans l'un, tantôt dans l'autre, suivant les époques. »

Les *palais royaux* (*Inca huasi*), au nombre de deux cents, étaient, suivant le pays où ils se trouvaient, d'une extrême simplicité ou d'une richesse et d'un luxe inouïs. Les premiers ressemblaient beaucoup aux hôtelleries royales ; les seconds étaient construits en pierre et en marbre, il en reste de nombreuses ruines.

La majeure partie des palais du haut Pérou et de l'ancien royaume de Quito ne datent que de la fin du XVe ou du commencement du XVIe siècle ; ils furent bâtis sur l'ordre de Huayna-Capac, qui aimait beaucoup l'architecture et avait employé tous les moyens en son pouvoir pour la favoriser. Ce prince avait succédé à Lupac-Yupanqui en 1475 ; il régna cinquante ans et mourut en 1525.

En résumé, l'architecture péruvienne n'avait rien de bien remarquable, si ce n'est l'énorme masse des matériaux employés et la dimension considérable de certains blocs. Le P. Acosta (livre VI, ch. XIV) nous dit qu'à Tiaganaco, il mesura une pierre de trente-huit pieds de long, de dix-huit de large et dont l'épaisseur était de six pieds. Il ajoute que les murs de Cuzco sont bâtis sans le secours du fil à plomb et qu'il existe des pierres de plus forte dimension. On se demande avec quels outils les Péruviens taillaient ces pierres et comment ils arrivaient à leur donner un grand poli, ensuite comment ils pouvaient transporter et élever des matériaux d'un très-grand poids. Les mêmes problèmes se posent à propos du travail de ces peuples, comme on les a posés à propos des travaux des Égyptiens. Beaucoup d'auteurs ont prétendu jusque dans ces derniers temps que les pierres étaient posées sans liaison de mortiers. Il est possible qu'il en soit ainsi dans certains édifices ; mais on est convaincu aujourd'hui que les Péruviens employaient divers mortiers (*pachachi*), dont l'un, fort en usage, était fait à l'aide d'une terre fine et très-soluble, nommée *lancac allpa*, mélangée avec de la chaux (*iscu*). — Les restes et les ruines des monuments péruviens les plus importants sont à Cuzco, Allantai-Tambo, Titicaca, Tiahuanacu et à Lima-Tambo, et, dans le royaume de Quito, à Puncallacta, à Callo, etc. — Il existe aussi des ruines importantes à Chimu ; elles couvrent un espace d'environ une lieue.

Nous terminerons cet article en disant quelques mots des autres monuments de l'art péruvien, tels que l'orfévrerie, poterie, teinture, tissage, peinture ; enfin nous terminerons en traitant des fameux *quippus* ou *quippos*.

III. DIVERS ARTS CHEZ LES PÉRUVIENS. — Les Péruviens cultivaient divers arts ou industries; ils savaient extraire et travailler les métaux, fabriquer des objets d'orfévrerie et modeler des poteries d'argile; ils savaient aussi tisser et teindre les laines et les cotons.

Les métaux les plus usuellement employés étaient l'or, l'argent, le cuivre et l'étain. Bien qu'ils possédassent des mines de fer très-abondantes, ils ne paraissent pas avoir employé ce métal. Quant au mercure, une loi des Incas en avait interdit l'exploitation, à cause de la funeste influence que ce métal pouvait exercer sur l'économie animale; d'ailleurs, ne pouvant l'employer à aucun usage, il leur devenait inutile. On exploitait seulement du cinabre naturel (*ychma*), parce que les Indiens, surtout les femmes, s'en servaient pour se peindre le corps; mais une classe d'Indiens avait le droit de procéder à l'extraction du cinabre, il était expressément défendu aux classes inférieures de le faire. Les produits de l'extraction étaient portés dans les magasins royaux et distribués aux *pallas* ou femmes de sang royal, qui l'employaient en guise de fard pour se parer les jours de fête. Les pallas se servaient surtout du cinabre pour tracer une ligne de deux millimètres de largeur partant de l'angle externe des yeux et se dirigeant jusqu'aux tempes.

Les orfévres péruviens fondaient les métaux, savaient les battre, les mouler, les souder. Pour la fusion, ils employaient de petits fourneaux pourvus de tubes de cuivre qui amenaient de l'air et remplissaient l'office de tuyères; leurs moules étaient composés d'un mélange de plâtre et d'une terre particulière. Quand les métaux sortaient du moule, des ouvriers les ciselaient avec une perfection assez remarquable pour faire disparaître toute trace ou imperfection provenant du moulage. Ces mêmes orfévres possédaient une grande habileté pour battre les métaux. Quels moyens employaient-ils? on l'ignore; mais ce qu'on sait, c'est que le travail était fort bien fait et que les soudures des diverses parties d'une pièce étaient bien exécutées, comme on a pu en juger par divers objets d'orfévrerie importés en Europe. Malheureusement, les plus beaux travaux d'orfévrerie péruvienne ont été détruits soit par les vainqueurs, qui les ont fondus, soit par les vaincus, qui les ont anéantis ou jetés dans les lacs pour les soustraire aux Espagnols; aussi les objets qui sont parvenus jusqu'à nous peuvent être considérés comme des travaux secondaires. Les artistes péruviens représentaient surtout de beaux jardins en or; nous trouvons une description de ces pièces d'orfévrerie dans Prescott (*op. cit.*), elles servaient à l'ornement des palais royaux. Voici une partie de la citation de Prescot : « Il y avait un jardin dont la terre était d'or fin et semée de maïs d'or. Ils étaient si bien plantés qu'ils résistaient à la violence des vents. Ce jardin était peuplé de vingt brebis d'or avec leurs béliers, et des bergers avec frondes et houlettes gardaient le troupeau, et tout cela était en or fin, de même que de grandes jarres, de grands et de petits vases; quelques-uns étaient en argent. » Nous arrêterons ici cette description, car ce qui suit paraît fabuleux; cependant plusieurs écrivains rapportent les mêmes faits. On voit, par ces descriptions, que dans les palais des Incas l'or était aussi commun que le fer ou la fonte dans nos demeures. Pour donner une idée de cette profusion, nous citerons ici quelques lignes de Garcilasso : « L'Inca, dit-il, s'asseyait d'ordinaire sur un trône d'or massif, nommé *tiana*, d'un pied de haut; ce trône n'avait ni bras ni dossier, mais il était placé sur un grand bloc carré en or massif. La vaisselle du service de la maison, de la table, de la cuisine et de la cave était toujours en or et en argent, et chaque maison de dépôt était aussi bien pourvue, afin que le roi en voyageant n'eût pas à déplacer et à transporter toute sa vaisselle..... On voyait, en outre, dans les maisons royales beaucoup de greniers nommés *pirua*, faits d'or et d'argent; ils ne servaient pas à renfermer le grain, mais à ajouter à la grandeur et au luxe de la maison du maître. » Ces détails, qui peuvent paraître si extraordinaires, sont pourtant vrais; ils sont confirmés par plusieurs auteurs, et nous ne mentionnons ici que les faits les moins surprenants. Par ce qui précède, on peut bien admettre comme l'expression de la plus stricte vérité tout ce qu'on a rapporté sur la conquête du Pérou et sur l'énorme quantité d'or importée en Espagne. Du reste, beaucoup pensent encore aujourd'hui que le Pérou est une des contrées les plus riches en mines aurifères.

Examinons maintenant les autres branches de l'art péruvien, et tout d'abord les poteries, que les Espagnols n'ont pas eu envie de transporter. Les potiers péruviens fabriquaient des huacas ou vases représentant des divinités, des canopas et des vases de sacrifice ou vases sacrés, qu'on plaçait dans les tombeaux, car nous n'entendons pas parler ici des poteries et vases employés pour préparer les aliments, qui avaient des formes très-ordinaires et qui étaient fabriqués sans art. L'argile employée pour les premières poteries étaient de couleur rougeâtre ou noire, et ces vases, quoique non cuits au four, étaient très-solides et résistants. On ignore comment on obtenait cette solidité. Ils étaient séchés au soleil après avoir subi une préparation. Dans une contrée de la Bretagne, quand un vase d'argile est fait, on le remplit de lait et on le place sur un poêle en fonte ; il paraît que ce système donne des produits très-solides. Les Péruviens employaient-ils ce mode de fabrication ou tout autre ayant quelque analogie avec celui-ci ? Nous mentionnerons ici les fameux vases doubles, triples, etc., du Pérou. Voici ce que disent à ce sujet (*Antiquités péruv.*) MM. Rivero et Tschudi : « La plupart des vases sacrés placés dans les tombeaux avec les *mallquis*, et destinés à recevoir la *chicha* du sacrifice aux jours de fête, ont un long cou, placé ordinairement à la hauteur de l'anse ; un trou est pratiqué pour verser le liquide, et une autre ouverture pour le passage de l'air qui s'échappe au fur et à mesure que le vase se remplit. Beaucoup de ces vases sont doubles ; il est à croire que c'est la forme préférée ; d'autres sont quadruples, sextuples, ou même octuples. Dans ces différents cas, le vase principal avait des appendices réguliers communiquant entre eux et avec le vase même. Les vases doubles étaient faits de telle sorte qu'en les emplissant de liquide, l'air, en s'échappant par la seconde ouverture, produisait des sons qui imitaient dans une certaine

mesure la voix de l'animal représenté sur la partie principale du vase. Nous avons également (dans notre collection) deux petits vases arrondis qui, remplis d'eau et retournés sens dessus dessous, ne laissent pas échapper une seule goutte. Quand on veut les vider, il suffit d'incliner la partie supérieure ; ce qui prouverait que les potiers péruviens avaient une vague idée de la pression atmosphérique. Parmi les canopas, il y avait également des vases sonores. » Nous ajouterons que beaucoup de poteries péruviennes sont peintes, mais ces peintures ne donnent pas une haute idée du savoir de leurs auteurs. Les Péruviens savaient tisser la laine et le coton. La laine leur était fournie par quatre variétés de chameaux américains : deux espèces, le lama et l'alpaca, étaient domestiquées ; deux autres, le huanaco et la vigogne, étaient sauvages. Chaque classe de la société était habillée avec des étoffes de laine qui leur étaient spéciales : les Incas revêtaient des étoffes de laine et de vigogne ; les tissus d'alpaca étaient pour les classes privilégiées, et le peuple s'habillait avec de grossières étoffes de laine provenant des lamas et des huanacos. Ils tissaient également deux variétés de coton ; l'un, assez commun, était blanc ; l'autre était d'une couleur jaune nankin : ce dernier poussait dans les chaudes vallées du versant oriental des Andes. Ils teignaient les fils de laine et de coton à l'aide de couleurs végétales ; ils n'employaient jamais des couleurs minérales, sauf peut-être le cinabre. Les nuances employées par les Péruviens étaient le rouge incarnat, le jaune, le bleu, l'iris, le vert, le noir. Ils teignaient également les tissus, et, sauf pour les étoffes de coton, leurs couleurs sont si solides qu'elles ont résisté à l'action des siècles.

IV. QUIPPUS ou QUIPPOS. — Les anciens Péruviens avaient deux genres d'écriture : l'un, le plus ancien, existant avant le royaume des Incas, était en caractères *hiéroglyphiques* (1) ;

---

(1) L'ardeur infatigable de quelques savants est parvenue à déchiffrer en partie le sens des hiéroglyphes, et il est probable qu'on aurait suppléé à ce qui nous manque, si nous avions trouvé un plus grand nombre de ces caractères ; mais les immenses collections d'écritures mexi-

l'autre, nommé *quippos* et plus ordinairement *quippus*, se composait de fils de diverses couleurs diversement noués. Ce mode d'écrire fut-il imaginé au Pérou ? Il y a lieu d'en douter, puisqu'il était en usage dans diverses parties de l'Asie centrale, surtout en Chine, et cela depuis un temps immémorial. Les quippus péruviens sont en laine tordue ; ils sont formés à l'aide d'un gros fil ou cordon, servant de base, et en fils secondaires plus ou moins déliés qui s'attachent au cordon. La longueur du quippus est variable ; le fil principal ou cordon mesure quelquefois cinq à six varas (4^m 21 à 5 mètres) (1), d'autres fois il n'est que d'un pied ; les fils secondaires ont rarement plus de 0^m,80, mais en général ils sont extrêmement courts. On ne connaît pas au juste la signification des quippus en tant que termes ; les philologues nous apprennent seulement que, pour la numération, un nœud simple vaut 10 ; deux nœuds simples, 20 ; un nœud deux fois entrelacé vaut 100 ; trois fois, 1,000, etc.; deux nœuds deux fois doublement entrelacés valent 2,000, etc. Les diverses couleurs de fils ont également des significations ; ainsi le fil blanc représente l'argent ou la paix, le fil jaune l'or ; le vert désigne le blé ou le maïs. Il paraîtrait que non-seulement le nombre des nœuds et la couleur des fils ont une valeur, mais encore la manière dont ces fils sont entrelacés, et surtout la distance des nœuds et des fils par rapport au cordon, ont une grande importance dans ce genre d'écriture. Le manque d'une bonne traduction des quippus est très-regrettable, car c'est là où se trouvent consignés les principaux faits de l'histoire péruvienne, que nous sommes loin de connaître. Du reste, fort peu de Péruviens, même du temps des Incas,

caines, qui en renfermaient beaucoup, furent presque toutes détruites par le fanatisme des conquérants espagnols, et surtout des religieux dominicains qui les accompagnaient, de manière qu'il n'en reste guère aujourd'hui que de rares fragments. On peut avoir une idée de ces trésors d'écriture par les récits de Torquemada, qui raconte que, vers les derniers temps de la monarchie mexicaine, cinq villes livrèrent au gouvernement seize mille ballots de papier de *Maguay* (agave americana) et qu'ils étaient couverts de peintures hiéroglyphiques. — Rivero et Tschudi. (*Antiguëdades peruanas.*)

(1) La vare vaut environ 0^m,835.

connaissaient la lecture des quippus. Les Incas n'avaient qu'un but, accroître l'étendue de leur royaume ; aussi ne donnaient-ils au peuple qu'une éducation militaire. A Cuzco et dans les villes principales du Pérou, il y avait des sortes de gymnases militaires dans lesquels, sous la direction des Incas, les jeunes gens étudiaient la théorie et la pratique de la guerre ; c'est de ces académies que sortaient les chefs guerriers. Ceux-là seuls qui appartenaient à la race royale pouvaient jouir des bienfaits de l'éducation. Le peuple, courbé sous une honteuse tutelle, ne savait rien, crainte qu'une fois instruit il ne refusât d'obéir aveuglément aux autorités ; de là cette écriture des quippus inaccessible à la foule et comprise seulement par les Incas et leur entourage.

PESAGE, *s. m.* — Action de peser.

PESANTEUR SPÉCIFIQUE. — Poids spécial d'une matière sous une unité de volume. Voici les poids d'un mètre cube de divers matériaux (*Extrait du carnet de l'Ingénieur*) :

		kil.	kil.
Terreau................ de		830 à	860
Tourbe { sèche..........		»	514
{ humide..........		»	785
Terre végétale..............		1150	1280
Terre forte graveleuse........		1350	1450
Gravier.....................		1370	1480
Cailloux....................		»	1658
Fragments de roche..........		1550	1800
Vase.......................		»	1642
Argile et glaise.............		1636	1756
Marne.....................		1570	1610
Sable { fin et sec..........		1400	1480
{ fossile, argileux......		1710	1800
{ de rivière humide.....		1770	1860
Mâchefer, scories de forges.....		770	1000
Laitier vitreux.............		1400	1480
Pouzzolane { d'Italie........		1160	1280
{ du Vivarais......		1080	1130
Trasse d'Andernach..........		1070	1080
Brique.....................		1500	1650
Chaux { vive sortant du four......		800	860
{ éteinte en pâte ferme......		1320	1430
Mortier de chaux et de { sable......		1850	2140
{ ciment.....		1650	1700
{ mâchefer....		1130	1220
Plâtre { cuit battu et tamisé......		1240	1260
gâché { humide.........		1570	1600
{ sec..............		1400	1415

		kil.	kil.
Pierre à bâtir	tendre .... de	1140 à	1720
	franche, demi-roche....	1710	2000
	liais doux et roches...	2140	2180
	liais roches dures......	2280	2430
	roches très-compactes..	2500	2710
Maçonnerie de	pierre de taille.......	2400	2700
	cailloux.............	2300	2400
	moellons	2150	2250
	briques.............	1750	1800
Houille, charbon de terre en fragments..		750	920
Bois de construction	chêne.........	»	948
	frêne	»	845
	hêtre.........	»	852
	sapin.........	650	720
Bois de sciage et planches............		»	614

Nous devons observer que la pesanteur spécifique des bois est extrêmement variable, suivant la nature des terrains dans lesquels ils ont poussé, suivant aussi la partie de l'arbre que l'on considère, le degré d'humidité, etc., etc. Donc les chiffres donnés ci-dessus sont loin d'être exacts d'une manière absolue.

PESÉE, *s. f.* — Action de peser. Dans ce sens, ce terme est synonyme de PESAGE (Voy. ce mot), mais il sert plutôt à désigner la quantité d'une chose pesée en une fois. Par exemple, dans un chantier, on dit : Voilà une pesée de boulons ou de rappointis qui s'élève à 200 kilogrammes. — Ce terme sert aussi à désigner : l'effort fait avec une pince pour forcer une porte, un volet, une grille, etc.; une manœuvre faite à l'aide d'un levier pour pousser ou soulever un fardeau, une colonne, un corps lourd et pesant, quelle qu'en soit la forme. Enfin on désigne encore sous ce terme l'effort fait par des hommes ou des machines, treuil, chèvre, etc., qui sert à tirer de haut en bas un cordage, etc.

PESER, *v. a.* — Comparer la pesanteur d'une quantité d'un objet avec un poids connu et déterminé. Dans les chantiers de construction on pèse le plomb, les fers, le zinc, etc.; on emploie à cet effet des bascules et des balances. Avant de procéder à un pesage, on doit vérifier les poids et les balances, tarer les plateaux et s'assurer s'ils sont bien suspendus. — Le pesage d'une forte quantité de matériaux ou d'ouvrages se fait par fractions de 10, 20, 50 ou 100 kilogrammes, suivant le cas ou la force

de la bascule. L'agent préposé au pesage et à la réception des matériaux doit exiger de l'entrepreneur ou fournisseur qu'il soit pourvu de toutes les fractions de poids pour éviter de *rabattre*, ce qui est une source d'erreurs. Les jeunes inspecteurs des travaux ne tiennent pas généralement assez de compte de l'observation que nous mentionnons ici.

PESSE, *s. f.* — Nom vulgaire que les ouvriers, les charpentiers, etc., donnent au sapin ; on le nomme aussi *pese, picea* ou *pece, serente, sapin de Norvége.*

PESTUM, *s. m.* — Ce terme sert à désigner une ancienne ville dont il subsiste encore quel-

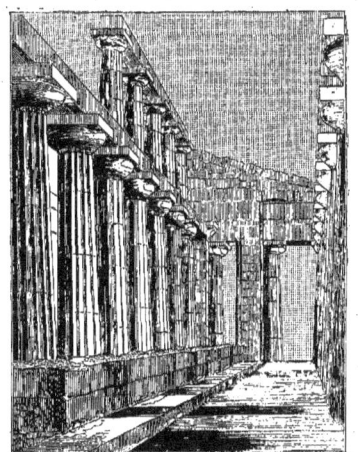

Fig. 1. — Intérieur du grand temple, à Pestum.

ques ruines; elle était située dans le golfe de Salerne. Les temples de Pestum sont décorés de

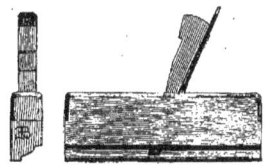

Fig. 2. — Bouvet dit *pestum.*

colonnes doriques qui ont des proportions spéciales, ce qui a fait donner à ce genre de colonne le nom d'*ordre Pestum ;* notre figure 1 montre l'intérieur du grand temple de Pestum. (Voy. COLONNE et ORDRES.)

On donne aussi ce nom à un outil, une sorte de bouvet, qui sert à traîner des moulures en forme de doucine (fig. 2). Il existe des pestums à un et à deux fers.

PÉTARASSE, *s. f.* — Espèce de hache à marteau, qui sert à pousser, à enfoncer et comprimer l'étoupe dans les grandes coutures, quand on calfate les vaisseaux.

PÉTARDER, *v. a.* — Enfoncer, faire sauter avec un pétard, c'est-à-dire avec une boîte remplie de poudre ou une forte fusée. On pétarde une porte, un roc, une pile de pont, etc.

PETITS BOIS, *s. m.* — Montants et traverses des châssis des croisées et châssis vitrés porteurs d'une ou deux feuillures qui reçoivent les verres.

En serrurerie, on donne ce nom à une tringle de fer à feuillure qui reçoit les verres d'un châssis de comble vitré, etc.' Ces petits bois ont divers profils ; ils sont à T, moulurés, demi-ronds, en doucine, etc. Les petits bois montés' sur les travaux de menuiserie sont montés sur des pattes et vissés. On fait également des petits bois en tôle étirée et moulurée. Quelquefois ils sont recouverts d'une feuille de cuivre, quand ils sont employés pour les devantures de boutiques et de magasins. (Voy. VITRAGE.)

PÉTRIN, *s. m.* — Dépendance d'une boulangerie, qui renferme le coffre dans lequel on pétrit la pâte à faire le pain, lequel coffre se nomme aussi *maie* ou *huche ;* c'est une petite pièce attenant au fournil, avec lequel il est en communication au moyen d'une porte. Outre la huche à pétrir, le pétrin, qu'on nomme aussi *gloriette,* renferme une table pour entreposer les formes à pains (*pannetons*) et des tablettes adossées aux murs.

PEULVAN ou MENHIR, *s. m.* — Pierre haute plantée verticalement en terre. — Voy. CELTIQUES (*Monuments*).

PEUPLE, *s. m.* — Bois blanc, tiré du peuplier de France (*populus alba*), qu'on emploie pour faire des voliges.

PEUPLER, *v. a.* — Ce terme de charpenterie signifie, remplir les vides d'une charpente avec des pièces de bois espacées. On dit, *peupler* un plancher de ses solives, un comble de ses chevrons, une cloison de poteaux ou de lattes, une palée de pilots, etc.

PEUPLIER, *s. m.* — Arbre de la famille des amentacées, qui fournit un bois blanc propre à la charpente ordinaire, surtout pour les constructions rurales. On l'emploie également pour la menuiserie du bâtiment ; les layetiers-emballeurs l'utilisent aussi, à cause de sa légèreté, pour fabriquer les caisses d'emballage. Il existe de nombreuses variétés de peuplier : une vingtaine environ ; les plus communes et les plus employées sont : .

Le *peuplier blanc* (*populus alba*), qu'on nomme aussi *bois blanc,* PEUPLE (Voy. ce mot), ainsi qu'une variété de celui-ci, le *blanc de Hollande* : ce sont les deux essences de peuplier qui fournissent sans contredit le meilleur bois blanc ; le *peuplier d'Italie* ou *peuplier pyramidal,* le *peuplier noir* (*populus nigra*), le *peuplier de Canada* (*populus canadensis* ou *populus monilifera*), le *peuplier de Virginie* ou *peuplier suisse* (*populus virginiana*).

PHARE, *s. m.* — Haute tour construite sur un littoral, autant que possible sur un lieu élevé, et qui porte un feu, c'est-à-dire un foyer de lumière, à son sommet. Les phares servent à guider la marche des navires pendant la nuit, à les avertir de la position qu'ils occupent en mer par rapport aux côtes. Leur usage remonte à une assez haute antiquité ; leur nom serait dérivé de l'île de Pharos, située près d'Alexandrie d'Égypte, parce que ce serait dans cette île qu'on aurait élevé très-anciennement une tour, afin de signaler les écueils et les récifs extrêmement dangereux qui entouraient l'île de Pharos. Les Romains ont élevé des phares en assez grand nombre, l'un de ceux qui sont restés célèbres est celui que Claude éleva au port d'Ostie; ils en construisirent un assez grand nombre dans les Gaules. Plusieurs des phares élevés dans la péninsule italique ou dans son voisinage furent renversés par des tremblements de terre, par exemple ceux construits dans l'île de Caprée et à Pouzzoles.

Dans ces temps modernes, on a construit de très-beaux phares qui peuvent témoigner du goût et du savoir de nos ingénieurs. On les fait généralement avec des matériaux durs et résistants, tels que le granit, la roche, etc.; mais on a obtenu aussi de bons résultats avec de la fonte et de la tôle, quand il s'agit d'élever des phares dans des localités exceptionnelles, où le transport de matériaux plus lourds ou plus encombrants deviendrait impossible, ou bien encore dans les endroits où ils surchargeraient par trop le sol sur lequel on les élève. Suivant leur hauteur et leur importance, on divise les phares en six catégories; ils sont dits : 1° *à feu fixe*, c'est-à-dire à lumière constante; 2° *à éclats*, c'est-à-dire quand ils montrent alternativement tantôt des éclats de lumière et tantôt des éclipses ; 3° *fixes à éclats*, c'est-à-dire qui montrent tantôt une lumière fixe blanche ou rouge, avec des intermittences ; 4° *tournants*, c'est-à-dire dont le feu ou la lumière augmente d'une manière graduelle, jusqu'à ce qu'elle arrive à jeter une clarté intense et qui décroît ensuite graduellement; 5° *intermittents*, quand la lumière disparaît et réapparaît brusquement après avoir brillé quelques instants ; 6° *à feu alternatif*, quand la lumière est tantôt rouge et tantôt blanche, sans passer par des éclipses intermédiaires.

Le nombre des phares construits est aujourd'hui considérable, car on a fini par en comprendre la haute utilité.; aussi les nations rivalisent entre elles pour en élever sur leurs côtes, afin de diminuer les sinistres maritimes qui arrivaient autrefois si fréquemment aux abords des côtes.

PHÉNICIEN (ART). — On a successivement donné le nom de *Phénicie* soit à la côte de Syrie qui s'étendait jusqu'à la frontière d'Égypte, soit seulement à la contrée qui oc-

cupait le pays situé entre le fleuve Éleuthéros au nord jusqu'au Bélos aujourd'hui (*Nahr-Maman*) au sud. Le nom de *Phénicien* aurait été donné à ce peuple parce que, suivant la Fable, Phénix, envoyé par son père Agénor à la recherche de sa sœur Europe, se fixa dans le pays, auquel on donna plus tard le nom de Phénicie. Une autre version nous apprend que les Grecs avaient donné le nom de Phéniciens ou *hommes rouges* aux mêmes habitants en question, soit parce qu'ils étaient venus primitivement de la mer Rouge ou Érythrée, soit parce qu'ayant inventé la couleur *rouge pourpre*, les Phéniciens portaient des vêtements de cette nuance. Les Juifs, avec qui les Phéniciens avaient de fréquents rapports, nous allons le voir bientôt, regardaient les Phéniciens comme des peuples du pays de Kénâam, c'est-à-dire comme des descendants de Cham; mais tous les caractères physiques des Phéniciens, langue, mœurs, religion, coutumes, les font considérer comme des hommes appartenant à la race sémitique : c'est un fait indiscutable. L'époque la plus brillante de l'histoire de la Phénicie s'étend du XI° au XVI° siècle, c'est-à-dire embrasse une période qui va du roi David à la conquête de Cyrus ; pendant cette période, les Phéniciens font un grand commerce, ils possèdent un art bien à eux, et ils ont des artistes tellement capables que Salomon en demande à Hiram, roi de Phénicie, ainsi que des contre-maîtres, pour bâtir le temple de Jérusalem ; nous en avons parlé à JUDAÏQUE (*Art*). (Voy. ce mot.)

Les principales villes de la Phénicie étaient Gaza, Ascalon, Azoth, Accaron, Geth, Acco, Tyr, Sidon, Béryte, Byblos, Tripolis, Antaradus, etc. Ces villes s'administraient et se gouvernaient chacune à part, elles étaient autonomes; mais elles formaient entre elles une fédération, et les juges qui les administraient avaient seuls des rapports avec les rois héréditaires. — La grande divinité phénicienne se nommait indifféremment Baal, Moloch, Adonaï, Baaltis, Mylitta ou Astarté ; du reste, le nom du dieu ou de la déesse variait dans chaque contrée, mais c'était toujours le même principe. Indépendamment du dieu principal, les Phéniciens adoraient des héros, principalement *Melcarth*, l'Hercule tyrien, qui avait des temples à Tyr, à Thasos, à Gadès et dans d'autres villes. D'après Strabon, les Phéniciens auraient fondé deux cents colonies, parmi lesquelles nous citerons Malaca, Hispalis, Carteia, Gadès, Tartessus; c'est de ces colonies que les Phéniciens tiraient l'or, l'argent, le fer, le plomb, l'étain qui leur étaient nécessaires pour fabriquer des monnaies, de l'orfévrerie ou des objets industriels. Avec les peuplades peu civilisées de l'Espagne, les Phéniciens ne trafiquaient que par voie d'échange, et avec des produits de leur industrie qui n'avaient pas une grande valeur ils amassaient de grosses quantités métalliques, c'est-à-dire des richesses considérables.

Les Phéniciens faisaient un commerce considérable sur terre et sur mer, à l'aide de caravanes et d'une marine assez importante pour leur permettre de faire un voyage de circumnavigation autour de l'Afrique, voyage ordonné par Néchao ou Nékou. A part les étoffes et les produits industriels, les Phéniciens vendaient du coton, des bois de construction, de l'ébène, de l'ivoire, de l'or et des perles fines; ils tiraient ces produits des îles de Tyros situées dans le golfe Persique, de l'Arabie, de l'Éthiopie et de l'Inde. On prétend que Cadmus, qui importa en Grèce l'écriture, tenait ce procédé des Phéniciens, qui seraient ainsi les inventeurs de l'écriture, et qui passent également comme les promoteurs des échanges de marchandises contre des espèces, contre de la monnaie; c'est là un fait important, qui peut être étayé sur cette preuve, c'est que non-seulement les monnaies du pays, soit en argent ou en bronze, frappées à Tyr, à Sidon, à Béryte et à Laodicée, portent des légendes phéniciennes, mais on voit également celles-ci sur des monnaies de certaines colonies, de Carthage, de Cilicie, ainsi que sur des monnaies de quelques villes de Sicile, de Numidie et même d'Espagne, avec lesquelles les Phéniciens faisaient des transactions commerciales. On peut donc conclure de ce qui précède que les Phéniciens, connaissant la fabrication des monnaies, en frappaient pour les colonies et même pour des peuples étrangers avec lesquels ils étaient en relation d'affaires.

Les monuments d'art phéniciens sont extrêmement rares; ceux que nous connaissons, qu'on a rapportés en Europe et qui sont dans nos musées ou bibliothèques, consistent en pierres assez frustes, dont les inscriptions sont à peine déchiffrables, comme forme de caractères, bien entendu; car aucun savant moderne, pas même M. Renan, qui s'est plus particulièrement occupé de linguistique phénicienne, n'a pu lire complétement les inscriptions de la Phénicie, qui sont composées d'un mélange d'idiomes et de dialectes divers dans lequel, il est vrai, domine l'hébreu, mais un hébreu kénânéen, c'est-à-dire un idiome particulier dans lequel figurent du copte et de l'égyptien, et quelquefois des termes arabes et syriaques. Il peut paraître étrange qu'une langue soit composée d'éléments si divers; cependant, en réfléchissant à l'étendue du commerce des Phéniciens, un pareil fait ne doit pas surprendre, car les marins empruntaient aux divers peuples avec lesquels ils avaient des relations des mots de leurs langues qu'ils transmettaient dans la langue de leur pays, dans la langue phénicienne. Voilà pourquoi il est aujourd'hui si difficile de déchiffrer complétement le phénicien; car il faudrait trouver un linguiste sachant parfaitement le copte, l'égyptien, l'hébreu, l'arabe et des dialectes complétement disparus. Voilà donc un grand obstacle, qu'il sera bien difficile de surmonter et qui seul pourrait donner la clef des nombreux problèmes touchant l'histoire et l'art des Phéniciens.

Nous possédons peu de détails sur les cités phéniciennes, dont la plus ancienne, Sidon, occupait à peu près l'emplacement de la ville moderne nommée *Seyde;* il existe encore aujourd'hui des restes de la jetée et du port de cette ancienne métropole. Après Sidon, la plus ancienne ville fondée par les Sidoniens se nomma *Tyr;* mais cette ville paraît avoir occupé plusieurs emplacements, car, au moins une fois, elle a été bouleversée par une catastrophe géologique, comme en témoignent Posidonius (*Ath.*, l. VIII, ch. xi) et Strabon (l. XVI); elle paraît aussi avoir été une cité continentale, puis avoir occupé la presqu'île tyrienne. Au milieu de ces diverses versions, un fait paraît certain, c'est que la Tyr ruinée par Nabuchodonosor occupait l'emplacement désigné aujourd'hui sous le nom d'*Adloun*. La première Tyr aurait été construite un an avant la prise de Troie, quatre cents ans avant la construction du temple de Jérusalem par Salomon. D'après des médailles, il semblerait que cette ville avait été entourée de murailles crénelées flanquées de tours, et Arien (l. II, ch. VII, § 5) nous informe que ces murs avaient 150 pieds de haut. La ville actuelle de Sour occuperait un second emplacement de Tyr. — Dans l'île de Chypre, il y avait une ville phénicienne célèbre, c'était *Paphos,* qui renfermait un temple célèbre, même au temps d'Homère (*Odyss.*, v. 362), par ses richesses et la renommée de ses oracles. Ce temple était consacré à Vénus Astarté ; il en subsiste des ruines. (Cf. Hammer, *Top. Ansich.*; Sénèque, *Nat. Quest.*, l. VI, ch. XVI; Dion Cassius, l. LIV, ch. XXIII.) La cour de cet édifice était un parallélogramme dans le rapport de 15 à 10 ; elle était circonscrite par des murailles formées avec d'énormes pierres, mais on ne peut rien dire du style architectural de ce temple. En avant de l'entrée du temple, il y avait deux énormes *phallus* unis par une chaîne. — Dans l'île de Gozze ou Gozzo, à cinq kilomètres de Malte et à trois kilomètres de Rabatto, il existe des ruines, nommées *Gigantéjas* ou tours des géants, qui sont considérées comme des débris de deux temples phéniciens ; ils sont placés parallèlement l'un à côté de l'autre ; le plus grand ne mesure que 25 mètres de longueur sur 22 dans sa plus grande largeur. Il existe d'autres monuments phéniciens à Casale-Krenti dans l'île de Malte. En général, les plans de ces édifices sont elliptiques. Une autre ville phénicienne renommée, c'était Héliopolis ; mais il ne subsiste aucun monument primitif, car le fameux temple du Soleil date du règne d'Antonin. — En résumé, les temples phéniciens étaient de petite dimension. On peut considérer le temple de Salomon comme étant tout à fait de style phénicien : voyez JUDAÏQUE (*Art*) ; et l'on retrouve dans ce dernier temple un usage très-répandu chez les races sé-

mitiques, celui de revêtir de lames d'or ou d'ivoire les boiseries, telles que cloisons, poutres ou revêtements des murs. Nous ne connaissons rien touchant la statuaire de ce peuple, si ce n'est qu'au lieu de faire des statues de pierre, ils les taillaient dans le bois et qu'ils les revêtaient de lames de métal, surtout de plomb, battues au marteau : d'autres statues étaient en bois peint, d'autres en bronze; qu'enfin les Phéniciens avaient de très habiles orfévres qui faisaient des coupes et des vases remarquables comme formes et admirablement ciselées. — Nous lisons même dans Homère (*Iliade,* l. XVIII, v. 74 et suiv.) qu'à l'occasion des jeux funèbres célébrés en l'honneur des mânes de Patrocle, « le premier prix était un vase d'argent admirablement ciselé ; il contenait six mesures, et sa beauté était si parfaite que rien sur la terre ne pouvait l'égaler. C'était un ouvrage des Sidoniens, les ouvriers les plus habiles du monde dans l'art de la gravure et de la ciselure sur métaux. Il avait été apporté sur des vaisseaux phéniciens, qui en avaient fait don au roi Thoas, après avoir abordé à Lemnos... Achille voulut honorer d'un si beau présent les jeux funèbres de son ami Patrocle. » Dans le livre VI de l'*Iliade* (v. 290), Homère nous dit aussi que Pâris ramena de Sidon des ouvriers très-habiles.

PHILOLOGIE, *s. f.* — Science qui embrasse diverses parties des belles-lettres, mais plus particulièrement tout ce qui concerne l'érudition, l'explication et la critique des textes. Le but de la philologie est de connaître la signification exacte des termes et des textes pour arriver à déduire des faits. Ce genre d'étude est indispensable à l'archéologue pour produire des travaux sérieux et d'une autorité indiscutable. (Voy. ARCHÉOLOGIE.) On comprend que la philologie est intimement liée à l'histoire et à la vie des peuples, qu'elle contribue à les faire connaître, et sert à éclaircir bien des points obscurs, et à renouer souvent la chaîne interrompue des faits historiques d'une même nation ou de ses rapports avec les nations voisines.

Grâce à cette science, à force de recherches et de travail, des hommes éminents ont pu rectifier, rétablir et quelquefois reconstituer avec de faibles données, des textes anciens d'une grande importance, qui ont fourni des matériaux précieux à l'histoire générale.

PHOSPHATISATION, *s. f.* — Il existe plusieurs moyens de durcir la surface des pierres, le plus employé est la SILICATISATION. (Voy. ce mot et PEINTURE.) Mais un mode de durcissement assez employé, c'est la phosphatisation, surtout pour les pierres employées pour le pavement des terrasses. On traite les pierres par une solution étendue de biphosphate de chaux ; le carbonate de chaux est décomposé, l'acide carbonique se dégage, et il se forme à la superficie des pierres un sous-phosphate de chaux qui durcit assez rapidement, mais qui a le défaut de favoriser le développement des végétations microscopiques qui tachent d'une manière si désagréable les édifices ; aussi la phosphatisation sera toujours d'un emploi assez restreint.

PHYLACTÈRE, *s. m.* — Banderole développée, destinée à porter une inscription. On voit des phylactères dans beaucoup de monuments du moyen âge et de la renaissance ; ils sont portés par des anges, des amours, des marmousets, des statues ; on les retrouve aussi mêlés à des ornements de tous genres exécutés en peinture ou en sculpture. Le phylactère, qui porte des inscriptions et des devises, a souvent aidé à faire connaître l'époque précise d'une construction ou d'un événement de quelque importance. Au mot MARMOUSET, le lecteur peut voir une de ces figures décorant un caisson de voûte qui porte un phylactère.

PIC, *s. m.* — En général on désigne sous ce terme un outil en fer dont une extrémité est pointue et acérée. Plusieurs corps d'état utilisent cet instrument. Celui des carriers, qui leur sert à attaquer les bancs de pierres ou à faire les entailles propres à recevoir le coin, est une sorte de pioche à deux pointes (Voy. notre fig.) ; on l'emploie également dans les chantiers de démolitions pour démolir les massifs de blocage, lorsqu'ils présentent une

grande solidité. — Il existe aussi des *pics à taillant*, des *pics à taillant et à marteau*, des *pics à long manche*, etc.

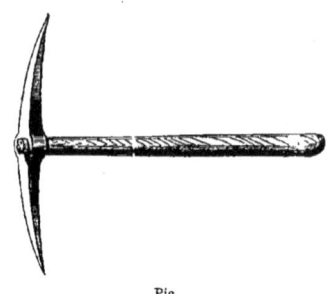

Pic.

PICOLET, *s. m.* — Crampon à tenon ou à pattes qui embrasse et assujettit le pêne d'une serrure, d'un verrou, d'une targette. Les picolets des serrures sont fixés sur le palastre ; ils servent à guider le pêne, lorsqu'il entre ou sort de la serrure. On nomme *picolets à cordon* les cramponnets qui fixent sur leur platine les verrous de targette, de loqueteau, etc.

PIÈCE, *s. f.* — Ce terme a de nombreuses significations ; d'une manière générale, il sert à désigner une partie d'un ensemble, d'un appareil, etc. ; par exemple, on dit : les pièces de cette machine sont bien faites, bien polies, bien comprises, etc. — Dans un appartement, on appelle *pièce* un espace compris entre des murs ou des cloisons et formant une salle, une chambre, ou tout autre local qui n'est pas divisé par des séparations. — En charpenterie, on nomme : *pièce*, tout morceau de bois taillé et façonné qui fait partie d'un assemblage ; *pièces maîtresses*, les grosses pièces, telles que poutres, poitrails, poteaux corniers, etc. — En couverture, la *pièce* est la demi-tuile ou demiardoise qu'on emploie aux égouts, aux batèlements et aux filets ; on donne même ce nom aux NIGOTEAUX. (Voy. ce mot.) — En menuiserie, on applique ce terme à divers membres d'assemblage. On nomme :

PIÈCE D'APPUI, la traverse du bas d'une croisée ou d'une porte-croisée ;

PIÈCE CARRÉE, le battant de remplissage

qui dans une même feuille de parquet reçoit l'assemblage de deux panneaux dans sa longueur ;

PIÈCE D'ONGLET, la pièce qui dans un bâti de feuille de parquet est coupée d'onglet par deux bouts ;

PIÈCES RAPPORTÉES, les petits morceaux de bois qu'on place comme remplissage dans des entailles pratiquées dans des menuiseries par suite de changement, ou pour leur agrandissement ; ·

PIÈCE A QUEUE, le montant placé dans le haut d'une croisée à coulisse : à l'aide de vis, on peut démonter ce montant pour retirer de l'intérieur du dormant les châssis vitrés ;

PIÈCE DE VERRE, une feuille de verre pouvant servir à vitrer soit un grand panneau qui n'a pas de petits bois , soit des compartiments de panneaux ;

PIÈCE D'ANGLE ou QUART, dans les carrelages de marbrerie, le morceau ou quart de carreau placé dans l'angle des pièces ou des bandes faisant retour d'équerre : au contraire, les pièces qui affleurent la bande se nomment *demi-carreaux* ou *moitiés*. (Voy. CARRELAGE et CARREAU.)

PIÈCE (Ouvrages et Matériaux à la). — On désigne ainsi les ouvrages et les matériaux qui ne se mètrent pas et qui ne s'évaluent qu'en nombre de compte. — Tels sont les moellons piqués, les briques et tous les matériaux en terre cuite, les pavés, les objets de quincaillerie, etc. — Les scellements, les matériaux posés en recherche, les menus ouvrages de serrurerie et de menuiserie, etc. Les travaux de taille ou de sculpture, tels que denticules, oves, olives et autres ornements analogues, se comptent à la pièce.

· PIED, *s. m.* — Ancienne mesure de longueur égale au tiers du mètre, c'est-à-dire valant 0ᵐ,333. Depuis l'adoption du système métrique, cette mesure n'est pas reconnue comme légale, mais beaucoup de corps d'état comptent encore leurs travaux ou la longueur et l'épaisseur des matériaux par pieds, principalement dans les industries du bois, de la pierre, du marbre, etc. — Ce terme sert aussi à désigner la partie basse d'un objet, d'une

colonne, d'un mur ; exemple : C'est *au pied du mur* où l'on connaît le maçon. — Le pied du mur comprend la partie inférieure depuis l'empatement des fondations jusqu'à la hauteur de retraite au rez-de-chaussée. — Enfin on nomme pied de fontaine, de bénitier, de vasque, etc., le support ou piédestal des fontaines, des bénitiers et des vasques, etc.

PIED D'AILE. — Bande de 0ᵐ,32 de largeur, que le voisin d'un mur est obligé d'acquérir en sus de la place à occuper par un bâtiment ou un ouvrage quelconque qu'il adosse contre le mur de son voisin. Pour mieux faire comprendre cette définition, nous donnerons comme exemple le cas suivant. Si un voisin n'est copropriétaire que de la partie inférieure d'un mur mitoyen, et qu'il lui plaise d'adosser à la partie supérieure un tuyau de cheminée, par exemple, il devra acquérir non-seulement la partie occupée par le tuyau, mais encore une bande de 0ᵐ,32 de largeur de chaque côté ; c'est cette bande qu'on nomme *pied d'aile*. — Pour les toits, la bande de solin répondant au pied d'aile n'est que 0ᵐ,16. Si le propriétaire du tuyau adossé voulait sceller des échelons en fer dans le pied d'aile pour pouvoir arriver à la souche de cheminée, afin de la ramoner, il devra acquérir une nouvelle bande de 0ᵐ,32 à partir du scellement desdits ÉCHELONS. (Voy. ce mot.)

PIED DE BICHE. — Morceau de bois dur à l'extrémité duquel se trouve une entaille triangulaire ou un fer denté, qui sert à retenir

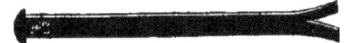

Fig. 1. — Pied de biche (face).

sur champ des bois sur l'ÉTABLI. (Voy. ce mot.) C'est aussi le nom d'un ciseau en fer fourchu, et à deux tranchants assez courts avec

Fig. 2. — Pied de biche (profil) .

lesquels on saisit les clous et les broches en fer que la rouille retient fortement scellés dans les vieux bois. On extirpe ces clous en exerçant une Pesée (Voy. ce mot) sur l'extrémité du ciseau. Nos figures 1 et 2 montrent de face et de profil cet outil.

PIED-DROIT ou PIÉDROIT. — Mur supportant une voûte, ou simplement la paroi de maçonnerie placée au-dessous des naissances d'une voûte ; on a souvent nommé également, mais à tort, pieds-droits les ALETTES. (Voy. ce

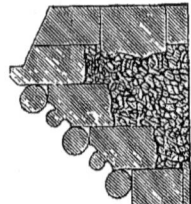

Fig. 1. — Piédroit d'une baie formé par des colonnettes.

mot.) Beaucoup de baies ornées de voussures moulurées ont leurs piédroits formés par une réunion de colonnettes : notre figure 1 montre un piédroit de ce genre ; quand les colonnettes sont disposées comme le fait voir notre figure 2, on dit que le piédroit est en claire-voie (clerestory). — En général les piédroits

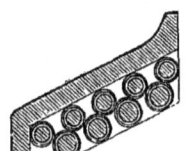

Fig. 2. — Piédroit en claire-voie.

sont appareillés en pierres d'un plus grand échantillon que les murs adjacents. — Ce terme est aussi souvent synonyme de JAMBAGE (Voy. ce mot.)

Dans un pont, les pieds-droits isolés portent le nom de piles ; ceux adossés aux berges se nomment CULÉES, et dans les ponts en bois PALÉES. (Voy. ces mots.)

PIED CORNIER. — On nomme ainsi tout battant formant un angle saillant dont l'arête est arrondie ; de même que la pièce de bois située à la rencontre de deux pans en charpente ou à l'encoignure d'un pan de bois.

PIED D'ŒUVRE. — Espace, chantier qui se trouve au bas d'une construction en cours d'exécution ; d'où l'expression, amener les matériaux à pied d'œuvre.

PIED DE CHÈVRE. — Pièce de bois qui sert de patin aux montants d'une chèvre. On désigne encore sous ce nom un genre d'enture employé pour allonger une pièce de bois ; on dit, enter en pied de chèvre.

PIÉDESTAL, s. m. — En général, support d'une statue, d'un buste, d'un vase, d'un candélabre ; mais on emploie plus spécialement ce terme pour désigner la partie inférieure d'un ordre d'architecture qui sert de support à la colonne. Un piédestal se compose de divers membres dont nous n'avons pas à parler ici ; le lecteur trouvera les piédestaux des divers ordres et leurs proportions respectives au mot ORDRES. — Suivant leur forme, leur genre ou leur décoration, on nomme :

PIÉDESTAL ORNÉ, celui qui est décoré d'ornements, de bas-reliefs, etc.;

PIÉDESTAL DOUBLE, celui qui porte deux colonnes, deux pilastres, etc. ;

PIÉDESTAL EN ADOUCISSEMENT, celui dont les faces du dé sont concaves ou convexes ;

PIÉDESTAL FLANQUÉ, celui dont les encoignures sont ornées de ressauts ;

PIÉDESTAL EN BALUSTRE, celui qui affecte la forme d'un balustre ;

PIÉDESTAL CONTINU, celui qui forme soubassement ;

PIÉDESTAL TRIANGULAIRE, celui qui a trois côtés ou faces.

PIÉDOUCHE, s. m. — Petite base ordinairement ronde, ornée de moulures, qui sert de support à un buste, à une petite figure ; c'est une sorte de petit piédestal.

PIERRE, s. f. — Les pierres sont en général des corps assez durs, solides, rarement combustibles, non malléables et d'une pesanteur spécifique presque toujours supérieure à l'eau, la pierre ponce exceptée ; on les emploie comme matériaux de construction. Il existe de nombreuses variétés de pierres, qui sont classées suivant leurs qualités physiques ou chimiques ; les deux principales divisions sont : les *pierres tendres* et les *pierres dures*, qu'on subdivise en *pierres argileuses, pierres calcaires, pierres gypseuses* et *pierres scintillantes* ou qui font feu sous le choc du briquet. — Les pierres argileuses ne font pas effervescence avec les acides, elles ont la propriété de durcir au feu ordinaire et de n'être transformées par le feu ni en plâtre ni en chaux. (Voy. ARGILE et BRIQUE.) Les pierres calcaires, au contraire, font effervescence avec les acides et, sous l'action d'un feu nourri et continu, elles sont transformées en CHAUX. (Voy. ce mot.) Pour les pierres gypseuses, nous renverrons le lecteur aux mots GYPSE et PLÂTRE. Les *pierres scintillantes* sont les GRANITS, les GRÈS et les PORPHYRES. (Voy. ces mots.)

Nous ne donnerons pas ici la nomenclature des pierres, ainsi que leur force de résistance et leur pesanteur spécifique, car ce travail nous entraînerait trop loin, il ne faudrait pas moins d'un volume; mais nous étudierons les pierres au point de vue de leurs qualités ou de leurs défauts naturels. Sous ce rapport, on désigne sous les noms de :

PIERRE FIÈRE, une pierre dure difficile à travailler et qui éclate sous les coups du ciseau;

PIERRE COQUILLIÈRE, celle qui contient dans sa texture de petites coquilles, et dont les parements n'ont par suite aucun brillant ;

PIERRE FILARDEUSE, celle qui a des fils sur sa hauteur ou sur son épaisseur ;

PIERRE FRANCHE, une pierre qui est parfaite dans son espèce et très-régulière dans sa texture ;

PIERRE GÉLIVE, GÉLISSE, HUMIDE ou VERTE, une pierre qui sous l'action de la gelée se délite, soit parce qu'elle contient son eau de carrière, soit à cause de sa qualité ;

PIERRE GRASSE, celle qui est humide et par conséquent sujette à la gelée ;

PIERRE MOYÉE, celle qui contient des moyes : elle est inégalement dure ;

PIERRE MOULINÉE, celle qui s'écrase facilement et se réduit en poussière ;

PIERRE PLEINE, une pierre très-uniforme dans sa densité, et dans laquelle il ne se présente ni coquillages ni moyes ;

PIERRE POREUSE, celle dont la contexture est lâche et qui renferme beaucoup de petits trous rapprochés;

PIERRE SAINE OU ENTIÈRE, une pierre qui n'a ni fils, ni trous, ni veines qui l'endommagent ;

PIERRE VIVE, une pierre qui jouit de la propriété remarquable de durcir autant dans la carrière qu'à l'air libre ;

PIERRES DE HAUT ou DE BAS APPAREIL, les pierres qui portent un banc de grande hauteur, ou qui n'ont qu'environ $0^m,30$ de hauteur de banc.

Suivant le travail qu'elles ont reçu, on donne aux pierres des désignations diverses; on nomme :

PIERRES DE TAILLE, les pierres susceptibles de recevoir des tailles régulières et pouvant être parementées et polies, etc. ;

PIERRE D'ÉCHANTILLON, celle qui a des dimensions déterminées et qui a été commandée exprès à la carrière;

PIERRE DÉBITÉE, celle qui a été sciée ou refendue ;

PIERRE VELUE ou BRUTE, celle qui n'a reçu aucune taille sur aucune de ses faces ;

PIERRE ÉBOUSINÉE, celle dont on a supprimé seulement le bousin ou partie molle ;

PIERRE LAYÉE, celle qui a reçu une taille avec la laye ;

PIERRE BRETTELÉE ou PIERRE HACHÉE, celle dont les parements ont été dressés avec le marteau bretté ;

PIERRE RIFLÉE, celle dont les parements ont été passés au riflard ;

PIERRE RAGRÉÉE, celle qui, après avoir été riflée, a été passée au grès;

PIERRE FICHÉE, celle dont les joints ont été remplis par des coulis;

PIERRE JOINTOYÉE, celle dont les joints ont été bouchés et ragréés ;

PIERRE EN DÉLIT, celle qui est posée inversement à son lit de carrière ;

PIERRE EN CHANTIER, la pierre qui a été calée par le tailleur de pierre et disposée avec une inclinaison qui facilite sa taille.

PIERRE ARTIFICIELLE ou PIERRE FACTICE. — Sous ce terme générique, on désigne les briques, les bétons, les *mortiers ag-glomérés*, dits *bétons Coignet*, etc. Avec de la poudre de pierre tendre et un mortier ou ciment servant de liant, on fait des pierres factices, dont quelques-unes sont d'un bon usage.

PIERRES D'ATTENTE. — Voy. HAR-PES.

PIERRE D'AZUR. — Voy. LAPIS-LAZULI.

PIERRE A BROYER. — Pierre dure, de marbre, de liais, de porphyre, etc., sur laquelle les peintres broient les couleurs avec la MO-LETTE. (Voy. ce mot.)

PIERRE A BRUNIR. — Voy. BRUNIS-SOIR.

PIERRE CELTIQUE.
PIERRE FICHE.   } Voy. CELTIQUES
PIERRE FITTE.   } (*Monuments*).
PIERRE LEVÉE.

PIERRES COMMÉMORATIVES. — Voy. COMMÉMORATIFS (*Monuments*).

PIERRE D'ÉVIER. — Voy. ÉVIER.

PIERRE DE LIAIS. — Pierre qui sert aux plombiers à souder leur plomb. (Voy. LIAIS.)

PIERRE MILLIAIRE. — Voy. MIL-LIAIRE.

PIERRE PONCE. — Pierre très-légère et spongieuse, provenant d'éruptions volcaniques, qui est surtout employée par les peintres : ils s'en servent pour rendre unis les fonds d'apprêt, avant de les coucher ; pour égrener les murs, pour polir les vernis, en un mot pour toutes les opérations dites *de ponçage*.

PIERRES PRÉCIEUSES. — Pierres employées pour la décoration des objets de luxe et pour graver en creux (*intailles*) ou en relief (*camées*). (Voy. GLYPTIQUE.) Les principales pierres précieuses sont : le malachite, le syénite, l'hématite, le limonite, les jaspes,

les agates, les onyx, les chalcédoines, les grenats, les hyacinthes, les turquoises, les corindons (émeraudes, améthystes, topazes, chrysolithes, saphirs, rubis) et le diamant. Toutes ces pierres sont susceptibles d'être gravées à la pointe, au burin et au touret.

PIERRE SPÉCULAIRE. — Voy. SPÉCU-LAIRE.

PIERRE TOMBALE. — Voy. TOMBALE.

PIERRE TUMULAIRE. — Voy. TUMU-LAIRE.

PIERRE DE VOLVIC. — Lave extraite de certains gisements situés en Angleterre et en Auvergne, et qui sert à faire des dallages et des monuments funéraires ; cette pierre reçoit aussi très-bien l'émail, aussi est-elle employée pour obtenir de grandes pièces émaillées.

PIERRÉE, s. f. — Massif de maçonnerie qu'on obtient par encaissement en jetant pêle-mêle des pierres dans lesquelles on coule du mortier ; on procède en entassant par lits de 0^m,20 à 0^m,25 de hauteur des pierres de petite dimension ou des cailloux, sur lesquels on répand du mortier assez liquide. Les caisses ont comme largeur celle qu'on veut donner aux murs. Ce genre de maçonnerie est hourdé avec des mortiers hydrauliques ou aériens, suivant que les constructions sont faites dans l'eau ou sur des terrains fermes. — On nomme également *pierrée* un canal, ouvert ou souterrain, formé à l'aide de pierres sèches, et qu'on utilise pour donner un écoulement aux eaux pluviales ou pour conduire des eaux de source dans un réservoir.

PIEU, s. m. — Pièce de bois pointue et ferrée, armée d'un sabot, qu'on enfonce dans le sol à l'aide de la sonnette ou mouton, pour former des palées, des ponts de bois, ainsi que les crèches des murs de quai, des piles et des culées de ponts, ou bien pour retenir les terres des digues et bâtardeaux. Le pieu diffère du pilot en ce que le premier n'est pas recouvert comme le pilot par de la maçonnerie qu'il supporte. (Voy. PILOT.) — Les treillageurs nomment *pieux* les morceaux de bois appointés d'un bout et qu'ils enfoncent en terre ; ces picux servent à fixer les diverses parties d'un treillage. — Les fontainiers désignent sous ce terme un morceau de bois assez court dont l'une des extrémités est arrondie et l'autre terminée en pointe, et qui sert à boucher l'orifice inférieur d'un tuyau d'aspiration, afin d'empêcher la vase de s'y introduire et de l'obstruer.

PIGE, *s. f.* — Cette expression, dans la bouche des ouvriers, est synonyme de *jauge ;* d'où le verbe *piger*, qui est synonyme de jauger, toiser, mesurer, et même surprendre.

PIGEON. — Voy. PIGEONNAGE et PIGNON.

PIGEONNAGE, *s. m.* — Espèce de languette faite en plâtre pur, à la main et sur place, qui forme les coffres de cheminées, les hottes de fourneaux, etc. Les pigeonnages mesurent de 0^m,06 à 0^m,08 d'épaisseur ; au lieu de les exécuter à la main, on peut employer un *cintrage*, contre lequel on applique le plâtre. Les pigeonnages faits par ce moyen plus expéditif ne présentent pas la même solidité que

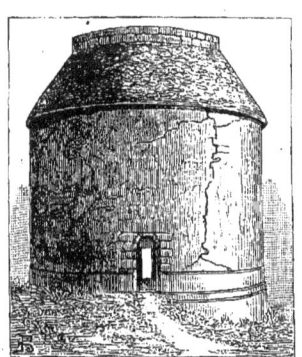

Fig. 1. — Élévation d'un colombier.

ceux exécutés à la main. Un mètre carré de pigeonnage exige 0,078 de plâtre en poudre et environ 2 heures de temps d'un maçon et son aide.

PIGEONNER ou ÉPIGEONNER, *v. a.* — Faire un pigeonnage, c'est-à-dire employer du plâtre gâché serré, sans le plaquer ni le jeter ; le maçon le soulève doucement et lentement avec la main et à la truelle par *pigeons*, c'est-à-dire par poignées.

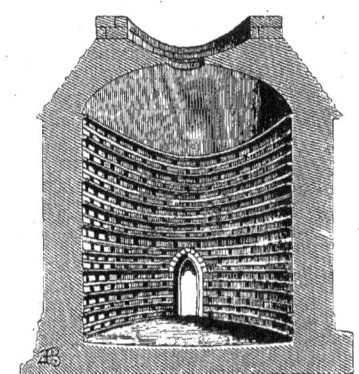

Fig. 2. — Intérieur d'un colombier.

PIGEONNIER, *s. m.* — Construction qui sert à loger des pigeons. Ce terme est presque synonyme de COLOMBIER. (Voy. ce mot.) Nous disons presque : en effet, le colombier suppose

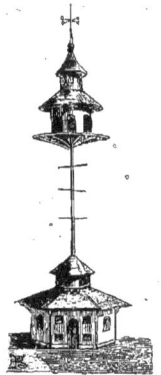

Fig. 3. — Pigeonnier au-dessus d'un poulailler.

une construction plus considérable (Voy. fig. 1 et 2); dans les manoirs féodaux, il avait des proportions presque monumentales. Au contraire, le terme de pigeonnier comporte l'idée d'une construction plus modeste et pour ainsi dire rustique. Le colombier peut contenir de cinq à six cents pigeons; le pigeonnier, à peine cinquante ou soixante; il est souvent l'annexe du poulailler et construit au-dessus d'une petite construction destinée à abriter quelques volatiles : tel est celui représenté par notre figure 3.

PIGNON, *s. m.* — Sommet d'un mur qui affecte la forme d'un triangle isocèle; les deux côtés adjacents à la base suivent la pente du toit ou du comble à deux égouts. Le pignon porte les abouts des pannes formant la charpente du comble, et, suivant la position qu'il occupe dans un bâtiment, il peut former la façade ou le côté. Dans les églises modestes à une seule nef droite, le pignon forme la façade principale; dans les églises à transsepts, il y a ordinairement trois pignons, un sur chaque transsept et un autre sur la façade principale. En général, tous les bâtiments simples du moyen âge, construits sur plan rectangulaire, présentaient deux murs GOUTTEREAUX (Voy. ce mot) et deux murs pignons. Au XIe siècle, les murs gouttereaux étaient sur la rue; plus tard, au XIIIe et au XIVe siècle, les pignons furent placés sur la rue. A l'époque romane, les pignons des maisons ne présentent rien de bien remarquable; ils sont percés d'une ou deux baies, et leurs rampants sont couronnés d'un chaperon diversement profilé. A partir du XVIe siècle, le pignon est souvent à redents, disposition qui s'est conservée jusqu'à l'époque de Louis XIII. Souvent les pignons sont terminés par des panicules de feuillages ou des fleurons. — Les pignons des maisons de bois sont presque toujours en encorbellement et présentent souvent un grand arc ogive soutenant les abouts des pannes et autres pièces de charpente; au centre de cet arc, qui est quelquefois remplacé par un arc trilobé, il existe une baie carrée, assez souvent géminée. Dans les pignons en bois, les encorbellements sont soutenus par de grandes consoles en bois, qui souvent sont sculptées comme leurs rampants. — On nomme *pignon entrapeté* celui qui a la forme d'un trapèze, par exemple celui qui termine un comble brisé dont la partie supé-

rieure est en croupe, ou bien qui est de forme pentagonale, comme dans les pignons adossés à des combles à la Mansard. — On donne encore le nom de *pignons* aux murs mitoyens sur lesquels portent les extrémités des couvertures; souvent ceux-ci sont terminés par une forme autre que celle du triangle. — En menuiserie, c'est un morceau de bois mince, une sorte de *flipot*, qu'on place dans un onglet sur le champ d'un cadre; les pignons sont là pour empêcher qu'on ne voie le jour à travers le joint, si le bois en séchant se retire et agrandit l'écartement. — En mécanique, on nomme *pignon* une roue d'engrenage qui met en mouvement une plus grande roue.

PILASTRE, *s. m.* — Avant-corps, sorte de colonne plate, toujours peu saillante sur le mur ou le pied-droit sur lesquels il est adossé. Les Romains les nommaient *antes* et les Grecs παραστάδες. Ces derniers, à l'imitation des Égyptiens et des Assyriens, ont employé les pilastres principalement à l'extrémité des façades de leurs temples; les Romains en ont fait une application beaucoup plus étendue, au point même que beaucoup de leurs édifices ne sont décorés que de pilastres, là même où des colonnes auraient figuré avec plus d'avantage, car nous devons dire que souvent les pilastres sont quadrangulaires et remplacent les colonnes. Il existe des pilastres quadrangulaires au temple de Spolète, au grand temple de Jupiter Olympien à Agrigente et dans d'autres monuments; mais on voit beaucoup plus de pilastres adossés dans les monuments de l'antiquité. — Le pilastre prend les mêmes proportions et la même décoration que les colonnes de l'ordre auquel il appartient; comme les colonnes, il est souvent galbé. Suivant la forme qu'il a, suivant sa décoration, suivant la place qu'il occupe, le pilastre reçoit diverses qualifications. On nomme :

PILASTRES ACCOUPLÉS, les pilastres qui sont réunis deux par deux;

PILASTRE ATTIQUE, un petit pilastre d'une proportion particulière, beaucoup plus court que le pilastre des ordres et qui est employé à la décoration des attiques;

PILASTRE BANDÉ, celui qui est divisé par

de petites bandes ou tambours, comme dans les colonnes à bossages ;

PILASTRE CANNELÉ, celui qui est décoré de cannelures : tel est celui que montre notre figure 1, qui provient, comme celui de notre figure 2, du château du maréchal de Tavannes au Pailly ;

PILASTRE CINTRÉ, celui dont le plan est curviligne, parce qu'il suit le contour d'un mur convexe, concave ou circulaire : tels sont

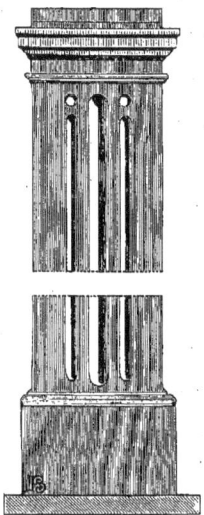

Fig. 1. — Pilastre avec cannelures.

ceux qui décorent les dômes, les coupoles, les absides ou grandes niches, etc.;

PILASTRE CORNIER ou ANGULAIRE, le pilastre double situé à l'angle saillant d'un bâtiment ; le pilastre situé dans l'encoignure d'une salle se nomme *pilastre plié ;* souvent il n'a de chaque côté en saillie que le sixième ou le septième de son diamètre ;

PILASTRE COUPÉ, celui qui est coupé ou traversé par une bande horizontale, une imposte, etc.;

PILASTRE GALBÉ, celui qui, au lieu d'avoir le même diamètre dans toute sa hauteur, est diminué à la manière des colonnes, ce qui donne à ses faces, à ses profils latéraux, une

ligne courbe : on le nomme aussi *pilastre diminué ;*

PILASTRE DOUBLÉ, un pilastre qui, au lieu d'être *plié* (Voy. ci-dessus, PILASTRE CORNIER), est formé par deux pilastres entiers qui se joignent à angle droit et rentrant, ou à angle obtus, et qui ont leurs bases et leurs chapiteaux confondus ;

PILASTRE ENGAGÉ, le pilastre qui, bien que placé derrière une colonne qui lui est adossée, n'en suit cependant pas le galbe

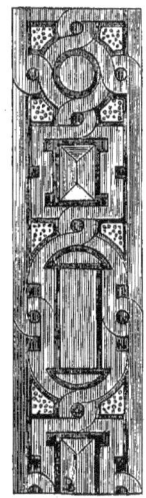

Fig. 2. — Pilastre ravalé avec tables, têtes de diamant, etc.

parce qu'il est formé de deux lignes parallèles, et dont la base et le chapiteau se confondent avec ceux de la colonne ;

PILASTRE FLANQUÉ, le pilastre qui a sur ses côtés, sur ses *flancs,* deux demi-pilastres sur lesquels il a une légère saillie ;

PILASTRE EN GAINE DE TERME, le pilastre plus large à son sommet qu'à sa base ; les renaissances française et italienne l'ont employé assez fréquemment dans leur décoration ;

PILASTRE RAVALÉ (fig. 2), celui dont le parement est refouillé et incrusté d'une ou plusieurs tables de marbre encadrées de moulures ;

PILASTRE RUDENTÉ, le pilastre cannelé dont les cannelures sont remplies jusqu'au

tiers inférieur de leur hauteur par des rudentures quelconques, joncs, baguettes, torsades,
etc. (Voy. CANNELURES.)

PILASTRE DE RAMPE. — On nomme pilastres de rampe tous les pilastres un peu
plus élevés que la hauteur d'appui, qui sont
comme de petites colonnes avec base et chapiteau, et contre lesquels viennent buter les
balustrades et les rampes d'escaliers et de
balcons. Souvent ces pilastres, quand ils sont
en serrurerie, affectent la forme de grandes
consoles en fer; quand celles-ci, au lieu
d'être droites, sont contournées en spirale,
on les nomme *pilastres en* VOLUTE. (Voy. ce
mot.)

PILE, *s. f.* — Ce terme est synonyme de
PILIER (Voy. ce mot); mais il est surtout
employé pour désigner les massifs de maçonnerie qui servent de support aux voûtes des
ponts en fer ou en pierre, car dans les ponts
en charpente ce terme de pile est remplacé
par celui de PALÉE. (Voy. ce mot.) — On
nomme *piles* les massifs en béton, de forme
carrée, rectangulaire ou circulaire, qu'on coule
dans des puits et qui servent à asseoir et
supporter les fondations d'une construction
dans de mauvais sols. Ces piles font l'office de
PILOTIS. — (Voy. ce mot.) Dans le commerce
des bois, on nomme *piles* des quantités quelconques de pièces de bois entassées, empilées
les unes sur les autres, mais de manière que
l'air puisse circuler librement entre chaque
pièce.

PILIER, *s. m.* — Massif de maçonnerie
affectant des formes diverses et servant à
soutenir la partie supérieure d'un édifice,

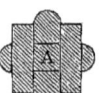 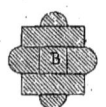

Fig. 1. — Pilier d'église.

voûte, plancher, terrasse, etc. Le pilier est
donc un support vertical; suivant sa forme
et l'emplacement qu'il occupe, on le nomme
aussi PILASTRE et PILE. (Voy. ces mots.) Un

grand nombre d'auteurs ont écrit qu'un pilier
rond ou cylindrique était une colonne, ce qui
est inexact, car une colonne a des proportions,
des formes et des membres d'architecture, tels

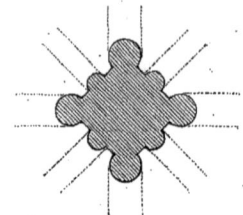

Fig. 2. — Pilier d'église en faisceau (1ᵉʳ type).

que base et chapiteau, toutes choses enfin
que n'a pas un pilier : il serait tout au plus
logique de dire qu'un pilier cylindrique est
un fût de colonne. — Le pilier a été employé

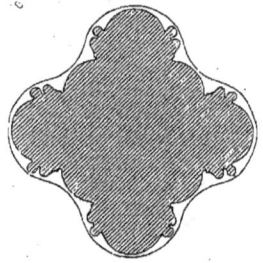

Fig. 3. — Pilier d'église en faisceau (2ᵉ type).

dès la plus haute antiquité; les plus anciens
monuments de l'Inde, de l'Assyrie, de l'Égypte,
nous montrent des piliers. L'architecture
grecque et l'architecture romaine ont aussi

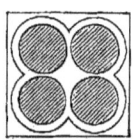

Fig. 4. — Pilier formé de quatre colonnes isolées.

utilisé ce membre de construction; les architectes carolingiens, romans en ont fait usage;
quant à l'architecture ogivale, elle en a fait le
plus large emploi. Dès le XIᵉ siècle, et peut-

être même pendant le xᵉ, les piliers des églises, qui jusque-là avaient montré des surfaces lisses, commencent bientôt à se décorer de colonnettes engagées, au nombre de quatre (fig. 1); deux recevaient la retombée des formerets, une troisième celle de l'arc-doubleau, enfin la quatrième, en regard de la nef, s'élevait jusqu'à la voûte maîtresse pour en supporter la naissance. Quand les assises de ces piliers n'étaient pas taillées dans un seul bloc de pierre, mais formées par la juxtaposition de

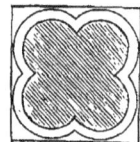

Fig. 5. — Pilier formé de quatre colonnes soudées.

matériaux, les assises étaient alternées comme le montrent nos croquis (fig. 1) : l'assise B se superposait sur l'assise A, et ainsi de suite. Au xiiᵉ siècle, cette disposition se transforme : le pilier commence à prendre la forme de la croix grecque, et dans chacun de ces quatre angles rentrants on trouve une colonne engagée de moindre diamètre que celles des faces principales ; ces colonnes secondaires sont dou-

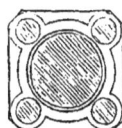

Fig. 6. — Colonnes isolées formant pilier.

blées, et le pilier est alors formé par douze colonnes de diamètres fort divers. Par suite de cette nouvelle disposition, ce ne sont plus les faces qui sont orientées suivant les axes de l'église, mais ce sont les diagonales : ce principe reste en vigueur fort longtemps. L'architecture ogivale secondaire s'empare à son tour du pilier et lui fait subir une nouvelle transformation : elle multiplie autour de lui les colonnettes en si grand nombre, qu'elle crée le *pilier faisceau* (fig. 2 et 3); elle lui donne une base, un piédestal, et elle arrondit en gorge

les arêtes qui séparent les fûts entre eux. A partir du xvᵉ siècle apparaissent les moulures dites *prismatiques* qui couvrent les piliers ; ces moulures disparaissent au xviᵉ, et les piliers, devenus cylindriques, se dépouillent de tout ornement ; mais ils sont formés de quatre colonnes isolées (fig. 4), ou soudées ensemble (fig. 5), ou bien d'une grosse colonne flanquée de quatre colonnettes isolées (fig. 6). Enfin, au xviᵉ siècle, le pilier disparaît, il est remplacé par le pilastre carré ou par la colonne.

On donne encore le nom de *piliers* ou *piles* aux trumeaux en pierre de taille qui supportent les poitrails en bois ou en fer des devantures de boutiques. Enfin, on donne le nom de *pilier-butant* à un corps de maçonnerie élevé pour résister à la poussée d'une voûte ou d'un arc; on le qualifie de *pilier-butant en console* quand la partie inférieure se termine en enroulement : l'architecture JÉSUITIQUE (Voy. ce mot) a beaucoup employé ce genre de pilier.

PILIER DE CARRIÈRE. — Masse de pierre en forme de colonne ou de pilier qu'on réserve de distance en distance dans une carrière pour soutenir la voûte ou le *ciel* de la carrière.

PILIER DE MOULIN A VENT. — Massif de maçonnerie conique placé dans l'axe du moulin, et qui sert à supporter la cage d'un moulin et l'arbre mis en mouvement par les ailes.

PILON, *s. m.* — Outil composé d'un gros bloc de bois cylindrique et pourvu d'un manche; il sert à frapper et à affermir le sable, le béton ou les terres jetées dans une tranchée.

PILONNER, *v. a.* — Travailler avec le pilon ; affermir et tasser à l'aide du pilon le sable, la terre, le béton, etc., qu'on jette dans une tranchée, dans des fondations ou dans des terrains à remblayer.

PILOT, *s. m.* — Bois de brin appointé à l'une de ses extrémités, et armé d'un *sabot* ou *lardoir* et fretté à l'autre bout. On enfonce les pilots dans le sol au moyen de la sonnette ou mouton, et ils servent à l'établissement d'un PILOTIS. (Voy. ce mot.) Les pilots, qu'on

nomme également *pieux*, conservent leur forme
cylindrique ; ils sont légèrement équarris, afin
d'enlever de gros nœuds qui, se trouvant sur
leur surface, pourraient gêner l'opération du

d'un pilotage ; *pilots de tête*, ceux qui commencent ou terminent la série des pilots formant un pilotis : on les choisit fort solides et
résistants ; *pilots de retenue*, des pilots secondaires, quelquefois des *piquets* enfoncés en

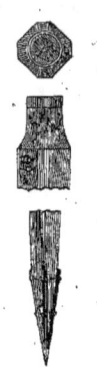

Fig. 1. — Sommet d'un pilot et sabot en fer.

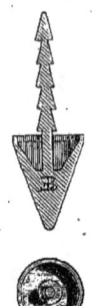

Fig. 3. — Sabot en fer (plan et coupe).

battage. Les meilleurs bois à employer pour les
pilots sont le chêne, l'orme et le sapin rouge.
Dans certaines contrées, on les emploie quelquefois en grume. Quand les pilots sont formés
de madriers appointés, on leur donne le nom
de PALPLANCHES (Voy. ce mot), et celui de

dehors de l'enceinte d'un pilotis : on les emploie pour maintenir un terrain peu consistant
et qui menace de s'ébouler.

PILOTAGE. — Voy. PILOTIS.

PILOTER, *v. a.* — Faire un pilotis, en-

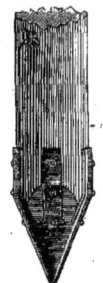

Fig. 2. — Sabot en fer.

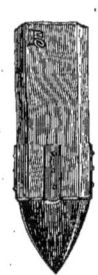

Fig. 4. — Sabot en fonte.

PIQUETS (Voy. ce mot) lorsqu'ils sont d'une
médiocre grosseur. Nos figures de 1 à 4 montrent divers genres de SABOTS; à ce mot, le
lecteur en trouvera d'autres types à ailettes,
qui s'enfoncent en terre en tournant le pilot
qui en est armé.

Il existe divers genres de pilots. On nomme :
pilots de bordage, ceux qui terminent l'enceinte

foncer des pilots dans le sol, afin d'y asseoir
une construction. On pilote les terrains susceptibles d'être affouillés par les eaux souterraines.

PILOTIS ou PILOTAGE, *s. m.* — Série
de pilots qu'on enfonce dans le sol à des distances et à des profondeurs plus ou moins

grandes (fig. 1). On pratique des pilotis dans les terrains vaseux, peu consistants, et dans des terrains glaiseux, susceptibles de laisser glisser la maçonnerie qu'on élèverait sur ces terrains. On consolide et on raffermit ce genre de sol en y enfonçant des

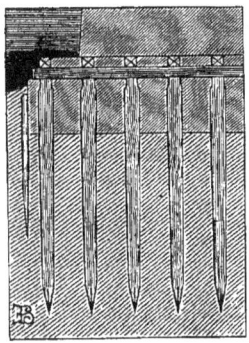

Fig. 1. — Pilotis.

pilots avec la sonnette; on les bat jusqu'au refus du mouton. Quand ils sont complétement enfoncés dans ces conditions, ils peuvent supporter une charge moyenne de 35 kilogrammes par centimètre carré de section. On dispose ordinairement les pilots par quinconce en

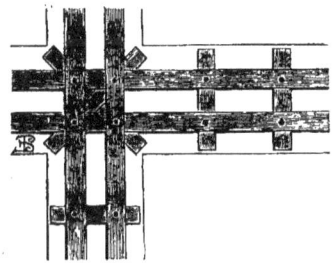

Fig. 2. — Cours de racinaux coiffant des pilots ou grils.

les espaçant, suivant la compressibilité plus ou moins grande du terrain, de 0^m,90 à 1^m,20 d'axe en axe sur toute la longueur de la fondation, et, suivant la largeur de celle-ci, on les place sur deux ou trois rangs. Ces pieux sont appointés sur une longueur moyenne de 0^m,45; ils sont armés d'un sabot en fer, en

fonte ou en tôle, qui facilite leur pénétration dans le sol; leur tête est garnie d'une frette en fer qui empêche les pilots de rompre ou d'éclater sous le choc du mouton. Dès que le pilot se refuse à descendre, on doit cesser le battage; car si l'on pousse l'opération, cela peut présenter des inconvénients. Le battage terminé, on procède au recepage des pilots, c'est-à-dire qu'on les scie tous à un même niveau; puis on cloue sur leur tête, avec des chevillettes en fer, des racinaux en travers de la fondation; ceux-ci forment ce qu'on nomme le *grillage* ou *gril* (fig. 2), sur lequel on établit une plate-forme en madriers destinée à

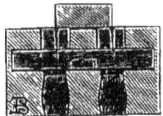

Fig. 3. — Tête de pilots, gril et madriers d'un pilotis.

recevoir les fondations en maçonnerie : notre figure 3 montre cette disposition. Cet ensemble de travaux se nomme *fondations sur pilotis*. Toute la charpente (*pilots, racinaux* et *madriers*) est généralement en bois de chêne, qui résiste parfaitement à l'humidité. — On donne encore un grand degré de résistance aux terrains compressibles en les plantant au sable ou au béton. Voici comment on procède. On enfonce dans les lignes de fondations à élever un pieu en bois que l'on retire ensuite, pour remplir l'alvéole qu'il a laissée avec du mortier au béton que l'on pilonne bien au fur et à mesure du coulage. On pose autant de ces pieux qu'on le juge nécessaire pour rendre le sol résistant, puis on établit au-dessus de ces pilots une arase de béton de 0^m,80 à 0^m,90 de hauteur. Ces pilots peuvent dans beaucoup de circonstances rendre de bons services et sont toujours beaucoup plus économiques que les pilots en bois, car non-seulement ils occasionnent une dépense moindre que ces derniers, mais encore ils présentent sur eux une économie de main-d'œuvre et l'opération marche avec beaucoup plus de célérité. — La pièce de bois qui sert à faire les alvéoles mesure 1 mètre à 1^m,60 de longueur et environ 0^m,22 de diamètre ; sa partie supérieure est munie d'une frette en fer qui lui permet de résister au choc du mouton ou simplement du maillet, car ce dernier instrument suffit souvent pour cette opération. La tête est, en outre, percée de part en part d'un trou dans lequel passe une barre de fer qui sert pendant le battage à remuer et tourner la pièce, au fur et à mesure qu'on l'enfonce, de manière à raffermir et lisser les parois de l'alvéole, et faciliter ainsi le retrait du pilot, retrait qui s'effectue au moyen d'une *chevrette*.

En terminant cet article, nous devons faire une observation assez importante : c'est que, quand on bat des pilots pour une nouvelle construction à élever auprès d'une ancienne qui n'en possède pas, on s'expose à porter un grave dommage à celle-ci ; aussi nos confrères les architectes et les ingénieurs doivent-ils employer de grandes précautions quand ils sont obligés de construire dans des conditions telles que nous venons de le dire. Un de nos confrères de New-York, M. Maurice Fornachon, nous écrit à ce sujet que plusieurs cas se sont présentés, dans sa ville, où des murs de 20 à 25 mètres de haut ont tellement souffert par suite de l'établissement de fondations sur pilotis dans des propriétés avoisinantes, qu'il a fallu restaurer ou refaire des murs ; de là des procès, mais qui n'ont pu établir définitivement à qui incombait la responsabilité. Le ait qui nous est signalé par notre confrère est bien connu des ingénieurs anglais, puisque, lorsqu'il s'est agi d'élargir le London Bridge, les ingénieurs craignaient, en chassant de nouveaux pilotis, d'affaiblir les anciennes fondations du pont, bien qu'elles fussent elles-mêmes élevées sur pilotis (1). Un pareil sujet mériterait, certes, une étude approfondie, que ne comporte malheureusement pas le cadre de notre ouvrage ; espérons qu'un de nos confrères la fera un jour. (Voy. PILOT et SABOT.)

PIN, *s. m.* — Arbre de la famille des conifères, qui comprend environ quarante variétés ;

(1) Ces faits sont consignés dans le journal *Building-haus* de Londres (n° du 25 sept. 1875).

les unes sont employées comme bois de construction, les autres comme arbres d'agrément, pour les parcs et jardins, et comme essences forestières. Les variétés européennes les plus connues sont : le pin sylvestre ou sauvage, le pin rouge d'Écosse, le pin pignon ou *pigne*, le pin maritime, le pin de Corse (*pinus laricio*), le pin de montagne, le pin de Sibérie, le pin du Canada, etc. (Voy. PITCHPIN et SAPIN.)

PINACLE, *s. m.* — Petite pyramide qui couronne un contre-fort ; les pinacles, qui sont de véritables amortissements, sont terminés eux-mêmes par des amortissements, tels que fleurons, panicules de feuillages ou bouquets ; leurs arêtes sont décorées de crosses ou crochets. — Le pinacle est un ornement de l'architecture du moyen âge et n'a jamais eu d'analogue dans aucune architecture antérieure au XIe siècle ; leur principal but est de charger les contre-forts pour les aider à résister à la poussée des arcs-boutants ; souvent ils représentent des niches, des tours ou des tourelles ; ils servent parfaitement à caractériser l'époque précise du style qu'ils décorent, car le roman, l'ogival primaire, l'ogival secondaire, l'ogival tertiaire et la renaissance ont créé des types divers. — C'est à tort que certains archéologues ont confondu comme une seule et même chose les clochetons et les pinacles ; nous avons dit la différence qui caractérise ces deux membres d'architecture au mot CLOCHETON. (Voy. ce mot et CROSSE.)

PINACOTHÈQUE, *s. f.* — Ce terme, dérivé du grec πιναχοθήκη (tableau et dépôt), signifie salle, galerie dans laquelle sont déposés des tableaux. Vitruve (I, 2, 7 ; VI, 3, 8) et Pline (*H. N.*, XXXV, 2) nous apprennent que les maisons des riches Grecs et celles des Romains, après que ceux-ci eurent reçu des premiers le goût des arts, possédaient des pinacothèques. Aujourd'hui nous nommons *musées* ou *galeries* les mêmes locaux ; cependant aujourd'hui la ville de Munich appelle les galeries qui renferment ses collections de tableaux *Pinacothèque*.

PINCE, *s. f.* — Barre de fer, espèce de levier, légèrement recourbée à ses extrémités ou seulement à l'une d'elles. — La pince spéciale employée dans les travaux de maçonnerie à soulever ou à déplacer des pierres, à leur bardage ou à leur pose, est aplatie à ses deux extrémités, et l'une d'elles, recourbée suivant un angle obtus, forme une sorte de talon qui, en

Fig. 1. — Pince du poseur.

tenant le bras de levier élevé, dispense l'ouvrier de se baisser par trop pour faire fonctionner utilement son outil (fig. 1). On nomme quelquefois cette extrémité *pied de biche*, parce que souvent elle est divisée en deux parties. — La pince dite *du poseur*, qui sert à poser les pierres, est très-petite et assez légère ; celle qu'emploient les paveurs pour arracher les pavés est droite, à tige ronde, appointée en pyramide quadrangulaire à l'une de ses extrémités et terminée de

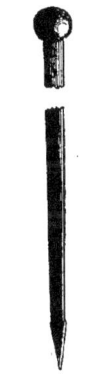

Fig. 2. — Pince du paveur.

l'autre par une petite pomme ou boule (fig. 2). — Les carriers font usage d'une grande pince très-puissante et coudée, sur laquelle plusieurs hommes peuvent exercer une *pesée* pour faire abatage ; elle leur sert à détacher les masses de pierres ébranlées par l'effet du coin. — Enfin, on nomme ainsi une sorte de tenaille, de pince à main, qu'on emploie afin de donner de la voie à une scie, en dévoyant successivement une dent à droite, une à gauche, et ainsi de

suite sur toute la lame. — Les serruriers nomment ainsi un outil qui sert à saisir fortement un objet. — Les treillageurs nomment *pince à mâtiner* un outil en bois composé de deux branches longues et épaisses dont l'une est creuse et l'autre *bouge ;* cette pince sert à ployer les tringles d'un treillage.

PINCEAU, *s. m.* — Réunion de poils serrés au moyen d'une virole ou d'une corde autour d'un manche en bois, qu'on nomme *hampe*. Les peintres en bâtiments emploient des pinceaux en poils de sanglier ou de porc ; on les nomme BROSSES. (Voy. ce mot.) Les architectes emploient, pour exécuter des lavis, des pinceaux en poils de condor, de marte, de blaireau ou de putois. Un bon pinceau, quand il est imbibé d'eau, doit bien faire la pointe. Les doreurs se servent de pinceaux dits *à mouiller* et *à ramander ;* les premiers servent à humecter avec de l'eau *l'assiette*, afin qu'elle puisse *happer* l'or qu'on va lui appliquer ; les seconds servent à faire les raccords et ajouter les manques d'or dans les sculptures et dans les fonds de moulures. (Voy. DORURE.)

PINCELIER, *s. m.* — Vase en fer-blanc, généralement rectangulaire et divisé en deux compartiments ; dans l'un d'eux les peintres mettent de l'huile, et dans l'autre ce qui sort de leurs pinceaux quand ils les nettoient.

PINCEUR, *s. m.* — Ouvrier bardeur qui aide à la pose des pierres. Comme il les fait avancer avec la pince, on le nomme *pinceur*, mais on lui donne aussi le nom d'*aide-poseur* et de *contre-poseur*.

PINNULE, *s. f.* — Petites pièces de cuivre, minces, rectangulaires, élevées perpendiculairement aux deux extrémités de l'alidade d'un demi-cercle, d'une boussole, etc.

PIOCHAGE, *s. m.* — Opération de terrasse qui consiste à piocher les terres pour procéder à leur enlèvement.

PIOCHE, *s. f.* — Outil du terrassier, formé d'un fer plat plus ou moins courbé, acéré des deux bouts et percé d'un œil dans son milieu afin de recevoir un manche. La pioche sert à détacher et à remuer les terres.

PIOCHEMENT, s. m. — Les tailleurs de pierres désignent par ce terme l'abatage de la partie excédante d'une pierre.

PIOCHER, v. a. — Détacher, remuer, ameublir la terre au moyen d'une pioche pour la rendre propre à être enlevée avec la pelle. *Piocher* une pierre de taille, c'est exécuter l'ébauche de la forme qu'on se propose de lui donner, c'est enlever la partie excédante qui n'est pas nécessaire pour la place que cette pierre doit occuper dans la construction.

PIOCHEUR, s. m. — Ouvrier terrassier employé à l'ameublissement des déblais. Cet ouvrier est ordinairement *pelleur* et *piocheur.*

PIOCHON, s. m. — Sorte de bisaiguë fort courte (elle n'a guère que 0^m,42 de long), qui sert à faire les mortaises sans le secours de la tarière.

PIPE, s. f. — Conduit remplissant l'office d'une rallonge, qui sert à mettre en communication le pot de siége d'un cabinet d'aisances avec la *culotte.* La pipe doit son nom à sa forme qui ressemble à une grosse pipe à fumer; on en fait en terre cuite, en fonte, mais surtout en plomb. — C'est aussi une petite cale qu'on emploie pour serrer une barre de fer qui passe dans une autre barre, ou bien dans une pierre ou dans du bois.

PIQUAGE, s. m. — Genre de taille qu'on exécute sur les petits matériaux, tels que moellons, meulière, pavés de grès, etc.

PIQUE ou POINTE, s. f. — Long bâton armé d'un fer plat et appointé qui sert aux paveurs à parfaire les joints au sable de leur pavage; on le nomme aussi *pointe* et *pince du paveur.* (Voy. PINCE.)

PIQUÉ, *part. pass.* — On dit qu'un moellon est *piqué,* quand il a été taillé à vive arête sur toutes ses faces (lits, joints, parements). On pique les moellons à la hachette, au marteau et au ciseau. — Pris substantivement, ce terme sert à désigner : 1° une opération qui consiste à indiquer à l'aide du fil à plomb et du compas les points destinés à déterminer sur les pièces de bois en établissement la direction des joints et des assemblages ; 2° une opération de polissage des marbres qui consiste à les *adoucir* à fond.

PIQUER, v. c. — Tailler proprement et à vive arête des pierres de petites dimensions, afin de laisser apparent leur parement. On pique les moellons, la meulière, les pavés. Le parement ainsi obtenu est dit *parement piqué.* — *Piquer* un dessin, c'est faire un poncis sur une surface quelconque pour y tracer les contours d'un dessin. — En plomberie, c'est ajouter un robinet sur une conduite, ou une conduite sur une autre. — En charpenterie, c'est tracer sur une pièce de bois avec des lignes, soit avec une pierre noire ou le traceret, l'indication des tailles qui doivent y être faites.

PIQUET, s. m. — Bâton long et mince que l'on fiche en terre pour déterminer des alignements et des niveaux. Les piquets servent donc pour tous les travaux d'arpentage, pour l'implantation des murs et pour reconnaître certains points auxquels se rattachent les cotes de triangulation ou des repères de nivellement. Tant qu'une opération d'arpentage n'est pas terminée, on doit protéger les piquets, par tous les moyens possibles, afin qu'ils ne soient ni dérangés ni enlevés partiellement, ce qui occasionnerait des erreurs qui nécessiteraient de nouvelles opérations. — Pour le tracé des épures sur l'aire de leur chantier, les charpentiers se servent de petits piquets fort courts qu'ils enfoncent jusqu'à fleur du sol. — On nomme encore *piquets* les pieux ou poteaux enfoncés en terre sur lesquels on fixe une palissade, ainsi que les PILOTS (Voy. ce mot) de faible grosseur qu'on utilise pour des pilotages de peu d'importance, comme pour retenir des terres, pour des bâtardeaux provisoires, etc. On emploie également les *piquets* comme pilots de retenue.

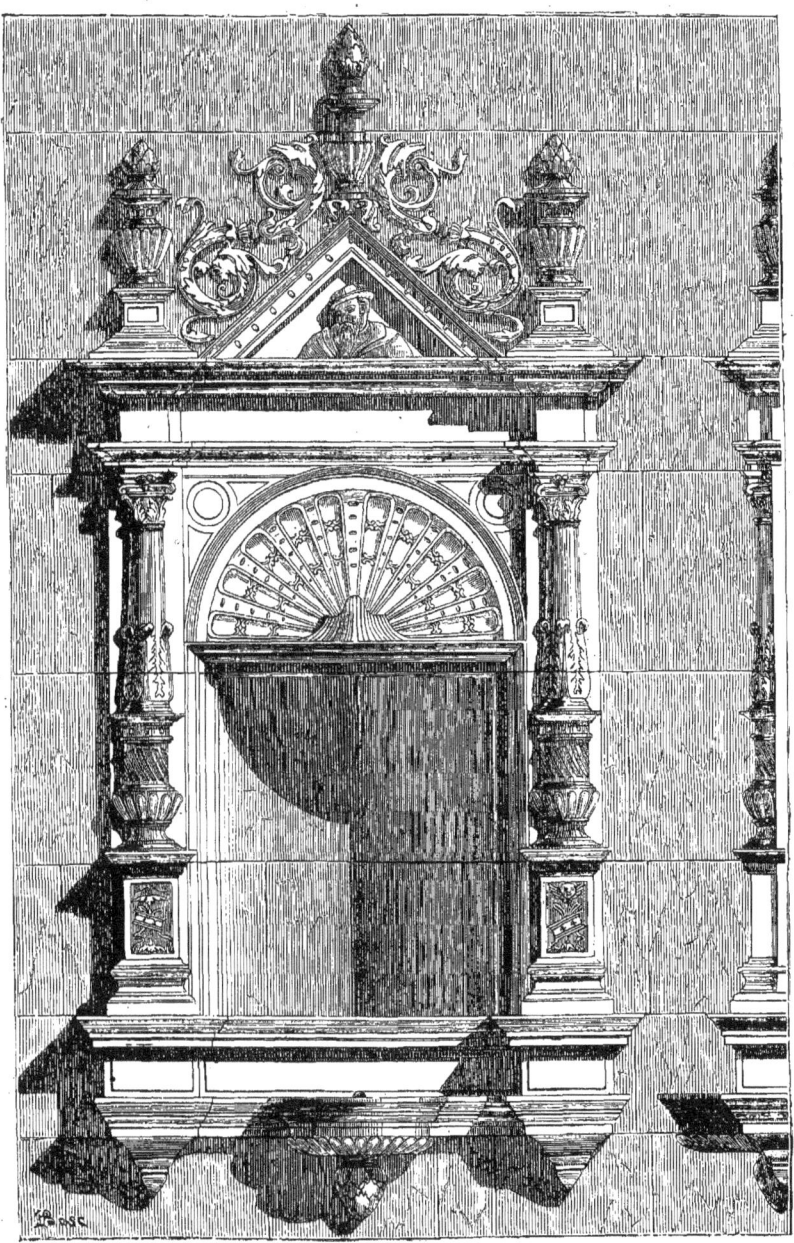

Planche LXXII. — Piscine dans l'église d'Arques (xvie siècle).

PIQUETAGE, *s. m.* — Tracé d'une route au moyen de *piquets*. On fait d'abord un premier piquetage pour établir le nivellement du sol sur lequel doit passer la route qu'il s'agit de construire, ensuite un deuxième piquetage pour le tracé définitif de la voie; les pentes sont établies au moyen des NIVELETTES. (Voy. ce mot.)

PIQUEUR, *s. m.* — Nom commun à un agent des travaux de construction et à un ouvrier. Le premier occupe le dernier degré des agents chargés de la direction des travaux ; il est placé sous les ordres du conducteur. On choisit pour piqueurs d'anciens ouvriers, parce que ce sont des hommes pratiques, qui finissent par devenir avec le temps conducteurs des travaux. Les piqueurs doivent être sur le chantier pendant toute la durée des heures de travail; ils doivent prendre note de tous les ouvrages exécutés et surveiller les ouvriers, non-seulement au point de vue du temps employé, mais encore de la bonne exécution du travail. — L'ouvrier piqueur est celui qui s'occupe spécialement du piquage des petits matériaux, tels que moellons, meulière, pavés de grès, etc. Les piqueurs exécutent leur travail à la tâche et sont payés à tant du cent. Pour le piquage des moellons calcaires, ils emploient la laye, pour la meulière le couperet et le marteau, pour le grès et le granit le couperet seul.

PIQURE, *s. f.* — Défaut du verre à vitres qui consiste en de petites bulles sphériques qui ressemblent à des piqûres ou petits trous; lorsque celles-ci sont nombreuses et rapprochées, elles rendent le verre à vitres tout à fait impropre à remplir le but auquel on le destine.

PISCINE, *s. f.* — Sorte de cuve assez large et assez profonde pour permettre à une ou plusieurs personnes de se plonger dans l'eau qu'elle contient. Les piscines des thermes antiques atteignaient des proportions telles qu'on pouvait s'y livrer à la natation; c'étaient de véritables bassins dont les parois étaient revêtues de stuc et même de superbes tables de marbre. — Les piscines qui dans les anciens baptistères servaient aux baptêmes étaient gé-

néralement élevées au-dessus du sol de quatre à cinq marches. Leur plan était carré, rectangulaire, polygonal ou en forme de croix grecque. (Voy. BAPTISTÈRE.) On nomme également *piscine* le bassin des crédences en pierre qu'on voit dans les églises ; on donne aussi ce nom à la crédence elle-même. La forme des piscines est très-variable ; les unes sont comme des petites niches portées sur un pédicule et adossées au mur, d'autres sont isolées, d'autres sont encastrées complétement dans un mur et leur décoration seule fait saillie sur ce mur. Les églises de la renaissance possèdent encore de nos jours de fort belles piscines. Notre planche LXXII montre de face et de profil une piscine qui se trouve dans l'église d'Arques, près de Dieppe (Seine-Inférieure). Ce magnifique monument du XVIe siècle est dégradé dans certaines parties de son ornementation, mais il nous a été facile de restituer les parties dégradées. Au mot COURONNEMENT, le lecteur pourra voir à plus grande échelle le fronton qui couronne cette piscine.

PISÉ, *s. m.* — Maçonnerie économique, faite avec de la terre comprimée sur place, qu'on emploie comme construction dans les localités où la pierre est rare ; c'est un genre de bâtisse essentiellement utile pour les constructions rurales. Rondelet (*Traité de l'art de bâtir*, p. 103, t. I) nous dit qu'on fait beaucoup usage du pisé dans les départements de l'Ain, du Rhône et de l'Isère, et il ajoute en note que, chargé de restaurer un ancien château en pisé bâti depuis plus de 150 ans, il trouva des murs qui avaient acquis « une dureté et une consistance égales aux pierres tendres de moyenne qualité, telles que la pierre de Saint-Leu. On fut obligé, pour agrandir les ouvertures des croisées et faire de nouveaux percements, de se servir de marteaux à pointe et taillants, comme pour la pierre de taille. » Évidemment le pisé est une excellente construction, mais nous trouvons un peu exagérée la bonne opinion qu'en a Rondelet. Les murs en pisé parfaitement exécutés peuvent durer, quand ils sont enduits, plusieurs siècles, et c'est bien suffisant, car on ne demande pas à ce genre de construction un si long usage.

HISTORIQUE. — Quelques peuples de l'antiquité connaissaient le pisé, mais les Romains ne l'ont jamais employé, car nous voyons Pline en parler comme d'une chose extraordinaire ; voici comment il s'exprime (*H. N.*, l. XXXV, ch. XIV) :

Ne voit-on pas, en Afrique et en Espagne, des murs faits en terre, qu'on appelle *murs de forme*, parce qu'on les jette pour ainsi dire en moule plutôt qu'on ne les construit ; ces murs durent pendant plusieurs âges, ils résistent également aux pluies, aux vents et aux incendies, et ils sont plus solides que tous les murs de pierre cimentés : *omnique cœmenta firmiores*. L'Espagne voit encore maintenant des tours d'observation et de fortifications construites en terre par Annibal sur le sommet des montagnes.

PRATIQUE. — Les terres légèrement argileuses, telles que la terre franche et la terre végétale un peu graveleuse, sont les meilleures pour construire en pisé ; du reste, sont bonnes pour cet emploi toutes les terres qui ne sont ni trop grasses ni trop maigres, les terres cultivées, les terres de jardin. On mélange à ces terres, en les pétrissant, de la paille ou du foin

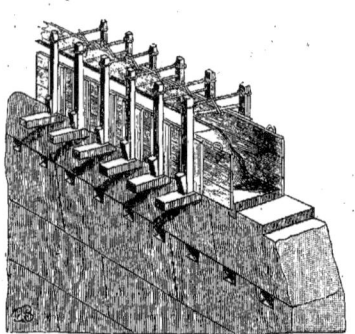

Fig. 1. — Encaissement pour construire en pisé.

haché menu pour les empêcher de gercer en se desséchant. Les terres sablonneuses sans liant sont impropres à cette fabrication. — Après avoir, si c'est nécessaire, passé la terre à la claie pour la débarrasser des pierres, et l'avoir humectée, si elle est trop sèche, sans toutefois la détremper, on la tourne et on la retourne dans tous les sens ; on reconnaît qu'elle est

bonne à employer lorsque, comprimée dans la main et projetée sur le tas de terre, elle conserve la forme qu'elle a reçue. — On construit les murs par parties au moyen d'un encaissement formé par un châssis mobile dont les

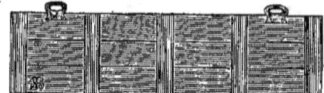

Fig. 2. — Banches.

deux parois en planches de sapin, nommées *banches*, sont maintenues parallèles à une distance égale à l'épaisseur qu'il s'agit de donner au mur à construire ; ces planches sont assemblées à rainures et languettes et fortifiées par d'autres planches posées en travers (fig. 1). Pour faciliter la manœuvre des banches, elles

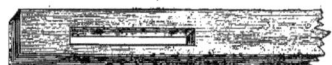

Fig. 3. — Mortaise des lassoniers.

portent à leur partie supérieure deux poignées (fig. 2). On les pose sur quatre traverses qui portent sur le parpaing ou mur de soutien du pisé ou dans des entailles pratiquées dans la partie du mur déjà faite. Ces traverses, nommées *lassoniers* ou *clefs*, sont percées de deux grandes mortaises ou trous carrés qui reçoi-

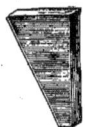

Fig. 4. — Coin de serrage.

vent les tenons de petits poteaux ou aiguilles qui sont maintenues dans les mortaises par des coins et dans le haut avec des cordes tordues. Notre figure 3 montre le détail d'une mortaise ; notre figure 4, du coin, et notre figure 5, l'ensemble de l'assemblage.

Les banches mesurent 3^m,25 de longueur sur 0^m,95 de hauteur ; les aiguilles, 1^m,50, y compris le tenon; et les traverses ou *lassoniers*, 1^m,15 de longueur sur 0_m,10 d'équarrissage ; quant à la hauteur des coins, elle doit être suffisante pour leur permettre de servir aux diverses épaisseurs des murs; on chasse ces coins plus ou moins profondément dans les mortaises suivant qu'on veut obtenir des murs

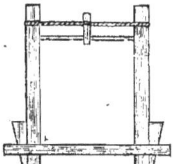

Fig. 5. — Montants et lassoniers serrés avec des clefs.

plus ou moins épais. Les banches une fois en place, à l'aide de *pisoirs* (fig. de 6 à 10), espèce de pilons, qui affectent différentes formes suivant les endroits où ils doivent travailler, on comprime la terre, étendue par couche de 0^m,10 d'épaisseur, jusqu'à ce qu'elle soit réduite de moitié. Quand le coffre est rempli de

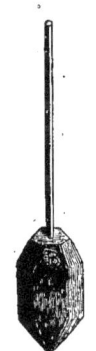

Fig. 6. — Pisoir de milieu.

terre tassée ou *pisé*, on retire les coins, les traverses ou *lassoniers* qui relient tout le système, et l'on monte le coffre à la suite du travail exécuté pour continuer le mur, en ayant soin de boucher après coup avec la même terre les trous existant dans les murs par suite de l'enlèvement des traverses. En serrant de plus en plus les clavettes ou coins et les cordes des traverses, au fur et à me-

sure que s'élève la construction, on donne un léger fruit à la partie supérieure des murs :

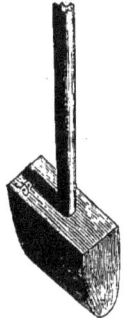

Fig. 7. — Pisoir pour milieu et bords.

ce fruit est d'environ 6 ou 7 millimètres par mètre de hauteur pour chaque parement. Pour faciliter la liaison des blocs entre eux, on incline sous un angle d'environ 60 degrés les joints montants, en ayant soin que les lignes d'inclinaison soient alternées et se trouvent en outre inclinées de droite à gauche dans une assise et de gauche à droite dans les assises voisines. — Quand la terre est à pied d'œuvre deux piseurs habiles font environ 8 mètres cubes de maçonnerie en pisé en douze heures. — Quand la construction doit avoir une certaine élévation, il est bon de rendre les blocs de pisé et les murs solidaires au moyen de pièces de bois ou *filets* d'un faible équarrissage reliés entre eux et posés à plat dans les murs de face et de refend. Quelquefois on

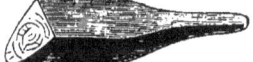

Fig. 8. — Pisoir pour bords (1er type).

construit les angles des murs en moellons ou en briques, mais dans ce cas le tassement inégal des différentes parties de la construction est une cause grave de destruction. On augmente aussi beaucoup la solidité et la résistance des murs en pisé en plaçant dans leur intérieur à différentes hauteurs des lattes disposées horizontalement et verticalement. — Le pisé acquiert beaucoup plus de consistance lorsqu'on arrose la terre qui sert à sa fabrication avec du lait de chaux, au lieu d'employer simplement de l'eau. — Pour le rendre capable de résister à l'action destructive de l'air et de la pluie, on doit recouvrir le pisé d'un enduit composé d'une partie de chaux pour quatre parties d'argile mélangées à une quantité suffisante de bourre commune. Les enduits, quels qu'ils soient, plâtres, blanc de bourre et autres,

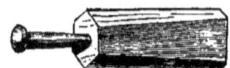

Fig. 9. — Pisoir pour bords (2ᵉ type).

ne doivent être appliqués qu'après l'entière dessiccation des murs, c'est-à-dire après un laps de temps qui varie en raison de l'épaisseur de la construction et de la saison pendant laquelle elle a été exécutée. Par exemple, un mur de pisé achevé dans le mois de mai peut recevoir son enduit en septembre; ceux terminés en juillet et même en août peuvent, si l'été a été chaud, être enduits avant l'hiver, mais ceux construits ou terminés en septembre réclament au moins six à huit mois pour leur dessiccation.

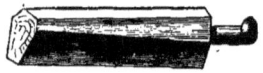

Fig. 10. — Pisoir pour bords (3ᵉ type).

— Disons en terminant que dans aucun cas on ne doit appliquer l'enduit par un temps humide ou pluvieux, et ne jamais perdre de vue que se presser d'enduire le pisé est un fort mauvais calcul, car l'enduit adhère d'autant plus fortement, c'est-à-dire est d'autant plus efficace et protecteur, que le pisé est plus sec. — Comme le pisé présente dans les pays très-humides des inconvénients, on a inventé des pisés dits de béton, qui rendent de bons services; nous avons donné la composition de deux pisés de béton dans notre ouvrage sur les constructions rurales (page 52), où nous renvoyons le lecteur désireux d'étudier cette question.

PISSOIR, s. m. — Synonyme d'URINOIR. (Voy. ce mot.)

PISSOTIÈRE, s. f. — Terme de fontainier. Petit jet d'eau, fontaine qui ne fournit qu'une petite quantité d'eau ; ce terme est aussi synonyme de pissoir. (Voy. URINOIR.)

PISTOLET, s. m. — Équerre courbe qui a la forme de l'arme à feu ainsi nommée. Le pistolet sert aux architectes, aux ingénieurs et aux ouvriers à tracer des lignes courbes.

PISTON, s. m. — Cylindre mobile qui se meut dans un corps de pompe par un mouvement alternatif, et qui, soulevant dans son ascension une soupape, fait arriver l'eau dans le corps de POMPE. (Voy. ce mot.) — C'est aussi la partie mobile qui fonctionne dans le cylindre ou tiroir d'une machine à vapeur. — En plomberie, on nomme piston de garde-robe une sorte de bouchon en cuivre qui ferme hermétiquement l'orifice d'une cuvette à l'anglaise d'un water-closet; ce piston est mis en mouvement par une tige droite ou coudée. Le piston à coulisseau sert au même usage, mais il est monté sur une armature ; enfin le piston à crochet est un simple bouchon en cuivre qui est muni d'un anneau.

PISTRINE, s. f. — Nom que les Romains donnaient à l'établissement servant à la fois de moulin pour moudre le blé et de boulangerie pour faire le pain et le cuire.

PITCHPIN, s. m. — Arbre de la famille des conifères, dont la hauteur moyenne atteint 25 mètres environ. Le bois de cet arbre était, pour ainsi dire, inconnu en France avant 1870 ; mais comme il est excellent pour toute sorte d'ouvrages, nous le croyons appelé à un brillant avenir. Malheureusement, il est encore aujourd'hui peu connu dans notre pays; aussi entrerons-nous dans quelques détails, ne serait-ce que pour généraliser son emploi. — Ce bois est originaire de l'Amérique, on l'exploite en grande quantité dans la Floride et la Géorgie (États-Unis); c'est de ces localités que provient celui qui est importé en France. Les Américains le nomment hard pine (pin dur), yellow pine (pin jaune), pour le distinguer du soft pine (pin doux) et du *white pine* (pin blanc). En Angleterre et en France, on le nomme *pitchpin*, parce qu'il fournit une énorme quantité de résine, quand il est *gemmé*, c'est-à-dire quand il a reçu des entailles pour cette extraction; qu'il contient en outre du goudron et de la poix (*pitch*), d'où son nom; enfin, de la térébenthine. Il arrive en France par poutres taillées ou sciées qui mesurent de 0^m,26 × 0^m,26 à 0^m,56 × 0^m,56 d'équarrissage sur des longueurs variant de 10 à 20 mètres. Quand on enlève aux arbres, à l'aide de la hache, leur écorce et une grande partie de l'aubier pour obtenir un équarrissage assez régulier, on a un bois d'échantillon dit *hewn timber* (bois taillé); quand on a obtenu le même résultat à l'aide de la scie, on a le *sawn timber* ou bois scié. Les bois ainsi traités ont en moyenne de 30 à 70 pieds de longueur et se vendent au pied cube; chaque poutre mesure de 40 à 100 pieds cubes, soit depuis 1 jusqu'à 3 stères. Le prix du stère est en moyenne de 80 fr., tandis que le teck vaut 250 francs, l'acajou 200 à 250 francs, le chêne du Canada de 100 à 110 francs, le chêne du pays 90 à 100 francs. Les ports d'exportation sont : Wilmington, Georgetown, Charlestown, Port-Royal, Savannah, Brunswick, Darien, Satella, Saint-Mary, Fernandina, Jacksonville, Cedar, Keys, Apalachicola, Pascagoula et Pensacola.

Le bois de pitchpin est résineux, sain, sans nœuds vicieux, presque aussi résistant que le chêne. La résine qu'il renferme le préserve de toute atteinte des vers et de la pourriture. En séchant, il ne subit pas le retrait si considérable du chêne; ce qui est un grand avantage pour le constructeur. Il est d'un beau jaune brillant vif et très-veiné; quand il est tranché sur mailles, il fournit des dessins de veines remarquables. On l'emploie beaucoup pour la menuiserie, les meubles, les pianos, orgues, et pour la fabrication des voitures et wagons de chemins de fer. Les tramways de Paris sont la plupart faits avec ce bois. L'Angleterre l'emploie sur une vaste échelle depuis près de douze ou quinze ans pour des travaux de menuiserie, des meubles, des wagons, des navires, et comme bois de charpente. — Pour donner une idée du développement qu'a pris le commerce du pitchpin, nous dirons qu'en 1872 il en a été exporté 12 millions de pieds cubes, tandis qu'en 1878 le chiffre des bois exportés atteint près de 40 millions de pieds cubes. L'Amérique du Sud et les possessions espagnoles consomment une grande quantité de ce bois, soit manufacturé, soit simplement scié.

PITON, *s. m.* — Sorte de clou dont la tête, au lieu d'être plate, est remplacée par un œil ou bague et dont l'extrémité de la tige est à pointe, à patte, à scellement et surtout à vis. Les pitons servent à supporter des tringles ou à recevoir des crochets, etc. Les *tire-fond* qui supportent les lampes ou les lustres dans les plafonds ne sont que de forts pitons à vis simple ou à vis et écrou. On nomme *piton de rampe* un objet en fer décoré d'ornements en plomb ou en fonte ornée, qui reçoit dans sa tête la tige ou barreau de la rampe, et a son extrémité coudée, vissée ou fichée dans le limon de l'escalier, suivant que celui-ci est en bois ou en fer, ou bien en pierre.

PIVOT, *s. m.* — Pièce de métal conique ou cylindrique qui supporte une charge devant se mouvoir autour de l'axe de cette pièce ou pivot (fig. 1 et 2). Celui-ci tourne dans une crapaudine, c'est-à-dire dans une masse métallique fixée dans le sol et percée dans son ax

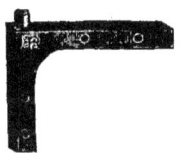

Fig. 1. — Pivot de la partie supérieure d'un vantail.

d'un trou qui reçoit le pivot. Les pivots et les crapaudines servent à faire mouvoir les vantaux des grandes portes. Les peuples de l'antiquité employaient ce ferrement, qui comporte de nombreux systèmes, dont les principaux sont nommés :

PIVOT A ÉQUERRE, celui qui porte deux branches et qui sert à ferrer le bas d'une porte cochère ou tout autre genre de porte.

PIVOT A ÉQUERRE A TÊTE CARRÉE ou BRIQUET, qui est un pivot à deux branches dont l'une est souvent en cuivre et porte une tête carrée ; on la nomme *partie double*, elle porte un moufle au milieu duquel vient s'ajuster l'autre partie ·dite *partie simple* : ce genre de pivot s'entaille sur l'épaisseur de la porte et du bâti ; quand les têtes ou moufles de ces pivots sont prolongées et courbes, on les nomme *pivots en col de cygne ;*

PIVOT A TOURILLON, celui qui est placé au haut de la porte ;

PIVOT A BOURDONNIÈRE, celui qui, placé au haut de la porte, fonctionne dans une BOURDONNIÈRE (Voy. ce mot) ;

PIVOT A FOURCHETTE, celui qui a deux

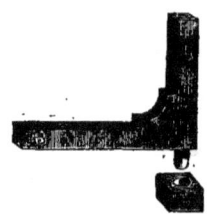

Fig. 2. — Pivot inférieur avec sa crapaudine.

têtes, ce qui permet de faire fonctionner une porte dans les deux sens : les portes qui donnent accès dans des salles d'administration, qui reçoivent un public nombreux sont ferrées avec ce genre de pivots.

Enfin, il y a des pivots dits *à boule, à congé, à boudin,* etc. On donne aussi ce nom par extension à une sorte de gond qui tourne dans un collier ou bourdonnière. (Voy. PENTURE.)

PLACAGE, *s. m.* — Revêtement de bois précieux, d'ivoire, de métaux, que l'on fait sur divers ouvrages de menuiserie pour les orner ou les décorer. L'ébénisterie et la marqueterie emploient surtout ce mode de décoration ; les bois les plus employés en placage sont : l'acajou, l'ébène, le bois de rose, la violette, le thuya, le palissandre, le noyer, le dattier, l'érable, l'oranger, etc.

On nomme aussi *placage* l'application sur une surface brute de dalles minces de pierre ou de marbre ; on fait ce genre de placage pour revêtir cette surface de beaux matériaux et lui donner un plus bel aspect. (Voy. REVÊTEMENT.) — On applique encore ce terme à une partie d'édifice rapportée après coup et en dehors du plan primitif, ainsi qu'à des maisons ayant une grande façade et peu de profondeur.

PLACARD, *s. m.* — Ensemble de la menuiserie qui compose une porte d'armoire, et par extension une armoire encastrée dans un mur et qui ne laisse voir que la porte ou face de l'armoire, ou dont la porte est même sous tenture. Les jurisconsultes sont loin d'être d'accord sur la question de savoir s'il est permis d'établir des placards dans des murs mitoyens ; en général, comme on ne peut faire aucune réparation dans le mur mitoyen sans en prévenir son voisin, il sera toujours prudent d'obtenir du copropriétaire du mur mitoyen son consentement pour y établir un placard. — On donne à certains verrous le nom de placards, demi-placards, etc. (Voy. VERROU.)

PLACE, *s. f.* — Espace large et découvert qu'on ménage dans les villes pour les décorer, faciliter la circulation, et pour les aérer. Les places sont ordinairement entourées d'édifices publics ou de maisons ; plusieurs rues y aboutissent ; elles sont tantôt décorées de fontaines, d'obélisques, de candélabres, d'édicules ; elles peuvent être plantées d'arbres et renfermer un vaste jardin qu'on nomme *square*. Chaque peuple comprend la place d'une manière différente ; il semblerait au premier abord qu'une place, quel que soit le pays où elle se trouve, présente le même caractère, qu'elle est circulaire, carrée, rectangulaire : il n'en est rien, parce que les constructions qui circonscrivent les places leur donnent des caractères très-différents. Les Grecs et les Romains avaient de fort belles places, grâce aux monuments qui les décoraient chez les premiers on nommait la place publique AGORA (Voy. ce mot), et chez les seconds FORUM. (Voy. ce mot.) Dans certaines villes de l'Orient, les places sont très-vastes. Dans les principales villes de la Perse, elles ont une grande monotonie, parce qu'elles sont situées au milieu de bazars ou caravansérails. Dans les grandes villes de l'Europe, on trouve de fort belles places. Parmi les places remarquables de Paris, nous citerons celles de l'Étoile, de la Concorde, du Louvre (une des plus riches que nous connaissions comme décoration architecturale), du Trône, etc. Comme places dignes d'être mentionnées, nous citerons : à Lyon, la place Bellecour; à Nîmes, la place de l'Esplanade ; à Marseille, la place Noailles ; la place de la Porte, d'Aix ; à Nice, la place Masséna. En Italie, beaucoup de villes ont des places fort belles ; mentionnons celles de Turin, de Milan ; les célèbres places de Saint-Marc à Venise , du Dôme à Pise ; celle de Michel-Ange, à Florence, d'où la vue embrasse tout le panorama de la ville et des environs : c'est un des plus beaux points de vue du monde. Mentionnons, à Rome : la place Navone, construite

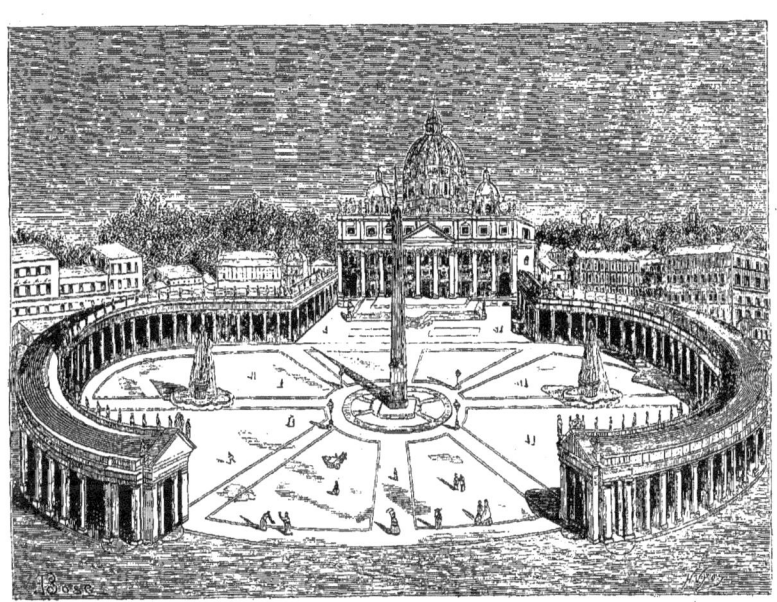

Place Saint-Pierre, à Rome.

sur l'emplacement de l'ancien cirque de Septime-Sévère, dont elle a conservé la forme, car les maisons ont été bâties en bordure sur les fondations des gradins : elle est décorée de trois fontaines ; la place Saint-Pierre, construite par le Bernin, dont la forme elliptique, comme le montre notre figure, est entourée de colonnades formées par quatre rangées de colonnes colossales au nombre de 284. Citons encore, à Rome, la place del Popolo ; la place du Capitole, remarquable non par ses grandes proportions, mais par ses belles proportions et le pittoresque de ses abords. Rome ne renferme pas moins de 180 places, qui sont presque toutes décorées de fontaines remarquables pourvues d'une eau abondante, ce qui leur donne un aspect de gaieté et d'animation qu'on ne trouve nulle part aussi bien accentué. Nous arrêterons ici cette nomenclature, bien que fort incomplète, car le cadre de notre ouvrage ne permet pas de nous attarder trop longtemps sur le même sujet.

JURISPRUDENCE. — Les places sont considérées comme faisant partie du domaine public, et à ce point de vue elles peuvent être grevées de servitudes absolument comme des propriétés particulières. — Les propriétaires des immeubles situés dans le voisinage d'un emplacement nouvellement choisi par l'administration pour les exécutions capitales n'ont aucun droit pour réclamer une indemnité, en raison de la dépréciation que la mesure prise pourrait causer à leurs propriétés : ainsi jugé. (C. de Paris, S. V., 2, 11, 1834.)

PLACE DE GUERRE. — Dans l'architecture militaire, on nomme *places de guerre* les forteresses, les châteaux forts, les villes fortifiées, en un mot les fortifications de toute espèce.

JURISPRUDENCE. — Les propriétés riveraines des places de guerre sont soumises à des obligations et à des servitudes aussi gênantes qu'onéreuses qui ont été réglées par des lois générales et spéciales, dont les principales sont les lois du 8-9 juillet 1791, 17 juillet 1819, 30 mars 1831 et du 10 juillet 1851, dont un article important (art. 8) dispose qu'un règlement d'administration publique, règlement rendu le 10 août 1853, devra réunir et coordonner toutes les dispositions de lois relatives aux servitudes militaires.

Du terrain militaire et de sa délimitation. — Les nécessités de la défense d'une place exigent qu'une partie des terrains situés autour des fortifications restent libres de toute construction et plantation ; ce terrain libre porte le nom de zone militaire, et comprend le *terrain militaire* proprement dit et le *rayon de défense.* (Voy. ZONE MILITAIRE.) Cette zone est délimitée par des bornes ou des limites naturelles. La loi du 10 juillet 1791 déclare propriété nationale tous les terrains dépendants des fortifications ; l'État, sauf preuve du contraire, en est réputé propriétaire. Dans les places de guerre, ce n'est pas à l'autorité municipale, mais bien au génie militaire que les propriétaires de terrains contigus à ceux dépendants du domaine militaire doivent s'adresser pour obtenir l'alignement. (25 juillet 1845, D. P., 45, 1, 345, dans *Dict. génér. d'adm.*, Dalloz, 50.) — Les tribunaux sont incompétents pour décider, par interprétation des actes de délimitation des fortifications d'une ville, jusqu'où doivent s'étendre ces fortifications ; et, par exemple, si certains points des promenades d'une ville sont ou non compris dans les terrains affectés au domaine militaire, ils doivent, lorsqu'ils en sont requis, surseoir à statuer et renvoyer l'interprétation de ces actes devant l'autorité administrative. (*Ibid.*, 51.) — Lorsque l'État soutient qu'un terrain, dont la possession lui est contestée, fait partie du domaine militaire en vertu d'un procès-verbal de délimitation approuvé par le ministre de la guerre, et que le débat porte principalement sur la portée de ce procès-verbal, il .y a nécessité de renvoyer au préalable devant l'autorité administrative pour en fixer le sens ; si le tribunal, au lieu de prononcer ce renvoi, adjuge dès à présent à l'adversaire de l'État ses conclusions, il commet un excès de pouvoir. (20 déc. 1854, *Civ. cont. Préf. d'Alger, ibid.*, 52.) — Pour les servitudes imposées à la propriété pour la défense des places de guerre, de même que pour les contraventions aux lois sur les servitudes défensives, le lecteur devra consulter le mot SERVITUDES, § *Servitudes militaires.*

Des indemnités. — D'après la jurisprudence du conseil d'État, et malgré l'opinion contraire d'un grand nombre d'auteurs, il n'est dû aucune indemnité aux propriétaires de terrains nouvellement soumis aux servitudes militaires. D'après les articles 38 et 39 du décret du 10 août 1853, il n'est dû aucune indemnité lorsque des démolitions et autres dommages ont été commandés par l'état de siége et la présence de l'ennemi ; mais si ces dommages et ces démolitions ont eu lieu dans l'état de guerre en vertu des ordres du général en chef des armées, du commandant de place, ou par suite d'une délibération du conseil de défense, les propriétaires des propriétés endommagées ou démolies auraient droit à une indemnité.

La nomenclature des places de guerre et des postes militaires en vigueur actuellement est consignée dans un tableau annexé à l'article 5 du décret en date du 10 juillet 1851.

PLAFOND, *s. m.* — Terme générique sous lequel on désigne l'ensemble des matériaux qui forment le ciel droit ou cintré d'un appartement, d'une salle ou d'un intérieur

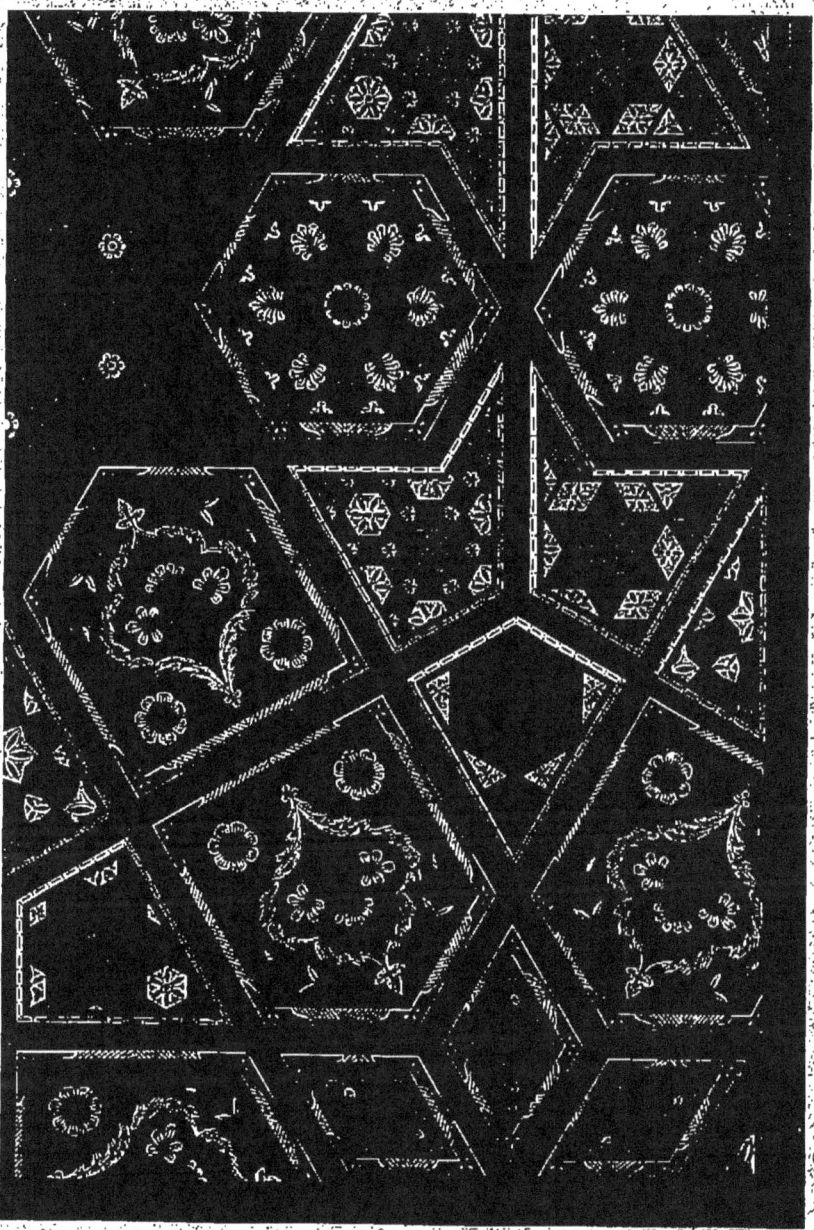

PLAFOND D'UNE MAISON DE DAMAS DU XVIIIe SIÈCLE

quelconque; mais on donne également ce nom au dessous des plates-bandes et autres membres d'architecture ; ainsi on dit : un plafond de *larmier ;* le plafond de la corniche dorique est décoré de palmettes et de denticules, etc. Ce terme dans un sens plus restreint sert aussi à désigner la surface plane recouverte d'un lattis et d'un enduit en plâtre qui revêt le dessous des solives d'un plancher en bois, ou bien à l'enduit en plâtre qui revêt le dessous des solives en fer, car ces derniers supportent la charge du plâtre au moyen de fers carillons portés sur les entretoises agrafées d'une solive à l'autre. Le plafond a été employé à toutes les époques; les monuments qui remon-

tent à la plus haute antiquité possédaient des plafonds diversement construits ou ornés, suivant le génie du peuple qui a élevé les monu-

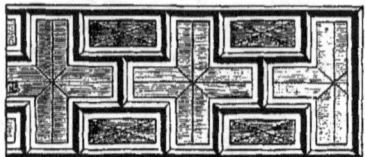

Fig. 1. — Plafond à caissons ou à compartiments.

ments. Ces plafonds sont en pierre, en brique, en poteries et mortier, recouverts de stuc et autres enduits, décorés de caissons unis ou

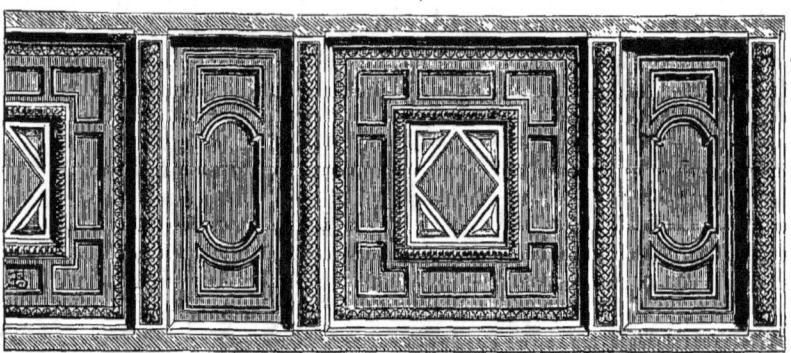

Fig. 2. — Plafond à compartiments de la galerie du 1er étage (cour de cassation de Paris).

ornés de fleurons ou autres ornements. Dans beaucoup de monuments, les bois des plafonds sont apparents ; ils ont conservé leurs tons naturels, ou bien ils ont reçu des décorations peintes; le moyen âge et la renaissance, à l'aide de quelques tons ou de quelques filets jetés avec habileté sur des plafonds en bois, savaient produire des décorations simples mais qui donnaient aux intérieurs des habitations un aspect de confort et de luxe de bon goût qu'on ne saurait produire aujourd'hui avec des plafonds en plâtre cru ou peints en ciels, comme on a la manie de le faire aujourd'hui dans beaucoup d'hôtels privés ou dans nos maisons à location. Nos figures donnent deux plafonds à compartiments : l'un, représenté par notre figure 2, est celui de la cour de

cassation au Palais de justice de Paris. Notre planche LXXIII montre, avec sa brillante coloration rehaussée d'or et d'argent, un plafond du XVIIIe siècle d'une maison de Damas. Nous l'avons tiré de l'ouvrage de M. Bourgoin sur l'*Art arabe,* ouvrage qui renferme des matériaux aussi nombreux que variés sur l'art oriental. Au mot ORNEMENTATION, le lecteur pourra voir (planche LXX), un autre plafond peint de l'appartement d'Anne d'Autriche au Louvre.

Suivant leur forme, leur décoration ou la matière employée pour leur construction, les plafonds portent des noms divers ; on nomme : *plafonds cintrés, en voûte, en coupole* ou *en dôme,* les plafonds qui, au lieu d'être plats, sont formés au moyen d'une courbe plus ou moins prononcée; *plafond plat*, celui qui est uni et horizontal; *plafonds à caissons, à compartiments*, ceux qui sont ornés de caissons ou de compartiments ; *plafonds en perspective*, ceux qui sont décorés d'une peinture simulant un sujet d'architecture en perspective, tel qu'une balustrade décorée de guirlandes de fleurs, etc.; *plafonds en pierre, en marbre, en terre cuite, en brique,* etc., les plafonds construits avec ces matières, ou simplement revêtus de dalles de pierre, de marbre, de terre cuite, etc.; *plafond marouflé*, celui qui, au lieu d'être peint directement sur son enduit, est décoré d'une peinture peinte sur toile et marouflée au plafond (Voy. MAROUFLE) ; *plafond d'un canal, d'un bassin, d'un réservoir,* le fond, ou paroi horizontale d'un canal, etc.; *plafond de corniche.* (Voy. SOFFITE.)

PLAFOND (Faux). — Plafond exécuté en contre-bas des solives d'un plancher. On fait des faux plafonds pour diminuer la hauteur d'un étage, ou pour assourdir une pièce au-dessus de laquelle une machine ou toute autre cause produirait un bruit désagréable pour celui qui habiterait au-dessous. Bien souvent, dans les maisons ou dans les habitations des grandes villes, on établit des faux plafonds au-dessus des écuries, pour assourdir le bruit que font les chevaux en piétinant.

PLAFONNAGE, *s. m.* — Action de plafonner ; travail exécuté par celui qui plafonne.

PLAFONNER, *v. a.* — Exécuter un plafond, un plafonnage. Pour plafonner sous des solives en bois, on cloue des lattes, on fait un lattis au-dessous du plancher, et sur ce lattis on *jette le plafond*, c'est-à-dire on fait le crépi et l'enduit au mortier ou au plâtre. — Pour plafonner les planchers en fer, on place au-dessous des solives des planches posées jointives que l'on soutient par des étançons ; ensuite l'on coule au-dessus du plâtre dans lequel on noie des plâtras ou des briques creuses posées à plat : c'est ce qu'on nomme *planchers hourdés pleins.* A Paris, dans le nord de la France et dans les localités où le plâtre est

bon, il y a trois manières de faire des PLANCHERS. (Voy. ce mot.)

PLAFONNEUR, *s. m.* — Ouvrier en plâtre, plâtrier qui exécute des plafonds en plâtre.

PLAIN-PIED (DE). — Locution qui est presque synonyme de *à niveau.* On dit qu'une pièce est de *plain-pied* avec la rue ou avec une cour, quand le sol de la pièce ou celui de la rue ou de la cour presque sont au même niveau.

PLAN, *s. m.* — En géométrie, on nomme *plan* une surface telle qu'une règle appliquée dans tous les sens de cette surface coincide exactement avec elle dans toute son étendue. Par rapport à un autre plan et à tout autre objet, un plan peut être horizontal, perpendiculaire, vertical, oblique ou incliné. — En architecture, on nomme *plan* la projection, sur une surface horizontale, d'un édifice, d'un bâtiment quelconque, abstraction faite de toute élévation du bâtiment, c'est-à-dire la représentation de celui-ci en le supposant rasé au niveau du sol. Les Grecs désignaient cette projection par le mot ἰχνογραφία, qui signifie *empreinte de la plante du pied;* en effet, le plan est bien l'empreinte sur la terre du pied d'un édifice, c'est-à-dire des points par lesquels il porte sur le sol. Par extension, on nomme *plan* tout dessin, tout modèle qui représente à une échelle quelconque les élévations et les coupes horizontales et verticales d'un édifice. — Le plan d'un édifice doit être le principal objet d'étude d'un bon architecte, car s'il est bien composé, bien étudié, si tout y est bien prévu, si les dégagements sont en rapport avec les services qu'on désire en retirer, en un mot, si la distribution est bien faite, l'édifice sera commode, parce que toutes ses parties seront bien pondérées. Un architecte médiocre pourra avec un peu de goût produire des élévations et des décorations intérieures remarquables, pour peu qu'il soit familiarisé avec le dessin, mais il ne saura pas composer et agencer un beau plan ; celui, au contraire, qui saura le mieux tirer parti d'un terrain et charpenter d'une manière large et grandiose un plan, celui-là sera un architecte de grand mérite. Du reste, ce n'est que par un travail assidu et des études consommées qu'un artiste peut produire un plan irréprochable. Quand le plan d'un édifice est bien conçu, les intérieurs et les façades sont toujours remarquables, parce que le plan donne des masses qui fourniront des aspects agréables. Du reste, on peut à la rigueur modifier les élévations d'un édifice en construction, mais on ne peut toucher au plan qu'avec beaucoup de circonspection et une grande modération ; car le plan est comme un véritable échiquier, si vous supprimez ou si vous déplacez une pièce essentielle, tout croule, il se produit des vides que rien ne peut combler, la partie est perdue. Voilà pourquoi les architectes dignes de ce nom donnent tous leurs soins à l'étude du plan ; plus on passe de temps à l'étudier, plus on gagne du temps lors de l'exécution, et l'on est assuré de produire une œuvre de valeur.

Les ouvriers et les personnes peu versées dans l'art architectural nomment *plan par terre* le *plan* proprement dit d'un édifice, tandis qu'ils nomment *plan coupe* et *plan élévation* ce que les architectes appellent simplement *coupe* et *élévation*. On nomme : *plan géométral*, le plan qui représente un édifice tel qu'il serait dans ses vraies dimensions, sa forme et la position de ses différentes parties : il est bien évident que, dans les plans géométraux, les diverses parties d'un édifice sont réduites à une échelle de proportion ; la plus généralement adoptée est d'un centimètre par mètre ou du centième (Voy. ÉCHELLE, § *Échelle de réduction*) ; *plan perspectif*, celui qui montre un plan, un édifice en perspective, c'est-à-dire tel qu'il paraît à la vue en gardant des distances et des situations données ; *plan en relief*, celui qui représente à une échelle réduite un monument tel qu'il existe ou qu'il sera exécuté ; *plan à vol d'oiseau*, ou *à vue d'oiseau*, le plan d'un édifice tel que le verrait un homme s'il était dans les airs, dans un ballon, tel que le voit par conséquent un oiseau ; *plan de niveau*, un plan horizontal.

PLANS (LEVÉ ou LEVER DES). — Voy. LEVER.

PLANCHE, *s. f.* — On désigne sous ce terme toute pièce de bois refendue qui a peu d'épaisseur, de longueur et de largeur variables. On emploie les planches à divers usages, mais surtout aux ouvrages de menuiserie, d'ébénisterie, ainsi qu'à la construction des échafaudages. Il existe dans le commerce des planches qui ont des dimensions invariables et qui sont ci-après désignées par leurs noms, ainsi que quelques bois du commerce. Cette nomenclature, tirée de notre *Traité des constructions rurales*, donne la largeur et l'épaisseur des planches ; quant à leur longueur, elle est toujours de 2 mètres, sauf indication contraire. (Voir ce tableau à la page suiv.)

Les planches les plus minces se nomment *voliges ;* les plus épaisses, *madriers*. Les planches dites *de bateau* proviennent du *déchirage* des bateaux ; elles sont employées aux ouvrages grossiers, comme pour faire les cloisons à claire-voie ravalées en plâtre.

On utilise également les planches pour faire des couvertures. Plusieurs modes sont employés ; l'un d'eux consiste à disposer les planches suivant la pente des toits, et à les clouer directement sur les pannes et sur le faîtage ; on fait ainsi une économie de chevrons. On pose les planches jointives, et sur leurs joints on cloue des lattes ou tringles de bois, puis on goudronne le tout. — Un second procédé consiste à espacer des chevrons d'un mètre et de clouer sur eux des planches qui se recouvrent mutuellement d'un quart environ de leur surface. Enfin un troisième système, ou plutôt le second perfectionné, consiste à rapporter sur les chevrons des crémaillères dont les crans ont comme longueur les trois quarts de la largeur des planches employées ; plus ces dernières sont étroites, moins elles sont susceptibles de gondoler ; ce système présente en outre l'avantage de pouvoir être cloué solidement.

En serrurerie, on nomme *planche* la partie de la garniture d'une serrure qui s'engage dans une fente pratiquée au milieu du panneton d'une clef. La planche porte plusieurs parties de la garniture.

PLANCHE A DESSIN. — Panneau de bois servant à dessiner. Les planches à dessin servent aux architectes, aux ingénieurs et aux élèves en dessin. Les planches à dessin sont ou encadrées, ou bien seulement embrevées à rainure et languette à chacune de leurs extrémités. On les appelle *grand monde, grand aigle, demi-grand aigle, quart grand aigle* et *huitième grand aigle,* d'après les principaux formats du papier à dessiner.

PLANCHE DE VENTOUSE. — Séparations en plâtre qu'on place entre les costières d'une cheminée, afin d'en augmenter le tirage en établissant un courant d'air. Ces séparations

DIMENSIONS DES PLANCHES.

Chêne de Champagne.	Feuillet	0m,013 × 0m,23		
	Panneau	0m,020 × 0m,23		
	Entrevous	0m,027 × 0m,23		
	Planche	0m,031 × 0m,28		
	—	0m,041 × 0m,22		
	—	0m,047 × 0m,20		
	Doublette	0m,054 × 0m,32		
	Petit battant	0m,075 × 0m,284		
	Membrure	0m,08 × 0m,16		
	Battant de porte cochère..	0m,11 × 0m,32		
	Chevron	0m,08 × 0m,08		
Sapin de bateau en planches	Étroit équarri	0m,027 × { 0m,15 / 0m,16 }		
	Marchand	0m,027 × 0m,22	{ 1m,95 / 3m,90 / 4m,25 / 5m,85 }	
	Pour échafaud	0m,084 × 0m,041		
	Plats-bords... { / roannais.	0m,054 / 0m,065 / 0m,08	0m,36 × 17 mètres à la paire. / 0m,33 × 17m,50. / 0m,32 × 16 mètres à la paire.	
Sapin de Lorraine...	Feuillet	0m,013 × 0m,32 × 3m,57		
	Planche unité	0m,027 × 0m,32 × 3m,90 / 0m,084 × 0m,32 × 3m,90 / 0m,041 × 0m,25 × 3m,90		
	Madrier	0m,22 × 3 mètres.		
Sapin du Nord	Feuillet	0m,013 × 0m,22 × 2 —		
	Panneau	0m,020 × 0m,22 × 2 —		
	Planche	0m,027 × 0m,22 × 2 —		
	—	0m,034 × 0m,22 × 2 —		
	Madrier (sapin blanc)	0m,08 × 0m,22 × 2 —		
	— (sapin rouge)	0m,08 × 0m,22 × 2 —		
	Chevron	0m,08 × 0m,08 × 2 —		
	Basting	0m,040 × 0m,065 × 0m,170 × 2 mètres.		

ou planches en plâtre sont supportées par des barres de fer. Lorsque deux ou trois de ces planches sont échelonnées côte à côte, mais en laissant cependant entre elles un passage pour l'air froid, on nomme l'ensemble du système *jeu d'orgue.*

PLANCHÉIAGE, *s. m.* — Action de planchéier, travail résultant de cette action.

PLANCHÉIER, *v. a.* — Garnir de planches le sol d'un appartement, d'une pièce, d'un plancher.

PLANCHÉIEUR, *s. m.* — Ouvrier qui pose des planchers.

PLANCHER, *s. m.* — Assemblage horizontal des solives en bois ou en fer qui supportent l'aire d'un étage ou d'un faux comble. On nomme aussi improprement plancher la partie supérieure d'une chambre qui est le plafond. Il existe des planchers en bois et des planchers en fer.

PLANCHERS EN BOIS. — On peut construire des planchers en bois de trois manières différentes : 1° avec des solives ; 2° avec des solives et poutres ; 3° avec des poutrelles et des solives assemblées. Ce dernier genre se nomme plus spécialement *planchers d'assemblages*.

Les planchers les plus simples sont formés au moyen de solives parallèles qui portent sur des murs ou sur des pans de bois. Suivant le plus ou moins de charge que les planchers doivent supporter, on espace ou on rapproche plus ou moins les solives. On doit leur donner au moins 0ᵐ,15 de portée sur les murs à chacun de leurs abouts, et éviter de sceller ces abouts au plâtre ou au mortier, car ce scellement, qui ne présente aucun

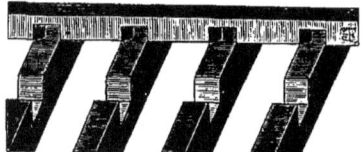

Fig. 1. — Liernes.

avantage, a l'inconvénient au contraire d'amener et d'accélérer la pourriture des bois. Les solives de brin, c'est-à-dire d'un arbre ou d'une branche entiers sont plus résistantes que celles obtenues par le sciage. Du reste, tous les constructeurs savent parfaitement que la plus grande force d'une pièce de bois, en la supposant tirée d'un tronc cylindrique, est celle dont la proportion de la hauteur à sa longueur est dans le rapport de 7 à 5 ; c'est pour ce motif que les solives rectangulaires posées sur champ sont toujours plus résistantes que les solives carrées. Ce fait est parfaitement démontré par la théorie et par l'expérience ; on sait, par exemple, qu'une poutre rectangulaire oblongue sur champ supporte beaucoup plus de charge (moitié en sus) qu'une poutre équarrie carrément, bien que ces pièces aient toutes deux une section superficielle égale. Nous devons ajouter aussi que la résis-

tance à la charge est toujours en sens inverse de la longueur des solives. On augmente la résistance des planchers en étrésillonnant les solives entre elles ; c'est aussi dans le même but qu'on les lierne, c'est-à-dire qu'on pose en travers des solives, et au-dessus d'elles, des bois entaillés de moitié de leur épaisseur : on nomme ces bois *liernes* (fig. 1).

Quand les murs d'une construction sont séparés entre eux par une assez grande distance, il n'est pas prudent d'employer des solives à grande portée. Dans ce cas, au lieu de placer les solives perpendiculairement aux murs, on les pose parallèlement à ceux-ci ; de sorte que l'un des abouts des solives porte

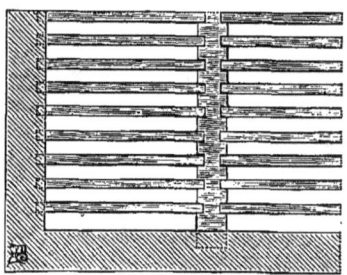

Fig. 2. — Plancher à grande portée.

sur une poutre et que l'autre porte sur le mur en retour d'équerre, comme le montre notre figure 2. Si la dimension du plancher est assez considérable pour nécessiter, par exemple, l'emploi de plusieurs poutres, les solives intermédiaires ne portent que sur ces poutres ; celles-ci ne doivent jamais porter sur un vide. Cependant si l'on est forcé de placer une poutre sur une baie, le linteau de celle-ci doit être déchargé par un arc ou surmonté d'une pièce de bois assez longue pour ne pas porter exclusivement la charge sur les pieds-droits de la baie, et afin de répartir cette charge sur une grande partie du mur qui porte la poutre. On augmente la rigidité des planchers, et par suite celle des bâtiments, en armant les poutres d'ancres ou de harpons en fer. (Voy. HARPON.)

Voici quelques données relatives à la force des bois employés dans les planchers. Comme

règle générale, les poutres doivent avoir en
hauteur $\frac{1}{18}$ de leur longueur ou du moins
de leur portée et comme largeur les $\frac{2}{3}$ de leur
hauteur : par exemple, une poutre de 9ᵐ,90
de portée devra mesurer 0ᵐ,55 de hauteur
sur 0ᵐ,36 de largeur. — Les solives auront
en hauteur $\frac{1}{24}$ de leur longueur pour les
planchers mixtes munis de poutres et de solives. Pour des planchers uniquement composés de solives, on emploie ordinairement des
solives de 0ᵐ,09 sur 0ᵐ,22, on en fait également
avec des madriers de sapin de 0ᵐ,22 de hauteur sur 0ᵐ,05 de largeur; on les pose à la
distance de 0ᵐ,325 d'axe en axe : cette dis-

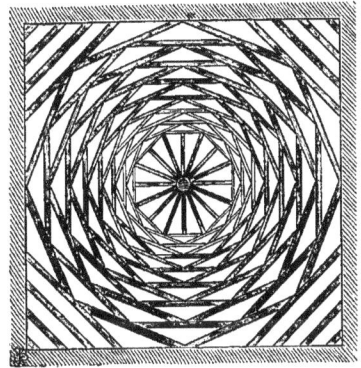

Fig. 3. — Plancher à enrayures.

tance est nommée *espacement de quatre par
latte,* parce que chaque latte de 1ᵐ,32 de longueur couvre quatre intervalles de madriers.

Quand l'écartement des murs est très-considérable, et qu'on ne pourrait avoir des poutres suffisamment longues et fortes pour atteindre les murs sans fléchir, on emploie des
planchers d'assemblages, c'est-à-dire composés de poutrelles et de solives ; ces dernières
sont assemblées près des points d'appui des
poutrelles. La disposition à donner à ces
planchers est très-variable ; mais, quel que
soit le mode adopté, on doit toujours éviter
avec soin dans leur construction d'affaiblir
les pièces principales par des mortaises trop
rapprochées : c'est dans ce but qu'on utilise
souvent des étriers et des armatures en fer
nommées *liens.*

PLANCHER A ENRAYURES. — C'est une sorte
de plancher (fig. 3) dont les solives sont disposées en rayon, dont un petit nombre se
réunissent au centre, soit que les solives se
croisent à mi-bois, soit qu'elles s'assemblent
dans un poinçon ; les autres solives, soutenues
entre les premières par des goussets, décrivent
autour du point central des polygones divers
dont le nombre de côtés augmente d'autant
que les polygones s'éloignent du centre. Notre figure 3 montre un plancher à enrayures
formé par des polygones, avec des rayons
s'engageant dans un poinçon. Ceux-ci sont
surtout employés pour les faux combles
ou pour les planchers pouvant avoir au-dessous d'eux une ou plusieurs colonnes supportant le centre ou les divers centres de ce genre
de plancher, car dans les longues salles il peut

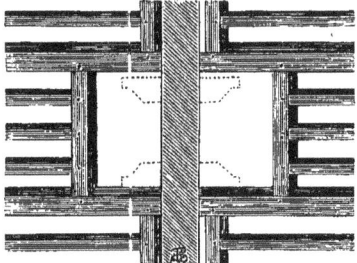

Fig. 4. — Trémies des planchers en charpente.

se trouver deux ou trois corps différents de
planchers.

Pour l'établissement des foyers de cheminées, on est obligé de prendre certaines précautions dans les planchers en bois pour
éviter les dangers de l'incendie ; on établit pour
cela l'âtre sur un vide nommé *trémie.* Notre
figure 4 montre deux cheminées adossées à
un gros mur. L'espace vide formé par les deux
solives d'enchevêtrure réunies par le chevêtre
se nomme *trémie* ; il est rempli par des barres de fer nommées *bande de trémie,* qui supportent des matériaux légers, afin de ne pas
surcharger les chevêtres et les solives d'enchevêtrure : c'est sur ce massif incombustible
qu'on construit la cheminée.

PLANCHERS EN FER. — Le mode le plus
simple de construire des planchers en fer con-

siste à poser des fers à double T plus ou moins espacés suivant la hauteur des fers adoptés, suivant aussi le poids que les planchers sont appelés à supporter. L'intervalle entre chaque solive est garni d'*entretoises* qui supportent de petits fers carrés nommés *carillons, fantons* ou *côtes de vache* (fig. 5). Ce treillis forme une sorte de paillasse destinée à porter la charge

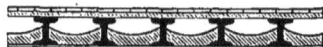

Fig. 5. — Plancher en fer ordinaire.

de plâtre et de garnis ou de briques creuses ; on pose ensuite les lambourdes sur le fer à T, et l'on termine le plancher à la manière ordinaire. — Quand les entrevous des planchers sont en brique, il n'est pas nécessaire d'employer des fantons ; en outre, les entretoises

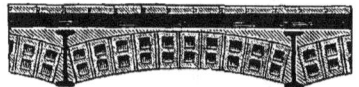

Fig. 6. — Plancher en fer avec voûte en briques creuses apparentes.

peuvent être assez espacées. On établit audessous des solives des planches sur lesquelles on coule du plâtre pour y noyer des briques creuses ; ou bien encore on peut faire dans les entrevous de petites voûtes plates en brique qui ont si peu de flèche que leur hauteur n'atteint même pas la hauteur des fers de 0^m,18 à 0^m,22. — Quand on veut laisser les entrevous apparents, il faut faire les joints avec

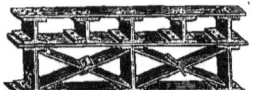

Fig. 7. — Premier mode de solives en fer.

soin, afin de pouvoir les rejointoyer convenablement. Le mode de plancher que nous venons de décrire, et qui est représenté par notre figure 6, est le plus simple et le plus employé aujourd'hui ; mais avant d'arriver à ce résultat si simple, les planchers en fer ont subi diverses transformations : les fabricants

ont d'abord fait des solives comme notre figure 7 en montre une portion ; puis ce mode a été simplifié comme le montrent nos figures 8 et 9 ; ensuite on a fait des sortes de treillis comme celui représenté par notre figure 10, lequel à son tour a été remplacé par de sim-

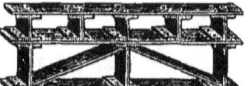

Fig. 8. — Deuxième mode de solives.

ples fers à T ou à ailettes (fig. 11), dans l'intérieur desquels on a placé des poteries verticales, afin d'assourdir le bruit qui pouvait se produire sur ces planchers : notre figure 12 montre un détail de ces poteries employées très-anciennement pour voûtes ; puis

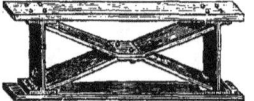

Fig. 9. — Troisième mode de solives.

on a remplacé ces poteries verticales par un autre modèle qu'on plaçait parallèlement au fer (fig. 13) ; en dernier lieu enfin, on a fait les planchers en fer avec des briques cintrées, comme le montre notre figure 14. — Il est fort probable que le fer à T restera

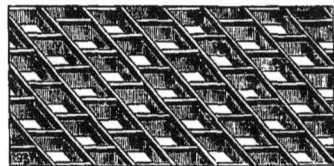

Fig. 10. — Plancher formé par un treillis en fer.

à peu de chose près ce qu'il est, mais il est certain que dans un avenir plus ou moins éloigné les solives en fer seront remplacées par des solives en acier, car ce métal offre des qualités et des garanties de sécurité que ne présentent pas les fers laminés même les mieux fabriqués. Du reste, les inventeurs cherchent toujours à perfectionner les assemblages des planchers en fer, nous devons même dire ici quelques mots d'un mode d'assemblage des planchers en fer inventé par M. Liger, un de nos confrères, ancien architecte de la ville de Paris. Nous avons même employé son pro-

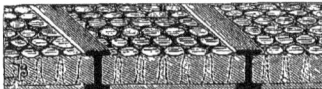

Fig. 11.— Plancher en fer avec poteries verticales.

cédé dans la construction d'un des bâtiments de la Caisse des dépôts et consignations, situé sur la rue de Lille, à Paris. Voici comment M. Liger s'exprime dans une notice explicative (page 3) (1) :

L'assemblage des solives de bout en champ (2) est celui qui s'applique à deux solives, dont l'une

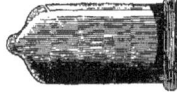 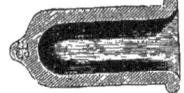

Fig. 12.— Détail d'une poterie. (élévation et coupe.)

vient buter debout contre la surface plane de l'autre. La solive qui se présente debout est appelée chevêtre ; celles qui se présentent de face et qui sont destinées à recevoir l'assemblage et à porter le chevêtre sont appelées solives d'enchevêtrure. —

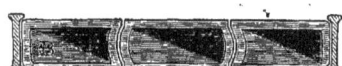

Fig. 13. — Plancher en briques creuses.

Dans la pratique ordinaire, cet assemblage se fait avec des fers cornières ou équerres qu'on boulonne sur la surface de chacune des solives qu'il s'agit

_____

(1) *Assemblage des planchers, des pans de fer et des pans de fonte*, broch. in-8°, Paris, 1872.

(2) C'est par erreur que Bécherelle, dans son dictionnaire, définit le sens du mot *champ* dans son acception spéciale à la construction comme indiquant une situation horizontale. C'est tout le contraire : une brique est de champ lorsqu'elle est sur le côté ; une solive est de champ lorsqu'elle est placée sur l'une de ses ailes, c'est-à-dire non à plat, mais sur le côté. (Liger.)

de réunir. — Ainsi tout le poids de la solive formant chevêtre porte sur un simple boulon, et la solive d'enchevêtrure est affaiblie par les trous qu'on a dû y pratiquer. Souvent, il est vrai, on coupe les ailes du fer de la solive formant chevêtre pour en faire entrer l'extrémité entre les deux ailes de la solive d'enchevêtrure, afin de soulager le boulon du poids disproportionné qu'il est

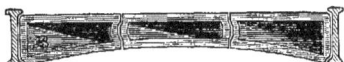

Fig. 14. — Plancher avec briques cintrées.

appelé à porter. Ce n'est là qu'un expédient tout à fait inefficace, car le fer privé de ses ailes n'a plus qu'une somme de force réduite..... Pour obvier aux inconvénients qui viennent d'être signalés, nous proposons d'appliquer une boîte en métal (Voy. nos fig. 15 et 16) destinée à recevoir la solive formant chevêtre ; cette boîte, qui s'adapte à la solive d'enchevêtrure, s'y fixe par le haut au moyen d'une courbure formant crochet, et s'y appuie par le bas à l'aide d'un talon. Chacun des côtés de la boîte est percé d'un trou destiné à recevoir un boulon ou une simple goupille, si on le juge conve-

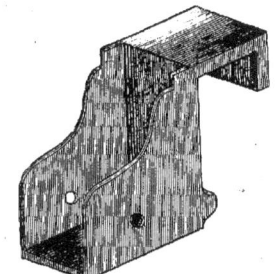

Fig. 15. — Boîte en métal (système Liger).

nable, car le boulonnage ou le goupillage n'est point indispensable dans la plupart des cas.

Le système imaginé par notre confrère réunit les conditions de solidité et d'économie, et ne demande ni un outillage spécial ni une main-d'œuvre difficile ; il répond, en outre, avec deux ou trois pièces différentes, à tous les cas qui peuvent se présenter : en effet, on peut assembler des solives posées les unes sur les autres, soit que ces dernières se présentent isolées, soit qu'elles forment poitrails, filets, sablières ou solives jumelles.

Nous terminerons cet article en donnant un tableau qui permet de déterminer à première vue la hauteur des fers à double T en fonction des charges les plus usuelles par mètre carré de plancher. Ce tableau est extrait de notre *Traité sur les constructions rurales.*

Nous ferons observer à nos lecteurs que dans ce tableau nous ne donnons point l'écartement pour les charges de 350, 450 et 550 kilogrammes par mètre carré; si nous n'avons

FERS DU COMMERCE.			ÉCARTEMENT DES SOLIVES.					
HAUTEUR des fers.	POIDS par mètre courant.		0m,50	0m,55	0m,60	0m,65	0m,70	0m,75
Charge par 280 à 300 kilogr. par mètre carré de plancher.								
m.	k.	Longueur des portées dans œuvre.	m.	m.	m.	m.	m.	m.
0,08	7,05		3,00	2,99	2,86	2,75	2,64	2,56
0,10	9,00		3,18	3,58	3,42	3,30	3,17	3,07
0,12	11,00		4,43	4,23	4,04	3,89	3,74	3,62
0,14	14,00		5,44	5,11	4,88	4,70	4,51	4,37
0,16	15,00		5,84	5,58	5,32	5,13	4,93	4,58
0,18	20,00		7,09	6,78	6,47	6,24	5,99	5,80
0,20	24,00		8,26	7,90	7,54	7,26	6,98	6,76
0,22	26,00		9,00	8,65	8,22	7,93	7,61	7,36
Charge par 400 kilogr. par mètre carré de plancher.								
m.	k.	Longueur des portées dans œuvre.	m.	m.	m.	m.	m.	m.
0,08	7,05		2,70	2,62	2,47	2,38	2,28	2,20
0,10	9,00		3,25	3,09	2,96	2,85	2,75	2,64
0,12	11,00		3,83	3,65	3,50	3,36	3,24	3,13
0,14	14,00		4,63	4,41	4,22	4,06	3,91	3,78
0,16	15,00		5,06	4,82	4,62	4,43	4,27	4,13
0,18	20,00		6,14	5,87	5,51	5,39	5,19	5,01
0,20	24,00		7,15	6,82	6,53	6,27	6,04	5,84
0,22	26,00		7,79	7,43	7,10	6,83	6,59	6,36
Charge par 500 kilogr. par mètre carré de plancher.								
m.	k.	Longueur des portées dans œuvre.	m.	m.	m.	m.	m.	m.
0,08	7,05		2,42	2,32	2,22	2,12	2,05	1,96
0,10	9,00		2,90	2,78	2,65	2,56	2,45	2,36
0,12	11,00		3,44	3,27	3,14	3,00	2,90	2,81
0,14	14,00		4,14	3,95	3,78	3,63	3,50	3,38
0,16	15,00		4,52	4,32	4,13	3,98	3,82	3,40
0,18	20,00		5,50	5,24	5,00	4,82	4,64	4,79
0,20	24,00		6,40	6,10	5,84	5,62	5,40	5,23
0,22	26,00		6,97	6,65	6,36	6,12	5,89	5,70
Charge par 600 kilogr. par mètre carré de plancher.								
m.	k.	Longueur des portées dans œuvre.	m.	m.	m.	m.	m.	m.
0,08	7,05		2,21	2,13	2,02	1,92	1,87	1,80
0,10	9,00		2,65	2,52	2,42	2,30	2,24	2,16
0,12	11,00		3,13	2,98	2,86	2,70	2,64	2,55
0,14	14,00		3,78	3,60	3,45	3,32	3,19	3,08
0,16	15,00		4,13	3,94	3,77	3,62	3,49	3,37
0,18	20,00		5,02	4,78	4,58	4,40	4,24	4,09
0,20	24,00		5,84	5,37	5,33	5,12	4,93	4,78
0,22	26,00		6,37	6,07	5,81	5,59	5,38	5,16

pas fait entrer ces calculs dans notre tableau, c'est qu'il sera facile à nos lecteurs de prendre une moyenne entre 500 et 600 kilogr. pour déterminer la hauteur et l'écartement à donner aux fers qui doivent supporter, par exemple, une charge de 550 kilogrammes par mètre carré; du reste, il ne faut pas craindre de forcer les chiffres, car les

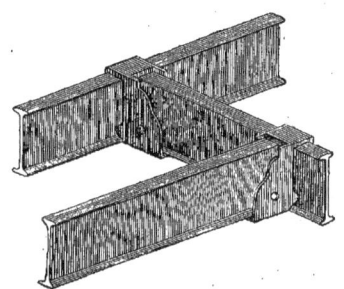

Fig. 16. — Assemblage d'un plancher (système Liger).

planchers qui fléchissent entraînent après eux de si graves accidents qu'il vaut mieux, pour un minime surcroît de dépense augmenter la force des fers, d'autant que bien souvent il est des charges difficiles à prévoir dans certains locaux. — Suivant leur mode de construction, on donne aux planchers différents noms; les principaux sont désignés ci-après :

PLANCHER CREUX, celui qui n'est pas rempli entre les solives, mais qui est seulement

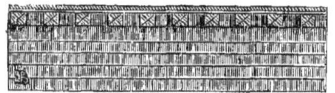

Fig. 17. — Plancher à entrevous apparents.

latté dessus et dessous à lattes jointives avec aires en plâtre pour recevoir le carreau et le parquet;

PLANCHER HOURDÉ ou PLANCHER PLEIN, celui dont les entrevous, c'est-à-dire l'espace compris entre les solives, sont remplis de plâtras ou de briques et de plâtre;

PLANCHER ENFONCÉ ou A ENTREVOUS APPARENTS, celui qui est latté jointif ou couvert de bardeaux recouverts d'une aire quel-

conque, mais dont les solives et bardeaux sont apparents en dessous. Notre figure 17 montre un plancher à entrevous apparents; tandis que notre figure 18 montre des entrevous apparents décorés de faïences décoratives cintrées et droites.

Enfin, on donne le nom de *plancher* au travail en menuiserie qui recouvre l'aire d'un plancher, surtout quand il est exécuté à l'aide de planches de sapin alaisées ; les planchers en chêne se nomment PARQUETS. (Voy. ce mot.)

En fumisterie, on nomme *planchers* les cloisons ou divisions intérieures et horizontales en tôle, en fonte ou en terre cuite, qui servent dans un poêle ou dans les calori-

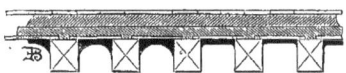

Fig. 18. — Plancher avec entrevous apparents décorés de faïences.

fères à séparer le foyer, la fumée, et l'air à chauffer.

PLANCHER DE PLATE-FORME. — Construction en bois formée à l'aide de madriers posés jointifs sur les chapeaux, les racinaux des pilots d'un pilotis; c'est sur cette plate-forme qu'on élève la maçonnerie.

PLANCHETTE, s. f. — Petite planche en bois semblable aux planches quart grand aigle à dessiner, et qui est employée pour le lever des plans dit *à la planchette*. (Voy. LEVER DES PLANS.) Une feuille de papier collée sur la planchette sert à dessiner le plan qu'on relève ; cette planchette est fixée sur un support à genouillère porté lui-même par un pied à trois branches.

PLANCHEYER. — Voy. PLANCHÉIER.

PLANÇON, s. m. — Gros arbre revêtu de son écorce qui a été scié en deux dans sa longueur.

PLANE, s. f. — Outil du plombier qui a deux formes. L'une lui sert à couper les bavures sur des tables de plomb qu'il veut réunir ensemble au moyen d'une soudure : on le nomme *plane droite, plane ronde* et DÉBORDOIR. (Voy. ce mot.) Une autre plane est faite à l'aide d'une plaque de cuivre lisse d'un côté et qui porte sur l'autre côté une poignée servant à la saisir. Cet outil sert à lisser, polir, *planer* la couche de sable étalée sur la table à couler le plomb. — Les treillageurs nomment plane ou *plaine* un outil comportant une lame d'acier ou de fer aciéré à biseau et muni de deux poignées. Cet outil leur sert à amincir et dresser les lattes; il a beaucoup d'analogie avec la WASTRINGUE. (Voy. ce mot et les figures qui l'accompagnent.)

PLANER, *v. a.* — D'une manière générale, ce terme sert à désigner une opération qui a pour but de dresser et d'unir une plaque de métal en la battant à froid sur un large tas, à l'aide d'un marteau à tête ronde et aplati, dit *marteau à planer*. Les serruriers et les fumistes planent des feuilles de tôle ou de cuivre; des ouvriers spéciaux nommés *planeurs* planent les planches de cuivre et d'acier sur lesquelles gravent les aquafortistes et les graveurs en taille-douce.

En plomberie, c'est couper ou dresser avec la PLANE ou DÉBORDOIR (Voy. ces mots) les bavures d'une table ou d'une pièce de plomb ; c'est aussi lisser la surface des moules à couler les tables de plomb.

Les treillageurs désignent sous ce terme l'opération qui consiste à dresser et amincir les lattes servant à leurs travaux de treillage.

Les charpentiers et les menuisiers planent leurs bois quand ils les dressent, et les corroient avec la varlope, le rabot, le bouvet ou la wastringue.

PLANTATION, *s. f.* — Action de planter. Nous ne nous occuperons ici que de la plantation des arbres, car tout ce qui touche à la *plantation des bâtiments* se trouve au mot IMPLANTATION, qui est le terme plus technique pour désigner le genre de travail dont il vient d'être question. — L'architecte ne doit pas être tout à fait étranger à l'art des JARDINS (Voy. ce mot), il doit avoir des connais-

sances assez étendues en botanique, surtout en horticulture, pour savoir diriger des jardiniers et pour tracer et dessiner tout ce qui se rattache à la composition des jardins. Quand il s'agit de planter un jardin, l'architecte doit d'abord s'assurer de la qualité du terrain, afin de savoir les essences d'arbres qui peuvent y prospérer; il doit ensuite envisager les arbres sous des rapports très-divers, forme générale, aspect, couleur du feuillage, rusticité, etc., afin de les exposer dans le milieu le plus convenable pour en tirer le parti le plus avantageux au point de vue décoratif et ornemental.

Les arbres à haute tige régulière, comme le tilleul, le platane, le vernis de la Chine, le paulownia, le catalpa, le peuplier, l'ormeau, le marronnier d'Inde et l'acacia, fournissent des arbres pour les grandes allées majestueuses, ainsi que pour les avenues, les boulevards, etc. On peut aussi planter de ces grands arbres dans les massifs importants ou sur des pelouses; cependant les arbres résineux, les conifères, sont en général préférés pour ce dernier emploi. Un architecte habile sait également tirer de très-bons résultats des feuillages colorés dans la plantation d'un parc d'agrément. Il devra placer près de l'habitation des massifs d'arbustes vigoureux et colorés, des mahonias, des magnolias, des rhododendrons et d'autres essences à feuilles persistantes, dont le feuillage d'une luxuriante végétation égaye la vue dans toutes les saisons; dans les seconds plans, il placera des arbustes à feuillage moins coloré et moins vigoureux; enfin, dans les derniers plans, des arbustes à feuillage terne, surtout des essences à feuilles panachées et gris pâle; cette dégradation dans la vigueur du coloris des massifs donnera à l'ensemble du parc paysager, vu des fenêtres de l'habitation, un aspect de grandeur surprenant, surtout si une pièce d'eau, en serpentant dans le jardin, s'amoindrit de plus en plus au fur et à mesure qu'elle s'éloigne de l'habitation. Ce sont là des illusions d'optique, nous le voulons bien, mais qui ont une grande importance. Nous n'insisterons pas davantage sur un sujet aussi vaste, car il faudrait écrire un véritable traité pour initier nos lecteurs aux mille secrets dont dispose un habile ingénieur pour décorer et planter les jardins et les parcs d'agrément.

PLANTER, *v. a.* — Ce terme, dans la langue technique de l'architecte, a de nombreuses significations : *planter un bâtiment*, signifie tracer sur le terrain l'emplacement des murs d'une construction (Voy. IMPLANTATION); *planter des pieux, des pilots*, c'est les enfoncer dans le sol au moyen de la sonnette, de la hie, ou par tout autre procédé; *planter un jardin*, signifie le tracer, le créer, en y plantant des arbres et des arbustes, etc.

PLAQUE, *s. f.* — On désigne sous ce terme des objets d'un usage fort différent, mais en général les plaques sont des objets plats et d'une superficie assez restreinte : ainsi on nomme *plaques de marbre*, de petites tablettes faites en cette matière ; *plaques de fer, de fonte*, des plaques en fer et en fonte : parmi celles-ci il y en a qui servent aux foyers de cheminée, on les nomme *plaques de foyer, plaques d'âtre, de contre-cœur, plaques de feu*, etc. On appelle *plaques d'entrée* des plaques en forte tôle faites par le serrurier pour cacher des trous d'entrée de serrure ou d'autres entailles pratiquées dans des vantaux de porte ou dans d'autres menuiseries; *plaques de propreté*, des plaques en cuivre, mais surtout en cristal et biseautées, qui, placées sur les bords des vantaux de porte, garantissent les peintures du contact journalier des mains qui ouvrent ou ferment les vantaux.

PLAQUE D'ASSEMBLAGE. — Feuille de forte tôle, ou plaque de fer, qu'on rive sur un travail de serrurerie pour en recouvrir les joints : ordinairement ceux-ci portent deux plaques d'assemblage, une de chaque côté de la pièce à réunir.

PLAQUE TOURNANTE. — Plateau en fer tournant, qui, dans les gares de chemin de fer ou dans leurs abords, sert à ajouter ou supprimer des voitures à un train de voyageurs ou de marchandises.

PLAQUER, *v. a.* — Coller fortement des bois de placage sur des bois ordinaires. On plaque des travaux de menuiserie et surtout d'ébénisterie. — Plaquer du plâtre ou du mortier, c'est les appliquer fortement sur les surfaces auxquelles on veut les faire adhérer : on plaque le plâtre et le mortier en les jetant à la main, c'est une sorte de GOBETAGE. (Voy. ce mot.)

PLAQUETTE, *s. f.* — On désigne sous ce terme une roche de Bagneux qui se vend comme roche basse; elle ne mesure que $0^m,25$ à $0^m,30$ de hauteur de banc.

PLAQUIS, *s. m.* — Morceau de pierre de peu d'épaisseur qu'on nomme aussi CARREAU et les ouvriers CARROTINS. (Voy. ce mot.) On pose, ou plutôt on rapporte des plaquis sur le parement d'un mur. On désigne également sous ce terme des moellons courts, c'est-à-dire qui n'ont pas assez de queue pour faire liaison avec le restant de la construction contre laquelle ils sont rapportés. Des plâtras posés à plat sur la face d'un pan de bois, d'un mur dossier de cheminée pour le dresser, sont appelés aussi *plaquis*.

PLAT, TE, *adj.* — Qui n'a pas beaucoup d'épaisseur. On nomme *fer plat* ou *méplat* un fer qui a plus de largeur que d'épaisseur ; on nomme *lime plate* une lime qui a aussi plus de largeur que d'épaisseur; *pince plate*, une pince dont les mors sont plats.

PLATANE, *s. m.* — Arbre de première grandeur, de la famille des *amentacées*, dont il existe deux variétés principales, qu'on cultive pour l'ornementation des parcs et des jardins ; ce sont le platane d'Orient et le platane d'Occident. D'après Th. Château (*Tech. du bât.*, IIe vol., p. 117) :

Le bois de platane a peu d'aubier, il ressemble un peu à celui du hêtre, mais il est plus brun et moins dur. Son grain fin lui permet de prendre un beau poli et sa compacité le rend propre à recevoir des moulures délicates. Ce bois, ferme et doux, agréablement nuancé, se taille bien dans tous les sens, ne se tourmente pas quand il est bien sec et forme d'excellents assemblages. Malheureusement, il se laisse facilement attaquer par les vers; mais il se conserve bien dans l'eau. Ses précieuses qualités le font employer en menuiserie et en ébénisterie. Les anciens en faisaient grand cas.

La hauteur du platane d'Occident varie de 16 à 40 mètres ; celle du tronc atteint jusqu'à 15 mètres.

PLAT-BORD, s. m. — Longue planche, madrier débité dans toute la longueur d'un tronc d'arbre et qu'on utilise pour faire des chemins sur les travaux, des ponts volants au-dessus des excavations et des travaux hydrauliques. On peut voir au bord de la Seine décharger du sable de rivière à l'aide de brouettes ; celles-ci roulent sur des plats-bords qui vont du bateau sur la berge du quai. Les plats-bords sont généralement en bois de sapin et proviennent du déchirage des bateaux ; ils mesurent de $0^m,06$ à $0^m,09$ d'épaisseur sur $0^m,35$ à $0^m,45$ de largeur ; quant à leur longueur, elle est très-variable.

PLATE. — Voy. BESANT, § *Blason*.

PLATEAU, s. m. — Pièce de bois pleine, ou plus ou moins évidée dans son axe, qui sert de support, ou à maintenir l'écartement des tringles qui forment une colonne creuse en menuiserie ou un tambour de treuil. — On donne quelquefois le nom de *plateau* ou *tourte* à la table de plomb circulaire, qu'on place entre une colonne et sa base ou son chapiteau pour leur donner une solide assiette.

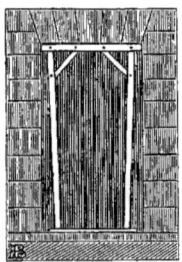

Fig. 1. — Plate-bande avec sa charpente.

PLATE-BANDE, s. f. — Série de pierres, formant une bande continue, qui compose l'architrave dans les ordonnances d'architec-

ture. Dans l'antiquité, chez divers peuples, la plate-bande était d'un seul morceau ou bloc de pierre qui portait sur les axes de deux colonnes ; quelquefois même chez certains peuples, chez les Égyptiens et les Persépolitains par exemple, le bloc formant plate-bande portait sur trois et quatre colonnes, c'étaient, pour ainsi dire, de véritables poutres

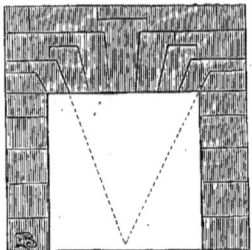

Fig. 2. — Plate-bande avec des claveaux à harpes.

en pierre. Les anciens ont rarement employé la plate-bande d'entre-colonnement à claveaux, c'est-à-dire taillée comme le seraient les voussoirs d'une voûte plate, comme les plates-bandes de baie que nous donnons ci-après. — On nomme *plate-bande de baie* la pierre ou l'assemblage de pierres qui forme le linteau d'une baie rectangulaire. La plate-bande

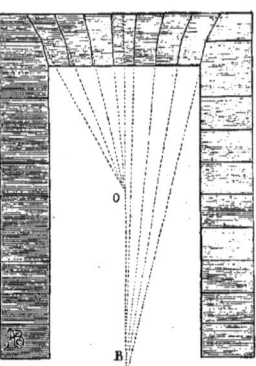

Fig. 3. — Plate-bande avec claveaux à deux coupes.

la plus simple est celle représentée par notre figure 1 ; on y voit la charpente ayant servi à la pose des claveaux, qui peuvent avoir leurs joints plus ou moins inclinés, comme le montrent nos figures 1 et 2. Notre figure 3 montre une plate-bande ayant des claveaux de deux coupes et de deux inclinaisons différentes ; ils sont retournés verticalement dans le milieu de leur hauteur, et leur inclinaison se dirige à droite de notre figure sur le point B et à gauche sur le point O. — Notre figure 4 montre une plate-bande appareillée avec des

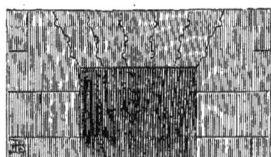

Fig. 4. — Plate-bande avec claveaux à dents demi-cylindriques.

claveaux pourvus, à droite et à gauche de leurs joints, de saillies demi-cylindriques alternées qui servent d'arrêt pour empêcher le glissement des claveaux. Dans notre figure 5, les arrêts sont formés par de petites saillies rectangulaires, tandis que dans notre figure 6 les joints sont à crossette, et dans notre figure 7 à double crossette. Tous ces systèmes, qui paraissent si ingénieux, ont en pratique un grave défaut : c'est que si, pour un motif

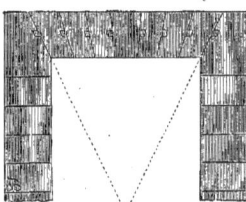

Fig. 5. — Claveaux à dents rectangulaires.

quelconque, il se produit un tassement dans une construction, les crochets d'arrêt sont souvent rompus ; aussi se contente-t-on de faire les plates-bandes de baie ou d'architrave comme le montre notre figure 1, et de les armer de fer comme le fait voir notre figure 8, quand il s'agit d'architrave. Dans les baies, au contraire, les claveaux sont ordinairement portés dans l'axe du mur par des bandes de fer carré qui portent sur les pieds-droits ; cette

barre de fer se nomme elle-même *plate-bande* ou *courson* ou bien encore *courçon.*

En serrurerie, on désigne également sous ce terme la bande de fer méplate et plus ou moins profilée qu'on pose sur les barres d'appui des balcons ou qui remplace la main courante dans les rampes d'escalier en fer. C'est aussi une barre de fer méplat assez épaisse qu'on emploie comme *lien* pour relier les pans de bois avec des planchers ou des cloi-

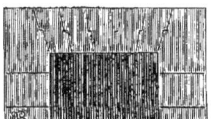

Fig. 6. — Claveaux à crossette.

sons ; ou bien le fer plat qu'on fixe sur deux solives se joignant bout à bout pour empêcher leur écartement. Les plates-bandes des limons d'escalier sont entaillées de leur épaisseur dans les bois et épousent la forme et le contour de ces limons.

La plate-bande est dite *arasée* quand les claveaux sont tous de même hauteur, comme dans notre figure 1, et ne font pas liaison avec les assises supérieures ; elle est dite *circulaire* quand l'architrave est circulaire, comme au temple de Vesta, à Tivoli ; on dit que la plate-bande est *bombée et réglée*, quand le linteau d'une baie qui est bombé dans

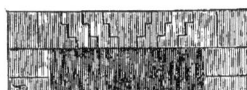

Fig. 7. — Claveaux à double crossette.

l'embrasure ou tableau est droit sur sa face enfin, on donne ce nom à une moulure carrée plus haute que saillante.

En charpente, on nomme *plate-bande* la partie saillante du limon droit d'un escalier qui est de niveau avec le palier. — En menuiserie, on appelle *bande de compartiment* toute face plate comprise entre deux moulures dans les compartiments de lambris et de plafonds. Les parqueteurs donnent le nom de *plate-bande de parquet* à la bordure qui encadre le parquet d'une pièce, d'un appartement (Voy. PARQUET); de même que les marbriers, les mosaïstes, les marqueteurs, carreleurs, etc., nomment *plate-bande de pavé* ou *de pavement* la bande qui entoure, qui encadre un pavement en marbre, en mosaïque, en carreaux de terre cuite, etc.

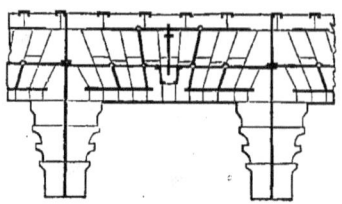

Fig. 8. — Claveaux d'architrave avec leur armature.

Dans l'art des jardins, on nomme *plates-bandes* des compartiments longs et étroits qui sont qualifiés diversement; ainsi on dit : plate-bande de gazon, de lierre, de plantes annuelles, de fleurs, etc.

PLATÉE, *s. f.* — Massif de maçonnerie établi sur les fondations d'un bâtiment et arasé de niveau à une hauteur voulue, afin d'y tracer sur sa surface les différentes parties du bâtiment à construire. C'est sur la platée qu'on trace les soupiraux, les épaisseurs des murs du rez-de-chaussée, les ouvertures, telles que portes, fenêtres, etc., etc.

PLATE-FORME, *s. f.* — Dans un sens général, on désigne sous ce terme tous les ouvrages naturels ou construits par la main de l'homme qui offrent une surface plane et parfaitement unie. — C'est aussi la couverture d'un édifice, plate et formant terrasse : dans les pays chauds, les maisons sont généralement couvertes ainsi. (Voy. TERRASSE.) Les maçons nomment *plate-forme* l'aire formée de planches et de madriers, et portant sur le sol, sur laquelle ils fabriquent le mortier. — En charpenterie, ce terme sert à désigner des objets très-divers; c'est : 1° une pièce de bois de 0^m,06 à 0^m,08 d'épaisseur sur 0^m,30 à 0^m,35 de largeur; 2° un plancher en madriers

établi sur le grillage d'un pilotis, lequel reçoit la maçonnerie des fondations; 3° le plancher d'un échafaud; 4° une série de pièces de bois plates qui règnent sur le sommet d'un mur, afin de recevoir le pied des chevrons d'un comble : les pièces composant les cours de plates-formes, qu'on nomme également SABLIÈRES (Voy. ce mot), sont assemblées au moyen d'entailles à mi-bois ou en sifflet réunies par des plates-bandes en fer, ou, ce qui est préférable, par des queues d'hironde; 5° un plancher composé de madriers posés au fond d'une fouille et sur lequel on jette les fondations : on établit ce genre de plate-forme dans des terrains qui n'offrent pas beaucoup de résistance, afin de les raffermir. — En termes de fortification, on nomme *plate-forme* une terrasse sur laquelle on pose des plats-bords ou madriers, afin que les pièces de rempart, les obusiers, et en un mot toutes les pièces en batterie, par le va-et-vient de la charge et du tir, ne creusent pas des ornières dans le sol, ce qui aurait de graves inconvénients et nuirait considérablement à la justesse du tir.

PLATELAGE, *s. m.* — Plancher formé au moyen de plateaux de chêne, c'est-à-dire de fortes planches bien dressées sur leurs rives et qui mesurent environ 0^m,08 d'épaisseur. Ces planches sont souvent réunies à l'aide de clefs posées sur tous les joints.

PLATINE, *s. m.* — Le plus lourd des métaux connus, sa densité égale 22; il est presque infusible au feu de forge le plus violent, et c'est pour ce motif qu'on l'utilise pour confectionner les pointes de PARATONNERRE. (Voy. ce mot, § 3.) Ce métal, d'un gris d'acier assez blanc, est très-ductile et très-malléable et d'une extrême dureté. — En serrurerie, on nomme *platine*, et alors ce terme est du féminin, une plaque de tôle appliquée contre une pièce de menuiserie ou de charpente, laquelle plaque est perforée dans son milieu pour recevoir l'embase ou l'extrémité d'une tige métallique. Les targettes, les verrous, les loqueteaux, les marteaux de porte, etc., sont montés sur platine; une ROSETTE (Voy. ce mot) est souvent une platine. Les entrées de serrure se composent le plus souvent d'une platine percée d'un trou de même forme que le panneton d'une clef. Pendant le moyen âge et la renaissance, de même que chez divers peuples européens, les Maures et les Arabes par exemple, les platines reçurent une riche décoration, notamment celles des poignées, celles des entrées de serrure et des marteaux de porte. (Voy. MARTEAU DE PORTE.)

PLATRAS, s. m. pl. — Débris de plâtre provenant de la démolition d'anciennes constructions et qu'on emploie à bain de plâtre pour exécuter de légers ouvrages à l'intérieur des édifices, tels que le hourdis des planchers, des pans de bois et des pans de fer, des murs dossiers de cheminées et des jambages de cheminées, etc. Il y a des plâtras blancs et des plâtras noirs ; ces derniers proviennent de la démolition des coffres de cheminées et ne doivent être employés que pour des travaux dans lesquels on n'a pas à craindre l'apparition de la suie sur les enduits exécutés sur les travaux faits en plâtras.

PLATRE, s. m. — Substance qui, délayée et gâchée avec de l'eau, sert à réunir fortement, à la manière des mortiers, les matériaux de construction. On obtient le plâtre en calcinant le gypse ou sulfate de chaux hydraté dans des fours spéciaux. (Voy. GYPSE.) — La pierre à plâtre, ou gypse, quand elle est surchauffée, c'est-à-dire chauffée à environ 160 degrés, donnè du plâtre surcuit, ou sulfate de chaux anhydre, qui ne reprend plus l'eau que la cuisson lui a fait perdre ; il constitue dans cet état une sorte de pierre nommée anhydrite, dont la densité est égale à 2, 9. L'anhydrite existe dans la nature, elle ressemble à l'albâtre ; susceptible d'être diversement colorée, cette matière peut être employée pour la décoration ou pour fabriquer des objets d'art, tels que statuettes, coupes, fruits, etc. (Voy. ANHYDRITE.) Les gypses pouvant fournir des plâtres de bonne qualité sont très-abondants dans un grand nombre de localités de la France, mais les environs de Paris sont très-privilégiés sous ce rapport. Au mot GYPSE,

in fine, le lecteur trouvera les noms qu'on donne aux différents bancs de plâtre ; ici nous traiterons plus spécialement du plâtre fabriqué. — Sous le rapport de son emploi dans les constructions, on distingue divers genres de plâtre ; on nomme : plâtre blanc, celui qui a été râblé, c'est-à-dire celui dont on a ôté le charbon dans la plâtrière ; plâtre gris, celui qui n'a pas été râblé ; plâtre au panier, celui qui a été passé à travers un panier en osier ou mannequin : on l'emploie pour les crépis ; gros plâtre, le plâtre tel qu'il sort du four de la plâtrière : on s'en sert pour les PIGEONNAGES. (Voy. ce mot.) On applique cependant plutôt le nom de gros plâtre, à une variété qui, cuite à point, donne un excellent plâtre qui fournit une bonne liaison, qui prend rapidement et durcit de même ; on nomme également gros plâtre, dans les chantiers, les gravois de plâtre qu'on a passés au crible et qu'on rebat avec du plâtre neuf pour hourder ou hourdir, gobeter et renformir. Le plâtre au sas ou plâtre fin est celui qui a été passé au tamis de crin ou de soie ; il sert à faire les enduits ordinaires et à traîner des moulures. Le plâtre au tamis de soie sert à faire les derniers enduits sur les plafonds, les murs, enfin tous les enduits devant recevoir des couches de peinture. — On nomme mouchettes les résidus provenant du passage du plâtre au sas, et fleur de plâtre, le plâtre encore plus fin que celui qui est obtenu par le passage du plâtre au tamis de soie ; les ouvriers l'obtiennent en faisant sauter sur une pelle ce dernier plâtre, et les fines poussières qui restent attachées sur la pelle constituent la fleur de plâtre ou le plâtre à la pelle, par suite de la manière dont on l'obtient.

Suivant l'état dans lequel il se trouve, on désigne le plâtre sous les dénominations suivantes. On nomme plâtre éventé celui qui, ayant longtemps séjourné à l'air, a perdu de sa force, de sa bonne qualité ; employé seul, ce plâtre ne fait pas prise, il s'écaille et se pulvérise ; on le mélange avec d'autres plâtres pour faire des travaux ordinaires ou même grossiers. Le plâtre mouillé est encore plus mauvais, il n'est bon pour aucun emploi ; on le nomme ainsi parce qu'il a été exposé à la pluie. Le plâtre gâché serré, ou tout simplement le *plâtre serré*, est celui qui a été préparé avec très-peu d'eau ; on l'emploie pour souder les enduits. Le *plâtre noyé*, au contraire, est celui qui est tellement liquide qu'il peut couler comme de l'eau ; on s'en sert pour faire des *coulis*, pour fixer les joints des pierres. Le *plâtre clair* est un plâtre qui contient moins d'eau ; il sert à ragréer les moulures traînées au calibre.

A QUOI RECONNAIT-ON LE BON ET LE MAUVAIS PLATRE ? — Les ouvriers reconnaissent un plâtre de bonne qualité quand il est doux au toucher et qu'il laisse dans leurs doigts une onctuosité qu'ils appellent *amour*. Les enduits faits avec ce plâtre, très-bien cuit, sont d'un grain fin et très-flatteur pour l'œil ; quand le plâtre est trop cuit, il n'absorbe pas une quantité d'eau suffisante, il est graveleux, et s'égrène, au lieu de former une surface unie et compacte. Du reste, on reconnaît les plâtres de mauvaise qualité parce qu'ils sont jaunâtres et rudes au toucher ; leur prise est fort lente et les enduits faits avec ces plâtres se gercent, se rayent profondément à l'ongle, et n'ont aucune sonorité si l'on frappe sur leur surface avec le plat de la main. Le gâchage des plâtres est une opération importante et qui influe beaucoup sur leur solidité. Nous n'avons pas à en parler ici, nous nous contenterons de renvoyer le lecteur à ce mot (Voy. GACHAGE); nous dirons seulement, en terminant cet article, que comme le *plâtre éventé* n'est bon pour aucun usage, qu'il ne peut être employé que comme poussier à la place de cendres ou de MUSIQUE (Voy. ce mot), on doit apporter les plus grandes précautions pour le préserver du contact de l'air, dont il absorbe avidement et très-promptement l'humidité. Le meilleur mode de le conserver longtemps, c'est de le mettre en tas au milieu d'une chambre, sur un plancher fait de plats-bords ou sur un sol bien sec ; on arrose alors légèrement et d'une manière uniforme la superficie du tas, il s'y forme une légère croûte qui préserve tout le plâtre placé au-dessous des influences atmosphériques. Par ce procédé on a pu conserver des plâtres sans aucune trace de détérioration pendant dix et douze mois.

PLATRE (LÉGERS OUVRAGES EN). — Voy. LÉGERS.

PLATREAU, *s. m.* — Fragment cru de la pierre à plâtre.

PLATRIER, *s. m.* — Fabricant de plâtre. Cependant, dans bien des pays, dans le midi de la France, en Italie, en Espagne, on donne ce nom à l'ouvrier qui travaille en plâtre, et que nous nommons à Paris *maçon*, tandis que le terme de plâtrier sert à désigner celui dont la profession consiste à exploiter les carrières de gypse ou *plâtrières*, à fabriquer le plâtre et à le vendre aux entrepreneurs maçons.

PLATRIÈRE, *s. f.* — Carrière d'où l'on extrait la pierre à plâtre. Ce terme sert aussi à désigner le four où se fait la cuisson des PLATREAUX. (Voy. ce mot.) C'est là aussi où l'on triture le plâtre et où l'on procède à sa mise en sac, après l'avoir passé aux divers tamis.

PLEIN, NE, *adj.* — On dit qu'un mur est *plein* quand il n'est percé d'aucune ouverture, et que sa maçonnerie est compacte et n'a pas de vide. — Pris substantivement, ce terme sert à désigner l'épaisseur ; ainsi l'on dit : le plein d'un mur mesure 0^m,60. — En menuiserie, ce terme est synonyme de *massif* ; par exemple, moulure poussée en pleine masse, ou simplement moulure dégagée dans le plein du bois.

PLÉTHORE, *s. f.* — Maladie des arbres qui les rend impropres à être employés dans la construction, parce qu'elle détruit l'homogénéité des fibres ligneuses. La pléthore est une exubérance de santé qui fournit aux arbres une surabondance de sève qui se porte irrégulièrement sur les diverses parties de l'arbre, le déforme, ramollit certaines parties fibreuses, et par suite détruit toute l'homogénéité du bois.

PLI, *s. m.* — Expression peu usitée pour désigner l'angle rentrant d'un mur, tandis que l'angle sortant ou plutôt saillant se nomme *coude;* cette dernière expression est plus employée que la première.

PLINTHE, *s. f.* — Ce terme, dérivé du grec πλίνθος, signifie une *brique;* mais nous ignorons complétement si c'est la plinthe qui la première a donné son nom à la brique ou si c'est celle-ci qui l'a donné à la plinthe. Peut-être que très-anciennement les plinthes qu'on plaçait sous les colonnes ou troncs de bois étaient de grandes dalles en terre cuite ; ainsi s'expliqueraient l'étymologie et l'homonymie de ce terme, qui désigne deux objets différents. — Aujourd'hui nous appelons *plinthe* une moulure plate rectangulaire qui sert de base aux colonnes, aux piliers et même aux murailles ; dans ces dernières on les nomme *plinthes continues;* si elles sont très-élevées, elles deviennent des STYLOBATES (Voy. ce mot), et sont alors décorées haut et bas de moulures ; quelquefois les stylobates sont formés par plusieurs plinthes placées en retraite les unes sur les autres. — On nomme aussi *plinthe* l'abaque d'un chapiteau. (Voy. ABAQUE.) Dans bien des cas, on considère ce terme comme synonyme de SOCLE. (Voy. ce mot.)

En menuiserie, la plinthe est une planche mince d'une hauteur variable entre 0^m,10 et 0^m,25, qu'on place au bas des lambris au pourtour des pièces, le long des murs, des cages d'escaliers, etc. ; du reste, les métreurs des travaux de menuiserie nomment indistinctement *plinthes* tous les champs unis, qu'ils soient posés horizontalement ou verticalement.

PLINTHE ÉLÉGIE. — Celle qui n'est pas rapportée, mais prise dans l'épaisseur de la traverse d'un lambris.

PLINTHE ARRONDIE. — Celle qui est circulaire et ronde à la manière d'un tore.

PLINTHE RAVALÉE. — Celle qui est décorée d'une petite table refouillée dans laquelle se trouvent des ornements, tels que postes, guillochis, entrelacs, etc.

PLOMB, *s. m.* — Métal gris bleuâtre, assez mou, très-malléable, mais peu ductile par suite de son peu de ténacité. Quand on le coupe avec un instrument tranchant, la coupure est brillante ; mais son exposition à l'air la ternit promptement, car le plomb se recouvre bien vite d'une couche d'oxyde. Ce métal, le plus lourd après le platine et l'or, entre en fusion vers 325 degrés ; son poids spécifique varie, suivant son degré de pureté et sa provenance, entre 11,30 et 11,45. Il sert à de nombreux usages, surtout dans l'industrie du bâtiment ; en l'emploie, en effet, en couverture, pour combles et terrassons, pour faire des chéneaux, des tuyaux pour conduites d'eau et de gaz, pour noues, arêtiers, etc. Avec ce métal on fabrique des ornements estampés qui servent à la décoration des membrons, des arêtiers, des faîtages, des chéneaux, des lucarnes, etc. Avec le plomb on estampe même de très-grandes pièces, des fontaines par exemple. Nos lecteurs peuvent voir un monument de ce genre, qui décore les jardins de Versailles, en se portant au mot FONTAINE (planche XI). On emploie également ce métal, seul ou avec de la GRENAILLE de fer ou du GRAIN (Voy. ces mots), pour sceller dans la pierre des grilles, des chasseroues, des pilastres, des portes en fer, des balcons, etc. Allié avec l'étain, le plomb sert à faire des soudures sur tous les travaux en plomb, en zinc, en tôle, en fer blanc, etc. — Dans l'antiquité, les constructeurs ont employé le plomb pour faire des scellements et pour réunir des pierres ; ils creusaient, à cheval sur le joint de deux pierres voisines, des doubles queues d'hironde dans lesquelles ils coulaient du plomb, afin de remplacer les agrafes ou les queues d'hironde en bronze. — Les combinaisons du plomb avec divers acides fournissent différents oxydes qui sont employés dans la peinture sous les noms de CÉRUSE, de *jaune de chrome,* de LITHARGE, etc. (Voy. ces mots et CHROMATE.) Les ouvriers nomment simplement *plomb* le fil à plomb qui leur sert à s'assurer de la verticalité des travaux qu'ils exécutent. (Voy. FIL, § *Fil à plomb.*)

PLOMB DU COMMERCE. — On désigne sous ce terme tous les plombs fabriqués qui se trouvent dans le commerce ; ce sont : des lames ou tables de toute épaisseur et de tout poids, qui mesurent jusqu'à 1^m,70 de largeur et sur 8 mètres de longueur : le poids par mètre carré des tables est d'environ 10 kilogrammes par millimètre d'épaisseur ; le plomb employé ordinairement pour couverture a de 0^m,0038 à 0^m,0048 ; il pèse donc 38 à 48 kilog. le mètre carré ; — des tuyaux soudés, mais plutôt étirés, de diverses épaisseurs et de diamètre très-variable. Voici le diamètre et les poids des tuyaux les plus usuels :

DIAMÈTRE intérieur.	ÉPAISSEUR.	POIDS par mètre courant.
m.	m.	k.
0,08	0,005	17,20
»	0,012	34,00
0,07	0,005	13,90
»	0,012	33,00
0,063	0,005	13,00
»	0,012	38,20
0,05	0,005	10,00
»	0,012	22,50
0,038	0,004	6,40
0,037	0,010	17,00
0,03	0,010	13,00
0,024	0,005	4,80
0,018	0,005	4,25

PLOMB BLANCHI. — Celui qui est étamé ou coloré avec de l'étain, comme le fer-blanc.

PLOMB COULÉ. — Celui qui est coulé en tables ou en lames plus ou moins épaisses.

PLOMB EN CULOT. — Le vieux plomb refondu et qu'on laisse refroidir dans la marmite ou cuillère et qui a la forme de celle-ci ; d'où son nom.

PLOMB LAMINÉ. — Celui qui a été passé au laminoir ; les tables et lames, par exemple.

PLOMB ÉTIRÉ. — Celui qui a été étiré à la filière pour obtenir des fils ou des tuyaux.

PLOMB ESTAMPÉ ou REPOUSSÉ. — Celui qui a été modelé au moyen de l'estampe, du balancier, ou repoussé au marteau.

PLOMB EN NAVETTE ou SAUMON. — Le plomb neuf, tel qu'il sort des fonderies ; il affecte la forme de navettes, de saumons ou de parallélipipèdes légèrement pyramidaux et tronqués.

PLOMB A RABOT. — Plomb amené à une épaisseur voulue au moyen du rabot.

PLOMB A VITRES ou A VITRAUX. — C'est un plomb étiré en verges ; il porte deux rainures et sert à monter les panneaux d'un vitrail.

On distingue dans le plomb à vitraux (fig. 1)

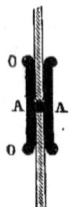

Fig. 1. — Plomb à vitraux.

les ailerons A, A, séparés par le cœur, et les ourlets ou bords O, O. Ces plombs reçoivent les morceaux de verre dont la réunion forme le vitrail. Ces plombs, soudés les uns aux au-

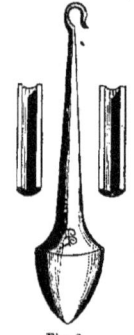 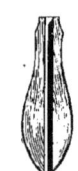

Fig. 2.
Attelles du plombier.

Fig. 3.
Attelles du vitrier.

tres avec les attelles ou moufflettes (fig. 2 et 3), forment ce qu'on nomme la résille ou filet du vitrail.

PLOMB. — Synonyme de MOFFETTE. (Voy. ce mot.)

PLOMB (A et D'A). — Voy. APLOMB.

PLOMBÉE, s. f. — Ligne d'aplomb, opération qui consiste à vérifier l'aplomb d'un mur, d'une pièce de bois.

PLOMBER, v. a. — Attacher, fixer ou poser du plomb sur une couverture, la face d'un mur ou d'un lambris. *Plomber* le faîtage d'un édifice, c'est le couvrir de plomb. C'est aussi faire une *plombée*, c'est-à-dire s'assurer si un mur, une pièce de bois, une colonne ou un pilier sont posés d'aplomb; c'est donc aussi se servir du fil à plomb. Enfin, en marbrerie, *plomber* ou *piquer* le marbre, c'est pratiquer sur la surface de ce matériau la cinquième opération du polissage des marbres, qui consiste à le frotter avec une molette de plomb ou avec un bouchon de liége recouvert de limaille de plomb et de poudre d'émeri. On plombe les marbres pour user des *clous*, grains de cuivre, etc., c'est-à-dire des amas de matières étrangères extrêmement dures qu'ils renferment; les brèches et certaines serpentines renferment souvent de ces grains en assez grand nombre.

PLOMBERIE, *s. f.* — Art de fondre et de travailler le plomb; atelier où cet art et cette industrie s'exercent. Les travaux de plomberie comprennent la couverture des édifices, le revêtement de surfaces, telles que murs, lambris, réservoirs, etc., la conduite des eaux et du gaz, etc. Les ateliers de plomberie importants exercent donc une triple industrie : celle de couvreur, de fontainier et de gazier; cependant le gazier n'exécute généralement que les travaux spéciaux à son industrie, à Paris surtout, où elle a une importance considérable. Le plombier s'occupe donc exclusivement des travaux de couverture et de tout ce qui concerne le fontainier ; il fait les terrasses et terrassons en plomb, les arêtiers, les chéneaux, les faîtages, les membrons, les couvertures en zinc et en ardoises, etc.; il fait l'installation des eaux, des bains, des garderobes et cuvettes à l'anglaise, tous les travaux de robinetterie et d'ajutage, jets d'eau, pompes, armoires à incendie, etc.

PLOMBIER, *s. m.* — Entrepreneur de plomberie, ouvrier qui exécute des travaux de plomberie ; *plombier-couvreur*, ouvrier qui exécute des travaux de couverture et de plomberie, entrepreneur de ces mêmes travaux.

PLOMBURE, *s. f.* — Ensemble des pièces de plomb d'un vitrail; c'est, pour ainsi dire,

l'appareil, la carcasse, ou, comme on dit, la résille du vitrail. (Voy. ci-dessus PLOMB A VITRES.)

PLOYER LES BOIS. — C'est désassembler les pièces de bois qui avaient été montées assemblées sur l'épure d'exécution, pour les transporter sur le chantier où elles doivent être montées définitivement.

PLUME, *s. f.* — Pièce de cuivre qui a la forme d'un bec de plume d'oie ; de là son nom. Cette pièce se place dans l'intérieur et à l'une des extrémités du moule à tuyau, quand on coule du plomb pour faire un tuyau coulé avec le nouveau tronçon à couler.

PLUMÉE, *s. f.* — Sorte de ciselure que l'on fait avec le ciseau et le maillet au pourtour du lit d'une pierre brute ; on dresse cette ciselure à l'aide de la règle. On pratique des plumées sur les lits et joints des pierres pour les dégauchir, les équarrir et leur donner une forme voulue ; c'est la première opération de la taille des pierres. — C'est aussi la taille préparatoire, taille composée de pans et de facettes, qui sert à arrondir un corps carré. — En charpenterie, *faire une plumée*, c'est dresser la largeur d'une pièce de bois, ou du moins une portion de sa face d'établissement, afin de la mettre de dévers pour la rétablir une seconde fois. Cette plumée de dévers se marque sur les bois par deux lignes ondulées qui se croisent. (Voy. MARQUE DES BOIS, fig. 34.)

PLUS-VALUE, *s. f.* — Valeur accordée en plus sur le prix ordinaire d'un ouvrage comme dédommagement de difficultés exceptionnelles qu'a présentées l'exécution de cet ouvrage. Ainsi tous les travaux, tant de limousinerie que d'enduits, de taille, de sciage, etc., lorsqu'ils sont exécutés sur un plan ou face circulaire, ont droit à une plus-value, excédant sur les prix qu'on accorde pour ces mêmes travaux quand ils sont exécutés sur des parties droites. — Dans l'évaluation des LÉGERS *ouvrages* (Voy. ce mot), la plus-value s'accorde sur le mètre ou la dimension et la quantité réelles, qu'on augmente d'une certaine quantité qu'on attribue comme plus-value.

PLUTEUM ou PLUTEUS, *s. m.* — Terme d'antiquités ; dans un sens général, ce terme sert à désigner tout ce qui est fait de planches, de claies, de balustrades, etc., qu'on plaçait en avant des portiques des temples entre les colonnes. Vitruve (IV, 4, 1) prétend même que c'était un mur très-bas qui formait la partie inférieure de l'entre-colonnement, ou bien que c'était un parapet placé au sommet des étages d'une maison (V, 1, 5). — C'était aussi une tablette, fixée aux murs d'une chambre, sur laquelle on déposait des objets servant à un usage journalier (Ulp., *Dig.*, 29, 1, 17 ; Juv., II, 7 ; Pers., I, 106), ou, d'après Martial (VIII, 14, 13), une simple planche sur laquelle on déposait un cadavre, ou, d'après le même auteur (III, 91, 10), le dossier d'un lit (Suét., *Cal.*, 26) ; mais ce terme s'appliquait surtout à un rempart fait de planches, destiné à protéger les assiégeants d'une place contre les traits des assiégés. (César, *B. C.*,

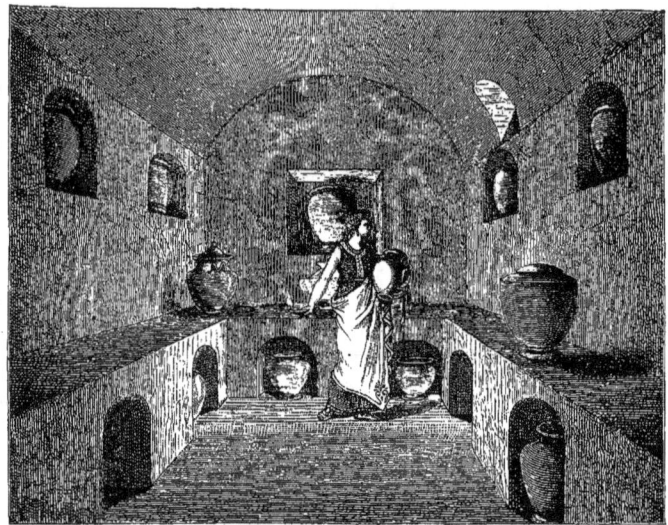

Podium dans un tombeau, à Pompéi.

I, 25 ; II, 15 ; *B. G.*, VII, 41 ; Tite-Live, X, 38 ; Ammian., XXI, 12.) (Voy. REGARD.)

POCHON, *s. m.* — Ce vieux terme signifie écuelle et cuillère à pot ; de nos jours, il sert à désigner l'énorme cuillère en fer qui sert aux asphalteurs et aux bitumiers à puiser l'asphalte dans la chaudière où il est en ébullition.

PODIUM, *s. m.* — Dans les amphithéâtres et dans les cirques, on nommait *podium* la plate-forme qui s'élevait immédiatement au-dessus du sol de l'arène et qui l'entourait. Le podium était muni d'un mur qui empêchait les spectateurs de tomber dans l'arène ; on donnait également à ce mur le nom de podium ainsi qu'aux premiers rangs de gradins qui s'élevaient du podium au premier *mœnianum*. Les gradins du podium étaient plus larges que ceux des autres parties de la *cavea ;* aussi les personnages de distinction qui l'occupaient pouvaient s'y asseoir sur des siéges mobiles (*subsellia*) (Suét., *Oct.*, 43.) Dans tous les amphithéâtres, aux extrémités du petit axe, il existait sur le podium deux loges :

l'une était occupée par le chef de l'État ou par son représentant dans les provinces ; l'autre était réservée aux consuls, aux édiles, aux préteurs, aux premiers magistrats de la ville enfin. Dans quelques amphithéâtres, à Nîmes (1) et à Pompéi par exemple, le podium était divisé en plusieurs loges au moyen de dalles de pierre polies ou même de marbre, comme au Colisée à Rome (Calpurn., *Ecl.*, VII, 5, 48) ; dans d'autres amphithéâtres, à Pompéi par exemple, ces mêmes parois étaient peintes (Mazois, *Ruines de Pompéi*, II, p. 80, pl. 48). — Les théâtres possédaient également des podiums qui se profilaient avec le *pulpitum* et entouraient l'orchestre. (Voy. THÉATRE et AMPHITHÉÂTRE.) — On nommait aussi *podium* un soubassement de peu d'élévation qui faisait saillie dans une chambre et qui servait de plateforme pour y déposer des objets ; dans les caves, il existait des podiums de ce genre pour y placer les amphores qui renfermaient du vin ou des vases contenant de l'huile (El. Pallad., I, 38, 2 ; I, 18, 2) ; on en voyait même dans l'intérieur des tombeaux, comme le lecteur peut s'en convaincre en jetant les yeux sur notre figure, qui montre l'intérieur d'un caveau funéraire, caveau aujourd'hui comblé, sur le podium duquel se trouvent déposées

(1) Dans les travaux de reconstruction (car on ne peut les nommer autrement) exécutés à l'amphithéâtre de Nîmes dans ces dernières années, il n'a été tenu aucun compte de la distribution du podium en loges, pas plus que des inscriptions qui étaient gravées sur la moulure couronnant le mur du podium, inscriptions qui constataient le nombre des places réservées à certaines corporations. (Cf. à ce sujet Boissieu, *Inscriptions de Lyon*, p. 396.) Les archéologues les plus compétents ont réclamé en vain auprès de l'administration des monuments historiques ; leurs plaintes n'ont pas été écoutées. Il ne pouvait en être autrement ; car les inspecteurs généraux font toujours des rapports favorables à leurs confrères, ayant eux-mêmes besoin de la plus grande indulgence pour leurs propres travaux de restauration. Nos lecteurs n'ont pas oublié les affaires du clocher de Bayeux, de la cathédrale d'Evreux, d'Aubazine, de Bénévent, etc., car il faut bien nous arrêter dans cette longue nomenclature de nos monuments nationaux en partie ruinés ou refaits à neuf par ceux qui étaient chargés uniquement de leur entretien.

des urnes funéraires. — Dans l'antiquité, on nommait encore *podium*, c'est Vitruve qui nous l'apprend (III, 4, 5), un socle ou console dépourvue de tout ornement ; c'était une sorte de corbeau placé en saillie sur les murs d'un bâtiment, et qui servait de support à des vases, à des bustes ou à d'autres motifs de décoration.

POÊLE, *s. m.* — Sous ce terme générique, on désigne tous les appareils de chauffage qui, placés dans l'intérieur des chambres, les chauffent sans montrer le feu ; cependant, depuis quelques années, on commence à faire des poêles en fonte qui montrent la flamme du foyer, une fois que le combustible est bien allumé, parce qu'on supprime alors les portes mobiles ou mantelets, ou bien qu'étant à deux vantaux, on les rejette à droite et à gauche de l'appareil. On fait aujourd'hui des poêles en tôle, en faïence, en fonte. De tous les divers modes de chauffage, le poêle constitue le système le plus économique, puisqu'il utilise 85 à 90 degrés de la chaleur développée par le combustible, tandis que les cheminées n'en utilisent que 15 ou 20 sur 100.

HISTORIQUE. — L'origine des poêles remonte au XVIe siècle ; c'est, croyons-nous, Alberti qui en parle le premier dans son livre sur l'architecture (1) : « En Germanie, dit-il (p. 90 et 233 de la traduction de Jean Martin, 1553), en Colchos et ailleurs, les habitants usent de poisle. » Plus loin il ajoute : « S'il faut bastir en un lieu froid, le remède sera d'user du feu, mais l'usage en est bien divers. Toutefois le plus profitable de tous est celui que l'on fait en lieu ample et ouvert, afin qu'il puisse luyre et eschauffer tout à l'entour de soy. Car qui le ferait en un lieu clos comme un *poesle* ou dessous quelques voustes, si que la fumée ne s'en peut aller franchement, la vapeur en serait mauvaise et dangereuse, même nuysante grandement aux yeux, les rendant chassieux et débiles, etc. » Savot, dans son *Architecture françoise*, fait allusion aux poêles et signale la funeste habitude qu'on

(1) *L'Architecture et l'art de bien bastir*, du seigneur Léon-Baptiste Alberti.

avait de son temps (et qu'on a encore) de fermer les clefs. — La date certaine de la découverte des poêles est très-difficile à déterminer, mais ce qui est positif, c'est qu'ils étaient encore peu communs au XVIIᵉ siècle (1).

Pratique. — On peut diviser les poêles en trois sections principales : 1° les poêles à parois métalliques apparentes (fonte ou tôle); 2° les poêles à parois métalliques cachées par des enveloppes réfractaires, poêles en poterie, poêles de construction; 3° les poêles calorifères. — Ces genres de poêles affectent des formes très-diverses : ils sont tantôt ronds, tantôt carrés, tantôt rectangulaires; ils sont souvent montés sur des plaques en fonte ou sur des pieds en métal qui les isolent du sol; leur garniture intérieure est formée au moyen de briques réfractaires. Parmi les principales dispositions adoptées, nous devons distinguer les suivantes; on nomme :

Poêle a tiroir, un poêle portatif dont chaque carreau porte à son tour un cadre de forme rectangulaire qui imite la tête d'un tiroir;

Poêle lyonnais, un poêle en fonte qui se compose d'une double marmite dont l'une serait renversée sur l'autre; il est monté sur trois pieds, pour l'isoler du sol;

Poêle rond en faïence, un poêle rond portatif dont les carreaux sont cintrés : il est ordinairement surmonté d'une tablette en marbre et d'une colonne en faïence; il possède en outre un chauffe-assiettes, car ce modèle est employé surtout pour les salles à manger;

Poêle sur ferrure, poêle également en faïence, et composé de plusieurs carreaux qui sont réunis par des cercles ou ceintures en cuivre ou en fer; il est avec ou sans four et surmonté d'une tablette en faïence ou en marbre;

Poêle de construction, poêle d'un assez grand modèle qu'on construit sur place à la demande; il est formé de trois ou quatre rangs de carreaux, d'un socle et d'une frise de couronnement avec bouche de chaleur. L'intérieur renferme une cloche en fonte avec un jeu de tuyaux, un repos ou réservoir de la chaleur, des cloisons et des planchers en brique : c'est un véritable Calorifère (Voy. ce mot);

Poêle a la suédoise, gros poêle qui s'élève de toute la hauteur de la pièce où il est placé.

Enfin il y a des *poêles garnis, à buffet, russes*, etc., etc.

En plomberie, on nomme poêle : 1° une sorte de cuillère qui sert aux plombiers à fondre le plomb; 2° une marmite en fonte à trois pieds dans laquelle on allume le charbon pour faire chauffer les fers à souder ou pour fondre le plomb dans la cuillère.

POÊLERIE, *s. f.* — Une des branches des industries de la fumisterie ou de la grosse quincaillerie, qui comprend la fourniture et la pose des poêles portatifs et des poêles de construction, ainsi que des fourneaux de cuisine, etc.

POÊLIER, *s. m.* — Ouvrier constructeur de poêles; il est aussi fumiste, il répare l'intérieur des cheminées, il remplace les carreaux et les plaques de fonte cassées, etc.

POIDS, *s. m.* — Qualité de ce qui est pesant, c'est-à-dire pression plus ou moins

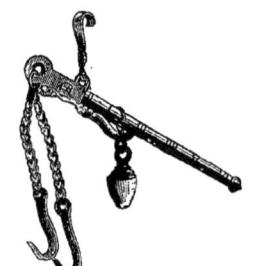

Fig. 1. — Peson antique à crochet (*statera*).

considérable qu'un corps exerce sur un autre en vertu des lois de la pesanteur. On nomme *poids* ou *pesanteur spécifique* d'un corps le poids de l'unité de volume de ce corps. Au mot PESANTEUR, le lecteur trouvera la pesanteur de divers matériaux.

POIDS ET MESURES. — Ensemble du système employé chez les divers peuples pour

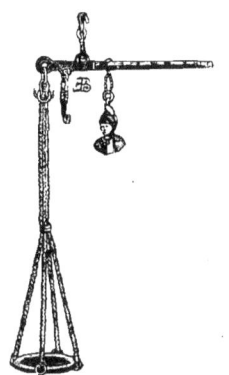

Fig. 2. — Peson antique à plateau.

peser et mesurer des objets très-différents, qui s'achètent ou se vendent au poids ou à la mesure. Les anciens nommaient *pondus* le poids servant à peser des objets dans une balance.

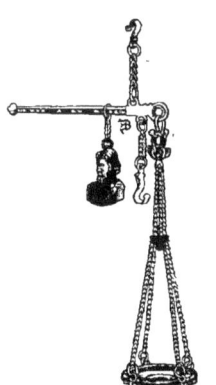

Fig. 3. — Peson antique à plateau.

(Tite-Live, V, 48; Ulp., *Dig.*, 19, 1, 32.) Il existait des poids publics (*ponderaria*); dans l'un d'eux, découvert à Pompéi, dans le forum même, on a retrouvé des balances, des romaines, des poids de diverses sortes et dimen-

sions, sur lesquels est quelquefois marquée la pesanteur du poids (Voy. nos figures); on a également retrouvé à Pompéi une mesure à grains (fig. 6), à Herculanum des assortiments de petits poids s'emboîtant les uns dans les autres et qui formaient des subdivisions du poids principal. Les étalons des poids étaient conservés dans le temple d'Ops; un poids antique, dessiné par Montfaucon (*Antiquité expliq.*, t. III, p. 93), porte cette inscription : TEMPLO OPIS AUG. Les types des mesures de capacité étaient conservés dans le temple de Jupiter Capitolin; les mesures linéaires ou de

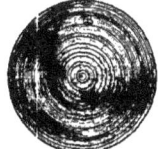

Fig. 4. — Plateau d'un peson.

longueur, dans le temple de *Junon Moneta* (Evrard Otto, *de Ædil.*, col. CX, p. 350), derrière lequel se trouvait l'atelier des monnaies, ce que nous nommons aujourd'hui l'*hôtel des monnaies*, et qui n'était pas éloigné de la roche Tarpéienne. — Les édiles, qui étaient chargés de l'inspection des marchés, veillaient aussi à la stricte application du tarif du pain et contrôlaient les poids; s'ils les reconnaissaient frauduleux (Cassiodor., *Variar.*, VI, 18), ils les faisaient briser devant eux (Juvénal, *Sat.*, X, III; Pers., *Sat.*, I, 131), ce qui était d'autant

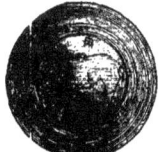

Fig. 5. — Plateau d'un peson.

plus facile que souvent les poids étaient faits en marbre (Spon, *Miscell.*, p. 303); mais d'autres étaient en bronze, en fer, en airain. Fait assez curieux, ces poids représentaient souvent la denrée ou la marchandise débitée par le propriétaire de la balance. Les fruitiers avaient des poids qui figuraient des poires ou des volailles ; le boulanger, un pain ; le boucher, un osselet ou un quartier de bœuf ; le charcutier, une hure de sanglier ; l'un représente un panier avec son anse ; un autre en plomb, de forme rectangulaire, aux angles abattus, montre sur une face l'inscription : EME. (achète) et de

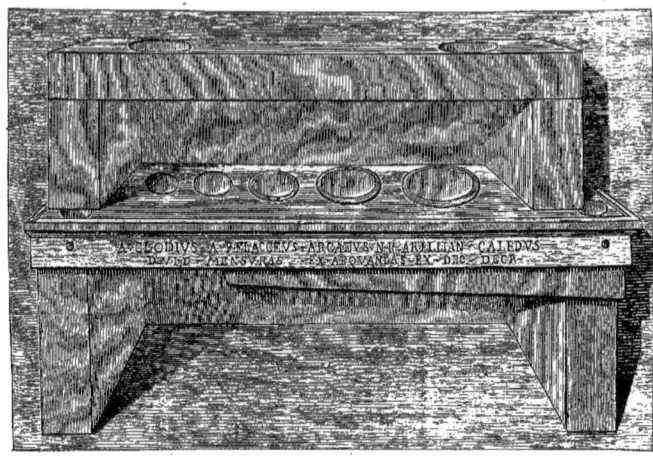

Fig. 6. — Mesure à grains.

l'autre côté : HABEBIS (tu auras). — Les pesons de romaine et de balance figurent des bustes de satyre, d'Hercule, de Mercure, d'empereur ou d'impératrice, de guerrier ou de sénateur ; nous avons vu tous ces types représentés sur les tablettes du musée national de Naples (Voy. nos figures) : ils proviennent de Pompéi et d'Herculanum. Un peson trouvé dans cette dernière ville représentait une femme personnifiant l'Afrique. Les fléaux des romaines et des balances portent des divisions en chiffres qui vont d'un côté de i à viii et de l'autre de viii à xxxiv. Les chaînettes, à doubles mailles, sont d'un travail remarquable comme régularité. Quant aux plateaux, ils sont tournés ; une face est unie (fig. 4), l'autre représente diverses scènes ; celui de notre figure 5 montre un satyre luttant avec un bouc.

POIGNÉE, *s. f.* — Objet ordinairement en métal qui sert à différents usages, mais surtout à faire mouvoir des vantaux de porte et à tirer à soi des tiroirs, des volets mobiles, etc. Les poignées sont souvent fort riches au point de vue de l'ornementation, d'autres fois elles sont fort simples. Quand leur surface est complétement lisse, et qu'elles forment un double coude, dont les extrémités pénètrent dans les vantaux de porte pour s'y fixer, on nomme ce

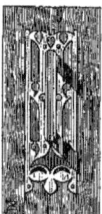

Fig. 1. — Poignée de porte en fer.

genre *poignée d'artillerie*, parce que les pièces de canon portent des poignées semblables de chaque côté et un peu en arrière de leur lumière, ou trou servant à placer l'étoupille. Quand les poignées sont très-ornementées, elles sont dites *à bâton de maréchal, à balustre*, etc. — Il y a aussi des poignées *à olive, à repos, à charnière,* posées avec des vis ou montées sur platine en tôle ou en fer découpé ou estampé.

Notre figure montre une poignée en fer de l'époque du moyen âge, et notre figure 2 une poignée antique en bronze qui est au musée de Pérouse.

POIGNÉE D'ESPAGNOLETTE. — C'est une poignée qui agit comme levier pour tourner la tringle d'une fermeture de porte ou de fenêtre ; il y a des poignées *pleines, évidées, à lyre, à la grecque,* etc. Les crémones fonctionnent également à l'aide de poignées.

POIGNÉE DE FLÉAU. — C'est la poignée ou bouton monté sur la platine d'un fléau.

POIGNÉE DE ROBINET. — Partie supérieure,

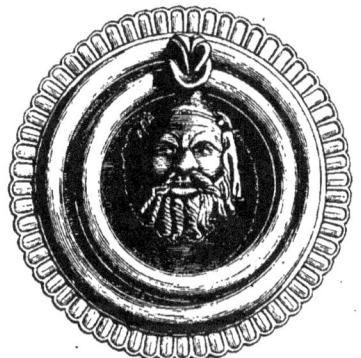

en forme de T, d'un robinet, sur laquelle la main exerce une pression de gauche à droite ou *vice versa,* pour faire tourner le canillon dans le boisseau du robinet.

POINÇON, *s. m.* — Pièce de charpente verticale qui soutient le faîtage et porte sur l'entrait ou le faux entrait. (Voy. COMBLE et FERME.) — Le poinçon est une des pièces les plus importantes de la charpente d'un comble ; il entre dans la composition des fermes ; il reçoit les cours de faîtage, les arbalétriers, dont il empêche l'écartement ; il reçoit quelquefois les contre-fiches. — Dans les combles coniques ou pyramidaux, le poinçon reçoit tous les abouts des arbalétriers par un assemblage à tenons ; aussi ce genre de poinçon est-il sou-

vent d'une grande force, surtout dans la partie recevant les abouts. C'est sur les poinçons qu'on place les tiges des PARATONNERRES (Voy. ce mot) ou des épis décoratifs en métal ou en terre cuite. (Voy. ÉPI.)

En maçonnerie, le poinçon est un outil dont la tige cylindrique est terminée d'un côté par une pointe quadrangulaire aciérée et de l'autre par une tête plate formant un bourrelet ou champignon, sur lequel on frappe avec une masse en fer. Le poinçon sert à pratiquer des trous et refouillements, ainsi qu'à abattre les plus fortes aspérités laissées par le dégrossissage des pierres au moyen d'un marteau. (Voy. CISEAU.)

En serrurerie, le poinçon est un outil d'acier qui sert à percer le fer, soit à froid, soit à chaud ; on nomme également *poinçon* ou *poin-*

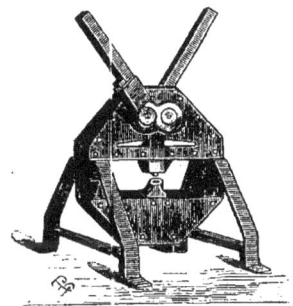

çonneuse une petite machine pourvue de deux longs bras sur lesquels des ouvriers exercent une pesée afin de perforer des fers, surtout pour pratiquer des trous sur l'âme des solives de plancher afin de pouvoir y faire des assemblages boulonnés. — On nomme également *poinçon* un outil en acier servant à estamper les métaux à l'aide d'une matrice ; le poinçon porte l'ornement gravé en saillie, et la matrice en creux : les médailles, les monnaies, diverses pièces d'orfèvrerie, sont ainsi frappées.

POINÇONNEUSE. — Voy. POINÇON, § *Serrurerie.*

POINT, *s. m.* — Figure formée par l'intersection de deux lignes.

POINT ACCIDENTEL. — Voy. PERSPECTIVE.

POINT D'APPUI. — Terme générique servant à désigner un point quelconque servant de support, tel qu'un pilier, un pilastre, une colonne, un pied-droit, un chapiteau, une console, un corbeau, etc.

POINT CÉLESTE.
POINT CONVENU.
POINT DE CONCOURS. } Voy. PERSPECTIVE.
POINT DE DISTANCE.
POINT DE FUITE.

POINT DE HONGRIE. — Genre particulier de PARQUET (Voy. ce mot), qu'on nomme également *parquet à fougères*, etc.

POINT DE VUE.
POINT TERRESTRE. } Voy. PERSPECTIVE.

POINTAIL. — Ce terme est synonyme de POINTAL. (Voy. le mot suivant.)

POINTAL, *s. m.* — En général, c'est une pièce de charpente posée verticalement, ou à peu près, qui sert à soutenir, à étayer. On place des pointaux sous des planchers vieux ou sur lesquels on veut déposer des poids plus considérables qu'ils ne pourraient les supporter. Ils servent aussi à étayer des murs, à supporter des plates-bandes de baie, etc.; dans ce cas, ils portent sur des semelles ou couches, et entre celles-ci et le pied du pointal, légèrement taillé en biseau, on *chasse à force* des coins en bois, afin de prévenir leur glissement. Les pointaux servent aussi, à l'aide de *vérins*, à transmettre les efforts nécessaires à relever une travée de plancher, une ferme en charpente, ou à redresser et remettre dans son aplomb une portion d'un pan de bois. — On nomme également *pointaux* des pièces de bois courbes qui soutiennent les couchis d'un cintre d'arcade. On dit également *pointail*, mais ce terme est moins usité.

POINTE, *s. f.* — D'une manière générale, ce terme sert à désigner l'extrémité aiguë d'un corps quelconque; ainsi on dit : la *pointe* d'un pignon, d'un clocher, d'un fronton, d'un obélisque, etc. — On donne ce nom à des objets de quincaillerie divers, aux clous sans tête, *clous d'épingle*, qui servent aux menuisiers, aux vitriers, aux encadreurs, etc. Les paveurs

DICT. D'ARCHITECTURE. — T. III.

nomment *pointe* l'extrémité du tas droit où deux ruisseaux se joignent au milieu d'une chaussée; les couvreurs désignent sous ce terme la ligne de tuiles formant le premier rang de tuiles ou d'ardoises d'un égout en bascule, parce que, posées en diagonale, ces tuiles ou ardoises ne présentent que des pointes. — En termes de blason, on nomme ainsi tout ce qui est terminé en pointe.

Enfin, avec divers qualificatifs, ce terme désigne un assez grand nombre d'objets; on nomme :

POINTE D'ARRÊT, la broche qu'on place sous l'une des branches d'un mouvement de sonnette, et qui l'arrête dans sa course, si l'on tirait trop fort sur le cordon de tirage de cette sonnette.

POINTE CARRÉE, le poinçon acéré, très-pointu, à huit pans, mais plus souvent rond, qui sert à ébaucher les parements de la pierre avant l'emploi de la gradine. Les serruriers nomment *pointe carrée* deux outils en fer pointus et emmanchés, dont l'un sert à percer le bois, afin que le trou puisse servir à amorcer les vis; l'autre pointe carrée sert à agrandir le haut du trou d'amorce, afin d'y loger la tête des vis.

POINTE DE DIAMANT, en général, toute surface taillée à quatre pans ou facettes dont le sommet forme une pointe. Certaines pierres en bossage sont taillées en pointe de diamant. (Voy. BOSSAGE, fig. 3, 4, 5 et 10.) Les menuisiers désignent sous ce terme le point de jonction de quatre joints d'onglet, tels que ceux formés par les petits montants et traverses d'une croisée; les serruriers, le point de jonction de deux petits bois qui se coupent. (Voy. PETIT BOIS.)

POINTE DE FICHE, une sorte de clous sans tête qui servent à arrêter les ailes de fiches en tôle dans des mortaises.

POINTE DE FRISAGE, un bout de fil de fer que les treillageurs emploient en guise de pointe pour leurs travaux.

POINTE MOLLE, l'extrémité assez amincie et recuite d'un piton, d'un lacet, d'une poignée, d'une patte, etc., pour permettre la courbure et la rivure de cette extrémité sur la face opposée à celle où ces objets ont pénétré dans le milieu où ils se trouvent placés.

35

POINTE DU SCULPTEUR, un outil en acier, sorte de ciseau très-fin et pointu, qui sert aux sculpteurs à fouiller certains travaux, afin de leur donner des points noirs, c'est-à-dire de la couleur.

POINTE A TRACER, un outil très-pointu, en cuivre, mais plus ordinairement en fer, qui sert à tracer des lignes ou des repères sur les métaux.

POINTE (CHASSE-), un outil en acier, sorte de petit poinçon, qui sert à enfoncer, à chasser les pointes dans le bois, une fois que le marteau seul ne pourrait remplir cet office. Dans les travaux de menuiserie qu'on doit peindre, les trous laissés à leur surface sont mastiqués, de sorte que toute trace de clouage disparaît quand les menuiseries sont peintes.

POINTE (CHERCHE-), un outil en fer, pointu par un bout et portant de l'autre un talon, qui sert à chercher dans le bois les trous des ailes de fiches en tôle, afin de les *pointer*, c'est-à-dire de les arrêter avec des POINTES DE FICHE. (Voy. ci-dessus.) Le talon sert à retirer l'instrument du trou à l'aide d'un léger coup de marteau donné en dessous du talon.

POINTEAU, *s. m.* — Outil en acier qui sert au serrurier à percer dans le fer un trou qui sert d'amorce au foret; le pointeau est terminé par une pointe conique, c'est celle qu'on pointe à l'endroit précis où doit être tracé le trou, que le serrurier obtient en frappant un coup sec sur la tête de l'outil avec un marteau.

POINTER, *v. a.* — Se servir du pointeau; faire un trou avec cet outil. C'est aussi rapporter à l'aide d'un compas et de la fausse équerre les formes, profils et dimensions relevés sur une épure. On peut pointer directement ces relevés sur la pierre, mais ordinairement ce pointage s'exécute sur des panneaux en bois, en zinc, etc.

POINTEROLLE, *s. f.* — Sorte de pic servant à tailler les roches, telles que les granits.

POITRAIL, *s. m.* — Pièces de bois ou de fer accouplées et boulonnées qui servent de linteaux à de grandes baies ou qui portent au-dessus d'elles de gros murs de face ou de refend, de façon à pouvoir obtenir au-dessous des poitrails de grands vides, pour des ouvertures de boutiques ou de grands locaux sans étranglement. Les poitrails en bois sont faits à l'aide de fortes pièces de bois, ou par de grosses poutres refendues en deux et dont les faces sont adossées, quelquefois aussi avec trois et quatre pièces qu'on boulonne ou qu'on relie ensemble avec des armatures en fer. Les poitrails doivent porter sur des points très-solides, comme des piles en pierre ou jambes étrières; on doit éviter de mettre des cales en bois entre celles-ci et les poitrails, car le bois, en se desséchant ou en s'aplatissant par suite de la pression exercée sur lui, pourrait amener des tassements.

Les POITRAILS EN FER, qu'on emploie aujourd'hui beaucoup plus que ceux en bois, se composent généralement de deux ou trois fers à double ou triple T reliés avec des brides et boulons; ces fers sont souvent étrésillonnés au moyen de croisillons. Les brides, ou frettes, sont posées à chaud, et à la distance d'un mètre l'une de l'autre sur les poitrails; aussi, quand le refroidissement arrive, il produit un serrage des plus énergiques qui fournit une grande rigidité et solidité dans l'ensemble des poitrails, qui portent sur des semelles, ou patins. Quand les poitrails ont beaucoup de longueur, ils sont soulagés dans leur milieu par des colonnes en fonte ou en pierre, suivant le milieu où ils se trouvent; mais quand on veut franchir de grandes distances sans employer des points d'appui au centre des poitrails, on remplace ceux-ci par des poutres en fer; au contraire, quand le poids à supporter et les distances à franchir sont peu considérables, s'il s'agit simplement de supporter une cloison ou un mur de refend, les poutres et poitrails sont remplacés par deux solives en fer de petites dimensions qu'on juxtapose et qu'on réunit par des brides; on nomme ces diminutifs de poitrail FILETS. (Voy. ce mot.)

Les poitrails en fer placés au-dessus des jambes étrières, et qui forment les linteaux des baies de boutiques, sont hourdés en maçonnerie de briques dans leur intérieur ; cinq à six rangs de briques servent à répartir également la charge au-dessus de ces poitrails. Cette même maçonnerie permet le scellement des ferrures et des devantures de boutiques ; elle reçoit également les abouts des solives de planchers. (Voy. *Jambe étrière, boutisse sous poutre*, etc., à l'article JAMBE.)

POIX GRECQUE, *s. f.* — Cette poix, qu'on nomme également *arcanson* et *colophane*, entre dans la composition de certains vernis. (Voy. COLOPHANE.)

POIX-RÉSINE, *s. f.* — Cette poix sert à frotter les pièces à souder à l'endroit de la soudure : on la fait fondre avec le fer à souder quand il est chaud, afin d'en empêcher ainsi l'étamage ; les ouvriers la nomment *poix noire, poix blanche* ou *de Bourgogne*.

POLASTRE, *s. f.* — Sorte de réchaud sur lequel on pose des parties de tuyaux en fer ou en cuivre qu'il s'agit de réparer ou de réunir au moyen de soudures qui sont facilitées par ce chauffage. La polastre est formée par deux plaques de fer réunies au moyen de forts clous ou de boulons ; on rapproche plus ou moins ces plaques suivant le diamètre du tuyau.

POLI, *s. m.* — Résultat du travail pratiqué sur un objet, quelle que soit sa forme, pour le rendre uni et brillant. On donne du poli aux marbres, à la pierre, à des colonnes, à des ouvrages en fer, en cuivre, etc.

POLI, IE, *adj.* — Qualité de ce qui est uni, de ce qui a une surface lisse, que cette surface soit mate ou brillante.

POLIR, *v. a.* — C'est rendre polis une surface, un objet quelconque. (Voy. le terme suivant.)

POLISSAGE, *s. m.* — Action de polir, opération qui consiste à rendre une surface lisse unie et douce au toucher. On pratique le polissage sur un grand nombre d'objets et principalement, pour ce qui se rattache aux travaux d'architecture, sur les marbres, les glaces, le stuc, le vernis, les objets de serrurerie, etc.

POLISSAGE DES MARBRES. — Ce polissage comprend six opérations distinctes : 1° égrisage ; 2° rabat ; 3° adouci, douci ou doucissage ; 4° le masticage ; 5° le piqué ; 6° le relevé ou lustré. (Voy. EGRISAGE, ADOUCIR, ADOUCISSAGE, RABAT, MASTICAGE, PIQUÉ et LUSTRÉ.)

POLISSAGE DES GLACES. — Ce polissage a pour objet d'effacer les piqûres que le premier polissage à l'émeri a pu laisser sur la surface des glaces ; on y procède à l'aide du POLISSOIR (Voy. ce mot), avec lequel on frotte sur la glace un mélange composé d'une dissolution de sulfate de fer et de chlorure de calcium additionnés de blanc d'Espagne.

POLISSAGE DU STUC. — Ce polissage s'obtient à l'aide d'une molette de pierre ponce et du grès pilé. De temps en temps on essuie les surfaces pour faire les rebouchages des trous que le polissage découvre ; puis alternativement on ponce et on bouche les trous, jusqu'à ce que la surface du stuc soit très-lisse et très-brillante. (Voy. STUC.)

POLISSAGE DES VERNIS. — On procède au polissage des vernis en employant des ponçages à la pierre ponce et au tripoli ; on essuie, ou revernit, une, deux, et jusqu'à trois fois ; enfin on donne un dernier poli, on obtient alors des surfaces extrêmement unies.

POLISSAGE DES FERS. — Ce polissage s'obtient au moyen de la lime fine ; puis l'on passe sur les objets limés du papier émeri, qui enlève toutes les traces du travail laissées par la lime.

POLISSOIR, *s. m.* — Il existe des polissoirs de diverses formes employés dans différentes industries ; les uns ressemblent à des molettes ; ils sont en pierre, en marbre, en fer, etc. On donne aussi ce nom aux BRUNISSOIRS. (Voy. ce mot.)

POLKA, *s. f.* — Marteau à deux taillants dont l'un est à biseau simple et l'autre à biseau denté. Cet outil du tailleur de pierre est nommé par cet ouvrier *polka*, parce que, pour s'en servir, il le fait tourner constamment sur lui-même, employant presque simultanément les deux taillants, qui sont inversement tournés par rapport au manche. (Voy. notre figure.)

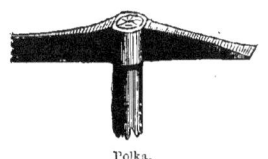

Polka.

POLYANDRION, *s. m.* — Ce terme, dérivé du grec πολυάνδριον, signifie littéralement, endroit où beaucoup d'hommes étaient enterrés (Arnob., VI, 69), et par suite il servait à désigner chez les Grecs le tombeau de nombreux guerriers.

POLYCHROMIE, *s. f.* — Ce terme, dérivé du grec πολύχρωμα, sert à désigner l'art de décorer à l'aide de couleurs et de la dorure les monuments de la sculpture et de l'architecture. — L'usage de peindre les statues est aussi ancien que la statuaire elle-même; les Indiens, les Assyriens, les Égyptiens, les Phéniciens, les Babyloniens, les Mèdes et les Perses peignaient leurs statues de couleurs diverses, surtout en rouge; ces peuples les décoraient en outre avec des plaques d'or, d'ivoire, d'argent, ou bien ils utilisaient pour le même usage des pierreries et des chaînes d'or et d'argent. Mais, autant que nous pouvons en juger par les rares spécimens des statues peintes ou représentées peintes sur divers monuments de ces peuples anciens, la polychromie ne fut pas un art véritable. Il nous faut arriver aux Grecs pour trouver un art parfait dans la polychromie statuaire. D'après les restes du tombeau de Mausole, restes qu'on peut voir aujourd'hui au *British Museum*, on pourrait supposer qu'une partie de ce monument était revêtue de couleurs. La figure de Mausole était peinte en vermillon, ainsi que les personnages qui figurent sur un bas-relief, dont le fond paraît avoir été peint en bleu; mais en voyant ces anciens débris, on peut bien se demander s'ils n'ont pas été peints longtemps après l'érection du monu-

ment, à une époque relativement récente, puisque ce tombeau n'a été détruit qu'au commencement du XVIe siècle. (Voy. MAUSOLÉE, *in fine.*) — Au musée national de Naples un Apollon en marbre, qui nous paraît un travail grec, porte de légères traces de couleur; la chevelure était peinte d'une nuance blonde, la draperie bleu pâle était ornée d'une bande rouge parsemée de petites fleurs blanches. Dans le même musée, on voit une ancienne statuette représentant la déesse Isis, laquelle statuette avait les cheveux et une partie des vêtements dorés; une inscription, trouvée dans la fouille, a appris que cette statue avait été placée dans le temple d'Isis à Pompéi par L. Cœcilius Phœbus par décret des décurions. A la Pinacothèque de Munich, une statue de Leucothea, divinité marine, porte des traces de dorure dans sa chevelure et de dessins rouges et verts dans la draperie de sa robe. A la belle époque de l'art grec, la polychromie des statues se transforma : au lieu d'employer des couleurs, les sculpteurs de l'époque de Périclès qui voulaient faire des statues polychromes employaient des marbres de différentes couleurs qu'ils ajustaient ensemble, et les ornements de ces statues étaient faits avec des métaux divers et de l'ivoire. Par exemple, les nudités étaient faites en marbre de Paros, les draperies en rouge antique ou en onyx bigarré, les yeux en or ou en ivoire, les boucliers ou d'autres armes en bronze, souvent les bordures de ces objets étaient serties d'or ou d'argent. — La polychromie des monuments a eu chez tous les peuples qui ont employé ce genre de décoration une très-grande importance, et nous pouvons dire que presque tous les peuples civilisés l'ont employée; ce fait est indiscutable. Mais nous devons ajouter, pour rendre cette proposition parfaitement saisissable, qu'il s'agit de s'entendre ; car nous nous trouvons en présence de trois systèmes différents de polychromie : la *polychromie absolue*, la *polychromie mixte* et la *polychromie naturelle*, c'est-à-dire faite sans autre couleur que celle des matériaux eux-mêmes. Ceci admis, nous pouvons dire que tous les peuples civilisés ont utilisé la polychromie pour la décoration de leurs édifices. — La question de la polychromie extérieure des édifices grecs est toute moderne, car on n'ignorait pas que d'autres peuples, les Égyptiens par exemple, avaient exécuté des peintures sur les parties extérieures de leurs monuments; mais il y a soixante ans à peine, on ne se doutait nullement que les Grecs avaient pu employer le même système, eux qui exécutaient en marbre la plupart de leurs édifices. Cependant des auteurs anciens auraient dû, si leurs textes avaient été étudiés avec soin, nous faire reconnaître que les Grecs et les Romains avaient employé ce mode de décoration. En effet, Plutarque (*Vie de Thémistocle*, VIII) nous apprend qu'une des stèles du temple de Minerve en Eubée était peinte au safran, au moyen d'un enduit dans la composition duquel il entrait du lait. D'un autre côté, Pline (XXXVI, 23) nous informe que certaines parties des murs du temple d'Olympie étaient peintes avec une composition analogue, et qu'après plusieurs siècles ces murs avaient conservé leur couleur jaune; d'après Pausanias (V, 11), le mur d'appui qui formait balustrade autour du Jupiter Olympien de Phidias était peint en bleu. Le même auteur (I, 28) nous dit qu'à Athènes divers tribunaux étaient peints, l'un en vert, l'autre en rouge, ce qui les faisait désigner par les habitants sous le nom de *tribunal vert* et de *tribunal rouge*. Enfin Vitruve (IV, 2), après nous avoir dit que les triglyphes représentent l'extrémité des poutres aboutissant sur la frise, ajoute que souvent on les peignait, ou bien qu'on appliquait ou fixait sur ces abouts de poutres des planches encaustiquées en bleu. Toutes ces données auraient dû nousapprendre, ou du moins nous faire apercevoir que les Grecs et les Romains employaient la couleur à l'extérieur des monuments, dans un but décoratif, ou pour les préserver au moins des intempéries de l'air. Et cependant ce n'est que depuis les travaux de nos confrères Hittorf et Paccard que les artistes ont connu entièrement la question de la polychromie. Ce qui donna naissance à ce mode de décoration, ce sont positivement les temples en bois; on voit donc que cet usage remonterait à une assez haute antiquité. On dut ensuite appliquer la couleur aux temples doriques, et les triglyphes de la frise

dans cet ordre étaient peints en bleu ; ce fait a été attesté pour ceux du temple d'Égine par Leake, Cokerell, Blouet, Ottfried Muller et Ch. Garnier. Dans ce temple, le *tœnia*, ou bande qui unit les triglyphes, était peint en rouge. (Voy. notre planche en couleur XXX, v° ENTABLEMENT.) Le même temple nous a également appris que le sol des édifices était peint, puisque celui d'Égine était recouvert d'un stuc couleur de vermillon qui avait environ 0^m,006 d'épaisseur, et même davantage dans quelques parties du temple où le sol avait été réparé. Du reste, au siècle de Pisistrate le temple dorique était peint depuis le sol jusqu'au sommet de l'acrotère. Les fonds de tympans étaient peints quelquefois en bleu, mais beaucoup plus souvent en rouge; aussi Paccard a eu raison, dans sa restauration, de préférer ce dernier ton au bleu comme fond du tympan du Parthénon; du reste, ce ton s'harmonisait très-bien avec le bleu, comme on peut le voir par le rapprochement des métopes et des triglyphes dans la restauration du même auteur. (Voy. planche XXIII, v° DÉCORATIF (*Art*), angle du Parthénon.) Quelques auteurs ont prétendu que certaines couleurs avaient leur signification religieuse, qu'elles étaient souvent considérées comme symboles; nous l'admettons pour l'Égypte, mais nous ne pensons pas que chez les Grecs le même usage ait prévalu : tout au plus, certaines divinités avaient des préférences pour telle ou telle autre nuance; le bleu était la couleur préférée de Vénus, le jaune d'or d'Apollon, etc. Il est probable que c'est cette préférence qui a fait dire que certaines couleurs avaient une signification religieuse et étaient *sacrées*, comme le dit Stolberg. (*Temple de Bassæ*, p. 33.) Quoi qu'il en soit, nous devons maintenant examiner comment ces couleurs étaient appliquées. On a toujours dit qu'elles étaient couchées sur un enduit ou stuc : c'est vrai dans beaucoup de cas, mais souvent les couleurs étaient appliquées à cru, au moyen d'une couche mince, sur la pierre ou le marbre lui-même. Nous serions assez disposé à croire que cette couche mince, que beaucoup ont nommée *stuc*, n'était que des couches successives de couleur posées pendant de nombreuses années; du reste, il y a loin de l'épaisseur de la couche de couleur des monuments de la Grèce à la couche de stuc des monuments de Pompéi et d'Herculanum, parce qu'en effet dans ces deux villes la pierre employée est si grossière et tellement recouverte de rugosités, de trous, qu'on a employé du stuc véritable avant de peindre la surface ; mais il n'en est pas de même en Grèce.

Dans ces temps modernes, le moyen âge et la renaissance ont fait un large emploi de la polychromie, mais seulement à l'intérieur des édifices, car nous ne pouvons donner le nom de polychromie extérieure à la décoration nommée *sgraffiti*, c'est-à-dire à deux tons, employée par la renaissance italienne. Les édifices élevés par les Perses, les Arabes, les Maures et les Byzantins sont décorés à l'intérieur, et quelquefois extérieurement, à l'aide de faïences et de mosaïques qui produisent des effets de polychromie remarquables. Au mot ÉGLISE (page 112), le lecteur pourra voir un spécimen de polychromie moderne : c'est une travée de la Sainte-Chapelle du Palais, à Paris. On commence, de nos jours, à exécuter des décorations polychromiques à l'extérieur, à l'aide des terres cuites, des faïences et des laves émaillées et même avec des mosaïques de verre, fabriquées absolument comme les mosaïques décoratives byzantines et de la renaissance. (Voy. MOSAÏQUE.)

POLYGONE, *s. m.* — Figure géométrique composée de plusieurs côtés et de plusieurs angles. — Les polygones sont réguliers ou irréguliers ; les premiers sont équilatéraux et équiangles ; ils jouissent, par suite, de la propriété de pouvoir être inscrits ou circonscrits dans le cercle. Les polygones jouent un grand rôle dans les combinaisons architectoniques ; les plus employés sont : le *triangle*, ou polygone de trois côtés ; le *carré*, de quatre côtés ; le *pentagone*, de cinq ; l'*hexagone*, de six ; l'*octogone*, de huit, et le *décagone*, polygone de dix côtés. L'art arabe a largement utilisé les combinaisons polygonales dans sa décoration. — Les constructions cyclopéennes, qui étaient formées de gros blocs de pierre taillés en polygones irréguliers, se nomment constructions en appareil *polygonal*. (Voy. APPAREIL.)

POMELLE, *s. f.* — Terme de fontainier. C'est une petite plaque de plomb rectangulaire ou circulaire percée de nombreux trous ; on la place sur l'orifice d'un tuyau de décharge, pour empêcher l'introduction dans ce tuyau d'objets qui pourraient l'engorger. On nomme aussi ce genre de pomelle CRAPAUDINE. (Voy. ce mot.) — En serrurerie, ce terme est rarement employé ; on dit PAUMELLE. (Voy. ce mot.)

POMME, *s. f.* — Ornement en forme de sphère, de boule ; on désigne improprement du nom de *pommes* les boules de rampe d'escalier.

POMME DE PIN. — Ornement sculpté en pierre, en bois ou en métal, qui affecte la forme, du fruit du pin. Il est fréquemment employé en architecture ; il remplace notamment, dans les plafonds des corniches doriques et ioniques, la denticule qui occuperait l'angle de ces plafonds. Les pommes de pin servent souvent d'amortissement à l'extrémité des couvertures circulaires ; la grande pomme de pin en bronze qui surmontait le mausolée d'Adrien se voit aujourd'hui dans l'une des cours du Vatican, qu'on a surnommée à cause de cela *cortile del Pigne*.

POMME (Râteau en). — Terme de serrurerie. Râteau qui, dans une garniture de serrure, porte, au bout des tiges ordinaires, des parties rondes ou pommes ; aussi les pannetons des clefs de ces serrures sont évidés d'une façon spéciale.

POMŒRIUM. — Enceinte religieuse que les Étrusques avaient l'habitude de tracer autour des murs d'une ville, d'où son nom de « derrière le mur » *post mœrium* (dérivé de *murum*) : *Quod erat post murum postmœrium dictum.* (Varr., *L. L.*, V, 143 ; Tite-Live, I, 44 ; Aul. Gell., XIII, 14.) Cet espace devait demeurer vague et inculte (Tite-Live, *ibid.*) ; il correspondait donc à ce que nous nommons première zone militaire. C'est sur cet espace que les augures consultaient le vol des oiseaux et prenaient les auspices urbains, *auspicia urbana* (Varr., *ibid.*) qui intéressaient la cité. Des lois sacrées interdisaient à tous les citoyens de reculer la limite du pomœrium ; celui-là seul qui avait agrandi le territoire de la république avait ce droit, et encore fallait-il l'autorisation du sénat. (Gruter, 196, 1-4; Orelli, 1.) Le pomœrium de Rome fut agrandi plusieurs fois : la première fois par Romulus et Tatius (Denis d'Halic., II, 50), puis par Ancus Martius, par Servius Tullius (Denis d'Halic., V, 13 ; Strabon, V, 234; Aul. Gell., XIII, 14; Tite-Live, I, 44) et par Sylla (Aul. Gell., *ibid.*), enfin par Auguste (Tac., *Annal.*, XII, 23 ; Dion., LV, 6), Claude et Trajan (Tacite, *Annal.*, XII, 23). La cérémonie de l'agrandissement se faisait en grande pompe ; la nouvelle enceinte était marquée par des cippes (Varr., *L. L.*, V, 143), ou bornes de pierre, sur lesquels étaient inscrites les nouvelles limites ; on les inscrivait également dans les actes publics. (Tacite, *Annal.*, XII, 24.) Nous donnons ci-dessous, comme témoignage d'inscription sur les cippes, la suivante, trouvée sur un cippe du pomœrium de Rome : Imp. Cæsar divi ‖ Avgvstvs ‖ pontifex maximus ‖ tribunic. potest. XVII ‖ ex s. c. terminavit ‖ r. r. proxim. cip. p. ped ‖ clxiv. ‖ (Cf. Boissard, *Antiq. roman.*, II, pl. 35; Spon, *Miscell.*, p. 265; Gruter, p. 196; Orelli, 1.) — Divers auteurs ont prétendu que Jules César (Dion Cas., XLIII, 49 ; Aul. Gell., XIII, 14) avait agrandi le pomœrium. Ce fait est très-contestable, car Tacite (*Ann.*, XII, 23), après avoir mentionné l'extension du pomœrium par Claude, ajoute que, cependant, aucun des généraux romains, bien qu'ayant subjugué de grandes nations, n'usurpa ce droit, si ce n'est L. Sylla et le divin Auguste : *Nec tamen duces romani, quamquam magnis nationibus subactis, usurpaverunt, nisi L. Sylla divusque Augustus.* La largeur du pomœrium de Rome était de 49ᵐ,20 environ.

POMPADOUR (Stýle). — Style français qui a pris naissance sous le règne de Louis XV, et qu'on nomme aussi *style rococo* et *style rocaille.*

POMPE, *s. f.* — Machine servant à élever des liquides, principalement l'eau qu'on emploie pour des usages industriels, agricoles ou domestiques. Il existe un très-grand nombre de systèmes de pompe, qui, suivant la force du corps de pompe, élèvent des quantités d'eau plus ou moins considérables; les unes se manœuvrent à bras d'homme, d'autres à l'aide de chevaux ou de la vapeur. Il y a des pompes *aspirantes* et *foulantes*, des pompes *à bras* ou *à levier*,

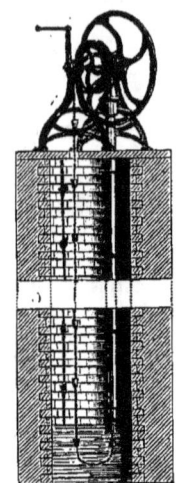

Fig. 1. — Pompe à volant et à chapelet.

à cylindre et *à piston*; des pompes *rotatives*, *à godets*, *à chapelet*, etc. Notre figure 1 montre une pompe à volant de ce dernier genre qui est un des meilleurs systèmes existants, car elle élève une assez grande quantité d'eau et n'est

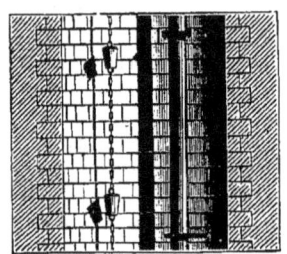

Fig. 2. — Bois conique du chapelet de la pompe.

pas susceptible de dérangement; le mécanisme en est fort simple, c'est une chaîne en fer qui porte de distance en distance des cônes de bois qui en s'engageant dans le tuyau d'aspiration élèvent l'eau assez rapidement. Notre figure 2 montre un détail à plus grande échelle de la même pompe.

POMPÉIEN (Art). — Sous ce terme générique, on désigne le style gréco-romain qui florissait à Pompéi, à Herculanum et à Stabies au moment où ces trois villes furent englouties sous les cendres et la lave brûlante du Vésuve, c'est-à-dire en l'an 79 de notre ère. — La civilisation pompéienne était à ce moment très-avancée, aussi l'art dans ses diverses branches était-il remarquable. Nous devons reconnaître cependant que l'architecture n'était pas à la hauteur de la peinture et de la sculpture. En effet, si les motifs de sa décoration, si le profil de ses moulures, en un mot si tous les accessoires de l'architecture pompéienne sont très-méritants, l'architecture elle-même est petite, mignarde, jolie, mais elle manque de grandeur, en la comparant surtout à l'architecture romaine si vigoureuse et si grandiose. Si nous la rapprochons de l'architecture grecque, dont elle est bien la fille, nous la trouvons dégénérée, abâtardie; elle n'est, pour ainsi dire, que le Louis XV, le style Pompadour de l'art grec. Le lecteur voudra bien nous pardonner cette hardiesse d'expression, parce qu'elle dépeint bien à l'esprit la position, la valeur respectives de ces deux architectures. Tous ceux qui ont le véritable sentiment de l'art partageront notre manière de voir à cet égard, surtout si, comme nous, ils ont parcouru en tous sens les ruines de Pompéi. Ils reconnaîtront que, sauf deux ou trois édifices ayant d'assez belles proportions, tous les autres sont petits, étroits, mesquins. En étudiant le plan de la maison, on se demande comment ces Pompéiens, si riches pour la plupart, pouvaient vivre dans des habitations aussi étroites et si peu confortables. Quelle distance sépare la fameuse maison de Diomède, qui passe avec raison pour l'une des plus importantes, et les palais des seigneurs romains, florentins et vénitiens du XVIe siècle! — Il y a cinquante ans à peine, il aurait fallu beaucoup d'audace à un auteur pour s'exprimer ainsi sur Pompéi, tant l'enthousiasme, disons plus, l'engouement au sujet de cette ville, était à son comble. Aujourd'hui les préventions sont tombées, l'en-

thousiasme s'est refroidi; la seule réalité, froide et juste, subsiste, et nous sommes bien obligé de reconnaître que l'architecture pompéienne n'était pas, tant s'en faut, à la hauteur de sa peinture, de sa sculpture, de ses bronzes et de ces mille petits objets de toilette ou qui servaient dans les usages journaliers de la vie.

Jusque vers le milieu du XVIIIe siècle, Pompéi avait été presque complétement oubliée; car, bien qu'en 1592 l'architecte Fontana eût découvert des ruines en creusant un canal à travers l'antique ville, personne ne songea à faire des fouilles. Fontana conduisit les eaux du Sarno à Torre del Annunziata, et, les travaux terminés, on ne pensa plus aux objets

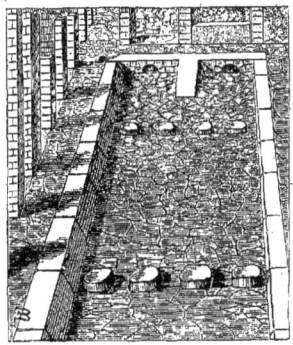

Fig. 1. — Pierres servant à traverser les rues de Pompéi.

découverts sur le parcours du canal. Cependant celui-ci traversait Pompéi dans sa plus grande étendue, puisqu'il se dirigeait du *forum Boarium*, situé près de l'amphithéâtre, jusqu'à la villa Diomède. — Deux siècles plus tard, des paysans, en creusant un puits, découvrirent des objets d'art en assez grande quantité; en 1755, Charles III fit entreprendre des fouilles, qui, poursuivies avec beaucoup d'activité pendant l'occupation française, fournirent une grande quantité des objets exposés aujourd'hui au musée national de Naples. Depuis cette époque, les fouilles, successivement reprises et interrompues, ne marchèrent qu'avec lenteur jusqu'en 1860, où le gouvernement italien, sous l'intelligente direction de M. Fiorelli, donna une nouvelle impulsion aux travaux de découverte. On recueillit de nombreux objets d'art qui augmentèrent les magnifiques collections que chacun admire aujourd'hui au musée napolitain.

L'antique ville gréco-romaine était entourée d'un double mur, d'une hauteur variable suivant l'emplacement qu'ils occupaient; cependant leur hauteur moyenne atteignait 9 mè-tres. A l'article MILITAIRE (*Architecture*), le lecteur peut voir (fig. 7 à 12) une représentation d'une partie de ces murs, ainsi que des tours qui servaient à leur défense. Entre les deux murs il existait un terre-plein assez large pour permettre à plusieurs chars de les parcourir de front. Les portes sont presque toutes ruinées, sauf celles d'Herculanum, de Capoue

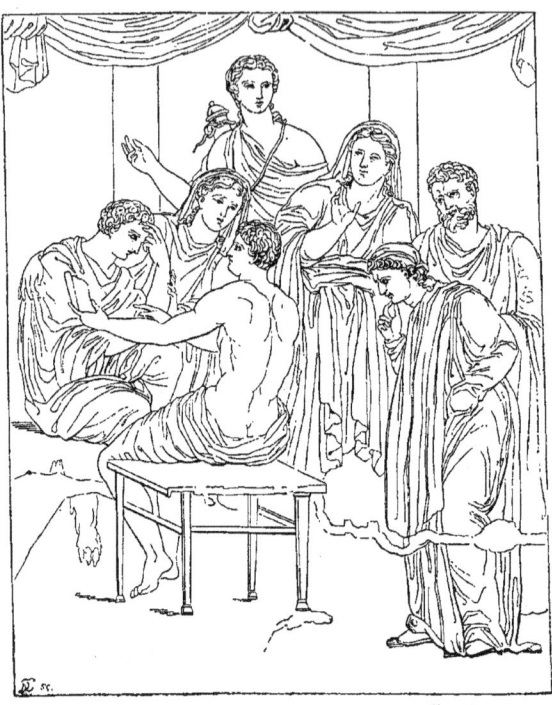

Fig. 2. — Oreste reconnu par Iphigénie (peinture pompéienne).

et de Nola, dont les restes sont assez importants. Les rues sont très-étroites et assez droites, elles sont pavées comme nos rues avec des pavés souvent rectangulaires. Sur les chaussées de celles-ci on voit encore des ornières creusées assez profondément dans les pavés par les roues des chars. Comme les trottoirs sont assez élevés, les Pompéiens avaient placé au milieu de la chaussée de grosses pierres qui servaient à traverser d'un trottoir à l'autre (fig. 1). Ces pierres étaient d'une utilité incontestable. surtout les jours d'orage, parce qu'en effet, quand la pluie s'abat sur cette ville, les rues sont transformées en de véritables ruisseaux. — Quant aux maisons, nous en avons parlé précédemment. (Voy. MAISON, § *Maisons romaines et gréco-romaines.*) Nous avons même donné à cet article, avec quelques plans-types de maison, deux modèles de décorations ; nous ne reviendrons pas ici sur ce sujet, sauf pour donner bientôt de nouveaux spécimens de peintures décoratives qui témoigneront de l'état d'avancement de l'art de la peinture chez les Pompéiens. — Parmi les principales maisons mises au jour, car beaucoup sont encore enfouies sous la lave, les plus connues sont la maison des Vestales, celles des Danseuses, de Méléagre, d'Actéon ou de Salluste, de Polybe, de l'édile Pansa, du Poëte tragique, du Peintre, des Néréides, du Foulon, des Deux-Fontaines, de Castor et Pollux ou des Dioscures, de Lucretius, du Faune, etc. — Les principaux édifices publics sont : la basilique près du *forum civile* (nous avons donné une restauration en couleur au mot BASILIQUE, pl. VII), les temples de la Fortune, d'Isis, de Vénus, de Jupiter, de Mercure, le monument dit *le Panthéon* ou temple d'Auguste, le grand théâtre, le petit théâtre, ou *Odéon*, l'amphithéâtre, les THERMES (Voy. ce mot), enfin deux ou trois arcs de triomphe. — Nous allons donner la description des édifices les plus connus, en commençant par les monuments publics.

On pénètre aujourd'hui dans la ville par la porte de la Marine, et, après avoir traversé une petite rue, on se trouve dans la basilique,

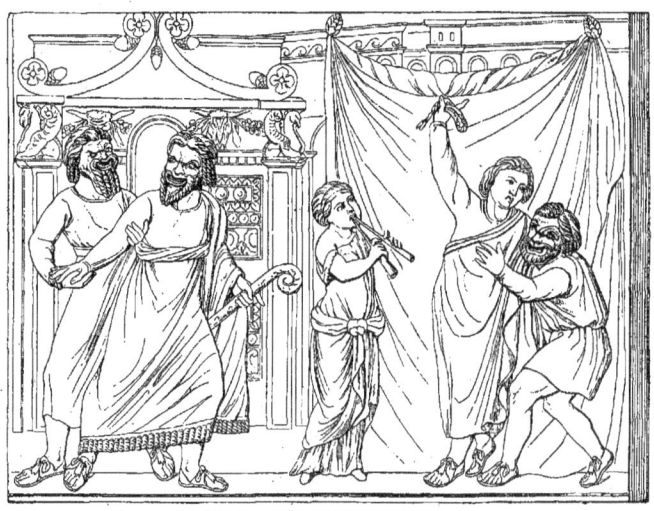

Fig. 3. — Scène de théâtre (peinture).

qui fut découverte en 1817 ; c'est un des plus grands monuments de Pompéi; son péristyle fait face au forum. Au mot BASILIQUE, nous avons parlé de ce monument; le lecteur pourra même y voir un plan et une restauration de cet édifice (planche VII). Sur la gauche de la basilique, en face d'un des petits côtés du forum, on voit trois petits édifices qu'on nomme les *tribunaux* et l'*ærarium*. Ce dernier se trouve au milieu; on l'a dénommé ainsi parce qu'on y a trouvé une assez forte quantité de monnaies d'or, d'argent et de cuivre, ce qui a fait supposer que c'était le *trésor public*. En face, mais dans le forum et à son extrémité, se trouvent les restes d'un temple de Jupiter.

En regardant celui-ci, on voit à gauche le temple de Vénus, la protectrice de la ville, et à droite, presque vis-à-vis de ce temple, l'édifice dit *d'Eumachia*, ainsi nommé parce qu'il aurait été construit aux frais d'une prêtresse du nom d'Eumachia. Les foulons avaient même élevé à celle-ci une statue qui portait cette inscription : EUMACHIÆ L. F. SACERD. PUBL. FULLONES; cette statue est aujourd'hui au musée de Naples. Sur le même côté du forum se trouve la curie (*senaculum*), petite salle carrée terminée par une abside, et un peu plus loin, tout près du temple de Jupiter, celui dit *d'Auguste* ou *Panthéon*. Ce qui a donné lieu à cette supposition, c'est qu'au milieu de l'*area* ou cour, on a trouvé douze piédestaux ayant pu servir de supports aux statues des douze divinités principales de la mythologie romaine. Au centre, un treizième piédestal aurait pu servir de base à une statue d'Auguste ; un bras portant un globe, et les statues de Livie en prêtresse et de Drusus, peuvent à la rigueur étayer ces suppositions. Sur le côté droit de l'édifice, il y a douze chambres qui auraient, dit-on, servi à loger les prêtres d'Auguste, ou *Augustales* ; enfin, à gauche et à droite de l'entrée du temple, ainsi que sur la rue, il y a des boutiques. On suppose que les prêtres louaient les plus petites, celles en façade sur le forum, à des changeurs ; quant à celles qui donnaient sur la rue, elles servaient à vendre au peuple les viandes, les fruits et les autres offrandes que les fidèles donnaient aux prêtres. Un coffre trouvé sur les lieux, coffre fermé à l'aide d'une forte serrure, contenait une partie de la recette ou de la caisse des prêtres, qui se composait d'environ 1,038 pièces de bronze et 40 d'argent. En sortant du *forum civile* par le côté qui fait face à la basilique, on pénètre dans la rue des Orfévres ou de l'Abondance, ainsi nommée parce qu'on a trouvé dans cette rue des boutiques de bijoutiers, et

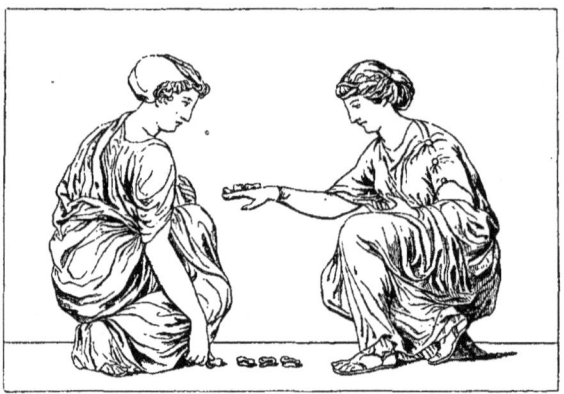

Fig. 4. — Joueuses d'osselets (peinture).

une fort belle statue personnifiant l'Abondance ; puis on prend la rue des Théâtres et l'on arrive au forum triangulaire découvert en 1764 : ce forum servait de place et de promenoir pour les habitués des théâtres. Du reste, deux des côtés du forum avaient des portiques formés de 90 colonnes doriques, lesquels portiques servaient, en cas de pluie, d'abri aux spectateurs. Dans l'angle de ce forum, près de la caserne des soldats, dont nous parlerons bientôt, on voit les restes d'un temple qu'on a dédié, nous ignorons pourquoi, tantôt à Hercule, tantôt à Neptune, car il ne reste que le stylobate de cet édifice et rien ne peut indiquer à quel dieu ce temple a pu appartenir. Devant cet édifice, on voit une petite chapelle circulaire nommée *bidental*, c'est-à-dire consacrée par le sacrifice d'une brebis de deux ans (*bidens*). (Festus, *s. v.* ; Apul., *de Deo Socr.* ; Hor., *A. P.*, 471.) Cette chapelle avait été consacrée par les augures ; on élevait dans son centre un petit autel. Tout lieu frappé de la foudre recevait un autel analogue. A côté du forum triangulaire, on voit le grand théâtre ou théâtre tragique ; il mesure environ 68^m,25 de diamètre. Ce théâtre avait plusieurs entrées : l'une d'elles, celle située du côté du forum, servait au peuple. Six escaliers desservaient l'enceinte, ou *cavea*, et divisaient les vingt-neuf gradins en cinq coins, ou *cunei*. (Voy. THÉATRE et AMPHITHÉATRE.) Le théâtre de Pompéi devait être d'une grande beauté ; les gradins étaient en marbre de Paros ; ils étaient divisés en trois étages par

deux précinctions (*præcinctiones*). Comme
dans tous les théâtres anciens, les gradins inférieurs, l'*ima cavea*, étaient réservés aux personnes de distinction, qui arrivaient à leurs
places par une entrée particulière située à
côté de la scène ; la deuxième précinction
était occupée par la bourgeoisie, et la troisième par le bas peuple, les esclaves et les
femmes. Quant à l'*arène*, nommée *orchestra*,
elle était réservée aux principaux magistrats,
qui étaient assis sur des siéges mobiles nommés *bisellia*. A Pompéi, ces siéges étaient en
bronze. Devant le grand théâtre on voit quatre
édifices qu'on nomme la *crypte*, la *curie
Isiaque*, le *temple d'Isis* et celui *de Jupiter
et de Junon*. La crypte servait de réservoir

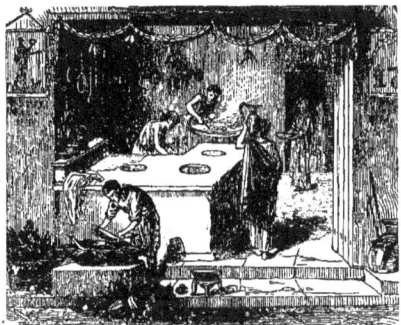

Fig. 5. — Intérieur d'une boutique (restauration).

pour l'eau destinée à rafraîchir les spectateurs pendant le spectacle ; quelques auteurs
ont même prétendu que, par un procédé qui
ne nous est pas connu, on élevait cette eau
au-dessus du théâtre pour rafraîchir l'air. —
La curie Isiaque était un atrium entouré de
colonnes et qui était placé près du temple d'I-
sis. Celui-ci avait un portique hexastyle corinthien. Dans les chambres qui dépendent
de ce temple, on a trouvé les squelettes de
plusieurs prêtres ; l'un d'eux était même à
table quand il a été surpris par la catastrophe. On a trouvé sur la table les restes de
son repas, qui se composait d'œufs, de poisson
et d'un poulet. Un autre squelette tenait une
hache à la main, sans doute pour s'ouvrir un
passage et fuir dans la campagne. — A côté

du grand théâtre, qui pouvait contenir cinq
mille spectateurs, on découvrit en 1796 le petit théâtre, ou Odéon, qui ne contenait guère
que quatorze à quinze cents spectateurs. Derrière ces théâtres se trouve une caserne de
soldats, que dans le principe on avait prise
pour un forum et qu'on avait nommé le *forum nundinarium*. Mais le grand nombre de
chambres ainsi que la quantité d'armes trouvées ne peuvent laisser subsister aucun doute
sur la destination de cet édifice, qui est formé
d'un portique rectangulaire autour duquel il
exise, au rez-de-chaussée et au premier étage,
une double rangée de chambres ; les premières
étaient réservées aux soldats, et celles de l'étage
aux officiers et à leurs familles, car dans ces
dernières on a retrouvé des armes de luxe, des
bijoux de femme et des squelettes d'hommes,

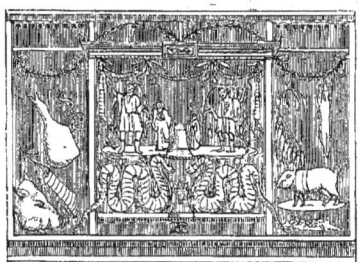

Fig. 6. — Enseigne d'un charcutier.

de femmes et d'enfants, en tout dix-huit squelettes.

Si nous quittons le quartier des théâtres, un chemin isolé et déblayé au milieu
des cendres qui recouvrent les maisons qui
longent ce chemin nous conduit à l'amphithéâtre, qui est situé à l'extrémité de la ville,
près de la porte du Sarus. Comme tous les
amphithéâtres romains, il est de forme elliptique, et ses gradins sont assis sur le tuf de
la colline. Il est divisé en trois étages ou précinctions ; il contient trente-cinq rangs de
gradins et pouvait contenir environ dix-huit
à vingt mille spectateurs. A côté se trouve le
forum Boarium, ou marché à bestiaux ; il est
aujourd'hui recouvert par les cendres de déblais. Enfin il y avait à Pompéi des bains et

des thermes. Les premiers étaient situés près du forum, c'est-à-dire dans le quartier le plus fréquenté de la ville ; ils ne possèdent pas une grande étendue, mais ils sont divisés en deux parties, l'une pour les hommes, l'autre pour les femmes. Ces bains comprenaient un atrium avec portiques (*ambulacrum*), un vestiaire (*apodyterium*), un bain froid (*frigidarium*), une salle chaude ou étuve (*tepidarium*), dont la douce température servait d'intermédiaire pour le passage du bain de vapeur au bain froid. Cette salle était voûtée et richement dé-corée d'ornements, de médaillons et de figures en stuc de diverses couleurs. Le *tepidarium* communiquait par une porte au bain chaud (*caldarium*), qui renfermait une piscine dans son milieu, tandis qu'à une de ses extrémités on voyait un bassin en marbre blanc, et à l'autre, terminée en hémicycle, un grand bas-sin de bronze qui recevait l'eau bouillante destinée à produire de la vapeur. Le centre de l'hémicycle était percé d'un *oculus* qu'on pouvait ouvrir ou fermer à l'aide d'un bou-clier d'airain (*clipeus*), suivant qu'on voulait

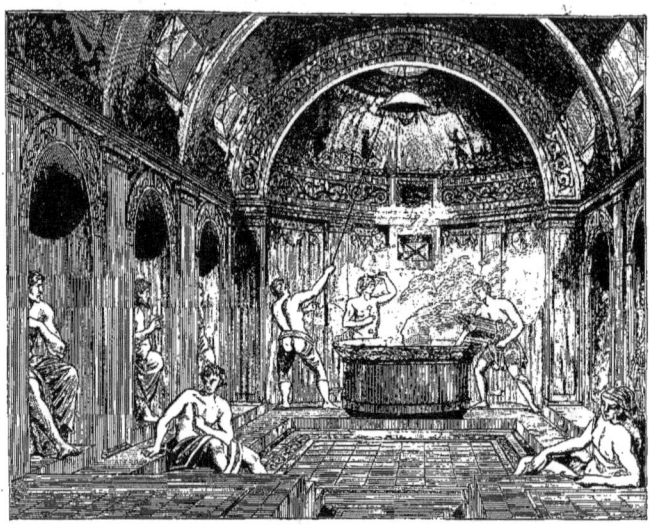

Fig. 7. — Intérieur du caldarium (restauration).

de l'air ou concentrer la chaleur. Tout autour du caldarium se trouvaient des niches avec des siéges pour permettre aux baigneurs de se reposer. De petites fenêtres rectangulaires étaient pratiquées dans les reins de la voûte pour éclairer ce local. Notre figure 7 montre l'intérieur restauré du caldarium des bains de Pompéi ; le lecteur peut y voir, dans le fond, un baigneur se raclant avec le *strigile* ou ra-cloir, un garçon versant de l'eau bouillante dans le vaisseau en bronze, un autre tirant la chaîne pour fermer l'*oculus* avec le *clipeus*, deux baigneurs assis sur le gradin supérieur de la piscine, enfin trois autres baigneurs dans leurs niches.

Les thermes de Pompéi, bien moins con-sidérables sous tous les rapports que ceux de Rome, sont à l'angle de la rue des Orfévres ou de l'Abondance et de la rue de Stabies, ce qui a fait dénommer ces thermes *thermæ Stabianæ* ; on les a découverts en 1858-59. L'atrium est formé sur deux de ses côtés par des portiques d'ordre dorique ; les salles prin-cipales sont couvertes de peintures, d'arabes-ques, d'ornements et de sculptures en stuc très-finement dessinés. Notre figure 8 montre le plan de ces thermes. En A, A, sont les entrées ; en B, les portiques ; en C, un exèdre ; en D, le *frigidarium ;* en E, une salle de dégagement ou promenoir couvert ; en G, le vestiaire, ou *apodyterium ;* en H, le *caldarium ;* en I et J, les fourneaux hypocaustes et peut-être le bûcher ; en K, le *laconicum ;* en L, le *spoliatorium.*

Les maisons de Pompéi sont toutes plus ou moins remarquables au point de vue de l'intérêt qu'elles présentent ; nous ne parlerons ici que des plus renommées au point de vue de l'art. Ce qui est d'un grand attrait dans ces maisons, ce sont les peintures ; le lecteur pourra juger de l'intérêt qu'elles présentent en jetant

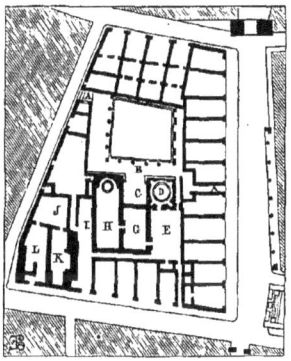

Fig. 8. — Plan des thermes de Pompéi.

les yeux sur les vignettes de cet article. Notre figure 2 représente Oreste reconnu par Iphigénie : cette peinture a été découverte en 1854. Notre figure 3 est une scène de théâtre. Notre figure 4 montre des joueuses d'osselets : cette peinture est signée, ΑΛΕΞΑΝΔΡΟΣ ΑΘΗΝΑΙΟΝ ΕΓΡΑΦΕΝ. Dans une autre maison on voit d'autres joueuses d'osselets, nommées Aglaé, Hibera, Latone, Niobé et Phœbé : c'étaient probablement cinq courtisanes, car ces dames aimaient beaucoup ce jeu. Notre figure 5 montre l'intérieur restauré d'une boutique, une sorte de *fruiterie ;* notre figure 6, l'enseigne d'un charcutier sur laquelle on voit deux serpents en face d'un autel. Les pharmaciens de Pompéi, comme ceux de nos jours, avaient aussi des serpents sur leurs enseignes ; on peut en voir deux peints sur les murs d'une pharmacie de Pompéi. — Parmi les maisons les plus renommées de cette célèbre ville, nous mentionnerons les suivantes :

La *maison des Danseuses* est ainsi désignée parce que l'atrium était décoré de peintures représentant des danseuses. — La *maison* successivement nommée *d'Apollon,* et plus tard *de Narcisse,* est ainsi désignée parce qu'on y avait trouvé en premier lieu une statue d'Apollon, puis une superbe peinture représentant Narcisse. — La *maison d'Actéon,* puis *de Caïus Sallustius,* l'une des plus élégantes de la cité, est entourée de tavernes et de boutiques. Son atrium est très-bien conservé ; sur la droite de celui-ci, il y a un *venereum* complétement séparé du reste des appartements. Tout près de cette maison, déblayée en 1809, on a trouvé quatre squelettes de femmes : l'une d'elles passe pour avoir été une femme libre, et les trois autres pour ses esclaves. La maîtresse avait quatre bagues à un doigt et l'on a trouvé auprès d'elle cinq bracelets, un miroir en argent et des pièces d'or et d'argent. — La *maison de Pansa,* une des plus grandes de Pompéi, était aussi entourée de boutiques ; près du prothyron, on a trouvé cette inscription : PANSAM ÆD. PARATUS ROGAT, qu'on a expliquée ainsi : « Paratus demande Pansa pour édile. » Il n'y avait donc pas lieu de supposer que cette maison appartînt plutôt à Pansa qu'à Paratus : enfin la dénomination de Pansa a prévalu. On peut voir ici une des boutiques ayant une communication directe avec la maison, ce qui peut faire supposer que le propriétaire faisait vendre dans cette boutique les produits de ses champs, comme du reste on voit encore de nos jours dans certaines villes d'Italie, notamment à Florence, les propriétaires de certains palais faire vendre au détail par un petit guichet pratiqué près de la porte principale le vin récolté dans leurs vignobles. — La *maison du Poëte tragique,* découverte en 1825, nous montre un type de maison des plus petites et des plus richement décorées. Les peintures découvertes dans cette petite demeure ont été transportées au musée de Naples. Notre figure 9 montre une restauration intérieure de cette maison,

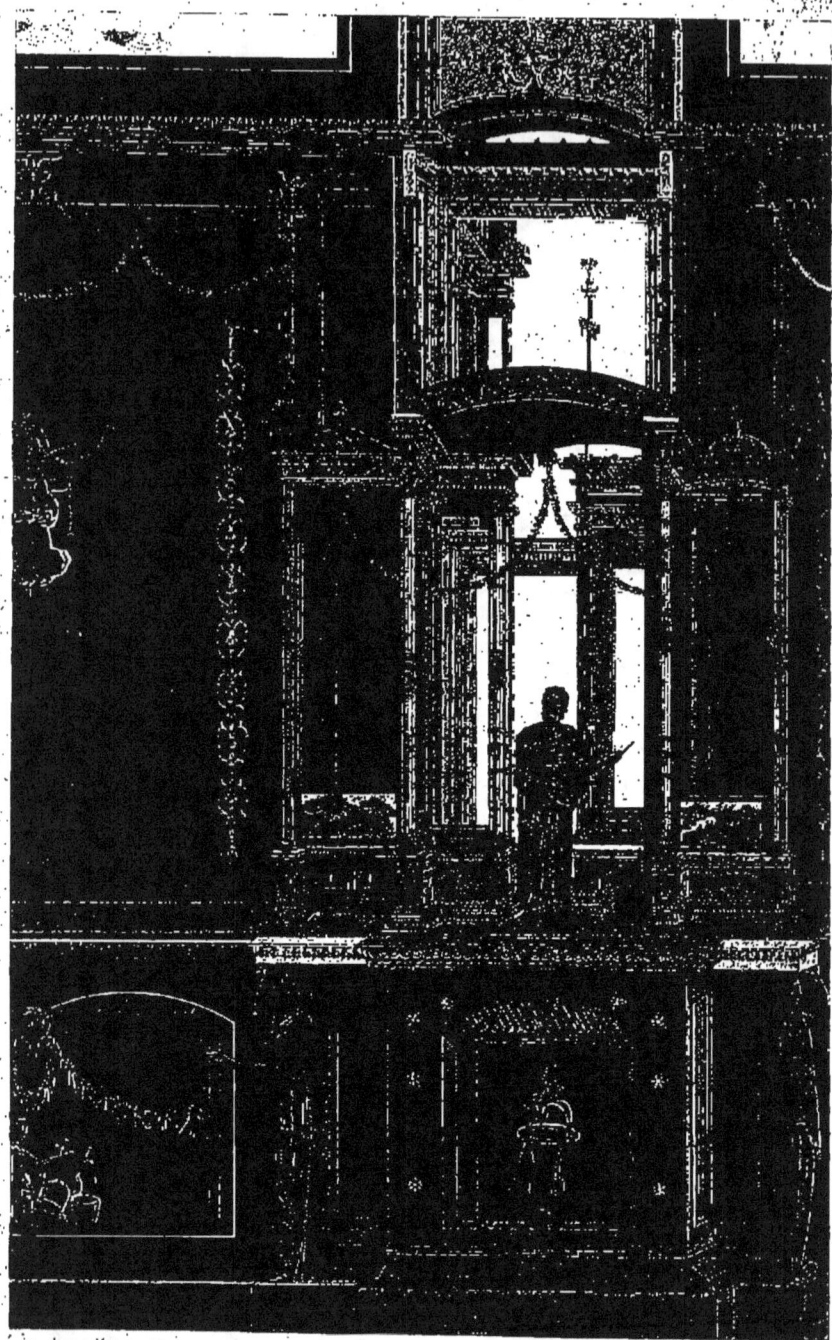

POMPÉIEN

qui avait dans son vestibule d'entrée la mosaïque si connue du chien enchaîné avec cette inscription : *Cave canem*. Le lecteur peut voir cette mosaïque au bas de notre planche en couleur LXIII. Cette maison a été désignée sous ce nom parce qu'on y a découvert une peinture représentant un homme lisant un rouleau. Il est probable que c'était la demeure d'un riche particulier, ou même d'un bijoutier, car on a trouvé à l'intérieur de cet édifice un grand nombre de bagues, de bracelets et de bijoux de toute sorte. — La *maison des*

Néréides est ainsi nommée parce qu'un grand nombre de ses peintures décoratives murales représentent des monstres marins. — La *maison du Foulon* ou *Fullonica*, découverte en 1826, renfermait encore tous les ustensiles utilisés chez les teinturiers dégraisseurs. Les peintures décoratives des murs représentent des hommes, des femmes et des enfants qui se livrent aux diverses opérations de cette industrie. — La *maison du Faune*, découverte vers 1830, a reçu ce nom parce qu'elle renfermait le beau Faune dansant, actuellement

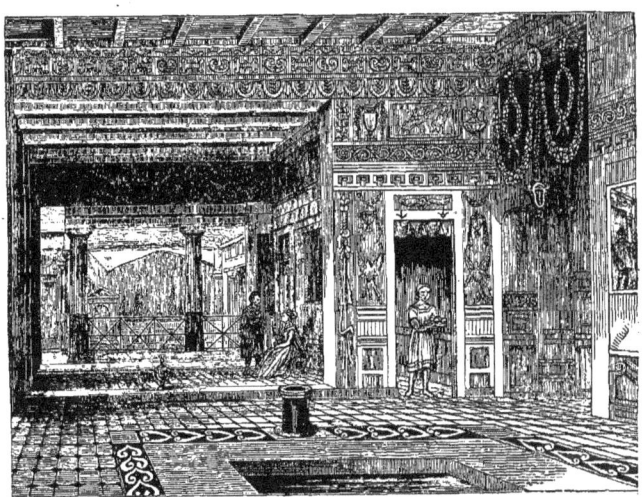

Fig. 9. — Maison du Poëte tragique (restauration).

au musée de Naples; c'est dans cette habitation, une des plus remarquables de Pompéi, que se trouvait la célèbre mosaïque représentant la *bataille d'Issus*, qui se voit aujourd'hui dans la salle de Flore du musée napolitain. — La *maison du Peintre* a reçu ce nom parce que sa principale peinture nous montre un peintre tenant sa palette à la main ; on l'a également nommée *Hospitium* et *Panthéon*. Notre planche en couleur LXXIV montre un spécimen de ces peintures, et peut témoigner du haut degré de talent auquel étaient parvenus les artistes qui exécutaient ce genre de travail dans la cité gréco-romaine.

L'architecture pompéienne, dans les édifices publics et privés, n'est en somme qu'une corruption de l'architecture grecque. Les moulures et les profils sont très-fins et très-étudiés, mais ils manquent d'ampleur; l'architecte pompéien ne cherche pas à faire beau, mais joli. Une preuve de la décadence du goût, c'est la création du chapiteau historié, c'est-à-dire qui représente des bustes ou des corps de personnages. A cause de ce motif de décoration, une habitation a été désignée sous le nom de *maison des Chapiteaux à figures*. Ajoutons cependant que la décadence n'a pas été complète et que même dans ces chapiteaux, signes précurseurs d'un goût qui dégénère, on retrouve encore des détails remarquables qui rappellent les chapiteaux de la belle époque entièrement composés avec des feuillages et des fleurs, comme celui que montrent de face et de profil nos fig. 10 et 11.

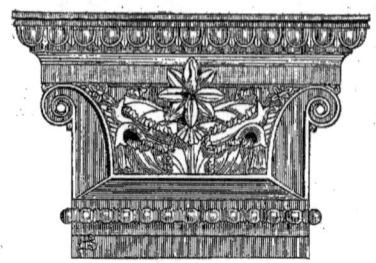

Fig. 10. — Chapiteau en stuc (face).

Mais si l'architecture pompéienne laisse à désirer, il n'en est pas de même des autres arts. En effet, au moment de l'ensevelissement de Pompéi, la peinture était pour ainsi dire à son apogée, comme peuvent en témoi-

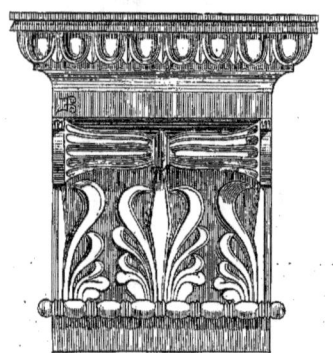

Fig. 11. — Chapiteau en stuc (côté).

gner nos figures 2, 3, 4, et nos planches ; et, à de rares exceptions près, l'art décoratif était très-bien compris. Quant à la sculpture, aux objets d'art et de toilette de toute sorte, tout cet ensemble était remarquable. Nous pensons que les spécimens de l'art pompéien que nous avons donnés dans le courant de cet article et au mot PEINTURE (planche LXXI) ne lais-

seront subsister aucun doute à cet égard dans l'esprit du lecteur, surtout s'il considère avec quelque attention nos planches en couleur ainsi que la planche noire LXXV. Il nous paraît difficile de créer une composition plus harmonieuse et plus décorative à la fois. Nous avons dessiné ce bois avec beaucoup de soin, car dans aucun ouvrage, pas même dans celui pourtant si remarquable de nos confrères italiens MM. Fausto et Nicolini, cette composition n'a été rendue avec le cachet distinctif qui la caractérise. Cette œuvre résume, pour ainsi dire, tout l'art pompéien au point de vue de la peinture décorative.

PONÇAGE, *s. m.* — Opération qui consiste à passer la pierre ponce sur des surfaces plus ou moins rugueuses, qu'on désire polir. On opère le ponçage sur tous les fonds de menuiserie, de plâtrerie, etc., que l'on veut recouvrir de peintures. Ces surfaces sont généralement imprimées, puis elles reçoivent une première et une deuxième couche; quand celles-ci sont bien durcies, on les passe à la pierre ponce trempée dans l'eau. Certains travaux devant recevoir des vernissages spéciaux sont poncés à l'essence de térébenthine ou à l'esprit-de-vin. — On pratique également le ponçage dans les travaux de dorure en détrempe sur les blancs d'apprêt. Le ponçage se pratique après l'opération du REBOUCHAGE. (Voy. ce mot et DORURE.) — On ponce également les marbres afin de les polir.

PONCE (PIERRE). — Voy. PIERRE, page 498.

PONCEAU, *s. m.* — Petit pont. On nomme *ponceaux* des ponts supportés par des points d'appui ou des culées qui ne sont espacés que de 4 mètres au plus. On fait des ponceaux en bois, en fer, en fonte et surtout en maçonnerie ; ils peuvent être droits ou diagonaux, voûtés en arc de cercle, en plein cintre ou en anse de panier. Quand ils sont très-étroits, et que l'eau qui les traverse est animée d'une assez grande vitesse, ils possèdent des radiers en maçonnerie; quelquefois même ce radier affecte la forme d'un segment de cercle plus ou moins considérable. Quand les ponceaux

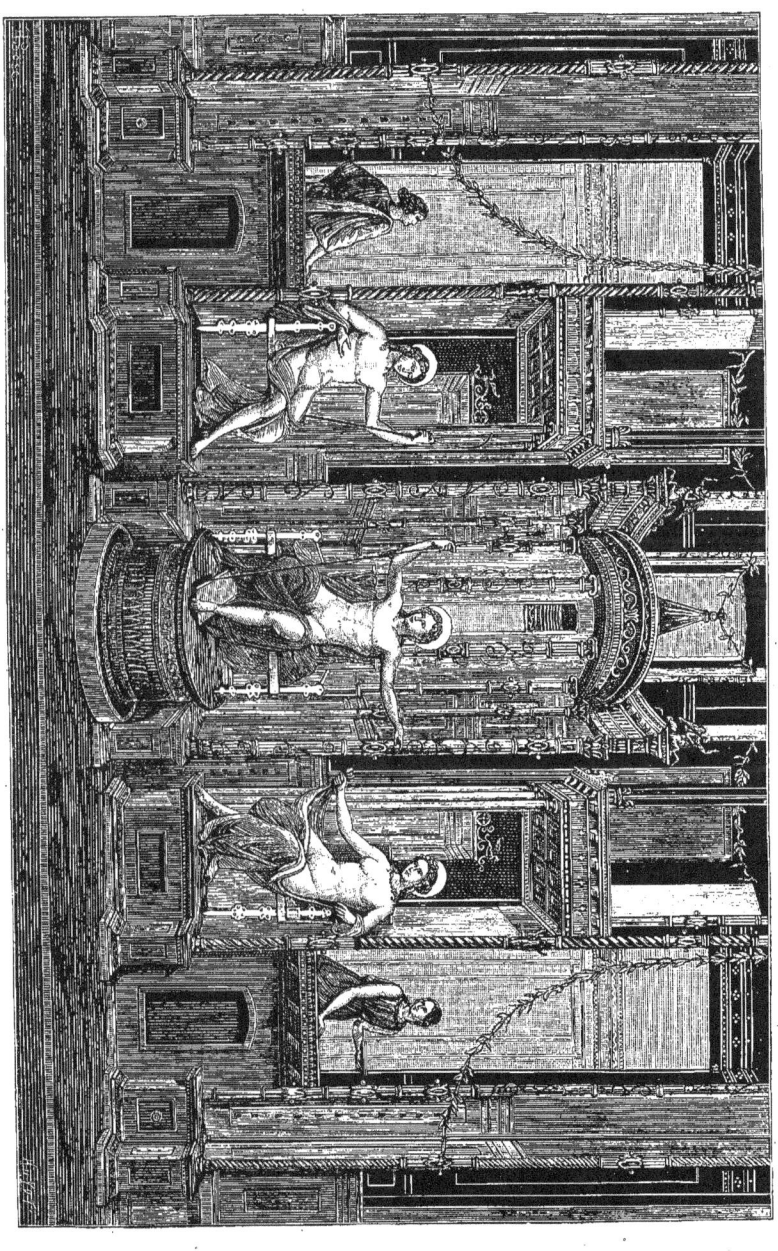

Planche LXXV. — Peinture pompéienne.

sont en maçonnerie, leur voûte et leurs pieds-droits en parement sont en pierres de taille, tandis que les massifs, les reins et les culées sont en moellons d'appareil; les radiers peuvent être en pierres de taille ou en moellons appareillés, posés sur deux rangs liaisonnés avec des chaux hydrauliques et les joints cimentés. — Aujourd'hui on fait aussi beaucoup de radiers en béton. — On établit des ponceaux sur des ruisseaux, des fossés ou des ravins.

PONT, s. m. — Ouvrage d'art qui sert à franchir un cours d'eau, un ravin ou un espace quelconque. Les ponts servent donc à réunir deux tronçons d'une route ou d'une voie de communication, traversée par un cours d'eau ou par une autre route en contre-bas de la première. Suivant l'emplacement qu'ils occupent, les ponts sont différemment construits; ils sont même faits avec des matériaux très-divers suivant les services qu'ils sont appelés à rendre. De là divers genres de ponts qu'on nomme : *ponts fixes, ponts mobiles, ponts volants* ou *ponts de bateaux, ponts-levis, ponts tournants,* etc. Suivant les matériaux employés à leur construction, on distingue les ponts en ponts de maçonnerie, ponts de charpente, ponts suspendus ou ponts en corde, ponts de fer, de tôle, de fonte, etc.; enfin, suivant leur structure, on distingue les ponts en arcade plein cintre, en arc elliptique, les ponts d'une seule arche, de plusieurs arches, les ponts-viaducs, les ponts tubulaires, etc. En résumé, on peut diviser les ponts en deux groupes principaux : en *ponts fixes* et en *ponts mobiles.* Quand ils ne servent qu'aux piétons, on les appelle *passerelles;* quand ils sont de petites dimensions, PONCEAUX. (Voy. ce mot.) Les *ponts proprement dits* sont ceux qui ont une ou plusieurs arches et servent de passage aux piétons, aux cavaliers et aux véhicules de toute sorte; les *ponts-aqueducs* sont ceux qui servent à amener des eaux dans une ville ; les *ponts-canaux,* ceux qui servent à un canal à franchir une route, un ravin, une voie quelconque; les *ponts-viaducs,* ceux qui servent à traverser un bas-fond, un chemin, un cours d'eau, etc.; beaucoup de chemins de fer, aux abords des villes, y pénètrent au moyen de viaducs.

HISTORIQUE. — Les plus anciens ponts dont parlent les auteurs de l'antiquité sont attribués à Ménès, premier roi de la première dynastie égyptienne, le fondateur de Memphis. Ce roi aurait fait bâtir un pont sur l'un des bras du Nil. Plus tard, la reine Sémiramis aurait, au dire d'Hérodote, jeté un pont sur l'Euphrate, afin de réunir les deux quartiers de Babylone séparés par ce fleuve. Après Sémiramis, la reine Neit-Aquer, plus connue sous le nom de Nitocris, en aurait construit un second. Cette reine, fille de Psamétik Ier et de Shap-en-Ap, aurait été la petite-fille d'Améniritis, reine d'Éthiopie; suivant certains auteurs, la femme de Psamétik II, et, suivant d'autres, celle de Nabuchonosor II, surnommé *le Grand.* Hérodote (VII, 35) nous informe que Xercès avait chargé des Égyptiens et des Phéniciens de jeter deux ponts de bateaux sur l'Hellespont, afin d'y faire passer ses troupes, qui ne mirent pas moins de sept jours et sept nuits à traverser ce détroit (*Id.,* VII, 56) (1).

Les Grecs et les Étrusques passent pour avoir les premiers construit des ponts en pierre; mais ils furent surpassés dans ces travaux par les Romains, qui non-seulement surent donner à ces constructions un caractère monumental, mais encore y employèrent des matériaux de grandes dimensions et d'une solidité à toute épreuve. Un grand nombre de ponts romains sont construits avec des pierres si bien taillées qu'elles ne sont liaisonnées entre elles par aucun ciment ou mortier; ce qui ne les a pas empêchés d'avoir une grande durée, puisque beaucoup subsistent encore. Il en existait un assez grand nombre à Rome et dans diverses villes italiennes. Dans leur ordre topographique, les six principaux ponts de cette puissante capitale étaient le pont Vatican, le pont Janicule, le pont Palatin, le pont Sublicius, et les ponts Cestius et Fabricius, qui reliaient à la ville l'île du Tibre; le premier était situé sur le bras droit du fleuve et le second sur le bras gauche. Tous ces ponts étaient en ma-

(1) On peut lire une dissertation sur la longueur de ces ponts dans le tome XXVIII, p. 334, des *Mémoires de l'Académie des inscriptions et belles-lettres.*

çonnerie, sauf le pont Sublicius, immortalisé par Horatius Coclès, qui était un pont de charpente; mais, après sa destruction lors de la guerre contre Porsenna (Tite-Live, I, 33 ; Pline, *H. N.*, XXXVI, 23), il fut reconstruit en pierre et prit le nom d'un censeur, d'Æmilius Lepidus, et fut nommé *pons Æmilius*. Les Romains élevèrent un grand nombre de ponts dans les provinces. Trajan en fit jeter un sur le Danube, lequel, au dire de Dion Cassius (I, LVIII), se composait de vingt piles mesurant 150 pieds de haut sur 60 de largeur, lesquelles piles étaient séparées entre elles par une distance de 170 pieds. Les grands arcs

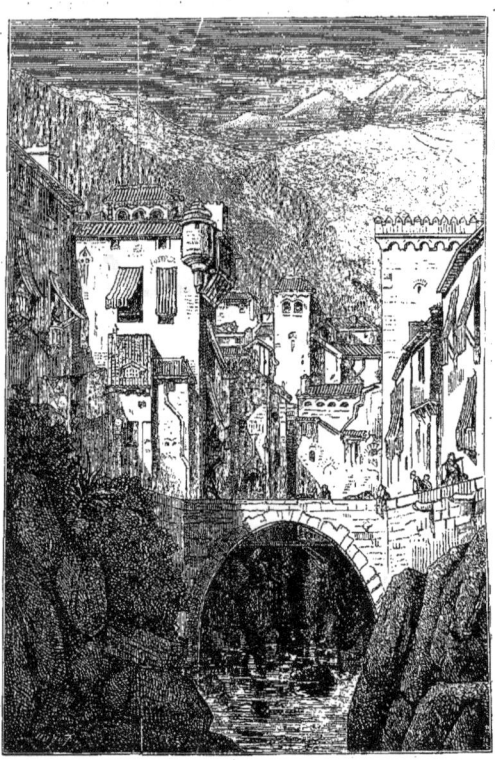

Fig. 1. — Pont sur le Dauro, à Grenade.

qui supportaient le tablier du pont étaient faits en charpente. Procope (*de Ædific.*, I, IV, 6) nous apprend que ce magnifique pont, élevé sous la direction de l'architecte Apollodore, de Damascène, ville de la Célésyrie, avait ses extrémités défendues par deux forteresses. Ce pont est figuré sur la colonne Trajane, et, comme tous ceux élevés par les Romains, il a ses arcs en plein cintre. On attribue aussi à Trajan le pont de Salamanque en Espagne. Il n'en reste que quelques ruines ; il possédait vingt-six arches qui ne mesuraient pas moins de vingt-trois mètres de diamètre ; la largeur de son tablier était d'environ 20 mètres dans œuvre ; quant aux piles, elles avaient 8 mètres d'épaisseur. Il existe en Portugal un pont de la même époque, c'est le magnifique pont d'Alcantara, l'ancienne *Norba Cæsarea*, construit sur le Tage par C. Julius Lucérus. Il est tout en pierre ; il mesure environ 224 mètres de longueur sur 9 de large, et s'élève d'environ 64 mètres au-dessus du niveau moyen du fleuve ; les piles, qui sont en granit, ont près de 7ᵐ,10 de diamètre et les arches ont environ 28 mètres de diamètre. Notre figure 1 montre un pont sur le Darro, à Grenade.

En France, parmi les monuments romains de ce genre qui nous restent dans un état plus ou moins grand de conservation, nous citerons les ponts-aqueducs de Lyon, de Vienne, de Nîmes, ou pont du Gard, de Cahors, d'Arles, de Fréjus, de Saintes, de Luynes, de Metz, etc. (Voy. AQUEDUC) ; enfin les ponts de Saint-Chamas (fig. 2.), de Saintes, de Vaison, de Vienne, d'Ar-

les aujourd'hui Castelnau, et qui aboutissait à la principale voie qui traversait la Gaule Narbonnaise, c'est-à-dire à la voie Domitienne. Enfin, le pont de Gallargues, qui était appelé *pons Ambrussi*, parce qu'il était situé à *Ambrussum* dans le pays des Volces Arécomiques, se trouvait aussi sur la voie Domitienne ; il fut probablement construit sous Auguste l'an de Rome 750, c'est-à-dire quatre ans avant l'ère vulgaire. Il était entièrement en pierres de taille : malheureusement, il n'en reste aujourd'hui que deux arches au lieu de cinq ; on voit cependant les quatre piles encore debout au milieu du Vidourle. Ce pont n'est plus aujourd'hui qu'un point de repère, mais très-important, qui indique en cet endroit le

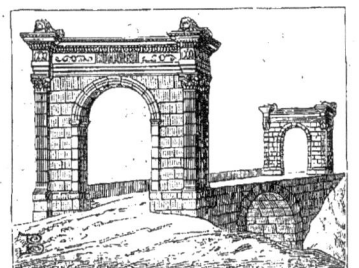

Fig. 2. — Pont romain, à Saint-Chamas.

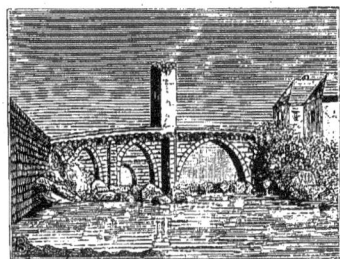

Fig. 3. — Pont fortifié, à Orthez.

(dont Ausone fait un grand éloge), de Lezines sur la rivière d'Armançon, de Dordines (Loiret) sur la rivière du Loing. A Périgueux, sur la rivière d'Ille, il existe quelques restes de pont ; enfin, dans le Gard, il existe des vestiges plus ou moins considérables de ponts romains à Sommières, à Boisseron et à Gallargues. — Le pont de Sommières a été construit sur le Vidourle pour assurer le passage sur la voie romaine allant de Nîmes (*Nemausus*) à Lodève (*Luteva*) ; il se compose de dix-sept arches à plein cintre qui mesurent environ 9ᵐ,10 de diamètre ; l'arche du milieu est un peu plus grande, elle mesure 9ᵐ,75 de diamètre. A trois kilomètres au sud de Sommières, se trouve le pont de Boisseron, jeté sur la rivière de Vénobia. C'est sur ce pont que passait une petite voie qui conduisait du pont de Sommières à *Substantium*,

passage de la voie Domitienne, qui reçut des améliorations et des restaurations considérables sous Auguste, Tibère, Claude et Antonin le Pieux. Les bornes milliaires placées sur cette voie mentionnent les restaurations faites sous les trois derniers empereurs.

Il existe aussi en Allemagne, principalement sur le Rhin, des ruines de ponts romains, notamment à Trèves, en face de Cologne, à Mayence, etc. ; mais les ruines romaines ne se voient que pendant les basses eaux et souvent elles ont servi de fondations pour les nouveaux ponts qu'on a élevés sur le Rhin. — Les invasions des barbares renversèrent les ponts romains comme les autres monuments ; aussi, pendant plusieurs siècles, on ne franchit plus les rivières et les fleuves qu'à l'aide de bateaux et de bacs, enfin avec des ponts de bois. Charlemagne le premier fit jeter sur le Rhin et sur d'autres fleuves des ponts de bois. Plus tard Charles le Chauve fit construire sur la Seine à Pont-de-l'Arche un pont de vingt-deux arches; plus tard encore l'impératrice Mathilde, fille de Henri Ier d'Angleterre, éleva un autre pont sur la Seine à Rouen; il en reste quelques substructions. Pendant le XIe et le XIIe siècle, les ponts se multiplient; mais, pour les rendre inaccessibles aux armées ennemies et pour défendre leur occupation, on les fortifie, tels sont ceux de Valentré à Cahors, de Poitiers, de Nevers, d'Orthez, de Tours, d'Auxerre, de Blois, de Tonnerre, de Sens, de Mâcon, de Montauban, etc. A Paris, le pont au Change et le Petit-Pont étaient également fortifiés; le premier avait comme défense, du côté de la rue Saint-Denis, une bastille nommée le grand Châtelet, et sur la rive gauche, c'est-à-dire du côté de la rue Saint-Jacques, une autre défense appelée le petit Châtelet.

Notre croquis (fig. 3) donne une vue du pont d'Orthez, dans le département des Basses-Pyrénées. C'est un spécimen assez curieux de l'architecture militaire du moyen âge. Il se compose de quatre arches de différentes dimensions; les trois premières, plus étroites que la dernière, sont ogivales; celle-ci est plein cintre, elle mesure 15 mètres de diamètre et 11m,10 de hauteur sous clef. Cette arche est séparée de la suivante par une pile de 5m,35 d'épaisseur qui supporte une tour en ruine, laquelle tour mesure encore aujourd'hui 14 à 15 mètres de hauteur. Les arches suivantes mesurent entre leurs piles, la première 7 mètres, la seconde 6m,35 et la troisième 2m,10. Les culées et les piles de ce pont portent sur des roches naturelles apparentes. Le tablier du pont mesure dans œuvre 8m,08, et les parapets ou garde-fous 0m,57 de largeur chacun. Ce pont du moyen âge aurait remplacé un pont antique d'une seule arche plein cintre, lequel pont était défendu à chacune de ses extrémités par une tour carrée. Le pont antique existait encore au XIIe siècle, si nous en jugeons par des médailles de cette époque qui nous le montrent tel que nous venons de le décrire. — Dès le XIIe siècle, il se forma en France une association dite *des frères pontifes* (*fratres pontifices*) et en Allemagne la *confrérie*

des Ponts (Brückenbrüder), qui ne s'occupèrent exclusivement que de la construction des ponts, afin de rétablir tous ceux qui avaient été détruits par les barbares et d'en créer de nouveaux là où leur présence paraissait indispensable. C'est par ces confréries que furent construits, en France, le pont de la Durance, au-dessous de la Chartreuse de Bompas; le pont Saint-Benézet à Avignon, qui date d'environ 1176; le pont Saint-Esprit (1266), le pont de la Guillotière à Lyon; et en Allemagne, le pont de Ratisbonne sur le Danube, œuvre d'art très-remarquable.

Souvent, quand les villes étaient traversées par des fleuves ou des rivières, non-seulement le pont était fortifié, mais encore on barrait ses arches au moyen de grilles ou de herses semblables à celles qu'on employait pour la défense des portes de ville. (Voy. HERSE.) Il n'y a pas encore de longues années qu'on pouvait voir dans les murs de Troyes un pont à trois arches qu'on pouvait ainsi fermer au moyen de herses. — Quand les cours d'eau, au contraire, passaient en dehors des murs, les ponts qui conduisaient dans les villes étaient défendus à leurs extrémités par deux tours ou forteresses, comme nous l'avons déjà dit à propos de l'ancien pont au Change de Paris; l'une des tours ou forteresses défendait l'accès du pont, l'autre servait à arrêter les troupes qui auraient déjà franchi la première tête du pont.

Les anciens ponts de pierre ayant été démolis à diverses époques et remplacés par des ponts de bois, Paris, au commencement du XVe siècle, n'avait encore que des ponts en charpente. Un pont de pierre, élevé en 1412, fut bientôt emporté par la débâcle et remplacé en 1507 par le pont dit *de Notre-Dame*, œuvre de Fra Giocondo. Antérieurement, c'est-à-dire vers 1315, il existait tout près de son emplacement un pont de bois qui servait de communication à des moulins établis sur la Seine; on le nommait alors *pont de la Planche-Mibray*, parce qu'il se trouvait en face de la rue de ce nom. Il est question de ce pont au XIVe siècle dans un poëme manuscrit de René Macé, moine de Vendôme, historien du XIVe siècle, poëme intitulé *le Bon Prince*, et qu nous donne une étymologie assez curieuse et assez vraisemblable du mot *Mibray* :

L'empereur vint par Coutellerie
Jusqu'au carrefour nommé la Vannerie
Où fut jadis la planche de Mibray.
Tel nom portoit pour la vague et le bray.
Cette de Seine en une creuse tranche .
Entre ce pont que l'on passoit à planche
Et qu'on ostoit pour estre en sureté.

En 1413, ce pont fut construit en bois, ainsi que nous en informe l'auteur du *Journal de Paris* en nous racontant l'entrée de Charles IV à Paris : « Ce dit jour (31 mai 1413) le pont de Planches-de-Mibray fut nommé le *pont Notre-Dame* et le nomma le roi de France Charles et frappa de la trie sur le premier pieu et le duc de Guyenne son fils, et après le duc de Berry et de Bourgogne et le sire de la Trémoille, vers les dix heures du matin. » Les échevins et le prévôt des marchands obtinrent, au mois de juillet 1413, des lettres patentes qui les autorisèrent à faire exécuter ce pont, qui ne fut terminé qu'en 1421; mais vers 1440 il menaçait déjà ruine, puisqu'un arrêt du parlement en date du 13 juillet 1440 décida sa reconstruction, mais il ne fut pas donné suite à cette décision. Ce pont contenait alors soixante maisons très-élevées, trente sur chacun de ses côtés. Du reste, voici ce qu'en dit un chroniqueur, Gaguin (*de Gestis Francorum*, Paris, 1522, f° 304) : « Ce pont de bois contenait dix-huit pas de largeur et supporté pas dix-sept rangs de pilotis... Ceux qui passaient dessus ce pont croyaient marcher sur la terre ferme, car ils ne voyaient la rivière d'aucun côté, ils se croyaient au milieu d'une rue de marchands, car il y avait tant et tant de marchandises, de marchands et d'ouvriers, et la proportion des maisons était si belle et si remarquable, et la perfection de l'ouvrage telle qu'on pouvait dire avec raison que ce pont méritait le premier rang parmi les plus rares et les plus beaux ouvrages de France. » Ce qui ne l'empêcha pas de s'entr'ouvrir et les maisons de s'écrouler avec un fracas horrible. La catastrophe arriva le 25 octobre 1499, suivant les uns, ou le 15 octobre 1498, suivant les autres; Roquefort (*Dict. des mon. de Paris*) donne

même une troisième date, celle du 25 novembre 1499 (1). Nous pensons que c'est la première date qui est la bonne.

A la suite de ce malheur, le peuple accusa le prévôt et les échevins de négligence et malversation; le parlement manda à sa barre les magistrats municipaux, les fit emprisonner, et par un arrêt en date du 5 janvier 1500, il destitua Jacques Piédefer, prévôt des marchands, et déclara les échevins Louis du Harlay, Bernard Ripault, Antoine Malingre et Pierre Turquant, incapables d'exercer à l'avenir aucune fonction, et les condamna à de fortes amendes.

Ils moururent presque tous en prison. Dès 1500 ou 1551, un nouveau pont en pierre fut commencé par un cordelier nommé Jean Joconde et terminé en 1512; il avait fait graver sur une des arches ce distique :·

Jocundus geminos posuit tibi, Sequana, pontes :
Hunc tu jure potes dicere pontificem.

Ce Joconde avait dirigé déjà la construction du Petit-Pont, ce qui justifie parfaitement le sens de ce distique, qui signifie que Joconde avait placé sur la Seine deux ponts, et qu'il pouvait ainsi se dire à bon droit *pontife*, c'est-à-dire constructeur de ponts. On éleva un grand nombre de maisons sur le nouveau pont ; ces maisons ne furent démolies que par des lettres patentes en date du 22 avril 1769. Le pont Notre-Dame a été démoli en 1852 et reconstruit en 1853-54 d'après les études de MM. Lagalisserie et Darcel, et les travaux ont été exécutés sous la direction

(1) Roquefort raconte une revue assez curieuse passée sur ce pont en 1590, c'est-à-dire après sa reconstruction. « Ce fut sur ce pont, dit-il, que l'infanterie ecclésiastique de la Ligue fut passée en revue par le légat, le 3 juin 1590. Capucins, minimes, cordeliers, jacobins, carmes et feuillants, la robe retroussée, le capuchon bas, revêtus de casques, de cuirasses, l'épée au côté, le mousquet sur l'épaule, marchaient quatre à quatre, l'évêque de Senlis à leur tête, armé d'un esponton. Ces guerriers inexpérimentés, oubliant que leurs fusils étaient chargés à balles, se mirent à saluer militairement le légat et tuèrent un de ses aumôniers à côté de lui. Son Éminence ne voulut pas prolonger une revue aussi chaude; elle donna sur-le-champ sa bénédiction et partit à toutes jambes. »

de ces ingénieurs. — Les autres principaux ponts de Paris sont : le Pont-Neuf, commencé en 1578 et terminé seulement en 1606; puis le pont Marie, terminé en 1635; le pont de la Concorde, commencé le 10 juin 1787, et terminé en 1790 sous les ordres de l'ingénieur Perronnet, qui a également construit le pont de Neuilly; enfin le pont Saint-Michel, le Pont-Royal, les ponts d'Austerlitz, de Solférino, de l'Alma, d'Iéna, de Grenelle, etc. Les divers ponts de Paris ont passé par des vicissitudes sans nombre; les eaux et les glaces les ont souvent emportés; ils ont été reconstruits successivement en bois ou en pierre, et pour la plupart ils ont été restaurés ou entièrement reconstruits dans le siècle dernier. — En province, les ponts les plus renommés sont ceux de Toulouse, de Saintes, de Châtellerault, de Blois, de Moulins, de Saumur, etc. Du reste, la création des chemins de fer a permis aux ingénieurs d'ériger de nombreux ponts et surtout de hardis viaducs; nous en parlons plus loin. (Voy. VIADUC.) Mais si la science de la construction des ponts a fait de grands progrès de nos jours, si cette science a permis de réaliser de grandes économies et de créer des œuvres pleines de hardiesse, nous sommes bien obligé d'avouer que sous le rapport de l'art ces travaux laissent beaucoup à désirer, parce que les ingénieurs, à de rares exceptions près, ne se préoccupent pas assez de la question artistique. Il serait donc désirable, dans l'intérêt de la science et de l'art, que les ingénieurs et les architectes s'entendissent afin d'ériger ensemble les ponts et de fournir ainsi des travaux irréprochables. Les premiers donneraient les formules et pour ainsi dire la carcasse de l'œuvre, les seconds habilleraient ces formules et ces masses. Si, au contraire, les architectes et les ingénieurs ne pouvaient collaborer ensemble, il deviendrait nécessaire que ces derniers fissent des études d'architecture; nous trouverions alors réunis dans un seul et même individu, comme aux belles époques de l'art, le savoir de l'ingénieur et le goût de l'artiste. Ceci arrivera fatalement, dans un avenir plus ou moins prochain, si les architectes n'élèvent pas chaque jour davantage le niveau de leurs con-

naissances, afin de pouvoir lutter avec avantage avec les ingénieurs.

I. PONTS EN MAÇONNERIE. — C'est le genre de pont le plus employé, surtout quand cet édifice doit se trouver sur un passage très-fréquenté, et qu'on dispose d'un chiffre assez considérable, car, de tous les ponts, ceux en maçonnerie coûtent le plus cher. Cette espèce de pont peut être à une ou à plusieurs arches; dans le premier cas, c'est une simple voûte ogivale, plein cintre ou en anse de panier, qui vient buter contre deux culées servant de pieds-droits à cette voûte. Quand le pont est à plusieurs arches, il possède, outre ses culées, des piles en pierre élevées dans le lit même de la rivière. Dans ces ponts, les piles et les culées se font en pierres de taille, en roche dure, en moellons ou en meulière; nous parlerons des détails de construction un peu plus loin, au paragraphe qui a pour titre PRATIQUE. Les piles en maçonnerie ont ordinairement plus de largeur à la base qu'à leur sommet, parce qu'elles ont à subir à cette partie inférieure de nombreux frottements, cause de détérioration; de plus, elles sont pourvues en amont d'une partie saillante qui coupe les eaux et qu'on nomme *avant-bec*; en aval cette même portion de construction se nomme *arrière-bec*; ces derniers, au lieu d'être de forme angulaire, ce qui dans les courants rapides produit des remous, sont terminés par une forme circulaire. Les anciens ponts avaient toujours leur arche centrale, ou du moins celle qui recevait le plus grand volume d'eau, plus élevée que les autres; on nommait celle-ci *arche marinière*, parce qu'elle servait à la navigation. Cette arche forçait à donner au tablier des ponts une forte pente, ce qui gênait considérablement la circulation et provoquait de nombreux accidents. Pour remédier à ces inconvénients, on fait aujourd'hui les arches en *anse de panier*, ou simplement en *arc de cercle* dont la retombée se trouve beaucoup au-dessus de la corde de son diamètre. Ce mode de tracé permet de donner aux ponts un minimum de hauteur; mais comme la poussée des arcs est très-considérable, on est obligé d'avoir des culées extrêmement solides et résistantes. Dans un pont, on nomme :

têtes de la voûte, les faces latérales de cette voûte, c'est-à-dire celles qui regardent l'amont et l'aval ; *tympans*, les portions de maçonnerie de forme presque triangulaire comprises entre les arches, les piles et le bandeau, ou corniche de couronnement, qui supporte le *garde-corps* ou *parapet*.

II. Ponts en charpente. — Les ponts en charpente sont de deux genres, ceux en charpente de bois et ceux en charpente de fer ; les premiers, employés dans les pays où le bois est très-abondant, coûtent beaucoup moins que ceux construits en charpente de fer. En général, on emploie les charpentes de bois pour les ponts sur lesquels le passage est peu actif ; ils sont établis sur deux systèmes différents, celui des arches et celui des travées.

Les *ponts en arc de cercle* sont préférés au ponts à travées, parce qu'ils ne nécessitent pas, comme ces derniers, des points d'appui nombreux qui sont toujours une gêne pour la navigation. On forme, depuis plus d'un siècle, des arches en bois courbe qui ont une grande portée ; la première application de ce système a été faite en France dans le département de l'Ain, de là il est passé en Allemagne, en Suisse, puis il est revenu en France. A Schaff'house, sur le Rhin, il y a un pont de deux arches qui mesurent chacune 50 mètres de portée ; celui de Vettingen, sur la Limmat, n'a qu'une arche de 118 mètres d'ouverture. Mais quelle que soit l'ouverture des arches en charpente, la flèche ne doit pas avoir moins d'un huitième de l'ouverture totale. Dans les ponts en charpente, le tablier sur lequel passent les voitures est sujet à de fréquentes réparations ; on le fait généralement en madriers de sapin ou, ce qui est préférable, de chêne. Mais pour ceux sur lesquels la circulation est très-active, on doit établir un tablier plus résistant : c'est dans ce but qu'on recouvre les madriers d'une couche de béton et de pavés ou de macadam, après avoir préalablement revêtu les madriers de feuilles de métal ou de plaques de fonte ; souvent même on se contente de ce dernier moyen, mais on ne pose les plaques que par bandes dans les portions du tablier où passent les roues des véhicules. Quand on emploie des ponts de charpente

pour les voies ferrées, on prend certaines précautions que nous allons indiquer. Par exemple, pour éviter les vibrations qui peuvent occasionner des ébranlements considérables, au lieu de poser les rails immédiatement sur le tablier du pont, on pose les madriers de support au-dessus d'une forte couche de sable, dans le double but d'amortir les vibrations et d'éviter l'incendie que pourraient provoquer les charbons incandescents en tombant sur les madriers. Enfin, pour donner du *raide* à l'ensemble de la charpente, toutes les moises pendantes doivent être reliées avec des croix de Saint-André ; et les madriers formant la courbe de l'arc sont reliés entre eux par des étriers en fer, boulonnés à leur partie supérieure, afin

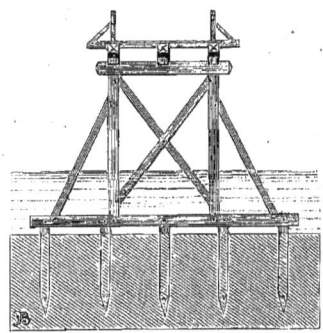

Fig. 4. — Pont en charpente (coupe transversale).

de pouvoir serrer les écrous, si le bois vient à dessécher, et par de fortes chevilles en bois assez longues pour traverser toute l'épaisseur de l'arc, qui est formé de trois madriers. (Voy. le § Ponts américains.)

Les *ponts à travées* sont formés au moyen de pièces de charpente horizontales destinées à supporter le tablier du pont. Ces pièces portent sur des points d'appui en charpente nommés *palées* (Voy. nos figures 4, 5 et 6), lesquelles sont plus ou moins nombreuses suivant la longueur des travées ; les plus simples sont formées au moyen de pieux ou pilotis reliés entre eux par des moises et couronnés par un chapeau. Quand les travées ne dépassent pas 5 mètres, on pose les poutres immédiatement sur les palées ; si elles ont 5^m,50, 6 et 7 mètres, on est obligé d'employer des consoles, des contre-fiches et des sous-poutres; on a soin de relier solidement celles-ci aux poutres de manière à ce qu'elles fassent un tout homogène. Le tablier du pont est formé par les *pièces de pont* ou poutres longitudinales, dont nous venons de parler, et par des pièces transversales ou *traverses*, qui portent les madriers sur lesquels on marche.

Les ponts en charpente de fer sont construits comme les ponts en charpente de bois, avec cette différence toutefois que toutes les pièces employées sont beaucoup plus légères, que les assemblages sont plus ou moins nombreux suivant le mode employé. Ce genre de construction se prête à tant de formes diverses, si admirablement décrites et figurées

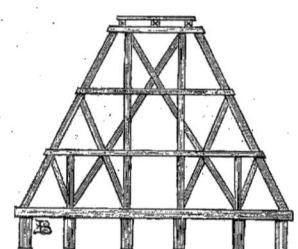

Fig. 5. — Pont en charpente (coupe transversale).

dans des ouvrages spéciaux, que nous nous contenterons de renvoyer le lecteur à ces ouvrages, et nous nous occuperons immédiatement des ponts mixtes, c'est-à-dire de ceux dans lesquels on emploie concurremment plusieurs genres de matériaux.

III. PONTS MIXTES. — Nous comprenons dans cette division : 1° les ponts en maçonnerie et charpente ; 2° les ponts en maçonnerie et fer ; 3° les ponts en fer, fonte et maçonnerie.

Dans les *ponts en maçonnerie et charpente*, les piles et les culées sont en pierre et les arches en bois; celles-ci sont toujours en arc de cercle, elles sont faites en madriers de 0^m,05 à 0^m,06 d'épaisseur fortement assemblés, comme nous l'avons vu ci-dessus, avec des boulons à écrou; le tablier est fait au moyen de poutres longitudinales. On peut

citer comme un modèle du genre le pont d'Ivry-sur-Seine, près de Paris.

Dans les *ponts en maçonnerie et fer*, les piles et les culées sont en pierre et les arches en fer. Le premier pont ainsi construit a été érigé en 1793 à Sunderland sur le Wear ; mais c'est un ingénieur français, Garin, qui a le premier dressé un projet de pont ainsi conçu, et cela dès 1718.

Les *ponts en fonte, fer et maçonnerie* sont établis comme les précédents, c'est-à-dire que les piles et les culées sont en maçonnerie, et que le fer est employé dans les parties qui doivent présenter une certaine élasticité

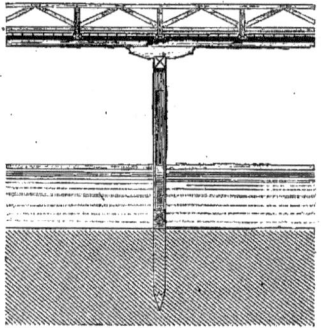

Fig. 6. — Pont en charpente (partie longitudinale).

et la fonte dans les parties qui doivent recevoir une assez grande pression.

IV. PONTS SUSPENDUS. — Ce genre de pont est ainsi nommé parce que son tablier est supporté par des tiges de suspension qui s'accrochent à des câbles ou chaînes en fer qu'on tend d'une rive à l'autre. Ce système de pont est économique et d'un établissement facile, mais il demande beaucoup de soin pour sa construction. En France, on emploie plutôt le câble que la chaîne ; en Angleterre, celle-ci est au contraire préférée. On emploie pour former le câble des fils de fer du n° 18 que l'on enroule autour d'une croupière après les avoir enduits préalablement d'une couche d'huile de lin pour en retarder l'oxydation. Les fils doivent être tous de même longueur, afin qu'ils puissent tous supporter une tension égale ; on les relie de distance en distance au moyen de ligatures, c'est-à-dire avec du fil de fer recuit que l'on tourne autour du câble, qui doit toujours être d'une section suffisante pour pouvoir supporter sans chance de rupture non-seulement le poids du tablier, c'est élémentaire, mais encore les poids accidentels des piétons et des véhicules chargés.

Nous venons de dire qu'en Angleterre on employait de préférence des chaînes en fer ; celles-ci sont formées de barres de fer forgé de peu de longueur reliées entre elles par des boulons. Notre figure 7 montre un détail de ces chaînes en fer à un point de jonction des barres. — Quant aux tiges de suspension, elles sont tantôt en fer forgé, tantôt en fils de fer ; elles sont reliées aux *pièces de pont* au moyen d'un écrou. Comme il suffit d'un défaut dans l'un des câbles ou dans l'une des chaînes pour amener une rupture et par suite la chute du pont, on sou-

Fig. 7. — Détail d'assemblage d'une chaîne en fer.

tient celui-ci au moyen de 3 ou 4 chaînes ou câbles de chaque côté, de sorte que si l'un vient à manquer, il en reste d'autres pour soutenir le tablier. L'effort que les câbles ont à supporter est d'autant plus considérable qu'ils décrivent une plus courte courbure, c'est pourquoi on donne aux points d'appui qui doivent supporter les câbles une grande élévation. Dans les petits ponts, il n'y a que deux points d'appui sur les deux rives opposées ; dans les grands ponts, au contraire, il existe dans le lit du fleuve un ou deux points d'appui intermédiaires, ces points d'appui sont des piles de maçonnerie ou des colonnes en fonte. Les câbles s'infléchissent au delà des points d'appui des rives et se prolongent toujours de quelques mètres ; ils s'enfoncent dans le sol, où ils sont solidement fixés dans les culées. On éprouve les ponts suspendus au moyen d'une charge qui varie entre 225 et 230 kilogrammes par mètre carré de superficie ; on laisse cette charge pendant trois ou quatre

jours sur le tablier des ponts. Les culées des ponts suspendus ne supportent pas, comme dans les ponts ordinaires, une simple pression ; elles ont à résister à une traction considérable, traction qui ne peut être contre-balancée que par le poids de la culée elle-même. Les piles ont également à supporter un poids très-considérable ; elles se construisent en fonte ou en maçonnerie, souvent aussi elles sont mi-parties en maçonnerie et mi-parties en fonte : dans ce cas, la partie métallique affecte la forme d'une bielle terminée à son extrémité par une partie circulaire, sur laquelle le câble vient s'aplatir sans cassure brusque, ce qui pourrait amener sa rupture. La partie inférieure de la bielle a la forme d'un pivot qui se pose sur un coussinet en fonte, de telle sorte que la bielle peut prendre un mouvement d'oscillation, ce qui empêche les mouvements brusques et heurtés, cause de tant de désordres dans les ponts suspendus. — Les monuments les plus remarquables dans ce genre sont : le pont de Fribourg, d'une seule travée de 265 mètres et dont les chaînes sont supportées par des portiques de 20 mètres de hauteur ; le pont de Beaucaire, sur le Rhône, qui réunit cette ville à Tarascon, de 450 mètres de longueur : il possède quatre travées, il est suspendu à trois hautes piles implantées dans le fleuve, il a été construit en 1829 ; le pont de Valence par Chaley ; le pont de Cubzac, jeté sur la Dordogne, qui a une longueur de 545 mètres : il est formé par 5 travées de 109 mètres chacune, mais les travaux de maçonnerie qui dépendent du pont, joints à la longueur de celui-ci, atteignent environ 1,545 mètres. Ce pont est suspendu par douze câbles maintenus par des haubans inclinés, amarrés à un câble horizontal ou *traille ;* tout le système est porté par quatre piles en maçonnerie fondées sur pilotis dans le lit de la rivière ; les câbles en fils de fer sont agrafés à d'énormes culées ; au-dessus des piles en maçonnerie, hautes de 13 mètres au-dessus de l'étiage, sont placés des piliers en fonte de 28 mètres de hauteur. Ce pont a été exécuté par MM. Quénot, ingénieur civil, et Vergès, ingénieur des ponts et chaussées. Les viaducs qui viennent se raccorder aux culées, d'un côté, et aux levées de terre, de l'autre, ainsi que le pont proprement dit, ont coûté une somme d'environ quatre millions. D'autres ponts suspendus remarquables sont ceux de l'île Barbe à Lyon, de la Roche-Bernard sur la Vilaine, de Jarnac sur la Charente, de Triel sur la Seine, de Saint-Denis et de Rouen sur le même fleuve, de Genève sur le Rhône, etc.

V. PONTS TUBULAIRES. — Ce genre de pont est en fer ou en fonte ; il consiste dans l'emploi d'immenses tubes en fer, en tôle ou en fonte posés en travers des arcs formant les pièces de pont. De tous les ponts de ce genre, celui du Carrousel à Paris est des plus remarquables ; il a été construit par l'ingénieur Polonceau. Les arches sont formées de demi-tuyaux bridés et boulonnés de chaque côté ; de fortes clavettes en fer servent à maintenir et réunir les segments formant l'arc, à le bander et à le dresser. Il existe plusieurs rangs de ces arcs, qui servent à porter les cercles en fer faisant fonction de poutres transversales ; ces cercles, qui remplissent le tympan, ont un diamètre de moins en moins considérable au fur et à mesure qu'ils s'élèvent de la pile au sommet de l'arc : c'est sur ces cercles que sont posés les longerons qui soutiennent le tablier du pont. Les grands arcs formant l'ossature du pont sont consolidés au moyen de tirants en fer ; ils sont maintenus dans un écartement désirable au moyen de tuyaux en fonte et sont contreventés par des pièces en fonte posées obliquement de façon à venir buter les unes contre les autres ; ces pièces ont la forme de bielles. Le tablier du pont est fait comme tous les tabliers : un plancher supporte la chaussée empierrée.

VI. PONTS VOLANTS OU DE BATEAUX. — Ces ponts sont formés par une suite de bateaux amarrés à une certaine distance les uns des autres et reliés entre eux par des *longrines* ou des poutrelles, sur lesquelles on pose un plancher formant le tablier du pont. Ce genre de pont permet de livrer facilement passage à la navigation en faisant dériver un ou plusieurs bateaux, qu'on replace ensuite dans leur position primitive. Mais pendant la manœuvre la circulation est interrompue ; en-

suite, la hauteur du tablier n'est pas fixe, elle monte et elle descend avec le niveau du fleuve : il faut donc que ces ponts possèdent à leur tête des plans inclinés qui doivent être mobiles. Souvent les chevaux, surtout ceux qui passent pour la première fois sur ce genre de pont, s'effrayent et se jettent à la rivière ; aussi le pont de bateaux est-il abandonné et n'est guère employé que par les armées en marche, qui les font construire par les pontonniers, ce qui fait qu'on nomme également ces ponts *pontons*. Cependant il existe encore des ponts de bateaux sur le Rhin, à Cologne et à Mayence ; il y a une dizaine d'années, il en existait encore un sur le Rhône à Arles, il mettait en communication cette ville avec un petit bourg nommé Trinquetaille. — On appelle quelquefois ce genre de pont *traille*.

VII. PONTS-LEVIS. — Ces ponts sont faits

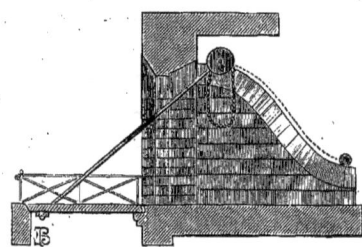

Fig. 8. — Pont-levis (système de Bélidor).

au moyen d'un tablier mobile autour d'un axe horizontal qui est mû au moyen d'un châssis en bois auquel sont attachées deux chaînes : l'une a pour mission de soutenir le châssis, et l'autre de lui imprimer un mouvement de rotation. Les tabliers sont d'une seule ou de deux volées, suivant la largeur du pont : quand celui-ci n'a que 4 à 5 mètres, le tablier est simple ; quand il a 8 à 10 mètres, le tablier est à deux volées. Les chaînes des ponts-levis s'enroulent sur des poulies ; à mesure que le tablier se relève, elles lui font contre-poids. Du reste, il existe divers systèmes de pont-levis qui manœuvrent de différentes manières : il y a des ponts-levis à flèche, des ponts-levis à contre-poids, des ponts-levis à chaînes faisant elles-mêmes contre-poids. Parmi ce dernier genre, celui de Bélidor est très-estimé (fig. 8) : deux contre-poids suspendus par des chaînes roulent sur des courbes dites *sinusoïdes*. Enfin il y a le pont-levis à spirale de Derché, de Delile, de Poncelet, etc. — Voy. MILITAIRE (*Architecture*).

VIII. PONTS ROULANTS. — Ces ponts sont surtout employés sur les canaux et sur les bassins de quai. Le tablier est simple dans les petits ponts et double dans les grands ; on le retire en arrière du canal par un mouvement de rotation ou de translation horizontale. Ces ponts, qui présentent l'avantage de ne pas gêner les manœuvres de halage, ont par contre l'inconvénient d'occuper beaucoup d'espace sur les bords des emplacements où ils se trouvent ; de plus, les rouleaux ou galets sur lesquels ils se meuvent exigent aussi un grand entretien.

IX. PONTS TOURNANTS. — Ce genre de pont mobile est employé dans les mêmes localités que les précédents. Le tablier est d'une seule pièce dans les petits ponts et divisé en deux parties dans les ponts de grandes dimensions ; chaque partie pivote horizontalement sur un axe, de manière à ouvrir un passage sur le canal en décrivant un quart de cercle. Il existe de ces ponts en grand nombre, notamment un à Dieppe, qui sert à réunir à la ville le faubourg du Pollet. Le canal Saint-Martin à Paris en possédait un grand nombre avant 1862, c'est-à-dire avant qu'il fût voûté.

X. PONTS-CANAUX. — Ces ponts possèdent des parements extérieurs très-élevés, parce qu'on est obligé de faire passer sur leur voûte une quantité d'eau considérable, afin que les bateaux puissent avoir un tirant d'eau nécessaire à leur marche. Les ponts-canaux nécessitent des soins tout-particuliers, afin d'éviter les infiltrations qui pourraient pourrir les voûtes. On a essayé de beaucoup de moyens pour obvier aux inconvénients des infiltrations ; aujourd'hui les ingénieurs ont reconnu que le meilleur système à employer était celui qui consiste à revêtir les parois intérieures et le fond ou radier du canal avec de la lave de Volvic, sur laquelle on applique un fort enduit en bitume. On emploie également, comme revêtement des ponts-canaux, des bétons ; mais ceux-ci n'ont pas toujours donné des résultats satisfaisants. Il existe des ponts-canaux remarquables : nous citerons, entre autres, celui d'Agen, qui passe sur la Garonne, et celui qui est construit sur l'Allier. Les ponts-aqueducs sont de véritables ponts-canaux ; mais ils présentent moins de difficulté dans leur construction, parce qu'ils ont à porter un volume d'eau moins considérable et qu'il est par conséquent plus facile d'obtenir leur cuvette parfaitement étanche. (Voy. AQUEDUC.)

XI. PONTS AMÉRICAINS. — Les ingénieurs américains construisent des ponts en bois d'une longueur extraordinaire, car quelques-uns ont plus d'une demi-lieue : par exemple, ceux du Potomac, à Washington, et de la rivière de Jusquehanna, à Colombia, n'ont pas moins de 2,011 à 2,012 mètres de longueur ; ceux de 5 à 600 mètres de longueur sont très-répandus, ce sont les ponts de dimensions ordinaires,

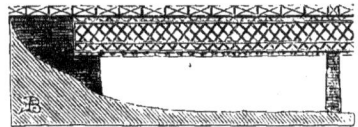

Fig. 9. — Pont américain en charpente de bois.

quoiqu'ils soient jetés sur de grands fleuves, sur des lacs ou même des bras de mer. Ils sont formés de travées de 50 à 60 mètres d'ouverture. Ces ponts sont entièrement en bois, la maçonnerie étant uniquement réservée pour les piles et les culées ; aussi ces constructions gigantesques sont extrêmement économiques, d'autant que le bois est très-abondant et par conséquent à bas prix. — Les constructeurs américains ont plusieurs modes de construction pour leurs ponts, qui tous sont empreints d'une grande hardiesse. Nous ne parlerons ici que du mode le plus fréquemment employé, le système dit *à treillage*, imaginé par l'ingénieur Town et dont notre figure 9 montre un détail de l'ensemble, et notre figure 10 un détail du *treillis* ou treillage. Dans ce genre de pont, les fermes ou travées sont formées de pièces de charpente moisées, disposées en treillage et chevillées entre elles ; le tablier du pont est supporté par deux fermes qui portent elles-mêmes sur des piles en maçonnerie. Les croisillons du treillis, au lieu d'être chevillés, sont quelquefois simplement cloués. Les moises des pièces de bois inférieures et supérieures sont réunies entre elles et au treillis par des boulons. La portée de chaque travée est d'environ 30 yards, soit 27 mètres environ. Tous ces bois sont peints ou goudronnés, et souvent les fermes sont recouvertes de planches jointives qui, en préservant les bois de l'action directe du soleil et des intempéries de l'air, assurent la conservation des charpentes. La simplicité de ce genre de construction permet d'exécuter très-rapidement des ponts à treillage, dont le prix de revient pour des arches de portée moyenne est d'environ 200 fr. le mètre carré.

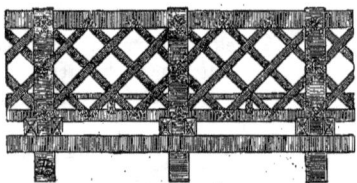

Fig. 10. — Détail du treillage d'un pont américain.

XII. PRATIQUE. — Quand il s'agit d'élever un pont, le constructeur doit avant tout se rendre compte des services que rend la route desservie par ce pont, si elle est plus ou moins fréquentée, les charges que cette route a à supporter, etc. — Si cette voie est très-fréquentée, il doit renoncer aux ponts en charpente. En effet, si ceux-ci coûtent peu comme frais de premier établissement, l'entretien est très-onéreux; on estime à un dixième la dépense d'entretien, de sorte que chaque dix ans le pont a été renouvelé. S'il s'agit d'élever un pont pour un chemin de fer, il est bien évident qu'on ne peut adopter des ponts suspendus, car les vibrations occasionnées par le passage des trains amèneraient promptement la rupture des câbles et par suite la ruine du pont; en outre, les trains, qui marchent avec une grande vitesse, pourraient amener des oscillations assez fortes pour faire dérailler les convois.

Le système de pont adopté, on choisit son emplacement. Souvent cette question est tranchée par la force des choses, car on est obligé fréquemment de construire un pont pour réunir deux routes, deux voies, etc., il ne peut donc subsister à cet égard aucune hésitation ; on doit s'occuper ensuite de la largeur à donner au tablier. On doit calculer l'écoulement moyen des eaux, leur vitesse, les crues que peuvent atteindre les cours d'eau. Ces données calculées, on peut établir la largeur du débouché et décider si on pourra établir une ou plusieurs arches. Ces études préliminaires accomplies, on peut commencer les travaux pratiques. Nous ne parlerons ici que des travaux en fondations, des piles, des culées et des arches en maçonnerie, car les fondations, les piles et les culées sont des travaux qu'on exécute à peu près pour tous les genres de ponts ; quant à ce qui concerne les ponts en charpente et les ponts métalliques, le lecteur qui désirerait des données pratiques à ce sujet les trouvera dans des ouvrages spéciaux, car nous ne pourrions ici, même en résumant beaucoup, fournir que de longues explications qui nous feraient sortir des bornes assignées à notre travail. Nous ne parlerons donc que des travaux de maçonnerie qui s'appliquent généralement à la construction de tous les ponts.

Sondages. — La première opération avant de construire un pont, c'est de sonder le terrain, afin de le bien connaître et s'assurer de sa nature. (Voy. SONDAGE.) Ceci fait, si le terrain est suffisamment solide et résistant, on peut jeter les fondations; s'il laisse au contraire à désirer, on le consolide en battant des PIEUX ou PILOTIS. (Voy. ces mots.)

Fondations. — On peut faire les fondations au moyen de bâtardeaux, ou au moyen de caisses étanches ou non étanches. Si le sol sur lequel on a à construire est de la roche, c'est-à-dire le meilleur fond, puisqu'il est incompressible et inaffouillable, quand la hauteur d'eau est peu considérable, on établit un bâtardeau, qu'on vide au moyen de machines spéciales, vis d'Archimède, norias, pompes, etc. ; puis on enlève les vases et les boues, et, quand la roche est à nu et bien arasée, on coule le béton et l'on jette les fondations. Si la profondeur de l'eau est considérable, on fonde à l'aide de caisses étanches, dont le bas épouse exactement la forme du lit de la rivière; on épuise l'eau de l'intérieur de la caisse, puis on coule le béton et l'on jette les fondations. Quand la profondeur de l'eau est considérable, on ne peut assécher la caisse, on coule alors le béton à l'aide de seaux ou de caisses qui placent le béton au fond de l'eau sans toutefois le délayer dans sa descente sous l'eau. (Voy. Béton et Bétonnage.)

Quand les maçonneries sont arrivées au-dessus du niveau de l'eau, on construit à la manière ordinaire, mais en employant d'excellents matériaux. — Souvent, pour donner plus de consistance aux terrains devant recevoir les fondations, après avoir battu en très-grand nombre des pieux, on procède à leur recepage; puis on pose sur leur tête des chapeaux au-dessus desquels on place des grils. Ceux-ci en place, on jette dans les compartiments ou mailles formées par les grils des fragments de rocher, des blocs de pierres factices; l'on coule sur le tout du béton, puis on élève les murs en maçonnerie.

PONT DES COMICES. — Dans l'antiquité, on nommait *pont des comices* ou *pons suffragiorum* (pont des suffrages), de petits ponts élevés de 0ᵐ,80 à 1ᵐ,10 au-dessus du sol, qui servaient aux citoyens à aller voter. C'était un pont en planche qu'on élevait temporairement à Rome dans le Champ de Mars pendant les comices. Les votants en sortant du *septum* passaient l'un après l'autre sur ce pont étroit, comme le dit Cicéron : *Pontes lex Maria angustos fecit* (*Leg.*, III, 17; *ad Herenn.*, I, 12; Suétone, *Cæs.*, 80 ; Festus, v. *Sexagenarios*), au bout duquel se trouvait une ciste ou corbeille cylindrique (Cic., *ad Herenn.*, I, 12; Tite-Live, XXV, 3) qui servait à recueillir le vote (*tabella*) des citoyens (Cic., *ad Attic.*, I, 14 ; Ovide, *Fast.*, v. 634). On avait adopté cette disposition pour assurer la liberté du vote, pour éviter la fraude, l'intimidation et la pression. Une monnaie consulaire montre une partie de la balustrade qui entourait le *septum*, où se trouvaient réunies les centuries, ainsi qu'un votant recevant un bulletin de vote, c'est-à-dire une tablette de buis sur laquelle il inscrivait le nom du candidat de son choix, tandis qu'un autre jette son bulletin dans la *cista*, ou corbeille cylindrique, assez élevée.

FIN DU TROISIÈME VOLUME.

www.ingramcontent.com/pod-product-compliance
Lightning Source LLC
Chambersburg PA
CBHW051337220526
45469CB00001B/9